科学出版社“十三五”普通高等教育本科规划教材
高等医药院校药学类系列教材

药 剂 学

主　编　周四元　韩　丽

副主编　尹宗宁　陈华兵　马云淑　许小红　陶　玲

编　委　（按姓氏笔画排序）

马云淑　云南中医学院
王　森　遵义医学院
尹宗宁　四川大学华西药学院
刘艳华　宁夏医科大学
许小红　成都医学院
李　翀　西南大学药学院
李维凤　西安交通大学药学院
杨　艳　遵义医学院
杨建宏　宁夏医科大学
应　雪　石河子大学药学院
宋　逍　陕西中医药大学
张邦乐　第四军医大学
张丽锋　山西医科大学
张继业　西安交通大学药学院
张景勍　重庆医科大学
陈　文　石河子大学药学院
陈　彤　昆明医科大学
陈华兵　苏州大学药学院
周四元　第四军医大学
赵　领　西南医科大学
俞　媛　第二军医大学
宦梦蕾　第四军医大学
秦冬梅　石河子大学药学院
贾　乙　第三军医大学
陶　玲　贵州医科大学
黄　静　贵州医科大学
黄家宇　贵州医科大学
韩　丽　成都中医药大学

科 学 出 版 社
北 京

内 容 简 介

本书全面系统地介绍了药剂学的相关知识，共分为20章。第一章为绪论；第二至十一章介绍了各种常用剂型及其相关的基本理论和单元操作；第十二至十五章介绍了药物制剂的新技术与新剂型；第十六章和第十七章分别介绍了生物技术药物制剂和中药制剂；第十八章和第十九章分别介绍了药物制剂的稳定性和药物制剂的设计；第二十章介绍了药品调剂与合理用药的相关内容。

本书内容充分体现了《中华人民共和国药典》(2015年版)、国家执业药师资格考试及全国卫生类（药学）专业技术资格考试的有关精神。书中设置了本章学习目标、制剂举例、知识拓展、本章小结及思考题等模块，明确学生需要掌握的内容，加深对知识点的理解，拓宽视野，方便学生学习。

本书可作为药学、制药工程、药物制剂及相关专业本科层次教材使用，也可作为从事药物制剂研发工作人员的参考书，以及国家执业药师资格考试和全国卫生类（药学）专业技术资格考试的参考书。

图书在版编目（CIP）数据

药剂学 / 周四元，韩丽主编. —北京：科学出版社，2017.1

科学出版社"十三五"普通高等教育本科规划教材 · 高等医药院校药学类系列教材

ISBN 978-7-03-050593-4

Ⅰ. ①药… Ⅱ. ①周… ②韩… Ⅲ. ①药剂学-高等学校-教材 Ⅳ. ①R94

中国版本图书馆CIP数据核字（2016）第268373号

责任编辑：王 超 胡治国 / 责任校对：刘亚琦
责任印制：赵 博 / 封面设计：陈 敬

科学出版社出版
北京东黄城根北街16号
邮政编码：100717
http://www.sciencep.com
天津市新科印刷有限公司印刷
科学出版社发行 各地新华书店经销
*
2017年1月第 一 版 开本：787×1092 1/16
2024年7月第十次印刷 印张：32 1/2
字数：942 000
定价：118.00元
(如有印装质量问题，我社负责调换)

科学出版社“十三五”普通高等教育本科规划教材
高等医药院校药学类系列教材

专家委员会

前　　言

为顺应我国高等药学教育教学改革与发展的需要，围绕药学专业教学要求和人才培养目标，由多位国内相关院校从事药剂学教学和科研工作的一线资深教师编写了本书。

全书共分 20 章，内容包括药物制剂的基本理论、剂型各论、质量控制、合理应用和制剂新技术与新剂型等，涉及化学药、中药及生物制品，强调剂型的概念、质量要求及辅料名称与《中国药典》2015 年版的一致性，同时注重现代药学学科的互动与交融，全面系统地体现了药剂学学科特点及最新进展。

本书编排密切联系教学实际，注重知识点之间的逻辑关系，将基础理论融入相应剂型章节中，将单元操作融入制备工艺中，体现了专业知识的科学性；以剂型和制剂技术为主线，通过大量应用实例（包括剂型设计、处方与工艺解析等），提高学生分析问题和解决问题的能力，并适当介绍研究前沿或进展，拓展学生视野，激发学生创新思想；教材编写内容层次深浅适宜，便于老师讲授及学生自学理解。每个章节前加本章学习目标，章后加小结，使学生明确需要掌握的知识点，方便学生学习。编写重点难点内容时，多以图（包括设备图、工艺流程图、工作原理图等）和表展示，提高学生对知识点的理解能力，增强了本书的先进性、适用性和可读性。

本书编排了中英文索引，方便读者查找相关内容，也有利于学生掌握药剂学专业英文术语。另外，本书还编写了配套教材《药剂学学习指导与习题集》，扩充了学生的学习资源，便于学生复习巩固相关知识点。

感谢高等医药院校药学类系列教材专家委员会及第四军医大学药学院领导对本书编写工作的指导和支持；感谢药剂学编写团队所有老师的努力与付出；感谢第四军医大学药剂学教研室全体人员在书稿文字修订和绘图方面的鼎力协助；感谢科学出版社郭兵老师的理解和支持。本书在编写中参考了国内外相关专业书籍与文献，在此向其作者、出版机构等表示真诚谢意。

本书可作为药学、制药工程、药物制剂及相关专业本科层次教材使用，也可作为从事药物制剂研发工作人员的参考书，以及国家执业药师资格考试及全国卫生类（药学）专业技术资格考试的参考书。

药剂学学科发展迅速，涉及专业知识面广，法规性、专业性和实践性要求强，由于编者水平有限，加之时间仓促，疏漏之处在所难免，希望读者批评指正。

编　者

2016 年 10 月

目　　录

第一章　绪论……1
第一节　药剂学的概念与学科任务……1
第二节　药物剂型……3
第三节　药用辅料……7
第四节　药品标准……8
第五节　药剂学的发展……10
第六节　药品研究生产经营管理规范……12
本章小结……14
思考题……14
第二章　液体制剂……15
第一节　液体制剂概述……15
第二节　表面活性剂……23
第三节　微粒分散体系……32
第四节　流变学基础……45
第五节　低分子溶液剂……52
第六节　高分子溶液剂与溶胶剂……56
第七节　混悬剂……59
第八节　乳剂……63
第九节　其他液体制剂……69
第十节　液体制剂的包装与储存……72
本章小结……73
思考题……73
第三章　灭菌制剂与无菌制剂……74
第一节　概述……74
第二节　灭菌制剂与无菌制剂的相关技术……75
第三节　灭菌与无菌制剂的常用溶剂及附加剂……98
第四节　灭菌与无菌制剂的制备……101
本章小结……127
思考题……127
第四章　散剂……128
第一节　药物的溶出速度……128
第二节　粉体学基础……130
第三节　散剂的分类及特点……147
第四节　散剂的制备……148
本章小结……161

思考题……162
第五章 颗粒剂……163
第一节 概述……163
第二节 制粒……164
第三节 干燥与整粒……172
第四节 颗粒剂的分剂量与包装……177
第五节 颗粒剂的质量要求……178
本章小结……179
思考题……179
第六章 胶囊剂……180
第一节 概述……180
第二节 硬胶囊……181
第三节 软胶囊……185
第四节 肠溶胶囊……187
第五节 胶囊剂的质量要求与包装……188
本章小结……189
思考题……190
第七章 片剂……191
第一节 概述……191
第二节 片剂的常用辅料……194
第三节 片剂的制备……201
第四节 片剂的包衣……209
第五节 片剂的质量检查……214
第六节 片剂的包装与储存……217
第七节 新型片剂……218
本章小结……219
思考题……219
第八章 膜剂与丸剂……220
第一节 膜剂……220
第二节 滴丸……223
第三节 微丸……227
本章小结……230
思考题……230
第九章 栓剂……231
第一节 概述……231
第二节 栓剂的处方组成……233
第三节 栓剂的制备……235
第四节 栓剂的包装储存与质量要求……238
第五节 新型栓剂……239
本章小结……241
思考题……241

第十章 软膏剂、乳膏剂和凝胶剂……242
第一节 软膏剂……242
第二节 乳膏剂……248
第三节 凝胶剂……253
本章小结……256
思考题……257
第十一章 气雾剂、喷雾剂与粉雾剂……258
第一节 气雾剂……258
第二节 喷雾剂……266
第三节 粉雾剂……268
本章小结……272
思考题……272
第十二章 制剂新技术……273
第一节 固体分散体制备技术……273
第二节 包合物制备技术……281
第三节 聚合物胶束制备技术……287
第四节 脂质体与类脂囊泡制备技术……292
第五节 纳米粒制备技术……302
第六节 纳米乳和亚微乳制备技术……311
第七节 微囊与微球制备技术……317
本章小结……325
思考题……326
第十三章 缓释、控释和迟释制剂……327
第一节 概述……327
第二节 缓控释制剂的设计……328
第三节 口服缓控释制剂……337
第四节 注射用缓控释制剂……346
第五节 迟释制剂……349
第六节 缓释、控释和迟释制剂的质量评价……359
本章小结……362
思考题……363
第十四章 靶向制剂……364
第一节 靶向制剂的概念与分类……364
第二节 主动靶向制剂……365
第三节 被动靶向制剂……370
第四节 物理化学靶向制剂……371
第五节 靶向制剂的质量评价……373
本章小结……373
思考题……374
第十五章 透皮给药制剂……375
第一节 概述……375

第二节　透皮给药制剂的设计与生产工艺……386
第三节　药物透皮吸收的研究方法……392
本章小结……397
思考题……397
第十六章　生物技术药物制剂……398
第一节　概述……398
第二节　多肽、蛋白类药物给药系统……402
第三节　核酸类药物给药系统……407
本章小结……410
思考题……410
第十七章　中药制剂……411
第一节　概述……411
第二节　中药材的处理……415
第三节　传统中药制剂……427
本章小结……439
思考题……439
第十八章　药物制剂的稳定性……440
第一节　概述……440
第二节　药物制剂的化学稳定性……440
第三节　原料药物及药物制剂的物理稳定性……448
第四节　原料药物与药物制剂稳定性的试验方法……450
本章小结……454
思考题……454
第十九章　药物制剂的设计……455
第一节　概述……455
第二节　制剂的处方前研究……459
第三节　药物制剂设计的优化……466
第四节　创新药物的制剂设计……467
本章小结……469
思考题……469
第二十章　药品调剂与合理用药……470
第一节　药品调剂……470
第二节　药物相互作用与配伍变化……475
第三节　静脉药物配制……479
第四节　合理用药……484
本章小结……494
思考题……494
参考文献……495
索引……497

第一章　绪　　论

学习目标

1. 掌握：药剂学相关概念；药剂学的学科任务与研究内容；药物剂型的重要性；药品标准。
2. 熟悉：药物剂型的分类；药物传递系统；药用辅料的分类、功能及其一般质量要求。
3. 了解：药剂学的发展及药剂学分支学科。

第一节　药剂学的概念与学科任务

一、药剂学的概念与常用术语

药剂学（pharmaceutics）是研究药物制剂的基本理论、处方设计、制备工艺、质量控制和合理应用的综合性应用技术科学。药剂学的研究对象是药物制剂，研究内容涵盖了从药物制剂的基本理论到药物制剂的生产及临床合理应用全过程，研究目标是生产出适宜的药物制剂，学科性质是综合性应用技术科学。

原料药物不能直接应用于人体，必须根据原料药物的物理化学性质、药理学和药代动力学特性及临床适应证等，制备成适合人体方便使用的给药形式，即药物剂型（dosage form），如片剂、胶囊剂、注射剂、溶液剂、乳剂、混悬剂、滴眼剂、栓剂、滴丸剂和贴剂等。同一种原料药物可以制成不同的剂型，如罗红霉素片、罗红霉素胶囊、罗红霉素颗粒等。同一剂型的生产工艺相同或相似。为了便于区别不同的药物及其剂型，将药物剂型中具体的药物品种称为药物制剂（pharmaceutical preparation），如维生素 C 片、地塞米松磷酸钠注射液、氯霉素滴眼液和复方丹参滴丸等。

经典的药剂学包括制剂学和调剂学两部分内容。制剂学（pharmaceutical engineering）是指根据制剂理论与制剂技术，设计和制备安全、有效、稳定、质量可控的药物制剂的学科。调剂学（dispensing pharmaceutics）是研究方剂（按医师处方专为某一患者调制的，并明确规定用法用量的药剂）的调制技术、理论和应用的学科。

二、药剂学的学科任务与主要研究内容

药剂学的核心任务是规模生产出安全、有效、稳定、质量可控、方便使用、经济的药物制剂。围绕药剂学的核心任务，药剂学的主要研究内容包括以下几个方面。

1. 药剂学的基本理论研究　药剂学的基本理论包括物料及制剂的粉体学和流变学理论，药物的溶解、增溶和溶液的形成理论，微粒分散系理论，药物的稳定性理论，以及表面活性剂的性质等。药剂学基本理论的研究，对剂型设计、制剂生产工艺改进，新剂型、新制剂和新型给药系统的开发及制剂质量的提高都有重要的指导意义。

2. 新剂型与制剂新技术研究　药物的治疗作用不仅与药物本身的药理作用有关，通过剂型改进也可提高药物疗效、降低药物的毒副作用、改善患者的顺应性（compliance）。例如，缓释、控释制剂可使血药浓度平稳，减少患者服药次数，降低药物的不良反应，提高患者的顺应性。靶向制剂不仅可提高药物疗效，而且还能降低药物的毒副作用。新剂型的开发离不开新技术的

发展和应用。目前应用于制剂生产的新技术包括球晶制粒技术、包衣技术、固体分散技术、包合技术、脂质体技术、纳米技术、微球和微囊化技术、靶向递药技术等，这些新技术在提高药物稳定性、改善药物溶解度、掩盖药物不良气味、减少药物刺激性、延缓或加速药物释放、增加药物靶向性、降低药物毒副作用等方面发挥着重要的作用。

3. 新型药用辅料研究 药用辅料（pharmaceutic adjuvant）是药物制剂的重要组成部分，在制剂生产中起着重要作用，可以说“没有药用辅料就没有药物制剂”。药用辅料不仅赋予药物一定的剂型，而且还影响药物制剂的崩解、溶出、生物利用度，甚至影响药物的治疗作用与毒副作用。新型药用辅料的开发，为新剂型的研究提供了物质基础，促进了新剂型的发展。例如，乙基纤维素（ethyl cellulose，EC）、羟丙甲纤维素（HPMC）、丙烯酸树脂（Eudragit RS100、Eudragit RL100 等）、乙交酯丙交酯共聚物（PLGA）等药用高分子辅料的出现促进了缓释和控释制剂的发展，使释放时间达 3 个月的 PLGA 缓释注射微球得以上市。新型药用辅料的研发与应用已成为现代药物制剂研发过程中的重要一环，不仅可推动新剂型的研发，还可提高传统制剂的质量。

4. 常规剂型的生产工艺研究 尽管药物新剂型发展很快，但是临床使用的药物制剂仍以片剂、胶囊剂、注射剂等常规剂型为主。此外，新型递药系统仍需要利用常规剂型作为给药形式。目前，常规剂型还存在一些不足，如仿制制剂的质量和疗效一致性问题。因此，应充分应用现代制剂设备和新型药用辅料，对常规剂型的处方设计、制备方法和质量控制进行改进，解决常规制剂生产工艺中存在的不足，并对仿制制剂的质量与疗效一致性等问题进行深入研究。上述研究工作可满足临床用药需求、保障制剂生产、提高制剂质量。

知识拓展 1-1

仿制药一致性评价

仿制药在原料、处方、生产工艺、生产场所等方面可能与原研药有所不同。仿制药一致性评价是指通过体内或体外研究，证明仿制药与认定的原研药的质量和疗效是一致的。仿制药一致性评价原则上应采用体内生物等效性试验（BE）的方法。符合豁免生物等效性试验原则的品种，允许采取体外溶出度试验的方法。通过一致性评价，淘汰产品质量和临床疗效达不到原研制剂同等水平的仿制药，保障药物安全性和有效性，促进我国医药产业升级和结构调整，进一步增强我国医药产业的国际竞争力。国家食品药品监督管理总局（CFDA）要求化学药品新注册分类实施前批准上市的化学仿制药，凡未按照与原研药品质量和疗效一致原则审批的，均须开展一致性评价。国家基本药物目录（2012 年版）中 2007 年 10 月 1 日前批准上市的化学仿制药口服固体制剂，应在 2018 年底前完成一致性评价，其中需开展临床有效性试验和存在特殊情形的品种，应在 2021 年底前完成一致性评价，逾期未完成的，不予再注册。

5. 生物技术药物制剂研究 生物技术药物包括蛋白质、多肽、基因、单克隆抗体、反义核苷酸、疫苗、细胞因子等。这些药物活性强、剂量小，对某些疑难疾病具有特异的预防和治疗作用。但大多数生物技术药物存在分子量大、性质不稳定、体内难吸收、半衰期短、生物利用度低等问题。研究适合于生物技术药物的新制剂对于推动生物技术药物的临床转化应用具有重要意义。

6. 中药新剂型研究 中药制剂的传统剂型有汤剂、散剂、膏剂和丸剂等，随着制剂技术的不断发展，中药剂型有了很大改进，出现了注射剂、颗粒剂、片剂、胶囊剂、滴丸剂、栓剂、软膏剂、气雾剂等剂型，提高了中药制剂的药效和顺应性。然而大部分中药制剂的有效成分及其体内过程还没有完全阐明，如何科学地控制中药制剂质量有待进一步深入研究。此外，中药注射剂的潜在安全性风险也不容忽视。

7. 制剂机械和设备研究 药物制剂大规模生产离不开制剂机械和设备，同时制剂机械和设备对制剂质量具有重要影响。新剂型的生产对制剂机械和设备提出了新的要求，促进了制药设备的不断发展和更新。为了提高制剂质量和保障制剂的安全性，制剂生产逐渐向封闭、高效、多功能、连续化、自动化和机械化的方向发展。为顺应制剂生产的发展趋势，大量自动化、一体化的制剂机械和设备相继问世，如流化床制粒机可一次性完成固体物料混合、制粒、干燥，甚至包衣的操作，显著缩短了工艺流程，减少了物料与人接触的机会。

三、药剂学的学科特点

药剂学研究内容涉及化学、生物、生理、病理、物理、物理化学及数学等多门基础学科，同时与药理学、临床药物治疗学、药物化学、药用高分子材料学、药物分析、制药设备、制药工程等药学专业学科联系紧密。药物制剂生产具有环节多、要求高，知识面涉及广，法规性、专业性和实践性要求强等特点。因此药剂学是一门综合性应用技术科学。同时，药剂学也是一门药学桥梁学科。一方面，药剂学将药物化学、天然药物、生物技术等领域的研究成果转化成可供临床应用的药物制剂，实现药物从实验室研究到制剂工业化生产及临床应用的转变；另一方面，根据制剂工艺特点，直接向制剂工业化大生产提出要求，设计更加合理的制剂工业化生产的机械和设备。因此，药剂学是药物基础研究和制剂工业化生产之间的联系人和指导者，起到承上启下的作用，是药学各专业的核心主干课程之一。

第二节 药物剂型

一、药物剂型的重要性

任何原料药物，在应用于临床时，都必须制成具有一定形状的药物剂型。原料药物制成剂型后，不仅便于确定剂量，而且便于使用与保存，有利于药物的药效稳定和毒副作用的控制。一种原料药物制成何种剂型主要由药物的理化性质、临床需要、给药途径、生产条件、储存与运输条件等因素决定。

（一）剂型对药效的影响

1. 剂型可改变药物的作用性质 多数药物剂型改变后作用性质不变，但有些药物改变剂型后作用性质也发生改变。例如，硫酸镁口服制剂可产生泻下作用，而静脉滴注硫酸镁注射液可抑制中枢神经系统，产生镇静、解痉作用。石膏制成汤剂内服具有解热作用，而外用则具有收湿敛疮作用。

2. 剂型可改变药物的起效速度和药效持续时间 注射剂、气雾剂、舌下片等剂型药物入血速度快，起效快，常用于急救。普通口服制剂如片剂、胶囊剂，口服后需要崩解、溶出、吸收等过程才能发挥作用，因而起效较慢。而缓释和控释制剂则在体内长时间缓慢释放药物，发挥长效作用。表 1-1 比较了硝酸甘油不同剂型的作用特点。

表 1-1 硝酸甘油不同剂型的作用特点

剂型	剂量（mg）	起效时间（min）	血药浓度达峰时间（min）	药效持续时间
舌下片	0.25～0.5	2～3	5	10～30min
口颊片	1～2.5	3	4～10	4～6h
缓释片	2.6～10.4	20～45	45～120	8～12h
软膏（2%）	12.5～40	15～60	30～120	3～5h
贴剂	5～10	30～60	120～240	24h

3. 剂型可降低药物的毒副作用 口服氨茶碱对哮喘有很好的治疗作用，但容易引起心率加快的不良反应，将氨茶碱制成栓剂则可消除这种不良反应。缓释和控释制剂在体内能长时间保持血药浓度平稳，避免血药浓度剧烈波动，从而降低药物的不良反应。

4. 有些剂型可产生靶向作用 微粒给药系统，如脂质体、纳米粒、微乳、微球、微囊静脉注射后，可被吞噬细胞摄取，使药物浓集于肝、脾等器官，发挥肝、脾的被动靶向作用。

（二）剂型必须与给药途径相适应

人体可利用的给药途径有20多个，如胃肠道、静脉、动脉、肌肉、口腔、舌下、皮内、皮下、皮肤、颊部、直肠、子宫、阴道、尿道、耳道、鼻腔、咽喉、支气管、肺部、眼部等。如表1-1所示，不同给药途径药物的作用特点不同，与之相适应的剂型也不相同。药物剂型的设计必须与给药途径相适应。例如，注射剂在给药前必须是液体，可注射的剂型包括乳剂、混悬剂、溶液剂、无菌粉末等；口服给药可以选择多种剂型，如溶液剂、片剂、胶囊剂、乳剂、混悬剂等；眼部给药一般应选液体、半固体等剂型；直肠给药应选栓剂；皮肤给药多用软膏剂或贴剂等。

二、药物剂型分类

（一）按物质形态分类

按物质形态分类，剂型可分为以下4类。

1. 固体剂型 如片剂、胶囊剂、颗粒剂、散剂、丸剂、栓剂、膜剂等。

2. 半固体剂型 如软膏剂、糊剂、凝胶剂、贴膏剂等。

3. 液体剂型 如注射剂、乳剂、混悬剂、滴眼剂、滴耳剂、滴鼻剂、合剂、洗剂、搽剂、涂剂、含漱液、醑剂、灌肠剂、甘油剂、溶液剂、糖浆剂、酊剂等。

4. 气体剂型 如气雾剂、喷雾剂等。

（二）按给药途径分类

按给药途径分类，剂型可分为经胃肠道给药剂型和非经胃肠道给药剂型。

1. 经胃肠道给药剂型

（1）片剂：包括普通片、包衣片、分散片、咀嚼片、口腔速崩片等。

（2）胶囊剂：包括硬胶囊剂和软胶囊剂。

（3）颗粒剂：包括溶液型颗粒剂、混悬型颗粒剂和泡腾颗粒剂等。

（4）散剂：包括内服散等。

（5）口服液体制剂：包括溶液剂、混悬剂、乳剂等。

2. 非经胃肠道给药剂型

（1）注射给药剂型：包括注射剂、输液、粉针剂等。

（2）呼吸道给药剂型：包括吸入气雾剂、粉雾剂、喷雾剂等。

（3）皮肤给药剂型：包括软膏剂、凝胶剂、乳膏剂、硬膏剂、贴剂等。

（4）腔道给药剂型：包括栓剂、滴耳剂等。

（5）黏膜给药剂型：包括舌下片、口腔贴片、滴眼剂、眼膏剂、滴鼻剂等。

（三）按分散系统分类

按分散系统分类，剂型可分为以下7类。

1. 溶液型 包括芳香水剂、溶液剂、糖浆剂、甘油剂、酊剂、醑剂、溶液型注射剂等。

2. 胶体型 包括高分子溶液剂、溶胶剂、火棉胶剂、涂膜剂等。

3. 乳剂型 包括口服乳剂、静脉注射乳剂等。

4. 混悬型 包括混悬剂等。

5. 气体分散型 包括气雾剂等。

6. 微粒分散型 包括微球制剂、微囊制剂、脂质体制剂等。

7. 固体分散型 包括片剂、散剂、颗粒剂、胶囊剂、丸剂等。

三、药物传递系统

传统的观念认为药物的化学结构决定药物的药理作用和临床疗效。随着药物治疗学、药理学、生物药剂学与药物动力学研究的不断深入，人们逐步认识到药物及其制剂在体内的作用不仅与药物的结构有关，而且还与药物及其制剂在体内的动态变化过程密切相关。现已证实药物效应强度与其在靶部位的浓度有关，大部分药物的血药浓度与药物的效应强度成正比，当血药浓度高于最低中毒浓度（MTC）时可产生毒副作用，血药浓度低于最低有效浓度（MEC）时则不能发挥治疗作用。因此只有将药物在必要的时间、以必要的量输送到必要的部位，才能发挥最大的疗效、产生最小的毒副作用。在这些理论的指导下，药剂工作者开始着力于通过药物剂型改造，提高疗效，降低毒副作用，提出了药物传递系统（drug delivery system，DDS）的概念。所谓药物传递系统是指利用药物载体或特殊装置，使制剂进入体内后，缓慢或匀速释放药物，或定时/定位释放药物，或使药物浓集于病变部位，从而发挥高效、长效、低毒作用的一类剂型。药物传递系统与传统剂型最大的区别是设计剂型时融入了生物药剂学与药物动力学的研究成果，药物剂型不再是简单的药物递送于人体的方式，而是将药物的生物药剂学及药物动力学特征与人体疾病特点相结合，使药物进入体内后能够更好地发挥药效，尽可能减少不良反应。

（一）缓释和控释给药系统

缓释和控释给药系统（sustained-release and controlled-release drug delivery system）是利用药物载体或包衣技术，使制剂进入体内后，缓慢或匀速释放药物，使血药浓度在治疗窗范围内持续保持平稳（图 1-1），达到降低不良反应，减少服药次数的目的（表 1-2）。例如，亮丙瑞林缓释微球注射剂、硝苯地平控释片、布洛芬缓释胶囊等。缓释和控释给药系统是目前上市的给药系统产品的主流。

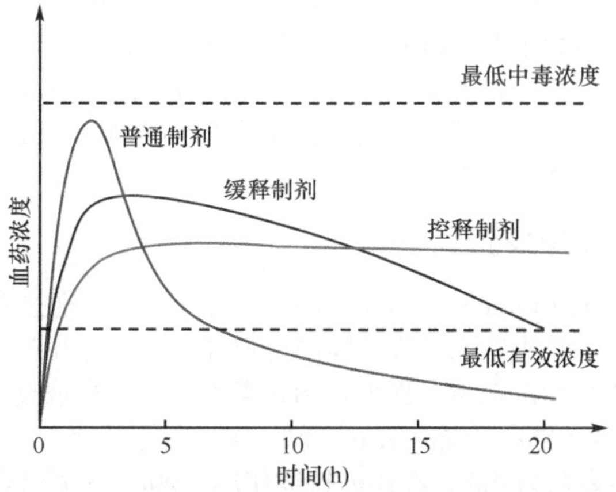

图 1-1 普通制剂、缓释制剂及控释制剂血药浓度-时间曲线示意图

表 1-2 硝苯地平不同剂型比较

片剂类型	每日给药次数	血药浓度特点	给药总量（mg）	不良反应
普通片	3～4	波动大	30～120	面红、心悸较重
缓释片	1	较平稳	20～60	轻
控释片	1	平稳	30～60	轻

（二）靶向给药系统

靶向给药系统（targeted drug delivery system）系指采用载体系统将药物通过循环系统浓集于靶器官、靶组织、靶细胞和细胞内结构的一类新制剂。与普通制剂相比，靶向制剂提高了药物对靶组织的针对性，降低了药物对正常细胞的毒性，减少了给药剂量，增加了靶组织对药物的利用度，可提高疗效并显著降低对其他非靶组织及器官的毒副作用。靶向给药系统对肿瘤、炎症、哮喘等局部疾病的治疗具有重要意义。近年来，纳米粒、聚合物胶束、脂质体、微囊、微球、微乳等作为靶向给药系统的载体，得到了深入的研究，是目前给药系统研究的热点之一。

（三）经皮药物传递系统

经皮药物传递系统（transdermal drug delivery system，TDDS）指在皮肤表面给药，使药物以恒定速度（或接近恒定速度）通过皮肤各层，发挥局部或全身治疗作用的剂型。经皮给药系统具有安全、使用方便、无首过效应等优点。自从东莨菪碱透皮贴剂、硝酸甘油透皮贴剂作为新药上市以来，经皮药物传递系统得到了迅速发展。但是大部分药物透皮吸收量有限，因此选择适宜的促进药物透皮吸收的方法，提高药物的透皮吸收量是该类给药系统发展的关键。

（四）择时给药系统

大量流行病学调研和临床证据表明，人体的某些疾病的发作具有生物节律性，如急性心肌梗死、室性心律失常、心绞痛的发病高峰时间在上午 6：00～12：00 点；凌晨 1：00～2：00 点是哮喘患者对引起支气管痉挛的乙酰胆碱和组胺反应最为敏感的时段；胃溃疡患者的胃酸分泌在夜间增多。择时给药系统（chrono pharmacologic drug delivery system）是指根据人体疾病节律变化特点，能使递药系统进入人体内后定时、定量释放药物的剂型。在美国上市的维拉帕米制剂 Covera-HS 于 22：00 点左右服用，次日清晨心绞痛发作高峰期时释放药物，符合心绞痛节律变化的需要，从而能够有效治疗心绞痛。

（五）黏膜给药系统

黏膜给药系统（mucosal drug delivery system）是指通过黏膜给药后，发挥局部或全身治疗作用的剂型。目前研究最多的主要是口腔黏膜、鼻黏膜和眼黏膜给药制剂。黏膜给药系统具有可避免药物的首过效应、避免胃肠道微环境对药物的破坏、减少全身毒副作用、终止给药方便等优点。上市的品种有硝酸甘油舌下片、硝酸甘油舌下喷雾剂、盐酸阿扑吗啡舌下片、醋酸地塞米松口腔贴片、盐酸羟甲唑啉滴鼻液等。

（六）生物技术药物给药系统

生物技术药物给药系统（biotech drug delivery system）是指通过药物载体系统包载或修饰等手段，提高生物技术药物的生物利用度、体内稳定性、安全性和靶向性，达到增强疗效、方便使用和改善患者顺应性目的的剂型。例如，治疗慢性乙型肝炎或慢性丙型肝炎的干扰素 α，其在人体内的半衰期为 4h，需要每隔一天就注射一次。将干扰素 α 用聚乙二醇（PEG）修饰，可制得长效干扰素 α，半衰期为 40h，在体内持续作用 168h，一周给药一次。目前，长效干扰素 α 已上市应用于临床。

当前生物技术药物多数以注射途径给药。为方便使用和提高患者的顺应性，药剂学工作者正致力于肺部、鼻腔、胃肠道、口腔和透皮给药等给药系统的研究。上市的生物技术药物新剂型有肺部吸入式胰岛素制剂等。

和小分子化学药物相比，基因治疗的选择性更强，可为基因缺陷疾病和其他疾病的治疗提供全新的治疗方法，受到了广泛的关注，寻找合适的基因传递载体是基因治疗临床应用的关键。以微粒给药系统作为载体包封基因或转基因细胞是基因治疗领域中的研究热点。

第三节 药用辅料

药用辅料系指生产药品和调配处方时使用的赋形剂和附加剂，是除活性成分或前药以外，在安全性方面已进行了合理的评估，并且包含在药物制剂中的物质。在作为非活性物质时，药用辅料除了赋形、充当载体、提高稳定性外，还具有增溶、助溶、调节释放等重要功能，是可能会影响到药物制剂的质量、安全性和有效性的重要成分。

药用辅料能够提高制剂的成形性、有效性、稳定性和安全性。不同剂型中辅料发挥的作用不同，其习惯称谓也不同，如在液态剂型中称为附加剂，在固态剂型中称为赋形剂，在软膏、栓剂中称为基质，在新型给药系统中多称为载体材料。

一、药用辅料的分类

1. 按来源分类 可分为植物来源辅料，如淀粉、大豆油；矿物来源辅料，如滑石粉、白陶土；动物来源辅料，如明胶、羊毛脂；化学合成辅料，如聚乙二醇、硫柳汞、羧甲纤维素钠；生物技术来源辅料，如人血白蛋白等。

2. 按作用与用途分类 可分为溶剂、增溶剂、助溶剂、乳化剂、着色剂、黏合剂、崩解剂、填充剂、润滑剂、润湿剂、渗透压调节剂、稳定剂、助流剂、螯合剂、透皮吸收促进剂、pH调节剂、缓冲剂、吸附剂、增塑剂、表面活性剂、发泡剂、消泡剂、增稠剂、包合剂、保护剂、吸收剂、絮凝剂与反絮凝剂、冷凝剂、稀释剂、矫味剂、抛射剂、基质、载体材料等。

二、药用辅料的一般质量要求

药用辅料应符合以下质量要求：①应通过安全性评估，对人体无毒害作用，化学性质稳定，不与主药及其他辅料发生作用，不影响制剂的质量及其检验。②根据不同的生产工艺及用途，药用辅料的残留溶剂、微生物限度、热原、细菌内毒素、无菌等应符合所应用的制剂要求。③影响制剂生产、质量、安全性和有效性的药用辅料性质应符合要求。包括与生产工艺及安全性有关的常规试验项目（如性状、鉴别、检查、含量测定等），以及影响制剂性能的功能性试验项目（如黏度、粒度等）。④药用辅料的包装上应注明“药用辅料”、适用范围（给药途径）、包装规格及贮藏要求等。

三、药用辅料的作用

1. 有利于制剂的成形 如片剂中加入稀释剂、黏合剂；液体制剂中加入溶剂；软膏剂、栓剂中加入基质等，赋予制剂形态特征。

2. 有利于制剂的制备 如片剂的制备中加入助流剂、润滑剂能够改善物料的粉体性质，使压片过程顺利进行；液体制剂中加入助溶剂和增溶剂，有利于药物的溶解。

3. 提高制剂的稳定性 如化学稳定剂（抗氧化剂、螯合剂）、物理稳定剂（助悬剂、乳化剂、助乳化剂）、生物稳定剂（防腐剂）等。

4. 调节药物的作用部位和作用时间 如使制剂具有速释、缓释、控释及环境响应特性的各种辅料。

5. 满足生理要求 如缓冲剂、等渗调节剂、矫味剂、止痛剂、色素等。

四、药用辅料对新剂型和工艺的促进作用

（1）羧甲淀粉钠（CMS-Na）、交联聚维酮（交联 PVP）、交联羧甲纤维素钠（交联 CMC-Na）、

低取代羟丙纤维素（L-HPC）等超级崩解剂是分散片、口腔速崩片的重要辅料，微晶纤维素、预胶化淀粉等可压性优良的辅料使粉末直接压片成为可能。

（2）乙基纤维素（EC）、羟丙甲纤维素（HPMC）、丙烯酸树脂类（Eudragit RL 100 和 Eudragit RS 100）、醋酸纤维素酞酸酯（CAP）、羟丙甲纤维素酞酸酯（HPMCP）等药用辅料的开发，促进了多种新型口服缓释和控释制剂的发展。

（3）乙交酯丙交酯共聚物（PLGA）、聚乳酸（PLA）等生物可降解辅料的出现促进了新型长效缓释注射剂的上市。

（4）泊洛沙姆、磷脂、聚氧乙烯蓖麻油等的出现为静脉注射乳剂的制备提供了更好的选择。

（5）月桂氮䓬酮（laurocapram）的问世促进了经皮给药制剂的发展，目前已有不少透皮吸收产品上市。

（6）聚乙二醇、聚维酮（PVP）、泊洛沙姆 188、聚山梨酯 80、聚乙二醇甘油酯、聚氧乙烯、糖类（如甘露醇、木糖醇等）、有机酸类（如枸橼酸、酒石酸等）等辅料用于固体分散体的制备，增加了药物的溶解度与溶出速率，提高了难溶性药物的口服生物利用度。

总之，药用辅料除了满足制剂成形及制备需要外，对提高制剂的质量和生物利用度，以及制备缓释、控释制剂和靶向制剂等新剂型都有非常重要的作用。药用辅料的质量问题会涉及使用这一类辅料的所有制剂，会引起整个药品行业的系统性风险；另外，药用辅料也是影响仿制药物制剂质量和疗效一致性的重要因素，因此必须高度关注药用辅料的质量。为了适应药物新剂型和新制剂的发展，药用辅料将向安全性、多功能性、适应性、高效性的方向发展。

第四节 药品标准

药品标准是指国家为保证药品质量所制定的质量指标、检验方法及生产工艺等的技术要求，属于强制性标准。药品标准包括药典和药典外标准。

一、药 典

药典（pharmacopoeia）是一个国家记载药品标准、规格的法典，一般由国家药典委员会组织编纂、出版，并由政府颁布、执行，具有法律约束力。药典收载疗效确切、不良反应小、质量稳定的常用药物及其制剂，同时明确规定其制备、鉴别、杂质检查与含量测定等项目要求，作为药品生产、检验、供应与使用的依据。药典在保证患者用药安全有效、促进药品研究和生产等方面发挥着重要作用。

一个国家的药典在一定程度上反映了这个国家的医药科学技术水平。由于医药科技水平的不断提高，新药及其制剂不断上市，新的制剂检验方法不断出现，加之一些有问题的药品需要被淘汰，因此药典需要不断修订。为了使新药物和新制剂及其检验方法能够尽快合法使用，在新版药典出版前，通常由国家药典委员会编辑出版增补本，这种增补本与药典具有相同的法律效力。

（一）中华人民共和国药典

新中国第一届药典编纂委员会于 1950 年成立，1951 年第一届药典委员会第一次会议上决定药典名称为《中华人民共和国药典》，简称《中国药典》。《中国药典》的英文名称为 Pharmacopoeia of the People's Republic of China；英文简称为 Chinese Pharmacopoeia；英文缩写为 ChP。除特别注明版次外，《中国药典》均指现行版。我国药典的发展概况如表 1-3 所示。

表 1-3　《中华人民共和国药典》沿革

版本	特色
1953 年版	为新中国第一部药典，共收载品种 531 种
1963 年版	药典首次分为一部和二部，一部收载中药共 643 种；二部收载化学药品、生物制品等共 667 种
1977 年版	一部收载中药 1152 种；二部收载化学药品、生物制品共 773 种
1985 年版	一部收载中药 713 种；二部收载化学药品、生物制品共 776 种。1988 年 10 月，第一部英文版《中国药典》1985 年版出版
1990 年版	一部收载中药 784 种，二部收载化学药品、生物制品等 967 种
1995 年版	一部收载中药 920 种，二部收载化学药品、生物制品共 1455 种
2000 年版	一部收载中药 992 种，二部收载化学药品、生物制品共 1699 种
2005 年版	药典首次分为一部、二部和三部。一部收载中药 1146 种，二部收载化学药品 1967 种，三部收载生物制品 101 种
2010 年版	一部收载中药 2165 种，二部收载化学药品 2271 种，三部收载生物制品 131 种。不再收载濒危野生动植物药材
2015 年版	药典首次分为一部、二部、三部和四部。一部收载中药 2598 种，二部收载化学药品 2603 种，三部收载生物制品 137 种，四部收载通则总数 317 个，指导原则 30 个，药用辅料 270 种。以野生濒危动植物为原料的中成药不再新增收入药典

（二）国外药典

《美国药典》（U.S.Pharmacopoeia，USP）由美国药典委员会编辑出版，是目前世界上规模最大的一部药典。USP 于 1820 年开始出版发行。美国《处方集》（National Formulary，NF）于 1883 年开始出版发行。1980 年起 NF15 与 USP20 合并为《USP20-NF15》，但仍分两部分，包含关于药物、剂型、原料药、辅料、生物制剂、复方制剂、医疗器械、膳食补充剂和其他治疗成分的标准。凡在美国制造和销售的药物，美国食品药品监督管理局（FDA）强制执行由 USP 官方认可的最新版 USP-NF 标准。《美国药典-国家处方集》每年出版一次，除了印刷版外，还提供 U 盘版和互联网在线版。《美国药典-国家处方集》最新版为《USP39-NF34》，2015 年 2 月出版，于 2016 年 5 月 1 日起正式生效，包含 4 卷及 2 个增补版。美国国家药典委员会官方网站：http：//www.usp.org。

《英国药典》（British Pharmacopoeia，BP）是英国药品委员会的正式出版刊物，是英国制药标准的重要来源。英国药典不仅提供了药用和成药配方标准以及公式配药标准，也向读者展示了所有明确分类并可参照的欧洲药典专著。《英国药典》出版周期不定，第一版于 1864 年发行。《英国药典》最新版为 2016 版（BP2016），共 6 卷，于 2016 年 1 月 1 日起正式生效。英国药典官方网站：http：//www.pharmacopoeia.org.uk/。

《日本药局方》（The Japanese Pharmacopoeia，JP）由日本药典委员会编写，由日本政府的厚生劳动省发布。《日本药局方》是除《中国药典》之外收载各类生药品种较多的药典之一。1886 年第一版《日本药局方》出版（JP1）。第二次世界大战后几乎每隔 5 年出版改正的新药典，第十五版与《美国药典》《英国药典》进行协调，文本中注明了与美国药典和英国药典统一以及未统一的部分，推动了药典国际协调的进程。现行版 JP17 于 2016 年 4 月 1 日起执行。《日本药局方》的日文版和英文版在网上公布。日本药局方网站：http：//www.mhlw.go.jp/topics/bukyoku/iyaku/yakkyoku/index.html。

《欧洲药典》（European Pharmacopoeia，EP）是由欧洲共同体各国共同商定编纂，内容包括活性物质、辅料、化学、动物、人或植物来源的药用物质或制品、顺势疗法制剂和顺势疗法原料、抗生素，以及制剂和容器等的标准。该药典还规定了药品、生产用原材料与合成用中间体的定性、定量检验标准。所有药品、药用材料生产企业在欧洲销售或使用其产品时，都必须遵循欧洲药典标准。第一版于 1969 年发行，分 3 卷陆续出版发行。最新版为《欧洲药典》第八版，包括两个基本卷，2013 年 7 月出版，2014 年 1 月生效。此后经欧洲药典委员会全会批准，通过非累积增补本更新，每年出版 3 个增补本。第八版已有 8 个非累积增补本（8.1～8.8），8.8 版于 2016 年 1 月出版。欧洲药典网站：http：//www.pheur.org。

《国际药典》（International Pharmacopoeia，IP）由联合国世界卫生组织（WHO）主持编订。第一版于 1951 年和 1955 年分两卷用英、法、西班牙文出版。现行版为 2015 年出版的第五版。国际药典网站：http：//apps.who.int/phint/en/p/about/。

二、药品的药典外标准

药典收载疗效确切、不良反应小、质量稳定的常用药物及其制剂。一个国家的药典不可能收载所有已生产与使用的药品品种。对于不符合药典收载要求的其他药品，或未及时录入药典的新药物和新制剂，一般都作为药典外标准加以编订，作为国家药典的补充。

在我国，除药典外的药品标准还包括：《原料药质量标准汇编》、《中华人民共和国卫生部药品标准》、新药转正标准 1～76 册、化学药品地方标准上升国家标准 1～16 册、国家中成药标准汇编（中成药地方标准上升国家标准部分共十三分册）等。同一药品应遵照发布的最新国家药品标准执行。

第五节　药剂学的发展

一、国内药剂学的发展

我国药剂学起源历史悠久，据历史记载，公元前 1766 年已有汤剂出现。在《黄帝内经》中有汤剂、丸剂、散剂、膏剂及酒剂等剂型的记载。在我国汉代张仲景（公元 142～219 年）的《伤寒论》和《金匮要略》中又增加了栓剂、洗剂、软膏剂、糖浆剂等剂型。公元 659 年唐代李勣、苏敬等编纂的《新修本草》被誉为世上最早的药典。《太平惠民和剂局方》是我国最早的官方颁布的成方制剂规范。公元 15 世纪，我国医药学家李时珍编著了《本草纲目》，收载了药物 1892 种，剂型 40 余种，充分体现了中华民族在药剂学的漫长发展过程中作出的重大贡献。19 世纪初，国外医药技术对我国药剂学的发展产生了一定影响，建立了一些药厂，将进口的原料药物加工生产成注射剂、片剂等制剂，但规模较小、水平较低、产品质量较差。

新中国成立后，特别是近 30 年以来，我国的药剂学得到了迅速发展。先后开发出预胶化淀粉、微晶纤维素、聚维酮、低取代羟丙纤维素、羧甲淀粉钠及泊洛沙姆等药用辅料。流化制粒、喷雾制粒等设备的广泛应用提高了固体制剂的产量和质量；空气净化技术与 GMP 的实施使注射剂的质量大大提高。生物药剂学与药物动力学对新剂型研发的指导作用日益受到重视；多种缓释制剂、控释制剂、透皮给药制剂的新产品上市；脂质体、微球、纳米粒等缓释、靶向给药系统的研究也取得很大进展；多肽、蛋白质等生物技术药物的不同给药剂型的研究正在深入开展。

二、国外药剂学的发展

国外药剂学起源最早可追溯到公元前 1552 年编著的《伊伯氏纸草本》，记载有散剂、硬膏剂、丸剂、软膏剂等剂型，并收录了药物的处方和制法等。其后，在药剂学鼻祖格林（Galen，公元 131～201 年）的著作中记述了散剂、丸剂、浸膏剂、溶液剂、酒剂等多种剂型，人们称之为“格林制剂”。1843 年 Brockedon 制备了模印片，1847 年 Murdock 发明了硬胶囊剂，1876 年 Remington 等发明了压片机，1886 年 Limousin 发明了安瓿，使药物制剂的工业化、自动化生产得到了迅速发展，为现代药物制剂的生产奠定了基础。20 世纪 50 年代，药剂学工作者将物理化学的基本原理与药物剂型相结合，创立了药剂学的基本理论。20 世纪 60～80 年代人们对药物制剂在体内的生物效应有了新的认识，改变了过去认为只有药物本身的化学结构才决定药效的片面看法，认识到剂型因素在一定条件下对药物的药效具有决定性影响，从而引发了药物制剂的处方设计、质量评价及新剂型设计的革命性变革。先后出现了固体分散体、包合物、脂质体、聚合物胶束、纳米粒、纳米乳、自乳化、亚微乳、微球、微囊等制剂新技术，上市了肠溶制剂、缓释制剂、控释制剂和靶向制剂等多种新剂型。

按照药物制剂设计理念和药物在体内的作用特点，现代药物制剂可分为四代，大致可反映药物制剂发展的特点和趋势。

第一代：传统的片剂、胶囊、注射剂等，是临床应用最多的给药形式。

第二代：缓释制剂、肠溶制剂等，为第一代 DDS。

第三代：控释制剂和利用单克隆抗体、脂质体、微球、纳米粒等药物载体制备的组织水平的靶向给药制剂，为第二代 DDS。

第四代：靶向于细胞或亚细胞水平的给药系统，为第三代 DDS。

药物制剂的分代并不表明新一代完全取代了旧的一代，新一代制剂一般是建立在旧代基础之上，是对旧代制剂进行改进和提高。具有高效、速效、长效和低毒特征，并且使制备过程更加高效、便利是药物制剂的发展趋势。

三、药剂学的分支学科

化学、材料科学、临床药理学、药物治疗学、药物分析及其他相关学科的迅猛发展极大地促进了药剂学的发展。围绕药剂学的核心任务，药剂学出现了多个分支学科。这些分支学科的发展促进了药剂学的整体进步，研发出了多种新剂型，提高了药物制剂的质量。

（一）物理药剂学

物理药剂学（physical pharmaceutics）是运用物理化学原理和方法，研究药物制剂的处方设计、配伍变化、制备工艺、剂型特点、稳定性、质量控制、储存条件等内容的边缘科学。由于药物制剂的加工过程主要是物理过程或物理化学过程，物理药剂学的出现和发展使剂型制备由传统经验工艺迈向了科学制药，因此物理药剂学是药剂学的理论基础。近年来，物理药剂学的理论和方法在辅料与药物的相容性研究、制剂处方筛选、制剂质量评价等方面的应用日渐增多，促进了药剂学的发展。

（二）工业药剂学

工业药剂学（industrial pharmaceutics）是研究药物制剂工业生产中的基础理论、技术工艺、生产设备和质量管理的科学。工业药剂学是药剂学的核心内容，其基本任务是设计和研究如何将原料药物制成安全有效、质量可控、性质稳定、方便使用的药物制剂，并实现批量生产，以满足疾病治疗与预防的需要。

（三）生物药剂学与药物动力学

生物药剂学（biopharmaceutics）是研究药物及其制剂在体内的吸收、分布、代谢与排泄的过程及其机制，阐明药物剂型因素、生理因素和药物效应三者之间关系的科学。药物动力学

（pharmacokinetics）是应用动力学原理与数学处理方法，研究药物在体内的吸收、分布、代谢和排泄过程量变规律的学科，即药物动力学是研究药物体内过程动态变化规律的一门学科。生物药剂学与药物动力学相互结合，全面阐述了药物的体内规律。如图 1-2 所示，不同处方工艺制剂在体内的药物动力学特点不同。生物药剂学与药物动力学研究可为药物制剂的质量评价，剂型、处方及生产工艺的设计，以及临床合理用药提供科学依据。

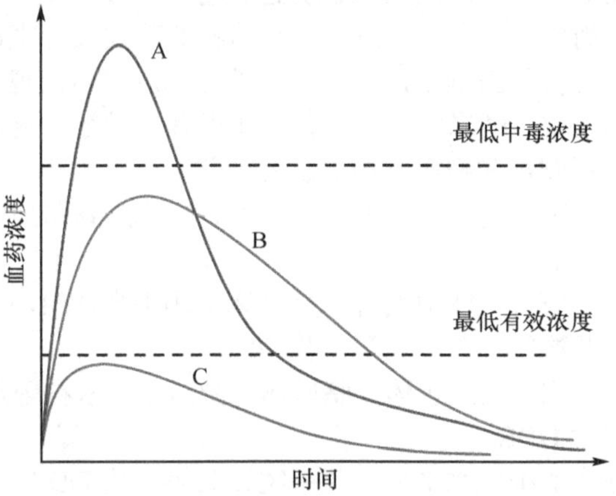

图 1-2　同一种原料药物 A、B、C 三种不同处方工艺制剂血药浓度-时间曲线示意图

（四）药用高分子材料学

药用高分子材料学（pharmaceutical material polymer science）研究药物制剂和药品包装中常用的合成、半合成和天然的高分子材料的结构、制备方法、物理化学性质及其在药物制剂和药品包装中的功能与应用。药用高分子材料促进了缓释制剂、控释制剂以及靶向制剂等新剂型的开发，药用高分子材料也是包衣技术、固体分散技术、脂质体技术、纳米技术、微球和微囊化技术等应用的物质基础。药品包装中的药用高分子材料在保障药品的安全性、有效性、稳定性中发挥重要作用。

（五）临床药剂学

临床药剂学（clinical pharmaceutics）是以患者为对象，研究合理、有效与安全用药的科学。临床药剂学为药剂工作者直接参与患者的药物治疗提供了机会，能够提高临床药物治疗水平，符合医药结合的发展趋势。

第六节　药品研究生产经营管理规范

一、药品生产质量管理规范

《药品生产质量管理规范》（good manufacturing practice，GMP）是规范药品生产质量管理的重要技术法规和基准。世界上第一个 GMP 于 1962 年由美国 FDA 颁布实施，1969 年 WHO 公布了自己的 GMP，标志着 GMP 从此走向了世界。1988 年我国颁布了中国的 GMP，并于 1992 年作了第一次修订。1999 年，我国修订并颁布了《药品生产质量管理规范（1998 年修订）》，并于 1999 年 8 月 1 日起全面施行，目前我国已基本实现了 GMP 认证。2010 年修订的《药品生产质量管理规范（2010 年修订）》从 2011 年 3 月 1 日起全面实施。

GMP对药物制剂生产的全过程及影响产品质量的诸多环节和因素均进行了技术性的规范，改变了以往仅靠药品最终检验结果作为控制药品质量的做法，是一种全过程、动态的质量管理系统，是保证药品质量和安全的最重要、最可靠的技术规范，也是制药企业取得生产资格的强制和必备条件。GMP 的检查对象包括人、生产环境和制剂生产的全过程，将人为错误减小到最低，防止药品污染和质量低劣药品的生产。

二、药品非临床研究质量管理规范

新药研发的基本原则是安全、有效、稳定、质量可控。历史上发生的一系列药害事件多与药物安全性评价不完善有关，20 世纪 70 年代世界各国政府相继实施《药品非临床研究质量管理规范》(good laboratory practice，GLP)，从实验室设施、运行管理、研究计划、试验方案、原始记录到实验报告等全过程进行规范化管理，要求新药的临床前安全性评价研究必须执行GLP，以保证药品安全性评价研究结果的真实、准确、可靠，保证患者用药安全。为推动我国自主创新药的研发，我国政府于“九五”期间启动了中国的 GLP 建设。1999 年 10 月 14 日，国家食品药品监督管理局根据国际上 GLP 的发展和我国的实际情况，颁布了《药品非临床研究质量管理规范（试行）》(简称 GLP)，并于 1999 年 11 月 1 日起施行。2007 年 4 月 16 日，国家食品药品监督管理局颁发了新修订的《药物非临床研究质量管理规范认证管理办法》。

临床前药物的安全性评价，包括急性毒性试验、慢性毒性试验、生殖毒性试验、致突变试验、致癌试验、刺激性试验、依赖性试验及与药物制剂安全性评价有关的其他毒性试验。

三、药品临床研究质量管理规范

药物临床试验是指药物在人体（患者或健康志愿者）进行的系统性研究，以证实或揭示试验用药品的作用及不良反应等。制定《药物临床试验管理规范》(good clinical practice，GCP)的目的在于保证药物临床试验过程规范，结果科学可靠，保护受试者的权益并保障其安全。GCP是临床试验全过程的标准规定，包括方案设计、组织实施、监察、稽查、记录、分析总结和报告。凡进行各期临床试验、人体生物利用度或生物等效性试验，均须按 GCP 规范执行。试验方案需经伦理委员会审议同意，并与患者签订知情同意书后方可实施。在试验进行期间，试验方案的任何修改均应经伦理委员会批准；试验中若发生严重不良事件，应及时向伦理委员会报告。

四、药品经营质量管理规范

《药品经营质量管理规范》(good supplying practice，GSP)是指在药品流通过程中，针对计划采购、购进验收、储存、销售及售后服务等环节而制定的保证药品符合质量标准的一项管理制度。按照 GSP 的要求，药品经营企业必须围绕保证药品质量的宗旨，从药品管理和人员、设备、采购、入库、储存、出库、销售等环节建立一套完整的质量保证体系，有效地杜绝假劣药品的进入和正确地按处方销售药品，从而确保患者用药安全有效。

根据药品经营管理不同，可将药品分为处方药与非处方药。

1. 处方药（prescription drug） 是指必须凭执业医师或执业助理医师的处方才可调配、购买，并在医生指导下使用的药品。处方药可在国务院卫生行政部门和药品监督管理部门共同指定的医学、药学专业刊物上介绍，但是不允许在大众传播媒介发布广告宣传。

2. 非处方药（nonprescription drug） 是指不需凭执业医师或执业助理医师的处方，患者可以自行判断购买和使用的药品。在国外非处方药又称为“可在柜台上买到的药物”(over the counter，OTC)。在非处方药的包装上，必须印有国家指定的非处方药专有标识。目前，OTC

已成为全球通用的非处方药的简称。

处方药和非处方药是药品经营管理上的界定，它们都是经过国家药品监督管理部门批准的药物制剂。非处方药是疗效确定、质量稳定且非医疗专业人员也能安全使用的药物。非处方药并非一成不变，每隔3～5年要进行一次再评价，推陈出新，优胜劣汰，确保OTC的有效性和安全性。

本章小结

药物剂型是不同给药方式的不同外观形态，而制剂是各类剂型中的具体药物品种。药剂学是以药物制剂为中心进行相关研究的学科，其核心任务是能批量生产出安全、有效、质量可控、稳定的适用于临床的各种药物制剂。药物剂型的设计必须与药物的理化性质、临床需要、给药途径相适应，在最大限度发挥治疗作用的同时尽量降低毒副作用。速效、高效、长效、低毒、便于生产是药物制剂的发展趋势。药用辅料是药物制剂的重要组成部分，不仅赋予药物一定的剂型，而且影响药物的作用速度、生物利用度、毒副作用及制剂质量。药典是一个国家记载药品标准、规格的法典，一个国家的药典反映这个国家的药品生产、医疗和科学技术的水平。

重点：药剂学、剂型、药物制剂、药典的概念；药物剂型的重要性；药物辅料的作用。

难点：药剂学的研究内容，药物传递系统。

思 考 题

1. 试述药剂学、剂型、药物制剂的概念。
2. 试述药剂学的研究内容。
3. 试述药物剂型的重要性。
4. 试述药物辅料的作用。
5. 试述药典的重要作用。

（周四元）

第二章　液体制剂

学习目标

1. 掌握：液体制剂的概念、分类、特点；增加药物溶解度的方法；增溶剂、助溶剂、潜溶剂的概念；表面活性剂的概念、基本性质及其在药物制剂中的应用；药物微粒分散系的概念、基本特性与物理稳定性相关理论；低分子溶液剂、高分子溶液剂、溶胶剂、混悬剂与乳剂的概念、特点、稳定性与制法；乳化剂的选择。

2. 熟悉：液体制剂的质量要求、常用溶剂与附加剂；表面活性剂的类型、适用范围与常用品种，胶束增溶原理与影响因素；药物微粒分散系的分类，微粒大小的测定方法及适用范围，微粒分散系性质，DLVO 理论；流体的基本性质与类型，牛顿流体与非牛顿流体的流变学特征；溶液剂的类型及其概念；糖浆剂的附加剂、制法与质量要求；高分子溶液剂与溶胶剂的性质；混悬剂的药物要求、质量评价；乳剂的形成理论、质量评价，影响乳剂类型与稳定性的因素。

3. 了解：微粒分散体系的空间稳定理论和空缺稳定理论，微粒聚结动力学；流变性（黏度）的测定方法，流变学在药剂学中的应用；搽剂、涂剂、涂膜剂、洗剂、冲洗剂、滴鼻剂、滴耳剂、合剂、灌肠剂等液体制剂的概念与特点。

第一节　液体制剂概述

液体制剂（liquid preparations）系指药物分散在适宜的分散介质中制成的供内服或外用的液体形态制剂。液体制剂中，药物以分子、离子状态分散在介质中，形成均相液体制剂，如溶液剂、高分子溶液剂等；药物以微粒状态分散在介质中，形成非均相液体制剂，如溶胶剂、乳剂、混悬剂等。其中被分散的药物称为分散相，分散介质也称分散媒，在溶液剂中也称溶剂，在乳剂中也称外相或连续相。

一、液体制剂的分类

（一）按分散系统分类

根据分散介质中药物粒子大小与分散情况不同，液体制剂分为均相液体制剂和非均相液体制剂，见表 2-1。

1. 均相液体制剂　药物以分子或离子状态均匀分散的澄明溶液，是热力学稳定体系，包括低分子溶液剂（也称溶液剂）与高分子溶液剂。

2. 非均相液体制剂　药物以微粒状态形成的热力学不稳定的多相分散体系，包括溶胶剂、乳剂与混悬剂。

表 2-1　分散体系中微粒大小与特征

类型	微粒大小（nm）	特征与制备方法
溶液剂	<1	小分子或离子分散的澄明溶液，均相，热力学稳定体系，溶解法制备
高分子溶液剂	<100	大分子分散的澄清胶体溶液，均相，热力学稳定体系，胶溶法制备
溶胶剂	1～100	多分子聚集体（胶粒）分散的疏水胶体溶液，非均相，热力学不稳定性体系，分散法和凝聚法制备
乳剂	>100	液体微粒分散，非均相，热力学和动力学不稳定性体系，分散法制备
混悬剂	>500	固体微粒分散，非均相，热力学和动力学不稳定性体系，分散法和凝聚法制备

（二）按给药途径分类

1. 内服液体制剂　如乳剂、芳香水剂、合剂、糖浆剂等。

2. 外用液体制剂

（1）皮肤用液体制剂：如洗剂、搽剂等。

（2）五官科用液体制剂：如滴耳剂、滴鼻剂、含漱剂等。

（3）直肠、阴道、尿道用液体制剂：如灌肠剂、灌洗剂等。

二、液体制剂的特点

液体制剂的优点：①药物以分子、离子或微粒状态分散，分散程度大，吸收快，起效迅速；②适用于多种给药途径；③易于分剂量，服用方便，特别适用于儿童及老年患者；④减少药物的刺激性，如减少溴化物、碘化物等易溶性固体药物引起胃肠道刺激性；⑤ 固体药物制成液体制剂后，可提高药物的生物利用度。

液体制剂的不足之处：①药物分散度较大，易化学降解，导致药效降低甚至失效；②体积较大，携带、运输、储存不方便；③以水为溶剂的液体制剂易霉变；④非均相液体制剂因药物微粒表面积大，易产生物理稳定性变化等问题。

三、液体制剂的质量要求

液体制剂的质量要求包括：①均相液体制剂应是澄明或近澄明溶液；②非均相液体制剂的药物粒子应分散均匀；③口服液体制剂应口感适宜；④外用液体制剂应无刺激性；⑤液体制剂浓度应准确；⑥有一定的防腐能力；⑦包装容器应适宜，方便携带和使用。

四、液体制剂的处方组成

（一）液体制剂的常用溶剂

液体制剂的溶剂种类和极性直接影响药物的溶解或分散状态，溶剂性质与液体制剂的制备方法、稳定性和药效密切相关。液体制剂的溶剂应满足以下要求：①对药物的溶解性和分散性良好；②化学性质稳定，不与药物或附加剂发生反应，也不影响药物的疗效和含量测定；③无毒或毒性小、刺激性小、无不适的臭味；④价格低。

1. 极性溶剂

（1）水（water）：是常用溶剂或分散介质。配制水性液体溶液宜使用蒸馏水或纯化水。水能与乙醇、甘油、丙二醇等溶剂以任意比例混合，能溶解绝大多数无机盐类和极性大的有机药物，以及药材中的生物碱盐、苷类、糖类、树胶、黏液质、鞣质、蛋白质、酸类及色素等。但有些药物在水中不稳定，易水解，或产生霉变，不宜长久储存。

（2）甘油（glycerin）：为无色黏稠性澄明液体，毒性小，有甜味，能与水、乙醇、丙二醇等以任意比例混合，对硼酸、苯酚和鞣质的溶解度比水大。甘油可供内服或外用，含甘油 12%以上能防止鞣质析出，30%以上有防腐作用。外用常作为黏膜、皮肤用药物的溶剂，如碘甘油。

（3）二甲基亚砜（dimethyl sulfoxide，DMSO）：具大蒜臭味，有较强的吸湿性，能与水、乙醇、甘油、丙二醇等溶剂以任意比例混合。DMSO 溶解范围广，能促进药物透过皮肤和黏膜，但对皮肤有轻度刺激，会引起皮肤红斑或水肿。

2. 半极性溶剂

（1）乙醇（alcohol）：是常用溶剂，为无色挥发性液体，可与水、甘油、丙二醇等溶剂以任意比例混合，20%以上的乙醇即有防腐作用，40%以上能延缓某些药物水解。乙醇能溶解大部分有机药物和药材中的苷类、生物碱及其盐类、挥发油、树脂、鞣质、有机酸和色素等。但乙醇有生理活性，易挥发、易燃烧。

（2）丙二醇（propylene glycol）：常用 1，2-丙二醇，其性质与甘油相近，但黏度比甘油小，可作为内服与外用溶剂，毒性小，无刺激性。丙二醇与水、乙醇、甘油等溶剂以任意比例混合，丙二醇和水的混合溶剂能延缓药物水解，增加制剂稳定性，促进药物透过皮肤和黏膜。

（3）聚乙二醇（polyethylene glycol，PEG）：相对分子质量在 1000 以下的聚乙二醇为无色或淡黄色澄明黏性液体，液体制剂常用 PEG 300～600，其理化性质稳定，能与水、乙醇、丙二醇、甘油等以任意比例混合，并能溶解许多水溶性无机盐和水不溶性有机药物，对易水解的药物具有稳定作用。洗剂中能增加皮肤的柔韧性，具有一定保湿作用。

3. 非极性溶剂

（1）脂肪油（fatty oil）：常用的有麻油、花生油、橄榄油、豆油等，能溶解类固醇类激素、游离生物碱、挥发油及许多芳香族脂溶性药物。脂肪油多用于外用制剂，如洗剂、搽剂等。脂肪油易酸败，与碱性药物可发生皂化反应，影响制剂质量。

（2）液状石蜡（liquid paraffin）：是石油产品中分离得到的无色透明、黏性液状烃类混合物，分为轻质和重质两种，前者相对密度为 0.818～0.880，多用于内服或搽剂等外用制剂；后者相对密度为 0.860～0.900，多用于软膏剂、糊剂。液状石蜡性质稳定，但接触空气能被氧化；能溶解生物碱、挥发油及一些非极性药物；在肠道中不分解、不吸收，能使粪便变软，有润肠通便作用。

（3）乙酸乙酯（ethyl acetate）：为无色油状液体，有挥发性和可燃性。其在空气中容易氧化、变色。本品能溶解挥发油、甾体药物等非极性药物。

（二）常用附加剂

液体制剂在制备时根据需要常加入增溶剂、助溶剂、潜溶剂、乳化剂、助悬剂、润湿剂、抗氧剂、pH 调节剂、金属离子络合剂、防腐剂等附加剂，以提高制剂的物理、化学与生物学稳定性；并适当添加矫味剂、着色剂等，以矫正药物的不良臭味，改善制剂外观性状。增加溶解度、物理与化学稳定性的各类附加剂见相关章节介绍，以下主要介绍防腐剂、矫味剂与着色剂。

1. 防腐剂（preservative） 是能够防止或抑制微生物生长繁殖的一类附加剂。液体制剂特别是以水为溶剂的液体制剂，易被微生物污染，若含有糖类、蛋白质等营养物质，更容易导致微生物滋长和繁殖，即使含抗菌药或有抑菌作用的成分，因为其抗菌谱不同，也可能生长微生物。污染微生物的液体制剂会引起浑浊、产气等物理或化学性质的变化，严重影响制剂质量，甚至产生细菌毒素有害于人体。

根据《中国药典》2015 年版四部微生物限度标准，对非无菌化学药品口服液体制剂规定不得检出大肠杆菌（1g 或 1ml）；口服与外用化学药品液体制剂需氧菌总数限量为 10^2cfu/g（ml），霉菌和酵母菌总数限量除直肠给药液体制剂为 10^2cfu/g（ml），其余均为 10 cfu/g（ml）；外用药品均不得检出铜绿假单胞菌和金黄色葡萄球菌，有的外用给药途径还有相应特别要求，如口腔黏膜、齿龈、鼻用制剂还不得检出大肠杆菌（1g 或 1ml），阴道、尿道给药制剂不得检出白色念珠菌（1g 或 1ml）等。

优良防腐剂应符合：①对人体无毒性、无刺激性、无不良气味，用量小；②水中溶解度能达到有效抑菌浓度；③性质稳定，不影响制剂的理化性质和药理作用，抑菌效果不受制剂中成分影响；④抑菌谱广；⑤不易受温度和 pH 的影响，长期储存应稳定，不与包装材料起作用。

（1）羟苯酯类：即对羟基苯甲酸酯类，包括羟苯甲酯、羟苯乙酯、羟苯丙酯、羟苯丁酯等。商品名为尼泊金。其抑菌作用随烷基碳数增加而增加，但溶解度则减小。混合使用有协同作用，如羟苯乙酯和羟苯丙酯（1∶1）或羟苯乙酯和羟苯丁酯（4∶1）合用，浓度一般为 0.01%～0.25%。羟苯酯类化学性质稳定，对霉菌和酵母菌作用强，对细菌作用较弱，在酸性、中性溶液中均有效，但在酸性溶液中作用较强，弱碱性溶液中酚羟基解离，作用减弱。因在水中溶解度小，一般先用少量乙醇或用 80℃热水溶解再使用。本品与聚山梨酯、聚乙二醇等产生络合作用，使游离羟苯酯类浓度下降而降低其抑菌效力，使用时需注意增加羟苯酯类用量。

（2）苯甲酸及其盐：本品防发酵能力比羟苯酯类强，而防霉作用较羟苯酯类为弱。苯甲酸在水中溶解度小，通常配成 20%醇溶液备用，用量一般为 0.05%～0.25%。在酸性溶液中抑菌效果较好，最适 pH=4，溶液 pH 超过 5 时浓度需增加至 0.5%。苯甲酸 0.25%和羟苯酯类 0.05%～0.1%联合应用对防止发霉和发酵最为理想，特别适用于中药液体制剂。

（3）山梨酸及其盐：水中溶解度为 0.125%（30℃），无水乙醇或甲醇中溶解度为 12.9%。用量一般为 0.01%～0.2%（pH＜6.0）。对细菌的最低抑菌浓度为 2mg/ml，对酵母、霉菌最低抑菌浓度为 0.8～1.2mg/ml。本品的防腐作用也是靠未解离的分子，在 pH=4 水溶液中效果较好。山梨酸钾、山梨酸钙作用与山梨酸相同，水中溶解度更大，需在酸性溶液中使用。本品与聚山梨酯也会因络合作用而降低其防腐效力，但由于其有效抑菌浓度低，因而仍有较好的抑菌作用。

（4）季铵盐类：为阳离子表面活性剂，常用苯扎溴铵（十二烷基-二甲基-苄基溴化铵，新洁尔灭）和苯扎氯铵（十二烷基-二甲基-苄基氯化铵，洁尔灭）。水溶液呈微碱性，强力振摇时能产生大量泡沫，pH＜5 时作用减缓。遇阴离子表面活性剂失效。本类可作杀菌剂与防腐剂，作防腐剂使用浓度为 0.01%～0.2%。一般作外用，杜灭芬可作口含消毒剂。

（5）酚类及其衍生物：苯酚的有效抑菌浓度一般为 0.5%，在低温及碱性溶液中抑菌力较弱，遇甘油、油类或醇类时抑菌效力降低。甲酚一般用量为 0.25%～0.3%，抑菌作用比苯酚强，毒性及腐蚀性比苯酚小，易溶于油脂。氯甲酚的常用浓度为 0.05%～0.2%，0.5%浓度对铜绿假单胞菌的杀菌力较强。邻苯基苯酚使用浓度为 0.005%～0.02%，广谱杀菌。本类常用作注射剂的抑菌剂，对眼睛略有刺激性。

（6）醋酸氯己定：又称醋酸洗必泰，微溶于水，溶于乙醇、甘油、丙二醇等溶剂中，为广谱杀菌剂，用量为 0.02%～0.05%。

（7）其他防腐剂：如 0.01%～0.05%桉叶油、0.01%桂皮油、0.05%薄荷油、0.1%脱水山乙酸、20%乙醇制剂均有防腐作用。

2. 矫味剂（flavouring agents） 指改善制剂味道与气味的附加剂。

（1）甜味剂：包括天然甜味剂和合成甜味剂两大类。①天然甜味剂：以蔗糖和单糖浆应用最广泛。具有芳香味的橙皮糖浆、桂皮糖浆等不但能矫味，也能矫臭。甘油、山梨醇、甘露醇等也可作甜味剂。甜菊素也称甜菊糖苷，不被吸收不产生热量，适用于糖尿病、肥胖病患者。其甜度为蔗糖的 200～300 倍，常用量为 0.025%～0.05%，甜味持久，但甜中带苦，故常与蔗糖和糖精钠合用。②合成甜味剂：糖精钠的甜度为蔗糖的 200～700 倍，易溶于水，但水溶液不稳定，长期放置甜度降低，食用过量对身体有害。常用量为 0.03%，常与单糖浆、蔗糖和甜菊糖苷合用，作咸味的矫味剂。阿司帕坦，也称蛋白糖、天冬甜精，为一种非糖类的人造二肽类甜味剂，甜度比蔗糖高 150～200 倍，不致龋齿，可以有效地降低热量，适用于糖尿病、肥胖症患者。

（2）芳香剂：指改善制剂的气味和香味的香料和香精。香料包括天然香料和人造香料两大类。天然香料常是从植物中提取的挥发油或芳香性物质，如薄荷油、肉桂油等。人造香料则是由人工合成的香味物质，按化合物分类有醇、醛、酮、酸、酯等，如己基香兰素。香精是由香料添加一定量的溶剂、载体或食品添加剂调和而成的具有一定香型和浓度的混合物，也称调和香料，如苹果香精、香蕉香精等。

（3）胶浆剂：具有黏稠缓和的性质，能够干扰味蕾的味觉，多用于矫正涩酸味，降低刺激性。例如，阿拉伯胶、羧甲纤维素钠、琼脂、明胶、甲基纤维素等胶浆，加入 0.02%糖精钠或 0.025%甜菊糖苷等甜味剂，可增加其矫味作用。

（4）泡腾剂：指有机酸与碳酸氢钠干燥混合物，遇水后产生大量二氧化碳，能降低味蕾的敏感度起矫味作用。其对盐类的苦味、涩味、咸味有所改善。

3. 着色剂 指为了识别、改善制剂色泽或其他目的加入到制剂中进行调色的物质。着色剂能改善制剂的外观颜色，便于识别，提高患者的顺应性。着色剂与矫味剂若配合协调，易为患者所接受。

（1）天然色素：常用的有植物性色素和矿物性色素。植物性色素中，红色的有苏木、甜菜红、胭脂红等；黄色的有姜黄、胡萝卜素等；蓝色的有松叶兰、乌饭树等；绿色的有叶绿素；棕色的有焦糖等。矿物性色素如氧化铁（棕红色）。

（2）合成色素：色泽鲜艳，价格低廉，但大多数毒性比较大，用量不宜过多。我国批准的内服合成色素有苋莱红、柠檬黄、胭脂红、胭脂蓝和日落黄，通常配成 1%贮备液使用，用量不得超过万分之一。外用色素有伊红、品红、亚甲蓝、苏丹黄 G 等。

五、药物的溶解度

（一）药物溶解度的表示方法

溶解度（solubility）指在一定温度（气体在一定压力）下，在一定量溶剂中达饱和时溶解溶质的最大量，是反映药物溶解性的重要指标。《中国药典》2015 年版将药物的近似溶解度以下列七种名词术语表示：极易溶解、易溶、溶解、略溶、微溶、极微溶解、几乎不溶或不溶。

（二）溶解度的测定方法

1. 药物的特性溶解度及测定方法 药物的特性溶解度（intrinsic solubility）指药物不含任何杂质，在溶剂中不发生解离或缔合，也不发生相互作用时所形成的饱和溶液的浓度。从制剂角度出发，药物的特性溶解度是首先应该测定的参数，有助于对药物剂型的选择及对处方、工艺、药物的晶型、粒子大小等作出适当的考虑。一般如果口服药物的特性溶解度小于 1mg/ml 就可能出现吸收问题。

特性溶解度的测定是根据相溶原理图来确定的。配制数份不同程度的过饱和溶液，恒温下持续振荡达到溶解平衡，离心或过滤后，取上清液适当稀释，测定药物在饱和溶液中的浓度。以测得的药物浓度（S）为纵坐标，药物质量-溶剂体积比为横坐标作图，直线外推到比值为零处即得药物的特性溶解度 S_0，如图 2-1 所示。图中正偏差（曲线 A）表明在该溶液中药物发生解离，或杂质、溶剂对药物有复合及增溶作用等；直线 B 表明药物纯度高，无解离、与缔合，无相互作用；负偏差（曲线 C）则表明发生抑制溶解的同离子效应，两条曲线外推与纵轴的交点所示溶解度即为特性溶解度 S_0。

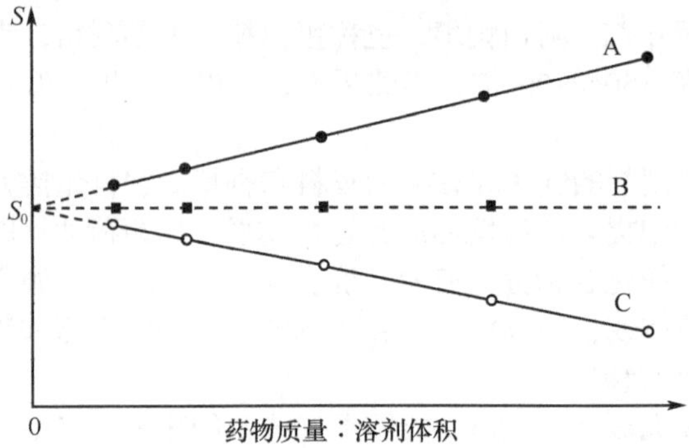

图 2-1　特性溶解度测定曲线

A—正偏差（增溶）；B—纯物质；C—负偏差（同离子效应）

常用的药物中，约 95%是弱酸或弱碱性药物，应分别在酸性和碱性溶液中测定其特性溶解度，但也很难完全排除药物解离和溶剂的影响。

2. 药物的平衡溶解度及测定方法　一般情况下测定的溶解度多为平衡溶解度（equilibrium solubility）或称表观溶解度（apparent solubility）。测量的方法是：取数份药物，配制从不饱和溶液到饱和溶液的系列溶液，置恒温条件下振荡至平衡，经滤膜过滤，取滤液测定药物的实测浓度，并对配制溶液浓度作图，如图 2-2 所示，图中横坐标为药物质量-溶剂体积比，纵坐标为实测浓度（S），曲线的转折点 A，即为该药物的平衡溶解度。

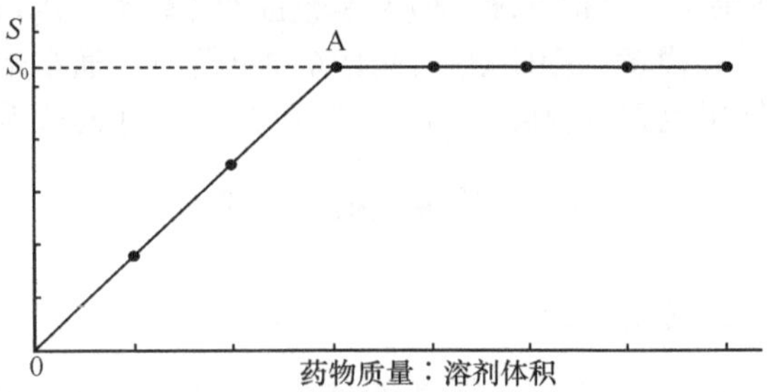

图 2-2　平衡溶解度测定曲线

测定平衡溶解度与特性溶解度，一般需要在低温（4～5℃）和体温（37℃）两种条件下进行，以便对药物及其制剂的储存和使用提供参考。如果需要进一步了解药物稳定性对溶解度的影响，还应同时使用酸性和碱性两种溶剂系统。

（三）影响药物溶解度的因素与增加溶解度的方法

1. 分子结构与解离状态　药物在溶剂中的溶解度遵循“相似相溶”规律。若药物分子与溶剂分子间作用力大于药物分子内作用力，则药物溶解度大。药物分子与极性溶剂分子间形成氢键，则溶解度增大。

引入亲水基团可增加水溶解度，如维生素 K_3 不溶于水，引入—SO_3HNa 成为维生素 K_3 亚硫酸氢钠，可制成注射剂。制成可溶性盐，可增加有机弱酸弱碱药物在水中的溶解度。弱碱性药物如可卡因、生物碱，常与盐酸、硫酸、磷酸、枸橼酸、酒石酸等成盐，增加水中溶解度；反之弱酸性药物如水杨酸、对氨基水杨酸等常用碳酸钠、碳酸氢钠等增加水中溶解度。应注意药物制成盐后溶解度增加的同时，稳定性、刺激性、毒性、疗效等也常发生变化。

2. 溶剂化作用与水合作用　溶剂化作用使溶剂分子包围在药物分子或离子周围，影响药物在溶剂中的溶解度。水合作用使药物在水中溶解度增加，大多数离子在水溶液中都是以水合离子的形式存在，水合作用与离子性质有关，阳离子更易与水分子作用。离子大小及离子表面积是水合作用的决定因素，离子半径增大则水合数目降低。

3. 多晶型与溶剂化物的影响 同一化学结构的药物，由于结晶条件（如溶剂、温度、冷却速度等）不同，导致结晶时分子排列与晶格结构不同，产生多晶型（polymorphism form）。多晶型广泛存在于药物中，不同晶型的晶格能不同，药物的熔点、溶解速度、溶解度等也不同。例如，维生素 B_2 有三种晶型，在水中溶解度分别为：Ⅰ型 60mg/L，Ⅱ型 80mg/L，Ⅲ型 120mg/L。药物的无结晶结构称无定型，因无晶格束缚，自由能大，所以溶解度和溶出速度较结晶型大。例如，新生霉素在酸性水溶液中形成无定型，其溶解度比结晶型大 10 倍，溶出速度与吸收也快。

溶剂化物也称假多晶型，是药物在结晶过程中，溶剂分子进入晶格使结晶型改变而形成的。如溶剂为水，即为水合物。结晶结构的改变影响晶格能，导致溶剂化物的熔点、溶解度和溶出速度等物理性质与非溶剂化物均不同。在多数情况下，溶解度和溶出速度按水合物＜无水物＜有机溶剂化物的顺序增大。例如，琥珀酸磺胺嘧啶水合物的溶解度为 10mg/100ml，无水物溶解度为 39mg/100ml，戊醇溶剂化物溶解度为 80mg/100ml。

4. 粒子大小的影响 可溶性药物的粒子大小对溶解度影响不大，难溶性药物的粒子半径大于 2μm 时，粒径对溶解度无影响，但粒径在 0.1～100nm 时，溶解度受粒径大小影响明显。根据一定温度下以热力学的方法导出的 Ostwald- Freundlich 方程，药物溶解度随粒径减小而增加。

$$\ln\frac{S_1}{S_2}=\frac{2\sigma M}{\rho RT}\left(\frac{1}{r_2}-\frac{1}{r_1}\right) \tag{2-1}$$

式中，S_1 和 S_2 分别为粒子半径为 r_1 和 r_2 时的溶解度；σ 为固体药物与液态溶剂之间的界面张力；ρ 为固体药物的密度；M 为药物的分子质量；R 为摩尔气体常数；T 为热力学温度。若 $r_2<r_1$，则 $S_2>S_1$，故可利用减小粒径来增大溶解度，如微粉化。

5. 温度的影响 温度对溶解度影响有两种情况。若溶解过程是吸热即 $\Delta H_s>0$，则溶解度随温度升高而升高；若是放热过程即 $\Delta H_s<0$ 时，则溶解度随温度升高而降低。药物溶解度与温度关系式为

$$\ln\frac{S_1}{S_2}=\frac{\Delta H_s}{R}\left(\frac{1}{T_1}-\frac{1}{T_2}\right) \tag{2-2}$$

式中，S_1、S_2 分别在温度 T_1 和 T_2 下的溶解度；ΔH_s 为溶解焓（J/mol）；R 为摩尔气体常数。若已知溶解焓 ΔH_s 与某一温度下的溶解度 S_1，则可由式（2-2）求得 T_2 下的溶解度 S_2。

6. pH 与同离子效应

（1）pH 的影响：有机弱酸、弱碱及其盐类药物，在水中溶解度受 pH 影响很大。对于弱酸性药物，pH 升高则表观溶解度增大，若已知解离常数 pK_a 和特性溶解度 S_0，由式（2-3）可计算在任何 pH 下的表观溶解度 S，亦可以求得弱酸沉淀析出的 pH，以 pH_m 表示。

$$pH_m=pK_a+\lg\frac{S-S_0}{S_0} \tag{2-3}$$

对于弱碱性药物，pH 下降则表观溶解度增大。如溶液的 pH 高于计算值时弱碱即游离析出，即为弱碱溶解时的最高 pH，以 pH_m 表示。

$$pH_m=pK_a+\lg\frac{S_0}{S-S_0} \tag{2-4}$$

（2）同离子效应：由于加入含相同离子的强电解质，使弱电解质电离度减小或使难溶盐类溶解度降低。若药物的解离型或盐型是限制溶解的组分，则其在溶液中的相同离子浓度是影响该药物溶解度大小的决定因素。例如，许多盐酸盐类药物在 0.9%氯化钠溶液中的溶解度比在水中低。

7. 潜溶剂的影响 潜溶剂（cosolvent）指能与水任意比例混合、增加难溶性药物溶解度的溶剂，也称混合溶剂。潜溶剂的种类、混合比例均影响药物的溶解度。药物在混合溶剂中的溶解度一般是各单一溶剂溶解度的相加平均值，但当各溶剂达到某一比例时，难溶性药物的溶解度出现极大值，比在各单一溶剂溶解度中均高，这种现象称为潜溶（cosolvency）。如使用聚乙二醇与水的混合溶剂后，使苯巴比妥溶解度增加且稳定，可制成注射剂使用。

潜溶剂提高药物溶解度的原因，一般认为是两种溶剂间发生氢键缔合，并且改变了原来溶剂的介电常数。例如，乙醇和水或丙二醇和水组成的潜溶剂均降低了溶剂的介电常数，增加了对非解离药物的溶解度。常与水组成潜溶剂的有：乙醇、丙二醇、甘油、聚乙二醇等。

8. 助溶剂和增溶剂的影响 助溶（hydrotropy）指在溶剂中加入第三种物质，与难溶性药物形成可溶性螯合物、复盐或缔合物等，以增加药物在溶剂（主要是水）中的溶解度，第三种物质称为助溶剂（hydrotropic agents）。助溶剂可溶于水，多为低分子化合物。常用的助溶剂可分为两大类：一类是有机酸及其钠盐，如苯甲酸钠、水杨酸钠等；另一类为酰胺类化合物，如乌拉坦、烟酰胺等。此外，某些无机化合物如碘化钾等也可做助溶剂。常见难溶性药物及其应用的助溶剂见表 2-2。

助溶剂的助溶机制复杂，尚未十分清楚，关于助溶剂的选择尚无明确的规律可循，一般只能根据药物性质，选用能与其形成水溶性络合物、复盐或缔合物的物质。①形成可溶性分子络合物。如复方碘溶液，碘在水中的溶解度为 1∶2950，以碘化钾为助溶剂，在 10% 碘化钾溶液可制成含碘 5%的水溶液。增加碘溶解度的机制是 KI 与碘形成 KI_3 螯合物；②形成复盐。如茶碱在水中溶解度为 1∶120，用乙二胺为助溶剂形成氨茶碱，其溶解度为 1∶5；③形成分子缔合物。如咖啡因的溶解度为 1∶50，用苯甲酸钠作助溶剂，形成分子复合物安钠咖（苯甲酸钠咖啡因），在水中溶解度为 1∶1.2。

表 2-2 常见的难溶性药物与其应用的助溶剂

药物	助溶剂
碘	碘化钾，聚维酮
咖啡因	苯甲酸钠，水杨酸钠，对氨基苯甲酸钠，枸橼酸钠，烟酰胺
可可豆碱	水杨酸钠，苯甲酸钠，烟酰胺
茶碱	乙二胺，其他脂肪族胺，烟酰胺，苯甲酸钠
盐酸奎宁	乌拉坦，尿素
维生素 B_2	苯甲酸钠，水杨酸钠，烟酰胺，尿素，乙酰胺，乌拉坦
安络血	水杨酸钠，烟酰胺，乙酰胺
氢化可的松	苯甲酸钠，邻、对、间羟苯甲酸钠，乙二胺，烟酰胺
链霉素	蛋氨酸，甘草酸
红霉素	乙酰琥珀酸酯，维生素 C
新霉素	精氨酸

增溶（solubilization）指表面活性剂在水中达到临界胶束浓度后，某些难溶性或微溶物质在胶束溶液中溶解度增大并形成澄清溶液的过程。具有增溶能力的表面活性剂称增溶剂（solubilizer），被增溶的物质称为增溶质。每克增溶剂能增溶药物的克数称增溶量。

对于以水为溶剂的药物，常用的增溶剂为肥皂类、聚山梨酯类和聚氧乙烯脂肪酸酯类等。挥发油、脂溶性维生素、甾体激素类、生物碱、抗生素类等药物均可用此法增溶。如甲酚在水中的溶解度仅 2%左右，但在肥皂溶液中，却能增加到 50%。

增溶剂不但可增加溶解度，而且有增加药物稳定性作用，因为：①药物嵌入到胶束中与空气隔绝受到保护，防止药物被氧化；②胶束上的电荷排斥或胶束自身阻碍了催化水解的 H^+或OH^-接近药物，防止药物的水解。

表面活性剂增溶的机制见“表面活性剂的基本性质”。

（马云淑）

第二节 表面活性剂

一、概 述

（一）表面活性剂的概念

表面活性剂是指能显著降低两相间的表面（或界面）张力的物质。这种使表面（或界面）张力降低的性质即为表面（或界面）活性。例如，肥皂可使水的表面张力显著下降。

（二）表面活性剂的结构特征

表面活性剂分子一般由长度在 8 个碳原子以上的非极性烃链和一个以上的极性基团组成。极性基团可以是解离的离子，如羧酸及其盐、磺酸及其盐、硫酸酯及其可溶性盐、磷酸酯基、氨基或胺基及其盐，也可以是不解离的亲水基团如羟基、酰胺基、醚键、羧酸酯基等。

（三）表面活性剂的分类

根据起表面活性作用的极性基团在水中的解离性质，表面活性剂可分为离子型表面活性剂和非离子型表面活性剂。离子型表面活性剂又可分为阳离子表面活性剂、阴离子表面活性剂和两性离子表面活性剂等三类。

1. 阴离子表面活性剂（anionic surfactants） 起表面活性作用的部分是阴离子。

（1）高级脂肪酸盐：通式为（$RCOO^-$）$_nM^{n+}$，系肥皂类。烃链 R 一般在 C_{11}～C_{17}，如硬脂酸[$CH_3(CH_2)_{16}COOH$]、油酸[$CH_3(CH_2)_7CH{=}CH(CH_2)_7COOH$]、月桂酸[$CH_3(CH_2)_{10}COOH$]等。根据阳离子 M 的不同，可分碱金属皂（一价皂）、碱土金属皂（二价皂）和有机胺皂（三乙醇胺皂）等。本品具有良好的乳化和分散油的能力，但易被酸破坏，碱金属皂还可被钙、镁盐等破坏，电解质可使之盐析。本类一般只用于外用制剂。

（2）硫酸化物：通式为 $ROSO_3^-M^+$，R 一般在 C_{12}～C_{18}，主要是硫酸化油和高级脂肪醇硫酸酯类。硫酸化油的代表是硫酸化蓖麻油，俗称土耳其红油，为无刺激性的去污剂和润湿剂，也用于挥发油或不溶性药物的增溶。高级脂肪醇硫酸酯类中常用的是十二烷基硫酸钠（SDS，又称月桂醇硫酸钠、SLS）、十六烷基硫酸钠（鲸蜡醇硫酸钠）、十八烷基硫酸钠（硬脂醇硫酸钠）等，其乳化能力强，较肥皂类稳定，耐酸和钙、镁盐，但与一些高分子阳离子药物作用产生沉淀，主要用于外用软膏乳化剂，也用于片剂等固体制剂的润湿剂或增溶剂。

（3）磺酸化物：通式分别为 $RSO_3^-M^+$和 $RC_6H_5SO_3^-M^+$，包括脂肪族磺酸化物和烷基芳基磺酸化物等。例如，二辛基琥珀酸磺酸钠（阿洛索-OT）、二己基琥珀酸磺酸钠、十二烷基苯磺酸钠等，具有很强的渗透性、润湿性、乳化性与分散性，常用作洗涤剂、润湿剂与乳化剂。水溶性及耐酸、耐钙盐、耐镁盐性均比硫酸化物稍差，但在酸性环境中不易水解。甘胆酸钠、牛磺胆酸钠等胆酸盐也属此类，常用作乳化剂和增溶剂。

2. 阳离子表面活性剂（cationic surfactants） 起表面活性作用的部分是五价氮原子，为阳离子的季铵化物，也称阳性皂。常用品种有苯扎氯铵（十二烷基-二甲基-苄基氯化铵，洁尔灭）、苯扎溴铵（十二烷基-二甲基-苄基溴化铵，新洁尔灭）与杜灭芬等。其特点是水溶性大，在酸性与碱性溶液中较稳定，具有良好的表面活性和杀菌作用。本品用作防腐剂、消毒剂与创伤和烧伤感染的治疗等。

3. 两性离子表面活性剂（zwitterionic surfactants） 其分子结构中同时具有正、负电荷基团，在不同 pH 介质中可分别表现出阳离子或阴离子表面活性剂的性质。

（1）磷脂类：是天然的两性离子表面活性剂，常用大豆磷脂与蛋黄卵磷脂。根据《中国药典》2015 年版四部，大豆磷脂含磷脂酰胆碱应不得少于 45%，含磷脂酰乙醇胺应不得过 30%；蛋黄卵磷脂含磷脂酰胆碱不得少于 68%，含磷脂酰乙醇胺不得过 20%。

不同磷脂类的组分的比例可发生很大的变化，从而影响其使用性能。例如，磷脂酰胆碱含量高时可作为 O/W 型乳化剂，而在肌醇磷脂含量高时则为 W/O 型乳化剂。磷脂类不溶于水，溶于氯仿、乙醚、石油醚等有机溶剂；对热十分敏感，需低温保存，在酸性、碱性条件或酯酶作用下易水解。氢化或部分氢化物可提高稳定性，是制备静脉注射用乳剂及脂质微粒分散制剂的主要辅料。

（2）氨基酸型和甜菜碱型：均为合成化合物，阴离子部分主要是羧酸盐，阳离子部分为胺盐或季铵盐，胺盐为氨基酸型（$R^+NH_2CH_2CH_2COO^-$），在等电点时亲水性减弱，并可能产生沉淀；季铵盐为甜菜碱型 [$R^+N(CH_3)_2CH_2COO^-$]，在酸性、中性及碱性溶液中均易溶，在等电点时也无沉淀。

两性离子表面活性剂在碱性水溶液中呈阴离子性质，具有很好起泡、去污作用；在酸性溶液中则呈阳离子性质，杀菌能力强。例如，氨基酸型两性离子表面活性剂“Tego”杀菌力很强而毒性小于阳离子表面活性剂。

4. 非离子型表面活性剂（nonionic surfactants） 分子由亲油基团以酯键或醚键与亲水基团结合而成，亲水基团一般是甘油、聚乙二醇和山梨醇等多元醇，亲油基团是长链脂肪酸或长链脂肪醇及烷基或芳基等。根据亲水基团不同分为甘油酯类、多元醇类及聚氧乙烯类。由于其不解离性，具有不受电解质和溶液 pH 影响，毒性和溶血性小，以及能与大多数药物配伍等优点。在药剂上常用作增溶剂、分散剂、乳化剂或混悬剂等，广泛用于外用、口服制剂和注射剂。

（1）脂肪酸甘油酯：常用的有脂肪酸单甘油酯和脂肪酸二甘油酯，如单硬脂酸甘油酯。本品不溶于水，在水、热、酸、碱及酶等作用下易水解成甘油和脂肪酸。表面活性较弱，主要用作 W/O 型辅助乳化剂。

（2）蔗糖脂肪酸酯：简称蔗糖酯，是蔗糖与脂肪酸反应生成的一类单酯、二酯及多酯类化合物，在酸、碱和酶的作用下可水解，不溶于水，但在水和甘油中加热可形成凝胶，溶于丙二醇、乙醇等，主要用作 O/W 型乳化剂、分散剂。一些脂肪酸含量高的蔗糖酯可用作阻滞剂。

（3）脂肪酸山梨坦：即失水山梨醇脂肪酸酯，由山梨糖醇及其一次脱水物和二次脱水物与脂肪酸反应而成的酯类混合物。其商品名为司盘（Span）。根据脂肪酸的不同，分为月桂山梨坦（司盘 20）、棕榈山梨坦（司盘 40）、硬脂山梨坦（司盘 60）、三硬脂山梨坦（司盘 65）、油酸山梨坦（司盘 80）和三油酸山梨坦（司盘 85）等多个品种。

脂肪酸山梨坦是白色至黄色的油状黏稠液体或蜡状固体。其不溶于水，易溶于乙醇，易被酸、碱和酶作用水解。亲油性较强，是常用的 W/O 型乳化剂，在 O/W 型乳剂中常与聚山梨酯配伍做混合乳化剂。

（4）聚山梨酯：即聚氧乙烯失水山梨醇脂肪酸酯，是在脂肪酸山梨坦剩余的羟基上结合聚氧乙烯基而制得的醚类混合物，聚氧乙烯基链节数约为 20。其商品名为吐温（Tween）。根据脂肪酸不同，有聚山梨酯 20（Tween 20）、聚山梨酯 40（Tween 40）、聚山梨酯 60（Tween 60）、聚山梨酯 65（Tween 65）、聚山梨酯 80（Tween 80）和聚山梨酯 85（Tween 85）等。

聚山梨酯为黏稠黄色液体，对热稳定，但在酸、碱和酶作用下水解。由于分子中含有多个亲水性的聚氧乙烯基，在水和乙醇及多种有机溶剂中易溶，不溶于油。低浓度时即在水中形成胶束增溶，其作用不受溶液 pH 影响，是常用的 O/W 型乳化剂、增溶剂、润湿剂和分散剂。

（5）聚氧乙烯脂肪酸酯：通式为 $RCOOCH_2(CH_2OCH_2)_nCH_2 \cdot OH$，系聚乙二醇和长链脂肪酸缩合而成的酯，商品名卖泽（Myrij）。根据聚乙二醇的分子质量和脂肪酸品种不同而有不同品种，常用的有聚氧乙烯 40 硬脂酸酯等。其水溶性与乳化能力强，为 O/W 型乳化剂。

（6）聚氧乙烯脂肪醇醚：通式为 $RO(CH_2OCH_2)_nH$，系不同聚合度的聚乙二醇与脂肪醇的缩合物，商品名苄泽（Brij），如 Brij30 和 Brij35 为不同聚合度的聚乙二醇与月桂醇缩合物；平平加 O（Perogol O）与埃莫尔弗（Emolphor）为不同单位的氧乙烯与油醇的缩合物。常用做增溶剂及 O/W 型乳化剂。

（7）聚氧乙烯-聚氧丙烯共聚物：通式为 $HO(C_2H_4O)_a—(C_3H_6O)_b—(C_2H_4O)_cH$，系由亲水性的聚氧乙烯和亲油性的聚氧丙烯聚合而成多种分子质量的高分子产品（表 2-3），又称泊洛沙姆（poloxamer），商品名为普朗尼克（pluronic）。相对分子质量可在 1000～14 000。随分子量增加，从液体变为固体。随聚氧乙烯比例增加，其亲水性增强。具有乳化、润湿、分散、起泡和消泡等多种优良性能，但增溶能力较弱。Poloxamer 188（pluronic F68）分子质量较大，常用作 O/W 型乳化剂，对皮肤无刺激性和过敏性，黏膜刺激性与毒性极小，是目前可用于静脉乳剂的极少数合成乳化剂之一。

表 2-3 泊洛沙姆及对应普朗尼克型号及其分子量

Poloxamer	Pluronic	平均分子质量	*a*（聚氧乙烯链节数）	*b*（聚氧丙烯链节数）
124	L44	2 090～2 360	12	20
188	F68	7 680～9 510	79	28
237	F87	6 840～8 830	64	37
338	F108	12 700～10 400	141	44
407	F127	9 840～14 600	101	56

二、表面活性剂的基本性质

（一）表面活性剂的吸附性

1. 溶液表面的正吸附 表面活性剂在水中溶解的浓度很低时，分子在水-空气表面定向排列，亲水基团朝向水而亲油基团朝向空气形成单分子层，使溶液表面层的表面活性剂浓度大大高于溶液中的浓度，溶液的表面张力下降到纯水表面张力以下。这种表面活性剂在溶液表面层聚集的现象称为正吸附。正吸附改变了溶液表面的性质，最外层呈现出碳氢链性质，表现出较低的表面张力，有较好的润湿性、乳化性、起泡性等。

2. 固体表面的吸附 表面活性剂溶液与固体接触时，表面活性剂分子可能在固体表面发生吸附，使固体表面性质发生改变。极性固体物质对离子表面活性剂的吸附在低浓度下形成单分子层，表面活性剂分子的疏水链伸向空气。对于非极性固体，一般只发生单分子层吸附，疏水基吸附在固体表面而亲水基指向空气，当表面活性剂浓度增加时，吸附量并不随之增加甚至有减少的趋势。

（二）表面活性剂胶束

1. 临界胶束浓度 当正吸附到达饱和后继续加入表面活性剂，其分子转入溶液中，由于亲油基团的存在，水分子与表面活性剂分子相互间的排斥力远大于吸引力，导致表面活性剂分子的亲油基团相互吸引、缔合在一起，形成亲油基团向内、亲水基团向外、在水中稳定分散、大小在胶体粒子范围的胶束或胶团（micelles）。表面活性剂分子缔合形成胶束的最低浓度即为临界胶束浓度（critical micell concentration，CMC）。达到 CMC 时，溶液的表面张力基本上到达最低值。在 CMC 到达后的一定范围内，单位体积内胶束数量和表面活性剂的总浓度几乎呈正比。

不同表面活性剂的 CMC 不同，见表 2-4。影响 CMC 的因素包括：①碳氢链长度：一般对具有相同亲水基的表面活性剂，若疏水的碳氢链基团越大，则 CMC 越小；如同系物的离子型表面活性剂中，每增加一个碳原子，CMC 下降约一半。而对于非离子型表面活性剂，增加疏水基的碳原子的个数，CMC 降低更加显著，如增加 2 个碳原子，CMC 约下降至原来的 1/10。②碳氢链长度分支：一般碳氢链带有分支时，比相同碳原子数的直链化合物的 CMC 大很多；而极性基团越靠近碳氢链的中间位置，CMC 就越大。③疏水链种类：如全氟代化合物的疏水链，通常具有很高的表面活性，比相同原子数的碳链 CMC 低很多。④表面活性剂的种类：当疏水基相同时，离子型表面活性剂的 CMC 比聚氧乙烯型非离子表面活性剂的大很多，约为 100 倍；两性离子型表面活性剂的 CMC 与相同碳原子数疏水基的离子型表面活性剂相近。

表 2-4 常用表面活性剂的临界胶束浓度

名称	测定温度（℃）	CMC
辛烷基磺酸钠	25	1.50×10^{-1}（mol/L）
辛烷基硫酸钠	40	1.36×10^{-1}（mol/L）
十二烷基硫酸钠	40	8.60×10^{-3}（mol/L）
十四烷基硫酸钠	40	2.40×10^{-3}（mol/L）
十六烷基硫酸钠	40	5.80×10^{-4}（mol/L）
十八烷基硫酸钠	40	1.70×10^{-4}（mol/L）
硬脂酸钾	50	4.50×10^{-4}（mol/L）
油酸钾	50	1.20×10^{-3}（mol/L）
月桂酸钾	25	1.25×10^{-2}（mol/L）
十二烷基磺酸钠	25	9.0×10^{-3}（mol/L）
氯化十二烷铵	25	1.6×10^{-2}（mol/L）
聚山梨酯 20	25	6.0×10^{-2}（g/L）
聚山梨酯 40	25	3.1×10^{-2}（g/L）
聚山梨酯 60	25	2.8×10^{-2}（g/L）
聚山梨酯 65	25	5.0×10^{-2}（g/L）
聚山梨酯 80	25	1.4×10^{-2}（g/L）
聚山梨酯 85	25	2.3×10^{-2}（g/L）

当表面活性剂的溶液浓度达到 CMC 时，除溶液的表面张力外，溶液摩尔电导、黏度、渗透压、密度、光散射等多种物理性质均发生急剧变化。因此，测定溶液某些物理性质发生急剧变化时的浓度即该表面活性剂的 CMC。但采用的测定方法不同，得到的结果可能会有差异。另外，测定时温度、浓度、电解质、pH 等因素对测定结果也会产生影响。

2. 胶束的结构 如图 2-3 所示，表面活性剂溶液在一定浓度范围时，胶束呈球形结构，其碳氢链无序缠绕构成内核，具疏水性液态性质。随着溶液中表面活性剂浓度增加（20%以上），胶束由于球形结构转变成具有更高分子缔合数的棒状胶束，或六角束状结构，浓度更大时，则成为板状或层状结构。从球形结构到层状结构，表面活性剂的碳氢链从紊乱分布转变成规整排列，完成了从液态向液晶态的转变，表现出明显的光学各向异性性质。在层状结构中，表面活性剂分子的排列已接近于双分子层结构。在高浓度的表面活性剂水溶液中，如有少量的非极性溶剂存在，则可能形成反向胶束，即亲水基团向内，亲油基团朝向外。油溶性表面活性剂如钙肥皂、司盘类表面活性剂在非极性溶剂中也可形成类似反向胶束。

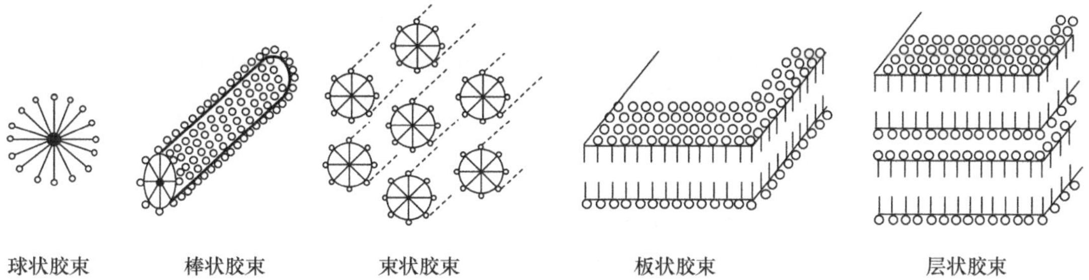

图 2-3　胶束的结构

3. 胶束的增溶作用

（1）增溶机制：表面活性剂在水中形成胶束后，能增加难溶性药物在水中的溶解度，具有增溶作用。胶束的内部极性小，难溶性药物根据自身的化学性质，以不同方式与胶束相互作用，使药物分子分散在胶束中。非极性分子苯、甲苯等可溶解于胶束的非极性中心区；半极性药物如水杨酸等，在胶束中定向排列，分子中的非极性部分插入胶束的非极性中心区，极性部分则伸入胶束的亲水栅状层；极性药物如对羟基苯甲酸，则完全分布在胶束的外层亲水栅状层。

（2）最大增溶浓度：在达到 CMC 后，随着表面活性剂用量的增加，胶束数量增加，增溶量也相应增加。当表面活性剂用量为 1g 时增溶药物达到饱和的浓度即为最大增溶浓度（maximum additive concentration，MAC）。如 1g 十二烷基硫酸钠可增溶 0.262g 黄体酮，1g 聚山梨酯 80 或聚山梨酯 20 可分别增溶 0.19g 和 0.25g 丁香油。此时如继续加入增溶质，对液体增溶质（油相），体系将转变成乳浊液；对固体增溶质，溶液中将有沉淀析出。表面活性剂 CMC 越低，MAC 就越高。

（3）影响增溶的因素：①增溶剂的种类：种类不同，其增溶量不一样。同系列的增溶剂，其碳链越长，增溶量越多。②药物的性质：增溶剂的种类和浓度一定时，同系物药物的分子质量越大，增溶量越小，因胶团的体积一定时，被增溶物质的分子质量越大，占据的体积也越大，被增溶物质的摩尔数就少。③加入顺序：先将药物与增溶剂混合，再加水稀释则增溶效果好；若将增溶剂溶于水后再加入药物，则药物几乎不溶。④增溶剂的用量：温度一定时，加入足够量的增溶剂，可得到澄清溶液，稀释后仍然保持澄清。若配比不当则得不到澄清溶液，或在稀释时变为浑浊。增溶剂的用量应通过实验确定。⑤其他因素：如温度，同时影响增溶质与表面活性剂的溶解度，影响胶束的形成。电解质能中和胶团所带电荷，使增溶有效体积增大，CMC 下降，但过量则盐析。pH 对增溶也有影响，如肥皂类，pH 降低游离脂肪酸增多，不利于增溶。

4. 温度对胶束的影响　温度会影响表面活性剂的溶解度与胶束的形成，从而影响增溶效果。

（1）Krafft 点：随温度升高，离子型表面活性剂的溶解度会增大，当升高至某一温度时，其溶解度急剧升高，该温度称为 Krafft 点，相对应的溶解度即为该离子表面活性剂的 CMC（图 2-4 中虚线）。图 2-4 为十二烷基硫酸钠在水中的溶解度随温度而变化的曲线，当溶液中表面活性剂的浓度低于溶解度时（区域Ⅰ），为真溶液；当继续加入表面活性剂时，则有过量表面活性剂析出（区域Ⅱ）；此时再升高温度，体系又成为澄明溶液（区域Ⅲ），但Ⅲ相是表面活性剂的胶束溶液，与Ⅰ相不同。

Krafft 点是离子表面活性剂的特征值。只有在温度高于 Krafft 点时，表面活性剂才能更大程度地发挥作用，因此是表面活性剂应用温度的下限。例如，十二烷基硫酸钠和十二烷基磺酸钠的 Krafft 点分别约为 8℃和 70℃，后者在室温环境下易析出，表面活性不够理想。

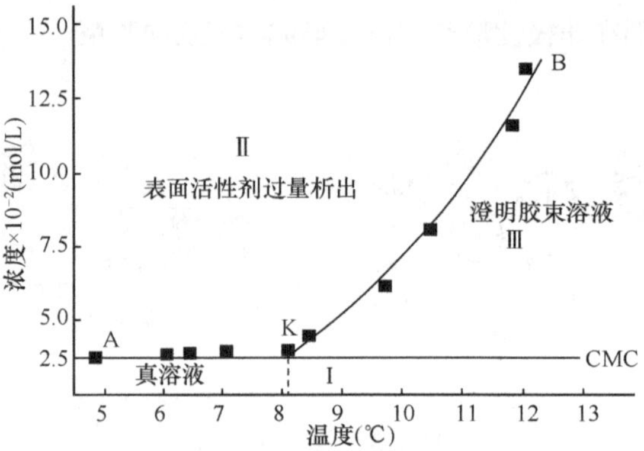

图 2-4 十二烷基磺酸钠的溶解曲线

（2）起昙与昙点：一些含聚氧乙烯基的非离子表面活性剂的溶解度，开始可随温度升高而升高，但当温度上升到某一值时，可导致聚氧乙烯链与水之间的氢键断裂，分子水化作用降低，溶解度急剧下降，表面活性剂析出，溶液出现浑浊，这种含聚氧乙烯基的非离子表面活性剂因加热而发生浑浊的现象称为起昙，此时的温度称为浊点或昙点（cloud point）。大多数此类表面活性剂的昙点在 70～100℃，如聚山梨酯 20 为 90℃，聚山梨酯 60 为 76℃，聚山梨酯 80 为 93℃，盐或碱类物质的加入会降低昙点。当聚氧乙烯链相同时，碳氢链越长，昙点越低；在碳氢链长相同时，聚氧乙烯链越长则昙点越高。很多长链聚氧乙烯类非离子表面活性剂在常压下测不到昙点，如泊洛沙姆 108、泊洛沙姆 188 等，甚至达到沸点也没有起昙现象。

表面活性剂聚氧乙烯链在昙点时强烈脱水和收缩，使胶束增溶空间减小，增溶能力下降。具有较低昙点的表面活性剂作增溶剂时，可能因加热达到昙点，析出表面活性剂，增溶及乳化性能力下降，被增溶的药物可能析出，或乳剂可能被破坏，在温度下降后有的可能不能恢复。因此需加热灭菌的这类制剂应特别注意。

5. 表面活性剂复配对 CMC 的影响 表面活性剂相互间或与其他化合物的配合使用称为复配，表面活性剂的复配影响其 CMC，如果能够选择适宜的配伍，可以大大降低 CMC，增加增溶能力，减少表面活性剂用量。

（1）与中性无机盐的配伍 离子型表面活性剂溶液中加入可溶性的中性无机盐，如反离子结合率越高和浓度越高，则增加了胶束数量与烃核总体积，表面活性剂 CMC 降低，对非极性药物的增溶量增加。相反，由于无机盐使胶束栅状层分子间的电斥力减小，分子排列更紧密，减少了栅状层有效增溶空间，故对极性物质的增溶量降低。当溶液中存在大量 Ca^{2+}、Mg^{2+}等多价反离子时，则可能降低阴离子表面活性剂的溶解度，产生盐析现象。无机盐对非离子表面活性剂的影响较小，但在高浓度时（＞0.1mol/L）可破坏表面活性剂聚氧乙烯等亲水基与水分子的结合，使浊点降低。

不溶性无机盐如硫酸钡的化学吸附会使溶液中表面活性剂浓度下降，而皂土、滑石粉等具负电荷的固体也可与阳离子表面活性剂生成不溶性复合物。

（2）有机添加剂：一般碳原子在 12 以下的脂肪醇与表面活性剂分子形成混合胶束，可使烃核的体积增大，对非极性碳氢化合物的增溶量增加；多元醇如山梨醇、果糖、木糖等也有类似效果。但 C_1～C_6 的短链醇不能与表面活性剂形成混合胶束，甚至可能破坏胶束的形成。尿素、*N*-甲基乙酰胺、乙二醇等极性分子与水分子发生强烈竞争性结合，会升高表面活性剂的 CMC，并且还是表面活性剂的助溶剂，影响胶束形成，如尿素可使十二醇聚氧乙烯（6）醚的 CMC 升高 10 倍。

（3）水溶性高分子：对表面活性剂分子有吸附作用，使溶液中游离表面活性剂分子数量减少，CMC 升高，如明胶、聚乙烯醇、聚乙二醇及聚维酮等。阴离子高分子与阳离子表面活性剂会生成不溶性复凝聚物，如含羧基的羧甲纤维素、阿拉伯胶、果胶酸等。但在高分子溶液中，一旦有胶束形成，其增溶效果却显著增强，可能是两者疏水链的相互结合使胶束烃核增大，或可能是电性效应。

（4）表面活性剂混合体系

1）同系物混合体系：对等量混合的两种同系物体系，表面活性介于两者表面活性之间，更趋于活性较高的组分（即碳氢链更长的同系物）。混合体系的 CMC 与各组分摩尔分数不呈线性关系，也不等于简单加和平均值。

2）非离子型与离子型表面活性剂混合体系：CMC 介于各自 CMC 之间，或低于其中任一表面活性剂的 CMC，更容易形成混合胶束。聚氧乙烯型非离子表面活性剂与疏水基相同的阴离子型表面活性剂配伍的协同作用强于与阳离子型表面活性剂的配伍；当聚氧乙烯型非离子表面活性剂的聚氧乙烯数增加时，与阴离子型表面活性剂可能发生更强的协同作用，而电解质可使协同作用减弱。

3）带有相反电荷的离子型表面活性剂混合体系：适当配伍的阴离子与阳离子表面活性剂，在水溶液中可形成具有很高表面活性的分子复合物，对润湿、增溶、起泡、杀菌等均有增效作用。两种相反离子型表面活性剂的碳氢链长度越相近及碳氢链越长，增溶作用也越强。但需注意相反电荷的离子型表面活性剂除有严格的比例外，混合方法也起重要作用，否则由于强烈的静电中和形成溶解度很小的离子化合物，从溶液中析出。

（三）亲水亲油平衡值

1. HLB 值的概念 亲水亲油平衡值（hydrophile-lipophile balance，HLB）指表面活性剂分子中亲水基团和亲油基团对油或水的综合亲和力，表示表面活性剂分子亲水与亲油的强弱。表面活性剂的 HLB 值范围一般根据经验限定在 0～40，其中非离子表面活性剂的 HLB 值范围为 0～20，全部由于疏水碳氢基团组成的石蜡分子的 HLB 值为 0，全部由亲水性氧乙烯基组成的聚氧乙烯的 HLB 值为 20，既有碳氢链又有氧乙烯链的表面活性剂的 HLB 值则介于两者之间。HLB 值高则亲水性较强，反之低则亲油性较强；HLB 值很高或很低的表面活性剂溶液，易溶于水或油中，界面的正吸附量较少，降低表面张力的作用较弱。

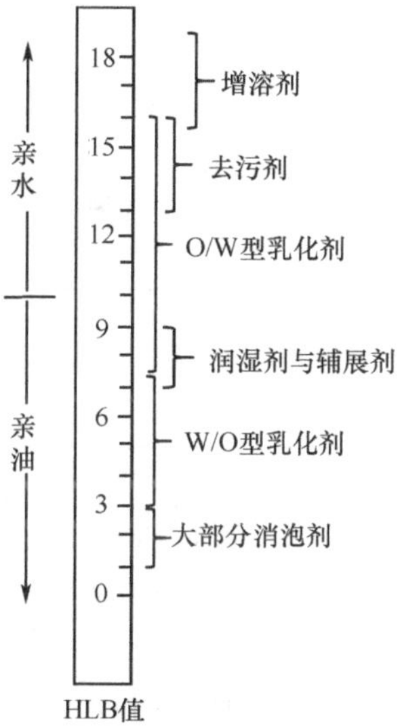

图 2-5 不同 HLB 值表面活性剂的用途

常用表面活性剂的 HLB 值列于表 2-5。不同 HLB 值的表面活性剂有不同用途，如图 2-5 所示。

非离子表面活性剂的 HLB 值具有加和性。简单的二组分非离子表面活性剂体系的 HLB 值计算如式（2-5）所示，但不能用于混合离子型表面活性剂 HLB 值的计算。

$$\mathrm{HLB}=\frac{\mathrm{HLB}_a \times W_a+\mathrm{HLB}_b \times W_b}{W_a+W_b} \tag{2-5}$$

2. HLB 值的理论计算法 HLB 值可看成是表面活性剂分子中各种结构基团贡献的总和。每个基团对 HLB 值的贡献可用数值表示，称为 HLB 基团数（group number），常见基团的 HLB 基团数如表 2-6 所示；将表面活性剂的 HLB 基团数代入式（2-6）可计算出该表面活性剂的 HLB 值：

$$\mathrm{HLB}=\Sigma（亲水基团\ \mathrm{HLB}\ 数）-\Sigma（亲油基团\ \mathrm{HLB}\ 数）+7 \tag{2-6}$$

表 2-5 常用表面活性剂的 HLB 值

表面活性剂	HLB 值	表面活性剂	HLB 值
二硬脂酸乙二酯	1.5	聚氧乙烯 400 单硬脂酸酯	11.6
三油酸山梨坦	1.8	油酸三乙醇胺	12
三硬脂山梨坦	2.1	聚氧乙烯氢化蓖麻油	12～18
卵磷脂	3	聚氧乙烯烷基酚	12.8
单硬脂酸丙二酯	3.4	西黄蓍胶	13
单硬脂酸甘油酯	3.8	聚氧乙烯 400 单月桂酸酯	13.1
油酸山梨坦	4.3	聚山梨酯 21	13.3
硬脂山梨坦	4.7	聚山梨酯 60	14.9
蔗糖酯	5～13	聚山梨酯 80	15
单油酸二甘酯	6.1	卖泽 49	15
棕榈山梨坦	6.7	聚氧乙烯壬烷基酚醚	15
阿拉伯胶	8	聚山梨酯 40	15.6
月桂山梨坦	8.6	泊洛沙姆 188	16
苄泽 30	9.5	卖泽 51	16
聚山梨酯 61	9.6	西土马哥	16.4
明胶	9.8	聚山梨酯 20	16.7
聚山梨酯 81	10	卖泽 52	16.9
聚山梨酯 65	10.5	苄泽 35	16.9
聚山梨酯 85	11	油酸钠	18
卖泽 45	11.1	油酸钾	20
聚氧乙烯 400 单油酸酯	11.4	阿特拉斯 G-263	25～30
		十二烷基硫酸钠	40

表 2-6 常见基团及其 HLB 基团数

亲水基团	基团数	亲油基团	基团数
—(CH_2CH_2O)—	0.33	$—CH_2—CH_2—CH_2—O—$	0.15
—OH（失水山梨醇环）	0.5	$—CH(CH_3)—CH_2—O—$	0.15
—O—	1.3		
—OH（自由）	1.9	$—CH_2—CH_2(CH_3)—O—$	0.15
—COOH	2.1		
酯（自由）	2.4	—CH—	0.475
酯（失水山梨醇环）	6.8	$—CH_2—$	0.475
—N=	9.4	$—CH_3$	0.475
—COONa	19.1	=CH—	0.476
—COOK	21.1	$—CF_2—$	0.870
$—SO_3Na$	37.4	$—CF_3$	0.870
$—SO_4Na$	38.7	苯环	1.662

（四）表面活性剂的生物学性质

1. 毒性与溶血性　表面活性剂的毒性从大到小顺序一般为：阳离子表面活性剂＞阴离子表面活性剂＞非离子型表面活性剂。两性离子表面活性剂的毒性小于阳离子表面活性剂。非离子型表面活性剂口服一般认为无毒性。静脉给药仍以非离子型表面活性剂毒性较低，供静脉注射的 Poloxamer188 毒性很低，麻醉小鼠可耐受静脉注射 10%该溶液 10ml。一些表面活性剂的口服和静脉注射的半数致死量见表 2-7。

表 2-7　一些表面活性剂在小鼠体内的半数致死量（mg/kg）

品名	口服	静脉注射
苯扎氯铵	350	30
脂肪酸磺酸钠	1 600～6 500	60～350
蔗糖单脂肪酸酯	2000	56～78
聚山梨酯 20	＞25 000	3 750
聚山梨酯 80	＞25000	5 800
Poloxamer188	15 000	7 700
聚氧乙烯甲基蓖麻油醚		6 640

离子型表面活性剂不仅毒性较大，还有较强的溶血作用。0.001%十二烷基硫酸钠溶液就有强烈的溶血作用。非离子表面活性剂的溶血作用较轻微，含聚氧乙烯基的非离子表面活性剂中，以聚山梨酯类的溶血作用最小，其溶血作用从大到小的顺序为：聚氧乙烯烷基醚＞聚氧乙烯芳基醚＞聚氧乙烯脂肪酸酯＞聚山梨酯类；而聚山梨酯类表面活性剂溶血作用从大到小的顺序为：聚山梨酯 20＞聚山梨酯 60＞聚山梨酯 40＞聚山梨酯 80。目前聚山梨酯类表面活性剂只用于某些肌内注射液中。

2. 刺激性　表面活性剂都可用于外用制剂，但长期应用或高浓度使用可能出现皮肤或黏膜损害。例如，季铵盐类化合物浓度高于 1%、十二烷基硫酸钠浓度高于 20%即对皮肤产生损害，聚山梨酯类的刺激性很低，一些聚氧乙烯醚类表面活性剂浓度高于 5%即产生损害作用。

3. 对药物吸收的影响　制剂中的表面活性剂可能促进药物吸收也可能降低药物吸收，主要与药物从胶束中的扩散、表面活性剂对生物膜的通透性改变等有关。一般由于药物分子因需要从胶束中扩散到水性体液中，会使药物的吸收降低。但同时表面活性剂溶解生物膜脂质增加上皮细胞的通透性，从而改善吸收，但长期合用可能造成肠黏膜的损害。

三、表面活性剂在药物制剂中的应用

1. 增溶剂　应用增溶剂时需要对溶剂、增溶剂和增溶质组成的三元体系的比例进行确定，常通过实验制作三元相图来确定最佳配比。图 2-6 是薄荷油-聚山梨酯 20-水的三元相图，两曲线上的各点均为出现由清变浊或由浊变清的相变比例点，以曲线为分界线，图中在Ⅰ、Ⅲ两相区内任一比例均可制得澄明溶液；在Ⅱ、Ⅳ两相区内的任一比例，均不能制得澄明溶液；只有在沿曲线的切线上方区域内的任意配比，如 A 点（代表 7.5%薄荷油、42.5%聚山梨酯 20 和 50%水），在加水稀释时才不会出现浑浊。

2. 乳化剂　表面活性剂 HLB 值在 8～16 的可用作 O/W 型的乳化剂，在 3～8 的适用于 W/O 型乳化剂。离子型表面活性剂的毒性及刺激性较大，不宜作内服乳剂的乳化剂用；天然的两性离子表面活性剂可用作内服制剂的乳化剂；非离子型表面活性剂毒性低、相容性好，不易发生配伍变化，对 pH 的改变及电解质均不敏感，可用于外用或内服制剂。

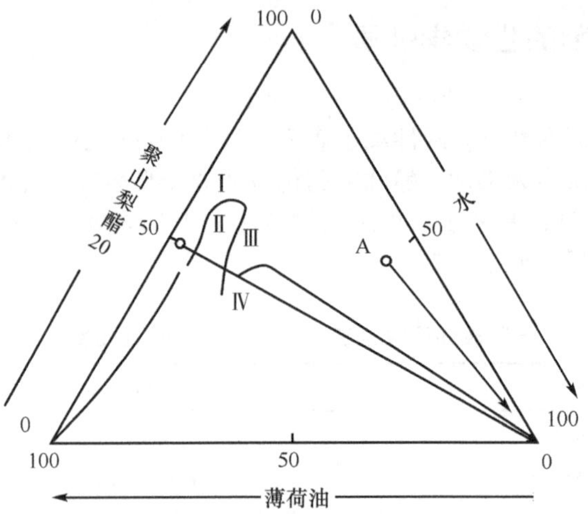

图 2-6 薄荷油-聚山梨酯 20-水的三元相图（20℃）

3. 润湿剂 润湿剂是促进液体在固体表面铺展或渗透的物质。HLB 值为 7～9 并应有适宜溶解度的表面活性剂可作润湿剂，使疏水性药物在水性混悬液中分散均匀，克服其因气膜包围或表面的疏水性，而出现漂浮于液体表面或下沉等不稳定现象。润湿剂的作用原理是因分子能定向地吸附在固-液界面，降低界面张力，减小接触角，使固体易被润湿而制得分散均匀的混悬剂。

4. 起泡剂和消泡剂 具有较强的亲水性和较高的 HLB 值的表面活性剂，可以降低液体的表面张力，产生泡沫或使泡沫稳定，称为起泡剂（foaming agents）和稳泡剂（foam stabilizer），可用于腔道给药及皮肤用药。如外用避孕片加入起泡剂和稳泡剂后，可使泡沫持久充满腔道，增加避孕效果。

一些具有亲水性表面活性作用的成分，如中草药的乙醇或水浸出液，含有皂苷、蛋白质、树胶等高分子化合物，当剧烈搅拌或蒸发浓缩时会产生稳定泡沫，影响生产操作。此时加入 HLB 值为 1～3 的亲油性较强的表面活性剂，则可与泡沫液层争夺液膜表面而吸附在泡沫表面上，代替原来的起泡剂，而其本身并不能形成稳定的液膜，故使泡沫破坏，这种用来消除泡沫的表面活性剂称为“消泡剂”（antifoaming agents）。少量的辛醇、醚类、硅酮等也可起到类似作用。

5. 去污剂 又称洗涤剂（cleansing agents），常用 HLB 值为 13～16 的阴离子表面活性剂，如油酸钠和其他脂肪酸的钠皂、钾皂、十二烷基硫酸钠等。去污的机制包括对污物表面的润湿、分散、乳化、增溶、起泡等过程。

6. 消毒剂和杀菌剂 大多数阳离子表面活性剂和两性离子表面活性剂可用作消毒剂（disinfectant），少数阴离子表面活性剂也有类似作用；如甲酚皂、甲酚磺酸钠等。它们与细菌生物膜蛋白质的强烈相互作用使之变性或破坏。它们在水中都有比较大的溶解度，根据使用浓度，可分别用于不同情况下的消毒。例如，苯扎溴铵皮肤消毒、局部湿敷和器械消毒分别用其 0.5%醇溶液、0.02%水溶液和 0.05%水溶液（含 0.5%亚硝酸钠）。

（马云淑）

第三节 微粒分散体系

一、概 述

（一）微粒分散体系的概念及基本特性

分散体系（disperse system）是一种或几种物质高度分散在某种介质中所形成的体系。被分散的物质称为分散相（disperse phase），而连续的介质称为分散介质（disperse medium）。在药物制剂中一般将微粒直径在 10^{-9}～10^{-4}m 范围的分散相统称为微粒，由微粒构成的分散体系则统称为微粒分散体系。

微粒分散体系由于分散相的高度分散而具有一些特有的性质：①微粒分散体系是多相体系，分散相与分散介质之间存在相界面，因而存在明显的表面现象；②随分散相粒径的减少，微粒比表面积显著增大，使微粒具有较高的表面自由能，所以它是热力学不稳定体系，因此，微粒分散体系有絮凝、聚结、沉降的趋势；③粒径更小的分散体系还具有布朗运动、丁达尔现象、电泳等性质。

（二）药物制剂中的微粒分散体系

微粒分散体系广泛存在于多种剂型之中。药剂学一般将粒径在 0.5～100μm 范围内的微粒分散体系定义为粗分散体系，主要指混悬剂、乳剂、微球、微囊等。粒径范围小于 1μm 的微粒分散体系定义为胶体分散体系，主要包括纳米微乳、脂质体、纳米粒、纳米囊、纳米胶束等。需要注意的是，由于制备技术、剂型特点、稳定性等方面因素的影响，同一个剂型中常常会出现多种类型的分散体系共存的现象。

微粒分散体系在药剂学中具有重要的意义：①由于粒径小，有助于提高药物的溶解速度及溶解度，有利于提高难溶性药物的生物利用度；②有利于提高药物微粒在分散介质中的分散性与稳定性；③具有不同大小的微粒分散体系在体内分布上具有一定的选择性；④微囊、微球等微粒分散体系具有明显的缓释作用，可以延长药物在体内的作用时间；⑤改善药物在体内外的稳定性等。

（三）微粒大小与测定方法

微粒大小是微粒分散体系的重要参数，对其体内外的性能有十分重要的影响。微粒大小完全均一的体系称为单分散体系；微粒大小不均一的体系称为多分散体系，绝大多数情况下微粒分散体系为多分散体系。微粒的大小常常用平均粒径来表示，但大多数情况下粒径分布图能够提供更多的微粒大小信息。微粒大小的测定方法常见的有光学显微镜法、电子显微镜法、激光散射法、库尔特计数法、Stokes 沉降法、吸附法等。这里主要介绍电子显微镜法和激光散射法，其余方法请参照粉体学章节相关内容。应注意的是不同测量方法得到的粒径及粒径分布，其物理意义不同，结果也不同，相互之间更没有可比性。

1. 电子显微镜法　光学显微镜能显著提高人对于微观粒子的观察能力，但由于光的衍射，其分辨率受限于光的波长。电子显微镜采用高速电子束（其波长可缩短到 0.005nm）作为照明源，分辨能力可达 0.2nm 左右，比光学显微镜分辨能力提高约 1000 倍。

（1）透射电镜（TEM）：测定原理如图 2-7 所示，当电子束射到样品上，部分电子能穿透试样层形成透射电子，部分电子在试样作用下发生散射，散射后形成反射电子和透过散射电子，透射电子经放大后形成反映样品信息的透射电子像。其特点在于分辨率高，可以达到 0.1～0.2nm；放大倍率高；变换范围大，可从几百倍到上百万倍；图像为二维结构。可用于观测物体的超微结构，微粒的形状、大小、粒度分布，以及晶体结构的鉴定与分析等。对微粒分散体系的样品可将其分散在支持膜上，干燥后进行观测。传统的图像分析方法一般先拍摄电镜照片，然后逐一测量粒子的尺寸再做统计。现在已有图像分析仪可以自动对底片进行分析，直

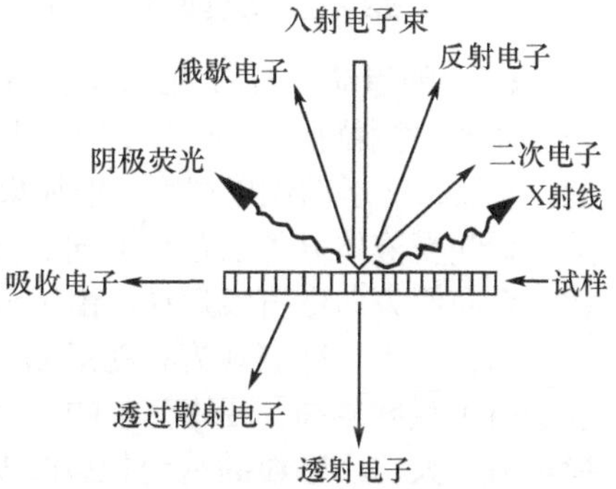

图 2-7　电子显微镜原理图

接得到微粒粒径分布和平均值的数据。实际操作中需要注意的是在制样和观察过程中可能的微粒变形问题，微粒聚集问题及测量结果较少导致可能的统计性问题等。

（2）扫描电镜（SEM）：测定原理为电子束以光栅状扫描样品，样品表面原子的外层电子在入射电子束作用下被轰击出来并离开样品表面形成二次电子，由于二次电子一般都是在表面下 5～10 nm 范围内发射出来的，因此它对样品的表面形貌十分敏感，能够有效显示样品的表面形貌。同时，部分入射电子受样品原子影响，改变运动方向，或经过多次碰撞由样品表面散射出来，成为背散射电子，二次电子和背散射电子共同产生了扫描电镜的成像。其特点在于具有焦深大、图像立体感强、样品制备方便、可直接观察大块试样等特点，已成为生物学、医学、冶金、农业等学科重要的分析手段，在观察微观形态方面效果良好。

2. 激光散射法 光是一种电磁波，照射溶胶时，分子中的电子分布发生位移而产生偶极子，这种偶极子像小天线一样向各个方向发射与入射光频率相同的光，这就是散射光。分子溶液十分均匀，散射光因相互干涉而完全抵消，看不到散射光。溶胶是多相不均匀体系，在胶粒和介质分子上产生的散射光不能完全抵消，因而能观察到散射现象。激光粒度仪根据颗粒物能使激光产生散射这一物理现象测定粒径分布（图 2-8），当光束遇到颗粒阻挡时，一部分光会发生散射现象，散射光的传播方向与原光束的传播方向形成一个夹角 θ，θ 角的大小与颗粒的大小有关，颗粒越大，产生的散射光的 θ 角就越小；颗粒越小，θ 角就越大。即小角度的散射光是由大颗粒引起的；大角度的散射光是由小颗粒引起的。研究表明，散射光的强度代表该粒径颗粒的数量。这样，测量不同角度上的散射光的强度，就可以得到样品的粒度分布了。

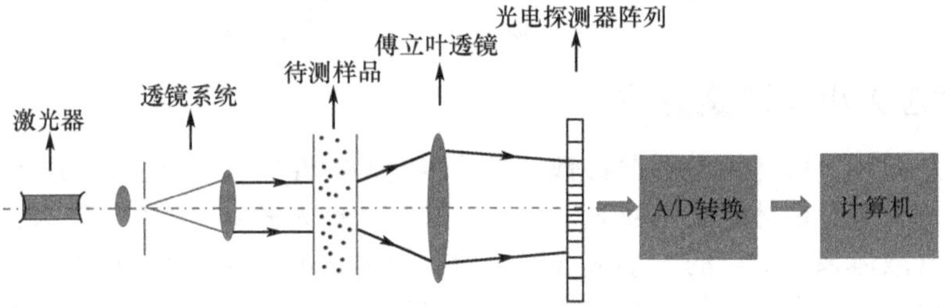

图 2-8 激光粒径仪基本原理

激光散射法的特点：操作简便，测试速度快，测试粒径范围大，重复性和准确性好，可进行在线测量和干法测量，自动化程度高，但其结果受分布模型影响较大，仪器造价较高。

二、微粒分散体系的物理化学性质

（一）微粒分散体系的动力学性质

1. 布朗运动 对布朗运动（Brownian movement）的观测结果表明，如果微粒较大，如粗分散体系中微粒在 5μm 以上时，其在某一瞬间受液体分子从各个方向的撞击几乎可以彼此抵消，导致布朗运动难以观察；但如果微粒很小，如胶体分散体系中微粒在 100nm 以下时，其在某一瞬间受液体分子从各个方向的撞击不能彼此抵消，从而在某一方向上获得较大冲量时，微粒就会向此方向做直线运动。由于分子运动的随机性，微粒在另一瞬间也可能向随机的另一方向运动，宏观上即表现为布朗运动。布朗运动的另一典型特征为温度越高，布朗运动越明显。这是由于温度越高，液体分子的运动越剧烈，因而同一瞬间微粒受到液体分子对微粒不均衡的撞击力越大，小颗粒的运动状态改变越快。

布朗运动是分子热运动的宏观表现，而分子热运动是布朗运动的微观基础。正是由于布朗运动使得胶体微粒具有了动力学的稳定性。微粒做布朗运动时的布朗运动方程式：

$$\Delta = \sqrt{\frac{RTt}{3\pi\eta rN_A}} \tag{2-7}$$

式中，R 为摩尔气体常数，t 为时间，T 为系统的热力学温度，η 为介质黏度，r 为微粒半径，N_A 为阿伏伽德罗参数。这个公式将微粒的运动与微粒的大小、介质黏度、温度及观察时间等参数联系起来。

2. 扩散　微粒的扩散（diffusion）同样是分子热运动的一种表现形式。虽然分散体系中微粒的不规则运动和分子的热运动一样在微观上并没有方向性，但在有浓度差存在的条件下，微粒从高浓度处向低浓度运动的数目要大于其从低浓度向高浓度处迁移的数目。总的结果是微粒从高浓度向低浓度处的迁移，即扩散，扩散过程的推动力是浓度梯度。尽管微粒在分散介质中的扩散速度比小分子慢得多，但两者的扩散规律是相同的。扩散速率遵从 Fick 第一定律（Fick's first law）：

$$\frac{dm}{dt} = -DA\frac{dC}{dx} \tag{2-8}$$

式中，$\frac{dm}{dt}$ 为扩散速度，$\frac{dC}{dx}$ 为胶体分散系的浓度梯度；D 为扩散系数；A 为扩散界面面积。Fick 扩散定律不仅适用于真溶液，也适用于胶体分散体系的稀溶液。

爱因斯坦导出了布朗运动平均位移 Δ 与扩散系数 D 的关系式：

$$\Delta = \sqrt{2Dt} \tag{2-9}$$

将式（2-9）代入布朗运动公式，求出微粒扩散系数：

$$D = \frac{RT}{N_A} \times \frac{1}{6\pi\eta r} \tag{2-10}$$

从式中可见，微粒的扩散能力与微粒大小成反比，粒径越大，扩散能力越差。通过测定微粒扩散系数，可由此公式求出微粒粒径。

渗透现象指纯溶剂和溶液被只允许溶剂分子通过而不允许溶质分子通过的半透膜隔开时，纯溶剂会通过半透膜自发地向溶液转移的现象，渗透压则是这种溶剂分子定向移动的动力源。如果去掉半透膜则溶质将向空白溶剂扩散，这种扩散力与空白溶剂通过半透膜向溶质高浓度区的渗透力大小相等。对于溶液来说，溶质是指分子或者离子，对于胶体分散系来说，溶质是指胶体微粒。胶体粒子的布朗运动与分子离子的热运动并无原则上的区别，所以对于胶体分散体系渗透压的大小可用稀溶液的公式计算：

$$\Pi = CRT \tag{2-11}$$

式中，Π 为渗透压，C 为胶体浓度，R 为气体常数，T 为热力学温度。

由于大多数情况下胶体的浓度较低，所以渗透压也很低，难以测定。而高分子溶液的浓度高，渗透压也高，可利用此公式通过测定渗透压来计算其摩尔质量。

3. 沉降　沉降（sedimentation）是指由于分散相密度大于分散介质密度，分散相粒子在重力场作用下发生的定向运动。对于粗分散体系来说，由于粒子较大，重力作用在其运动方向上起主导作用，粒子经一段时间定向运动后，会沉降到容器的底部。如果粒子足够小，布朗运动会使微粒具有扩散趋势，而重力会使微粒沿重力场向下运动，在沉降与扩散两种作用的共同作用下，微粒分散系最终会达到平衡状态，此时体系中的微粒在重力场方向上以一定的浓度梯度分布，这种平衡即沉降平衡。

假设一个在微粒分散系中的球形粒子，体积为 V，半径为 r，密度为 ρ_1，分散介质密度为 ρ_2，受到的重力为 F_g，受到的浮力为 F_b，向下运动的阻力为 F_v，则微粒所受沉降力为

$$F = F_g - F_b = V(\rho_1 - \rho_2)g \tag{2-12}$$

微粒向下运动的阻力在稳态条件和运动速度较低的条件下，与微粒稳态运动速度 v 成正

比，即：

$$F_v = fv \tag{2-13}$$

其中 f 称为摩擦系数，在斯托克斯公式中 $f = 6\pi\eta r$ ，则式（2-13）可写作：

$$F_v = 6\pi\eta rv \tag{2-14}$$

由于在粒子下降的过程中很快就能达到稳态运动，所以 $F = F_v$ 即：

$$V(\rho_1 - \rho_2)g = 6\pi\eta rv \tag{2-15}$$

考虑到球形粒子的体积 $V = \frac{4}{3}\pi r^3$，式（2-15）可推出：

$$v = \frac{2r^2(\rho_1 - \rho_2)\mathrm{g}}{9\eta} \tag{2-16}$$

式（2-16）即为 stokes 方程式，描述了粒径 r 、沉降速度 v、介质黏度 η 和密度差 $\Delta\rho$ 四个变量之间的关系。从上式可以推论，沉降速度 v 与 r^2 和密度差 $\Delta\rho$ 成正比，与介质黏度 η 成反比，这对于提高微粒分散体系为主的如乳剂、混悬剂等剂型的稳定性有很重要的指导意义，v 可用于评价粗分散体系制剂的动力学稳定性，v 越小体系越稳定，通过减小微粒粒径来降低沉降速度是最有效的方法。另外增加分散介质黏度、降低微粒与分散介质的密度差也是减小微粒沉降速度的有效措施。此外如果通过实验测得 v、η 和 $\Delta\rho$ ，就可以通过此公式计算出微粒半径，这也是常用的一种粒径测量方式。

当达到沉降平衡后，微粒浓度从下而上逐渐减小，其分布规律见式（2-17）：

$$\ln\frac{C_2}{C_1} = \frac{M_{\mathrm{B}}\mathrm{g}}{RT}\left(1 - \frac{\rho_{\mathrm{B}}}{\rho_0}\right)(h_2 - h_1) \tag{2-17}$$

上式中，C_1 和 C_2 分别为在高度 h_1 和 h_2 处的微粒浓度，M_{B} 为摩尔微粒的质量，g 为重力加速度，ρ_{B} 为微粒密度，ρ_0 为液体密度，T 为热力学温度，R 为摩尔气体常数。

从上式可知，微粒浓度随高度的变化，决定于微粒半径和微粒与介质的密度差，微粒半径越大，浓度随高度变化越明显。

（二）微粒的光学性质

光是一种电磁波，当一束光通过微粒分散体系时，一部分光可以自由通过，另一部分光则会被吸收、反射和散射等。其中光的吸收主要由微粒的化学组成与结构决定，光的反射与散射主要取决于微粒的大小，一般可分为三种情况：①当光束通过粗分散体系，由于粒子大于入射光的波长，主要发生反射，使体系呈现浑浊。②当光束通过胶体溶液，由于胶粒直径小于可见光波长，主要发生散射，可以看见乳白色的光柱。③当光束通过分子溶液，由于溶液十分均匀，散射光因相互干涉而完全抵消，看不见散射光。

在暗背景下，如果有一束光线通过胶体分散体系，在其侧面可以观察到明显的乳光，这就是丁达尔现象（Tyndall phenomenon），它是微粒散射光的宏观表现。在纳米级大小的微粒分散体系中，即使在正常的室内光线下，也可以观察到明显的乳光，事实上，这已经成为判断纳米体系的一个简单的方法。当微粒大小在适当范围时，光的散射现象十分明显，如前所述，基于光散射的原理可以进行微粒大小的测定。但微粒粒径在不同范围时，光束的散射规律和测定原理也完全不同。

对于直径远小于光束波长的微粒，其散射规律一般符合 Rayleigh 公式（2-18）

$$I = I_0\frac{24\pi^3 \upsilon V^2}{\lambda^4}\left(\frac{n^2 - n_0^2}{n^2 + 2n_0^2}\right)^2 \tag{2-18}$$

式中：I 为散射光强度，I_0 为入射光的强度，n 为分散相折射率，n_0 为分散介质折射率，λ 为入射光波长，V 为单个粒子体积，υ 为单位体积溶液中粒子数目。

由上式可以得出以下结论：①散射光强度与粒子体积 V 的平方成正比，利用这一特性可测定粒子大小及分布。②散射光总能量与入射光波长的四次方成反比。入射光波长越短，散射越显著，入射光波长越长，透射越显著。所以可见光光谱中，蓝、紫色光散射作用强，而橙红色光透过作用强。③分散相与分散介质的折射率相差越显著，则散射作用也越明显。④散射光强度与单位体积中的粒子数成正比。

对于直径大于光束波长的微粒，由于大粒子存在多点散射，这些散射光波间会产生干涉作用，微粒越大，情况就越复杂，因此大于光束波长的粒子散射规律不再遵循 Rayleigh 公式。米氏散射理论在通过光散射来测量颗粒大小的方法中起着极其重要的作用，是激光测粒仪的关键理论，对于粒径大过波长的微粒，通过米氏理论可以得到不同粒径的颗粒的散射场光强的角分布量，选择适当的反演算法，就可得到样品的粒径分布状况。

（三）微粒的电学性质

微粒分散体系中的微粒表面因电离、吸附、溶解、摩擦等而带电荷，电荷的存在不仅会影响微粒制剂的物理稳定性，也常会影响到体内分布和药物动力学的过程。

1. 微粒的双电层结构　在微粒分散体系中，微粒表面的电荷通过静电引力可使周围介质中与其电荷相反的离子（称为反离子）聚集于微粒周围，微粒表面的离子与靠近表面的反离子电荷构成了微粒的双电层结构，如图 2-9 所示。研究表明，胶体微粒表面的电荷相互作用和双电层结构决定了胶体分散体系中微粒的稳定性，如微粒的聚合、絮凝、凝结及界面现象等诸多性质。

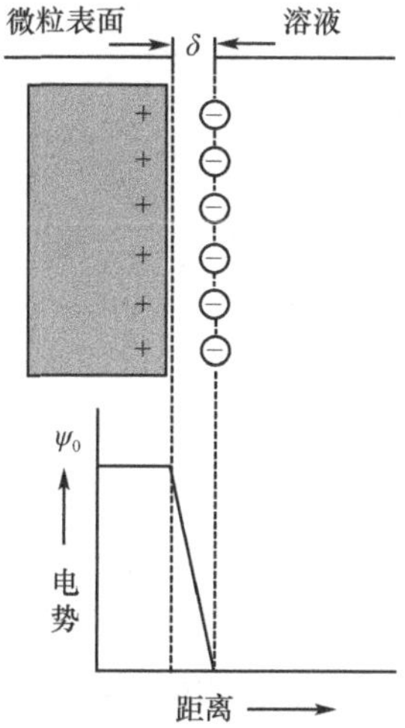

图 2-9　Helmholtz 平板双电层模型

双电层理论能解释许多微粒分散体系的电学现象和分散体系稳定性问题，研究过程中不同的学者提出了不同的模型来描述其具体结构。

（1）平板双电层模型：1879 年亥姆霍兹（Helmholtz）首先提出平板电容双电层模型。其基本看法是：①微粒表面带有电荷，而与微粒表面接触的液体中带有相反电荷在静电引力作用下，正负电荷在两相界面上整齐排列，构成对称平行的双电层结构，如图 2-9 所示；②微粒由于吸附或电离而带电，分散介质中相反电荷形成的平面与微粒电荷平面之间相距为 δ，固体与液体中的电位差等于化学电势 ψ_0；③在双电层内，ψ_0 呈直线下降；④在电场作用下，带电微粒和反离子向相反方向运动。

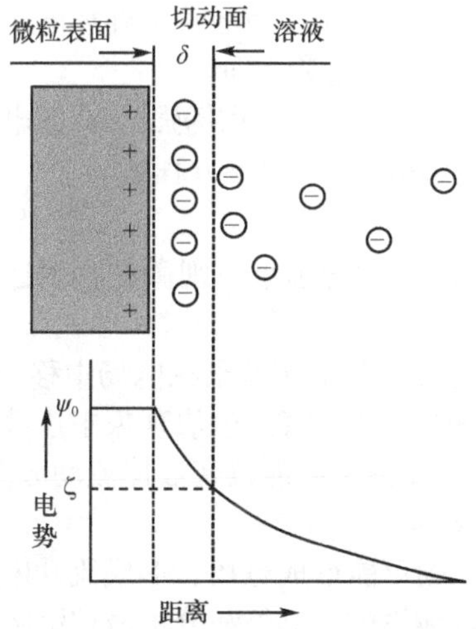

图 2-10　Gouy-Chapman 扩散双电层结构

由于模型过于简单，实际的情况与此模型计算结果相差较大，主要原因在于没有考虑反离子在分散介质中的运动性质、微粒表面结合的水分子膜对双电层厚度的影响及电解质对微粒电荷的影响。

（2）扩散双电层模型：1910 年和 1913 年，古依（Gouy）和查普曼（Chapman）对双电层模型进行了重新定义，提出了 Gouy-Chapman 扩散双电层模型，如图 2-10 所示。

基本观点是：①介质中的反离子在微粒表面电荷的吸引力和热运动的双重作用下，在靠近固液界面层的反离子的分布，不是整齐排列在单一平面，而是在微粒表面反离子数目较多，随着距离增加反离子数目减少，呈现扩散状态分布，形成了扩散双电层模型；②反离子的分布规律可用 Boltzmann 分布定量描述，在双电层与溶液中间存在一个切动面；③微粒表面与溶液电中性点之间的电势称为表面电势 ψ_0，从切动面到溶液电中性部位的电势为 ζ 电势。

Gouy-Chapman 扩散双电层模型主要贡献是使双电层模型能够定量地描述，其主要缺陷在于：①认为反离子在微粒表面附近的分布与溶液中的分布情况相同；②认为扩散层内的反离子是以电荷质点的形式存在的，忽略了其体积的影响。

（3）斯特恩双电层模型：1924 年斯特恩（Stern）提出了吸附扩散双电层理论，他认为反离子在微粒表面附近的分布情况与溶液中是不同的，如图 2-11 所示。

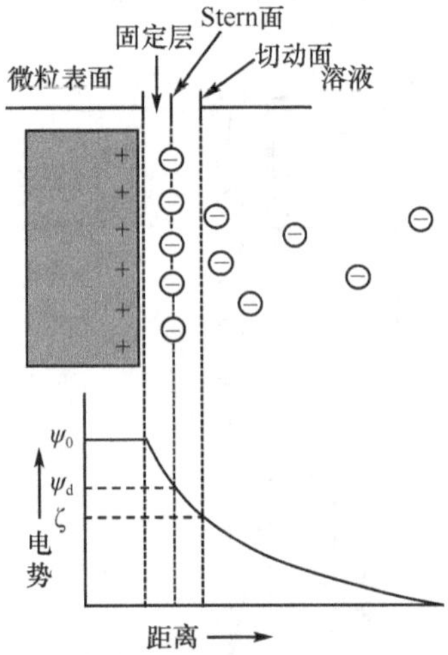

图 2-11 Stern 吸附双电层结构

基本观点是：①双电层分为紧密层与扩散层两部分，紧密层是指牢固吸附在微粒表面的固定反离子层，这部分反离子没有溶剂化作用，而扩散层情况与 Gouy-Chapman 模型类似。②紧密层决定了离子表面所带的电荷符号和电势的大小，紧密层的中心位点形成的面被定义为 Stern 面，Stern 面与微粒表面之间称为 Stern 层，其厚度与反离子的离子大小有关。从 Stern 面到溶液电中性点的电势称为 Stern 电势 ψ_d，在固体表面与 Stern 面之间，电势从 ψ_0 直线下降至 ψ_d。③在微粒运动时 Stern 层的反离子与微粒保持吸附，作为一个整体运动，切动面的位置在 Stern 层与扩散层之间，切动面与溶液电中性点的电位差为 ζ 电势。

Stern 吸附扩散双电层理论弥补了 Gouy-Chapman 模型中的缺陷，能很好地解释一些实验现象，如电解质的加入，会使 Stern 层与扩散层之中的离子形成新的分布和平衡，使得 ψ_d 和 ζ 电势发生变化，从而进一步影响到微粒分散体系的稳定性，此外对电动电势符号反转的现象也能做出合理解释。尽管 Stern 吸附双电层理论已被广泛接受，但仍对一些实验现象难以合理解释，目前双电层理论仍在不断发展和完善过程中。

2. 电动现象 由于胶体微粒带电，在外加电场作用下胶粒移动会产生电泳和电渗析现象，如果带电微粒在重力或压力作用下流动则会产生沉降电势和流动电势，这些现象都称为电动现象。

在外加电场作用下，带电的分散相粒子在分散介质中向相反电极移动的现象称电泳（electrophoresis）。通过电泳试验可以确定胶粒电荷的正负性。溶胶的电泳现象证明了胶体微粒是带电的，实验证明，若在溶胶中加入电解质，则对电泳会有显著影响。随溶胶中外加电解质的增加，电泳速度常会降低以致变为零（等电点），甚至改变胶粒的电泳方向。

如果假设分散体系微粒是半径为 r 的球形粒子，其表面电荷密度为 σ，在场强为 E 的电场作用下，在黏度为 η 的介质中移动，其恒速运动的速度为 v，其运动符合以下方程式

$$v = \sigma E / 6\pi\eta r \tag{2-19}$$

可见外加电势梯度越大，微粒带电越多，胶粒越小，介质的黏度越小，则微粒移动速度越大。

电渗析现象与电泳现象微粒运动情况相反，电泳现象中是带电分散相粒子在电场中移动，而电渗析则是在外电场作用下带电微粒基本保持固定而连续相流动的现象，电渗现象中连续相的电解质浓度对电渗速度影响较大，增加电解质会降低电渗速度，甚至可能改变液体流动方向。电渗技术有很多实际应用，如血液透析、溶胶净化、海水淡化等。

在外力或重力作用下，溶胶中固、液两相发生相对运动，则可能形成电场，形成流动电势或沉降电势，属于电渗和电泳的逆现象，常用于测量微粒分散体系的 ζ 电势和分析微粒沉降带

来的电势现象等。

三、微粒分散体系物理稳定性相关理论

胶体微粒分散体系是分散度很高的多相体系，具有高度过剩的界面能，微粒间具有互相聚集而降低界面能的趋势，因此属于热力学不稳定体系。但在动力学方面，由于胶体微粒（一般＜2μm）具有明显的布朗运动，使其能对抗在重力场中的沉降作用，从而具有动力学稳定性。另外由于胶体微粒表面水化形成水化膜以及微粒表面电荷带来的相互间的静电斥力都给予胶体微粒一定的聚结稳定性。胶体微粒的稳定同时需要聚结稳定性和动力学稳定性，其中，聚结稳定性尤为重要，一旦微粒聚结导致粒径变大，也最终会失去动力学稳定性。

（一）絮凝与反絮凝

微粒表面具有扩散双电层，使得微粒表面带有同种电荷，在一定条件下微粒因相互排斥而稳定。双电层的厚度越大，则相互排斥的作用力就越大，微粒就越稳定。在一个稳定的胶体微粒体系中加入一定量的某种电解质，微粒表面对电解质的离子选择性的吸附会中和微粒表面的电荷，从而降低微粒表面电荷量及双电层的厚度，使微粒间的斥力下降，进而微粒的物理稳定性下降，微粒发生聚集作用，其外观表现为絮状物，内部结构为疏松纤维状，振摇后可重新分散均匀，这种现象称絮凝（flocculation），加入的电解质称絮凝剂（flocculating agents）。当絮凝剂的加入使 ζ 电位降至 20～25mV 时，形成的絮凝物疏松、不易结块，而且易于分散。实际应用中，如果微粒分散体系需要长期保存，絮凝状态下的微粒一定程度聚集能使表面自由能及微粒活跃程度部分降低，有助于微粒分散体系的稳定。

在絮凝作用中，所加入电解质的离子强度、离子价数、离子半径等都会对微粒的电荷量及双电层厚度产生影响。其中电解质的离子价数和浓度对絮凝的影响很大，一般离子价数越高，絮凝作用越强，如化合价为 2、3 价的离子，其絮凝作用分别约为 1 价离子的 10 倍与 100 倍；同时，增加电解质离子浓度，可降低 ζ 电势，从而降低双电层厚度从而促进絮凝；另外，高分子化合物如羧甲纤维素、邻苯二甲酸纤维素等，一方面可以通过分子链对微粒的吸附起到架桥作用而使微粒聚集，另一方面也可以通过中和微粒表面电荷从而促进微粒絮凝。

如果在微粒分散体系中加入某种电解质使微粒表面的 ζ 电位升高，双电层厚度增大，微粒间静电排斥力阻碍了微粒的聚集，微粒以单个粒子状态分散，这个过程称为反絮凝（deflocculation），加入的电解质称为反絮凝剂（deflocculating agents）。如在硫酸钡的混悬剂中，当 ζ 电位在 22mV 以下时出现絮凝现象，当 ζ 电位在 50～66mV 时则会出现反絮凝现象。对粒径较大的微粒分散体系，如果长时间以反絮凝状态存在，不能形成相对稳定的疏松的纤维状结构，微粒之间没有支撑，微粒沉降或碰撞后易产生不能再分散的聚沉物，对物理稳定性是不利的。

在絮凝和反絮凝作用中，同一电解质可因加入量的不同，在微粒分散体系中起絮凝作用（降低 ζ 电位）或反絮凝作用（升高 ζ 电位）。这与带电微粒表面 ζ 电势的变化有关，在加入相反电荷电解质后，微粒表面电荷被中和从而 ζ 电势降低，进而斥力降低形成絮凝，若继续加入电解质，微粒可吸附絮凝剂相同电荷使得微粒表面电荷增加，ζ 电势增大，起到反絮凝作用，实际应用中，部分氯化物、磷酸盐和枸橼酸盐均有絮凝剂和反絮凝剂的双重作用。

絮凝和反絮凝主要应用于解决微粒分散体系的物理稳定性。但絮凝剂与反絮凝剂的使用是比较复杂的，应综合考虑絮凝剂或反絮凝剂种类、用量及微粒表面的荷电性质等不同因素。

（二）DLVO 理论

DLVO 理论是在 20 世纪 40 年代，由苏联学者德查金（Derjaguin）、朗道（Landau）与荷兰学者维韦（Verwey）、奥弗比克（Overbeek）分别独立研究并提出的关于带电微粒稳定性的

理论。该理论认为微粒之间普遍存在范德瓦耳斯引力作用，同时也存在因微粒表面电荷产生的排斥作用，两者都随微粒间距离而变化，微粒的稳定性取决于微粒之间吸引与排斥作用的相对大小。该理论提出了各种形状微粒之间的相互吸引能与双电层排斥能的计算方法，并据此对微粒稳定性进行了定量分析，得到了关于微粒稳定性的 DLVO 理论。

1. 微粒间的范德瓦耳斯力 分子间存在着相互吸引的范德瓦耳斯引力，微粒可以看作是大量分子的集合体，因此微粒间的引力是微粒中所有分子范德瓦耳斯引力的总和。对于两个半径相等的球形微粒，若表面最近距离为 H_0，则两个微粒间的引力势能 V_A 为：

$$V_A = \frac{-Aa}{12H_0} \tag{2-20}$$

上式中，a 为微粒半径，H_0 为两微粒表面之间最近距离，A 为 Hamaker 常数，它是物质的特征常数，与微粒性质（如单位体积内的原子数、极化力、分子间的相互作用）有关，其数值在 10^{-20}～10^{-19}J。

式（2-20）适用于微粒大小比微粒间距大得多的情形，A 是两微粒在真空条件下测得的，并未考虑分散介质的影响，对于分散在介质中的微粒，A 必须用有效 Hamaker 常数代替。对于同一物质的两个微粒有：

$$A_{131} = (A_{33}^{1/2} - A_{11}^{1/2})^2 \tag{2-21}$$

上式中，A_{131} 为微粒在介质中的有效 Hamaker 常数，A_{11} 为微粒的 Hamaker 常数，A_{33} 为介质的 Hamaker 常数。如果 $A_{11}=A_{33}$，则 $A_{131}=0$，微粒间引力势能 $V_A=0$，说明微粒间不存在引力势能，微粒分散体系比较稳定。上述公式表明，同物质微粒间的范德瓦耳斯力永远是相互吸引，介质的存在能减弱吸引作用，而且介质与微粒的性质越接近，微粒间的相互吸引就越弱，对于微粒分散体系的稳定就越有利。

2. 微粒间的排斥力 主要决定于电荷量的大小和相互间的距离。当微粒相距较远时，彼此的双电层尚未接触，两个带电微粒之间并不存在静电斥力作用。只有当微粒的双电层发生重叠，不但破坏了扩散层中离子的平衡，使得离子从浓度大的重叠区向未重叠区域扩散，从而产生渗透性排斥力，同时也破坏了双电层的静电平衡，引起微粒间产生静电排斥力。如果将排斥力当作是在两双电层重叠之处过剩离子的渗透压所引起，双电层的排斥作用表达式为：

$$V_R = \frac{64\pi a\eta_0 kT}{\kappa^2}\gamma_0^2 e^{-\kappa H} \tag{2-22}$$

上式中，V_R 为两球之间的在单位面积上的排斥能，a 为微粒半径，γ_0 为与表面电荷量有关的参数，κ 为双电层厚度的倒数，η_0 为分散介质的黏度，k 为波兹曼常数，T 为绝对温度，H 为微粒间最短距离。

当微粒表面电势较低时，上式可以简化为：

$$V_R = \frac{1}{2}\varepsilon a\psi_0^2 e^{-\kappa H} \tag{2-23}$$

式（2-23）中，ε 为介质的介电常数，ψ_0 为微粒表面电势。

式（2-23）表明，微粒之间的排斥能随表面电荷 γ_0 和微粒大小 a 的增加而升高，随微粒间距离 H 的增加以指数形式减少。

3. 微粒间的总势能 微粒间的总势能为引力势能与斥力势能之和，微粒间总相互作用能 $V_T=V_A+V_R$。以 V_T 对微粒间距离 H 作图，可得总势能曲线如图 2-12 所示。从两种势能的数学表达式可见，当微粒间距逐渐减小时，引力势能 V_A 的绝对值无限增加，斥力势能 V_R 却趋于一个极限值。所以当微粒间距 H 很小时，必定是引力势能大于斥力势能，总势能 V_T 为负值；当微粒间距 H 很大时，V_R 和 V_A 都下降，其中 V_R 随距离增加而呈指数下降，远比 V_A 下降幅度大，因此在 H 很大时，V_T 也是负值；若距离进一步增加，微粒间相互作用逐渐消失而 V_T 也趋近于零。在微粒距离适中时即距离与双电层厚度同数量级时，V_R 有可能超过 V_A，从而 V_T—H 曲线出现峰值，即斥力势垒。只有微粒的动能超过这一势垒，微粒之间才可能发生聚沉，若斥力势垒足够高，则可以阻止微粒相互接近，不至于聚沉。然而，如果分散体系中微粒的斥力势能不够大，V_R 也可能在所有距离上都小于 V_A，则微粒的相互接近没有任何阻碍，将很快聚沉。虽然在 H 很小时吸引大于排斥，但此时微粒已聚结，微粒间电子云相互作用而产生 Born 排斥能，总势能又急剧上升为正值。

因此，V_T—H 曲线的一般形状如图 2-12 所示，在中间距离，可能出现势垒，势垒的大小是微粒能否稳定的关键。在距离很小与很大时各有一势能极小值出现，分别称为第一极小值与第二极小值。

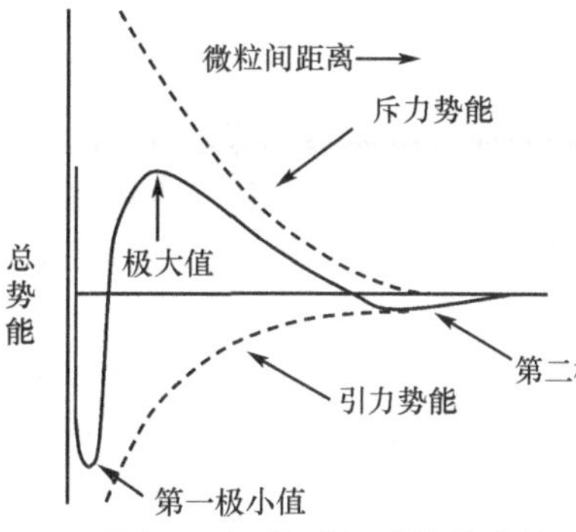

图 2-12　粒子间总势能曲线

胶体分散体系的稳定与否，与势能曲线的斥力势垒和总势能曲线的正负情况等因素有关，决定分散体系势能曲线形状的因素主要有：①有效 Hamaker 常数 A 的影响：A 与微粒间引力势能有关，微粒与分散介质性质接近，结合较好则 A 值变小，从而微粒分散体系中的引力势能下降，斥力势垒变高，有利于分散体系的稳定。反之，若 A 值增大，则势垒下降，分散体系稳定性下降。②微粒表面电势的影响：增加微粒表面电势，可以增加斥力势垒。③电解质浓度：加入电解质的浓度与离子价数共同影响着势能曲线的斥力势垒，浓度越高，离子价数越高，则斥力势垒的下降越严重。

4. 临界聚沉浓度　胶体分散体系的总势能曲线上的势垒高度随溶液中电解质浓度的增加而降低，当电解质达到某一数值时，势能曲线的最高点恰为零，斥力势垒消失，这就是临界聚沉状态，此时的电解质浓度即为电解质对该微粒分散体系的聚沉值，由 DLVO 理论可以计算出电解质的临界聚沉值，其计算公式为：

$$\text{聚沉值} = C \cdot \frac{\varepsilon^3 (kT)^5 \gamma_0^4}{A^2 z^6} \tag{2-24}$$

式（2-24）中，C 为常数，ε 为介质的介电常数，z 为离子的价数，γ_0 为微粒表面电势参数，k 为波兹曼常数，T 为热力学温度，A 为 Hamaker 常数。

聚沉值的高低体现了电解质对胶体粒子稳定性的影响能力，根据上述计算公式可大致总结出如下规律：①在微粒表面电势较高时，聚沉值与反离子价数的六次方成反比，一般情况下，聚沉值与反离子价数的关系应在 z^{-2} 与 z^{-6} 之间变化；②聚沉值与介质的介电常数的三次方成正比；③如果假设胶体分散体系斥力势垒降为零后发生聚沉，则聚沉值与微粒大小无关。

电解质中起聚沉作用的是与胶体分散系所带电荷相反的离子，这些反离子一旦达到一定数量，将会进入微粒双电层结构中从而降低微粒电势，也即降低了微粒分散体系斥力势垒，一旦微粒凭借动能克服势垒的障碍，微粒间相互作用的势能随彼此接近而降低。如果分散体系中微粒可以在势能第二极小值处聚集，由于此时微粒间相距仍较远，这样的聚集体是一个松散的结构，容易复原，表现出触变性质，一般称此状态为絮凝。但如果势能曲线中的最大值不足以阻碍微粒的动能，则微粒将在第一极小值处聚集，此时的聚集体形成了紧密的结构，不易再分散，易与介质分离，一般称此状态为聚沉（coagulation）。

DLVO 理论在解释胶体分散体系的稳定性、微粒间相互作用和电解质的影响方面是一个较为成功和完善的理论。但由于忽略了微粒间除静电斥力势能以外的因素，所以对高分子聚合物及非离子表面活性剂的胶体分散稳定作用难以解释，对非水胶体分散体系的稳定性也无法说明，随着微粒间新的相互作用力的不断发现，DLVO 理论仍需进一步的研究和完善。

（三）空间稳定理论

实验证明在胶体微粒分散体系中加入适量的高分子化合物或者非离子型表面活性剂，可显著提高微粒分散体系的稳定性。研究发现加入的高分子化合物或非离子表面活性剂实际上降低了微粒的 ζ 电势，但微粒分散体系的稳定性却反而提高了。这说明除了双电层的静电斥力作用外，对于微粒分散体系的稳定性还有其他因素起作用。空间稳定理论认为介质中的大分子物质被吸附到微粒表面，在微粒表面形成高分子膜保护层，从空间上阻碍了微粒相互接近，进而阻碍了微粒聚集，从而增加了微粒分散体系的稳定性。这种空间稳定作用的理论是 20 世纪 60 年代之后才逐渐发展起来的，虽然现在还未发展成统一的定量理论，但已成为微粒稳定性研究的重要课题。

1. 影响空间稳定作用的因素

（1）高分子化合物的结构：作为微粒分散的稳定剂，高分子化合物在结构上必须同时具有与微粒和介质亲和力好的基团或结构，而且这两种不同的基团或结构在分子中的比例要适当。对微粒的亲和力，能使高分子化合物牢固地吸附在微粒表面；对分散介质的亲和性，可以使分子链充分伸展，形成较厚的吸附层，对微粒产生较好的保护作用。

（2）高分子的分子质量与浓度：一般分子质量越大，高分子在微粒表面上形成的吸附层越厚，稳定效果越好。许多高分子还有临界分子质量的概念，低于此分子质量的高分子无胶体保护作用，如聚乙烯醇。

高分子浓度对稳定性的影响比较复杂，一般认为吸附的高分子要盖住微粒表面形成包被层才能对胶体微粒起到保护作用，但过高的浓度并不能增加它的保护作用。另一方面，若高分子的浓度过低，微粒表面不能被完全覆盖，则不但不能起到保护作用，反而由于高分子链的“桥联”作用，把邻近微粒吸附在链节上，使胶体对电解质的敏感性增加，促使微粒聚集下沉，这种作用称为高分子敏化作用。

（3）溶剂的影响：高分子化合物在优良溶剂中链段能伸展，使得吸附层变厚，胶粒重叠时，分子链不发生相互吸引，排斥能上升，稳定作用增强。在不良溶剂中，高分子与溶剂分子亲和力变小，胶粒重叠时，颗粒表面的高分子链互相吸引，稳定作用变差。实验表明，在用高分子化合物稳定的微粒分散体系介质中逐渐加入不良溶剂，在介质转变为高分子的不良溶剂过程中，分散微粒开始聚沉。对于一种溶剂而言，改变温度相当于改变它对高分子的溶剂性能。所以用高分子稳定的分散体系，其稳定性常随温度而改变。

（4）胶体性质变化的影响：溶胶被高分子稳定后，分散体系的物化性质发生显著变化，变得与所加高分子溶液的性质更为接近，如 AgBr 溶胶的电泳速度与[Ag^+]有关，但加入 0.1%明胶后，电泳速度与[Ag^+]无关，却与 pH 有关，表示体系从 AgBr 溶胶转变为具有明胶溶液的部分性质。

2. 理论基础 与电解质聚沉理论不同，空间稳定理论尚未形成成熟的定量的理论，主要包括体积限制效应理论和混合效应理论。

（1）体积限制效应理论：当带有高分子聚合物吸附层的两个微粒接触时，彼此的吸附层不能互相穿透而是受到压缩，因此，吸附层造成了空间限制（图 2-13A），在微粒相互作用范围内的高分子链可能采取的构型数减少，高分子构型熵降低从而产生熵斥力势能或是弹性斥力势能。排斥能的大小可以从构型熵随微粒间距离的变化计算得出。

（2）混合效应理论：两个胶粒接近到小于两层吸附层的厚度时，微粒表面上的高分子吸附层互相穿透而不发生压缩（图 2-13B）。吸附层之间的这种重叠，可以看作是两个一定浓度的高分子溶液的混合，重叠区内高分子浓度增大，可能产生两种斥力势能即渗透压斥力势能和热焓斥力势能。从高分子溶液理论和统计热力学出发，可以计算混合过程的熵变与焓变，从而得出吸附层混合时自由能变化的符号和大小。若自由能变化为正，则起保护作用，吸附层使体系稳定；若自由能为负，则起絮凝作用，吸附层促使微粒聚集。

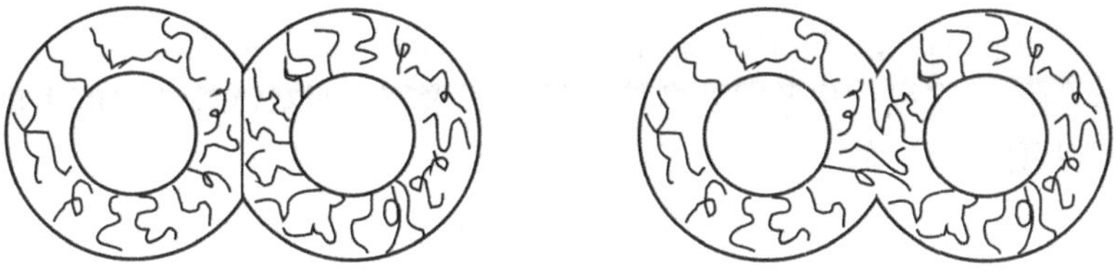

图 2-13 高分子吸附层效应

A：体积限制效应；B：渗透混合效应

（四）空缺稳定理论

1975 年研究者发现，有些高分子化合物没有吸附于微粒表面时，微粒表面的高分子化合物的浓度低于体系高分子溶液的浓度，在微粒表面上形成空缺表面层，也能够对胶体分散体系微粒起到稳定作用。在这种体系中，高分子化合物的浓度不同，分子大小不同，可能使胶体聚沉，也可能使胶体稳定。这些对胶体微粒空缺层中高分子化合物的密度变化和空缺层重叠时的自由能变化研究形成的理论称为空缺稳定理论（theory of depletion stabilization），如图 2-14 所示。

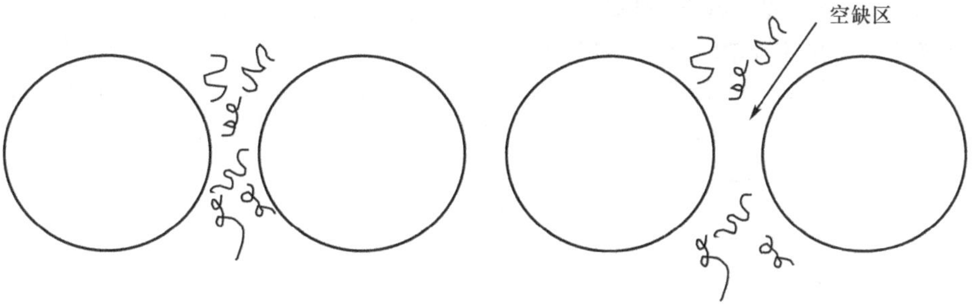

间距大于高分子端-端均方根距离　　间距小于高分子端-端均方根距离

图 2-14 空缺稳定理论

当两个胶体微粒的间距 H 减少到高分子化合物的 $(r^2)^{1/2}$（端-端均方根距离）时，两平面空缺层发生重叠，这一空缺区会引起两种效应，一种是引力效应，由于空缺区与溶液产生浓度差，相应产生渗透压驱使胶粒靠近。另一种是产生斥力效应，当两个微粒靠拢时会把胶体粒子间的溶剂及聚合物分子挤出到主体溶液中，此过程相当于从浓度均匀的高分子溶液分离出纯溶剂和更高浓度的聚合物的过程，此分离过程为自由能的增大过程，会产生斥力自由能，是胶体空缺稳定的基础。通常自由能-间距变化曲线的峰值和谷值都随高分子浓度的升高而增大。胶体要发生聚沉，胶粒必须要越过位能曲线的峰值势垒。因此高分子溶液浓度越高，势垒越高，胶体越稳定。而低浓度高分子溶液的势垒高度较低，有利于体系絮凝。

（五）微粒聚结动力学

当分散体系中的微粒粒径大过一定数值时，微粒分散体系将失去热力学稳定性，此时可用聚沉速度反映微粒分散体系的稳定性。由 DLVO 理论可知，由于微粒布朗运动的存在，带电微粒的稳定是归结于总势能曲线上势垒的存在，如分散体系的势垒为零，则微粒相互接近时必然导致聚结，称为快聚沉。若分散体系的势垒大于零，则只有能克服势垒的微粒碰撞才会导致最终的聚沉，称为慢聚沉。

1. 快聚结 当任何聚沉过程都由微粒的扩散与微粒的碰撞两个过程所组成，在快速聚沉模型中，微粒间一旦进入相互的引力场就导致碰撞和聚结，其特点就是微粒的聚沉速度取决于微粒的扩散速度。

单分散球形微粒由布朗运动带来的扩散作用控制时，其聚沉速率等同于碰撞速率。假设微粒的半径为 R，则每个球形微粒的作用半径为 $2R$，若两球彼此间进入此作用半径，则两球相碰撞。根据 Fick 扩散第一定律，并考虑到微粒聚结后三聚体、四聚体等情况的出现，单位时间内微粒聚结消失的速度可表达为：

$$-\frac{\mathrm{d}C}{\mathrm{d}t}=8\pi DRC^2 \tag{2-25}$$

式（2-25）中，$-\frac{\mathrm{d}C}{\mathrm{d}t}$ 为扩散层中微粒消失的速度，R 为微粒半径，D 为微粒扩散系数，C 为微粒浓度。式（2-25）表明快聚结作用类似双分子反应模式，其聚结速率与微粒浓度的平方成正比。若将式（2-25）与双分子反应的速度公式 $-\frac{\mathrm{d}C}{\mathrm{d}t}=KC^2$ 进行对比，则可得出聚结速度常数 $K=8\pi DR$。式中扩散系数 D 用爱因斯坦关系式 $D=\frac{\kappa T}{6\pi\eta R}$ 代入，可得出下式：

$$K=\frac{4\kappa T}{3\eta} \tag{2-26}$$

式（2-26）中，K 为快聚结速率参数，η 为体系黏度，κ为波兹曼常数，R 为微粒的半径，T 为热力学温度。由公式可看出，快速聚结速度与微粒大小无关，受到温度与介质黏度的影响。

2. 慢聚结　当存在势垒时，微粒聚沉速度就会变慢，原因在于并非所有碰撞都会导致聚结，仅有足够能量可以克服势垒障碍的一部分微粒可以发生碰撞并聚结，其聚结速度比快速聚结所预测的要小得多。考虑到势垒对聚结的阻碍作用，在快聚结的公式中加入能量势垒带来的阻力因子的影响，可得出慢聚结速率公式：

$$-\frac{\mathrm{d}C}{\mathrm{d}t}=\frac{8\pi DC^2}{\int_{2R}^{\infty}\exp\left(\frac{V}{\kappa T}\right)r^{-2}\mathrm{d}r}=K_{\mathrm{s}}C^2 \tag{2-27}$$

式（2-27）中，V 为微粒间斥力势能，k 为波兹曼常数，T 为热力学温度，R 为微粒半径，K_s 为慢聚结速率常数，r 为参考球半径，D 为微粒扩散系数。

式（2-27）中 K_s 为慢聚结速率常数，其大小为：

$$K_{\mathrm{s}}=\frac{8\pi D}{\int_{2R}^{\infty}\exp\left(\frac{V}{\kappa T}\right)r^{-2}\mathrm{d}r} \tag{2-28}$$

由于微粒间势垒大小与电解质浓度有函数关系，所以慢聚结速率受到电解质浓度的影响。如果将快聚沉速率常数与慢聚沉速率常数相比可得代表微粒分散系稳定性的稳定率 W 值。

$$W=\frac{K}{K_s}=2R\int_{2R}^{\infty}\exp\left(\frac{V}{\kappa T}\right)r^{-2}\mathrm{d}r \tag{2-29}$$

从式（2-29）可以看出，K_s 越小则 W 值越大，微粒分散体系就越稳定，W 值从一定意义上代表了势垒能级的高低。以 DLVO 理论对上式进行近似处理后，可以看出 W 值是电解质浓度 C 的函数，说明电解质浓度会影响微粒分散体系的聚沉行为。

实际上，上述讨论的聚沉规律都是在理想状态下得出的结论，而在实际应用中微粒的聚沉过程是复杂多变的。微粒形状不规则、大小不均匀、运动的多样性都会影响聚沉现象，所以实际的聚沉情况会与理想状况存在较大差异。

（黄家宇）

第四节　流变学基础

流变学（rheology）是研究物质的变形和流动的一门学科，是力学的一门分支学科。在药品生产过程中，液体和半固体的流动速度、流动阻力、稳定性、涂展性、灌装难易度等性质均与流变学相关，在药品处方设计、制备工艺、质量评定等方面也必须考虑到流变学的相关内容。本节主要讨论流变学在液体制剂和半固体制剂中的相关性质和应用。

一、流体的基本性质

液体、半固体在外力的作用下表现出一定的流动性，在作用力和其他条件相同的情况下，不同液体流动的快慢并不一样，表明不同液体流动的难易程度不同。液体的流动能力之所以存在不同，是由于液体内部对流动起阻抗作用的内摩擦力大小不同所造成的。液体内摩擦力的存在决定了液体具有黏滞性，液体内摩擦力大，其黏性也大，黏度是表示液体黏性或内摩擦力的定量指标，与流动难易程度呈反比关系。鉴于液体的流动以变形为基础，因此，黏度也是反映液体流变性的重要指标。

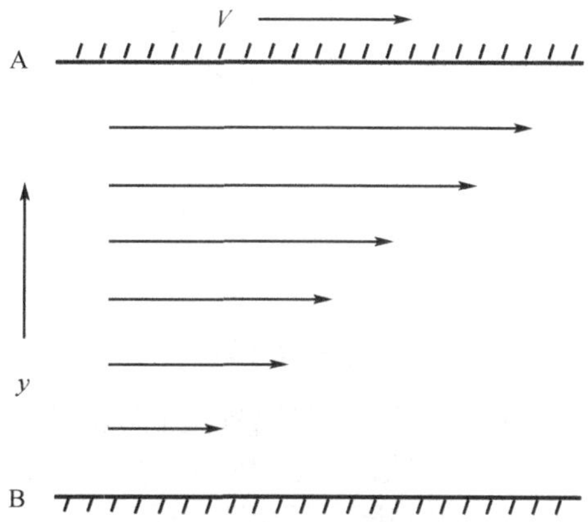

图 2-15　平板间流体的黏性流动

实验发现，流体在流速较小时做分层平行流动，流体中的质点轨迹相互平行，不同的流速的质点轨迹线不相互混杂，不同流动速度的液体可视为相互平行移动的层，这种流动形式称为层流，如图 2-15 所示。

假设在两块平板 A 和 B 之间放入流体，将 B 板固定后以速度 v 移动 A 板。由于 B 板和流体之间及流体内部的摩擦力的作用，两板之间的流体会沿 B 板移动方向流动，并且 A 板附近流体的流速要远大于 B 板附近的流速。从 A 板到 B 板之间的流体由于流速不同形成平行的层流，流体层之间的速度梯度为 $\mathrm{d}v/\mathrm{d}y$，不同流速的液层在流动中相互影响，在流体摩擦力的作用下，快速液层对慢速液层产生推动作用，慢速液层则对快速液层产生流动阻力。若要使慢速液层达到与快速液层相同的速度，则需要对慢速液层施加与流动阻力方向相反大小相等的力 F，也称剪切力。研究表明在稳定层流状态下的理想液体，剪切力 F 与相邻液层的接触面积 A 及速度梯度 $\mathrm{d}v/\mathrm{d}y$ 成正比，即

$$F = \eta A\frac{\mathrm{d}v}{\mathrm{d}y} \qquad (2\text{-}30)$$

上式中，η 为黏度系数，该公式即为牛顿黏性定律。如果用 D 表示切变速率即液层间速度梯度，用 S 表示剪切应力即单位面积上的剪切力，则该定律可表示为

$$D = \frac{S}{\eta} \qquad (2\text{-}31)$$

凡是符合牛顿黏性定律的液体称为牛顿流体，水、乙醇等大多数纯液体、轻质油、低分子化合物溶液及低速流动的气体等为牛顿流体。但在药物制剂的生产过程中涉及的液体或半固体多数并不符合牛顿黏性定律，称为非牛顿流体，大部分高分子聚合物的浓溶液和微粒分散体系一般都属于非牛顿流体。

黏度是度量液体流动时各平行液层间的内摩擦力大小的量度指标，由于黏度等于剪切力和切变速率之比，因此，一切液体的流动性质均可用剪切力和切变速率之间的关系来表现。流体

切变速率和剪切力关系的曲线称为该液体的流变曲线，液体的流动性质不同，其流变曲线也不相同。

对于理想的弹性固体，在外力作用下受力平衡瞬间形成，除去外力后形变也会立即恢复。对于理想的黏性液体，在外力作用下形变随时间线性发展，除去外力后形变也不会恢复。而对于大多数高分子材料来说，其受力后的形变与时间有关，但又不呈线性，两者的关系介于理想弹性固体和理想黏性流体之间，这种性质称为黏弹性。

（一）牛顿流体

牛顿流体的典型特征是切变速率 D 与剪切应力 S 呈直线正比关系，并且通过原点。其流变曲线如图 2-16 所示，根据牛顿黏性定律，直线斜率的倒数为流体黏度，牛顿流体的黏度是一个常数，与切变速率无关。实际应用中，大多数低分子化合物的液体和溶液或高分子的稀溶液属于牛顿流体。

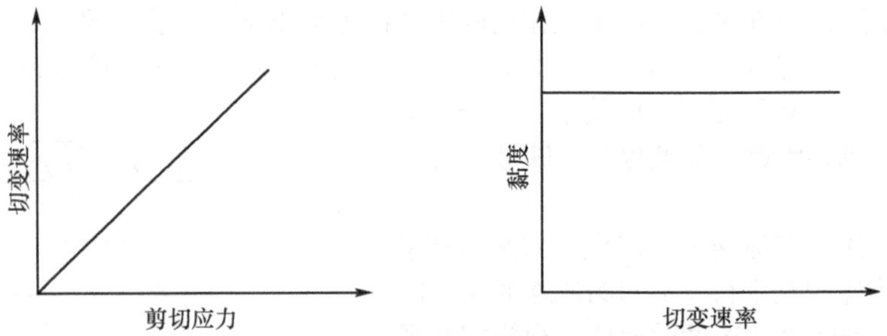

图 2-16　牛顿流体的流变曲线

（二）非牛顿流体

非牛顿流体主要特征是流体的切变速率与剪切力的关系不符合牛顿黏性定律，流体的黏度不是一个常数，常随切变速率的变化而变化。大多数药物制剂生产过程中涉及的流体均为非牛顿流体，物料随着切变速率或时间的变化而改变，因此，在不同的条件下测量的黏度值是变动值，不是一个恒定的常数。非牛顿型液体的黏度随切变速率变化而改变的原因，目前认为主要是由于液体内部的高分子、胶体粒子及颗粒间的相互作用而造成的。在实际应用中，根据其流变曲线的类型将其分为塑性流体、假塑性流体、胀性流体和触变流体等。

1. 塑性流体　典型特征在于当施加的剪切应力较小时，流体并不会发生流动现象。只有当剪切应力大于某个临界值时，流体才会开始流动，使塑性流体开始流动的最小剪切应力称为屈服值。当塑性流体开始流动以后，其切变速率与剪切应力之间与牛顿流体一样呈直线正比关系，如图 2-17 所示。

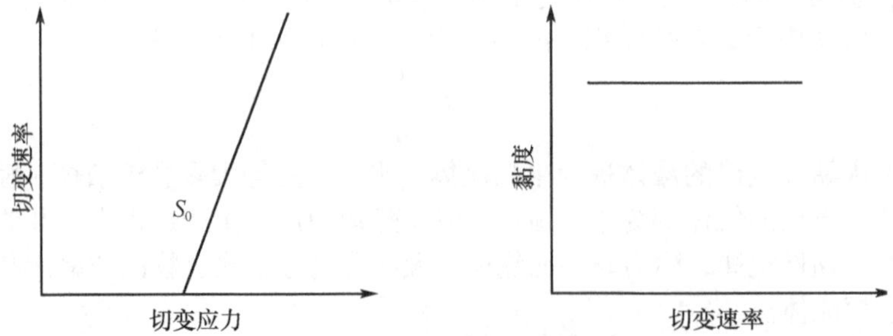

图 2-17　塑性流体的流变曲线

塑性流动曲线的特点是：曲线不经过原点，黏度与剪切速率无关。如用 S_0 表示其屈服值，其流动公式可用下式表示：

$$D=\frac{S-S_0}{\eta} \tag{2-32}$$

塑性流体存在屈服值的原因是这类流体粒子在相互的范德瓦耳斯力或者氢键的作用下形成网状结构，这些结构具有一定强度，外部施力后如不能破坏其网状结构，则流体不会产生流动现象。所施加的力必须足以破坏其结构，使其产生剪切变形，流体才会开始流动。在制剂中表现为塑性流动的常见剂型有浓度较高的乳剂、混悬剂、单糖浆、涂剂等。

2. 假塑性流体 典型特征是施加较小的剪切应力就能产生流动，不存在屈服值，流体黏度随切变速率的增大而减小。其流动公式可用下式表示：

$$D=\frac{S^{\mathrm{n}}}{\eta_{\mathrm{a}}} \tag{2-33}$$

式中，η_a 为表观黏度，n 为流动特性指数，$0<n<1$，n 越小，流速增加带来的阻力增加越慢。假塑性的流变曲线如图 2-18 所示，表现为向下弯曲的形态，表明流体切变速率随剪切应力增加而增加。黏度变化曲线为向下的曲线则表明流体黏度随剪切应力的增加而降低，大部分的长链高分子聚合物和形状不规则的颗粒的分散体系均符合假塑性流体型。

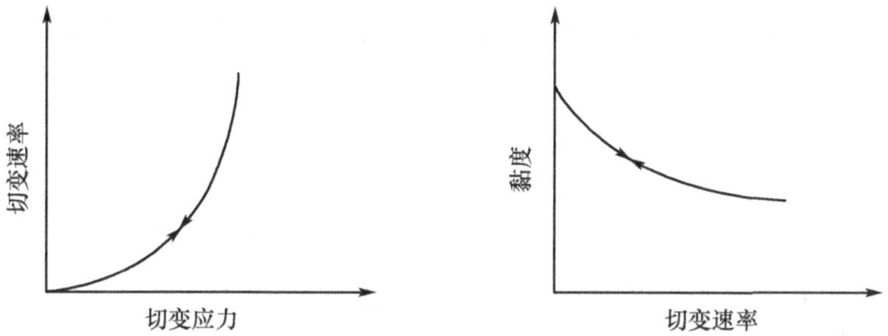

图 2-18 假塑性流体的流变曲线

假塑性流体的表观黏度随剪切应力的增加而降低，这种现象也称为剪切稀化现象。其可能的原因在于，由于流体内部的粒子或大分子本身在流动阻力上存在一定的方向性，当流体处于静止状态时，内部粒子或大分子的排列方式是杂乱无序的，由于分子链相互干扰和影响带来较大的流动阻力，表现为黏度较大。而当流动现象发生以后，这些粒子或大分子会试图全部进入同一流速的流层，并表现出一定程度的沿流动方向的取向，从而降低了流动阻力，表现为黏度随剪切应力增大而降低。一般来说高分子化合物的分子链越长，假塑性越明显，在实际应用中，一些高分子化合物的水溶液、乳液和混悬液都可以表现出假塑性流体的特性。

3. 胀性流体 其特点在于流体黏度随着剪切应力的增加而增大，另外剪切应力的增加还会使得流体体积增大，故称之为胀性流体。其流动公式同样可用假塑性流动公式来描述，但公式中的指数 n 值范围为 $1<n<\infty$，且 n 值越大，胀性特征越明显。胀性流动的流变曲线如图 2-19 所示，表现为经过原点，向上弯曲的曲线形态。说明胀性流体的切变速率随剪切应力的增加而增加，但相对增速会逐渐降低，而其黏度曲线则表明其黏度随剪切应力增加而上升。

胀性流体的表观黏度随剪切应力的增加而增加，这种现象也称为剪切增稠现象。其机制为：一般认为胀性流体在静止时，微粒间排列紧密而有序，微粒间液体对微粒运动起到润滑作用，分散体系表现出的黏度较低。当剪切应力增加到一定程度时，有序的粒子排列被打乱，粒子间相互碰撞和挤压甚至聚结成团，形成多空隙的疏松排列，造成液体的润滑作用下降，流动阻力上升，表现为流体的黏度上升，体积增大，极端情况下甚至导致失去流动性。胀性流动的这种

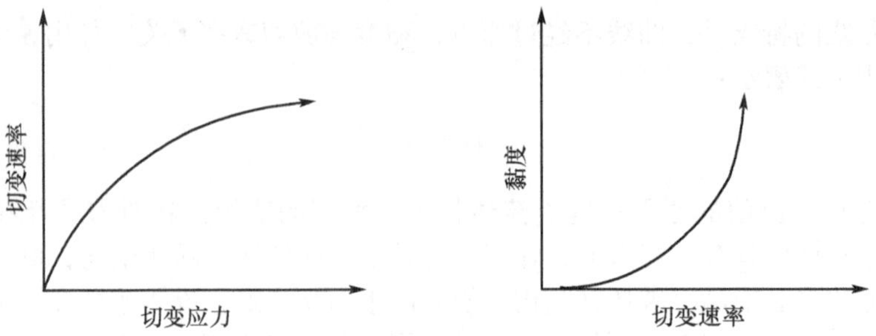

图 2-19　胀性流体的流变曲线

黏度变化是可逆的，解除剪切应力后，流动性可以重新建立。药物制剂中的胀性流体大多为含有大量固体微粒的混悬剂、糊剂、部分高分子分散体系等，其存在的流体种类和浓度范围较为有限。

4. 触变流体　其典型特点是其黏度与剪切作用时间有关，如部分塑性流体在静止或低剪切应力条件下呈现高黏度的状态，而在高剪切应力条件下呈低黏度易流动的性质，但当施加的剪切应力降低或者停止后，流体黏度并不会立即恢复原有大小，而是需要一定时间才会恢复。触变流体的流变曲线如图 2-20 所示，剪切应力逐渐增加时的切变速率变化曲线与剪切应力逐渐下降时的切变速率变化曲线并不重叠，上升曲线与下降曲线形成了与时间有关的滞后环，一般认为此滞后环的面积大小代表了流体触变性的强弱，同时也能据此推测剪切应力带来的流体结构的破坏程度。

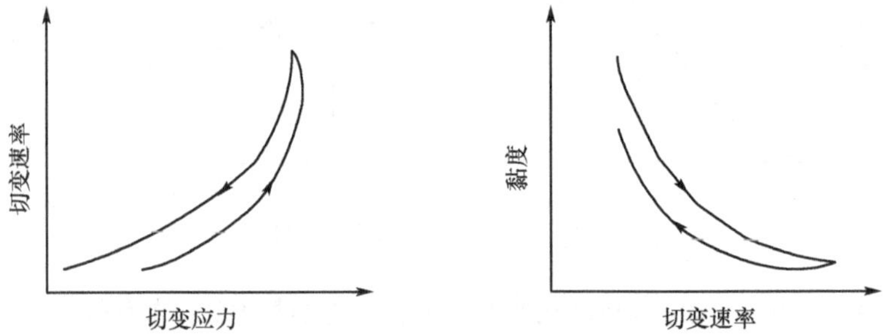

图 2-20　触变流体的流变曲线

触变流动的机制，一般认为静止时触变流体体系内有某种网状结构形成的，如高分子间通过氢键形成的聚合物间的物理交联或颗粒间经由极性吸附搭桥形成网状结构，这种网状结构在剪切应力作用下被破坏，从而造成流体黏度下降，一旦撤去剪切力，网状结构将慢慢重新建立，但由于重建所需时间较长，因而触变流体的流变曲线上行线与下行线不会重合。

在实际生产过程中，对某些软膏剂、凝胶剂等具有触变性的流体半成品进行搅拌时，由于其黏度下降，流体易于流动，便于产品的输送和灌装。成品放置一段时间以后，又能恢复为具有较高黏性的状态，有利于增加产品的稳定性。广义上讲，塑性流体、假塑性流动和胀性流体中的部分流变曲线存在滞后环现象的流体，均可归属于触变流动的范畴，它们的流动曲线和黏度变化曲线与其各自流体特性相似。比如胀性流体的流变曲线若出现上升曲线与下降曲线不重叠，曲线向右偏移，则说明此胀性流体存在触变流动的性质。前面所述的塑性流体剪切变稀的触变现象一般称为正触变，而胀性流体由于存在剪切变稠的特性，其触变类型被称为负触变。在研究中甚至发现，部分流体存在复合触变现象，在不同大小的剪切应力范围内，正负触变特征交替出现。触变流体与塑性流体、假塑性流体和胀性流体的不同在于其黏度不仅与剪切应力有关系，还与时间有关系，这是造成流变曲线出现滞后环的根本原因。触变性是分散体系流变学的重要研究内容，具有重要的理论意义和应用价值，目前，各种触变性的机制仍缺乏统一的认识，需要开展进一步的科学研究。

二、流变性的测定方法

对于液体制剂的流变学性质来说，黏度是最重要的特性。一般情况下流体的黏度受温度和压力的影响，其中又以温度的影响较大，在测定黏度时要特别强调温度的恒定，使测定结果具有良好的重现性。压力在实际测量中对黏度的影响比较小，故通常不考虑压力的影响。

（一）牛顿流体流动性质的测定

1. 毛细管黏度计　牛顿流体在自身重力作用下流过一定孔径的毛细管时，其黏度与流动速度之间满足泊肃叶（Poiseuille）定律：

$$\eta = \frac{\pi \Delta p R^4 t}{8Vl} \tag{2-34}$$

上式中，η 为液体黏度，t 为时间，V 为在 t 时间内流过毛细管的液体体积，R 为管道半径，Δp 为压力差，l 为管道长度。

在实际应用中，为了减少误差和简化操作，一般采用相对测定法来测定供试液的黏度。若将已知黏度的标准液体（比如水）和供试液分别使用同一毛细管黏度计测量后，两者的黏度之比若按上式代入，由于压力差之比等于密度之比，则可以得出如下公式：

$$\frac{\eta}{\eta_0} = \frac{\rho t}{\rho_0 t_0} \tag{2-35}$$

上式中，η、η_0 分别代表供试液黏度和已知标准液体黏度，ρ、ρ_0 分别代表供试液密度和已知标准液体密度，t、t_0 分别为供试液和已知标准液体流经毛细管所需时间。上式中，η_0 为已知数值，t 和 t_0 由黏度测定实验测出，ρ 和 ρ_0 亦不难求得，所以只需要通过实验分别测出两种液体流过同一毛细管黏度计的时间，即可求出供试液的黏度。

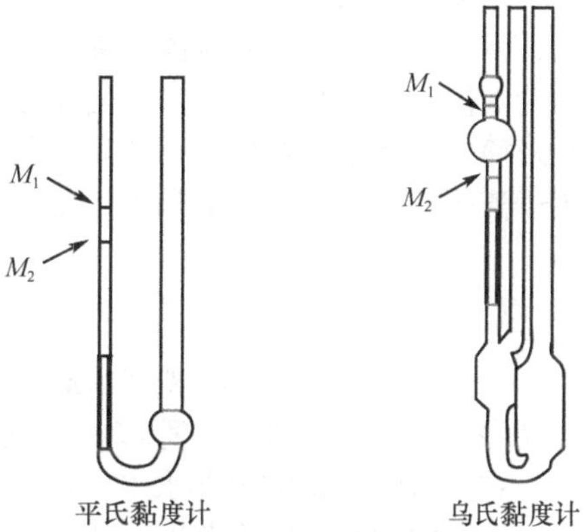

图 2-21　毛细管黏度计示意图

如图 2-21 所示的两种常见的毛细管黏度计的毛细管上方，各有两个计时刻度 M_1 和 M_2。测定时将黏度计垂直放置于恒温水浴中，加入一定量待测液体，用吸球将液体吸入计时刻度 M_1 上方，然后让液体自由流下，记录供试液和标准液的液面从计时刻度 M_1 下降到 M_2 所需要的时间 t 和 t_0，即可根据上述公式计算出供试液的黏度。

毛细管黏度计是目前应用最广泛的黏度测定方法，根据不同的需要毛细管黏度计有许多不同的类型，是精密度较高的一种测量黏度的方法。由于温度对液体黏度影响较大，在保证温度稳定的前提下，使用前需要将毛细管黏度计在恒温水浴进行一段时间的恒温。根据供试液的不同黏度选择适合内径的毛细管黏度计，以保证有合理的流出时间，减少计时误差带来的影响。使用时需要保证毛细管黏度计保持垂直状态，计时过程中不得对黏度计进行调整或振动。

2. 落球黏度计　其示意图，见图 2-22。

如果一个球体在液体中自由下落，由于附着于球面的液层与周围其他液层之间存在着相对运动，小球的运动受到来自液体的黏性阻力。小球在匀速下落时，小球受到的重力等于浮力和黏性阻力之和，即：

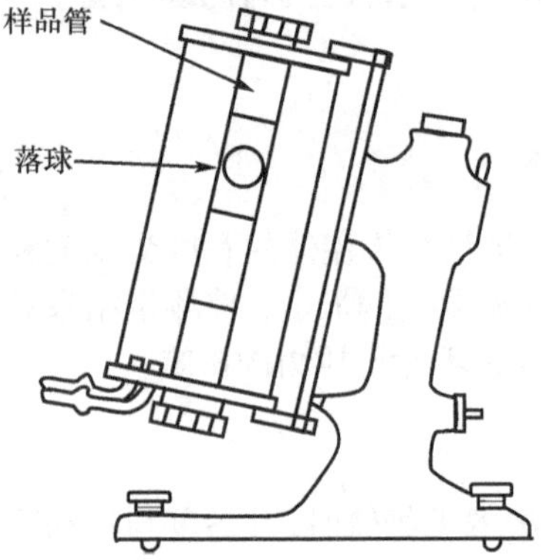

图 2-22　落球黏度计示意图

$$\frac{4}{3}\pi r^3\rho_0 g=\frac{4}{3}\pi r^3\rho g+6\pi\eta vr \tag{2-36}$$

考虑到圆筒直径的影响，式（2-36）可修正并表达为：

$$\eta=\frac{d^2(\rho_0-\rho)gt}{18L\left(1+2.4\dfrac{d}{D}\right)\left(1+3.3\dfrac{d}{2H}\right)} \tag{2-37}$$

上式中，d 为落球直径，D 为圆筒直径，ρ_0 为落球密度，ρ为液体密度，L 为落下距离，t 为落下时间，g 为重力加速度，H 为液体高度。若采用相对测定法，则可以选用合适的标准液体与待测液体同一条件下进行测量，按下式进行计算：

$$\eta=\frac{(\rho_0-\rho)t\eta_s}{(\rho_0-\rho_s)t_s} \tag{2-38}$$

上式中，d 为落球直径，η_s 为标准液黏度，ρ_0 为落球密度，ρ为待测液体密度，ρ_s 为标准液体密度，t、t_s分别为待测液和标准液中小球落下时间。

测定时在测定的圆筒内加入适量的待测液体，测量已知密度的小球的直径，将小球在圆筒中心处靠近液面位置放入液体中，记录小球通过刻度线的时间，反复测定多次，即可根据上式进行计算。实验中待测液体需要达到恒温条件，可根据小球下落速度选择恰当记录刻度线以减少实验误差。

（二）非牛顿流体流动性质的测定

1. 圆筒式黏度计　由于非牛顿流体的黏度值不是常数，而是随剪切速度大小的变化而变化，因此在测定非牛顿流体的黏度时，应采用剪切速度可调的黏度计进行测定。圆筒式黏度计测量液体黏度的基本原理是：当流体与浸于其中的物体做相对旋转运动时，由于供试液在内筒与外筒之间产生剪切作用，转筒将受到流体黏性力矩的作用而产生转矩，通过测量供试样品做用于流体的转矩来确定其黏度。如图 2-23 所示，在此模型中，黏度与转矩满足如下公式：

$$\eta=\frac{M}{4\pi h\omega}\left(\frac{1}{R_1^2}-\frac{1}{R_0^2}\right) \tag{2-39}$$

上式中，η 为供试液黏度，M 为转筒的转矩，h 为圆筒浸入样品深度，ω 为转动角速度，R_1、R_0 分别表示内筒和外筒的半径。

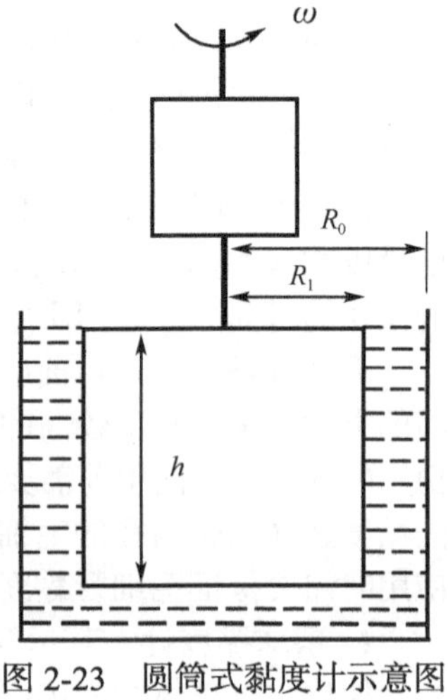

图 2-23　圆筒式黏度计示意图

在测量时先调整仪器水平，将供试液加入并保证恒温情况良好，根据供试品的黏度范围选择合适的转筒及仪器转速，调整转筒在供试液中的浸入高度与转筒上的液面标志相平，开始测试后待读数稳定即可读取结果。实验中要保证转筒与供试液温度一致，转子应保证清洁，供试液为均匀的样品。

2. 锥板式黏度计　是最为常用的旋转式黏度计之一，原理与圆筒式黏度计类似。相比较圆筒式黏度计其摩擦面由圆筒面变为锥面，结构如图 2-24 所示。锥板型旋转黏度计的测量系统由圆锥和平板组成，圆锥与平板之间形成的角度称为锥角（φ）。供试液样品被加载并充满于圆锥和平板之间的空隙中，马达带动圆锥以恒定的角速度转动，对黏性流体产生剪切作用，通过测定旋转产生的转矩可由式（2-39）求出供试样品黏度：

$$\eta=\frac{3\phi M}{2\pi R^3\omega} \tag{2-40}$$

上式中，φ 为锥板与平面夹角，M 为转筒的转矩，R 为锥板的半径，ω 为转动角速度。

锥板式黏度计的使用与圆筒式黏度计类似，但具有所需样品少，恒温容易达到，更适用于高黏度样品的特点。

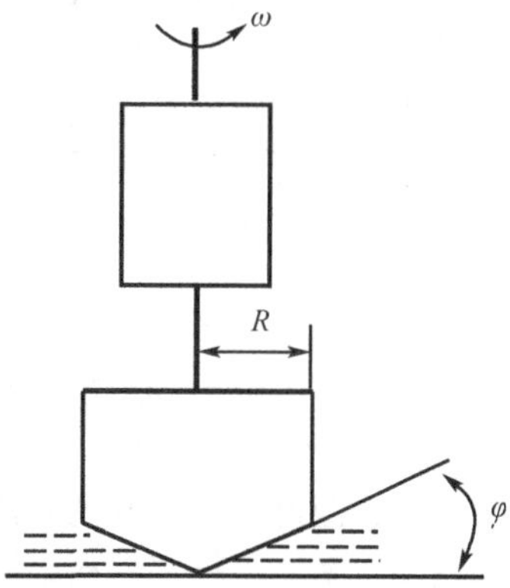

图 2-24　锥板式黏度计示意图

三、流变学在药剂学中的应用

流变学相关知识在药剂学中有着广泛的应用，常见的混悬剂、乳剂、软膏剂、硬膏剂、凝胶剂等药物剂型及一些新型的透皮给药制剂等药物传递系统均与流变学有关。一方面，在药物制剂的处方设计上需要考虑流变学理论，另一方面在药物制剂的生产工艺中也涉及流变学知识的应用，下面将讨论在药剂学中常见的一些流变学相关的具体问题。

（一）稳定性

黏度是流变学研究流体的一个主要特性，而黏度对于动力学不稳定系统的影响非常巨大。Stokes 定律表明连续相的黏度越大，则分散相颗粒的沉降速度越慢，系统越稳定。常见的混悬剂、乳剂、乳膏剂等剂型由于分散相与连续相的密度差造成了分散相粒子的运动，这是造成制剂中的分散相合并、聚结等不稳定现象的主要原因之一，适当的增加黏度可以降低分散相的运动速度，增加稳定性。

在上述的不均匀分散体系中，流体的屈服值及触变性对于稳定性的增加同样具有重要意义。在外力作用小于流体的屈服值时，具有塑性或是触变性的流体内部网状结构不被破坏，表现出类似于固体的性质，对于增加制剂的稳定性具有重要意义，因此，在混悬剂、乳剂、凝胶剂等剂型中的处方设计中，增稠剂或者助悬剂的黏度特性、屈服值及触变性等流变学参数成为重要的考察因素。

（二）流动性

在软膏剂、凝胶剂等半固体制剂的使用中，制剂需要合适的增稠剂来调节其流动性，黏度过高或搭配不佳则会带来挤出困难、涂展性不好等问题，黏度过低同样会让使用者在挤出产品时难以控制挤出量，同时对制剂在皮肤的附着和滞留不利，对药效也会有负面影响。

制剂生产过程中，流动性是一个需要充分考虑的因素。由于软膏剂、凝胶剂、混悬剂等制剂的剂型特点，一般在常温时其流动性并不足以满足灌装和传输的需求，所以在进行灌装和传输时会采用升温或振动等方式来提高其流动性，以满足单元操作的需求。此时，温度和切变引力对半成品黏度的影响必须加以研究和考察，考虑到升温降低黏稠度对稳定性的不利影响，倘若制剂半成品具有良好的触变性或塑性，具有剪切变稀的流变曲线，在达到一定的振动强度时，黏度大幅下降则会有利于生产的顺利进行。目前在半固体等外用制剂进行处方设计时，流动性、涂展性、挤出性能等已经成为重要的考察因素。

（三）释药特性

药物从制剂产品中释放出来后才能发挥其疗效，而释放速度与介质黏度有很大关系。大多数情况下，黏度增加会降低药物的扩散速度，从而降低药物的吸收速度。比如植入释药系统，注入体内可迅速转变为高黏度半固态的含药溶胶，在体内迅速完成溶胶-凝胶相变，可控制药物在体内实现数月内持续释放。

在常规制剂的处方设计中也需要考虑黏度对药物释放速度的影响，如凝胶骨架缓释片的原理就是在片剂处方中加入亲水凝胶材料，当片剂接触到消化液后，表面的凝胶材料发生水化形成具有一定黏度的凝胶层，片剂中的药物必须扩散并通过凝胶层才能释放到消化液中被人体吸收，所以凝胶层的厚度、黏度及牢固程度等因素对此类缓释片的释药特性有重要的影响。黏度对释药速度的影响涵盖了药剂学中的绝大多数剂型，在研究制剂的释药特性时必须加以研究。

（四）滞留性

对于眼部和腔道给药等制剂来说，药物在用药部位的滞留可以防止药物流失过度，制剂中可以通过调整处方的增稠剂种类和用量以提高黏度，从而提高药物的吸收。例如，在滴眼剂的使用中，药液在用药部位的迅速流失是造成疗效不佳的重要原因之一，目前已开发了能显著提高药物在眼部滞留时间的滴眼剂。其原理是滴眼剂在使用前黏度不高，利于产品的准确分剂量和使用，滴加于眼部后滴眼液黏度迅速提高，在眼部滞留时间相比较普通滴眼剂提高数倍，降低药物释放速度同时延长了药效持续时间。腔道给药制剂如栓剂在使用时的相变过程，也使得滞留性显得尤为重要，固态的栓剂用药后在腔道中熔化，若药液黏稠度不足则可能导致药液从腔道流失而致疗效不佳。类似的情况还出现在滴鼻剂、软膏剂等其他液体和半固体制剂中。

（五）制备工艺

在制剂的生产过程中，如何保证非均相体系制剂的药物均匀性就是一个典型问题。例如，热熔注模法是目前大规模生产栓剂的常用方法，制备过程中在基质与药物混合并熔融后，若难溶性药物与基质的密度相差较大，则容易出现主药沉降而导致药物分散不均匀，灌装后在产品质量上出现药物含量均匀度差的问题。适当地增加基质在熔融状态下的黏度，则可以有效地解决这一问题。

在制备工艺的研究中，还需要注意同样的制备条件在不同类型、不同大小的设备之间均存在流变学差异。倘若制剂产品存在剪切变稀或剪切变稠现象，由于设备结构、原理和大小不同，则其带来的切变速率也不尽相同，所以制剂产品生产过程中的黏稠度也必然会随之变化，这种黏稠度的变化对生产过程中的传热传质过程都有很大影响，因此无论是工艺放大还是设备改进及维修，均需要对工艺条件进行重新认证以保证其有效性。

（黄家宇）

第五节　低分子溶液剂

低分子溶液剂指小分子药物分散在溶剂中制成的均匀分散的液体制剂，包括溶液剂、芳香水剂、糖浆剂、酊剂、醑剂、甘油剂等。

一、溶　液　剂

溶液剂（solutions）指原料药物溶解于适量溶剂中制成的澄明液体制剂。根据需要可加入抑菌剂、助溶剂、稳定剂、矫味剂、着色剂等附加剂。用适宜的量具以小体积或以滴计量的口服溶液剂（以及口服混悬剂或口服乳剂）称为滴剂。

（一）溶液剂的制备方法

溶液剂的制备有两种方法，即溶解法和稀释法。

1. 溶解法　制备过程包括药物的称量、溶解、过滤、质量检查与包装等步骤。

一般取处方总量 1/2～3/4 量的溶剂，加入称好的药物，搅拌使其溶解。过滤，并通过滤器加溶剂至全量。过滤后的药液应进行质量检查。制得的药物溶液应及时分装、密封、贴标签及进行外包装。

制剂举例 2-1

复方碘溶液

【处方】 碘 50g　　碘化钾 100g　　加蒸馏水适量至 1000 ml

【制备】 取碘化钾，加蒸馏水 100ml 溶解后，加碘搅拌使之溶解，再加蒸馏水至 1000ml 即得。

【注解】 处方中碘为主药，碘化钾为助溶剂，水为溶剂。溶解碘化钾时尽量少加水，以增大其浓度，有利于碘的溶解。复方碘溶液主要用于地方性甲状腺肿的治疗和预防，甲状腺功能亢进症手术治疗前的准备，甲状腺功能亢进症危象。

2. 稀释法 系先将药物制成高浓度溶液，再用溶剂稀释至所需浓度。稀释法应注意浓度换算，挥发性药物浓溶液稀释过程中应注意防止挥发损失，以免影响浓度的准确性。

（二）制备溶液剂时应注意的问题

有些药物虽然易溶，但溶解缓慢，药物在溶解过程中可采用粉碎、搅拌、加热等措施。易氧化的药物溶解时，宜将溶剂放冷后再溶解药物，同时应加适量抗氧剂，以减少药物氧化损失。对易挥发性药物应在最后加入避免损失。处方中应先将溶解度较小的药物溶解后再加入以其他药物，难溶性药物可加入适宜的助溶剂或增溶剂使其溶解。

二、芳香水剂与露剂

芳香水剂（aromatic water）是芳香挥发性药物的饱和或近饱和的水溶液。用乙醇和水混合溶剂制成的含大量挥发油的溶液，称为浓芳香水剂。芳香挥发性药物多数为挥发油。露剂（distillate medicinal water）系指含挥发性成分的饮片用水蒸气蒸馏法制成的芳香水剂。

芳香水剂应澄明，必须具有与原有药物相同的气味，不得有异臭、沉淀和杂质。露剂应澄清，不得有异物、酸败等变质现象，一般应检查 pH。芳香水剂浓度一般都很低，可矫味、矫臭和作为分散剂使用，根据需要可加入适宜的抑菌剂。除另有规定外，加入抑菌剂的露剂在制剂确定处方时，该处方的抑菌效力应符合抑菌效力检查法（《中国药典》2015 年版四部通则 1121）的规定。

芳香水剂制备方法：以挥发油和化学药物做原料时多用溶解法和稀释法，芳香水剂多数易分解、变质甚至霉变，所以不宜大量配制和久贮。

制剂举例 2-2

薄 荷 水

【处方】 薄荷油 2ml　　蒸馏水适量　　滑石粉适量　　共制成 1000ml

【制法】 取薄荷油加精制滑石粉 15g，研匀，加蒸馏水 1000ml，振摇 10min 后，放置适当时间，用润湿的滤纸滤过，若初滤液浑浊则应重滤，待滤液澄明，在自滤器上添加蒸馏水至 1000ml，即得。

【注解】 处方中薄荷油为主药，水为溶剂。本品为薄荷油的饱和水溶液，薄荷油在水中溶解度为 0.05%（ml/ml），而实际投油量为含量的 4 倍，目的是为了使其易于形成饱和溶液；滑石粉为分散剂，使薄荷油吸附于滑石粉颗粒表面，增大油在水中的分散度；同时滑石粉吸附过量的油，有利于过滤将油除去。滑石粉不宜过细，以免滤液浑浊。本品不宜久贮，如出现浑浊或沉淀则不得再供药用。饮用本品有清凉感，是清热利尿的良药。

露剂制备方法：取中药饮片加水浸泡一定时间后，用水蒸气蒸馏，收集的蒸馏液应及时盛装在灭菌的洁净干燥容器中，在要求的洁净度环境中进行灌封。

三、糖　浆　剂

糖浆剂（syrups）系指含有药物的浓蔗糖水溶液。纯蔗糖的近饱和水溶液称为单糖浆，浓度为 85%（g/ml）或 64.7%（g/g）。糖浆剂中的药物包括化学药物或药材提取物。单糖浆除供制备含药糖浆外，一般可作矫味糖浆，如橙皮糖浆、姜糖浆等。

蔗糖能掩盖某些药物的苦味、咸味及其他不适味道，容易服用，尤其适用于儿童患者。糖浆剂易被真菌、酵母菌和其他微生物污染，使糖浆剂浑浊或变质。糖浆剂中含蔗糖浓度高时，渗透压大，微生物的生长繁殖受到抑制。低浓度的糖浆剂应添加防腐剂。

糖浆剂的质量要求：糖浆剂含糖量应不低于 45%（g/ml）；除另有规定外，糖浆剂应澄清。在储存期间不得有发霉、酸败、产生气体或其他变质现象，允许有少量摇之易散的沉淀。一般应检查相对密度、pH 等。单剂量灌装的糖浆剂应检查装量；多剂量灌装的糖浆剂应检查最低装量（2015 年版《中国药典》四部通则 0942）；如需加入抑菌剂，山梨酸和苯甲酸的用量不得超过 0.3%（其钾盐、钠盐的用量分别按酸计），羟苯酯类的用量不得超过 0.05%。必要时可加入适量的乙醇、甘油或其他多元醇作稳定剂。如需加入其他附加剂（如色素），其品种与用量应符合国家标准的有关规定，且不应影响成品的稳定性，并应避免对检验产生干扰。

（一）糖浆剂的制备方法

1. 溶解法

（1）热溶法：常用于单糖浆制备，即将蔗糖溶于沸蒸馏水中，加热使其全溶，趁热过滤，再通过滤器加蒸馏水至全量即得。也可用于含药糖浆制备，即将原料药物用新煮沸过的水溶解（饮片应按各品种项下规定的方法提取、纯化、浓缩至一定体积），直接加入蔗糖，煮沸，必要时滤过，并自滤器上添加适量新煮沸过的水至处方规定量。

热溶法的优点是蔗糖在水中的溶解度随温度升高而增加，溶解速度快，趁热容易过滤，可以杀死微生物。但加热过久或超过 100℃时，转化糖的含量增加，可能致糖浆剂颜色变深。热溶法适合于对热稳定的药物和有色糖浆的制备。

（2）冷溶法：是将蔗糖溶于冷蒸馏水或含药的溶液中制备糖浆剂的方法。本法适用于对热不稳定或挥发性药物，糖浆剂颜色较浅。但制备时间较长并容易污染微生物，较少应用。

2. 混合法　系将原料药物用新煮沸过的水溶解或饮片经提取浓缩后，加入单糖浆均匀混合的方法。本法的优点是方法简便、灵活，可大量配制，也可小量配制。一般含药糖浆的含糖量较低，要注意防腐。

（二）制备糖浆剂时应注意的问题

1. 药物加入的方法　对水溶性固体药物原料，先用少量蒸馏水使其溶解再与单糖浆混合；若药物在水中溶解度小，可酌加少量其他适宜的溶剂使药物溶解，然后加入单糖浆中，搅匀；可溶性液体原料药物或液体制剂可直接加入单糖浆中，必要时过滤；含乙醇的液体原料药物，与单浆糖混合时常发生浑浊，可加入适量甘油助溶；药材的水性浸出制剂，因含多种杂质，需纯化后再加到单糖浆中。

2. 制备时的注意事项　应选择药用蔗糖。应在避菌环境中制备，各种用具、容器应进行洁净或灭菌处理，并及时灌装。生产中宜用蒸汽夹层锅加热，温度和时间应严格控制。糖浆剂应密封，避光置干燥处储存。

制剂举例 2-3

枸橼酸哌嗪糖浆剂

【处方】 枸橼酸哌嗪 160g 蔗糖 650g 羟苯甲酯 0.5g 调味剂 适量
水加至 1000ml

【制备】 取适量蒸馏水煮沸，加入蔗糖与羟苯甲酯溶解，滤过；另取蒸馏水适量，加入枸橼酸哌嗪，搅拌溶解，必要时过滤，滤液与所制备的糖浆充分混合，并将调味剂溶解后在搅拌条件下缓缓加入上述混合液中，补充蒸馏水至全量，搅匀，即得。

【注解】 处方中枸橼酸哌嗪为主药，蔗糖为糖浆原料，羟苯甲酯为防腐剂，水为溶剂。本品为澄清的含药糖浆剂，具有芳香气味，相对密度应为 1.270～1.305。本品为抗蠕虫药，用于蛔虫和蛲虫感染。

四、酊 剂

酊剂（spirits）系指挥发性药物的浓乙醇溶液，可供内服或外用。凡用于制备芳香水剂的药物一般都可制成酊剂。酊剂中的药物浓度一般为 5%～10%，乙醇浓度一般为 60%～90%。酊剂中的挥发油容易氧化、挥发，长期储存会变色等。酊剂应储存于密闭容器中，但不宜长期储存。酊剂可用溶解法和蒸馏法制备。

制剂举例 2-4

樟 脑 酊

【处方】 樟脑 100g 95%乙醇 适量 共制成 1000ml

【制法】 取樟脑溶于约 800ml 乙醇中，充分溶解后再加入乙醇至全量，摇匀即得。必要时进行过滤。

【备注】 处方中樟脑为主药，95%乙醇为溶剂。本品为无色液体，有樟脑的特臭，含醇量应为 80%～87%。本品用于肌肉痛、关节痛及神经痛。

五、甘 油 剂

甘油剂（glycerins）系指药物溶于甘油中制成的专供外用的溶液剂，常用于口腔、耳鼻喉科疾病。甘油吸湿性较大，应密闭保存。

制剂举例 2-5

碘 甘 油

【处方】 碘 1.0g 碘化钾 1.0g 纯化水 1.0ml 甘油加至 100ml

【制备】 取碘化钾加纯化水溶解后，加碘，搅拌使溶解，再加甘油至 100ml，搅匀，即得。

【注解】 ①甘油作为溶剂可缓和碘对黏膜的刺激性，并且易附着于皮肤或黏膜上，使药物滞留患处，延长药物作用时间；②碘在甘油中溶解度约 1%（g/g），碘化钾为助溶剂，并可增加碘的稳定性；③必要时用甘油稀释以免增加刺激性，不宜用水稀释；④配制时，宜控制水量，以免增加对黏膜的刺激性。本品主要用于口腔黏膜溃疡、牙龈炎及冠周炎的治疗。

（马云淑）

第六节　高分子溶液剂与溶胶剂

高分子溶液剂与溶胶剂均为胶体溶液（colloidal solution）。胶体溶液系粒径在 1～100nm 范围的分散相分散在分散介质中所形成的液体制剂。分散介质大多为水，少数为非水溶剂。高分子化合物以单分子形式溶解于溶剂中制成的均匀分散的液体制剂称高分子溶液剂（polymer solution），又称亲水胶体；固体药物以多分子聚集体（胶体微粒）分散在分散媒中形成的非均匀分散的液体制剂称为溶胶剂（sols），又称疏水胶体。

一、高分子溶液剂

高分子溶液剂的溶媒包括水和非水溶剂，分别称亲水性高分子溶液剂（或胶浆剂）与非水性高分子溶液剂。高分子溶液剂属于热力学稳定系统。

（一）高分子溶液的性质

1. 荷电性　高分子化合物结构的某些极性基团在溶液中因解离而荷电，如明胶、琼脂、血浆蛋白、亚甲蓝、甲基紫等在水中带正电荷，而淀粉、阿拉伯胶、西黄蓍胶、鞣酸、树脂、伊红、靛蓝、海藻酸钠等带负电荷，某些具两性离子基团的高分子化合物所带电荷受溶液 pH 的影响，如蛋白质分子中含有羧基和氨基，在水溶液中随 pH 不同而带不同电荷。当溶液的 pH 大于等电点时，蛋白质带负电荷；pH 小于等电点时，蛋白质带正电；在等电点时，蛋白质不带电，这时高分子溶液的许多性质发生变化，如黏度、渗透压、溶解度、电导等都变为最小值。高分子溶液的这种性质，在药剂学中有重要意义。用电泳法可测得高分子化合物所带电荷的种类。

2. 高分子溶液的渗透压　亲水性高分子溶液与溶胶相比，有较高的渗透压，渗透压的大小与高分子溶液的浓度有关。相对分子质量在 50 000 左右的高分子化合物，其溶液的渗透压可用式（2-41）表示：

$$\pi/C_g=RT[(1/M)+BC_g] \tag{2-41}$$

上式中，π 为渗透压，C_g 为高分子的浓度（g/L），R 为气体常数，T 为热力学温度，M 为分子质量，B 为特定常数，由溶质和溶剂相互作用的大小决定。由式（2-41）可见 π/C_g 对 C_g 呈线性相关。

3. 黏度与分子量　高分子溶液是黏稠性流体，黏稠性大小用黏度表示。可根据高分子溶液的黏度来测定高分子化合物的分子量（M），如式（2-42）。式中，K、a 分别为高分子化合物与溶剂之间的特有常数。

$$[\eta]=KM^a \tag{2-42}$$

4. 水化膜与聚结性　亲水高分子化合物含有大量极性亲水基团，能与水分子形成牢固的水化膜，阻止高分子化合物分子之间的相互凝聚，这是高分子溶液剂稳定性的重要因素。但高分子水化膜发生变化时，易出现聚结沉淀。例如：①加入大量的电解质，由于电解质的强烈水化作用，与高分子争夺水分子，破坏水化膜，使高分子凝结而沉淀，这一过程称为盐析，在制备生化制品时经常使用。引起盐析作用的主要是电解质的阴离子。②加入脱水剂，如乙醇、丙酮等也能破坏水化膜而发生聚结。③高分子溶液在放置过程中会自发地聚集而沉淀，出现絮凝现象，称为陈化现象，陈化速度受许多因素影响，如电解质、pH、絮凝剂、射线等的影响。④带相反电荷的两种高分子溶液混合时，由于电荷中和而产生凝结沉淀，这时两种高分子均失去它们原有的一些性质，如表面活性、水化性等。

5. 凝胶与干胶　一些亲水性高分子溶液，如明胶水溶液、琼脂水溶液，在温热条件下为黏稠性流动液体，当温度降低时，高分子溶液就形成网状结构，分散介质水被全部包含在网状结构中，形成了不流动的半固体状物，称为凝胶。形成凝胶的过程称为胶凝。凝胶失去网状结构中的水分时，体积缩小，形成干燥固体，称干胶。

（二）高分子溶液剂的制备

制备高分子溶液剂时要经过溶胀过程，包括有限溶胀与无限溶胀。首先是水分子渗入到高分子化合物分子间的空隙中，与高分子中的亲水基团发生水化作用而使体积膨胀，结果使高分子空隙间充满了水分子，这一过程称有限溶胀。由于高分子空隙间存在水分子，降低了分子间的作用力（范德瓦耳斯力），溶胀过程继续进行，最后高分子化合物完全分散在水中形成高分子溶液，这一过程称为无限溶胀。无限溶胀常需搅拌或加热等过程才能完成。形成高分子溶液的这一过程称为胶溶，胶溶过程的快慢取决于高分子的性质及工艺条件。如制备明胶溶液时，先将明胶碎成小块，放于水中浸泡 3～4h，使其吸水膨胀，完成有限溶胀过程，然后加热并搅拌使其形成明胶溶液，这是无限溶胀过程。甲基纤维素则在冷水中完成这一制备过程。淀粉遇水立即膨胀，但无限溶胀过程必须加热至 60～70℃才能完成，即形成淀粉浆。胃蛋白酶等高分子药物，其有限溶胀和无限溶胀过程都很快，需将其撒于水面，待其自然溶胀后再搅拌可形成溶液，如果将它们撒于水面后立即搅拌则形成团块，给制备过程带来困难。

制剂举例 2-6

盐酸可卡因胶浆

【处方】　盐酸可卡因 5g　　甲基纤维素 17g　　枸橼酸 1g　　甘油 1g
　　　　　5%羟苯乙酯醇溶液20ml　　蒸馏水 适量　　共制成 1000ml

【制法】　取盐酸可卡因、枸橼酸溶于约 800ml 蒸馏水中，缓缓加入羟苯乙酯醇溶液，然后撒入甲基纤维素，使其溶胀至溶解（也可以折算加入甲基纤维素胶浆），加蒸馏水至全量，搅匀即得。

【注解】　处方中盐酸可卡因为主药，甲基纤维素为高分子胶浆材料，枸橼酸为 pH 调节剂，羟苯乙酯为防腐剂，甘油为保湿剂。本品可作为胃镜检查时的麻醉剂。

制剂举例 2-7

胃蛋白酶合剂

【处方】　胃蛋白酶 20g　　单糖浆 100ml　　稀盐酸 20ml　　橙皮酊 20ml
　　　　　5%羟苯乙酯醇液 10ml　　蒸馏水 适量　　共制成 1000ml

【制法】　将稀盐酸、单糖浆加入约 800ml 蒸馏水中，搅匀，再将胃蛋白酶均匀撒布于液面上，使其自然膨胀、溶解。将橙皮酊缓缓加入溶液中。另取约 100ml 蒸馏水溶解羟苯乙酯醇液，将其缓缓加入上述溶解液中，再加入蒸馏水至全量，搅匀，即得。

【注解】　①胃蛋白酶相对分子质量为 35 500，分子中含有磷和氮，其分解蛋白活力最大的 pH 范围是 1.5～2.5，本品 pH 约为 2。同时含盐酸的量不可超过 0.5%，否则使胃蛋白酶失去活性。故配制时先将稀盐酸用适量纯化水稀释。②胃蛋白酶消化力应为 1：3000，即每克胃蛋白酶至少应能使凝固的卵蛋白 3000g 完全消化。③配制时胃蛋白酶应分撒于液面上，不应激烈搅动，以防止黏结成团，且激烈搅拌会降低酶活性，也不宜加热以免失去活性。④本制剂一般不宜过滤，因胃蛋白酶等电点为 2.75～3.00，在本品溶液中带正电荷，而过滤用滤纸、棉花等带负电荷，若过滤会因电荷相反而产生吸附胃蛋白酶的作用。可先用盐酸润湿滤纸与滤器以中和其表面电荷，消除吸附现象。⑤配制时应同时注意水的温度，高于室温胃蛋白酶易失活。⑥本品不宜与胰酶、氯化钠、碘、鞣酸、浓乙醇、碱及重金属配伍，以防止降低其活性。处方中胃蛋白酶为主药，单糖浆为矫味剂，稀盐酸为 pH 调节剂，橙皮酊为芳香剂，羟苯乙酯为防腐剂，水为溶剂。胃蛋白酶合剂临床常用于胃分泌功能低下、进食蛋白质过多导致的消化不良等病症的治疗。

二、溶 胶 剂

溶胶剂中的不溶性微细药物称胶粒，粒径在 1～100nm，胶粒是多分子聚集体，有极大的分散度，属热力学不稳定系统。将药物分散成溶胶状态，其药效会发生显著的变化。目前溶胶剂直接使用很少，但其性质对药剂学却十分重要。

（一）溶胶的双电层构造

溶胶剂中固体微粒由于本身的解离或吸附溶液中某种离子而带有电荷（电位离子），带电微粒表面再吸引相反电荷的反离子，电位离子和反离子构成了吸附层。少部分反离子扩散到溶液中，形成扩散层。吸附层和扩散层构成带相反电荷的带电层，称为双电层，或扩散双电层。双电层之间的电位差称为 ζ 电位（图 2-25）。ζ 电位的高低取决于反离子在吸附层和溶液中分布量的多少，也表示胶粒与胶粒之间的斥力大小，是保证溶胶分散稳定性的主要因素。由于胶粒电荷之间排斥作用和在胶粒周围形成的水化膜，可阻止胶粒碰撞时发生聚结。ζ 电位越高斥力越大，溶胶也就越稳定。所以大多数情况下可用 ζ 电位作为估计溶胶稳定性的指标。ζ 电位降至 25mV 以下时，溶胶产生聚结不稳定性。

（二）溶胶的性质

1. 光学性质 当强光线通过溶胶剂时从侧面可见到圆锥形光束，称为丁达尔（Tyndall）效应。这是由于胶粒粒度小于自然光波长而引起光散射所产生的。溶胶剂的浑浊程度用浊度表示，浊度越大表明散射光越强。

2. 电学性质 溶胶剂的双电层结构使胶粒荷正电或负电，在电场的作用下胶粒或分散介质发生移动，产生电位差，这种现象称为界面电动现象，引起溶胶的电泳现象。

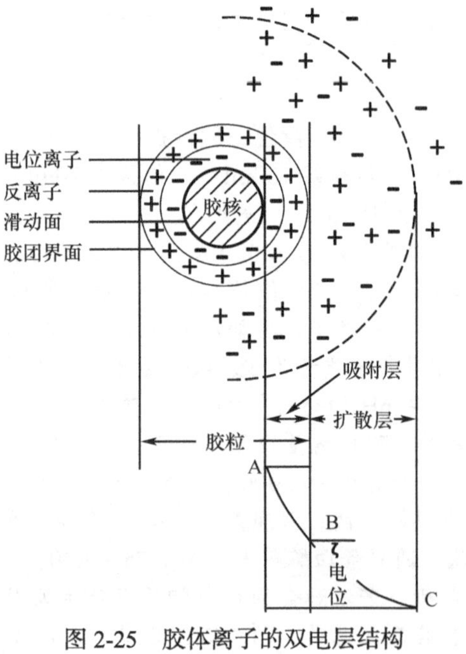

图 2-25 胶体离子的双电层结构

3. 动力学性质 溶胶剂胶粒粒径小，且受分散介质分子不规则地撞击，从而产生不规则的运动，即布朗运动，可降低胶粒沉降速度。溶胶粒子的扩散速度、沉降速度及分散介质的黏度等都与溶胶的动力学性质有关。

4. 稳定性 溶胶剂属热力学和动力学不稳定系统，主要表现为有聚结不稳定性（表面积大有聚结趋势）和动力学不稳定性（不溶性微粒受重力作用）。但由于胶粒表面双电层电荷产生静电斥力，以及胶粒荷电所形成的水化膜，可阻碍聚集，增加了溶胶剂的聚结稳定性。重力作用虽使胶粒产生沉降，但胶粒的布朗运动可对抗重力作用，使其沉降速度变得极慢，增加了动力稳定性。

影响溶胶稳定性的因素有电解质、高分子胶体溶液等。溶胶剂对带相反电荷的溶胶及电解质极其敏感，将带相反电荷的胶粒或电解质加入到溶胶剂中，由于电荷被中和使 ζ 电位降低，同时又减少了水化层，使溶胶剂产生聚结进而产生沉降。向溶胶剂中加入天然的或合成的亲水性高分子溶液，使溶胶剂具有亲水胶体的性质而增加稳定性，这种胶体称为保护胶体。另外，带有相反电荷的溶胶互相混合，也会发生沉淀。与电解质作用的不同之处在于，当两种溶胶的用量恰使电荷相反的胶粒所带的总电荷相等时，才会完全沉淀，否则可能不完全沉淀，甚至不沉淀。

（三）溶胶剂的制备

1. 分散法

（1）机械分散法：常采用胶体磨进行制备，适用于脆而易碎的药物。待分散药物、分散介质及稳定剂从加料口处加入胶体磨中，胶体磨 10 000r/min 转速高速旋转将药物粉碎成胶体粒子范围。可以制成分散性与稳定性很好的溶胶剂。

（2）胶溶法：也称解胶法，是使刚刚聚集起来的分散相又重新分散的方法。将制得的沉淀洗涤除去过多的电解质，加入少量的稳定剂重新分散可制得溶胶。例如，在 $Fe(OH)_3$ 的新鲜沉淀中加入稳定剂 $FeCl_3$（起作用的是 FeO^+），经搅拌可得 $Fe(OH)_3$ 溶胶。

（3）超声分散法：用频率在 20 000Hz 以上超声波产生的能量使分散粒子分散成溶胶剂的方法。

2. 凝聚法 药物在真溶液中可因溶剂组成等物理条件的改变或化学反应而形成沉淀，控制适度条件使该溶液适度过饱和，可使形成的微粒大小恰好在溶胶粒子范围内。

（1）物理凝聚法：改变分散介质的性质使溶解的药物溶解度下降凝聚成为溶胶。

（2）化学凝聚法：借助于氧化、还原、水解、复分解等化学反应制备溶胶的方法。

（马云淑）

第七节 混 悬 剂

一、概 述

混悬剂（suspensions）指难溶性固体药物以微粒状态分散于液体介质中制成的非均匀的液体制剂。难溶性固体药物微粒粒径一般为 0.5～10μm，属热力学不稳定体系，包括干混悬剂或浓混悬液。合剂、搽剂、洗剂、注射剂、滴眼剂、气雾剂等给药途径虽然不同，但都可以是混悬剂。

知识拓展 2-1

干混悬剂

干混悬剂系按混悬剂的要求将药物用适宜方法制成粉末状或颗粒状制剂，使用时加水即迅速分散成混悬剂。化学性质不稳定的药物制成干混悬剂可达到提高药物稳定性、延长制剂使用有效期的目的。难溶性药物制成干混悬剂还具有缓释作用。干混悬剂储存、运输方便，可分散在水中形成混悬剂服用，也可含在口中利用唾液吞服，因此对于儿童、老年人及野外作业的患者来说，服用更方便。目前已上市的干混悬剂有阿奇霉素干混悬剂（商品名希舒美）、头孢克洛干混悬剂（商品名希克劳）、硫酸钡干混悬剂、奥美拉唑干混悬剂、萘丁美酮干混悬剂等。

（一）混悬剂的药物要求

1. 可考虑制成混悬剂的药物

（1）需制成液体制剂的难溶性药物。

（2）需制成液体制剂，但使用剂量超过了溶解度而不能制成溶液剂的药物。

（3）两种溶液混合时药物的溶解度降低而析出固体药物。

（4）需要产生缓释作用的药物。

2. 不宜制成混悬剂的药物 毒剧药或剂量小的药物，以避免毒副作用。

（二）混悬剂的质量要求

（1）性质稳定，储存及使用期间含量符合要求。

（2）药物微粒沉降速度慢、沉降后不结块，轻摇后迅速均匀分散。

（3）黏度大小符合要求。

（4）混悬剂外用时易涂布。

二、混悬剂的制备

混悬剂可以采用机械分散法和凝聚法进行制备。通常难溶性固体药物粒度越小，越均匀，混悬剂越稳定。

（一）机械分散法

该法是将药物粗颗粒粉碎成符合粒径要求的微粒后分散于液体中制得混悬剂。

1. 制备过程 难溶性固体药物适当粉碎后，加入适量液体或润湿剂研磨，再加入其余液体即得混悬剂。加液研磨法可使药物更易粉碎成细小微粒，粒径可达 100～500 nm。质重、硬度大的药物可采用“水飞法”制备混悬剂。水飞法是难溶性固体药物在湿润条件下研磨，再借粗、细粉在水里不同的悬浮性取得极细粉末的方法，即药物加入少量水研磨后，再加入较大量水搅拌后静置，研细的悬浮药物微粒随上层液体倾出，余下的药物粗颗粒重复操作直至所有药物研细达到要求的分散度。“水飞法”可使药物粉碎至非常细的微粒。

2. 仪器设备 实验室制备少量混悬剂常用乳钵，大量混悬剂的生产可用乳匀机和胶体磨等。

（二）凝聚法

1. 物理凝聚法 是将分子或离子分散状态分散的药物溶液加入另一分散介质中凝聚成混悬剂。一般是将药物热饱和溶液在搅拌下加至另一种液体中使药物结晶析出，再将药物微粒分散于液体中制成。醋酸可的松滴眼剂可用物理凝聚法制备。

2. 化学凝聚法 是使两种药物化学反应生成第三种药物，新生成的难溶性药物微粒再混悬于分散介质中制成混悬剂。为使药物微粒细小均匀，化学反应常在稀溶液中进行并急速搅拌。诊断用硫酸钡混悬剂可用本法制备。

三、混悬剂的稳定性

混悬剂中药物微粒分散度大，使混悬微粒具有较高的表面自由能而处于不稳定状态。疏水性药物的混悬剂比亲水性药物存在更大的稳定性问题。

（一）混悬剂的物理稳定性

1. 药物微粒的沉降速度　混悬剂中的微粒受重力作用产生沉降，根据 Stokes 定律，微粒沉降速度 v（cm/s）与微粒半径 r（cm）平方、微粒与分散介质的密度差（$\rho_1-\rho_2$）（g/ml）成正比，与分散介质的黏度 η（mPa · s）成反比。混悬剂微粒沉降速度越大，物理稳定性越小。可以采用以下方法增加混悬剂稳定性：①减小微粒半径，细小微粒因布朗运动沉降缓慢，可长时间悬浮在分散介质中保持混悬剂状态；②加入助悬剂，以增加分散介质黏度，减少微粒与分散介质的密度差。

2. 药物微粒的荷电与水化　混悬剂中微粒解离或吸附分散介质中的离子而荷电，使微粒间产生排斥作用；同时，水分子在微粒周围形成水化膜阻止了微粒的相互聚结，使混悬剂稳定。混悬剂中加入少量电解质，可以改变微粒的荷电情况，影响混悬剂的聚结稳定性。与亲水性药物相比较，疏水性药物混悬剂的微粒水化作用很弱，对电解质更敏感。

3. 絮凝与反絮凝　絮凝（flocculation）系指混悬剂中的药物微粒形成疏松聚集体的过程。混悬剂中的微粒粒径小，表面积大，表面自由能高，有降低表面自由能的趋势，微粒表面自由能的变化规律如式（2-43）所示。

$$\Delta F = \delta_{s,L}\Delta A \qquad (2\text{-}43)$$

上式中，ΔF 指表面自由能的变化，ΔA 指微粒总表面积的变化，$\delta_{s,L}$ 指固态和液态间的界面张力。混悬剂的 $\delta_{s,L}$ 是固定值，微粒的表面自由能随 ΔA 的降低而降低。可见，药物微粒聚结使粒径增大是体系稳定的自发过程，但微粒所带电荷的排斥力会阻碍微粒聚结。加入电解质后混悬剂 ζ 电位将降低，微粒间电荷的排斥力减小，混悬剂中的微粒可形成疏松聚集体，使混悬剂处于絮凝状态而稳定。混悬剂处于絮凝状态时，药物微粒沉降速度快，沉降面明显，沉降体积大，振摇后能迅速恢复均匀的混悬状态。加入的电解质称为絮凝剂。阴离子的絮凝作用大于阳离子。价数高的电解质絮凝效果较好。絮凝剂常用的有枸橼酸盐、酒石酸盐、磷酸盐等。

反絮凝系指向絮凝状态的混悬剂中加入电解质，使絮凝状态变为非絮凝状态的过程。加入的电解质称为反絮凝剂。

混悬剂的微粒间有静电斥力，同时也存在着引力，即范德瓦耳斯力。当两个运动的微粒接近时电荷的斥力增大，引力也增大。当混悬剂中两个微粒间的距离缩短至引力稍大于斥力时，微粒形成絮凝状态，当粒子间的距离进一步缩短时，斥力明显增加，逐渐达到最大，使微粒间无法达到聚集而处于非絮凝状态。受外界因素影响粒子间的距离易进一步缩短，微粒之间产生强烈的相互吸引，粒子间的分散介质被挤出，粒子结饼，且无法再恢复混悬状态。

4. 结晶长大　混悬剂中药物微粒大小不等，放置后，小微粒数目不断减少，大微粒不断长大，微粒的沉降速度加快。微粒小于 100nm 时，微粒大小与药物的溶解度的关系可用 Ostwald Freundlich 方程表示：

$$\log\frac{S_2}{S_1}=\frac{2\sigma M}{\rho RT}\left(\frac{1}{r_2}-\frac{1}{r_1}\right) \qquad (2\text{-}44)$$

上式中，S_1、S_2 分别是半径为 r_1、r_2 的药物的溶解度，σ 为表面张力，ρ 为固体药物的密度，M 为药物分子质量，R 为气体常数，T 为热力学温度。当药物处于微粉状态时，若 $r_2 < r_1$，小微粒的溶解度 S_2 大于大微粒的溶解度 S_1，小微粒不断地溶解，大微粒过饱和不断地变大，加入抑制剂才能阻止结晶的溶解和生长，保持混悬剂物理稳定性。另外，混悬剂在放置过程中还有

发生晶型转变的可能。

5. 分散相的浓度和温度 增加分散相的浓度可使混悬剂的稳定性降低。温度变化既可改变药物的溶解度和溶解速度，还能改变沉降速度、絮凝速度和沉降容积，从而改变混悬剂的稳定性。冷冻可破坏混悬剂的网状结构使稳定性降低。

（二）混悬剂的稳定剂

稳定剂是指为了提高混悬剂的物理稳定性而加入的附加剂，包括助悬剂、润湿剂、絮凝剂和反絮凝剂等。

1. 助悬剂（suspending agents） 指能增加液体黏度以降低药物微粒的沉降速度或增加药物微粒亲水性的附加剂。常见的助悬剂有：

（1）低分子助悬剂：如山梨醇、甘油、糖浆剂等。

（2）高分子助悬剂：天然的高分子助悬剂如阿拉伯胶、西黄蓍胶、海藻酸钠等。合成或半合成的高分子助悬剂如甲基纤维素、羧甲纤维素钠、卡波姆、葡聚糖等。大多数高分子助悬剂性质稳定，受 pH 影响小。

（3）触变胶：如单硬脂酸铝、某些具有塑性流动和假塑性流动的高分子化合物。触变胶静置时形成凝胶可防止药物微粒沉降，振摇时变为溶胶，使用触变性助悬剂有利于混悬剂的稳定。

2. 润湿剂（wetting agents） 常用的润湿剂是 HLB 值在 7～11 的表面活性剂，如聚氧乙烯蓖麻油类、泊洛沙姆等。润湿剂可被吸附于疏水性药物微粒表面，增加其亲水性，产生较好的分散效果。

3. 絮凝剂与反絮凝剂（flocculating agents and deflocculating agents） 制备混悬剂时加入可降低混悬微粒 ζ 电位，产生絮凝作用的絮凝剂，使混悬剂处于絮凝状态，可增加混悬剂的稳定性。而反絮凝剂可增加混悬粒子的分散性与流动性。絮凝剂和反絮凝剂的种类、性能、用量、混悬剂所带电荷及其他附加剂等均对絮凝和反絮凝有很大影响，应通过试验加以选择。

制剂举例 2-8

复方硫磺洗剂

【处方】 沉降硫磺 30g　硫酸锌 30g　樟脑醑 250ml　羧甲纤维素钠 5g
甘油 100ml　蒸馏水加至 1000ml

【制备】 取沉降硫磺置乳钵中，加甘油研磨成细糊状；硫酸锌溶于 200ml 水中；将羧甲纤维素钠用 200ml 水制成胶浆，在搅拌下缓缓加入乳钵中，移入量器中；搅拌下加入硫酸锌溶液搅匀，在搅拌下以细流加入樟脑醑，加蒸馏水至全量，搅匀，即得。

【注解】 本法采用机械分散法制备复方硫磺洗剂。①硫磺因加工方法不同，分为升华硫、沉降硫、精制硫三种。其中以沉降硫的颗粒为最细，故本处方选用沉降硫为佳；②硫磺为强疏水性药物，不被水湿润但能被甘油所湿润，故应先加入甘油充分湿润研磨，再与其他药物混悬均匀；③加入樟脑醑时，应以细流缓缓加入水中并不断搅拌，为防止析出樟脑结晶；④硫磺颗粒表面易吸附空气而形成气膜，聚集浮于液面上。所加入羧甲纤维素钠可增加分散媒的黏度，并能吸附在微粒周围形成保护膜，而使本品稳定。处方中硫磺、硫酸锌和樟脑醑为主药，甘油为润湿剂；羧甲纤维素钠为助悬剂。本品用于治疗痤疮、疥疮、皮脂溢出及酒糟鼻。

四、混悬剂的质量评价

（一）微粒大小

混悬剂中微粒的大小不仅关系到制剂质量和稳定性，也会影响药效和生物利用度。混悬剂微粒大小常用显微镜法、库尔特计数法、浊度法测定。

（二）沉降容积比

沉降容积比（sedimentation rate）指沉降物的容积或高度与沉降前混悬剂的容积或高度之比。测定方法：将混悬剂放于量筒中，混匀，测定混悬剂的总容积 V_0 或高度 H_0，静置一定时间后，观察沉降面不再改变时沉降物的容积 V 或高度 H，沉降容积比 F 可用式（2-45）计算：

$$F = \frac{V}{V_0} = \frac{H}{H_0} \tag{2-45}$$

上式中，F 值在 0～1，F 值越大混悬剂越稳定。混悬微粒开始沉降时，沉降高度 H 随时间而减小。以 H/H_0 为纵坐标，沉降时间 t 为横坐标作图，可得到沉降曲线，曲线的起点为最高点，混悬剂处方设计优良时沉降曲线比较平和，缓慢降低。

（三）絮凝度

絮凝度（flocculation value）β 表示加入絮凝剂与未加入絮凝剂的沉降容积比之比，见式（2-46）。

$$\beta = F / F_\infty \tag{2-46}$$

上式中，F 指加入絮凝剂后混悬剂的沉降容积比，F_∞ 指没有加入絮凝剂的混悬剂的沉降容积比。絮凝度可用于评价絮凝剂的效果。β 值越大，絮凝效果越好。

（四）ζ 电位

一般 ζ 电位低于 25mV，混悬剂呈絮凝状态；ζ 电位在 50～60mV 时，混悬剂呈反絮凝状态。ζ 电位可用电泳法测定。

$$\zeta = 4\pi\eta V / \varepsilon E \tag{2-47}$$

上式中，η 为混悬剂的黏度，V 为微粒电泳速度，ε 为介电常数，E 为外加电场强度。

（五）重新分散性

优良的混悬剂经储存后再振摇，沉降物应能很快重新分散，保证服用时分剂量的准确。将混悬剂置于 100ml 量筒内，以 20r/min 速度转动，经一定时间旋转后，量筒底部的沉降物应重新均匀分散，说明混悬剂再分散性良好。

（六）流变学性质

触变流动、塑性触变流动和假塑性触变流动，能有效减缓混悬剂中难溶性固体药物微粒的沉降速度。常用旋转黏度计测定混悬液的流动曲线的形状，确定混悬液的流动类型。

（张景勍）

第八节 乳 剂

一、概 述

乳剂（emulsions）指互不相溶的两种液体混合，其中一种液体以液滴状分散于另一种液体中形成的非均相液体制剂。液滴状液体称为内相、分散相或非连续相，另一液体称为外相、分散介质或连续相。

（一）乳剂的分类

按照不同的标准，主要有以下两种乳剂分类方法。

1. 根据乳剂中油相和水相的个数分类 分为基本型乳剂和复合型乳剂，根据乳剂中油相和水相是否为连续状态可再分为不同类型。

（1）基本型：主要有油包水（W/O）型和水包油（O/W）型乳剂。其主要区别见表 2-8。

（2）复合型：主要有油包水包油（O/W/O）型和水包油包水（W/O/W）型复乳。

2. 根据乳剂的乳滴大小分类 将乳剂分为普通乳、亚微乳、纳米乳。

（1）普通乳（emulsion）：乳滴大小一般为 1～100 μm，为乳白色不透明液体。

（2）亚微乳（submicron emulsion）：乳滴大小为 0.1～1.0μm，常作为胃肠外给药的载体，如静脉注射亚微乳。

（3）纳米乳（nanoemulsion）：乳滴粒子小于 100nm，为灰色半透明液或透明液体。

表 2-8 油包水（W/O）型和水包油（O/W）型乳剂的区别

	W/O 型乳剂	O/W 型乳剂
内相	水相	油相
外相	油相	水相
外观	接近油的颜色	通常为乳白色
稀释性	可用油稀释	可用水稀释
导电性	不导电或几乎不导电	导电
水溶性染料	内相染色	外相染色
油溶性染料	外相染色	内相染色
滤纸润湿法	不能铺展	迅速铺展

（二）乳剂的特点

（1）乳剂中液滴的分散度大，药物吸收快，起效快，生物利用度高。

（2）油性药物制成乳剂能保证剂量准确，且使用方便。

（3）水包油型乳剂可掩盖药物的不良臭味。

（4）外用乳剂能改善对皮肤、黏膜的渗透性，减少刺激性。

（5）静脉注射乳剂分布快、药效高、有靶向性；静脉营养乳剂可作为高能营养输液。

二、乳剂的处方组成

乳剂由水相、油相和乳化剂组成。常用的油相有植物油、液状石蜡、硬脂酸等。乳化剂是最重要的组成部分。

（一）乳化剂

乳化剂（emulsifying agents）指能改善乳剂中各相之间的表面张力，形成较稳定乳剂的物质。常用的乳化剂有表面活性剂、高分子物质或固体粉末等。

1. 乳化剂的作用 乳化剂在乳剂的形成和稳定等方面起关键作用。

（1）乳化剂可有效降低界面张力，有利于形成和扩大新生界面，促使乳剂形成，并使乳剂保持较大的分散度。

（2）乳化剂在乳滴周围形成乳化膜，阻止乳滴的合并，提高乳剂的稳定性。

2. 乳化剂应具备的条件

（1）有较强的乳化能力，能在乳滴周围形成牢固的乳化膜。

（2）生物相容性较好，不会对机体产生毒副作用，无局部刺激性。

（3）乳化能力受各种因素的影响小。

（4）稳定性好。

3. 乳化剂的种类

（1）表面活性剂：乳化能力强，性质稳定，易在乳滴周围形成单分子乳化膜。混合使用效果更好。HLB 值大（8～16）的表面活性剂多为 O/W 型乳化剂，HLB 值小（3～8）的表面活性剂多为 W/O 型乳化剂。

（2）天然乳化剂：天然高分子材料亲水性较强，黏度较大，可形成多分子乳化膜，稳定性较好。乳化能力多数较弱，常混合使用。需加入防腐剂。

阿拉伯胶适用于制备植物油、挥发油的乳剂，可内服，使用浓度为 10%～15%。西黄蓍胶可形成 O/W 型乳剂，pH=5 时溶液黏度最大，0.1%溶液为稀胶浆，0.2%～2%溶液为凝胶状。明胶可形成 O/W 型乳剂，易受溶液 pH 及电解质的影响产生凝聚作用。卵黄含有 7%的卵磷脂，可形成 O/W 型乳剂，可内服，乳化能力是阿拉伯胶的 10 倍。

（3）固体微粒乳化剂：乳化时可被吸附于油水界面，形成乳剂。形成乳剂的类型由接触角 θ 决定，$\theta<90°$ 时易被水润湿，形成 O/W 型乳剂，如二氧化硅、皂土等；$\theta>90°$ 时易被油润湿，形成 W/O 型乳剂，如氢氧化钙、氢氧化锌等。

4. 乳化剂的选择 乳化剂的选择应考虑药物性质、临床用途、乳化方法等因素。

（1）根据乳剂类型选择：确定乳剂类型后再选择相应的乳化剂。如图 2-26 所示，不同的乳化剂形成的乳剂类型不同。O/W 型乳剂应选择 O/W 型乳化剂，W/O 型乳剂应选择 W/O 型乳化剂。

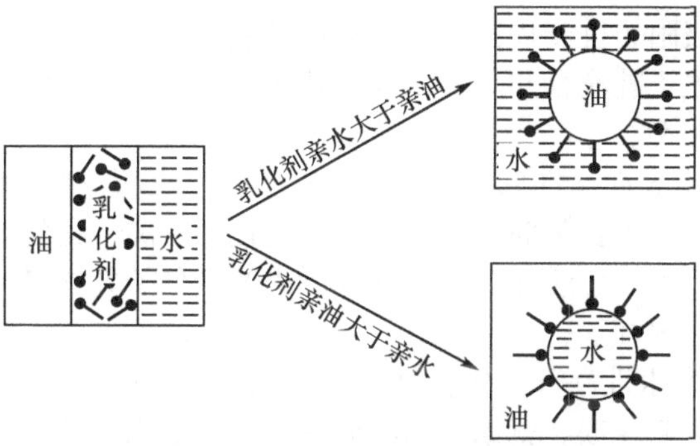

图 2-26 乳化剂性质对乳剂类型的影响

（2）根据乳剂给药途径选择：口服乳剂应选择无毒的天然乳化剂或某些亲水性高分子乳化剂等。外用乳剂应选择对局部无刺激性的乳化剂。注射用乳剂应选择磷脂和泊洛沙姆 188 等乳化剂。

（3）混合乳化剂的选择：乳化剂混合使用可改变 HLB 值，改变乳剂的类型，如磷脂与胆固醇混合比例为 10∶1 时形成 O/W 型乳剂，为 6∶1 时形成 W/O 型乳剂。乳化剂混合使用可增加乳化膜的牢固性，如油酸钠为 O/W 型乳化剂，与鲸蜡醇、胆固醇等亲油性乳化剂混合使用可形成络合物，增加稳定性。非离子型乳化剂可以混合使用；非离子型乳化剂也可与离子型乳化剂混合使用；阳离子和阴离子型乳化剂不能混合使用。

（二）乳剂中的附加剂

《中国药典》2015 年版规定，口服乳剂根据需要可加入适宜的附加剂，如抑菌剂、增稠剂、助溶剂、缓冲剂、稳定剂、矫味剂及色素等，其品种与用量应符合国家标准的有关规定。

1. 增稠剂 与乳化剂合并使用能增加乳剂稳定性，乳化能力一般很弱或无乳化能力，但能提高乳剂黏度，增强乳化膜强度，防止乳滴合并。增加水相黏度的辅助乳化剂有甲基纤维素、羧甲纤维素钠、海藻酸钠、琼脂、黄原胶、果胶等。增加油相黏度的辅助乳化剂有蜂蜡、单硬脂酸甘油酯、硬脂醇等。

2. 增溶剂 指具有增溶作用的表面活性剂。增加药物在水中溶解性的表面活性剂的最适HLB值为15～18。乳剂中常用的增溶剂有聚山梨酯类和聚氧乙烯脂肪酸酯类表面活性剂。

3. 防腐剂 抑制微生物生长繁殖，使达到有效防腐的物质。乳剂中多种防腐剂常联合应用使抑菌效果更好，如羟苯乙酯和丙酯合用，苯甲酸和羟苯乙酯合用。

4. 其他 为了增加药物稳定性或减少药物刺激性，有时还需加入抗氧化剂（如亚硫酸氢钠）、pH调节剂（如磷酸盐缓冲液）、金属离子络合剂（如依地酸二钠）等。

三、乳剂的形成理论

（一）降低表面张力

两种液体之间的界面张力越大，表面自由能也越大，形成乳剂的能力就越小。两种液体形成乳剂时，两相间形成大量新界面，表面自由能增大。乳剂存在降低界面自由能的趋势，促使乳滴合并以降低自由能。为保持乳剂的分散状态和稳定性，必须降低界面张力或表面自由能。乳化剂吸附于乳滴界面，可有效地降低表面张力或表面自由能，从而在简单的振摇或搅拌的作用下就能形成高分散度的稳定乳剂。

（二）形成牢固的乳化膜

乳化膜系指乳化剂吸附于乳滴周围定向排列成的乳化剂膜，不仅可降低油、水间的界面张力和表面自由能，还可阻止乳滴合并。乳化剂在乳滴表面上排列越整齐，乳化膜越牢固，乳剂越稳定。乳化膜有3种类型。

1. 单分子乳化膜 由表面活性剂类乳化剂吸附于乳滴表面，有规律地定向排列形成单分子乳化膜。离子型表面活性剂作乳化剂形成的单分子乳化膜是离子化的，由于同种电荷相互排斥使乳剂更加稳定。非离子型表面活性剂作乳化剂形成的单分子乳化膜，由于从溶液中吸附离子而带电，使乳剂的稳定性提高。

2. 多分子乳化膜 亲水性高分子化合物（如明胶和阿拉伯胶）作乳化剂时，被吸附于油滴的表面形成坚固的多分子乳化膜，就像在油滴周围包了一层衣，能有效地阻碍油滴的合并，同时高分子化合物还可增加连续相的黏度，有利于提高乳剂的稳定性。

3. 固体微粒乳化膜 固体微粒（如硅藻土和二氧化硅）作乳化剂时，由于对水相和油相亲和力不同而对两相表面张力有不同程度的降低，在乳化过程中固体微粒被吸附于乳滴表面，形成固体微粒乳化膜，阻止乳滴合并而使乳剂更加稳定。

四、乳剂的制备

制备乳剂要从乳剂的类型、制备量及给药途径等各方面综合考虑。

（一）制备方法

1. 机械法（mechanical method） 是将油相、水相和乳化剂混合后用乳化机械制备乳剂的方法。本法不需考虑混合顺序，借助于机械提供的强大能量成乳。

2. 水中乳化剂法（emulsifier in water method） 又称为湿胶法，将乳化剂分散于水相中研匀，再加入油相用力搅拌使成初乳，加水相将初乳稀释至全量。本法用于制备 O/W 型乳剂。

3. 油中乳化剂法（emulsifier in oil method） 又称为干胶法。本法是将乳化剂分散于油相中研匀后加水制备成初乳，再稀释至全量。植物油为油相制备初乳时油、水、乳化剂的比例可为 4∶2∶1。本法常用于制备 W/O 型乳剂。

制剂举例 2-9

鱼肝油乳剂

【处方】 鱼肝油 500ml 阿拉伯胶 125g 西黄蓍胶 7g 糖精钠 0.1g
挥发杏仁油 1ml 羟苯乙酯 0.5g 纯化水加至 1000ml

【制备】 将阿拉伯胶与鱼肝油研匀，加入 250ml 纯化水，用力沿一个方向研磨制成初乳，加糖精钠水溶液、挥发杏仁油、羟苯乙酯醇液，再缓缓加入西黄芪胶胶浆，加纯化水至全量，搅匀，即得。

【注解】 处方中鱼肝油为药物和油相；阿拉伯胶和西黄蓍胶为乳化剂，阿拉伯胶单用易分层，西黄蓍胶乳化能力弱，但可增加外水相黏度，避免分层；糖精钠、杏仁油为矫味剂；羟苯乙酯为抑菌剂。采用油中乳化剂法制备得到 O/W 型鱼肝油乳剂。本品用于预防和治疗成人维生素 A 和维生素 D 缺乏症。

4. 新生皂法（nascent method） 是将油水两相混合生成新生皂类乳化剂的方法。植物油中含有硬脂酸、油酸等有机酸，加入氢氧化钠、氢氧化钙、三乙醇胺等生成新生皂。生成一价皂为 O/W 型乳化剂，生成二价皂为 W/O 型乳化剂。本法适用于制备乳膏剂。

制剂举例 2-10

石 灰 搽 剂

【处方】 花生油 10ml 氢氧化钙饱和水溶液 10ml

【制备】 取氢氧化钙加纯化水加热溶解，制成饱和水溶液；取氢氧化钙饱和水溶液的上清液和花生油，同置具塞量筒中，加盖用力振摇，即得。

【注解】 处方中花生油为油相，$Ca(OH)_2$与花生油中的游离脂肪酸生成 W/O 型乳化剂脂肪酸钙。本法是通过新生皂法制备得到 W/O 型石灰搽剂。本品具有收敛、保护、润滑、止痛的作用。外用涂抹，治疗轻度烧伤和烫伤。

5. 两相交替加入法（alternate addition method） 指向乳化剂中每次交替加入少量水或油，边加边搅拌。天然胶类、固体微粒乳化剂等可用本法制备乳剂。

6. 复乳的制备 采用二步乳化法制备。先将水、油、乳化剂制成一级乳，再与含有乳化剂的水或油乳化制成二级乳。

（二）制备设备

1. 搅拌乳化装置 小量制备可用乳钵如陶瓷乳钵，大量制备可用低速或高速搅拌乳化机如组织捣碎机。搅拌乳化机多用于制备不透明的普通乳剂，粒径在 1～100μm。

2. 乳匀机 借助强大压力将两相液体通过乳匀机的细孔而形成乳剂。常先用其他方法初步乳化后，再用乳匀机乳化。高压乳匀机可制得亚微乳（100～1000 nm）或纳米乳（10～100 nm）。

3. 胶体磨 利用高速旋转的转子和定子之间的缝隙产生强大剪切力使液体乳化。胶体磨用于大量生产普通乳剂。

4. 超声波乳化器 利用 10～50kHz 高频振动超声波来制备乳剂，仪器结构原理如图 2-27 所示。黏度大的乳剂不宜用本法制备。

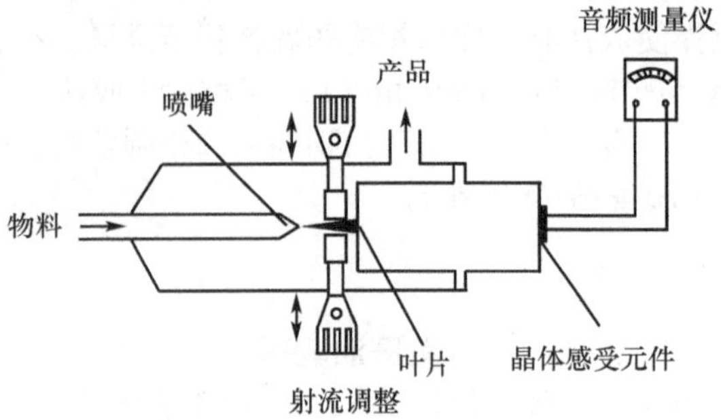

图 2-27　超声波乳化器结构原理

（三）乳剂中药物的加入方法

根据药物的溶解性质不同采用不同的加入方法。①易溶于油相的药物可先将药物溶于油相再制成乳剂；②易溶于水相的药物可先将药物溶于水后再制成乳剂；③不溶于油相也不溶于水相的药物可加入亲和性相对较大的液相研磨后再制备乳剂，或将药物先用已制成的少量乳剂研磨至细，再与其余乳剂混匀。

五、影响乳剂类型和稳定性的主要因素

（一）影响乳剂类型和稳定性的主要因素

乳剂类型的主要影响因素有乳化剂的性质和乳化剂的 HLB 值。乳剂类型也会受到乳化膜的牢固性、相容积比、温度、制备方法等的影响。

1. 乳化剂分子结构和性质的影响

（1）乳化剂种类的影响：①表面活性剂乳化剂，亲水性大于亲油性时，乳化剂使水的表面张力降低更大，形成 O/W 型乳利。若亲油性大于亲水性，则形成 W/O 型乳剂。②天然的或合成的亲水性高分子乳化剂，亲水性特别大，而亲油性很弱，降低水相表面张力的作用大，形成 O/W 型乳剂。③固体微粒乳化剂，若亲水性大则被水相润湿，降低水相表面张力的作用大，形成 O/W 型乳剂，若亲油性大则形成 W/O 型乳剂。

（2）乳化剂的亲水性和溶解度的影响：通常易溶于水的乳化剂有助于形成 O/W 乳剂，易溶于油的乳化剂有助于形成 W/O 乳剂。乳化剂在某相中的溶解度越大，表示相溶性越好，表面张力越低，稳定性越好。

2. 相容积比的影响　相容积比（phase volume ratio）指油、水两相的容积之比。通常相容积比在 40%～60%时分层速度明显降低，乳剂稳定性好。相容积比小于 25%时乳剂容易分层。

3. 乳化温度和时间的影响　乳化温度和时间等因素会影响乳剂的质量。乳剂黏度大时，可考虑提高乳化温度。适宜的乳化时间对保证乳剂质量很关键。

（二）常见的乳剂不稳定现象

乳剂是热力学不稳定的非均相液体制剂，可发生如下变化。

1. 分层　乳剂的分层又称乳析，指放置后出现分散相粒子上浮或下沉的现象。分层主要是由于分散相和分散介质之间的密度差造成的。减小乳滴粒径、降低分散相和分散介质之间的密度差、增加乳剂外相黏度均可延缓乳剂分层。乳剂分层速度与相容积比成反比。乳剂分层后经振摇仍能恢复均匀状态。

2. 絮凝　指乳剂内相乳滴发生的可逆的聚集现象。乳滴的ζ电位降低使乳滴聚集而絮凝，乳剂处于高黏度状态，有利于乳剂稳定。乳剂中的电解质和离子型乳化剂是产生絮凝的主要原

因。絮凝状态进一步变化可能引起乳滴的合并。

3. 转相 指某些条件的变化导致的乳剂类型改变，可由 O/W 型转变为 W/O 型或由 W/O 型转变为 O/W 型。乳化剂类型改变可使乳剂转相，如 O/W 型乳化剂油酸钠中加入氯化钙后生成 W/O 型乳化剂油酸钙，使乳剂类型发生相应改变。乳剂中加入相反类型的乳化剂也可使乳剂转相。

4. 合并与破裂 合并指乳剂中乳化膜破裂导致乳滴变大的现象。合并进一步发展使乳剂分为油、水两相称为破裂。制备乳剂时应尽量使乳滴大小均匀。增加分散介质黏度可降低乳滴合并速度。单一或混合使用的乳化剂形成的乳化膜越牢固，越能防止乳滴的合并和破坏。

5. 酸败 指乳剂受外界因素及微生物影响，使油相或乳化剂等发生变化而引起变质的现象。加入抗氧剂和防腐剂可防止氧化或酸败。

六、乳剂的质量评价

（一）乳剂的粒径大小

不同给药途径的乳剂对粒径大小要求不同。静脉用乳状液型注射液中 90% 的乳滴粒径应在 1μm 以下，不得有大于 5μm 的乳滴。注射用乳剂的粒径小于口服乳剂。乳剂的粒径测定方法有：①显微镜，可测定乳剂的粒径为 0.2～100μm；②库尔特计数器，可测定乳剂的粒径为 0.6～150μm；③激光散射光谱，可测定乳剂的粒径为 0.01～2μm，样品制备容易，测定速度快，适用于静脉乳剂的测定；④透射电镜，可测定乳剂的粒径为 0.01～20μm。

（二）分层现象

口服乳剂的外观应呈均匀的乳白色，以半径为 10cm 的离心机 4000r/min 离心 15min，不应有分层现象。乳剂可能会出现相分离的现象，但经振摇应易再分散。乳剂长时间放置后粒径变大，出现分层。过程的快慢是衡量乳剂稳定性的重要指标。乳剂置于 10cm 离心管中以 3750r/min 离心 5h，相当于放置 1 年的自然分层效果。

（三）稳定常数的测定

乳剂离心前后吸光度变化百分率称为稳定常数，用 K_e 表示如下：

$$K_e = \frac{A_0 - A}{A_0} \times 100\% \qquad (2\text{-}48)$$

上式中，A_0 为未离心乳剂稀释液的吸光度，A 为离心后乳剂稀释液的吸光度。

取乳剂适量于离心管中，离心后，从离心管底部取出少量乳剂，稀释，以蒸馏水为对照，在可见光波长下测定吸光度 A，同法测定原乳剂稀释液吸收光度 A_0，计算 K_e。K_e 值越小，乳剂越稳定。

（张景勍）

第九节 其他液体制剂

按给药途径分类的液体制剂除口服外，还可外用于皮肤、五官科及人体腔道部位。给药途径不同对液体制剂有特殊要求。

一、搽 剂

搽剂（liniments）指原料药物用乙醇、油或适宜的溶剂制成的液体制剂，供无破损皮肤揉擦用，有镇痛、收敛、保护、消炎、杀菌作用等。起镇痛、抗刺激作用的搽剂，多用乙醇为分散剂，使用时用力揉搽，可增加药物的渗透性。起保护作用的搽剂多用油、液状石蜡为分散介质，搽用时有润滑作用，无刺激性。搽剂也可涂于敷料上贴于患处，但不用于破损皮肤。搽剂可为溶液型、混悬型、乳剂型液体制剂。乳剂型搽剂用肥皂为乳化剂，有润滑、促渗透作用。易变质的搽剂应在临用前配制，搽剂用时可加在绒布或其他柔软物料上，轻轻涂裹患处，所用的绒布或其他柔软物料须洁净。

除另有规定外，以水或稀乙醇为溶剂的搽剂一般应检查相对密度、pH；以乙醇为溶剂的应检查乙醇量；以油为溶剂的应无酸败等变质现象，并应检查折光率。搽剂应稳定，根据需要可加入抑菌剂或抗氧剂。

制剂举例 2-11

炉甘石搽剂（炉甘石乳）

【处方】 炉甘石 60g 甘油 12ml 氧化锌 60g 芝麻油 500ml 液化酚 5.5ml 氢氧化钙溶液适量共制成 1000ml

【制法】 取炉甘石、氧化锌研细混合后加入芝麻油并混匀，徐徐加入新鲜配制的氢氧化钙溶液（含有甘油与液化酚）至全量，乳化完全即得。

【备注】 处方中芝麻油所含的油酸甘油酯及游离脂肪酸可与氢氧化钙作用，生成油酸钙皂为 W/O 型乳化剂，形成 W/O 型乳剂，而炉甘石与氧化锌则混悬于该乳剂中。棉籽油可代替芝麻油，但应加入少量的油酸（约 0.5%）以增加生成钙皂的量，促使油的乳化。甘油可作保湿剂，液化酚为防腐剂，也具有收敛作用。本品久贮易分层，故常加入 1%的羊毛脂及 0.5%的油酸（或 10%硬脂酸），这不仅有利于分散，同时可增加制剂稳定性。本品为外用液体制剂，主要用于湿疹、晒斑和急性皮炎。

二、涂剂与涂膜剂

涂剂（paints）指含原料药物的水性或油性溶液、乳状液、混悬液，供临用前用消毒纱布或棉球等柔软物料蘸取涂于皮肤、口腔或喉部黏膜的液体制剂，也可为临用前用无菌溶剂制成溶液的无菌冻干制剂，供创伤面涂抹治疗用。

涂剂大多为消毒或消炎药物的甘油溶液，也可用乙醇、植物油等作溶剂。甘油能使药物滞留于口腔、喉部的黏膜，有滋润作用，对喉头炎、扁桃体炎等均起辅助治疗作用，如复方碘涂剂。以油为溶剂的涂剂应无酸败等变质现象，并应检查折光率。除另有规定外，涂剂在启用后最多可使用 4 周。用于烧伤治疗且为非无菌制剂的涂剂，应在标签上标明“非无菌制剂”。

涂膜剂系指原料药物溶解或分散于含成膜材料的溶剂中，涂搽患处后形成薄膜的外用液体制剂。使用时涂布于患处，溶剂迅速蒸发，形成薄膜保护患处，并缓慢释放药物起治疗作用。涂膜剂一般用于无渗出液的损害性皮肤病等。

涂膜剂常用的成膜材料有聚乙烯醇、聚维酮、乙基纤维素和聚乙烯缩甲乙醛等；常用的溶剂为乙醇等，增塑剂为甘油、丙二醇、三乙酸甘油酯等，根据需要可加入抑菌剂或抗氧剂，必要时还可加其他附加剂，所加附加剂对皮肤或黏膜应无刺激性。

能溶于含成膜材料溶剂中的药物，可直接加入溶剂溶解；若为中药，则应先制成乙醇或乙醇-丙酮提取液，再加入到基质溶液中去。

制剂举例 2-12

甲醛水杨酸涂剂

【处方】 甲醛溶液 50ml　　水杨酸 15g　　樟脑 15g　　95% 乙醇 500ml
　　　　蒸馏水　　适量　　共制成 1000ml

【制法】 取水杨酸与樟脑加乙醇溶解，缓缓加入甲醛溶液，过滤，加蒸馏水至全量，搅匀，即得有甲醛臭的无色澄清液体。

【注解】 处方中甲醛、水杨酸、樟脑为主药，乙醇和水为溶剂。水杨酸与樟脑都微溶于水，在水中的溶解度分别为 1∶460 和 1∶800；两者在乙醇中溶解度较大，分别为 1∶3 和 1∶1。操作时应将蒸馏水缓慢加入两者的乙醇溶液中，且不断搅拌，否则会析出结晶。本品实际甲醛含量应为 1.94%（g/ml）。密闭保存，防止甲醛于低温下聚合生成聚甲醛沉淀，主药水杨酸忌与金属接触，以防变色。本品主要用于治疗多汗、汗疱疹、腋臭症等。

三、洗剂与冲洗剂

洗剂（lotions）指含药物的溶液、乳状液或混悬液，供清洗无破损皮肤或腔道用的液体制剂。洗剂一般轻轻涂于皮肤或用纱布蘸取敷于皮肤上应用，有消毒、消炎、止痒、收敛、保护等局部作用。洗剂的分散介质为水和乙醇，在皮肤上蒸发时有冷却和收缩血管的作用，能减轻急性炎症。洗剂以混悬剂为多，其中常加入甘油和助悬剂，当分散介质蒸发后可形成保护膜，保护皮肤免受刺激。如复方硫黄洗剂等。洗剂应无毒、无局部刺激性，易变质的洗剂应于临用前配。一般应检查 pH。含乙醇者应检查乙醇量。

冲洗剂系指用于冲洗开放性伤口或腔道的无菌溶液，应无菌、无毒、无局部刺激性。冲洗剂可由原料药物、电解质或等渗调节剂溶解在注射用水中制成。冲洗剂也可以是注射用水，但在标签中应注明供冲洗用。通常冲洗剂应调节至等渗，在适宜条件下目测应澄清，容器应符合注射剂容器的规定。冲洗剂开启后应立即使用，未用完的应弃去，应检查装量、无菌、细菌内毒素或热原。

四、滴　鼻　剂

滴鼻剂（nasal drops）指专供滴入鼻腔内使用的液体制剂。滴鼻剂常用于发挥消毒、消炎、收缩血管和麻醉等局部作用，通过鼻腔给药也能起全身治疗作用。滴鼻剂以水、丙二醇、液状石蜡、植物油为溶剂，多制成溶液剂，但也有制成混悬剂、乳剂使用。鼻用水溶液容易与鼻腔内分泌液混合，容易分布于鼻腔黏膜表面，但维持时间短。油溶液刺激性小，作用持久，但不与鼻腔黏液混合。

为促进吸收、防止黏膜水肿，应适当调节渗透压、pH 和黏度。正常人鼻腔液 pH 一般为 5.5～6.5，炎症病变时，则呈碱性，有时高达 pH 9，易使细菌繁殖，影响鼻腔内分泌物的溶菌作用及纤毛的正常运动。所以碱性滴鼻剂不宜经常使用。滴鼻剂 pH 应为 5.5～7.5，应与鼻黏液等渗，不改变鼻黏液的正常黏度，不影响纤毛运动和分泌液离子组成。例如，盐酸麻黄碱滴鼻剂等。

五、滴耳剂与洗耳剂

滴耳剂（ear drops）指由药物与适宜辅料制成的水溶液，或由甘油或其他适宜溶剂制成的澄明溶液、混悬液或乳状液，供滴入外耳道用的液体制剂。滴耳剂有消毒、止痒、收敛、消炎、润滑作用。洗耳剂是用于清洁外耳道的液体，用于伤口或手术前使用者应无菌。

滴耳剂通常含有调节张力或黏度、控制 pH、增加药物溶解度、提高制剂稳定性或抑制微生物污染的辅料。溶剂（水、甘油、脂肪油等）不应对耳膜产生不利的压迫。水为溶剂作用缓和，但渗透性差。甘油缓和、药效持久，有吸湿性，但渗透性也较差。乙醇虽然有渗透性和杀菌作用，但有刺激性，所以滴耳剂常用混合溶剂。慢性中耳炎患者，由于黏稠分泌物存在，使药物很难达到中耳部。制剂中加入溶菌酶、透明质酸酶等，能稀释分泌物，促进药物分散，加速肉芽组织再生。外耳道有炎症时，pH 在 7.1～7.8，所以外耳道用滴耳剂最好为弱酸性。除另有规定外，多剂量包装的水性耳用制剂，可含有适宜浓度的抑菌剂，如制剂本身有足够抑菌性能，可不加抑菌剂。

除另有规定外，耳用制剂多剂量包装容器应配有完整的滴管或适宜材料组合成套，一般应为橡胶乳头或塑料乳头的螺旋盖滴管。装量应不超过 10ml 或 5g，耳用制剂在开启用后使用期最多不超过 4 周，应做装量、微生物限度检查。除另有规定外，用于手术、耳部伤口或耳膜穿孔的滴耳剂与洗耳剂，照无菌检查法，应符合规定。常用滴耳剂有氯霉素滴耳液等。

六、灌 肠 剂

灌肠剂（enemas）指经肛门灌注于直肠的水性/油性溶液、乳状液和混悬液，以治疗、诊断或营养为目的的液体制剂。按用药目的分为泻下灌肠剂、含药灌肠剂与营养灌肠剂。大量灌肠剂使用前应加热至体温。中药微型灌肠剂是近年来出现的新剂型，系将中药复方经提取纯化制成一定浓度的水性液体制剂。灌肠剂应无毒、无局部刺激性，检查装量与微生物限度。

七、合 剂

合剂（mixtures）指饮片用水或其他溶剂，采用适宜的方法提取制成的口服液体制剂（单剂量灌装者也可称“口服液”）。饮片应按各品种项下规定的方法提取、纯化、浓缩制成口服液体制剂，根据需要可加入适宜的附加剂。抑菌剂常用山梨酸和苯甲酸，两者用量不得超过 0.3%（其钾盐、钠盐的用量分别按酸计），羟苯酯类的用量不得超过 0.05%。必要时可加入适量的乙醇。若加蔗糖，除另有规定外，含蔗糖量一般不高于 20%（g/ml）。合剂中还可加入着色剂、香精，必要时也可加入稳定剂。除另有规定外，合剂应澄清，在储存期间不得有发霉、酸败、异物、变色、产生气体或其他变质现象，允许有少量摇之易散的沉淀。一般应检查相对密度、pH、装量、照最低装量检查、微生物限度。

含有酊剂、酯剂、流浸膏剂等的合剂，制备时应缓慢加入以防止析出沉淀。常见合剂如复方甘草合剂等。

八、含 漱 剂

含漱剂（gargles）指用于咽喉、口腔清洗的液体制剂，用于口腔的清洗、去臭、收敛和消炎等作用。一般用药物的水溶液，也可含少量甘油和乙醇。溶液中常加适量着色剂，以示外用漱口，不可咽下。有时药量较大，可制成浓溶液发出，用时稀释，也可制成固体粉末用时溶解。含漱剂要求微碱性，有利于除去口腔的微酸性分泌物、溶解黏液蛋白。

（马云淑）

第十节 液体制剂的包装与储存

液体制剂体积大，稳定性较其他制剂差，如果包装不当，在运输和储存过程中会发生变质。因此包装容器的材料选择、容器的种类、形状及封闭的严密性等都极为重要。

液体制剂的包装材料包括：容器（玻璃瓶、塑料瓶等）、瓶塞（软木塞、橡胶塞、塑料塞）、瓶盖（塑料盖、金属盖）、标签、说明书、纸盒、纸箱、木箱等。液体制剂包装瓶上应贴有标签。医院液体制剂的投药瓶上应贴不同颜色的标签，习惯上内服液体制剂的标签为白底蓝字或黑字，外用液体制剂的标签为白底红字或黄字。医院液体制剂应尽量减小生产批量，缩短存放时间，有利于保证液体制剂的质量。

液体制剂特别是以水为溶剂的液体制剂在储存期间极易水解、氧化和染菌，使其变质。流通性的液体制剂应注意采取有效的防腐措施，一般应密闭，贮藏于阴凉、干燥的环境，贮藏期按照各种制剂项下的规定实施贮藏。

本章小结

液体制剂指药物分散在适宜的分散介质中制成的供内服或外用的液体形态制剂。药物以分子、离子状态分散在介质中，形成均相液体制剂；药物以微粒状态分散在介质中，形成非均相液体制剂。液体制剂具有起效迅速、给药途径多、服用方便、刺激性小、生物利用度高等优点。溶解、乳化、表面活性剂、微粒分散系、流体等理论，不仅可用于指导液体制剂的制备，也广泛用于指导气体制剂、固体与半固体制剂等制剂的制备，以提高制剂的分散均匀性与稳定性，或改善制备过程中的流动性与成形性，提高药物的生物利用度。液体制剂包含了低分子溶液剂、高分子溶液剂、溶胶剂、混悬剂与乳剂等十多种小剂型，其制备方法各不相同。乳剂由油相、水相和乳化剂构成，可分为水包油和油包水两大类。混悬剂中药物微粒分散度大，微粒处于不稳定状态，需加入稳定剂，混悬剂在放置过程中易发生晶体长大和晶型转变。稳定性是液体制剂突出的共性问题。

重点：有关溶解、乳化、微粒分散、流变学的概念与应用；各类附加剂的概念、性质与应用；各类液体制剂的概念、特点、制备、稳定剂与质量评价。

难点：表面活性剂、微粒分散系和流变学相关理论。

思考题

1. 简述液体制剂的特点与类型。
2. 简述潜溶、助溶、增溶的概念。
3. 简述表面活性剂的结构特征、主要类型、应用及相应的 HLB 值范围。
4. 简述 Krafft 点与昙点的概念与区别。
5. 简述药物微粒分散体系的概念及其药剂学中具有重要的意义。
6. 简述絮凝剂与反絮凝剂的概念，如何利用絮凝与反絮凝使制剂保持稳定？
7. 试分析微粒分散体系的物理稳定性。
8. 简述牛顿流体、塑性流体、假塑性流体、胀性流体、触变流体的特点。
9. 简述芳香水剂、露剂、酯剂的区别。
10. 比较高分子胶体溶液和溶胶剂在结构、性质和稳定性方面的异同点。
11. 影响高分子溶液稳定性与溶胶稳定性的因素有哪些？
12. 乳剂的形成条件是什么？
13. 简述影响乳剂稳定性的因素与乳剂不稳定现象。
14. 简述混悬剂稳定剂的种类与作用。
15. 根据 Stokes 定律分析影响混悬液粒子沉降速度的因素及增加稳定性的方法。

（马云淑）

第三章　灭菌制剂与无菌制剂

学习目标

1. 掌握：灭菌制剂与无菌制剂的概念；注射剂的概念及特点；灭菌制剂与无菌制剂的质量要求；注射剂、输液的制备工艺；常用的物理灭菌法；热原的性质、污染途径、去除及检查方法；渗透压调节方法。

2. 熟悉：空气净化技术；注射用水的质量要求及制备方法；注射剂常用溶剂、附加剂的种类、性质及选用；注射剂的质量评价；注射用无菌粉末的生产工艺；眼用制剂质量要求及制备方法；灭菌参数的意义。

3. 了解：注射剂容器的种类及处理方法；混悬液型注射液及乳剂型注射液的质量要求和制备要点；植入剂、冲洗剂、烧伤及创伤用外用制剂的概念及制备要点。

第一节　概　　述

灭菌制剂与无菌制剂是指直接注入人体血液系统或特定器官组织，或直接用于创面、黏膜的一类制剂，如注射剂、眼用制剂、植入制剂等。由于这类制剂要求无菌，因此，生产、储存和使用该类制剂时，对制备工艺、设备、操作人员、环境均有特殊要求，要防止微生物污染，确保产品质量。

一、灭菌制剂与无菌制剂的定义和类型

（一）灭菌制剂与无菌制剂的定义

灭菌制剂（sterilized preparations）系指采用某种物理、化学方法杀灭或除去制剂中所有活的微生物的一类药物制剂，如大部分注射剂、眼用制剂。

无菌制剂（sterile preparations）系指在无菌环境中采用无菌操作方法或无菌技术制备的不含任何活的微生物的一类药物制剂，如注射用冻干制剂。

（二）灭菌制剂与无菌制剂的类型

根据给药方式、给药部位、临床应用等特点，可分为四类。

1. 注射剂　供注射入人体内的灭菌与无菌制剂，如小容量注射液、输液、注射用无菌粉末等。

2. 眼用制剂　供治疗眼部疾病使用的灭菌与无菌制剂，如滴眼液、眼用膜剂、眼膏剂等。

3. 局部外用制剂及手术用制剂　供烧伤、外伤及手术等使用的灭菌与无菌制剂，如冲洗剂、凝胶剂、软膏剂、气雾剂、止血海绵等。

4. 植入型制剂　供植入体内使用的灭菌与无菌制剂，如植入片、植入微球等。

二、灭菌制剂与无菌制剂的质量要求

1. 无菌　灭菌制剂与无菌制剂，如注射剂、眼用制剂、植入剂、供外伤使用的软膏剂、气雾剂及止血海绵剂等必须符合《中国药典》2015 年版四部通则规定的无菌检查要求，不应含有任何活的微生物。

2. 热原或细菌内毒素　除另有规定外，静脉用注射剂、脊椎腔注射的注射剂及一次用量超过 5ml 的注射液，照《中国药典》2015 年版四部通则热原检查法或细菌内毒素检查法检查，应符合规定。

3. 渗透压摩尔浓度　除另有规定外，静脉用注射剂、脊椎腔注射的注射剂，照《中国药典》2015 年版四部通则渗透压摩尔浓度测定法测定，应符合规定。眼用液体制剂也须注意调节渗透压。

静脉输液、营养液、电解质或渗透利尿药（如甘露醇注射液）等制剂，应在药品说明书上标明其渗透压摩尔浓度，以便临床医生根据实际需要对所用制剂进行适当处理（如稀释）。

4. 可见异物　系指存在于注射剂、眼用液体制剂和无菌原料药中，在规定条件下目视可以观测到的不溶性物质，其粒径或长度通常大于 50μm。除另有规定外，照《中国药典》2015 年版四部通则可见异物检查法，应符合规定。注射剂、眼用液体制剂出厂前应采用适宜的方法逐一检查并剔除不合格产品。临用前，需在自然光下目视检查（避免阳光直射），如有可见异物，不得使用。

5. 不溶性微粒　系在可见异物检查符合规定后，检查注射剂中不溶性微粒的大小及数量。除另有规定外，用于静脉注射、静脉滴注、鞘内注射、椎管内注射的溶液型注射液、注射用无菌粉末及注射用浓溶液照《中国药典》2015 年版四部通则不溶性微粒检查法检查，应符合规定。

6. pH　注射剂的 pH 一般应控制在 4～9 范围内，输液的 pH 尽量与血液 pH 相等，眼用制剂的 pH 应控制在 5～9，可根据具体品种药物性质确定。

7. 安全性　注射剂应对机体组织无刺激，也不能发生毒性反应。必要时要对注射剂进行相关的安全性检查，如过敏反应、溶血、降压物质等。植入剂对机体应有良好的生物相容性。

8. 稳定性　液体形式的灭菌制剂与无菌制剂，大多以水为溶剂，在制备、贮藏、使用过程中，稳定性问题比固体剂型更为突出，应确保其物理、化学性质稳定。

（韩　丽）

第二节　灭菌制剂与无菌制剂的相关技术

一、水的处理

（一）制药用水

制药用水根据其使用范围，分为饮用水、纯化水、注射用水和灭菌注射用水。应根据剂型类别、使用目的及生产工序，选用适宜的制药用水。

1. 饮用水（tap water）　通常为制药用水的原水，为天然水经净化处理所得的水，其质量必须符合现行中华人民共和国《生活饮用水卫生标准》。饮用水可作为制药用具的粗洗用水，药材净制时的漂洗用水。除另有规定外，也可作为饮片的提取溶剂。

2. 纯化水（purified water） 为饮用水经蒸馏法、离子交换法、反渗透法或其他适宜的方法制备的制药用水。其质量应符合《中国药典》2015 年版二部纯化水项下规定。纯化水可作为配制普通药物制剂用的溶剂或试验用水；中药注射剂、滴眼剂等灭菌制剂所用饮片的提取溶剂；口服、外用制剂配制用溶剂或稀释剂；非灭菌制剂用器具的精洗用水；也用作非灭菌制剂所用饮片的提取溶剂。纯化水不得用于注射剂的配制与稀释。

3. 注射用水（water for injection） 为纯化水经蒸馏所得的水。注射用水必须在防止细菌内毒素产生的条件下生产、贮藏及分装，其质量应符合《中国药典》2015 年版二部注射用水项下的规定。注射用水可以作为配制注射剂、滴眼剂等的溶剂或稀释剂及容器的精洗。

4. 灭菌注射用水（sterile water for injection） 为注射用水按照注射剂生产工艺制备所得。主要用于注射用无菌粉末的溶剂或注射剂的稀释剂，其质量应符合《中国药典》2015 年版二部灭菌注射用水项下的规定。灭菌注射用水灌装规格应与临床需要相适应，避免大规格、多次使用造成污染。

（二）原水的处理

1. 机械过滤 原水通常为饮用水，一般采用石英砂滤器、活性炭滤器及精密过滤器（3～5μm 的滤芯）等组合过滤方式，除去原水中悬浮的固体物质及大部分离子，以减轻注射用水制备过程中杂质和水垢对设备的负担和损伤，同时提高注射用水的质量。

2. 离子交换法（ion-exchange method） 系采用离子交换树脂对原水进行处理的方法。离子交换法的原理是利用阴、阳离子交换树脂中含有的氢氧根离子和氢离子与原水中的电解质解离出的阴、阳离子进行交换，原水中的离子被吸附在树脂上，而从树脂上交换下来的氢氧根离子和氢离子则结合成水，从而达到去除水中盐的作用。离子交换法原理示意图如图 3-1 所示。

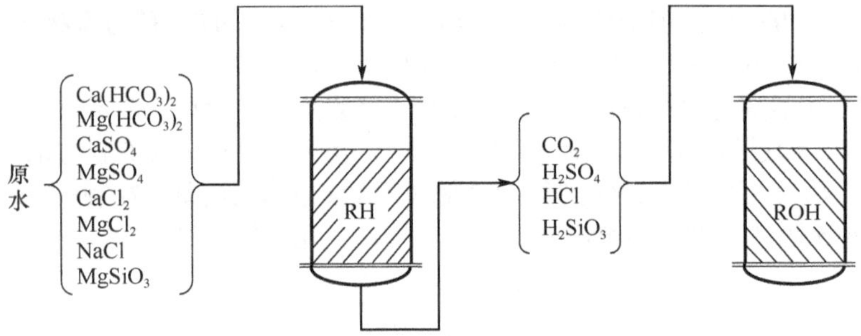

图 3-1 离子交换法原理示意图

RH：阳离子交换树脂；ROH：阴离子交换树脂

常用的离子交换树脂有：①732 型苯乙烯强酸性阳离子交换树脂，其极性基团为磺酸基，可用 $RSO_3^-H^+$（氢型）和 $RSO_3^-Na^+$（钠型）表示，可除去水中的阳离子；②717 型或 711 型苯乙烯强碱性阴离子交换树脂，其极性基团为季铵基团，可用 $RN^+(CH_3)_3OH^-$（氢氧根型）或 $RN^+(CH_3)_3Cl^-$（氯型）表示，可除去水中强酸与弱酸根。上述树脂以钠型和氯型比较稳定，为市售形式，需用酸碱转化为氢型和羟型后才能使用。

离子交换法处理原水，一般采用阳床、阴床、混合床的组合形式，混合床为阴、阳树脂以一定比例混合组成。大生产时，为减轻阴离子交换树脂的负担，常在阳床后加脱气塔，除去二氧化碳。离子交换树脂使用一段时间后，处理水的能力下降，称之为“老化”，需用酸碱进行再生。

离子交换法制得的水化学纯度高，对于热原与细菌也有一定的清除作用，所需设备简单，不需要加热和冷却，节约燃料和冷却水，成本低。但新树脂的预处理、树脂老化后的再生需消耗大量的酸和碱。

3. 电渗析法（electrodialysis method，EM） 系依靠外加电场的作用，使原水中的离子发生定向迁移，并通过具有选择透过性的阴、阳离子交换膜，净化原水的方法。电渗析器主要由阳离子交换膜、阴离子交换膜、隔板、电极等部件构成，在阳膜和阴膜之间设置隔板，对膜起支撑和隔离作用，避免两膜重叠而短路。阳离子交换膜、隔板、阴离子交换膜、隔板交错排列形成膜对，若干个膜对组成膜堆，膜堆两端是电极和压紧板等辅助部件。电极与膜之间的隔板称为极水板，有排气和支撑作用，也是水流通道。阳离子交换膜通常为磺酸型树脂，活性基团为强酸性—SO_3H，易解离出 H^+而使阳离子交换膜表面含大量—SO_3^-，构成足够强的负电场，排斥溶液中的阴离子，只允许阳离子通过并使其向负极移动；阴离子交换膜为季铵型树脂，活性基团为强碱性 $N(CH_3)_3OH$，易解离出 OH^-而使阴离子交换膜表面含大量—$N(CH_3)_3^+$，排斥阳离子而只允许阴离子通过，并使其向正极移动。电渗析法的原理如图 3-2 所示。

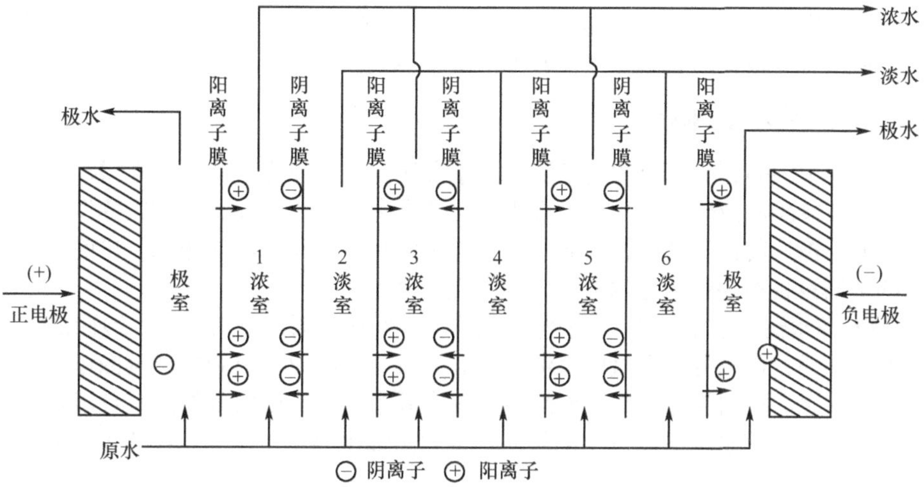

图 3-2 电渗析原理示意图

当电渗析器的电极接通电源后，在两膜之间的隔室内通入原水，原水中的阴、阳离子分别向阳极、阴极迁移，阳离子膜只通过阳离子，阴离子膜只通过阴离子，使部分隔室内电解质离子只进不出形成“浓室”，而相邻的隔室内电解质离子只出不进形成“淡室”，即为去离子水。“浓室”、“淡室”及电极两端区域的“极水室”分别设有管道自成系统，浓水、淡水、极水互相不会混流。合并收集从各“淡室”流出的纯水，即得。

电渗析法对原水的净化处理较离子交换法经济，特别是当原水中含盐量较高（≥3g/L），离子交换法已不适用，而电渗析法仍然有效，且不消耗酸碱，对环境无污染；但本法制得的水电阻较低，因此常与离子交换法联用，以提高净化处理原水的效率。

4. 反渗透法（reverse osmotic method） 在 U 形管内用一半透膜将纯水和盐水隔开，纯水通过半透膜向盐水一侧扩散，这就是渗透过程，两侧液柱产生的高度差即为盐水的渗透压。若开始时在盐水一侧施加一大于该盐水渗透压的压力，则盐水中的水将向纯水一侧渗透，结果使水从盐水中分离出来，该过程即为反渗透。反渗透法制备纯化水常用的膜有醋酸纤维膜和聚酰胺膜等，膜孔大小为 0.5～10nm。装置有板框式、管式、卷式和中空纤维式等。反渗透法制水的原理如图 3-3 所示。

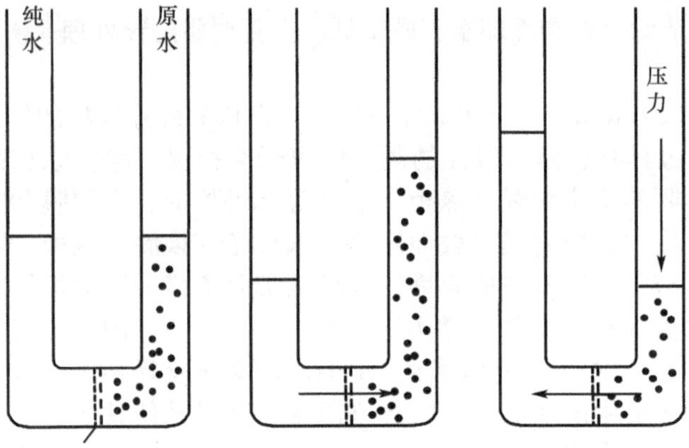

图 3-3　反渗透法制水原理示意图

反渗透法制备纯化水，具有能耗低、水质好、设备使用与保养方便等优点。通常一级反渗透装置能除去水中 90%～95%的一价离子，98%～99%的二价离子，同时还能除去微生物、病毒及热原，但只有二级反渗透装置才能较彻底除去氯离子。

（三）注射用水的制备

蒸馏法是《中国药典》规定的制备注射用水方法，系将纯化水加热至沸腾，使之气化为蒸汽，然后将蒸汽冷凝成液体。在气化过程中，水及水中含有的易挥发性物质挥发逸出，而不挥发杂质及热原，仍然留在残液中，因而经冷凝得到的液体可作为注射用水。目前，蒸馏法制备注射用水的蒸馏设备有多效蒸馏水器、气压式蒸馏水器等。

1. 多效蒸馏水器　通常由 3～5 个蒸馏水器串接而成，通过多效蒸发、冷凝的方法，分段截留去除各种杂质，可制得高质量的蒸馏水。五效蒸馏水器由 5 只圆柱形蒸馏塔及换热器、冷凝器、机架、水泵、控制柜等组成。换热器分别在五个塔内，塔内分加热室及蒸发室，在蒸发室内装有螺旋板，作用是除去蒸汽中的液滴。五效蒸馏水器基本结构如图 3-4 所示。

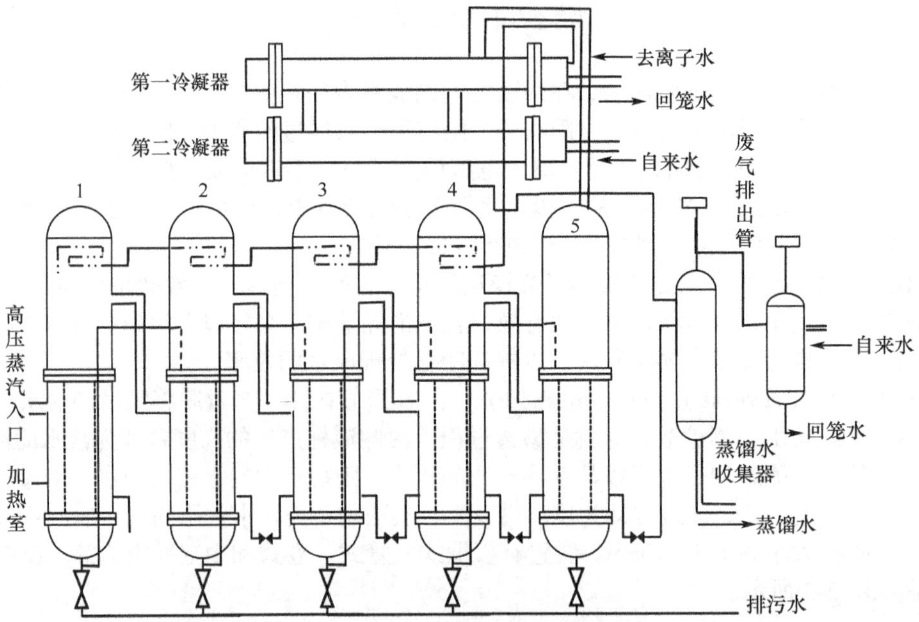

图 3-4　五效蒸馏水器结构示意图

蒸馏时，进料水即去离子水或纯化水由泵送入冷凝器作为冷却剂且本身被预热，然后依次进入四效、三效、二效、一效塔的预热器中，此时进料水温达 130℃或更高。外来高压蒸气先进入一效蒸发器的列管间，将其中已预热的纯化水加热蒸馏，一部分纯化水变为二次纯蒸汽进入二效蒸发器的列管间作为热源，未气化的纯化水进入二效蒸发器的列管间，继续被进入的二次纯蒸气加热蒸发，以此类推。在二效、三效、四效、五效产生的二次纯蒸汽依次被冷凝，与预热器产生的冷凝水合并后进入冷凝器，在预热进料水的同时继续被冷凝冷却，最终以蒸馏水即注射用水排出。由五效蒸发器底部排放的浓缩水可能含热原，作为废水弃去。废气则从废气排出管排出。进入一效蒸发器列管的外来加热蒸汽，被进料水冷凝，产生的冷凝水从一效蒸发器底部排出。

多效蒸馏水器产量高，水质稳定，出水温度在 80℃以上，有利于蒸馏水的保存。蒸馏水器中装有螺旋板或丝网除沫器，用于去除热原。多效蒸馏水器效数选用，应根据实际生产需要，结合设备投资、能源消耗、占地面积、维修能力等因素综合考虑，一般选用四效以上较为合理。

2. 气压式蒸馏水器　是以输入部分外界能量（机械能、电能）而将低温热能转化为高温热能的原理来生产蒸馏水，近年来开始广泛使用。气压式蒸馏水器主要由自动进水器、蒸馏水换热器、不凝气换热器、蒸发冷凝器、蒸汽压缩机、循环罐、泵等组成，结构示意图见图 3-5。其工作原理为：将进料水加热沸腾气化，产生二次蒸汽；把二次蒸汽压缩，其压强、温度同时升高；再使压缩的蒸汽冷凝，其冷凝液就是所制备的蒸馏水，蒸汽冷凝所放出的潜热作为加热原水的热源使用。

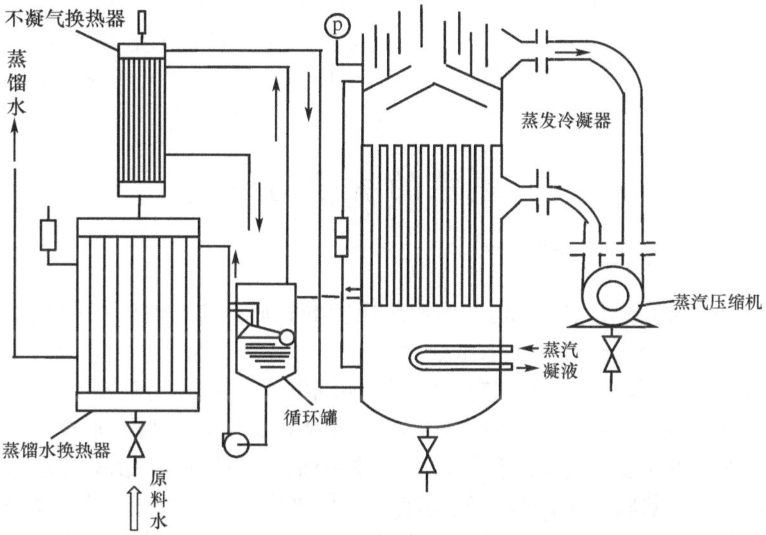

图 3-5　气压式蒸馏水器结构示意图

使用时，原料水经蒸馏水换热器及不凝气换热器，被预热进蒸发冷凝器，在蒸发管内蒸发成纯蒸汽，进入蒸汽压缩机被压缩后进入蒸发冷凝器蒸发管的外侧，被冷凝为蒸馏水。冷凝时释放的热量使原料水在管内蒸发。蒸馏水经循环罐及泵打入蒸馏水换热器，加热原料水。原料水中带入系统的不凝气经循环罐与不凝气换热器冷却后排入大气。

气压式蒸馏水器利用离心泵将蒸汽加压，提高了蒸汽的利用率，不需要冷却水，但使用过程中电能消耗较大。

（四）注射用水的收集和储存

接收蒸馏水时，初馏液应弃去，检查合格后，方能收集。注射用水贮罐和输送管道所用材料应无毒、耐腐蚀。储罐的通气口应安装除菌滤器，以保证罐内气体可通畅排放，罐外微生物和微粒不会进入罐内。常用除菌滤器的孔径为 0.22μm，材质为聚四氟乙烯或偏二氟乙烯。水处理系统会滋生和繁殖细菌，在注射用水的贮罐和输送系统中均需设置在线清洗、灭菌设施。

注射用水可采用 80℃以上保温、65℃以上循环或 2～10℃冷藏等方法无菌储存。配制注射液的注射用水，以 12h 内新鲜制备为好。

知识拓展 3-1

电去离子技术

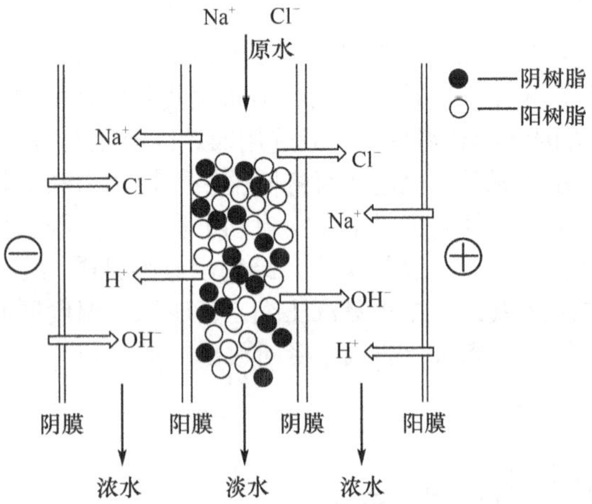

图 3-6 电去离子装置结构示意图

电去离子技术（electrodeionization，简称 EDI）是一种新型高效的膜分离技术。其装置是在电渗析器阴/阳离子交换膜之间的淡水室填入混床离子交换树脂形成的处理单元，通过离子交换树脂的交换吸附及阴、阳离子交换膜的选择性吸附，在直流电场的作用下，实现离子的交换和定向迁移，如图 3-6 所示。在 EDI 中，既有离子交换的工作过程，又有电渗析的工作过程，还有树脂的再生过程，这三个过程同时发生，使得 EDI 能够连续、稳定地实现水的深度脱盐。目前 EDI 技术通常是作为反渗透的后级处理工艺，提供产水电阻率在 5～16 MΩ·cm 的高纯水及超纯水。

二、热原的去除与检查

（一）热原的概念与组成

热原（pyrogens）指注射后能引起人体致热反应的物质。含有热原的注射剂，特别是输液，注入人体约 30min 后，会出现发冷、寒战、体温升高、发汗、恶心、呕吐等不良反应，严重者会出现昏迷、虚脱，甚至危及生命，临床上称上述现象为“热原反应”。

热原系微生物的代谢产物，是一种内毒素（endotoxin），由磷脂、脂多糖和蛋白质组成，其中脂多糖是内毒素的主要成分，具有特别强的致热活性。不同菌种脂多糖的化学组成有差异，致热活性也有差异，一般脂多糖的分子质量越大，其致热作用也越强。大多数细菌都能产生热原，其中致热能力最强的是革兰阴性杆菌，真菌甚至病毒也能产生热原。热原的相对分子质量通常在 10^6 左右。

（二）热原的性质

1. 耐热性 热原一般在 60℃加热 1h 活性不受影响，100℃也不会发生分解，但在 180℃加热 3～4h、250℃加热 30～45min 或 650℃加热 1min 可彻底破坏。因此，注射剂在通常的灭菌条件不能破坏热原。

2. 水溶性 热原能溶于水，其浓缩的水溶液往往带有乳光。

3. 不挥发性 热原本身不挥发，但因溶于水，在蒸馏时，可随水蒸气雾滴进入蒸馏水中，故制备注射用水的蒸馏水器均应有完好的隔沫装置。

4. 滤过性 热原体积较小，在 1～5nm，一般滤器不能截留除去。

5. 吸附性　热原可被活性炭吸附。

6. 其他性质　热原能被强酸、强碱、强氧化剂（如高锰酸钾、过氧化氢等）及超声波破坏。热原在水溶液中带有电荷，也可被某些离子交换树脂吸附。

（三）热原的污染途径

1. 原、辅料带入　原、辅料本身质量不佳，特别是用生物方法制备的原料与辅料，储存时间过长或包装不符合要求，甚至破损，均易污染微生物而导致热原产生。

2. 溶剂带入　注射剂的溶剂主要为注射用水，注射用水在制备时操作不当、储存时间较长或存放容器不洁，都有可能污染微生物而产生热原。

3. 容器、用具、管道及设备带入　注射剂制备时所用的容器、用具、管道、装置等，如未按要求认真清洗处理，均易使药液污染热原。

4. 制备过程带入　制备过程中室内卫生未达标，操作人员未严格执行操作规程，产品灌封后未及时灭菌或灭菌不彻底，从产品原料投入到成品产出的时间过长，都会增加微生物的污染机会而产生热原。

5. 使用过程带入　由注射器具，如输液瓶、乳胶管、针头、针筒等污染造成。

（四）除去热原的方法

1. 药液或溶剂中热原的除去方法

（1）吸附法：活性炭（注射用规格）是常用的吸附剂，能除去液体中大部分热原。活性炭还有吸附杂质、脱色、助滤作用。但活性炭也会吸附溶液中的某些药物成分，应注意控制使用量或适当增加药物投料量。

（2）蒸馏法：利用热原的不挥发性，通过蒸馏可除去溶剂中的热原。为防止热原随雾滴进入蒸馏水，蒸馏水器上应安装隔膜装置或螺旋板使气液分离。

（3）离子交换法：热原分子中含有磷酸根与羧酸根，带负电荷，可以被碱性阴离子交换树脂吸附。

（4）超滤法：一般选用 3～15nm 的超滤膜可以除去热原，此法多用于生物制品的制备。

（5）其他方法：采用二乙氨基乙基葡聚糖凝胶 A-25（分子筛）可制备无热原去离子水；可通过三醋酸纤维素膜或聚酰胺膜反渗透除去热原；微波也可破坏热原。

2. 容器或用具热原除去方法

（1）高温法：耐高温的容器或用具，如注射用针筒及其他玻璃器皿，在洗涤干燥后，经 180℃加热 2h 或 250℃加热 30min，可以破坏热原。

（2）酸碱法：耐酸碱的玻璃容器、瓷器等，用重铬酸钾硫酸洗液、硝酸硫酸洗液或稀氢氧化钠溶液处理，可有效地破坏热原。

（五）热原的检查方法

按照《中国药典》2015 年版四部通则规定，热原检查法采用家兔法，细菌内毒素检查采用鲎试剂法。

1. 家兔法　系将一定剂量的供试品，静脉注入家兔体内，在规定的时间内，观察家兔体温升高的情况，以判断供试品中所含热原的限度是否符合规定。具体实验方法和结果判断标准见《中国药典》2015 年版四部通则 1142。

热原检查中，动物的状况、实验室环境、操作方法等均会影响和干扰热原检查的实验结果，因此，应严格控制家兔饲养环境条件，按规定筛选试验用家兔，正确处理与供试品接触的试验用器皿，规范给药及体温测定操作，以确保实验结果的准确性。

2. 鲎试剂法　系利用鲎试剂来检测或量化由革兰阴性菌产生的细菌内毒素，以判断供试品中细菌内毒素的限量是否符合规定的方法。本法主要用于某些因细胞毒性而不宜用家兔进行热原检测的品种，如放射性药物制剂、抗肿瘤药物制剂等。

细菌内毒素检查法灵敏度高，操作简单，试验费用少，尤其适用于生产过程中热原的检测控制，可迅速获得结果。但该法对革兰阳性菌产生的细菌内毒素不够灵敏，故不能取代家兔的热原试验法。

知识拓展 3-2

细菌内毒素检查法

鲎试剂中含有能被微量细菌内毒素激活的凝固酶原和凝固蛋白原。凝固酶原经内毒素激活转化成具有活性的凝固酶，凝固酶促使凝固蛋白原转变为凝固蛋白而形成凝胶。细菌内毒素检查包括凝胶法和光度测定法。凝胶法系通过鲎试剂与内毒素产生凝集反应来检查或半定量内毒素的方法。光度测定法分为浊度法和显色基质法。浊度法是利用鲎试剂与内毒素反应过程中浊度的变化而测定内毒素含量的方法，显色基质法是利用鲎试剂与内毒素反应过程中产生的凝固酶使特定底物释放出呈色团的多少而测定内毒素含量的方法。供试品检测时可使用其中任何一种方法进行试验。当测定结果有争议时，除另有规定外，以凝胶法结果为准。

三、灭菌与无菌操作

灭菌与无菌操作是灭菌制剂与无菌制剂必不可少的单元操作，也是其用药安全性的重要保证。

（一）灭菌

灭菌（sterilization）系指用物理或化学手段杀灭或除去物品中所有致病和非致病的微生物繁殖体及芽孢的方法。微生物的种类不同、灭菌方法不同，灭菌效果也不同。常用的灭菌方法有物理灭菌法和化学灭菌法。

1. 物理灭菌法（physical sterilization） 系采用加热、射线或过滤等方法杀灭或除去微生物的技术，包括热灭菌法、射线灭菌法和过滤除菌法。

（1）热灭菌法（heat sterilization）：系通过加热使蛋白质变性或凝固、核酸破坏、酶失活，导致微生物死亡，达到灭菌目的的方法。热灭菌法分为干热灭菌法和湿热灭菌法两类。

1）干热灭菌法 指利用火焰或干热空气进行灭菌的方法。

A. 火焰灭菌法：用火焰直接灼烧灭菌的方法。特点：方法简便迅速，效果可靠。本法适用于耐火焰材质的金属、玻璃器具等的灭菌。

B. 干热空气灭菌法：将物品置于干热灭菌柜、隧道灭菌器等设备中，利用干热空气杀灭微生物的方法。由于干燥状态下微生物的耐热性强，而干热空气的穿透力又较弱，因此，干热空气灭菌法采用的温度通常比湿热灭菌法高。灭菌条件一般为：（160～170℃）×120min 以上、（170～180℃）×60min 以上或 250℃×45min 以上。此法适用于西林瓶、安瓿瓶、铝盖、耐高温金属及玻璃器皿、搪瓷器具、油脂类材料（如液状石蜡、凡士林等）和粉末类材料（如滑石粉、活性炭）等的灭菌，不宜用于橡胶、塑料制品等的灭菌。

干热灭菌器常用电热干燥灭菌烘箱，种类很多，但主体结构基本相同，主要由防锈壳体、保温层、加热器、隔板、风机、高效空气过滤器、冷却器、温度控制器及电气控制系统等组成，如图 3-7 所示，控制系统配备可编程序控制器、触摸屏、自动监控加热温度和时间装置、自动排湿阀门等，进出风口均设有过滤器，箱内达到层流净化要求。

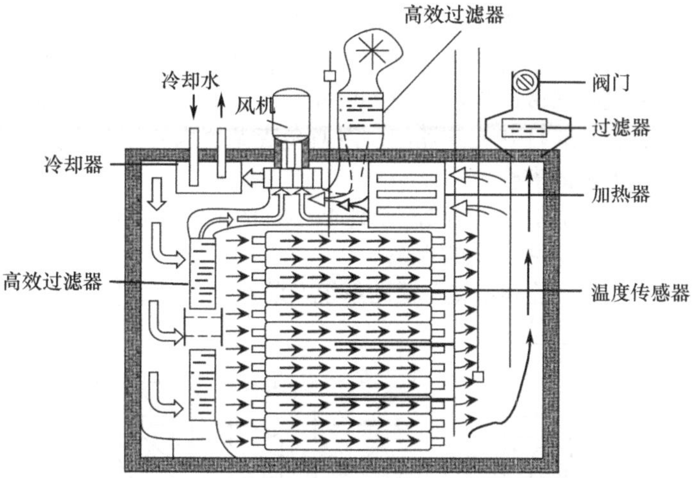

图 3-7　干热灭菌器结构示意图

2）湿热灭菌法：系指用饱和蒸汽、沸水或流通蒸汽进行灭菌的方法。由于蒸汽潜热大，穿透力强，容易使蛋白质变性或凝固，因此，该法的灭菌效率通常比干热灭菌法高。湿热灭菌法根据灭菌介质不同可分为热压灭菌法、水浴式灭菌法、流通蒸汽灭菌法、煮沸灭菌法和低温间歇灭菌法。

A. 热压灭菌法：是在高压灭菌器内，利用饱和蒸汽杀灭微生物的方法。该法能杀灭所有微生物的繁殖体和芽孢，灭菌效率高、效果可靠。凡能耐高压蒸汽的药物制剂、玻璃及金属容器、工具、包装材料、织物等均可采用此法灭菌。一般热压灭菌所需的温度与相对应的压力为：115℃67 kPa、121℃97kPa、126℃139kPa。

常用的热压灭菌器有手提式、立式和卧式热压灭菌器等。工业用压力蒸汽灭菌器多为卧式双层结构，外层夹套为普通钢制结构，并装有隔热保温层外罩和夹套压力表，内层为耐酸不锈钢制灭菌柜室，并装有柜室压力表、压力真空表与温度计，灭菌柜配有蒸汽进入管道、蒸汽过滤器、蒸汽控制阀、蒸汽压力调节阀和疏水器等，带有轨道的格车，分成若干层，盛装灭菌物品，如图 3-8 所示，灭菌时将一定压力的饱和蒸汽直接通入灭菌器内，对待灭菌物品进行加热灭菌，冷凝后的水及过剩的蒸汽由柜体底部排出。

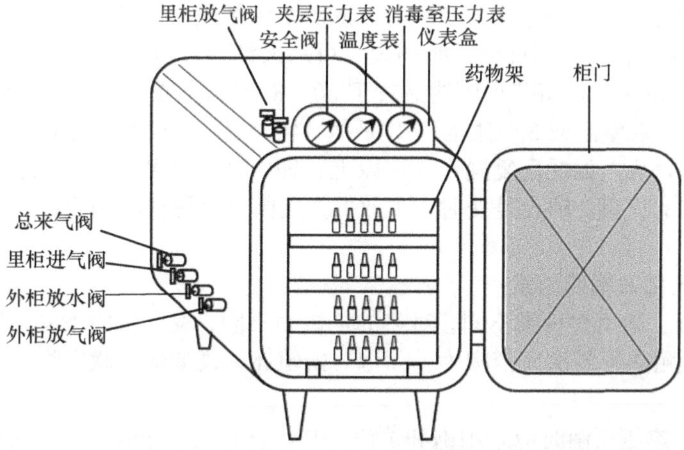

图 3-8　热压灭菌器结构示意图

热压灭菌注意事项：使用前全面认真检查灭菌器；灭菌前必须将灭菌器内的空气全部排出，

若有空气残留，则压力表上所示压力是蒸汽与空气两者的总和，而非单纯的蒸汽压力，此时压力虽然达到了预定的水平，但温度尚未达到预期要求，从而影响灭菌效果；灭菌时间必须由全部待灭菌物品达到所要求的温度时算起；灭菌完毕后停止加热，使压力表逐渐降到 0，灭菌器内压力与大气压相等时，逐渐打开灭菌器门，以避免灭菌器内外压差太大、温差太大而使物品冲出或炸裂，危及操作人员的安全。

B. 水浴式灭菌法：系利用高温水喷淋杀死微生物的方法。此法已广泛用于制药行业玻璃瓶装、塑料瓶装、软袋装等输液产品的灭菌。

水浴式灭菌器由灭菌柜、控制系统、辅助系统及装载车等组成，结构示意图如图 3-9 所示。

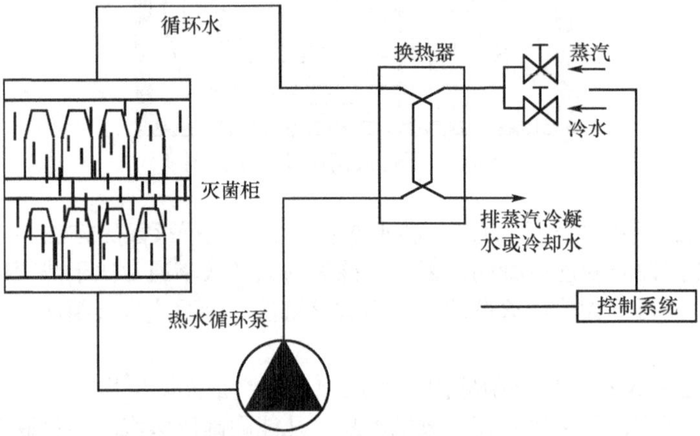

图 3-9　水浴室灭菌器原理示意图

工作原理：灭菌室内先注入洁净的灭菌介质（目前国内常用纯化水）至一定液位，然后由循环泵从柜底部抽取灭菌用水经过板式换热器加热，连续循环进入灭菌柜顶喷淋系统。喷淋系统由喷淋管道和喷头组成，喷出的雾状水与灭菌物品均匀密切接触。关闭换热器一侧的蒸汽阀门，打开冷却水阀门，连续逐步对灭菌物品进行快速冷却，并辅以一定的反压保护，防止冷爆现象产生。

C. 流通蒸汽灭菌法：是常压下采用 100℃水蒸气进行灭菌的方法。此法不能保证杀灭所有的芽胞，一般可作为不耐热无菌产品的辅助灭菌手段。

D. 煮沸灭菌法：是常压下将待灭菌物品放入沸水中加热灭菌的方法。煮沸时间通常为 30～60min。此法操作简便，灭菌温度低，时间短，可杀灭细菌繁殖体，但不能完全杀灭芽孢。

E. 低温间歇灭菌法：是将待灭菌物品置于 60 ~ 80℃的水或流通蒸汽中加热 1h，杀灭其中细菌的繁殖体，然后在室温或 37℃恒温箱中放置 24h，使其中残存的芽孢发育成繁殖体，再进行第二次加热将其杀灭。如此反复操作 3 次以上，即可达到灭菌目的。此法适用于不耐高温、热敏感物料和制剂的灭菌。缺点是费时、工效低，灭菌效果往往不理想，必要时需加适量的抑菌剂。

F. 影响湿热灭菌效率的因素

a. 微生物状况：微生物种类不同，对热的抵抗力不同，发育阶段不同，耐热性也有很大差异，不同发育阶段耐热强弱次序依次为：芽孢＞繁殖体＞衰老体；微生物污染数量越少，灭菌所需时间越短。

b. 蒸汽性质：热压灭菌时应采用饱和蒸汽，其热含量高，穿透力大，灭菌效率高；湿饱和蒸汽因含有水分，热含量较低，穿透力较差，灭菌效率较低；过热蒸汽虽然温度高于饱和蒸汽，但穿透力差，灭菌效率也低，且易引起药品的不稳定性变化。

c. 灭菌温度和时间：灭菌温度越高、时间越长，灭菌效果越好，但是药品被破坏的可能性也越大，因此在达到有效灭菌的前提下，尽可能降低灭菌温度和缩短灭菌时间。

d. 制剂的性质：通常微生物在中性环境中的耐热性最强，碱性环境次之，酸性环境则不利于生长和发育。注射液中如含糖类、蛋白质等营养成分，微生物的抗热性会增强，应适当提高灭菌温度，延长灭菌时间。

e. 灭菌物品数量：灭菌器内物品数量应适度，且摆放均匀、整齐，保证蒸汽流通及灭菌温度的均匀性。

3）射线灭菌法（ray sterilization）：系采用辐射、紫外线或微波杀灭微生物和芽孢的方法。

A. 辐射灭菌法（radiation sterilization）：是采用放射性同位素 ^{60}Co 产生的 γ 射线杀灭微生物的方法。γ 射线可直接作用于菌体蛋白质、酶系统，引起肽键断裂，使细胞的生长和分裂停止；还可使细胞内的水分子电离，产生自由基，使菌体内蛋白质、核酸等进一步发生氧化还原反应，导致微生物死亡。

辐射灭菌法穿透力强，可用于较厚包装物品的灭菌，效果可靠；灭菌过程中被灭菌物品温度变化小，一般温度只升高 2～3℃，适用于不耐热物料和制剂的灭菌，如维生素类、抗生素、中药材及其制剂等，也可用于医疗器械、药用高分子材料及包装材料的灭菌，但不宜用于蛋白、多肽、核酸等生物大分子药物的灭菌。辐射灭菌时要注意控制辐射剂量，同时应注意安全防护。

B. 紫外灭菌法（ultraviolet sterilization）：系用紫外线照射杀灭微生物的方法。用于灭菌的紫外线波长一般为 200 ~ 300nm，灭菌力最强的波长为 254nm。紫外线可直接作用于微生物的核酸蛋白，使其变性死亡；同时，空气受紫外线照射，产生微量臭氧，也可发挥杀菌作用。

紫外线辐射穿透力弱，一般多用于空气灭菌、表面灭菌及纯化水的灭菌；紫外线灭菌效果与微生物的种类有关，其对酵母，特别是对真菌的杀菌力较弱；紫外线灭菌的适宜温度为 10～55℃，相对湿度为 45%～60%；普通玻璃可吸收紫外线，因此装于玻璃容器中的药物不能用此法灭菌；紫外灯管有一定的使用期限，每次使用应做好记录，并定期检查灭菌效果；紫外线照射过久会导致人体眼、皮肤损伤，一般在操作前开启紫外灯 0.5～1h，操作时关闭。

C. 微波灭菌法（microwave sterilization）：系采用微波照射杀灭微生物的方法。微波是频率在 300MHz～300kMHz 的电磁波。水是微波的强吸收介质，水分子吸收微波能量，随微波电场方向的变化而高速转动，通过分子间碰撞、摩擦，产生热效应，使温度迅速升高而呈现灭菌作用；同时，微波的强电场可使微生物蛋白质变性，影响其自身代谢，导致微生物死亡，达到灭菌目的。

微波灭菌温度升高快且均匀，灭菌时间短，效果可靠。本法适用于以水为溶剂的液体制剂、中药饮片及固体制剂的灭菌。微波灭菌可能会导致某些有效成分含量的下降，需注意。

4）过滤除菌法（filtration sterilization）：系采用过滤手段除去微生物的方法，即利用细菌不能通过致密具孔滤材的原理，除去气体或液体中微生物的方法。本法常用于气体、热不稳定的药物溶液或原料的除菌。

繁殖型微生物直径一般大于 1μm，芽胞约为 0.5μm 或更小，因此，除菌滤膜孔径一般不超过 0.22μm。药品生产中除菌过滤器通常采用孔径分布均匀的微孔滤膜作过滤材料，其材质分亲水性和疏水性两种，可依据过滤物品的性质及过滤目的选择。过滤器应尽可能不脱落纤维、释放物质，不与产品发生反应或吸附作用，从而对产品质量造成不利影响。严禁使用含石棉的过滤器。过滤除菌前应进行滤器完整性试验，如气泡点试验、压力维持试验或气体扩散流量试验，确保滤过的有效性。使用前进行洁净处理，并用高压蒸汽或紫外线灭菌。垂熔玻璃滤器 G_6 号也可达到除菌目的。

生产中，除菌过滤滤器应尽可能接近灌装点。通过过滤除菌法达到无菌的产品应严密监控生产环境的洁净度，应在无菌环境下进行过滤操作。

2. 化学灭菌法（chemical sterilization）　系用化学药品杀灭微生物，达到灭菌目的的方法。化学灭菌的机制包括：作用于菌体蛋白质，使其变性死亡；与微生物的酶系统结合，影响其代谢功能；提高菌体膜壁的通透性，促使细胞破裂或溶解。化学灭菌法分为气体灭菌法和消毒剂消毒法。

（1）气体灭菌法：利用化学消毒剂形成的气体杀灭微生物的方法。本法适用于不能采用加热灭菌的医用器具、设备、空气及环境的灭菌。常用的气体灭菌剂有环氧乙烷、甲醛、臭氧等。采用气体灭菌法时，应注意灭菌气体的可燃可爆性、致畸性和残留毒性。

1）环氧乙烷：为广谱杀菌剂，具有很强的扩散和穿透能力。一般与 80%～90%的惰性气体混合，在高压腔室内进行。灭菌条件通常为：温度 54℃±10℃，相对湿度 60%±10%，灭菌压力 8×10^5Pa，灭菌时间 90min。环氧乙烷可用于不能采用高温灭菌的医疗器械、塑料制品的灭菌。含氯的物品及能吸附环氧乙烷的物品不宜使用本法灭菌。环氧乙烷灭菌法的缺点是易燃、易爆；对人体皮肤、眼黏膜有损害，并且可产生吸入毒性。

2）甲醛：为广谱杀菌剂，与环氧乙烷比较，杀菌力更强，但穿透力差，只用于空气灭菌。一般采用气体发生装置，加入甲醛溶液加热熏蒸，灭菌用量为 40%甲醛溶液 30ml/m^3。甲醛熏蒸灭菌法的缺点是灭菌时间长，操作较繁琐，可产生二次污染，对人体有一定的危害。

3）臭氧：为广谱杀菌剂，扩散性较高，杀菌能力强（与过氧乙酸相当），原料易得，环保，是公认的绿色灭菌剂。一般采用臭氧发生器，与空气净化系统、制水系统的管路连接，对空气、管路和水进行灭菌。

（2）消毒剂消毒法：是将化学药品配成一定浓度的液体消毒剂，通过喷雾、涂擦或浸泡而杀灭微生物的方法。能够有效地杀死细菌繁殖体，减少微生物数量，但一般不能杀死芽孢。

常用的消毒剂有：①醇类：如 75%乙醇；②酚类：如 2%～5%苯酚溶液、2%甲酚肥皂液；③季铵盐类：如 0.1%～0.2%苯扎氯铵、苯扎溴铵等；④氧化剂：如 0.2%～0.5%过氧乙酸、3%过氧化氢等；⑤其他类：如含氯化合物、含碘化合物、酸类化合物和酯类化合物等。

（二）无菌操作法

无菌操作法（aseptic technique）即无菌生产工艺，系指在无菌控制条件下生产无菌制剂的方法。一些不耐热药物的注射剂、眼用制剂、海绵剂及无菌软膏剂等，须采用无菌操作法制备，无菌分装及无菌冷冻干燥是常见的无菌生产工艺。

无菌操作基本要求：①无菌操作须在层流空气洁净技术控制的洁净区进行；②应按照操作规程对洁净区进行必要的清洁和消毒；③无菌操作相关设备、用具、材料及其他物品应采用适当的方法进行灭菌，并防止被再次污染；④无菌生产过程中，应严密监控生产环境空气的质量、操作人员的卫生、物品的无菌性。操作人员进入无菌操作室要按规定规范穿戴无菌工作衣、帽、口罩和鞋；生产人员、设备和物料应通过气锁间进入洁净区，如采用机械连续传输物料时，应采用正压气流保护并监测压差；⑤无菌生产工艺应定期进行验证，包括对环境空气过滤系统的有效性验证及培养基模拟灌装试验。

药品生产过程中应根据药物性质、剂型种类及微生物污染的可能情况，在保证灭菌物品性质稳定的前提下，选择适当的灭菌方法和条件，确保灭菌效果的可靠性。只要物品允许，应尽可能选用最终灭菌法灭菌。若物品不适合采用最终灭菌法，可选用过滤除菌法或无菌操作工艺达到无菌保证要求。

（三）灭菌工艺参数

1. 微生物致死速率方程与 *D* 值 灭菌过程中微生物的死亡速率可用一级动力学过程描述，即：

$$\lg N_t = \lg N_0 - \frac{kt}{2.303} \tag{3-1}$$

上式中，N_0 为灭菌前的微生物数，N_t 为灭菌时间为 t 时残存的微生物数，k 为微生物致死速率常数，单位为 min^{-1}。以 $\lg N_t$ 对时间 t 作图，可以得到一条直线，直线的斜率为 $-k/2.303$。

式（3-1）可改写成：

$$t = \frac{2.303}{k}(\lg N_0 - \lg N_t) \tag{3-2}$$

D 值定义：在一定灭菌温度下，将被灭菌物品中的微生物杀灭 90%，或残存 10%所需的灭菌时间，即降低一个对数单位（lg100 将至 lg10）所需的灭菌时间，单位为 min，则：

$$D = t = \frac{2.303}{k}(\lg 100 - \lg 10) = \frac{2.303}{k} \tag{3-3}$$

可见，*D* 是定量描述一定温度下某种微生物灭菌过程中耐热性的参数。*D* 值越大，该温度下微生物的耐热性越强，灭菌时越难被杀灭。微生物的种类、所处环境、灭菌方法及温度不同，*D* 值也不同。对某种特定的微生物而言，在其他条件保持不变的情况下，*D* 值随灭菌温度的变化而变化，灭菌温度升高，*D* 值降低，如含嗜热脂肪芽孢杆菌的 5%葡萄糖水溶液，105℃蒸汽灭菌的 *D* 值为 87.8min，121℃蒸汽灭菌的 *D* 值则为 2.4min。因此，在设计灭菌温度条件时，为了确保灭菌效果，必须了解该温度下微生物的 *D* 值，同时掌握温度变化对 *D* 值的影响。

2. *Z* 值　对特定的微生物，在特定介质或环境中求得不同温度下的 *D* 值后，用 lg*D* 值对温度 *T* 作图，在一定温度范围内（100～138℃），lg*D* 与 *T* 呈直线关系，如图 3-10 所示。

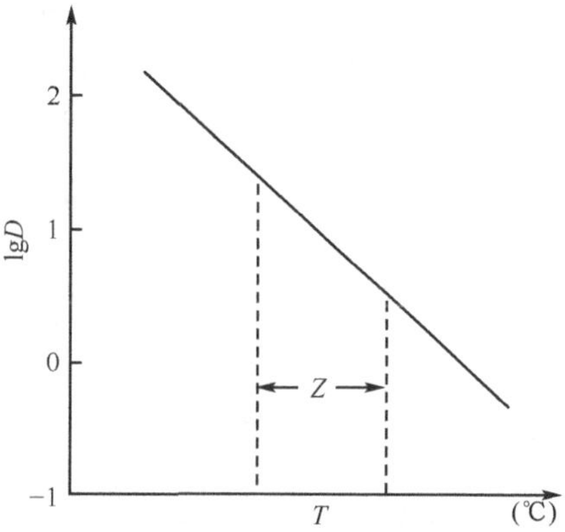

图 3-10　lg*D* 与温度 *T* 关系

Z 值定义：在一定温度下，对特定的微生物灭菌时，降低一个 lg*D* 所需升高的温度，即灭菌时间减少至原来的 1/10 所需升高的温度，单位为℃，则：

$$Z = \frac{T_1 - T_2}{\lg D_2 - \lg D_1} \tag{3-4}$$

上式中，D_1 为温度 T_1 的 *D* 值，D_2 为温度 T_2 的 *D* 值。

如 *Z* 为 10℃，表示在相同的灭菌效果下，灭菌时间减少到原来灭菌时间的 10%，所需升高的灭菌温度为 10℃。*Z* 值越大，微生物对灭菌温度变化的敏感性就越弱，通过升高灭菌温度来加速杀灭微生物的效果就越不明显。

将式（3-4）重排得：

$$\frac{D_2}{D_1} = 10^{\frac{T_1 - T_2}{Z}} \tag{3-5}$$

若 *Z* 为 10℃，T_1 为 110℃，T_2 为 121℃，则 D_2 为 $0.079D_1$，表明 110℃灭菌 1min 和 121℃灭菌 0.079 min 的灭菌效果相同。若 *Z* 为 10℃，灭菌温度每升高 1℃，则 D_2 为 $0.794D_1$，即温度每升高 1℃，达到相同灭菌效率的灭菌时间将减少 20.6%。因此，灭菌过程中，*D* 值和 *Z* 值必须联合应用。

3. *F* 值　*F* 值定义：在一定的灭菌温度 *T* 下给定 *Z* 值所产生的灭菌效果，与设计的参比温度 T_0 给定 *Z* 值所产生的灭菌效果相同时所相当的时间，单位为 min。*F* 值的数学表达式为：

$$F = \Delta t \sum 10^{\frac{T - T_0}{Z}} \tag{3-6}$$

式（3-6）中，Δt 为测量被灭菌物品温度的时间间隔，一般为 0.5～1.0min；*T* 为每个时间间隔 Δt 所测得被灭菌物品温度；T_0 为参比温度。

F 值常用于干热灭菌。干热灭菌时，*Z* 为 20℃，参比温度为 170℃。评价干热灭菌的相对能力时，必须要保证 *F* 值大于 60min（170℃），30min（180℃）。如破坏大肠杆菌内毒素的 *F*

值为 750min（250℃）。

4. F_0值 在湿热灭菌时，参比温度定为 121℃，以嗜热脂肪芽孢杆菌作为微生物指示菌，该菌在 121℃时，Z 值为 10℃，则：

$$F_0 = \Delta t \sum 10^{\frac{T-121}{10}} \tag{3-7}$$

显然，F_0 值为一定灭菌温度 T、Z 为 10℃所产生的灭菌效果与 121℃、Z 值为 10℃所产生的灭菌效力相同时所相当的时间（min）。即不管灭菌温度如何变化，t 分钟内的灭菌效果相当于在 121℃下灭菌 F_0 时间的效果，也就是说 F_0 是把所有温度下灭菌效果都转化成 121℃下达到同等灭菌效果所需要的时间。因此 F_0 被称为标准灭菌时间。

目前 F_0 值常用于热压灭菌。在灭菌过程中，记录被灭菌物的温度与时间，就可算出 F_0。假设Δt 为 1 分钟，即每分钟测量一次温度，数据如表 3-1 所示。

表 3-1 灭菌过程中不同时间的温度

时间（min）	0	1	2	3	4	5	…	9～39	40	41	42	43	44
温度（℃）	100	102	104	106	108	110	…	115	110	108	106	102	100

用式（3-7）计算如下：

$$F_0 = 1 \times \left[(10^{\frac{100-121}{10}}) + (10^{\frac{102-121}{10}}) + (10^{\frac{104-121}{10}}) + (10^{\frac{106-121}{10}}) + (10^{\frac{108-121}{10}}) + (10^{\frac{110-121}{10}}) + \cdots \right.$$

$$\left. (10^{\frac{115-121}{10}}) \times 30 + (10^{\frac{110-121}{10}}) + (10^{\frac{108-121}{10}}) + (10^{\frac{106-121}{10}}) + (10^{\frac{102-121}{10}}) + (10^{\frac{100-121}{10}}) \right] = 8.49\,\text{min}$$

计算结果说明 44min 内一系列温度下的灭菌效果相当于在 121℃灭菌 8.49min 的灭菌效果。

由式（3-7）可得：

$$F_0 = D_{121℃} \times (\lg N_0 - \lg N_t) \tag{3-8}$$

式中，N_t 为灭菌后预期达到的微生物残存数，一般 N_t 为 10^{-6}，即原有菌数的百万分之一，或 100 万个灭菌制品中只允许有一个制品染菌，认为达到了可靠的灭菌效果。$D_{121℃}$为在 121℃灭菌条件下，将被灭菌物中 90%的微生物杀灭所需的灭菌时间。由式（3-8）可看出 F_0 值由微生物的 D 值和微生物的初始数和残存数所决定。

如将含有 200 个嗜热脂肪芽孢杆菌的 5%葡萄糖水溶液在 121℃热压灭菌时，其 D 值为 2.4min，则 F_0=2.4×（lg200–lg10^{-6}）=19.92min。再如灭菌前控制微生物限度小于 100，N_t 为 10^{-6}，$D_{121℃}$为 1 时，则 F_0=1×（lg100–lg10^{-6}）=8min。因此，F_0 值也可认为是相当于 121℃热压灭菌时杀死容器中全部微生物所需要的时间。

为了保证 F_0 值的灭菌效果，应注意以下两个问题：①由式（3-8）可见，若被灭菌物中微生物越多，即 N_0 越大，则灭菌时间越长。因此在灭菌制剂生产过程中，应尽可能减少各工序中微生物对制剂的污染，分装好的制剂应尽快灭菌，使初始微生物数量保持在最低水平。最好使每个容器的含菌量控制在 10 以下（即 $N_0 \leqslant 10$）；②为了适当增加安全因素，得到可靠的灭菌效果，实际操作一般增加 F_0 值的 50%，如规定 F_0 为 8min，则实际操作应控制 F_0 为 12min。

知识拓展 3-3

无菌保证水平 SAL

药品生产中，对于任何一批灭菌或无菌制剂而言，绝对无菌既无法保证，也无法用试验来证实，因此，灭菌或无菌操作并不能使物料绝对无菌，在实际生产中，物品的无菌特性只能相对地通过物品中活微生物的概率低至某个可接受的水平来表述，即以无菌保证水平（sterility assurance level，简称 SAL）表示。SAL 是指灭菌工艺赋予产品无菌保证的程度，通常要求 SAL 为 10^{-6}，即要求最终无菌产品的微生物存活概率不得高于 10^{-6}。目前，污染概率低于百万分之一已经成为国际公认的灭菌标准。

灭菌物品的无菌保证不能依赖于最终产品的无菌检验，而是取决于生产过程中采用合格的灭菌工艺、严格的 GMP 管理和良好的无菌保证体系。在一定的 F_0 值下，灭菌的效果除了与微生物的耐热性参数有关外，还与产品的污染水平相关，产品灭菌前的含菌量越高，无菌保证的可信度就越小。因此，对于热稳定性好的产品，应尽可能采用湿热或干热灭菌法，对于热稳定性较差的产品，在无菌生产工艺过程中，应当将防止产品被污染放在首位，而不能完全依赖最终灭菌去消除污染。

四、药液过滤

过滤系指将固液混悬液通过多孔介质，使固体粒子被介质截留，液体经介质孔道流出，从而实现固液分离的方法。药液过滤是保证注射液澄明度的重要操作。注射剂不仅不允许有肉眼可见的异物存在，对肉眼看不到的微粒也有一定要求，从而保证可见异物和不溶性微粒检查符合相关规定。

（一）过滤机制

1. 过筛作用 固体粒子的粒径大于过滤介质的孔径，粒子被截留在介质的表面，过滤介质起筛网的作用。例如，微孔滤膜、超滤膜等。

2. 深层截留 分离过程发生于介质的“内部”，粒径小于过滤介质孔径的固体粒子过滤时进入介质的深层，由于惯性、重力、扩散等作用而沉积在空隙内部，搭接形成“架桥”或滤渣层，或者由于静电力、范德瓦尔斯力而被吸附于空隙内部，起截留分离的作用。例如，砂滤棒、垂熔玻璃滤器、多孔陶瓷、石棉滤过板等。

3. 滤饼过滤 过滤时，被截留的固体粒子聚集在过滤介质的表面形成滤饼，使过滤的拦截作用主要由滤饼产生，过滤介质只起着支撑滤饼的作用。滤过开始时在滤过介质上形成初始滤饼层，在继续过滤过程中，逐渐增厚的滤饼层起拦截颗粒的作用。药物的重结晶、药材浸出液的过滤等属于滤饼过滤。该种过滤要求初滤液必须倒回再次过滤。

（二）滤器的选择

药液的过滤一般分为两步完成，先粗滤，后精滤。粗滤滤器包括砂滤棒、板框式压滤器、钛滤器等；精滤滤器包括垂熔玻璃滤器、微孔滤膜滤器、超滤膜滤器等。可按不同的滤过要求，结合药液中沉淀的多少，以及沉淀物形成滤层的状态选择滤器与过滤装置。

1. 砂滤棒 有硅藻土滤棒和多孔素瓷滤棒两种。硅藻土滤棒质地比较疏松，适用于黏度高、浓度大的药液过滤。多孔素瓷滤棒由白陶土烧结而成，质地致密，适用于低黏度溶液过滤。砂滤棒易脱砂，对药液吸附性强，且有可能改变药液 pH，滤器吸留药液多，难清洗，故一般用作粗滤。

2. 板框压滤器 由金属材质的中空框和支撑过滤介质的实心板交替叠合而成，见图 3-11。在板和框之间压滤布，板和框在相同位置打孔，形成滤液的入口和滤液的出口。此种滤器的过滤面积大，截留固体量多，在注射剂生产中常用于药液的粗滤。

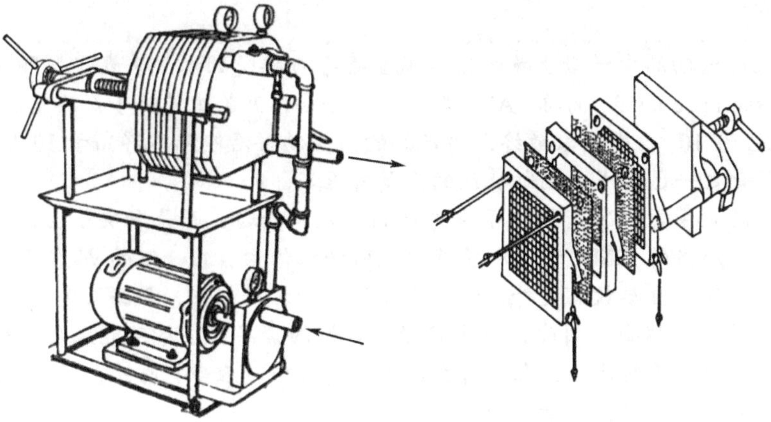

图 3-11 板框压滤器结构示意图

3. 钛滤器 系将钛粉末加工制成的过滤元件，有钛滤棒与钛滤片两种。钛滤器抗热震性能好、强度大、重量轻、不易破碎、过滤阻力小、滤速大。药液配制中的脱炭过滤，可以使用 F_{2300}G-30 钛滤棒，药液除微粒粗滤可选用 F_{2300}G-60 钛滤片。钛滤器在药液过滤中是一种较好的粗滤材料。

4. 垂熔玻璃滤器 由硬质中性玻璃细粉烧结而成，有垂熔玻璃漏斗、垂熔玻璃滤棒、垂熔玻璃滤球三种，如图 3-12 所示。根据滤板孔径大小分为 1～6 号。垂熔玻璃滤器常作为药液的精滤或膜滤器前的粗滤。一般 3 号（孔径 15～40μm）用于常压过滤，4 号（孔径 5～15μm）用于减压或加压过滤，6 号（孔径 2μm）用于无菌过滤。

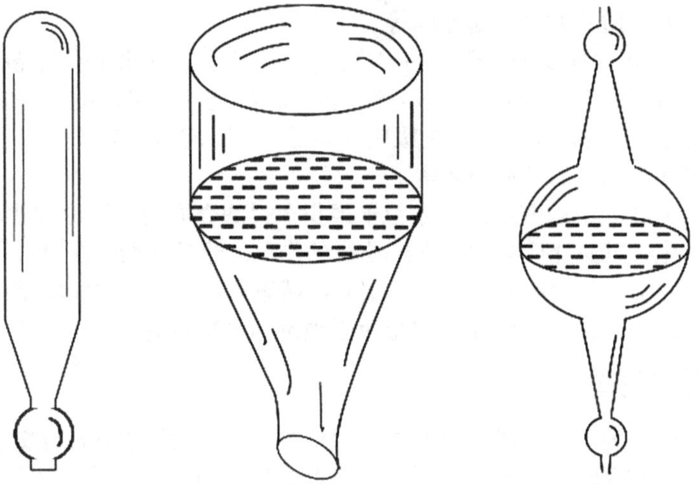

图 3-12 垂熔玻璃滤器结构示意图

垂熔玻璃滤器化学性质稳定，除强碱和氢氟酸外，几乎不受一般化学药品的腐蚀，耐强酸，对药物无吸附作用，也不影响药液的 pH；能耐较高温度，可热压灭菌；滤过时无碎渣脱落，也不易出现裂漏；但价格较贵，质脆易破，操作时压力不能太大。

5. 微孔滤膜过滤器 是由高分子材料制成的薄膜过滤介质。常用的膜材料有醋酸纤维膜、硝酸纤维膜、醋酸纤维与硝酸混合酯膜、聚碳酸酯膜等。微孔滤膜质地轻薄，需安装于膜滤器中使用，通常有圆盘形膜滤器和圆筒形膜滤器两种，前者见图 3-13 所示。

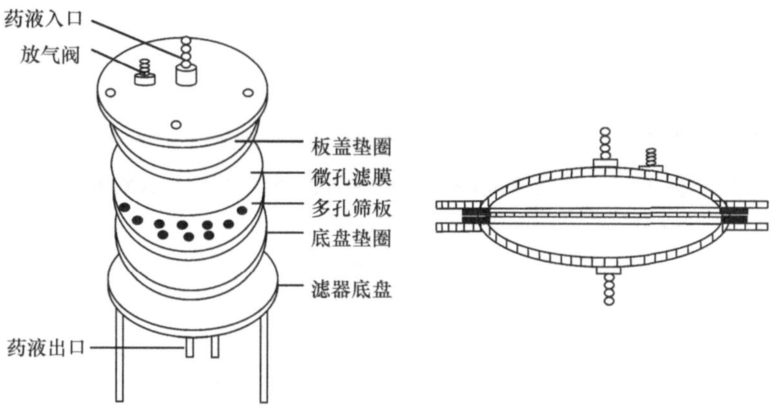

图 3-13　圆盘形微孔滤膜滤器结构示意图

微孔滤膜上分布有大量的穿透性微孔，孔径在 0.025～14μm，分多种规格。在注射剂，特别是大输液生产中，常将其串联在常规滤器如砂滤棒、垂熔玻璃滤器或板框压滤器后，作为末端精滤之用。一般选用 0.22μm 的滤膜作无菌过滤。通过 0.45～0.8μm 滤膜的注射液滤过后必须灭菌。

微孔滤膜过滤的特点：孔径小而均匀，截留能力强；质地轻而薄（0.1～0.15mm），孔隙率高（微孔体积占薄膜总体积的 80%左右），药液通过时阻力小，滤速快；过滤时无介质脱落，也不影响药液的 pH；滤膜吸附性小，不滞留药液。缺点是易堵塞及有些纤维素类滤膜稳定性不理想。

6. 超滤膜滤器　是有机高分子聚合物制成的多孔膜，能截留溶液中的高分子及胶体微粒，截留的粒径范围为 1～10nm，因此，超滤膜可除热原。超滤膜的孔径以截留的相对分子质量来表示，如相对分子质量截留值为 1 万的超滤膜，能截留溶液中相对分子质量 1 万以上的高分子及大小相当的胶体微粒。

（三）过滤方法

1. 高位静压过滤　药液在楼上配制，通过管道运输到楼下进行过滤和灌封。此法压力稳定，质量好，但流速慢。

2. 减压过滤　采用真空泵使系统处于负压状态下进行过滤。此法适用于各种滤器，设备要求简单，但压力不够稳定，操作不当，易使滤层松动，影响滤过质量。此外，整个系统处于负压状态，不适于除菌过滤。

3. 加压过滤　用离心泵对药液进行加压过滤。本法适用于药厂大量生产，压力稳定，滤速快。由于全部装置保持正压，若滤过中途停顿，对滤层影响也小；外界空气、微生物和微粒不易进入过滤系统，过滤质量比较稳定。

（四）影响过滤的因素

1. 滤渣层两侧的压力差　压力差越大，则过滤速度越快，故常用加压或减压滤过。

2. 滤器面积　在过滤初期，过滤速度与滤器面积成正比。

3. 过滤介质　滤饼半径越大，滤过速度越快，但在加压或减压时应注意避免滤渣层或滤材因受压而过于致密，常在料液中加入助滤剂以减小滤饼阻力。

4. 滤饼毛细管长度　滤饼毛细管长度越长，滤速越慢，常采用预滤、减小滤渣层厚度等加以克服。

5. 料液温度与黏度　料液温度低时黏稠度大，滤速越慢。因此，趁热过滤或保温过滤可提高滤速，此外，添加助滤剂也可降低黏度。

五、渗透压调节

（一）等渗溶液

正常人体血液的渗透压摩尔浓度范围为 285～310 毫渗透压摩尔浓度（mOsmol/kg）。渗透压与血浆渗透压相等的溶液称为等渗溶液（isoosmotic solution），如 0.9%的氯化钠溶液、5%的葡萄糖溶液；高于血浆渗透压的溶液称为高渗溶液，反之称为低渗溶液。

当静脉注射大量低渗溶液后，水分子进入红细胞内，使红细胞胀破，造成溶血现象，使人感到头胀、胸闷，严重的可发生麻木、寒战、高热，尿中出现血红蛋白，甚至导致死亡。因此，静脉注射不得使用低渗溶液。当静脉注入高渗溶液时，红细胞内水分渗出而发生细胞萎缩，尽管注射速度缓慢时机体可自行调节，使渗透压恢复正常，但在一定时间内也会影响正常的红细胞功能。对于脊椎腔内注射，由于脊椎液量少，循环缓慢，渗透压的紊乱很快就会引起头痛、呕吐等不良反应，也必须使用等渗溶液。肌内注射时，人体可耐受的渗透压范围相当于 0.45%～2.7%氯化钠溶液所产生的渗透压。

常用的渗透压调节剂有氯化钠、葡萄糖等。

渗透压属于溶液的依数性，因而等渗溶液是一个物理化学的概念，可通过物理化学实验计算求得，常用的渗透压的调节方法有冰点降低数据法和氯化钠等渗当量法。

1. 冰点降低数据法 人体血浆的冰点为–0.52℃。根据物理化学原理，冰点相同的稀溶液具有相等的渗透压，因此，任何溶液只要其冰点降低到–0.52℃，即与血浆等渗。表 3-2 列出了一些药物 1%水溶液的冰点降低数据。

表 3-2 一些药物水溶液的冰点降低数据与氯化钠等渗当量

名称	1%水溶液（g/ml）冰点降低值（℃）	1g 药物氯化钠等渗当量（*E*）	等渗浓度溶液的溶血情况		
			浓度（%）	溶血（%）	pH
氯化钠	0.58		0.9	0	6.7
盐酸乙基吗啡	0.19	0.15	6.18	38	4.7
硫酸阿托品	0.08	0.1	8.85	0	5.0
盐酸可卡因	0.09	0.14	6.33	47	4.4
依地酸钙钠	0.12	0.21	4.50	0	6.1
盐酸麻黄碱	0.16	0.28	3.2	96	5.9
无水葡萄糖	0.10	0.18	5.05	0	6.0
葡萄糖（含 H_2O）	0.091	0.16	5.51	0	5.9
氢溴酸后马托品	0.097	0.17	5.67	92	5.0
碳酸氢钠	0.381	0.65	1.39	0	8.3
青霉素 G 钾		0.16	5.48	0	6.2
盐酸普鲁卡因	0.12	0.18	5.05	91	5.6
硼酸	0.28	0.47	1.9	100	4.6

设：W 为配制等渗溶液需要加入的等渗调节剂的量（%，g/ml），a 为未经调整的药物溶液的冰点降低值（℃），b 为所用等渗调节剂 1%水溶液的冰点降低值（℃），则等渗调节剂的用量可根据下式计算：

$$W = \frac{0.52 - a}{b} \tag{3-9}$$

例 3-1　配制 2% 盐酸普鲁卡因溶液 100ml，需加多少克氯化钠才能使之成为等渗溶液？

从表 3-2 查得，2% 盐酸普鲁卡因溶液的冰点降低值 a=0.12×2=0.24（℃），b 为 0.58℃，代入式（3-9）得：

$$W = \frac{0.52 - a}{b} = \frac{0.52 - 0.24}{0.58} = 0.48(\text{g})$$

即需要添加氯化钠 0.48g，才能使 100ml 2%的盐酸普鲁卡因溶液成为等渗溶液。

2. 氯化钠等渗当量法　氯化钠等渗当量系指与 1g 药物呈等渗效应的氯化钠量，用 E 表示。一些药物的氯化钠等渗当量值见表 3-2。例如，硼酸的 E 值为 0.47，即 1g 硼酸于溶液中能产生与 0.47g 氯化钠相同的渗透压效应。

设：W 为配制 Vml 等渗溶液需加入氯化钠的量（g）；E 为药物的氯化钠等渗当量；X 为药液中药物的克数，每 1ml 氯化钠等渗溶液中所含氯化钠的克数为 0.009，通过查阅文献，获得药物的 E 值，即可根据下式计算出配制该药物等渗溶液所需添加的氯化钠的量：

$$W=0.009V-EX \tag{3-10}$$

例 3-2　配制 2%盐酸普鲁卡因溶液 200ml，需加多少克氯化钠或无水葡萄糖才能使之成为等渗溶液？

从表 3-2 查知，盐酸普鲁卡因的 E 值为 0.18，则所需添加氯化钠的克数：

$$W = 0.009×200-0.18×（2\%×200）=1.08（\text{g}）$$

从表 3-2 查知，1g 无水葡萄糖的氯化钠等渗当量为 0.18，则所需添加无水葡萄糖的克数：

$$W =1.08/0.18=6（\text{g}）$$

（二）等张溶液

等张溶液（isotonic solution）系指与红细胞膜张力相等的溶液。在等张溶液中，红细胞能保持正常的体积和形态，也不会发生溶血，因此，等张属于生物学概念。

对于一些药物，等渗溶液也是等张溶液，如 0.9%的氯化钠溶液。但是根据冰点降低数据法和氯化钠等渗当量法计算出的某些药物的等渗浓度，如盐酸麻黄碱、盐酸可卡因等，配制成等渗溶液，依然会出现不同程度的溶血现象。其原因就是红细胞膜有时不是理想的半透膜，某些药物，在等渗条件下，仍能迅速自由地通过细胞膜，导致细胞膜外水分进入细胞，使红细胞胀大破裂，引起溶血，说明不同物质的等渗溶液不一定都能使红细胞的体积和形态保持正常，因此需要提出等张溶液的概念。

凡溶血情况相同的溶液，则认为其渗透压也相同。因此，可采用溶血法测定药物的等张浓度：将人的红细胞放在不同浓度（0.36%～0.45%）氯化钠溶液中，则出现不同程度的溶血；同样，将人的红细胞放入某种待测药物的不同浓度的溶液中，也将出现不同程度的溶血。将两种溶液的溶血情况进行比较，可得到该药物相当于氯化钠溶液浓度的等张浓度。

六、冷 冻 干 燥

（一）冷冻干燥的含义与特点

冷冻干燥（freeze drying）也称为升华干燥，是将药物溶液预先冻结成固体，然后在低温低压条件下，使冰从冻结状态不经过液态直接升华为蒸汽除去的一种干燥方法。凡是对热敏感、在水溶液中不稳定的药物，均可采用此法干燥或制备成冻干粉针。

冷冻干燥的特点：干燥温度低，可避免药品因高热而分解变质；产品质地疏松，加水后能迅速溶解；含水量低，一般在 1%～3%范围内，有利于产品长期储存。

（二）冷冻干燥原理与设备

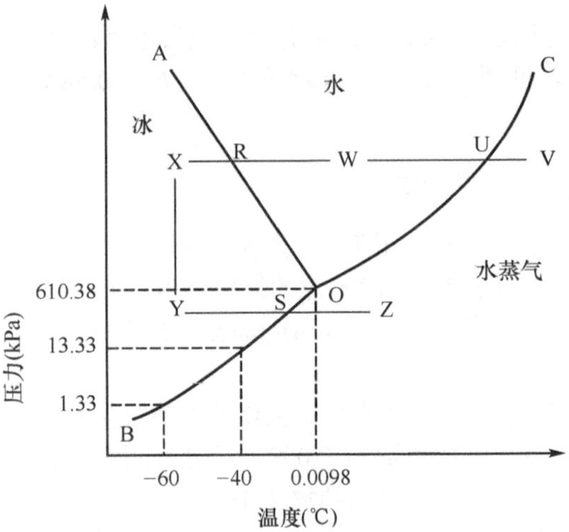

图 3-14　水的三相平衡图

1. 冷冻干燥的原理　冷冻干燥系利用水的相态变化而进行，水的三相图如图 3-14 所示。图中 O 点为冰、水、气的平衡点，OA 是冰-水平衡曲线，OB 为冰-水蒸气平衡曲线，OC 为水-水蒸气平衡曲线。当压力低于 610.38Pa 时，不管温度如何变化，水只有固态和气态两相存在，固态（冰）吸热后可不经液态直接变为气态，升华除去。

冷冻干燥时，处于 W 点的药物水溶液，经过恒压降温过程，将沿 WX 线移动并在 R 点结冰，最后达到 X；经恒温减压，达到 Y；再经恒压升温操作，冰将沿 YZ 方向移动，在 S 点开始气化（升华）成水蒸气，并达到 Z 处，在 SZ 这段区间内，气化的水蒸气将离开物品被减压抽去，使物品本身得到干燥。

2. 冷冻干燥设备　冷冻干燥设备简称冻干机，按系统分类，冻干机由制冷系统、真空系统、加热系统和控制系统组成；按结构分类，冻干机由冻干箱（或称干燥箱）、冷凝器、冷冻机、真空泵和阀门、电气控制元件等组成，如图 3-15 所示。

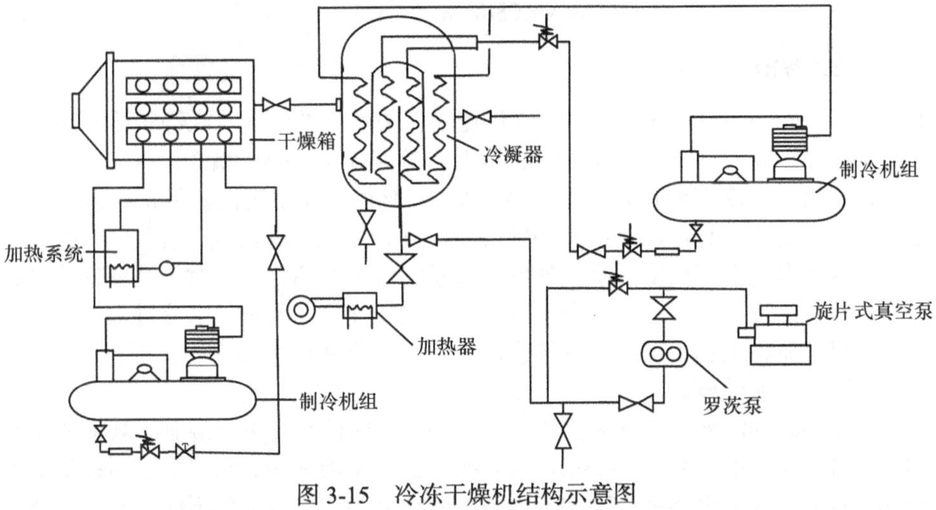

图 3-15　冷冻干燥机结构示意图

制冷系统由制冷压缩机及冻干箱、冷凝器内部的管道等其辅助设施构成，为冷冻干燥箱和真空冷凝器提供冷源，产生和维持工作时所需要的低温。冻干工艺要求制冷效果一般为空载隔板最低温度应小于−50℃，冷凝器最低温度小于−70℃。真空系统由冻干箱、冷凝器、真空管道和阀门、真空泵构成。真空泵组在干燥箱体和真空冷凝器内形成真空度，一方面促使干燥箱体内的水分在真空状态下升华，另一方面在真空冷凝器和干燥箱体之间形成一个真空梯度（即压力差），将箱体内蒸发的水蒸气抽向真空冷凝器，由真空冷凝器的冰面捕集。真空系统要求没有漏气现象。

冷冻干燥的工艺流程为：预冻→升华干燥→再干燥。

七、空 气 净 化

空气净化技术（air purification technique）是以创造洁净空气为主要目的的空气调节措施。空气中悬浮有无机性微粒（金属尘粒、矿物尘粒、建材尘粒等）、有机性微粒（植物纤维、动物毛、发、皮屑等）及生物微粒（各种藻类、菌类、病毒等）。制药工业中，不仅要除去空气中悬浮的无机、有机尘埃粒子，而且要除去微生物，达到生物净化要求。空气洁净技术主要通过空气过滤、气流组织和气压控制三种措施达到净化空气的目的。

（一）洁净室空气净化标准

洁净室（区）（clean room）是指将一定空间范围内的空气中的微粒、有害空气、细菌等污染物排出，并将室内的温度、洁净度、压力、气流速度与气流分布、噪声、震动及照明、静电控制在某一要求范围内，而经特别设计的操作室。制剂生产中，剂型不同（如片剂、注射剂、输液、软膏、栓剂等），生产岗位不同（如注射剂中配液、灌封、包装等），对空气的净化要求有很大差别。《药品生产质量管理规范》2010 年版对药品生产所需的洁净区分为 4 个级别，各级别空气悬浮粒子的标准规定见表 3-3。

表 3-3　洁净区级别

洁净度级别	悬浮粒子最大允许数/m^3			
	静态[①]		动态[②]	
	≥0.5μm	≥5μm	≥0.5μm	≥5μm
A	3 520	20	3 520	20
B	3 520	29	352 000	2 900
C	352 000	2 900	3 520 000	29 000
D	3 520 000	29 000	不作规定	不作规定

注：①静态：指所有生产设备均已安装就绪，但没有生产活动且无操作人员在场的状态；②动态：指生产设备按预定的工艺模式运行并有规定数量的操作人员在现场操作的状态。

A 级为高风险操作区，如灌装区，放置胶塞桶、敞口安瓿瓶、敞口西林瓶的区域及无菌装配或连接操作的区域，相当于静态 100 级净化。通常用层流操作台（罩）来维持该区的环境状态。层流系统在其工作区域必须均匀送风。B 级指 A 级洁净区所处的背景区域，相当于动态 100 级净化。C 级相当于 10 万级净化，对无菌要求不太严格的洁净区。D 级指生产无菌药品过程中重要程度较低的洁净操作区。

洁净室室温为 18～26℃，相对湿度为 40%～60%。洁净室必须保持正压，以防止低级洁净室的空气逆流至高级洁净室中。生产车间按洁净度等级的高低依次相排列，并有相应的压差。

不同制剂生产对空气洁净度有不同的要求。采用终端灭菌工艺的灭菌产品，部分或全部工序采用无菌生产工艺的非终端灭菌产品，GMP 规定应在符合表 3-4 及表 3-5 中规定的相应级别的洁净区内进行。

表 3-4　终端灭菌产品生产洁净级别要求及生产操作示例

洁净度级别	生产操作示例
C 级背景下的局部 A 级	高污染风险[①]的产品灌装（或灌封）
C 级	产品灌装（或灌封） 高污染风险[②]产品的配制和过滤 眼用制剂、无菌软膏剂、无菌混悬剂等的配制、灌装（或灌封） 直接接触药品的包装材料和器具最终清洗后的处理

续表

洁净度级别	生产操作示例
D级	轧盖 灌装前物料的准备 产品配制（指浓配或采用密闭系统的稀配）和过滤 直接接触药品的包装材料和器具的最终清洗

注：①此处的高污染风险是指产品容易长菌、灌装速度慢、灌装用容器为广口瓶、容器须暴露数秒后方可密封等状况；②此处的高污染风险是指产品容易长菌、配制后需等待较长时间方可灭菌或不在密闭容器中配制等状况。

表 3-5　非终端灭菌无菌产品生产洁净级别要求及生产操作示例

洁净度级别	无菌生产示例
B级背景下的A级	处于未完全密封①状态下产品的操作和转运，如产品灌装（或灌封）、分装、压塞、轧盖②等 灌装前无法除菌过滤的药液或产品的配制 直接接触药品的包装材料、器具灭菌后的装配及处于未完全密封状态下的转运和存放 无菌原料药的粉碎、过筛、混合、分装
B级	处于未完全密封①状态下的产品置于完全密封容器内的转运 直接接触药品的包装材料、器具灭菌后处于完全密封容器内的转运和存放
C级	灌装前可除菌过滤的药液或产品的配制 产品的过滤
D级	直接接触药品的包装材料、器具的最终清洗、装配或包装、灭菌

注：①轧盖前产品视为处于未完全密封状态。②轧盖也可在C级背景下的A级送风环境中操作。A级送风环境应至少符合A级区的静态要求。

（二）空气洁净技术

空气洁净技术按气流形式可分为非层流空气洁净技术和层流空气洁净技术。

1. 非层流空气洁净技术　非层流洁净技术是用高度净化的空气将操作室内的尘粒加以稀释的空气净化方式，气流形式是乱流。非层流型空气净化系统一般是在操作室的天棚上安装一个或几个装有高效空气过滤器的送风口，在侧墙下安置回风管，空气在室内的运动呈乱流状态。

目前主要采用空气过滤的方法对空气进行净化。空气过滤可分为表面过滤与深层过滤。表面过滤是将大于过滤介质微孔的粒子截留在介质表面，使其与空气分离。常用的过滤介质有醋酸纤维素、硝酸纤维素制成的微孔滤膜。表面过滤主要用于要求高的无尘、无菌洁净室的末端过滤。深层过滤指将小于过滤介质微孔的粒子吸附在介质内部，使其与空气得到分离。常用的过滤介质有玻璃纤维、天然或合成纤维、粒状活性炭、发泡性滤材及薄层滤纸等。

在空气净化系统中，过滤器按过滤效率可分为初效过滤器、中效过滤器、亚高效过滤器、高效过滤器四类，见表 3-6。

表 3-6　空气过滤器与过滤特性

过滤器	材质	性能	应用
初效过滤器	由粗、中孔泡沫塑料、涤纶无纺布、化纤组合滤料等为滤材	靠尘粒的惯性沉积截留粒径＞5μm 悬浮粉尘	预过滤器
中效过滤器	由中、细孔泡沫塑料、无纺布、玻璃纤维作滤材	截留＞1μm 悬浮性微粒	中间过滤器
亚高效过滤器	由玻璃纤维滤纸或短棉绒纤维滤纸作滤材	截留 1μm 以下亚微米级微粒	洁净室末端过滤器；高效过滤器的预过滤器
高效过滤器	超细玻璃纤维滤纸、石棉纤维滤纸作滤材	截留 0.5μm 以下亚微米级微粒	洁净室末端过滤器

过滤器通过组合，使空气由初效到高效依次通过，逐步净化。组合过滤器级别不同，得到不同的净化效果，因此，应根据不同洁净度要求进行相应组合。如洁净度为 A 级的空气净化系统通常采用三级过滤装置，即初效过滤器→中效过滤器→高效过滤器。

非层流洁净技术因设备投入和运行成本比较低，在药品生产上得到广泛运用，但净化效果较差。若要达到更高的洁净度，需采用层流洁净技术。

2. 层流空气洁净技术　层流洁净技术是用高度净化的气流作载体，将操作室内的尘粒以平行层流状态排出的空气净化方式，气流运动形式是层流，粒子在层流中保持运动；同时空气的流速相对较高，使粒子在空气中浮动，不会聚结和沉降；洁净室新产生的粒子会被经过的气流带走，有自行除尘能力，且可避免不同药物粉末的交叉污染。层流技术能保持洁净室 A 级洁净状态，用于灌封部位的局部保护、层流工作台及洁净室的全面洁净控制。

根据气流的方向不同，层流可分为垂直层流和水平层流。垂直层流洁净室内高效过滤器设置在顶棚，洁净空气从顶棚沿垂直方向均匀流向地面回风格栅，如图 3-16 所示。水平层流洁净室高效过滤器设置在一侧墙面，对面墙面布满回风格栅，洁净空气沿水平方向均匀从送风墙流向回风墙，如图 3-17 所示。

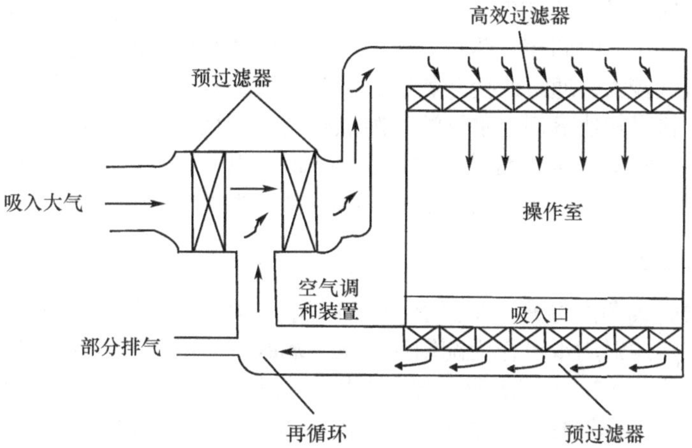

图 3-16　垂直层流洁净室气流方式示意图

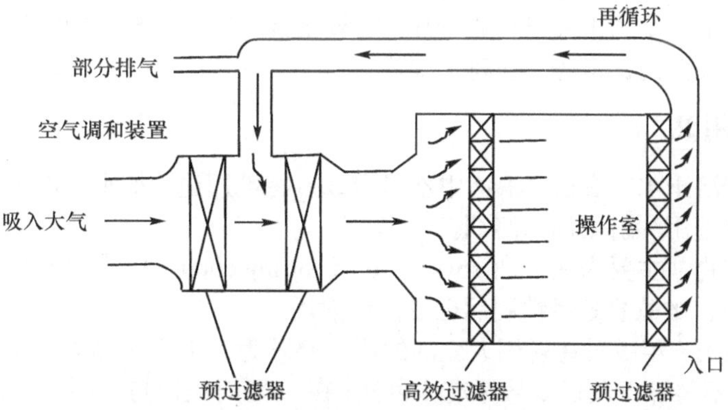

图 3-17　水平层流洁净室气流方式示意图

（韩　丽）

第三节 灭菌与无菌制剂的常用溶剂及附加剂

一、灭菌与无菌制剂的常用溶剂

灭菌与无菌制剂所用溶剂应为理化性质稳定的惰性液体，对机体无毒无刺激，能适应临床用药的要求，且来源广泛、廉价易得，与药用成分相容性良好，不得影响活性成分的疗效和质量。一般分为水性溶剂和非水性溶剂。

溶剂的选择主要是根据药物的性质（如溶解度、稳定性等）及临床要求（如速效、长效、减轻刺激、安全等）而定。由于注射用水对机体最为安全且来源广泛，故常列为首选。例如，盐酸左氧氟沙星注射液仅用注射用水作溶剂，就能保证成品质量的稳定。只有当注射用水对药物的溶解度或稳定性达不到相关要求和规定时才考虑选用非水溶剂或复合溶剂。例如，双嘧达莫注射液采用水-聚乙二醇 400（7∶3）复合溶剂。

不同溶剂在注射后的吸收速度与作用时间乃至对局部的刺激性各不相同。通常药物的水溶液比油溶液吸收快，作用时间短，药物的亚微粒水分散体系作用时间更为持久。药物的有机溶液对局部肌肉刺激性较大。通过改变药物的分散状态可减轻药物的刺激性，如微乳注射液可减少疼痛感。另外，利用其他溶剂与水混溶后冰点降低的特性，可选用适宜的混合溶剂制成防冻制品，以期适应某些特殊的医疗需要，如采用 40%的二甲基亚砜为防冻溶剂配成 2%普鲁卡因注射液，可在–40～–30℃环境中仍保持良好的流动性，疗效不变。

（一）注射用水

注射用水应符合细菌内毒素试验要求。注射用水必须在防止细菌内毒素产生的设计条件下生产、贮藏及分装。注射用水可作为配制注射剂、滴眼剂等的溶剂或稀释剂及容器的精洗。注射用水按照《中国药典》2015 年版第二部注射用水项下要求检查 pH、氨、硝酸盐与亚硝酸盐、电导率、总有机碳、不挥发物与重金属、细菌内毒素、微生物限度等，应符合要求。

灭菌注射用水主要用于注射用灭菌粉末的溶剂或注射剂的稀释剂。灭菌注射用水灌装规格应与临床需要相适应，避免大规格、多次使用造成的污染。灭菌注射用水按照《中国药典》2015 年版第二部灭菌注射用水项下要求检查 pH、二氧化碳、硝酸盐与亚硝酸盐、氨、电导率、不挥发物、重金属与细菌内毒素等，应符合要求。

（二）注射用油

对于不溶或难溶于水，或在水溶液中不稳定或有特殊用途（如水溶性药物制备混悬型注射液等）的药物，可选用注射用油为溶剂。

供注射用的植物油主要为大豆油[soybean oil（for injection）]，其他植物油，如花生油、玉米油、麻油、茶油、橄榄油等经精制后也可供注射用。

《中国药典》2015 年版对注射用大豆油的质量要求为：①应无异臭、无酸败味；为浅黄色的澄明液体，色泽不得深于黄色 6 号标准比色液；在 10℃时应保持澄明。②相对密度为 0.916～0.922，折光率为 1.472～1.476，酸值应不大于 0.1，皂化值应为 188～195，碘值应为 126～140。

酸值、皂化值、碘值是评价注射用油质量的重要指标。碘值反映油脂中不饱和键的多寡，碘值过高，则含不饱和键多，油易氧化酸败；碘值过低表明含杂质较多。皂化值表示游离脂肪酸和结合成酯的脂肪酸总量，皂化值过低表明油脂中脂肪酸分子质量较大或含不皂化物（如胆固醇等）杂质较多；皂化值过高则脂肪酸分子质量较小，亲水性较强，失去油脂的性质。酸值高表明油脂酸败严重，不仅影响药物稳定性，且有刺激性，不宜注射，必须精制，符合药典要求后方可使用。

（三）其他注射用溶剂

1. 乙醇（ethanol）　与水、甘油等可任意混溶，毒性较小，对小鼠静脉注射的半数致死量（LD_{50}）为 1.973g/kg，皮下注射为 8.285g/kg。采用乙醇为注射溶剂时，浓度可高达 50%，可供肌内注射或静脉注射。但当乙醇浓度超过 10%时可能会有溶血作用和疼痛感。

2. 丙二醇（propylene glycol，PG）　与水、乙醇、甘油相混溶。丙二醇性质稳定，能溶解多种类型药物，广泛用作注射剂的溶剂，可供肌内注射或静脉注射。此外，不同浓度的丙二醇水溶液有冰点下降的特点，可用以制备各种防冻注射剂。复合注射用溶剂中常用含量为 10%～60%，用作皮下注射或肌内注射时有局部刺激性。

3. 甘油（glycerol）　与水、乙醇、丙二醇等可任意混合，但在挥发油和脂肪油中不溶。由于甘油的黏度和刺激性较大，不能单独作为注射剂的溶剂，常与乙醇、水等组成复合溶剂应用。甘油对许多药物具有较大的溶解度，可供肌内注射或静脉注射，常用浓度为 1%～50%，某些注射剂可高达 55%。

4. 聚乙二醇（polyethylene glycol，PEG）　PEG300 和 PEG400 可供注射用，能与水、乙醇、甘油、丙二醇混溶，在注射液中最大浓度为 30%，超过 40%则产生溶血作用。

5. 油酸乙酯（ethyl oleate）　为浅黄色油状液体，能与乙醇、脂肪油混溶，性质与脂肪油相似而黏度较小，5℃仍能保持澄明。久贮变色，故常加叔丁对甲氧酚等抗氧剂。可于 150℃灭菌 1h；激素类药物如苯丙酸诺龙等用本品作溶剂时可增加药效。《中国药典》规定本品酸值不超过 0.5，碘值为 75～90，皂化值为 177～188。

6. 苯甲酸苄酯（benzyl benzoate）　为无色油状或结晶，能与乙醇、脂肪油混溶。浓度为 0.01%～46.0%的苯甲酸苄酯常用于肌内注射剂的非水溶剂和潜溶剂。例如，二巯丙醇（BAL）虽可制成水溶液，但不稳定，又不溶于油，使用苯甲酸苄酯可制成 BAL 油溶液供使用。苯甲酸苄酯不仅可作为溶剂，还有助溶剂的作用，且能够增加 BAL 的稳定性。

二、灭菌与无菌制剂的附加剂

灭菌与无菌制剂中除主药和溶剂外，还需根据制备及医疗的需要添加其他物质，以增加制剂的有效性、安全性和稳定性，这类物质统称为附加剂（additives for injection）。附加剂包括增溶剂、抗氧剂、稳定剂、缓冲剂、抑菌剂、乳化剂、等渗调节剂等，主要作用有：①增加药物溶解度；②增加药物稳定性；③调节渗透压；④抑菌；⑤调节 pH；⑥减轻疼痛或刺激等。附加剂及其使用的量应对机体无毒，与主药无配伍禁忌，不影响主药的疗效与含量测定。常用附加剂的种类、名称及用量见表 3-7。

表 3-7　常用灭菌与无菌制剂的附加剂

种类	名称	使用浓度（溶液总量%）
抗氧剂	亚硫酸氢钠	0.1～0.2
	亚硫酸钠	0.1～0.2
	焦亚硫酸钠	0.1～0.2
	硫代硫酸钠	0.1
金属螯合剂	依地酸二钠	0.01～0.05
缓冲剂	磷酸氢二钠，磷酸二氢钠	1.7，0.71

续表

种类	名称	使用浓度（溶液总量%）
缓冲剂	碳酸氢钠，碳酸钠	0.005，0.06
	乙酸，乙酸钠	0.22，0.8
	枸橼酸、枸橼酸钠	0.5，4.0
	乳酸	0.1
	酒石酸，酒石酸钠	0.65，1.2
助悬剂	羧甲纤维素钠	0.05～0.75
	明胶	2.0
	果胶	0.2
稳定剂	肌酐	0.5～0.8
	甘氨酸	1.5～2.25
	烟酰胺	1.25～2.5
	辛酸钠	0.4
增溶剂、润湿剂或乳化剂	聚氧乙烯蓖麻油	1～65
	聚山梨酯 20	0.01
	聚山梨酯 40	0.05
	聚山梨酯 80	0.04～4.0
	聚维酮	0.2～1.0
	聚乙二醇-40-蓖麻油	7.0～11.5
	卵磷脂	0.5～2.3
	脱氧胆酸钠	0.21
	泊洛沙姆 188	0.21
抑菌剂	苯酚	0.25～0.5
	甲酚	0.25～0.3
	氯甲酚	0.05～0.2
	苯甲醇	1～3
	三氯叔丁醇	0.25～0.5
	硝酸苯汞	0.001～0.002
	羟苯酯类	0.01～0.25
局麻剂（止痛剂）	盐酸普鲁卡因	0.5～2
	利多卡因	0.5～1.0
等渗调节剂	氯化钠	0.5～0.9
	葡萄糖	4～5
	甘油	2.25
填充剂	乳糖	1～8
	甘露醇	1～10
	甘氨酸	1～10
保护剂	乳糖	2～5
	蔗糖	2～5
	麦芽糖	2～5
	人血红蛋白	0.2～2

（张继业）

第四节　灭菌与无菌制剂的制备

一、注　射　剂

（一）概述

注射剂（injections）系指原料药物与适宜的辅料制成的供注入体内的无菌制剂。

1. 注射剂的分类　根据药物分散状态不同，注射剂可分为溶液型、乳状液型、混悬型及注射用无菌粉末。本节所述注射剂特指溶液型注射液，也称小体积注射剂或小针剂。

2. 注射剂的特点

（1）优点：①起效迅速、作用可靠；②可用于不宜口服给药的患者；③适用于不宜口服的药物；④可局部定位给药，发挥局部治疗作用；⑤比液体制剂耐储存。

（2）缺点：①注射给药不方便，需要专业人员；②注射时有疼痛感，依从性差；③质量要求高；④生产工艺复杂，生产成本高，价格高。

3. 注射剂的给药途径　根据临床的不同需要，注射剂有不同的给药途径（图 3-18）。给药途径不同，注射剂作用特点和质量要求也有差异。

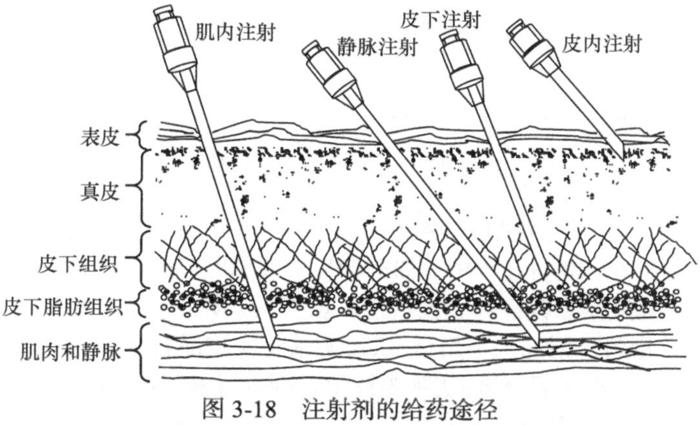

图 3-18　注射剂的给药途径

（1）皮内注射（intracutaneous injection）：注射于表皮与真皮之间，一般注射剂量在 0.2ml 以下。该部位药物吸收少而缓慢，故常用于药物的过敏性试验或者临床疾病的诊断。

（2）皮下注射（subcutaneous injection）：注射于真皮与肌肉之间，一般注射量为 1～2ml。皮下注射剂主要是水溶液，药物吸收速度稍慢。由于人体皮下感觉比肌肉敏感，故具有刺激性的药物混悬液，一般不宜作皮下注射。

（3）肌内注射（intramuscular injection）：注射于肌肉组织，一次注射量在 5ml 以下。该部位药物的吸收比皮下注射快，刺激性也相对较小，药物的水溶液、油溶液、混悬液、乳状液型注射剂均可作肌内注射。肌内注射油溶液、混悬液及乳浊液具有一定的延效作用，乳浊液有一定的淋巴靶向性。

（4）静脉注射（intravenous injection）：注射于静脉内，有静脉推注和静脉滴注两种方式。静脉推注一次注射量一般在 50ml 以下；静脉滴注用量大，一次注射量可达数千毫升。静脉注射药物直接进入血液中，药效产生最快，常作急救、补充体液和提供营养之用，多为水溶液和平均直径＜1μm 的乳浊液。油溶液和一般混悬型注射剂及凡能导致溶血和蛋白质沉淀的药物，均不能静脉注射。大剂量静脉注射时应严格控制药液的 pH 及渗透压，静脉输液不得加抑菌剂。

（5）脊椎腔注射（intraspinal injection）：注射于脊椎四周蛛网膜下隙内，一次注射量在 10ml 以下。该部位神经组织比较敏感，脊椎液的循环又十分缓慢，因此必须严格控制注射剂质量，渗透压必须等渗，pH 控制在 5.0～8.0，不得添加抑菌剂。

此外，还有动脉注射、脑内注射、心内注射、关节腔注射、滑膜腔注射、鞘内注射及穴位注射等给药途径。脑内、硬膜外、椎管内用的注射液均不得加抑菌剂。除另有规定外，一次注射量超过 15ml 的注射液，不得加抑菌剂。注射剂使用的针头有不同的内径、外径及长度，应根据给药途径、注射深度、给药量及患者脂肪层厚度等因素选择适宜规格的针头。

（二）注射剂的制备

注射剂的一般制备流程如图 3-19 所示：

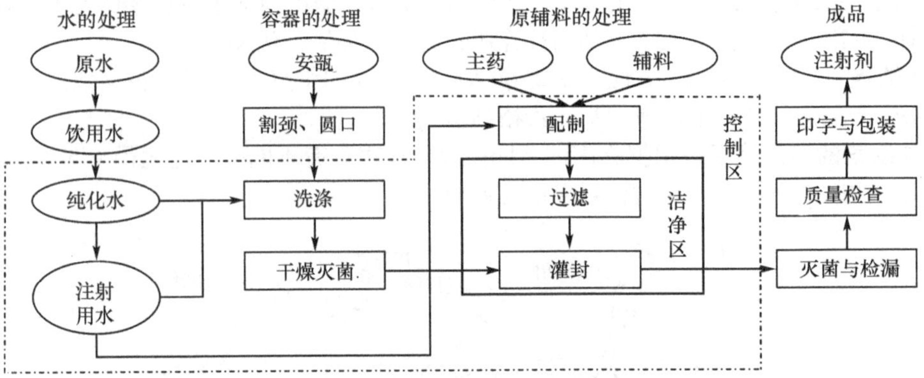

图 3-19　注射剂的制备流程

1. 原辅料的处理　供注射用的原辅料必须符合国家标准所规定的各项指标。配制前应正确计算和称量原料的重量。若制备过程中（如灭菌后）或储藏期间药物含量易下降，应酌情增加投料量。含结晶水药物应注意其换算。投料量可按下式计算：

原料（附加剂）用量=实际配液量×成品含量（%）

实际配液量=实际灌注量+实际灌注时损耗量

2. 水的处理　制备注射剂时，首先对原水（自来水等）进行处理，分别得到纯化水和注射用水。纯化水一般用于注射剂容器的初期冲洗；注射用水主要用于注射液的配制和注射剂容器的最后清洗。

3. 容器的处理　注射剂容器一般是由玻璃制成的安瓿或西林瓶，也有塑料容器。

（1）安瓿：按其外形可分为有颈安瓿（直颈与曲颈）与粉末安瓿（瓶身与瓶颈同粗）；按其色泽又分为无色安瓿与棕色（琥珀色）安瓿。常用的安瓿有 1ml、2ml、5ml、10ml、20ml 等几种规格，如图 3-20 所示。

目前制造安瓿所用的玻璃有中性玻璃、含钡玻璃和含锆玻璃。中性玻璃的化学稳定性和热稳定性较普通玻璃好，具有抗酸、抗碱、抗水性能和一定的机械强度，可用于盛装近中性或弱酸性注射液，如各种输液、注射用水等。含钡玻璃耐碱性能好，可盛装碱性较强的注射液，如磺胺嘧啶钠注射液（pH10～10.5），但不适宜盛装含硫酸根的药液。含锆玻璃为含有少量氧化锆的中性玻璃，具有更高的化学稳定性和热稳定性，不易受药液侵蚀（耐酸、耐碱性均好），目前多数安瓿为锆料安瓿。

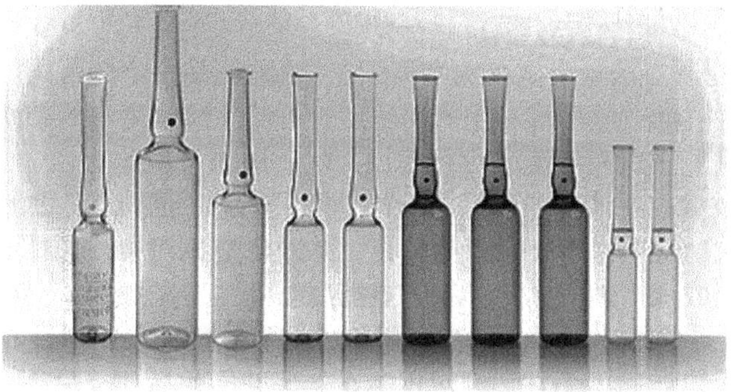

图 3-20　各种规格安瓿

为保证注射剂的质量，玻璃安瓿的质量要求如下：①安瓿玻璃应透明，以便于检查注射剂的澄明度、杂质及变质情况；②应具有适宜的膨胀系数和优良的耐热性，能耐受洗涤和灭菌过程中产生的冲击，在生产过程中不易冷爆破裂；③要有足够的物理强度，能耐受热压灭菌时所产生的压力差，生产、运输、贮藏过程中不易破损；④应具有较高的化学稳定性，不易被药液侵蚀，也不改变溶液的 pH；⑤熔点较低，易于熔封；⑥瓶壁不得有气泡、麻点与砂粒。

安瓿必须处理合格后才能供灌装药液用。一般处理的工艺流程为：割颈、圆口、洗涤、干燥及灭菌等步骤。

（2）西林瓶：又称抗生素瓶，是一种胶塞封口的小瓶，早期盘尼西林多用其盛装，故名西林瓶。西林瓶有棕色、透明等种类，一般为玻璃材质，瓶颈部较细，瓶颈以下粗细一致，瓶口略粗于瓶颈，略细于瓶身，如图 3-21 所示。一般用作疫苗、生物制剂、粉针剂等药品的包装。西林瓶经洗瓶机洗刷后用注射用水冲洗，于 160～170℃干热灭菌 2～4h，或经隧道式远红外线干燥灭菌后，直接输入无菌室备用。

图 3-21　西林瓶

西林瓶用胶塞为药用氯化丁基橡胶塞或药用溴化丁基橡胶塞，简称丁基胶塞。丁基胶塞具有稳定的化学和生物惰性，优良的气密性，良好的耐热性、耐水性和抗老化性能，对植物油的耐抗性良好，针刺时自密封性能好、落屑少等优点，广泛用于输液剂、冻干制剂、粉针注射剂、生物制品、血液制品等的封装。胶塞使用前应在胶塞清洗机中经过 60℃以上的热蒸馏水淋洗、溢流清洗、再淋洗、过滤淋洗、加硅油硅化、灭菌、干燥、冷却等多道程序后才能用于注射剂的生产。胶塞上压有铝盖。铝盖应在铝盖灭菌间经清洗、灭菌后方可送入压盖机压盖。

（3）塑料容器：目前常用的为塑料安瓿。塑料安瓿的生产已有专用设备，从塑料原料进入、安瓿的成型、药液的灌装与封口等工艺过程，均在洁净室内由一台联动机完成。塑料安瓿的洗涤采用滤过空气吹洗，以除去颗粒性异物。聚丙烯或高密度聚乙烯材质的塑料安瓿，可用热压灭菌。其他材质，如低密度聚乙烯等，由于不耐热，常可采用环氧乙烷、^{60}Co γ 射线或高能电子束等方式灭菌。

4. 配液用具　常用装有搅拌器的夹层锅配液，以便冷却或加热。配制用具的材料有玻璃、（耐酸碱）搪瓷、不锈钢、聚乙烯等。配制浓的盐溶液不宜选用不锈钢容器；需加热的药液不宜选用塑料容器。配制用具用前要用硫酸清洁液或其他洗涤剂洗净，并用新鲜注射用水荡洗或灭菌后备用。

5. 药液的配制方法 配制方法分为浓配法和稀配法。浓配法是将全部药物加入部分溶剂中配成浓溶液，加热或冷藏后过滤，然后稀释至所需浓度，可滤除溶解度小的杂质。稀配法是将全部药物加入溶剂中，一次配成所需浓度，再行滤过，优质原料可用此法。

注意事项：①配制药液时应在洁净的环境中进行，所用器具、原料和附加剂尽可能无菌，以减少污染；②配制剧毒注射液时，严格称量与校核，并谨防交叉污染；③对不稳定的药物应注意调配次序，先加稳定剂或通惰性气体等，有时要控制温度与避光操作；④对于不易滤清的药液可加 0.1%～0.3%活性炭处理，小量注射液可用纸浆混炭处理。使用活性炭时还需注意其对药物（如生物碱等）的吸附作用，而且活性炭用酸碱处理并活化后才能使用。

配制油性药液，常将注射用油先经 150℃干热灭菌 1～2h，冷却至适宜温度（一般在主药熔点以下 20～30℃），趁热配制、过滤（一般在 60℃以下），温度不宜过低，否则黏度增大，不易过滤。

6. 药液的过滤 配制好的药液在灌装前需要过滤，以除去各种不溶性微粒，在注射剂生产中一般采用二级过滤，即先将药液用常规的滤器，如砂滤棒、垂熔玻璃滤器等进行粗滤后，再使用微孔滤膜进行精滤。

7. 药液的灌封 灌封包括灌装注射剂和封口两步。

灌装药液时应注意：①剂量准确，可按药典要求适当增加药液量，以补偿在给药时由于瓶壁黏附和注射器及针头的吸留而造成的损失，以保证注射用量不少于标示量。《中国药典》2015年版四部通则 0102 规定的注射剂增加装量见表 3-8。②药液不沾瓶口，为防止灌注器针头“挂水”，活塞中心常设有毛细孔，可使针头挂的水滴缩回。③灌装速度不宜过快，过快时药液易溅至瓶壁，高温封口时容易发生炭化，产生颗粒。④通惰性气体时既不使药液溅至瓶颈，又使安瓿空间的空气除尽。一般采用空安瓿先充惰性气体，灌装药液后再充一次效果更好。

表 3-8 注射剂增加装量表

标示装量（ml）	增加量（ml）	
	易流动液	黏稠液
0.5	0.10	0.12
1	0.10	0.15
2	0.15	0.25
5	0.30	0.50
10	0.50	0.70
20	0.60	0.90
50	1.0	1.5

药液灌装后应尽快熔封或严封。灌装和封口一般要求在同一台设备完成。在灌封的同时还应提供空气洁净度级别为 A 级的层流。接触空气易变质的药物，在灌装过程中，应排除容器内的空气，可填充二氧化碳（注意其对溶液 pH 的影响）或氮气等惰性气体，立即熔封或严封。对温度敏感的药物在灌封过程中应控制温度，灌封完成后应立即将注射剂置于规定的温度下储存。

封口的方法有拉封和顶封两种。拉封封口比较严密，是目前常用的封口方法。工业化生产多采用全自动灌封机，如图 3-22 所示。灌封机上的灌注药液由 5 个动作协调进行：①移动齿档送安瓿；②灌注针头下降；③灌注药液入安瓿；④灌注针头上升后安瓿离开灌装工位，进入封口工位，同时灌注器再次吸入药液；⑤灌好药液的安瓿在封口工位进行熔封。上述五个动作必须按顺序协调进行。药液的容量是由容量调节螺旋上下移动而完成的。目前，我国已有割瓶、洗涤、灌装、封口联动机，生产效率显著提高，如图 3-23 所示。

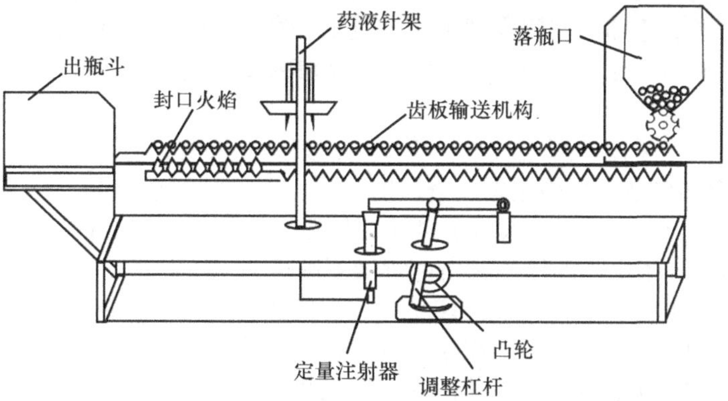

图 3-22 安瓿全自动灌封机结构示意图

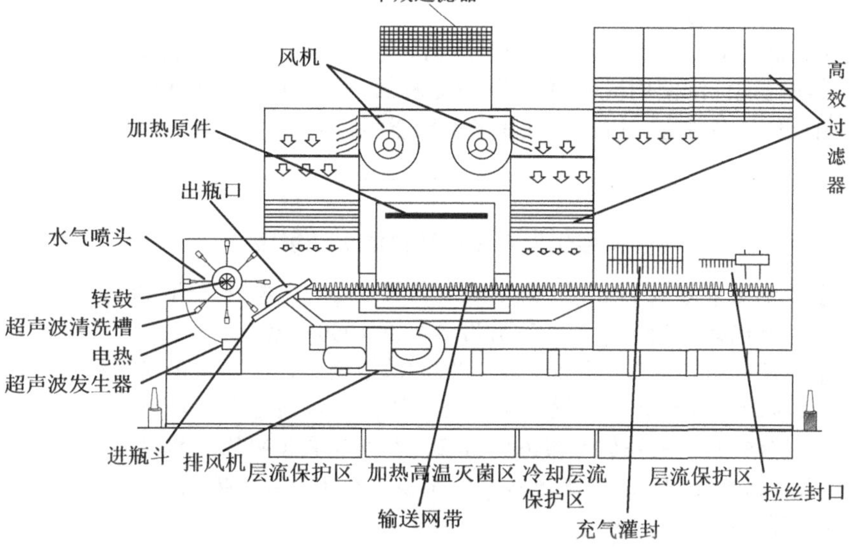

图 3-23 洗灌封联动机结构示意图

在灌封安瓿过程中可能出现的问题有：剂量不准，封口不严（毛细孔），出现大头、焦头、平头、瘪头、爆头等。焦头是常出现的问题，主要由安瓿颈部沾有的药液在熔封时炭化而致。灌装时给药太急溅起药液，针头灌液后不能立即缩回或针头安装不正，压液与吸液过程配合不好等都会导致焦头的产生。焦头的主要解决措施是调换针筒或针头，选用合格的安瓿瓶，调整修理针头升降机结构，强化规范操作。瓶口若有水迹或药迹，拉丝后因瓶口液体挥发，压力减少，外界压力大而瓶口倒吸，可形成平头。平头的主要解决措施是调节针头位置及大小，不使药液外冲；调节退火火焰，不使已封瓶口重熔。充二氧化碳时易发生瘪头、爆头。火力太旺导致药液挥发、预热火焰太高、主火焰摆动角度不当、钳子太低等会导致泡头。预热火焰太大、加热火焰过大、加热温度太低、压缩空气压力太大等会导致尖头。对于出现的各种问题，应逐一分析原因，予以解决。

8. 灭菌与检漏 注射剂在灌封后需要进行灭菌处理。注射剂从配制到灭菌必须尽快完成，通常不超过 12h，以减少细菌繁殖。灭菌的方法和条件应根据产品性质、药液量、药物的稳定程度确定。灭菌要求在尽可能地杀灭微生物的同时避免药物的降解，以免影响药效。灭菌后是否符合灭菌要求还应通过实验确认。灭菌操作按灭菌效果 F_0 大于 8min 进行验证。

灭菌后应立即进行安瓿的漏气检查。一般灭菌与检漏在同一密闭容器中完成。在蒸汽高温灭菌未冷却降温之前，立即向密闭容器中注入色水，将安瓿全部浸没后，安瓿内的气体与药液遇冷形成负压，此时若安瓿封口不严，会发生色水渗入安瓿现象，即可将此废品剔除，从而实现灭菌和检漏工艺同步完成。

注射剂灭菌一般宜采用双扉柜式灭菌检漏柜，其具有灭菌、检漏、冲洗三种功能。

9. 灯检、印字和包装 灯检主要检查注射液中有无微粒、小白点、纤维、玻璃屑等异物。可用目力检查（灯检），也可用光散射全自动可见异物检测仪检查。目力检测法是在一定光照度（1000～4000lx）和不反光的黑色或白色背景下进行。

注射剂经质量检验合格后即可进行印字包装，包括安瓿印字、装盒、添加说明书、贴标签等工序。每支注射剂上应标明品名、规格、批号、厂名等。目前，药厂大批量生产时，广泛采用印字、装盒、贴签及包装等联成一体的印包联动机，大大提高了印包工序效率。

包装对保证注射剂在储存期的质量稳定具有重要作用，既要避光又要防止损坏，一般用纸盒，内衬瓦楞纸分割成行包装。塑料包装是近年来发展起来的一种新型包装形式，安瓿塑料包装一般有热塑包装和发泡包装。

注射剂包装盒外应贴标签，标明品名、规格、生产批号、生产厂名及药品生产批准文号等。包装盒内应放注射剂详细使用说明书，说明药物的含量或处方、应用范围、用法用量、禁忌、贮藏、有效期及药厂名称等，以方便使用者及时参考。

制剂举例 3-1

维生素 C（抗坏血酸）注射液

【处方】 维生素 C 104.0g　依地酸二钠 0.05g　碳酸氢钠 49.0g
亚硫酸氢钠 2.0g　注射用水加至 1000.0ml

【制备】 在配制容器中，加处方量 80%的注射用水，通二氧化碳饱和，加维生素 C 溶解后，分次缓缓加入碳酸氢钠，搅拌使完全溶解，加入预先配制好的依地酸二钠和亚硫酸氢钠溶液，搅拌均匀，调节药液 pH6.0～6.2，添加二氧化碳饱和的注射用水至足量，用垂熔玻璃漏斗与膜滤器过滤，溶液中通入二氧化碳，并在二氧化碳气流下灌封，于 100℃流通蒸汽 15min 灭菌，即得。

【注解】 处方中维生素 C 为主药，依地酸二钠为金属离子螯合剂，碳酸氢钠为 pH 调节剂，亚硫酸氢钠为抗氧剂，注射用水为溶剂。维生素 C 分子中有烯二醇式结构，显酸性，注射时有刺激性，产生疼痛，故加入碳酸氢钠（或碳酸钠）调节 pH，以减轻疼痛。维生素 C 易氧化水解，空气中的氧气、溶液 pH 和金属离子对其稳定性影响较大，因此在处方中加有抗氧剂、金属离子螯合剂及 pH 调节剂，在工艺中采用充惰性气体等措施，以提高产品稳定性。维生素 C 的稳定性与温度有关，在生产过程中采用 100℃流通蒸汽灭菌 15min。本品用于预防及治疗维生素 C 缺乏病，也可用于各种急慢性传染性疾病及紫癜等的辅助治疗。

制剂举例 3-2

二巯丙醇注射液

【处方】 二巯丙醇 100g　苯甲酸苄酯 192g　注射用油加至 1000ml

【制备】 取二巯丙醇加入苯甲酸苄酯搅拌溶解，再加入经 150℃灭菌 1h 冷却至 60℃的注射用油，搅拌均匀，用 G6 号垂熔滤器过滤，通氮气灌封，于 100℃流通蒸汽灭菌 30min，即得。

【注解】　二巯丙醇为主药，苯甲酸苄酯为潜溶剂，注射用油为溶剂。二巯丙醇可溶于水，但其水溶液不稳定，易分解失效，因而制成油溶液。二巯丙醇在注射用油中不溶，故加入苯甲酸苄酯做潜溶剂，有助溶的作用。苯甲酸苄酯在低温时易析出结晶，需熔化成液体后备用。在配制过程中不得接触铁器或生锈容器以防止药液变色。为保证产品灭菌效果，操作过程应尽量在无菌条件下进行，或先进行除菌过滤以防污染。本品常用作砷、汞、锑、铋、镉、金等金属化合物中毒的解毒剂。

（三）注射剂的质量要求

1. 可见异物检查　可见异物系指存在于注射剂、眼用液体制剂和无菌原料药中，在规定条件下目视可以观察到的任何不溶性物质，其粒径或长度通常大于 50μm。若注射剂中可见异物进入血管可引起静脉血管炎、血栓、变态反应、微循环障碍等对人体有严重危害的疾病。注射剂可见异物按《中国药典》2015 年版四部通则 0904 检查，应符合规定。

2. 热原检查　《中国药典》2015 年版四部通则 1142 采用家兔法检测注射剂热原。

3. 无菌检查　任何注射剂在灭菌后均应抽取一定数量的样品进行无菌检查，以确保制剂的灭菌质量，采用无菌操作制备的成品必须检查无菌状况。无菌检查法见《中国药典》2015 年版四部通则 1101。

4. 其他检查　如含量、装量、装量差异、pH、渗透压摩尔浓度等检查可参阅《中国药典》。

（四）注射剂的临床应用与注意事项

1. 临床应用　注射剂在临床的主要给药方式有静脉注射、皮内注射、皮下注射、肌内注射等。通常在以下情况下需使用注射剂：①患者存在吞咽困难或明显的吸收障碍（如呕吐、严重腹泻、胃肠道病变、手术后不能进食）；②口服生物利用度低的药物；③患者疾病严重、病程进展迅速的紧急情况下；④没有合适的口服剂型的药物，如氨基酸类和胰岛素制剂。

2. 注意事项　①由于药物配成溶液后的稳定性受到很多因素的影响，所以一般提倡临用前配制以保证疗效和减少不良反应，且应注意 pH 对注射剂稳定性的影响；若有其他给药途径可以选择就尽量不要注射给药。②应尽可能减少注射次数，积极采取序贯疗法（即急性或紧急情况下先用注射剂，病情控制后马上改为口服给药）。③应尽量减少注射剂联合使用的种类，以避免不良反应和配伍禁忌的出现；在不同注射途径的选择上，能够肌内注射的就不静脉注射。④应严格掌握注射剂剂量和疗程。

二、输　　液

（一）概述

输液（infusions）是指供静脉滴注用的大剂量注射液。除另有规定外，一般不小于 100ml，生物制品一般不小于 50ml。它是注射液的一种给药形式，通常包装于玻璃或塑料的输液瓶或袋中，不含防腐剂或抑菌剂。

根据临床应用，输液可分为四类：

1. 电解质输液（electrolyte infusions）　用于补充体内水分、电解质，纠正体内酸碱平衡等。例如，氯化钠注射液、复方氯化钠注射液等。

2. 营养输液（nutrition infusions）　用于不能口服吸收营养的患者。主要用来补充供给体内热量、蛋白质和人体必需的脂肪酸和水分等。例如，葡萄糖注射液、氨基酸输液、脂肪乳剂输液等。

3. 胶体输液（colloid infusions） 是一类与血液等渗的胶体溶液，由于胶体中的高分子不易通过血管壁，可使水分较长时间在血液循环系统内保持，产生增加血容量和维持血压的效果。胶体输液有多糖类、明胶类、高分子聚合物等。例如，右旋糖酐、淀粉衍生物、明胶、聚维酮等。

4. 含药输液（drug-containing infusions） 指含有治疗药物的输液，如氧氟沙星葡萄糖输液。

输液与小体积注射剂的区别见表 3-9。

表 3-9 输液和小体积注射剂的区别

类别	小体积注射剂	输液
剂量	＜100ml	≥100ml（生物制品≥50ml）
给药途径	以肌内注射为主，静脉、脊椎腔、皮下及局部注射	静脉滴注
工艺要求	从配制到灭菌，必须尽快完成，一般应控制在 12h 内	从配制到灭菌的生产周期应尽量缩短，以不超过 4h 为宜
附加剂	可加入适宜抑菌剂，根据需要还可加入适量局麻剂和增溶剂	不得加入任何抑菌剂、局麻剂、增溶剂
不溶性微粒	除另有规定外，每个供试品容器（份）中含 10μm 以上微粒不得超过 6000 粒，含 25μm 以上微粒不得超过 600 粒	除另有规定外，1ml 中含 10μm 以上微粒不得超过 25 粒，含 25μm 以上微粒不得超过 3 粒
渗透压	等渗	等渗、高渗和等张

（二）输液的制备

输液的制备工艺与注射剂大致相同，但对环境的要求更高，其工艺流程见图 3-24。

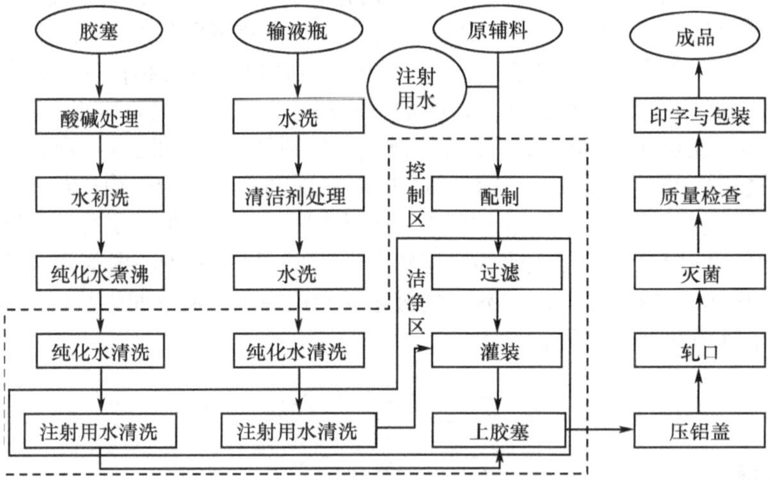

图 3-24 输液的制备流程

1. 输液的容器及处理 输液用容器有玻璃容器和塑料容器两种。

（1）玻璃瓶：是常用输液容器，其质量应符合国家标准。玻璃瓶具有透明、热稳定性好、耐压、瓶体不易变形等优点，但存在口部密封性差、易碎、不利于运输等缺点。一般情况下用硫酸重铬酸钾清洁液洗涤玻璃瓶效果较好，既可强力杀灭微生物及热原，又对瓶壁游离的碱起中和作用。碱洗法是用 2%氢氧化钠溶液（50～60℃）冲洗，也可用 1%～3%碳酸钠溶液，由于碱对玻璃有腐蚀作用，故清洗应在数秒内完成。

（2）塑料瓶：医用聚丙烯塑料瓶即 PP 瓶现已广泛使用。此种输液瓶具有耐腐蚀、无毒、质轻、耐热性好，可热压灭菌、机械强度高、化学稳定性好等优点，且装入药液后口部密封好，无脱落物，在生产过程中受污染的概率小，使用方便，可一次性使用。

目前，新型输液生产设备已将制瓶、灌装、密封三位一体化，在无菌条件下完成大输液的自动化生产，精简了输液的生产环节，有利于对产品质量的控制。

（3）胶塞：输液瓶所用胶塞对输液的质量影响很大，因此对胶塞有严格的质量要求。胶塞需先用酸碱法处理，水洗呈中性，再用纯水煮沸 30min，用注射用水洗净备用。我国规定使用合成橡胶塞，如丁基橡胶塞，具备诸多优异的物理和化学性能，符合药品对胶塞材料的质量要求。但一些活性比较强的药物，如头孢菌素类药物可能与丁基胶塞发生反应。因此国内多采用涤纶膜将药液与橡胶塞隔离，称为覆膜胶塞。

2. 药液的配制　配液必须用新鲜的注射用水，原料应选用优质的注射用原料。输液的配制可根据原料质量好坏，分别采用稀配法和浓配法。其操作方法与注射剂的配制相同。

（1）稀配法：原料质量较好，药液浓度不高，配液量不太大时，可采用稀配法。将全部药物加入溶剂中一次配成所需浓度，再调节 pH、滤过即可。此法一般不加热。配制好后，要检查半成品质量。

（2）浓配法：系将全部药物加入部分溶剂中配成浓溶液，加热或冷藏后滤过，然后稀释至所需浓度。输液药液的配制多用浓配法，可滤除溶解度小的杂质，有利于除杂。大量生产时，加热溶解可缩短操作时间，减少污染机会。

配制输液时，常使用活性炭，具体用量视品种而定。活性炭有吸附热原、杂质和色素的作用，并可作助滤剂。根据经验，活性炭分次吸附较一次吸附效果好。

3. 药液的过滤　同注射剂一样，先粗滤，再经微孔滤膜精滤。粗滤时滤棒上应吸附一层活性炭，过滤开始，反复进行过滤至滤液澄明合格为止。过滤过程中不要随便中断，以免冲动滤层，影响过滤质量。随后用微孔滤膜精滤，滤膜孔径为 0.65μm 或 0.8μm。也可用加压三级过滤装置，即砂滤棒→G3 滤球→微孔滤膜。还可用双层微孔滤膜过滤，上层为 3μm 微孔膜，下层为 0.8μm 微孔膜。

4. 药液的灌封　药液灌封由药液灌注、盖胶塞、压铝盖三步连续完成。药液维持 50℃为好。目前生产多用旋转式自动灌封机、自动翻塞机、自动落盖轧口机完成整个灌封过程，实现联动化机械生产。

5. 输液的灭菌　灌封后的输液应立即灭菌。输液从配制到灭菌的时间间隔应尽量缩短，以不超过 4h 为宜。输液通常采用热压灭菌，灭菌时需要较长预热时间（一般预热 20～30min），灭菌条件常用 115℃×30min 或根据具体情况选择。近年来有些国家规定，对于大输液灭菌要求 F_0 值大于 8min，常用 12min。

6. 输液的包装　同注射剂。

制剂举例 3-3

葡萄糖输液

【处方】	浓度 5%	10%	25%	50%
注射用葡萄糖	50g	100g	250g	500g
1%盐酸	适量	适量	适量	适量
注射用水加至	1000ml	1000ml	1000ml	1000ml

【制备】　按处方量将葡萄糖投入煮沸的注射用水中，使成 50%～60%的浓溶液，加盐酸适量，同时加浓溶液量 0.1%（g/ml）的活性炭，混匀，加热煮沸约 15min，趁热过滤脱炭，滤液加注射用水稀释至所需量，测定 pH 及含量，合格后，反复过滤至澄清，即可灌装，封口，116℃热压灭菌 40min，即可。

【注解】 处方中葡萄糖为主药，盐酸为 pH 调节剂。葡萄糖注射液有时产生云雾状沉淀，一般是由于原料不纯或过滤时漏炭等原因造成。解决办法一般采用浓配法，滤膜过滤，并加入适量盐酸，中和胶粒上的电荷，加热煮沸使糊精水解，蛋白质凝聚，同时加入活性炭吸附过滤除去。葡萄糖注射液另一不稳定的表现为颜色变黄和 pH 下降，可能是由于葡萄糖在酸性溶液中，首先脱水形成 5-羟甲基呋喃甲醛，再分解为乙酰丙酸和甲酸。5-羟甲基呋喃甲醛本身无色，有色物质一般认为是 5-羟甲基呋喃甲醛的聚合物。由于酸性物质的产生，灭菌后 pH 下降。影响稳定性的主要因素是灭菌温度和溶液 pH。因此，为避免溶液变色，一方面要严格控制灭菌温度和时间，同时调节溶液的 pH 在 3.8～4.0 较为稳定。葡萄糖注射液具有补充体液、营养、强心、利尿、解毒作用，用于大量失水、血糖过低等。

制剂举例 3-4

静脉注射用脂肪乳

【处方】 精制大豆油 150g　精制大豆磷脂 15g　注射用甘油 25g
注射用水加至 1000ml

【制备】 称取处方量的大豆磷脂、甘油及 400ml 注射用水，置于高速组织捣碎机内，在氮气流下制成均匀的磷脂分散体系，将其倾入高压乳匀机的储液瓶中，缓缓加入 90℃精制大豆油，在氮气流下进行高压乳化至乳滴直径小于 1μm，经乳匀机加注射用水至全量，乳剂冷却后，氮气流下经垂熔滤器过滤，灌装，充氮气，封口，高压灭菌器于 121℃灭菌 15min，灭菌完毕，浸入热水中，缓慢冲入冷水，逐渐冷却，置于 4～10℃下储存。

【注解】 处方中精制大豆油为油相，注射用水为水相，精制大豆磷脂为乳化剂，注射用甘油为等渗调节剂。制备本品的关键是选用高纯度的原料及毒性低、乳化能力强的乳化剂，并采用合理的处方、严格的制备技术和适当的设备，制得油滴大小适当、粒度均匀、稳定的乳状液。油相一般选用植物油，如芝麻油、棉籽油、大豆油、红花油等。乳化剂常选用天然乳化剂如卵磷脂、豆磷脂及人工合成乳化剂如泊洛沙姆 188 等。静脉注射脂肪乳是一种浓缩的高能量肠外营养液，可供静脉注射，能完全被机体吸收，具有体积小、能量高、对静脉无刺激等优点。本品可供不能口服食物和严重缺乏营养的（如外科手术后或大面积烧伤或肿瘤患者等）患者使用。

制剂举例 3-5

右旋糖酐输液

【处方】 右旋糖酐 40　60g　氯化钠 9g　注射用水加至 1000ml

【制备】 将注射用水加热至沸腾，加入处方量的右旋糖酐，搅拌使溶解，配制成 12%～15%的溶液，加入 1.5%的活性炭，保持微沸 1～2h，加压过滤脱炭，加注射用水稀释成 6%的溶液，然后加入氯化钠，搅拌使溶解，冷却至室温，测定含量和 pH，pH 应控制在 4.4～4.9，再加 0.5%的活性炭，搅拌，加热至 70～80℃，过滤至药液澄明后，灌装，112℃灭菌 30min。

【注解】 处方中右旋糖酐 40 为主药，氯化钠为等渗调节剂，注射用水为溶剂。右旋糖酐是蔗糖经过特定细菌发酵后产生的葡萄糖聚合物。因右旋糖酐是生物合成制品，易夹杂热原，故活性炭用量较大。本品黏度较大，需在较高温度下滤过。本品灭菌一次，分子质量下降 3000～5000，受热时间不能过长，以免产品变黄。本品在储存过程中易析出片状结晶，主要与储存温度和分子质量有关。右旋糖酐的分子质量不同，作用不同。中分子质量的右旋糖酐与血浆有同样的胶体特性，可提高血浆胶体渗透压，增加血容量，维持血压。

本品用于治疗低血容量性休克，如外伤性出血性休克。右旋糖酐能使红细胞获得一层有负电荷的多糖外衣，由于相同电荷的排斥作用，可防止红细胞相互黏着，防止红细胞与毛细血管的黏附，避免红细胞聚集，减少血栓形成，增加毛细血管流量，改善微循环。

（三）输液的质量要求

输液的质量要求与注射剂基本上一致，但由于输液的注射量大，直接注入血液循环，因而质量要求更严格。无菌、无热原或细菌内毒素、不溶性微粒等项目，必须符合规定；pH 尽可能与血浆相近；渗透压应为等渗或偏高渗；不得添加任何抑菌剂，并且在储存过程中质量稳定；使用安全，不引起血常规的任何变化，不引起过敏反应，不损害肝、肾功能。乳液型输液还要求微粒直径小于 1μm。胶体输液应不妨碍血型试验，不妨碍红细胞携氧功能。此外，含量、色泽也应符合要求。

按照《中国药典》2015 年版注射剂项下大容量注射液的质量要求，逐项检查。主要有：可见异物及不溶性微粒检查、热原检查、无菌检查、含量测定、pH 测定及检漏等。检查方法应按照《中国药典》2015 年版或有关规定执行。可见异物检查时，若发现有崩盖、歪盖、松盖、漏气、隔离薄膜脱落的成品，也应及时挑出剔除。

（四）输液存在的主要问题及解决办法

1. 输液存在的问题

（1）染菌问题：由于输液生产过程中的严重污染、灭菌不彻底、瓶塞松动、漏气等原因，致使输液出现浑浊、霉团、云雾状、产气等染菌现象，也有一些外观无太大变化。若使用染菌的输液，会引起败血症、脓毒症、热原反应等，甚至死亡。

（2）热原问题：除原料、容器和生产外，输液使用过程中污染引起的热原反应所占比例不容忽视，如输液器等的污染，因此应尽量使用全套或一次性输液器。

（3）可见异物与不溶性微粒的问题：输液中的微粒包括炭黑、碳酸钙、氧化锌、纤维素、纸屑、黏土、玻璃屑、细菌、真菌、真菌芽孢和结晶体等。可从原料与附加剂、胶塞与输液容器、工艺操作、医院输液操作与输液装置、丁基胶塞的硅油污染等原料、生产、使用过程中引入。

2. 解决办法　①按照输液用的原辅料质量标准严格控制原辅料质量；②提高丁基胶塞及输液容器的质量；③尽量减少制备生产过程中的污染，严格灭菌条件，严格包装；④合理安排工序，加强工艺过程管理，采取单向层流净化空气，及时除去制备过程中的新产生的污染微粒，采用微孔滤膜滤过和生产联动化等措施，以提高输液的澄明度；⑤在输液器中安置终端过滤器（0.8μm 孔径的薄膜），可解决使用过程中的微粒污染问题。

（五）输液的临床应用与注意事项

1. 临床应用　电解质输液用于补充体内水分、电解质，纠正体内酸碱平衡等。营养输液主要用于不能口服吸收营养的患者。代用血浆液具有增加血容量和维持血压的作用。含药输液用于疾病的治疗。

静脉输液速度随临床需求而改变，如静脉滴注氧氟沙星注射液速度宜慢，24～30 滴/min，否则易发生低血压；复方氨基酸滴注过快可致恶心呕吐；林可霉素类滴注时间要维持 1h 以上等。

2. 注意事项　由于药物配成溶液后的稳定性受很多因素影响，所以一般提倡临用前配制以保证疗效和减少不良反应。

规范临床合理科学配伍用药，以降低患者和护理人员在多药“配伍试验”中的风险。此外建立静脉给药配置中心；规范和加强治疗室输液配制和病房输液过程中的管理；加强输液器具管理，避免使用包装破损、密闭不严、漏气污染和超过使用期的输液器，也可以保证输液疗效，有效减少不良反应。

三、注射用无菌粉末

（一）概述

注射用无菌粉末（sterile powder for injection），又称粉针剂，指原料药物或与适宜辅料制成的供临用前用无菌溶液配制成注射液的无菌粉末或无菌块状物。粉针剂可用适宜的注射用溶剂配制后注射，也可用静脉输液配制后静脉滴注。

根据生产工艺的不同可将注射用无菌粉末分为两类：注射用无菌分装制品和注射用冷冻干燥制品。前者是将已用灭菌溶剂法或喷雾干燥法精制而得的无菌药物粉末在无菌条件下分装而得，主要用于抗生素类药品，如青霉素等；后者是将灌装了药液的安瓿进行冷冻干燥后封口所得，主要用于生物制品，如辅酶类。

注射用无菌粉末主要适用于水中不稳定药物，尤其对湿热敏感的抗生素和生物制品。

（二）注射用无菌分装制品制备工艺

将符合注射要求的药物粉末在无菌操作条件下直接分装于洁净灭菌的小瓶或安瓿瓶中密封而成。工艺流程如图 3-25 所示。

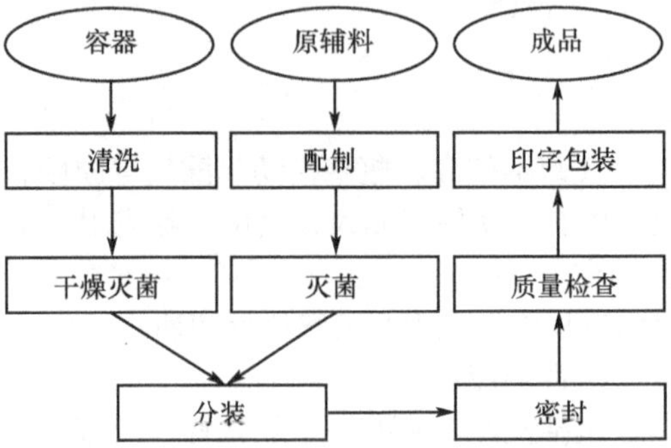

图 3-25　注射用无菌分装制品工艺流程

1. 生产工艺

（1）原材料的准备：无菌原料可用无菌干燥法、喷雾干燥法制得，必要时在无菌条件下进行粉碎、过筛等操作，制得符合注射用的灭菌粉末。

（2）容器的准备：安瓿或玻璃瓶及胶塞的处理按注射剂的要求，均需进行灭菌处理。安瓿瓶或玻璃瓶可于 180℃干热灭菌 1.5h，胶塞洗净后用硅油处理，于 125℃干燥灭菌 2.5h，灭菌后空瓶应在净化空气下存放，且不超过 24h。

（3）无菌粉末的分装：分装必须在高度洁净的无菌室中进行。目前使用的分装机械有插管分装机、螺旋自动分装机、真空吸粉分装机等，分装机宜设有局部层流装置。分装后的小瓶立即加塞并用铝盖密封，安瓿用火焰熔封。

（4）灭菌和异物检查：对于耐热品种，可选用适宜灭菌方法进行补充灭菌，以确保安全。对于不耐热品种，必须严格无菌操作，产品不再灭菌。异物检查一般在传送带上目检。

（5）印字包装参见注射剂。

制剂举例 3-6

注射用苯巴比妥钠

【处方】 苯巴比妥 1 份　氢氧化钠 0.172 份　乙醇 2.6 份

【制备】 将乙醇置反应锅中，在不停搅拌下加入氢氧化钠使溶解，分次加入苯巴比妥，搅拌至溶解，加活性炭并冷却至 40℃（防止温度上升），搅拌 20min，粗滤脱炭，精滤后由管道输入无菌室。将精滤液置洁净的结晶釜中，78℃加热回流 1～2h，析出结晶，冷却至室温，出料甩滤，结晶用无水乙醇洗涤、甩干、母液回收乙醇，结晶经干燥后过筛即可供分装用。

【注解】 处方中，苯巴比妥与氢氧化钠在乙醇中反应生成主药苯巴比妥钠。苯巴比妥钠的水溶液放置后易发生水解，析出苯乙基醋酰脲沉淀，即失效，其溶液吸收二氧化碳，在游离碳酸存在时沉淀得更快，故多制成粉针剂使用。本品具有镇静、催眠、抗惊厥的作用，用于癫痫、失眠、焦虑等。

2. 工艺中存在的问题及解决办法

（1）装量差异：物料流动性差是影响装量差异的主要原因。物料含水量和吸潮及药物的晶态、粒度、比容及机械设备的性能均会影响流动性，以致影响装量，应根据具体情况分别采取措施。

（2）可见异物问题：由于药物粉末经过一系列处理，污染机会增加，以致可见异物不符合要求。应严格控制原料质量及其处理方法和环境，防止污染。

（3）无菌度问题：由于产品是通过无菌操作制备，极有可能受到污染，而且微生物在固体粉末中的繁殖慢，不易被察觉，危险性更大。为解决此问题，一般应在A级净化条件下分装。

（4）吸潮变质：一般认为是由于胶塞透气和铝盖松动所致。因此，要进行橡胶塞密封性检测，另外铝盖压紧后瓶口应烫蜡，以防水气透入。

（三）注射用冷冻干燥制品的制备工艺

1. 制备工艺 由冷冻干燥的原理可知，冷冻干燥的工艺为预冻、升华干燥、再干燥等过程。用于冷冻干燥的药液，在冻干前需按注射液要求经过滤、灌装等处理过程。注射用冷冻干燥制品的制备工艺流程为：

无菌配液→过滤→分装（安瓿瓶或西林瓶）→装入冻干箱→预冻→减压（干燥升华）→加温→再干燥→密封，工艺流程如图3-26所示。

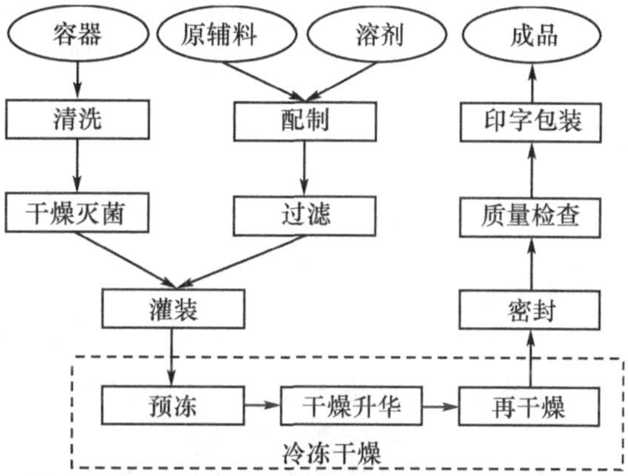

图3-26 注射用冷冻干燥制品的制备工艺流程

（1）预冻：系恒压降温过程。药液随温度下降冻结成固体。预冻温度应低于产品共熔点以下10～20℃，保证冷冻完全，以避免减压过程中沸腾冲瓶，使制品表面不平整。共熔点是在水溶液冷却过程中，冰和溶质同时析出结晶混合物时的温度，可用热分析法和电阻法测定。

预冻方法有速冻法和慢冻法。速冻法是在产品进箱之前，先把冻干箱温度降到–45℃以下，再将药液装入箱内急速冷冻，该法形成的冰晶细微，产品疏松易溶。慢冻法是将药液装入冻干箱后再降温预冻，此法形成的结晶较粗，有利于提高冻干效率。实际工作中应根据情况选用。预冻时间一般为2～3h。

（2）升华干燥：首先是恒温减压，然后是在抽气条件下，恒压升温，使固态水升华逸去。升华干燥分一次升华法和反复冷冻升华法两种。

1）一次升华法：将制品预冻后减压，待真空度达一定数值后，启动加热系统缓缓加热，使制品中的冰升华，升华温度约为–20℃，药液中的水分可基本除尽。本法适合于共熔点为–20～–10℃的制品，且溶液黏度不大。

2）反复冷冻升华法：减压和加热升华过程与一次升华法相同，只是预冻过程需在共熔点与共熔点以下20℃之间反复进行升温和降温。通过反复的升降温处理，使制品的晶体结构发生改变，由致密变为疏松，有利于水分的升华。本法常用于结构较复杂、稠度大及熔点较低的制品，如蜂蜜、蜂王浆等。

（3）再干燥：升华完成后，温度继续升高至 0℃或室温，并保持一段时间，可使已升华的水蒸气或残留的水分被除尽。再干燥可保证冻干制品含水量＜1%，并有防止吸潮的作用。

（4）密封：冷冻干燥结束后应立即密封，如用安瓿则熔封，如用西林瓶则加胶塞及压轧铝盖。

知识拓展 3-4

冷冻干燥曲线

在冷冻干燥时，制品温度与板温随时间的变化所绘的曲线称为冷冻干燥曲线，如图 3-27 所示。板温，即隔板温度，在升华干燥阶段，产品热量主要来源于冻干箱的隔板。在冷冻干燥时，先将冻干箱空箱降温到–50～–40℃，然后将制品放入冻干箱内进行预冻（降温阶段），预冻温度应低于产品共熔点以下 10～20℃，预冻时间一般为 2～3h。预冻后进入升华干燥阶段。升华阶段进行第一步加热，使冰大量升华，此时制品温度不宜超过低共熔点。干燥阶段进行第二步加热，以提高干燥程度，此时板温一般控制在 30℃左右，直至制品温度与板温重合即达终点。不同产品应采用不同的干燥曲线；同一产品采用不同曲线时产品质量也不同；冻干曲线还与冻干设备的性能有关。

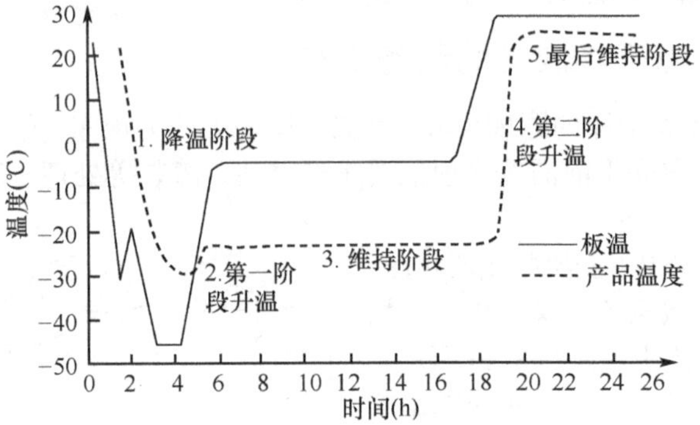

图 3-27 冷冻干燥曲线

制剂举例 3-7

注射用辅酶 A

【处方】 辅酶 A 56.1U　水解明胶 5.0mg　甘露醇 10.0mg　葡萄糖酸钙 1.0mg　半胱氨酸 0.5mg

【制备】 将上述各成分用适量注射用水溶解后，无菌过滤，分装于安瓿瓶中，每支 0.5ml，冷冻干燥后封口，漏气检查即得。

【注解】 处方中辅酶 A 为主药，水解明胶、甘露醇、葡萄糖酸钙为填充剂，半胱氨酸为稳定剂。辅酶 A 为白色或黄色粉末，有吸湿性，易溶于水，易被空气、过氧化氢、碘、高锰酸钾等氧化成无活性二硫化物，故在制剂中加入半胱氨酸等。辅酶 A 在冻干工艺中易丢失效价，故投料量应酌情增加。本品为体内乙酰化的辅酶，有利于糖、脂肪、蛋白质的代谢，用于白细胞减少症、特发性血小板减少性紫癜及功能性低热。

2. 制备中存在的问题及处理办法

（1）含水量偏高：装入容器的液层过厚（超过 10～15mm）；干燥过程中热量供给不足，使蒸发量减少；真空度不够；冷凝器温度偏高等原因均可造成含水量偏高。可采用旋转冷冻机干燥及其他相应的措施解决。

（2）喷瓶：主要是预冻温度过高，制品冻结不实，升华时供热过快，局部过热，部分制品熔化为液体，在真空条件下有少量液体从已干燥的固体界面下喷出造成。必须注意控制预冻温度在共熔点以下 10～20℃，加热升华时，温度不能超过共熔点。

（3）产品外观萎缩：可能是冻干时开始形成的已干外壳结构致密，升华的水蒸气穿过时受阻，在已干层停滞时间较长而使部分药物逐渐潮解，以致体积收缩，外形不饱满或成团粒。制品黏度较大者，更易出现此类现象。可采取反复冷冻升华方法，改善结晶状态和制品的通气性，使水蒸气顺利逸出或加入适量填充剂（支架剂）改善，常用的填充剂有甘露醇、葡萄糖、氯化钠等。

（四）注射用无菌粉末的质量要求

注射用无菌粉末质量应符合以下规定：①粉末无异物，配成溶液后可见异物检查合格；②粉末细度或结晶度需适宜，便于分装；③无菌、无热原或细菌内毒素；④冻干制品外形饱满，色泽均一，呈多孔性，水溶解后能快速恢复冻干前的状态；⑤不溶性微粒、装量差异、含量均匀度等检查应符合规定。

（五）注射用无菌粉末的临床应用与注意事项

1. 临床应用　适用于水溶液中不稳定的药物，特别是对湿热十分敏感的抗生素类药物（如青霉素 G、先锋霉素类）及酶（如胰蛋白酶、辅酶 A 等）或血浆等生物制品，一般药剂学稳定化技术较难得到满意的注射剂产品时，可考虑制成固体形态的注射剂。临床应用同注射剂。

2. 注意事项　同注射剂。

四、混悬型注射剂

将不溶性固体药物分散于液体分散介质中制成的一类供注射用的制剂称为混悬型注射剂。

（一）混悬型注射剂的制备

混悬型注射剂属于热力学不稳定体系，其处方组成较溶液型复杂，制备与灭菌较困难。处方组成主要有：主药、抑菌剂、表面活性剂（有利于药物的润湿及防止结晶长大）、分散剂或助悬剂及缓冲剂或盐类等。混悬型注射剂一般不宜采用热压灭菌。在试制时应重点关注其物理稳定性问题，考虑如何把原料分散成微粒，再把微粒均匀分散在分散介质中并使其稳定。

混悬型注射剂的制备主要有两种方法：①以无菌操作技术将无菌药物粉末分散在灭菌溶液中。例如，普鲁卡因青霉素混悬型注射剂，先将含有磷脂、枸橼酸钠、聚维酮和聚山梨酯的水溶液用 0.22μm 的微孔滤膜滤过除菌，转入灭菌的灌装桶中，再将预先冷冻干燥或喷雾干燥的无菌普鲁卡因青霉素加入此灭菌溶液中，混合，在无菌条件下灌装，即得。②灭菌溶液微粒结晶法。例如，睾酮混悬型注射剂，先将睾酮溶解在丙酮中，然后经滤过除菌，此睾酮溶液以无菌操作加入到注射用水中，使睾酮结晶，混悬液用注射用水分散稀释，使结晶沉降，倾出上清液，如此重复若干次，直到丙酮全部除去，加灭菌注射用水至足量，灌封，即得。

混悬型注射剂中药物晶型的选择十分重要。晶型不仅与稳定性有关，还会影响生物利用度。例如，新生霉素的结晶型比无定型溶解慢，无定型新生霉素在水中混悬，呈亚稳态，在静置过程中会变为稳定的结晶型，而使药效丧失。加入甲基纤维素可延缓此过程的进行。

混悬型注射剂在生产过程中可能出现晶型的转变，通常选用适宜的助悬剂与表面活性剂加以防止。用高分子物质作助悬剂，因黏度增加而阻碍药物分子的扩散，影响晶核的生成与成长，从而延缓晶型的转变。常用的助悬剂有羧甲纤维素钠、甲基纤维素、聚维酮、海藻酸钠、聚乙二醇等，用量一般为 0.5%～1%。另外，表面活性剂作润湿剂也能阻止晶型转变，可能是由于它吸附在界面，而起到干扰作用，或新生成的晶核被表面活性剂胶团增溶所致，如混悬液处方中常加入 0.1%～0.2%聚山梨酯 80。

制剂举例 3-8

注射用普鲁卡因青霉素干混悬剂

【处方】 普鲁卡因青霉素 30 万单位　　青霉素钠（钾）盐 10 万单位
磷酸二氢钠 0.0036g　　磷酸氢二钠 0.0036g

【制备】 将磷酸二氢钠和磷酸氢二钠分别加水溶解，滤过至澄明，浓缩，烘干，120℃灭菌 1h，在无菌条件下粉碎备用。按处方量将灭菌的普鲁卡因青霉素、青霉素钠（钾）盐、磷酸二氢钠、磷酸氢二钠在无菌条件下混匀，分装于灭菌的小瓶中加塞，轧盖即得。

【备注】 处方中普鲁卡因青霉素、青霉素钠（钾）盐为主药，磷酸二氢钠、磷酸氢二钠为 pH 调节剂。本品中的青霉素钠（钾）盐溶于水起效迅速，而普鲁卡因青霉素在水中溶解度小，在体内吸收与排泄都较慢，故作用持久。本品血药浓度较低，故其应用仅限于青霉素高度敏感病原体所致的轻、中度感染。本品供肌内注射，临用前加适量灭菌注射用水使成混悬液。

（二）混悬型注射剂的质量要求

混悬型注射剂除必须具备溶液型注射剂的基本质量要求，如无菌检查、热原检查、装量及装量差异、pH、安全性、稳定性等以外，还有其特殊要求，即混悬液的物理流动性，包括“适针性”（syringeability）和“通针性”（injectability）。“适针性”是指产品从容器抽入针筒时不易堵塞与发泡，保证剂量准确的特性。“通针性”是指注射时药物能顺利进入体内的特性。这两项特殊要求与其黏度及粒子特性密切相关。

混悬型注射剂的物理稳定性是其重要的质量指标，测定参数有微粒大小及分布、沉降容积比、再分散性、絮凝度、Zeta 电位、黏度等。混悬型注射剂应严格控制药物颗粒的大小。《中国药典》规定混悬液型注射剂中原料药物粒径应控制在 15μm 以下；含 15～20μm（有个别 20～50μm）者，不应超过 10%；若有可见沉淀，振摇时应容易分散均匀。混悬粒子在运输、储存后不应增大，粒子沉降不能太快，沉降物易分散；在振摇和抽取时，药液无持久的泡沫。

（三）混悬型注射剂的临床应用

对于难溶性或在水溶液中不稳定药物，或需制成某种缓控释或靶向制剂经注射给药的药物，均可制成混悬型注射剂。例如，肾上腺皮质激素类药物曲安奈德在水中极微溶，制成混悬型注射剂后，可供肌内注射、皮下注射或关节腔内注射，治疗变态反应性疾病、皮肤病、关节炎、腱鞘炎等，疗效优于口服给药。

中药注射剂一般不宜制成混悬液型注射液。混悬型注射剂不得用于静脉注射或椎管内注射。

五、乳状液型注射剂

乳状液型注射剂是以挥发油、植物油或能溶于脂肪油的脂溶性药物为原料，加入乳化剂和注射用水，经乳化制成的供注射给药的乳状液。乳状液型注射剂包括 O/W 型、W/O 型及 W/O/W 型复乳。普通 O/W 型及 W/O 型注射剂可供肌肉或组织（如瘤体组织）注射用，外相为水的乳状液型注射剂可供静脉注射用，但必须严格控制微粒大小。

药物制成乳状液型注射剂后具有以下特点：①增大了油相的表面积，在体内的吸收较油溶液快；②制成 O/W 型乳剂后能使油相与体液混溶，使药物油溶液的静脉给药成为可能；③静脉注射脂肪乳作为高能量肠外营养液，具有体积小、能量高，对静脉无刺激等优点；④具有治疗作用的植物油制成乳状液型注射剂，静脉注射后可使药物的油滴集聚在单核/吞噬细胞丰富的肝脏、脾脏及淋巴系统等部位，使该处的药物浓度增加，达到疗效高、药效长的效果，为药物的靶向性提供了有效的途径。

（一）原辅料的质量要求

乳状液型注射剂的原辅料包括药物、溶剂、乳化剂、等渗调节剂等，均应符合注射要求。其中乳化剂是影响注射剂质量的重要因素。

用于静脉注射的乳化剂，除应具有较强的乳化能力外，对人体不应有毒副作用、热原反应、溶血反应，不含降压物质与过敏物质，化学性质稳定，能耐热压灭菌，储存期内不变质等。常用于静脉注射的乳化剂有磷脂和泊洛沙姆。

磷脂可分为豆磷脂和卵磷脂，使用前应精制，以除去降压物质和致热物质等杂质，再经测定过氧化值、碘价、含磷量、含氮量、pH 及降压物质、热原等项，均符合要求后方能使用。磷脂的乳化能力强，用量为 1%～3%，乳滴可达 1μm 左右，在体内代谢，可从肾脏排出。

泊洛沙姆 188，商品名为普朗尼克 F-68，无刺激性与过敏性，毒性比其他非离子型乳化剂低，且化学性质稳定，常作为静脉输注用注射剂的乳化剂。其质量规定见《中国药典》2015 年版四部药用辅料项下要求。

因氯化钠、葡萄糖等均能影响乳剂的分散度和外观，故多选用甘油、山梨醇等作为乳状液型注射剂的等渗调节剂。

乳状液型注射剂所用溶剂包括油相和水相，常用注射用大豆油和注射用水，应符合注射用溶剂的灭菌与无菌要求。

（二）乳状液型注射剂的制备

乳状液型注射剂的制备通常先将乳化剂加入水相制成胶浆，然后加入油相，应用乳化设备制成乳剂，滤过、灭菌即可。常用的乳化设备有胶体磨、高速组织捣碎机、超声波发生器、高压匀质机。

小量制备时，可采用高速组织捣碎机，转速 8000～12 000r/min，制得较稳定的浓缩乳剂，再稀释成乳剂；也可先用高速组织捣碎机制成初乳，然后进行超声波处理；或将油、乳化剂、水混合液，通过胶体磨反复匀化而成。大生产时，常用二步高压匀质机。

制剂举例 3-9

羟喜树碱静脉注射乳剂

【处方】 羟喜树碱（HCPT）100μg/ml　中链脂肪酸甘油酯：大豆油（1∶3）　10%（W/V）
卵磷脂 2.4%（W/V）　甘油 0.25%（W/V）　泊洛沙姆 188 2%（W/V）
油酸 0.2%（W/V）　注射用水加至 100%

【制备】 将 HCPT、中链脂肪酸甘油酯、大豆油、卵磷脂、油酸溶于乙醇中，充分混合均匀后，减压蒸发除去乙醇，作为油相。将甘油、泊洛沙姆 188 分散于注射用水作为水相。两相分别预热至 70℃，将水相缓慢加入油相，高速搅拌后制成初乳，调节 pH 至 6.0，90MPa 压力下匀化 9 次后，以 0.45μm 滤膜滤过，充氮气熔封于安瓿中，于 115℃热压灭菌 30min，即得。

【注解】 处方中 HCPT 为主药，中链脂肪酸甘油酯和大豆油为油相，卵磷脂、泊洛沙姆 188 为乳化剂，油酸为稳定剂，甘油为等渗调节剂，注射用水为水相。HPCT 市售注射剂多为其钠盐水溶液，HCPT-Na 虽增大了 HCPT 在水中的溶解度，但其活性只有游离的 1/10，因而探索将其制成乳剂型注射液供使用。本品用于胃癌、肝癌、头颈部癌及白血病的治疗。

（三）乳状液型注射剂质量要求

乳状液型注射剂应无菌，无热原，无溶血和降压作用，具有适宜的 pH。乳剂型注射剂对稳定性、乳滴大小及均匀性有较高要求。《中国药典》2015 年版规定：乳剂型注射剂应稳定，不得有相分离现象；静脉用乳状液型注射液中 90%的乳滴粒径应在 1μm 以下，不得有大于 5μm 的乳滴。本剂型应能耐受热压灭菌，在灭菌过程中和储存期内，各成分应稳定不变。

（四）乳状液型注射剂的临床应用

乳状液型注射剂通常以静脉注射较多，常制成 O/W 型或 W/O/W 型复乳供用。静脉脂肪乳除提供高能营养，供给术后患者脂肪性营养物质的补充外，还可以作为许多油性或脂溶性药物的载体，提高药物的靶向性，特别是对淋巴系统的靶向性，这对抗癌药物具有特殊意义，可有效地控制癌细胞的转移，大大提高药效，降低毒副作用。例如，抗癌药物鸦胆子油乳剂型注射液，适用于肺癌、肺癌脑转移及消化道肿瘤，用灭菌生理盐水稀释后静脉滴注。乳剂型注射剂不得用于椎管注射。

六、眼 用 制 剂

（一）概述

眼用制剂（ophthalmic preparations）系指直接用于眼部发挥治疗作用的无菌制剂。眼用制剂可分为眼用液体制剂（滴眼剂、洗眼剂、眼内注射液等）、眼用半固体制剂（眼膏剂、眼用乳膏剂、眼用凝胶剂等）、眼用固体制剂（眼膜剂、眼丸剂、眼内插入剂等）。眼用液体制剂也可以固态形式包装，另备溶剂，在临用前配成溶液或混悬液。

滴眼剂指由原料药物与适宜辅料制成的供滴入眼内的无菌液体制剂，可分为溶液、混悬液或乳状液。

洗眼剂指由原料药物制成的无菌澄明水溶液，供冲洗眼部异物或分泌液、中和外来化学物质的眼用无菌液体制剂。

眼内注射液指由原料药物与适宜辅料制成的无菌液体，供眼周围组织（包括球结膜下、筋膜下及球后）或眼内注射（包括前房注射、前房冲洗、玻璃体内注射、玻璃体内灌注等）的无菌眼用液体制剂。

眼膏剂指由原料药物与适宜基质均匀混合，制成溶液型或混悬型膏状的无菌眼用半固体制剂。

眼用乳膏剂指由原料药物与适宜基质均匀混合，制成乳膏状的无菌眼用半固体制剂。

眼用凝胶剂指原料药物与适宜辅料制成的凝胶状无菌眼用半固体制剂。

眼膜剂指原料药物与高分子聚合物制成的无菌药膜，可置于结膜囊内缓慢释放药物的眼用固体制剂。

眼丸剂指原料药物与适宜辅料制成的球形、类球形的无菌眼用固体制剂。

眼内插入剂指原料药物与适宜辅料制成的适当大小和形状、供插入结膜囊内缓慢释放药物的无菌眼用固体制剂。

（二）药物经眼吸收途径

1. 吸收途径 用于眼部的药物，多数情况下以眼部局部作用为主。眼的结构如图 3-28 所示。药物溶液滴入结膜囊内后，主要经角膜和结膜两条途径吸收。药物与角膜表面接触并渗入角膜，进一步进入房水，经前房到达虹膜和睫状肌，药物主要被局部血管网摄取，可发挥局部作用。药物经结膜吸收，可经巩膜转运至眼球后部，由于结膜内血管丰富，结膜和巩膜的渗透性能比角膜强，药物在吸收过程中可经结膜血管网进入体循环，不利于药物进入房水，同时也有可能引起药物全身吸收后的不良反应。

药物经何种途径吸收进入眼内，很大程度上依赖于药物本身的理化性质、给药剂量和剂型等。脂溶性药物一般经角膜渗透吸收，亲水性药物及多肽蛋白质类药物不易通过角膜，主要通过结膜、巩膜途径吸收。亲水性药物的渗透系数与其分子质量相关，分子质量增大，渗透系数降低。

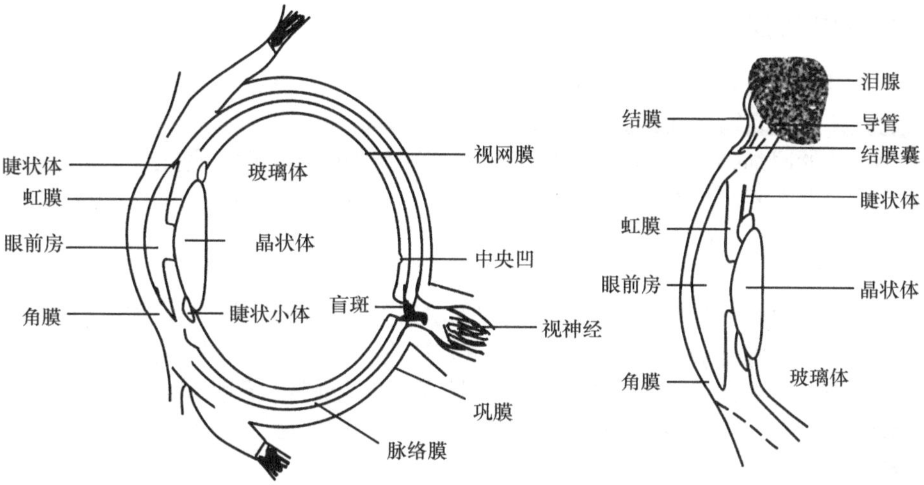

图 3-28　眼的结构

当滴入给药吸收太慢时，可将其注射入结膜下或眼角后的眼球囊内，药物可通过巩膜进入眼内，对睫状体、脉络膜和视网膜发挥作用。若将药物注射于眼球后，药物进入眼后端，对球后神经及其他结构发挥作用。

2. 影响吸收的因素　药物在眼的吸收，同其疗效有直接的关系。影响药物眼部吸收的主要因素如下：

（1）药物从眼睑缝隙的流失：人正常泪液的容量约为 7μl，若不眨眼最多只能容纳药液 30μl。通常一滴滴眼液 50～70μl，70%的药液从眼部溢出而造成损失，若眨眼则药液的损失将达 90%左右。加之泪液对药液的稀释，损失更大。因此增加滴药的次数，有利于提高药物的利用率。

（2）药物经外周血管消除：药物进入眼睑和结膜囊的同时，也通过外周血管迅速从眼组织消除。结膜含有许多血管和淋巴管，当由外来物引起刺激时，血管处于扩张状态，透入结膜的药物有很大比例进入血液中。

（3）药物的溶解性与 pH：就通透性而言，角膜的外层为脂性上皮层，中间为水性基质层，最内为脂性内皮层，加上上皮细胞间的紧密连接，因此，药物的亲脂性、亲水性大小、药物在吸收部位的解离程度均会影响药物的吸收。脂溶性物质（分子型药物）较易渗入角膜的上皮层和内皮层，水溶性物质（或离子型药物）则比较容易渗入基质层。具有两相溶解的药物，容易透过角膜。完全解离或完全不解离的药物则不能透过完整的角膜。结膜下是巩膜，水溶性药物易通过，而脂溶性药物则不易渗入。适当调高弱碱性药物制剂的 pH，可增加药物的分子型浓度，增加角膜吸收；而适当调高弱酸性药物的 pH 则减少药物的分子型浓度，可降低角膜吸收。根据 pH 对流泪而引起的药物流失的研究，在中性时流泪最少，所以不论是分子型还是离子型药物，在 pH 中性附近范围内吸收都增加。

（4）刺激性：眼用制剂刺激性较大时，能使结膜的血管和淋巴管扩张，增加了药物从外周血管的消除；同时由于泪液分泌增多，不仅将药物浓度稀释，而且增加了药物的流失，从而影响了药物的吸收作用，降低药效。

（5）表面张力：滴眼剂的表面张力对其泪液的混合及对角膜的透过均有较大影响。表面张力越小，越有利于泪液与滴眼剂的混合，也有利于药物与角膜上皮层的接触，使药物容易渗入。适量的表面活性剂有促进吸收的作用。

（6）黏度：增加眼用制剂黏度可延长药物与角膜的接触时间，有利于药物的吸收。例如，0.5%甲基纤维素溶液对角膜接触时间可延长约 3 倍，从而有利于药物的透过吸收，能减少药物的刺激。

（三）眼用制剂的附加剂

为了保证眼用制剂安全、有效、稳定，满足临床用药的需要，除了主药以外，还可加入适当的附加剂。其主要有以下几种。

1. 调节 pH 的附加剂 眼用溶液剂的 pH 应兼顾药物的溶解度、稳定性、刺激性，药物的吸收及药效等多方面要求。为了避免刺激性和使药物稳定，常选用适当的缓冲液作溶剂，使眼用溶液剂的 pH 稳定在一定的范围内。

常用的缓冲液有：

（1）磷酸盐缓冲液：以无水磷酸二氢钠和无水磷酸氢二钠各配成一定浓度的溶液，临用时二液按不同比例混合后得 pH 5.9～8.0 的缓冲液，适用于抗生素（特别是青霉素）、阿托品、麻黄碱、后马托品、毛果芸香碱、东莨菪碱等滴眼液，与硫酸锌有配伍禁忌。

（2）硼酸缓冲液：将硼酸配成浓度为 1.9%（g/ml）的溶液，其 pH 为 5，可直接作眼用溶液剂的溶剂。

（3）硼酸盐缓冲液：以硼酸和硼砂各配成一定浓度的溶液，临用时二液按不同比例混合得 pH 6.7～9.1 的缓冲液。

缓冲溶液贮备液，应灭菌贮藏，并添加适量抑菌剂，以防微生物生长。

2. 调节渗透压的附加剂 一般眼用溶液剂将渗透压调整在相当于 0.8%～1.2%氯化钠浓度的范围即可。滴眼剂处于低渗溶液时应调整成等渗溶液，但因治疗需要也可采用高渗溶液，而洗眼剂则应力求等渗。

调节渗透压的附加剂常用的有氯化钠、硼酸、葡萄糖、硼砂等，渗透压调节的计算方法与注射剂相同。

3. 抑菌剂 眼用制剂要保证无菌，可添加适当的抑菌剂。常用的抑菌剂有三氯叔丁醇、对羟基苯甲酸甲酯与丙酯混合物、氯化苯甲羟胺、硝酸苯汞、硫柳汞、苯乙醇等。若单一抑菌剂不能达到理想效果，可采用复合抑菌剂，使抑菌效果明显增强，如少量的依地酸二钠能使其他抑菌剂对铜绿假单胞菌的抑制作用增强，对眼用液体制剂较为适宜。

眼内注射剂、眼内植入剂及供手术、伤口、角膜穿透用的眼用制剂不得添加抑菌剂。

4. 调整黏度的附加剂 适当增加滴眼剂的黏度，既可延长药物与作用部位的接触时间，又能降低药物对眼的刺激性，有利于发挥药物的作用。常用的该类附加剂有甲基纤维素（MC）、聚乙烯醇（PVA）、聚维酮（PVP）、聚乙二醇（PEG）等。

5. 抗氧剂 有些滴眼剂在配制后或使用时或储存期间，由于氧化作用逐渐变色、分解或析出沉淀，使药效减弱、消失或毒性增强。为了避免氧化，可加入适当的抗氧剂。常用的抗氧剂有焦亚硫酸钠、亚硫酸氢钠、亚硫酸钠、硫代硫酸钠、维生素 C、硫脲等。

6. 其他附加剂 根据眼用制剂中主药的性质，也可酌情加入增溶剂、助溶剂、助悬剂等，其用法用量参见有关章节。

（四）眼用液体制剂的制备

用于手术、伤口、角膜穿通伤的滴眼剂及眼用注射溶液按注射剂生产工艺制备，分装于单剂量容器中密封或熔封，最后灭菌，不加抑菌剂，一次用后弃去，保证无污染。洗眼剂用输液瓶包装，其清洁方法按输液包装容器处理。主药不稳定者，全部以严格的无菌生产工艺操作制备。若药物稳定，可在分装前灭菌，然后再在无菌操作条件下分装。

1. 容器的处理 眼用液体制剂的容器有玻璃瓶与塑料瓶两种。

玻璃瓶一般为中性玻璃，配有滴管并封以铝盖的小瓶，可使滴眼剂保存较长时间，故对氧敏感药物多用玻璃瓶。遇光不稳定药物可选用棕色瓶。玻璃滴瓶用前须洗刷干净，装于耐酸尼龙丝网袋内，浸泡于重铬酸钾浓硫酸清洁液中 4～8h 后取出，先用自来水冲洗除尽清洁液，再用过滤纯化水、注射用水冲洗。经干热灭菌或热压灭菌备用。橡胶帽、橡胶塞的洗涤方法与输液瓶的橡胶塞处理方法相同。由于无隔离膜，橡胶塞、橡胶帽直接与药液接触，有吸附药物特点，但接触面积小，常采用饱和吸附的办法解决。

塑料瓶有软塑料瓶和硬塑料瓶两种，后者常配有带滴管的密封瓶盖，使用方便。塑料瓶由聚烯烃吹塑制成，当时封口，不易污染，且体软而有弹性，不易碎裂、容易加工、价廉，较常用。但塑料中的增塑剂或其他成分会溶入药液中，使药液不纯；同时塑料瓶也会吸附某些药物和抑菌剂，使药物含量降低影响药效和抑菌效果；塑料瓶有一定的透气性，不适宜盛装对氧敏感的药物溶液。因此通过试验后才能确定能否选用。塑料瓶可用气体灭菌。

2. 药液的配制 滴眼剂要求无菌，小量配制可在无菌操作柜中进行，大量生产，要按照注射剂生产工艺要求进行。所用器具洗净后干热灭菌，或用杀菌剂（用 75%乙醇配制的 0.5%度米芬溶液）浸泡灭菌，用前再用纯化水及新鲜的注射用水洗净。操作者的手宜用 75%乙醇消毒，或带灭菌手套，以免细菌污染。

滴眼剂的配制与注射剂工艺过程基本一致。对热稳定的药物、附加剂用适量溶剂溶解，必要时加活性炭（0.05%～0.3%）处理，经滤棒、垂熔玻璃滤球和微孔滤膜滤至澄明，加溶剂至全量，灭菌后半成品检查。眼用混悬剂配制，可将药物微粉化后灭菌，另取表面活性剂、助悬剂加适量注射用水配成黏稠液，再与药物用乳匀机搅匀，添加注射用水至全量。

中药眼用溶液剂，先将中药按注射剂的提取和纯化方法处理，制得浓缩液后再进行配液。

3. 灌封 目前生产上均采用减压灌装。灌装方法应依瓶的类型和生产量的大小确定。

眼用液体制剂配成药液后，应抽样进行定性鉴别和含量测定，符合要求方可分装于无菌容器中。普通滴眼剂每支分装 5～10ml 即可，供手术用的眼用液体制剂可装于 1～2ml 的小瓶中，再用适当的灭菌方法灭菌。

小量生产时常用简易真空灌装器分装。大生产常用减压真空灌装法分装。分装后，经澄明度检查，并抽样作菌检，合格后印字包装即可供临床应用。

制剂举例 3-10

氯霉素滴眼液

【处方】 氯霉素 0.25g　　氯化钠 0.9g　　尼泊金甲酯 0.023g　　尼泊金丙酯 0.011g
注射用水加至 100ml

【制备】 取尼泊金甲酯、尼泊金丙酯，加沸腾注射用水溶解，于 60℃时溶入氯霉素和氯化钠，过滤，加注射用水至足量，灌装，100℃灭菌 30min，无菌分装即得。

【注解】 处方中氯霉素为主药，氯化钠为渗透压调节剂，尼泊金甲酯、丙酯为抑菌剂。氯霉素对热稳定，配液时可加热以加快溶解速度；处方中可加硼砂、硼酸做缓冲剂，也可调节渗透压，同时还可增加氯霉素的溶解度，但此处不如用生理盐水为溶剂时稳定及刺激性小。本品用于治疗由大肠杆菌、流感嗜血杆菌、克雷伯菌属、金黄色葡萄球菌、溶血性链球菌和其他敏感菌所致眼部感染，如沙眼、结膜炎、角膜炎、眼睑缘炎等。

制剂举例 3-11

醋酸可的松滴眼液（混悬液）

【处方】 醋酸可的松（微晶） 5.0g　　硝酸苯汞 0.02g　　聚山梨酯 80 0.8g
羧甲纤维素钠 2.0g　　硼酸 20.0g　　注射用水加至 1000.0ml

【制备】 取硝酸苯汞加入处方量 50%的注射用水中，加热至 40～50℃，加硼酸和聚山梨酯 80 使溶解，3 号垂熔漏斗过滤待用；另将羧甲纤维素钠溶于处方量 30%的注射用水中，用垫有 200 目尼龙布的布氏漏斗过滤，加热至 80～90℃，加醋酸可的松微晶搅匀，保温

30min，冷至40～50℃，再与硝酸苯汞溶液合并，加注射用水至全量，200目尼龙筛过滤两次，分装，封口，100℃流通蒸汽灭菌30min，无菌分装即得。

【备注】 处方中醋酸可的松为主药，硝酸苯汞为抑菌剂，聚山梨酯80为表面活性剂，羧甲纤维素钠为助悬剂，硼酸为pH和渗透压调节剂。醋酸可的松微晶的粒径应在5～20μm，过粗易产生刺激性，降低疗效，甚至会损伤角膜；羧甲纤维素钠配液前需精制。本滴眼液中不能加入阳离子表面活性剂，因与羧甲纤维素钠有配伍禁忌。为防止结块，灭菌过程中应振摇，或采用旋转灭菌设备，灭菌前后均应检查有无结块。因氯化钠能使羧甲纤维素钠黏度显著下降，促使结块沉降，改用2%的硼酸后，不仅改善降低黏度的缺点，还能减轻药液对眼黏膜的刺激性。本品用前摇匀，滴入结膜囊内，用于过敏性结膜炎。

（五）眼用制剂的质量要求

1. 眼用制剂在生产和贮藏期间的规定

（1）滴眼剂中可加入调节渗透压、pH、黏度及增加原料药物溶解度和制剂稳定的辅料，所用辅料不应降低药效或产生局部刺激。

（2）除另有规定外，滴眼剂应与泪液等渗。混悬型滴眼剂的沉降物不应结块或聚集，经振摇应易再分散，并应检查沉降体积比。除另有规定外，每个容器的装量应不超过10ml。

（3）洗眼剂属用量较大的眼用制剂，应尽可能与泪液等渗并具有相近的pH。除另有规定外，每个容器的装量应不超过200ml。

（4）多剂量眼用制剂一般应加适当抑菌剂，尽量选用安全风险小的抑菌剂，产品标签应标明抑菌剂种类和标示量。除另有规定外，在制剂确定处方时，该处方的抑菌效力应符合抑菌效力检查法（见《中国药典》2015年版四部通则1121）的规定。

（5）眼用半固体制剂的基质应过滤并灭菌，不溶性原料药物应预先制成极细粉。眼膏剂、眼用乳膏剂、眼用凝胶剂应均匀、细腻、无刺激性，并易涂布于眼部，便于原料药物分散和吸收。除另有规定外，每个容器的装量应不超过5g。

（6）眼内注射溶液、眼内插入剂、供外科手术用和急救用的眼用制剂，均不得加抑菌剂或抗氧剂或不适当的附加剂，且应采用一次性使用包装。

（7）包装容器应无菌、不易破裂，其透明度应不影响可见异物检查。

（8）除另有规定外，眼用制剂还应符合相应剂型通则项下有关规定，如眼用凝胶剂还应符合凝胶剂的规定。

（9）除另有规定外，眼用制剂应遮光密封储存。

（10）眼用制剂在启用后最多可使用4周。

2. 除另有规定外，眼用制剂应进行以下相应检查

（1）可见异物：另有规定外，滴眼剂照可见异物检查法中滴眼剂项下的方法检查，应符合规定；眼内注射溶液照可见异物检查法中注射液项下的方法检查，应符合规定。可见异物检查法见《中国药典》2015年版四部通则0904。

（2）粒度：除另有规定外，含饮片原粉的眼用制剂和混悬型眼用制剂粒度应符合现行药典规定，检查法见《中国药典》2015年版四部通则0105。供试品中大于50μm的粒子不得过2个（含饮片原粉的除外），且不得检出大于90μm的粒子。

（3）沉降体积比：混悬型滴眼剂（含饮片细粉的滴眼剂除外）照药典方法检查，沉降体积比应不低于0.90。检查法见《中国药典》2015年版四部通则0105。

（4）金属性异物：除另有规定外，眼用半固体制剂照药典方法检查，应符合规定。检查法见《中国药典》2015年版四部通则0105。视检供试品中不小于50μm，具有光泽的金属性异物数。10 个供试品中每个含金属性异物超过 8 粒者，不得超过 1 个，且其总数不得过 50 粒；如不符合上述规定，应另取 20 个复试；初、复试结果合并计算，30 个中每个容器中含金属性异物超过 8 粒者，不得过 3 个，且其总数不得过 150 粒。

（5）装量差异：除另有规定外，单剂量包装的眼用固体制剂或半固体制剂照药典方法检查，应符合规定。检查法见《中国药典》2015 年版四部通则 0105。20 个检测样品中，每个装量与平均装量相比较（有标示装量的应与标示装量相比较）超过平均装量 ±10%者，不得过 2 个，并不得有超过平均装量 ±20%者。

凡规定检查含量均匀度的眼用制剂，一般不再进行装量差异检查。

（6）装量：除另有规定外，单剂量包装的眼用液体制剂照药典方法检查，应符合规定。检查法见《中国药典》2015 年版四部通则 0105。10 个检测样品中，每个装量与标示装量相比较，均不得少于其标示量。

多剂量包装的眼用制剂，照最低装量检查法（见《中国药典》2015 年版四部通则 0942）检查，应符合规定。

（7）渗透压摩尔浓度：除另有规定外，水溶液型滴眼剂、洗眼剂和眼内注射溶液按各品种项下的规定，照渗透压摩尔浓度测定法（见《中国药典》2015 年版四部通则 0632）测定，应符合规定。

（8）无菌：除另有规定外，照无菌检查法（见《中国药典》2015 年版四部通则 1101）检查，应符合规定。

（六）眼用制剂的临床应用与注意事项

1. 临床应用　眼用制剂主要用于眼部疾病的治疗，常用于杀菌、消炎、收敛、缩瞳、麻醉或诊断，有的还有润滑或代替泪液的作用。例如，氯霉素滴眼液主要用于如沙眼、结膜炎、角膜炎、眼睑缘炎等；红霉素眼膏用于沙眼、结膜炎、睑缘炎及眼外部感染；人工泪液用于舒缓因眼干燥症引起的眼睛酸涩与疲劳。

尽量单独使用一种滴眼剂，若有需要，需间隔 10 分钟以上再使用两种不同的滴眼剂。若同时使用眼膏剂和滴眼剂应先使用滴眼剂。眼用制剂应一人一用。

2. 注意事项

（1）使用滴眼剂前后应洁净双手，并将眼内分泌物和部分泪液用已消毒棉签拭去，从而避免降低药物浓度。

（2）使用混悬型滴眼剂前应充分混合。

（3）眼用半固体制剂涂布之后需按摩眼球以便药物扩散。

（4）使用滴眼剂时需轻压泪囊区，以减少药物引发的全身效应。

（5）制剂性状发生改变时禁止使用。

七、植　入　剂

（一）概述

植入剂（implants）系指由原料药物与辅料制成的供植入人体内的无菌固体制剂。植入剂一般采用特制的注射器植入，也可以经手术切开埋植于皮下组织中。植入剂在体内持续释放药物，并应维持较长的时间。因此，植入剂也属于缓释、控释和迟释制剂。

植入剂给药具有以下特点：①植入剂经手术植入或经注射导入腔道、组织或皮下，相比经皮给药减少了吸收障碍，相比口服给药避免了胃肠道降解和首过效应而造成的生物利用度降低，适合于蛋白质、多肽类生物大分子药物；②药物释放与吸收均缓慢，可以长时间维持平稳血药浓度，避免频繁给药；③释放的药物可进入血液循环发挥全身治疗作用，避免首过效应，增强药物的生物活性；④可靶向定位给药，发挥局部治疗作用，避免全身毒性；⑤皮下神经分布较少，对外来异物反应小，植入后的刺激和疼痛较低；⑥如果使用中患者产生不适或严重不良反应，可将植入剂取出，随时中断给药；⑦适用于半衰期短、代谢快，尤其是不能口服的药物。但是植入剂也存在一些缺点，如患者无法自主给药，植入时需在局部做一个小切口，或用特殊的注射器将植入剂推入，不降解型植入剂还需手术取出，使患者的顺应性受到影响。

（二）植入剂的类型

理想的植入剂载体材料应该是生物相容、可降解、无毒或低毒，无过敏性和致癌性。根据载体材料的不同，可将植入剂大致分为如下三类。

1. 生物相容、生物不降解型植入剂 常用的载体材料有硅橡胶（silicone rubber）、聚甲基丙烯酸甲酯（polymethylmethacrylate，PMMA）、乙烯-乙酸乙烯共聚物（ethylene-vinyl acetate copolymer，EVA）、磷灰石·钙硅石玻璃陶瓷、羟基磷灰石等。这类植入剂开始释药略快（但不会产生突释），部分释药以后，在不降解材料内形成空区，余下的药物须经更长的途径才能扩散释放，释药速率缓慢降低。当药物释放一段时间和一定程度后，需用手术方法将载体材料从植入处取出，影响患者用药顺应性。

硅橡胶是一种具有生物相容性、无毒、释放速度理想的生物不降解型载体材料，典型的产品为避孕用左炔诺孕酮植入剂（商品名 Norplant）。左炔诺孕酮植入剂有两种类型，一种是皮下植入剂Ⅰ型，以医用级多聚双甲基硅橡胶管作为释药管，每支胶棒长 3.4cm，外径 2.4mm，内装 36mg 左炔诺孕酮（levonorgestrel，LNG）干燥结晶，胶棒两端用医用黏合剂封闭，每套 6 支，总药量 216mg。另一种是皮下植入剂Ⅱ型，为第二代 LNG 释放系统，LNG 结晶与硅橡胶基质按 50∶50 均匀地混合制成骨架型小棒，棒外套以薄的硅橡胶膜（实际上为骨架型与膜控型结合的产品），两端用医用黏合剂封闭，每支胶棒长 4.4cm，外径 2.4mm，每支含 70mg LNG，每套 2 支，总药量 140mg。妇女应在月经周期的前 7 天内，将植入剂埋于上臂中部内侧皮下组织中，一次扇形植入Ⅰ型 6 支或Ⅱ型 2 支。植入剂置入后，药物开始透过硅胶壁的扩散作用而释放，24 小时即达到有效避孕浓度。释药量和载体壁的厚度成反比，与表面积成正比。置入初期，释药速率较快，释药量可达 80μg/24h，6～18 个月平均释放量下降至 30～35μg/24h。以后，再逐渐下降，在 5 年内保持恒速释放。万古霉素植入剂所用的载体材料为乙烯-乙烯酸共聚物，实现了药物的控释，可在下眼睑持续释放 1 周。羟基磷灰石的化学成分和晶体结构与人体骨骼组织的主要无机矿物成分基本相同，具有良好的生物活性、生物相容性、骨传导性，可作为骨科植入药物的载体。

2. 生物可降解型植入剂 常用的可降解生物材料有聚乳酸（polylactic acid，PLA，又称为聚丙交酯，polylactide）、聚乙醇酸（polyglycolic acid，PGA，又称聚乙交酯，polyglycolide）、丙交酯-乙交酯共聚物（polylactide-polyglycolide，PLGA）、聚己内酯（polycaprolactone，PCL）、聚-β-羟基丁酯（poly-β-hydroxyburate，PHB）、聚丙烯酰胺（polyacrylamide，PAM）及壳聚糖（chitosan）等。这类材料在植入体内后，可以在组织间液等内环境的作用下不断水解为小分子单体，使药物逐渐释放至完全，载体材料降解为可被人体吸收或代谢的形式，如水和二氧化碳等。这类载体材料无需取出，减轻了患者的痛苦。在药物释放完全时，材料也基本降解完全，使整个释药过程更接近零级释放。

PGA 具有良好的生物降解性，在机体内分解后进入代谢循环系统，并最终分解为二氧化碳和水。PLA 具有良好的生物降解性，同时也具有良好的生物相容性和生物可吸收性，1997 年被 FDA 批准作为注射用微囊、微球、埋植剂等制剂的载体材料。调节乙交酯和丙交酯的比例可得到不同结晶度的 PLGA。醋酸戈舍瑞林缓释植入剂，以 PLGA 为载体材料，制成直径 1mm 的骨架型圆柱体，装入一特制的皮下注射器针管内，配有 16 号针头，密封，灭菌，包装于密封防潮的铝箔内。主要用于治疗前列腺癌，乳腺癌，子宫内膜异位症。成人在腹前壁皮下注射本品 3.6mg 一支，每 28 天一次。

3. 微型泵植入剂　是一种按照设计的要求通过微型泵自动缓慢输注药物的植入剂。理想的微型泵植入剂应具有以下特征：①能长期缓慢输注药物且可调节释放速率；②动力源可长期使用和埋植；③可采用简单的皮下注射向泵中补充药液；④药液储存室体积适宜，太小需频繁补液，太大不方便埋植；⑤与组织可长期兼容。根据提供动力的方式，微型泵又可分为输注泵、蠕动泵、渗透泵。

（三）植入剂的制备

将药物分散或包裹于载体材料中，制成柱、棒、丸、片或膜剂等形式的植入剂。根据药物、载体材料和释药机制的不同，植入剂的制备主要分为以下几种方法。

1. 直接灌装法　主要用于以硅橡胶管为载体的植入剂制备，可以直接将药物或药物中加入赋形剂灌入硅橡胶管，灌装后封口再经热处理即为成品。硅橡胶管的数量、囊壁的厚度、埋植剂的长度、表面积及药物的含量等因素决定其所含药物的释放速率。

2. 压膜成型法　将聚合物与药物及某些添加剂捣碎后研磨成粒度符合一定要求的细小颗粒，然后利用一些特殊设备压制成一定形状的方法。这是应用较多的一种方法，无需高温，避免药物与聚合物间的相互作用，适合热不稳定药物。压膜所采用的温度、压力和时间，药物和载体的粒径等因素均会直接影响药物的释放。

3. 溶剂挥发法　将聚合物载体和药物按比例溶于某一惰性溶剂中，形成溶液或者混悬液，低温下注入特定模具中，待溶剂缓慢挥发，再加工成适宜的大小和形状，制成植入剂。这种方法大量用于实验室中。例如，地塞米松植入剂的制备，用丙酮溶解 PLGA 后，加入水溶性释放调节剂，最后加入地塞米松，搅拌加热挥去适量丙酮，得半固体混合物。将其移至挤出装置中，制得挤出丝，干燥，切割至合适大小，最终制得地塞米松植入剂。

4. 熔融成型法　是将载体与药物经物理混合后，加热至熔融，搅拌均匀后倾倒入具有一定形状和规格大小的模具，压模成型。对于热不稳定的药物，可通过控制熔融聚合物的温度，即比聚合物熔点稍微高一些如 10℃左右，来实现对药物的保护。

5. 可植入微球法　可生物降解聚合物制备微球植入体内，在目前植入剂的研究中较为常见。但由于微球的植入部位不易固定，因此，在研究中常将微球压成片。微球压片法要求首先将药物制备成粒径分布一致的载药微球，然后使用压片机或其他机器将载药微球压成一定厚度一定直径的薄片，还可以对片剂进行进一步的包衣，解决微球的突释问题。这种方法以制备微球为基础，微球粒径的大小分布是影响给药途径和药物释放途径选择的重要因素。

（四）植入剂的质量要求

植入剂在生产与贮藏期间应符合下列有关规定：①植入剂所用的辅料必须是生物相容的，可以用生物不降解材料如硅橡胶，也可用生物降解材料；前者在达到预定时间后，应将材料取出；②植入剂应进行释放度测定；③植入剂应单剂量包装，包装容器应灭菌；④植入剂应避光密封储存。

除另有规定外，植入剂应进行以下相应检查。

1. 装量差异　应符合药典对植入剂装量差异限度的要求，见表 3-10，具体检查方法参见《中国药典》（2015 年版）四部通则 0124。

表 3-10　植入剂装量差异限度

平均装量	装量差异限度
0.05g 及 0.05g 以下	±15%
0.05g 以上至 0.15g	±10%
0.15g 以上至 0.50g	±7%
0.50g 以上	±5%

2. 无菌　按照无菌检查法（见《中国药典》2015 年版四部通则 1101 检查，应符合规定。

（五）植入剂的临床应用与注意事项

1. 临床应用 植入剂目前广泛应用在抗肿瘤、计划生育、眼部用药、抗成瘾性、胰岛素给药、激素给药、心血管疾病的治疗及抗结核治疗等领域。

（1）抗肿瘤：氟尿嘧啶植入剂是我国上市的第一个抗肿瘤药植入剂，用于食管癌、结肠癌、直肠癌和胃癌等。直径为0.8mm，长度为4mm，为白色或类白色圆柱形颗粒。患者双臂内侧、外侧，双下腹部腹壁等均可作为植药区域。肿瘤患者单次皮下植入本品500mg/m^{2}后，血药浓度达峰时间为25.20h，血药峰浓度为2.204μg/ml，消除半衰期为126.18h，植药10天内血药浓度可维持0.1μg/ml以上。

（2）计划生育：第一个上市的植入剂是用于避孕的产品左炔诺孕酮植入剂，主要成分为左炔诺孕酮。目前常用的为依托孕烯植入剂，是一种长效避孕药，皮下植入1支，可提供长达3年的避孕效果。每支植入剂含68mg依托孕烯；在植入后5～6周内释放率为60～70μg/d，第1年末下降到35～45μg/d，第2年末下降到30～40μg/d，第3年末下降到25～30μg/d。本品应插入上臂（非惯用的手臂）内侧内上髁以上8～10cm处。

（3）眼部给药：如地塞米松眼部植入剂，适用于由于白内障摘除并植入人工晶体后引起的术后眼内炎症。在植入人工晶体并清除黏弹剂后，用无齿镊从包装中取出本品一粒放入眼前房或后房。如果放在前房，应将药料放在虹膜基底12点位置；如果放在后房，应放在虹膜和人工晶体前表面之间的6点位置，然后以常规方式闭合切口。本品在使用前和使用时必须处于无菌状态，除非立即使用本品，其他任何时候不应该打开锡箔包装。

2. 注意事项 植入剂使用前和使用时必须处于无菌状态。若植入剂的材料没有较好的溶解性，容易引发炎症反应，需进行手术取出。若植入剂移位会导致其难以取出。另外使用不当可能出现多聚物的毒性反应。

八、冲 洗 剂

（一）概述

冲洗剂系指用于冲洗开放性伤口或腔体的无菌溶液。冲洗剂可由原料药物、电解质或等渗调节剂溶解在注射用水中制成，也可以是注射用水，但在标签中应注明供冲洗用。

（二）冲洗剂的质量要求

除另有规定外，冲洗剂应进行以下相应检查。

1. 装量 除另有规定外，照最低装量检查法（见《中国药典》2015年版四部通则0942）检查，应符合规定。

2. 无菌 照无菌检查法（见《中国药典》2015年版四部通则1101）检查，应符合规定。

3. 细菌内毒素或热原 除另有规定外，照细菌内毒素检查法（见《中国药典》2015年版四部通则1143）或热原检查法（见《中国药典》2015年版四部通则1142）检查。

（三）冲洗剂的临床应用与注意事项

1. 临床应用 冲洗剂主要用于冲洗开放性伤口或者腔体。例如，甘氨酸冲洗液用于泌尿外科腔内手术的冲洗，鼻腔冲洗剂可用于慢性鼻窦炎、鼻腔肿瘤放化疗后的清洗，以及各种鼻炎引发的鼻塞、分泌物过多等的鼻腔冲洗。

2. 注意事项 冲洗剂在生产与贮藏期间均应符合下列有关规定：①冲洗剂应无菌、无毒、无局部刺激性；②冲洗剂在适宜条件下目测应澄清；应调节至等渗；③冲洗剂的容器应符合注射剂容器的规定；④冲洗剂开启后应立即使用，未用完的应弃去；⑤除另有规定外，冲洗剂应严封储存。

九、烧伤及严重创伤用外用制剂

1. 烧伤及外伤用溶液剂、软膏剂　用于烧伤部位的溶液剂和软膏剂均属于灭菌制剂，在无菌条件下制备，所用基质、药物、器具、包装等均应严格灭菌。成品中不得检出铜绿假单胞菌和金黄色葡萄球菌。

2. 烧伤及外伤用气雾剂、粉雾剂　气雾剂、粉雾剂有保护创面、局部麻醉、清洁消毒及止血等局部作用。用于创面保护及治疗的气雾剂，必须无刺激，有助于修复创面，抗菌，如灼伤涂膜气雾剂。

3. 临床应用　主要用于烧伤及严重外伤。例如，聚维酮碘软膏，为外用消毒剂，可用于皮肤和伤口的消毒，对细菌繁殖体、真菌及呼吸道与肠道病毒等均有良好的杀灭作用，主要用于治疗烧伤。

本章小结

灭菌制剂与无菌制剂由于作用部位特殊，在使用时必须保证处于无菌、无热原状态。因此，生产和储存该类制剂时，对原辅料、工艺技术、设备、人员及环境均有特殊要求。本章首先对灭菌制剂与无菌制剂的定义、分类及质量要求进行概述，然后系统介绍了灭菌与无菌制剂制备的相关主要技术，包括水的处理、热原的去除、灭菌与无菌操作、药液过滤、渗透压调节、冷冻干燥及空气净化技术，进而以注射剂为主，介绍了小容量注射剂、输液、混悬型注射剂、乳状液型注射剂、注射用无菌粉末的种类、特点、质量要求、处方组成、容器及处理方法、制备工艺流程及质量控制，并对临床常用产品进行了举例分析。另外，还系统介绍了眼用制剂、植入剂的含义、特点、制备工艺及特殊要求，最后对冲洗剂、烧伤及严重创伤用外用制剂进行了简要叙述。

重点：灭菌制剂与无菌制剂的质量要求；注射剂、输液、冷冻干燥制品的制备工艺；常用物理灭菌方法及原理；热原的性质、污染途径及去除方法；渗透压的调节方法；注射用水的质量要求及制备方法；注射剂常用溶剂的种类及质量要求；注射剂常用附加剂的种类、性质及选用；注射剂的质量控制；注射用无菌粉末的生产工艺。

难点：灭菌参数的定义及其意义，冷冻干燥工艺原理。

思考题

1. 灭菌制剂与无菌制剂的质量要求有哪些？
2. 热原的定义及组成是什么？热原的性质有哪些？污染热原的途径有哪些？
3. 纯化水、注射用水、灭菌注射用水的区别有哪些？
4. 试述灭菌制剂与无菌制剂常用附加剂的种类及用量。
5. 注射剂制备过程中哪些生产环节需要在洁净区完成，洁净度级别一般规定为多少级？
6. 注射剂制备过程中应采取哪些措施防止药物氧化？
7. 输液常出现澄明度问题，简述微粒产生的原因及解决的方法。
8. 影响湿热灭菌的因素有哪些？
9. 冷冻干燥的原理是什么？有何特点？出现的异常现象及处理的方法有哪些？
10. 输液与小体积注射剂的区别有哪些？

（张继业）

第四章　散　　剂

学习目标

1. 掌握：散剂的概念、特点、制备方法；影响药物溶出的因素和增加药物溶出的方法；粉体真密度、颗粒密度、堆密度的概念；粉碎、筛分和混合的概念及意义。

2. 熟悉：固体制剂药物体内吸收途径；粒子的粒径和形态表征方法；粒度分布和空隙率的概念；粉体的吸湿性、润湿性、黏附性、黏着性、流动性、填充性和压缩性的概念及其在药物制剂中的应用；粉碎、混合的机制和常用设备；筛分的常用设备。

3. 了解：粒子粒径和粉体流动性的测定方法；空隙率的计算方法；散剂的分剂量、包装和质量检查。

第一节　药物的溶出速度

常用的固体剂型有散剂、颗粒剂、胶囊剂、片剂、膜剂、丸剂等，在药物制剂中占 70%～80%。固体制剂的共同特点是：①理化性质比较稳定，生产成本较低，服用与携带方便；②制备前期单元操作相同；③药物吸收入血液循环之前，必须溶解。

在固体剂型的制备过程中，将药物粉碎与过筛后能够加工成各种剂型。如与其他组分均匀混合后直接分装，可获得散剂；将混合均匀的物料进行制粒、干燥后分装，即可得到颗粒剂；将制备的颗粒或物料粉末压缩成形，可制成片剂；将混合的粉末或颗粒分装入胶囊，可制成胶囊剂等。对于固体制剂来说物料的粉碎度、混合度、流动性、填充性非常重要，粉碎、筛分、混合基本单元操作是保证药物含量均匀度的前提。物料良好的流动性、填充性可使制剂剂量准确；制粒或加入润滑剂、助流剂是改善流动性、填充性的主要措施。

固体制剂口服给药，药物完全溶出后跨膜转运进入血液循环而发挥治疗作用。对一些难溶性药物而言，药物的溶出过程是药物跨膜转运的限速过程，因此必须有效改善这类药物的溶出速度。不同剂型口服后的行为特征见表 4-1。

表 4-1　不同固体剂型与液体剂型在胃肠道中的行为特征

剂型	崩解、分散或扩散	溶出	吸收
片剂	☆	☆	☆
胶囊剂	☆	☆	☆
颗粒剂	△*	☆	☆
散剂	△	☆	☆
混悬剂	△	☆	☆
乳剂	☆	△	☆
溶液剂	△	△	☆

注：☆—需要此过程；△—不需要此过程；*—部分颗粒剂有崩解、分散或扩散过程。

片剂和胶囊剂口服后首先崩解或分散成细颗粒状，然后药物分子从颗粒或粉末中溶出，通过生物膜，吸收进入血液循环中。散剂和部分颗粒剂口服后没有崩解过程，迅速分散后具有较大的比表面积，因此药物的溶出、吸收和起效较快。乳剂中药物如果在分散相，药物首先从分散相转移出来，扩散接触生物膜后吸收，而溶液剂口服后没有崩解与溶解过程，药物可直接被吸收入血，使起效时间更短。制剂胃肠道吸收的快慢顺序一般是：溶液剂＞乳剂＞混悬剂＞散剂＞颗粒剂＞胶囊剂＞片剂＞丸剂。

一、药物的溶出速度方程

如图 4-1 所示，假设固体表面药物的浓度为饱和浓度 C_S，溶液主体中药物的浓度为 C，药物从固体表面通过边界层扩散进入溶液主体，此时药物的溶出速率（dC/dt）可用 Noyes-Whitney 方程描述。

$$dC/dt = KS(C_s - C) \tag{4-1}$$

$$K = \frac{D}{V\delta} \tag{4-2}$$

式中，K 为溶出速率常数，D 为药物的扩散系数，δ 为扩散边界层厚，V 为溶出介质的体积，S 为溶出界面面积。

在漏槽条件下，当 $C_S \gg C$ 时

$$dC/dt = KSC_S \tag{4-3}$$

Noyes-Whitney 方程表明药物从固体剂型中的溶出速度与溶出速率常数 K、药物粒子的表面积 S、药物的溶解度 C_S 成正比。

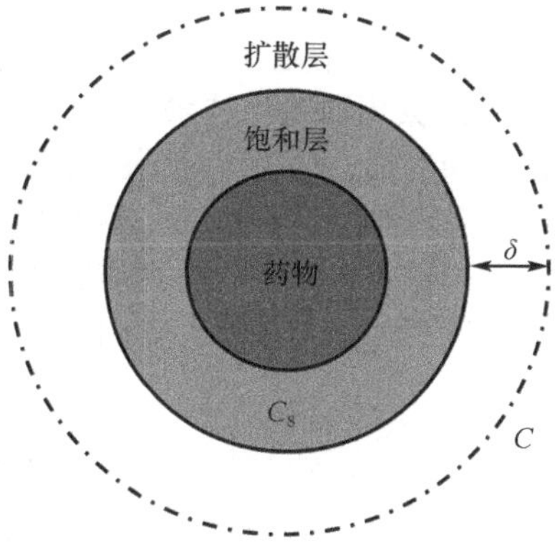

图 4-1 固体表面边界层示意图

二、影响药物溶出的因素和增加溶出的方法

（一）搅拌和温度

搅拌强度与溶出速度之间的关系受容器、搅拌类型与搅拌器形状、层流或涡流程度及固体理化性质（如密度、粒度、溶解热等）的影响，一般情况下搅拌强度大，药物溶出速度快。药物的溶解度与温度有关，温度升高有利于药物溶出。所以固体药物溶出试验时要严格控制温度。

（二）物料的性质对溶出速度的影响

1. 药物的溶解度 药物在溶出介质中的溶解度增大，能增加溶出速度。凡影响药物溶解度的因素，均能影响药物的溶出速度，如温度、溶出介质的性质、晶型、溶剂化物、成盐或酯等。

2. 药物的表面积和表面状态 同一重量的固体药物，其粒径小，表面积大，溶出速度快，如采用微粉化技术和固体分散技术可以加快溶出速度。同样大小表面积的固体药物，孔隙率高，溶出速度快。

3. 制剂中的辅料 固体制剂如胶囊剂、片剂中，辅料对药物的溶出速度有很大的影响，如崩解剂可促进药物的溶出，黏合剂加入过量可减缓药物的溶出。

（三）溶出介质的性质

溶出介质的性质对溶出速度的影响主要包括：溶出介质的 pH、黏度、体积及在介质中是否加入了表面活性剂等。溶出介质的 pH 和黏度对溶出速度的影响是其对扩散系数和扩散层厚度的影响所致；溶出介质的体积小，溶液中药物的浓度（C）高，溶出速度慢；体积大，则 C 小，溶出快；在介质中加入表面活性剂可使药物的溶出速度增大。

（四）增加难溶性药物溶解度的药剂学方法

1. 加入碱性或酸性辅料 如布洛芬是一种弱酸性药物，在水和弱酸性溶液中的溶解度很低，而碱性环境可以提高其溶解度，以此原理可在布洛芬制剂中添加碱性辅料如碱性氨基酸或碳酸氢钠、碳酸钠等。研究发现这样会使布洛芬出现吸收提前现象，这一点对临床上需要快速起效的牙痛或术后镇痛相当重要。

2. 生成可溶性的盐 如将布洛芬制备成各种可溶性的盐，可提高布洛芬的溶解度。现有的布洛芬盐包括布洛芬钠盐、布洛芬钾盐，氨基酸盐如布洛芬赖氨酸盐和布洛芬精氨酸盐等。

3. 采用固体分散技术 采用固体分散技术提高难溶性药物溶解度是药剂学上常用的技术方法。以聚维酮（PVP）为载体，采用溶剂法制备的布洛芬共沉淀物，其溶解度比纯布洛芬高3.8倍，体外溶出速率增大3～4倍。

4. 采用微粉化技术 将难溶性药物微粉化，可以大大提高该类药物的溶解速度和程度。以乙醇为溶剂，水为沉淀剂进行重结晶，得到微粉化的布洛芬，其晶形与原料相同，晶体生长良好，平均粒径小于4μm。溶出度实验结果显示，溶出80%的布洛芬重结晶产品只需4.5h，而溶出同样量的布洛芬原料则需要10h。可见重结晶微粉化的布洛芬比布洛芬原料的溶出度明显加快，这有利于布洛芬在体内的溶出和胃肠道的吸收。

第二节 粉体学基础

粉体（powder）是无数个粒子的集合体，粉体学（micromeritics）是研究粉体的基本性质及其应用的科学。在制药行业中，通常将大于100μm的称为粒，小于100μm的称为粉。粉体具有与液体相类似的流动性，具有与气体相类似的压缩性，也具有固体的抗形变能力，所以有人把粉体称为“第四种物态”。

粉体性质直接影响粉体的流动性和可压性；影响药物的溶出速率和吸收；影响制剂的外观，如散剂的均匀性；影响固体制剂的内在质量，如颗粒剂和片剂中药物含量的准确性和均匀性，以及混悬剂中粒子的稳定性等。因此粉体性质与药物制剂的生产工艺及质量密切相关。

一、粉体粒子的粒径与形状表征

（一）粒径与粒度分布

粉体的性质与粒子的大小密切相关。球形颗粒的直径、立方形颗粒的边长等规则粒子的特征长度可直接表示粒子的大小，但通常情况下，组成粉体的各个粒子的形态不同且不规则，各方向的长度不同，大小不一，很难像球体、立方体等规则粒子以特征长度表示其大小。对于一个不规则粒子，其粒径的测定方法不同，物理意义不同，测定值也不同。

1. 粒径的表示方法

（1）几何学粒径（geometric diameter）：指根据几何学尺寸定义的粒径，如图4-2所示。一般用显微镜法、库尔特计数法等测定。近年来计算机的发展为几何学粒径提供了快速、方便、准确的测定方法。

1）三轴径：在粒子的平面投影图上测定长径 l 与短径 b，在投影平面的垂直方向测定粒子的厚度 h，以此各表示长轴径、短轴径和厚度。三轴径反映粒子的实际尺寸。

2）定方向径（projected diameter）：常见的有以下几种。

A. Feret径（或Green径）：定方向接线径，即一定方向的平行线将粒子的投影面外接时平行线间的距离，记作 D_F。

B. Krummbein 径：定方向最大径，即在一定方向上分割粒子投影面的最大长度，记作 D_K。

C. Martin 径：定方向等分径，即一定方向上将粒子的投影面积等份分割时的长度，记作 D_M。

3）Heywood 径：投影面积圆相当径，即与粒子的投影面积相同圆的直径，常用 D_H 表示，$D_H=(4A/\pi)^{1/2}$。

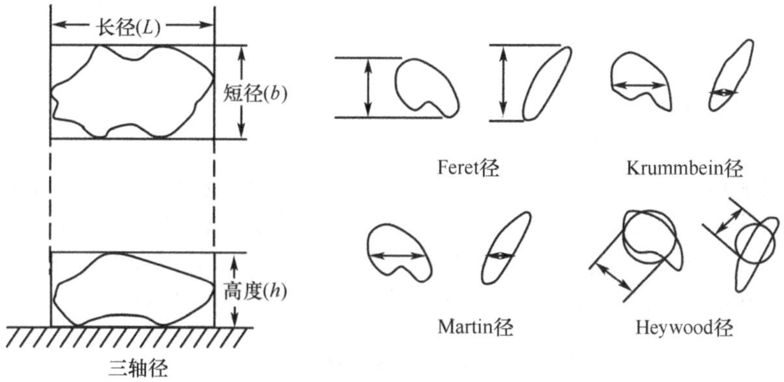

图 4-2 各种直径的表示方法

4）体积等价径（equivalent volume diameter）：与粒子的体积相同的球体直径，也称球相当径，记作 D_v，$D_v=\left(\frac{6V}{\pi}\right)^{1/3}$。

（2）筛分径（sieving diameter）：用粒子可以通过的筛孔的孔径代表粒径，本法一般适用于较粗大粒子的测定。应用范围在 45μm 以上，筛分时可采用标准筛。我国工业用标准筛用"目"表示筛号，目数越大孔径越小。为了尽量缩小操作带来的误差，测定时最好采用适宜的方法如机械法振动，并应控制振动的强度和时间。

根据粒子通过筛孔的孔径可计算粒子的算术平均径 D_{Aa} 和几何平均径 D_{Ag}

算术平均径 $$D_{Aa}=\frac{a+b}{2} \tag{4-4}$$

几何平均径 $$D_{Ag}=\sqrt{ab} \tag{4-5}$$

上述二式中，a 为粒子通过的粗筛网直径，b 为粒子被截留的细筛网直径。粒径的表示方式是（$-a$，$+b$），即粒径小于 a，大于 b。例如，将某粉体的粒度表示为（−1000，+900）μm 时，表明该群粒子小于 1000μm，大于 900μm，算术平均径为 950μm，几何平均径为 948.7μm。

（3）有效径（effect diameter）：相当于在液相中具有相同沉降速度的球形颗粒的直径，也称为沉降速度相当径（settling velocity diameter）。该粒径根据 stokes 方程计算所得，因此又称 Stocks 径，记作 D_{stk}。

$$D_{stk}=\sqrt{\frac{18\eta}{(\rho_p-\rho_l)\cdot g}\cdot\frac{h}{t}} \tag{4-6}$$

式（4-6）中，ρ_p、ρ_l 分别表示被测粒子与液相的密度，η 为液相的黏度，h 为等速沉降距离，t 为沉降时间。

（4）比表面积等价径（equivalent specific surface diameter）：与欲测粒子具有等比表面积的球的直径，记作 D_{sv}。采用气体透过法、吸附法测得比表面积后计算求得，可测定 100μm 以下的粒子。这种方法求得的粒径为平均径，不能求粒度分布。

$$D_{sv}=\frac{\varphi}{S_w\cdot\rho} \tag{4-7}$$

式（4-7）中，S_w为比表面积，ρ为粒子的密度，φ为粒子的性状系数，球体时φ=6，其他形状一般情况下φ=6.5～8。

2. 粒度分布（particle size distribution） 表示不同粒径的粒子群在粉体中所分布的情况，反映粒子大小的均匀程度。粒子群的粒度分布可用简单的表格、绘图和函数等形式表示。

频率分布与累积分布是常用的粒度分布的表示方式。频率分布（frequency size distribution）表示各个粒径相对应的粒子群占全粒子群的百分数（微分型）；累积分布（cumulative size distribution）表示小于（pass）或大于（on）某粒径的粒子占全粒子群的百分数（积分型）。百分数的基准可用个数基准（count basis）、质量基准（mass basis）、面积基准（surface basis）、体积基准（volume basis）、长度基准（length basis）等表示。测定基准不同，粒度分布曲线大不一样，因此表示粒度分布时必须注明测定基准。不同基准的粒度分布理论上可以互相换算。在制药工业的粉体处理过程中实际应用较多的是质量和个数基准分布。计算机程序先用个数基准测定粒度分布，然后利用软件处理直接转换成所需的其他基准，非常方便。表4-2中列出用个数基准及质量基准表示的某粒子群的频率粒度分布和累积粒度分布。

表 4-2　频率粒度分布和累积粒度分布表

粒径（μm）	频率分布		累积分布			
	质量（%）	个数（%）	质量（%）		个数（%）	
			>粒径	<粒径	>粒径	<粒径
0～20	6.5	19.5	93.5	6.5	80.5	19.5
20～25	15.8	25.6	77.7	22.3	54.9	45.1
25～30	23.2	24.1	54.5	45.5	30.8	69.2
30～35	23.9	17.2	30.6	69.4	13.6	86.4
35～40	14.3	7.6	16.3	83.7	6.0	94.0
40～45	8.8	3.6	7.5	92.5	2.4	97.6
45～100	7.5	2.4	0	100	0	100

频率分布与累积分布可用方块图或曲线表示，此种形式表示粒度分布比较直观，如图4-3所示。

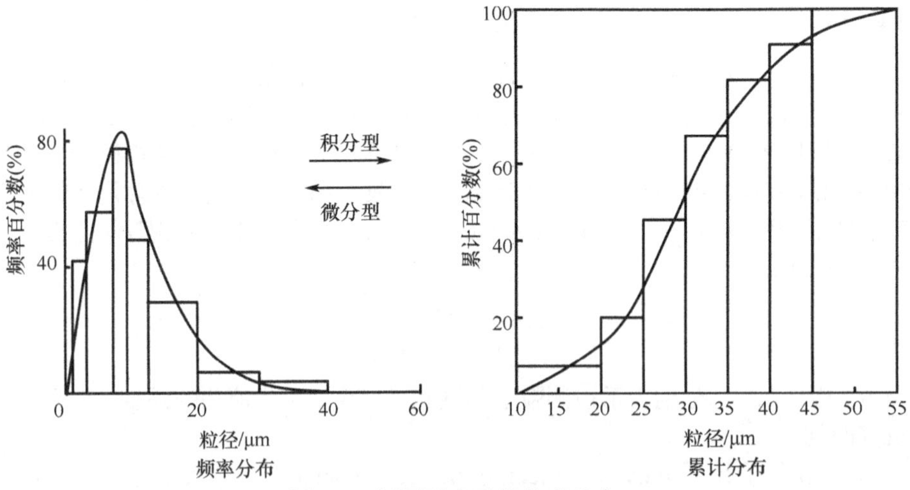

图 4-3　用图形表示的粒度分布

3. 平均粒径 为了求出由不同粒径组成的粒子群的平均粒径，首先求出前面所述具有代表性的粒径，然后求其平均值。求平均值的方法如表4-3所示。中位径是最常用的平均径，也称中值径，即在累积分布中累积值为50%所对应的粒径，常用D_{50}表示。根据表4-3还可求出其他平均径。

表 4-3　各种平均粒径与计算公式

名称	公式
1. 算术平均径（arithmetic mean diameter）	$\sum nd / \sum n$
2. 几何平均径（geometric mean diameter）	$(d_1^{n_1} \cdot d_2^{n_2} \cdots d_n^{n_n})^{1/n}$
3. 调和平均径（harmonic mean diameter）	$\sum n / \sum (n/d)$
4. 众数径（mode diameter）	频数最多的粒子直径
5. 中位径（medium diameter）	累积中间值（D_{50}）
6. 长度平均径（surface length mean diameter）	$\sum nd^2 / \sum nd$
7. 体面积平均径（volume surface mean diameter）	$\sum nd^3 / \sum nd^2$
8. 重量平均径（weight mean diameter）	$\sum nd^4 / \sum nd^3$
9. 面积平均径（surface mean diameter）	$\left(\sum nd^2 / \sum n\right)^{1/2}$
10. 体积平均径（volume mean diameter）	$\left(\sum nd^3 / \sum n\right)^{1/3}$
11. 比表面积径（specific surface diameter）	$\phi / \rho S_w$

4. 粒径的测定方法　粒径的测定原理不同，粒径的测定范围也不同，表 4-4 列出了粒径的不同测定方法与测定范围。

表 4-4　粒径的测定方法与适用范围

测定方法	粒径（μm）	测定方法	粒径（μm）
光学显微镜	0.5～100	射线扫描法	0.5～1 000
扫描电子显微镜	0.1～1 000	气体透过法	1～100
透射电子显微镜	0.01～10	激光散射仪	0.02～2 000
筛分法	50～10 000	氮气吸附法	0.03～1
沉降法	0.5～200	电声学光谱仪	0.005～100

（1）显微镜法（microscopic method）：包括光学显微镜法、电子显微镜法、原子力显微镜法等。光学显微镜法通过肉眼或显微成像观察单个分散粒子的外观和平面形态，主要测定几何学粒径和以个数、面积为基准的粒度分布，常用于测量 0.5～100μm 大小的粒子。采用特殊的固定方式，如在载玻片上涂布凡士林以固定不同方向的粒子，可以观测不同轴向的粒径。扫描电子显微镜具有更高的分辨率，适合分析较小粒径，因电子显微镜在成像前需经过一系列固定、染色处理，不太适合测定容易变形的粒子，并且一次较难测得大量粒子数据，也只能观察到平面图像。具有动态图像分析系统的光学显微镜可用 CCD 照相机采集样品的数字图像，在假定粒子的几何形态为球形或立方体后，自动计算粒子的大小及分布。

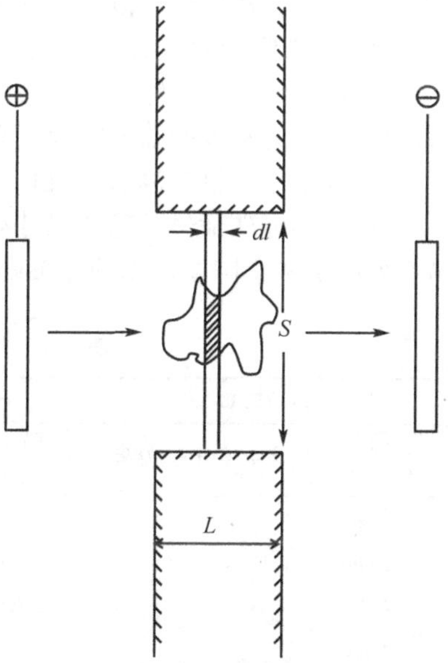

图 4-4　库尔特计数法原理示意图

（2）库尔特计数法（coulter counter method）：测定原理如图 4-4 所示，是将粒子群混悬于电解质溶液中，壁上设有一个细孔，孔两侧各有电极，电极间有一定电压，当粒子通过细孔时，粒子容积排出孔内电解质而电阻发生改变。利用电阻与粒子的体积成正比的关系将电信号换算成粒径，以测定粒径与其分布。本法测得的粒径为等体积球相当径，可以求得以个数为基准的粒度分布或以体积为基准的粒度分布。混悬剂、乳剂、脂质体、粉末药物等可用本法测定。

（3）沉降法（sedimentation method）：液相中混悬的粒子在重力场中恒速沉降时，根据 stokes 方程求出粒径的方法。Stocks 方程适用于 100μm 以下粒径的测定，常用 Andreasen 吸管法。这种装置设定一定的沉降高度，在此高度范围内粒子等速沉降（求出粒子径），并在一定时间间隔内再用吸管取样，测定粒子的浓度或沉降量，可求得粒度分布。

（4）比表面积法（specific surface area method）：利用粉体的比表面积随粒径的减少而迅速增加的原理，通过粉体层中比表面积的信息与粒径的关系求得平均粒径的方法，本法不能求得粒度分布。可测定的粒度范围为 100μm 以下。比表面积可用吸附法和透过法测定。

（5）场扫描法（field scanning methods）：包括光子相关光谱法、激光衍射法、声衰减法等。

1）动态光散射（dynamic light scattering，DLS）：也称光子相关光谱法，是粒径测定中广泛应用的方法。将一束单色光（如激光）照射到由布朗运动粒子组成的溶液上，光子撞击运动的粒子改变了照射光的波长，产生多普勒频移，这种频移与粒子大小相关。通过测量粒子扩散系数和自动校正，可以计算粒子大小及分布，描绘粒子在介质中的运动。DLS 方法测定快速，过程几乎全自动化，成本低。但本法建立在粒子布朗运动基础上，除了假设球形粒子带来的偏差外，对于那些粒子较大、浓度较高的体系，其测定结果可能有偏差，而且少数大粒子的影响可能造成很大偏差。因此，粒子粒径越均一，测定结果越真实。

2）激光散射技术（laser light scattering technique）：通过测定来自粒子的散射光的角度及散射光的强度推算出粒子大小及分布。该技术假设粒子为球形且不被激光透过，考虑粒子与分散介质有不同的折射率，当分散介质为水和粒子浓度极稀时，假设液体的折射率为 1。如果为其他溶剂或浓度较高时，则应测定试剂折射率。

3）电声学光谱仪（electroacoustic spectrometer）：用于测定浓的胶体溶液、混悬液、乳剂，浓度可达 50%（v/v），免去稀释或其他样品制备过程。仪器的检测室包括声学和电学传感器，通过测量衰减光谱测定粒子大小，同时测量胶体振动电流以确定 Zeta 电位。

（6）筛分法（sieving method）：是粒径与粒径分布测量中使用最早、应用最广，而且简单、快速的方法。常用测定范围在 45μm 以上。

筛分原理：筛分法是将一系列标准筛按筛号顺序上下排列，将一定量粉体样品置于最上层中，振动一定时间，称量各个筛号上的粉体重量，求得各筛号上的不同粒级重量百分数，由此获得以重量为基准的筛分粒径分布及平均粒径。

筛号常用“目”表示。“目”系指在筛面的 25.4mm（1 英寸）长度上开有的孔数。

各国的标准筛号及筛孔尺寸有所不同，《中国药典》R40/3 系列规定了药筛的 9 个筛号。表 4-5 列出了 4 个国家常用的标准筛号与尺寸对照关系。

表 4-5　各国标准筛系比较（筛孔尺寸单位 μm）

中国 GB5330-85		日本 JISZ8801		美国 A.S.T.M.-E-11-61		英国 B.S.410	
筛孔尺寸	《中国药典》筛号	筛孔尺寸	目数	筛孔尺寸	目数	筛孔尺寸	目数
（上略）							
5 600		5 660	3.5	5 660	3.5		
4 750		4 760	4.2	4 760	4		
4 000		4 000	5	4 000	5		
3 350		3 360	6	3 360	6	3 350	5

续表

中国 GB5330-85		日本 JISZ8801		美国 A.S.T.M.-E-11-61		英国 B.S.410	
筛孔尺寸	《中国药典》筛号	筛孔尺寸	目数	筛孔尺寸	目数	筛孔尺寸	目数
2 800		2 830	7	2 830	7	2 800	6
2 360		2 380	8	2 380	8	2 400	7
2 000	一号筛	2 000	9.2	2 000	10	2 000	8
1 700		1 680	10.5	1 680	12	1 680	10
1 400		1 410	12	1 410	14	1 400	12
1 180		1 190	14	1 190	16	1 200	14
1 000		1 000	16	1 000	18	1 000	16
850	二号筛	840	20	841	20	850	18
710		710	24	707	25	710	22
600		590	28	595	30	600	25
500		500	32	500	35	500	30
425		420	36	420	40	420	36
355	三号筛	350	42	354	45	355	44
300		297	48	297	50	300	52
250	四号筛	250	55	250	60	250	60
212		210	65	210	70	210	72
180	五号筛	177	80	177	80	180	85
150	六号筛	149	100	149	100	150	100
125	七号筛	125	120	125	120	125	120
106		105	145	105	140	105	150
90	八号筛	88	170	88	170	90	170
75	九号筛	74	200	74	200	75	200
63		63	250	63	230	63	240
53		53	280	53	270	53	300
45		44	325	44	325	45	350
38		—	—	37	400	—	—
（下略）							

（二）粒子形状

粒子的形状系指一个粒子的轮廓或表面上各点所构成的图像。由于粒子的形状千差万别，描述粒子形态的术语也很多，如球形（spherical）、立方形（cubical）、片状（platy）、柱状（prismoidal）、鳞状（flaky）、粒状（granular）、棒状（rod-like）、针状（needle-like）、块状（blocky）、纤维状（fibrous）、海绵状（sponge）等。除了球形和立方形等规则而对称的形态外，其他形状的粒子很难精确地描述，但这些大致反映了粒子形状的某些特征，因此这些术语在制剂工程上广泛使用。

为了用数学方式定量地描述粒子的几何形状，习惯上将粒子的各种无因次组合称为形状指数（shape index）。

1. 球形度（degree of sphericility） 亦称真球度，表示粒子接近球体的程度。

$$\varphi_s = \pi D_v^{\,2} / S \tag{4-8}$$

式（4-8）中，D_v 为粒子的球相当径[D_v=（$6V/\pi$）$^{1/3}$]，S 为粒子的实际表面积。一般不规则粒子的表面积不好测定，用式（4-9）计算球形度更实用。

$$\varphi_S=\text{粒子投影面积相当径/粒子投影面最小外接圆直径} \quad (4\text{-}9)$$

2. 圆形度（degree of circularity） 表示粒子的投影面接近于圆的程度。

$$\varphi_c = \pi D_H / L \quad (4\text{-}10)$$

式（4-10）中，D_H为 Heywood 径[D_H=（$4A/\pi$）$^{1/2}$]，L 为粒子的投影周长。

（三）粒子的比表面积

1. 比表面积的表示方法 粒子的比表面积（specific surface area）的表示方法根据计算基准不同可分为体积比表面积 S_v 和重量比表面积 S_w。

（1）体积比表面积：是单位体积粉体的表面积，单位为 cm^2/cm^3。

$$S_v = \frac{s}{v} = \frac{\pi d^2 n}{\frac{\pi d^3}{6} n} = \frac{6}{d} \quad (4\text{-}11)$$

式（4-11）中，s 为粉体粒子的总表面积，v 为粉体粒子的体积，d 为比表面积等价径，n 为粒子总个数。

（2）重量比表面积：是单位重量粉体的表面积，单位为 cm^2/g。

$$S_w = \frac{s}{w} = \frac{\pi d^2 n}{\frac{\pi d^3 \rho n}{6}} = \frac{6}{d\rho} \quad (4\text{-}12)$$

式（4-12）中，w 为粉体的总重量，ρ 为粉体的粒密度，其他同式（4-11）。

比表面积是表征粉体中粒子粗细的一种量度，也是表示固体吸附能力的重要参数，可用于计算无孔粒子和高度分散粉末的平均粒径。比表面积不仅对粉体性质，而且对制剂性质和药效都有重要意义。

2. 比表面积的测定方法 直接测定粉体比表面积的常用方法有气体吸附法和气体透过法。

（1）气体吸附法（gas adsorption method）：具有较大比表面积的粉体是气体或液体的良好吸附剂。在一定温度下 1g 粉体所吸附的气体体积（cm^3）对气体压力绘图可得吸附等温线。被吸附在粉体表面的气体在低压下形成单分子层，在高压下形成多分子层。如果已知一个气体分子的断面积 A，形成单分子层的吸附量 V_m，可用式（4-13）计算该粉体的比表面积 S_w。吸附实验的常用气体为氮气，断面积 A=0.162nm^2/mol。

$$S_w = A \cdot \frac{V_m}{22\,400} \cdot 6.02 \times 10^{23} \quad (4\text{-}13)$$

式（4-13）中的 V_m 可通过 BET 公式计算：

$$\frac{p}{V(p_0 - p)} = \frac{1}{V_m C} + \frac{C-1}{V_m C} \cdot \frac{p}{p_0} \quad (4\text{-}14)$$

式（4-14）中，V 为在 p 压力下 1g 粉体吸附气体的量（cm^3/g），C 表示第一层吸附热和液化热的差值的常数，p_0 为实验室温度下吸附气体饱和蒸气压。在一定实验温度下测定一系列 p 对 V 的数值，以 $p/[V(p_0-p)]$对 p/p_0 绘图，可得直线，由直线的斜率与截距求得 V_m。

（2）气体透过法（gas permeability method）：气体通过粉体层时，由于气体透过粉体层的空隙而流动，所以气体的流动速度与阻力受粉体层表面积大小（或粒子大小）的影响。粉体层的比表面积 S_w 与气体流量、阻力、黏度等关系可用 Kozeny-Carman 公式表示：

$$S_w = \frac{14}{\rho} \sqrt{\frac{A\Delta Pt}{\eta LQ} \frac{\varepsilon^2}{(1-\varepsilon)^2}} \quad (4\text{-}15)$$

式（4-15）中，ρ 为粒子密度，η 为气体的黏度，ε 为粉体层的空隙率，A 为粉体层断面积，

ΔP 为粉体层压力差（阻力），Q 为 t 时间内通过粉体层的气体流量。

气体透过法只能测粒子外部比表面积，不能测粒子内部空隙的比表面积，因此不适合于多孔性粒子比表面积的测定。此外还有溶液吸附、浸润热、消光、热传导、阳极氧化原理等方法测定比表面积。

二、粉体的密度与空隙率

（一）粉体密度的概念

粉体的密度系指单位体积粉体的质量。由于粉体的颗粒内部和颗粒间存在空隙，因此粉体的体积具有不同含义（图 4-5）。真体积 V_t 是排除了所有空隙（包括颗粒内和颗粒间）的一定重量粉体体积；堆体积 V 是一定重量粉体所占的体积；颗粒体积 V_g 是包括开口细孔与封闭细孔在内的颗粒体积。粉体的密度根据所指的体积不同分为真密度、颗粒密度、堆密度。

堆密度（ρ_b）：
$$\rho_b = \frac{样品重量}{V} \tag{4-16}$$

堆体积（V）：
$$V = \frac{样品重量}{\rho_b} \tag{4-17}$$

真密度（ρ_t）：
$$\rho_t = \frac{样品重量}{V_t} \tag{4-18}$$

颗粒密度（ρ_g）：
$$\rho_g = \frac{样品重量}{V_g} \tag{4-19}$$

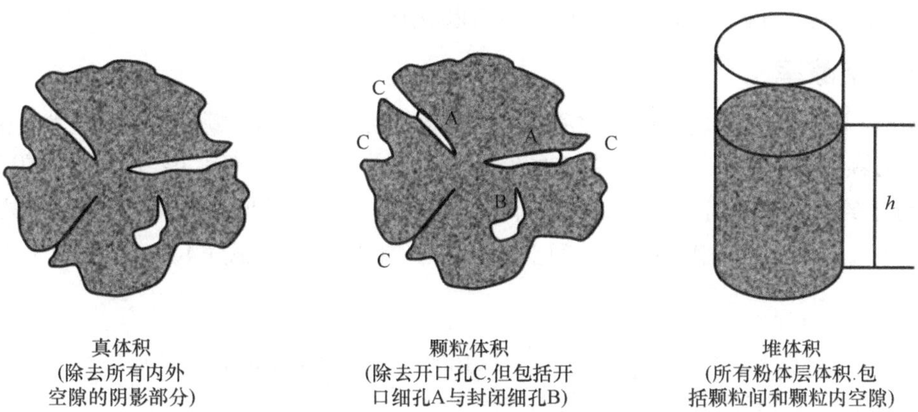

图 4-5 粉体体积示意图

若颗粒致密，无细孔和空洞，则 $\rho_t=\rho_g$；几种密度的大小顺序在一般情况下为 $\rho_t \geqslant \rho_g > \rho_b$。常见物质的真密度参见表 4-6。

表 4-6 常见辅料的真密度

物质名称	真密度（g/cm^3）	物质名称	真密度（g/cm^3）
氧化铝	4.0	甲基纤维素	1.34
阿拉伯胶	1.53	酒石酸	1.76
石蜡	0.90	乳糖	1.47
氧化镁	3.65	蔗糖	1.60
碳酸钙	2.72	滑石粉	2.6～2.8
氧化钙	3.3	活性炭	5.59
白陶土	2.2～2.5	明胶	1.27

例 4-1 一种粉末真密度 ρ_t 为 3.5g/ml，实验测得在圆柱状量筒中，2.5g 该种粉末体积为 40ml，计算其真体积和堆密度。

真体积：V_t= 2.5/3.5=0.714（ml）

堆密度：$\rho_b=\dfrac{2.5}{40}$=0.0625（g/ml）

（二）粉体密度的测定方法

1. 真密度与颗粒密度的测定 真密度 ρ_t 是实际固体材料的密度。常用的固体密度测定法是液体或气体置换法，是固体的重量除以固体置换的液体的体积。对于不溶于液体且密度大于液体的固体，可用普通的比重瓶来测定。例如，如果玻璃珠样品的重量为 5.0g，25℃时将玻璃珠浸入水中时置换出 2.0cm^3 的水，则密度为 5.0g/2.0（cm^3）=2.5（g/cm^3）。这种方法测得的真密度可能略有差别，取决于液体进入到粒子中孔隙的能力、界面上液体密度的可能变化和其他复杂的因素。因为氦气能渗透到最小的空隙和裂隙中，所以一般认为氦气置换法测得的密度最接近于真密度。乙醇和水等液体不能进入到很小的孔隙中，因此液体取代法测得的密度稍微小于真值。颗粒密度 ρ_g 也可以用类似于液体取代的方法测定，常用汞是因为汞能渗透到粒子间的空隙而不能渗透到粒子内的孔隙。粒子的体积和粒子内部孔隙的体积之和称为颗粒体积。已知粉末的重量，就可以计算颗粒密度。

2. 堆密度的测定 堆密度 ρ_b 定义为粉末的质量除以堆体积。目前已建立了测定堆密度或堆体积的标准方法。将已通过美国标准 20 号筛的粉末约为 50cm^3 置于 100ml 刻度量筒中，以 2 秒为间隔使量筒从 1 英尺的高度锤击在硬木表面上三次，然后用重量（g）除以量筒中样品的最终体积（cm^3）得到堆密度。实际上，堆密度在量筒锤击或敲击 500 次后才能达到最大值，但是，在不同实验室间三次锤击方法得出的结果最为一致。

（三）空隙率

空隙率（porosity）是粉体中空隙所占有的比率。由于颗粒内、颗粒间都有空隙，相应地将空隙率分为颗粒内空隙率（$\varepsilon_{内}$）、颗粒间空隙率（$\varepsilon_{间}$）、总空隙率（$\varepsilon_{总}$）等。颗粒的堆体积（V）是粉体的真体积（V_t）、颗粒内部空隙体积（$V_{内}$）与颗粒间空隙体积（$V_{间}$）之和，即 $V=V_t+V_{内}+V_{间}$。颗粒内空隙率、颗粒间空隙率和总空隙率可通过式（4-20）、（4-21）和（4-22）计算。

$$\varepsilon_{内}=\left(\frac{V_g-V_t}{V_g}\right)\times100\%=\left(1-\frac{\rho_g}{\rho_t}\right)\times100\% \tag{4-20}$$

$$\varepsilon_{间}=\left(\frac{V-V_g}{V}\right)\times100\%=\left(1-\frac{\rho_b}{\rho_g}\right)\times100\% \tag{4-21}$$

$$\varepsilon_{总}=\left(\frac{V-V_t}{V}\right)\times100\%=\left(1-\frac{\rho_b}{\rho_t}\right)\times100\% \tag{4-22}$$

三、粉体的流动性和填充性

（一）粉体的流动性

粉体的流动性（flowability）类似于非牛顿流体，可呈现塑性流动或胀性流动。粒子受不同程度引力的影响，可自由流动或具有黏性。粒子的形状、大小、表面状态、密度、空隙率等是影响粉体流动性的重要因素。有的粉体松散而能自由流动，可通过一定孔径的孔或管自由流出，是自由流动的粉体，如滑石粉或微粉硅胶；而有的粉体有较强的黏着性，不能自由流动，如含糖量较高的中药浸膏粉，属黏性粉体。在制药工业中，流动性差的粉体或颗粒给生产带来诸多麻烦。散剂分装、胶囊剂填充、片剂压片等都要求物料有良好的流动性，保证分剂量准确，因此粉体流动性是粉体的重要性质，对制剂工业有重要意义。为了提高粉体流动性，常在粉体中加入助流剂。

1. 粉体流动性的评价与测定方法

（1）休止角（angle of repose）：粒子在粉体堆积层的自由斜面上滑动时受到重力和粒子间摩擦力的作用，当这些力达到平衡时处于静止状态。休止角是此时粉体堆积层的自由斜面与水平面所形成的最大角（θ）。常用的测定方法有注入法、排出法、倾斜角法等，如图 4-6 所示。休止角不仅可以直接测定，而且可以测定粉体层的高度和圆盘半径后计算而得，即 $\tan\theta$=高度/半径。休止角是检验粉体流动性好坏的最简便的方法。

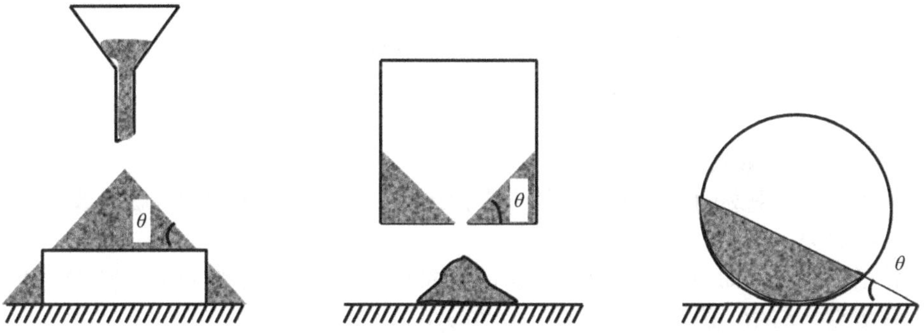

图 4-6　休止角的测定方法

休止角越小，流动性越好，休止角大则流动性差。粉体的形态和大小等许多因素可影响粉粒流动性。一般认为 $\theta \leqslant 30°$时流动性好，$\theta \leqslant 40°$时可以满足生产过程中流动性的需求。粉体粒径小于 100μm 时，流动性很差，相应地所测休止角较大。值得注意的是，测量方法不同所得数据有所不同，所以不能把休止角看作粉体的一个物理常数。

例 4-2　一种沙粒从漏斗中自由落下，形成一圆锥，高 3.3cm，直径 9cm，问休止角为多少？

$$\mathrm{Tan}\theta = h/r = 3.3/4.5 = 0.73$$

$$\arctan 0.73 = 36.25°$$

（2）流出速度（flow velocity）：是将物料加入漏斗中，全部物料流出所需的时间。如果粉体的流动性很差而不能流出时加入 100μm 的玻璃球助流，测定自由流动所需玻璃球的量（w%），以表示流动性。玻璃球加入量越多，流动性越差。粉体流动性实验装置如图 4-7 所示。

（3）压缩度（compressibility）：将一定量的粉体轻轻装入量筒后测量最初松体积；采用轻敲法（tapping method）使粉体处于最紧状态，测量最终的体积；计算最松密度 ρ_0 与最紧密度 ρ_f；根据式（4-23）计算压缩度 C。

$$C = [(\rho_f - \rho_0)/\rho_f] \times 100\% \tag{4-23}$$

压缩度是粉体流动性的重要指标，其大小反映粉体的凝聚性、松软状态。压缩度 20%以下时流动性较好，压缩度增大时流动性下降，当 C 值达到 40%～50%时，粉体很难从容器中自动流出。

目前有自动化程度较高的多功能粉体物理特性测试仪可对粉体的休止角、空隙率、流出速度、压缩度、密度等多项参数进行测定。

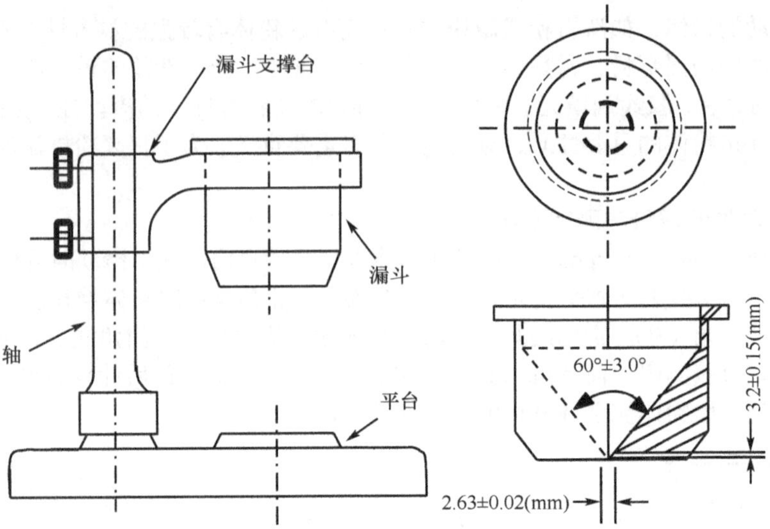

图 4-7　粉体流动性实验装置示意图

2. 粉体流动性的影响因素与改善方法

（1）粒子大小：对黏附性大的粉状粒子进行造粒，可减少粒子间的接触点数，降低粒子间的附着力、凝聚力。

（2）粒子形态及表面粗糙度：球形粒子的表面光滑，能减少接触点数，减少摩擦力。

（3）含湿量：适当干燥有利于减弱粒子间的作用力。

（4）助流剂的影响：加入 0.5%～2%滑石粉、微粉硅胶等助流剂可大大改善粉体的流动性，但过多使用反而增加阻力。

（二）粉体的填充性

填充性是粉体集合体的基本性质，在片剂、胶囊剂的制备过程中具有重要意义。填充性的表示方法很多，如堆密度、空隙率等。对粉体层进行振动时，粉体层密度的变化可由振动次数和体积的变化求得，可由川北方程和久野方程进行分析。

川北方程：

$$\frac{n}{C}=\frac{1}{ab}+\frac{n}{a} \tag{4-24}$$

久野方程：

$$\ln(\rho_f-\rho_n)=-kn+\ln(\rho_f-\rho_0) \tag{4-25}$$

上述二式中，ρ_0、ρ_n、ρ_f分别表示最初（0 次）、n 次、最终（体积不变）的密度；C 为体积减少度，即 $C=(V_0-V_n)/V_0$；a 为最终的体积减少度，$\lim\limits_{n\to\infty} C=a$，$a$ 值越小流动性越好；k、b 为充填速度常数，其值越大充填速度越大，充填越容易进行。在一般情况下，粒径越大，k 值越大。根据上式，以 n/C 对 n 作图，以 $\ln(\rho_f-\rho_n)$ 对 n 作图，根据测得的斜率、截距求算有关参数，如 a、b、k、C。

助流剂的加入也可影响粉体的填充。助流剂的粒径较小，一般约为 40μm，与粉体混合时在粒子表面附着，减弱粒子间的黏附从而增强流动性，增大填充密度。助流剂的添加量在 0.05%～0.1%（w/w）范围内最适宜，过量加入反而减弱流动性。如马铃薯淀粉中加入微粉硅胶，使淀粉粒子表面的 20%～30%被硅胶覆盖，防止粒子间的直接接触，黏着力下降到最低，填充密度上升到最大。

四、粉体的吸湿性与润湿性

（一）吸湿性

吸湿性（hygroscopicity）是指固体表面吸附水分的现象。将药物粉末置于湿度较大的空气中时容易发生不同程度的吸湿现象，使粉末的流动性下降，出现固结、润湿、液化等现象，甚至促进化学反应而降低药物的稳定性。因此防湿是药物制剂中的一个重要问题。

药物的吸湿性与空气状态有关。图 4-8 中 P 表示空气中水蒸气分压，P_w 表示物料表面产生的水蒸气压。当 P 大于 P_w 时发生吸湿（吸潮），P 小于 P_w 时发生干燥（风干），P 等于 P_w 时吸湿与干燥达到动态平衡，此时的水分称平衡水分。可见将物料长时间放置于一定空气状态后物料中所含水分为平衡含水量。平衡水分与物料的性质及空气状态有关，不同药物的平衡水分随空气状态的变化而变化。

药物的吸湿特性可用吸湿平衡曲线来表示，即先求出药物在不同湿度下的（平衡）吸湿量，再以吸湿量对相对湿度作图，即可绘出吸湿平衡曲线。

（1）水溶性药物的吸湿性：水溶性药物在相对湿度较低的环境下，几乎不吸湿，而当相对湿度增大到一定值时，吸湿量急剧增加，如图 4-9 所示。一般把吸湿量开始急剧增加的相对湿度称为临界相对湿度（critical relative humidity，CRH），CRH 是水溶性药物固定的特征参数，一些水溶性药物的临界相对湿度见表 4-7。CRH 是药物吸湿性大小的衡量指标。物料的 CRH 越小越易吸湿；反之则不易吸湿。

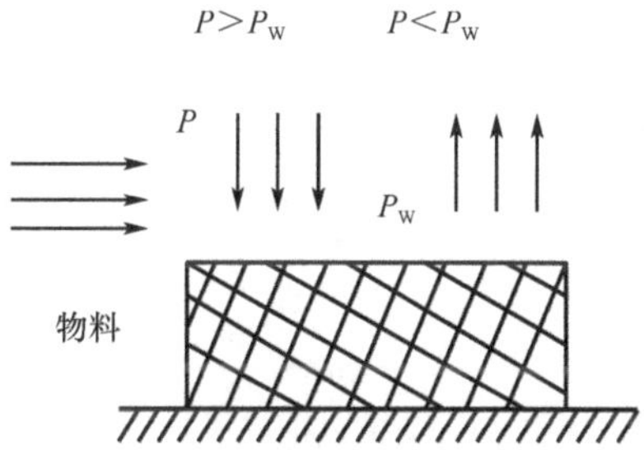

图 4-8　物料的吸潮与风干示意图

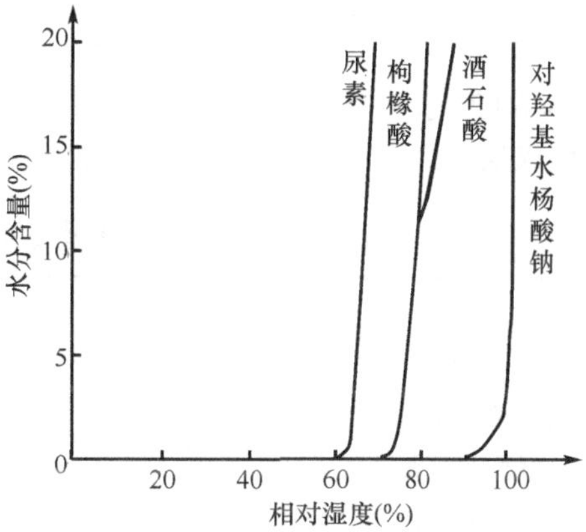

图 4-9　水溶性药物的吸湿平衡曲线

表 4-7　某些水溶性药物的临界相对湿度（37℃）

药物名称	CRH 值（%）	药物名称	CRH 值（%）
果糖	53.5	枸橼酸钠	84
溴化钠（二分子结晶水）	53.7	米格来宁	86
盐酸毛果芸香碱	59	咖啡因	86.3
重酒石酸胆碱	63	硫酸镁	86.6
硫代硫酸钠	65	安乃近	87
尿素	69	苯甲酸钠	88
苯甲酸钠咖啡因	71	对氨基水杨酸钠	88
抗坏血酸钠	71	盐酸硫胺	88

续表

药物名称	CRH 值（%）	药物名称	CRH 值（%）
酒石酸	74	硝酸钾	90.3
枸橼酸	74	氨茶碱	92
溴化六烃季铵	75	葡萄糖醛酸内酯	95
盐酸苯海拉明	77	抗坏血酸	96
水杨酸钠	78	烟酸	99.5
乌洛托品	78	安替比林	94.8
氯化钾	82.3	乳糖	96.9

在一定温度下，当空气相对湿度达到某一定值时，药物表面吸附的平衡水分溶解药物形成饱和水溶液层，饱和水溶液产生的蒸气压小于纯水产生的饱和蒸气压，因而不断吸收空气中的水分，不断溶解药物，致使整个物料润湿或液化，含水量急剧上升。

在药物制剂的处方中多数为两种或两种以上的药物或辅料的混合物。水溶性药物的混合物吸湿性更强，根据 Elder 假说，水溶性药物混合物的 CRH 约等于各成分 CRH 的乘积，而与各成分的量无关，即

$$CRH_{AB} = CRH_A \cdot CRH_B \tag{4-26}$$

上式中，CRH_{AB}为 A 与 B 物质混合后的临界相对湿度，CRH_A和 CRH_B分别表示 A 物质和 B 物质的临界相对湿度。根据式（4-26）可知水溶性药物混合物的 CRH 值比其中任何一种药物的 CRH 值低，更易于吸湿。例如，枸橼酸和蔗糖的 CRH 分别为 70%和 84.5%，混合处方中的 CRH 为 59.2%。使用 Elder 方程的条件是各成分间不发生相互作用，因此对于含同离子或水溶液中形成复合物的体系不适用。水溶性药物混合物的临界相对湿度见表 4-8。

表 4-8　水溶性药物混合物的临界相对湿度

混合组分名称	各成分的 CRH 的乘积	实测值	差值
蔗糖、乳糖	84.5%×97%=82%	82%	0
蔗糖、盐酸硫胺	84.5%×88%=73.4%	72.6%	0.8%
硫酸镁、葡萄糖	86.6%×82%=71%	70.5%	0.5%
酒石酸、氯化钠	74%×75%=56%	55%	1%
枸橼酸、蔗糖	70%×84.5%=59%	57%	2%
氯化钾、硝酸钾	82.3%×90.3%=74.2%	78.5%	4.3%
氯化钾、氯化钠	82.3%×75%=61.7%	71.0%	9.3%
酒石酸、枸橼酸	74%×70%=52%	63%	11%
氯化钠、盐酸硫胺	75%×88%=66%	73.4%	7.4%
盐酸硫胺、盐酸苯海拉明	88%×77%=68%	75%	7%
对氨基水杨酸钠、苯甲酸钠	88%×88%=77%	85%	8%

测定 CRH 意义包括：①CRH 值可作为药物吸湿性指标，一般 CRH 越大，越不易吸湿；②为生产、贮藏的环境提供参考，应将生产及贮藏环境的相对湿度控制在药物的 CRH 值以下，防止吸湿；③为选择防湿性辅料提供参考，一般应选择 CRH 值大的物料作辅料。

（2）水不溶性药物的吸湿性：如图 4-10 所示，水不溶性药物的吸湿性随着相对湿度变化而缓慢发生变化，没有临界点。由于平衡水分吸附在固体表面，相当于水分的等温吸附曲线。水不溶性药物的混合物的吸湿性具有加和性。

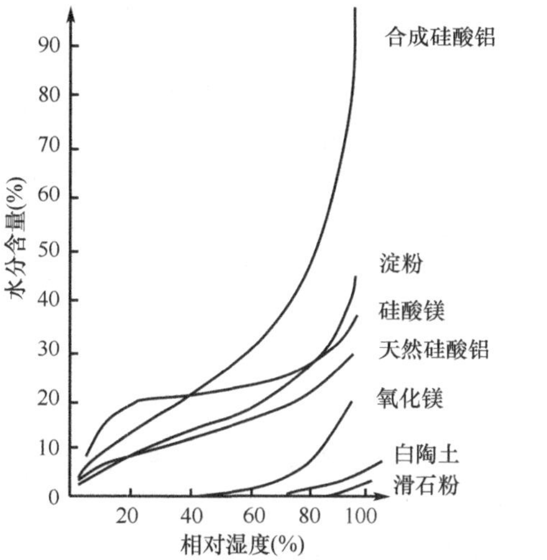

图 4-10　非水溶性药物（或辅料）的吸湿平衡曲线

（二）润湿性

润湿性（wetting）是固体界面由固-气界面变为固-液界面的现象。粉体的润湿性对片剂、颗粒剂等固体制剂的崩解和溶出具有重要意义。

固体的润湿性用接触角表示，当液滴滴到固体表面时，润湿性不同可出现不同形状。液滴在固液接触边缘的切线与固体平面间的夹角称接触角。水在玻璃板上的接触角约为等于 0°，水银在玻璃板上的接触角约 140°，这是因为水分子间的引力小于水和玻璃间的引力，而水银原子间的引力大于水银与玻璃间的引力所致。接触角最小为 0°，最大为 180°，接触角越小润湿性越好。液滴在固体表面上所受的力达到平衡时符合 Yong's 式，表示如下：

$$\gamma_{Sg} = \gamma_{SL} + \gamma_{gL}\cos\theta \qquad (4\text{-}27)$$

式（4-27）中，γ_{Sg}、γ_{gL}、γ_{SL} 分别表示固-气、气-液、固-液间的界面张力，θ 为液滴的接触角，如图 4-11 所示。水在常用物质上的接触角如表 4-9 所示。

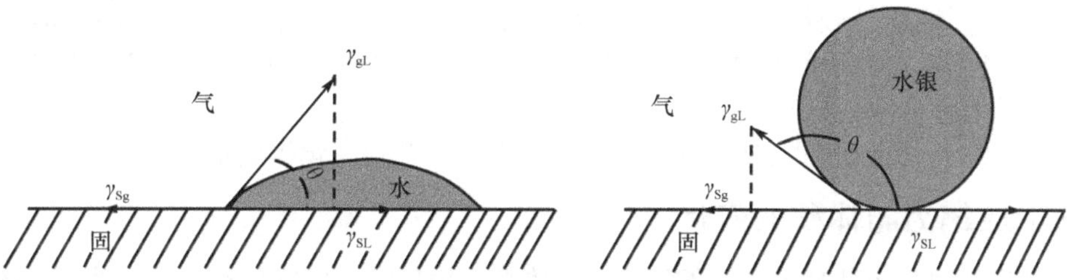

图 4-11　玻璃表面上水和水银的润湿与接触角

表 4-9　水在各种固体界面上的接触角

物质	接触角（°）	物质	接触角（°）
玻璃	0	聚乙酸乙烯	91
铝	4.5	蒽	92
乙酰胺	15	硬脂酸	106
辛酸	45	蜡	108
苯甲酸	61.5	肉豆蔻酸	115
尼龙	70	水银	140

五、粉体的黏附性与黏着性

黏附性（adhesion）系指不同分子间产生的引力，如粉体的粒子与器壁间的黏附；黏着性

(cohesion)(或黏聚性)系指同分子间产生的引力，如粒子与粒子间发生的黏附而形成聚集体。粉体之所以流动，其本质是粉体中粒子受力的不平衡，对粒子受力分析可知，粒子的作用力有重力、范德瓦耳斯力、摩擦力、静电力等，对粉体流动影响最大的是重力和范德瓦尔斯力。产生黏附性与黏着性的原因主要是范德瓦耳斯力与静电力，粒子表面存在的水分形成液体桥，或由于水分的减少而产生的固体桥发挥作用。在液体桥中溶解的溶质干燥而析出结晶时形成固体桥，是吸湿性粉末容易固结的原因。此外，温度、含水量、静电力、空隙率、堆密度、黏结指数、内部摩擦系数、空气中的湿度等因素也对粉体的黏附性和黏着性产生影响。造粒增大粒径或加入助流剂等手段是防止黏附、黏着的有效措施。

六、粉体的压缩性质

粉体具有压缩成形性，片剂的制备过程就是将药物粉末或颗粒压缩成具有一定形状和大小的坚固聚集体的过程。

压缩性（compressibility）表示粉体在压力下体积减少的能力；成形性（compactibility）表示物料紧密结合成一定形状的能力。对于药物粉末来说压缩性和成形性是紧密联系的，因此把粉体的压缩性和成形性简称为压缩成形性。压缩成形理论及各种物料的压缩特性，对于处方筛选与工艺选择具有重要意义。

固体物料的压缩成形性是一个复杂问题，许多学者在不断地探索和研究粉体的压缩成形机制，由于涉及因素很多，其机制尚未完全清楚。目前比较认可的几种说法可概括如下：①压缩后粒子间的距离很近，在粒子间产生范德瓦耳斯力、静电力等；②粒子在受压时产生的塑性变形使粒子间的接触面积增大；③粒子受压破碎而产生的新生表面具有较大的表面自由能；④粒子在受压变形时相互嵌合而产生机械结合力；⑤物料在压缩过程中由于摩擦力而产生热，特别是颗粒间支撑点处局部温度较高，使熔点较低的物料部分熔融，解除压力后重新固化而在粒子间形成“固体桥”；⑥水溶性成分在粒子的接触点处析出结晶而形成“固体桥”等。

粉体的压缩特性的研究主要通过施加压力带来的一系列变化得到信息。

（一）压缩力与体积的变化

粉体的压缩过程中伴随着体积的缩小，固体颗粒被压缩成紧密的结合体，然而其体积的变化较为复杂。相对体积（V_r=表观体积 V/真体积 V_s）随压缩力（p）的变化如图 4-12 所示。

根据体积的变化将压缩过程分为四段。ab 段：粉体层内粒子滑动或重新排列，形成新的充填结构，粒子形态不变；bc 段：粒子发生弹性变形，粒子间产生暂时架桥；cd 段：粒子的塑性变形或破碎使粒子间的空隙率减小、接触面积增大，增强架桥作用，并且粒子破碎而产生的新生界面使表面能增大，结合力增强；de 段：以塑性变形为主的固体晶格的压密过程，此时空隙率有限，体积变化不明显。这四段过程没有明显界限，也不是所有物料的压缩过程都要经过四段。有些过程可能同时或交叉发生，一般颗粒状物料表现明显，粉状物料表现不明显。在压缩过程中粉体层内部发生的现象模拟如图 4-13 所示。

（二）压缩循环图

1. 压缩过程中力的分析 压缩力在压缩过程中通过被压物料传递到各部位。如图 4-14 所示，F_U 为上冲力，F_L 为下冲力，F_R 为径向传递力，F_D 为模壁摩擦力（损失力），F_E 为推出力，h 为成形物高度，D 为成形物直径。

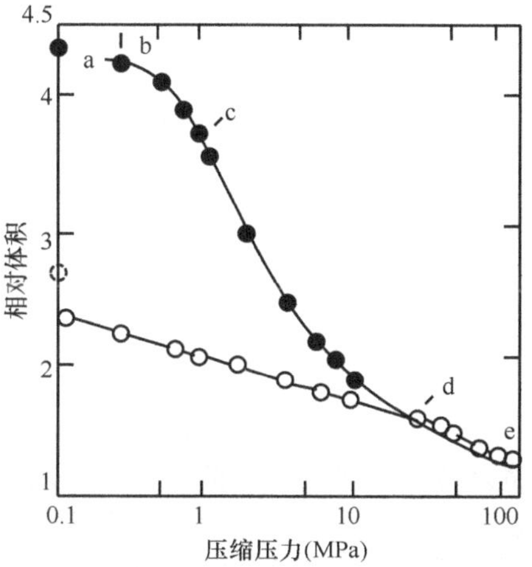

图 4-12 相对体积和压缩力的关系

● 颗粒状 ○ 粉末状

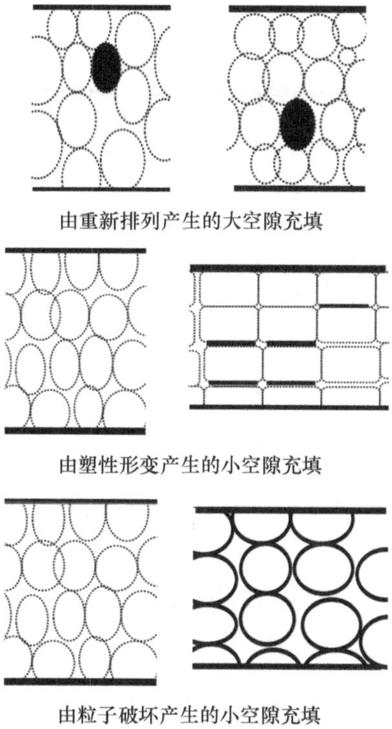

图 4-13 粒子的压缩行为

当物料为完全流体时 $F_U=F_L=F_R$，在各方向压力的传递大小相同。但在粉体的压缩过程中由于颗粒的性状、大小不同，颗粒间充满空隙而不连续等原因，颗粒与颗粒间、颗粒与器壁间必然产生摩擦力。各力之间关系如下：

（1）径向力与轴向力：其关系式为：

$$F_R = \frac{\upsilon}{1-\upsilon} \cdot F_U \tag{4-28}$$

式（4-28）中，υ 称泊松比，是横向应变与纵向应变之比（$\upsilon = |\varepsilon_{横} / \varepsilon_{纵}|$），通常为 0.4～0.5。

（2）压力传递率（F_L/F_U）：当压缩达到最高点时下冲力与上冲力之比。

$$\ln \frac{F_L}{F_U} = -4\mu Kh / D \tag{4-29}$$

式（4-29）中，μ 为颗粒与模壁的摩擦系数，$\mu=F_D/F_R$；K 为径向力与上冲力之比，$K=F_R/F_U$；摩擦力 $F_D=F_U-F_L$。压力传递率越高，成形物内部的压力分布越均匀，最高是 100%。

2. 压缩循环图 在一个循环的压缩过程中径向力与轴向力的变化可用压缩循环图表示。如图 4-15 所示，OA 段反映弹性变形过程；AB 段反映塑性变形或颗粒的破碎过程；B 点上解除施加的压力；BC 是弹性恢复阶段，BC 线平行于 OA 线；CD 线平行于 AB 线；OD 表示残留模壁压力，其大小反映物料的塑性大小。

物料为完全弹性物质时压缩循环图变为一条直线，即压缩过程与解除压力过程都在一条直线上变化。

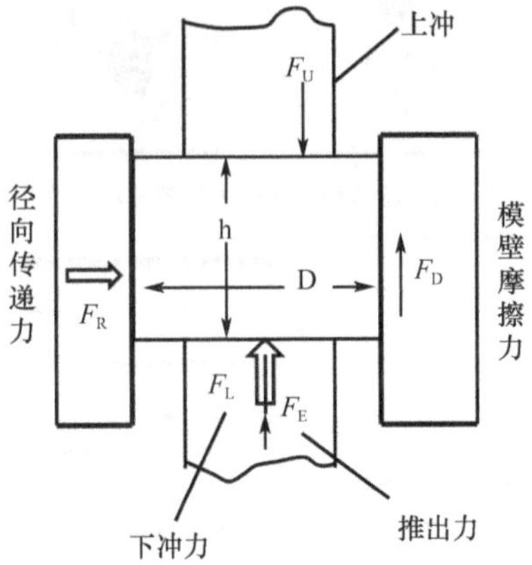

图 4-14 压缩过程的各种力

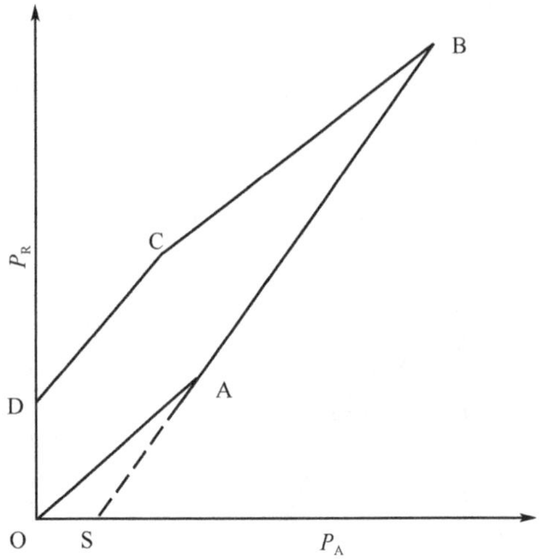

图 4-15 压缩循环图

（三）压缩功与弹性功

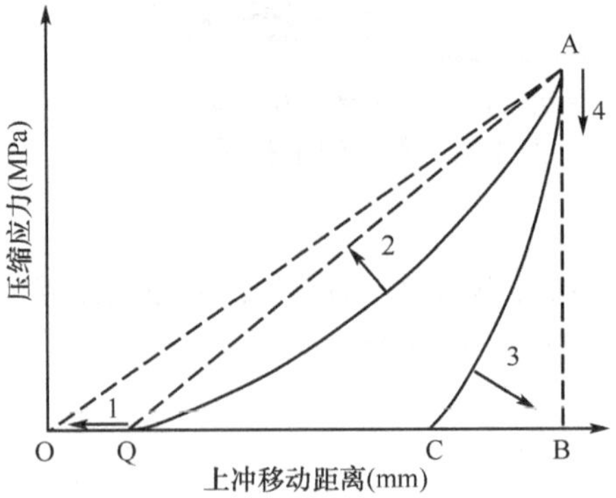

图 4-16 压缩曲线（压缩力与冲移动距离）

1. 压缩力与冲位移（压缩曲线） 压缩力与上冲位移曲线如图 4-16 所示。1 段为粉末移动，紧密排列阶段；2 段为压制过程；3 段为解除压力，弹性恢复过程；A 表示最终压缩力。理想的塑性变形物料的压缩曲线应是 OAB 直角三角，根据压缩曲线可以简便地判断物料的塑性与弹性。如物料的塑性越强，曲线 2 的凹陷程度越小，曲线 3 越接近垂直。如果完全是弹性物质，压制过程与弹性恢复过程在一条曲线上往复。这种直观的分析方法对片剂的处方设计或辅料的选择具有一定的指导意义。

2. 压缩功（compressive work） 压缩功=压缩力×距离。由于压缩力随上冲移动距离的变化而变化，即 $F=f(x)$，如图 4-16 中压缩曲线 OA，因此在压缩过程中所做的功 $W=\int f(x)\mathrm{d}x$，是压缩曲线 OA 下的面积，即 OAB 的面积，其中 CAB 的面积表示弹性恢复所做的功，因此用于压缩成形（或塑性变形）所做的功是 OAC 的面积。

3. 弹性功（elastic work） 实际应用的药物多数为黏弹性物质，即既有黏性又有弹性，只不过以哪个性质为主而已。有些药物在一次压缩过程中很难完成全部的塑性变形，需进行多次压缩。两次压缩时压缩曲线的变化，单斜线部分为塑性变形所消耗能量，双斜线部分为弹性功。如图 4-17 所示，第二次压缩时压缩功明显小于第一次，如果反复压缩时压缩功趋于一定，则此时塑性变形功趋于零，所做的功完全是弹性变形所做的功，或弹性变形所需的能量。根据完成塑性变形所需次数可以辨认该物质是塑性变形为主还是弹性变形为主。塑性较好的物质一般在 1～2 次压缩就能完成塑性变形，弹性较强的物质在重复压缩十几次甚至二十

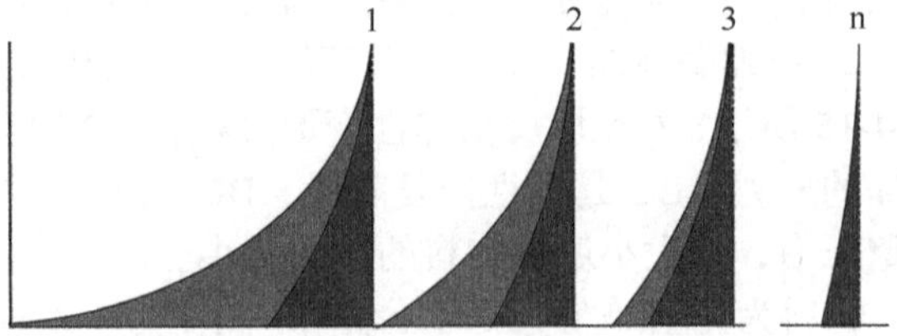

图 4-17 多次压缩曲线（压缩力与上冲移动距离）示意图

多次才能完成塑性变形。

七、粉体学在药剂学中的应用

作为原料药，粒子大小容易被忽视，但做成制剂，则需符合一定的要求。药物颗粒大小影响到制剂的外观、色泽、含量均匀度、稳定性和生物利用度等。

粒度与药物吸收关系密切，特别是溶解度小的药物。例如，地高辛粒径为3.7μm时比粒径为22μm时的体外溶解速率快3倍，体内血药水平高31%。灰黄霉素粒径在20μm以上时没有药效，如欲达到相同药效，所需粒径2.6μm的剂量仅为粒径10μm的一半。但是，并非所有情况都是粒子越小越好，有刺激性的药物，粒度越小，刺激性越大，如呋喃妥因用微粉制成的片剂，粒子太细，分解加快，刺激性增大。某些长效制剂，药物在较长时间内释放和吸收，需要较大的粒度。长效、中效、速效胰岛素锌混悬注射剂，系通过调节胰岛素锌复合物结晶颗粒大小比例来实现。对于吸收不受溶解速率限制的药物，粒度大小并不重要。治疗指数低的药物粒径减小后，药物的毒副作用也将增大。

粒度大小还影响药物稳定性。混悬液的粒子一般控制在10μm以下，不适当的粒度将影响混悬液的稳定性和微粒沉降速度。混悬液（如硫酸钡造影剂）属于动力学不稳定体系，在放置中微粒易下沉，下沉的速度与微粒半径平方成正比，常用减小粒径的方法来增加混悬液的动力学稳定性。粒度分布的均匀性也影响混悬液的稳定性，粒子均匀可防止结块。此外，粉末气雾剂也应防止粒子凝聚。

第三节 散剂的分类及特点

一、散剂的概念及分类

散剂（powders）系指原料药物或与适宜的辅料经粉碎、均匀混合制成的干燥粉末状制剂。散剂的用途不同，其粒径要求不同，一般的散剂能通过6号筛（100目，125μm）的细粉含量不少于95%；难溶性药物、收敛剂、吸附剂、儿科或外用散能通过七号筛（120目，150μm）的细粉含量不少于95%；眼用散应全部通过九号筛（200目，75μm）等。

散剂可分为口服散剂和外用散剂，口服散剂一般溶于或分散于水、稀释液或者其他液体中服用，也可直接用水送服。局部用散剂可供皮肤、口腔、咽喉、腔道等处应用，专供治疗、预防和润滑皮肤的散剂也可称为撒布剂或撒粉。

二、散剂的特点

散剂具有以下特点：①粒径小，比表面积大、容易分散、起效快；②外用散的覆盖面积大，可发挥保护和收敛等作用；③储存、运输、携带比较方便；④制备工艺简单，剂量易于控制，便于婴幼儿服用。但也要注意由于分散度大而造成对吸湿性、化学活性、气味、刺激性等的影响。

古人曰：“散者散也，去急病用之”，指出了散剂容易分散和奏效快的特点。散剂是古老而传统的固体剂型，在中药制剂中的应用比化学药更为广泛。

第四节 散剂的制备

一、散剂的制备工艺流程

散剂的制备工艺流程如图 4-18 所示。

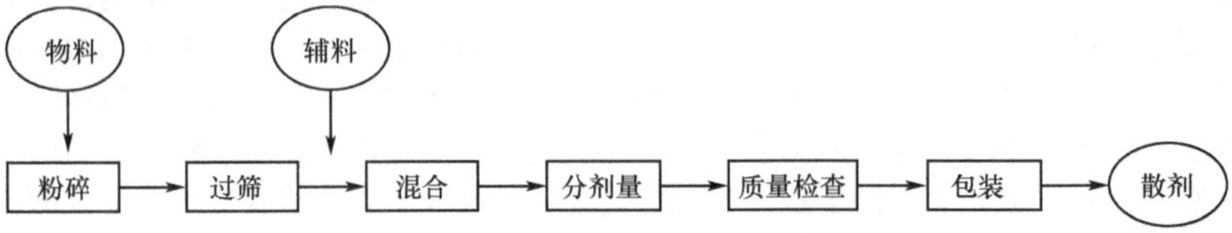

图 4-18 散剂的制备工艺流程

制备散剂的粉碎、过筛、混合等单元操作也适用于其他固体制剂的制备。制备散剂用的固体原料药，除粒度已达到药典要求外，均需进行粉碎。

二、粉 碎

（一）粉碎的概念与意义

粉碎（crushing）是借助机械力将大块固体物料破碎成小块或粉末的操作。粉碎的目的在于减小粒径，增加比表面积。粉碎的意义在于：①提高难溶性药物的生物利用度；②提高制剂质量，如提高混悬剂的分散性和稳定性；③调节药物粉末的流动性，改善不同药物粉末混合的均匀性；④有助于从中药中提取有效成分等。显然，粉碎对药品质量的影响很大，但必须注意粉碎过程可能带来的不良作用，如晶型转变，热分解，黏附与团聚性的增大，堆密度的减小，在粉末表面吸附的空气对润湿性的影响，粉尘飞扬，爆炸等。

通常把粉碎前的粒径 D_1 与粉碎后的粒径 D_2 之比称为粉碎度或粉碎比（n）。

$$n = \frac{D_1}{D_2} \tag{4-30}$$

（二）粉碎机制

粉碎过程主要是依靠外加机械力的作用破坏物质分子间的内聚力来实现的。被粉碎的物料受到外力的作用后在局部产生很大的应力或形变，开始表现为弹性变形，当施加应力超过物质的屈服应力时物料发生塑性变形，当应力超过物料本身的分子间力时即可产生裂隙并发展成为裂缝，最后则破碎或开裂。物料被粉碎后表面积增大，因此粉碎实际上是机械能部分转变为表面能的过程。

粉碎过程常用的外加力有：冲击力（impact）、剪切力（cutting）、弯曲力（bending）、研磨力（rubbing）、压缩力（compression）等。被处理物料的性质、粉碎程度不同，所需施加的外力也有所不同。冲击、压碎和研磨作用对脆性物质有效，纤维状物料用剪切方法更有效；粗碎以冲击力和压缩力为主，细碎以剪切力、研磨力为主；要求粉碎产物能产生自由流动时，用研磨法较好。实际上多数粉碎过程是上述的几种力综合作用的结果，如图 4-19 所示。

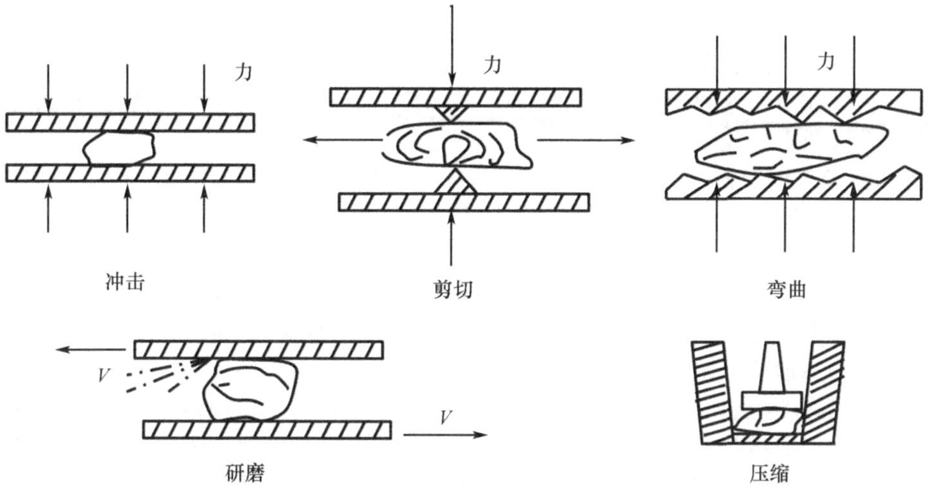

图 4-19　粉碎用外加力

（三）粉碎的能量消耗

在一般情况下，粉碎过程中所需的能量消耗用于粒子的变形、粒子破碎时新增的表面能、粉碎室内粒子的移动、粒子间及粒子与粉碎室间的摩擦、振动与噪声、设备转动等。研究结果表明，粉碎操作的能量利用率非常低，消耗于产生新表面能的能量在总消耗能量中只占 0.1%～1%，因此如何提高粉碎的有效能量是粉碎研究的主攻方向之一。随着粉碎过程的不断进行，即物料的粒径越小，达到一定粉碎度所需能量越大，越不易粉碎。粉碎过程受物料的性质、形状、大小以及设备、作用力、操作方式等条件的影响，很难用精确的计算公式来描述能量的消耗。

知识拓展 4-1

粉碎过程能量学说

Rittinger 学说（1867 年）："粉碎所需的能量与表面积的增加成正比"，适用于数十微米到数百微米粒度范围的细粉碎，因为细碎中表面积的增加比较显著，而且适用于脆性物料的粉碎。

Kick 学说（1885 年）："粉碎所需的能量与粒子体积的减少成正比"，适用于数十微米到数毫米粒度范围的粗碎，因为粗碎时体积的变化较为显著，此时的能量消耗只与粉碎比（D_1/D_2）有关，与粒径大小无关。

Bond 学说（1952 年）："粉碎所需的能量与颗粒中裂缝的长度成正比"，或者说粉碎所需的能量与粒径的平方根成反比。该理论介于 Rittinger 学说与 Kick 学说之间。

对整个粉碎过程来讲，开始阶段由于体积的减少更为显著而遵循 Kick 法则，而最终阶段的细粉碎过程中表面积的增加更为突出而遵循 Rittinger 法则，粉碎的中间阶段遵循 Bond 法则。

（四）粉碎方法

1. 闭塞粉碎与自由粉碎　闭塞粉碎是在粉碎过程中，已达到粉碎要求的粉末不能及时排出而继续和粗粒一起重复粉碎的操作，常用于小规模的间歇操作。自由粉碎是在粉碎过程中将已达到粉碎粒度要求的粉末及时排出，而不影响粗粒的继续粉碎的操作。这种操作粉碎效率高，常用于连续操作。

2. 开路粉碎与循环粉碎　开路粉碎是连续把粉碎物料供给粉碎机的同时，不断地从粉碎机中把已粉碎的细物料取出的操作，即物料只通过一次粉碎机便完成粉碎的操作。该法操作简单，粒度分布宽，适合于粗碎或粒度要求不高的粉碎。循环粉碎是经粉碎机粉碎的物料通过筛子或分级设备使粗颗粒重新返回到粉碎机反复粉碎的操作。该法操作的动力消耗相对低，粒度分布窄，适合于粒度要求比较高的粉碎。

3. 单独粉碎与混合粉碎 对大多数药物而言，通常采用单独粉碎，氧化性或还原性药物也必须单独粉碎，否则易引起爆炸；贵重药物以及刺激性药物为了减少损耗以及出于安全考虑，也应单独粉碎。

当处方中某些药物的性质及硬度相似时，采用混合粉碎可使粉碎与混合操作同时进行，节约成本。当处方中含有黏性强或含油量大的组分时，为避免这些药物单独粉碎的困难，也应采用混合粉碎。如熟地黄、桂圆肉、天冬、麦冬等中药含糖量多，黏性大，吸湿性强，可先将处方中其他干燥药物粉碎后与此类药物混合研磨，使成不规则的碎块和颗粒，60℃以下充分干燥后再粉碎（俗称“串料”）。杏仁、桃仁、苏子、大风子等含脂肪油较多的药物，可先捣成稠糊状，再与已粉碎的其他药物混合粉碎（俗称“串油”），如果混合粉碎的药物中含有共熔成分，可能发生液化或潮解现象，能否混合粉碎取决于制剂的具体要求。

4. 干法粉碎与湿法粉碎 药物粉碎前经过适当的干燥处理，使其水分含量降低到一定的限度（一般应少于 5%）再进行粉碎，称为干法粉碎。

湿法粉碎则是将适量的水或其他液体加入药物中进行研磨粉碎。通常液体的选用以药物遇湿不膨胀、两者不起变化、不妨碍药效为原则。樟脑、冰片、薄荷脑、水杨酸等药物均采用加液研磨的方法进行粉碎。这种方法还可用于某些刺激性较强的或有毒的药物，以避免粉碎时粉尘飞扬。

湿法粉碎中还有一种方法称水飞法，是将药物与水共置于粉碎机械如研钵或球磨机中研磨，一定时间后，将漂浮于液面或悬浮于水中的细粉倾出，余下的粗料再加水反复操作，至全部药物研磨完毕，然后将所有混悬液合并、沉降，倾去上层清液，干燥湿粉从而得到极细粉。中药材中一些难溶于水的药物，如炉甘石、珍珠、滑石，要求特别细度时，常采用此法进行粉碎。

5. 低温粉碎 是利用物料在低温时脆性增加、韧性与延展性降低的性质以提高粉碎效果的方法。通常，利用液氮或液化天然气等为冷媒，或使用其他方法对物料实施冷冻，再借助机械力粉碎。一些常温下不易破碎的物料可以采用这种方法，如蛇、鳖、树脂、树胶、干浸膏等；对热敏性物料，这种方法可防止粉碎时物料的变性。低温粉碎还有利于保存物料中的香气及挥发性成分，同时还可获得更细的粉末。

6. 超微粉碎 是将物质加工粉碎至超微粉体的过程。目前国内外对“超微粉体”的大小尚无严格的界定。超微粉碎可分为机械粉碎、物理化学粉碎及化学粉碎 3 种方法。物理化学粉碎包括机械粉碎与喷雾干燥及超临界流体等技术的结合使用；化学粉碎包括溶剂转换法、重结晶法等。

（五）粉碎设备

1. 截切式粉碎设备（cutting machine，slicer） 是利用刀片的剪切原理，将物料切制成片状，又称为切药机、切片机等，一般用于将中药的根、茎、叶等药用部分切成片、段、细条或碎块，以供进一步粉碎、提取或调配处方之用。按刀片运动的方式，切药机可分为直线往复式和旋转式。

2. 挤压式粉碎设备 挤压机又称辊压机（roller mill）或滚压机（图 4-20），挤压机的主体是两个相向转动的辊子或滚筒，脆性物料由输送设备送入装有重量传感器的称重仓，而后通过挤压机的进料装置，进入两个大小相同、相对转动的辊子之间，由辊子一面将物料拉入辊隙中，另一面则以高压将物料压成密实的物料饼，最后从辊隙中落下，流出料斗，由输送设备送至下一工序，对物料饼作进一步的分散或粉碎。挤压机主要适应于挤压脆性药物及橡胶等弹性物料，对潮湿、含油高、有黏性及富于纤维的药材则不宜用。

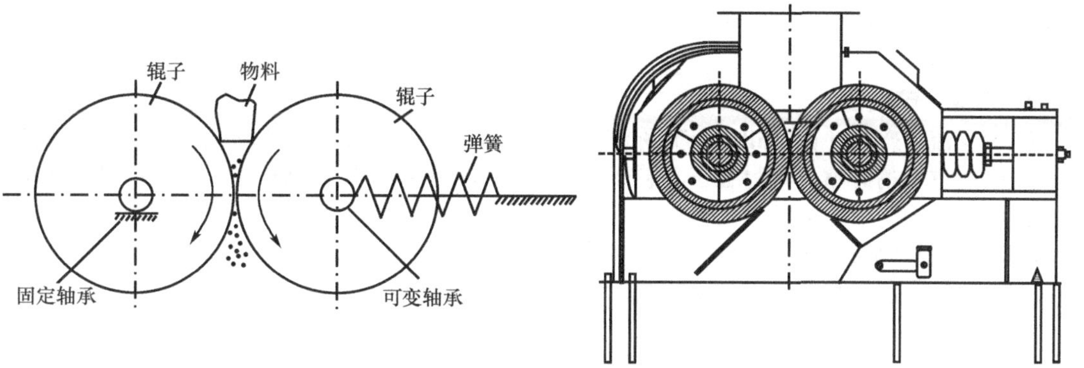

图 4-20　双辊式破碎机的工作原理及结构示意图

3. 冲击式粉碎设备　一般采用锤子、钢齿或打板等特殊撞击装置，在密闭的机壳内做高速转动，物料受到强烈的撞击、劈裂与碾磨等作用而粉碎，如锤式粉碎机、万能粉碎机、柴田式粉碎机等，如图 4-21 所示。

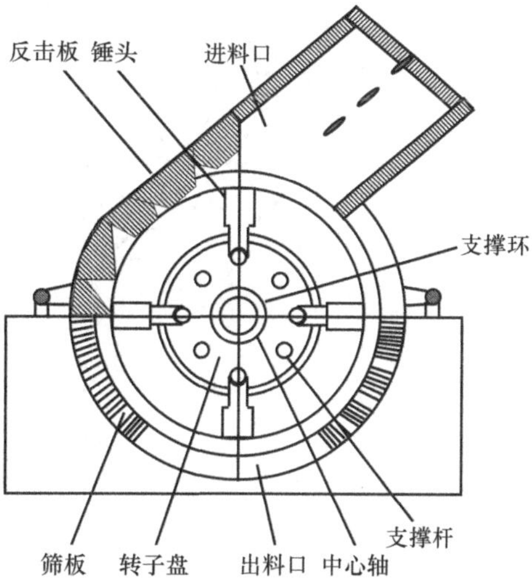

图 4-21　锤击式粉碎机内部结构

4. 碾磨式粉碎设备　小量药物的粉碎或实验室规模散剂的制备可用研钵，一般用瓷、玻璃、玛瑙、铁或铜制成。大量药物的粉碎选用球磨机。如图 4-22 所示，球磨机（ball mill）系在不锈钢或陶瓷制成的圆柱筒内装入一定数量不同大小的钢球或瓷球，通过电动机转动带动钢球或瓷球至一定高度，然后在重力作用下抛落下来，球的反复上下运动使药物受到强烈的撞击和研磨，从而被粉碎。圆筒转速过小时，球随罐体上升至一定高度后往下滑落，这时物料的粉碎主要靠研磨作用，效果较差。转速过大时，球与物料靠离心力作用随罐体旋转，失去物料与球体的相对运动。当转速适宜时，大部分球随罐体上升至一定高度，并在重力与惯性力作用下沿抛物线抛落，此时物料的粉碎主要靠冲击和研磨的联合作用，粉碎效果最好。球磨机粉碎由于密闭操作，适合于贵重物料的粉碎、无菌粉碎、干法粉碎、湿法粉碎、间歇粉碎等，适用范围很广。除转速外，粉碎效果还与球与物料的装量、球的大小与重量等有关。

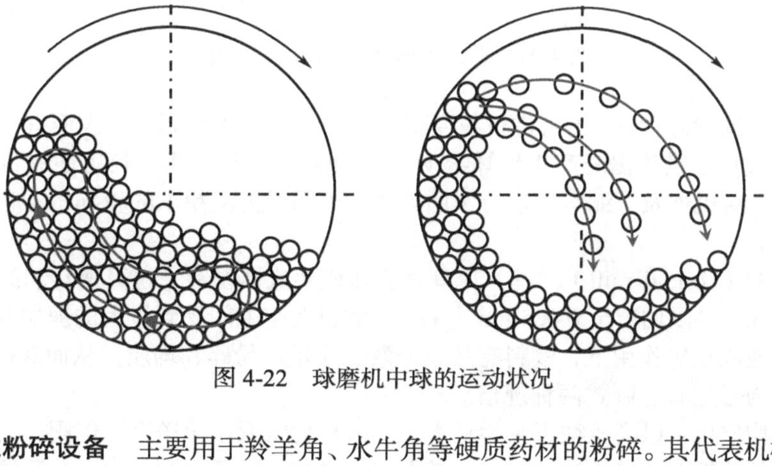

图 4-22　球磨机中球的运动状况

5. 挫削式粉碎设备　主要用于羚羊角、水牛角等硬质药材的粉碎。其代表机械有角质粉碎机（或称羚羊角粉碎机），由机壳和齿轮与挫面接触，物料被锉屑粉碎，落入接收瓶内，过筛后即可得细粉。

6. 其他粉碎设备

（1）气流粉碎机（jet mill）：又称流能磨（fluid energy mill），物料被 7～10 个气压的压缩空气引射进入粉碎室，物料粒子与粒子间、粒子与器壁间发生强烈撞击、冲击、研磨而得到粉碎。压缩空气夹带的细粉由出料口进入旋风分离器或袋滤器进行分离，较大颗粒由于离心力的作用沿器壁外侧重新带入粉碎室。

气流式粉碎机的形式很多，其中最常用的典型结构如图 4-23 和图 4-24 所示。

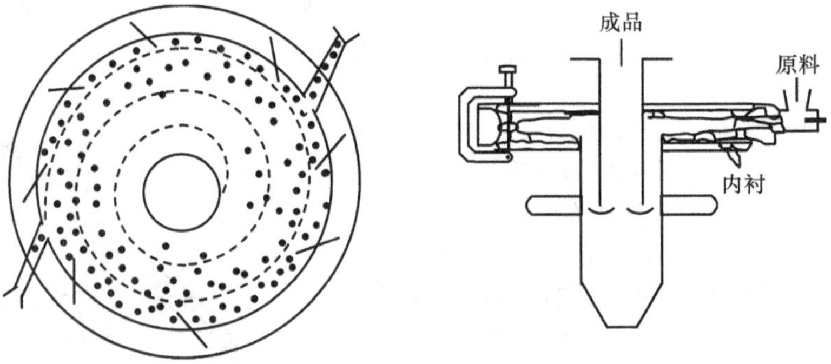

图 4-23 圆盘形气流粉碎机结构示意图

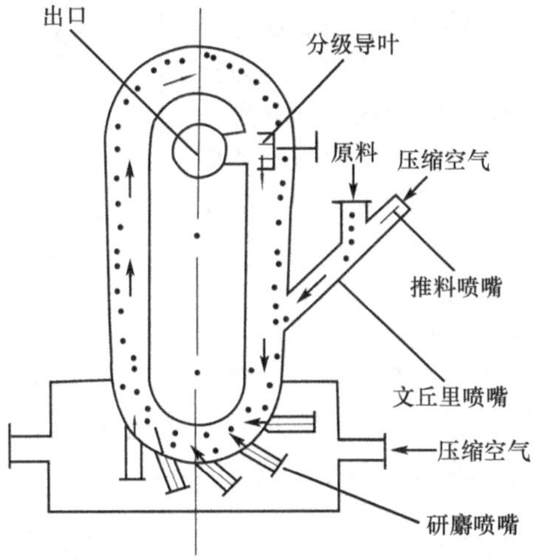

图 4-24 椭圆形气流粉碎机结构示意图

气流粉碎机的粉碎特点：①可进行粒度要求为 3～20μm 超微粉碎，因而有“微粉机”之称；②由于高压空气从喷嘴喷出时产生焦耳-汤姆逊冷却效应，故适用于热敏性物料和低熔点物料的粉碎；③易于对机器及压缩空气进行无菌处理，可用于无菌粉末的粉碎；④和其他粉碎机相比粉碎费用高。

（2）胶体磨（colloid mill）：基本原理是流体或半流体物料通过高速转动的圆盘（与外壳间有极小的空隙，可以调节至 0.005mm 左右），物料在空隙间受到极大的剪切及摩擦，同时在高频震动、高速旋涡等作用下，物料有效地分散、浮化、粉碎和均质，从而获得极小的粒径。胶体磨一般分为分立式、卧式两种规格。

（3）高压均质机：以高压往复泵为动力，将物料高压低速输送至工作阀，工作阀的阀芯和阀座之间在初始位置时是紧密贴合的，只是在工作时被物料液强制挤出一条狭缝，料液挤出后压力急剧降低，压力能转变为动能，在巨大动能作用下，物料颗粒通过阀件的窄小间隙产生剪切效应，巨大的动能还将物料流速提高到300～500 m/s，物料以高速射向撞击环而产生强大的撞击效应；同时由于压力迅速下降至饱和蒸气压力下，物料中形成气泡，出现空穴现象，在巨大的压力下跌作用下，物料失压、膨胀、爆炸。在上述各种综合因素作用下，实现颗粒的超微细化。高压均质机的均质腔结构有穴蚀喷嘴型、碰撞阀体型和Y交互型。

各种粉碎机的性能，见表4-10。

表4-10 各种粉碎机的性能

粉碎机类型	粉碎作用力	粉碎后粒度（μm）	适应物料
球磨机	磨碎、冲击	20～200	可研磨性物料
滚压机	压缩、剪切	20～200	软性粉体
冲击式粉碎机	冲击	4～325	大部分医药品
胶体磨	磨碎	20～200	软性纤维状
气流粉碎机	撞击、研磨	1～30	中硬度物质

三、筛 分

（一）筛分法

筛分法（sieving method）是借助筛网孔径大小将物料进行分级的方法。筛分法操作简单、经济而且分级精度较高，是医药工业中应用最为广泛的分级操作之一。

筛分的目的是为了获得较均匀的粒子群。即或筛除粗粉取细粉，或筛除细粉取粗粉，或筛除粗、细粉取中粉等。这对药品质量及制剂生产的顺利进行都有重要的意义。例如，颗粒剂、散剂等制剂都有规定的粒度要求；在混合、制粒、压片等单元操作中粒度对混合度、粒子的流动性、充填性、片重差异、片剂的硬度、裂片等均有显著影响。

（二）筛分设备

筛分用的药筛分为冲眼筛和编织筛（图4-25）。冲眼筛系在金属板上冲出圆形的筛孔而成。其筛孔坚固，不易变形，多用于高速旋转粉碎机的筛板及药丸等的筛分。编织筛是具有一定机械强度的金属丝（如不锈钢、铜丝、铁丝等），或其他非金属丝（如尼龙丝、绢丝等）编织而成。编织筛的优点是单位面积上的筛孔多、筛分效率高，可用于细粉的筛选。但编织筛线易于位移致使筛孔变形，影响筛分效果。

冲眼筛　　编织筛

图4-25 冲眼筛和编织筛

《中国药典》2015年版把固体粉末分为六级（表4-11），还规定了各个剂型所需要的粒度。

我国工业用标准筛筛号和《中国药典》筛号参见本章第二节有关内容。

表 4-11　固体粉末分级及粒径

粉末分级	粒径
最粗粉	指能全部通过药典一号筛，但混有能通过三号筛不超过 20%的粉末
粗粉	指能全部通过药典二号筛，但混有能通过四号筛不超过 40%的粉末
中粉	指能全部通过药典四号筛，但混有能通过五号筛不超过 60%的粉末
细粉	指能全部通过药典五号筛，但含能通过六号筛不少于 95%的粉末
最细粉	指能全部通过药典六号筛，但含能通过七号筛不少于 95%的粉末
极细粉	指能全部通过药典八号筛，但含能通过九号筛不少于 95%的粉末

筛分设备的操作要点是将欲分离的物料放在筛网面上，采用不同方法使粒子运动，并与筛网面接触，小于筛孔的粒子漏到筛下。

1. 振动筛　根据药典规定的筛序，按孔径大小从上到下排列，最上为筛盖，最下为接受器。把物料放入最上部的筛上，盖上盖，固定在摇动台进行摇动和振荡数分钟，即可完成对物料的分级。目前国内外均有自动化程度较高的此种筛分产品（图 4-26），常用于测定物料粒度分布或少量剧毒药、刺激性药物的筛分。

2. 旋振筛　在电机的上轴及下轴各装有不平衡重锤，上轴穿过筛网与其相连，筛框以弹簧支撑于底座上，上部重锤使筛网产生水平圆周运动，下部重锤使筛网发生垂直方向运动，故筛网的振荡方向有三维性，物料加在筛网中心部位，筛网上的粗料由上部排出口排出，筛分的细料由下部的排出口排出。旋振筛具有分离效率高、单位筛面处理能力大、维修费用低、占地面积小、重量轻等优点，被广泛应用。旋振筛工作原理如图 4-27 所示。

图 4-26　振动筛分仪

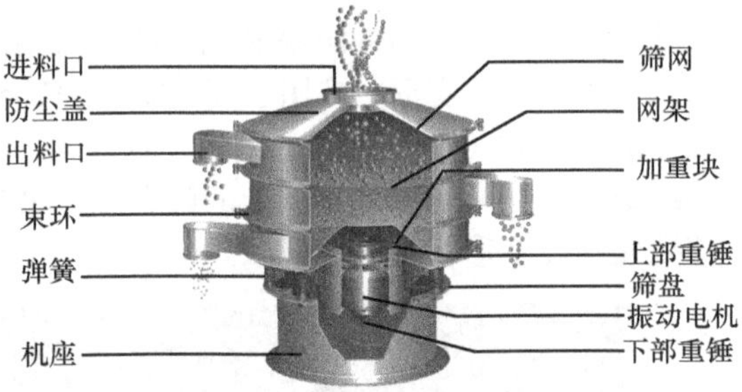

图 4-27　旋振筛工作原理示意图

（三）影响筛分的因素

1. 颗粒与筛孔形状　一般对于圆柱形颗粒，矩形筛孔通过性能较好；而对于各方向尺寸差别不大的不规则颗粒，圆孔的通过性能较好。

2. 筛面开孔率　筛面开孔率越大，通过性能越好。在保证筛面强度的情况下，编织筛比冲眼筛具有较高的开孔率，通过性能优于冲眼筛。

3. 物料层厚度　使用平面筛时，如通过筛面的物料层过厚，料层上部小颗粒通过筛孔困难，会引起误筛率上升；料层过薄则筛分产量太低，也不可取，合适的料层厚度应通过试验确定。

4. 筛体运动状态　筛体运动的方法可以是筛面做水平往复直线运动（回转）、垂直往复直线运动（振动）或者两者的组合。筛体仅有单一运动时，筛分效果不理想。实践表明，将两种运动结合起来的回转振动效果较好。

5. 物料性质 物料的粒度、含水率、摩擦特性、流动性等均与筛分过程有关。物料颗粒粒径存在差异是筛分的前提，这种差异越大，筛分过程越容易进行。物料含水率越高，其颗粒通过筛孔的性能就越差。此外，药物性质、粉末表面结构及带电性等因素也与过筛效率相关。

四、混 合

（一）混合的概念

把两种以上组分的物质均匀分散的操作称为混合（mixing）。混合操作以含量的均匀一致为目的，是保证制剂产品质量的重要措施之一。固体的混合不同于互溶液体的混合，是以固体粒子作为分散单元，因此在实际混合过程中完全混合几乎办不到。为了满足混合样品中各成分含量的均匀分布，尽量减小各成分的粒度，常以微细粉体作为混合的主要对象。

（二）混合度的表示方法

混合度是表示物料混合均匀程度的指标。固体间的混合只能达到宏观的均匀性，因此常以统计分析的混合限度作为完全混合状态的基准，比较实际的混合程度。

1. 标准偏差或方差 标准偏差 σ 或方差 σ^2 是较常用的简单方法。

$$\sigma=\left[\frac{1}{n-1}\sum_{i=1}^{n}(X_i-\overline{X})^2\right]^{\frac{1}{2}} \tag{4-31}$$

$$\sigma^2=\frac{1}{n-1}\sum_{i=1}^{n}(X_i-\overline{X})^2 \tag{4-32}$$

上述二式中，n 为抽样次数，X_i 为某一组分在第 i 次抽样中的分率（重量或个数），$\overline{X}$ 为样品中某一组分的平均分率（重量或个数），以表示某一组分的理论分率。σ 或 σ^2 值越小，越接近于平均值，为 0 时，此混合物达到完全混合。在 σ、σ^2 的计算过程中，受取样次数、取样位置等的影响，具有随机误差。

2. 混合度（degree of mixing） 能有效地反映混合物的均匀程度，可用 Lacey 式描述。

$$M=\frac{{\sigma_0}^2-{\sigma_t}^2}{{\sigma_0}^2-{\sigma_\infty}^2} \tag{4-33}$$

式（4-33）中，M 为混合度；${\sigma_0}^2$ 为两组分完全分离状态下的方差，${\sigma_0}^2=\overline{X}(1-\overline{X})$；${\sigma_\infty}^2$ 为两组分完全均匀混合状态下的方差，${\sigma_\infty}^2=\overline{X}(1-\overline{X})/n$，$n$ 为样品中固体粒子的总数；${\sigma_t}^2$ 为混合时间为 t 时的方差，${\sigma_t}^2=\sum_{i=1}^{N}(X_\text{i}-\overline{X})/N$，$N$ 为样品数。

完全分离状态时：
$$M_0=\frac{{\sigma_0}^2-{\sigma_t}^2}{{\sigma_0}^2-{\sigma_\infty}^2}=\frac{{\sigma_0}^2-{\sigma_0}^2}{{\sigma_0}^2-{\sigma_\infty}^2}=0 \tag{4-34}$$

完全混合均匀时：
$$M_\infty=\frac{{\sigma_0}^2-{\sigma_t}^2}{{\sigma_0}^2-{\sigma_\infty}^2}=\frac{{\sigma_0}^2-{\sigma_\infty}^2}{{\sigma_0}^2-{\sigma_\infty}^2}=1 \tag{4-35}$$

一般混合状态下，混合度 M 介于 0～1。在混合过程中，可随时测定混合度，找出混合度随时间的变化关系，研究各种混合操作的控制机制。

（三）混合机制

混合机内粒子经随机的相对运动完成混合，混合机制概括起来有 Lacey 提出的三种运动方式。

1. 对流混合（convective mixing） 固体粒子群在机械转动的作用下，发生较大的位移时产生的总体混合。

2. 剪切混合（shear mixing） 由于粒子群内部力的作用结果，产生滑动面，破坏粒子群的团聚状态而进行的局部混合。

3. 扩散混合（diffusive mixing） 由于粒子的无规则运动，在相邻粒子间发生相互交换位置而进行的局部混合。

上述三种混合方式在实际的操作过程中并不是独立进行，而是同时或先后发生。所表现的程度因混合器的类型、粉体性质、操作条件等不同而存在差异。一般来说，在混合开始阶段以对流与剪切混合为主导作用，随后扩散的混合作用增加。必须注意，混合不同粒径的、自由流动的粉体时常伴随离析，从而影响混合程度。

（四）混合的影响因素

在混合机内多种固体物料进行混合时往往伴随着离析现象（segregation），离析是与粒子混合相反的过程，妨碍良好的混合，也可使已混合好的物料重新分层，降低混合程度。在实际的混合操作中影响混合速度及混合度的因素很多，归纳起来有物料因素、设备因素、操作因素等。

1. 物料粉体性质 物料的粉体性质，如粒度分布、粒子形态及表面状态、密度、含水量、流动性（休止角、内部摩擦系数等）、黏附性、团聚性等都会影响混合过程。特别是粒径、粒子形态、密度等在各个成分间存在显著差异时，混合过程中或混合后容易发生离析现象而无法混合均匀。一般情况下，小粒径、大密度的颗粒易于在大颗粒的缝隙中往下流动而影响均匀混合，球形颗粒容易流动而易产生离析，当混合物料中含有少量水分可有效地防止离析。一般来说，粒径的影响最大，密度的影响在流化操作中比粒径更显著。各成分的混合比也是非常重要的因素，混合比越大，混合度越小。

2. 设备类型 混合机的形状及尺寸，内部插入物（挡板、强制搅拌等），材质及表面情况等均是影响混合的因素。应根据物料的性质选择适宜的混合机。

3. 操作条件 物料的充填量、装料方式、混合比、混合机的转动速度及混合时间等也会影响混合效果。V 型混合机的装料量占容器体积的 30 %左右时，σ 值最小。转动型混合机的转速过低时，粒子在物料层表面向下滑动，易产生离析现象；转速过高时，粒子受离心力的作用随转筒一起旋转而几乎不产生混合作用。适宜转速一般取临界转速的 0.7～0.9 倍。各成分间密度差及粒度差较大时，先装密度小的或粒径大的物料，后装密度大的或粒径小的物料，并且混合时间应适当。

为了达到均匀的混合效果，以下一些问题，必须给予充分考虑：

（1）各组分的混合比例：比例相差过大时难以混合均匀，此时应该采用等量递加混合法（又称配研法）进行混合，即量小药物研细后，加入等体积其他细粉混匀，如此倍量增加混合至全部混匀，再过筛混合即成。

“倍散”指在小剂量的剧毒药物中添加一定量的填充剂制成的稀释散。稀释倍数由剂量而定：剂量 0.1～0.01g 可配成 10 倍散（即 9 份稀释剂与 1 份药物混合），剂量 0.01～0.001g 配成 100 倍散，剂量 0.001g 以下应配成 1000 倍散。配制倍散时应采用逐级稀释法。常用的稀释剂有乳糖、糖粉、淀粉、糊精、沉降碳酸钙、磷酸钙、白陶土等。为便于观察混合是否均匀，可加入少量色素。

（2）各组分的密度：各组分密度差异较大时，应避免密度小者浮于上面，密度大者沉于底部而不易混匀。但当粒径小于 30μm 时粒子的密度大小将不会成为导致分离的因素。

（3）各组分的黏附性与带电性：有的药物粉末对混合器械具有黏附性，影响混合也造成损失，一般应将量大或不易吸附的药粉或辅料垫底，量少或易吸附者后加入。混合时摩擦起电的粉末不易混匀，通常加少量润滑剂或表面活性剂加以克服，如硬脂酸镁、十二烷基硫酸钠等。

（4）含液体或易吸湿成分的混合：如处方中含有液体组分时，可用处方中其他固体组分或吸收剂吸收该液体至不润湿为止。常用的吸收剂有磷酸钙、白陶土等。若含有易吸湿组分，则应针对吸湿原因加以解决。例如，结晶水在研磨时释放而引起湿润，则可用等摩尔无水物代替；若某组分的吸湿性很强（如胃蛋白酶等），则可在低于其临界相对湿度条件下，迅速混合并密封防潮；若混合引起吸湿性增强，则不应混合，可分别包装。

（5）形成低共熔混合物：有些药物按一定比例混合时，可形成低共熔混合物而在室温下出现润湿或液化现象。药剂调配中可发生低共熔现象的药物有水合氯醛、樟脑、麝香草酚等，如图 4-28 所示，萨罗和樟脑以一定比例混合研磨时极易润湿、液化，应尽量避免形成低共熔物的混合比。

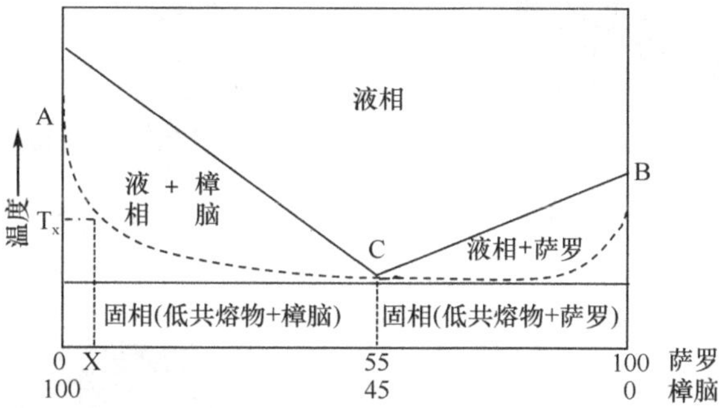

图 4-28　低共熔混合物形成示意图

4. 混合方式与设备　实验室常用的混合方法有搅拌混合、研磨混合、过筛混合。大批量生产时多采用搅拌或容器旋转方式，物料产生整体和局部的移动而实现均匀混合。固体的混合设备大致分为两大类，即容器旋转型和容器固定型。

（1）容器旋转型混合机：容器旋转型是靠容器本身的旋转作用带动物料上下运动而使物料混合的设备。

1）圆筒型混合机：有水平圆筒型和倾斜圆筒型两种，比较而言，倾斜圆筒型在转动的同时又参与摆动，使筒中物料得以充分混合，因此混合效率高，充填容积也比水平圆筒型大，如图 4-29 所示。

2）V 型混合机：如图 4-30 所示，V 型混合机由两个圆筒成 V 型交叉结合而成。物料在圆筒内旋转时，被分成两部分，再使这两部分物料重新汇合在一起，这样反复循环，在较短时间内即能混合均匀。

3）双锥型混合机：如图 4-31 所示，双锥型混合机系在短圆筒两端各与一个锥形圆筒结合而成，旋转轴与容器中心线垂直，也有双锥三维运动型（图 4-32）和斜双锥型。混合机内的物料的运动状态与混合效果类似于 V 型混合机。

（2）容器固定型混合机：容器固定型是物料在容器内靠叶片、螺旋桨或气流的搅拌作用进行混合的设备。

1）搅拌槽型混合机：如图 4-33 所示，由断面为 U 型的固定混合槽和内装螺旋状搅拌桨组成，混合槽可以绕水平轴转动以便于卸料。物料在搅拌桨的作用下不停地上下、左右、内外各个方向运动，从而达到均匀混合。混合时以剪切混合为主，混合时间较长，混合度与 V 型混合机类似。这种混合机也可适用于造粒前的捏合（制软材）操作。

2）锥形垂直螺旋混合机：如图 4-34 所示，由锥形容器和内装的一个至两个螺旋推进器组成。螺旋推进器的轴线与容器锥体的斜线平行，螺旋推进器在容器内既有自转又有公转。在混合过程中物料在推进器的作用下自底部上升，又在公转的作用下在全容器内产生涡旋和上下循环运动。此种混合机的特点是：混合速度快，混合度高，混合所需动力消耗较其他混合机少。

图 4-29 倾斜圆筒型混合机

图 4-30 V 型混合机

图 4-31 普通双锥型混合机

图 4-32 双锥三维运动型混合机

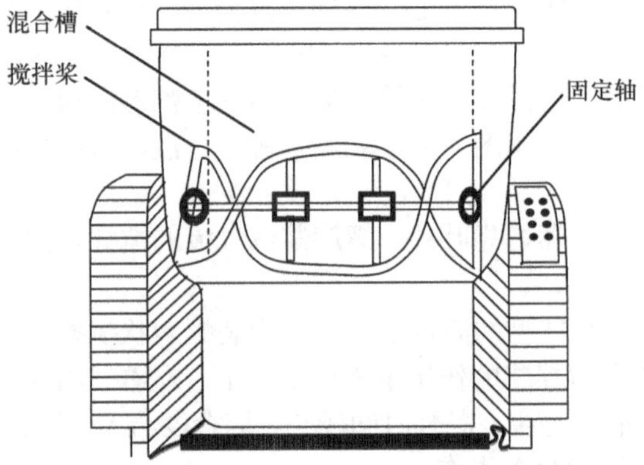

图 4-33 搅拌槽式混合机

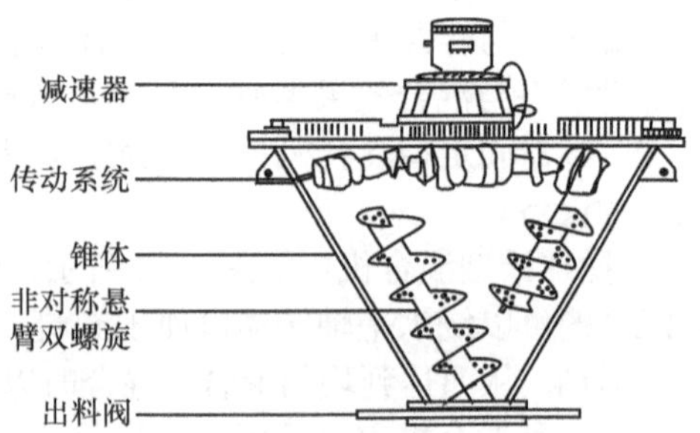

图 4-34 锥形垂直螺旋混合机结构示意图

五、散剂的分剂量、包装与储存

（一）分剂量

分剂量是将混合均匀的物料，按剂量要求分装的过程。常用方法有重量法和容量法。机械化生产多用容量法分剂量。为了保证剂量的准确性，应对药粉的流动性、吸湿性、密度等理化特性进行必要的试验考查。

（二）包装与储存

散剂的比表面积较大，容易吸湿与风化，因此散剂包装与储存的关键在于防潮。如果包装与储存不当，散剂极易出现潮解、结块、变色、分解、霉变等一系列不稳定现象，严重影响散剂的质量及用药的安全性。

1. 包装材料 应选择不透性包装材料。包装材料的防湿性能可用湿透系数（*P*）来评价，*P* 小者，防湿性能好。表 4-12 列举了一些常用包装材料的湿透系数 *P*。

表 4-12 一些包装材料的透视系数 *P*

名称	*P* 值	名称	*P* 值
聚乙烯	2	乙酸乙烯	50
蜡纸 A	3	亚麻仁油纸	160
聚苯乙烯	6	桐油纸	190
蜡纸 B	12	玻璃纸	222
蜡纸 C	22	聚乙烯醇	270
聚乙烯丁醛	30	硫酸纸	534
硝酸纤维素	35	滤纸	1230

2. 储存环境 为保证散剂不吸潮，不仅对生产环境要控制，而且对储存环境也要控制。对于水溶性药物散剂，环境的相对湿度应控制在药物的临界相对湿度以下。对于非水溶性药物来说，必须注意环境的空气状态对平衡含水量的影响，使空气状态符合药物平衡含水量的要求。

六、散剂的质量要求

（一）散剂的生产

散剂在生产期间应符合下列有关规定。

（1）供制散剂的原料药均应粉碎。除另有规定外，口服散剂为细粉，儿科、局部用散剂应为最细粉。

（2）散剂应干燥、疏松、混合均匀、色泽一致。制备含有毒性药物或药物剂量小的散剂时，应采用配研法混匀并过筛。

（3）散剂中可含有或不含辅料，口服散剂需要时也可加入矫味剂、芳香剂和着色剂等。

（4）散剂可单剂量包（分）装，多剂量包装者应附分剂量的用具。含有毒性药的口服散剂应单剂量包装。

（5）除另有规定外，散剂应密闭储存，含挥发性药物或易吸潮药物的散剂应密封储存。生物制剂应采用防潮材料包装。

（6）为防止胃酸对生物制品散剂中活性成分的破坏，散剂稀释剂中可调配中和胃酸的成分。

（7）散剂用于烧伤治疗如为非无菌制剂的，应在标签上标明“非无菌制剂”；产品说明书中应注明“本品为非无菌制剂”，同时在适应证下明确“用于程度较轻的烧伤（Ⅰ°或浅Ⅱ°）”；注意事项下规定“应遵医嘱使用”。

（二）质量检查

除另有规定外，散剂应进行以下相应检查。

1. 粒度 除另有规定外，局部用散剂照下述方法检查，粒度应符合规定。

取供试品 10g，精密称定，照粒度和粒度分布测定法（《中国药典》2015 年版四部通则 0982 单筛分法）测定。化学药散剂通过七号筛（中药通过六号筛）的粉末重量，不得少于 95%。

2. 外观均匀度 取供试品适量，置光滑纸上，平铺约 5cm^2，将其表面压平，在亮处观察，应色泽均匀，无花纹与色斑。

3. 干燥失重 化学药和生物制品散剂，除另有规定外，取供试品，照干燥失重测定法（《中国药典》2015 年版四部通则 0831）测定，在 105℃干燥至恒重，减失重量不得超过 2.0%。

4. 装量差异 单剂量包装的散剂照下述方法检查，应符合规定。

取供试品 10 袋（瓶），除去包装，分别精密称定每袋（瓶）内容物的重量，求出内容物的装量与平均装量。每袋（瓶）装量与平均装量相比[凡有标示装量的散剂，每袋（瓶）装量应与标示装量比较]，超出装量差异限度的散剂不得多于 2 袋（瓶），并不得有 1 袋（瓶）超出装量差异限度 1 倍，见表 4-13。

表 4-13 散剂装量差异限度的规定

平均装量或标示装量	装量差异限度（%）（中药、化学药）	装量差异限度（%）（生物制品）
0.1g 或 0.1g 以下	±15	±15
0.1g 以上至 0.5g	±10	±10
0.5g 以上至 1.5g	±8	±7.5
1.5g 以上至 6.0g	±7	±5
6.0g 以上	±3	±3

凡规定检查含量均匀度的化学药和生物制品散剂，一般不再进行装量差异的检查。散剂属于固体剂型，所以在质量评定时，除上述各项检查外，有些剧毒药及作用特殊的散剂，还应测定其生物利用度，来确定其疗效。

5. 装量 除另有规定外，多剂量包装的散剂，照最低装量检查法（《中国药典》2015 年版四部通则 0942）检查，应符合规定。

6. 无菌 除另有规定外，用于烧伤[除程度较轻的烧伤（Ⅰ°或浅Ⅱ°外）]、严重创伤或临床需无菌的局部用散剂，照无菌检查法（《中国药典》2015 年版四部通则 1101）检查，应符合规定。

7. 微生物限度 除另有规定外，照非无菌产品微生物限度检查：微生物计数法（《中国药典》2015 年版四部通则 1105）和控制菌检查法（《中国药典》2015 年版四部通则 1106）及非无菌药品微生物限度标准（《中国药典》2015 年版四部通则 1107）检查，应符合规定。凡规定进行杂菌检查的生物制品散剂，可不进行微生物限度检查。

制剂举例 4-1

冰 硼 散

【处方】 冰片 50g 硼砂（炒）500g 朱砂 60g 玄明粉 500g

【制法】 以上四味，朱砂水飞或粉碎成极细粉，硼砂粉碎成细粉，将冰片研细，与上述粉末及玄明粉配研，过筛，混合，即得。

【注解】 朱砂主含硫化汞，为粒状或块状集合体，色鲜红或暗红，具光泽，质重而脆，水飞法可获极细粉。玄明粉系芒硝经风化干燥而得，含硫酸钠不少于99%。本品朱砂有色，易于观察混合的均匀性。本品用乙醚提取，重量法测定，冰片含量不得少于3.5%。本品具清热解毒、消肿止痛功能，用于咽喉疼痛、牙龈肿痛、口舌生疮。

制剂举例 4-2

硫酸阿托品散

【处方】 硫酸阿托品 1.0g 1%胭脂红乳糖 0.05g 乳糖 99.85g

【制法】 1%胭脂红乳糖的制法：取胭脂红于研钵中，加9%乙醇1.0～2.0 ml，搅拌，再加入少量的乳糖研磨均匀，至全部加入混匀，并置50～60℃干燥，过筛即得。先研磨乳糖使研钵内壁饱和后倾出，将硫酸阿托品和胭脂红乳糖置研钵中研合均匀，再按等量递加混合法逐渐加入所需要的乳糖，充分研合，待全部色泽均匀即得。

【注解】 处方中硫酸阿托品为主药，乳糖为稀释剂，1%胭脂红乳糖为调色剂，便于观察散剂是否均匀。本品对过度收缩或痉挛的胃肠平滑肌有很好的松弛作用，还可松弛虹膜括约肌和睫状肌，表现为散瞳、眼内压升高和调节麻痹。

制剂举例 4-3

痱 子 粉

【处方】 滑石粉 67.7% 水杨酸 1.4% 氧化锌 6.0% 硼酸 8.5% 升华硫 4.0%
麝香草酚 0.6% 薄荷脑 0.6% 薄荷油 0.6% 樟脑 0.6% 淀粉 10%

【制法】 先将麝香草酚、薄荷脑和樟脑研磨形成低共熔物，与薄荷油混匀，另将升华硫、水杨酸、硼酸、氧化锌、淀粉、滑石粉共置球磨机内混合粉碎成细粉，过100～120目筛。将此细粉置混合筒内（附有喷雾设备的混合机），喷入含有薄荷油的上述低共熔物，混匀，过筛，即得。

【注解】 本品中麝香草酚、薄荷脑、樟脑在混合时发生低共熔，制备工艺中利用此现象，以便将它们与其他药物混合均匀；滑石粉、氧化锌等用前宜灭菌。本品有吸湿、止痒及收敛作用，适用于汗疹、痱子等。

本 章 小 结

固体制剂药物在吸收进入血液循环之前，必须溶出。固体制剂药物的溶出速度可用Noyes-Whitney方程进行描述。粉体是无数个粒子的集合体。粉体的性质与粒子的大小密切相关，粒子粒径有不同的表征和测定方法。粉体具有吸湿性、润湿性、黏附性、黏着性、流动性、填充性和压缩性，这些性质直接影响固体制剂的加工工艺及质量。散剂系指原料药物或与适宜的辅料经粉碎、均匀混合制成的干燥粉末状制剂。制备散剂的关键单元操作是粉碎、筛分和混合，该单元操作也适用于其他固体制剂的制备。常见的粉碎设备有球磨机、锤击式粉碎机、双辊式破碎机和气流粉碎机，其适用范围和粉碎效果各不相同。振荡筛是常用的生产用筛分设备。常用的混合设备有V型混合机和双锥型混合机。散剂的比表面积较大，吸收快、起效快，但是容易吸湿与风化，因此散剂包装与储存的关键在于防潮。散剂一般采取密封包装和密闭储存。

重点：影响固体制剂药物溶出的因素，粉体吸湿性、润湿性、黏附性、黏着性、流动性、填充性和压缩性的概念，散剂的概念和特点，粉碎、筛分和混合的概念和意义。

难点：粒径的表征和测定方法，粉体的压缩性质。

思 考 题

1. 什么叫粉碎？有何目的意义？什么叫粉碎度？粉碎与粒子大小有何关系？
2. 常用的粉碎设备有哪些？各有何特点？
3. 什么叫过筛？药筛的种类及规格有哪些？
4. 混合的目的是什么？影响混合的因素有哪些？常用的混合方法有哪些？各有何特点？
5. 什么是散剂？有何特点？生产工艺流程怎样？应进行哪些质量检查？
6. 试述粉体粒径、堆密度及流动性的测定方法。
7. 已知某药片剂的重量是0.34g，其堆体积为0.0956cm^3，某药片剂组分混合物的真密度为3.687g/ml，求该药的堆密度及总孔隙率？

（秦冬梅　陈　文）

第五章 颗 粒 剂

学习目标

1. 掌握：不同类型颗粒剂的概念和特点；湿法制粒和干法制粒的方法；颗粒干燥和整粒的基本方法。

2. 熟悉：湿法制粒和干法制粒的机制；颗粒剂质量检查的内容。

3. 了解：常用的制粒设备和干燥设备的工作原理和特点。

第一节 概 述

一、颗粒剂的概念与分类

颗粒剂（granules）指原料药物与适宜的辅料混合制成具有一定粒度的干燥颗粒状制剂。2015年版《中国药典》规定的粒度范围是不能通过一号筛的粗粒和通过五号筛的细粒的总和不能超过15.0%。颗粒剂是在汤剂、散剂、糖浆剂等基础上发展起来的一种剂型。颗粒剂既可直接吞服，又可冲入水中饮服。根据颗粒在水中的状态分为可溶性颗粒剂、混悬性颗粒剂及泡腾性颗粒剂，近年来还出现了肠溶颗粒、缓释颗粒和控释颗粒等。

可溶性颗粒由水溶性颗粒构成，用水冲服，如头孢氨苄颗粒、板蓝根颗粒等；另外还有酒溶性颗粒，加一定量的饮用酒溶解后服用，如木瓜颗粒等。

混悬性颗粒指难溶性原料药物与适宜辅料混合制成的颗粒剂，如头孢克洛颗粒剂。本品临用前加水或其他适宜的液体振摇即可分散成混悬液。除另有规定外，混悬颗粒剂应进行溶出度检查。

泡腾性颗粒剂指含有碳酸氢钠等弱碱和枸橼酸、酒石酸等有机酸，遇水可放出大量气体而呈泡腾状的颗粒剂，如利巴韦林泡腾颗粒。泡腾颗粒中的原料药物应是易溶性的，加水产生气泡后应能溶解。

肠溶颗粒指采用肠溶材料包裹颗粒而制成的颗粒剂，如吉他霉素肠溶颗粒。肠溶颗粒在肠液中释放活性成分，或控制药物在肠道内定位释放，可防止药物在胃内分解失效，避免对胃的刺激。肠溶颗粒应进行释放度检查。

缓释颗粒指在规定的释放介质中缓慢地非恒速释放药物的颗粒剂，如美沙拉嗪缓释颗粒。缓释颗粒应符合缓释制剂的有关要求，并应进行释放度检查。

控释颗粒指在规定的释放介质中缓慢地恒速释放药物的颗粒剂，如茶碱颗粒。控释颗粒应符合控释制剂的有关要求，并应进行释放度检查。

知识拓展 5-1

细粒剂

细粒剂是在散剂和颗粒剂的基础上发展起来的一种剂型，《日本药局方》从第9版起，收载能全量通过18号筛（850μm），在30号筛（500μm）上残留物不足全量的5%，且通过200号筛不少于70%的散剂。与散剂相比，细粒剂的飞散性和附着性较少，容易与粉末药剂均匀混合，含量均匀度好，生物利用度高，其制备工艺与颗粒剂大致相同，先进行制粒，再将其粉碎至适宜粒度，分级筛分而成。干燥氢氧化铝凝胶是比较典型的例子，容易飞散，吸附性强，分剂量包装时操作不便，若用羧甲纤维素钠或聚维酮作为黏合剂，将其制成细粒后，对封装面的吸附力会明显降低，药尘也小，便于药厂和药房采用机械封装，而且剂量容易准确控制，也便于患者服用。

二、颗粒剂的特点

和散剂相比，颗粒剂具有以下特点：①飞散性、附着性、团聚性、吸湿性等均较小；②服用方便，根据需要可制成色、香、味俱全的颗粒剂；③必要时对颗粒进行包衣，根据包衣材料的性质可使颗粒具有防潮性、缓释性或肠溶性等；④储存、运输方便；⑤颗粒的大小或密度差异较大时易产生离析现象，从而导致剂量不准确。

三、制备颗粒剂的工艺流程

目前常用的湿法制粒制备颗粒剂的工艺流程如图 5-1 所示。混合前的操作与散剂的单元操作完全相同，制粒是颗粒剂的关键操作单元。

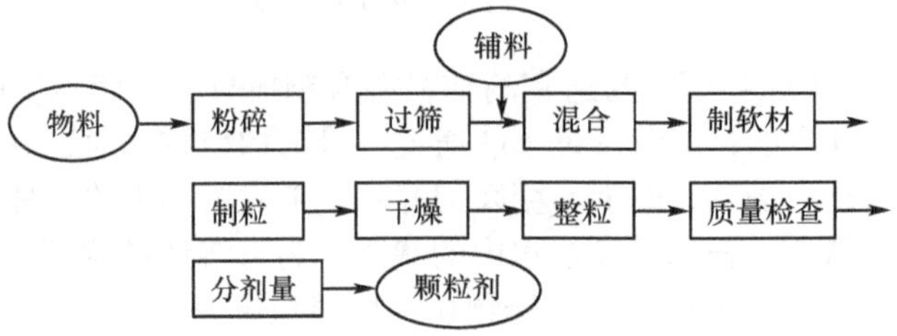

图 5-1 湿法制粒制备颗粒剂工艺流程

第二节 制 粒

一、捏合的概念与目的

捏合（kneading）系指向药物中加入适量的稀释剂（如淀粉、蔗糖或乳糖等）、崩解剂（如淀粉、纤维素衍生物等）充分混匀，而后加入适量的水或其他黏合剂混合后用搅拌机充分搅拌，使之成为“握之成团，触之即散”的软材，即为制软材。捏合是湿法制粒的前处理，具有重要的意义：①使粉末具有黏性易于制粒；②防止各成分分离，保持其均匀混合状态；③黏合剂均匀分布在颗粒表面，改善物料的压缩成形性。液体（黏合剂）的黏性和加入量是制软材的操作关键，也是湿法制粒的关键。如果加入的液体量过少，则结合力弱，不易成粒；如果加入的液体量多，结合力过强，制备颗粒时形成条状或黏结在一起无法制粒；只有液体量适宜时，制成的颗粒才能保持松散，不黏结，易干燥。

捏合本质是固液混合操作，使料液完全混合，为后续制粒做好基础。常用的捏合设备是一些混合器，与前面散剂中混合设备完全相同。

二、制粒的概念与目的

制粒是指将粉状、块状、熔融液、水溶液等状态的物料经过加工，制成具有一定形状与大小的颗粒状物料的操作。通常采用挤出制粒法（包括螺旋挤压式、旋转挤压式、摇摆挤压式），将制好的软材通过适宜的筛网挤压得到需要的颗粒。通过筛网挤出的湿粒应无粉末及块状、长条状固体。若软材黏附在筛网中较多，或挤出的不成粒状而成条状物，表明润湿剂或黏合剂的选择不当或用量过多。如通过筛网后呈疏松的粉粒或细粉过多，则表示润湿剂或黏合剂用量不足。

制粒的目的：①改善流动性。颗粒比粉末粒径大，每个粒子周围可接触的粒子数目少，因而黏附性、凝集性大为减弱，从而大大改善物料的流动性。②防止各成分的离析。混合物各成分的粒度、密度存在差异时容易出现离析现象，混合后制粒或制粒后混合可有效防止离析。③防止粉尘飞扬及器壁上的黏附，减少环境污染与原料损失，有利于 GMP 的管理。④调整堆积密度，改善溶解性能。⑤使片剂生产中压力均匀传递。⑥便于服用，携带方便。

三、制 粒 方 法

目前，制粒方法可分为三大类，即湿法制粒、干法制粒、其他制粒方法。由于湿法制粒的产物具有外形美观、流动性好、耐磨性较强、压缩成形性好等优点，在医药工业中的应用最为广泛。

（一）湿法制粒

1. 挤压式制粒　小量制备时，可用手压过筛网制粒。筛网可选用镀锌或镀镍铁丝网、不锈钢丝网或尼龙丝网等。铁丝筛网易脱落金属屑于颗粒中，可用磁铁吸除。尼龙筛网特别适用于与金属接触易变质的药物制粒。筛孔易被堵塞，不适于黏性强的软材。

挤压式制粒机制粒是大生产常用的方法。如图 5-2 所示，摇摆式制粒机构造为一加料斗下面设有中空六角形棱柱的滚筒。筛网固定于滚筒的下部，制粒时滚筒借机械力左右摆动而将软材自筛网孔压出成为颗粒，落于接受盘中。调节筛网与滚筒的松紧度和加入料斗中的软材量，可制得适宜的颗粒。如加料斗中软材存量多且筛网装得比较松，滚筒往复摆动搅拌时易增加软材的黏性，制得的颗粒粗而紧；反之，如加料斗中软材存量少且筛网装得比较紧，制得的颗粒细而松。也可调整黏合剂的浓度和用量，或增加通过筛网的次数制粒。黏性强的软材采用多次制粒较好。一般过筛次数越多则所制得的颗粒越紧密坚硬。一次制粒的筛网，一般比多次制粒用的筛网细。

其他大生产常用的挤压式制粒机还有螺旋挤压制粒机（图 5-3）、篮式叶片挤压制粒机（图 5-4）和环模式辊压挤压制粒机（图 5-5）。

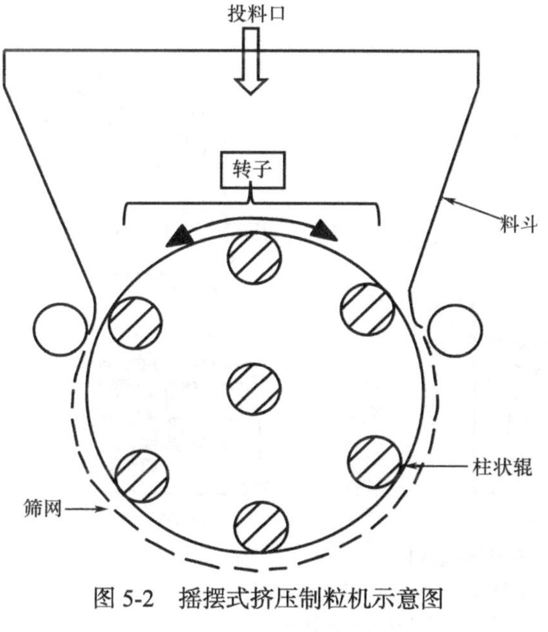

图 5-2　摇摆式挤压制粒机示意图

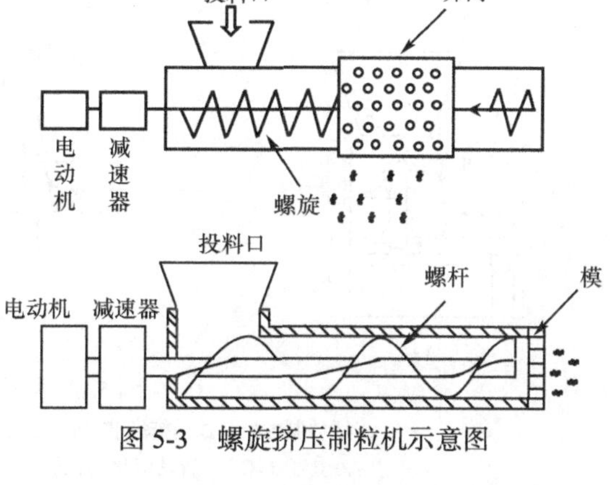

图 5-3　螺旋挤压制粒机示意图

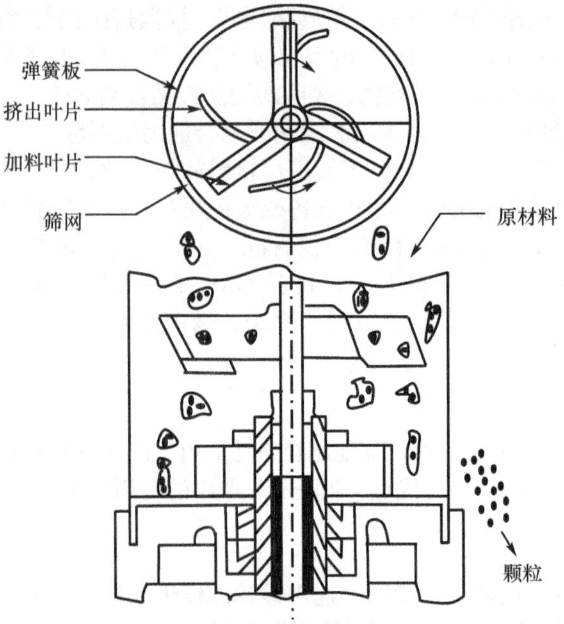

图 5-4　篮式叶片挤压制粒机示意图

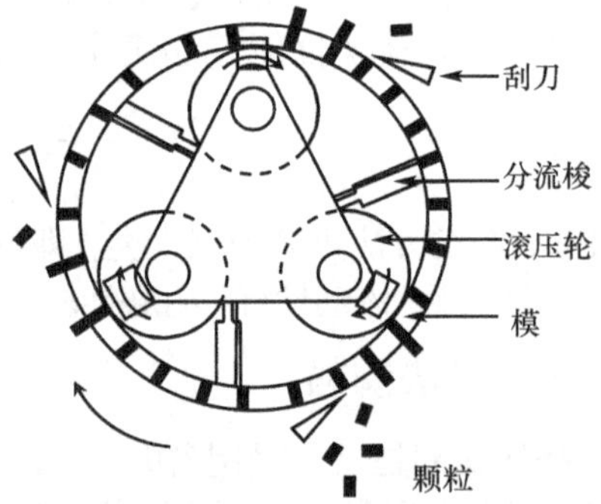

图 5-5　环模式辊压挤压制粒机示意图

2. 复合制粒机制粒　如图 5-6 所示，复合制粒机制粒是将搅拌制粒、转动制粒、流化床制粒法结合在一起进行制粒，使混合、捏合、制粒、干燥、包衣、冷却等多项操作同在一个机器内完成，具有功能多、占用空间少、节省能源和劳力等特点。现有搅拌流化制粒机、转动流化制粒机和搅拌转动流化制粒机等几种设备。

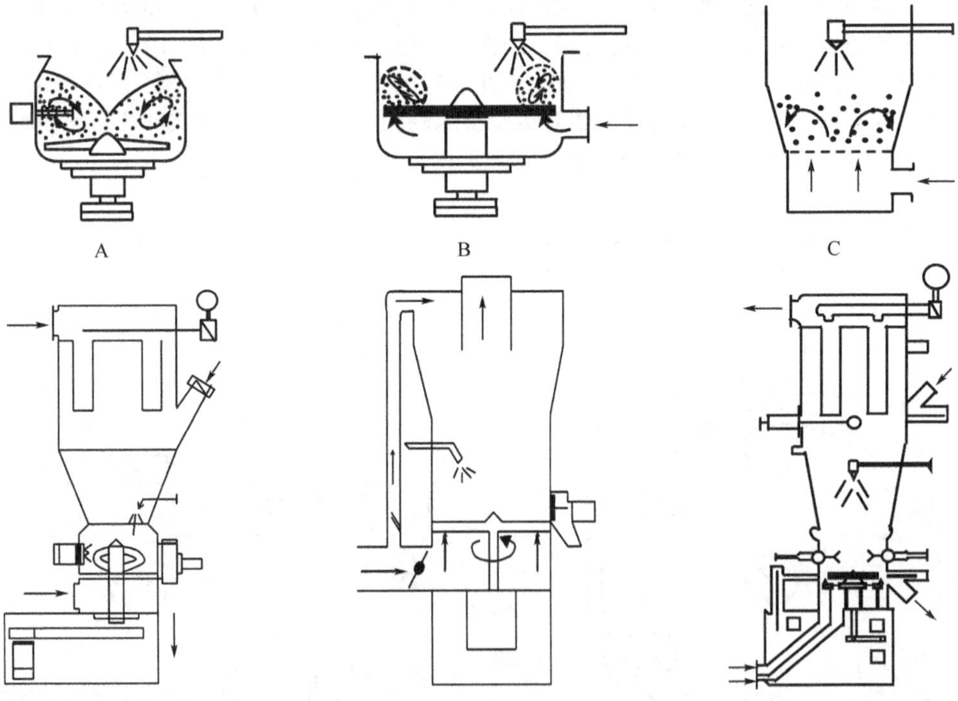

图 5-6　复合制粒机示意图

A. 搅拌制粒机；B. 转动制粒机；C. 流化制粒机；（A+C）. 搅拌流化制粒机；（B+C）. 转动流化制粒机；（A+B+C）. 搅拌转动流化制粒机

3. 高速搅拌制粒 如图 5-7 所示，高速搅拌制粒系在一个容器内，在高速搅拌的分散作用下将黏合剂和物料均匀混合而制粒的方法。其设备主要由容器、搅拌桨、切割刀组成，主要通过搅拌桨的作用使黏合剂高度分散并与粉料充分混合，在旋转离心力的作用下被甩向器壁后向上运动，形成大颗粒；而后在切割刀的作用下粉碎并与搅拌桨相互呼应，使颗粒得到强大的挤压、滚动而形成致密且均匀的颗粒。影响搅拌制粒的主要因素有：①黏合剂的种类、加入量；②原料粉末的粒度；③搅拌速度；④搅拌器的形状与角度、切割刀的位置等。

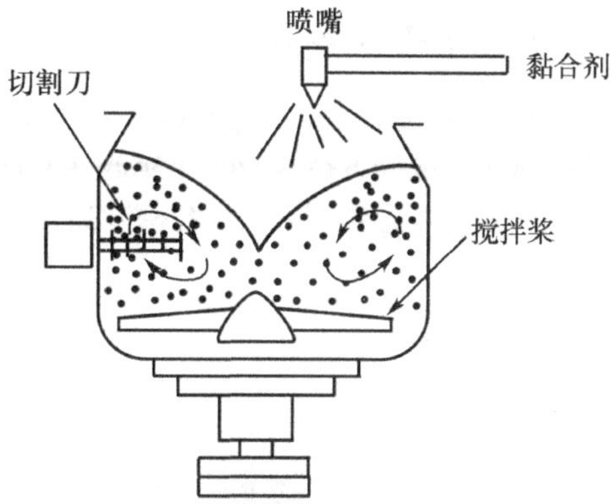

图 5-7 高速搅拌制粒示意图

高速搅拌制粒的特点：①同一容器内完成混合、捏合、制粒过程；②比传统的制粒方法省时省力，简单而迅速；③可制备致密、高强度的适于装胶囊的颗粒或松软的适合压片的颗粒，使用范围广泛。

4. 流化床制粒 流化床制粒技术是利用气流作用，使粉粒产生流态化而混合，以气流式喷雾将黏合剂定量喷洒在固体粉末上，固体粉末靠黏合剂的架桥作用互相聚集成颗粒，并采用流动的热风进行气-固二相悬浮的热质传递，从而使颗粒干燥，如图 5-8 所示。通常黏合剂液滴润湿粉末形成粒子核；粒子核与粒子核之间、粒子核与粒子之间互相碰撞并在液体桥的作用下结合成颗粒。干燥后，粉末之间的液体桥变成固体桥，形成多孔性、表面积较大的松散颗粒。

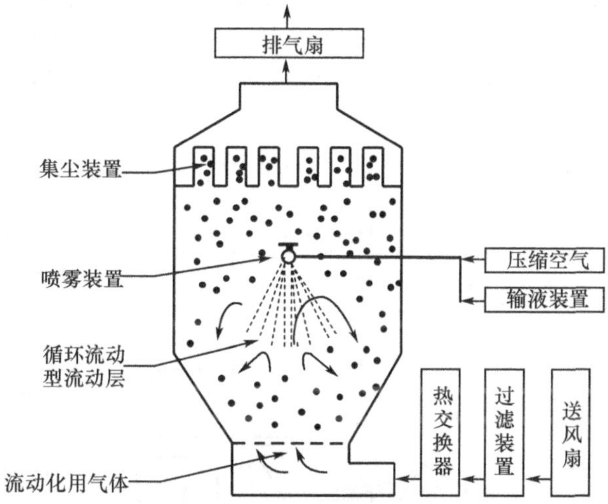

图 5-8 流化床制粒示意图

流化床制粒的影响因素除了黏合剂的种类、原料的粒度外，操作条件的影响也较大，如①空气的进口速度，影响物料的流态化分散状态和干燥速度；②空气温度，影响物料表面的润湿和干燥；③黏合剂的喷雾量增加，粒径变大；④黏合剂的喷雾速度，影响粒子间的结合速度及颗粒大小的均匀性；⑤喷嘴高度，影响喷雾面积与润湿均匀性。

流化制粒的特点：①集混合、制粒、干燥甚至是包衣等操作于一体，工艺简单，耗时少，产品含水量、干燥后颗粒质量和均匀度等满足相应要求；②颗粒成品松散，粒度在 20～80 目，密度和强度小，但颗粒的粒度均匀，外观近似球形，流动性和压缩成形性好；③生产效率高，劳动强度低，混合、制粒、干燥过程均在全封闭负压状态下进行，避免了粉尘飞扬和污染，受外界污染小，符合 GMP 要求。

（二）干法制粒

1. 压片法（tabletting method） 又称重压制粒法或干压制粒法，系将固体粉末首先经重型压片机压实，成为直径为 20～25mm 的片胚，然后再破碎成所需粒度的颗粒。其优点在于使药物免受湿润及温度影响，所制颗粒密度高，比容大，方便成品制剂生产。但同时也存在一些缺点，如单位时间生产量小，生产效率低和经济效益差，工艺可控性差，空气和噪声污染过多，能量消耗多。

2. 滚压法（roller compaction method） 系利用转速相同的两个滚动轮之间的缝隙，将粉末滚压成一定形状的块状物，其形状与大小取决于滚筒表面情况，如图 5-9 所示。如滚筒表面具有各种形状的凹槽，可压制成各种形状的块状物，如滚筒表面光滑或有瓦楞状沟槽，则可压制成大片状，然后通过颗粒机粉碎成一定大小的颗粒。与压片法制粒相比，滚压法制粒具有生产能力大，工艺可操作性强，润滑剂使用量较小等优点，是一种较常用的干法制粒技术。

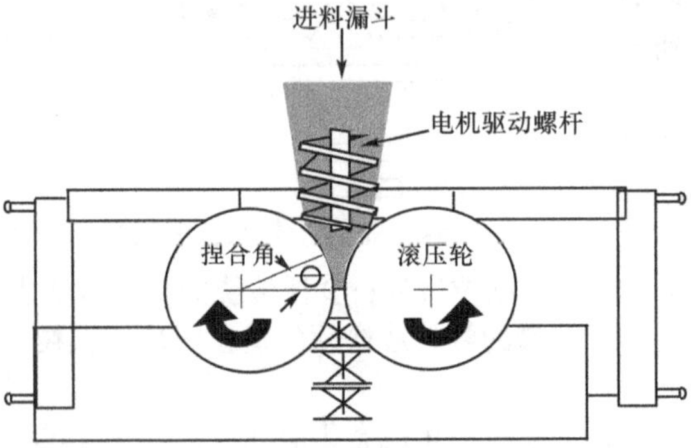

图 5-9 滚压制粒示意图

（三）其他制粒方法

1. 喷雾干燥制粒法 喷雾干燥制粒是采用雾化器将液态物料分散为雾滴，并用热气体干燥雾滴而获得颗粒的一种干燥的制粒方法，如图 5-10 所示。喷雾干燥制粒过程主要包括以下四个过程：①雾化，使料液雾化成细小雾滴；②喷雾粒子与热气流混合；③溶剂挥发，雾滴干燥固化；④干燥物与气流分离收集。

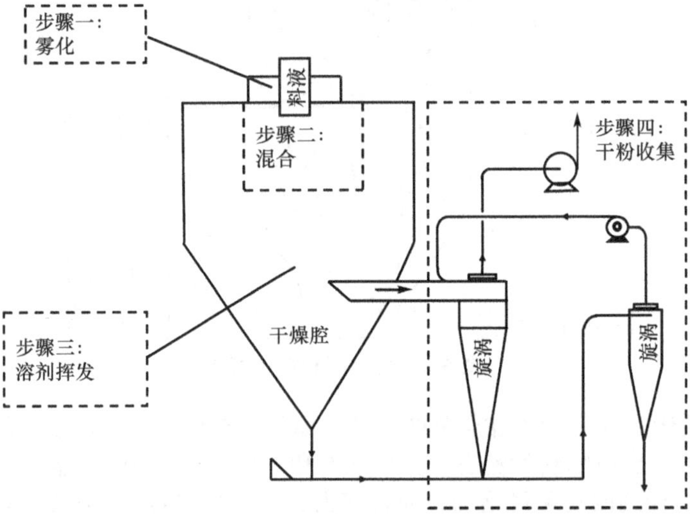

图 5-10 喷雾干燥制粒示意图

料液在雾化器中雾化，分散为细小雾滴进入干燥室；同时，热气体经鼓风机送入加热器升温，然后进入干燥室，料液雾滴与热气体在干燥室内充分混合、接触。液滴中的液体瞬间蒸发为气体，物料干燥成细小的颗粒。混合的气固两相被引风机吸入旋风分离器，两相分离，固体物料沉降到底部收集器，气相被引送至粉尘过滤器，捕集逃逸的物料。过滤的气相经过冷凝器冷凝后，气相携带的溶剂变成液体，可收集利用，作为载体的气体被干燥后则在系统中循环使用。

喷雾制粒的特点：①由液体原料直接得到固体颗粒；②由于雾滴的比表面积大，在数秒（或数十秒）钟内完成料液的浓缩与干燥；③热风温度高，但干燥物料的温度相对低，而且物料受热的时间极短，适合热敏性物料的制粒；④粒度范围约在 30μm 到数百微米，堆密度在 0.2～0.6g/cm^3 的中空球状粒子较多，具有良好的溶解性、分散性和流动性；⑤缺点是设备高大、气化液体量大，设备费用高、能量消耗大。

2. 熔融制粒法 是通过熔融的黏合剂将药物、辅料粉末黏合在一起，经过充分混合后冷却而得到粒径为 0.5～2.0mm 的球形颗粒。本法主要包括高速熔融搅拌混合制粒法和流化熔融制粒法两种。

高速熔融搅拌混合制粒是在高速搅拌混合机中，在操作温度高于黏合剂熔点的条件下，将熔融的黏合剂与固体药物粉末进行高速搅拌、黏合制得颗粒。而流化熔融制粒法是指在流化床中从底部通入热空气加热使黏合剂加热至熔点以上而得母核，再加入药物、辅料，保持混合物颗粒处于悬浮状态，熔融的母核与粉末之间产生黏合力，将粉末不断加入，粒子逐渐增大至一定粒度后冷却得到颗粒。

熔融制粒法中要求黏合剂在 50～90℃时能够熔融，室温时呈固态。常用的黏合剂有聚乙二醇、硬脂酸、单硬脂酸甘油酯和各种蜡等。根据制剂的需要可选择不同的黏合剂，如聚乙二醇可用于速释制剂，改善某些难溶性药物的溶出量；若用于缓释制剂，可用亲水性黏合剂熔融制成母核，再将母核与疏水性黏合剂进一步熔融制粒；或利用包衣技术制成速释小球控制药物释放，还可直接用疏水性蜡类来制粒，如蜂蜡、麻蜡、石蜡、微晶蜡等。

熔融制粒技术主要特点：①黏合剂为低极性物质且不引发其他辅料黏性。②适合对水、热不稳定的药物和易变晶型的固体分散物的制粒。湿法制得的颗粒在烘干前是混合均匀的，但在烘干时颗粒表面的溶剂先蒸发，随后含有黏合剂及其他可溶性成分的溶液从颗粒的毛细管通道转移至表面经蒸发析出，析出的晶型因温度及蒸发速度而异，但在熔融制粒法制粒时不会发生可溶性成分的迁移及晶型转变。③有利于药物的崩解与溶出。传统制法得到的颗粒在压片时需加润滑剂（如滑石粉）等，但是压片时，颗粒的流动性及机器的振动，易使润滑剂与颗粒分离，造成片间的润滑剂含量不同，而熔融制粒时所用的黏合剂为蜡质，本身具有润滑作用，在压片时不必另加润滑剂，避免了分布不均造成对片剂的崩解与溶出影响。④可制备固体分散、缓释和控释等功能性颗粒。⑤工艺简单，无加液和干燥过程，劳动工时和设备消耗少。

熔融制粒技术不足之处：①不适于对热敏感物料的制粒；②在进一步处理之前，颗粒需冷却；③可供选择的辅料少。

3. 液相中晶析制粒 液相中晶析制粒技术是使药物在液相中析出结晶的同时，借液体架桥剂和搅拌的作用聚结成球形颗粒的操作。由于析出的颗粒形状为球形，故又称球形晶析制粒法，简称球晶制粒法。

球晶制粒法需要三种基本溶剂，包括使药物溶解的良溶剂，使药物析出的与良溶剂互溶的不良溶剂和使药物结晶聚结的液体架桥剂。液体架桥剂与良溶剂互溶，不溶于不良溶剂，并优先润湿析出的结晶使之聚结成粒。常用的架桥剂有三氯甲烷、乙酸异丙酯、甲苯乙酸异丁酯等。

球晶制粒是纯药物结晶聚结在一起形成的球形颗粒，其流动性、充填性、压缩成形性好，因此可少用或不用辅料进行直接压片。此技术还可用于制备难溶性药物的固体分散体及速释、缓释微丸和生物降解性毫微丸等。

制备方法有湿式球晶制粒法和乳化溶剂扩散法。

（1）湿式球晶制粒法：系将药物溶解在良溶剂中，在搅拌下把药物溶液加入到不良溶剂中，良溶剂立即扩散于不良溶剂中而使药物析出微细结晶，这时游离的液体架桥剂润湿结晶，微晶互相碰撞时聚结成粒，并在搅拌的剪切作用下使颗粒变成致密的球状，如图 5-11 所示。

（2）乳化溶剂扩散法：把药物溶解于良溶剂和液体架桥剂的混合液中形成药物溶液，然后把药物溶液在搅拌下加入不良溶剂中，先形成亚稳态的乳滴，乳滴中的良溶剂不断扩散到不良溶剂中，药物在乳滴内析出结晶时在液体架桥的作用下形成球形颗粒，如图 5-12 所示。乳化剂扩散法应用于功能性颗粒的粒子设计上，特别是在难溶性药物固体分散体微球的制备中，大大简化了工艺，提高了生产效率，具有良好的发展前景。

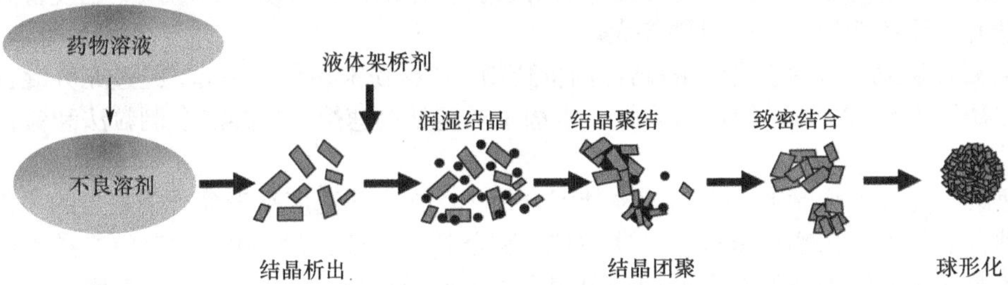

图 5-11　湿式球晶制粒示意图

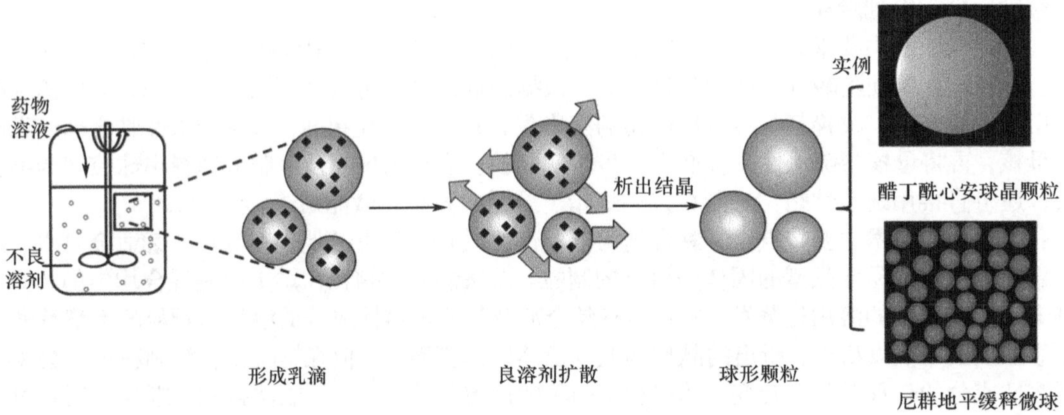

图 5-12　乳化溶剂扩散法球晶制粒示意图

球晶制粒技术的优点：①制备过程简单，同时进行结晶、聚结和制粒的操作。结晶与球形颗粒的粉体性质可通过改变溶剂、搅拌速度及温度等条件来控制。②利用药物与高分子材料的共沉淀性，可制备功能性球形颗粒。③制备的颗粒有很好的流动性，接近自由流动的粉体性质。④整个操作过程在液相中完成，设备要求低，操作时间短。⑤实验条件（辅料、方法）选择范围大。球晶制粒法也存在一些不足，如制粒时使用的有机溶剂会对环境造成污染，并具有一定的危险性。

四、制粒的机制

（一）湿法制粒机制

1. 粒子间的结合力　制粒时多个粒子黏结而形成颗粒，Rumpf 提出粒子间的结合力有五种不同方式。

（1）固体粒子间引力：固体粒子间的引力来自范德瓦尔斯力（分子间引力）、静电力和磁力。这些作用力在多数情况下虽然很小，但粒径＜50μm 时，粉粒间的聚集现象非常显著。这些作用随着粒径的增大或颗粒间距离的增大而明显下降。

（2）自由可流动液体产生的界面张力和毛细管力：以可流动液体作为架桥剂进行制粒时，粒子间产生的结合力由液体的表面张力和毛细管力产生，因此液体的加入量对制粒影响较大。液体的加入量可用饱和度 S 表示：在颗粒的空隙中液体架桥剂所占体积（V_L）与总空隙体积（V_T）之比，即 $S=V_L/V_T$。液体在粒子间的充填方式由液体的加入量决定。湿法制粒时，粒间充填的水分使其呈现多种状态。

粉粒与液体的混合，随液体加入量不同，固体、液体和空气的填充状态存在差异。如图 5-13 所示，当 $S \leq 0.3$ 时，液体在粒子空隙间充填量很少，液体以分散的液桥连接颗粒，空气成连续相，液体的充填状态为悬垂态或钟摆状；当 $0.3 < S < 0.8$ 时，液体桥相连，液体成连续相，空隙变小，空气成分散相，液体的充填状态为缆索态或索带状，是处于悬垂态和毛细管态之间的中间态；当 $S \geq 0.8$ 时，液体充满颗粒内部空隙（颗粒表面还没有被液体润湿），液体的充填状态为毛细管状；当 $S \geq 1$ 时，液体充满颗粒内部与表面，粉粒表面完全为液体所包围，液体的充填状态为液滴态或泥浆状，其结合力完全为液体的表面张力。一般在颗粒内液体以钟摆状存在时，颗粒松散；以毛细管态存在时，颗粒发黏；以索带状存在时，颗粒松紧度适宜。因此，在湿法制粒时，软材中液体的充填状态最好呈索带状。

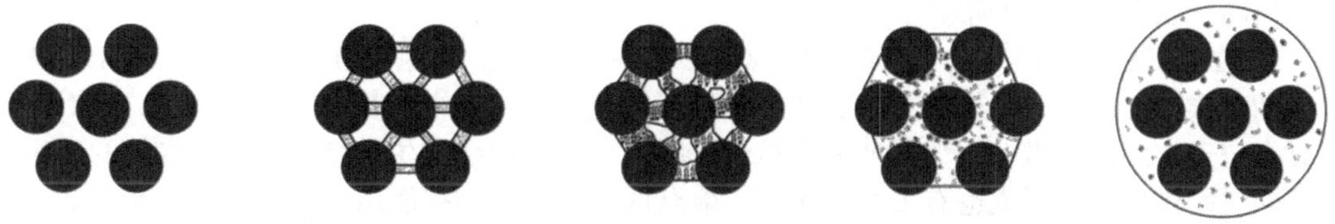

图 5-13 液体的充填状态

（3）不可流动液体产生的附着力与黏着力：不可流动液体包括高黏度液体和吸附于颗粒表面的少量液体层（不能流动）。因为高黏度液体的表面张力很小，易涂布于固体表面，靠黏附性产生强大的结合力；吸附于颗粒表面的少量液体层能消除颗粒表面粗糙度，增加颗粒间接触面积或减小颗粒间距，从而增加颗粒间引力等，如图 5-14A 所示，淀粉糊制粒产生这种结合力。

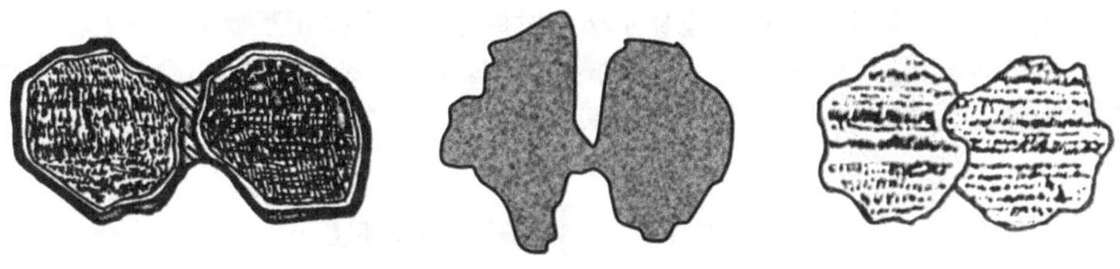

图 5-14 粒子间的架桥方式

A. 粒子表面附着液层的架桥；B. 粒子间固体桥；C. 粒子间机械镶嵌

（4）粒子间固体桥形成：粒子间固体桥如图 5-14B 所示。粒子间固体桥包括：架桥剂的溶剂蒸发后析出的结晶起架桥作用；液体状态的黏合剂干燥固化而形成的固体桥；熔融液冷却固化结成固体桥；烧结和化学反应产生固体桥。制粒中常见的固体架桥发生在黏合剂固化或结晶析出后，而熔融冷凝固化架桥发生在压片、挤压制粒或喷雾凝固等过程中。

（5）粒子间机械镶嵌：粒子间机械镶嵌多发生在块状颗粒的搅拌和压缩操作中，结合强度较大，如图 5-14C 所示，但一般制粒时所占比例不大。由液体架桥产生的结合力主要影响粒子的成长过程和颗粒的粒度分布，而固体桥的结合力直接影响颗粒的强度和其他性质，如溶解度。湿法制粒首先是液体将粉粒表面润湿，水是制粒过程中最常用的液体。研究结果表明，含湿量与粒度分布有关，含湿量大于 60%时粒度分布较均匀，含湿量在 45%～55%范围时粒度分布较宽。

2. 从液体架桥到固体架桥的过渡 在湿法制粒时产生的架桥液经干燥后固化，形成一定强度的颗粒。从液体架桥到固体架桥的过渡主要有两种形式：①架桥液中被溶解的物质（包括可溶性黏合剂和药物）经干燥后析出结晶而形成固体架桥；②高黏度架桥剂靠黏性使粉末聚结成粒。干燥时黏合剂的溶剂蒸发，残留的黏合剂固化结成为固体架桥。

（二）干法制粒机制

颗粒成形的过程按顺序分为以下三个阶段。

1. 粒子重排　当粉状粒子受外界作用互相挤压开始做相对运动时，粉状粒子间的空隙被粒子填充，孔隙率越来越少，粒子开始发生重排。空气开始离开粉末掺和的空隙，而颗粒开始互相靠近，从而提高了混合粉末的粒度。粒子的形状和大小在粒子重排的过程起着关键的作用。如球形粒子由于本身密度比较大，粒子间位置比较紧密，因此相对位移比其他形状粒子间的位移要小。药物细粉中粒子滑动或重新排列，形成新的填充机构，粒子形态基本保持不变。

2. 粒子变形　当压制压力进一步提高时，粒子会发生变形，变形可增加粒子间的接触点，通过接触点增多使粒子间产生黏结。塑性变形能使粒子间产生黏合力，而弹性变形不产生黏合力，趋向于恢复到原来的形状。

3. 粒子折断与黏结　粒子折断是颗粒成形的一个重要过程。粒子折断产生于压制压力达到最大的时候。在这里，通过粒子折断产生多种新的表面位点，增加粒子间的接触点，从而增加了黏合位点。因此，当发生塑形变形和粒子折断时，粒子间会发生黏结。另外，黏结的产生与粒子间“固体桥”的形成也有关系。例如，熔点低的药物在高强度压力的挤压下容易形成“固体桥”，另外，含有一定量水分的物料在外界作用力下使其所含水分被挤到粒子的外表面，溶解可溶性成分，水分蒸发后也会形成“固体桥”。“固体桥”的产生增加了粒子间的黏结。一般认为黏结发生在分子水平，这是由于分子间范德瓦尔斯力作用的结果。物料粉末黏结成颗粒除了与外加的作用力有关外，主要与物料的性质有关。

干法制粒时，压制形成黏结存在三种机制：①机械作用。粒子经历了弹性变形、塑性变形及脆碎变形，粒子间边缘的相互缠绕，产生机械结合，导致黏结的发生。②分子间作用。在颗粒表面存在不稳定的离子，相互间具有潜在吸引结合的趋势，另外，由于压力的作用使粒子间非常靠近，从而使粒子间作用力即范德瓦尔斯力发挥作用，产生相互吸引，发生黏结。③表面液膜作用。粒子间黏结的产生是由于表面液膜的缘故。粒子表面液膜是由施加的压力所产生。液膜随后作为黏合剂增加粒子的机械强度，同时使粒子不断黏结增大。

第三节　干燥与整粒

在颗粒的制备过程中，除干法制粒外，为了避免制得的湿颗粒发生变形和结块，必须迅速对其进行干燥。干燥是利用热能使湿颗粒中的湿分（水分或其他溶剂）气化，并利用热气流或真空带走气化了的湿分，从而获得干颗粒的操作。按照热能供给湿物料的方式，干燥可分为：①对流干燥；②传导干燥；③辐射干燥；④介电加热干燥，而在制药工业中最常用的为对流干燥。

物料的干燥速度及干燥程度与湿空气的性质、物料的水分性质、干燥设备类型、干燥时间等有关。

一、湿空气的性质

空气是由绝对干空气和水蒸气组成的混合物，也称湿空气。

1. 干球温度与湿球温度　空气温度可用干球温度和湿球温度表示。干球温度 t 是指用普通温度计在空气中测得的温度。湿球温度 t_w 是指在温度计的感温球包以湿纱布置于空气中达到平衡时测得的温度。湿球温度与空气状态有关，在饱和空气中，湿球温度与干球温度相同（$t_w=t$）；在未饱和空气中，湿球温度永远低于干球温度（$t_w<t$）；空气湿度越小，干球温度与湿球温度的差值越大。

2. 湿度与相对湿度　空气中含有的水蒸气量可用湿度（H）和相对湿度（RH）表示。湿度系指单位质量空气所带有的水蒸气量，kg 水蒸气/kg 空气。湿度与水蒸气分压（p）之间有如下关系：

$$H = 0.622\frac{p}{P - p} \tag{5-1}$$

式中，P 为湿空气的总压，单位为 Pa；0.622 为水相对分子质量 18 与空气相对分子质量 29 的比值。

相对湿度系指在一定总压及温度下，空气中水蒸气分压 P 与饱和空气中水蒸气分压 P_s（即同温度下水的饱和蒸汽压）之比，常用 $RH\%$表示。即

$$RH\%=\frac{P}{p_s}\times 100\% \tag{5-2}$$

饱和空气的 RH=100%，未饱和空气的 RH＜100%，绝干空气的 RH=0%。

空气的相对湿度直接反映空气中湿度的饱和度，能用于干燥的空气必须是不饱和空气，从而继续容纳水分。根据上式，提高空气温度，可以降低空气的相对湿度。可见，干燥时采用热空气的目的不仅是为了提供水分气化所需要的热量，而且是为了降低空气的相对湿度以提高空气的吸湿能力。

二、物料中的水分

湿物料的水分活度（a_w）不仅与物料的储藏性有关，而且决定了干燥进行的方向：a_w＜RH 时，吸附水；a_w=RH 时，达到平衡；a_w＞RH 时，解吸水分（干燥）。

1. 平衡水分与自由水分 在一定空气条件（一定温度、湿度）下，根据物料中所含水分能否干燥除去来划分平衡水分与自由水分。当物料与一定温度、湿度的空气接触时，如果物料表面的水蒸气分压与空气中水蒸气分压不相等时，物料就会释放出水分或吸收水分，最终水分将在气固两相间达到平衡，此时湿物料中的含水量称为该物料的平衡水分，以 X^*表示。在该空气条件下，平衡水分是干燥除不去的水分；物料中的水分超过 X^*的那部分水分，称为自由水分，是在干燥过程中易于除去的水分。

2. 结晶水 是化学结合水，一般用风化方法去除。例如，芒硝（$Na_2SO_4 \cdot 10H_2O$）经风化，失去结晶水而成玄明粉（Na_2SO_4）。

3. 结合水与非结合水 根据物料中水分除去的难易程度来划分结合水分和非结合水分。物料中小毛细管内的水分、细胞内的水分等，与物料具有较强的结合力，这部分水称为结合水。含结合水的物料表面产生的蒸汽压低于同温度下纯水的饱和蒸汽压，干燥速率缓慢。机械地附着在物料表面的水分，或物料堆积层中大孔隙中的水分，与固体相互结合力较弱，称为非结合水。含非结合水的物料表面产生的蒸汽压等于同温度下纯水的饱和蒸汽压，干燥速率较快。

三、干燥机制与干燥速度

1. 干燥机制 如图 5-15 所示，物料的表面温度和蒸汽分压分别为 T_w 和 P_w，物料充分润湿时 P_w 为 T_w 时的饱和蒸汽压；在物料表面有一边界层，其厚度为 δ；边界层以外是热空气主体，空气的温度和蒸汽分压分别为 T、P。如果热空气温度 T 高于物料表面温度 T_w，热能从空气传递到物料表面，其传热推动力是温差（T–T_w）。而物料表面产生的蒸汽压 P_w 大于空气中的蒸汽分压 P，因此蒸

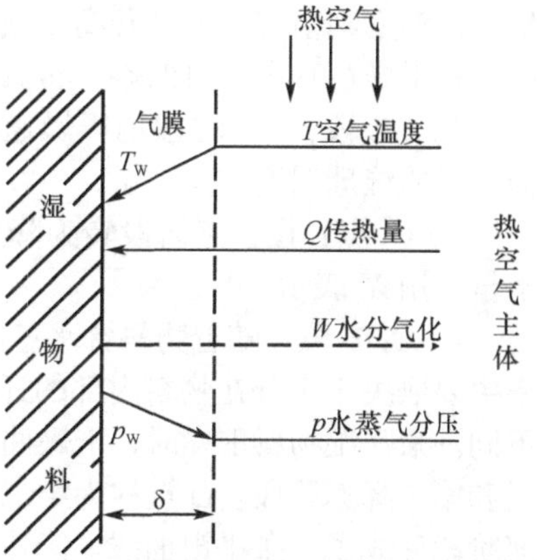

图 5-15 热空气与物料间的传热与传质

汽从物料表面向空气扩散，其扩散推动力为（$P-P_W$）。这样热空气不断地把热能传递给湿物料（传热），湿物料中的水分不断地气化到空气中（传质），直至物料中所含水分量达到该空气的平衡水分为止。因此物料的干燥是热量传导和物质传导同时进行的过程，同时干燥速率也受热量传导和物质传导两个因素的影响。

2. 干燥速度 是指单位时间、单位干燥面积上气化的水分质量，其表达式如下：

$$U=\frac{dW}{Adt}=-\frac{Gdx}{Adt} \tag{5-3}$$

式中：U 为干燥速率，单位为 kg/（m²·s）；dW 为在 dt 干燥时间（s）内水分的蒸发量，单位为 kg；A 为被干物料的干燥面积，单位为 m²；G 为湿物料中所含绝干物料的质量，单位为 kg；dx 为物料的干基含水量的变化，单位为 kg 水分/kg 绝干物料；负号表示物料中的含水量随干燥时间减少。

3. 干燥特性曲线 干燥速率可由实验确定。干燥曲线如图 5-16 所示，干燥速率曲线由干燥曲线的斜率整理而得，如图 5-17 所示。

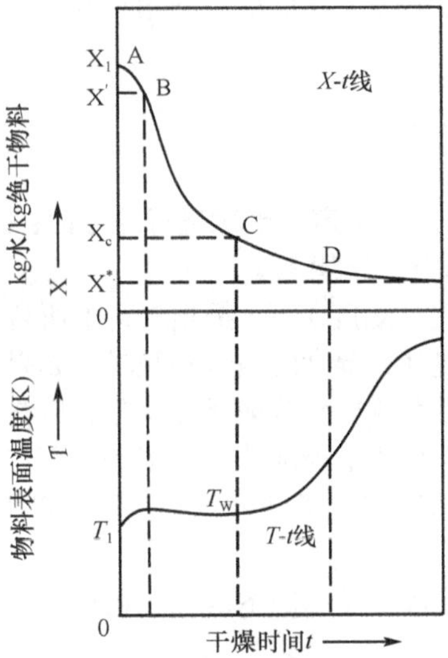

图 5-16 恒定干燥条件下的干燥曲线

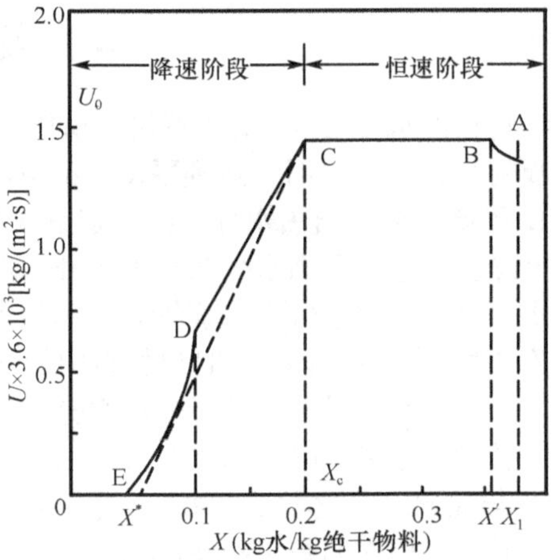

图 5-17 恒定干燥条件下的干燥速率曲线

（1）干燥速率曲线分析

1）AB 段：A 点代表时间为零时的情况，AB 为湿物料不稳定的加热过程，在该过程中，物料的含水量及其表面温度均随时间而变化。物料含水量由初始含水量降至与 B 点相应的含水量，而温度则由初始温度升高（或降低）至与空气的湿球温度相等。一般该过程的时间很短，在分析干燥过程中常可忽略，将其作为恒速干燥的一部分。

2）BC 段：在 BC 段内干燥速率保持恒定，称为恒速干燥阶段。在该阶段湿物料表面温度为空气的湿球温度 T_W。

3）C 点：由恒速阶段转为降速阶段的点称为临界点，所对应湿物料的含水量称为临界含水量，用 X_c 表示。

4）CDE 段：随着物料含水量的减少，干燥速率下降，CDE 段称为降速干燥阶段。干燥速率主要取决于水分在物料内部的迁移速率。不同类型物料结构不同，降速阶段速率曲线的形状不同。某些湿物料干燥时，干燥曲线的降速阶段中有一转折点 D，把降速阶段分为第一降速阶段和第二降速阶段。D 点称为第二临界点。但也有一些湿物料在干燥时不出现转折点，整个降速阶段形成了一条平滑曲线。降速阶段的干燥速率主要与物料本身的性质、结构、形状、尺寸和堆放厚度有关，而与外部的干燥介质流速关系不大。

5）E 点：E 点的干燥速率为零，X^*即为操作条件下的平衡含水量。在这里干燥曲线或干燥速率曲线是在恒定的空气条件下获得的，对指定的物料，空气的温度、湿度不同，速率曲线的位置也不同。

（2）干燥过程：分析考察干燥曲线和干燥速率曲线可知，干燥过程可分为恒速干燥和降速干燥两个阶段。

1）恒速干燥阶段：恒速干燥阶段的前提是湿物料表面全部润湿，即湿物料水分从物料内部迁移至表面的速率大于水分在表面的气化速率。由于此阶段气化的是非结合水，故恒速干燥阶段的干燥速率的大小取决于物料表面水分的气化速率。因此，恒速干燥阶段又称为表面控制阶段，该阶段的特点为：①干燥速率为常数；②在该阶段除去的水分为非结合水分；③恒速干燥阶段的干燥速率只与空气的状态有关，而与物料的种类无关。

2）降速干燥阶段：到达临界点以后，即进入降速干燥阶段，此阶段分为两个过程。

A. 实际气化表面减少：随着干燥过程的进行，物料内部水分迁移到表面的速率已经小于表面水分的气化速率。物料表面不能再维持全部润湿，而出现部分“干区”，即实际气化表面减少。因此，以物料总面积为基准的干燥速率下降。去除的水分为结合水和非结合水分。

B. 气化面内移：当物料全部表面都成为干区后，水分的气化面逐渐向物料内部移动，传热是由空气穿过干料到气化表面，气化的水分又从湿表面穿过干料到空气中，因此降速干燥阶段又称为物料内部的迁移控制阶段。显然，固体内部的热质传递途径加长，阻力加大，造成干燥速率下降。即为图中的 DE 段，直至平衡水分 X^*。此过程，空气传给湿物料的热量大于水分气化所需要的热量，故物料表面的温度升高。降速干燥阶段特点如下：①随着干燥时间的延长，干基含水率 X 减少，干燥速率降低；②物料表面温度大于湿球温度；③除去的水分为非结合水分和结合水分；④降速干燥阶段的干燥速率与物料种类、结构、形状及尺寸有关，而与空气状态关系不大。

物料在干燥过程中经历了预热阶段、恒速干燥阶段、降速干燥阶段，用临界含水量 X_c 加以区分，X_c 越大，越早地进入降速阶段，完成相同的干燥任务所需的时间越长。X_c 的大小不仅与干燥速率和时间有关，而且由于影响两个阶段的因素不同，因此确定 X_c 值对强化干燥过程也有重要意义。

由于物料的除湿过程经历两步，故干燥速率不仅取决于空气的性质及干燥操作条件，而且与物料中所含水分的性质有关。

四、干 燥 方 法

1. 箱式干燥器和干燥室干燥法 箱式干燥器和干燥室干燥法都是将制好的湿颗粒铺在烘盘中（盘底铺一层纸或布）进行干燥（图 5-18），铺层厚度一般小于 2.5cm 比较合适，对易变

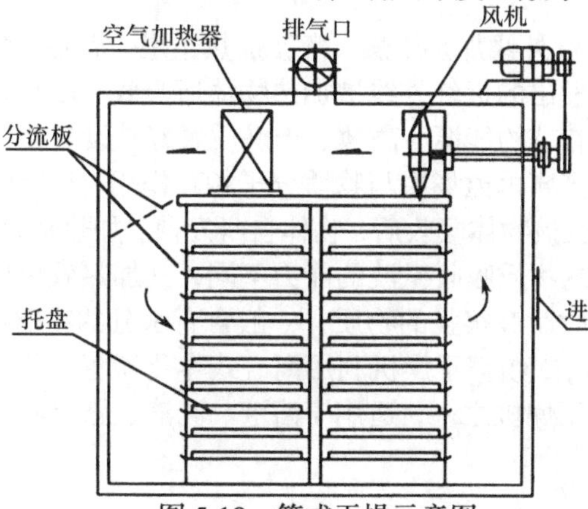

图 5-18 箱式干燥示意图

质的药物应更薄些。一般药物的干燥温度为 50～60℃；中药湿颗粒为 60～80℃；含挥发性、芳香性的中药，应控制在 60℃以下，以免有效成分散失；对于不受高热影响的药物，干燥温度可控制在 80～100℃，以缩短干燥时间。干燥过程中应逐渐升高温度，以免湿颗粒中的糖或淀粉类辅料因温度骤升而融化或糊化，或颗粒表面干化而结成膜，内部水分不易挥散，造成“外干内湿”的现象。湿颗粒干燥时，要定时进行翻动，以便使颗粒均匀烘干，但不要过早翻动，以免破坏湿粒结构，使细粉增加。小量干燥可在烘箱中进行，大量干燥则利用烘房或沸腾干燥床。烘房是用鼓风机使热空气循环加热并排出湿气的烘干装置，上下受热均匀，可自行设计安装。

2. 沸腾干燥法 沸腾干燥床有散热排管，沸腾室、细粉捕集器和鼓风机等构件（图 5-19），当开动鼓风机后，吸入的热空气流，使颗粒翻滚如“沸腾状”，由热空气带走水分，而达到干燥的

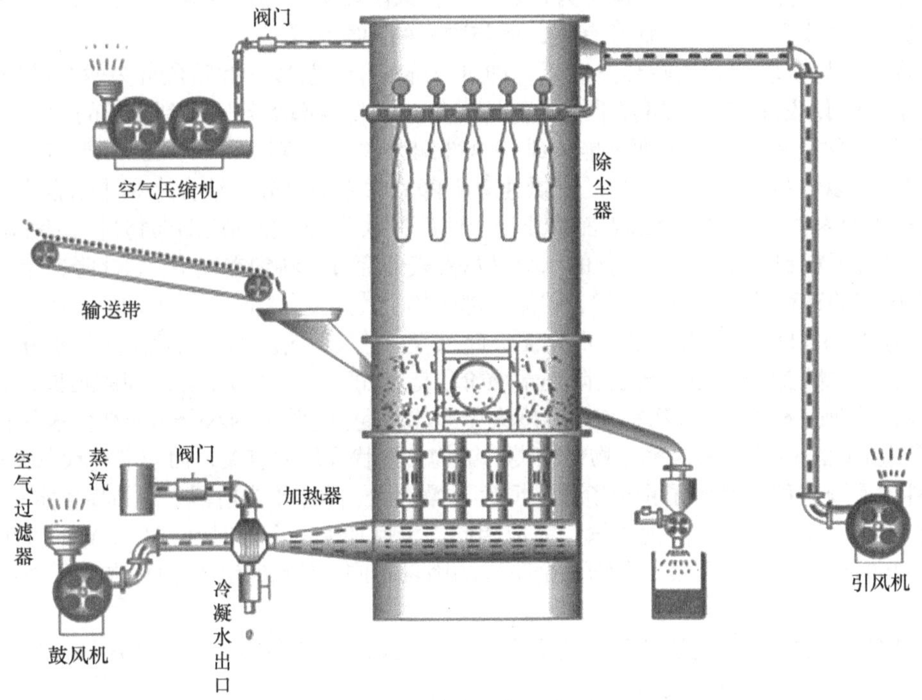

图 5-19 沸腾干燥示意图

目的。沸腾干燥法干燥温度低，颗粒干燥均匀，缺点是设备不易清洗，仅适用于一般湿颗粒的干燥和连续性生产同一品种；对于某些要求干燥颗粒坚实完整的片剂，此法不宜用；尤其不适用于有色片剂。

3. 其他干燥方法 有远红外线加热干燥、微波加热干燥、离心式喷雾干燥等。远红外线加热干燥是利用远红外辐射器发出的远红外线被加热物体所吸收，转变为热能从而达到加热干燥目的的一种新技术。本法具有节约能源、高效、干燥质量好、设备费用低等优点。微波加热干燥是利用微波在快速变化的高频电磁场中与物质分子相互作用，被吸收而产生效应，把微波能量直接转化为介质热能，微波被物体吸收后，物体自身发热，加热从物体内部、外部同时开始，能做到里外同时加热，不同的物质吸收微波的能力不同，其加热效果也各不相同，这主要取决于物质的介质损耗。水是吸收微波很强的物质，一般含有水分的物质都能用微波来进行加热，快速均匀，干燥效果好。离心式喷雾干燥机利用离心式雾化器将某些液体物料进行干燥，是目前工业生产中使用最广泛的干燥机之一，适用于溶液、乳液、悬浮液甚至还可以用于具有一定黏度的液料。

五、整　　粒

颗粒在干燥过程中，部分颗粒互相黏结成块，干燥后需经过筛整粒。一般先经一号筛筛除粗大颗粒，再经五号筛筛除细粉，使颗粒均匀。未能通过筛网的块或粗粒，可加以研碎，使成适宜的颗粒并过筛整粒和分级。小量整粒可用筛网，大量用整粒机。

第四节　颗粒剂的分剂量与包装

整粒后的颗粒按剂量要求进行分装。为防止颗粒吸湿软化，黏结成块，应选用不易透气、透湿的包装材料，如复合铝塑袋、铝箔袋或不透气的塑料瓶等，将其密封，置干燥处储存，防止受潮。

制剂举例 5-1

布洛芬泡腾颗粒剂

【处方】　布洛芬 60g　交联羧甲纤维素钠 3g　聚维酮 1g　糖精钠 2.5g
微晶纤维素 15g　蔗糖细粉 350g　苹果酸 165g　碳酸氢钠 50g
无水碳酸钠 15g　橘型香料 14g　十二烷基硫酸钠 0.3g

【制备】　将布洛芬、微晶纤维素、交联羧甲纤维素钠、苹果酸和蔗糖细粉过 16 目筛后，置混合器内与糖精钠混合。混合物用聚维酮异丙醇液制粒，干燥，过 30 目筛整粒后与剩余处方成分混匀。混合前，碳酸氢钠过 30 目筛，无水碳酸钠、十二烷基硫酸钠和橘型香料过 60 目筛。制成的混合物装于铝塑薄膜袋中，每袋含布洛芬 600mg。

【注解】　本处方中布洛芬为主药，聚维酮为黏合剂，糖精钠和橘型香料为矫味剂，蔗糖为填充剂，苹果酸、无水碳酸钠、碳酸氢钠为泡腾崩解剂，微晶纤维素、交联羧甲纤维素钠可改善布洛芬的混悬性，十二烷基硫酸钠可加快药物的溶出。布洛芬泡腾颗粒剂临床上主要用于减轻轻度至中度疼痛，如关节痛、神经痛、肌肉痛、偏头痛、头痛、痛经、牙痛，也可用于减轻普通感冒或流行性感冒引起的发热。

制剂举例 5-2

板蓝根颗粒剂

【处方】　板蓝根浸膏（80℃相对密度 1.30～1. 33）10g　糖粉 20g　糊精　13g

【制备】　取板蓝根浸膏，按处方加入糖粉及糊精，制成软材，过 16 目筛制颗粒，干燥。每袋 5g 或 10g 分装即得。

【注解】　本处方中板蓝根浸膏为主药，糖粉和糊精为稀释剂。浸膏黏稠性大，与辅料混合时应充分搅拌、捏合，至色泽均匀为止。制粒时用金属筛网更易于制粒。本品可清热解毒，凉血利咽，消肿，用于扁桃腺炎、咽喉肿痛及防治传染性肝炎、小儿麻疹等。

制剂举例 5-3

复方维生素 B 颗粒

【处方】　维生素 B_1 1.20g　维生素 $B_2$0.24g　维生素 B_6 0.36g　烟酰胺　1.20g
混旋泛酸钙　0.24g　枸橼酸 2.0g　蔗糖粉 986g

【制法】　将维生素 B_2 加蔗糖粉混合粉碎 3 次，过 80 目筛；将维生素 B_6、混旋泛酸钙、橙皮酊、枸橼酸溶于纯化水中作润湿剂；另将维生素 B_1、烟酰胺等与上述稀释的维生素 B_2 混合均匀后制粒，60～65℃干燥，整粒，分级即得。

【注解】 处方中维生素 B_1、维生素 B_2、维生素 B_6、烟酰胺、泛酸钙为主药，蔗糖粉为稀释剂，加入枸橼酸使颗粒呈弱酸性，以增加药物的稳定性。处方中维生素 B_2 带有黄色，须与辅料充分混匀；维生素 B_2 等对光敏感，操作时应尽量避光。本品主要用于营养不良、厌食、维生素 B 缺乏症（脚气病）及因缺乏维生素 B 所致的各种疾患的辅助治疗。

第五节 颗粒剂的质量要求

颗粒剂的质量检查，除检查主药含量、外观外，还应进行以下相应检查，见《中国药典》2015 年版四部制剂通则。

1. 粒度 除另有规定外，照粒度和粒度分布测定法（《中国药典》2015 年版四部通则 0982 第二法双筛分法测定），检查不能通过一号筛与能通过五号筛的总和不得超过 15%。

2. 水分 中药颗粒剂按照水分测定法测定（《中国药典》2015 年版四部通则 0832 测定），除另有规定外，水分不得超过 8.0%。

3. 干燥失重 除另有规定外，化学药品和生物制品颗粒剂按照干燥失重测定法测定（《中国药典》2015 年版四部通则 0831 测定），于 105℃干燥（含糖颗粒应在 80℃减压干燥）至恒重，减失重量不得超过 2.0 %。

4. 溶化性 除另有规定外，颗粒剂照下述方法检查，溶化性应符合规定。

1）可溶颗粒检查法：取供试品 10g（中药单剂量包装取 1 袋），加热水 200ml，搅拌 5min，立即观察，可溶颗粒应全部溶化或轻微浑浊。

2）泡腾颗粒检查法：取供试品 3 袋，将内容物分别转移至盛有 200ml 水的烧杯中，水温为 15～25℃，应迅速产生气体而呈泡腾状，5min 内颗粒均应完全分散或溶解在水中。

3）颗粒剂按上述方法检查，均不得有异物，中药颗粒还不得有焦屑。混悬颗粒及已规定检查溶出度或释放度的颗粒剂可不进行溶化性检查。

5. 装量差异 单剂量包装的颗粒剂按下述方法检查，应符合规定（表 5-1）。

取供试品 10 袋（瓶），除去包装，分别精密称定每袋（瓶）内容物的重量，求出每袋（瓶）内容物的装量与平均装量。每袋（瓶）装量与平均装量相比较，凡无含量测定的颗粒剂或有标示装量的颗粒剂，每袋（瓶）装量应与标示装量比较，超出装量差异限度的颗粒剂不得多于 2 袋（瓶），并不得有 1 袋（瓶）超出装量差异限度 1 倍。

表 5-1 不同规格颗粒剂的装量差异限度要求

平均装量或标示装量	装量差异限度
1.0g 及 1.0g 以下	± 10%
1.0g 以上至 1.5g	± 8%
1.5g 以上至 6.0g	± 7%
6.0g 以上	± 5%

凡规定检查含量均匀度的颗粒剂，一般不再进行装量差异检查。

6. 装量 多剂量包装的颗粒剂，按照最低装量检查法检查，应符合规定。

7. 微生物限度 以动物、植物、矿物质来源的非单体成分制成的颗粒剂，生物制品颗粒剂，按照非无菌产品微生物限度检查：微生物计数法和控制菌检查法及非无菌药品微生物限度标准检查，应符合规定。规定检查杂菌的生物制品颗粒剂，可不进行微生物限度检查。

知识拓展 5-2

颗粒剂的临床应用及注意事项

颗粒剂适宜于老年人、儿童以及有吞咽困难的患者使用。

普通颗粒剂冲服时应使药物完全溶解。肠溶、缓释、控释颗粒剂服用时应保证制剂释药结构的完整性。可溶性、泡腾性颗粒剂应加温开水冲服，切忌放入口中用水送服；混悬型颗粒剂冲服如有部分药物不能溶解也应该一并服用；中药颗粒剂不宜用铁质或铝制容器冲服，以免影响疗效。

本 章 小 结

颗粒剂的制备过程是先将药物进行粉碎、过筛，然后和辅料混合、制粒，最后质检合格后进行包装。制粒是颗粒剂的关键，主要包括湿法制粒、干法制粒，其中湿法制粒是最常用的方法，其关键点是捏合的过程。湿法制粒的机制主要是通过粒子间的结合力、从液体架桥到固体架桥的过渡两种方式；干法制粒的机制主要是通过药物细粉之间的黏结，使药物细粉从小的粒子增长为大的药物颗粒。在颗粒的制备过程中，为了避免制得的湿颗粒发生变形和结块，必须迅速对其进行干燥。干燥是利用热能使湿颗粒中的湿分（水分或其他溶剂）气化，并利用热气流或真空带走气化了的湿分，从而获得干颗粒的操作。颗粒在干燥过程中，部分颗粒互相黏结成块，干燥后需经过筛整粒。

重点：颗粒剂的概念、特点和分类，湿法和干法制粒的方法。

难点：制粒的机制。

思 考 题

1. 简述颗粒剂的概念、种类、特点。
2. 常用制粒的方法有哪些？
3. 颗粒剂的质量要求与散剂有何异同？

（宋　逍）

第六章 胶 囊 剂

学习目标

1. 掌握：胶囊剂的概念、特点、分类；常用囊材；胶囊剂的制备工艺及质量检查。
2. 熟悉：胶囊剂的生产设备、包装和储存。
3. 了解：空心胶囊的制备、质量控制。

第一节 概 述

胶囊剂（capsules）指将原料药物或原料药物与适宜辅料混匀充填于空心胶囊或密封于软质囊材中制成的固体制剂，主要供口服用。

一、胶囊剂的特点

胶囊剂具有以下特点：①掩盖药物的不良嗅味；②提高药物的稳定性；③可使药物在体内快速起效；④实现液态药物的固体化；⑤可缓释、控释或定位释放药物。

明胶空心胶囊壳主要由水溶性明胶组成，内容物不能是水溶液或稀乙醇溶液，以防止胶囊壳溶化；易风化或易潮解的药物可使胶囊壳软化或脆裂，均不适合制成胶囊剂；此外，易溶性的刺激性药物因在胃中溶解后能形成局部高浓度，对胃黏膜有刺激性，也不宜制备成胶囊剂。

二、胶囊剂的分类

根据囊材的理化及释药特性，胶囊剂可分为硬胶囊、软胶囊（胶丸）、缓释胶囊、控释胶囊和肠溶胶囊。

硬胶囊（hard capsules，通称为胶囊）指采用适宜的制剂技术，将原料药物或原料药物与适宜辅料制成的均匀粉末、颗粒、小片、小丸、半固体或液体等，充填于空心胶囊中的胶囊剂（图 6-1）。

软胶囊（soft gelatin capsules）指将一定量的液体原料药物直接包封，或将固体原料药物溶解或分散在适宜的辅料中制备成溶液、混悬液、乳状液或半固体，密封于软质囊材中的胶囊剂（图 6-2）。

缓释胶囊（sustained release capsules）指在规定的释放介质中缓慢地非恒速释放药物的胶囊剂。

控释胶囊（controlled release capsules）指在规定的释放介质中缓慢地恒速释放药物的胶囊剂。

肠溶胶囊（enteric-coated capsules）指将肠溶材料包衣的颗粒或小丸充填于胶囊而制成的硬胶囊，或用适宜的肠溶材料制备而得的硬胶囊或软胶囊。肠溶胶囊不溶于胃液，但能在肠液中崩解而释放活性成分。

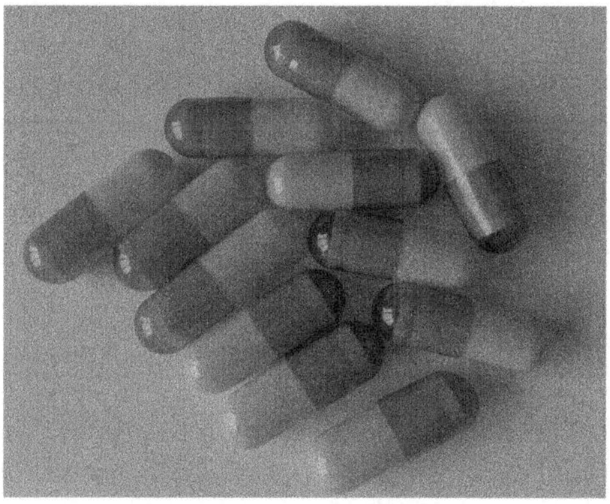

图 6-1 硬胶囊实物

图 6-2 软胶囊实物

第二节 硬 胶 囊

一、硬胶囊的囊材组成

硬胶囊的囊壳呈圆筒状，系由可套合和锁合的囊帽和囊体两节组成，质硬且有弹性。囊体应光洁、色泽均匀、切口平整、无变形、无异臭，分为透明（两节均不含遮光剂）、半透明（仅一节含遮光剂）、不透明（两节均含遮光剂）三种。《中国药典》2015 年版四部收载了明胶空心胶囊的质量标准。

明胶空心胶囊的主要原料是明胶，明胶为动物的皮、骨、腱与韧带中胶原蛋白不完全酸水解、碱水解或酶降解后纯化得到的制品，或为上述三种不同明胶制品的混合物。明胶为微黄色至黄色、透明或半透明微带光泽的薄片或粉粒；无臭、无味；浸在水中时会膨胀变软，能吸收其自身质量 5～10 倍的水。明胶在热水中易溶，在乙酸或甘油与水的热混合液中溶解，在乙醇中不溶。《中国药典》2015 年版四部收载了胶囊用明胶的质量标准。

囊壳组成除明胶外，根据需要可加入其他成分，如甘油、山梨醇、羧甲纤维素钠、羟丙纤维素等能增加空心胶囊的可塑性和弹性；琼脂能增加胶液的胶冻力，有利于定型；十二烷基硫酸钠能增加空心胶囊的光泽；二氧化钛作为遮光剂制成的胶囊适用于光敏药物的填充；羟苯酯类可防止空心胶囊发生霉变。囊体尚可加入芳香矫味剂、色素等。

二、硬胶囊的制备

硬胶囊剂的制备工艺流程如图 6-3 所示。

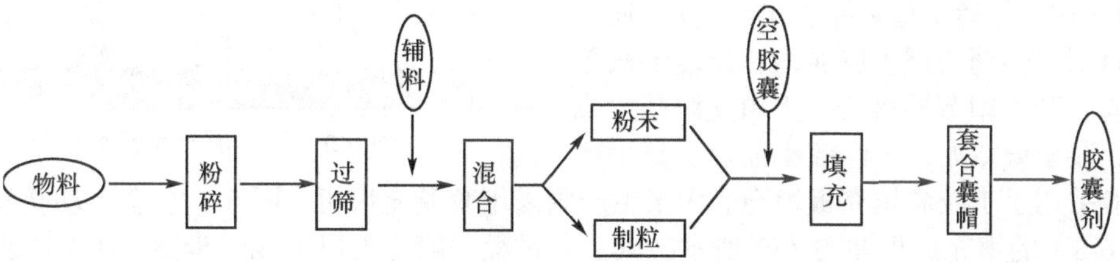

图 6-3 硬胶囊制备工艺流程

（一）明胶空心胶囊的制备与选用

1. 明胶空心胶囊的制备 空心胶囊一般由空心胶囊生产厂家生产，明胶空心胶囊的制备工艺流程如图 6-4 所示。

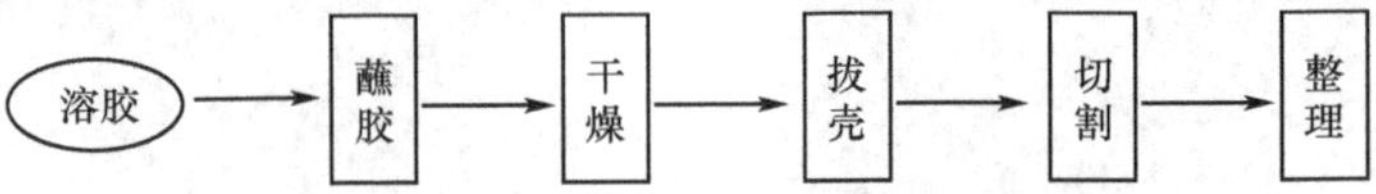

图 6-4 空心胶囊的制备工艺流程

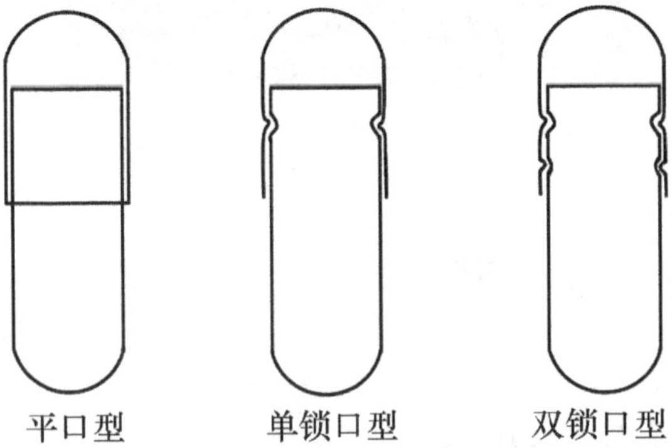

图 6-5 空心胶囊形状示意图

明胶空心胶囊的制备一般由自动化生产线来完成，操作环境的温度应为 10～25℃，相对湿度为 35%～45%，空气净化度应达到 D 级。

在空心胶囊上可印字加以区别，在食用油墨中加入 8%～12% PEG400 可以防止所印字迹被磨损。

2. 明胶空心胶囊的规格 目前市售的空心胶囊有普通型和锁口型两类（图 6-5）。空心胶囊共有 8 种规格，分为 000、00、0、1、2、3、4、5 号共 8 种，随着号数由小到大，容积由大到小，常用的为 0～5 号，其对应容积见表 6-1。

表 6-1 空心胶囊的号数与容积

空胶囊号数	0	1	2	3	4	5
容积（ml）	0.75	0.55	0.40	0.30	0.25	0.15

（二）充填物料的制备、充填与套合囊帽

1. 填充物料的制备 若将物料粉碎至适宜粒度就能满足硬胶囊的填充要求，即可直接填充，但多数药物由于剂量小、流动性差等原因，需加稀释剂、润滑剂等辅料。一般可加入蔗糖、乳糖、微晶纤维素、改性淀粉、二氧化硅、硬脂酸镁、滑石粉等，也可加入辅料制成颗粒后进行填充。

2. 胶囊规格的选用 应按药物剂量所占容积选用适宜大小的空胶囊，可根据经验试装后决定。但常用的方法是先测定待填充物料的堆密度，然后根据应装剂量计算该物料容积，以决定应选胶囊的号数。

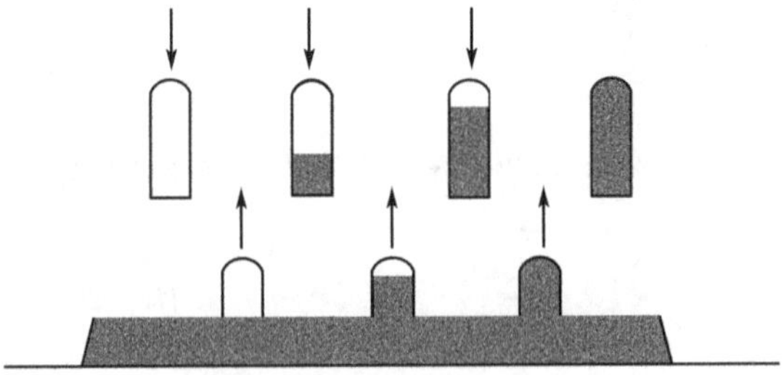

图 6-6 手工填充胶囊示意图

3. 药物的填充 填充药物有手工（图 6-6）、手工胶囊填充板和自动填充机法三种。小量制备时，常用手工填充药物。先将固体药物平铺在适当的平面上，轻轻压紧，其厚度为囊体高度的 1/4～1/3，然后带指套捏取体节，切口向下插入物料层，使药粉嵌入胶囊内，反复多次至体节装满，套上帽节即可。手工填充法药尘飞扬严重，装量误差大，生产效率低。少量生产时，一般采用手工胶囊填充板填充。大量生产则采用胶囊充填机（图 6-7）。全自动硬胶囊填充机（图 6-8）的填充过程如图 6-9 所示，其工艺过程一般分为以下几个步骤：①空心胶囊自由落料；②空心胶囊定向排列；③胶囊帽、体分离；④未分离的胶囊剔除；⑤胶囊体中充填物料；⑥胶囊帽体重新套合及封闭；⑦成品被排出机外。

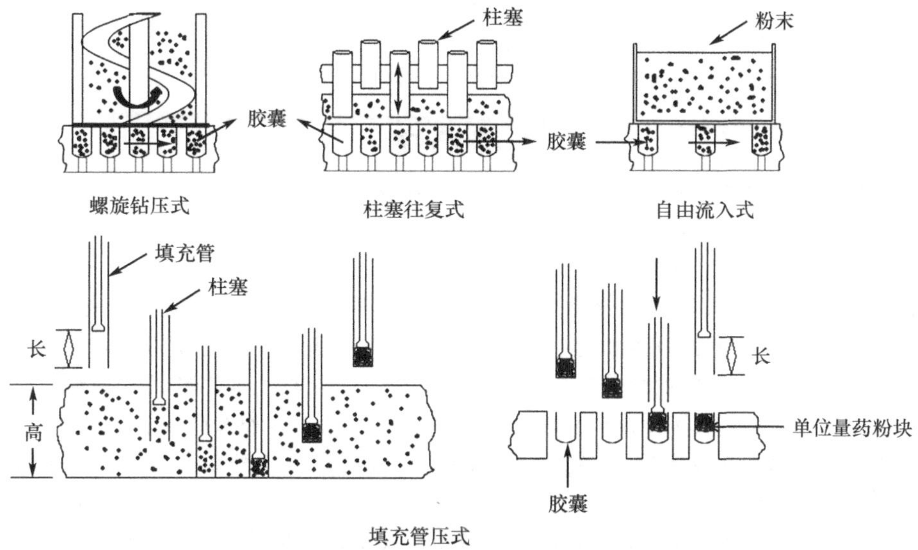

图 6-7 硬胶囊填充机填充物料类型示意图

图 6-8 全自动硬胶囊填充机

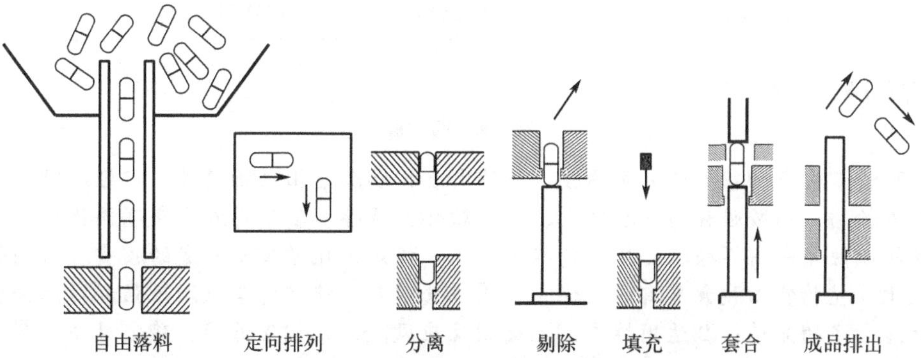

图 6-9 全自动硬胶囊填充机填充过程示意图

4. 封口 目前多使用锁口型胶囊，其密闭性良好，不必封口。使用普通型胶囊壳时须封口。封口的材料常用制备空心胶囊时的明胶液（如明胶 20%、水 40%、乙醇 40%）。保持胶液 50℃，将腰轮部分浸在胶液内，旋转时带上定量胶液，在囊帽与囊体套合处封上一条胶液，烘干后即得。

5. 整理 填充后的硬胶囊剂表面往往黏有少量药物，应予清洁。生产上采用胶囊抛光机，可直接除去粉尘，提高胶囊光洁度。

制剂举例 6-1

速效感冒胶囊

【处方】 对乙酰氨基酚 300g　维生素C 100g　胆汁粉 100g　咖啡因 3g
氯苯那敏 3g　10%淀粉浆 适量　食用色素 适量
共制成硬胶囊剂 1000 粒

【制备】 ①取上述各药物，分别粉碎，过 80 目筛。②将 10%淀粉浆分为 A、B、C 三份，A 加入少量食用胭脂红制成红糊；B 加入少量食用橘黄（最大用量为万分之一）制成黄糊；C 不加色素为白糊。③将对乙酰氨基酚分为三份，一份与氯苯那敏混匀后加入红糊；一份与胆汁粉、维生素 C 混匀后加入黄糊；一份与咖啡因混匀后加入白糊。分别制成软材后，过 14 目尼龙筛制粒，于 70℃干燥至水分 3%以下。④将上述三种颜色的颗粒混合均匀后，填入空胶囊中，即得。

【注解】 本品为复方制剂，所含成分的性质、数量各不相同，为防止混合不均匀和填充不均匀，采用湿法制粒，经混合均匀后再进行填充；加入食用色素可使颗粒呈现不同的颜色，一方面可直接观察混合的均匀程度，另一方面若选用透明胶囊壳，将使制剂看上去比较美观。处方中对乙酰氨基酚、维生素C、胆汁粉、咖啡因、氯苯那敏为主药，10%淀粉浆为黏合剂，食用色素为着色剂。速效感冒胶囊用于感冒引起的鼻塞、头痛、咽喉痛、发热等症的治疗。

制剂举例 6-2

阿莫西林胶囊

【处方】 阿莫西林原粉 250g　羧甲淀粉钠 10g　硬脂酸镁 7.5g　淀粉 适量
制成 1000 粒

【制备】 称取阿莫西林原粉、羧甲淀粉钠、硬脂酸镁、淀粉适量，混合，制成胶囊 1000 粒，即得。

【注解】 本法将物料混合均匀后直接填充胶囊。处方中硬脂酸镁为润滑剂，羧甲淀粉钠可增加阿莫西林的溶出度，淀粉为稀释剂。阿莫西林适用于敏感菌（不产生 β 内酰胺酶菌株）所致的感染，以及治疗伤寒、伤寒带菌者和钩端螺旋体病。阿莫西林也可与克拉霉素、兰索拉唑联用，根除胃、十二指肠幽门螺杆菌，降低消化道溃疡复发率。

知识拓展 6-1

植 物 胶 囊

明胶胶囊囊壳的基本组分是明胶、甘油和水，明胶是由动物的骨、皮经水解制得，属于蛋白类物质。明胶胶囊易失水硬化、吸水软化，遇醛类物质易发生交联固化反应。植物胶囊是指以陆生或海洋植物的提取物经过加工、提炼、化学改造制成的胶囊。与明胶空心胶囊相比，植物空心胶囊具有以下优点：①低含水量，非常适合吸湿性强和对水分敏感药物或功能食品的充填；②适用性广，无交联反应风险，无相互作用，稳定性高；③释药速度相对较稳定，个体差异较小；④储存条件要求低，低湿度环境中几乎不脆碎，高温下稳定性好。但植物胶囊的通氧性明显大于明胶胶囊。目前，已有羟丙基甲基纤维素空心胶囊、普鲁兰糖空心胶囊、海藻多糖空心胶囊、淀粉空心胶囊等植物胶囊产品上市。植物胶囊在欧洲一些发达国家已经得到推广，以每年 20%～30%的速度增长，市场占有率逐年升高。目前国内植物胶囊市场所占比例较低，生产成本高是制约植物胶囊使用的重要原因。

第三节 软 胶 囊

一、软胶囊的囊材与内容物组成

（一）囊材

囊材是软胶囊的外层部分，也称为囊壳、囊壁、胶皮。囊材具有可塑性与弹性，这是软胶囊剂成型的基础。囊材主要由明胶、增塑剂、水三者构成，其重量比例通常是明胶：增塑剂：水=1：（0.4～0.6）：1。若增塑剂用量过低或过高，则囊材会相应的过硬或过软。常用增塑剂为甘油、山梨醇，单独或混合使用均可。囊材中还可加入其他成分，如防腐剂、遮光剂、色素等。

（二）内容物

软胶囊内容物可以是溶液、混悬液、半固体和固体。由于囊材以明胶为主，因此对内容物有一定的要求：①含水量不应超过 5%；②避免含挥发性、小分子有机化合物如乙醇、酮、酸及酯等，因其均能使囊材软化或溶解；③不得使用醛类物质，因可使明胶变性；④O/W 型乳剂的内容物与囊材接触后因失水而使乳剂破裂，囊材变软；⑤液态药物的 pH 以 2.5～7.5 为宜，否则易使明胶水解或变性，导致药物泄漏或影响崩解和溶出。

当药物为固体粉末时，应当能通过五号筛，常以植物油或 PEG400 作为分散介质制备成混悬状态。为确保在填装软胶囊时药物分散均匀，剂量准确，混悬液中还应加入助悬剂。在油状介质中通常需加入 10%～30%的油蜡混合物作助悬剂，油蜡混合物组成为氢化植物油 1 份、蜂蜡 1 份，熔点为 33～38℃的短链植物油 4 份。在 PEG400 等非油性分散介质中，可用 1%～15%PEG4000～6000 为助悬剂。另外，PEG400 对囊材有硬化（脱水）作用，加入 5%～10%甘油或丙二醇可改善对囊材的硬化。用混悬液制备胶丸时，为求得适宜的软胶囊大小，可用基质吸附率（substrate adsorption rate）来计算。基质吸附率是指将 1g 固体药物制成适宜的混悬液时所需液体基质的克数，公式如下：

$$基质吸附率=（基质重量/固体药物重量）\times 100\%$$

固体药物粒子大小、形态、物理状态、密度、含水量及亲水亲油性等均对基质吸附率有影响，从而影响软胶囊的大小。

二、软胶囊的制备

在生产软胶囊剂时，药物填充与胶囊成型是同时进行的。制备方法分为压制法和滴制法。

（一）压制法

压制法制备的软胶囊称有缝胶丸，系将明胶、甘油、水等溶解后制成胶皮，再将药物置于两块胶皮之间，用钢模压制而成。其制备方法如图 6-10 所示。由机械自动制出的两张胶皮以连续不断的形式向相反的方向移动，在达到旋转模之前逐渐接近，经下部加压而结合，此时药液则从填充泵经导管由楔形注入管压入两胶皮之间。由于旋转模的不停转动，遂将胶皮与药液压入模的凹槽中，使胶带全部轧压结合，而将药液包于其中，形成软胶囊剂，剩余的胶皮自动被切割分离，最后于 21～24℃、相对湿度 40%的条件下干燥胶丸。压制法药液的数量由填充泵准确控制。压制法产量大，自动化程度高，成品率较高，剂量准确，适合于工业化大生产。

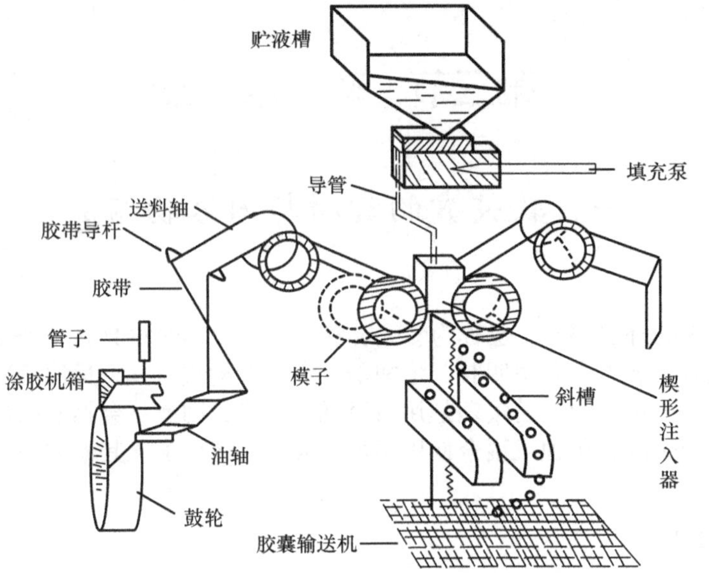

图 6-10　滚模式软胶囊机工作原理示意图

（二）滴制法

滴制法制备的软胶囊称无缝胶丸。滴制法制备软胶囊剂的工作原理见图 6-11。分别盛装于贮液槽中的油状药物与明胶液按不同速度通过滴制喷头从同心管喷出，明胶液从管的外层流下，药液从中心管流出，在管的下端流出口处，明胶将一定药液包裹起来，并滴入到另一种不相混溶的冷却液体（如液状石蜡）中。由于表面张力作用，胶液接触冷却液后形成球状体，逐渐凝固成胶丸。滴制法设备简单，投资少，生产过程中几乎不产生废胶，产品成本低。但滴制法最大的缺点是生产效率低。

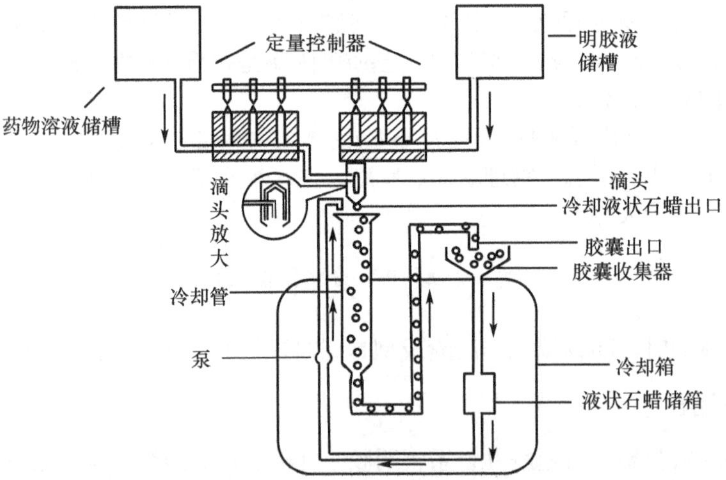

图 6-11　软胶囊滴制机工作原理示意图

制剂举例 6-3

维生素 AD 胶丸

【处方】　维生素 A 3000 单位　　维生素 D 300 单位　　明胶 100 份　　甘油 55～66 份

水 120份　　鱼肝油或精炼食用植物油适量

【制备】 ①内容物的制备：取维生素A与维生素D，加鱼肝油或精炼食用植物油（在0℃左右脱去固体脂肪），溶解，并调整浓度至每丸含维生素A应为标示量的90.0%～120.0%，含维生素D应为标示量的85.0%以上，作为药液待用。②囊材的制备：甘油及水加热至70～80℃，加入明胶，搅拌溶化，保温1～2h，除去上浮的泡沫，滤过（维持温度）。③胶丸的制备：采用滴制法制备，将囊材和内容物分别加入滴丸机的料槽中滴制，以液状石蜡为冷却液，收集冷凝的胶丸，用纱布拭去黏附的冷却液，在室温下吹冷风4h，放于25～35℃下烘4h，再经石油醚洗涤两次（每次3～5min），除去胶丸外层液状石蜡，再用95%乙醇洗涤一次，最后在30～35℃烘干约2h，筛选弃去不合格胶丸，质检，包装，即得。

【注解】 ①本品中维生素A、维生素D的处方比例为药典所规定。②本品为复方制剂，每粒含维生素A 3000单位，维生素D 300单位。辅料为鱼肝油或植物油、明胶、甘油、纯化水。③在制备胶液的"保温1～2h"过程中，可采取适当的抽真空的方法以便尽快除去胶液中的气泡及泡沫。维生素AD胶丸用于预防和治疗维生素A及维生素D的缺乏症，如佝偻病、夜盲症及小儿手足抽搐症。

制剂举例 6-4

硝苯地平胶丸

【处方】 硝苯地平 5g　聚乙二醇400　220g　制成1000丸

【制备】 ①内容物的制备：将硝苯地平与1/8量的聚乙二醇400（PEG400）混匀，用胶体磨研细，加入剩余量的PEG400混匀，待用。②囊材的制备：将明胶100份、甘油55份、水120份混合均匀，配制明胶液。③胶丸的制备：采用压制法制备。在室温25℃±2℃、相对湿度40%条件下，药液与明胶液分别加入压丸机的料槽中，压丸机转动并轧制成胶丸，每丸重225mg，于28℃±2℃、相对湿度40%条件下干燥20h，即得。

【注解】 硝苯地平系光敏性物质，生产中应避光。本品不溶于植物油，因而采用PEG400为分散介质。PEG400易吸湿，使胶丸壁硬化，故应在囊材中加入保湿剂（甘油），使囊壁干燥后仍保留水分约5%。硝苯地平胶丸用于变异型心绞痛、不稳定型心绞痛、慢性稳定型心绞痛、高血压等疾病的治疗。

第四节 肠溶胶囊

一、肠溶胶囊的囊材组成

肠溶聚合物有耐酸性，在胃液中不溶解，而在肠液中溶解。常用的肠溶包衣材料有醋酸纤维素酞酸酯（cellulose acetate phthalate，CAP）、醋酸纤维素苯三酸酯（cellulose acetate trimesic acid ester，CAT）、聚乙烯醇酞酸酯（polyvinyl alcohol phthalate，PVAP）、羟丙甲纤维素钛酸酯（hydroxypropyl methylcellulose phthalate，HPMCP）、丙烯酸树脂Ⅰ、Ⅱ、Ⅲ号等。

二、肠溶胶囊的制备

肠溶胶囊剂的制备方法有：①在胶囊上"包衣"法。将囊壳涂上一层肠溶材料，达到肠溶的效果。先将CAP、PVP溶液喷射于胶囊上，作为底衣层，以增加其黏附性，然后用CAP、蜂蜡等进行外层包衣。根据需要，可将药物直接填充到具有肠溶作用的空心胶囊内。②甲醛浸渍法。将胶囊经过一定浓度的甲醛溶液处理，明胶与甲醛作用生成甲醛明胶，甲醛明胶只能在肠液中溶解。此种处理方法受甲醛浓度、处理时间、成品储存时间等因素的影响，使其肠溶性极不稳定。③胶囊内容物包衣法。将内容物（颗粒、小丸等）包肠溶衣后装于空心胶囊中，此空心胶囊虽在胃中溶解，但内容物只能在肠道中溶解、崩解和溶出。

制剂举例 6-5

三氟柳肠溶胶囊

【处方】 三氟柳 300g 微晶纤维素 120g 羧甲淀粉钠 20g 硬脂酸镁 适量

【制备】 将三氟柳粉碎，与处方量的微晶纤维素、羧甲淀粉钠分别过 80 目筛，混合均匀；干法制粒压成大片，粉碎，过 24 目筛，整粒；加入硬脂酸镁适量，混合均匀；检测中间体含量后填充于 0 号肠溶胶囊，检验，包装即得。

【注解】 为了避免三氟柳对胃肠道的刺激和外界环境对药物的影响，本品选择肠溶胶囊制剂。三氟柳原料为结晶性粉末，吸湿性小，但在潮湿情况下稳定性较差不宜湿法制粒，因此采用干法制粒。处方中三氟柳为主药，微晶纤维素为黏合剂，羧甲淀粉钠为崩解剂，硬脂酸镁为润滑剂。三氟柳肠溶胶囊用于预防卒中和心肌梗死、稳定或不稳定型心绞痛、暂时性缺血性卒中发作或卒中的血栓形成等。

制剂举例 6-6

雷贝拉唑钠肠溶胶囊

【处方】 雷贝拉唑钠 50g 磷酸氢钙 200g 磷酸氢二钠 75g 微晶纤维素 900g
羟丙甲纤维素溶液的质量分数为 4%（用量为投料量的 12%）
共制成微粒 5000 粒

【制备】 雷贝拉唑钠研磨过 100 目筛，与微晶纤维素、磷酸氢钙等混合均匀，以羟丙甲纤维素水溶液为黏合剂制成软材，置挤出装置中，挤出直径为 0.8mm 的条状颗粒，经滚圆后，于 55℃干燥，置气流包衣机中，用 10%欧巴代 YS-1-7006 的 50%乙醇液（混悬有钛白粉 10%，W/W）包隔离衣，45℃热风干燥约 10min，再用 5%雅克宜包衣粉液包肠溶衣，干燥后测定含量，取适量装胶囊，即得。

【注解】 雷贝拉唑钠在酸性环境下性质不稳定，需加入磷酸氢钙、磷酸氢二钠碱化剂以提高稳定性。微晶纤维素为颗粒的稀释剂，羟丙甲纤维素为黏合剂。采取挤出滚圆法制得雷贝拉唑钠小丸，将制得小丸包肠溶衣。雷贝拉唑钠肠溶胶囊主要用于治疗胃溃疡、十二指肠溃疡、吻合口溃疡、反流性食管炎、卓-艾综合征等疾病。

第五节 胶囊剂的质量要求与包装

一、胶囊剂的质量要求

1. 外观 胶囊剂应整洁，不得有黏结、变形、渗漏或囊壳破裂等现象，并应无异臭。

2. 水分 中药硬胶囊剂应进行水分检查。取供试品内容物，照水分测定法测定。除另有规定外，不得过 9.0%。硬胶囊内容物为液体或半固体者不检查水分。

3. 装量差异 除另有规定外，取供试品 20 粒（中药取 10 粒），分别精密称定重量，倾出内容物（不得损失囊壳），硬胶囊囊壳用小刷或其他适宜的用具拭净；软胶囊或内容物为半固体或液体的硬胶囊囊壳用乙醚等易挥发性溶剂洗净，置通风处使溶剂挥尽，再分别精密称定囊壳重量，求出每粒内容物的装量与平均装量。每粒装量与平均装量相比较（有标示装量的胶囊剂，每粒装量应与标示装量比较），超出装量差异限度的不得多于 2 粒，并不得有 1 粒超出限度 1 倍（表 6-2）。

表 6-2　胶囊剂装量差异限度要求

平均粒重或标示粒重	装量差异限度
0.30g 以下	±10%
0.30g 及 0.30g 以上	±7.5%（中药±10%）

凡规定检查含量均匀度的胶囊剂，一般不再进行装量差异的检查。

4. 崩解时限　除另有规定外，按照崩解时限检查法检查，均应符合规定。凡规定检查溶出度或释放度的胶囊剂，一般不再进行崩解时限的检查。

5. 微生物限度　以动物、植物、矿物质来源的非单体成分制成的胶囊剂，生物制品胶囊剂，按照非无菌产品微生物限度检查：微生物计数法和控制菌检查及非无菌药品微生物限度标准检查，应符合规定。规定检查杂菌的生物制品胶囊剂，可不进行微生物限度检查。

二、胶囊剂的包装

胶囊剂一般应选用密闭性能良好的玻璃容器、透湿系数小的塑料容器和泡罩包装。除另有规定外，胶囊剂应密封储存，其存放环境温度不高于 30℃，湿度应适宜，防止受潮、发霉、变质。生物制品原液、半成品和成品的生产及质量控制应符合相关品种要求。

知识拓展 6-2

胶囊剂的临床应用与注意事项

胶囊剂适用于大多数患者。服用时最佳姿势为站着服用、低头咽，必须整粒吞服。避免由于胶囊药物质地轻，悬浮在会厌上部，引起呛咳。

干吞胶囊剂易导致胶囊的明胶吸水后附着在食管上，造成局部药物浓度过高危害食管，造成黏膜损伤甚至溃疡。

服用缓释、控释胶囊剂时，胶囊壳有时会起到缓释或控释的作用，整体服用才会发挥最佳药效，若拨去囊壳会造成突释等不良效果。

本章小结

胶囊剂可将原料药物或加适宜辅料制成的均匀粉末、颗粒、小片、小丸充填于空心胶囊中，近来也有填装半固体或液体，但生产设备有所不同。也可将一定量的液体原料药物直接包封，或将固体原料药物溶解或分散在适宜的辅料中制备成溶液、混悬液、乳状液或半固体，密封于软质囊材中。胶囊剂提高了药物的稳定性，使药物在体内迅速起效，也可实现缓释、控释、肠溶等目的。

重点：胶囊剂的概念、特点、分类、囊材组成、制备工艺及质量要求。

难点：如何根据药物的理化特性及用药需要制备适宜的胶囊剂。

思 考 题

1. 胶囊剂有什么特点？哪些药物不适合制成胶囊剂？
2. 试述空心胶囊的组成与规格。
3. 试述滴丸剂与软胶囊剂的异同。
4. 欲填充堆密度 1.8g/ml 的 700mg 的药粉，选用几号空胶囊较合适？

（陈　彤）

第七章　片　　剂

学习目标

1. 掌握：片剂的概念、特点、常用辅料的种类与应用；片剂的制备工艺；片剂包衣常用材料；片剂质量检查。

2. 熟悉：不同片剂的特点；片剂成形的影响因素；单冲压片机的基本结构；压片过程中常见问题与解决方法；片剂包衣工艺。

3. 了解：多冲压片机的基本构造；包衣过程中常见问题与解决方法；片剂的包装与储存。

第一节　概　　述

片剂（tablets）指药物原料与适宜的辅料制成的圆形或异形的片状固体制剂。片剂形状以圆片状最常见，异形片形状包括椭圆形、菱形、圆柱形、多角形等（图 7-1），片剂表面以白色或类白色最常见，也可以通过包衣工艺或选用有色辅料制备成不同颜色的片剂，从而提高制剂稳定性或增加辨识度。

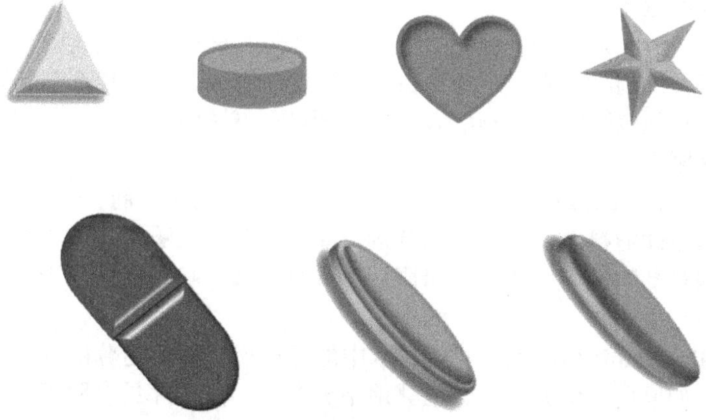

图 7-1　不同形状片剂示意图

片剂用于临床始于 19 世纪 40 年代，是目前使用最为广泛的剂型。在《中国药典》2015 年版二部收载的药品制剂中，片剂品种有 599 个，占总制剂数量的 36.4%。近年来，随着制剂技术及制药设备的发展，如流化喷雾制粒，湿法高速制粒，高速自动控制压片机，自动程序包衣设备，以及新型优质辅料的开发和应用，在保证片剂质量的同时，生产效率得到了进一步的提高。

一、片剂的特点

片剂的优点为：①含量均匀，剂量准确，常以片数作为剂量单位，便于临床使用；②体积小，易于携带、保存，服用方便，患者顺应性好；③生产机械化、自动化程度高，产量大，成本低，卫生学要求较易达到；④含水量少，采用适宜方法进行包衣或包装，通常稳定性较好；⑤可根据药物理化性质及临床需求，制备成不同的片剂，控制释药速率或给药部位，如速效、长效片剂，以及胃肠道、口腔、阴道等不同部位给药的片剂。

片剂的不足之处：①吞咽功能障碍的患者不易吞服给药，如婴幼儿、昏迷或出现吞咽困难的患者；②由于片剂存在药物溶出与吸收过程，因此疗效受剂型、处方、辅料、工艺因素影响较大；③含挥发性药物的片剂，长期储存药物含量易发生变化。

二、片剂的分类

根据给药途径或给药部位不同，片剂可分为口服用片剂、口腔用片剂和外用片剂等。

（一）口服用片剂

1. 普通片（conventional tablets） 即普通压制片，系将药物与适宜辅料混合压制而成。普通片未进行包衣，对药物的溶出速率也未进行特殊设计。普通片也称为素片或片芯。

2. 包衣片（coated tablets） 指在片剂的表面包上衣膜的片剂。包衣片不能嚼服或掰碎后服用。根据衣膜材料的不同可分为以下几种。

（1）糖衣片（sugar coated tablets）：主要包衣材料为蔗糖，包衣的目的主要是对药物起保护作用或掩盖药物不良气味和味道，如牛黄解毒片、复方穿心莲片等。

（2）薄膜衣片（film coated tablets）：主要包衣材料为高分子成膜材料，如羟丙甲纤维素、甲基纤维素等，其包衣目的与糖包衣相似，如阿莫西林薄膜衣片，薄膜包衣应用范围不断扩大，有逐渐取代糖包衣的趋势。

（3）肠溶片（enteric coated tablets）：指用肠溶性包衣材料进行包衣的片剂，为防止药物在胃内分解失效、对胃的刺激、或控制药物在肠道内定位释放，可对片剂包肠溶衣；为治疗结肠局部疾病等，可对片剂包结肠定位肠溶衣，如己酮可可碱肠溶片、双氯芬酸钠肠溶片。肠溶片不能嚼服或掰碎后服用。

3. 咀嚼片（chewable tablets） 指于口腔中咀嚼后吞服的片剂。咀嚼片一般选择甘露醇、山梨醇、蔗糖等水溶性辅料作填充剂和黏合剂，如去羟肌苷咀嚼片、对乙酰氨基酚咀嚼片。咀嚼片可加速崩解困难药物的溶出或保证口服后的局部疗效。咀嚼片适用于幼儿、老年人及吞咽功能障碍的患者。

4. 分散片（dispersible tablets） 指在水中能迅速崩解并均匀分散的片剂。分散片中的药物应是难溶性的，如厄贝沙坦分散片、尼莫地平分散片。分散片具有服用方便、崩解迅速、药物吸收快和生物利用度高等特点。分散片适用于幼儿、老年人及吞咽功能障碍的患者。分散片可加水分散后口服，也可将分散片含于口中吮服或吞服。

5. 泡腾片（effervescent tablets） 指含有碳酸氢钠和有机酸，遇水可产生气体而呈泡腾状的片剂。泡腾片中的药物应是易溶性的，加水产生气泡后应能溶解，如维生素C泡腾片。泡腾片与水接触时发生崩解，药物溶解好，生物利用度高，起效快，适用于幼儿、老年人及吞咽功能障碍的患者。泡腾片应在水中分散溶解后服用，不能吞服。

6. 口腔速崩片（orally disintegrating tablets）或口腔速溶片（orally dissolving tablets） 指在口腔内不需要用水即能迅速崩解或溶解的片剂，一般由直接压片和冷冻干燥法制备。口腔速崩片应在口腔内迅速崩解或溶散、无沙砾感、口感良好、容易吞咽，对口腔黏膜无刺激，如利培酮口崩片、阿立哌唑口崩片等。口腔速崩片或口腔速溶片服用时不需要水，起效快，生物利用度高，对胃肠道黏膜刺激作用小。

7. 缓释片（sustained release tablets） 指在规定的释放介质中缓慢地非恒速释放药物的片剂，如吲哚美辛缓释片、单硝酸异山梨酯缓释片。缓释片具有服药次数少、治疗作用持续时间长等优点。缓释片不能嚼服或掰碎后服用。

8. 控释片（controlled release tablets） 指在规定的释放介质中缓慢地恒速释放药物的片剂，如硫酸吗啡控释片、硝苯地平控释片等。控释片具有血药浓度平稳、服药次数少、治疗作用持续时间长等优点。控释片不能嚼服或掰碎后服用。

9. 多层片（multilayer tablets） 指由两层或多层不同物料通过两步或多步工艺压制而成的片剂。如图 7-2 所示，多层片可避免复方制剂药物的配伍变化，或调节各层药物的释放、作用时间等，可分为上下层或里外层，如雷公藤双层片、马来酸曲美布汀多层片等。

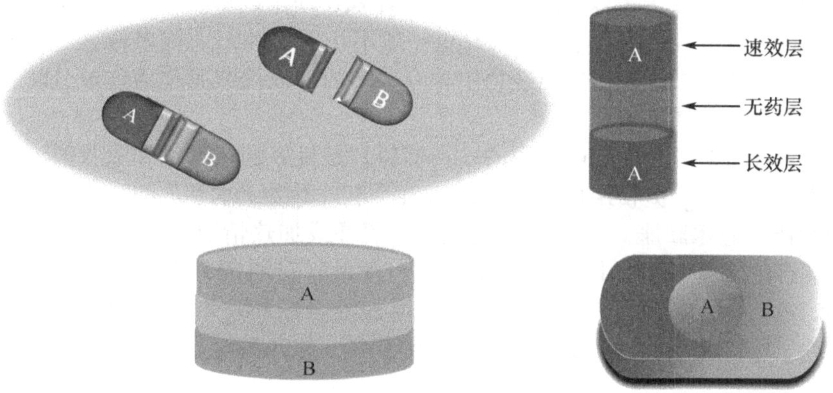

图 7-2　多层片结构示意图

（二）口腔用片剂

1. 含片（lozenge） 指含于口腔中缓慢溶化产生持久局部或全身作用的片剂。含片中的药物一般是易溶性的，主要起局部消炎、杀菌、收敛、止痛或局部麻醉作用，如西地碘含片、替硝唑含片。

2. 舌下片（sublingual tablets） 指置于舌下能迅速溶化，药物经舌下黏膜吸收发挥全身作用的片剂。舌下片可避免药物首过代谢。舌下片中的药物应易于黏膜吸收，主要适用于急症的治疗，如盐酸二氢埃托啡舌下片、盐酸丁丙诺啡舌下片。

3. 口腔贴片（buccal tablets） 指粘贴于口腔，经黏膜吸收后起局部或全身作用的片剂，如替硝唑口腔贴片，氨来呫诺口腔贴片。

（三）外用片剂

1. 溶液片（solution tablets） 指临用前溶解于水的片剂。溶液片应能溶解于水中，可供外用、含漱使用，如复方硼砂漱口片、利福平（眼用）片等。

2. 阴道片（vaginal tablets）与阴道泡腾片（vaginal effervescent tablets） 指置于阴道内发挥治疗作用的片剂。阴道片在阴道内应易溶化、溶散或融化、崩解并释放药物，主要起局部消炎、杀菌和杀精作用，如壬苯醇醚阴道片、克霉唑阴道片、甲硝唑阴道泡腾片、硝酸咪康唑阴道泡腾片等。

第二节　片剂的常用辅料

片剂由药物和辅料（excipients 或 adjuvants）两部分组成。欲制备优良的片剂，所用的药物必须具备以下性质：①良好的流动性和可压性；②一定的黏着性；③不黏附冲模和冲头；④遇体液迅速崩解、溶出、吸收而产生应有疗效。实际上很少有药物能完全具备这些性能，因此，必须加入辅料或经适当处理使之能达到上述要求。片剂中辅料一般包括稀释剂、吸收剂、润湿剂、黏合剂、崩解剂、润滑剂、着色剂、矫味剂等。

一、稀　释　剂

稀释剂（diluents）系指用以增加片剂重量与体积，利于成型和分剂量的辅料，也称为填充剂（fillers）。片剂的直径一般不小于 5mm，片重一般不小于 50mg，而很多药物的剂量小于 50mg，因此必须加入稀释剂，方能成型。当药物中含有较多的挥发油或其他液体成分时，常需加入硫酸钙、磷酸氢钙、氧化镁等吸收剂。

1. 淀粉（starch）　为片剂最常用的一类辅料，是良好的稀释剂和吸收剂。淀粉属于多糖类，系由支链淀粉和直链淀粉组成，为白色细微粉末，不溶于水和乙醇，在空气中稳定，能与大多数药物配伍，遇水膨胀。淀粉遇酸或碱、在潮湿或加热情况下，可逐渐水解而失去膨胀作用。其水解产物为还原糖，用还原法测定主药含量时对测定有干扰。淀粉的可压性差，不宜单独使用，常与适量糖粉或糊精等合用，以增加黏合性和片剂的硬度。淀粉按植物来源可分为玉米淀粉、马铃薯淀粉、小麦淀粉和木薯淀粉等，此四种淀粉均收载于《中国药典》2015 年版四部。

2. 预胶化淀粉（pregelatinized starch）　又称可压性淀粉，为白色或类白色粉末，无臭无味，性质稳定，不溶于有机溶剂，在冷水中有部分可溶性（约 20%）。吸湿性、配伍性等与淀粉相似。由于本品具有良好的流动性、可压性、自身润滑性、干黏合性和崩解作用，制成的片剂具有较好的硬度和崩解性，释药速度快，有利于提高生物利用度，故为片剂良好的稀释剂。预胶化淀粉是多功能辅料，除作为稀释剂外还可作为干黏合剂和崩解剂，在粉末直接压片时最为常用。本品与国外商品 Starch 1500G 相当，国内已广泛推广应用。

3. 糊精（dextrin）　是淀粉不完全水解的产物。水解程度不同，黏度随之不同。本品为白色或类白色的无定形粉末；无臭，味微甜。在沸水中易溶，其水溶液具较强黏性，在乙醇或乙醚中不溶。作为片剂的稀释剂，应控制其用量，以防止颗粒过硬而造成片面出现麻点、水印及崩解溶出迟缓等现象。糊精很少单独使用，常与蔗糖、淀粉配伍使用。糊精不宜用作速溶片的填充剂。本品对某些药物的含量测定有干扰，使用不当，常影响药物的溶出度测定。

4. 蔗糖（sucrose）　为无色或白色结晶的松散粉末；无臭，味甜；在水中极易溶解，在乙醇中微溶。蔗糖水溶液黏合力强，可增加片剂硬度，使片剂表面光洁美观而不影响崩解度。蔗糖多用于口含片、咀嚼片，也用于溶液片等。蔗糖吸湿性较强，长期储存，片剂的硬度变大，崩解溶出困难。蔗糖不单独使用，常与糊精、淀粉配伍使用。

5. 乳糖（lactose）　由等分子葡萄糖及半乳糖组成，为白色的结晶性颗粒或粉末；无臭，味微甜，甜度是蔗糖的 15%左右；在水中易溶，在乙醇、三氯甲烷或乙醚中不溶。其性质稳定，可与大多数药物配伍；无吸湿性，制成的片剂光洁美观，释放药物快，是一种优良的片剂稀释剂。用喷雾干燥法制得的乳糖，其粒子十分接近球形，有良好的流动性和黏合性，可供粉末直接压片。乳糖价格昂贵，可用淀粉、糊精和蔗糖粉的混合物代替。

6. 微晶纤维素（microcrystalline cellulose，MCC）　系由纤维素经酸水解制得的聚合度较小的结晶性纤维素。为白色或类白色多孔性颗粒或粉末；无臭，无味；在水、乙醇、乙醚、稀硫酸或 5%氢氧化钠溶液中几乎不溶。具有良好的流动性和可压性，适用于湿法制粒和粉末直接压片。微晶纤维素是多功能辅料，除作为稀释剂外还兼有润滑、助流、崩解和黏合（MCC 被称为“干黏合剂”）作用，如片剂中含 20%以上微晶纤维素时崩解较好。

优质微晶纤维素是经喷雾干燥制成，其流动性较好，如国外商品名为“Avicel”的微晶纤维素，根据其粒度大小和含水量的不同分为若干规格，平均粒径有 25μm、40μm、60μm 及 120μm 等数种。

本品应贮放于干燥处，露置湿度较高的空气中，因含水量增加，压片比较困难。另外所压片剂有变软和胀大的倾向，不适用于包衣片。

7. 甘露醇（mannitol） 为白色或无色结晶性粉末，易溶于水，可溶于甘油，微溶于乙醇，无吸湿性。含甘露醇的颗粒易于干燥，化学性质稳定。所制片剂表面光滑美观，味佳无沙砾感，甜度相当于蔗糖的 70%左右。因溶解时吸热，故口腔中溶化有清凉感，适用于咀嚼片、口腔速崩片的稀释剂。甘露醇流动性差且价格较贵，常与蔗糖配伍使用。山梨醇（sorbitol）是甘露醇的同分异构体，两者很多性质相似，但山梨醇的吸湿性较强，在片剂中的应用受到一定的限制。

8. 硫酸钙（calcium sulfate） 为白色或微黄色、无臭、无味细粉，微溶于水，呈中性，乙醇中不溶。本品化学性质稳定，有较好的防潮性，与多种药物配伍不起变化，制成的片剂外观光洁，硬度和崩解度均较好，对药物无吸附作用，常用作片剂的稀释剂和挥发油的吸收剂。

本品通常含两分子结晶水，在升温条件下会逐渐失水，若失去一个以上结晶水时，遇水会出现不同程度的固化现象，这种固化现象以半水物（$CaSO_4 \cdot 1/2H_2O$）最强，而二水物和无水物遇水时不固化，故只有二水物和无水物可供作片剂的稀释剂和挥发油的吸收剂，目前以二水物应用较多。在使用时应控制湿颗粒的干燥温度，以 70℃为宜。本品适用于多种片剂的制备，但对某些药物（如四环素类药物）在胃肠道的吸收有干扰作用，不宜使用。

9. 磷酸氢钙（calcium hydrogen phosphate） 性质类似于硫酸钙，为白色细微粉末或晶体，呈中性，不溶于水，无引湿性。本品具有良好的流动性和稳定性，价廉，但可压性较差，仅用于湿法制粒压片。无水磷酸氢钙摩擦力较大，故压片时须加入润滑剂。除用作稀释剂外，也用为中药浸出物、油类及膏剂的良好吸收剂。本品可用于大部分有机碱盐、水溶性维生素类、巴比妥酸盐等药物。

10. 碳酸钙（calcium carbonate） 系用沉降法制备，故又称沉降碳酸钙。本品为白色无臭细粉，有轻微吸湿性，较稳定。其可压性较好，可用作片剂的稀释剂和吸收剂。但碳酸钙本身呈碱性，作吸收剂时用量要适度，此外，与酸性药物有配伍变化。

11. 轻质氧化镁（light magnesium oxide） 为白色或类白色粉末，无臭，无味；在水或乙醇中几乎不溶；在稀酸中溶解。轻质氧化镁与氧化镁（magnesium oxide，又称重质氧化镁）的化学组成相同，两者间的差异在于质点大小和紧密程度不同。同一重量时，轻质氧化镁的体积要比重质氧化镁大 3 倍左右。因此，本品比表面积大，常用作油类及含油类浸膏的吸收剂，也可用作低共熔混合物的阻滞剂或吸收剂。本品呈碱性，露置于空气中可吸收水分及二氧化碳，易结块，故不宜久贮。

二、润湿剂与黏合剂

润湿剂（moistening agents）系指可使物料润湿，以产生足够强度的黏性，以利于制成颗粒的液体。润湿剂本身无黏性，但可润湿片剂物料并诱发物料本身的黏性，使其聚结成软材并制成颗粒。黏合剂（adhesives）指能使无黏性或黏性较小的物料聚集黏合成颗粒的辅料，黏合剂本身具有黏性。

（一）润湿剂

1. 纯化水 水本身无黏性，当物料（如中药浸膏或其他含黏性成分的物料）中含有遇水能产生黏性的成分时，用水润湿即可诱发其黏性而制成适宜的颗粒。但用水作润湿剂时，因干燥温度较高，故对不耐热、遇水易变质或易溶于水的药物不宜应用。另外，由于水易被物料迅速吸收，难以分散润湿均匀，造成结块、溶解等现象，所制成的颗粒松紧不匀而影响片剂的质量，因此很少单独使用，往往采用不同浓度的乙醇代替。

2. 乙醇 凡药物本身具有黏性，但遇水能引起变质或润湿后黏性过强以致制粒困难；或制成的颗粒干后变硬，片剂不易崩解或片面产生麻点等现象时，可选用适宜浓度的乙醇作润湿剂。乙醇的浓度视药物的性质和环境温度而定，一般为30%～70%或更高浓度。药物的水溶性大、黏性强、气温高时，乙醇的浓度应稍高；反之则浓度可稍低。乙醇的浓度越高，润湿后产生的黏性越小，制得的颗粒比较松散，压成的片剂崩解较快。用乙醇作润湿剂时应迅速搅拌，立即制粒，以减少乙醇挥发。

（二）黏合剂

1. 淀粉浆 俗称淀粉糊，为常用的黏合剂之一。淀粉浆的制法有两种，一是煮浆法，系将淀粉混悬于冷水，加热使糊化（gelatinization）而得；二是冲浆法，系用少量冷水混悬后，加沸水使糊化而制成。玉米淀粉的糊化温度为70～75℃，制备淀粉浆的温度及加热时间对其黏度有影响。

淀粉浆具有良好的黏合作用，可作为对湿热较稳定的药物压片时的黏合剂，其浓度和用量应根据物料的性质作适当调节，一般常用浓度为5%～30%，10%最为常用。淀粉浆为黏稠的胶浆，当与药物混合制粒时，除淀粉浆本身的黏性外，药物逐渐吸收其中的水分后被均匀润湿也可产生一定的黏性，即使药物中有大量易溶性成分也不会因吸水过快过多而造成黏合剂分布不匀。在用量及浓度适宜时，一般不影响片剂的崩解和药物的溶出，且价廉易得。

2. 纤维素衍生物

（1）甲基纤维素（methylcellulose，MC）：系纤维素的甲基醚化物，含甲氧基27.0%～32.0%。本品为白色或类白色纤维状或颗粒状粉末；无臭、无味。本品在水中溶胀成澄清或微浑浊的胶状溶液；在热水中几乎不溶；在无水乙醇、三氯甲烷或乙醚中不溶。制备黏合剂时，先将甲基纤维素分散于热水中，然后冷却、溶解；或用乙醇润湿后加入水中分散、溶解。

（2）羟丙纤维素（hydroxypropyl cellulose，HPC）：系部分取代2-羟丙基醚纤维素，按干燥品计算，含羟丙氧基（$—OCH_2CHOHCH_3$）应为 53.4%～77.5%。本品为白色至类白色粉末或颗粒，无臭、无味；干燥后有引湿性。本品在冷水中溶解成透明溶液，加热至45～50℃时形成凝胶状。在乙醇中溶胀成胶体溶液，在乙醚中几乎不溶。HPC的吸湿性较其他纤维素小，而且黏度规格较多，是优良的黏合剂。本品商品名为Hyprolose，分子质量在4万～91万。根据分子质量不同分为若干型号，如商品名为NISSO HPC的型号有HPC-SSL、HPC-SL、HPC-L、HPC-M、HPC-H，分子质量依次增加，黏度也依次增大（2～4000mPa·s）。高黏度的HPC可用于制备凝胶骨架缓释片剂。

（3）羟丙甲纤维素（hydroxypropylmethylcellulose，HPMC）：为白色或类白色纤维状或颗粒状粉末；无臭，无味；在乙醇、乙醚或丙酮中几乎不溶，在冷水中溶胀成澄清或微浑浊的胶体溶液。对热、光、湿均有相当的稳定性，能溶于水及部分极性有机溶剂。在水中能溶胀形成黏性溶液，加热和冷却可在溶液和凝胶两种状态中互相转化。HPMC作为黏合剂，压制的片剂外观、硬度好，崩解迅速，溶出度好，且在储存期间也无变化；HPMC用法简便，适于多种不同片剂工艺；可用其干燥粉末、溶液或与淀粉浆合用。作为黏合剂常用浓度为 2%～5%，黏度为 5～50Pa·s，用量一般为处方量的 1%～4%。HPMC在制剂中有广泛的用途，还可用作分散剂、增稠剂和薄膜衣等材料。

（4）羧甲纤维素钠（carboxymethylcellulose sodium，CMC-Na）：系纤维素在碱性条件下与一氯乙酸钠作用生成的盐，商品名为 Carmellose Sodium。本品为白色至微黄色纤维状或颗粒状粉末；无臭、无味；有引湿性。含水量一般少于 10%，含水量超过 20%时，容易结块，要注意密闭保存。本品在在水中先溶胀后溶解；在乙醇、乙醚或三氯甲烷中不溶。不同规格的 CMC-Na 具有不同的黏度，1%水溶液的黏度为 5～13 000mPa·s。CMC-Na 常用于可压性较差的药物。

（5）乙基纤维素（ethylcellulose，EC）：系纤维素的乙基醚化物。本品为白色或类白色的颗粒或粉末；无臭，无味。本品不溶于水，溶于乙醇中，在甲苯或乙醚中易溶。乙基纤维素的乙醇溶液可作为水敏感性药物的黏合剂。本品的黏性较强，且在胃肠液中不溶解，会对片剂的崩解及药物的释放产生阻滞作用。EC 常用于缓、控释制剂的包衣材料。

3. 聚维酮（polyvinylpyrrolidone，PVP） 为白色或乳白色粉末，微有特殊臭味，化学性质稳定，能溶于水和乙醇成为黏稠胶状液体，为优良黏合剂。一般用量为片剂总重的 0.5%～2%。PVP 因分子质量或黏度不同而有多种规格，片剂制备常用的 K30 型，其平均分子质量为 3.8×10^4，10%（w/w）的水溶液具有一定的黏度。对于湿热敏感的药物，可用 PVP 的有机溶液（一般为乙醇溶液）制粒，既可避免水分的影响，又可在较低温度下干燥。对疏水性药物，用 PVP 水溶液作黏合剂，不但易于均匀湿润，并能使疏水性药物颗粒表面具有亲水性，有利于药物的崩解和溶出。作为黏合剂，其水溶液、醇溶液或固体粉末都可应用。PVP 干粉还可用作粉末直接压片的干燥黏合剂。3%～15%的乙醇溶液常用于对水敏感的药物制粒，制成的颗粒可压性好。5%PVP 无水乙醇溶液可用于泡腾片中酸、碱混合粉末的制粒，可避免在水存在下发生化学反应。本品也为咀嚼片的优良黏合剂。

4. 糖浆 为蔗糖的水溶液，其黏性随浓度不同而改变，常用浓度为 50%～70%（w/w），适用于纤维性及质地疏松、弹性较强的植物来源药物。对质地疏松和易失结晶水的化学药物也可应用。强酸或强碱性药物能引起蔗糖的转化而产生引湿性，不利于压片，故此类药物不宜采用。

5. 胶浆 常用的有 10%～20%明胶溶液和 10%～25%的阿拉伯胶溶液等。胶浆黏性强，应保温使用，以防胶凝。胶浆制成的片剂硬度较大，适用于易松散及不能用淀粉浆制粒的药物。对不需在水中崩解或需延长作用时间的口含片等也很适用。

6. 聚乙二醇（polyethylene glycol，PEG） 根据分子质量不同有多种规格，呈现出不同的理化性状，在制剂中应用广泛，用于黏合剂的型号为 PEG4000、PEG6000，白色或近白色蜡状粉末，PEG 溶于水和乙醇中，制得的颗粒压缩成型性好，片剂不变硬，适用于水溶性与水不溶性物料的制粒。

三、崩 解 剂

崩解剂（disintegrants）是指能促使片剂在胃肠液中迅速崩解成小粒子的辅料，往往是一种物质或几种物质的混合物。无论是易溶性药物还是难溶性药物，在用较大压力压成片剂后，孔隙率均很小，结合力变得很强，因此在水中溶出或分散均需要一定的时间。对于口服速释型片剂，为了使片剂能快速发挥疗效，片剂中的活性成分必须尽可能快地从片剂骨架中充分溶出，而片剂的崩解一般是药物溶出的第一步，因而为使片剂能迅速崩解、药物溶出发挥药效。除了缓控释片及某些特殊用途的片剂如口含片、舌下片、植入片、长效片以外，一般的片剂中都应加崩解剂。

（一）崩解剂的作用机制

1. 毛细管作用 崩解剂在片剂中能形成易于润湿的毛细管道，并在水性介质中呈现较低的界面张力。当片剂置于水中时，水能迅速地随毛细管进入片剂内部，使整个片剂润湿而促使崩解。属于此类崩解剂的有淀粉和纤维素衍生物等。

2. 膨胀作用 有些崩解剂除了毛细管作用外，自身遇水体积还能膨胀，瓦解片剂结合力，促使片剂崩解。例如，羧甲基淀粉钠，在冷水中能膨胀，其颗粒的膨胀作用十分显著，致使片剂迅速崩解。膨胀率是表示崩解剂膨胀能力的重要指标，膨胀率越大，崩解能力越强。膨胀率的计算公式如下：

$$膨胀率=\frac{膨胀后体积-膨胀前体积}{膨胀前体积}\times 100\% \tag{7-1}$$

3. 产气作用 产生气体的泡腾崩解剂，主要用于需迅速崩解或快速溶解的片剂，如泡腾片等。泡腾崩解剂常用枸橼酸与碳酸氢钠组成的混合物，遇水产生二氧化碳气体，借助气体的膨胀作用而使片剂崩解。

4. 润湿热 物料被水润湿而产生润湿热，使片剂内部残存的空气膨胀而产生局部压力，促进片剂崩解。

（二）常用崩解剂

1. 干淀粉 是一种经典的崩解剂，吸水膨胀率为186%左右，是毛细管形成剂，是亲水性物质，可增加孔隙率而改善片剂的透水性。淀粉对不溶性或微溶性药物的崩解作用较可溶性药物显著，这是因为可溶性药物遇水溶解产生溶解压，使片剂外面的水不易通过溶液层而进入片剂内部，阻碍了片剂内部淀粉吸水膨胀的缘故。有些药物，如水杨酸钠、对氨基水杨酸钠等遇水溶解，能使淀粉胶化而失去膨胀作用，故不宜采用。淀粉用前应在100～105℃先行干燥，使含水量在8%以下，其用量一般为干颗粒的5%～20%（w/w）。

2. 羧甲淀粉钠（sodium carboxymethyl starch，CMS-Na） 为白色或类白色粉末；无臭，无味；有引湿性；在水中分散成黏稠状胶体溶液，在乙醇或乙醚中不溶。本品特点是吸水性极强，吸水后可膨胀至原体积的300倍，崩解性能十分优越。由于具有良好的润湿性和崩解作用，因此可加快药物的溶出，既可用于粉末直接压片，又适用于湿法制粒压片，其用量一般为片剂重量的1%～6%（W/W），常用量为2%（w/w）。本品还具有良好的流动性和可压性，可改善片剂的成型性，增加片剂的硬度。

3. 低取代羟丙纤维素（low substituted hydroxypropylcellulose，L-HPC） 为白色或类白色结晶性粉末；无臭，无味；在水中不溶，但可吸水溶胀，在乙醇、丙酮或乙醚中不溶。由于L-HPC比表面积和孔隙率都很大，故具有较大的吸水速度和吸水量，其吸水溶胀性较淀粉强，膨胀度随取代基百分比的增加而增加，取代百分比为10%～15%时，其吸水膨胀度为500%～700%，具有“超级崩解剂”之称。用量一般为2%～5%（W/W）。在片剂中可在制粒前加入，也可加入干颗粒中应用。

4. 交联羧甲纤维素钠（croscarmellose sodium，CCNa） 为交联的部分羧甲化的纤维素钠盐，为白色或类白色粉末；由于交联键的存在，不溶于水，但在水中能溶胀并形成混悬液，在无水乙醇、乙醚、丙酮或甲苯中不溶。由于约有70%的羧基为钠盐型，故具有较大的引湿性。在水中能吸收数倍量的水膨胀而不溶化，膨胀体积为原体积的4～8倍，具有较好的崩解作用和可压性。与羧甲基淀粉钠合用崩解效果更好，但与淀粉合用崩解效果降低。对于用疏水性辅料压制的片剂，崩解作用更好，常用量为0.5%（W/W）。

5. 交联聚维酮（polyvinylpolypyrrolidone，PVPP） 又称交联聚乙烯吡咯烷酮。本品为白色或类白色粉末，流动性好，几乎无臭，有引湿性。本品在水、乙醇、三氯甲烷、乙醚及强酸强碱溶液中不溶，但在水中可以迅速溶胀，吸水膨胀体积可增加150%～200%。本品比表面积较大，吸水速度快，加上强烈的毛细管作用，水能迅速进入片剂中，促使其膨胀崩解，为性能优良的崩解剂。其用量为片剂的1%～4%（W/W）。

6. 泡腾崩解剂 系一种遇水能产生二氧化碳气体达到崩解作用的酸、碱系统。最常用的酸、碱系统是由枸橼酸（又称柠檬酸）或酒石酸与碳酸氢钠或碳酸钠组成。泡腾崩解剂的作用很强，在生产和储存过程中，要严格控制水分，一般在压片前临时加入，或将两种成分分别加于两部分颗粒中，压片时混匀。

（三）崩解剂的加入方法

1. 内加法 将崩解剂与处方中其他成分混合均匀后制粒，崩解剂存在于颗粒内部，崩解虽较迟缓，但一经崩解便成细粒，有利于药物溶出。

2. 外加法 崩解剂于整粒后加入，崩解剂存在于颗粒之外，水分透入后，崩解迅速，但因颗粒内无崩解剂，所以不易崩解成细粒，药物溶出稍差。

3. 内、外加法 为了兼顾药物崩解及溶出速度，可以将崩解剂分成两份，一份按内加法加入，另一份按外加法加入，通常内加崩解剂量占崩解剂总量的 50%～75%（W/W），外加崩解剂量占崩解剂总量的 25%～50%（W/W），崩解剂总量一般为片重的 5%～20%。在相同用量时，崩解速率是外加法＞内外加法＞内加法，但药物溶出速率是内外加法＞内加法＞外加法。

四、润 滑 剂

压片时为了能顺利加料和出片，并减少黏冲及降低颗粒与颗粒、颗粒或药片与模孔壁之间的摩擦力，使片面光滑美观，在压片前一般均需在颗粒（或结晶）中加入适宜的润滑剂（lubricants）。

（一）常用润滑剂

按其作用不同，广义润滑剂可分为以下三类：①主要用于增加颗粒流动性，改善颗粒的填充状态者，称为助流剂（glidants）；②主要用于减轻原辅料对冲模的黏附性者，称为抗黏着剂（antiadherents）；③主要用于降低颗粒间及颗粒或片剂与冲头和模孔壁间的摩擦力，可改善力的传递和分布者，称为狭义润滑剂。一般将具有上述任何一种作用的辅料都统称为润滑剂。但实际上这三类润滑剂的使用目的、作用及品种都不相同。

1. 硬脂酸（stearic acid）、硬脂酸镁（magnesium stearate）和硬脂酸钙（calcium stearate） 为白色粉末，硬脂酸与硬脂酸镁较细腻，三者均有良好的附着性，与颗粒混合后分布均匀而不易分离，较少用量即能显示良好的润滑作用，且片面光滑美观，为广泛应用的润滑剂。硬脂酸镁和硬脂酸钙的粉粒比硬脂酸小而比容大，其粉粒有较大的包裹性，所以用量也略少。硬脂酸碱金属盐呈碱性反应，可降低某些维生素及多数有机碱盐类药物的稳定性，故不宜使用。因其为疏水性物质，用量过大片剂不易崩解或产生裂片，一般用量为 0.1%～1%（W/W）。

2. 滑石粉（talcum powder） 其成分为含水硅酸镁（$3MgO·4SiO_2·H_2O$），为白色或类白色、无砂性的微细粉末，有滑腻感；在水、稀盐酸或 8.5%氢氧化钠溶液中均不溶。滑石粉具有良好的润滑性和流动性，用后可减少压片物料黏附于冲头表面的倾向，且能增加颗粒的润滑性和流动性，与硬脂酸镁合用兼具助流抗黏作用。本品不溶于水，但有亲水性，对片剂的崩解影响不大，与大多数药物不发生反应，且价廉易得。本品粒细而相对密度大，附着力较差，常用量一般为 0.1%～3%（W/W），最多不要超过 5%（W/W）。

3. 微粉硅胶（micro powder silica gel） 又称为胶态二氧化硅，为白色疏松的粉末；无臭无味；在水中不溶，在氢氟酸及热碱溶液中溶解，在稀盐酸中不溶。其化学性质很稳定，与绝大多数药物不发生反应，比表面积大，有良好的流动性，对药物有较大的吸附力。其亲水性较强，用量在 1%以上时可加速片剂的崩解，有利于药物的吸收。本品作助流剂的用量一般为 0.1%～3.0%（W/W）。

4. 氢化植物油（hydrogenated vegetable oils） 系由氢化植物油经过精制、漂白、脱色及除臭后，喷雾干燥制得的粉末。常用量为1%～6%（W/W），应用时，可将其溶于轻质液状石蜡喷于颗粒上，也可与滑石粉合用，以利于均匀分布。

5. 聚乙二醇类 常用的有PEG4000和PEG6000，两者均为水溶性润滑剂，溶解后可得到澄明溶液，制得片剂的崩解溶出不受影响。与其他润滑剂相比，粉粒较小，50μm以下的颗粒压片时可达到良好的润滑效果。当可溶性片剂中不溶性残渣发生溶解困难时，为提高其水溶性往往也使用此类高分子聚合物。

6. 月桂醇硫酸镁（magnesium lauryl sulfate） 即十二烷基硫酸镁，由月桂醇经硫酸酯化，再用碳酸镁中和制得。本品为水溶性表面活性剂，具有良好的润滑作用，也可用钠盐。本品能增强片剂的机械强度，并能促进片剂的崩解和药物的溶出。实验证明，在相同条件下压片，十二烷基硫酸镁的润滑作用较滑石粉、PEG及十二烷基硫酸钠都好。片剂中加入硬脂酸镁，往往使崩解延长，如加入适量十二烷基硫酸镁可加速崩解，但如果用量过多，则因过分降低介质表面张力，反而不利于崩解。常用量为1%～3%（W/W）。

（二）润滑剂的使用方法

润滑剂在使用时应注意以下一些问题。

1. 粉末的粒度 由于润滑剂的作用效果与其比表面积有关，所以固体润滑剂的粒度应越细越好，应能通过九号筛。

2. 加入方式 加入的方式一般有三种：①直接加到待压的干燥颗粒中，但此法不能保证分散混合均匀；②用60目筛筛出颗粒中细粉，用等量递加混合法与润滑剂混合，再加到颗粒中混合均匀；③将润滑剂溶于适宜溶剂中或制成混悬液或乳浊液，喷入颗粒，混匀后挥去溶剂，液体润滑剂常用此法。

3. 用量 在达到润滑作用的前提下，原则上用量越少越好，一般在1%～2%（W/W），必要时可增至5%（W/W）。

4. 联合应用 一般助流作用较好的辅料，其润滑作用往往较差，压片时往往既需在颗粒中加入助流剂，又需加入润滑剂，如国内经常将滑石粉与硬脂酸镁配伍应用。

五、其 他 辅 料

1. 着色剂 片剂中常加入着色剂以改善外观和便于识别。使用的色素包括天然色素和合成染料。

2. 芳香剂和甜味剂 常用于口含片及咀嚼片。

六、辅料的选用原则

1. 根据主药的性质选用 选用辅料时应考虑药物的理化性质、晶型、可压性、处方用量比例等。例如，疏水性药物宜选用亲水性辅料，以有利于服用后与体液接触，分散于体液中，加快吸收；本身黏合性、可压性较好的药物，不需或少用黏性大的辅料。难溶性的弱酸性药物可选用一些碱性辅料，服用后在胃内形成碱性微环境而有利于药物的溶出。

2. 根据用药目的选用 如需要服用后迅速发挥疗效，应选用可加快片剂崩解、溶出的辅料。用于慢性疾病治疗，要求延长药效，则采用能对药物释放起阻滞作用的辅料。制备口含片，要求含在口中慢慢溶化，发挥局部治疗作用时，可采用增加片剂硬度的辅料。

3. 注意辅料与药物相互作用的影响 包括辅料对药物稳定性的影响，辅料对药物含量测定的干扰作用，辅料与药物形成特殊复合物的影响，辅料对药物溶出、吸收的影响等。

4. 辅料的价廉易得性 辅料是片剂的重要组成部分，为控制生产成本且易于采购备料，确保片剂生产的顺利进行，选择辅料时还需考虑其是否价廉易得。

此外，选用辅料还应注意综合考虑其他各方面的因素，如要求所选辅料性质应稳定，不与药物发生反应，无生理活性，符合制剂给药途径的特殊要求等。

第三节 片剂的制备

一、片剂的制备工艺

为了制备光亮而均匀的片剂，压片所用的物料一般应具有三大要素：①良好的流动性，以保证物料顺利、均匀地填充于冲模内，有效减小片重差异；②良好的压缩成形性，以有效防止裂片、松片，保证片剂硬度及脆碎度符合要求；③良好的润滑性，以有效避免黏冲，获得表面光洁的片剂。

制成颗粒压片是片剂制备通常采用的工艺方法，物料由粉末制成颗粒后，流动性与压缩成形性有显著改善。根据制备过程中是否有制粒过程，可以将片剂的制备工艺主要分为湿法制粒压片、干法制粒压片、粉末直接压片和半干式颗粒压片四种类型。在生产实践中，制备工艺的选择要考虑物料的特性、生产设备、生产成本、市场需求等多种因素。

（一）湿法制粒压片

湿法制粒压片工艺是将物料与润湿剂/黏合剂混合后经湿法制粒干燥后进行压片的方法，与其他方法相比制备工序较多，但仍是目前主要的制片方法。由湿法制粒制成的颗粒粒度均匀、流动性好，颗粒压缩成型性好，外形美观，耐磨性较强。与颗粒剂相比，片剂制粒除了考虑增加物料的流动性外，还应考虑提高物料的可压性，因此颗粒大小、细粉率、含水量都是较为重要的参数。另外，由于湿法制粒过程存在药物与润湿剂（常用水或乙醇等有机溶剂）接触、受热干燥等过程，药物稳定性、晶型等是否发生变化，也是制粒工艺参数确定的重要依据。对于遇热、遇湿不稳定的药物，一般不宜采用湿法制粒压片。

湿法制粒压片工艺流程如图 7-3 所示。

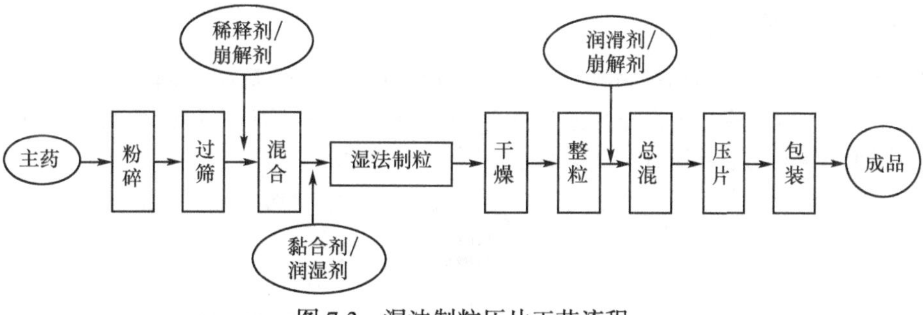

图 7-3 湿法制粒压片工艺流程

（二）干法制粒压片

对遇水、热不稳定、吸湿性强的药物，可采用干法制粒压片，即将药物与适量填充剂、崩解剂、固体黏合剂、润滑剂等混合均匀后，用适宜的设备压成块状或大片状，再将其破碎成大小适宜的颗粒后进行压片。干法制粒可分为滚压法和大片法，常用的固体黏合剂有微晶纤维素、羟丙甲纤维素等。干法制粒压片生产工艺流程如图 7-4 所示。

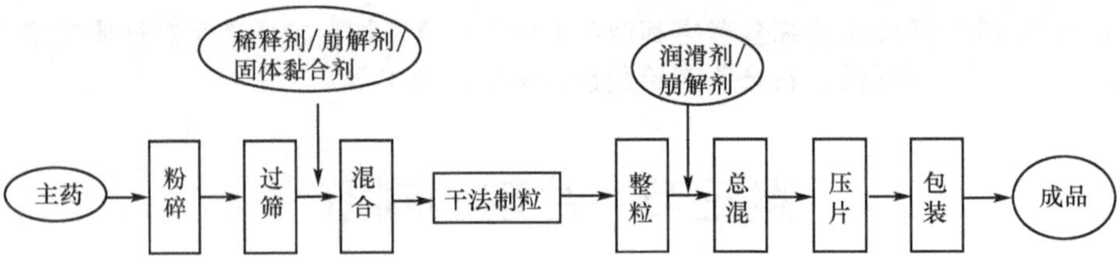

图 7-4 干法制粒压片工艺流程

（三）粉末直接压片

粉末直接压片是指不经过制粒过程直接把药物和辅料的混合物压制成片的方法。粉末直接压片法避开了制粒过程，具有省时节能、工艺简便等优点，适用于对湿热不稳定的药物。但由于粉末流动性、可压性差，直接压片会造成片重差异大、裂片、硬度与脆碎度不符合要求等问题，因此之前未能获得广泛应用。近年来，随着新型优良辅料的不断开发及高效旋转压片机的使用，粉末直接压片工艺越来越受到青睐，各国粉末直接压片品种迅速增加，我国在片剂新品种开发中，越来越多的厂家也开始采用粉末直接压片工艺。粉末直接压片的工艺流程如图 7-5 所示。

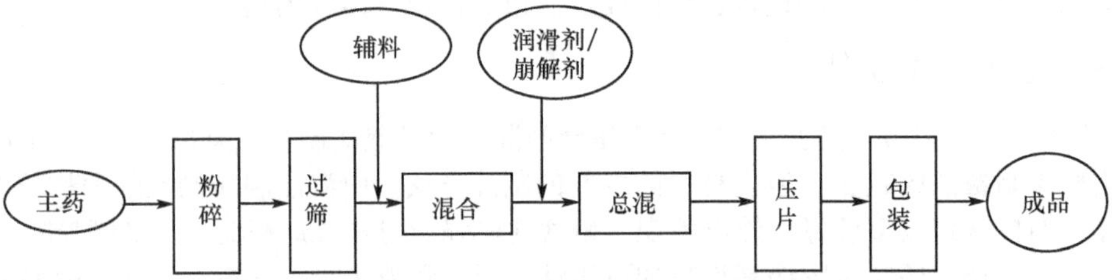

图 7-5 粉末直接压片工艺流程

目前广泛应用于粉末直接压片的辅料有：微晶纤维素、无水乳糖、可压性淀粉及聚维酮（PVP-K90D、PVP-K90M）等。粉末直接药片法还需要有优良的助流剂，常用的有微粉硅胶等。这些辅料的特点是流动性、压缩成型性好。

（四）半干式颗粒压片

半干式颗粒压片是将药物粉末和预先制好的辅料颗粒（空白颗粒）混合后进行压片的方法。该法适用于对湿、热敏感，而且压缩成形性差的药物，这些药物可以借助辅料的优良压缩特性顺利制备片剂。半干式颗粒压片的工艺流程如图 7-6 所示。

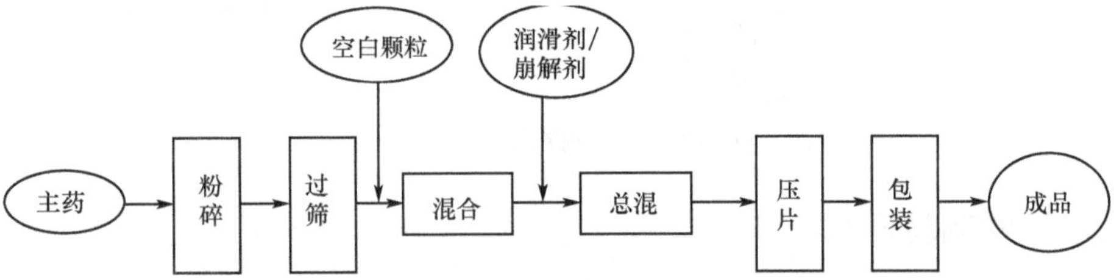

图 7-6 半干式颗粒压片工艺流程

二、压 片

药物与辅料混合制粒或直接混合均匀后，制备成片剂的最后一步关键工艺即为压片。压片时工艺参数的选择不仅影响到片剂外观性状、硬度、脆碎度等指标，有时也会影响到片剂的崩解度、溶出度及体内活性。

（一）片重的计算

片重是药物和所有辅料的质量总和，为了保证每片中药物质量符合片剂规格要求，须在压片前计算片重。片重计算有两种方法。

1. 根据总混物料中药物含量计算片重　计算公式见式（7-2），由于大生产过程中不可避免地会产生药物与辅料的损耗，因此压片前须测定颗粒药物含量，从而确定实际片重。颗粒药物含量测定时应注意取样的均匀性。

$$\text{片重}=\frac{\text{每片药物标示量}}{\text{总混物料药物含量}} \qquad (7\text{-}2)$$

实际生产过程中，可以根据计算所得片重，结合允许的片重差异限度来确定片重控制范围。

2. 按总混物料总量与理论片数计算片重　计算公式见式（7-3）。当无法确定总混物料药物含量如某些中药片剂，或进行小试研究或小规模试生产物料损耗可以忽略不计时，可采用此法。

$$\text{片重}=\frac{\text{压片前物料总量}}{\text{理论片数}} \qquad (7\text{-}3)$$

（二）压片机和压制原理

目前常用的压片机根据压制方式可分为单冲压片机和旋转式多冲压片机，其中单冲压片机多用于新产品的研发与试制，旋转式多冲压片机主要用于片剂的规模化生产。根据不同的压制工艺要求尚有二次（三次）压制压片机、多层片压片机和压制包衣机等。

1. 单冲压片机（single punch tabletting machine）　一般为手动和电动兼用，其主要构造如图 7-7 所示，主要包括加料部件、压缩部件和调节部件三个部分。传统单冲压片机的加料斗分为两个部分，主要起储料和饲粉的作用，其中饲粉器的抖动频率与颗粒流动性是片重均匀性的决定因素；压制部件包括上冲、下冲与模圈；调节部件包括出片调节器、片重调节器及压力调节器。

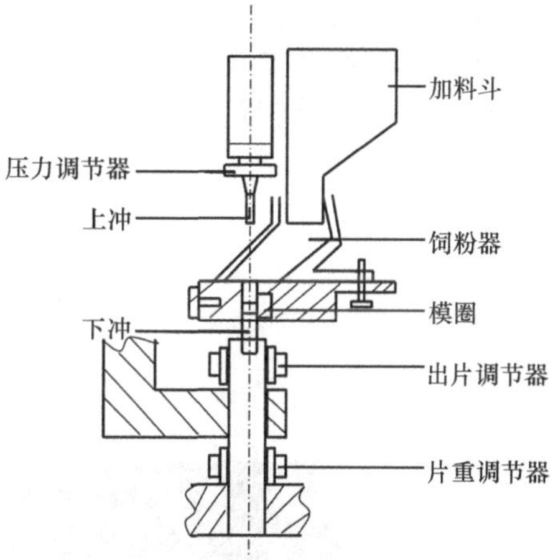

图 7-7　单冲压片机结构示意图

压片之前，须先调节好出片高度、片重及压力。转动片重调节器可调节下冲在模孔中下降的深度，从而改变模孔的容积而调节片重；转动出片调节器可以调节下冲上升的高度，使下冲表面恰与冲模的上缘相平，以使靴形饲粉器顺利推片；转动压力调节器可以调节上冲下降的深度，从而改变压制时上、下冲头在冲模中的距离而调节压片压力。

单冲压片机压片过程的一个压制周期如图 7-8 所示。随着带动轮的转动，①上冲升起，饲粉器移动到模孔之上，下冲下降到适宜的深度，饲粉器振动使颗粒填满模孔（此时容纳颗粒重量即为片重）。②饲粉器由模孔上部移开，并且使模孔中的颗粒与模孔的上缘相平；下冲保持不动，上冲下降将颗粒压成片剂。③上冲升起，下冲随之上升到与模孔上缘相平时，将药片由模孔中推出。④饲粉器移到模孔之上，将药片推开，同时进行第二次填充，如此反复进行。

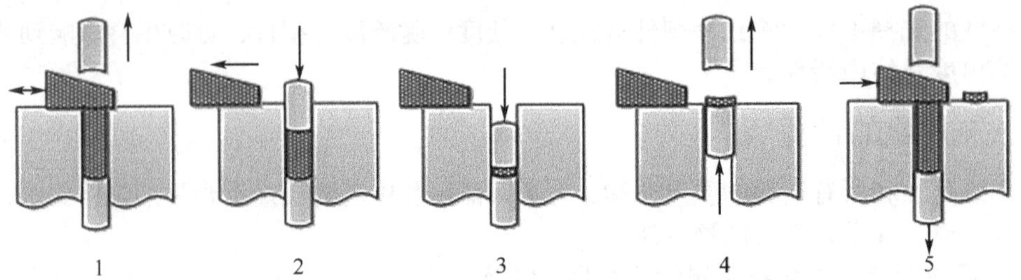

图 7-8 单冲压片机压片过程示意图

电动单冲压片机的生产效率一般 4000～6000 片/小时，适用于新产品试制或小量生产。由于压片时是上冲撞击加压，所以压力分布不均匀，容易出现裂片，且噪声较大。

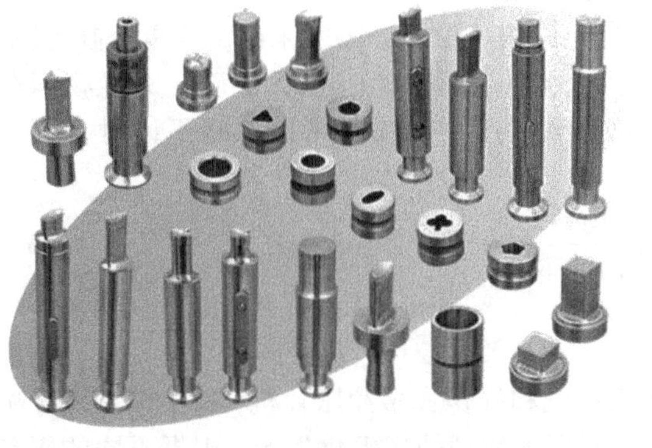

图 7-9 不同形状的模圈和冲头

通过更换不同形状的模圈和冲头（图 7-9 所示），可以制备出不同形状的片剂。

2. 旋转式压片机（rotating tabletting machine） 是在单冲压片机基础上发展起来的一种连续完成充填、压片、推片等系列过程的多冲压片机，是目前片剂生产中广泛应用的压片设备（图 7-10），按安装的冲模幅数分为 17 冲、19 冲、27 冲、33 冲、55 冲、75 冲等多种型号，按流程分为单流程及双流程压片机等。单流程压片机仅有一套压轮，旋转一周每个模孔压制出 1 片；双流程压片机每一副冲模在中盘旋转一周时，可压制出 2 片。旋转压片机的加料方式合理，片重差异较小，上下冲同时加压，压力大小分布均匀，生产效率较高，噪声低，操作自动化程度高，除可压普通圆片外，还能压各种形状的异形片。目前国内使用较多的旋转式压片机为 ZP-33 型双流程压片机，根据不同的旋转速度，每小时可生产 4 万～10 万片。目前生产速度最快的旋转式压片机每小时可生产 80 万片。

图 7-10 旋转式压片机

（1）主要结构：旋转式压片机主要由控制系统、动力系统、传动系统和压片系统等部分组成。压片系统包括：机台、压轮、加料斗、饲粉器、片重调节器、压力调节器、吸尘器和保护装置等。机台装于机座的中轴上，机台的上层为上冲转盘，上冲插入此盘内可以升降；中间为固定冲模的模盘，构成一个有多个模孔的转盘；下层是下冲转盘，下冲插于此盘内，沿下冲轨道可以升降；上冲转盘之上，有一个与之垂直的上压轮，在机台下面对应的位置上有一个下压轮，机台旋转一次，对应于上、下压轮处，上、下冲头在模孔内将颗粒压成片型。模盘上有一固定的饲粉器与之紧密相连，加料斗位于其上部，颗粒源源不断地加到饲粉器中。模盘转动一圈，每副冲模便经过刮粉器一次，加一次料，压一次片。压力调节器调节下压轮的位置，当下压轮升高时，上下压轮间的距离缩短，上下冲头的距离也缩短，压力加大，反之压力降低。片重调节器装在下轨道上，能使下冲上升或下降，借以调节模孔内颗粒的充填量，多余的颗粒由刮粉器刮去，以保证片重准确。

（2）工作原理：旋转式压片机的主电机通过调速，并经蜗轮减速后带动转台旋转。转台的转动使上、下冲头在导轨的作用下产生上、下相对运动。颗粒经充填、预压、主压、出片等工序被压成片剂。

旋转式压片机的压片过程如图 7-11 所示。①充填：下冲在加料斗下面时，颗粒填入模孔中，当下冲行至片重调节器上面时略有上升，刮粉器将多余的颗粒刮去；②压片：当下冲行至下压轮的上面，上冲行至上压轮的下面时，二冲间的距离最小，将颗粒压制成片；③推片：当下冲沿轨道上升至出片调节器的上方时，药片被推出模孔并被刮粉器推开导入容器中，如此反复进行。

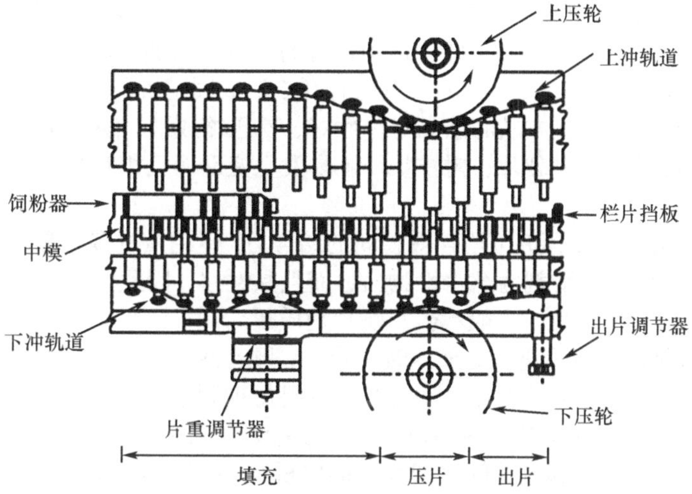

图 7-11 旋转式压片机结构及工作原理示意图

三、片剂特性的评价方法

在实际应用中，片剂的特性常用硬度与抗张强度、脆碎度、弹性复原率等指标来评价。

1. 硬度与抗张强度

（1）硬度（hardness）：系指片剂的径向破碎力，单位为 kN，可用硬度测定仪测定。在生产中，随时监控的简便方法是：将片剂置于中指与食指之间，用拇指轻压，根据片剂的抗压能力判断其硬度。

（2）抗张强度（tensile strength，T_s）：系指单位面积的破碎力，单位为 kPa 或 MPa。

$$T_s = 2F/(\pi DL) \tag{7-4}$$

上式中，F 为片剂的径向破碎力，单位为 kN；D 为片剂的直径，单位为 m；L 为片剂的厚度，单位为 m。硬度和抗张强度都可反映物料的结合力和可压片性（tabletability），它们广泛应用于片剂的质量评价和处方设计中。

2. 脆碎度（breakage rate，Bk） 反映片剂的抗磨损和抗震能力，常用脆碎度测定仪测定。测定脆碎度 Bk 时，根据药典规定，取若干药片，精密称重（W_0，g）置圆筒中，转动 100 次，取出后吹除粉末，精密称重（W，g），按下式计算：

$$Bk=\frac{W_0-W}{W_0}\times 100\% \tag{7-5}$$

3. 弹性复原率 将片剂从模中推出后，由于内应力的作用发生弹性膨胀，把这种现象称为弹性复原或弹性后效。弹性复原率（elastic recovery，E_R）按下式计算：

$$E_R=\frac{V-V_0}{V_0}\times 100\%=\frac{H-H_0}{H_0}\times 100\% \tag{7-6}$$

上式中，V、H 分别表示膨胀后片剂的体积和高度，V_0、H_0 分别表示最大压力下（膨胀前）片剂的体积和高度。一般普通片的弹性复原率为 2%～10%，如果药物的弹性复原率较大，结合力降低，甚至易于裂片。

四、片剂成形的影响因素

片剂成形是一个物理紧缩进程，影响片剂成形的要素包括以下几方面。

1. 物料的压缩特性 多数物料在受到外压时体积减小，此压缩过程中同时会产生塑性变形和弹性变形（即黏弹性），其中，塑性变形产生结合力，弹性变形不产生结合力。因此，物料的塑性变形是物料压缩成形的必要条件。选用合适的辅料可增加压片物料的成形性。

2. 药物的熔点及结晶形态 药物的熔点低有利于形成固定桥，但熔点过低，压片过程中易产生共熔，从而导致黏冲。立方晶的结晶对称性好、易压缩成形；鳞片状或针状结晶容易形成层状排列，压缩后的片剂容易裂片；树枝状纤维易发生变形而且相互嵌接，易于成形，但缺点是流动性差。

3. 黏合剂和润滑剂 黏合剂可增强颗粒间的结合力，但用量过多易黏冲，可能影响片剂的崩解或药物的溶出。常用润滑剂为疏水性物质，而且黏性差，因此，会减弱颗粒间结合力，降低片剂的润湿性，但用量较少，一般不会影响片剂质量。

4. 压力 一般情况下压力越大，加压时间越长，颗粒间的距离越近，结合力越强，压成的片剂硬度也越大，但压力过大或加压时间过长时，易出现裂片。

5. 水分 适量的水分在压缩时使颗粒易于变形并结合成形；另一方面，水分溶解可溶性成分，失水时析出的结晶在相邻颗粒间系架起“固体桥”，增大片剂的硬度。但过量的水分易造成黏冲。

五、片剂制备中的常见问题

1. 松片（loosing tablet） 系指片剂硬度较小，稍加触动即松散易碎的现象。产生松片的主要原因有物料的黏合性差、颗粒含水量过低、压片压力不足等。

2. 裂片（laminating tablet） 系指片剂由模孔中推出时，有时会发生裂开的现象（图 7-12）。裂片位置常见于药片顶部，称为顶裂，有时发生在药片腰部称为腰裂。裂片的主要原因是物料的可塑性差，压片压力分布不均匀，压成的药片弹性复原率高等。可以通过减少物料中细粉比例，选择塑性强的辅料，适当增加颗粒含水量，选用旋转式压片机等措施来减少裂片现象的发生。

3. 黏冲　出片时药片表面的物料黏结在冲头表面，造成片面粗糙不平或有凹痕的现象称为黏冲（sticking）。产生黏冲的原因有：①冲头表面不够光洁或刻有图案；②原、辅料的熔点低，因压缩产生热而发生熔融；③颗粒不够干燥或吸湿性较强等因素，可以采取针对性措施解决。

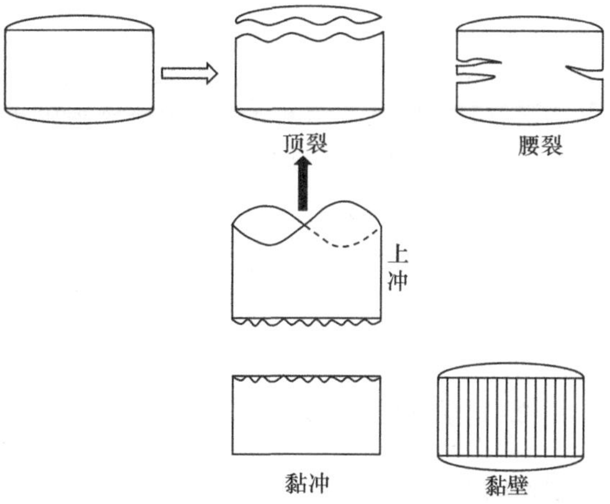

图 7-12　片剂不良现象示意图

4. 崩解迟缓　片剂超过了药典规定的崩解时限即称为崩解迟缓。其主要原因有：①崩解剂种类、用量或加入方法不当；②黏合剂的用量过多或疏水性润滑剂用量过多；③片剂硬度过大等。

5. 片重差异超限　片重差异超过药典规定的限度，其原因可能是物料流动性差，颗粒大小相差大或细粉过多等因素所致。

6. 色斑　片剂表面的颜色发生改变或出现斑点，导致外观不符合要求，其主要原因有颗粒过硬、混料不匀等，需针对具体原因进行处理解决。

7. 麻点　片剂表面产生许多小凹点，其原因可能是润滑剂和黏合剂用量不当、颗粒引湿受潮、颗粒大小不匀、粗粉或细粉量多、冲头表面粗糙或刻字太深、有棱角及机器异常发热等，可针对具体原因处理解决。

六、片剂的处方及制备举例

1. 极易吸潮、变色药物片剂的制备

制剂举例 7-1

盐酸雷尼替丁片

【处方】　盐酸雷尼替丁 167.39g　微晶纤维素 NF 78.28g　预胶化淀粉 62.00g
微粉硅胶 1.55g　硬脂酸镁 0.78g　制成 1000 片

【制备】　取处方量盐酸雷尼替丁、微晶纤维素、预胶化淀粉、微粉硅胶置搅拌机中，混匀；加入处方量硬脂酸镁，混匀；压片，片重约 310mg。

【注解】　本法为粉末直接压片。盐酸雷尼替丁为类白色或淡黄色结晶性粉末，极易潮解，吸潮后颜色加深，不宜采用湿法制粒压片；主药为结晶性粉末，有一定可压性，选择用于粉末直压的辅料，直接压片。处方中盐酸雷尼替丁为主药，微晶纤维素为填充剂，预胶化淀粉为崩解剂，微粉硅胶为助流剂，硬脂酸镁为润滑剂。本品为组胺 H_2 受体阻断剂，临床上常用于缓解胃酸过多所致的胃痛、胃灼热感（烧心）、反酸。

2. 化学性质稳定、易压缩成型药物片剂的制备

制剂举例 7-2

复方磺胺甲噁唑片

【处方】　磺胺甲噁唑 400.0g　甲氧苄氨嘧啶 80.0g　淀粉（玉米）35.0g
海藻酸 2.5g　硬脂酸镁 2.5g　纯化水 160.0ml　制成 1000 片

【制备】 将磺胺甲噁唑、甲氧苄氨嘧啶、淀粉过 80 目的筛网，转移到搅拌机中，混合 20min。加入海藻酸溶液，混合制软材，过 20 目筛制湿颗粒；45℃烘干，整粒，加入硬脂酸镁混匀。用直径为 11.5mm 的冲头压片，即得。

【注解】 本法为湿法制粒压片。磺胺甲噁唑、甲氧苄氨嘧啶均为结晶性粉末，性质稳定，可压性较好，因此，以淀粉为填充剂兼做崩解剂，海藻酸水溶液为黏合剂，硬脂酸镁为润滑剂，采用湿法制粒压片。磺胺甲噁唑为主药，甲氧苄氨嘧啶为抗菌增效剂。本品可用于敏感菌株所致的尿路感染，成人慢性支气管炎急性发作，肠道感染，志贺菌感染，治疗卡氏肺孢子虫肺炎，卡氏肺孢子虫肺炎的预防。

3. 化学性质不稳定药物片剂的制备

制剂举例 7-3

复方乙酰水杨酸片

【处方】 乙酰水杨酸 268.0g 淀粉浆（15%～17%）适量 对乙酰氨基酚 136.0g
滑石粉 25.0g 咖啡因 33.4g 轻质液状石蜡 2.5g 淀粉 266.0g
酒石酸 2.7g 制成 1000 片

【制备】 将处方量咖啡因、对乙酰氨基酚与 1/3 量的淀粉混匀，加淀粉浆制软材，过 14 目或 16 目尼龙筛制湿颗粒，置于 70℃烘箱，干燥至水分符合要求，然后用 12 目尼龙筛整粒，与处方量乙酰水杨酸混合均匀，加入预先在 100～105℃干燥的 2/3 淀粉及吸附有液状石蜡的滑石粉，共同混匀后，再过 12 目尼龙筛，颗粒经含量测定合格后，用 12mm 冲压片，即得。

【注解】 本法为湿法制粒压片。①由于乙酰水杨酸易水解，且三种主药混合制粒时易产生低共熔现象，因此采用分开制粒；乙酰水杨酸的水解受金属离子的催化，因此采用尼龙筛网制粒；润滑剂不使用硬脂酸镁，而采用 5%的滑石粉和少量液状石蜡混合物；车间的湿度也不宜过高，以避免乙酰水杨酸发生水解。②在选用乙酰水杨酸粒状结晶时，应细小均匀并能通过 40～60 目筛，如结晶过大，压成的药片表面常显半透明阴影，称为隐斑，此时可将药物与半量滑石粉混合，先重压或滚压成大片，然后粉碎成大小适宜的颗粒。③吸附在滑石粉表面的液状石蜡，可以使滑石粉更易附着在颗粒表面，在压片震动时不易脱落。④乙酰水杨酸的可压性差，因而采用了较高浓度的淀粉浆（15%～17%）作为黏合剂。⑤乙酰水杨酸具有一定的疏水性，必要时可加入适宜的表面活性剂，如聚山梨酯 80 或十二烷基磺酸钠等，以改善溶出度。⑥用湿法制粒时，宜先在淀粉浆内加少量酒石酸充分混匀，以增加乙酰水杨酸稳定性。本品主要用于治疗感冒发热。

4. 小剂量药物片剂的制备

制剂举例 7-4

溴 西 泮 片

【处方】 溴西泮 3.00g 赤藓红湖铝（19.4%）0.23g 滑石粉 1.80g
微晶纤维素 100g 结晶乳糖 94.37g 硬脂酸镁 0.60g 制成 1000 片

【制备】 取溴西泮与 3%的结晶乳糖加入到混合机中混合，过 40 目筛；取 2%的结晶乳糖振荡过筛冲洗筛网，并与之前药物粉末混合；另取赤藓红湖铝、滑石粉及 5%的微晶纤维素置混合机中，混合 3min，并匀速通过研磨机，与药物粉末混合后，加入剩余的微晶纤维素、结晶乳糖，过 40 目筛，混匀，加入处方量硬脂酸镁，混匀，压片，片重 200mg。

【注解】 本法为粉末直接压片。溴西泮为镇静药，临床用于抗焦虑，规格为 3mg/片。本品规格小，采用优质辅料直接压片，工艺简单高效。赤藓红湖铝为一种紫红色细粉，除了增加本品的辨识度以外，还可以直观判断粉末混合的均匀度。处方中溴西泮为主药，结晶乳糖为稀释剂，微晶纤维素为黏合剂，硬脂酸镁和滑石粉为润滑剂。

5. 中药浸膏片剂的制备

制剂举例 7-5

板蓝根分散片

【处方】 板蓝根干浸膏 265g 微晶纤维素 280g 交联聚维酮 250g 淀粉 50g
羧甲基淀粉钠（内加）70g 羧甲基淀粉钠（外加）30g 滑石粉 20g
50%乙醇 适量 制成 1000 片

【制法】 将处方量的板蓝根干浸膏、微晶纤维素和交联聚维酮充分搅拌均匀，粉碎过 40 目筛，所得颗粒与 50g 淀粉和 70g 羧甲基淀粉钠混合均匀，以 50%乙醇为润湿剂，制软材，过 18 目筛整粒，最后外加 30g 羧甲基淀粉钠和 20g 滑石粉，混合均匀，压片，每片重 1.0g。

【注解】 ①中药浸膏吸湿性强，遇水易产生较大黏性，制成片剂易出现黏冲、崩解或溶出超限等问题，因此一般情况下填充剂用量较大（处方中微晶纤维素与淀粉为填充剂），并且应选择崩解性能优良的崩解剂。②本品为分散片，需快速崩解，因此选择交联聚维酮与羧甲基淀粉钠（内外加）两种崩解剂合用。③选择 50%的乙醇为润湿剂，既保证了中药物料润湿后产生需要的黏性，又可以提高湿颗粒烘干速度，保证生产效率；滑石粉为润滑剂。本品功能主治为清热解毒、凉血、利咽、消肿，临床可用于扁桃体炎、咽喉肿痛。

第四节 片剂的包衣

一、概 述

片剂包衣是指在片芯表面包裹适宜衣层的制剂工艺。根据衣层材料及溶解特性不同，常分为糖衣片、薄膜衣片及肠溶衣片。片剂包衣可以达到以下目的：①掩盖药物的不良气味；②防潮、避光、隔绝空气以增加药物的稳定性；③通过包肠溶衣，避免胃液对药物的破坏，减少药物对胃的刺激；④通过包缓控释衣膜，达到缓释、控释或定位释药的效果；⑤将有配伍变化的药物成分分别置于片芯和衣层，避免发生配伍变化；⑥改善片剂的外观或便于识别等。

二、糖 包 衣

包糖衣工序较多，主要工艺流程见图 7-13。

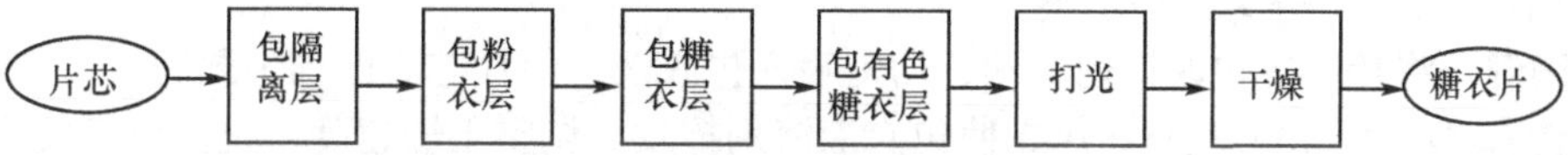

图 7-13 糖衣片包衣工艺流程

1. 包隔离层 隔离层（sealing coat）是指在片芯外包的一层起隔离作用的衣层，其作用是防止包衣溶液中的水分透入片芯，隔离层对糖衣片的吸潮性有重要作用。包隔离层材料常选用水不溶性材料，其防水性能好。常用的有10%玉米朊乙醇溶液、15%～20%虫胶乙醇溶液、10%～15%明胶浆、30%～35%阿拉伯胶浆、10%醋酸纤维素酞酸酯（CAP）等，因其具有黏性和可塑性，能提高衣层的牢固性和防潮性。

操作时将片剂置于包衣锅中转动，加入适宜温度的胶浆使均匀黏附于片面上，吹热风干燥。为防止药片相互粘连或黏附在包衣锅上，可加入适量的滑石粉至恰不粘连为止，热风40～50℃下干燥后，再重复操作，一般包3～5层。

2. 包粉衣层 粉衣层（sub-coat）是将片芯边缘的棱角包圆的衣层。在隔离层的基础上，继续用糖浆和滑石粉包衣，直至片芯的棱角完全被包没为止。糖浆浓度通常为65%～75%（W/W），滑石粉则须过100目筛，一般需包15～18层。其操作方法与包隔离层相同，关键是做到层层干燥，薄层多次，控制温度为40～55℃。

3. 包糖衣层 糖衣层是在粉衣层外用蔗糖包一层蔗糖衣，使其表面光滑、细腻坚实。常用适宜浓度的蔗糖水溶液，包10～15层。

4. 包有色糖衣层 有色糖衣层为添加食用色素或含遮光剂的糖浆，可达到美观和遮光作用。一般在最后数层糖衣时使用色浆，色浆颜色应由浅到深，须包8～15层。

5. 打光 打光可使糖衣片表面光亮美观，兼有防潮作用。操作时将打光剂细粉加入到包完色衣的片剂中，由于片剂间和片剂与锅壁间的摩擦作用，使糖衣片表面产生光泽。常用材料为川蜡，用前加热至80～100℃熔融后，过100目筛除去杂质，并在滤液中加入2%硅油作增塑剂，冷却后刨成细粉，过100目筛即得。

6. 干燥 将已打光的片剂置45℃左右，相对湿度50%条件下干燥12h以上。

由于包糖衣工艺复杂，包衣时间长，辅料用量多，防潮性能差，药物释放可能会受到影响等不足，因而逐渐被薄膜包衣取代。

三、薄 膜 包 衣

薄膜包衣是指在片芯外包上一层比较稳定的高分子材料。与糖衣片相比，薄膜衣片有比较明显的优势，如生产周期短、效率高，片重增加小（一般增加2%～5%），防潮、抗湿性、抵抗磨损能力更强，对崩解或药物溶出的不良影响较糖衣小，可实现自动化操作。根据高分子材料的性质，可制成胃溶、肠溶和缓释、控释制剂，近年来薄膜包衣已广泛应用于片剂包衣。

（一）薄膜包衣工艺流程

常见的薄膜包衣工艺流程如图7-14所示。

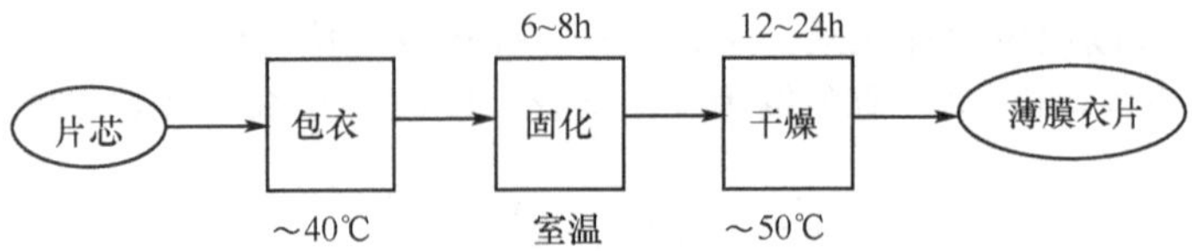

图7-14 薄膜包衣工艺流程

具体操作过程可分为四个步骤。

1. 润湿 将片芯置包衣锅内转动，均匀喷入包衣液，使片芯表面均匀湿润。

2. 包衣 吹入40℃左右热风，使包衣液溶剂挥发。调整干燥速度，过快容易使衣膜产生“皱皮”或“起泡”，过慢则会出现片芯“粘连”或衣膜“剥落”。如此“润湿-干燥”重复操作若干次，直至包衣增重达到要求为止。

3. 固化 包衣完成后，将包衣片置室温或略高于室温条件下自然放置6～8h，使衣膜固化完全。

4. 干燥 在50℃条件下干燥12～24h，除尽衣膜中残余的有机溶剂。

（二）薄膜包衣材料

1. 常用普通薄膜衣包衣材料

（1）羟丙甲纤维素（HPMC）：为水溶性薄膜衣料，是目前应用较广，效果较好的一种包衣材料。其特点是成膜性能好，包衣时无黏结现象，衣膜在热、光、空气及一定的湿度下均较稳定，不与其他辅料发生反应，可用水或乙醇为溶剂，胃溶型用量一般为片芯重的2%～3%，肠溶型用量一般为片芯重的6%～10%。

（2）羟丙基纤维素（HPC）：为水溶性薄膜衣料。与HPMC类似，其最大缺点是在干燥过程中产生较大黏性，常与其他薄膜衣料混合使用。

2. 常用缓释型薄膜衣包衣材料

（1）乙基纤维素（EC）：为水不溶性薄膜衣料。本品具有良好的成膜性，不溶于水和胃肠液，故不适合单独作衣料，常与HPMC、MC等合用，以调节衣膜的通透性，改善药物的扩散速率。近年上市的乙基纤维素水分散体，具有黏性小、成膜均匀、不用有机溶剂、安全性高等特点，已广泛用于包衣生产。

（2）丙烯酸树脂类：可分为甲基丙烯酸共聚物和甲基丙烯酸酯共聚物两大类，是制剂中广泛应用的包衣材料，主要用作片剂、微丸、硬胶囊剂的薄膜包衣材料。本品为白色或类白色的粉末或条状物，溶于乙醇、丙酮等极性溶剂中形成黏稠液体，应用时将树脂溶胀，加溶剂调节黏度到适合喷雾即可使用。

（3）醋酸纤维素（CA）：为水不溶性材料。根据乙酰基取代度不同，可分为三醋酸纤维素、二醋酸纤维素及一醋酸纤维素3种。醋酸纤维素可作为缓释、控释制剂的包衣材料。二醋酸纤维素薄膜具半渗透性，可阻止溶液中水分子以外的物质的渗透，也是制备膜控性渗透泵片包衣的主要材料。

3. 常用肠溶型薄膜衣包衣材料

（1）醋酸纤维素酞酸酯（CAP）：又称邻苯二甲酸醋酸纤维素，是一种良好的肠溶衣材料，在pH＞6.0的介质中溶解，可溶于丙酮，常用丙酮和乙醇作为混合溶剂，配成8%～12%溶液，用喷雾包衣法进行包衣。

（2）羟丙甲纤维素酞酸酯（HPMCP）：在pH 5～6时就能溶解，是一种在十二指肠上端就能开始溶解的肠溶衣材料，其效果比CAP好。

（3）醋酸羟丙甲纤维素琥珀酸酯（HPMCAS）：为HPMC的乙酸和琥珀酸混合酯。因取代度、取代类型及溶解pH的不同有3种类型：AS-LG（LF），在pH=5.5时溶解；AS-MG（MF），在pH=6.0时溶解；AS-HG（HF），在pH=6.5以上时溶解，其中G型为颗粒状，溶于有机溶剂，F型为细粉，可制成水分散体。HPMCAS是20世纪70年代开发，近年才被批准应用的片剂肠溶包衣材料、缓释包衣材料。HPMCAS的特殊优点是在小肠上部溶解性好，对于增加药物的小肠吸收比现行的一些肠溶材料理想。

4. 溶剂 溶剂的作用是溶解成膜材料和增塑剂并将其均匀地分散到片剂的表面。溶液的黏度应适宜，太大不易在片面均匀地分布；溶剂的蒸发速度对衣层的质量有影响，干燥太快不利于成膜材料在片面上均匀分布，不利于形成完整衣层，或使片面粗糙；干燥太慢可能使已包上的衣层再度溶解。溶剂与成膜材料间的亲和力大，不利于溶剂挥发除净。常用有机溶剂有乙醇、丙酮等，溶解性较好且较易挥发除去，但由于使用量大，有一定的毒性和易燃等缺点。近年上市应用的多种不溶性高分子材料水分散体，均避免使用有机溶剂作溶媒，安全性较好，已得到越来越广泛的应用。

5. 增塑剂 是指能增加成膜材料的可塑性的材料。一些成膜材料在温度降低以后，物理性质发生变化，其大分子的可动性（mobility）变小，使衣层硬而脆，缺乏必要的柔韧性，因而容易破碎，如丙烯酸树脂类。加入增塑剂的目的是降低玻璃转变温度，使衣层柔韧性增加。增塑剂与薄膜衣材料应有相容性、不易挥发且不向片芯渗透。常用的增塑剂多为无定形聚合物，分子质量相对较大，并与成膜材料有较强亲和力。常用的水溶性增塑剂有甘油、丙二醇、聚乙二醇等，水不溶性的增塑剂有枸橼酸三乙酯、甘油三乙酸酯、乙酰单甘油酯、邻苯二甲酸酯、蓖麻油等。增塑剂的用量根据成膜材料的刚性而定，刚性大，增塑剂用量应多，反之则少。

6. 释放速度调节剂 又称致孔剂。在水不溶性薄膜衣材料中加入蔗糖、氯化钠、表面活性剂、PEG等水溶性物质，遇水后可迅速溶解，形成多孔膜，从而促进药物释放。调整致孔剂种类和用量，即可调节药物的释放速率。

7. 固体物料、着色剂与掩蔽剂 在包衣过程中有些聚合物的黏性较大，可加入适宜的固体粉末以防止颗粒或片剂的粘连。加入着色剂与掩蔽剂可遮盖片芯的底色，增高美观程度，增加产品识别能力。色素分为水溶性、水不溶性两类，水溶性色素干燥时常会发生迁移，因此一般制成色淀使用。色淀是用氢氧化铝、滑石粉或硫酸钙等惰性物质使水溶性色素吸着沉淀而成，如靛蓝铝色淀。水不溶性色素也较为常用，如二氧化钛、氧化铁类。

四、包衣方法和设备

常用的包衣方法有滚转包衣法、流化床包衣法及压制包衣法等。

1. 滚转包衣法（trundle pan coating method） 即锅包衣法，是一种最常用的包衣方法。包衣机一般由莲蓬形或荸荠形的包衣锅、动力部分、加热器及鼓风和吸尘设备组成，见图7-15，包衣锅的转速、温度、风量和倾斜度均可随意调节。包衣锅多采用紫铜或不锈钢等性质稳定并具有良好导热性的材料制成。包衣锅的轴与水平成一定倾斜角度（30°～40°），以使片剂在包衣锅内既能随锅的转动方向滚动，又有沿轴的方向运动，使片芯在锅内能最大幅度的上下滚翻，有利于包衣材料均匀地分布于片剂表面。通常需根据包衣锅直径、片芯大小、片芯轻重和片芯硬度来调节包衣锅的速度，一般认为以20～40r/min为宜。包衣锅上的加热和吹风设备，可加速水分蒸发。传统加热方式有两种：锅壁加热或吹热风，或者联合使用，以达到加热迅速、均匀的效果。但由于这两种加热方法使锅内空气流通差，干燥速度较慢，其改良方法是在锅内物料层埋入喷头和空气入口，称为埋管包衣锅，见图7-16。这种方法通过热空气快速流通，不仅能防止包衣液飞扬，也可加快物料的干燥速度。

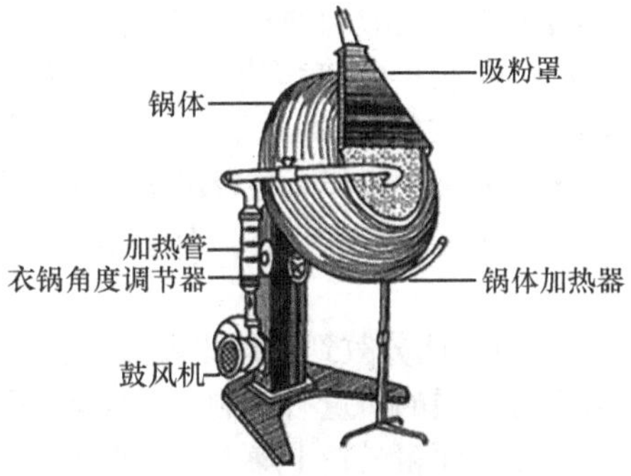

图7-15　倾斜包衣锅结构示意图

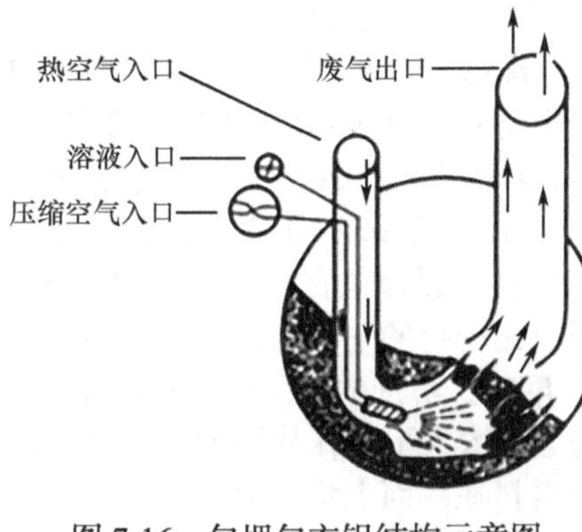

图7-16　包埋包衣锅结构示意图

近年来，为进一步提高传统包衣锅干燥能力，改良而成的高效包衣机已逐渐成为主流包衣设备。高效包衣机一般为密闭系统，排风系统在负压条件下经滚筒上部供给热风，热风穿过片芯，从滚筒底部排出，并与表面的水分或有机溶剂进行充分的热交换，从而加快包衣液干燥速率，与普通包衣机相比干燥效率较高，是目前常用的包衣设备。根据锅型结构，高效包衣机可分为网孔式、间歇网孔式和无孔式三种类型。以网孔式高效包衣机为例，其工作原理示意图见图 7-17。包衣时，片芯在有网孔的滚筒内随滚筒旋转而做连续复杂的轨迹运动，蠕动泵将包衣液输送至喷雾装置，然后喷洒在片芯表面，形成一层坚固、致密、平整、光滑的表面薄膜。

2. 转动包衣法（rotating coating method） 即离心造粒包衣（centrifugal granulation coating）法，主要用于微丸的包衣。粒子层在旋转过程中，受到转盘离心力、摩擦力及从圆盘外周缝隙鼓入的热空气浮力共同作用做三维圆周运动，形成麻绳样旋转状环流，再喷射适量的雾化包衣液，控制好热空气温度和风量，即可形成均一、连续的衣膜，其原理见图 7-18。

转动包衣装置的特点包括：①粒子的运动主要靠圆盘的机械运动，不需要强气流，可防止粉尘飞扬；②粒子运动激烈，小粒子包衣可减少颗粒间粘连；③在操作中可开启装置上盖，便于直接观察颗粒的运动与包衣情况；④缺点是粒子运动激烈，易磨损颗粒，不适合脆弱粒子的包衣；⑤干燥能力相对较低，包衣时间较长。

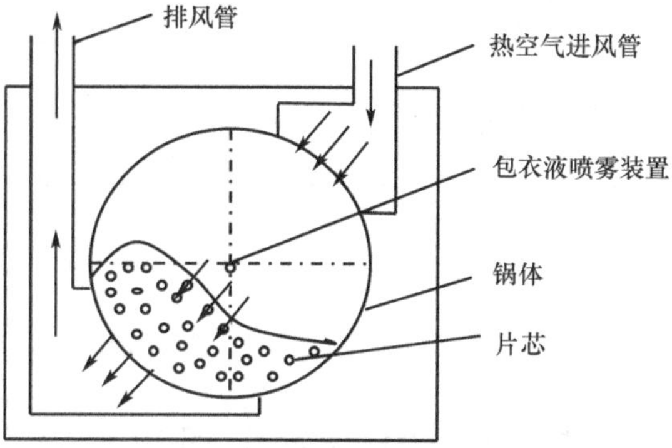

图 7-17　网孔式高效包衣机工作原理示意图

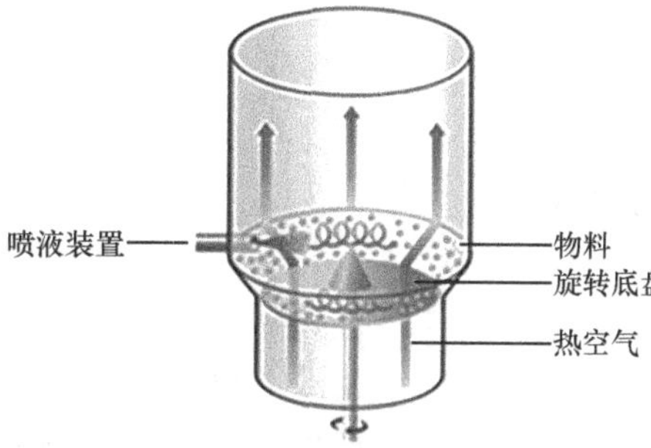

图 7-18　离心造粒包衣工作原理示意图

3. 流化床包衣法（fluidized bed coating method） 又称喷雾包衣（spray coating），是将片芯置于流化床中，通入气流，借急速上升的空气流使片芯悬浮于包衣室中并处于流化状态，另将包衣液喷入流化室并雾化，使片剂的表面黏附一层包衣液，继续通热空气使其干燥，如法包若干层，到达规定要求即得。根据包衣液的喷入方式不同，可分为底喷式、顶喷式和侧喷式 3 种。用流化床包衣时影响包衣的关键因素除包衣材料的用量和性质外，主要是包衣温度和喷枪的压力（喷入包衣液的速率）。对颗粒和小丸的包衣常首选本法。

4. 压制包衣（compression coating） 是先用一台压片机压成片芯后，由一传送装置将片芯传递至另一台压片机的模孔中。在传递过程中需用吸气泵将片剂外的细粉除去，在片芯到达第二台压片机之前，模孔中已填入部分包衣物料作为底层。然后将片芯置于其上，再加入包衣物料填满模孔并第二次压制成包衣片即得。该压片机由于采用了自动控制装置，减少了空衣片和衣膜上下不等厚等现象，且避免了水分、高温对药物的不良影响，生产周期短，但对压片机械的精度要求高，目前国内尚未广泛使用。

五、片剂包衣易出现的问题及解决办法

（一）糖衣片

1. 糖衣片防潮性差 糖衣片在潮湿的环境中易发生吸湿、发霉等现象。对片芯起防潮作用的关键衣层是隔离层，一般认为玉米朊等水不溶性材料包隔离效果较好，但用量需适宜，否则影响崩解。另外，也可采用非水溶材料在有色糖衣外包一层透明衣层增加防潮效果。

2. 糖衣层龟裂 在环境温度较低时，糖衣片易出现糖衣层龟裂现象。其原因可能是衣层太

脆而缺乏韧性，必要时可调节衣膜配方，如加入适宜增塑剂。

3. 有色包衣片出现色斑 色斑是指片剂表面的色泽不均匀，原因为片面色素分布不均匀，系可溶性色素的迁移造成，选用不溶性色素即可防止；有时因配方不当，不溶性色素在包衣液中分散不均匀或有聚结现象；少数情况下，由于片剂的某一组分影响色素的稳定性，使包衣片变色等。

（二）薄膜衣片

1. 起泡 有时薄膜衣鼓起气泡，通常是由于衣层与片芯表面黏附力不足引起，可以调整片芯或包衣液的配方，或者调整干燥速度可以防止此现象的发生。

2. 包衣片表面粗糙 多由于喷浆不当，包衣液在片剂表面分布不均匀等造成，调整喷浆方式和降低干燥速度，防止液滴尚未喷到片剂表面或刚到片剂表面尚未铺展开即已干燥。

3. 衣层剥落 衣层以片状或块状剥落，此现象与片芯和包衣材料的理化性质有关，两者黏着力弱；也可能因包衣全过程是由多次喷浆并多次干燥完成的，层与层间结合力受某些因素的影响而降低，如每次喷浆后浆中的溶剂能部分地溶解已包衣层中的成膜材料，则有利于层与层间的结合。

六、包衣片剂处方及制备举例

制剂举例 7-6

红霉素肠溶片

【片芯处方】 红霉素 1 亿个单位　淀粉 57.5g　10%淀粉浆 10.0g　硬脂酸镁 3.6g
制成 1000 片

【片芯制法】 将红霉素与 52.5g 淀粉混匀，加淀粉浆继续搅拌使成软材，用 10 目尼龙筛制粒，80～90℃通风干燥，干颗粒加硬脂酸镁和 5g 淀粉，经 12 目筛整粒，混匀，压片。

【肠溶衣处方】 Eudragit L100　28.0g　蓖麻油　16.8g　85%乙醇　560ml　滑石粉 16.8g
邻苯二甲酸二乙酯 5.6g　聚山梨酯 80　5.6g

【包衣方法】 将 Eudragit L100 用 85%乙醇溶解制成 5%树脂溶液。将滑石粉、蓖麻油、邻苯二甲酸二乙酯、聚山梨酯 80 等混匀、研磨后加入到 5%树脂溶液中。加入色素混匀后，过 120 目筛备用。将红霉素片芯置于包衣锅内，按一般方法包粉衣层 6 层后，喷入上述树脂溶液，锅温控制在 35℃左右，在 4h 内喷完。

【注解】 红霉素在酸性条件下不稳定，且易被胃酸破坏，在肠道中迅速吸收，故需制成肠溶片。片芯处方中红霉素为主药，淀粉为填充剂和崩解剂，10%淀粉浆为黏合剂，硬脂酸镁为润滑剂。肠溶衣处方中 Eudragit L100 为肠溶包衣材料，蓖麻油和邻苯二甲酸二乙酯为增塑剂，聚山梨酯为释放速度调节剂，85%乙醇为溶剂，滑石粉为固体物料。本品可作为青霉素过敏患者治疗细菌感染的替代用药。

第五节　片剂的质量检查

一、外观性状

片剂外观要求片形一致，表面完整光洁，边缘整齐，色泽均匀；如有印字，要求字迹清晰。

二、重量差异

片剂重量与药物剂量相关，因此须将片剂重量差异控制在允许的限度内。《中国药典》2015年版规定片剂重量差异限度要求如表7-1所示。

表7-1 片剂重量差异限度要求

平均片重或标示片重	重量差异限度
0.30g以下	±7.5%
0.30g或0.30g以上	±5%

测定方法：取供试品20片，精密称定总重量，求得平均片重后，再分别精密称定每片的重量，每片重量与平均片重相比较（凡无含量测定的片剂或有标示片重的中药片剂，每片重量应与标示片重比较），按表中的规定，超出重量差异限度的不得多于2片，并不得有1片超出限度1倍。

糖衣片应在包衣前检查素片重量差异并符合规定，包糖衣后不再检查重量差异。薄膜衣片应在包薄膜衣后检查重量差异并符合规定。凡规定检查含量均匀度的片剂，一般不再进行重量差异检查。

三、硬度与脆碎度

（一）硬度

为确保片剂在包装、运输过程中不发生磨损或破碎，片剂应有适宜的硬度和耐磨性。片剂硬度与片剂的崩解、溶出性能也密切相关。因此硬度是片剂的重要质量指标之一。硬度的测定常用孟山都（Monsanto）硬度计。《中国药典》虽未做统一要求，但各生产单位都有其内控标准。

（二）脆碎度

片剂受震动或摩擦可能会引起碎片、顶裂或破裂，片剂脆碎度是反映片剂抗震耐磨能力的指标，一般使用片剂脆碎度测定仪测定。脆碎度是指片剂在特定的装置内按规定速度完成圆周运动后减重百分比，《中国药典》2015年版四部通则中，片剂脆碎度检查法（0923）规定，减失重量不得过1%，且不得检出断裂、龟裂及粉碎的片。

四、崩解时限

崩解系指口服固体制剂在规定条件下全部溶散或成碎粒的过程。内服片剂除咀嚼片、含片不需检查崩解时限外，一般都应在规定的介质、条件和时间内崩解（表7-2）。除另有规定外，凡规定检查溶出度、释放度或分散均匀性的制剂，不再进行崩解时限检查。《中国药典》2015年版四部通则中，崩解时限检查法（0921）项下规定了片剂崩解时限检查的仪器装置、方法和判定标准。

表7-2 2015年版《中国药典》规定的片剂的崩解时限

片剂	普通片	含片	舌下片	可溶片	泡腾片	口腔速崩片	肠溶衣片	结肠定位肠溶片
崩解时限（min）	15	10^{Δ}	5	3	5	1	60^{*}	60^{*}

*指肠溶衣片及结肠定位肠溶片在药典规定pH的缓冲液中的崩解时限。

Δ10min内不能崩解

五、溶出度与释放度

溶出度系指活性药物在规定条件下，从片剂、胶囊剂或颗粒剂等普通固体制剂中溶出的速率和程度，在缓释制剂、控释制剂、肠溶制剂及透皮贴剂等制剂中也称释放度。片剂等固体制剂口服后一般都应崩解，药物从崩解形成的细粒中溶出后，才能被吸收而发挥疗效。对于难溶性药物来说，溶出通常是其吸收的限速过程。片剂的崩解时限与体内的吸收并不都存在平行关系，生物利用度的测定又不可能用作质量检查的常规方法。研究表明，很多药物的片剂体外溶出与吸收有相关性，因此，溶出度测定法作为反映或模拟体内吸收情况的试验，在评定片剂质量上有重要意义，尤其对于下列片剂：①含有在消化液中难溶的药物；②与其他成分容易发生相互作用的药物；③久贮后溶解度降低的药物；④剂量小、药效强、不良反应大的药物，溶出度测定对有效控制其质量极为关键。

目前，《中国药典》2015 年版四部通则（0931）收载的溶出度测定方法有篮法（第一法）、桨法（第二法）、小杯法（第三法）、桨碟法（第四法）、转筒法（第五法）等。

知识拓展 7-1

仿制固体制剂一致性评价的研究方法——体外评价溶出条件的选择

溶出度试验应尽可能根据药物的性质，并充分考虑胃肠环境的特性，采用能更好反映药物体内溶出环境的多种溶出介质进行测定，必要时可考虑加入适量的溶出介质添加物。溶出条件不是机械僵化地选择 pH1.0、4.5、6.8 和水这四种介质，要根据原研制剂的特征和活性药物成分（active pharmaceutical ingredient，API）的性质，科学选择溶出条件。特别是要寻找具有区分力的溶出曲线，并在此条件下，自研和参比制剂溶出曲线务必一致。有区分力的溶出曲线的特征指的是：①最能体现产品内在性质；②最适合评估仿制制剂处方筛选和工艺开发；③最能在制剂体外溶出行为比较时体现出差异性；④最具体内外相关性；⑤最适合定入质量标准。

六、含量均匀度

含量均匀度系指小剂量片剂中每片含药量符合标示量的程度。主药含量较小的片剂，因加入的辅料相对较多，药物与辅料不易混合均匀，而含量测定方法是测定若干片的平均含量，易掩盖小剂量片剂由于原、辅料混合不均匀而造成的含量差异。《中国药典》2015 年版四部通则（0941）规定片剂每片标示量小于 25 mg 或主药含量小于片重 25%者，均应检查含量均匀度。凡检查含量均匀度的片剂，一般不再检查重量差异。

七、微生物限度

以动物、植物、矿物来源的非单体成分制成的片剂，生物制品片剂，以及黏膜或皮肤炎症或腔道等局部用片剂（如口腔贴片、外用可溶片、阴道片、阴道泡腾片等），照非无菌产品微生物限度检查：微生物计数法（《中国药典》2015 年版四部通则 1105）和控制菌检查法（《中国药典》2015 年版四部通则 1106）及非无菌药品微生物限度标准（《中国药典》2015 年版四部通则 1107）检查，应符合规定。规定检查杂菌的生物制品片剂，可不进行微生物限度检查。

第六节 片剂的包装与储存

片剂自生产至临床使用存在一定周期，为使片剂免受环境条件（光、热、湿、微生物等）的影响及运输、搬动等引起的摩擦和碰撞，保证其应用时能保持原有的理化性质和药效，须进行适宜的包装并选择适合的储存条件，以提高片剂质量的稳定性。

一、片剂的包装

片剂的包装一般有多剂量和单剂量两种形式。

（一）多剂量包装

几十片甚至几百片合装在一个容器中的即为多剂量包装。常用的容器有玻璃瓶、塑料瓶，也有用软性薄膜、纸塑复合膜、金属箔复合膜等制成的药袋。

1. 玻璃瓶 采用玻璃瓶包装，密封性好，不透水汽和空气。玻璃具有化学惰性，不易变质，价格低廉，有色玻璃具有一定的避光作用，缺点是质重、易碎。

2. 塑料瓶 为广泛应用的包装容器，主要材料为聚乙烯、聚氯乙烯和聚苯乙烯等。其优点是质地轻，不易破碎，易制成各种形状。但其对环境的隔离作用不如玻璃制品，可因高温、高湿及药物的作用等发生变形或硬化。塑料在化学上也并非完全惰性，组分中某些成分（如稳定剂、增塑剂等）有可能溶出进入药品或与片剂中某些成分（如挥发性物质或油类）发生化学反应。片剂中某些成分（如硝酸甘油）也能向塑料迁移而被吸附。

3. 软塑料薄膜袋 价格低，工序简单，每个小袋均可印有标签，便于识别和应用，但密封性较差，且片剂易受压、振动而破碎或磨损。

（二）单剂量包装

单剂量包装系将每一片剂分别包装，均处于密封状态，可避免使用中的交叉污染，使用方便，外形也美观。单剂量包装主要有泡罩式和窄条式两种。

1. 泡罩式包装 其底层材料为铝箔与聚氯乙烯的复合膜，形成水泡眼的材料为硬质 PVC。泡罩透明，坚硬而美观。

2. 窄条式包装 是由两层膜片（铝塑复合膜、双纸塑料复合膜等）经黏合或加压形成的窄条状包装，较泡罩式简便，成本较低、工序简单。

二、片剂的储存

片剂应密封储存，防止受潮、发霉、变质。除另有规定外，一般应将包装好的片剂放在阴凉（20℃以下）、通风、干燥处储存。对光敏感的片剂，应避光；受潮后易分解变质的片剂，应在包装容器内放入干燥剂（如干燥硅胶等）。

片剂储存过程中应注意的质量问题：①崩解时限、溶出度不合格。有些片剂的硬度在储存期间可能逐渐改变而影响片剂的崩解和溶出，这往往是由于片剂中黏合剂等辅料固化所致。②挥发性成分的迁移。某些含挥发性物质（如硝酸甘油等）的片剂，储存期间挥发性成分可能在片剂间转移或被包装材料吸附而影响片剂含量的均一性。③糖衣片的变质。糖衣片受到光和空气作用易变色，在高温、高湿环境中易发生软化、熔化和粘连，所以在包装容器中，应尽量减少空气的残留量，储存时一般应避光、密封、置干燥阴凉处。

第七节 新型片剂

一、胃漂浮片

胃漂浮片（gastric floating tablets）指根据流体动力学平衡原理设计制作，口服后在胃液中呈漂浮状态的一种特殊缓释片剂。胃漂浮片能使片剂口服后漂浮于胃液之上，滞留于胃中长达7～8h，延长药物释放时间，使药物以溶液状态最大量地到达吸收部位，改善药物的吸收，提高药物的生物利用度，对胃溃疡、胃癌及十二指肠疾病的治疗具有特殊意义。

二、结肠靶向片

结肠靶向片（colon targeting tablets）指上消化道不释放药物，在输送至人体回盲部后开始崩解或蚀解并释放出药物的一种片剂。结肠靶向片可增加药物在结肠局部浓度，增加疗效，减少药物对胃肠道的刺激性。对于夜间发作的哮喘、心绞痛等疾病，结肠靶向片可定时释放药物发挥作用。根据结肠部位相较于胃、小肠具有较高的 pH、含有特殊菌落产生可降解偶氮化合物和多糖类物质的酶，以及药物经胃、小肠转运至结肠需要 12h 以上的生理特点，结肠靶向片又可分为 pH 依赖型、酶触发型及时间依赖型等。

三、口服分裂片

口服分裂片（oral divided tablets）指在口腔中容易分裂从而便于特殊人群服用的一种片剂。口服分裂片是近年兴起的一种新型片剂，相较于口崩片，其味道更易耐受。世界首个口服分裂片是英国葛兰素史克公司于 2009 年开发上市的拉莫三嗪口服分裂片。

四、微 片

微片（mini-tablets）指经特制的压片机模冲压制而成的直径介于 2～3mm 的微型片剂。微片属于多单元剂量分散型制剂，在药物释放及胃肠道吸收方面具有类似于微丸的效果。患者口服微片后，在胃肠道内均匀分散，药物的胃肠转运和吸收受胃排空速率的影响较小，因而个体差异性小；微片的释药行为是组成一个剂量的多个小单元释药行为的总和，口服后个别小单元制备工艺上的缺陷不会对整体制剂的释药行为产生严重的影响；可利用包衣或骨架等缓释技术，将几种不同释药规律的小单元组合成多单元系统，以获得理想的释药速率，取得理想的治疗效果。更重要的是，由于一个剂量的药物分散在多个相互独立的微小单元中，口服后与胃肠道黏膜的接触面积增大，从而能提高药物的生物利用度，还可减少或消除某些药物对胃肠道的刺激性。根据临床需要，可将微片包衣后灌装成胶囊，供口服用，也可以不经包衣直接灌装胶囊，供口服用。近几年也有关于眼内微型植入片的文献报道。另外，患者可根据个体化用药方案，对微片进行计数服用，剂量调节更加方便、准确。微片对制备工艺和设备的要求高，生产成本大，因此发展和应用受到一定限制。

五、冻 干 片

冻干片（freeze-dried tablets）指将主药和辅料定量分装在一定模具中，冻干去水，制得的高孔隙率固体制剂。该技术产生于 20 世纪 70 年代末，目前已有近 20 多个品种用于临床。冻干片属口腔速溶片的一种，与压制片相比，崩解速度可提高 10 倍以上，在口腔遇到唾液即能迅速崩解、溶解、分散，口感良好，可实现无水吞服，提高患者服药的依从性，尤其利于吞咽困难患者。另外部分药物口腔溶解亦可实现口腔黏膜吸收，从而达到速效或避免肝脏首过效应的效果。冻干片采用冷冻干燥工艺生产，有利于保持温敏性药物加工过程的稳定性。但是冻干片仅适用于小剂量药物，总体生产成本高。

六、3D 打 印 片

3D 打印是一种基于三维数字模型，根据离散、堆积成型原理，采用逐层制造方式将材料结合起来的工艺。它融合了计算机辅助设计、数控技术、新材料技术等当代高新技术。3D 打印技术最初应用于制造业、航空航天及工业设计等领域，近年来进入医药领域。2015 年第一个采用 3D 打印技术制备的左乙拉西坦口崩片被美国 FDA 批准上市，由于这种通过 3D 打印技术制成的药物制剂内部呈多孔状，内表面积高，制剂表面覆盖有亲水材质，能在极短时间内被很少量的水融化，相较传统药品，其最大优势是便于吞咽障碍的患者服用。近年来，关于利用 3D 技术设计打印缓控释制剂的研究报道较多。3D 打印药片可精确地控制给药剂量、片剂形状，并赋予更多的崩解、溶出或稳定性等方面的特性，甚至将来医生可以用 3D 打印机，根据患者个体特征及时调整给药剂量并现场打印药片，从而更易于实现个体化用药。

本 章 小 结

片剂是指药物与药用辅料均匀混合后压制而成的片状制剂。片剂是目前使用最为广泛的剂型，具有含量均匀、剂量准确、易于携带与保存、服用方便、产量大、成本低、稳定性较好等特点。片剂分为口服用片剂、口腔用片剂、外用片剂。片剂的辅料包括稀释剂、润湿剂、黏合剂、崩解剂、润滑剂、着色剂、芳香剂和甜味剂。片剂的制备方法有湿法制粒压片、干法制粒压片、粉末直接压片法和半干式颗粒压片法。片剂包衣的类型包括糖包衣、薄膜包衣和压制包衣。片剂质量检查包括外观性状、重量差异、硬度与脆碎度、崩解时限、溶出度与释放度、含量均匀度、微生物限度等主要项目。

重点：片剂的剂型特点、不同片剂的特点；常用辅料的种类与性质；湿法制粒压片工艺；片剂的包衣材料及工艺；压片过程中的常见问题与解决方法；片剂的质量要求。

难点：崩解剂的作用机制及使用方法，润滑剂的作用机制，片剂压制成型理论。

思 考 题

1. 简述片剂的特点和类型。
2. 简述片剂处方设计时选用辅料的一般原则。
3. 简述片剂常用辅料的种类与性质。
4. 试分析片剂制备工艺的选择依据。
5. 简述湿法制粒压片的工艺流程。
6. 片剂制备中的常见问题及解决措施。
7. 简述片剂包糖衣和薄膜衣的基本工艺流程。
8. 简述包糖衣和薄膜衣的常用辅料。

（许小红）

第八章　膜剂与丸剂

学习目标

1. 掌握：膜剂与丸剂的剂型特点；常见的膜剂成膜材料；滴丸剂基质。
2. 熟悉：膜剂和滴丸剂制备工艺；微丸辅料。
3. 了解：膜剂的分类；微丸的制备工艺及影响因素。

第一节　膜　剂

一、概　述

膜剂（films）指药物与适宜的成膜材料经加工制成的膜状制剂。膜剂可以供口服、口含、舌下给药，也可应用于眼结膜囊内或阴道内给药；另外，还可以于皮肤或黏膜表面使用。膜剂的形状、大小和厚度可根据用药部位的需求而定。最初，膜剂多用于局部抗菌和镇痛，但是随着制剂技术的不断进步，该剂型在全身用药方面也取得了显著效果。现在，膜剂可用于多种疾病的治疗，如咽喉不适、抗炎、哮喘、胃肠功能紊乱、镇痛、避孕及辅助睡眠等。

膜剂具有制备工艺简单，生产污染小，成膜材料使用较其他剂型少，含量准确，稳定性好，药物吸收快，使用及携带方便等优点。但由于其体积的限制，该剂型主要适用于剂量小、活性高的药物。同时，膜剂具有重量差异不易控制、包装工艺要求高等不足之处。

膜剂的研制始于 20 世纪 60 年代，70 年代时我国对膜剂的研究开始出现较大发展。如今，通过借鉴口腔片剂的原理和技术，以及高分子成膜材料的应用，膜剂在传统的速效给药基础上，发展出了控释给药、大分子药物给药等多种给药方式。同时，对中药膜剂的研究也有了较大进展。

根据结构类型，可以将膜剂分为单层膜、多层膜（复合）和夹心膜等。

二、膜剂的材料

制备膜剂的成膜材料应具有与药物不起作用、不影响药效、无毒、无刺激性、性质稳定、成膜及脱膜性能好、无异味等特点，且在成膜后应具备一定的强度和柔韧性。根据来源可将成膜材料分为合成和天然两大类。常见的合成高分子成膜材料根据其聚合物单体分子结构不同可分为三类：聚乙烯醇类化合物（包括聚乙烯醇、聚维酮、乙烯-乙酸乙烯共聚物等）、丙烯酸类共聚物（甲基聚丙烯、甲烯酸-甲基丙烯酸共聚物等）、纤维素衍生物（羧甲纤维素、甲基纤维素、乙基纤维素等）。合成高分子成膜材料的成膜性能良好，成膜后的强度与韧性能满足膜剂成型与应用要求。天然成膜材料包括淀粉、糊精、明胶、虫胶、玉米胶、阿拉伯胶、海藻酸钠、琼脂和白芨胶等，此类成膜材料多数可降解或者溶解，且生物相容性较好，但成膜性能较差，因此常与合成高分子成膜材料混合使用。以上材料中聚乙烯醇和乙烯-乙酸乙烯共聚物是最常用的成膜材料。

1. 聚乙烯醇（polyvinyl alcohol，PVA）　是由聚乙酸乙烯酯经碱催化醇解而得到，为白色或黄色粉末状颗粒。该材料成膜性好，机械性能优良，拉伸强度随聚合度、醇解度升高而增强。国内常用的 PVA 有 05-88 和 17-88 等规格，“05”和“17”表示其平均聚合度分别为 500～600 和 1700～1800，“88”表示其醇解度为 88%。随着平均聚合度的增加，PVA 的水溶性越来越低，但成膜后柔韧性越来越好，所以常将两者以适当比例混合使用。PVA 对黏膜和皮肤无刺激，是一种安全的外用敷料。PVA 口服后在体内吸收很少、不分解且无生理活性，所以是比较理想且最常用的成膜材料。

2. 乙烯-乙酸乙烯共聚物（ethylene-vinyl acetate copolymer，EVA） 是由乙烯和乙酸乙烯在过氧化物或偶氮异丁腈引发下共聚而成的高分子聚合物，为透明、无色的水不溶性颗粒或者粉末，可溶于二氯甲烷和三氯甲烷等有机溶剂。EVA 的性能与其相对分子质量和乙酸乙烯的含量关系很大。在相对分子质量相同时，乙酸乙烯的含量越大，材料的溶解性、柔韧性和透明度就越大。反之，则越来越趋向聚乙烯的性质。EVA 无毒、无臭、对黏膜和皮肤无刺激、生物相容性好，且成膜性能良好、柔软、强度大，常用于制备阴道、子宫等处使用的膜剂。

除成膜材料外，为了增加膜的柔韧性、降低脆性，某些制剂处方中还需添加增塑剂。常用的增塑剂有丙二醇、甘油、低分子质量聚乙二醇和邻苯二甲酯等。不同成膜材料选择不同的增塑剂，如在纤维素亲水性衍生物作为成膜材料时常使用聚乙二醇作为增塑剂，而在聚乙烯醇作为成膜材料时则比较适合使用甘油。此外，根据需要，还需在膜剂中添加稀释剂、脱膜剂、甜味剂、稳定剂、增稠剂、色素等添加剂。

知识拓展 8-1

白 芨 胶 浆

白芨是一味传统中药，广泛应用于传统医学的临床实践中。由白芨制备的白芨胶浆，具有黏性大、无毒、无刺激、性质稳定等优点，可作为膜剂的成膜材料。有研究使用白芨葡甘聚糖胶加入消炎止痛类药物制成膜剂后，在药膜上涂以羧甲纤维素钠等高分子材料制成双层贴膜，具有良好的黏性和柔韧性，药物体外释放试验呈线性，在口腔中释药时间长，具有一定的缓释效果。随着天然高分子材料的不断发现与改进，膜剂的成膜材料的选择范围将进一步扩大，以满足不断提高的临床使用要求。

三、膜剂的制备

1. 匀浆制膜法 将成膜材料完全溶于有机溶剂、纯水或有机溶剂与纯水的混合物中，制成均匀黏稠的液体，加入包括主药的其他成分，充分搅拌溶解。以抽真空的方式去除气泡后，将形成的溶液分布在模具上，以调整膜的厚度来确定剂量，而后放入气流干燥箱干燥。切割干燥后的膜剂成所需的形状和大小，进行分装。该方法要求成膜材料的黏稠液需均匀，不能出现分离和沉降。流延机涂膜如图 8-1 所示。

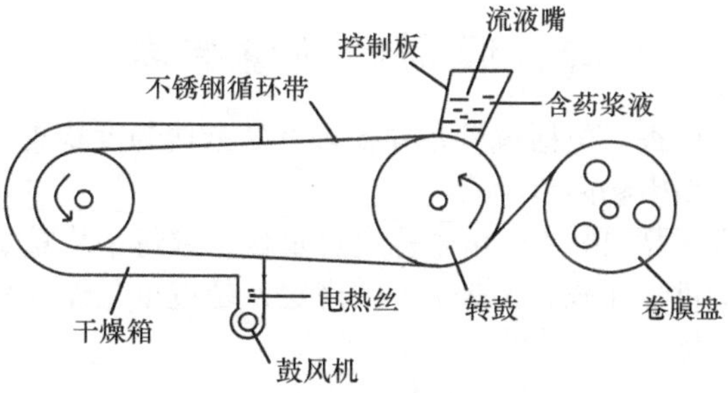

图 8-1 流延机涂膜示意图

制剂举例 8-1

利福平眼用膜剂

【处方】 利福平 0.15g PVA 17-88 4.5g 甘油 0.5g 注射用水加至 50ml

【制备】 将 PVA 17-88、甘油加注射用水混匀后，浸润充分膨胀。水浴加热膨胀后的PVA，使之溶解，过滤后稍放冷，加入利福平细粉，充分混匀后常温静置，消去气泡。在玻璃板上将其推涂成厚度均匀的薄层。低温烘干或晾干，分格后揭下药膜，即得。

【注解】 本法采用匀浆制膜法制备利福平眼用膜剂。处方中利福平为主药，PVA 17-88为成膜剂，甘油为增塑剂。利福平为脂溶性半合成广谱抗生素，用于沙眼和敏感菌导致的结膜炎、角膜炎等。其滴眼剂需要自行溶解和振摇后使用，且滴眼后损失多。制成膜剂后除了使用方便外，还具有作用持续时间长、局部利用度高等优点。

制剂举例 8-2

复方替硝唑口腔膜剂

【处方】 替硝唑 0.2g 氧氟沙星 0.5g 聚乙烯醇（17-88）3.0g 羧甲纤维素钠 1.5g
甘油 2.5g 糖精钠 0.05g 蒸馏水加至 100g

【制备】 将聚乙烯醇 17-88、羧甲纤维素钠溶解于适量蒸馏水；将替硝唑溶于 15 ml热蒸馏水中，氧氟沙星加适量稀醋酸溶解；将替硝唑溶液、氧氟沙星溶液、聚乙烯醇溶液、羧甲纤维素钠溶液混合，加入糖精钠，蒸馏水补至足量，搅拌均匀，放置。待气泡除尽后，涂膜，干燥分格，每格含替硝唑 0.5mg，氧氟沙星 1mg。

【注解】 本法采用匀浆制膜法制备复方替硝唑口腔膜剂。处方中替硝唑和氧氟沙星为主药，聚乙烯醇（17-88）为成膜剂，羧甲纤维素钠为增稠剂，甘油为增塑剂，糖精钠为矫味剂。替硝唑能抑制厌氧菌生长，氧氟沙星抗菌谱广，两者合用有协同作用，能迅速消除口腔厌氧菌所致炎症，减轻症状。复方替硝唑口腔膜剂使用方便、作用持续时间长、局部利用度高。

2. 热塑制膜法 将药物细粉与高分子成膜材料及其他辅料相混合，送入热熔区后逐渐熔化，用橡皮筒混炼均匀，而后分散于选定形状的模具，冷却后即形成膜剂。该制备方法因为无溶剂、不需要干燥过程，故具有工序少、成本低、连续化、可封闭式生产的特点，且生产出的膜剂有理想的伸展率和抗张强度。但是，该方法的熔化过程可能会对原料药的稳定性、味觉及成膜材料的稳定性等产生一定的影响。

3. 复合制膜法 通常采用仪器操作，基于以上两种制备方法进行。原理是将匀浆制膜法制得的内膜带，剪切后置于热塑制膜法制得的两层外膜带之间，形成复合膜剂。该法一般应用于制备缓释膜剂等剂型。例如，眼用毛果芸香碱复合膜剂缓释可达 1 周。

四、膜剂的质量要求

对膜剂应进行的质量检查，包括重量差异检查、含量均匀度检查（若进行此项，则一般不再进行重量差异检查）和微生物限度检查等。

重量差异检查时取供试品 20 片，精密称定总重量，求得平均重量，再分别精密称定各片的重量。每片重量与平均重量比较，按表 8-1 中规定，超过重量差异限度的不得多于 2 片，并不得有一片超出限度的 1 倍。

表 8-1 膜剂重量差异限度要求

平均重量	重量差异限度
0.02g 及 0.02g 以下	±15%
0.02g 以上至 0.20g	±10%
0.20g 以上	±7.5%

膜剂的生产、包装和储藏还有以下要求：水溶性原料药物应与成膜材料制成具有一定黏度的溶液；不溶性原料药物应粉碎成极细粉，与成膜材料等混合均匀；膜剂外观应完整光洁、厚度一致、色泽均匀、无明显气泡。多剂量膜剂，分格压痕应均匀清晰，并能按压痕撕开；膜剂所用的包装材料应无毒性、易于防止污染、方便使用，且不能与原料药物或成膜材料发生理化作用；除另有规定外，膜剂应密闭储存，防止受潮、发霉、变质。

第二节 滴　丸

一、概　述

滴丸剂（dripping pills）是指原料药物与适宜的基质加热熔融混匀，滴入不相混溶、互不作用的冷凝介质中制成的球形或者类球形制剂。滴丸剂一般供口服使用，也可以供眼、耳、鼻、阴道等处外用。滴丸剂是固体分散体的一种形式，其发展史可以追溯到 1933 年丹麦首次制成的维生素 AD 滴丸，随后相继有维生素 A、苯巴比妥及酒石酸锑钾等滴丸报道。但由于当时生产工艺落后，制造理论尚不成熟，无法保证产品质量，因此未被广泛使用。直到 20 世纪 60 年代末，我国的药学工作者经过辛勤研究，将滴丸剂的理论、应用范围和生产设备等逐步推向成熟，并达到了工业化生产的要求。现使用的滴丸机多采用滴制和模具定型相结合，主要由带自动恒温夹套的不锈钢滴制罐和不锈钢模盘组成，能够使滴制、定型、整形、脱模自动连续完成，中型机每小时产量可达数万粒。1971 年我国正式上市销售了芸香油滴丸。1977 年，我国药典在国际上首次收载了滴丸剂。而且，中药滴丸制剂已经开始了走向国际市场的步伐。例如，复方丹参滴丸已在美国获批进行临床试验。近年来，随着各种基质和固体分散技术的应用，滴丸剂也有了迅速的发展，出现了多种功能的滴丸剂，主要包括以下几类。

1. 速效、高效滴丸 滴丸药物释放原理与固体分散物相似，药物在滴丸中的状态是影响药物溶出速率的重要因素。在采用水溶性基质制备的速效、高效滴丸中，药物的存在方式主要为极微小的微粒、微晶或分子状态，故能显著提高药物的溶出速度及生物利用度，起到速效、高效的作用。例如，与复方丹参片相比，复方丹参滴丸的比表面积显著增大、溶出速率也显著增快，采用舌下含服的方式，有效成分可以直接进入血循环，起效迅速。将雷公藤乙酸乙酯提取物制成滴丸剂，和片剂相比，当疗效一致时，滴丸剂的用量仅为片剂的 1/3，且其不良反应明显低于片剂。

2. 缓释、控释滴丸 缓释是指滴丸中的药物能够在较长的时间里缓慢地溶出，而达到长效的效果；控释是指滴丸中的药物能够以恒速释放。此类滴丸是通过基质的性质调节药物释放速率，可以选用水溶性基质、水难溶性基质或者以上两种基质的混合物作为基质。缓释、控释滴丸可以提高难溶性药物的溶出度，可以作为难溶性药物缓释、控释制剂的备选剂型。

3. 肠溶滴丸 采用的基质是在胃液中不溶而在肠液中溶解的材料。例如，芸香油滴丸选用硬脂酸钠作为基质，滴丸表面有一层硬脂酸薄壳，药物在胃部不释放，从而避免了芸香油对胃的刺激作用，减少了恶心、呕吐等不良反应。也可以采用明胶溶液作基质，成丸后利用甲醛溶液进行处理，制成不在胃部释药的肠溶性滴丸。

4. 外用滴丸 根据需要，滴丸还可以制成在眼、耳、鼻、直肠、阴道等局部起作用的外用滴丸。现已经开发的外用滴丸剂型包括耳用滴丸（如复方氯霉素耳用滴丸等）、溶液滴丸（含有润滑剂、崩解剂的片剂往往不易得到澄明溶液，而水溶性基质配置的滴丸在水中则可崩解为澄明溶液，如用于饮水消毒的氯己定滴丸等）、牙用滴丸（如替硝唑牙用滴丸等）、眼用滴丸（如利福平眼用滴丸等）等多种形式的滴丸剂。与液体外用制剂比较，滴丸剂具有局部药物浓度和生物利用度高、作用持久、便于携带、使用方便等优点。

5. 包衣滴丸 滴丸剂同片剂、丸剂一样，可以根据需要包糖衣、薄膜衣等，其包衣所起到的作用同片剂和丸剂，尤其对于聚氧乙烯单硬脂酸酯（S-40）这样引湿性强的基质，包衣可以起到很好的防潮作用。

6. 药液固化用滴丸 对于某些呈液体状态的药物而言，不能采用片剂等剂型将其转化为固体制剂，可以通过滴丸剂达到目的。

由上可知，滴丸剂不仅可供内服、外用和局部使用，还可以制成缓、控释制剂，以适应使用需求。与其他剂型相比较，滴丸剂在生产和使用方面主要具有如下优点：①设备简单、操作方便、粉尘较少、工艺周期短、生产效率高；②生产工艺易于控制、质量稳定、剂量准确；③滴丸中大量基质的使用，可增加某些易氧化、水解或挥发性药物的稳定性；④可使液态药物固化，便于运输和使用；⑤固体分散技术制备的滴丸药物吸收迅速、生物利用度高；⑥具备内服、外用等多种类型，尤其是为对其他固体制剂依从度不高且液体制剂作用时间不持久的耳、眼科用药提供了可供选择的新剂型。

二、滴丸的常用基质和冷凝液

（一）滴丸的常用基质

滴丸剂的基质是指滴丸中除主药以外所有的赋形剂，基质与滴丸的形成、溶出度、稳定性等均有密切的关系。所以，滴丸的研究和发展与基质的创制与进步是密不可分、相辅相成的。在首个滴丸剂诞生的时候，其基质是脂溶性的氢化油，到 20 世纪 60 年代，开始使用水溶性基质，如聚乙二醇 4000 等。除使用单一基质外，近来对水溶性基质的研究出现了向联合载体及添加表面活性剂方向发展的趋势。滴丸剂经过不断发展，可作为基质的材料也逐渐增多。

滴丸剂对基质的要求包括：①与主药不发生化学反应；②对人体无害；③熔点较低（60～100℃），但在室温下应保持固体状态；④不影响主药的药效与检测。基质可以分为水溶性和非水溶性两大类，可根据实际应用的需求进行选用。为增加药物在基质中的溶解量，也可以采用两种性质的基质制成混合物作为滴丸的基质。

1. 水溶性基质

（1）聚乙二醇（PEG）：是最常用的水溶性基质，主要包括 PEG4000 和 PEG6000，也常用于制备混合性基质。

（2）泊洛沙姆（poloxamer）：为聚氧乙烯和氧丙烯的嵌段共聚物，是一类高分子非离子表面活性剂。在水或乙醇中易溶，在乙酸乙酯、三氯甲烷中溶解，在乙醚或石油醚中几乎不溶，无生理活性，无溶血性，无皮肤刺激性，毒性小，也可用于增溶。

（3）聚氧乙烯（40）单硬脂酸脂（商品代号 S-40）：由硬脂酸和环氧乙烷或者聚乙二醇聚合而成，是一类高分子非离子表面活性剂，相对分子质量约为 2000，熔点为 46～51℃，毒性较小。

（4）其他：包括硬脂酸钠、甘油明胶、尿素等。

2. 非水溶性基质 常用的非水溶性基质包括硬脂酸、单硬脂酸甘油酯、虫蜡、氢化植物油、鲸蜡醇、硬脂醇等。

（二）滴丸的冷凝液

冷凝液分为水性和油性两种。水性冷凝液包括水和不同浓度的乙醇溶液，适用于非水溶性基质，常见于缓释、控释、肠溶、胃溶或含水溶物较少的滴丸的制备。油性冷凝液包括液状石蜡、二甲基硅油、植物油等，适用于水溶性基质。目前最常使用的冷凝液是液状石蜡和二甲基硅油。其中二甲基硅油与药液相对密度差小、表面张力低且黏度大，易于滴丸成形和改善圆整度。另外，玉米油表面张力低且黏度低，也可单独或者混合用作冷凝液。

三、滴丸的制备

滴丸的制备工艺流程如图 8-2 所示。制备滴丸需要使用滴丸机，应根据滴丸与冷凝液密度的差异选用不同的滴制设备，由下向上滴用于滴丸密度小于冷凝液者，由上向下滴用于滴丸密度大于冷凝液者（图 8-3）。滴丸机由滴管、保温组件、冷凝液温度控制组件、冷凝液容器等部分组成。使用时，将熔融基质和药物形成的药液加入保温组件中，使滴管的虹吸管和管道中充满药液。调节滴管口旋钮控制滴出速度，滴出的药液在冷凝液中成丸，并收集。最后进行洗丸和干燥，获得成品。

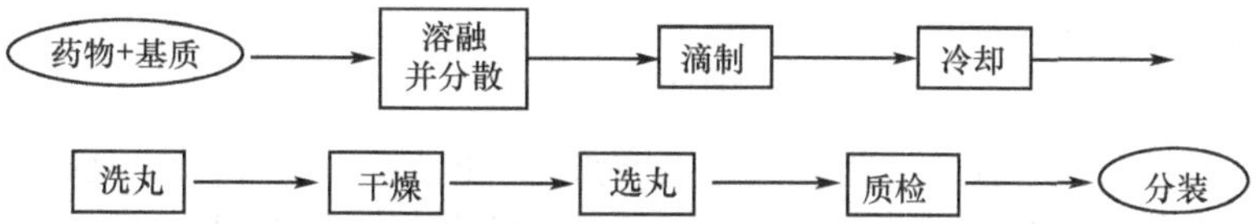

图 8-2　滴丸的制备工艺流程

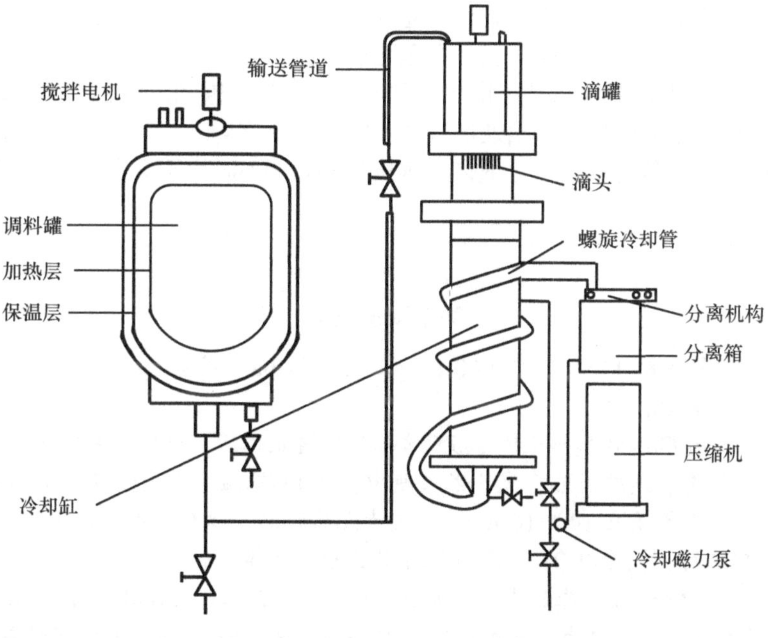

图 8-3　滴丸机结构示意图

除药物本身的理化性质外，影响滴丸外观和内在质量的因素众多，包括处方、药液温度、滴嘴的内外径、冷凝液温度和黏度、滴距、滴速等。因此，为了得到最佳的处方和制备条件，需要对众多因素进行考察。

1. 成形　滴丸是否能够成为球形，取决于成形力的大小。当成形力小于零时，药液在冷凝液中只能铺展而不能成形；只有当成形力大于零时，药液才能形成球形，而且成形力越大，成形性越好。成形力是药液的内聚力和药液与冷凝液之间黏附力的差值，即

$$\text{成形力}=W_C-W_A \tag{8-1}$$

其中 $W_C=2\sigma_A$；$W_A=\sigma_A+\sigma_B-\sigma_{AB}$，$\sigma_A$ 表示药液表面张力，σ_B 代表冷凝液表面张力，σ_{AB} 表示冷凝药液与冷凝液间界面张力。故：

$$\text{成形力}=\sigma_A+\sigma_{AB}-\sigma_B \tag{8-2}$$

由上式可知，可以通过改变药液和冷凝液各自的表面张力来调节成形力。冷凝液的表面张力越小，成形力就会越大，成形性越好。

2. 圆整度 滴丸具有良好的成形性不代表其圆整度也会很好。影响圆整度的因素很多，其中药液滴在冷凝液中的移动速度是关键因素之一。药液滴在冷凝液中的移动速度越快，就越有可能受到阻力而变成扁形。而影响药液滴移动速度的因素包括药液滴与冷凝液的相对密度和冷凝液的黏度，以及冷凝液的温度等。通过将不同密度的冷凝液进行配伍，形成与药液滴之间具有适宜密度差的冷凝液，可以调节滴丸的圆整度。比如用苯二甲酸乙酯（相对密度为 1.124）可增加植物油的相对密度等。另外，也可通过提高冷凝柱上部的温度来降低黏度。有研究使用梯度冷却法（40～50℃，10～30℃，0～4℃）进行滴丸制备，可以获得成品率高、圆整度好的产品。

3. 丸重 在药液温度和滴速不变的情况下，滴管口的半径是决定丸重的主要因素。滴丸的丸重可用以下公式来估算：

$$\text{理论丸重}=2\pi r\sigma \tag{8-3}$$

其中，r 是滴管口的半径，σ 是药液的表面张力。但是，由于滴管口具有一定的厚度，在初滴时，丸重受内径大小决定，而后随着药液对管壁的湿润面越来越大，决定因素会转变为外径。现一般将滴管口的管壁控制在 0.2mm 以下，能够使丸重维持相对稳定。另外，采用由上向下的滴制方法时，滴下的部分只占滴管口处总药液的 60%左右，所以丸重也是理论值的 60%。而采用由下而上的方式滴制滴丸时，实际丸重会较理论值偏大。

4. 溶散时限 如果熔融状态时药物在基质中形成的是过饱和溶液，那么在放置过程中可能会因为药物逐渐析出结晶而导致溶出速度变慢。针对这个问题，一般可以采用降低药物浓度的方法来解决。例如，灰黄霉素固体分散体在浓度不超过 5%时，不会在储存期间转变成结晶形而导致溶散时限的变化。

制剂举例 8-3

联苯双酯滴丸

【处方】 联苯双酯 15g PEG6000 135g 滑石粉 6g 蔗糖 8g 明胶 0.8g 川蜡 40g

【制备】 取 PEG6000 加热至约 145℃熔融为澄清液体后，分少量多次加入联苯双酯，不断搅拌使之混合均匀，趁热过滤，置于贮液瓶中，100℃保温。由滴管滴出至 5℃二甲基硅油中，冷凝成丸，控制丸重在 14～16 mg。收集素丸后脱油、筛丸备用。将明胶以 1：6 比例加纯化水煮至全部溶解，蔗糖以 2：1 比例加纯化水煮至全部溶解，两者混合而得的糖胶液与滑石粉混合作为包衣材料，于包衣锅中将素丸包 14～16 层糖衣，最后以川蜡打光，筛丸后即得。

【注解】 本品为包衣滴丸。处方中联苯双酯为主药，PEG6000 为水溶性基质，滑石粉、蔗糖和明胶为包衣材料。滴制过程中可以通过调节滴管口径等调节丸重，通过调节冷凝液成分调节圆整度、成形性等。联苯双酯滴丸在临床上主要用于慢性迁延性肝炎伴丙氨酸转氨酶升高患者，也可用于药物引起丙氨酸转氨酶升高患者。

四、滴丸的质量要求

1. 重量差异 取供试品 20 丸，精密称定总重量，计算出平均丸重后，再分别精密称定每丸重量。将每丸重量与平均丸重进行比较，超过重量差异限度的滴丸数量不得多于 2 丸，且不得有超出限度 1 倍以上的滴丸。不同丸重范围的重量差异限度要求如表 8-2 所示。

包糖衣滴丸应检查丸芯的重量差异情况，包糖衣后不再需要检查；包薄膜衣滴丸应在包衣后检查重量差异情况；进行了装量差异检查的单剂量包装滴丸剂，不需要检查重量差异。

表 8-2　滴丸剂重量差异限度要求

平均丸重	重量差异限度
0.03g 及 0.03g 以下	±15%
0.03g 以上至 0.1g	±12%
0.1g 以上至 0.3g	±10%
0.3g 以上	±7.5%

2. 装量差异　单剂量包装的滴丸剂应进行装量差异检查。取供试品 10 袋（瓶），分别称定每袋（瓶）的重量，分别与标示装量比较，超过装量差异限度的不得多于 2 袋（瓶），并不得有超出限度 1 倍以上。不同标示装量的装量差异限度规定如表 8-3 所示。

表 8-3　滴丸剂装量差异限度要求

标示装量	装量差异限度
0.5g 及 0.5g 以下	±12%
0.5g 以上至 1g	±11%
1g 以上至 2g	±10%
2g 以上至 3g	±8%
3g 以上	±6%

3. 溶散时限　溶散时限一般要求是：普通滴丸 30min；包衣滴丸 1h。

4. 微生物限度　参照药典进行检查，应符合要求。

第三节　微　　丸

一、概　　述

微丸（又称小丸，micropills）是指由药物粉末和辅料构成的直径约为 1mm，一般不超过 2.5mm 的各类丸剂。微丸属于丸剂以直径区分的亚类中，常见的如奥美拉唑微丸、长春胺缓释微丸等，并应用在固体剂型中，如将微丸包缓释衣后压成片剂或者装入胶囊中使用，如红霉素肠溶微丸胶囊等。

微丸是一种多单元剂型，通常单次给药的药量由几十至几百个小丸组成，这种特点使其与其他口服剂型相比具备如下优势：①载药微丸进入胃肠道后分布面积大，在提高生物利用度的同时，能够避免局部药物浓度过大导致的刺激性；②由于微丸粒径较小，受消化道输送食物节律（如幽门关闭等）影响小，因此个体差异小、疗效重现性好；③微丸具有较固定的表面积，释药面积相对恒定，而且由于数量众多，导致即使个别微丸出现的缺陷对释药总量和释药行为影响较小，所以，微丸释药规律的重现性和一致性优于缓释片剂；④可将不同释药速率的微丸组合装入胶囊，使其同时具有速释和缓释的效果，解决一般缓释制剂存在的时滞问题；⑤适合复方制剂的配伍；⑥微丸的流动性好，大小均匀，易于进行包衣、分剂量等后续工艺处理。

微丸剂型当中，微丸压片型缓释片开创性地实现了缓释片掰开服用，做到了真正意义上的缓释制剂剂量分割，解决了不同规格缓释制剂之间存在生物等效性的问题。但微丸压片工艺难度极大，其主要技术难度体现在：①微丸粒径小，导致表面积增大数十倍，载药和包衣都可能存在严重的粘连现象；②微丸和空白辅料性状差别较大，不易混合均匀，压片时容易再分层，造成含量均匀度差；③微丸在压片过程中易被压碎，失去缓释作用。

根据释放药物的机制微丸可分为膜控微丸与骨架微丸。其中膜控型微丸的释药机制包括包衣膜溶解和扩散机制、增塑剂通道释药机制和水溶性孔道扩散机制。不同包衣材料制备的膜控型微丸的释药过程常常受几种机制共同控制，如通过包衣膜溶解/扩散和通过水溶性孔道扩散的释药往往同时进行。骨架微丸的释药机制是骨架溶蚀和药物扩散协同作用（亲水性骨架）或者溶蚀-分散-溶出过程（疏水性骨架），该过程中影响释药速度的主要因素有药物溶解度、微丸的孔隙率及孔径等。

二、微丸的常用辅料

微丸类型较多，涉及的辅料种类也较复杂，主要包括骨架材料、薄膜材料、增塑剂及致孔剂等。

1. 骨架材料 疏水性的单硬脂酸甘油酯、硬脂酸、巴西棕榈蜡、蜂蜡等，以及热塑性的聚合物如乙基纤维素、乙酸丁酸纤维素、聚甲基丙烯酸酯等均可以作为微丸的骨架材料。

2. 薄膜材料 根据用途，薄膜材料包括肠溶衣材料、水溶性材料、非水溶性材料和水分散体薄膜包衣材料等。其中常用的肠溶衣材料包括虫胶、邻苯二甲酸醋酸纤维素和丙烯酸树脂等；水溶性材料主要包括聚乙烯醇、聚维酮、甲基纤维素、羟丙基纤维素等；非水溶性材料包括乙基纤维素、乙酸纤维素、乙酸丙酸纤维素等；水分散体薄膜包衣材料常使用丙烯酸树脂水分散体、乙基纤维素伪胶乳、聚苯二甲酸乙酸乙烯脂（PVAP）水分散体等。

3. 增塑剂 常使用丙二醇、甘油、聚乙二醇等水溶性增塑剂，或蓖麻油、甘油三乙酸酯、乙酰单甘油酸酯等非水溶性增塑剂。

4. 致孔剂 主要包括亲水性液状载体（甘油等）、电解质（氯化钠等）、糖类（乳糖、蔗糖等）、表面活性剂（聚山梨酯 80、SDS 等）、微晶纤维素等。

三、微丸的制备

制备微丸的基本过程是将药物与适当辅料均匀混合后，利用设备制成符合粒径、圆整度、硬度等要求的微丸。目前常用的方法包括以下几种。

1. 挤出-滚圆法 将药物和辅料粉末混合均匀后加入黏合剂制成具有适当黏弹性和塑性的软材，而后通过挤出机将之挤成条柱状，再于滚圆机中将所得的条柱状物料进行剪切（长径比为 1∶1.2），接着，在高速旋转的滚圆盘上将其滚制成大小均匀的圆球形，最后进行干燥、包衣。此法所得微丸的大小均匀、粒度分布窄、药物含量均匀、流动性好，载药量相对较大，可达 80%，而且生产效率高、工艺重现性好，是目前较常使用的微丸制备方法。但是该方法也有不足之处，如对软材塑性要求较高，挤压导致物料温度升高可能对热敏性药物产生影响等。

2. 包衣锅法 又称泛丸法，是比较传统的制备方法，包括包层法和附聚法。

包层法是以蔗糖或淀粉细粒为空白丸芯，以水或其他溶液为黏合剂，加入药物与辅料滚制成含药丸芯。干燥后再加入黏合剂及药物、辅料，重复进行此操作，直至获得大小合适的微丸，再包上薄膜衣即可。该法制成的微丸载药量较低、影响因素多、工艺重现性较差，但设备简单、易于推广。

附聚法不需要预制丸芯，制备时，在药物粉末中喷入少量液体使其润湿，导致固体相互黏结，在滚动中形成母核。以此母核为基础，在滚动中重复喷液和撒入粉末，使其不断压实、变大，直至得到适当大小的微丸。

制剂举例 8-4

双嘧达莫微丸

挤出-滚圆法：

【处方】　双嘧达莫 70g　微晶纤维素 25g　交联聚维酮 5g　　50%乙醇溶液 适量

【制备】　将研磨后的双嘧达莫细粉和辅料分别过 100 目筛后混合均匀，均匀地向混合粉末中加入 50%乙醇溶液，制成湿度适中并具有一定黏弹性和可塑性的软材。经挤出机挤成直径 0.8mm 的圆柱条并剪切后，置滚圆机内，调节转速至 825r/min 滚圆 7min，使颗粒完全滚圆。烘干箱中干燥后，以 25～30 目筛网筛分，即得。

【注解】　处方中双嘧达莫为主药，微晶纤维素和交联聚维酮为骨架材料。挤出-滚圆法制备的微丸载药量较大，大小均匀，制备过程中滚圆机转速和滚圆时间对产品质量影响较显著。临床上主要用于抗血小板聚集，预防血栓形成。

包衣锅法：

【处方】　双嘧达莫 30g　可压性淀粉 350g　10%PVP 无水乙醇液 适量

【制备】　将研磨后的双嘧达莫细粉和可压性淀粉分别过 100 目筛后混合均匀，再过 60 目筛后混合，取 60g 混合药粉备用。加入 10%PVP 无水乙醇液混合均匀后，20 目筛制粒后上锅滚动，先均匀喷入黏合剂溶液后撒入药物细粉，干燥。重复操作后获得所需要大小的微丸，干燥，筛分，即得。

【注解】　处方中双嘧达莫为主药，可压性淀粉为骨架材料，PVP 为黏合剂。包衣锅法制备微丸所需设备简单、价格低廉，但是产品收率较低，而且批间差异较大。

3. 离心-流化床法　该法采用流化床-旋转造粒机，在密闭系统中完成混合、起母、成丸、干燥和包衣的全过程。

采用该法制备微丸时，将部分药物和辅料的混合粉末投入流化床内并鼓风，粉料会形成涡旋运动的粒子流，使粒子翻滚和搅拌均匀；而后喷洒适量液体使粉料凝结成粒，获得直径为 0.15～0.45mm 的球形母核，此后重复喷洒液体和添加粉料，使母核上不断凝结含药粉料，逐渐长大成需要大小的微丸。该法由于整个过程始终处于气流的漩涡中，制成的微丸圆整度非常高。得到的微丸可以进一步进行干燥和包衣。

除上述方法外，还可以采用乳化-溶剂挥发法、球晶成形法和水中分散法等在液相中进行微丸的制备。还可以采用球状成形机法、熔融高速搅拌法和旋转切割式制粒机法等方法制备微丸。微丸常见制备工艺的比较见表 8-4。

表 8-4　微丸常见制备工艺的比较

设备方法	优点	缺点
挤出-滚圆法	载药量大，粒径分布窄，硬度高，圆整度好，产率高	操作烦琐，影响因素多，耗时，药物易突释
包衣锅法	设备简单，价格低廉	收率低，硬度低，批间差异大
离心-流化床法	原辅料损失小，圆整度好，自动化程度高	硬度低，载药量不理想
球晶成形法	可改善药物的可压性和溶出性质，操作简单	硬度差，有机试剂残留

四、微丸的质量要求

微丸应符合丸剂的质量标准。

（1）应大小均匀、色泽一致、无粘连现象。

（2）含量均匀度和微生物限度应符合要求。

（3）薄膜包衣的微丸应检查残留溶剂。

（4）包装前应在适宜条件下干燥，并按丸重大小要求，用适宜筛号的药筛过筛处理。

本章小结

膜剂是指药物与适宜的成膜材料经加工制成的膜状制剂，可供口服、口含、舌下、眼结膜囊内或阴道内等部位给药，主要适用于制备使用剂量小、活性高的药物。膜剂除了具有局部给药优势外，还发展出了控释给药和大分子药物给药等方式。滴丸剂是指原料药物与适宜的基质加热熔融混匀，滴入不相混溶、互不作用的冷凝介质中制成的球形或者类球形制剂，一般供口服使用，也可以供眼、耳鼻、阴道等处外用。滴丸剂通常采用滴丸机制备，选择适合的基质和冷凝液是成功制备滴丸剂的基础。微丸是指由药物粉末和辅料构成的直径约为 1mm，一般不超过 2.5mm 的各类丸剂，广泛应用在各固体剂型中。微丸作为一种多单元剂型，其释药规律的重现性和一致性优于传统缓释片剂。

重点：膜剂、滴丸剂和微丸的剂型特点；常用的基质。

难点：影响滴丸剂成形性、圆整度、丸重和溶散时限的因素。

思考题

1. 哪些药物适合制成膜剂？
2. 滴丸剂的特点是什么？它和固体分散体有何关系？
3. 试制滴丸剂时，发现滴丸圆整度不合格，应从哪些方面进行调试？
4. 缓释制剂剂量分割有什么意义？为什么说微丸压片型缓释片能够真正实现之，而其他剂型则不能？

（贾　乙）

第九章 栓　剂

学习目标

1. 掌握：栓剂的概念和特点；常用的栓剂基质；置换价的概念；栓剂基质用量计算方法。

2. 熟悉：栓剂的制备方法和质量评价指标。

3. 了解：新型栓剂的研究进展。

第一节 概　述

一、栓剂的概念和分类

（一）栓剂的概念

栓剂（suppositories）系指原料药物与适宜基质制成供腔道给药的固体制剂。栓剂应用历史悠久，我国《史记》及国外《伊伯氏纸草本》中均有相关记载。早期的栓剂主要发挥抗菌、润滑、收敛等局部作用。全身作用栓剂可一定程度避免首过效应，适用于不宜口服的药物和吞咽困难的患者。近年来，随着各种新型栓剂不断问世及栓剂生产工艺的进步，使栓剂的种类和数量大大增加，栓剂在药物制剂中的地位日益提高。

（二）栓剂的分类

栓剂按照给药途径不同可分为直肠栓、阴道栓、尿道栓、耳用栓、鼻用栓等，其中直肠栓和阴道栓较为常用。根据腔道的不同，栓剂的形状重量各有不同，常见栓剂形状见图 9-1。

1. 直肠栓　长约 32mm，有圆柱、圆锥、子弹、鱼雷等形状，其中鱼雷形直肠栓最为常见，其重量因基质和药物的密度不同而各有差异。直肠栓除具有润肠通便等局部作用外，还可发挥全身作用，如小儿退热栓等。

2. 阴道栓　有球形、卵形、鸭嘴形等形状，直径 1.5～2.5cm。阴道栓主要发挥局部治疗作用，多用于治疗阴道炎和避孕。

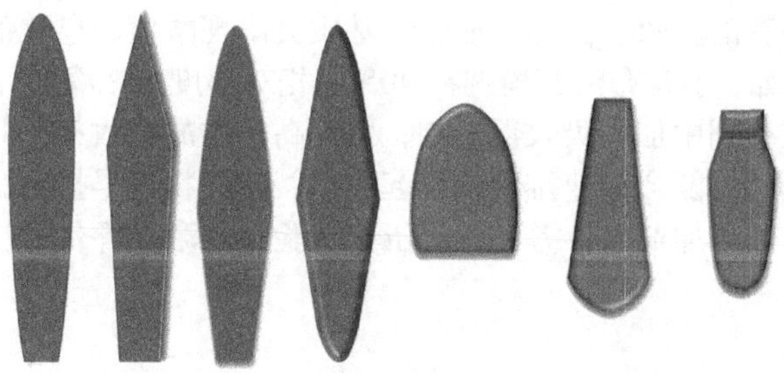

图 9-1　常见的栓剂形状

二、栓剂的作用特点

1. 局部作用 通常将润滑剂、收敛剂、血管收缩药、局部麻醉药、镇痛药及抗菌药物制成栓剂，发挥通便、止痒、止痛、抗菌、抗炎、局麻等局部作用。例如，用于通便的甘油直肠栓，用于治疗阴道炎的盐酸环丙沙星阴道栓等。

2. 全身作用 全身作用栓剂主要为直肠栓，药物在直肠吸收后发挥全身作用。与口服给药相比，发挥全身治疗作用的直肠栓剂具有以下特点：①可避免胃和小肠微环境对药物的破坏；②可降低药物对胃肠道的刺激；③可减少首过效应；④栓剂作用持续时间比一般口服制剂长；⑤对不能或不愿吞服药物的患者，直肠给药比较方便；⑥适用于伴有呕吐的患者。

尽管直肠给药有许多优点，但由于直肠表面无绒毛，皱褶较少，几乎没有蠕动，其有效吸收面积及局部体液容量均比胃和小肠小，故直肠不是药物吸收的理想部位。此外，栓剂还存在使用不方便、生产效率低、成本高等缺点。

三、影响直肠栓剂药物吸收的因素

1. 生理因素

（1）直肠的解剖生理特性：由于直肠各部位血管分布的差异，用药部位不同，药物吸收进入体循环途径明显不同。若栓剂置于距肛门 2cm 处，50%～75%的药物不经肝脏门静脉进入体循环，可避免肝脏的首过代谢作用；若塞入距肛门 6cm 处，则大部分药物仍将通过肝脏门静脉进入体循环。

（2）直肠内容物：直肠内无粪便存在时，有利于药物与直肠黏膜接触并扩散。因此在直肠栓给药前，如有需要可先给予灌肠剂以促进直肠排空。栓剂在直肠保留的时间越长，吸收越完全。例如，阿司匹林直肠栓用药 2h 后排便，药物仅能吸收 40%；若 10h 后排便，药物吸收接近 100%。因此，腹泻患者一般不宜使用直肠栓剂。

2. 药物的理化性质 在直肠液和吸收面积有限的情况下，直肠栓剂中药物从基质释放到体液中的速度为吸收的限速过程。

（1）粒径：若药物不能溶解于基质中，其粒径大小可影响药物的溶出速率和吸收。此时药物粒径越小，溶出速率越快，越有利于吸收。因此，制备全身作用栓剂时，若药物不能均匀分散于基质中，需对药物进行微粉化处理。

（2）油水分配系数：一般情况下，脂溶性药物在油脂性基质中的释放速度要慢于水溶性药物。这是因为脂溶性药物在油脂性基质中的分配系数大于腔道分泌液。在直肠生理条件下，非解离型药物容易被吸收，完全解离的药物吸收较差。

3. 基质和附加剂 当药物与基质的性质相反时，药物与基质的亲和力小，药物容易从基质中溶出，药物的吸收快。栓剂的基质在储存过程中可能会发生物理或化学变化，从而改变基质的性质，影响栓剂中药物的吸收。例如，油脂性基质会出现酸值、皂化值和碘值的改变，导致药物吸收发生改变。例如，小儿布洛芬栓剂在 40℃，相对湿度 75%条件下放置 12 个月后使用，血药浓度明显下降。在栓剂中加入吸收促进剂，可提高药物的吸收率。此外若基质或附加剂对直肠黏膜具有刺激作用，可能会加速排便或引起腹泻，使药物过早排出，导致药效降低甚至失效。因此，在选择基质和附加剂时，需进行配伍性试验及刺激性评价，注意储存过程中基质的变化对栓剂的影响。

知识拓展 9-1

栓剂中药物的释放

栓剂中药物的释放吸收与栓剂基质密切相关。若药物与基质相互作用强，药物不易从栓剂中扩散，需栓剂融化破裂或溶解于腔道体液后方可释放出药物。由于腔道中体液有限，栓剂溶解过程中吸水较多，可能会对腔道黏膜造成刺激，导致患者不适。若药物与基质相互作用较弱，药物可直接向腔道溶解扩散，难溶性药物微粒可通过重力沉降等作用脱离基质，溶出后经由黏膜上皮细胞吸收。

第二节　栓剂的处方组成

一、药　　物

药物可溶解或混悬于栓剂基质中。凡制备栓剂用的固体药物，除另有规定外，应预先用适宜方法制成细粉，并全部通过六号筛。

二、栓剂的基质

（一）基质的质量要求

常用的栓剂基质可分为油脂性基质和水溶性基质。栓剂基质不仅赋予药物成型，还可影响药物发挥局部作用或全身作用。优良基质应符合以下要求：①在室温下应有适当的硬度，塞入腔道时不变形或碎裂。在体温下易软化、融化或溶解。②物理化学性质稳定，不与药物发生相互作用，不影响药效的发挥与主药含量测定。③对黏膜无刺激性、无毒性、无过敏性，释药速率符合治疗要求。局部作用栓剂一般要求释药缓慢而持久；全身作用栓剂则要求进入腔道后能迅速释药。④具有一定的润湿或乳化能力，以及较强的吸水能力。⑤适用于热熔法或冷压法制备栓剂。⑥油脂性基质酸值小于 0.2，皂化值为 200～245，碘值低于 7，熔点与凝固点的差距要小。

（二）油脂性基质

1. 可可豆脂（cocoa butter）　是从可可树的种仁中得到的固体脂肪。常温下为黄白色蜡状固体，可塑性好，无刺激性。熔点为 30～36℃，在 10～20℃时易粉碎成粉末，25℃时开始软化，在体温下可迅速熔化释放出药物，是优良的栓剂基质。可可豆脂具有一定的吸水性，加入 10%羊毛脂或 5%～10%聚山梨酯 60 可增加可可豆脂的吸水量，有助于药物更好地分散在基质中。某些物质如水合氯醛、苯酚等可降低可可豆脂的熔点，导致单用可可豆脂时不能得到固体状的栓剂，此时可在处方中加入蜂蜡或十六醇等硬化剂。

可可豆脂有 α、β、β′、γ 等四种晶型，其中 β 型为稳定晶型，熔点为 34℃，其他三种为亚稳定型，熔点低于 25℃，上述晶型之间可发生转变。由于可可豆脂具有多晶型性及含有不稳定的油酸，已逐渐被半合成或全合成油脂性基质取代。

2. 半合成或全合成脂肪酸甘油酯　半合成脂肪酸甘油酯系由天然植物油经水解、分馏得到 C_{12}～C_{18} 游离脂肪酸，部分氢化后再与甘油酯化而得的三酰甘油、二酰甘油、一酰甘油混合物。完全通过化学合成得到的脂肪酸甘油酯称为全合成脂肪酸甘油酯。

（1）椰油酯：系由椰油、硬脂酸与甘油酯化而成。熔点为 35.7～37.9℃，刺激性小、抗热能力较强。

（2）混合脂肪酸甘油酯：由月桂酸与硬脂酸混合后，再与甘油酯化而得。本品为白色蜡状固体，具有油脂光泽，理化性质与可可豆脂相似。

（3）棕榈酸酯：系由棕榈油、硬脂酸与甘油酯化而成，对黏膜的刺激性小，抗热能力强，酸值和碘值低，是优良的半合成脂肪酸甘油酯。

（4）硬脂酸丙二醇酯：系由硬脂酸和丙二醇酯化而成，是硬脂酸丙二醇单酯与双酯的混合物，熔点为36～38℃，无明显的刺激性，安全、无毒。

（三）水溶性基质

1. 甘油明胶 由明胶、甘油与水制成，有弹性，不易折断，塞入腔道后可缓慢溶于分泌液中，释放药物发挥缓慢而持久的作用。甘油明胶常用于制备阴道栓，发挥局部治疗作用。甘油明胶中水、明胶、甘油三者的常用比例为10∶20∶70。以甘油明胶为基质制备的栓剂，储存时应避免失水和真菌的污染；使用时应注意甘油强吸湿性带来的刺激。甘油明胶易滋长真菌等微生物，处方中需加入抑菌剂，如对羟基苯甲酸酯类等。由于明胶是胶原的水解物，凡与蛋白质能产生配伍变化的药物，如鞣酸、重金属盐等均不能用甘油明胶作基质。甘油明胶还可用于制备尿道栓，此时水、明胶、甘油三者的比例为20∶60∶20。

2. 聚乙二醇类 随着聚乙二醇类（PEG）分子质量增加，其物理形态逐渐由液体过渡至固体，熔程逐渐升高，在水中的溶解度逐渐降低。平均分子质量大于2000的PEG为固体。通常将两种或两种以上不同分子质量的PEG加热熔融混合，制得不同释药性能的栓剂基质。本品在体温下不融化，但可缓慢溶解于体液中释放药物。PEG吸湿性强，对黏膜有刺激作用，可加入约20%的水或在临用前用水将栓剂润湿以降低刺激性。PEG基质不能与银盐、鞣酸、氨替比林、奎宁、水杨酸、乙酰水杨酸、苯佐卡因、氯碘喹啉、磺胺类、巴比妥类等药物配伍。

3. 聚氧乙烯（40）硬脂酸酯类 为聚乙二醇及其单、双硬脂酸酯的固体混合物，商品名为Myrj52，商品代号S-40，熔点为39～45℃，可溶于水。本品可以与PEG混合制备性质稳定、释药性能较好的栓剂。

4. 泊洛沙姆（poloxamer） 较常用的型号为188型，熔点为52℃。

三、栓剂的附加剂

1. 吸收促进剂 全身治疗作用的栓剂，为增加吸收，可加入吸收促进剂。目前常用的吸收促进剂有非离子型表面活性剂、脂肪酸、脂肪醇和脂肪酸酯类、水杨酸钠等。例如，制备盐酸克伦特罗栓剂时，在其基质半合成椰油酯中加入2%的聚山梨酯80后，栓剂在家兔体内的相对生物利用度增加约50%。加入表面活性剂的种类不同，其促进药物吸收的能力也不同。例如，以乙酰水杨酸为模型药物，以半合成脂肪酸酯为基质，以家兔体内相对生物利用度为评价指标，几种表面活性剂促进药物吸收的能力为：十二烷基硫酸钠（0.5%）＞聚山梨酯80＞三油酸山梨坦80＞烟酸乙酯。

2. 吸收阻滞剂 局部治疗作用的栓剂，应尽量减少吸收。吸收阻滞剂可减少药物的吸收并使药物的作用时间延长。常用的吸收阻滞剂有卡波姆、海藻酸、羟丙基甲基纤维素、硬脂酸和蜂蜡等。

3. 抗氧剂 若药物易被氧化，可加入抗氧剂，如叔丁基羟基茴香醚（BHA）、叔丁基对甲酚（BHT）、没食子酸酯类等。

4. 防腐剂 当栓剂中含有植物浸膏或由水溶性基质构成时，需使用防腐剂或抑菌剂，如对羟基苯甲酸酯类。使用防腐剂时应考察其安全性和配伍性。

5. 硬化剂 若制得的栓剂在储存或使用时过软，可加入硬化剂，如白蜡、鲸蜡醇、硬脂酸、巴西棕榈蜡等。硬化剂使用时应注意用量，防止过量导致栓剂融化困难。

6. 乳化剂 当栓剂处方中含有与基质不能混溶的液体时，特别是当液体含量较高时（大于

5%)，可加适量的乳化剂。

第三节 栓剂的制备

一、栓剂的处方设计

设计栓剂处方时，应根据用药目的及药物的理化性质等，选择合适的基质及附加剂。

(一)基质的选用

1. 局部作用的栓剂 局部用栓剂的药物通常不需要吸收，只在腔道局部起作用即可。故应选用融化、液化速率慢，释药缓慢的基质。水溶性基质在体内不能融化，但可溶解于体液释放药物。但腔道中的液体有限，水溶性栓剂的溶解速度受限，释药缓慢，有利于发挥局部治疗作用。例如，甘油明胶常用作抗菌消炎的阴道栓基质。

2. 全身作用的栓剂 对于全身作用的栓剂，要求药物能从基质中迅速释放并被吸收。研究表明，基质的溶解行为与药物相反时，药物溶出速度快，有利于吸收，体内血药浓度峰值高，达峰时间短。因此如果药物是水溶性的，应选择油脂性基质；如果药物是脂溶性的，则应选择水溶性基质。例如，制备脂溶性药物吲哚美辛栓时，以 PEG1000 为基质，其药物的体外溶出度是以混合脂肪酸甘油酯为基质的栓剂的 10 倍。

(二)药物的理化性质

1. 药物的溶解度和 pK_a 药物在基质和体液中的溶解度决定栓剂的类型，若药物不能溶于基质，则需制成混悬型栓剂。此外，药物在基质和体液中的溶解度对药物的吸收和释放也有重要影响。药物需从栓剂基质中释放进入体液后，才可被吸收或发挥局部作用。如果药物在基质中溶解度很好，药物将很难从基质中重新分配至体液中，不利于药物的吸收。对于全身作用的栓剂，药物还需具有一定的脂溶性，确保其顺利透过生物膜被吸收。若药物在脂溶性和水溶性基质中溶解度都很低，药物在体液中的溶出速率则是药物从栓剂释放的限速步骤。

药物的全身吸收与其解离常数 pK_a 密切相关，药物通常以非解离型完成跨膜转运。直肠黏膜为类脂性屏障，对药物分子有选择透过性。脂溶性好、非解离型的药物易透过、吸收好；高度解离、水溶性好的药物，如季铵盐类化合物极难透过、吸收。用药部位的 pH 可改变药物的存在状态，影响解离型与非解离型之间的比例。因此，根据药物的 pK_a 和腔道的 pH 可以预测药物的吸收情况，并通过调节腔道的 pH 提高药物的转运效率。例如，弱酸性药物，可通过降低腔道内 pH 以增加药物吸收，而弱碱性药物则需升高腔道的 pH 以增加药物吸收。

2. 药物的表面活性 药物的表面活性会影响药物的释放，以及药物与基质及体液的接触，从而影响药效的发挥。药物与基质接触时，若基质表面存在气泡，药物粒子与基质混合后可发生聚集结块等现象，从而影响药物的含量均匀性及释放。因此栓剂制备时，基质应光滑无气泡，与药物混合时应充分搅拌均匀。栓剂进入体内，药物需从基质中释放进入体液后发挥作用，若药物不易被体液或基质润湿，可加入适当表面活性剂如聚山梨酯 80 等。

3. 药物粒子大小 药物的粒子大小是影响栓剂质量的重要因素。栓剂制备时应严格控制药物的粒子大小，若无特殊要求，一般药物的粒子应小于 150μm。

(三)附加剂

加入附加剂后需要重点考查其对栓剂中药物释放度的影响。如加入某些黏度较高的附加剂可能会形成凝胶系统，导致药物释放速度减慢；若加入的表面活性剂浓度高于临界胶束浓度，会阻滞药物的释放。

二、置 换 价

置换价（displacement value，DV）系指药物的重量与同体积基质的重量之比。通常栓剂模具的体积一定，但栓剂的重量会因基质与药物的密度不同而各不相同。通过置换价可计算出制备含药栓剂时所需的基质重量。设不含药物栓剂的平均栓重为 G，含药栓剂的平均栓重为 M，含药栓剂中每个栓剂的平均含药量为 W，$M–W$ 即为含药栓剂中基质的重量，而 $G–（M–W）$即两种栓剂中基质重量之差，亦即为与药物同体积的基质重量。根据置换价的定义，其计算公式为：

$$\mathrm{DV}=\frac{W}{G-(M-W)} \tag{9-1}$$

用置换价可以方便地计算出制备这种含药栓剂需要基质的重量 B，式中 n 为拟制备的栓剂数量：

$$B=\left(G-\frac{W}{\mathrm{DV}}\right)\times n \tag{9-2}$$

三、栓剂的制备方法

1. 热熔法（heat fusion method） 热熔法应用最为广泛。将计算量的基质在水浴上加热熔化（勿使温度过高），加入药物，研磨混合，使药物均匀分散于基质中，然后倾入涂有润滑剂的栓模中至稍有溢出模口，冷却，待完全凝固后，用刀削去溢出部分，开启模具，推出栓剂，晾干，包装即得。熔融的混合物在注模时应迅速，并要一次注完，以免发生断层。为了避免过热，一般在基质熔融达 2/3 时即应停止加热，并适当搅拌。

栓剂模具一般由金属制成，模孔内涂抹的润滑剂由基质性质决定。若基质为脂溶性，则常用软肥皂/甘油/95%乙醇（V∶V∶V=1∶1∶5）作为润滑剂；若基质为水溶性，则选用液状石蜡、植物油等油性物质为润滑剂。

小量生产栓剂时，可用栓模手动制备，栓剂模具见图 9-2，大量生产则主要采用自动化模制机组，可自动完成制壳、灌注、冷却成形、密封、包装等工序，生产效率高，制备环境清洁。

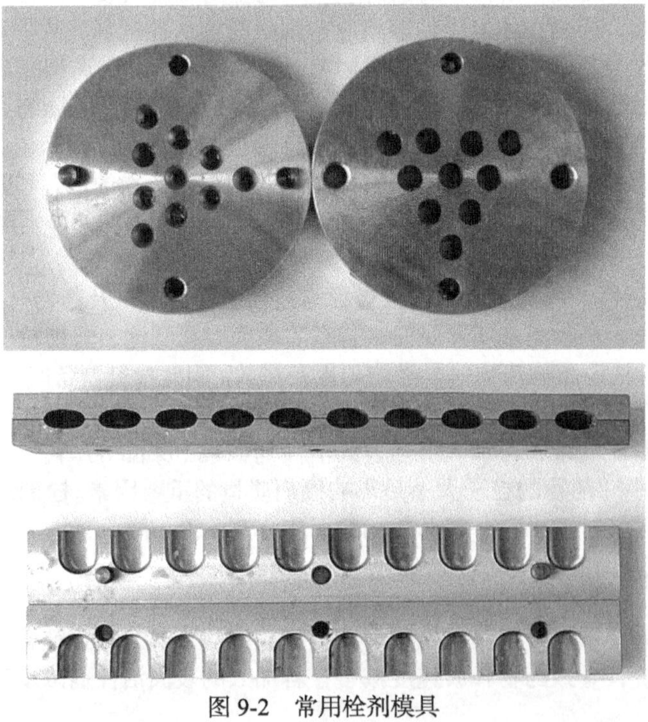

图 9-2 常用栓剂模具

2. 冷压法（cold compression method） 主要用于制备油脂性基质栓剂。大量生产时多使用制栓机制备。先将药物与基质粉末置于冷容器内，混合均匀，然后装于制栓机的圆筒内，通过模型挤压成一定的形状。为保证栓剂数量，往往需加入计算投药量110%～120%的药物。冷压法避免了加热对主药或基质稳定性的影响，可防止不溶性成分在制备过程中出现沉降，但生产效率较低，成品中往往含有气泡且不易控制栓重。常用制栓机如图9-3和图9-4所示。

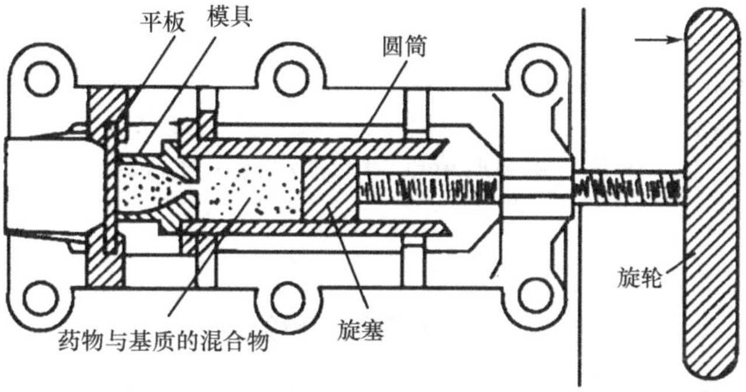

图9-3 卧式制栓机示意图

图9-4 全自动栓剂灌封机

制剂举例9-1

鞣酸肛门栓

【处方】 鞣酸2g 可可豆脂 适量 制成10枚栓剂

【制法】 将可可豆脂置于适宜容器中，在水浴上缓缓加热使之熔化，将已过筛的鞣酸细粉加入熔融基质中，混合均匀，倾入模内，冷凝后取出即得。

【注解】 采用热熔法制备鞣酸肛门栓。处方中可可豆脂为栓剂基质。本品为局部作用栓剂，常用以治疗内痔，每次使用一枚。本处方要求制备每枚含0.2g鞣酸的直肠栓10枚，一般直肠栓的栓重约为2g，鞣酸对可可豆脂的置换价为1.6，故在此处方中可可豆脂的用量为：

$$B=\left(2-\frac{0.2}{1.6}\right)\times 10=18.75(\mathrm{g})$$

制剂举例 9-2

甘 油 栓

【处方】 甘油 80g 无水碳酸钠 2g 硬脂酸 8g 纯化水 10ml 共制成 30 枚

【制法】 将无水碳酸钠与纯化水共置于蒸发皿内，搅拌溶解后加入甘油混合，置于水浴上加热，缓缓加入硬脂酸，搅拌至气泡消失、溶液澄明时倾入涂有润滑剂的栓模内，冷凝即得。

【注解】 采用热熔法制备甘油栓，本品为局部作用栓剂。优良的甘油栓应透明且硬度适宜，制备时可先将栓模预热，且冷却过程应缓慢，以制得硬度适宜的成品。处方中的碳酸钠与硬脂酸生成钠皂，肥皂的刺激性和甘油的高渗透压可增加肠蠕动而呈现缓泻作用。

制剂举例 9-3

复方阿司匹林栓

【处方】 阿司匹林 10g 半合成脂肪酸甘油酯 42g 苯巴比妥 1.5g 制成 50 枚栓剂

【制法】 取半合成脂肪酸在水浴上加热熔化，加入阿司匹林及苯巴比妥搅拌均匀，倾入栓模中，冷却后即得。

【备注】 采用热熔法制备复方阿司匹林栓。处方中的阿司匹林和苯巴比妥为主药，发挥解热镇静作用；半合成脂肪酸酯为栓剂基质。本品为全身作用栓剂，具有解热镇静作用，适用于小儿感冒性急性发热及因高热引起的烦躁不安。

第四节 栓剂的包装储存与质量要求

一、栓剂的包装储存

（一）栓剂的包装

栓剂的包装材料应无毒，并不与药物和基质发生任何作用，原则上每个栓剂应独立包装并不得外露，以防止在运输和储存过程中出现破损、黏着、变形、熔化和污染。光敏性药物应选用不透光的铝箔纸进行包装。

（二）栓剂的储存

除另有要求外，《中国药典》2015 年版规定栓剂应在 30℃以下密闭储存和运输，防止因受热、受潮而变形、发霉、变质。其中油脂性栓剂应特别注意防热，最好置于冰箱冷藏保存；甘油明胶栓还应避免干燥失水。

二、栓剂的质量要求

《中国药典》2015 年版在制剂通则项下规定，栓剂中的药物应与基质混合均匀，外形应完整光滑，放入腔道后应无刺激性，应能融化、软化或溶化，并与分泌液混合，逐渐释放出药物，产生局部或全身作用；并应有适宜的硬度，以免在包装或储存时变形。除另有规定外，栓剂应进行以下质量检查。

1. 重量差异 取供试品10粒，精密称量总重量，求得平均粒重后，再分别精密称量每粒的重量。每粒重量与平均粒重相比较（有标示粒重的中药栓剂，每粒重量应与标示粒重比较），按表9-1中的规定，超出重量差异限度的不得多于1粒，并不得超出限度1倍。凡规定检查含量均匀度的栓剂，一般不再进行重量差异的检查。

表9-1 栓剂重量差异限度要求

平均粒重或标示粒重	重量差异限度
≤1.0g	±10%
1.0～3.0g	±7.5%
＞3.0g	±5.0%

2. 融变时限 此项是测定栓剂在体温37℃±1℃下软化、融化或溶解的时间。取3粒栓剂，按照《中国药典》2015年版规定的融变时限检测方法检查，除另有规定外，油脂性基质的栓剂应在30min内全部融化，或软化变形，或触压时无硬心，水溶性基质的栓剂应在60min内全部溶解。

3. 微生物限度 除另有规定外，按照非无菌产品微生物限度规定检查，结果应符合规定。

4. 释放度试验 体外释放度试验可模拟栓剂在体内的释药过程，试验时设定温度为37℃，选择大体积的水或缓冲液作为释放介质，形成漏槽条件。目前常用的体外释放度试验方法主要有转篮法、桨法、流通池法等。

第五节 新型栓剂

一、中空栓剂

1984年渡道善照等首次研制出中空栓剂。中空栓剂外壳为空白基质或含药基质，中空部分可填充液体、固体药物或混悬液。与普通栓剂相比，中空栓剂具有释药速度快、起效快、生物利用度高、制剂稳定性好等优点。中空栓剂早期采用普通栓剂模具即可制得。制备时将熔化的基质注入栓模中，适当凝固后，立即翻转栓模，此时模孔中未凝固的基质流出，形成中空内腔，空腔内加入药物，并用同一熔融的基质封口，冷却，刮去多余基质即得。目前已有中空栓模具，更易制备与定形。中空栓剂还可制成具有速释和缓释两部分的栓剂，达到速效和长效的目的。

制剂举例9-4

氧氟沙星中空栓

【处方】 氧氟沙星1.0g 蜂蜡0.35g 卡波姆-940 2.5g PEG6000 60.0g
PEG400 50.0g 共制成阴道栓 10枚

【制法】 按处方比例称取PEG6000、PEG400和卡波姆-940，水浴加热熔融，倒入中空栓模中，待自然凝固后取出栓子，即得中空栓外壳。按处方比例将氧氟沙星加入熔融蜂蜡中，混匀，迅速冷却，粉碎后转移至中空栓腔内，熔封尾部，启模即得。

【注解】 处方中的PEG6000、PEG400、卡波姆-940为基质，蜂蜡为吸收阻滞剂，可延缓药物释放，发挥缓释效果。本品主要用于治疗细菌性阴道炎。

二、双层栓剂

（一）上下双层栓剂

上下双层栓剂由上下两层组成，按制备目的可分为三种。

1. 避免肝脏首过效应的双层栓剂 此类栓剂上层为空白基质，下层为含药基质，给药后，空白基质可阻止药物向上扩散，减少药物经上直肠静脉吸收进入肝门静脉，从而避免首过效应，提高生物利用度。

2. 具有不同释药速度的双层栓剂 将同种药物分别分散于油脂性和水溶性基质中，制得上下两层栓剂，因药物在两种基质中的油水分配系数不同，使栓剂兼具速释和缓释作用，血药浓度在较长时间内保持平稳。

3. 复方上下双层栓剂 将两种或两种以上药物分散于油脂性或水溶性基质中，制成上下双层栓剂，可避免药物发生配伍禁忌。

上下双层栓剂可通过分步制模法制备，即先制备下层部分，冷却后再制备上层部分。

（二）内外双层栓剂

此类栓剂由内外两层形成，含有不同的药物，进入体内后外层首先熔融，释放出药物，然后内层熔融，释放出不同药物。这类栓剂给药后，可以先后发挥两种药物的作用，还可以避免发生配伍禁忌。内外双层栓剂需要特殊的双层栓模制备。

三、缓释、控释栓剂

缓释、控释栓剂可控制药物释放速度，从而调节药物的吸收速度，长时间维持有效血药浓度，降低不良反应。缓释、控释栓剂的设计原理与其他缓释、控释制剂类似，目前研究较多的有以下几类。

1. 亲水性凝胶栓剂 凝胶栓是利用具有亲水性、黏附性和生物学惰性的载体材料制成的栓剂，吸收水分后体积膨胀，柔软而富有弹性。凝胶黏附力强，药物释放缓慢，具有缓释作用。常用的凝胶栓剂基质有泊洛沙姆（poloxamer 188，poloxamer 407）、羟丙甲纤维素（HPMC）等。

制剂举例 9-5

吡喹酮水凝胶栓

【处方】 吡喹酮 2.0g 泊洛沙姆 P407 15.0g 泊洛沙姆 P188 20.0g
海藻酸钠 0.6g 乙醇 15.0g 蒸馏水加至 100g

【制法】 称取吡喹酮，溶于 95%乙醇中，加入适量蒸馏水，缓慢加入海藻酸钠，持续搅拌，缓慢加入泊洛沙姆，继续搅拌，蒸馏水加至 100g，将混合物于 4℃置栓模中放置过夜即得。

【注解】 吡喹酮是高效广谱的抗血吸虫和抗绦虫药物，目前临床应用主要为片剂和胶囊剂，但口服给药首过效应大，生物利用度低。因此，将吡喹酮设计为水凝胶栓剂，可提高生物利用度，并发挥缓释作用。处方中海藻酸钠和泊洛沙姆均为水溶性基质，其中泊洛沙姆为温敏水凝胶，生物相容性好，可降解，胶凝温度低于 37℃，直肠给药后可迅速发生胶凝，使其保留在直肠中持续释药。

2. 微囊栓剂　是将药物预先制备成微囊，然后再将其与基质混合而制成微囊栓剂。微囊栓剂兼具了微囊和栓剂的特点，血药浓度稳定，可发挥缓释作用。微囊栓的制备方法与普通栓剂类似，热熔法制备时应防止温度过高导致微囊破裂，影响栓剂中药物的释放。

3. 渗透泵型栓剂　利用渗透压原理制成，其主要结构包括药物、半透膜材料、渗透压活性物质和助推剂等（详见第十三章缓控释制剂）。该栓剂外层为不溶性半透膜，膜上开有释药孔，中间为吸水可膨胀的亲水性聚合物形成的渗透推动层，药物存放于内层的药库中，见图 9-5。栓剂进入体内后，亲水性聚合物吸水膨胀后将药物从微孔中推出，长时间维持疗效，达到控释目的。目前，美国 Alza 公司已研制出盐酸维拉帕米渗透泵型控释长效栓剂。

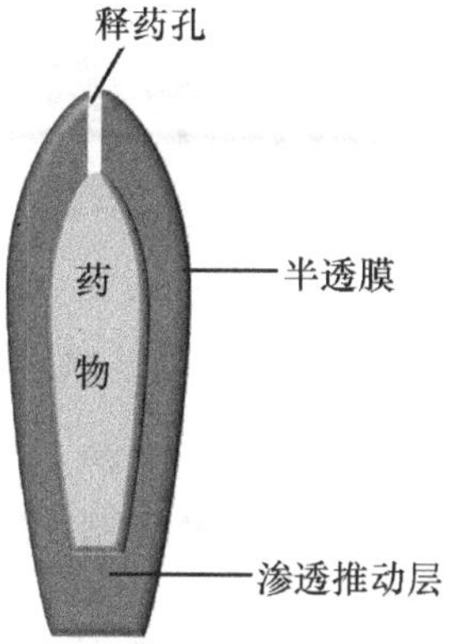

图 9-5　渗透泵栓剂结构示意图

本章小结

栓剂是指原料药物与适宜基质制成供腔道给药的固体制剂。根据药物及基质的性质可制得发挥局部或全身治疗作用的栓剂。常用的栓剂基质可分为油脂性基质和水溶性基质。栓剂基质不仅赋予药物成型，还可影响药物发挥局部作用或全身作用。通过置换价可计算出制备含药栓剂时所需的基质重量。栓剂的附加剂有吸收促进剂、吸收阻滞剂、抗氧剂、防腐剂、硬化剂、乳化剂等。制备栓剂的常用方法有热熔法和冷压法。此外还可采用微囊、渗透泵等技术制备具有缓控释特性的新型栓剂。栓剂的质量检查包括重量差异、融变时限、释放度等内容。

重点：栓剂的概念和特点，常用的栓剂基质，栓剂的制备方法和质量评价。

难点：置换价的概念，栓剂基质用量的计算方法。

思考题

1. 全身作用栓剂有哪些优点？
2. 制备某含药栓剂时测得其空白基质的重量为 3.0g，含药 70%的含药栓剂的重量为 5.3g，今制备每枚含 500mg 药物的栓剂，请写出制备 1000 枚栓剂所需基质量。
3. 制备局部作用和全身作用栓剂时，应如何选择基质？

（宦梦蕾）

第十章　软膏剂、乳膏剂和凝胶剂

学习目标

1. 掌握：软膏剂、乳膏剂、凝胶剂和原位凝胶剂的概念、特点、常用基质、制备方法。

2. 熟悉：软膏剂、乳膏剂和凝胶剂的处方设计；软膏剂、乳膏剂和凝胶剂中药物的处理和加入方法。

3. 了解：软膏剂、乳膏剂和凝胶剂的质量检查及包装与贮藏要求。

第一节　软　膏　剂

一、概　　述

软膏剂（ointments）指原料药物与油脂性或水溶性基质混合制成的均匀的半固体外用制剂。软膏剂除具有一定的黏稠性外，还具有热敏性和触变性。热敏性是指遇热熔化流动性增强；触变性是指施加外力时黏度降低，静止时黏度增加，从而阻止或减弱其流动性，这些性质可以使软膏剂在长时间内紧贴、黏附或铺展在用药部位而发挥作用。软膏剂多用于慢性皮肤病，对皮肤、黏膜或创面起保护、润滑和局部治疗作用，如消炎、麻醉、止痛、杀菌、收敛等。为达到这样的目的，要求药物作用于表皮或经表皮渗入皮下组织，一般并不期望产生全身性作用。某些软膏剂也可透过皮肤和黏膜吸收进入体循环，产生全身治疗作用。软膏剂广泛应用于医院皮肤科、骨科、眼科、耳鼻喉科及化妆品等领域，在医院的普通制剂中占有一定的比例。

根据原料药物在基质中分散状态不同，软膏剂可分为溶液型软膏剂和混悬型软膏剂。溶液型软膏剂是药物（或其共熔物）溶解于基质组分中制成的软膏剂；混悬型软膏剂是药物以细粉形式均匀分散于基质中制成的软膏剂。与软膏剂类似的制剂还有糊剂。糊剂（pastes）指大量固体粉末（＞25%）均匀分散于适宜基质中所组成的半固体外用制剂，具有收敛、消炎、吸收分泌物等作用，主要用于亚急性及慢性炎症的治疗。

软膏剂应具备下列质量要求：①有良好的外观，且均匀、细腻，涂于皮肤上无粗糙感。②具有适当黏稠性，易于涂布于皮肤或黏膜上，且不熔化，黏稠性应很少受外部环境变化的影响。③性质稳定，无酸败、异臭、变色、变硬现象，能保持活性成分的疗效。④有良好的安全性，不引起皮肤刺激反应，过敏反应及其他不良反应，并符合卫生学要求。⑤用于大面积烧伤及严重损伤的皮肤的软膏剂应无菌。眼用软膏剂的配制需在无菌条件下进行。⑥必要时可加入防腐剂、抗氧剂、增稠剂、保湿剂及透皮吸收促进剂，保证软膏良好的稳定性、吸水性、释药性和穿透性。

二、软膏剂的基质及附加剂

软膏剂主要由药物、基质和附加剂组成。基质作为软膏剂的赋形剂和药物的载体，不仅具有保护和润滑皮肤的作用，而且能影响药物的释放及在皮肤内的扩散，从而影响软膏的质量及药物疗效的发挥。

理想的软膏基质应该是：①性质稳定，与主药和附加剂不发生配伍变化，长期储存不变质；

②无刺激性和过敏性，无生理活性，不妨碍皮肤的正常生理活性；③稠度适宜，易于涂布；④具有适当吸水性；⑤易洗除，不污染衣物；⑥具有良好的释药性能。但很难有一种基质能完全符合以上要求，应根据治疗目的与药物性质，混合使用基质，调制成较为理想的软膏基质。常用的软膏剂基质主要是油脂性基质和水溶性基质。

（一）油脂性基质

油脂性基质包括烃类、动植物油脂、类脂及硅酮类等疏水性物质。此类基质的优点是：润滑，刺激性小，性质稳定，涂于皮肤能形成封闭性油膜，减少水分蒸发，促进皮肤的水合作用，对皮肤起保护和软化作用。缺点是油腻性大，吸水性差，释药性能差，不易洗除，不适用于渗出液的病灶部位。

1. 烃类　指从石油或页岩油中得到的各种烃的混合物，其中大部分属于饱和烃。

（1）凡士林（vaselin）：是由多种不同分子质量烃类组成的半固体状物，熔程为38～60℃，凝固点为48～51℃，有黄凡士林和白凡士林两种。凡士林化学性质稳定，无刺激性，与皮肤接触有滑腻感，具有适宜的稠度和涂展性，涂在皮肤上形成封闭性油膜，可保护皮肤与创面，能与多数药物配伍，特别适用于遇水不稳定的药物。但凡士林吸水性差，仅能吸收自身重量 5%的水，且在皮肤表面形成的油膜会妨碍水性分泌物的排出和热的散发，故不适用于急性且有多量渗出液的患处。凡士林中加入适量羊毛脂、胆固醇或某些高级醇类可提高其吸水性能。如在凡士林中加入15%的羊毛脂，可吸收自身重量50%的水。另外，凡士林的油腻性较强，释药性和促进药物透皮吸收性能较差，加入适量的表面活性剂可改善。

（2）石蜡与液状石蜡：石蜡（paraffin）系从石油或页岩油中得到的各种固体饱和烃的混合物，凝固点为48～51℃，呈无色或白色半透明的块状物，能溶于挥发油、矿物油与大多数脂肪油，与其他原料熔合后不易单独析出。液状石蜡（liquid paraffin）系自石油中制得的多种液状烃的混合物，为无色澄清油状液体，能与多数脂肪油或挥发油混合。石蜡与液状石蜡在软膏剂中可用于调节软膏基质的硬度和稠度。

2. 类脂类　指高级脂肪酸与高级脂肪醇酯化而成的酯及其混合物，物理性质类似脂肪，但化学性质较脂肪稳定，且具一定的表面活性作用和吸水性能，多与油脂类基质合用，可增加油脂性基质的吸水性。常用的有羊毛脂、蜂蜡、鲸蜡等。

（1）羊毛脂（wool fat）：是羊毛上脂肪性物质的混合物，主要成分是胆固醇类的棕榈酸酯及游离的胆固醇类的混合物。羊毛脂为淡黄色至棕黄色半固体，有黏性而滑腻，具微弱特异臭味，熔程为36～42℃，具有良好的吸水性。另外，羊毛脂的组成与皮脂分泌物相似，可提高软膏剂的渗透性。羊毛脂常与凡士林合用（如1∶9），以改善后者的吸水性与药物的渗透性。因无水羊毛脂过于黏稠，很少单独用作基质。为取用方便，常用含水羊毛脂（含水25%～30%）以改善软膏剂的黏稠度。

（2）蜂蜡与鲸蜡：蜂蜡（bees wax）为黄色或白色块状物，主要成分为棕榈酸蜂蜡醇酯，熔程为62～67℃。鲸蜡（spermaceti）为白色蜡状物，主要成分为棕榈酸鲸蜡醇酯，熔程为42～50℃。两者均较稳定，不易酸败。蜂蜡与鲸蜡用于调节软膏基质的稠度。

3. 油脂类　指从动、植物中得到的高级脂肪酸甘油酯及其混合物。动物来源的脂肪油稳定性差，现已很少使用。植物油是不饱和脂肪酸甘油酯，久贮易氧化、酸败，需加抗氧剂及防腐剂。常用的有麻油、花生油和棉籽油，常与熔点较高的蜡类混合使用，如单软膏剂的处方由蜂蜡与植物油以 33：67（W/W）熔合而成。氢化植物油是植物油的饱和或近饱和的脂肪酸甘油酯，较植物油稳定，不易酸败，也可用作软膏基质。

4. 硅酮类　是一系列不同分子质量的聚二甲基硅氧烷的总称，常用二甲硅油（dimethicone），简称硅油，为无色或淡黄色的透明油状液体，无臭、无味，黏度随分子质量的增加而增大，化学性质稳定，疏水性强，能与羊毛脂、硬脂醇、鲸蜡醇、硬脂酸甘油酯、聚山梨酯类、脂肪酸山梨坦类等混合。硅油优良的疏水性和较小的表面张力使之具有很好的润滑作用且易于涂布，对皮肤无刺激性和过敏性。本品在软膏中常用作润滑剂，最大用量可达10%～30%，也常与其他油脂性基质合用制成防护性软膏，防止水性物质及酸、碱等的刺激。本品对眼有一定的刺激性，不宜作眼用软膏基质。

（二）水溶性基质

水溶性基质是由天然或合成的水溶性高分子材料溶解于水中而制成的半固体基质。此类基质易溶于水，无油腻性，能与水性物质或渗出液混合，易涂展与洗除，药物释放快。该类基质可用于湿润或糜烂的创面，也常用于腔道黏膜或防油保护性软膏。但其润滑作用较差，易失水和霉变，故常加保湿剂与防腐剂。

常见的水溶性基质主要是合成的聚乙二醇（polyethyleneglycol，PEG）类高分子。药剂中常用的PEG平均分子质量在300～6000。PEG700以下均是液体，PEG1000、PEG1500及PEG1540是半固体，PEG2000至PEG 6000是固体。固体PEG与液体PEG以适当比例混合可得半固体的软膏基质，较常用。此类基质易溶于水，能与渗出液混合且易洗除，能耐高温不易霉败。但由于其较强的吸水性，用于皮肤常有刺激感，久用可引起皮肤脱水干燥，且不宜用作遇水不稳定药物的软膏基质，与季铵盐类、山梨糖醇及羟苯酯类药物有配伍变化。

（三）软膏剂的附加剂

软膏剂处方组成中除了主药和基质外，常需加入抗氧剂、防腐剂、透皮吸收促进剂等附加剂，以防止药物及基质变质、促进药物吸收，特别是含有水、不饱和烃类、脂肪类基质时，加入这些附加剂更为重要，以提高软膏剂的质量，并且改善药物的透皮吸收性能。

1. 抗氧剂 含油基质，特别是植物油脂，性质不稳定、易氧化，应加抗氧剂来提高软膏剂的稳定性。常用的抗氧剂有丁羟基茴香醚（BHA）、二丁基羟基甲苯（BHT）、没食子酸丙酯（PG）、抗坏血酸、生育酚、亚硫酸盐等。

2. 防腐剂 软膏剂的基质中存在的水性、油性物质往往成为制剂受到细菌或真菌等微生物污染的主要因素。添加防腐剂能够有效防止制剂被微生物污染。常用防腐剂有羟苯酯类、苯甲酸、山梨酸、苯扎氯铵、溴化烷基三甲基铵、三氯叔丁醇等。

3. 保湿剂 软膏剂多含水分，尤其是以水溶性基质制备的软膏，其水分易蒸发散失而使软膏变硬，常需加入保湿剂，如甘油、丙二醇、山梨醇、透明质酸等。

4. 透皮吸收促进剂（penetration enhancers） 指能降低药物通过皮肤的阻力，提高或加速药物渗透穿过皮肤的物质。常用的透皮吸收促进剂有表面活性剂、亚砜类、氮酮类、吡咯酮类、醇类、环糊精类等。设计软膏剂处方时应注意基质与透皮吸收促进剂之间的相互作用。

三、软膏剂的制备

（一）处方设计

软膏剂处方设计的目的是使药物能顺利从基质中释放，然后到达治疗部位发挥疗效。为了达到合理而有效的设计目标，需要先进行处方前研究，如了解药物的理化性质、基质的性质和选择原则、用药部位皮肤特性及需要治疗的疾病。

1. 药物性质 药物从基质中释放出来才能发挥疗效，药物的溶解度、热力学性质、与基质的亲和力及基质的黏度等均是影响药物释放的重要因素。

药物从基质释放后能否停留在皮肤表面发挥疗效，要看药物本身的性质，如药物的脂溶性及分子质量等。研究表明，药物的油水分配系数的对数 $\lg P \geqslant 1$，分子量＜500，容易透过角质层，而 $\lg P \geqslant 3$ 时药物则具有较好的皮肤潴留性。

2. 基质性质　基质对药物的释放速度有影响，一般脂溶性药物从油脂性基质中的释放顺序为：类脂类＞烃类。

（1）基质类型的选择原则：应根据皮肤的生理病理状况及应用需要选择适宜基质。①只起皮肤表面保护与润滑作用的软膏，可选择具有较好保湿作用及润滑性的基质，如油脂性基质。②对皮脂溢出性皮炎、痤疮等不宜用油脂性基质，以免阻塞毛囊而加重病变。对急性而又多量渗出液的皮肤疾患，不宜用封闭性的油脂性基质。

（2）基质组成：不同类基质，如油脂性基质、水溶性基质等，其组成有所不同，而且根据需要加入一些附加剂，如防腐剂、抗氧剂等。

知识拓展 10-1

软膏剂中药物的透皮吸收

软膏剂中药物的透皮吸收包括释放、穿透及吸收三个阶段。释放指药物从基质中脱离出来而扩散到皮肤表面，穿透指药物通过表皮进入皮肤内，吸收指药物透入皮肤后通过血管或淋巴管进入人体循环系统而产生全身作用。皮肤病灶深浅不同，要求药物作用的部位也不同。有些软膏局限在皮肤表面起作用，不需要透皮吸收，如具有消毒杀菌作用的硼酸软膏、防裂软膏和角质溶解剂等；有些药物要透过表皮才能在皮肤内部发挥疗效，如治疗皮炎的激素软膏，抗真菌的癣净软膏；某些药物须穿透真皮被吸收入血而产生全身的治疗作用，如治疗心绞痛的硝酸甘油软膏及其他抗过敏类药物等。软膏中药物的透皮吸收是一个复杂的过程，可通过完整表皮与皮肤的附属器官两条途径吸收，前者是药物透皮吸收的主要途径。软膏剂中药物的释放、穿透和吸收主要取决于药物本身的性质，但基质的组成和性能在一定程度上也能影响药物的透皮吸收，如基质的种类、基质与药物的亲和力、基质的 pH、基质对皮肤的水合作用。

（二）基质的处理

基质处理主要是针对油脂性基质，若质地纯净可直接取用，若混有机械性异物，或工厂大量生产时，都要进行加热滤过及灭菌处理。具体方法为将基质加热熔融，用细布或七号筛趁热过滤，继续加热至 150℃灭菌约 1h。

（三）药物的处理及加入的一般方法

软膏剂中的药物多为抗感染、抗病毒、止痒、止痛和麻醉类等用于局部疾病治疗的药物。软膏剂中药物的处理及加入方法对保证药物疗效、降低毒副作用尤为重要。

（1）药物不溶于基质时，宜先用适宜方法将药物粉碎成细粉（眼膏中为极细粉）。若用研磨法，配制时将药粉先与适量基质或液体组分，如液状石蜡、植物油、甘油等研成糊状，再逐步递加其余基质并研匀。若用熔融法，将药物细粉加入不断搅拌下的熔融基质中，继续搅拌至冷凝。

（2）药物溶于油脂性基质或水溶性基质时，可制备溶液型软膏。如果是油溶性药物，把药物先溶解在液体油中，然后与其余的油脂性基质混合均匀；如果药物溶解于水溶性基质（如 PEG），把药物溶解在少量水或液体水溶性基质，然后加其余的水溶性基质混合均匀。

（3）水溶性药物与油脂性基质混合时，先把水溶性药物溶解在少量水中，用羊毛脂或吸水性基质混匀，再与其余基质混匀。

（4）半固体黏稠性药物（如鱼石脂或煤焦油）可直接与基质混合，必要时先与少量羊毛脂或聚山梨酯类混合，再与凡士林等油性基质混合。

（5）处方中有挥发性共熔成分（如樟脑、薄荷脑、麝香草酚等）共存时，先研磨至共熔后再与基质混匀。

（6）中药浸出物为液体（如煎剂、流浸膏）时，可先浓缩至稠膏状再加入基质中。固体浸膏可加少量水或者稀醇等使之软化或研成糊状，再与基质混匀。

（7）挥发性药物或热敏性药物，应使基质降温至40℃左右，再与药物混匀。

（四）制备方法

按照软膏类型、制备量及设备条件，采用不同的方法，主要有研磨法和熔融法。

1. 研磨法 又称研和法，操作时，一般把半固体状的基质和研细过筛的药物粉末直接研磨混合制备成软膏剂。将药物研细过筛后，先用等量基质或适宜液体研磨成细腻糊状，然后等量递加其余基质至全量，研匀至无颗粒感即得。此法适用于少量软膏剂的制备，且软膏基质由半固体和液体组分组成，或主药不溶于基质、不宜加热且在常温下通过研磨即能混合均匀。在实验室制备时可用软膏刀在软膏板上调制，也可在乳钵中研磨。大量生产时可用电动研钵制备。研磨法制备软膏剂的工艺流程如图10-1所示。

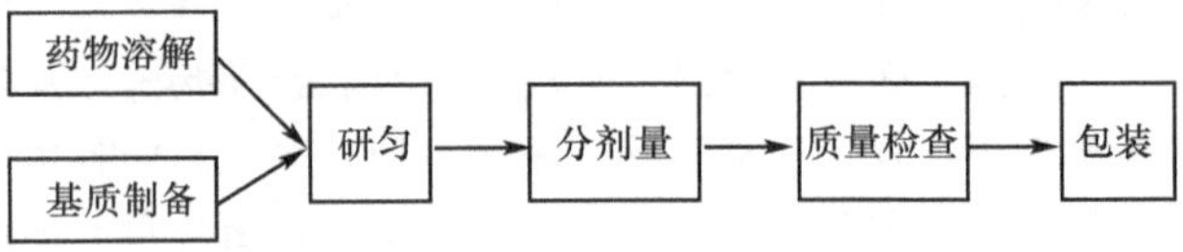

图10-1 研磨法制备软膏剂工艺流程

2. 熔融法 又称熔合法，含有熔点较高的固体油脂性基质或水溶性基质，在常温下不能混合均匀；或含固体药物量较多的软膏的制备，须用熔融法。操作时，先加热熔化高熔点基质后，再加入其他低熔点成分熔合成均匀基质，然后加入药物，搅拌均匀后冷却即可。固体药物不溶于基质，必须先研成细粉，然后筛入熔化或软化的基质中，搅拌混合均匀，若不够细腻，需通过三滚筒软膏研磨机进一步研匀，使软膏受到滚辗与研磨，固体药物被研细且与基质混匀，使软膏细腻均匀，无颗粒感。熔融法制备软膏剂的工艺流程如图10-2所示。

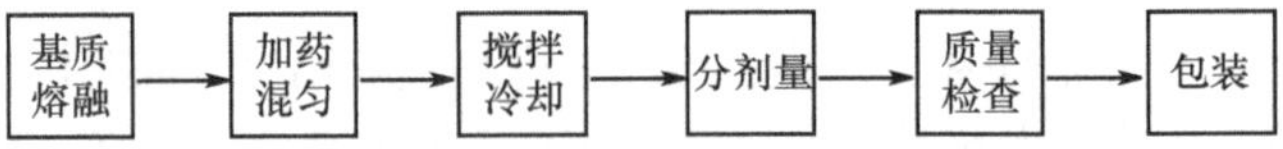

图10-2 熔融法制备软膏剂工艺流程

四、软膏剂的质量要求

1. 外观性状 软膏剂应色泽均一、质地细腻、无粗糙感、无污物等。

2. 物理性质的检测

（1）熔程：软膏剂的熔程以接近凡士林的熔程（38～60℃）为宜，可采用药典方法或显微镜熔点测定仪测定。生产上多采用熔点在45～55℃的标准。

（2）黏度和流变性测定：一般对牛顿流体（如液状石蜡等），单纯黏度即能说明其流动性质，可用旋转式黏度计测定。而非牛顿流体（如凡士林等）除黏度外，尚伴随着塑变值、塑性黏度及触变指数等流变性质，可采用插入式稠度计测定。

（3）锥入度：锥入度的测定适用于软膏剂及常用基质材料（如凡士林、羊毛脂、蜂蜡）等半固体物质，用来控制其软硬度和黏稠性，避免影响药物的涂布延展性。

（4）其他：软膏基质的酸碱度以近中性为宜。混悬型软膏还需照粒度和粒度分布测定法检查粒度，不得检出大于180μm的粒子。

3. 装量检查 按照《中国药典》2015年版四部最低装量检查法检查，应符合规定。

4. 含量测定 采用适宜的溶剂将药物从软膏中溶解提取，再根据药典或其他相关标准和方法测定药物含量，测定方法必须考虑和排除基质对提取物含量测定的干扰和影响，测定方法的回收率要符合要求。

5. 稳定性　软膏剂的稳定性检查，主要有性状（酸败、异臭、变色、分层、涂展性）、含量测定等方面的检查，在一定的储存期内应符合规定要求。

6. 药物释放、穿透及吸收的测定　软膏剂中药物的释放、穿透及吸收的测定方法分为体外、体内两种。体外测定方法主要有离体皮肤扩散法、凝胶扩散法、半透膜扩散法和微生物扩散法等，其中以离体皮肤扩散法较接近应用的实际情况。离体皮肤扩散法是在扩散池中将人或动物皮肤固定，测定在不同时间由供给池穿透皮肤到接受池溶液中的药物量，计算药物对皮肤的渗透率。

体内试验方法是将软膏涂于人体或动物（如大鼠、家兔）的皮肤上，经一定时间后测定药物的透皮吸收及其在体内的分布，测定方法与指标有：体液与组织器官中药物含量的分析法、生理反应法、放射性示踪原子法等。

7. 刺激性　皮肤用软膏采用家兔背部皮肤试验，黏膜用软膏采用家兔眼黏膜试验，观察24h有无发红、发疹、起泡、充血、流泪或其他过敏现象。

8. 无菌及微生物限度检查　用于烧伤或严重创伤的软膏剂，按照无菌检查法检查；微生物限度检查参照《中国药典》2015年版四部制剂通则进行，均应符合规定。

五、软膏剂的包装与储存

生产单位多采用软膏管（锡管、铝管或塑料管）机械包装（集装管、轧尾、装盒于一体）。软膏管密封性好，使用方便，不易污染。医院药剂科多采用塑料盒包装，直接用于临床或在短时间内用完。软膏剂的容器应不与药物发生反应，有些遇金属软膏管易引起化学反应者，可在管内涂一层蜂蜡与凡士林（6∶4）的熔合物或用环氧酚醛树脂作防护层隔离。除另有规定外，软膏剂、糊剂应遮光密闭储存。

制剂举例 10-1

清凉油

【处方】　樟脑 160g　薄荷脑 160g　薄荷油 100g　桉叶油 100g　石蜡 210g
蜂蜡 90g　10%氨溶液 6ml　凡士林 200g

【制法】　先将樟脑、薄荷脑混合研磨使其共熔，然后与薄荷油，桉叶油混合均匀，另将石蜡、蜂蜡和凡士林加热至110℃（除去水分），必要时滤过，放冷至70℃，加入芳香油等，搅拌，最后加入氨溶液，混匀即得。

【注解】　采用熔融法制备清凉油。处方中樟脑、薄荷脑、薄荷油和桉叶油为主药，石蜡、蜂蜡与凡士林为油脂性基质。本品较一般油性软膏稠度大些，近于固态，熔程在46～49℃，处方中石蜡、蜂蜡、凡士林三者用量配比应随原料的熔点不同加以调整。本品用于止痛止痒，适用于伤风、头痛、蚊虫叮咬。

制剂举例 10-2

醋酸氯己定软膏

【处方】　醋酸氯己定 5g　冰片 5g　无水羊毛脂 40g　白凡士林 901g
乙醇 适量　共制 1000g

【制法】　取醋酸氯己定、冰片溶解于适量乙醇中，加入无水羊毛脂吸收混合，最后加入白凡士林混合均匀，即得。

【注解】　处方中醋酸氯己定、冰片为主药，无水羊毛脂和白凡士林为油脂性基质。醋酸氯己定微溶于水，在乙醇中溶解；冰片在水中几乎不溶，在乙醇中易溶，故先将其制成乙醇溶液再用无水羊毛脂吸收；白凡士林起润滑、保护作用。本品曾用名醋酸洗必泰，具消毒、防腐作用，用于疖肿，小面积烧伤、烫伤、外伤感染和脓疱疮。

制剂举例 10-3

吲哚美辛软膏

【处方】 吲哚美辛 10g 交联型聚丙烯酸钠（SDB-L-400）10g PEG4000 80g
甘油 100g 苯扎溴铵 10ml 蒸馏水加至 1000g

【制法】 称取 PEG4000、甘油置烧杯中微热至完全溶解，加入吲哚美辛混匀后加入苯扎溴铵混匀；另将 SDB-L-400 加入 800ml 水（60℃）于研钵中研匀后，将其与上述混合物混匀，加水至 1000g 即得。

【注解】 处方中吲哚美辛为主药，PEG4000 和 SDB-L-400 为水溶性基质，甘油为保湿剂，苯扎溴铵为防腐剂。SDB-L-400 是一种高吸水性树脂材料，表观密度 0.6～0.8g/ml，粒径 38～200μm 的 SDB-L-400 在 90 秒内吸水量为自重的 200～300 倍，膨胀成胶状半固体，具有保湿、增稠、皮肤浸润等作用，PEG4000 还可作透皮吸收促进剂，使经皮渗透作用提高 2.5 倍。本品具有消炎止痛作用，用于风湿性关节炎、类风湿关节炎、痛风等。

第二节 乳 膏 剂

一、概 述

乳膏剂（creams）指原料药物溶解或分散于乳状液型基质中形成的均匀半固体外用制剂，又称乳剂型软膏剂，可分为水包油型（O/W）乳膏剂和油包水型（W/O）乳膏剂。一般乳膏剂的粒子大小在 0.1～100μm。乳膏剂容易涂布于皮肤、黏膜或创面，主要有保护创面、润滑皮肤和局部治疗作用，某些乳膏剂中的药物透皮吸收后，亦能产生全身治疗作用。此外，乳膏剂还普遍用于护肤美容领域，化妆品中的雪花膏、防晒霜、保湿霜、乳液等大多属于乳膏剂范畴。

二、乳膏剂的基质与附加剂

（一）乳膏剂基质

乳膏剂基质由水相、油相和乳化剂组成，形成基质的类型及原理与液体制剂的乳剂相似，系由半固体或固体油溶性成分与水溶性成分借乳化剂的作用而形成的半固体乳剂基质。乳膏剂基质的特点是：①基质中所含乳化剂的表面活性作用，对水和油均有一定的亲和力，可与创面渗出物或分泌物混合，对皮肤正常功能影响小，易清除；②能促进药物与皮肤表面接触，药物的释放、穿透皮肤的性能比油脂性基质强。

O/W 型乳膏剂基质油腻性小，易于涂布，较易洗除，故也称可洗性基质，雪花膏类护肤品即属于此型。该类基质含水量大，能与水混合，药物的释放、对皮肤的通透性均较好，且不阻止皮肤表面分泌物的分泌和水分蒸发，对皮肤的正常功能影响较小。注意 O/W 型乳膏基质不宜用于以下情况：①遇水不稳定的药物。②分泌物较多的病灶，如湿疹，被基质吸收的分泌物可重新渗入皮肤（反向吸收）而使炎症恶化。因此多用于亚急性、慢性、无渗出分泌物的皮肤病症，忌用于糜烂、溃疡、水疱及脓疱症。O/W 型乳膏基质外相含水量多，在储存过程中可能霉变，常需加入防腐剂。同时水分也易蒸发失散而使乳膏变硬，故常需加入甘油、丙二醇、山梨醇等作保湿剂，一般用量为 5%～20%。

W/O 型乳膏基质与冷霜类护肤品相似，性质稳定，油腻性较油脂性基质小，便于涂抹，且随制剂中水分从皮肤表面的蒸发，对炎性组织有冷却和缓解疼痛的作用，主要起润肤和清洁作用，较受患者喜欢。但根据油相、水相物质及乳化剂的不同，W/O 乳膏剂的稠度有很大差异。

理想的乳膏剂基质应该均匀、细腻、稳定且有适宜的黏稠度、黏着性、涂展性，无刺激性，对皮肤正常生理功能影响小，并有适当的透皮性。

乳膏剂基质中常用的油相成分多数为固体，主要有硬脂酸，石蜡、蜂蜡、高级脂肪醇（如十八醇）等，有时为调节基质稠度可加入液状石蜡、凡士林或植物油等。其中，羊毛脂可吸收 2 倍量的水而形成 W/O 型乳剂型基质，还可起辅助乳化剂的作用，增加乳膏的稳定性。蜂蜡和鲸蜡都含有少量游离高级脂肪醇而具有一定的表面活性作用，属较弱的 W/O 型乳化剂，常在 O/W 型乳剂型基质中起增加基质稳定性的作用。

乳化剂对乳膏基质的类型起主要作用。乳膏基质常用的乳化剂有以下几类。

1. 肥皂类 肥皂类乳化剂有一价皂、多价皂等。

（1）一价皂：常为一价金属离子钠、钾的氢氧化物、硼酸盐或三乙醇胺、三异丙胺等有机碱与脂肪酸（如硬脂酸或油酸）作用生成的新生皂，HLB 值一般在 15～18，其降低水相表面张力强于降低油相的表面张力，一般用作 O/W 型基质的乳化剂。一价皂脂肪酸的碳原子数为 12～18，乳化能力随碳原子数增加而增加。但碳原子数大于 18 时，其乳化能力反而降低，故碳原子数为 18 的硬脂酸为最常用的脂肪酸，其用量常为基质总量的 10%～25%。在新生皂的生成过程中，仅一部分与碱反应生成肥皂，未皂化的硬脂酸作为油相，被乳化而分散成乳粒，其凝固后可增加基质的稠度。

新生皂反应的碱性物质的选择对乳剂型基质的质地有较大影响。以新生钠皂为乳化剂制成的基质较硬，以钾皂为乳化剂制成的成品则较软，故有软肥皂之称。以新生有机胺皂为乳化剂制成的基质较为细腻、光亮美观，因此后者常与前两者合用或单用做乳化剂。

使用一价新生皂作乳化剂时应注意：形成的基质应避免用于酸、碱类药物乳膏剂的制备，特别是忌与含钙、镁离子类药物配伍，因形成的不溶性皂会破坏其乳化作用；一价皂为阴离子型乳化剂，忌与阳离子型乳化剂及阳离子型药物，如硫酸新霉素、硫酸庆大霉素、盐酸丁卡因、醋酸氯己定等配伍。

（2）多价皂：系由二、三价的金属（钙、镁、锌、铝）氧化物与脂肪酸作用形成的多价皂。由于此类多价皂在水中解离度小，亲水基的亲水性小于一价皂，而亲油基为双链或三链碳氢化物，亲油性强于亲水端，其 HLB 值<6，可作为 W/O 型基质的乳化剂。新生多价皂较易形成，且以多价皂作为乳化剂制备的基质油相比例大且较黏稠，因此，形成的 W/O 型乳剂基质较一价皂为乳化剂形成的 O/W 型乳剂型基质稳定。

2. 脂肪醇硫酸（酯）钠类 常用十二烷基硫酸（酯）钠（sodium lauryl sulfate），系阴离子型表面活性剂，HLB 值为 40，常作为 O/W 型乳化剂或与其他 W/O 型辅助乳化剂如十六醇或十八醇、硬脂酸甘油酯、脂肪酸山梨坦类等合用，调整适当 HLB 值，以达到油相乳化所需的范围。本品乳化作用的适宜 pH 为 4～8，以 pH6～7 为宜。常用量为 0.5%～2%。本品可与酸碱性药物、钙镁离子配伍，但不宜与阳离子型表面活性剂或阳离子型药物合用。

3. 高级脂肪酸及多元醇酯类

（1）十六醇及十八醇：十六醇即鲸蜡醇（cetylalcohol），熔点为 45～50℃，十八醇即硬脂醇（stearylalcohol），熔点为 56～60℃。两者性质稳定，无刺激性，均不溶于水，但有一定的吸水性，吸水后可形成 W/O 型乳剂型基质。十八醇常作为 O/W 型乳剂基质的油相成分，可增加乳剂的稳定性和稠度。新生皂为乳化剂的乳剂基质中，用十六醇和十八醇取代部分硬脂酸，形成的基质则较细腻光亮。

（2）硬脂酸甘油酯（glycerylmonostearate）：即单、双硬脂酸甘油酯的混合物，主要含单硬脂酸甘油酯。本品为白色蜡状固体，不溶于水，溶于热乙醇及乳剂型基质的油相（液状石蜡、脂肪油与植物油）中。本品甘油基上的羟基有一定的亲水性，但十八碳链的亲油性强于羟基的亲水性，HLB 值为 3.8，是一种乳化能力较弱的 W/O 型乳化剂，常与较强的 O/W 型乳化剂合用，作为 O/W 型乳膏基质的稳定剂与增稠剂，制得的乳膏基质稳定，且产品细腻润滑，用量一般为 3%～15%。

（3）脂肪酸山梨坦与聚山梨酯类：脂肪酸山梨坦类，HLB 值在 4.3～8.6，为 W/O 型乳化剂。聚山梨酯类，HLB 值在 10.5～16.7，为 O/W 型乳化剂。两者均为非离子型乳化剂，无毒性，中性，对热稳定，对黏膜与皮肤比离子型乳化剂刺激性小，均可单独用作乳膏基质的乳化剂，但为调节 HLB 值而常与其他乳化剂合用，制得的乳膏基质稳定。两者能与酸性盐、电解质配伍，但与碱类、重金属盐、酚类及鞣质均有配伍变化。聚山梨酯类能与某些酚类、羧酸类药物如间苯二酚、麝香草酚、水杨酸等作用，使乳剂破坏。聚山梨酯类还能抑制一些消毒剂、防腐剂的效能，如与羟苯酯类、季铵盐类、苯甲酸等复合而使之部分失活，需要适当增加防腐剂的用量予以克服。以脂肪酸山梨坦与聚山梨酯类表面活性剂为乳化剂的乳膏基质可用的防腐剂有山梨酸、洗必泰碘、氯甲酚等、用量约 0.2%。

4. 聚氧乙烯醚的衍生物类

（1）平平加 O（peregol O）：即以十八（烯）醇聚乙二醇-800 醚为主要成分的混合物，为非离子型表面活性剂，HLB 值为 15.9，属 O/W 型乳化剂。本品在冷水中的溶解度比热水大，性质稳定，耐酸、碱和电解质的能力强，对皮肤无刺激性。但单用本品不能制成乳膏基质，为提高其乳化效率，增加基质稳定性，常与其他乳化剂及辅助乳化剂配合使用，一般用量为 5%～10%。

（2）乳化剂 OP：即以聚氧乙烯（20）月桂醚为主的烷基聚氧乙烯醚的混合物，亦为非离子型表面活性剂，HLB 值为 14.5，属 O/W 型乳化剂。本品可溶于水，对皮肤无刺激性，耐酸、碱、还原剂及氧化剂，性质稳定。常与其他乳化剂合用，用量一般为油相重量的 5%～10%。本品不宜与酚羟基类化合物，如苯酚、间苯二酚、麝香草酚、水杨酸等配伍，以免形成复合物，破坏乳膏基质。

（二）乳膏剂的附加剂

制备乳膏剂，可根据需要加入防腐剂、抗氧剂、保湿剂、增稠剂和透皮促进剂等附加剂。

三、乳膏剂的制备

（一）处方设计

1. 基质类型的选择原则 应根据皮肤的生理病理状况及应用需要选择适宜基质：①对皮脂溢出性皮炎、痤疮等不宜用油脂性基质，以免阻塞毛囊而加重病变，应选择 O/W 型乳膏基质，但对急性而又有多量渗出液的皮肤疾患，不宜选用 O/W 型乳膏基质，因为它能使吸收的分泌物重新透入皮肤，产生反向吸收，使症状恶化；②对皮肤炎症、真菌感染等皮肤病，药物的作用部位是角质层以下的活性表皮，宜用穿透性强的基质，如乳膏基质。

2. 基质组成 乳膏基质的关键组分为乳化剂，应根据油相乳化的需要选择适宜 HLB 值。如果找不到油相所需 HLB 值的乳化剂，可将几种乳化剂混合使用。乳膏基质的稳定性还与处方中乳化剂的浓度及油水比例等多种因素有关。因此，多采用正交设计或均匀设计等优化处方，并通过试验确定最后处方。

不同乳膏剂基质对药物的释放速度有影响，一般脂溶性药物从乳膏剂基质中的释放顺序为：O/W 型乳膏基质＞W/O 型乳膏基质。

（二）制备方法

乳膏剂的制备主要采用乳化法。制备时将处方中的油脂性和油溶性组分一起加热至 80℃左右成油溶液（油相），另将水溶性组分溶于水后一起加热至 80℃成水溶液（水相），使温度略高于油相温度，然后将水相缓慢加入油相中，边加边搅拌，直至冷凝。

药物通常在形成乳膏基质过程中或在形成乳膏基质后加入。药物如能溶解在乳膏基质的某一相时，则油溶性药物溶解在油相，水溶性药物溶解在水相，然后分别与其他相混合制备乳膏剂。如为水、油均不溶解的药物组分，则需预先粉碎成细粉，最后加入到冷凝的乳膏基质中，搅拌研磨，混合分散即得。乳膏剂的工艺制备流程如图 10-3 所示。

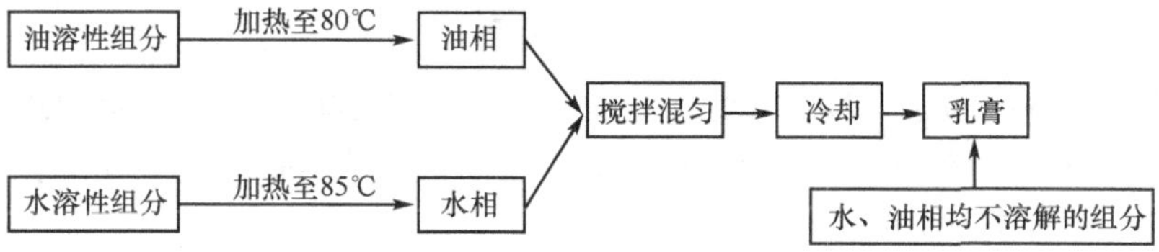

图 10-3　乳化法制备乳膏剂工艺流程

采用乳化法制备乳膏剂时应注意以下问题：

1. 控制加热温度　尤其是以新生皂为乳化剂的乳膏剂，温度过高，制成的乳膏粗糙不细腻，温度过低，反应不完全，所得的乳膏不稳定；另外应注意水相温度应略高于油相温度，防止两相混合时油相中的组分过早析出或凝结。

2. 油、水两相的混合方法　①分散相逐渐加入到连续相中，适用于含小体积分散相的乳剂系统；②连续相逐渐加入到分散相中，适用于多数乳剂系统，此种混合方法的最大特点是混合过程中乳剂会发生转型，从而使分散相粒子分散的更细微。例如，制备 O/W 型乳膏基质时，在搅拌下将水相缓缓加到油相内，开始水相的量小于油相，先形成 W/O 型乳液，继续把水相加入油相时，乳液黏度增加，直到 W/O 型乳液水相的体积增加到最大限度，超过此限，乳液黏度降低，发生转向而成为 O/W 型乳液，使内相（油相）分散得更细，冷却后形成 O/W 型乳膏基质；③两相同时混合，适用于连续或大批量生产，需要一定的设备，如输送泵、连续混合装置等。

3. 搅拌的控制　两相混合后沿同一方向搅拌至乳化。搅拌速率及停止搅拌的温度应适宜。O/W 型乳膏剂以 70～80r/min 为宜，40℃左右停止搅拌，这样即可保证乳化完全，又避免乳膏中搅入气泡。W/O 型乳膏剂搅拌速率可以适当加快，30℃左右停止搅拌。

4. 其他　大量生产时，由于油相不易均匀冷却或两相混合时搅拌不匀，导致形成的基质不够细腻，可在温度降至 30℃左右再通过胶体磨或软膏研磨机等设备处理，使产品更加细腻均匀；也可采用真空均质制膏机制备乳膏，同时可防止搅拌时空气混入，引起乳膏在储存时发生油水分层、酸败等问题。

四、乳膏剂的质量要求

（一）乳膏剂的质量检查

1. 外观性状　乳膏剂应色泽均匀，质地细腻，具适当黏稠性，易涂布于皮肤或黏膜上而不融化，但能软化，无酸败、异臭、变色、变硬、油水分离等变质现象，外观性状除以肉眼观察外，还可借助显微镜观察。

2. 酸碱度　某些乳膏基质在精制过程中须用酸、碱处理，为避免产生刺激，应检查酸碱度，如 W/O 型乳膏基质要求 pH 不大于 8.5，O/W 型乳膏基质 pH 不大于 8.3。

3. 稳定性 除软膏剂质量检查项下稳定性检查外，乳膏剂还应进行耐热及耐寒试验，分别于 55℃恒温 6h 及–15℃放置 24h，考察乳膏剂的稳定性，应无油水分离。

4. 刺激性 乳膏剂应用于皮肤或黏膜后，若引起疼痛、红肿等不良反应，即不宜使用，应进行刺激性试验，可采用皮肤测定法和贴敷试验检测。

乳膏剂其他检查项目同软膏剂质量检查项下。

（二）乳膏剂的包装与储存

乳膏剂应遮光密封，宜置 25℃以下储存，不得冷冻。

制剂举例 10-4

水杨酸乳膏

【处方】 水杨酸 50g 单硬脂酸甘油酯 70g 硬脂酸 100g 白凡士林 120g
液状石蜡 100g 甘油 120g 十二烷基硫酸钠 10g 羟苯乙酯 1g
蒸馏水 480ml

【制法】 将水杨酸研细后过 60 目筛，备用。取单硬脂酸甘油酯、硬脂酸、白凡士林及液状石蜡加热熔化为油相。另将甘油及蒸馏水加热至 90℃，再加入十二烷基硫酸钠及羟苯乙酯溶解为水相。然后将水相缓缓倒入油相中，边加边搅，直至冷凝，即得乳膏基质。将过筛的水杨酸加入上述基质中，搅拌均匀即得。

【注解】 本品为 O/W 型乳膏，水杨酸为主药；硬脂酸、白凡士林和液状石蜡为油相；十二烷基硫酸钠及单硬脂酸甘油酯（1：7）为混合乳化剂，其 HLB 值为 11，接近本处方中油相所需的 HLB 值 12.7；甘油为保湿剂；羟苯乙酯为防腐剂。在 O/W 型乳膏剂中加入凡士林可以克服基质干燥的缺点，有利于角质层的水合而有润滑作用。加入水杨酸时，基质温度宜低，以免水杨酸挥发损失；如果温度过高，冷凝后常会析出粗大药物结晶。还应避免与铁或其他金属器具接触，以防水杨酸变色。本品用于治手足癣及体股癣，忌用于糜烂或继发性感染部位。

制剂举例 10-5

醋酸氟轻松乳膏

【处方】 醋酸氟轻松 0.25g 三乙醇胺 20g 甘油 50g 硬脂酸 150g
羊毛脂 20g 白凡士林 250g 羟苯乙酯 1g 纯化水加至 1000g

【制法】 将醋酸氟轻松研细后过六号筛，备用。取三乙醇胺、甘油、羟苯乙酯溶于水中，并在水浴或夹层锅中加热至 70～80℃。另取硬脂酸、羊毛脂和白凡士林在水浴或夹层锅中加热熔化并保持在 70～80℃。将两相混合，搅拌至凝固呈膏状。最后，将已粉碎的醋酸氟轻松加入上述基质中，搅拌混合使分散均匀。

【注解】 本品为 O/W 型乳膏，醋酸氟轻松为主药；硬脂酸、白凡士林和羊毛脂为油相；一部分硬脂酸与三乙醇胺发生皂化反应生成硬脂酸三乙醇胺皂作为 O/W 型乳化剂，剩余部分硬脂酸作为油相起增稠和稳定作用；甘油为保湿剂；羟苯乙酯为防腐剂。醋酸氟轻松不溶于水，微溶于乙醇，也不能溶于处方中的油相成分，故需先粉碎，待乳膏基质制好后分散于其中，由于其含量低，应注意混合均匀。凡士林用于调节稠度、增加润滑性，羊毛脂可增加油相的吸水性和药物的穿透性。本品具较强的抗炎作用，用于萎缩性、接触性、脂溢性、神经性皮炎及湿疹等。

第三节　凝　胶　剂

一、概　　述

凝胶剂（gels）指药物与能形成凝胶的辅料制成的具有凝胶特性的稠厚液体或半固体制剂。除另有规定外，凝胶剂限局部用于皮肤及体腔，如鼻腔、阴道和直肠。凝胶剂作为新型药物制剂，随着新技术的发展与应用，出现了智能型凝胶、脂质体凝胶、β-环糊精包合物凝胶、微乳凝胶、微粒凝胶及黏膜黏附型凝胶等新型凝胶剂，广泛用于缓释、控释及脉冲释药系统。

凝胶剂根据分散系统可分为单相凝胶和两相凝胶。单相凝胶是指药物以分子形式分散于凝胶基质中形成的凝胶。单相凝胶根据凝胶基质性质又分为水性凝胶（hydrogel）和油性凝胶。水性凝胶的基质一般由西黄蓍胶、明胶、淀粉、纤维素衍生物、卡波姆和海藻酸钠等加水、甘油或丙二醇等制成。油性凝胶的基质常由液状石蜡与聚氧乙烯或脂肪油与胶体硅或铝皂、锌皂构成。两相凝胶是指药物（如氢氧化铝）的胶体小粒子均匀分散于高分子网状结构的液体中所形成的凝胶，如氢氧化铝凝胶，具有触变性，静止时形成半固体而搅拌或振摇时成为液体，也称混悬型凝胶剂。

凝胶剂还可根据基质的形态不同分为：①乳胶剂，即乳状液型凝胶剂；②胶浆剂，为高分子基质，如西黄蓍胶制成的凝胶剂；③混悬型凝胶剂，即胶粒型凝胶剂，如前述氢氧化铝凝胶。

凝胶剂在生产与储存期间应符合下列规定：①凝胶剂应均匀、细腻，在常温时保持胶状，不干涸或液化；混悬型凝胶剂中胶粒应分散均匀，不应下沉结块。②凝胶剂根据需要可加入保湿剂、防腐剂、抗氧剂、乳化剂、增稠剂和透皮促进剂等。③凝胶剂一般应检查 pH。④凝胶剂基质不应与药物发生理化作用。⑤除另有规定外，凝胶剂应避光，密闭储存，并应防冻。

二、水凝胶剂基质

水性凝胶基质大多在水中溶胀成水性凝胶而不溶解，其形成机制是由于水性凝胶材料中亲水基—OH、—COOH、$—CONH_2$等的存在，使亲水性凝胶在生理温度、体内 pH 及离子强度下吸水膨胀 10%～98%，将吸收的水性成分束缚在高分子链交联形成的网格中，从而使凝胶剂基质呈现具有弹性的半固体性质。本类基质易涂展和洗除，无油腻感，能吸收组织渗出液不妨碍皮肤正常生理作用，具有一定的保水作用和促进药物透皮作用。此外，由于黏滞度较小，还有利于药物，特别是水溶性药物的释放。缺点是润滑作用较差，易失水和霉变，常需添加保湿剂和防腐剂，且用量较其他基质大。

常用于形成水性凝胶基质的高分子材料有：①天然高分子：淀粉类、海藻酸盐、阿拉伯胶、西黄蓍胶、琼脂和明胶等；②半合成高分子：改性纤维素和改性淀粉，如羧甲纤维素、甲基纤维素等；③合成高分子：卡波姆、聚维酮等。

1. 卡波姆（carbomer）　商品名为卡波普（carbopol），系丙烯酸与丙烯基蔗糖或季戊四醇烯丙醚交联而成的高分子聚合物，作为优良的凝胶基质被广泛应用。根据相对分子质量不同，分为 934（相对分子质量 $3×10^6$）、940（相对分子质量 $4×10^6$）和 941（相对分子质量 $1×10^6$）、934P（相对分子质量 $4×10^6$）等规格，是一种引湿性很强的白色疏松粉末，在水中能迅速溶胀，但不溶解。其分子结构中的羧酸基团使其水分散液呈酸性，1%水分散液的 pH 约为 3.11，黏性较低。当用碱中和时，随着大分子逐渐溶解，黏度逐渐上升，在低浓度时形成澄明溶液，在浓度较大时羧基离子化，由于负电荷间的排斥作用导致分子链膨胀、伸展并相互缠结形成凝胶，pH 为 6～11 时黏度和稠度最大。本品制成的基质无油腻感，涂用润滑舒适，可用于制备皮肤、眼、口腔、超声诊断用凝胶剂，特别适宜于治疗脂溢性皮肤病。卡波姆不能与盐类电解质、碱土金属离子、阳离子聚合物、强酸等配伍，因为这些成分会使卡波姆降低或失去黏性。

2. 纤维素衍生物 系纤维素经衍生化后成为在水中可溶胀或溶解的胶性物。调节适宜的稠度可形成水溶性凝胶基质。此类基质有一定的黏度，随分子质量、取代度和介质的不同而具不同的稠度。常用的品种有甲基纤维素（methyl cellulose，MC）和羧甲纤维素钠（sodium carboxymethyl cellulose，CMC-Na），两者常用的浓度为2%～6%。前者缓缓溶于冷水，不溶于热水，但湿润、放置冷却后可溶解，后者在任何温度下均可溶解。两者1%水溶液pH均在6～8。MC在pH 2～12时稳定，而CMC-Na在pH低于5或pH高于10时黏度显著降低。本类基质吸湿性好，可吸收分泌液，外观虽为油样，但易清洗，可与多种药物配伍。但此类基质涂布于皮肤时有较强黏附性，较易失水干燥而有不适感，常需加入10%～15%的甘油调节。制成的基质中均需加入防腐剂，常用0.2%～0.5%的羟苯乙酯。在CMC-Na基质中不宜加硝（醋）酸苯汞或其他重金属盐作防腐剂，也不宜与阳离子型药物配伍，否则会与CMC-Na形成不溶性沉淀物，影响防腐效果或药效，对基质稠度也会有影响。

其他基质如甘油明胶由1%～3%明胶、10%～30%甘油与水加热制成；淀粉甘油由10%淀粉、2%苯甲酸钠、70%甘油及水加热制成；海藻酸钠的浓度一般为2%～10%，加少量钙盐以增加其稠度。

三、原位凝胶剂

（一）概念与特点

原位凝胶剂不同于传统的亲水凝胶，是以溶液状态给药后，在外界刺激（如温度、pH和离子等）下，立即在用药部位发生相转变，形成的非化学交联的半固体制剂。原位凝胶剂的形成机制是利用高分子材料对外界环境的响应，使聚合物在生理条件下发生分散状态或构象的可逆变化，完成由溶液向凝胶的转化过程。现今，原位凝胶剂作为一种新型的药物剂型，已成为药剂学与生物技术领域的一个研究热点，适用于皮肤、眼部、鼻腔、口腔、阴道、直肠等多种途径给药。

原位凝胶剂特点：①对接触环境的改变做出物理的或化学的响应，根据响应值的大小调整制剂的理化性状（如相转变程度等）及药物在体内的状态（如释放、滞留等），以适应病情的变化及时有效治疗；②将药物溶解或均匀分散于环境敏感型高分子材料中即可制成凝胶剂，它能较长时间与作用部位发生紧密接触，有较好的生物黏附性，并可提高药物在接触部位的吸收，避开首过效应，提高药物的生物利用度；③具有高度亲水性的三维网状结构，将其中的药物或药物-辅料初级制剂（如乳剂、脂质体、纳米粒等）束缚于其中或其间隙中，可以控制药物的释放，并可稳定其中的药物或药物-辅料初级制剂；④具有特殊的理化性质，如溶胶-凝胶转变过程，在体外条件下，具有一定的流动性，易灌装，便于工业化生产；⑤适用于原位凝胶剂的药物范围广，原位凝胶可用于局部作用药物、全身作用药物、亲水性药物、疏水性药物、大分子药物等。

（二）原位凝胶基质

根据形成机制的不同，可以将原位凝胶分为温度敏感型、pH敏感型及离子敏感型等。

1. 温敏型原位凝胶 具有临界相转变温度，能随环境温度的改变而发生相转变，是目前研究最为广泛和相对成熟的一种敏感型凝胶。常用的高分子材料有泊洛沙姆（poloxamer）、壳聚糖（chitosan）等。

（1）泊洛沙姆：泊洛沙姆407是目前使用较为广泛、研究较多的一种温敏性凝胶基质。泊洛沙姆溶液的胶凝温度受PEO链段和PPO链段的比例、聚合物浓度和溶液中电解质的影响，随PEO链段的增加，其胶凝温度增加。泊洛沙姆407存在单独使用无法达到理想的胶凝温度、体内不能生物降解、机械强度差等缺点，常联合使用壳聚糖、泊洛沙姆 188 等获得理想的凝胶性质。

（2）壳聚糖：由甲壳素脱乙酰基所得，分子内存在大量氨基，其溶解度与 pH 有关。与人工合成的高分子聚合物相比，壳聚糖具有较好的生物相容性和生物可降解性。其形成凝胶的可能机制是：在温度升高时，壳聚糖水化作用减弱，使壳聚糖链聚集，形成凝胶。但是单纯的壳聚糖温敏凝胶，力学强度较低，凝胶速度不易控制，通过在体系中引入其他组分或对其结构进行修饰，可以获得适宜的性能。

2. pH 敏感型原位凝胶　此类体系的聚合物分子骨架中，均含有大量的可降解基团，其凝胶行为是电荷点的排斥作用，导致分子链伸展与相互缠结的结果。常用的基质有卡波姆。

卡波姆分子中存在大量的羧酸基团，加入碱类使羧基离子化，由于负电荷间的排斥作用导致分子链膨胀、伸展并相互缠结形成凝胶。但由于形成凝胶所需卡波姆的量较大，且有刺激性，所以不适于单独用作原位凝胶基质，可配合 HPMC 或 MC 使用。

3. 离子敏感型原位凝胶　离子敏感型凝胶的原理是某些多糖衍生物可以和人体体液中的多种阳离子和蛋白络合而改变构象，在用药部位形成凝胶，代表基质是结冷胶（gellan gum）和海藻酸钠。

（1）结冷胶：是微生物代谢胶，是由一分子 α-L-鼠李糖、一分子 β-D-葡萄糖醛酸和两分子 β-D-葡萄糖的四糖重复单元聚合而成，商品名 Gelrite。结冷胶在有一定量阳离子存在的条件下转变成半固体状凝胶，凝胶强度和胶凝温度与离子浓度及种类相关，对钙、镁离子特别敏感。结冷胶与一价离子形成的凝胶为热可逆凝胶，与二价离子形成的凝胶为热不可逆凝胶。

（2）海藻酸钠：为褐藻的细胞膜组成成分，是由 β-D-甘露糖醛酸（G 单元）和 α-L-葡萄糖醛酸（M 单元）残基通过 1，4-糖苷键连接构成的线型多糖类嵌段共聚物。海藻酸钠为无臭、无味、白色至淡黄色的粉末，能缓慢溶于水中，其水溶液的黏度与 pH 和离子强度有关，pH 小于 4 时或在其水溶液中加入二价或三价金属离子形成凝胶，pH 大于 10 时不稳定。海藻酸钠的胶凝行为与 G 单元相邻葡萄糖醛酸残基间的二聚作用、链间螯合及高价金属离子有关。凝胶的特性取决于 G、M 单元的比例及离子交联剂的价态和浓度。

四、凝胶剂的制备

凝胶剂的一般制法是将基质材料在溶剂中溶胀，制备成凝胶基质，再加入药物溶液及其他附加剂。药物溶于水者，常先溶于部分水或甘油中，必要时加热；药物不溶于水者，可先用少量水或甘油研细、分散后，再与凝胶基质混合，最后定量，搅拌均匀即可，其制备流程如图 10-4 所示。

制备凝胶剂时应考虑基质溶胀、溶解的条件，加入药物和附加剂对基质的影响，pH 对基质稠度的影响（如卡波姆）等，同时也应注意基质与其他成分的配伍禁忌。对于有无菌度要求的凝胶剂，应注意无菌操作或采用适宜的方法灭菌。

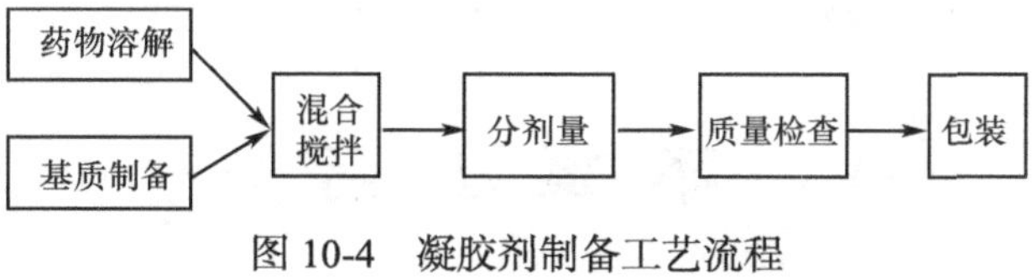

图 10-4　凝胶剂制备工艺流程

五、凝胶剂的质量要求

（一）凝胶剂的质量检查

1. 外观性状　局部用凝胶剂应均匀、细腻，无颗粒，在常温下保持胶状，不干涸或液化。

2. 粒度 除另有规定外，混悬型凝胶剂应做粒度检查，按照粒度和粒度分布测定法（《中国药典》2015 年版四部通则）检查，不得检出大于 180μm 的粒子。

3. 装量 按照《中国药典》2015 年版四部通则最低装量检查法检查，应符合规定。

4. 无菌检查 用于烧伤和严重创伤的凝胶剂，应按照《中国药典》2015 年版四部无菌检查法检查，应符合规定。

5. 微生物限度检查 除另有规定外，按照《中国药典》2015 年版四部微生物限度检查法检查，应符合规定。

（二）凝胶剂的包装与贮存

凝胶剂所用内包装材料不应与药物或基质发生理化作用。除另有规定外，凝胶剂应置于避光密闭容器中，并应防冻。

制剂举例 10-6

奥硝唑凝胶剂

【处方】 奥硝唑 5g 95%乙醇 120g 三乙醇胺 9g 丙二醇 50g 卡波姆 940 5g 纯化水加至 500g

【制法】 将卡波姆 940 加入纯化水，充分溶胀后配制成 4%的水溶液，加入丙二醇和适量纯化水混合均匀，搅拌下加入三乙醇胺使成凝胶基质；将奥硝唑溶于 95%乙醇中，在不断搅拌下将其加入凝胶基质中，再加入剩余纯化水至全量，搅匀即可。

【注解】 处方中奥硝唑为主药，在 95%乙醇中较易溶解，卡波姆 940 为水凝胶基质，三乙醇胺用来调节凝胶基质的 pH 及稠度。丙二醇为保湿剂与促渗剂。本品为水凝胶剂，用于治疗滴虫、原虫和厌氧菌引起的感染。

制剂举例 10-7

利巴韦林眼用原位凝胶

【处方】 利巴韦林 10g 海藻酸钠 10g 羟丙甲纤维素 10g 依地酸二钠 2g 苯扎溴铵 0.1g 去离子水加至 1000g

【制法】 将利巴韦林加入去离子水中溶解后，加入海藻酸钠、羟丙甲纤维素、依地酸二钠及苯扎溴铵，搅拌均匀，热压灭菌，即得。

【注解】 处方中利巴韦林为主药，海藻酸钠、羟丙基甲基纤维素为凝胶基质，苯扎溴铵为防腐剂，依地酸二钠为金属离子螯合剂。利巴韦林眼用原位凝胶剂可延长利巴韦林在眼部的滞留和作用时间，提高治疗效果。本品用于治疗角膜炎、结膜炎等。

本 章 小 结

软膏剂是原料药物与油脂性或水溶性基质混合制成的均匀的半固体外用制剂。软膏剂主要由药物、基质和附加剂组成。基质作为软膏剂的赋形剂和药物的载体，不仅具有保护和润滑皮肤的作用，而且能影响药物的释放及在皮肤内的扩散，从而影响软膏的质量及药物疗效的发挥。常用的软膏剂基质包括油脂性基质和水溶性基质。乳膏剂系指原料药物溶解或分散于乳状液型基质中形成的均匀半固体外用制剂，可分为水包油型乳膏剂和油包水型乳膏剂。乳膏剂基质由水相、油相和乳化剂组成。凝胶剂是药物与能形成凝胶的辅料制成的具有凝胶特性的稠厚液体或半固体制剂。水性凝胶剂具有良好的生物相容性，制备工艺简单且形状美观，易于涂布使用。原位凝胶剂是利用高分子材料对外界环境的响应，使聚合物在生理条件下完成由溶液向凝胶的转化。原位凝胶剂作为一种新型的药物剂型，适用于皮肤、眼部、鼻腔、口腔、阴道、直肠等多种途径给药。

重点：软膏剂、乳膏剂、凝胶剂和原位凝胶剂的概念、特点，常用基质与制备方法。

难点：软膏剂、乳膏剂和凝胶剂的处方设计。

思 考 题

1. 简述软膏剂的概念、特点、分类和质量要求。
2. 简述软膏基质的分类、主要基质的性能特点与应用。
3. 软膏、乳膏和凝胶基质的作用特点是什么？
4. 软膏剂的制备方法有哪些，各适用于哪种类型软膏剂的制备？
5. 简述软膏剂中药物加入时需要注意哪些问题。
6. 乳膏剂制备主要有哪些操作要点？
7. 凝胶剂如何分类？常用水性凝胶基质有哪些？

（刘艳华）

第十一章　气雾剂、喷雾剂与粉雾剂

学习目标

1. 掌握：气雾剂、粉雾剂和喷雾剂的概念、分类、组成及应用特点。
2. 熟悉：气雾剂、粉雾剂和喷雾剂的处方组成、制备方法与质量要求。
3. 了解：气雾剂、粉雾剂和喷雾剂的装置。

气雾剂、粉雾剂和喷雾剂可通过口腔、鼻腔、呼吸道、阴道或皮肤等多种途径给药，发挥全身或局部作用。近代气雾剂起源于1852年，Lynde提出用气体的饱和溶液制备加压包装的概念。1926年Erik Rotheim研制了第一个用于杀虫的带阀门的压力容器，而后又出现了用碳氢化合物作抛射剂的产品，但其缺点是易燃、易爆、难控制。1946年，Neodesha等推出了用氟利昂作抛射剂的气雾剂，该气雾剂易于使用、成本低，从而扩大了气雾剂的应用范围，并逐步用于临床，如治疗烧伤、感染等皮肤疾病。1956年，Rick等首次将定量阀门用于气雾剂并应用于呼吸道给药。

近年来气雾剂、粉雾剂和喷雾剂发展较快，产品种类不断增加。药物从抗哮喘药增加到抗菌药物、心血管药物、抗病毒药物、镇痛药物、镇静药、外用消炎镇痛药、局麻药、激素类药物等，我国还开发了中成药气雾剂。其中比较引人注目的是多肽与蛋白质类药物的气雾剂、粉雾剂或喷雾剂。目前，降钙素等药物的鼻腔给药系统及胰岛素的肺部给药系统已经上市，一些疫苗和生物制品的喷雾给药系统也在研究中。此外，非氟氯烷烃类抛射剂的开发也是气雾剂研究的热点，已批准应用的非氟氯烷烃类抛射剂主要是氢氟烷烃类，目前已有十多种含氢氟烷烃类抛射剂的新型气雾剂品种上市。

第一节　气　雾 剂

一、概　　述

气雾剂（aerosols）指含药溶液、乳状液或混悬液与适宜的抛射剂共同封装于具有特制阀门系统的耐压容器中，使用时借助抛射剂的压力将内容物呈雾状物喷出，用于肺部吸入或直接喷至腔道黏膜、皮肤的制剂。药物喷出状态多为雾状气溶胶，雾滴一般小于50μm。气雾剂可在呼吸道、皮肤或其他腔道发挥局部治疗作用，也可经肺、鼻腔黏膜、皮肤吸收发挥全身治疗作用。临床上气雾剂主要用于平喘、祛痰、扩张血管、强心、利尿，以及治疗耳、鼻、喉等局部疾病。近年来，随着低压抛射剂和低压容器的开发及生产设备的不断完善，气雾剂的品种、产量得到迅速发展。

（一）气雾剂的特点

与大多数剂型不同，气雾剂的性能在很大程度上依赖于容器、阀门系统和抛射剂。

1. 气雾剂的优点

（1）具有十分明显的速效与局部作用。气雾剂可直达作用部位或吸收部位，分散度大，起效快。局部速效作用明显优于其他剂型，尤其是在呼吸道给药方面具有其他剂型不能替代的优势，如治疗哮喘的异丙肾上腺素气雾剂，吸入后通过肺泡吸收，2min 即能起效。

（2）药物装于密封容器中，可以保持清洁或无菌状态，不易被微生物污染。由于容器不透光，不与空气中的氧或水分直接接触，提高了药物的稳定性。

（3）可避免药物的胃肠道不良反应，防止药物在胃肠道内被破坏，避免药物的首过效应。

（4）通过控制喷出药物的物理形态（如粒度大小）可以获得不同的治疗效果。

（5）外用给药时，与给药部位无直接的机械摩擦，可以减少对创面的损伤和机械刺激。

（6）使用方便，有助于提高患者的用药顺应性。

2. 气雾剂的缺点

（1）需要耐压容器、阀门系统和特殊的生产设备，生产成本较高。

（2）抛射剂有高度挥发性，具有制冷效应，故对受伤皮肤多次给药时可引起不适感和刺激作用。

（3）发挥全身作用的吸入气雾剂，药物主要在肺部吸收，受干扰因素较多，个体差异较大。另外，气雾剂中常需要添加较多的辅料，长期应用对肺的正常生理功能可能造成不良影响。

（4）气雾剂遇热或受猛烈撞击后易发生爆炸，也可能因抛射剂的泄露而导致失效。

（二）气雾剂的分类

1. 按分散系统分类　气雾剂可分为溶液型、乳剂型和混悬型三类。

（1）溶液型气雾剂：液体或固体药物溶解在抛射剂中形成溶液，在喷射时抛射剂挥发，药物以液体或固体微粒形式到达作用部位。

（2）乳剂型气雾剂：药物水溶液与抛射剂（互不相溶）按一定比例形成 W/O 或 O/W 型乳剂，O/W 型乳剂在喷射时随着内相抛射剂的气化而以泡沫形式喷出，因此又称为泡沫气雾剂；W/O 型乳剂在喷射时随着外相抛射剂的气化而形成液流。

（3）混悬型气雾剂：药物以微粒状态分散在抛射剂中形成混悬液，喷射时随着抛射剂挥发，药物以固体微粒形式到达作用部位，故又称为粉末气雾剂。

2. 按相的组成分类　气雾剂可分为二相气雾剂和三相气雾剂。

（1）二相气雾剂：即溶液型气雾剂，由气-液两相组成，气相是抛射剂部分挥发形成的气体，液相是药物与抛射剂形成的均相溶液。

（2）三相气雾剂：一般指混悬型和乳剂型气雾剂，分别由气-液-固和气-液-液三相组成。混悬型气雾剂中，气相是抛射剂挥发形成的气体，液相是抛射剂，固相是难溶性药物微粒；乳剂型气雾剂中，气相是抛射剂挥发形成的气体，液-液两相是互不相溶的两种液体，即抛射剂与药物溶液。

3. 按给药途径分类

（1）吸入气雾剂：系指使用时将内容物呈雾状喷出并随呼吸吸入肺部的气雾剂，可发挥局部或全身治疗作用。吸入气雾剂可分为单剂量或多剂量包装。

（2）皮肤和黏膜用气雾剂：皮肤用气雾剂主要起保护创面、清洁消毒、局部麻醉及止血等作用。黏膜用气雾剂如阴道黏膜用气雾剂，多为 O/W 型泡沫气雾剂，主要用于治疗微生物、寄生虫等引起的阴道炎，也可用于避孕。鼻黏膜用气雾剂主要用于鼻炎的治疗和一些多肽和蛋白质类药物的给药。

（3）空间消毒用气雾剂：主要用于室内空气消毒及杀虫、驱蚊，此类气雾剂喷出的粒子极细，一般在 10μm 以下，能在空气中悬浮较长时间。

4. 按是否采用定量阀门系统分类　可分为定量气雾剂和非定量气雾剂。采用定量阀门系统控制每次喷出一定量的气雾剂，又称为定量吸入剂（metered dose inhaler，MDI），包括用于口腔、鼻腔定量吸入的气雾剂。非定量气雾剂主要用于局部，包括皮肤、阴道等局部用药。

（三）吸入气雾剂的吸收

1. 吸入气雾剂的吸收特点 吸入气雾剂主要经肺部吸收，起效快，不亚于静脉给药，这与呼吸道的生理解剖结构，特别是肺泡的结构特点密切相关。

人的呼吸系统由口、鼻、咽喉、气管、支气管、细支气管、肺泡管、肺泡囊和肺泡构成。肺泡是药物在肺部吸收的主要部位。肺泡的数量多达3亿～4亿个，总表面积可达70～100m^2，约为体表面积的50倍，因此肺部具有较大的吸收面积。肺泡由一层上皮细胞膜组成，肺泡表面到毛细血管的距离仅为1μm左右，并且肺部毛细血管总表面积约有90m^2，使肺泡对药物具有极好的通透性。由于肺脏特殊的生理结构，药物到达肺泡后可被迅速吸收，发挥治疗作用。

2. 影响气雾剂肺部吸收的因素

（1）呼吸道气流：正常人每分钟平均呼吸15～16次，每次吸气量平均为500～600cm^3，其中约200cm^{3}存于咽、气管及支气管之间，呼气时可被呼出，未发生气体交换，这些部位称为“无效腔”。“无效腔”内的气流常呈湍流状态，吸入气雾剂和肺中的贮气可在“无效腔”混合，促使较大的药物微粒沉积。空气进入支气管以下部位时，则多呈层流状态，气流速度减慢，易使气体中的药物细粒沉积。这些与呼吸有关的气体动力学是影响药物在肺部吸收的重要因素。患者的呼吸频率、呼吸类型和肺活量（呼吸量）等都会影响药物微粒的沉积，通常肺泡粒子的沉积率与呼吸量成正比而与呼吸频率成反比，一般缓慢长时间的吸气可获得较大的肺泡沉积率。

（2）微粒大小：药物微粒大小是决定药物能否到达肺泡的主要因素。吸入气雾剂由于药物粒子大小不同，可在呼吸道的不同部位沉积、溶解、扩散。较粗的微粒大部分沉降在上呼吸道黏膜上，因而吸收慢；若微粒太细，则进入肺泡囊后大部分由呼气排出，在肺部的沉降率很低。通常吸入气雾剂的微粒大小在0.5～5μm范围内最适宜。《中国药典》2015年版规定吸入气雾剂的雾粒或药物微粒细度应控制在10μm以下，大多数应为5μm左右。

（3）药物性质：吸入的药物最好能溶解于呼吸道的分泌液中，否则将成为异物，对呼吸道产生刺激。药物从肺部吸收主要是被动扩散，吸收速率与药物的脂溶性及分子质量有关。药物的油水分配系数越大，越易被吸收。分子质量小的药物则易通过肺泡细胞膜的小孔被吸收，分子质量大的多肽、蛋白质、糖、酶等较难吸收。若药物易吸湿，微粒通过湿度很高的呼吸道时，易发生聚集和沉积，妨碍药物进入肺泡而减少吸收。

二、气雾剂的组成及包装容器

气雾剂由抛射剂、药物与附加剂、耐压容器和阀门系统组成。其中耐压容器和阀门系统构成了气雾剂的装置。

（一）抛射剂

抛射剂（propellants）是气雾剂喷射动力来源，可兼作药物的溶剂或稀释剂。抛射剂多为液化气体，在常压下沸点低于室温，蒸气压高。抛射剂与药物（必要时加附加剂）一同封装于耐压容器中，当阀门开放时，压力突然降低，抛射剂急剧气化，将容器内的药液以雾状喷出。雾滴的大小取决于抛射剂的类型、用量、阀门和揿钮的类型及药液的浓度等。理想的抛射剂应具备以下特点：①常温下蒸气压大于大气压；②无毒、无致敏反应和刺激性；③无色、无臭、无味；④性质稳定，不易燃易爆，不与药物、容器发生相互作用；⑤价廉易得。单独一种抛射剂往往难以满足上述所有要求，应根据具体情况进行适当选择与配伍使用。

1. 抛射剂的种类

（1）氢氟烷烃类（hydrofluoroalkane，HFA）：由于氟氯烷烃（chlorofluorocarbons，CFC_S）类抛射剂的环境污染问题，氢氟烷烃类作为替代品应运而生。与氟氯烷烃类相比，氢氟烃类不含氯原子，对大气层中臭氧层的破坏作用比CFC_S小，不易爆炸燃烧，性状与低沸点的氟氯烷烃类似，且在体内残留少、生理惰性、毒性低。1996 年，第一个以 HFA 为抛射剂的沙丁胺醇定量气雾剂在欧洲获准上市。目前四氟乙烷（HFA-134a）和七氟丙烷（HFA-227）主要用作吸入型气雾剂的抛射剂，二氟乙烷（HFA-152a）常用于局部用气雾剂的抛射剂。

（2）碳氢化合物：作为抛射剂的碳氢化合物有丙烷、正丁烷和异丁烷。这类抛射剂价廉易得，基本无毒，密度一般在 0.5～0.6g/ml，沸点低，对环境污染小，但易燃易爆，不宜单独使用。故常将本类抛射剂与其他抛射剂混合使用，以获得适当的蒸气压和密度，并降低易燃性。碳氢化合物类抛射剂常用于局部用气雾剂。

（3）压缩气体：主要有二氧化碳、氮气等。压缩气体无毒，在低温下可液化，化学性质较稳定，一般不与药物发生反应。但压缩气体液化后的沸点偏低，常温时蒸气压过高，故对容器耐压性能要求较高（需小钢球包装）。而若在常温下充入非液化压缩气体，压力会迅速降低，难以达到持久的喷射效果。因此，压缩性气体在气雾剂中基本不用，多用于喷雾剂。

2. 抛射剂的用量及其蒸气压　抛射剂的用量及自身蒸气压决定气雾剂喷射能力（喷射力及持续时间）的强弱、雾粒大小及状态。一般来说，抛射剂用量越大，蒸气压越高，喷射能力越强，雾滴越细，反之越弱。应根据气雾剂的用药目的，合理选择抛射剂的组分及用量。吸入气雾剂要求雾滴细，喷射能力强的抛射剂；而皮肤用气雾剂喷射能力可稍弱。实际应用中多采用混合抛射剂，通过调整抛射剂处方量，获得理想的蒸气压、喷射能力、密度、稳定性、溶解性等。

（1）溶液型气雾剂：可根据所需雾滴粒径调节抛射剂用量。例如，发挥全身治疗作用的溶液型吸入气雾剂，雾滴粒径要求 1～5μm，抛物剂用量可达 30%（g/g）以上。若是局部用气雾剂，雾滴粒径较大，抛射剂的用量可低至 6%～10%（g/g），致冷效应较低，对皮肤腔道刺激性较小。

（2）混悬型气雾剂：因药物难溶于抛射剂，为了使药物微粉分散均匀，抛射剂的用量较高。皮肤和黏膜给药时，抛射剂用量为 30%～45%（g/g），吸入给药时，抛射剂的用量可达 99%（g/g）。此外，抛射剂与药物的密度应尽量接近，常以混合抛射剂调节密度。

（3）乳剂型气雾剂：抛射剂用量一般为 8%～10%（g/g），部分可高达 25%。当抛射剂蒸气压高且用量大时，会产生黏稠的弹性干泡沫；若抛射剂蒸气压低而用量少，则产生柔软的湿泡沫。

（二）药物与附加剂

液态、半固态及固态药物均可开发成气雾剂，不溶性的药物需先微粉化。目前应用较多的药物有呼吸系统用药、解痉药及烧伤用药等，近年来蛋白、多肽类药物的气雾剂给药系统已成为研究热点。气雾剂中常需添加助溶剂、潜溶剂、抗氧剂、润湿剂、乳化剂等附加剂，必要时还添加矫味剂、防腐剂等。气雾剂中添加的辅料均应无刺激性、无毒性。

（三）耐压容器

对气雾剂耐压容器的基本要求包括耐压性（有一定的耐压安全系数）、抗撞击性、不与药物和抛射剂起作用、轻便、价廉等。耐压容器有金属容器、玻璃容器和塑料容器。

1. 玻璃容器　化学性质稳定，价廉易得，但耐压性和耐撞击性差，故需在玻璃瓶外壁涂抹塑料防护层。

2. 金属容器　包括铝、不锈钢等容器，耐压性强，但易与药物溶液反应，故容器内壁常用环氧树脂、聚乙烯等进行表面处理，但是必须保证涂层无毒并不能变软、溶解和脱落，金属容器不如玻璃容器应用广泛。

3. 塑料容器　一般由聚丁烯对苯二甲酸和乙缩醛共聚树脂等制成。塑料容器抗撞击性好，耐腐蚀，质地轻，携带方便。但塑料容器通透性高，且其中含有的附加剂可能会影响药物稳定性。

（四）阀门系统

阀门系统是控制药物和抛射剂喷出的主要部件，可通过定量阀门精准控制药物喷出量。阀门系统对内容物应为惰性。阀门系统一般由推动钮、阀门杆、橡胶封圈、弹簧、定量室和浸入管组成，并通过铝制封帽将阀门系统固定在耐压容器上。目前使用较多的定量吸入气雾剂阀门系统结构与组成部件如图 11-1 所示。

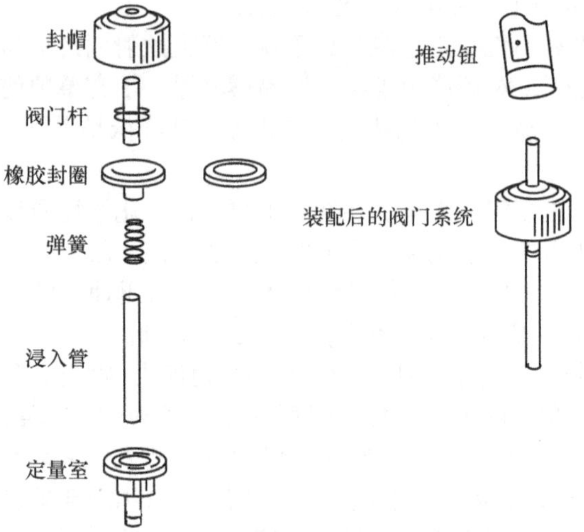

图 11-1　气雾剂定量阀门组成部件示意图

1. 封帽　通过封帽将阀门固定在容器上，多为铝制品，必要时涂抹环氧树脂等。

2. 阀门杆　是阀门的轴芯部分，通常由尼龙或不锈钢制成。阀门杆上端有一个膨胀室，与上面的喷嘴相通，内容物进入膨胀室后膨胀气化，使药液雾化；膨胀室下部旁侧有一内孔，是阀门沟通容器内外的极细小孔，是内容物进入膨胀室的通道。不使用时，内孔被弹性橡胶封圈封住，保证容器密闭；使用时按压推动钮，内孔与药液相通，容器内容物即可通过阀门喷出。若容器为定量给药装置，则阀门杆下端有一细槽（引液槽）或浸入管供药液进入定量室。

3. 橡胶封圈　通常用丁腈橡胶制成，分进液封圈与出液封圈，是封闭或打开阀门内孔的控制圈，如图 11-2 所示。进液弹性封圈位于阀杆下端，在弹簧之下托住弹簧，并随阀杆的上下移动打开或关闭浸入管，且控制定量室下端，防止定量室内药液倒流。出液弹性封圈，紧套于阀杆上端，位于内孔之下，弹簧之上。它的作用是控制内孔打开或关闭，同时控制定量室的上端，防止定量室内药液溢出。

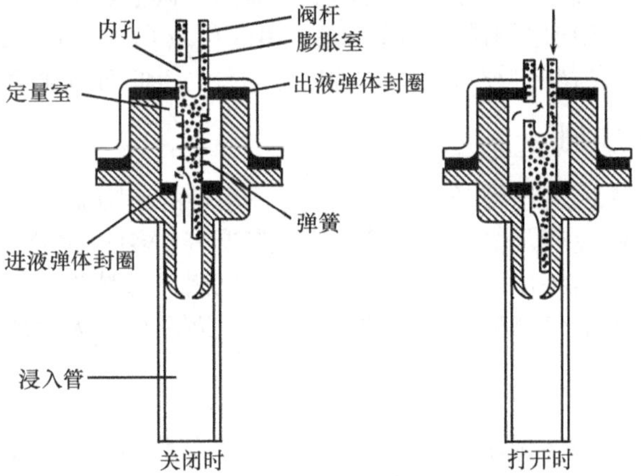

图 11-2　有浸入管的定量阀门示意图

4. 弹簧　提供推动钮上升的弹力，通常用性质稳定的不锈钢制成，套在阀门杆的下部。

5. 定量室　又称定量小杯，阀门杆从中穿过，通常用塑料或金属制成，起定量喷雾的作用（容量一般为 0.05～0.20ml）。定量室由封圈控制可保证药液不外溢或倒流。

6. 浸入管　通常用聚乙烯或聚丙烯塑料制成，连接在阀门杆下部，其作用是将内容物向上输送至阀门系统中，输送动力来自于容器内压。

部分药用吸入气雾剂一般不用浸入管，而靠引液槽输送药液，故使用气雾剂时需将容器倒置，如图 11-3 所示。阀门关闭时，定量室与内部药液相通，此时药液由引液槽进入并灌满定量室；按下推动钮开放阀门，内孔进入定量室，内容物从定量室经膨胀室后喷射出来。

7. 推动钮　一般用塑料制成，是打开或关闭阀门系统的装置，推动钮上有喷嘴，控制药液喷出方向。

三、气雾剂的制备

（一）制备流程

制备气雾剂的一般工艺流程为容器与阀门系统的处理和装配、药物的配制和分装、抛射剂的填充。

（二）制备工艺

制备气雾剂的各种用具、容器等应用适宜的方法清洁，整个操作过程中应注意防止微生物的污染。

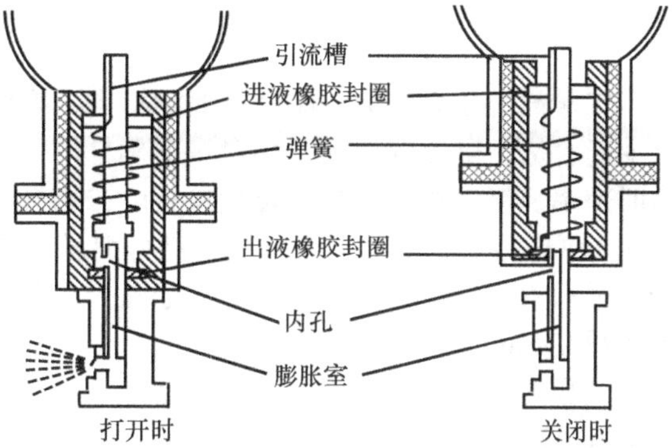

图 11-3　有引液槽的倒置式气雾剂阀门启闭示意图

1. 容器与阀门系统的处理与装配　目前国内气雾剂大多用玻璃瓶外壁搪塑料的容器，容积约 30ml。搪塑液多由聚氯乙烯树脂、苯二甲酸二丁酯、硬脂酸钙、硬脂酸锌和适量色素组成。

（1）容器的处理：洗净烘干玻璃瓶、预热至 120～130℃，趁热浸入搪塑液中，使瓶颈以下黏附一层浆液，倒置，在 150～170℃烘干约 15min，备用。塑料涂层外表应平整、美观。

（2）阀门系统的处理与装配：橡胶制品可在 75%乙醇中浸泡 24h，烘干备用；塑料及尼龙零件洗净后于 95%乙醇中浸泡备用；不锈钢弹簧在 1%～3%碱溶液中煮沸 10～30 min，水洗至无油腻，甩去水，浸泡在 95%乙醇中，烘干，备用。封帽用热水洗净，烘干备用。最后将上述已处理好的零件，按照阀门结构进行装配。

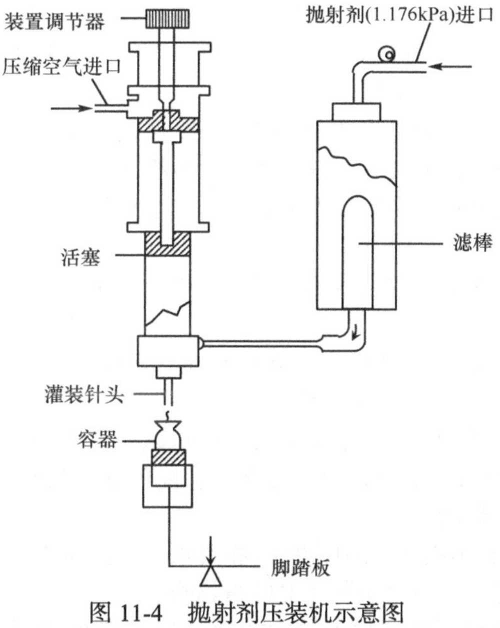

图 11-4　抛射剂压装机示意图

2. 药物的配制和分装　根据药物的性质和气雾剂类型配制药液。溶液型气雾剂应制成澄清的溶液后进行分装；混悬型气雾剂应将药物微粉化，并严格防止药物微粉吸湿而导致药物结块。乳剂型气雾剂可制备成均匀稳定的乳剂。配制好的药液定量分装于气雾剂容器内，安装阀门，轧紧封帽。

3. 抛射剂的填充　抛射剂的充填方法分为压灌法和冷灌法两种，其中压灌法在国内更常用。

（1）压灌法：先将配好的药液在室温下灌入容器内，再将阀门装上，轧紧封帽，抽去容器内空气，然后通过压装机压入一定量抛射剂，如图 11-4 所示。灌装时，压装机上的灌装针头插入气雾剂阀门杆的膨胀室内，阀门杆向下移动，压装机与气雾剂的阀门同时打开，过滤后的液化抛射剂定量地进入气雾剂容器内。压灌法设备简单，不需要低温操作，抛射剂损耗较少，我国多用此法生产，但生产速度较慢，且使用过程中压力的变化幅度较大。

（2）冷灌法：药液借助冷灌装置中热交换器冷却至−20℃左右，抛射剂冷却至沸点以下至少 5℃。先将冷却的药液灌入容器中，随后直接加入已冷却的抛射剂（也可两者同时灌入），立即将阀门装上并轧紧，需迅速操作，以减少抛射剂损失。本法对阀门无影响，成品压力较稳定，适用于任何阀门系统，且生产流程基本不受压力影响。但该法需制冷设备和低温操作，抛射剂损失较多，且由于结冰的原因，含水品种不宜使用该法。

四、气雾剂的质量要求

气雾剂内压力较大，应进行泄漏检查，确保安全使用。定量气雾剂应标明每瓶总揿次和每揿主药含量，确保释出的主药含量准确、均一，喷出的雾滴（粒）均匀。非定量气雾剂应进行喷射速率、喷出总量和最低装量检查。二相气雾剂应为澄清溶液，三相气雾剂应将微粉化（或乳化）原料药物和附加剂充分混合制得混悬液和乳状液，如有必要，抽样检查合格后方可分装。制备过程中，必要时应严格控制水分混入。吸入气雾剂的雾滴（粒）大小应控制在 10μm 以下，大多数在 5μm 以下。

气雾剂应置凉暗处保存，避免暴晒、受热、敲打、撞击。《中国药典》2015 年版制剂通则要求气雾剂应进行以下检查。其中吸入气雾剂还应符合吸入制剂相关项下要求，鼻用气雾剂还应符合鼻用制剂相关项下要求。

1. 每瓶总揿次 取气雾剂 1 瓶，揿压阀门，释放内容物至废弃池中，每次揿压间隔不少于 5 秒，每瓶总揿次应不少于标示总揿次（此检查可与递送剂量均一性测试结合）。定量气雾剂照此方法检查，应符合规定。

2. 递送剂量均一性 定量气雾剂按照《中国药典》2015 年版制剂通则 0111 相关项下方法检查，递送剂量均一性应符合规定。

3. 每揿主药含量 定量气雾剂照下述方法检查，每揿主药含量应符合规定。取供试品 1 瓶，充分振摇，除去帽盖，试喷 5 次，用溶剂洗净套口，充分干燥后，倒置于已加入一定量吸收液的适宜烧杯中，将套口浸入吸收液面下（至少 25mm），喷射 10 次或 20 次（注意每次喷射间隔 5s 并缓缓振摇），取出供试品，用吸收液洗净套口内外，合并吸收液，转移至适宜容量瓶中并稀释至刻度后，按各品种含量测定项下的方法测定，所得结果除以取样喷射次数，即为平均每揿主药含量。每揿主药含量应为每揿主药含量标示量的 80%～120%。

4. 微细粒子剂量 除另有规定外，定量吸入气雾剂应检查微细粒子剂量，照吸入制剂微细粒子空气动力学特性测定法（《中国药典》2015 年版通则 0951）检查，照各品种项下规定的方法测定，计算微细粒子剂量，应符合规定。除另有规定外，中药吸入用混悬型气雾剂若不进行微细粒子剂量测定，应做粒度检查。

5. 喷射速率 非定量气雾剂按照下述方法检查，喷射速率应符合规定。取供试品 4 瓶，除去帽盖，分别喷射数秒后，擦净，精密称定，将其浸入恒温水浴（25℃±1℃）中 30min，取出，擦干，除另有规定外，连续喷射 5s，擦净，分别精密称重，然后放入恒温水浴（25℃±1℃）中，按上法重复操作 3 次，计算每瓶的平均喷射速率（g/s），应符合规定。

6. 喷出总量 非定量气雾剂按照下述方法检查，喷出总量应符合规定。取供试品 4 瓶，除去帽盖，精密称定，在通风橱内，分别连续喷射于 1000ml 或 2000ml 锥形瓶中，直至喷尽为止，擦净，分别精密称定，每瓶喷出量均不得少于标示装量的 85%。

7. 每揿喷量 定量气雾剂按照《中国药典》2015 年版制剂通则 0113 相关项下方法检查，应符合规定。凡进行每揿递送剂量均一性检查的气雾剂，不再进行每揿喷量检查。

8. 装量 除另有规定外，非定量气雾剂按照最低装量检查法（《中国药典》2015 年版通则 0942）检查，应符合规定。

9. 无菌 除另有规定外，用于烧伤、严重创伤或临床必须无菌的气雾剂按照无菌检查法（《中国药典》2015 年版通则 1101）检查，应符合规定。

10. 微生物限度 除另有规定外，按照非无菌产品微生物限度检查，应符合规定。

五、气雾剂的处方及制备举例

1. 溶液型气雾剂 药物应能够直接溶解于抛射剂中，或加入适量潜溶剂等制得均匀澄明的液体。常用的潜溶剂有乙醇、甘油、乙酸乙酯、丙二醇等，选择潜溶剂时应注意毒性和刺激性，其中乙醇和甘油可用于吸入或鼻用气雾剂。

制剂举例 11-1

盐酸异丙肾上腺素气雾剂

【处方】　盐酸异丙肾上腺素 2.5g　维生素 C 1.0g　乙醇 294g　丙二醇　2.5g
HFA-134a 适量　共制成　1000g

【制法】　将盐酸异丙肾上腺素和维生素 C 一起溶解于乙醇和丙二醇中，得澄明溶液，分装于气雾剂容器中，安装阀门，轧紧封帽，用压灌法灌注 HFA-134a，即得。

【注解】　处方中盐酸异丙肾上腺素为主药，在抛射剂中溶解性差，加入丙二醇和乙醇作潜溶剂，增加异丙肾上腺素的溶解度，维生素 C 为抗氧剂，HFA-134a 为抛射剂。本品为溶液型气雾剂，用于治疗哮喘。

2. 混悬型气雾剂　当药物不溶于抛射剂或潜溶剂时，可将药物微粒分散在抛射剂中，制成混悬型气雾剂。制剂中药物微粉应不超过 10μm，多数在 5μm 以下。常加入适量润湿剂、分散剂等增加制剂的物理稳定性，如表面活性剂（聚山梨酯 80、泊洛沙姆、磷脂等）、矿物油等。混悬型气雾剂应避免储存过程药物结晶颗粒变大；处方中应严格控制含水量，并通过抛射剂的混合使用或助悬剂等的加入减小各组分之间的密度差，防止药物聚结沉降。

混悬型气雾剂是 20 世纪 70 年代后期发展起来的，常用于吸入治疗。由于不需要乙醇，刺激性小，且主药呈固相处于分散体系中，因此稳定性比乳剂型好，适应性强，是目前气雾剂发展的主要类型。

制剂举例 11-2

硫酸沙丁胺醇气雾剂

【处方】　硫酸沙丁胺醇 1.313g　磷脂 0.368g　Myrj-52 0.263g
HFA-134a 998.060g　共制 1000g

【制法】　将药物、磷脂、Myrj-52 与溶剂混合在一起后进行超声，使粒子平均粒径达到 0.1～5μm。然后通过冷冻干燥或喷雾干燥制备干燥粉末，再将该粉末悬浮在 HFA-134a 中即得。

【注解】　本品为混悬型气雾剂，水分不超过 5×10^{-5}。处方中硫酸沙丁胺醇为主药，磷脂和 Myrj-52 为表面活性剂，HFA-134a 为抛射剂。将药物用磷脂和表面活性剂包裹制成 0.1～5μm 的微粒，可达到以下目的：①调节药物微粒的密度，使其与抛射剂的密度相当，减小混悬颗粒的上浮或沉降，使药物微粉均匀分散；②使药物颗粒具有适宜的极性和表面张力，避免颗粒聚结，从而获得稳定的药物悬浮液。本品用于缓解哮喘或慢性阻塞性肺部疾病患者的支气管痉挛，或其他过敏原诱发的支气管痉挛。

3. 乳剂型气雾剂　若药物与抛射剂互不相溶，可将药物、抛射剂、适宜的乳化剂混合制成乳剂。乳剂型气雾剂处方中常用的乳化剂多为非离子表面活性剂，如聚山梨酯类、脂肪酸山梨坦类等。除乳化剂外，处方中还常加入防腐剂、润滑剂等附加剂。乳剂型气雾剂多用于局部给药，如阴道泡沫气雾剂、直肠泡沫气雾剂等。

制剂举例 11-3

大蒜油气雾剂

【处方】　大蒜油 10.0ml　甘油 250.0ml　聚山梨酯 80 30.0g　HFA-134a 962.5g
十二烷基硫酸钠 20.0g　油酸山梨坦 80 35.0g　蒸馏水加至 1400.0ml

共制成 175 瓶

【制法】 将大蒜油与乳化剂等混合均匀，在搅拌下加水制成乳剂后，分装于 175 瓶耐压容器中，安装阀门后每瓶压入 5.5g 抛射剂，密封即得。

【注解】 处方中大蒜油为主药，聚山梨酯 80、油酸山梨坦 80 及十二烷基硫酸钠均为乳化剂，甘油用于调节黏度，有利于泡沫的稳定；HFA-134a 为抛射剂。本品为 O/W 乳剂型气雾剂，喷射后产生大量泡沫。大蒜油有抗真菌作用，临床用于治疗真菌性阴道炎。

第二节 喷 雾 剂

一、概 述

喷雾剂（sprays）指原料药物与适宜辅料填充于特制的装置中，使用时借助手动泵的压力、高压气体、超声振动或其他方法将内容物呈雾状物释出，用于肺部吸入或直接喷至腔道黏膜、皮肤等的制剂。按用药途径可分为吸入喷雾剂、鼻用喷雾剂及皮肤、黏膜用喷雾剂。按给药定量与否，可分为定量喷雾剂和非定量喷雾剂。按给药剂量可分为单剂量给药喷雾剂和多剂量给药喷雾剂。

喷雾剂喷出的雾滴较粗，早期多以局部应用为主，如用于鼻腔、口腔、喉部、眼部、耳部和体表等部位局部疾病治疗。其中以鼻腔和体表的喷雾给药比较多见。喷雾剂不含抛射剂，对于环境的影响远低于气雾剂，随着喷射装置的改进，喷雾剂的应用逐渐增多，用于全身治疗作用的喷雾剂也陆续问世，如鼻用降钙素喷雾剂等。

二、喷雾剂的装置

（一）传统喷雾装置

喷雾剂装置中各组成部件均应采用无毒、无刺激性和性质稳定的材料制成。喷雾给药装置通常由两部分构成，一部分为喷射药物的喷雾装置，多为机械或电子装置制成的喷雾泵。另一部分为载药容器。喷雾泵和容器通过螺纹口互相密封配合，可根据需要组合出不同规格的产品，方便使用。

用手按压喷雾泵触动器，产生压力，很小的触动力即可达到喷雾所需压力，使药液以雾状形式释放，适用范围广。喷雾泵主要由泵杆、密封垫、弹簧、活塞、泵体、固定杯、浸入管等元件组成。

常用的载药容器有塑料瓶和玻璃瓶两种，前者一般由不透明的白色塑料制成，质量轻且强度高，抗撞击性能较好，便于携带；后者一般由透明的棕色玻璃制成，强度不如塑料瓶。若药物物理化学性质不稳定，可封装于特制安瓿中，使用前打开安瓿，安装喷雾泵进行喷雾给药。

（二）新型喷雾装置

近年来，各大医药公司致力于开发新型的喷雾装置，旨在提高药物雾化传递效率，实现智能化及临床用药实时监测等功能。根据雾化药物动力的不同，可将喷雾装置分为喷射式和超声波式两种。

喷射式装置以空气压缩器或高压氧为喷射动力使药物溶液微粒化。如图 11-5 所示，在喷射式雾化装置中，流动于管道中的气体，在管道狭窄处流速增大，导致侧压下降，当侧压低于大气压时，储液罐中的雾化液可经毛细管吸出（文氏效应），经高速气流的碰撞，破碎成微小液滴，悬浮于气流中，形成气溶胶。小剂量喷射式雾化器如图 11-6 所示，雾滴中的大颗粒通过喷嘴两侧挡板的拦截，落回储液罐内，从而被除去，使雾滴变得细小。药物微粒的产生量及粒径与压缩气体或高压氧流量有关，表面活性强、易发泡的药物不适于此类装置。

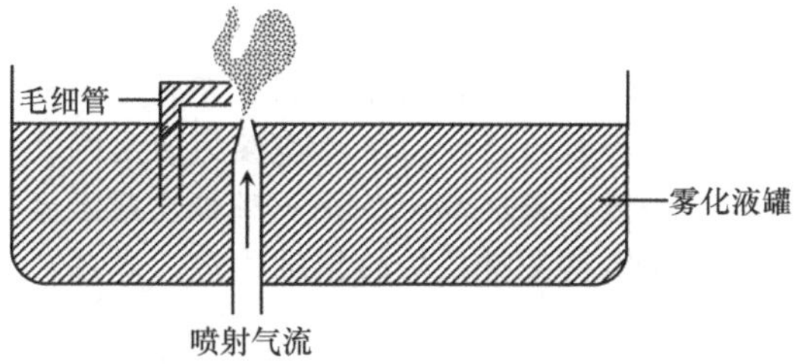

图 11-5　喷射式雾化装置产生气溶胶原理示意图

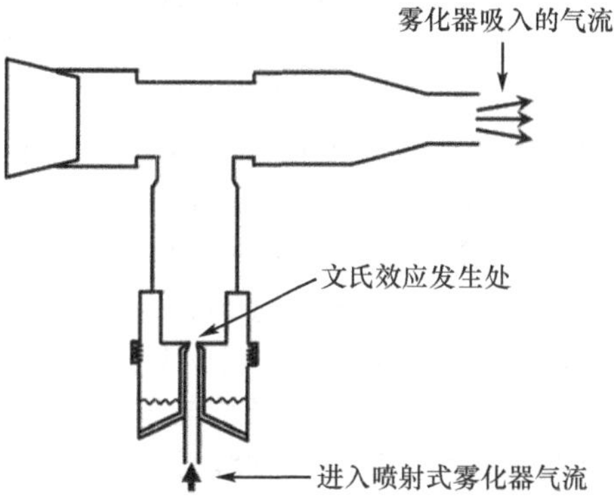

图 11-6　小剂量喷射式雾化器示意图

超声波式喷雾器是通过压电元件发生超声波，使药物溶液表面产生振动波，利用振动波的冲击力使药物溶液微粒化，如图 11-7 所示。超声波喷雾器能产生粒径均一的药物微粒（1～5μm），但遇超声波易分解、浓度高、黏性大的药物不适用此法。

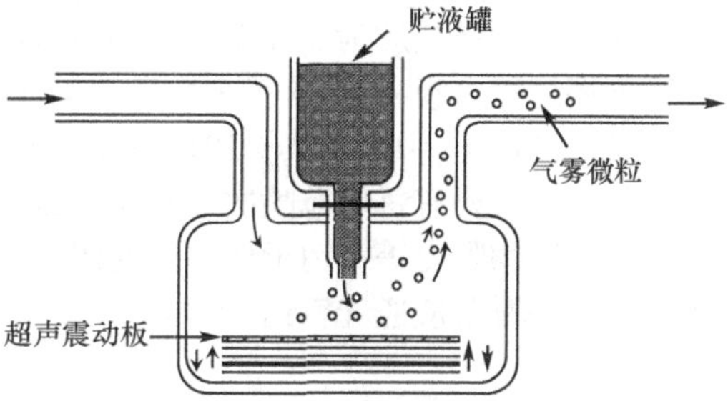

图 11-7　超声雾化器示意图

目前应用的新型喷雾器有 Halolite 喷雾器、AERx 喷雾器和超声波喷雾器等。

1. Halolite 喷雾器　该喷雾装置由 Medic-Aid 公司开发，由手持的喷射雾化器与专用的压缩机连接而成。喷雾器装有电子控制的监控系统，可控制雾化药物在吸气循环的前半期喷出。这是因为吸气循环后期传输的药物几乎不能沉积至呼吸道深部。同时，在呼气循环过程中，停止雾化药物，进一步降低药物的浪费。此外，监控系统可监测患者呼吸参数，调整给药剂量和方案，确保患者用药剂量的准确。但该装置较为笨重，使用后需严格清洗方可再次使用。

2. AERx 喷雾器　此喷雾装置中装有微米级的微孔筛，使用时在压力的作用下，药液被强制通过微米级的孔筛，形成小液滴，并以雾状形式喷出。AERx 喷雾器装有电池，无需电源，可通过更换贮药器重复使用。

3. 超声波喷雾器　该装置装有陶瓷材质的网筛（网孔 3～4μm）和振荡器，可产生超声振动，使药液通过网孔，得到细小的液体气溶胶。这类装置通过电池供电，体积小，易于携带，雾化效果好。

三、喷雾剂的制备

配制喷雾剂时，可按需要添加适宜的溶剂、助溶剂、抗氧剂、抑菌剂、表面活性剂等附加剂，所有附加剂对使用部位均应无刺激性。喷雾剂装置中各组成部件均应采用无毒、无刺激性、性质稳定、与原料药物不起作用的材料。

传统喷雾剂的制备方法比较简单，先将药物与附加剂混合并分装于容器中，随后安装喷雾泵系统即可。喷雾剂制备用的各种用具、容器等需用适宜方法清洁、消毒，整个操作过程中应注意防止微生物的污染。烧伤、创伤或溃疡用喷雾剂应在无菌环境下配制。

制剂举例 11-4

糠酸莫米松喷雾剂

【处方】 糠酸莫米松 0.5g 聚山梨酯 80 18.0g 甘油 26.0g 苯扎溴铵 0.2g
羧甲纤维素钠 20.0g 枸橼酸钠 3.0g 枸橼酸 2.0g 纯化水加至 1000g

【制法】 取处方量的纯化水，加入苯扎溴铵，搅拌使之溶解，加入羧甲纤维素钠，乳匀机高速搅拌 5～10min，依次加入甘油、聚山梨酯 80、枸橼酸、枸橼酸钠，充分搅拌，最后加入药物，搅拌得到白色混悬药液，分装至喷雾装置中即得。

【注解】 处方中糠酸莫米松为主药，加入聚山梨酯 80 作为润湿剂有利于药物分散均匀，羧甲纤维素钠为助悬剂，甘油作为增稠剂有利于混悬剂的稳定，苯扎溴铵为防腐剂，枸橼酸和枸橼酸钠为 pH 调节剂，使药液与鼻黏膜 pH 接近。糠酸莫米松是一种糖皮质激素类抗变态反应药，用于治疗季节性或成年鼻炎，对过敏性鼻炎有较好的预防作用。本品为混悬型喷雾剂，用于鼻腔给药。

四、喷雾剂的质量要求

溶液型喷雾剂应配成澄清的药液；乳状型喷雾剂的液滴应分散均匀；混悬型喷雾剂应将药物和附加剂充分混匀，研细，制成稳定的混悬液。吸入喷雾剂的雾滴（粒）大小应控制在10μm 以下，其中大多数应为 5μm 以下。喷雾剂应符合《中国药典》2015 年版相关要求。其中吸入喷雾剂还应符合吸入制剂（《中国药典》2015 年版通则 0111）相关项下要求，鼻用喷雾剂还应符合鼻用制剂（《中国药典》2015 年版通则 0106）相关项下要求。喷雾剂的质量检查内容与气雾剂相似，主要有每瓶总喷次、每瓶喷量、每喷主药含量、递送均一性、微细粒子剂量、装量差异、微生物限度等；用于烧伤、创伤或溃疡用喷雾剂需按规定进行无菌检查。除另有装量和规定外，喷雾剂应避光密封储存。

第三节 粉 雾 剂

一、概　　述

粉雾剂（powder aerosols）是指一种或一种以上的药物粉末，经特殊的给药装置以干粉形式将药物喷于给药部位，发挥全身或局部作用的一种给药系统。粉雾剂是在气雾剂的基础上，综合粉体工程学知识发展起来的一种新剂型。因其不含抛射剂，使用方便，稳定性好，吸收干扰因素少而日益受到人们的重视，未来有可能取代气雾剂。

粉雾剂与气雾剂及喷雾剂相比，具有以下特点：①吸入制剂由患者主动吸入，顺应性好；②无抛射剂，避免了对大气环境的污染和对呼吸道的刺激；③药物以胶囊或泡囊形式给药，剂量准确；④不含防腐剂及乙醇等溶媒，对黏膜无刺激；⑤药物为干粉状，稳定性好。

粉雾剂按用途可分为吸入粉雾剂和非吸入粉雾剂。吸入粉雾剂（powder aerosols for inhalation）系指微粉化的药物或与载体以胶囊、泡囊或多剂量贮库形式，采用特制的干粉吸入装置（dry powder inhalations，DPIs），由患者主动吸入雾化药物至肺部的制剂。吸入粉雾剂在蛋白、多肽和核酸类药物，以及疫苗给药方面具有独特优势。2014 年，MannKind 公司生产的粉雾吸入式胰岛素产品 Afrezza 获美国 FDA 批准上市，用于成人 1 型糖尿病的治疗。目前国内已有沙丁胺醇、色甘酸钠等药物的吸入粉雾剂上市。根据吸入部位不同，可分为经鼻和经口吸入粉雾剂，根据包装剂量可分为多剂量吸入粉雾剂和单剂量吸入粉雾剂。

理想的吸入粉雾剂应装量准确；易被患者吸入；药物微粉不聚集，易雾化，不易吸湿，装置体积小，易于携带。

二、吸入粉雾剂的装置

吸入粉雾剂的给药装置是影响其治疗效果的主要因素之一。国外 20 世纪 70 年代就开始研究干粉吸入装置，1971 年英国人 Bell 研制的第一个干粉吸入装置（即 Spinhaler™）问世以来，粉末吸入装置已由第一代的胶囊型（如 Spinhaler™、Rotahaler™、ISF Haler™、 Flowcaps™等）、第二代的泡囊型（如 Diskhaler™）发展至第三代的贮库型（如 Turbuhaler™、Spiros™等）。理想的粉雾吸入装置药物传递效率高，输出剂量稳定，肺部沉积量高，轻巧携带、使用方便，价格合理，无毒、无刺激性、性质稳定等。设计吸入粉雾剂时，还应考虑干粉的吸湿性问题。目前已有多种吸入装置进入临床使用。

1. 胶囊型吸入装置　为单剂量吸入装置，如图 11-8 所示，一般将药物充填于明胶硬胶囊，置于吸入装置中，胶囊与转动子和金属尖针连接，患者吸气时，转子转动，针刺破胶囊，药物粉末随吸入的气流送入呼吸道中。世界上首个吸入装置 Spinhaler™ 即为胶囊型。1977 年研制成功的胶囊吸入粉雾器 Rotahaler™ 先后用于沙丁胺醇和倍氯米松二丙酸酯的给药。该装置通过转动，使胶囊帽与囊壳分离，释放药物粉末。随后，ISF haler™、Inhalator™、Cyclohaler™等吸入器陆续问世。胶囊型装置给药剂量准确，适合性质不稳定的药物，且结构简单，便于携带清洗。但胶囊型吸入装置为单剂量形式，每次使用需装入胶囊，对于哮喘急症、视力差、儿童等患者用药不便。同时，药物充填于硬胶囊中易吸水而变潮结块，应注意防潮。当药物剂量小于 5mg 时，为保证胶囊充填的准确性，需要加入稀释剂。

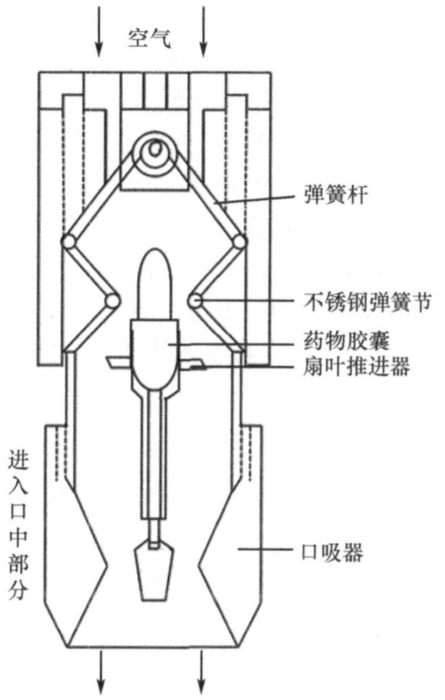

图 11-8　Rotahaler™ 胶囊型粉末雾化装置示意图

近年来研制的 Flowcaps™ 可有效解决单剂量吸入装置更换胶囊频繁的问题。该装置由前、后两部分组成，前部分为独立的胶囊吸入装置，后部分为可存放 14 粒 4 号胶囊的储存室，两者通过孔道相连，孔道靠近储存室一侧呈漏斗形，更换胶囊时只需倒置装置即可。

2. 泡囊型吸入装置　最早的泡囊型吸入装置是英国 Allen&Hanburys 公司推出的 Diskhaler™，如图 11-9 所示。该装置将药物分剂量储存于泡囊中（4～8 个泡囊），装入圆形塑料片上，铝箔封底。使用时将圆盘放入吸入装置，刺针可刺破铝箔，吸气时药粉即可释出，转轮可自动转动至下一个泡囊。该装置无需重新安装装置便可连续使用 4～8 个剂量，防湿性能也优于胶囊型装置。但仍需定时更换铝箔包装，不适于患者长期用药。

20 世纪 90 年代葛兰素史克公司推出了一款应用广泛的泡囊型吸入装置 Diskus™/Accuhaler™。该装置结构复杂，单剂量药物储存于双层铝箔压成的泡囊中，60 个泡囊连成一个泡囊带。使用时压下装置外侧手柄，可撕开一个泡囊释放出药粉。该装置每个剂量单独包装且密封，防潮性较胶囊型装置改善明显。装置上的计数窗可准确显示剩余吸药次数。60 个泡囊可满足患者长期用药，且方便轻巧，适用于哮喘等患者随身携带。但本装置生产成本较高，影响其推广。

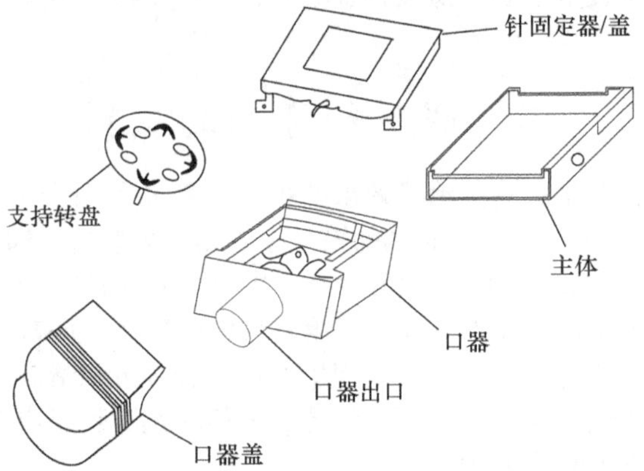

图 11-9 Diskhaler™结构示意图

3. 贮库型吸入装置 阿斯利康公司在 1988 年推出了第一个多剂量储库型吸入装置 Turbuhaler™，如图 11-10 所示。此装置能储存近 200 个剂量，使用时旋转底座，药物由储库释放至转盘上，由刮刀送至药物通道处。该装置带有剂量指示器，可实时显示使用情况。Turbuhaler™结构简单，生成成本不高，是目前使用最广泛的吸入装置。但该装置防潮性不佳，处方中需要加入干燥剂防止药物受潮。近年来，国外开发了全新一代的主动式干粉吸入装置。主动式干粉吸入装置借助压缩空气，高频压电振子或者马达为动力源对药物干粉进行雾化。该装置吸气流速要求低，剂量准确，肺部沉积率高，防潮性能好，可无需添加辅料直接给药，装置可长期反复使用，应用人群广。如 Dura 公司的 Spiros™，装置内置气流传感器，吸气流达到 6～15L/min 时启动电池驱动马达，恒速喷出药物干粉。

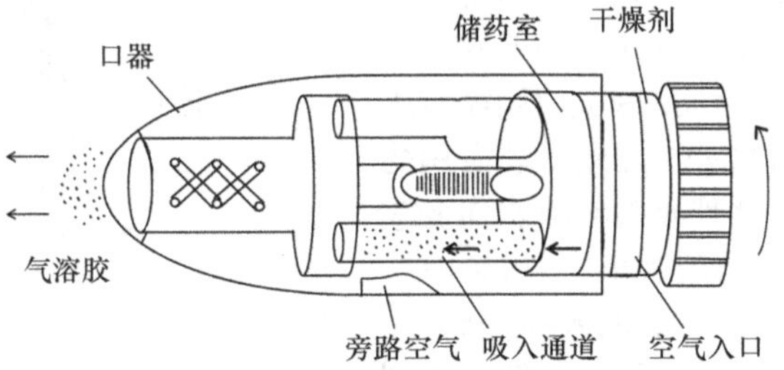

图 11-10 Turbuhaler™工作原理示意图

三、粉雾剂的处方组成及制备

（一）粉雾剂的处方组成

1. 药物 药物微粉化是吸入粉雾剂制备的关键。药物粒径一般控制在 2～5μm 。可通过研磨法（球磨机、胶体磨、气流粉碎机）、超临界流体技术、喷雾干燥等技术粉碎药物。

2. 附加剂 药物经微粉化后，粒径小，表面自由能大，属于热力学不稳定体系，自发聚集趋势非常强。因此在处方设计中，常加入一些载体物质。加入载体后，药物可吸附于载体表面，形成微粒，防止药物聚集；若药物剂量很小，载体还可起稀释剂的作用。载体的加入还有利于改善粉末的流动性，使自动填充时剂量准确。有些药物剂量较大，本身有较好的流动性，吸入时又可分散成微小粒子，达到吸入治疗要求，可不加任何附加剂。

载体应为无毒、惰性、能为人体所接受的可溶性物质，如乳糖、木糖醇、葡聚糖、甘露醇等。为增加粉末的流动性，还可加入少量润滑剂。药物粒子在肺部的沉积依赖于药物与载体之间的黏附性。药物与载体之间的黏附性受药物与载体的表面性质、药物与载体的比例、粒子大小、相对湿度等因素影响。

知识拓展 11-1

提高吸入粉雾剂雾化性能的方法

1. 加入载体颗粒　药物吸附于载体颗粒表面可改善其填充流动性，增加其从胶囊或囊泡的排空率，减少黏壁，对小剂量药物发挥稀释剂的作用。雾化时，载体颗粒沉降于口咽部或支气管，而药物粒子则通过支气管到达肺泡。目前最常用的载体为乳糖一水合物。

2. 加入细微粒子　在微米级药物粉末中加入纳米级细微粒子可增加粒子之间的距离，降低粒子间范德瓦耳斯力，改善粉末流动性，提高雾化性能。加入的微粉粒子应比药物粒子密度小 50%，粒径小于药物粒径的 1/7。

3. 制备大多孔粒子　研究表明密度小于 $0.4g/cm^3$，几何粒径大于 5μm 的大多孔粒子有较好的雾化性能，能沉积在肺泡表面，并避免肺部巨噬细胞的吞噬，具有缓释潜能。可利用喷雾冷冻干燥技术、超临界二氧化碳等技术得到大多孔粒子。

（二）粉雾剂的制备

粉雾剂制备过程中应注意防止微生物的污染。粉雾剂的基本工艺流程为原料药物微粉化、与附加剂混合、分装、质检、包装等。环境的湿度和物料的表面电性等对混合过程有较大影响。例如，润滑剂硬脂酸镁的加入可能会使混合后粉末的均匀性下降。粉雾剂易吸潮，应置于阴凉、干燥处保存。

制剂举例 11-5

色甘酸钠粉雾剂

【处方】　色甘酸钠 20g　乳糖 20g　制成 1000 粒

【制法】　将色甘酸钠研磨粉碎，与乳糖充分混匀，分装到空心胶囊中，使每粒胶囊含色甘酸钠 20mg，即得。

【注解】　本品为胶囊型粉雾剂，用时需装入相应的装置中，供患者吸入使用。处方中色甘酸钠在胃肠道仅吸收 1%左右，而肺部吸收较好，吸入后 10～20min 血药浓度即可达峰，生物利用度可达 8%～10%，处方中的乳糖为载体。本品为抗变态反应药，可用于预防各种类型哮喘的发作。

四、粉雾剂的质量要求

多剂量贮库型吸入粉雾剂应标明每瓶的装量、主药含量、总吸次、每吸主药含量。除另有规定外，吸入粉雾剂应检查以下项目。

1. 递送剂量均一性　吸入粉雾剂按照《中国药典》2015 年版四部制剂通则 0111 相关项下方法检查，递送剂量均一性应符合规定。

2. 微细粒子剂量　照吸入制剂微细粒子空气动力学特性测定法（《中国药典》2015 年版四部通则 0951）检查，除另有规定外，微细粒子百分比应不少于每吸主药含量标示的 10%。

3. 多剂量吸入粉雾剂总吸次　在设定气流下，将吸入粉雾剂揿空，记录揿次，不得低于标示的总揿次。该检查可与递送剂量均一性测定结合。

4. 微生物限度 按照《中国药典》2015 年版四部微生物限度检查法检查，应符合规定。

本章小结

气雾剂、喷雾剂、粉雾剂是药物以雾化方式通过皮肤、口腔、鼻腔、呼吸道、阴道等途径给药，发挥全身或局部治疗作用。其中肺部吸入给药制剂因起效快、不受胃肠道环境影响等特点受到极大关注。气雾剂、喷雾剂和粉雾剂均需特殊的装置实现药物的雾化，其制剂由载药容器和给药装置组成。其中气雾剂的喷射动力来源于抛射剂，喷雾剂借助手动机械泵和超声波等将药物雾化喷出，而粉雾剂则通过特殊的给药装置由患者主动吸入。

重点：气雾剂、喷雾剂、粉雾剂的概念、特点和处方组成，气雾剂的制备方法。

难点：气雾剂的质量评价。

思考题

1. 试述气雾剂的分类、组成和特点。
2. 试述气雾剂、喷雾剂和粉雾剂的区别。
3. 气雾剂进行处方设计时应该考虑的因素有哪些？
4. 吸入粉雾剂的给药装置有哪些？

（黄 静 宦梦蕾）

第十二章　制剂新技术

学习目标

1. 掌握：固体分散体的概念、特点、常用的载体材料；包合物的概念、特点，脂质体的概念、特点及制备方法；聚合物胶束、纳米粒、纳米乳的概念和特点；微囊与微球的概念、特点、常用载体材料。

2. 熟悉：固体分散体的类型、制备方法及速释、缓释原理；常用的包合材料，影响包合作用的因素；包合物制备方法；脂质体的组成、常用脂质材料及质量评价；纳米粒、纳米乳的制备与质量评价方法；微囊与微球的释药机制及影响因素、常用的制备与质量评价方法。

3. 了解：固体分散体的物相鉴定，包合物的验证，类脂囊泡的概念及特点。

第一节　固体分散体制备技术

一、概　　述

固体分散体（solid dispersion）是指将药物以分子、无定形或微晶等状态高度分散于适宜载体材料中制成的固体分散体系。将药物制成固体分散体所采用的制剂技术称为固体分散技术。

固体分散体的主要特点是利用性质不同的载体使药物高度分散，以达到不同的目的：①增加难溶性药物的溶解度和溶出速率，从而提高药物的生物利用度；②采用难溶性载体材料制成的固体分散体可控制药物的释放；③利用载体的包蔽作用，延缓药物的水解和氧化，增加药物的稳定性；④掩盖药物的不良嗅味和刺激性；⑤使液体药物固体化等。固体分散体的主要缺点是药物分散状态的物理稳定性不高，在储存期间，药物分子可能自发聚集成晶核，或微晶逐渐生长变成大的晶粒，或由亚稳定型转化成稳定型晶型，这个过程称为老化（aging）。另外，固体分散体的载药量较小。

固体分散体的概念于 1961 年由 Sekiguchi 和 Obi 首次提出，他们以尿素为载体材料，采用熔融法制备磺胺噻唑固体分散物，口服此固体分散体制成的制剂，其吸收比普通制剂明显加快。此后，研究人员利用聚乙二醇、聚维酮、尿素等水溶性载体材料制备难溶性药物的固体分散物，进一步证实了固体分散技术可有效增加难溶性药物的溶解度和溶出速度。

近年来，人们用水不溶性聚合物、肠溶性材料及脂质材料等作为载体制备固体分散体，利用此技术控制药物释放速度以达到缓释、迟释等目的，使固体分散技术的研究进入了新的发展阶段。固体分散体作为一种制剂中间体，可以根据需要进一步制成胶囊剂、片剂、软膏剂、栓剂及注射剂等。目前，基于固体分散技术已上市的药物制剂有伊曲康唑片、灰黄霉素片、依曲韦林片、庚苯吡酮胶囊、他克莫司片、布洛芬片、尼群地平片等。

二、固体分散体的载体材料

固体分散体中药物的分散程度和溶出速率在很大程度上取决于所用载体的特性。载体材料应无毒、无致癌性、不与药物发生化学反应、不影响主药的化学稳定性、不影响药物的药效和含量测定、能使药物保持最佳的分散状态且廉价易得。固体分散体所用载体材料可分为水溶性载体材料、难溶性载体材料、肠溶性载体材料三大类。载体材料在使用时可根据制备目的选择单一载体或混合使用载体。

（一）水溶性载体材料

1. 聚乙二醇类 聚乙二醇（PEG）是最常用的水溶性载体之一，以 PEG4000 和 PEG6000 最为常用。PEG 具有熔点低（55～65℃），毒性较小，化学性质稳定（但 180℃以上分解），能与多种药物配伍，不干扰药物的含量分析等特点，适用于熔融法、溶剂法制备固体分散体，药物常以分子或微晶状态分散其中，形成固态溶液或玻璃态溶液。PEG 用于增加某些药物的溶出速率，提高药物的生物利用度的研究较多，如用 PEG4000 制备的氨苯蝶啶固体分散体，其生物利用度及疗效均有提高。当药物为油类时，宜用分子质量更高的 PEG 类作载体，如 PEG12 000 或 PEG6000 与 PEG20 000 的混合物。单独使用 PEG6000 作载体，则固体分散体变软，特别是温度较高时载体发黏。联合应用不同相对分子质量的 PEG 为载体，可改善固体分散体的性能。

2. 聚维酮类 常用的聚维酮（PVP）为无定形高分子聚合物，依据聚合度不同有 PVP_{K15}、PVP_{K30} 及 PVP_{K90} 等多种规格（K 后的数值越大，聚维酮的分子质量越大），PVP 无毒、熔点较高，易溶于水和多种有机溶剂。由于熔点高不宜采用熔融法，而采用溶剂法制备固体分散物。研究证明 PVP 对许多药物有较强的抑晶作用，作为载体材料具有普遍意义。用 PVP 制成固体分散体，药物体外溶出度明显提高，在体内起效快，生物利用度也有显著改善。但 PVP 易吸湿，制成的固体分散物储存过程中易吸湿而析出药物结晶。例如，尼莫地平-PVP 固体分散物能显著提高尼莫地平的体外溶出速率，但经相对湿度 75%，40℃放置 3 个月后，溶出速率又回到原药的水平。

3. 表面活性剂类 作为载体材料的表面活性剂大多含聚氧乙烯基，在水和多数溶剂中溶解，载药量大，在蒸发过程中可阻滞药物产生结晶，是较理想的速效载体材料。常用的有泊洛沙姆 188（poloxamer188）、聚氧乙烯（polyoxycthylene，PEO）、卡波姆（carbopol，CP）等，采用熔融法和溶剂法制备固体分散体，可大大提高溶出速率和生物利用度。

4. 有机酸类 常用的有枸橼酸、琥珀酸、酒石酸、胆酸、去氧胆酸等。此类载体材料的分子质量较小，易溶于水而不溶于有机溶剂，抑制药物结晶的能力较弱，多与药物形成低共熔混合物。此类载体不适用于对酸敏感的药物。

5. 糖类与多元醇类 常用糖类载体材料有右旋糖酐、半乳糖和蔗糖等，醇类载体材料有甘露醇、山梨醇、木糖醇等。它们的特点是水溶性强，毒性小，因分子中有多个羟基，可与药物以氢键结合形成固体分散体，适用于剂量小、熔点高的药物，尤以甘露醇为最佳。但其大多数熔点较高，且不溶于多种有机溶剂，限制了其应用。

6. 其他亲水性材料 一些亲水性聚合物，如改性淀粉、微晶纤维素、羟丙甲纤维素（HPMC）、胃溶性聚丙烯酸树脂，以及微粉硅胶等也经常用作固体分散体的载体。这些材料有良好的亲水性，是固体制剂的优良辅料，除起到分散作用外，本身还是优良的润湿剂、分散剂、助流剂或崩解剂。

（二）难溶性载体材料

1. 纤维素类 常用的如乙基纤维素（EC），无毒，无药理活性，是一种理想的不溶性载体材料。EC 能溶于乙醇、苯、丙酮、四氯化碳等多种有机溶剂。此类载体制备固体分散体时多以乙醇为溶剂，采用溶剂分散法制备。因其载药量大、稳定性好，广泛应用于缓释固体分散体。EC 为载体的固体分散体中释药速率属扩散控制，EC 的黏度和用量均影响释药速率，其中，以

EC 用量对释药速率的影响为甚。在 EC 为载体的固体分散体中加入 HPC、PEG、PVP 等水溶性物质作致孔剂可以调节释药速率，获得更理想的释药效果。

2. 聚丙烯酸树脂类　含季铵基的聚丙烯酸树脂在胃液中可溶胀，在肠液中不溶，不被吸收，对机体无害，广泛用于制备缓释固体分散体。常用品种有丙烯酸树脂 Eudragit E、Eudragit RL 和 Eudragit RS 等几种。

3. 脂质类　常用的有胆固醇、β-谷甾醇、棕榈酸甘油酯、胆固醇硬脂酸酯、巴西棕榈蜡及蓖麻油蜡等脂质材料，均可作为载体制备缓释固体分散体。脂质类载体降低了药物溶出速率，延缓了药物释放。可加入表面活性剂、糖类、PVP 等水溶性材料，以适当提高其释放速率，达到满意的缓释效果。

（三）肠溶性载体材料

1. 纤维素类　常用的有醋酸纤维素酞酸酯（CAP）、羟丙甲纤维素酞酸酯（HPMCP，其商品有两种规格，分别为 HP 50、HP 55）及羧甲乙纤维素（CMEC）等，均能溶于肠液中，适用于制备胃中不稳定的药物的固体分散体。此外，可采用肠溶性材料制备缓释固体分散体，由于此类固体分散体在胃中药物不溶出，在肠液中溶出，控制了药物的释放，使制剂获得了高效、缓释的效果。

2. 聚丙烯酸树脂类　常用 Eudragit L100 及 Eudragit S100，分别相当于国产Ⅱ号及Ⅲ号聚丙烯酸树脂，两者分别在 pH6 以上和 pH7 以上的介质中溶解，有时两者联合使用，可制成缓释速率较理想的固体分散体。例如，布洛芬与 Eudragit L100 及 Eudragit S100 的共沉淀物 5h 释药 50%，8h 释药近于完全。

三、固体分散体的类型

固体分散体按照药物的溶出特征可分为速释型（fast release）、缓释型（sustained release）和肠溶型（enteric dissolving）固体分散体。按制备方法和药物的分散状态可分为低共熔混合物、固体溶液和共沉淀物。下面主要按制备方法和药物分散状态分类。

（一）低共熔混合物

低共熔混合物（eutectic mixture）由药物与载体以适当的比例在较低的温度下熔融，得到完全混溶的液体，然后搅匀、速冷固化而成。在该种体系中，药物一般以微晶形式均匀分散在固体载体中。为了获得最大程度均匀分散的微晶体系，药物与载体的用量比一般采用低共熔组分比（最低共熔点时药物与载体之比），此时，两组分在低共熔温度下同时从熔融态转变成晶核。

如果两组分配比不是低共熔组分比，则在某一温度，先行析出的某种成分的微晶可以在另一种成分的熔融体中自由生长成较大的结晶，如树枝状结构。当温度进一步降低到低共熔温度时，低共熔晶体则可以填入先析出的晶体结构空隙，使微晶表面积大大减小，影响增溶效果。

（二）固体溶液

药物以分子状态在载体材料中均匀分散，如果将药物分子看成溶质，载体看成溶剂，则此类分散体具有类似于真溶液的分散性质，称为固体溶液（solid solution）。按药物与载体材料的互溶情况，分完全互溶或部分互溶；按晶体结构，可分为置换型与填充型固体溶液。

如果药物与载体的分子大小很接近，则一种分子可以代替另一种分子进入其晶格结构产生置换型固体溶液，这种固体溶液往往在各种组分比都能形成，故又称完全互溶固体溶液；

但在两组分分子大小差异较大时，则一种分子只能填充进入另一分子晶格结构的空隙中形成填充型固体溶液，这种固体溶液只在特定的组分比形成，故又称部分互溶固体溶液。固体溶液中药物以分子状态存在，分散程度高，表面积大，在增溶方面具有较低共熔混合物更好的效果。

（三）共沉淀物

共沉淀物（coprecipitate）也称共蒸发物（coevaporate），是由药物与载体材料两者以恰当比例形成的非结晶性无定形物。例如，磺胺噻唑（ST）与 PVP 共沉淀物中，ST 分子进入 PVP 分子的网状骨架中，药物结晶受到 PVP 的抑制而形成非结晶性无定形物。目前，共沉淀物是应用最多的固体分散体类型，可以成倍地增加药物的溶出速率。

四、固体分散体调节药物释放速度的机制

（一）速释原理

1. 药物的分散状态 根据 Noyes-Whitney 方程，药物的溶出速率正比于药物的表面积。固体分散体的最大特点是药物高度分散于载体材料中，增加药物的溶出表面积，是提高难溶性药物溶出速率和吸收速率的主要原因。药物在固体分散体中的分散状态不同，溶出速率也不同，溶出速率大小顺序通常为：分子状态＞无定形态＞微晶态。药物的分散状态与药物的性质、载体的性质、药物与载体的比例、制备方法等有关。例如，倍他米松-PEG6000 固体分散体，当倍他米松含量＜3%（W/W）时为分子分散，4%～30%时以微晶分散，30%～70%时药物逐渐成均匀的无定形态。药物在载体中可能以一种分散状态存在，也可能以两种或多种状态存在。

2. 载体材料对药物溶出的促进作用

（1）增溶作用：常见的固体分散体载体，如 PVP 类和 PEG 类等均具有一定的增溶能力，其接触水性介质后迅速溶解形成载体材料溶液，进而对药物产生增溶作用。而表面活性剂类载体材料，如聚山梨酯 80、泊洛沙姆、硬脂酸聚烃氧（40）酯等，在溶解过程中形成胶束而对药物增溶，促进了药物的溶解和溶出。

（2）润湿作用：在固体分散体中，药物周围被可溶性载体材料包围，使疏水性或亲水性弱的难溶性药物具有良好的可润湿性，遇胃肠液后，载体材料很快溶解，药物被润湿，因此溶出速率与吸收速率均相应提高。

（3）保证药物的高度分散性：当药物分散在载体材料中，由于高度分散的药物被足够的载体材料包围，使药物分子不易形成聚集体，保证了药物的高度分散性，加快了药物的溶出与吸收。

（4）抑晶作用：载体材料可阻止已分散的药物再聚集。药物和载体材料在溶剂蒸发过程中，由于氢键作用、络合作用或黏度增大，载体材料能抑制药物晶核的形成及成长，使药物成为非结晶的无定形状态分散于载体材料中。

（二）缓释原理

用疏水性、肠溶性或脂质类材料为载体制备的固体分散体均具有缓释作用。基本原理是这些载体材料能形成可容纳药物分子的网状骨架结构，被分散在骨架内的药物分子或微晶必须通过网状结构慢慢扩散而溶出，故释放过程缓慢。

水溶性药物及难溶性药物均可用固体分散技术制备缓释制剂，其释药速率受载体种类、黏度、用量、制备工艺等诸多因素影响。通过调控以上因素，可使药物的释放符合一级过程、Higuchi 方程甚至零级过程。另外，用 HPC、PEG 等作致孔剂也可调节药物的释放速度。

用固体分散技术开发难溶性药物的缓释产品，是一种值得研究开发的新途径。选择适当的载体及恰当的药物与载体的比例，可获得理想释药速率的固体分散体。例如，尼莫地平为不溶于水的药物，采用亲水性高分子材料 HPMC 为载体，以一定比例将药物制成固体分散体后再制成片剂，既提高了药物在水中溶解度，又可控制释药速率。

五、固体分散体的制备

采用固体分散技术制备固体分散体，应考虑药物和载体的性质、熔点和溶解性能等因素而采用适宜的制备方法。

（一）熔融法

将药物与载体材料混匀，加热至熔融，也可将载体加热熔融后，再加入药物搅熔；然后将熔融物在剧烈搅拌下混匀，迅速降温冷却固化，或将熔融物倾倒在不锈钢板上成薄膜，在板的另一面吹冷空气或用冰水，使之骤冷成固体；也可将熔融物浸入液氮中进行迅速冷却。冷却后可进一步将固体混合物放置在一定温度下变脆成易碎物。放置的温度及时间视不同品种而定。如药物-PEG 类固体分散体，只需室温放置一到数日即可；而灰黄霉素-枸橼酸固体分散体则需37℃或更高温度下放置多日才能完全变脆。该方法关键在于熔融物必须迅速冷却固化，以保证药物的高度过饱和状态，得到高度分散的固体分散体。

本法较简便、经济，适用于对热稳定的药物，多用熔点低和（或）不溶于有机溶剂的载体材料，如 PEG 类、poloxamer、枸橼酸、糖类等，但不耐热的药物和载体不宜用此法，以免分解、氧化。对受热易分解、升华及多晶型转换的药物，可采用减压熔融或充惰性气体的方法。

将熔融物滴入冷凝液中使之迅速收缩、凝固成丸，这样制成的固体分散体即为滴丸。常用冷凝液有液状石蜡、植物油、甲基硅油及水等。在滴制过程中能否成丸，取决于丸滴的内聚力是否大于丸滴与冷凝液的黏附力。一般情况下，冷凝液的表面张力越小，丸形就越好。

（二）溶剂法

溶剂法也称共沉淀法或共蒸发法，系指将药物与载体材料共同溶解于有机溶剂中，蒸去有机溶剂后使药物与载体材料同时析出，干燥即得。蒸发溶剂时，宜先用较高温度蒸发溶剂至溶液变黏稠时，突然冷冻固化。所用的载体既能溶于水，又能溶于有机溶剂，如 MC、PVP、半乳糖、甘露糖等。溶剂法适用于熔点较高、对热不稳定或易挥发的药物。所得固体分散体中药物分散较好。但使用有机溶剂成本高，且较难除尽，存在残留溶剂问题和使药物重结晶而降低药物分散度的隐患。

（三）溶剂-熔融法

先用少量有机溶剂溶解药物，然后将该溶液与熔化了的载体混合均匀，蒸发除去有机溶剂，冷却固化得到固体分散体。少量溶剂（5%～10%）不影响载体的固体性质，制备过程中除去溶剂的受热时间短，产物稳定，质量好。但注意选用毒性小、与载体材料容易混合的溶剂。本法可适用于某些液态药物，如鱼肝油、维生素 A、维生素 D、维生素 E 等，也可适用于受热稳定性差的固体药物。但仅限于小剂量的药物，一般剂量在 50mg 以下。

（四）溶剂-喷雾（冷冻）干燥法

将药物和载体共溶于适当的溶剂中，再进行喷雾干燥或冷冻干燥而制成固体分散体的方法。喷雾干燥法干燥温度低，对热敏感的药物非常适用。冷冻干燥法适用于易分解或氧化及对热敏感的药物。常用的载体材料为 PVP、PEG、β-环糊精、乳糖、甘露醇、纤维素类及聚丙烯

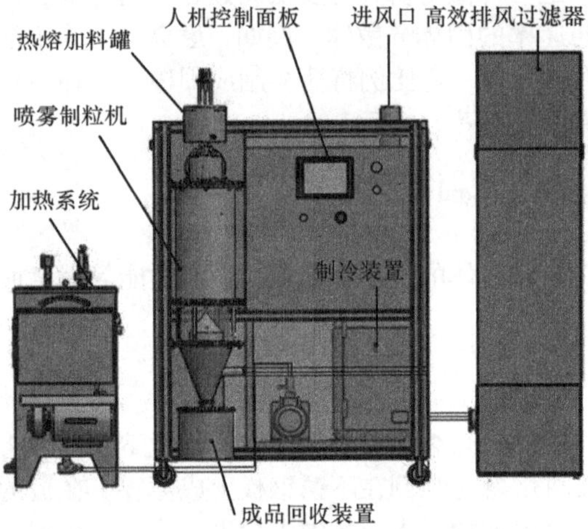

图 12-1　热熔喷雾制粒机示意图

酸树脂类。

热熔喷雾制粒机（图 12-1）可用于热熔喷雾法或喷雾干燥法制备各类固体分散体及相关产品。将物料、辅料充分混合并熔融，通过恒压恒流装置输送至冷冻室顶部的气流式喷嘴，在冷冻室内被空气压缩机产生的压缩空气雾化成微小液滴，与经过低温冷冻的空气充分接触，完成固化过程，固化后的产品沉降到干燥室底部的粉料杯内。可以根据不同的产品性能要求调节进风温度、排风温度、料液给料量、压缩空气流量、引风机风量等参数。

（五）研磨法

将药物与较大比例的载体材料混合后，强力持久地研磨一定时间，不需加溶剂而借助机械力降低药物的粒度，或使药物与载体材料以氢键相结合，形成固体分散体。研磨时间的长短因药物而异。常用的载体材料有微晶纤维素、乳糖、PVP 类、PEG 类等。

（六）热熔挤出技术

热熔挤出（hot-melt extrusion，HME）技术又称熔融挤出技术，是将药物与载体材料置于逐段控温的机筒中，机筒内设置螺杆元件，螺杆元件由加料口到机头出料口顺次执行不同的单元操作，物料在螺杆的推进下前移，在一定的区域内熔融或软化，依次通过剪切元件的切割分散作用和混合元件的分流、配置和混合作用，实现药物和载体材料的均匀混合，最后以一定速度和形状从机头出料口挤出成型。

热熔挤出技术具有以下特点：①工艺简单、自动化程度高；②无有机溶剂残留；③有独特的混合机制，使药物在载体中能够高度分散；④通过优选载体，可以使药物以无定形状态分散在载体中，或者是以分子状态溶解在载体中，提高难溶性药物的溶出度，在提高药物的生物利用度方面有着明显的优势。但由于该过程需在高温条件下进行，不适于热敏感性药物。

（七）超临界流体技术

将药物与载体材料溶解于超临界流体中，通过调节操作压力和温度改变溶质的溶解度，实现气相或液相共沉淀，得到粒径分布均匀的超微颗粒。常用的超临界流体有 CO_2、乙烯、水等。

制剂举例 12-1

水飞蓟素-泊洛沙姆 188 固体分散体

【处方】 水飞蓟素-泊洛沙姆 188（W/W=1∶6）

【制备】 按 1∶6 比例准确称量水飞蓟素和泊洛沙姆 188，在 60℃水浴上加热熔融，搅拌使药物充分分散在载体中后，立即置于冰盐浴上，剧烈搅拌，迅速冷却固化，再干燥、粉碎过 80 目筛，得水飞蓟素-泊洛沙姆 188 固体分散体。

【注解】 采用熔融法制备水飞蓟素-泊洛沙姆 188 固体分散体。处方中水飞蓟素为主药，对急、慢性肝炎、肝硬化和代谢中毒性肝损伤有较好疗效，但其难溶于水，生物利用度较低。水飞蓟素在固体分散体中以微晶态存在，而且泊洛沙姆 188 还具有增溶及润湿作用。溶出实验表明，水飞蓟素与泊洛沙姆 188 以 1∶6 的比例形成的固体分散体溶出 50% 药物所需时间只有 2.24min，比水飞蓟素原料药的溶出速度明显提高。

六、固体分散体的鉴定

固体分散体中药物分散状态可呈现分子状态、无定形态及微晶状态。可选择下列方法进行物相鉴别，必要时可同时采用几种方法进行鉴别。

（一）溶解度及溶出速率

将药物制成固体分散体后，其溶解度和溶出速率均有改变。例如，双炔失碳酯（AD）与PVP 的重量比为 1∶3～1∶6 时，可加快 AD 的溶出，但未形成共沉淀物；而当两者的重量比为 1∶8 时形成了共沉淀物，其 20min 时的溶出度比原药约大 38 倍。

（二）热分析法

常用差热分析法与差示扫描量热法两种。差热分析法（differential thermal analysis，DTA）是使试样和参比物在程序升温或降温的相同环境中，测量两者的温度差随温度（或时间）的变化关系。若固体分散体为测试物，主要测试其是否有药物晶体的吸热峰，或测量其吸热峰面积的大小并与物理混合物比较，可考察药物在载体中的分散程度。

差示扫描量热法（differential scanning calorimetry，DSC）又称为差动分析，是使试样和参比物在程序升温或降温的相同环境中，用补偿器测量使两者的温度差保持为零所必需的热流量对温度（或时间）的依赖关系。固体分散体中若有药物晶体存在，则有吸热峰存在；药物晶体存在越多，吸热峰面积越大。如无晶体存在，吸热峰消失。对硝苯地平（NFP）、聚维酮 VA64（PVPVA64）、两者的物理混合物（PM）和两者形成的固体分散体（SD）进行差示扫描量热法测定，他们的 DSC 曲线如图 12-2 所示，VA64 为无定型高分子，没有熔融峰；PM 中药物熔点峰大幅度减弱且向低温区迁移；SD 中药物以非晶体形式分散，药物熔点峰消失。

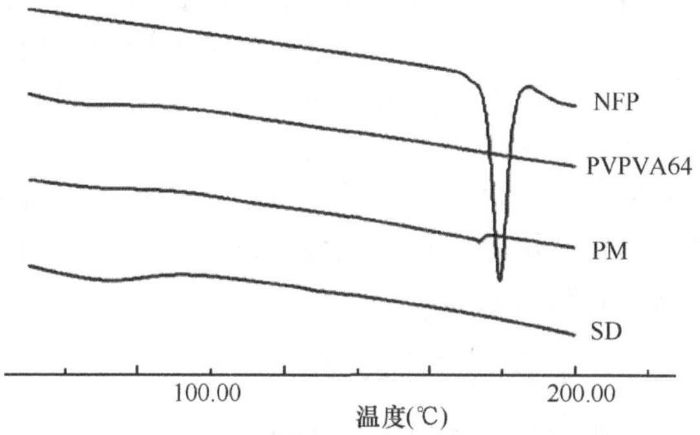

图 12-2　硝苯地平-聚维酮 VA64 固体分散体 DSC 曲线

（三）粉末 X 射线衍射法

粉末 X 射线衍射技术可以用于了解固体分散体的分散性质。比较药物、载体、药物与载体机械混合物和固体分散体的 X 射线衍射图谱，可确切了解药物的结晶性质及结晶度大小。物理混合物的衍射图谱是各组分衍射图谱的简单叠加，衍射峰位置及强度无改变。药物在固体分散体中以无定形状态存在，药物的结晶衍射峰消失。

非洛地平 Eudragit EPO 固体分散体的 X 射线衍射图如图 12-3 所示。晶体态非洛地平原料药表现出较强的衍射峰，制备成载药量 10%、30%、70%（W/W）的固体分散体后，非洛地平的典型衍射峰完全消失，确证在这些体系中，非洛地平以无定形态存在。而当载药量达到 90%（W/W）时，样品的 X 射线衍射峰明显，非洛地平特征峰出现，证明过饱和体系中部分非洛地平以晶体态存在。

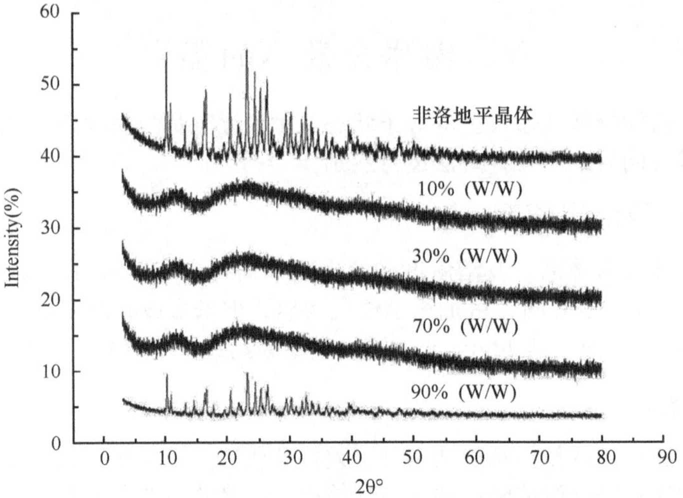

图 12-3 非洛地平-Eudragit EPO 的 X 射线衍射图

（四）红外光谱法

红外光谱法主要用于确定固体分散体中有无复合物形成或其他相互作用。在没有相互作用的情况下，固体分散体的红外图谱应与其物理混合物的红外图谱相同。在形成复合物或有强氢键作用时，则药物和载体的某些吸收峰将消失或位移。将尼莫地平制成固体分散体后，其红外光谱图和物理混合物及尼莫地平原料药的红外光谱图相比，各峰位变化不大，但指纹区和特征区峰强度都大幅度降低，有些吸收峰位移。例如，波数 1199cm^{-1} 为酯键的 C—O 的伸缩振动峰，尼莫地平及物理混合物中均有此峰，而固体分散体中此吸收峰基本消失。尼莫地平固体分散体中这些吸收峰的变化，认为可能是由于尼莫地平与载体在固体分散体中以氢键的形式结合造成的。

（五）核磁共振谱法

核磁共振谱法主要用于确定固体分散体中有无分子间或分子内相互作用。例如，乙酸棉酚-PVP 固体分散体，将乙酸棉酚、PVP、两者 1∶7 固体分散体及固体分散体经重水交换后分别测定核磁共振谱，发现乙酸棉酚图谱中化学位移（δ）为 15.2 处有一个吸收峰，这是由分子内氢键产生的化学位移。当乙酸棉酚与 PVP 形成固体分散体后，δ15.2 峰消失，但在 δ14.2 和 δ16.2 处出现两个钝型吸收峰，与重水交换后消失。这是 PVP 对乙酸棉酚氢键磁场干扰而出现的自旋分裂现象，提示 PVP 破坏乙酸棉酚分子内氢键，而形成了乙酸棉酚与 PVP 的分子间氢键，即形成了固体分散体。

（六）拉曼光谱法

拉曼光谱法是研究化合物分子受光照射后所产生的散射光与入射光的能量差与化合物振动频率、转动频率间关系的分析方法。拉曼光谱是一种源自非弹性光散射的分子振动光谱，主要由对称振动、非极性基团及同原子键产生，如 S＝S、S—S、N＝N、C＝C、C≡C 和 O_2 等。其分析原理类似于红外光谱，但后者主要由非对称振动、极性基团及异原子键产生，如 C=O、O—H 和 H—Cl 等。因此，将拉曼光谱与红外光谱结果合并分析，对于固体分散体的形成与否，将能得到更全面的判断。

（杨建宏）

第二节 包合物制备技术

一、概 述

(一)包合物的含义

包合物(inclusion compound)系指一种分子被全部或部分包藏于另一种分子的空穴结构内形成的特殊复合物。包合物由主分子和客分子两种组分组成，具有包合作用的分子称为主分子(host molecule)，被包合到主分子空间中的小分子物质，称为客分子(guest molecule 或 enclosed molecule)，故包合物又称分子囊。常用的包合材料是环糊精及其衍生物，被包合的药物可以是难溶性药物、水溶性药物，也可以是油性药物等。包合物是制剂的一种中间体，可进一步制成溶液剂、注射剂、片剂或胶囊剂等适宜剂型。第一个环糊精包合物产品前列腺素 E_2-β-环糊精舌下片于 1976 年在日本上市。1988 年 β-环糊精吡罗昔康片剂在意大利上市，1997 年伊曲康唑-HP-β-环糊精口服液在美国上市。目前国内利用包合技术上市的产品有碘口含片、螺内酯片及磷酸苯丙哌林片等。

(二)包合物的特点

包合技术在药剂学中研究和应用很广泛。采用包合材料将药物包合后，其理化性质发生改变，形成的包合物主要具有以下优点:

1. 增加难溶性药物的溶解度 以环糊精为包合材料，通常以 1∶1 的比例形成分子囊，主分子环糊精的空穴结构为葡萄糖单元构成的疏水区域，脂溶性药物分子可自发进入空穴内，而环糊精的开口处呈现亲水性，形成的包合物溶解度呈现环糊精的性质。采用水溶性包合材料，可大大增加难溶性药物的溶解度，有利于将药物制成溶液型制剂，如口服溶液或注射液。

2. 提高药物的生物利用度 药物被包合后，溶解度增大，溶出加快，有利于固体制剂药物的吸收，如诺氟沙星难溶于水，口服生物利用度为 40%左右，将其制成 β-环糊精包合物胶囊剂后相对生物利用度提高到 141%。

3. 提高药物的稳定性 将易受光、热、湿、空气中氧影响的药物制成包合物后，可提高其稳定性。例如，前列腺素，40℃在紫外线照射 6h 后活性丢失 75%，而包合物在相同条件下照射 10 天仅损失 5%。又例如，维生素 D_3 对光、氧、热均不稳定，将药物与其包合物同时在 60℃放置 10h，未包合药物的含量几乎为零，而环糊精包合物中维生素 D_3 的含量仍为 100%。

4. 调节释药速率 根据包合材料的溶解性差异可达到速释或缓释的目的，如选用水溶性环糊精羟丙基-β-环糊精、葡萄糖基-β-环糊精均可使难溶性药物的溶解度提高，溶出加快；选用疏水性的环糊精(如乙基-β-环糊精)可使水溶性药物的溶解度降低，达到缓释效果。

5. 掩盖臭味、降低刺激性 如盐酸雷尼替丁具有臭味，制成包合物后，臭味被消除。又例如，将双氯芬酸钠制成包合物后，对胃黏膜的刺激明显减少。大蒜精油不仅有特异臭味，对胃肠道也有刺激性，用 β-环糊精包合后，臭味减弱或消失，刺激性减小。

6. 液态药物粉末化 液态药物如中药挥发油，制成包合物后既可防止挥发，又可粉末化，使这些液态药物可以制成片剂、散剂、胶囊剂等固体制剂。

(三)包合物分类

根据主分子的构成可以分为多分子包合物、单分子包合物和大分子包合物；根据主分子空穴的几何形状又分为管形包合物、笼形包合物和层状包合物。

二、常用包合材料

常用的包合材料有环糊精、胆酸、淀粉、纤维素、蛋白质、核酸等。环糊精及其衍生物是目前最常用的包合材料。

（一）环糊精

环糊精（cyclodextrin，CD）系淀粉在嗜碱性芽孢杆菌产生的环糊精葡萄糖转移酶（cyclodextringlucanotransferate，CGTase）的作用下形成的环状低聚糖。

1. 分子结构 环糊精由 6～12 个 D-吡喃葡萄糖分子通过 1，4-糖苷键首尾相连而成，呈锥状圆环结构。环糊精有多种同系物，常用的环糊精是由 6、7、8 个葡萄糖分子构成，分别称为 *α*-CD、*β*-CD、*γ*-CD，图 12-4 为 *β*-CD 的环状结构和几何图形尺寸。X 射线衍射和核磁共振谱表明，CD 的立体结构呈上宽下窄两端开口的环状中空圆筒形状，分子外部以羟基为主。仲羟基（2，3-OH）位于空穴宽开口侧，其中 2-OH 指向开口处，3-OH 朝向外侧，伯羟基（6-OH）位于空穴的窄开口处，因此空隙的外部和开口处呈亲水性。分子内部则以氧原子为主，6 位上的—CH_2—与葡萄糖苷结合的氧原子排列在空穴的内部而呈疏水性，因此内部是一个具有一定尺寸的手性疏水管腔，可以依据空腔大小进行分子识别。疏水性药物可与空穴区域通过范德瓦耳斯力、疏水作用力和空间匹配效应等嵌入空穴内；极性药物则可以结合于开口端的亲水区域。

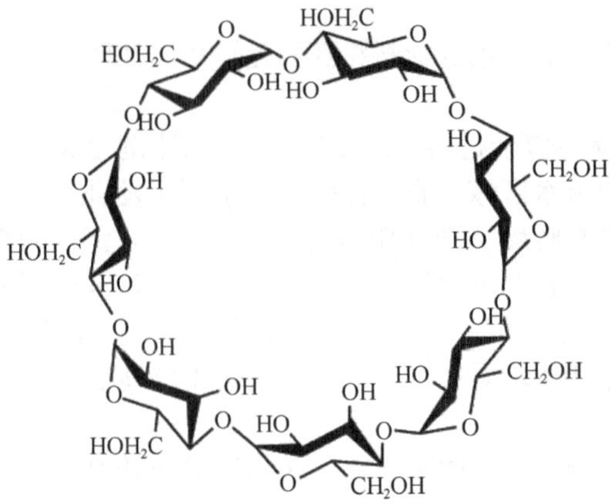
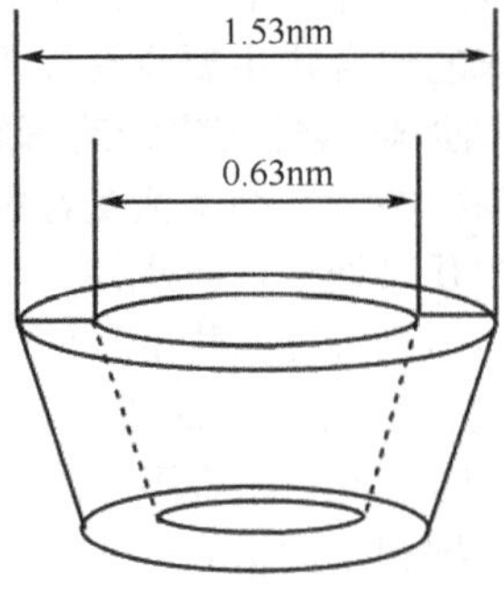

图 12-4 *β*-CD 的分子结构示意图

2. 性质 环糊精为非还原性白色结晶性粉末，对酸较不稳定，对碱、热和机械作用都相当稳定。*α*-CD、*β*-CD、*γ*-CD 三种不同 CD 理化性质有所不同，见表 12-1。

表 12-1 三种环糊精的基本理化性质

项目	*α*-CD	*β*-CD	*γ*- CD
葡萄糖单体数	6	7	8
相对分子质量	973	1135	1297
分子空穴（nm）内径	0.47～0.52	0.60～0.64	0.75～0.83
外径	1.42～1.50	1.50～1.58	1.71～1.79
空穴深度（nm）	0.79～0.80	0.79～0.80	0.79～0.80
$[\alpha]_D^{25}$（H_2O）	+150.5°±0.5°	+162.5°±0.5°	+177.4°±0.5°
溶解度（25℃，g/L）	129.5±0.7	18.4±0.2	249±0.2
结晶形状（水中得到）	六角片状	单斜平行四边形状	棱柱状

续表

项目	α-CD	β-CD	γ-CD
结晶水含量（%，m/m）	10.2	13.0～15.0	8.0～18
熔点（℃）	255～260	255～265	240～245
单分子空穴近似体积（nm^3）	0.174	0.262	0.472

由表 12-1 可以看出，α、β、γ 三种 CD 的空穴内径及物理性质有很大差别，它们包合药物的状态与环糊精的种类、药物分子的大小、药物的结构和基团性质等有关。例如，将前列腺素 $F_{2\alpha}$ 采用三种不同的 CD 进行包合，结果包合的状态各不相同，见图 12-5。

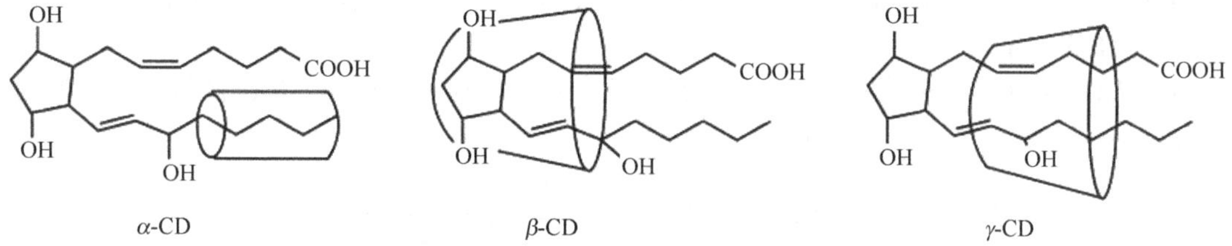

图 12-5　前列腺素 $F_{2\alpha}$ 三种不同包合状态

三种 CD 中以 *β*-CD 最为常用，已被作为药用辅料收载于《中国药典》2015 年版四部。*β*-CD 为白色粉末，其空穴大小适中，水中溶解度最小，最易从水中析出结晶，溶解度随水温升高而增大，温度在 20℃、40℃、60℃、80℃、100℃时的溶解度分别为 18g/L、37g/L、80g/L、183g/L、256g/L。在不同溶剂中的溶解度各异，见表 12-2。

表 12-2　*β*-CD 在一些有机溶剂及其混合溶剂中的溶解度（g/L）

有机溶剂	25℃　有机溶剂：水（V：V）			50℃　有机溶剂：水（V：V）		
	0：1	1：1	1：0	0：1	1：1	1：0
甲醇	18.5	3	＜1	40	12	＜1
乙醇	18.5	16	＜1	40	41	＜1
丙醇	18.5	17	＜1	40	53	＜1
异丙醇	18.5	27	7	40	13	＜1
乙二醇	18.5	7	104	40	21	121
丙二醇	18.5	17	20	40	44	44
甘油	18.5	4	43	40	14	88
丙酮	18.5	5	＜1	40	81	＜1

大鼠每日灌胃给予 *β*-CD0.1g/kg、0.4g/kg、1.6g/kg，6 个月未见明显毒性，表明 *β*-CD 口服毒性较低。用放射性核素标记的淀粉和 *β*-CD 研究它们在动物体内代谢，实验显示在给药初期，*β*-CD 被消化的数量比淀粉低，但一天后，两者的体内分布相似，代谢总量相近，说明 *β*-CD 可作为碳水化合物被机体吸收。

（二）环糊精衍生物

β-CD 虽有合适尺寸的空穴结构，但水溶性较低，对其分子结构进行修饰，改善 *β*-CD 的理化性质，可使其更适合药物的包合。由于 *β*-CD 在圆筒两端有 7 个伯羟基与 14 个仲羟基，其分子间或分子内的氢基阻止水分子的水化，使 *β*-CD 水溶性降低。例如，将甲基、乙基、羟丙基、羟乙基等基团引入 *β*-CD 分子中与羟基进行烷基化反应，破坏 *β*-CD 分子内的氢键形成，使其

理化性质特别是水溶性发生显著改变。

1. 水溶性环糊精衍生物 常用的水溶性β-CD有甲基化衍生物、磺烷基化衍生物、羟乙基衍生物和支链衍生物等。

（1）羟乙基-β-环糊精（HE-β-CD）：为无定形固体，极易溶于水，有较强的吸湿性，无表面活性。

（2）羟丙基-β-环糊精（HP-β-CD）：呈无定形，极易溶于水。β-环糊精的葡萄糖残基中有C2、C3和C6三个羟基的氢原子可以被羟丙基取代。在一般情况下取代反应产物是混合物。若控制条件也可生成2-HP-β-CD为主或以2，3-HP-β-CD为主或以3-HP-β-CD为主的产物。HP-β-CD是目前研究最多、对药物增溶和提高稳定性效果最好的CD衍生物，如HP-β-CD对甾体激素的增溶能力比β-CD大200倍。羟丙基-β-环糊精已被作为药用辅料收载于《中国药典》2015年版四部。

用2-HP-β-CD对多种药物进行包合，其溶解度有不同程度的提高，在包合前后的溶解度数据见表12-3。

表12-3 一些药物在水中和2-HP-β-CD包合后的溶解度（25℃）

药物	溶解度（g/L）	包合后溶解度（g/L）	药物	溶解度（g/L）	包合后溶解度（g/L）
阿昔洛韦	1.7	3.9	甲氨蝶呤	0.045	10.0
氯氮䓬	0.01	147.8	炔诺酮	0.005	19.0
地塞米松	0.008	44.3	醋炔诺酮	0.0002	19.5
地西泮	0.05	7.4	炔诺孕酮	0.002	4.9
17-β雌二醇	0.004	40.5	奥沙泮	0.03	4.2
17-α炔雌醇	0.008	68.2	苯妥英	0.02	9.3
炔雌醇-3-甲醚	0.001	13.3	维生素A	0.001	4.6
去氧安定	0.01	8.3			

注：2-HP-β-CD的浓度为50%（W/W）

（3）甲基-β-环糊精（M-β-CD）分为2，6-二甲基-β-环糊精（DM-β-CD）和2，3，6-三甲基-β-环糊精（TM-β-CD），溶解度均大于β-环糊精，25℃水中溶解度分别为570g/L和310g/L，既溶于水又溶于有机溶剂，形成的包合物水溶性增加，可提高药物的溶出速度，环糊精甲基化后，封闭了其分子内羟基，可抑制其与药物之间的化学反应。

（4）支链环糊精衍生物：包括葡萄糖基-β-环糊精（G1-β-CD），二葡萄糖基-β-环糊精（2G1-β-CD）和麦芽糖基-β-环糊精（G2-β-CD）等，其水中溶解度较β-环糊精均有大幅度增加。

2. 疏水性环糊精衍生物 目前主要有乙基化β-CD，系将乙基引入β-CD的羟基，按取代程度不同而降低水中溶解度。β-CD的C2、C6的羟基和C2、C3、C6的羟基分别被乙基化后得2，6-二乙基-β-CD和2，3，6-三乙基-β-CD。乙基β-CD微溶于水，比β-CD吸湿性更小，具有表面活性，在酸性条件下比β-CD更稳定，二乙基β-CD在乙醇中溶解。乙基化β-CD将水溶性药物包合后降低其溶解度，可用作水溶性药物的缓释载体。

三、包合物的形成与影响因素

（一）包合物的形成

包合物形成过程中，CD疏水性空穴内的水分子不能完全生成氢键，处于高能状态，疏水性的药物或药物的部分疏水性基团可通过疏水相互作用、范德瓦耳斯力和偶极-偶极相互作用进入空穴内置换水分子，包合物的形成有利于系统能量下降。

包合物的稳定性依赖于两种分子间作用力的强弱。例如，色散力、偶极间引力、氢键、电荷迁移力等，这种结合力有时为单一作用力，但多数为几种作用力的协同作用。这种结合并不以化学键结合为特征，而且包合过程是物理过程而不是化学过程，故属于一种非键型络合物。主分子具有较大的空穴结构，足以将客分子容纳在内，包合物的形成取决于主分子和客分子的主体结构和两者极性。被环糊精包合的药物应符合下列条件之一：①药物分子的原子数大于5；②如具有稠环，稠环数应小于5；③药物的相对分子质量在100～400；④水中溶解度小于10g/L，熔点低于250℃。无机药物大多数不宜用环糊精包合。

（二）影响包合物形成的因素

1. 主、客分子结构的大小　主分子应具有足够大的空穴和合适的形状，客分子能被包嵌于其中。客分子的大小和形状应与主分子的空穴相适应才能获得性质稳定的包合物，如果客分子太大，嵌入主分子空穴困难，只有侧链包合，性质不稳定。客分子太小，则不能充满空穴，包合力弱，容易自由出入而脱落，包合也不稳定。包合量则由客分子的大小和主分子的空穴数所决定。由于受包合条件（主客分子比例、温度、附加剂、pH 等）的影响，主分子的空穴不一定全部被客分子填充，包合量存在较大的可变性，即两者的比例为非化学计量关系。

2. 主、客分子的极性　常用的主分子材料 CD 的空穴为碳-氢键和醚键构成的疏水区，非极性的脂溶性药物能以疏水键与 CD 相互作用，形成结合牢固的包合物。极性药物分子只能嵌合在 CD 洞口处的亲水区，与 CD 的羟基形成氢键结合，形成水溶性较大的包合物。自身可缔合的药物通常先发生缔合，然后再进入 CD 空穴中。

3. CD 取代基的性质　环糊精衍生物的取代基既能阻止客分子进入空穴，又能增加主/客分子之间的相互作用，如 HP-β-CD 上的羟基与客分子形成氢键。磺丁基醚-β-CD 虽然带负电荷，但由于较长的丁基使荷电部分远离空穴且丁基与疏水性药物之间的相互作用，使其包合能力比中性 CD 更高。

4. 添加剂的种类与用量　包合体系中加入水溶性聚合物、酸或碱等添加剂有利于增加稳定常数和包封率。将水溶性聚合物 PVP、HPMC 和 CMC-Na 加入包合体系中可通过增加药物与包合物的溶解度、与 CD 的羟基形成氢键、增加包合物的稳定性等作用促进包合物的形成。根据药物的性质加入适量酸、碱或缓冲体系，通过增加客分子的溶解度也有利于包合物的形成。

5. 包合条件　不同包合物的制备方法、包合温度、时间、搅拌速度及干燥过程的工艺参数等均会影响包合效率。掌握最佳包合条件是提高包合量及包合物稳定性的技术关键。

四、包合物的制备

包合物的制备主要有以下几种方法：饱和水溶液法、研磨法、超声波法、冷冻干燥法、喷雾干燥法等，其中前三种最为常用。

1. 饱和水溶液法（saturated aqueous solution method）　也称重结晶法或共沉淀法（co-precipitation），一般在药物和 CD 中加入适量水或小分子醇（乙醇或异丙醇等），在一定温度下搅拌适宜时间制成饱和溶液，冷却后析出包合物，采用过滤或离心方法进行分离。对于某些水溶性较大的药物，由于溶于水性介质中，采用该方法包合可能不完全，可加入某些有机溶剂使包合物析出，再根据药物性质选择合适的溶剂洗涤，干燥即得包合物。

2. 研磨法（grinding method）　系将 β-CD 与 2～5 倍量的水混合，研匀，加入客分子药物（难溶性药物应先溶于有机溶剂中），充分研磨至糊状，低温干燥后，再用适宜的有机溶剂洗净，干燥即得包合物。此法操作简单，工业生产时可采用胶体磨进行研磨，可大大缩短研磨时间。

3. 超声法（ultrasonic method）　是将药物加至饱和 β-CD 溶液中，混合溶解后立即用超声波超声至沉淀物完全析出，其超声作用类似于搅拌，在适当的超声强度和时间下，可得到

CD 包合沉淀物，再按饱和水溶液法处理即得包合物。

4. 冷冻干燥法（freeze drying method）和喷雾干燥法（spray drying method） 冷冻干燥法使用冷冻干燥设备制备包合物，适合于那些不容易析出沉淀或加热干燥容易分解变色的药物。冷冻干燥法得到的包合物成品疏松，溶解度好，可制成注射用无菌粉末。喷雾干燥法采用喷雾干燥机制备包合物，此法干燥温度高，受热时间短，适合大批量生产。制得的包合物易溶于水，适合于难溶性、疏水性药物的制备。

5. 其他制备方法 微波处理（microwave treatment）可使内部温度迅速增加，大大缩短包合物的制备时间。如只需将药物、CD 和少量的溶剂在 60℃（150W）处理 90s 即可得包合物。密闭加热法（sealed-heating method）是将药物、CD、添加剂和少量水置密闭容器中，通常在 75～90℃烘箱中放置 3h 即得。上述两种方法虽然获得的包合物中仍有药物结晶存在，但均可显著增加药物的溶解度。

制剂举例 12-2

羟乙桂胺 β-环糊精（β-CD）包合物

【处方】 β-CD 6.0g　　羟乙桂胺 1.0g

【制备】 称取 β-CD 6g 溶于 100ml 水溶液中，加热使完全溶解。另称取羟乙桂胺 1.0g 以乙醇溶解。在搅拌下，将羟乙桂胺乙醇溶液倾入 β-CD 水溶液中（体系温度维持在 60℃），搅拌 3h。然后置于冰箱中，冷藏 24h 后过滤，用少量乙醇洗涤包合物沉淀，抽干后室温干燥。

【注解】 采用饱和溶液法制备羟乙桂胺-β-CD 包合物。羟乙桂胺（idrocilamide）具有肌肉松弛和消炎作用，因其水溶性差，容易析出结晶，影响制剂质量。经 β-CD 包合后大大改善了羟乙桂胺的溶解性。制备中采用乙醇溶解羟乙桂胺是因为乙醇对羟乙桂胺的溶解度较大，而对 β-CD 的溶解度很小。在包合物形成后乙醇可溶解未包合的羟乙桂胺，降低了后处理的难度。

五、包合物的鉴定

药物与环糊精是否形成包合物，可根据包合物的性质和结构状态进行验证。验证方法很多，必要时同时采用几种方法进行分析和验证。

1. 显微镜法、扫描电镜法及原子力显微镜法 由于包合物的晶格排列发生变化，用显微镜、扫描电镜及原子力显微镜可以观察到含药包合物与不含药包合物形状的不同。通过包合物晶格的变化及相态的变化作出判断。其中原子力显微镜（atomic force microscope，AFM）是一种利用原子、分子间相互作用力来观察物体表面微观形貌的新技术，可获得纳米尺度上的物质表面形貌，实现分子间相互作用力的检测。

2. 溶解度法 难溶性药物制成包合物有改善药物溶解度的作用，通过测定药物在不同浓度 CD 溶液中的溶解度，以药物溶解度为纵坐标，CD 浓度为横坐标作溶解度曲线，从曲线可判断包合物的形成并得到包合物的溶解度。

3. 薄层色谱法 对药物、CD、物理混合物及包合物，在同样的薄层色谱条件下进行展开，观察色谱展开后的斑点位置，此时药物和物理混合物有可见斑点，而 CD 及包合物在药物相应位置无斑点。

4. 紫外分光光度法 CD 基本无紫外吸收，药物的发色基团包合进入 CD 空穴后其紫外吸收峰会发生偏移和强度减弱。因此，可以通过比较包合后药物吸收峰位置和高度来判断包合物形成与否。例如，盐酸氯丙咪嗪 β-CD 包合物在 270nm 处吸收强度减弱，最大吸收波长移向短波 248nm 处。

5. 红外光谱法　是根据药物包合前后，红外吸收峰的降低、位移或消失，判断药物和 CD 是否形成了包合物。该法主要用于含羰基药物的包合物检测。

6. 热分析法　差热分析法（DTA）和差示扫描量热法（DSC）是鉴定药物和 CD 是否形成了包合物的常用检测方法。通过包合前后药物吸热峰的降低或消失来判断药物晶体存在与否，进而判断是否形成包合物。

7. X 射线衍射法　晶体药物在用 X 射线衍射时显示该药物结晶的衍射特征峰，而药物的包合物是无定形态，没有衍射特征峰。例如，萘普生与 β-CD 的物理混合物显示萘普生与 β-CD 的重叠衍射峰，而萘普生与 β-CD 的包合物无衍射峰。

8. 核磁共振谱法　可从核磁共振谱上原子的化学位移推断包合物的形成，一般对含有芳香环的药物，可采用 ^{1}H-NMR 技术，而对于不含有芳香环的药物可采用 ^{13}C-NMR 技术。

9. 荧光光谱法　是通过比较药物与包合物的荧光光谱来判断是否形成包合物。例如，盐酸氯丙咪嗪和 CD 形成包合物后，在 350nm 附近的荧光强度明显增加。

（杨建宏）

第三节　聚合物胶束制备技术

一、概　　述

（一）聚合物胶束的概念

聚合物胶束（polymeric micelles）亦称高分子胶束，系由两亲性共聚物在水中自组装形成的大分子缔合体（图 12-6），属于热力学稳定体系。两亲性嵌段共聚物同时具有亲水嵌段和疏水嵌段，在水溶液中疏水嵌段通过疏水相互作用自动缔合形成胶束的疏水内核，而亲水嵌段则形成胶束的亲水外层，从而组装形成稳定的聚合物胶束体系。聚合物胶束在药学中常用于难溶性药物的增溶，近年也用作药物载体，延缓药物释放，提高药物的靶向性，从而提高药物的疗效，降低毒副反应。

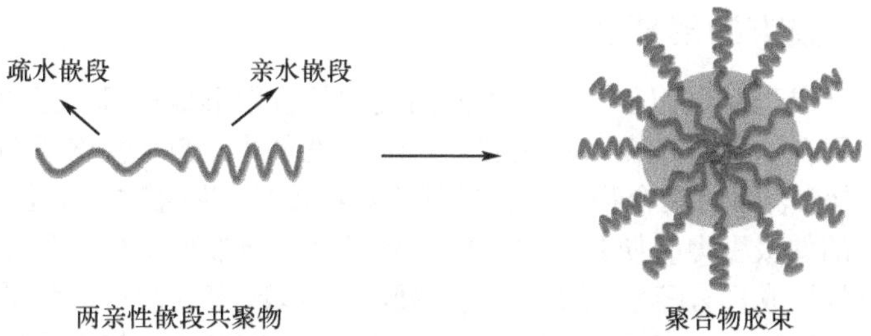

图 12-6　聚合物胶束的自组装示意图

（二）聚合物胶束的分类

1. 嵌段共聚物胶束　共聚物分为嵌段共聚物（block copolymer）和接枝共聚物（graft copolymer）。两亲性嵌段共聚物（amphiphilic block copolymer）同时具有亲水嵌段和疏水嵌段，可在水性环境中自组装形成具有核壳结构的胶束，是制备聚合物胶束最常用的材料。

嵌段共聚物主要有二嵌段和三嵌段两类。二嵌段共聚物为AB型，一端为疏水链段，一端为亲水链段，在水溶液中自发组装形成胶束（图 12-7A）。三嵌段共聚物多为ABA型，即疏水链段的两端为亲水链段，如聚氧乙烯-聚氧丙烯-聚氧乙烯（PEO-PPO-PEO）组成的泊洛沙姆，在水溶液中以疏水链作为疏水内核，亲水链为外壳形成聚合物胶束（图 12-7B）。

2. 接枝共聚物胶束 两亲性接枝共聚物通常由疏水骨架链和亲水支链构成，在水溶液中可自组装形成具有核壳结构的胶束，其内核由疏水骨架链组成，外壳则是由亲水的支链组成（图 12-7C）。

3. 聚电解质胶束 将含有聚电解质链的嵌段共聚物与带相反电荷的另一聚电解质共聚物在水溶液中混合时，通过带相反电荷的嵌段之间的静电相互作用，形成以聚电解质复合物为疏水内核，以非电荷的亲水嵌段为壳的聚电解质胶束。例如，荷负电的聚乙二醇-聚天冬氨酸共聚物（PEG-PAsp）与荷正电的聚乙二醇-聚赖氨酸共聚物（PEG-PLys）在水溶液中混合时，聚天冬氨酸和聚赖氨酸嵌段通过静电吸附聚集形成疏水的聚电解质复合物内核，外壳由亲水的聚乙二醇链段（PEG）组成（图 12-7D）。

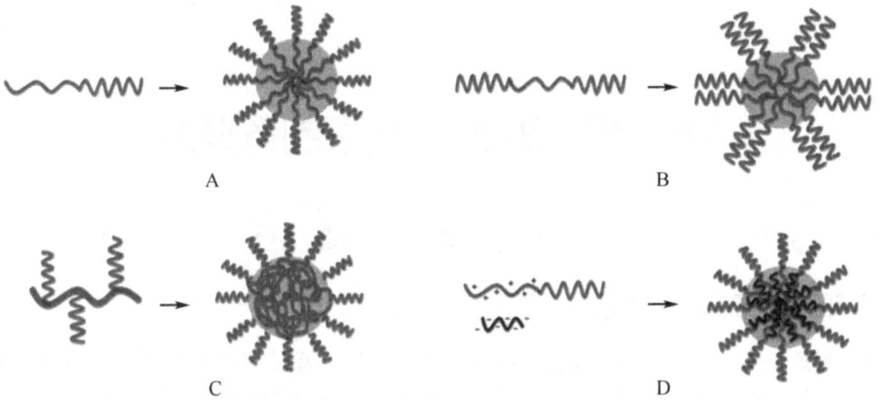

图 12-7 不同类型的聚合物胶束示意图

A. 二嵌段聚合物胶束；B. 三嵌段聚合物胶束；C. 接枝聚合物胶束；D. 聚电解质胶束

二、聚合物胶束的形成机制及影响因素

（一）聚合物胶束的形成机制

聚合物胶束的形成机制类似于小分子表面活性剂的胶束形成原理。当两亲性共聚物在水相中的浓度很小时，聚合物仅分布在水的表面，疏水嵌段向外，亲水性嵌段向内，溶液内部仅有少量聚合物分子。当水表面的聚合物浓度超过其饱和浓度后，聚合物分子会迅速进入溶液内部，由于水分子间强大的偶极引力，使其疏水嵌段受到排斥，通过疏水相互作用，诱导疏水链段产生聚集，从而自组装形成具有疏水内核的聚合物胶束。嵌段聚合物自组装形成聚合物胶束的最低浓度称为临界胶束浓度（critical micellar concentration，CMC），与表面活性剂的临界胶束浓度类似。接枝聚合物的胶束形成原理与嵌段聚合物胶束相似；而对于聚电解质胶束，聚合物分子间的相互作用力（静电作用或氢键作用）是其形成聚合物胶束的主要驱动力。

常用的嵌段共聚物分子质量大、溶解度低，其CMC通常比表面活性剂胶束的CMC低。特别是疏水链段之间的相互作用，使其疏水内核解聚速率慢，更能耐受稀释等导致的胶束解离。因此，聚合物胶束作为药物载体时，其疏水内核包载疏水性或者难溶性药物后，可提高药物的稳定性，赋予药物缓释效应。

当两亲性嵌段共聚物在水溶液中的浓度高于CMC时，一般可形成球形的聚合物胶束。聚合物的分子质量、亲疏水嵌段比、疏水嵌段极性、浓度、制备方法等因素对聚合物的形态、粒径等理化性质具有明显的影响，从而改变胶束的释药行为及靶向性。此外，胶束疏水内核的极性通常取决于聚合物疏水嵌段的极性，可以通过调控其疏水嵌段材料的极性及分子质量，来调控胶束的粒径和载药量。

（二）影响聚合物胶束形成的因素

1. 聚合物的结构　聚合物的 CMC 值是影响聚合物胶束形成的重要因素，CMC 值越小，则这种聚合物越容易缔合形成稳定的胶束，而不易在血液或组织液中解离，有利于降低包封药物的突释效应。首先，聚合物结构对胶束的 CMC 有显著的影响。例如，结构相似的两亲性聚合物，CMC 值随着疏水链的延长而降低；亲水基团相同且疏水基团碳原子数相同，疏水基团中有分支会导致 CMC 增大；两亲性聚合物中疏水嵌段疏水性越强，CMC 值越小。其次，嵌段聚合物的 CMC 一般小于接枝聚合物，可形成更稳定的胶束，有利于实现包封药物的缓释。另外，一些胶束通过交联后形成核交联或壳交联的稳定结构，可避免胶束的解离，具有良好的稳定性。

2. 外界条件　溶液环境如温度、电解质、极性有机分子、pH 等对胶束的形成有一定的影响。①温度：非离子型胶束的 CMC 值随温度升高而降低，离子型两亲聚合物的 CMC 值随温度升高而增大；②电解质：聚电解质胶束的 CMC 值随着强电解质的加入而显著降低，主要归因于电解质离子与带相反电荷的聚合物离子间的静电作用；③有机物：长链的极性有机物如醇、酸、胺等可显著降低 CMC 值，而低分子质量的强极性有机物可引起 CMC 值增大；④pH：对聚电解质胶束有一定的影响，如一些聚电解质链（如聚赖氨酸链、聚丙烯酸链等）的电荷与其 p*K*a 有关，pH 的变化可影响其电荷状态，从而影响聚电解质胶束的稳定性。

三、制备聚合物胶束的常用材料

两亲性共聚物的亲水端材料主要有 PEG、PVP 等，构成疏水端的材料主要是聚天冬氨酸（PAsp）、聚谷氨酸（PGlu）、聚赖氨酸（PLys）、聚乳酸（PLA）、乙交酯丙交酯共聚物（PLGA）、聚己内酯（PCL）、聚氧丙烯、合成磷脂的脂质双链等。通过对聚合物单体及反应条件的控制，可合成出具有特定分子质量及亲疏水比例的二嵌段（AB 型）或三嵌段（ABA 型）两亲性共聚物。在药学领域，PEG 嵌段的平均分子质量通常在 5000～15 000，而疏水嵌段的分子质量与此相当或稍小。常用的合成方法有开环聚合（ROP）、原子转移自由基聚合（ATRP）、可逆加成-裂解链转移聚合（RAFT），如 PEG-PLA、PEG-PAsp 可采用单侧封端的 mPEG 引发开环聚合反应而得。通过控制反应条件、引发剂及单体用量等可精确控制聚合物的分子质量及其分布、亲疏水嵌段比例等。

四、聚合物胶束的载药方法和药物释放机制

（一）聚合物胶束的载药方法

聚合物胶束的载药方法有多种，主要有物理包裹、化学偶联和静电吸附等方式。疏水性药物可包载于聚合物胶束的疏水内核中，一般具有较高的载药量；而其亲水段也可包载亲水性或两亲性药物。聚合物胶束的载药示意图见图 12-8。

1. 物理包裹　多数聚合物胶束对疏水性药物的包载是通过其疏水内核与药物的疏水相互作用，诱导物理的包裹作用来实现。为获得较高的载药量，聚合物疏水嵌段的极性应与药物的极性相似。该包载方法工艺较为简单、适用范围广、可规模化生产。根据制备过程的不同，物理包裹法分为空白胶束载药法、透析法、乳化法、溶剂挥发法和冻干法等（图 12-9）。

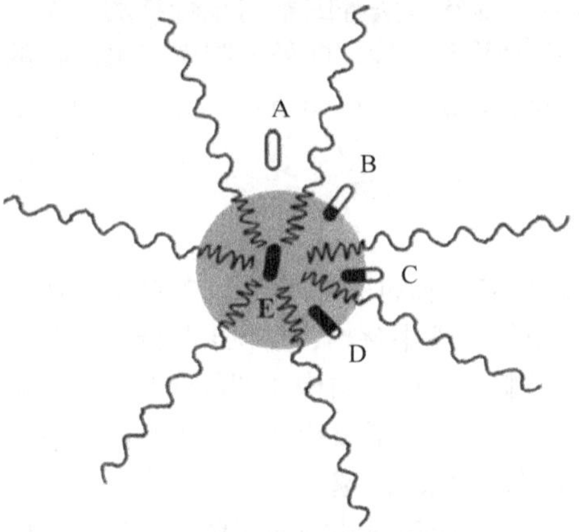

图 12-8 聚合物胶束载药示意图

A. 亲水性药物；B～D. 亲水/疏水比例不同的两亲性药物；E. 疏水性药物

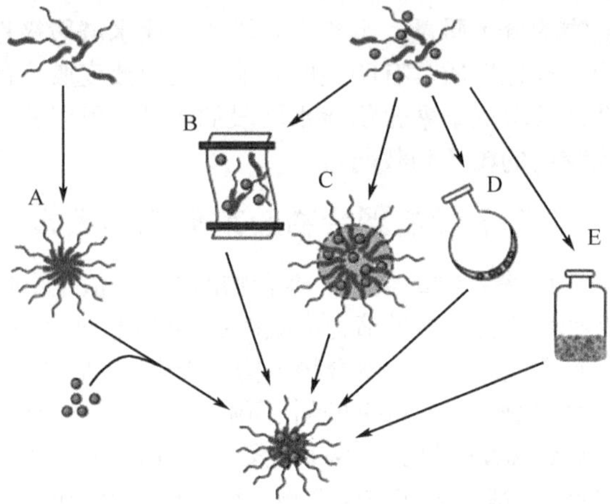

图 12-9 聚合物胶束载药的物理包裹方法示意图

A. 空白胶束载药法；B. 透析法；C. 乳化法；D. 溶剂挥发法；E. 冻干法

（1）空白胶束载药法：将嵌段共聚物制备成空白胶束溶液，再将药物用合适的溶剂溶解加入到空白胶束溶液中，药物进入胶束后，得到载药聚合物胶束。该法工艺简单，无需使用有机溶剂，但制得的胶束载药量有限，聚合物和药物均需具有一定的水溶性。

（2）透析法：将嵌段共聚物、药物溶解在可与水混溶的有机溶剂后，装入透析袋中用水透析，除去有机溶剂后制得载药聚合物胶束。常用的有机溶剂包括 *N*，*N*-二甲基甲酰胺（DMF）、二甲基亚砜（DMSO）和四氢呋喃（THF）等。该法适用范围广、载药量较高，但需除去有机溶剂。

（3）乳化法：将难溶药物溶于与水不互溶的有机溶剂如氯仿中，形成有机相；聚合物溶解于有机相或水相，在搅拌或超声条件下，将有机相与水相混合，乳化形成 O/W 型乳液，蒸发除去有机溶剂后，制得载药聚合物胶束。该法要求聚合物有较好的乳化能力，但制备后需挥干有机溶剂。

（4）溶剂挥发法：将药物、聚合物共同溶解于易挥发的有机溶剂，溶解后挥干有机溶剂，形成聚合物与药物的薄膜。通过搅拌或超声，将薄膜重新分散于水中，制得载药聚合物胶束。该法要求聚合物具有一定的水溶性。

制剂举例 12-3

紫杉醇胶束

【处方】 甲氧基聚乙二醇-b-聚 D，L-丙交酯（mPEG-b-PDLLA）150mg，紫杉醇 30mg

【制备】 150mg mPEG-b-PDLLA 与 30mg 紫杉醇溶于 2ml 乙腈，搅拌 5min 后，减压旋转蒸发除去乙腈，再在 60℃水浴下加入水，搅拌均匀后用 0.22μm 滤膜过滤，即得紫杉醇胶束。

【备注】 该例中紫杉醇胶束是采用溶剂挥发法进行制备的。mPEG-b-PDLLA 为两亲嵌段共聚物，紫杉醇为主药。该胶束用于非小细胞肺癌、乳腺癌、卵巢癌等的治疗。紫杉醇胶束冷冻干燥后可制冻干粉，有利于其保存和运输。

（5）冻干法：将药物、聚合物溶于可冻干的有机溶剂（如叔丁醇）后，再与水混合，冻干后聚合物胶束重新分散于水溶液中，即可制得载药聚合物胶束。此法可应用于工业化生产，但仅限于可溶于可冻干溶剂的聚合物和药物。

2. 化学偶联法 通过化学键将药物偶联于聚合物的疏水嵌段或亲水嵌段，从而实现聚合物胶束的载药。常见的共价偶联方式主要有腙键、二硫键、酯键、酰胺键等，如多柔比星的羰基可通过腙键偶联于聚天冬氨酸侧链，从而将药物负载于胶束内核。这种共价偶联的载药方法载药量较高，质量易控制，可有效避免药物的突释效应，还可通过肿瘤细胞内特殊环境诱导药物的响应性释放。但该法要求药物和聚合物均具有可反应的活性基团，其应用范围受到较大的限制。目前，已有紫杉醇、多柔比星（多柔比星）、表柔比星、siRNA 等通过该法制得载药聚合物胶束。

3. 静电吸附　利用药物如 DNA 与带相反电荷的聚合物嵌段之间的静电相互作用，形成聚合物胶束的内核，得到载药聚合物胶束。这种方法的优点是制备简单，无需使用有机溶剂，特别适用于 DNA、siRNA 等带电荷大分子药物的包载。例如，带阳离子的 PEG-PLys 与带负电荷的 DNA 结合后，形成载 DNA 的聚合物胶束，可有效降低 DNA 在血液中的酶解，延长 DNA 的血液循环时间，增强其在细胞内的蓄积，提高转染效果。

（二）聚合物胶束释药机制

1. 物理包裹法制备胶束的释药机制　物理包裹法制备的胶束常通过扩散作用释药。此法制备的胶束比化学偶联法制备的胶束释药更快，其释药速度与多个因素有关：①药物与疏水内核的相容性，胶束内核与药物良好的相容性可明显地延缓药物的释放；②氢键相互作用，胶束内核与药物之间的氢键相互作用可以延缓药物释放，如疏水区含有游离羧基的胶束，随着羧基浓度提高，其释药速率降低，可能是因为胶束疏水内核和药物的氢键作用力增强所致；③其他因素包括药物的极性及在胶束内的分布等对胶束的释药速率产生影响，如极性较大的药物易于释放。

2. 化学偶联法制备胶束的释药机制　化学偶联法制备的载药胶束主要通过两种方式释药：聚合物胶束降解后，胶束结合药物的共价键断裂释药；或胶束结合药物的共价键因水解或酶解断裂，药物从胶束中扩散释药。

3. 静电吸附法制备胶束的释药机制　静电吸附法制备的胶束通过药物与生理介质中游离的离子等进行交换而释放出药物。较疏水的胶束内核可加强核与药物的静电作用，使药物与介质中的离子交换受阻而达到缓释效果。

五、聚合物胶束的质量评价

1. 聚合物胶束的形貌、粒径及其分布　聚合物胶束的形貌表征通常采用透射电镜（TEM）、扫描电镜（SEM）、原子力显微镜（AFM）等方法直接观测。测定形貌的方法不同，其结果差异较大，如聚合物胶束经负染后，TEM 观测的形貌是其疏水内核的形态；而 SEM 和 AFM 观测的结果是胶束的整体形貌。此外，上述方法侧重形态的表征，因观测的胶束数量有限，所测得的粒径有局限性。聚合物胶束的平均粒径及其分布常采用激光粒度仪（动态激光散射法，DLS）进行测定，测定结果是胶束的水动力学平均粒径及其分布，是胶束的重要评价指标。

2. 聚合物胶束 CMC 的测定　聚合物胶束 CMC 的测定方法包括芘荧光探针法、表面张力法等，其中常用的是芘荧光探针法。芘在 355nm 处激发后，其荧光发射光谱中的第 1、3 个发射峰的强度之比（I_1/I_3）与其所处环境的极性有关。在聚合物胶束形成时，芘从水相进入非极性内核中，其环境由极性转为非极性环境，导致 I_1/I_3 值产生显著变化，从而显示出聚合物胶束的 CMC 值。

3. 载药量（loading efficiency，LE）和包封率（encapsulation efficiency，EE）的测定　载药量和包封率的测定和具体评价标准参照《中国药典》2015 年版对微粒制剂的测定与评价。

4. 突释效应的测定　载药聚合物胶束在体外释放试验时，表面吸附的药物会快速释放，称为突释效应。试验开始 0.5h 内的释放量要求低于 40%。

5. 有机溶剂残留量　聚合物胶束的制备常用到有机溶剂，因此，有机溶剂残留量应符合《中国药典》2015 年版对有害有机溶剂的限度检查。

六、聚合物胶束作为药物载体的研究进展

聚合物胶束作为药物载体，具有 CMC 值低、粒径小、稳定性好、解离速率低、结构可调控等特点，近几年来受到广泛关注，其临床研究逐渐增多。聚合物胶束的粒径及表面性质决定其在体内的药代动力学行为。普通胶束进入体内后，易被血液中的单核-吞噬细胞系统（MPS）识别和吞噬，血液循环时间短，难以到达靶部位。由亲水性嵌段 PEG 形成的胶束，可克服普通胶束易被 MPS 系统识别和吞噬的缺陷，进而通过渗透滞留增强效应（enhanced permeability and retention effect，EPR effect）将药物运输至靶部位。为了进一步提高药物对特定组织或器官的靶向效率，可在亲水嵌段 PEG 的末端修饰靶向分子（如抗体、RGD 肽、叶酸、转铁蛋白等），使载药聚合物胶束具有主动靶向性，从而提高疗效，降低毒副作用。近年来，智能响应性胶束可通过其在靶部位的环境响应性（pH、酶、温度、光等）实现其智能释药，从而提高药物的疗效，降低毒副反应。此外，研究还表明，一些胶束具有穿越血脑屏障（BBB）的能力，可用于脑靶向传输。

大量研究集中于聚合物胶束在肿瘤靶向治疗中的应用，目前已有多个载药聚合物胶束进入临床试验阶段（表 12-4）。例如，NK911 是将多柔比星通过化学键偶联于 PEG-PAsp 嵌段聚合物胶束中，多柔比星的载药量达 17%，粒径为 40nm，其临床药代动力学参数 $t_{1/2}$、$AUC_{0\sim\infty}$、C_{max} 等均有显著提高。紫杉醇胶束（NK105，85nm，载药量 23%）的临床研究表明，胶束有效增强了紫杉醇的抗肿瘤效果，降低了紫杉醇的毒副反应。具有 pH 响应释药功能的表柔比星聚合物胶束（60nm，载药量 20%）于 2013 年进入 I 期临床试验阶段。聚合物胶束作为药物载体的研究逐步深入到主动靶向调控、细胞内药物的智能释放与转运、逆转耐药性、协同治疗等方面，在肿瘤靶向治疗领域展示出良好的应用前景。

表 12-4 上市及进入临床试验阶段的聚合物胶束药物

名称	药物	聚合物	临床进展	研发公司
Genexol-PM	紫杉醇	PEG-PLA	已上市	Samyang
NC-4016	奥沙利铂	PEG-PAsp	I 期	Nanocarrier
NC6300	表柔比星	PEG-P（Asp-hydrazone）	I 期	Nanocarrier
NK012	SN-38	PEG-PGlu	Ⅱ期	Nippon Kayaku
NK911	多柔比星	PEG-PAsp	Ⅱ期	Nippon Kayaku
SP1049C	多柔比星	泊洛沙姆	Ⅱ期	Supratek Pharma
NC-6004	顺铂	PEG-PGlu	Ⅲ期	Nanocarrier
NK-105	紫杉醇	PEG-PAsp	Ⅲ期	Nippon Kayaku

注：SN-38 为 7-乙基-10-羟喜树碱，PLA 为聚乳酸，PAsp 为聚天冬氨酸，PGlu 为聚谷氨酸。

（陈华兵）

第四节 脂质体与类脂囊泡制备技术

一、概 述

（一）脂质体的概念

脂质体（liposomes）指两亲性磷脂和胆固醇分子形成的具有双分子层结构的封闭囊泡。其

粒径大小可以从几十纳米到几十微米，双分子层的厚度约 4nm，由于结构类似生物膜，脂质体又称为“人工生物膜”，可作为药物载体包封水溶性药物和脂溶性药物，并可根据临床需要制成供静脉注射、口服、肺部吸入、眼用、外用、经皮吸收、局部注射（肌内注射、关节腔、肿瘤内）及鼻腔给药等不同给药途径的脂质体。

载药脂质体既可直接应用，如多柔比星脂质体、两性霉素 B 脂质体等，也可作为制剂中间体制备其他剂型，如脂质体凝胶剂、脂质体透皮贴剂等。

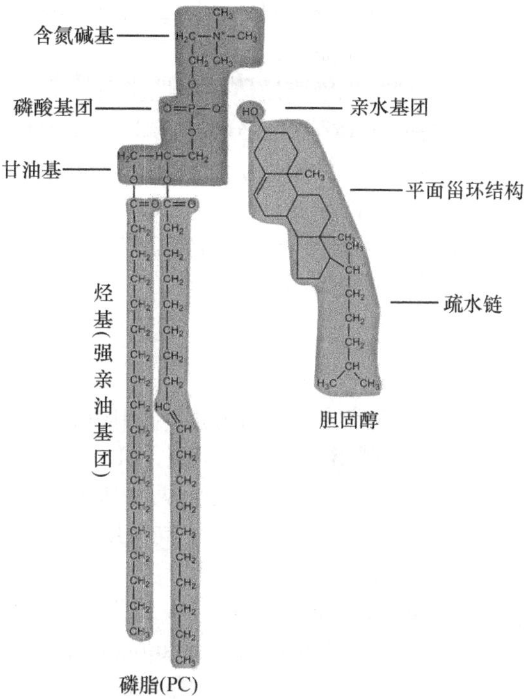

图 12-10　磷脂与胆固醇分子结构示意图

（二）脂质体的组成

脂质体的基本组成成分为磷脂（phospholipids）和胆固醇（cholesterol）。如图 12-10 所示，磷脂为两亲性物质，其结构中含有磷酸基团和含氮的碱基（均亲水）及两个较长的烃链为疏水链。用磷脂和胆固醇作膜材制备脂质体时，磷脂与胆固醇分子相互间隔，定向排列组成双分子层。

（三）脂质体的分类

1. 按脂质体的结构分类　可分为单室脂质体和多室脂质体。凡由一层类脂质双分子层构成者，称为单室脂质体，结构如图 12-11 所示。单室脂质体又分为大单室脂质体（large unilamellar vesicles，LUVs，粒径在 0.1～1μm）和小单室脂质体（single unilamellar vesicles，SUVs，粒径在 0.02～0.08μm，亦称为纳米脂质体 nano liposomes）。由多层类脂质双分子层构成的称为多室脂质体（multilamellar vesicles，MLVs），粒径在 1～5μm。单室脂质体中水溶性药物的溶液被一层类脂双分子层所包封，脂溶性药物则分散于双分子层中。多室脂质体中，双分子层被含水溶性药物的水膜隔开，脂溶性药物则分散于双分子层中。凡经超声波分散的脂质体悬浮液，绝大部分为单室脂质体。

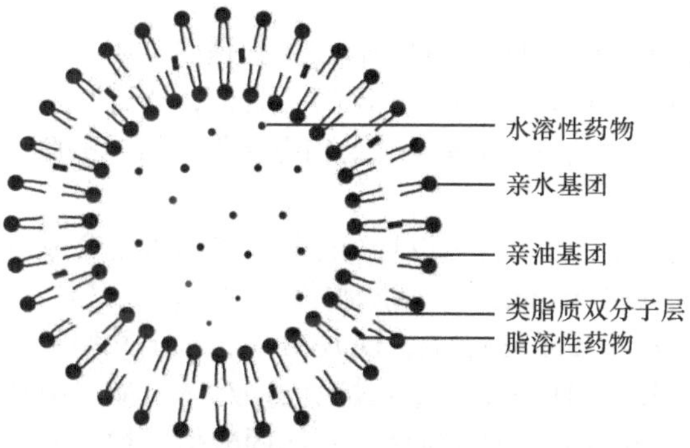

图 12-11　单室脂质体结构示意图

2. 按脂质体性能分类　可分为普通脂质体和特殊性能脂质体。

（1）普通脂质体：由一般脂质组成的脂质体。

（2）特殊性能脂质体

1）长循环脂质体：又称隐形脂质体（stealth liposomes）。脂质体表面经过 PEG 等修饰后，增加了脂质体的柔性和亲水性，可避免单核-吞噬细胞系统的识别和吞噬，延长脂质体在体内循环的时间，延长所包封药物的作用时间。

2）热敏脂质体：由相转变温度（T_c）稍高于体温的脂质组成的脂质体，其所包封药物的释放具有温度敏感性。

3）pH 敏感脂质体：由 pH 敏感的脂质构成的脂质体，如 DOPE-PC-CHOL 组成的脂质体，当 pH＜6.0 时，脂质膜通透性改变，甚至解体，释放其包封的药物。

4）免疫脂质体：将抗体或抗体片段通过化学键连接到脂质体表面，形成抗体修饰脂质体。

5）配体修饰脂质体：将具有靶向功能的受体特异性配体通过化学键连接到脂质体表面，形成配体修饰脂质体。

另外还有光敏脂质体和磁性脂质体等。

3. 按脂质体荷电性分类 磷脂头部基团带有不同的电荷，带正电荷的脂质形成的脂质体为正电荷脂质体或称阳离子脂质体，带负电荷脂质形成的脂质体为负电荷脂质体或称阴离子脂质体，不带电荷的脂质形成的脂质体称为中性脂质体。

4. 按给药途径分类 可将脂质体分为静脉注射、口服、肺部吸入、眼用、外用、经皮吸收、局部注射及鼻腔给药脂质体等。

二、构成脂质体的材料

脂质体的膜材主要由磷脂与胆固醇构成，它们是形成脂质双分子层的基础物质。

1. 中性磷脂 磷脂酰胆碱（phosphatidylcholine，PC）是最常见的中性磷脂，是细胞膜的主要磷脂成分，有天然和合成两种来源。天然 PC 可从蛋黄和大豆中提取。天然 PC 是一种混合物，每种磷脂酰胆碱具有不同长度、不同饱和度的脂肪链。天然 PC 具有生理条件下电中性、来源广、价格低等特点。人工合成的磷脂酰胆碱衍生物有二硬脂酰磷脂酰胆碱（distearoyl phosphatidyl choline，DSPC）、二棕榈酰磷脂酰胆碱（dipalmitoyl phosphatidyl choline，DPPC）、磷脂酰乙醇胺（phosphatidylethanolamine，PE）、二肉豆蔻酰磷脂酰胆碱（dimyristoyl phosphatidyl choline，DMPC）。合成磷脂酰胆碱成分单一，价格昂贵。除此之外，其他中性磷脂还有鞘磷脂（sphingomyelin，SM）等。

2. 负电荷磷脂 常用的负电荷脂质有磷脂酸（phosphatidic acid，PA）、磷脂酰肌醇（phosphatidylinositol，PI）、磷脂酰甘油（phosphatidyl glycerol，PG）、磷脂酰丝氨酸（phosphatidyl serine，PS）等。

由负电荷磷脂组成的脂质双分子膜能与阳离子发生非常强烈的结合，尤其是二价离子，如钙和镁。由于与阳离子的结合降低了其头部基团的静电荷，使双分子层排列紧密，从而升高了相变温度。在适当环境温度下，加入阳离子能引起相变。由负电荷磷脂和中性脂质组成的膜，加入阳离子能引起相分离。

3. 正电荷脂质 正常生理条件下荷正电脂质材料一般为含氮链烃衍生物，均为人工合成产品，目前常用的正电荷脂质有脂肪胺，如硬脂胺（stearylamine）；脂肪胺衍生物，如 1，2-二油酰基-3-三甲胺基-丙烷（1，2-dioleoyl-3-trimethylammonium-propane，DOTAP），双十八烷基二甲基溴化铵（dimethyldioctadecylammonium bromide，DDAB），十八烯氧基-*N*，*N*，*N*-三甲基丙胺（1，2-di-*O*-octadecenyl-3-trimethylammonium propane，DOTMA）；胆固醇衍生物，如二甲基乙二胺基甲酸胆固醇酯（3*β*-[*N*-（*N*′，*N*′-dimethylaminoethane）-carbamoyl]cholesterol）等。

4. 胆固醇 是生物膜中重要成分之一。它是一种中性脂质，亦属于两性分子，但是亲油性大于亲水性。胆固醇本身不形成脂质双分子层结构，但它能以高浓度方式渗入到磷脂膜，羟基基团朝向亲水面，脂肪族的链朝向并平行于磷脂双分子层中心的烃链。当胆固醇在磷脂双分子层膜所占的摩尔比约为 50%时，胆固醇可以改善脂质双分子膜流动性。

三、脂质体的理化性质

1. 相变温度 脂质体膜的物理性质与介质温度有密切关系。当升高温度时，脂质双分子层中酰基侧链从有序排列变为无序排列，这种变化会引起脂膜物理性质的一系列变化，如由“胶晶”态变为“液晶”态。此时，脂质体直径增大，双分子层厚度减小，膜通透性增加。发生这种转变时的温度称为相变温度（phase transition temperature，T_c）。脂质膜的相变温度可借助差示扫描量热法、电子自旋共振光谱（electron spins resonance，ESR）等测定。所有磷脂都具有特定的 T_c 值，这依赖于极性基团的性质、酰基链的长度和不饱和度。一般酰基侧链越长相变温度越高，反之链短则相变温度亦低，如二肉豆蔻磷脂酰胆碱的 T_c 为 24℃，而二棕榈酰磷脂酰胆碱及二硬脂酰磷脂酰胆碱的 T_c 则分别为 41℃和 58℃。磷脂的相变温度直接影响脂质体的相变温度。

2. 膜的通透性　脂质体膜为半透膜，不同离子、分子跨膜扩散的速率差别很大。电中性的小分子（M_W＜100 Da），如水和尿素能很快跨膜；对于在水和有机溶剂中均有较好溶解度的小分子（M_W＜1000 Da），较易透过磷脂膜；而对于大分子化合物（如多肽、蛋白）、离子、荷电分子及多羟基极性较大的分子（如葡萄糖），跨膜通透性极低。此外，在达到及超过相变温度时，脂质体膜对各种分子通透性均增加。

3. 膜的流动性　液晶态膜流动性较大，凝胶态膜流动性较小。温度升高时膜的流动性增加，通透性增大，被包封在脂质体内的药物释放或泄漏加快。膜的流动性直接影响脂质体的稳定性。胆固醇能够调节膜的流动性，当磷脂与胆固醇的摩尔比为 1∶1 时，脂质体膜的相变温度消失，因此，胆固醇也被称为流动性缓冲剂（fluidity buffer）。磷脂膜中加入胆固醇，在低于相变温度时，可使膜分子排列有序性降低，膜流动性增加；高于相变温度时，则可使膜分子排列有序性增加，膜流动性降低。

4. 脂质体荷电性　含碱基（胺基）脂质如十八胺等的脂质体荷正电，含酸性脂质如磷脂酸（PA）和磷脂酰丝氨酸（PS）等的脂质体荷负电。脂质体的表面电性对包封率、稳定性、靶器官分布及对靶细胞的作用影响显著。

四、脂质体作为药物载体的特点

1. 靶向性　普通脂质体进入体内可被巨噬细胞作为异物吞噬，能选择性地集中于单核-吞噬细胞系统，具有淋巴系统趋向性和被动靶向性。可用于治疗肿瘤和防止肿瘤扩散转移，以及防治寄生虫病、利什曼病等单核-吞噬细胞系统疾病。经过单克隆抗体、糖残基和受体配体等修饰的脂质体具有主动靶向性，如某种肿瘤表达某一特异性抗原，用该抗原对应的特异性抗体与脂质体偶联，可使载药脂质体向肿瘤部位浓集。

2. 缓释性　将药物包封于脂质体中，可减慢药物的排泄和代谢，延长药物在血液中的滞留时间，使药物在体内缓慢释放，从而延长药物作用时间，达到长效作用。

3. 降低药物毒性　药物被脂质体包封后，主要被单核-巨噬细胞系统所摄取，可浓集于肝、脾和骨髓等吞噬细胞较丰富的器官中，而使药物在心、肾中的累积量明显降低，从而降低药物对心和肾的毒性。

4. 提高药物稳定性　一些不稳定的药物被脂质体包封后，受到脂质体双层膜的保护，可提高其稳定性。

5. 细胞亲和性与组织相容性　因脂质体是类似生物膜结构的囊泡，对正常细胞和组织无损害和抑制作用，因此具有细胞亲和性与组织相容性，并可长时间吸附于靶细胞周围，使药物能充分向靶细胞、靶组织渗透，还可通过融合进入细胞内，发挥相应作用。

五、脂质体与细胞之间的作用方式

1. 吸附（adsorption）　是在适当的条件下，脂质体通过静电、疏水等作用，非特异性吸附到细胞表面，或通过脂质体上的配体与细胞表面的受体结合而特异性吸附到细胞表面。

2. 脂质交换（lipid exchange）　是吸附于细胞表面的脂质体膜上的脂质成分与细胞膜进行脂质交换，脂质体内的药物在交换过程中进入细胞。脂质交换为分子热运动结果，也可以通过细胞表面特异性蛋白介导。交换过程脂质体膜通透性增加，药物释放加快，有利于发挥疗效。

3. 内吞/吞噬（endocytosis/phagocytosis）　是脂质体的主要入胞机制。具有吞噬功能的细胞摄取脂质体进入吞噬体（phagosome），进而形成溶酶体（lysosomes，内部环境 pH 为 5），随后被溶解、消化，释放药物，同时也可能导致包封的药物失活。此外，细胞内吞作用与脂质体粒径、表面理化性质密切相关。例如，脂质体大小为 100nm 时易发生内吞作用，而表面 PEG 化可阻碍内吞作用。

4. 融合（fusion） 是指脂质体膜与细胞膜相结合而融为一体，而将包封的药物直接传递到细胞内，药物不经历溶酶体降解过程，因此是有效的入胞传递方式。对于蛋白、多肽、基因等稳定性差的药物，融合是理想的传递方式。

六、脂质体的制备

（一）制备方法

制备脂质体的方法很多，但主要可分为两类：被动载药法和主动载药法。被动载药法是指脂质体的形成和药物的装载同步完成。主动载药法是指先制备不含药物的空白脂质体，再借助特定药物装载动力（如 pH 梯度、硫酸铵梯度等）来实现药物的跨膜装载。主动载药法一般比被动载药法制备的脂质体包封率高。但主动载药法对药物性质有特殊要求，并不适合所有药物。

1. 被动载药法

（1）薄膜分散法（thin film dispersion method）：是将磷脂等膜材溶于适量的氯仿或其他有机溶剂中，脂溶性药物可加在有机溶剂中，然后在减压旋转下除去溶剂，使脂质在器壁形成薄膜后，加入含有水溶性药物的缓冲溶液，进行振摇，则可形成粒径不均匀的大多室脂质体。可进一步采用超声波分散、高压均质、高速剪切，挤压通过固定孔径的滤膜等方法，得到较小粒径且分布均匀的脂质体。因为该方法简单易行，目前仍最常用。但是该方法对水溶性药物的包封率较低（＜10%）。

（2）注入法（injection method）：是将磷脂和胆固醇等类脂质及脂溶性药物溶于有机溶剂中（油相），然后将油相匀速注射到高于有机溶剂沸点的恒温水相（含水溶性药物）中，不断搅拌直至有机溶剂除尽为止，即制得大多室脂质体，再乳匀或超声得到单室脂质体。注入法常用溶剂有乙醚、乙醇等。注入法的优点是简单快速，条件温和，不易引起药物或脂质的变性。缺点是使用有机溶剂和高温，会使大分子物质变性和对热敏感的物质灭活，脂质体粒度不均匀。

（3）逆相蒸发法（reverse-phase evaporation method）：是将磷脂等膜材溶于氯仿、乙醚等有机溶剂，加入待包封药物的水溶液（水溶液：有机溶剂=1∶3～1∶6），进行短时超声乳化，直至形成稳定的 W/O 型乳剂。然后减压蒸发除去有机溶剂，即可形成脂质体。本法适用于包封水溶性药物、大分子生物活性物质，如各种抗生素、胰岛素、免疫球蛋白、碱性磷脂酶、核酸等。

（4）冷冻干燥法（freeze drying method）：系将类脂质分散于缓冲盐溶液中，经超声波处理与冷冻干燥，再将干燥物分散到含药物的水性介质中，即得。

（5）复乳法（multiple emulsion method）：是将脂质膜材溶于有机溶剂中，药物溶于第一水相。有机相和第一水相混合乳化成 W/O 型乳剂，再将此乳剂加入第二水相中，形成 W/O/W 型复乳，减压蒸发或通入氮气，除去有机溶剂，即得单室脂质体。该方法对于水溶性药物包封率较高。

2. 主动载药法 主动载药的基本原理是一些双亲性的弱酸、弱碱药物能够以电中性的形式跨越脂质双分子层，进入脂质体内水相后在缓冲溶液作用下电离，不能再跨越脂质双分子层扩散到外水相中。其技术的关键在于通过透析、柱层析等手段使空白脂质体膜内外形成电位梯度、pH 梯度或其他适宜的梯度，促使外水相中的药物自发透膜向脂质体内水相聚集。主动载药技术克服了被动载药技术对水溶性药物包封率低的缺点，使得制备高包封率脂质体成为可能。由于主动载药技术的出现，极大地促进了脂质体制剂的产业化发展。

主动载药技术并非适用于所有药物，对于药物性质有比较严格的限制，只有符合下述条件的药物才可能得以应用：①药物在生理 pH 条件下有可以离解的基团，具有合适的油/水分配系数，为弱酸或弱碱。因为这样的药物才能在加热孵育的过程中以未解离的形式穿过磷脂双分子层，进入脂质体内水相。②药物和脂质体内相缓冲液可以生成较稳定的复合物或者沉淀。如此才可以保持内相游离药物一直处于低浓度，维持内外药物浓度梯度，促使药物扩散进入脂质体内，保证在储存期维持包封率和载药量，并且给药后，不会由于体液的稀释效应导致药物的大量泄漏。但是这种复合物或沉淀作用又不宜太强，否则可能影响药物在靶部位的释放，导致药物疗效下降。

主动载药技术包括三个步骤：①首先制备空白脂质体，所采用的水相为特定的缓冲液，形成脂质体的内水相；②采用透析或加入酸碱等方法形成膜内外特定的缓冲溶液梯度；③将药物溶解于外水相，适当温度孵育，使在外水相中未解离药物通过脂膜载入内水相中。

根据缓冲物质的不同，主动载药技术分为 pH 梯度法、硫酸铵梯度法和乙酸钙梯度法。对于弱碱性药物可采用 pH 梯度法或者硫酸铵梯度法，而对于弱酸性药物则可采用乙酸钙梯度法。

（1）pH 梯度法：是通过脂质体内外形成质子（H^+）梯度，完成装载可结合质子形成离子的药物（图 12-12）。

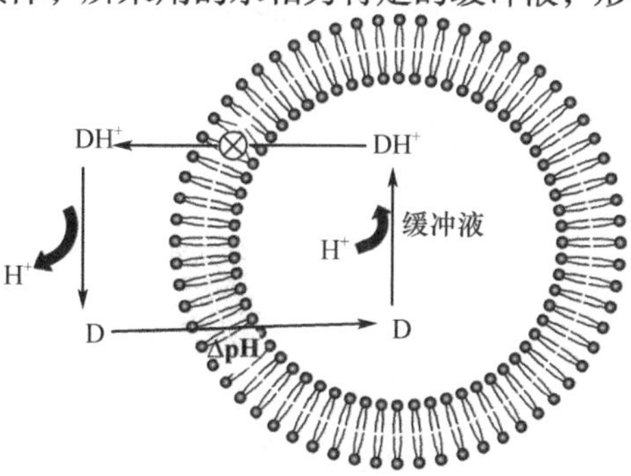

图 12-12 pH 梯度主动载药原理示意图

制剂举例 12-4

柔红霉素脂质体

【处方】 盐酸柔红霉素 2.0g 二硬脂酰卵磷脂 21.0g 胆固醇 3.8g
维生素 E 30.0mg 二硬脂酰磷脂酰甘油 7.0g 无水碳酸钠 3.2g
枸橼酸 4.6g 蔗糖 90.0g 甘氨酸 5.0g 注射用水加至 1000ml

【制法】 ①空白脂质体的制备：按照处方称取二硬脂酰卵磷脂、胆固醇和维生素 E，溶于三氯甲烷中混合均匀，减压旋转蒸发除去三氯甲烷，形成脂质薄膜；配制 0.05mol/L 的枸橼酸溶液（pH4.0），水化脂质薄膜，温度控制在 60～65℃，水化完全后用高压均质机制备平均粒径为 80nm 的空白脂质体混悬液。②形成 pH 梯度：用 0.5mol/L 的无水碳酸钠水溶液调节空白脂质体混悬液 pH 为 7.5±0.3，使脂质体膜内外形成 H^+的梯度，脂质体膜内为酸性（pH4.0），膜外偏碱性（pH7.5）。③孵育载药：将盐酸柔红霉素溶于 9%的蔗糖水溶液，加热到 60～65℃，和碱性空白脂质体混悬液混合均匀并保温 10～30min。柔红霉素在脂质体外水相呈分子型，可穿透脂质体膜，进入脂质体后即在酸性条件下质子化，而质子化的柔红霉素不易透膜，因而被包封在脂质体内，药物包封率达 97%以上。④制剂调整：配制 9%的蔗糖水溶液并加入 0.5%的甘氨酸，得脂质体分散液，并用其洗涤含盐酸柔红霉素的脂质体，利用渗析过滤法使盐酸柔红霉素脂质体外溶液也置换为 pH5.0～6.0 的脂质体分散液，用注射用水定容并调节至盐酸柔红霉素的浓度为 0.5mg/ml，经 0.22μm 的微孔滤膜过滤除菌，分装即得成品，可在 2～8℃下保存或冻干保存。

【注解】 此法为 pH 梯度法制备柔红霉素脂质体。盐酸柔红霉素（daunorubicin）为主药，二硬脂酰卵磷脂与二硬脂酰磷脂酰甘油为脂质体骨架材料，胆固醇用于改善脂质体膜流动性，提高制剂稳定性；蔗糖配制成水溶液溶解柔红霉素，并与甘氨酸一起配制脂质体分散液，用于空白脂质体载药。维生素 E 为抗氧化剂，枸橼酸用作缓冲剂。柔红霉素具有广谱的抗肿瘤作用，临床上主要用于治疗急性粒细胞白血病。盐酸柔红霉素脂质体可降低柔红霉素的骨髓和心脏毒性，延长其体内滞留时间，提高治疗效果。

（2）硫酸铵梯度法：制备过程与 pH 梯度法非常相似。首先使用硫酸铵缓冲液制备空白脂质体，然后采用交叉透析等手段除去脂质体外水相的硫酸铵，形成脂质体膜内外的硫酸铵梯度，再与药物溶液一起孵育，达到载药目的。如图 12-13 所示，分子型多柔比星易于穿透脂质体膜进入脂质体内腔，而内腔中由于硫酸根离子的存在，使多柔比星变为硫酸多柔比星。硫酸多柔比星溶解度小，形成胶态样沉淀，使脂质体内腔游离多柔比星浓度迅速降低，与脂质体外部多柔比星形成浓度差，使多柔比星不断进入脂质体内腔。采用硫酸铵梯度法制备多柔比星脂质体的包封率可达90%以上。

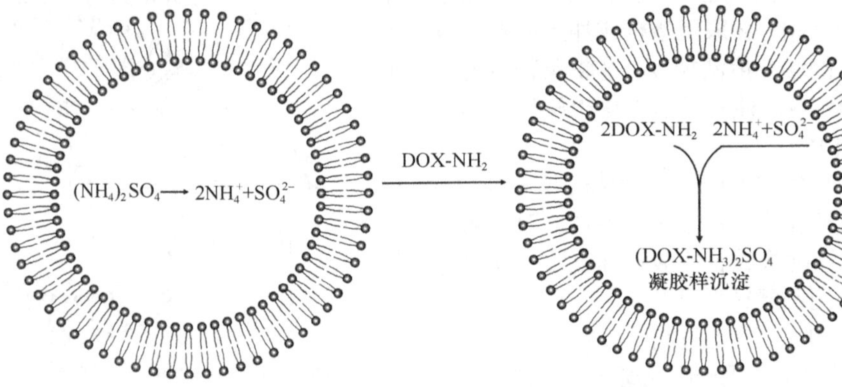

图 12-13 硫酸铵梯度主动载药原理示意图（多柔比星，DOX）

制剂举例 12-5

多柔比星脂质体制备

【处方】 盐酸多柔比星 20.0g 胆固醇 31.9g 氢化磷脂酰胆碱（HSPC）95.8g
聚乙二醇二硬脂酰磷脂酰乙醇胺（PEG-DSPE）31.9g

【制法】 将 HSPC、PEG-DSPE、胆固醇的乙醇溶液注入恒温的 250 mmol/L 硫酸铵水溶液中得到多室脂质体，然后通过微孔滤膜挤压得到平均粒径为 100 nm 的空白脂质体（内水相为硫酸铵溶液）。取脂质体混悬液装于透析袋中，置于蔗糖溶液中进行透析，置换外水相，形成带有硫酸铵梯度的空白脂质体。加入盐酸多柔比星溶液进行保温孵育得到载药脂质体。调节药物浓度至 2 mg/ml，过滤除菌，灌封。

【注解】 此法为硫酸铵梯度法制备多柔比星脂质体。PEG-DSPE、HSPC 为磷脂材料，与胆固醇构成脂质体的成膜材料。多柔比星（doxorubicin，DOX）为蒽环类抗肿瘤药物，具有显著的骨髓和心脏毒性。由于使用了 PEG-DSPE，该法制备的多柔比星脂质体具有长循环性质。多柔比星脂质体注射液可减少 DOX 在心脏等正常组织中的分布，提高其在肿瘤局部中的蓄积，达到提高疗效、减低毒副作用的目的。

知识拓展 12-1

前体脂质体

前体脂质体（proliposomes）系将脂质体膜材和药物的混合溶液在减压搅拌下逐步分布到一种可溶性固体载体表面，形成可自由流动的粉体状制剂。由于尚未形成脂质双分子层结构，因此称之为前体脂质体。前体脂质体的制备解决了脂质体存在的药物渗漏、粒子聚集，以及磷脂在液态下的氧化、水解等问题。前体脂质体为脂质体在临床上的应用提供了一个行之有效的方法，它使脂质体以固态形式储存，只是在临用前加入分散介质即可再分散形成脂质体，无需对脂质体进行整粒和除去游离药物的操作。与脂质体相比，前体脂质体的制备方法简单，但是前体脂质体的质量不易控制，仅靠稀释或复水化操作制备的脂质体粒径分布不够均匀，水溶性药物的包封率常达不到要求。

（二）影响脂质体形成及载药的因素

1. 类脂质膜水化条件　应控制合适的类脂质膜水化条件，如水化温度与时间、缓冲液的种类、浓度及 pH 等，使其充分水化，否则产品粒度不均匀，甚至有可能产生磷脂沉淀，严重影响产品质量。

2. 处方组成　药脂比、类脂质膜材料种类及投料比对于药物的包封率与载药量都有重要影响，如增加胆固醇含量，可提高水溶性药物的载药量。

3. 药物溶解度　极性药物在水中溶解度越大，在脂质体水层中的浓度就越高；非极性药物的脂溶性越大，包封率越高；水溶性与脂溶性都小的药物包封率低。

4. 粒径大小与粒度分布　脂质体粒径大小与载药量有关，当类脂质的量不变，类脂质双分子层的空间体积越大，则载药量越多；水层空间越大能包封极性药物越多，多室脂质体的包封率远比单室脂质体的大。另外，脂质体的粒径可影响其在体内的行为，为了达到所需的粒度与分布，可选择适当的制备工艺或通过一些后处理操作（如高压均质、超声处理等）来达到要求。

5. 工艺参数　工艺参数的控制会显著影响脂质体的质量，如冷冻干燥法制备过程中冻干温度、速度及时间等因素对脂质体的包封率和稳定性都有影响。

（三）脂质体的分离与灭菌

1. 未包封药物的分离　对于未被包封的药物，常用如下方法将脂质体与未包封的药物进行分离。

（1）透析法：将脂质体装入透析袋，置于不断搅拌的等渗溶液，多次更换透析液，即可透析去除游离药物。该法适合于分离小分子药物。透析法的优点是不需要复杂昂贵的设备，但透析时间长，易发生药物渗漏。

（2）凝胶过滤法：常用葡聚糖凝胶柱（如 Sephadex G-50）。当被分离物质流动通过凝胶多孔颗粒时，药物分子渗入小孔程度高，而粒径较大脂质体渗入小孔程度较低，因此从凝胶柱上可依次洗脱出大粒径脂质体、小粒径脂质体、游离药物。

此外，离心法、微型柱离心法及超滤法也可用于分离脂质体和游离药物。离心是脂质体与游离物质分离的有效方法，离心力依赖于脂质体与分散介质密度差，一般需要超速离心。微型柱离心法分离非包裹药物快速有效，适用于相对分子质量＜7000Da 的药物。

2. 脂质体的灭菌　高压蒸汽灭菌法不适用于脂质体的灭菌，因为 103.4kPa、121℃灭菌可以造成脂质体不可恢复的破坏。

（1）^{60}Co 射线灭菌：对脂质体灭菌是较好的选择之一，但也有研究表明，γ 射线可破坏脂质体膜。

（2）滤过除菌：0.22μm 或更小的脂质体可通过滤过法除菌，脂质体及其内容物损失为 0.3%～18.6%。将脂质体挤压通过 0.22μm 聚碳酸酯膜，可以同时完成粒径的调整和除菌。

（3）无菌操作：是实验室制备无菌脂质体最常用的方法。将脂质体的组成成分脂质、缓冲液、药物和水分别先通过过滤除菌或热压灭菌。所用的容器及制备仪器均须经过灭菌，在无菌环境下制备脂质体。

七、脂质体的质量评价

载药脂质体除应符合《中国药典》2015 年版四部通则微粒制剂指导原则外，制成的制剂应符合药典相关制剂项下的规定。脂质体需要重点控制的项目如下。

1. 形态、粒径及其分布　脂质体的粒径大小和分布均匀程度与其包封率和稳定性有关，直接影响脂质体在机体组织的分布和代谢。脂质体形态、粒径大小及分布测定方法有光学显微镜法、电子显微镜法、库尔特法、激光散射法、离心沉降法和微孔滤膜-光密度法等。粒径分布用跨距或多分散指数表示。

2. 表面电性 脂质体的表面电性对脂质体包封率、稳定性、体内分布及靶向作用有显著影响。测定方法有显微电泳法、动态激光散射法和荧光法。

3. 包封率和载药量 包封率（encapsulation efficiency，EE）是指包入脂质体内的药物量与体系总药物量的百分比，一般采用重量包封率。包封率是脂质体制备过程的重要考察指标，《中国药典》2015 年版规定脂质体的包封率一般不得低于 80%。载药量（loading efficiency，LE）指脂质体内含药物的重量百分率，对脂质体工业化生产具有实用价值。计算包封率和载药量时需要分离载药脂质体和游离药物，并分别测定其药物含量。一般先测定脂质体混悬液中的总药量，经色谱柱或离心分离，测定介质中未包封的药量，然后再计算包封率和载药量。

$$\text{包封率}=\frac{\text{脂质体中包封的药量}}{\text{脂质体中包封与未包封的总药量}}\times 100\% \tag{12-1}$$

$$\text{载药量}=\frac{\text{脂质体中包封的药量}}{\text{载药脂质体总重量}}\times 100\% \tag{12-2}$$

4. 突释效应或渗漏率 在体外释放实验时，吸附在脂质体表面的药物会快速释放，称为突释效应。开始 0.5 h 内的释放量要求低于 40%。

渗漏率表示脂质体储存期间包封率的变化情况，是衡量脂质体稳定性的重要指标，可用式（12-3）表示：

$$\text{渗漏率}=\frac{\text{贮存一定时间后渗漏到介质中的药量}}{\text{贮存前包封的药量}}\times 100\% \tag{12-3}$$

5. 释药特性 脂质体释药特性显著影响治疗效果。脂质体释药特性可以根据给药途径、给药部位，设计适当释放介质，进行体外检测。

6. 磷脂水解与氧化

（1）水解：磷脂分子中的甘油酰基受到酸、碱催化，容易水解脱去一条酰基链，形成单链溶血磷脂。溶血磷脂可以采用 HPLC（高效液相色谱法）或 TLC（薄层扫描色谱法）进行检测。

（2）氧化：含有不饱和碳链的磷脂易发生氧化反应，产生过氧化物、醛类、溶血磷脂等有害产物。

氧化指数是检测双键偶合的指标。氧化偶合后的磷脂在 233nm 波长处具有紫外吸收峰，有别于未氧化的磷脂。将磷脂溶于无水乙醇，配制成一定浓度的澄明溶液，分别测定其在波长 233nm 及 215nm 的吸光度，计算两者比值，即 A_{233}/A_{215}，作为氧化指数。该值低于 0.2，一般表示未被明显氧化。

磷脂氧化所产生的丙二醛（MDA）具有较强的溶血、细胞毒性，在酸性条件下可与硫巴比妥酸（TBA）反应，生成具有红色发色团产物（TBA-pigment），在 532nm 波长处有特征吸收，吸收值的大小即反映磷脂的氧化程度，也可以此对磷脂氧化反应进行定量检测。

7. 有机溶剂残留量 生产过程中引入有机溶剂时，应按有机溶剂残留量测定法进行测定，并符合《中国药典》2015 年版要求。

八、脂质体在制剂中的应用进展

脂质体最早是 1965 年被英国学者 Bangham 等作为研究生物膜的模型提出来的。20 世纪 70 年代初，脂质体作为药物的载体开始逐渐引起人们的重视，其后迅速发展，对脂质体的处方组成、粒径控制、稳定性、体内过程、安全性及药效学等方面进行了广泛深入的基础研究，并且随着化学、化工、药剂学等相关学科的长足发展，脂质体最终走向临床应用。1988 年第一个脂质体制剂，硝酸益康唑脂质体凝胶剂“Pevaryl lipogel”在瑞士由 CILAG 制药公司注册，现已在瑞士、意大利、比利时和挪威等国上市销售。1990 年年底，第一个上市用于治疗真菌感染的注射用两性霉素 B 脂质体（Ambisome）在欧洲上市，随后越来越多的脂质体产品出现（表 12-5）。脂质体药物制剂的研究与开发已成为当前一个十分活跃的领域。

表 12-5　已上市的脂质体制剂

商品名	药物	剂型	适应证
Ambisome	两性霉素 B	脂质体冻干粉	真菌感染
Abelcet	两性霉素 B	脂质复合物混悬液	真菌感染
Amphotec	两性霉素 B	脂质复合物冻干粉	真菌感染
Daunoxome	柔红霉素	脂质体乳状液	血管瘤
Doxil	多柔比星	PEG 化脂质体混悬液	卡波济肉瘤，卵巢癌/乳腺癌
Lipo-dox	多柔比星	PEG 化脂质体混悬液	卡波济肉瘤，卵巢癌/乳腺癌
Myocet	多柔比星	脂质体冻干粉	与环磷酰胺联合治疗转移性乳腺癌
Visudyne	维替泊芬	脂质体冻干粉	与年龄相关的黄斑变性，病理性近视，眼组织胞质菌病
Depocyt	阿糖胞苷	脂质体混悬液	脊膜瘤，脊膜淋巴瘤
Depodur	硫酸吗啡	脂质体混悬液	疼痛
Epaxal	甲肝疫苗	脂质体混悬液	甲肝
Inflexal V	流感疫苗	脂质体混悬液	流感

知识拓展 12-2

脂质体作为疫苗佐剂的应用

脂质体作为疫苗佐剂，可同时增强机体的体液和细胞免疫应答，对免疫的增强作用可达数十倍甚至更高。表面电荷对脂质体的佐剂效应有着重要的影响，脂质体表面荷正电荷是延长疫苗在注射部位停留、增加抗原提呈、延长刺激体内细胞免疫时间的重要因素。Mann 等研究发现，小粒径脂质体刺激较强烈的 Th2 应答，大粒径刺激 Th1 应答较强，并能刺激较强的保护性抗体。同时，粒径大小对抗原向淋巴结的转运、摄取、加工也至关重要。大颗粒易被树枝状细胞（DC）摄取，小颗粒向淋巴结转运，被单核-吞噬细胞和 DC 摄取。

九、类 脂 囊 泡

类脂囊泡（niosomes）又称非离子表面活性剂囊泡（nonionic surfactant vesicles），是非离子型表面活性剂与胆固醇形成的一种单层或多层的药物载体（图 12-14）。类脂囊泡在结构组成和物理性质方面与脂质体相似，但稳定性高于脂质体，一般安全性高于脂质体。作为药物载体，类脂囊泡广泛应用于透皮给药系统、口服药物载体、抗肿瘤药物功能化载体、诊断与造影等领域研究，目前尚无类脂囊泡产品上市。

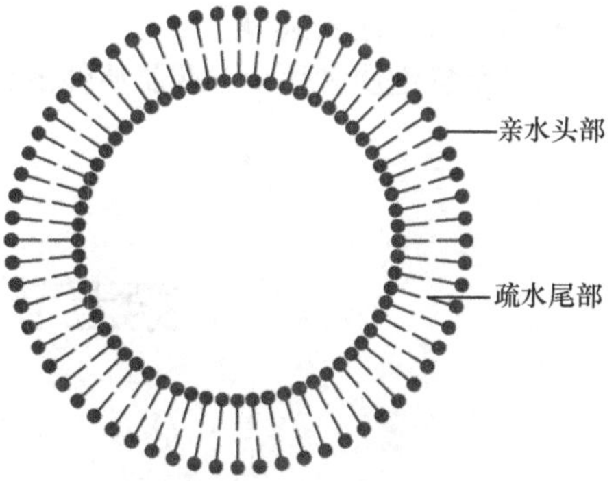

图 12-14　类脂囊泡结构示意图

（一）类脂囊泡的分类

1. 按结构分类

（1）单层类脂囊泡（unilamellar vesicles）：有一层双分子膜形成的类脂囊泡。一般分为小单层类脂囊泡（10～100nm）和大单层类脂囊泡（＞100nm）。

（2）多层类脂囊泡（multilamellar vesicles）：是由双分子层膜和水交替形成的同心类似洋葱的多层结构囊泡（100nm～5μm）。

（3）多囊类脂囊泡（multivesicles）：是由一个大的囊泡内部包含2个以上的非同心小的类脂囊泡（～5μm）。

2. 按照荷电性分类 可分为中性类脂囊泡、负电性类脂囊泡和正电性类脂囊泡。

（二）制备类脂囊泡的材料

类脂囊泡的主要制备材料是非离子型表面活性剂。形成类脂囊泡的表面活性剂应具有合适的两亲性基团，疏水性烷基链的长度一般为C_{12}～C_{18}，有时需要加入胆固醇为稳定剂，通过胆固醇的空间排斥作用阻止囊泡的聚集。

1. 多元醇型 脱水山梨醇脂肪酸脂类（Span，司盘）。

2. 聚乙二醇型 聚氧乙烯脂肪酸酯（Myrij，卖泽）、聚氧乙烯脂肪醇醚（Brij，苄泽）。

3. 聚氧乙烯-聚氧丙烯共聚物 常用的有Poloxamer188。

（三）影响类脂囊泡形成的因素

1. HLB 值 类脂囊泡的形成机制与脂质体具有一定的相似性，但所用的主要材料为非离子表面活性剂，当所用的非离子表面活性剂浓度超过其临界胶束浓度时会以囊泡形式存在。非离子表面活性剂的一个重要参数是亲水亲油平衡值（HLB值），该值可以较好地预测该分子能否形成类脂囊泡。例如，HLB值为4～8的司盘类可形成较好的类脂囊泡。

2. 临界聚集参数 Israelachvili 通过对两亲性分子的聚集行为的分析，提出了临界聚集参数（critical packing parameter，CPP）的概念，即用无量纲的数值描述两亲性分子在聚集时形成胶束还是囊泡结构。临界聚集参数定义为：

$$\mathrm{CPP}=\frac{V}{I_C\times\alpha_0}\times 100\% \qquad (12\text{-}4)$$

式中，V为分子中脂肪链的体积；I_C为分子中脂肪链在无约束条件下的伸长长度；α_0为亲水性基团的截面积。

当CPP＜0.5时，以形成胶束为主；0.5＜CPP＜1，则有利于形成类脂囊泡；CPP＞1时，则易于形成反相胶束。

（四）类脂囊泡的制备与质量评价

类脂囊泡的结构与脂质体相似，大多可采用与脂质体类似的制备方法，主要有薄膜分散法、逆相蒸发法、注入法等。

类脂囊泡质量评价参照脂质体的评价方法。

（杨建宏）

第五节 纳米粒制备技术

一、概 述

纳米粒是药物经纳米化制备技术或药物载体分散形成的粒径小于500nm的固体颗粒。纳米粒主要有骨架实体型的纳米球（nanospheres）和囊状空腔型的纳米囊（nanocapsules）两类结构（图12-15）。其制备方法主要有药物直接纳米化、载体包载两种方法。直接纳米化是通过机械粉碎法、纳米沉淀法等将药物直接制成具有500nm以下的药物结晶纳米粒，并通过适宜的稳定剂维持纳米粒的稳定性。载体包载是将药物以一定载药量包载于具有特定结构的纳米载体中制得载药纳米粒，如白蛋白纳米粒、固体脂质纳米粒、PLGA 纳米粒等，是一类常用的纳米粒制备方法。

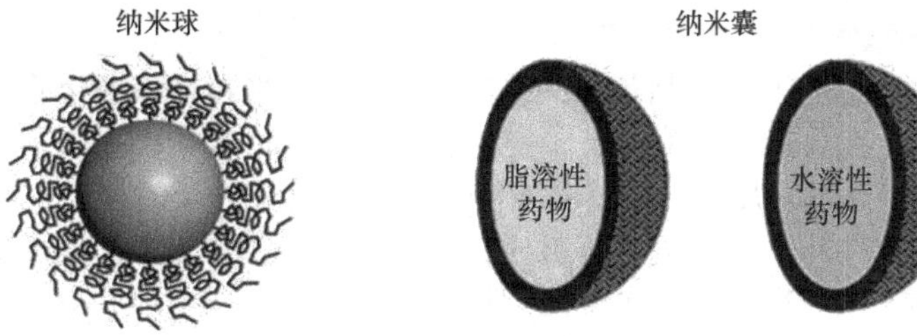

图 12-15　纳米球与纳米囊的结构示意图

纳米粒主要有如下特点：①纳米粒用于难溶性药物的口服给药时，可显著提高药物的溶出速率，提高药物的生物利用度，降低饮食等对药物吸收的影响；②作为蛋白、多肽类药物的载体时，可显著增加药物在消化道中的稳定性，增强药物的吸收，提高药物的生物利用度；③作为肿瘤靶向载体时，可通过表面修饰具备长循环特性，并通过 EPR 效应提高药物在肿瘤部位的蓄积，增强抗肿瘤作用；④用于透皮给药时，增强药物的透皮速率或在皮肤中的蓄积，实现良好的透皮给药或皮肤局部治疗作用；⑤用于黏膜给药时，通过调控纳米粒表面的黏附能力，增强药物在黏膜（如眼角膜）表面的吸附，延长药物的作用时间，提高药物的生物利用度；⑥可制备成各种剂型。此外，纳米粒在脑靶向传输、免疫佐剂等方面也有重要的应用。

二、制备纳米粒的材料

纳米粒制备所使用的材料因纳米粒类型不同而异。药物结晶纳米粒主要由药物及稳定剂组成，而载药纳米粒除主药之外需要使用载体材料及相关附加剂（如骨架材料、表面修饰材料、稳定剂等）。制备纳米粒的材料一般需要符合如下基本要求：①良好的生物相容性，材料本身或降解产物无毒、无刺激性，不引起溶血或凝血，不发生过敏反应；②在制剂制备及存贮中性质稳定，能与药物配伍，不改变药物的药理作用；③能有效包载药物，具有较高的载药量和包封率，形成粒径合适、稳定性好的纳米粒；④根据应用目的不同，应具有适宜的释药速率（如缓释、长效释药或响应释药等），无明显突释效应。但具备上述条件的药用辅料较少，需要对处方进行合理设计并优化制备工艺，以制备出性能优异的纳米粒。近年来，生物医用高分子材料的快速发展，为合成新型的高分子辅料及纳米粒的新制剂开发提供了新的机遇。

根据纳米粒的不同给药途径，如静脉注射、口服、眼部给药等，其材料的选择与要求均不同。根据材料的来源可分为以下几种。

1. 天然高分子材料　具有良好的生物相容性，是常用的药物制剂辅料，一些材料已用于载药纳米粒的制备，主要有人血白蛋白、明胶、壳聚糖等。

2. 半合成高分子材料　通常是以天然高分子为基础，对其结构进行化学改性而成。以纤维素为例，可用不同化学基团修饰得到各种纤维素衍生物，如乙基纤维素（EC）、羟丙甲纤维素（HPMC）、羧甲纤维素钠（CMC-Na）、醋酸纤维素（CA）、邻苯二甲酸醋酸纤维素（CAP）等。

3. 合成高分子材料　通过化学合成的生物可降解高分子材料，如聚乳酸（PLA）、乙交酯丙交酯共聚物（PLGA）、聚维酮（PVP）、聚丙烯酸（PAA）等。

4. 脂质材料　一些动植物来源的小分子脂质材料，如硬脂酸、棕榈酸、山嵛酸及脂肪酸酯等。

三、载药纳米粒的制备方法

载药纳米粒的制备方法因给药途径、用药目的、载体材料及药物等因素的不同而异。常用的制备方法有乳化法、纳米沉淀法、凝聚法等，其中，乳化法已广泛用于载药纳米粒的制备与工业化生产。

（一）乳化法

乳化法是最常用的载药纳米粒制备方法，包含乳化、纳米粒形成两个步骤。乳化是形成乳剂的过程（图 12-16），在剪切外力作用下，使有机相和水相形成粒径适宜的初乳；为获得粒径更小的乳滴，需进一步通过高压乳化、超声波粉碎等方法降低乳滴的粒径，形成小于 500nm 的乳滴。载体材料和油溶性药物一般溶于有机相，而稳定剂（通常为表面活性剂）溶于水相，通过单乳化法包载药物（图 12-17A）。水溶性药物可通过复乳化法形成 W/O/W 乳剂进行药物包载（图 12-17B）。乳化后挥干有机溶剂，使乳滴内相中的载体材料和药物固化形成纳米粒，分离后即得载药纳米粒。载体材料类型、有机相比例、稳定剂的种类及浓度、制备方法等是影响乳滴粒径和稳定性的重要因素。通常在更多乳化剂和更强的外力作用下，可获得粒径更小的乳滴，但需考虑过多表面活性剂带来的安全性问题。

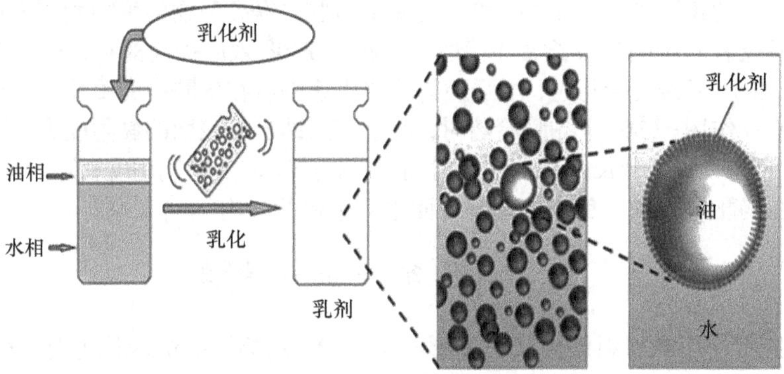

图 12-16　乳化过程示意图

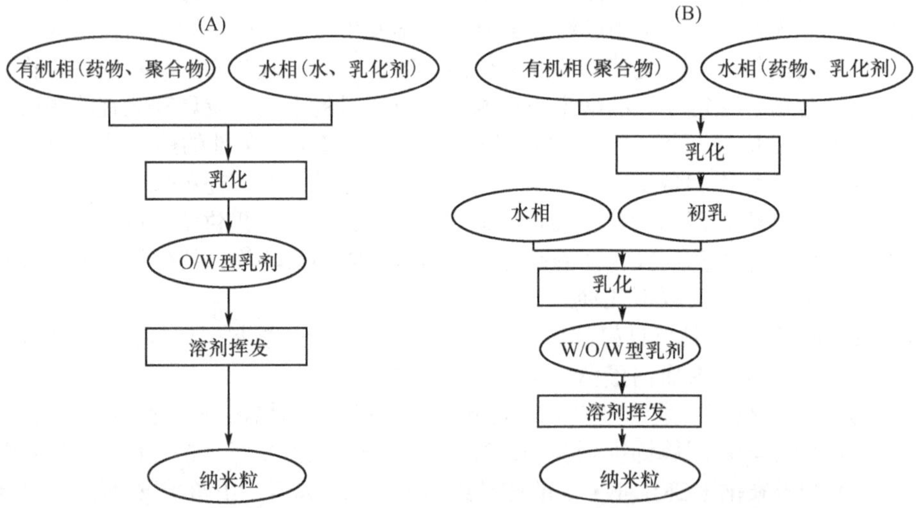

图 12-17　单乳化法（A）和复乳化法（B）制备纳米粒的流程示意图

初乳的形成较为简单，通常采用高剪切搅拌等即可制得，而具有较小粒径的乳滴（＜500nm）则需一定的能量输入，并在表面活性剂作用下实现稳定。高压均质法、超声波粉碎法、微射流法等均可提供充足的能量输入，显著降低乳滴的粒径。高压均质法如图 12-18 所示，可通过优化均质压力和次数，制得理想大小的乳滴，该法具有工艺简单、效率高、可规模化生产等特点。

根据乳化过程不同，乳化法分为乳化-溶剂蒸发法、自乳化法等。前者通常需要用相关的乳化及粉碎设备降低乳剂的粒径，常用于载药纳米粒的制备，并可用于规模化生产；后者无需高能输入，可形成的粒径较小载药纳米粒。

1. 乳化-溶剂蒸发法（emulsification-solvent evaporation method） 是制备纳米粒最常用的方法，也称为液中干燥法。此方法所使用的有机溶剂如三氯甲烷等一般与水不混溶。采用上述方法制备相应的乳剂后，常压或减压蒸发除去有机溶剂，使乳滴固化得到纳米粒，并确保溶剂残留符合规定。该法已经广泛用于制备 PLGA、PLA 及蛋白纳米粒等。临床使用的紫杉醇白蛋白纳米粒即是通过该法制得，其制备工艺见图 12-19。

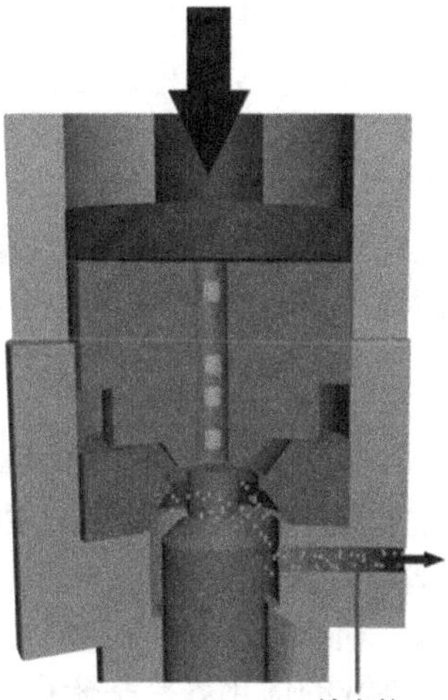

图 12-18　高压均质法制备纳米粒的过程示意图

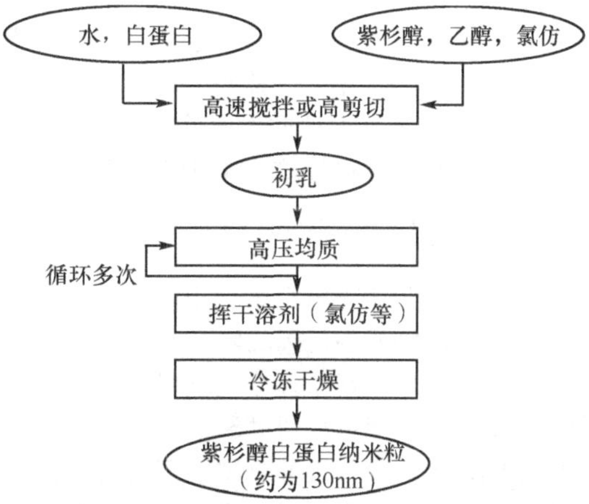

图 12-19　紫杉醇白蛋白纳米粒的制备工艺流程

（白蛋白 270mg，紫杉醇 30mg，搅拌速度 16 000r/min，高压均质压力 100 MPa）

2. 自乳化法（self-emulsification method） 采用与水部分互溶的有机溶剂（如丙酮/二氯甲烷的混合溶剂）溶解药物和载体材料，再与溶有稳定剂的水溶液混合，形成 O/W 型乳液。在此过程中，丙酮扩散进入水相使乳滴的界面能降低，形成粒径更小的乳滴。蒸发除去挥发性的二氯甲烷后，药物与载体材料在内相固化形成载药纳米粒。例如，多肽类药物醋酸那法瑞林（nafarelin acetate，NA）的 PLGA 纳米粒可用该法进行制备。

（二）纳米沉淀法

纳米沉淀法（nanoprecipitation method），也称溶剂置换法，是制备纳米粒最简单的方法之一。该方法的制备过程与自乳化法类似，药物与载体材料共溶于能与水互溶的有机溶剂（如丙酮、四氢呋喃），在搅拌或超声波条件下与水相混合，待有机溶剂扩散、蒸发后，制得载药纳米粒，如载多柔比星的 PLA 或 PLGA 纳米粒可用该法制备。

（三）凝聚法

凝聚法常用于聚电解质纳米粒的制备，其原理是利用带正、负电荷的载体材料之间的静电相互作用将药物包载于纳米粒中，制得载药纳米粒。例如，壳聚糖/三聚磷酸钠纳米粒、壳聚糖/磺酸化葡聚糖纳米粒等。

（四）其他方法

除上述方法外，纳米粒还可通过超临界液体法、乳化聚合法等进行制备。例如，超临界液体法一般采用超临界液体（如液态二氧化碳等）溶解药物和载体材料，通过特定装置喷射雾化，液滴中的超临界液体迅速气化，制得载药纳米粒。

四、药物结晶纳米粒的制备方法

难溶性药物的口服生物利用度是药物制剂研发中的难点问题。据统计，来源于化学合成的候选药物中约 60%是难溶性药物。因此，增加药物的溶解度及溶出速率，提高其生物利用度是制剂学中的重要任务。纳米结晶技术是提高难溶性药物溶解度的一种新型制剂技术。该技术将难溶性药物制备成药物结晶纳米粒（drug nanocrystals）。由药物结晶纳米粒组成的亲水性悬浮液称为纳米混悬剂（nanosuspensions）。当药物从微米粒转化为纳米粒时，其扩散层厚度、表面积、饱和溶解度等发生巨大变化，从而显著提高药物的溶出速率。迄今为止，已有多种难溶性药物通过纳米结晶技术开发成为上市产品。除了用于口服给药，纳米结晶技术也正在扩展到肌内注射给药、肺部给药、眼部给药等方面的应用。目前，制备药物结晶纳米粒的主要方法有机械粉碎法、纳米沉淀法两类。在制备过程中，应使用稳定剂或表面活性剂如十二烷基硫酸钠、聚山梨酯、泊洛沙姆等防止纳米粒之间的聚集，从而降低纳米粒的粒径，并增强其物理稳定性。

（一）机械粉碎法

机械粉碎法是一种自上而下（top-down）的方法，它通过机械外力将微粉化药物颗粒直接粉碎成药物结晶纳米粒。湿法研磨和高压均质技术是最常用的工业化生产方法。例如，Elan 公司采用湿法研磨技术生产了多个药物结晶纳米粒的制剂产品，其基本流程如图 12-20 所示，含有药物微粒、稳定剂的溶液在研磨珠的作用下，形成粒径更小的颗粒，通过多次循环研磨后，可得到药物结晶纳米粒。该方法可通过稳定剂的种类及用量、研磨工艺参数的优化等控制药物结晶纳米粒的粒径及其分布。常用的稳定剂有十二烷基硫酸钠、卵磷脂、泊洛沙姆、聚山梨酯等。研磨过程中应尽量减少药物的损耗，避免研磨介质（如钢珠、陶瓷珠、氧化锆珠等）对药物的污染。

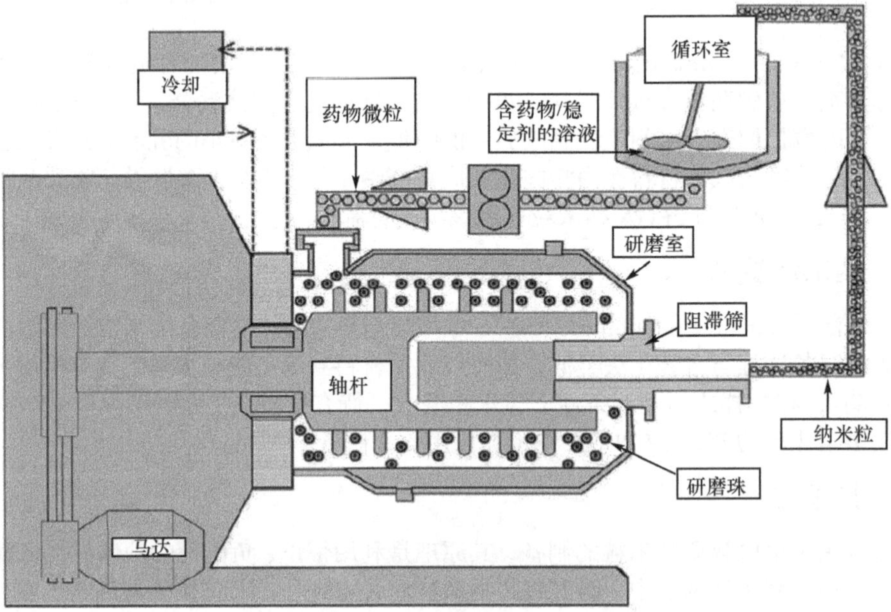

图 12-20 湿法研磨法工作原理示意图

高压均质法已经用于生产注射乳剂产品，且技术较为成熟，适用于大规模生产，正逐步应用于药物结晶纳米粒的生产。即药物微粒在高压驱动下，通过一个细小狭缝，在高速剪切、高频震荡、空穴现象和对流撞击等作用下使药物颗粒粉碎，并可通过调节均质压力[500～1500bar

(1bar=10^5pa)]、循环次数等控制其粒径及其分布。此外，基于微射流技术的均质机也逐步应用于药物结晶纳米粒的生产，其原理是两股液流对射碰撞，使微粒的粒径降低。

机械粉碎法制得的药物结晶纳米粒在溶液中可能发生奥斯特瓦尔德熟化（Ostwald ripening），引起粒径的增大，导致其稳定性下降。因此，通常采用冷冻干燥、喷雾干燥等方法制成药物结晶纳米粒的干燥粉末，并进一步制成片剂、胶囊、冻干制剂等。例如，将药物结晶纳米粒的粉末直接压片或制粒后进行压片，即可得到用于口服的片剂。

（二）纳米沉淀法

纳米沉淀法是一种自下而上（bottom-up）的制备方法，是在溶有药物的有机溶剂中加入不良溶剂，诱导药物的溶解度显著下降，促进药物分子的成核及生长，在稳定剂（如 HPMC、PVP 等）的作用下，形成药物结晶纳米粒。该方法制备工艺简单，无需高能输入，但常使用有机溶剂，规模化生产较为困难，部分药物可能处于无定型亚稳态。

另外，机械粉碎法和纳米沉淀法结合使用，能进一步优化药物结晶纳米粒的制备。例如，通过纳米沉淀法制得药物结晶纳米粒后，再经湿法研磨或高压均质进一步粉碎，可获得粒径小、分布均匀的药物结晶纳米粒。同时，高压均质或研磨可诱导药物从无定型态转变为稳定的结晶态，增强药物晶型的稳定性。

五、固体脂质纳米粒

固体脂质纳米粒 （solid lipid nanoparticles，SLN）是 20 世纪 90 年代发展起来的一种新型脂质载药系统，因其良好的生物相容性和可规模化工业生产的特点而受到广泛关注。该载体通常是以天然或合成的高熔点固体脂质（如饱和脂肪酸甘油酯、硬脂酸、混合脂质等）为载体材料，将药物均匀分散、吸附于表面，或包裹于脂质中，制成的载药纳米粒（图 12-21），其平均粒径范围为 50～500nm。固体脂质纳米粒的优点包括：①可靶向、缓释给药；②增加药物稳定性；③载体安全无毒，可规模化生产等；④可应用于静脉给药、口服给药、透皮给药、眼部给药等多种给药途径的制剂开发。

图 12-21 固体脂质纳米粒的结构和药物分布示意图

（一）固体脂质纳米粒的组成

固体脂质纳米粒的主要成分为以下几种。

1. 固体脂质 脂肪酸甘油酯类，包括三硬脂酸甘油酯、三棕榈酸甘油酯、山嵛酸甘油酯等；脂肪酸类，包括硬脂酸、棕榈酸等；其他还有蜂蜡、鲸蜡等。

2. 乳化剂和助乳化剂 磷脂（包括大豆卵磷脂、蛋黄卵磷脂及磷脂酰胆碱等）、泊洛沙姆、聚山梨酯等。

3. 药物 通常为亲脂性药物，在熔融脂质中具有较好的溶解度。

（二）固体脂质纳米粒的制备方法

1. 高压均质法 制备固体脂质纳米粒最常用的方法是高压均质法，其制备方法与药物结晶纳米粒的高压均质工艺相似。此法的优点是纳米粒的粒径小、粒径分布范围窄，无需使用有机溶剂，可工业化生产。根据均质的工艺条件，该法主要有热熔融均质法、冷均质法两种。其相同之处是均质前都需将药物溶解或分散在熔化的脂质中，即初步乳化，有利于提高均质效率。

（1）热熔融均质法：是制备固体脂质纳米粒的最常用方法，是将固体脂质加热至其熔点10～15℃以上融化，加入药物使其溶解，再将含药的熔融液分散于相同温度含稳定剂的水相中，经高剪切搅拌后形成初乳；再通过高压均质机将初乳循环乳化多次，冷却后制得载药固体脂质纳米粒。在制备过程中，需选择合适的脂质材料以充分溶解药物，控制均质温度防止制备过程中脂质材料凝固。另外，需优化均质压力和循环次数，以获得最佳的粒径及其分布。

（2）冷均质法：可按热熔融均质法在熔融温度条件下制备初乳，将初乳置于干冰或液氮中迅速冷却，凝固形成载药脂质材料，进一步将其研磨或粉碎成微粒（50～100μm），随后将其与含稳定剂的冷溶液在低于脂质熔点 5～10℃的温度下高压均质，制得载药固体脂质纳米粒。此法适用于对热不稳定的药物和熔点较低的脂质，可避免热熔融均质法中存在的晶型转变和过冷态，但制得的纳米粒粒径较大。

2. 乳化-溶剂蒸发法 固体脂质纳米粒的制备也可采用乳化-溶剂蒸发法，是将脂质和药物溶解于有机溶剂，然后与含稳定剂的水相进行混合、均质乳化，挥干有机溶剂后，即制得载药固体脂质纳米粒。该法制得的纳米粒粒径小、分布均匀，可在常温操作，用于热不稳定药物的包载。

3. 纳米乳法 是将适宜比例的乳化剂、助乳化剂、药物等加入熔融的脂质材料中，制成热油相，并与同温度的水溶液混合制成透明的纳米乳体系；再将该热纳米乳分散于冷水（2～8℃），即可得到载药固体脂质纳米粒。与高压均质法相比，该方法工艺简单、物理稳定性好、粒径小（＜100nm），但乳化剂用量大。

（三）固体脂质纳米粒的冷冻干燥

固体脂质纳米粒是热力学不稳定体系，易出现粒径增大、颗粒聚集、胶凝等现象，一般可通过冷冻干燥将其制成冻干粉末，并进一步将制成相关剂型如片剂、胶囊剂等。为实现冻干粉末的复溶，可添加适量的冻干保护剂如山梨醇、甘露糖、海藻糖、葡萄糖等。而喷雾干燥因操作温度较高，易造成脂质的熔化，仅适于具有较高熔点的固体脂质纳米粒的干燥。

六、纳米粒的修饰

纳米粒的载体材料、载药量、粒径、形状、表面亲疏水性、电位等物理化学特性是影响其药代动力学行为、与细胞或靶点相互作用的关键。由于纳米粒载体材料的可修饰性，为纳米粒的修饰提供了有效的途径。常见的纳米粒修饰有长循环修饰、靶向修饰、智能响应修饰等，可有效改变其物理化学性质，调控药代动力学行为，提高疗效、降低毒副作用等。

1. 长循环修饰 纳米粒进入体内后，易被单核-吞噬细胞系统（MPS）吞噬。利用亲水性高分子如聚乙二醇等修饰纳米粒，可以有效降低 MPS 的识别与吞噬，延长其在血液循环时间，从而提高生物利用度等。在肿瘤靶向治疗中，长循环的纳米粒可以通过 EPR 效应被动靶向至肿瘤组织，增强疗效。聚乙二醇的修饰可通过酰胺键、酯键与纳米粒的载体材料（如 PLGA）偶联。其常用的相对分子量范围为 5000～15 000。

2. 靶向修饰 纳米粒的主动靶向是通过其表面的特定靶向分子（如抗体、配体等）识别细胞表面的相应抗原或受体等，特异性增强细胞对纳米粒的识别与摄取。一般可在 PEG 表面通过酯键、二硫键、酰胺键、Click 反应等偶联靶向分子如 RGD 肽、叶酸、转铁蛋白、透明质酸、抗体、适配体（aptamer）等。

3. 刺激响应性修饰 纳米粒的细胞摄取与亚细胞转运是抗肿瘤药物发挥疗效的关键。纳米粒进入细胞后，通常依赖于药物经缓释后扩散到达靶点。为提高纳米粒在细胞内的亚细胞转运，可通过刺激（pH、酶、温度、磁、光等）响应性修饰，实现纳米粒在胞内的智能响应释药。常见的响应性基团有 pH 响应基团（腙键、缩醛键等）、酶响应基团（二硫键）、温度响应基团（聚氮异丙基丙烯酰胺）等，这些基团可通过化学偶联法与纳米粒的载体材料连接，从而赋予纳米粒的响应性解离能力，促进药物的快速释放。

七、纳米粒的质量评价

纳米粒的质量评价参考 2015 年版《中国药典》中微粒制剂指导原则（通则 9014）。

（一）有害有机溶剂的限度

在生产过程中引入有害有机溶剂时，应按残留溶剂测定法（《中国药典》2015 年版四部通则 0861）测定，凡未规定限度者，可参考人用药品注册技术国际协调会议（ICH）指导原则的要求，否则应制定有害有机溶剂残留量的测定方法与限度。

（二）形态、粒径及其分布、Zeta 电位及再分散性

1. 形态　观察纳米粒制剂可采用光学显微镜、扫描或透射电子显微镜等观察，均应提供照片。

2. 粒径及其分布　应提供粒径的平均值及其分布的数据或图形。测定粒径有多种方法，如光学显微镜法、光散射法等。纳米粒的粒径分布数据，常用各粒径范围内的粒子数或百分率表示；有时也可用跨距表示，跨距越小分布越窄，即粒子大小越均匀。

$$跨距 = \frac{D_{90} - D_{10}}{D_{50}} \tag{12-5}$$

式中，D_{10}、D_{50}、D_{90}分别指粒径累积分布图中 10%、50%、90%处所对应的粒径。

将所测得的粒径分布数据，以粒径为横坐标，以频率（每一粒径范围的粒子个数除以粒子总数所得的百分率）为纵坐标，即得粒径分布直方图；以各粒径范围的频率对各粒径范围的平均值可作粒径分布曲线。

3. Zeta 电位　表征纳米粒表面电荷分布，可通过 Zeta 电位仪等考察。一般 Zeta 电位绝对值越高（大于 15mV），纳米粒不易沉降、凝结或聚集，体系稳定性好；反之，Zeta 电位绝对值小，纳米粒容易聚集。

4. 再分散性　是指冻干纳米粒再分散于水或缓冲溶液中形成均匀胶体溶液的能力，可通过考察冻干前和冻干后再分散的纳米粒形态、水合粒径及分布等，以检查其再分散性。

（三）载药量和包封率

纳米粒制剂应提供载药量和包封率的数据。检查方法及要求与脂质体相同。

（四）突释效应或渗透率

检查方法及要求与脂质体相同。

（五）氧化程度

含有磷脂、植物油等容易被氧化辅料的微粒制剂，需进行氧化程度的检查。检查方法与脂质体相同。

（六）其他规定

制成的制剂应符合药典相关制剂项下的规定，如制成缓释、控释、迟释制剂，则应符合缓释、控释、迟释制剂的要求。

（七）靶向性评价

具有靶向作用的纳米粒制剂应提供靶向性的数据，如药物体内分布数据及体内分布动力学数据等。

八、纳米粒的给药途径与体内分布

纳米粒的给药途径有多种，常见给药途径有静脉注射给药、肌内注射给药、口服给药、肺部给药、透皮给药、黏膜给药等。不同的给药途径对其体内转运和体内分布有显著影响，因此需根据疾病治疗的需要，设计特定给药途径的纳米粒，以获得最佳的药代动力学行为和体内分布等。

（1）静脉注射给药：用于肿瘤治疗时，静脉注射的纳米粒进入血液循环后，易被 MPS 清除，主要分布于肝、脾等器官，血液循环时间较短。经过 PEG 修饰形成长循环纳米粒后，具有更长的血液循环时间，并进一步穿过血管内皮细胞间隙才能进入靶组织或靶点。肿瘤组织的血管丰富、血管壁间隙较宽、结构完整性差，淋巴回流缺失，有利于纳米粒通过 EPR 效应在肿瘤部位蓄积。此外，在肝、脾等器官中，存在孔径为 100～200 nm 的窦状隙，也有助于纳米粒的渗透。

（2）口服给药：难溶性药物的结晶纳米粒具有良好的溶出速率，经口服给药后，易被胃肠道黏膜黏附，通过细胞的胞饮作用、细胞间摄取等作用，增强药物的吸收，从而使生物利用度显著增加。此外，纳米粒可被胃肠道中派氏结（Peyer's patches）中的 M 细胞摄取，该区域约占整个肠黏膜面积的 25%，是摄取纳米粒的主要部位之一。

（3）其他给药途径：纳米粒通过透皮给药时，可调控药物的透皮速率，降低药物的毒副作用。例如，固体脂质纳米粒可增强药物在表皮层或真皮层中的分布，有助于增强药物对皮肤疾病的治疗。肺部给药和黏膜给药时，纳米粒可迅速进入血液循环，起到快速治疗的作用，而肌内注射给药的纳米粒可实现长效释药。

九、纳米粒在制剂中的应用

近年来，纳米粒在药物制剂开发中取得了快速发展，许多纳米粒的制剂产品已进入临床研究阶段，一些产品如紫杉醇白蛋白纳米粒、非诺贝特结晶纳米粒等已获批上市（表 12-6）。目前，纳米粒的应用主要有两大方向：一是通过载体包载抗肿瘤药物，实现药物的靶向传输；二是将难溶性药物制成药物结晶纳米粒，提高药物的溶出和生物利用度。尽管有关纳米粒制剂开发取得了一定的进展，但纳米粒的制剂产品开发仍面临着较大的挑战，如高性能载体材料少、规模化生产工艺及质量控制困难，明显限制了纳米粒相关制剂的临床应用，尚需进一步深入研究。

表 12-6 利用纳米结晶技术制备的上市药物制剂

商品名	药物名称	适应证	制备技术	研发公司
Rapamune®	西罗莫司	器官移植排异反应	湿法研磨	Wyeth
Emend®	阿瑞匹坦	恶心、呕吐	湿法研磨	Merck
Tricor®	非诺贝特	高脂血症	湿法研磨	Abbott Laboratories
Triglide®	非诺贝特	高脂血症	高压均质	Skye Pharma
Megace ES®	醋酸甲地孕酮	厌食症	湿法研磨	Par Pharmaceutical
Avinza®	硫酸吗啡	重度疼痛	湿法研磨	King Pharmaceuticals
Focalin®XR	盐酸右哌甲酯	过动症	湿法研磨	Novarties
Ritalin®LA	盐酸哌甲酯	过动症	湿法研磨	Novarties
Zanaflex Capsules™	盐酸替扎尼定	疼痛性肌痉挛	湿法研磨	Acorda

（陈华兵）

第六节　纳米乳和亚微乳制备技术

一、概　　述

纳米乳（nanoemulsion）是由油、水、乳化剂和助乳化剂等组成，粒径范围为 10～100nm（多为 50～100nm），热力学稳定的胶体分散体系，呈透明或半透明状态。亚微乳（submicroemulsion）是由油、水、乳化剂和助乳化剂等组成，粒径为 100～1000nm，动力学稳定的胶体分散体系，呈半透明乳状，纳米乳和亚微乳的结构如图 12-22 所示。亚微乳属于热力学不稳定的体系，其制备过程需高速剪切或高压均质等作用，物理稳定性有限；而纳米乳属于热力学稳定的体系，在溶液中可自发形成，具有良好的稳定性。

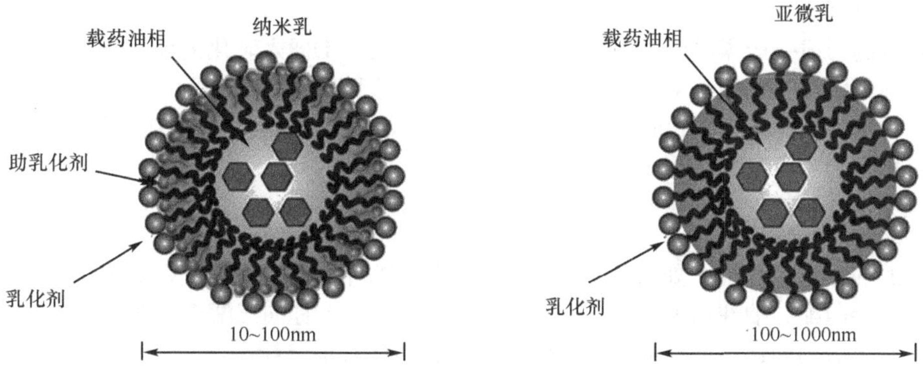

图 12-22　纳米乳与亚微乳结构示意图

与普通乳剂相似，纳米乳可分为水包油型（O/W）、油包水型（W/O）和双连续型等。其中，常用作药物载体的是 O/W 型纳米乳，用于疏水性药物的包载。

纳米乳的形成一般需大量的乳化剂和助乳化剂，可自发形成。而亚微乳的形成仅需少量的乳化剂，但通常需要外部剪切作用力等使乳滴分散形成合适粒径的乳滴。纳米乳、亚微乳及普通乳剂的主要区别如表 12-7 所示。

表 12-7　纳米乳、亚微乳与普通乳剂的主要区别

	纳米乳	亚微乳	乳剂
外观	透明溶液	半透明，乳状	乳浊状，不透明
粒径	10～100nm	100～1000nm	1～100μm
稳定性	稳定	亚稳态	不稳定，易于分层
乳化剂	用量大（>20%），需助乳化剂	用量较少（<10%）	用量少
工艺要求	轻微搅拌	高速剪切或高压均质	搅拌
灭菌方法	可热压灭菌	可热压灭菌	不可热压灭菌

二、制备纳米乳与亚微乳的常用材料

纳米乳、亚微乳的主要组成成分为油、乳化剂、助乳化剂及水。作为药物载体使用的纳米乳或亚微乳需使用无毒无刺激、且符合药典相关规定的乳化剂和助乳化剂。用于口服、透皮给药的乳化剂和助乳化剂较多，而用于静脉注射给药的乳化剂较少，目前仅有卵磷脂和泊洛沙姆等，助乳化剂有甘油和丙二醇等。

（一）乳化剂

1. 天然乳化剂 主要有大豆磷脂、卵磷脂、阿拉伯胶、西黄蓍胶等。卵磷脂和大豆磷脂就是天然的两性离子型表面活性剂，具有磷酸酯型的阴离子和季铵盐型的阳离子结构，对油脂有很强的乳化能力，常与其他乳化剂合用，可用于制备注射给药用的纳米乳或亚微乳。此外，其他一些天然乳化剂如天然多糖乳化剂阿拉伯胶，单独使用时乳剂易分层，常与其他乳化剂如西黄蓍胶合用，以提高乳剂的稳定性。

2. 合成乳化剂 常用的合成乳化剂有聚山梨酯 80（tween 80）、聚氧乙烯硬脂酸酯（Myrij）、聚氧乙烯月桂醇醚（Brij），泊洛沙姆（poloxamer）、蔗糖脂肪酸酯类和单硬脂酸甘油酯等表面活性剂。

（二）助乳化剂

纳米乳的形成一般需要助乳化剂参与，其作用包括：①插入乳化剂界面膜，提高界面膜的柔顺性，降低刚性，调控纳米乳的粒径；②改变油水界面的曲率，有助于降低纳米乳的粒径；③增强乳化剂的乳化能力，使油水界面的界面张力显著降低，有利于形成热力学稳定的纳米乳。常用助乳化剂主要有中短链醇（如丙二醇、甘油等）、聚乙二醇、有机氨等。

（三）油相

常用的油相有植物油（如大豆油等）、脂肪酸及其酯（如油酸、肉豆蔻酸、肉豆蔻酸异丙酯、棕榈酸异丙酯、油酸乙酯等）、中链脂肪酸（C_8～C_{10}）甘油三酯类（如 Miglyol 812）等。可用于静脉注射的油包括大豆油、芝麻油、中链脂肪酸甘油三酯等。

（四）水相

应根据给药途径选择合适的纳米乳或亚微乳水相，如注射用水、灭菌注射用水或纯化水等。另外，还可根据剂型特点，在水相中加入适宜的辅料如渗透压调节剂、保湿剂、透皮促进剂、防腐剂、抑菌剂、抗氧剂、pH 调节剂等。

三、纳米乳的形成机制

纳米乳的形成主要有三种理论解释，分别为混合膜理论、增溶理论、热力学理论。这三种理论均能在一定程度上阐述纳米乳的形成机制，但更为准确的形成机制还有待进一步的研究。

1. 混合膜理论 又称为界面理论，最早由 Hoar 和 Schulman 提出，该理论认为乳化剂和助乳化剂在油水界面中将界面张力降至足够低，从而引发纳米乳的自发形成。油相和水相位于乳化剂的两侧，形成水膜和油膜组成的双层膜。假设油相和水相形成平板膜（未弯曲）的界面压为 π_f，乳滴总界面张力为 γ，表面活性剂和助表面活性剂存在时油水界面张力为 $\gamma_{(o/w)a}$，那么纳米乳形成的条件为

$$\gamma_t = \gamma_{(o/w)a} - \pi_f < 0 \qquad (12\text{-}6)$$

当 $\gamma_t < 0$ 时，纳米乳自发形成，γ_t 逐渐增加到，直到 $\gamma_t = 0$ 时达到平衡状态，即得稳定的纳米乳形成。

2. 增溶理论 增溶理论认为，油相被乳化剂和助乳化剂增溶于水相而形成胶束，当增溶到一定粒径范围时形成纳米乳。尽管增溶理论可以解释非离子表面活性剂组成的纳米乳形成机制，以及温度、电解质等对纳米乳形成的影响，但无法解释大于临界胶束浓度的乳化剂溶液可产生增溶作用却并不一定形成纳米乳的现象。

3. 热力学理论　形成纳米乳的自由能取决于乳化剂降低油水界面表面张力的程度和体系的熵变。

$$\Delta G_f = \gamma \Delta A - T\Delta S \tag{12-7}$$

ΔG_f为形成自由能，γ 为油水界面表面张力，ΔA 为纳米乳形成时表面积的变化，ΔS 为分散过程中体系的熵变，T 为热力学温度。在乳化剂和助乳化剂的作用下，γ 变得非常小时，$\gamma\Delta A$ 将小于 $T\Delta S$，即分散过程的熵变大于分散体表面积增加所需的能量，此时 $\Delta G_f<0$，纳米乳可自发形成。

四、纳米乳的处方设计及制备方法

（一）纳米乳的处方设计

1. 纳米乳形成的基本条件　①油水界面上存在短暂负表面张力；②界面膜具有高流动性；③油相与界面膜上乳化剂分子之间能相互渗透。为满足这些基本条件，乳化剂、助乳化剂及油相的选择至关重要。

2. 乳化剂的选择　所选乳化剂可作用于油水界面，能有效降低油水界面张力，促进纳米乳的形成。因纳米乳的粒径小，表面积大，需大量的乳化剂吸附于油水界面，以稳定纳米乳。乳化剂的亲水亲油平衡值（HLB 值）为 3～6 时，通常易形成 W/O 型纳米乳，而 HLB 值为 8～18 时倾向于形成 O/W 型纳米乳。具体的选择应根据油相对 HLB 值要求、给药途径等来确定，并与适当的助乳化剂混合使用，提高乳化效率，降低乳化剂的用量，乳化剂的使用量一般为油相用量的 20%～40%。

3. 助乳化剂的选择　助乳化剂的作用在于协助乳化剂将油水界面张力进一步降低（$\gamma<10^{-2}$mN/m），并调节乳化剂的 HLB 值。助乳化剂的加入使乳化剂溶解度增大，界面张力 γ 可进一步降低，甚至转变为负值，有利于纳米乳的自发形成。助乳化剂应在油、乳化剂中等具有良好的溶解性，其使用量一般为 5%～20%，与乳化剂的比例范围为（1∶4）～（1∶1）。此外，还应根据给药途径选择合适的助乳化剂，如丙二醇具有较好的皮肤促渗能力，适于透皮给药用的纳米乳制剂。常用的助乳化剂包括短链醇、甘油、聚乙二醇类（如 PEG400 等）等生物相容性良好的助乳化剂。

4. 油相的选择　油相应对人体无毒、无刺激性，对药物具有良好的溶解能力。油相分子的分子质量越小溶解能力越强，碳链越长安全性更好，但碳氢链过长不易形成微乳。为了提高主药在油相中的溶解度、增大纳米乳的形成区域，应选用链长较短的油相。常用的注射油相有大豆油、玉米油、中链（C_8～C_{10}）脂肪酸甘油三酯（如 Miglyol 812）等。通常需综合考虑油相对纳米乳形成及对药物的溶解能力等的影响。

5. 其他因素　一些具有一定表面活性的药物或辅料可对纳米乳的形成产生一定的影响，如布洛芬可改变纳米乳的形成区域。另外，温度、pH 等对纳米乳的形成具有一定的影响。在制备载药纳米乳时，应综合考虑上述因素对纳米乳形成区域的影响。

（二）纳米乳的处方筛选

纳米乳由油相、乳化剂、助乳化剂和水四种成分组成，各组分的含量与纳米乳的形成关系可用相图表示。可通过其中两种因素的组合，简化为伪三元相图。例如，乳化剂和助乳化剂可按一定比例（如 3∶1、2∶1、1∶1 等）混合，形成乳化剂相，而油、水分别为另外两相，共同构成纳米乳的伪三元相图（图 12-23）。伪三元相图可通过滴定法制备，即在一定温度下将乳化剂相（如乳化剂/助乳化剂为 3：1）、油按不同比例（如 1∶9、2∶8……9∶1）混合，在搅拌条件下逐渐加入水相，观察溶液是否为透明的纳米乳、浊状的乳液或半固体凝胶等，记录纳米乳形成时的水加入量，从而获得纳米乳的伪三元相图，确定出 O/W 或 W/O 纳米乳的形成区域。进一步调整表面活性剂相的比例（如乳化剂/助乳化剂比例为 2∶1 或 1∶1），可制得具有不同乳化剂/助乳化剂比例的多个伪三元相图。伪三元相图是确定纳米乳形成范围的重要工具，可为纳米乳制剂的处方筛选、优化提供重要的依据。

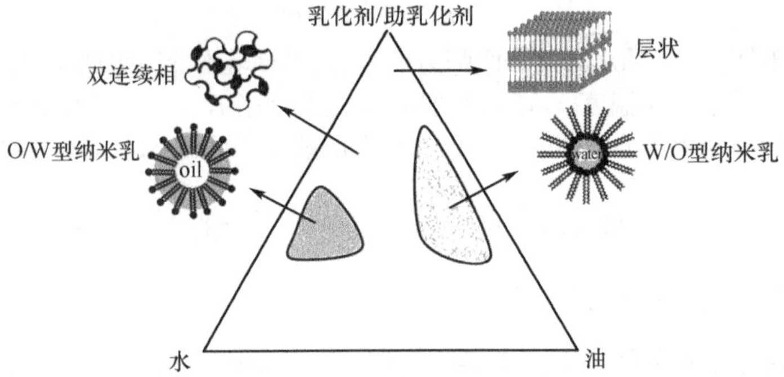

图 12-23 形成纳米乳的伪三元相图

如图 12-23 所示，纳米乳有三种类型。①油包水（W/O）型：微小水滴分散于油中，水滴表面覆盖一层乳化剂和助乳化剂分子构成的界面膜。脂肪链位于油相一侧，而极性基团位于水相一侧。②水包油（O/W）型：其结构与 W/O 型相反，微小油滴分散于水相中，油水界面排列为乳化剂和助乳化剂组成的界面膜。③双连续型：当油水两相比例合适时，任一部分的油相形成的液滴被水相包围，同时与其他油滴一起组成连续油相，包围体系中的水滴，油水间界面不断波动使其具有各向同性，类似于海绵状结构，称为双连续型纳米乳。

O/W 型纳米乳常作为药物载体，用于疏水性药物的包载，其处方一般从最常用的乳化剂开始筛选。首先通过滴定法制得伪三元相图，并由此确定 O/W 纳米乳的形成范围，即油、乳化剂、助乳化剂、水等各组分的含量范围。

（三）纳米乳的制备

纳米乳的制备无需外部能量作用即可自发形成，通常通过简单的搅拌即可形成均匀的纳米乳溶液。根据相图确定的处方组成，将疏水性药物、表面活性剂和助表面活性剂等溶解于油相，在搅拌条件下加入定量的水相，搅拌均匀后即得载药纳米乳。

五、亚微乳的制备与影响因素

（一）亚微乳的制备

1. 亚微乳的处方组成 亚微乳的处方组成与纳米乳类似，包括水相、油相、乳化剂、助乳化剂等。除此之外，由于亚微乳属于热力学不稳定体系，其稳定性不如纳米乳，因此制备时还需加入稳定剂如油酸、油酸钠等。注射用亚微乳还需加入抗氧剂、等张调节剂、pH 调节剂等。

2. 亚微乳的制备方法 亚微乳的制备一般采用高能乳化法，如高速剪切搅拌乳化、胶体磨乳化法、高压均质法和超声波乳化法等。高压均质法适合规模化生产，是目前工业生产中广泛使用的方法，一般先通过高速混合器制得粗乳，再用高压均质机乳化数次直到乳滴的粒径符合要求。该方法制得的亚微乳粒径小、粒径分布窄，如由磷脂等稳定的亚微乳可用于静脉注射给药。

制剂举例 12-6

静脉注射用硝酸甘油亚微乳

【处方】 硝酸甘油 0.2g　蛋黄磷脂 E80 1.8g　油酸 0.12g　大豆油 10g
甘油 2.25g　泊洛沙姆 188 1.8g　蒸馏水 100ml 0.1mol/L
氢氧化钠　适量

【制备】 称取处方量蛋黄磷脂E80和油酸加至处方量大豆油中，60℃加热并搅拌至完全溶解，加入处方量硝酸甘油，搅拌均匀作为油相。称取处方量泊洛沙姆188和甘油加入到一半处方量的水中，搅拌均匀作为水相。油水两相预热至70℃，将水相缓慢倒入油相中，立即高速剪切乳化10min，加入剩余处方量的水，以0.1mol/L氢氧化钠溶液调至pH 7～8，移至高压均质机中均质15次，乳液经0.22μm微孔滤膜过滤灭菌，充氮气灌封于5ml安瓿中得硝酸甘油亚微乳。平均粒径为156nm。

【注解】 本例是采用高压均质法制备硝酸甘油亚微乳。处方中硝酸甘油为主药；蛋黄磷脂与泊洛沙姆为混合乳化剂；甘油为助乳化剂和等张调节剂；油酸为稳定剂；大豆油为油相。硝酸甘油是治疗心绞痛的首选药物，注射剂常选用乙醇作为溶媒，长期滴注易产生静脉炎，临床应用受到限制。制备硝酸甘油注射用亚微乳可解决乙醇产生的不良反应。

（二）影响亚微乳形成的因素

1. 乳化剂的影响 乳化剂的主要作用是在分散相液滴界面形成致密的乳化膜，提高乳剂稳定性。当乳化剂浓度过低时，液滴界面不能达到饱和吸附，不足以形成致密界面膜。所以制备亚微乳，必须加入足够量的乳化剂。另外，有效的助乳化剂可使乳化剂的用量大大减少，从而降低了大量乳化剂带来的潜在毒性。

2. 稳定剂的影响 常用的稳定剂油酸、油酸钠、胆酸或胆酸盐等能在亚微乳中形成稳定的复合凝聚膜，增大膜的强度，同时增加药物的溶解度，增大亚微乳的Zeta电位，从而提高乳滴之间的静电斥力，阻止乳滴聚集，提高亚微乳的稳定性，有时还可以提高载药量。

3. 附加剂的影响 常用的附加剂有pH调节剂、等张调节剂、抗氧剂等。维生素E和维生素C是常用的抗氧剂，甘油是最常用的等张调节剂，盐酸或氢氧化钠是常用的pH调节剂，可调节pH至7～8。

六、纳米乳与亚微乳的质量评价

除应符合《中国药典》纳米乳与亚微乳的要求外，制成的制剂应符合药典相关制剂项下的规定。

（一）理化性质

1. 黏度 黏度的要求因给药途径而异，如注射用乳剂需控制适宜的黏度。依照《中国药典》2015年版通则0633的方法测定黏度。

2. 折光率 一般使用阿贝尔折光仪测定，依照《中国药典》2015年版通则0622的方法测定折光率。

3. 电导率 可鉴别乳剂是O/W型还是W/O型。W/O型乳剂的电导率值较低，加水稀释至一定程度时，电导率急剧上升。O/W型乳剂的电导率较高。可参照《中国药典》2015年版通则0681的方法测定电导率。

（二）粒径及其分布

1. 电镜法 包括扫描电镜（SEM）、透射电镜（TEM）、冷冻蚀刻电镜法等。这类方法需通过大量的样品测定，统计得到平均粒径及形态。

2. 动态光散射法（dynamic light scattering） 也称光散射法、光子相关光谱法，可有效测定0.02～3500μm粒径范围内的样品，能直接测出平均粒径及粒径分布。所用仪器为激光散射粒度分布仪，具体方法可参照《中国药典》2015年版四部0982“粒度和粒度分布测定法”

项下第三法进行测定。

（三）氧化程度的检查

方法与脂质体的质量评价中有关氧化程度的检查一致。

（四）稳定性考察

稳定性研究包含物理稳定性和化学稳定性，前者主要通过测定粒径、浊度、电导、黏度、Zeta电位的变化进行评价。化学稳定性主要通过考察pH、药物及有关物质的含量变化进行评价。

七、纳米乳与亚微乳在制剂中的应用

纳米乳或亚微乳是一种性能优良的药物载体，在难溶性药物的制剂开发中，具有重要地位。目前，多个载药纳米乳或亚微乳进入临床试验阶段，上市的亚微乳制剂有环孢素A、丙泊酚、地塞米松棕榈酸酯、复合脂溶性维生素、地西泮、二氟泼尼酯、前列腺素E_1、丁酸氯维地平、依托咪酯和全氟碳等。

（一）口服给药系统

纳米乳和亚微乳可以提高难溶性药物的溶解度和口服生物利用度，能增强多肽、蛋白质等药物的胃肠道吸收，从而提高药物的生物利用度。例如，纳米乳产品新山地明，是将疏水性的环孢素A与玉米油甘油酯、氢化蓖麻油等形成混合物，遇水或组织液等时可自发形成O/W型纳米乳，可显著提高环孢素A的体内吸收，增强其生物利用度，降低个体差异。

（二）注射给药系统

粒径小于300 nm的亚微乳可用于静脉注射给药，其优势在于：①可热压灭菌，也可过滤灭菌；②黏度较小，注射时不引起疼痛、过敏和静脉炎；③可实现缓释和靶向给药，降低毒副反应等。例如，镇静安眠药地西泮（diazepam）的可注射亚微乳制剂，其处方中包括大豆油、卵磷脂、甘油等，可显著降低药物对静脉血管的刺激性。

（三）透皮给药系统

纳米乳或亚微乳可促进药物的透皮吸收，其机制有多种可能：①纳米乳或亚微乳对脂溶性药物有较高的溶解度，可提供较高的药物浓度梯度，促进药物透皮吸收；②一些纳米乳或亚微乳的乳化剂（如磷脂等）、油相（如油酸等）具有透皮促渗作用；③纳米乳或亚微乳可改变药物的分配系数，有利于药物进入角质层，且粒径较小的液滴可通过毛囊等皮肤附属器进入皮肤，从而提高药物的透皮速率。例如，雌二醇亚微乳制剂 Estrasorb®可促进雌二醇的透皮给药，用于治疗绝经妇女的热潮红。

（四）眼用制剂

纳米乳具有透明、折光系数低、黏度小等特点，可用于眼部给药。例如，用于治疗眼干燥症的环孢素纳米乳液Restasis®，由蓖麻油、聚山梨酯、卡波姆、甘油、环孢素A等组成，用于治疗眼干燥症。该制剂可增加环孢素的溶解度，提高生物利用度，降低局部不良反应。

八、自乳化给药系统

自乳化给药系统（self-emulsifying drug delivery system，SEDDS）通常由药物、油相、表面活性剂和助表面活性剂组成（一般分装于软胶囊中），遇水或组织液后自乳化形成O/W型纳米乳剂的口服制剂。自乳化给药系统常用于难溶性药物的口服给药，其优点主要包括：①提高难溶性药物的溶解度；②形成的纳米乳滴表面积大，可显著增加药物与胃肠道接触；③有助于增强抗肿瘤药物、免疫抑制剂等的淋巴转运；④能延缓药物的水解，提高其在胃肠道中的稳定性；⑤可减小药物对胃肠道的刺激性。

迄今为止，已经有多个自乳化给药系统上市，包括环孢素 A、HIV 蛋白酶抑制剂利托那韦（ritonavir）和沙奎那韦（saquinavir）等。以器官移植手术后使用的一线免疫抑制剂环孢素 A 为例，它存在水溶性差、生物利用度低、口服吸收存在个体差异大的问题。通过采用玉米油甘油酯、氢化蓖麻油、乙醇等制成的环孢素 A 自乳化系统，可显著提高药物的口服生物利用度，减小个体差异，已广泛用于临床。

（陈华兵）

第七节 微囊与微球制备技术

一、概 述

微囊（microcapsules）系固体或液态药物被载体辅料包封形成的微小胶囊（图 12-24 右图）。微球（microspheres）则是指药物溶解或分散在载体骨架结构中形成的微小球状实体（图 12-24 左图）。通常粒径在 1～250μm 的称微囊或微球，而粒径在 0.1～1μm 的称亚微囊或亚微球。

制备载药微囊的方法称为微型包囊术（microencapsulation），简称微囊化。药物溶解和（或）分散在成球材料中形成骨架型（matrix type）微小球状实体称微球化。

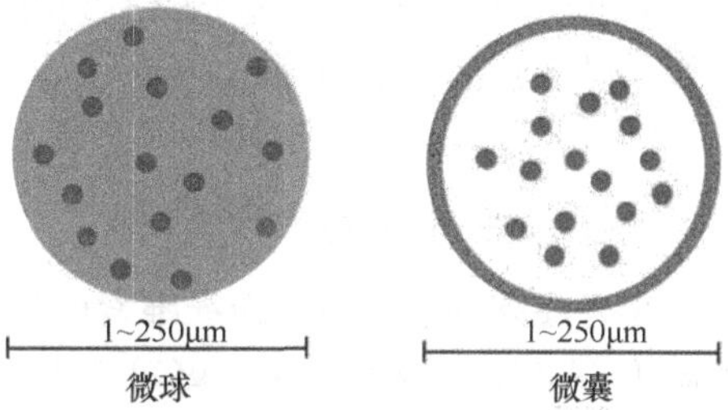

图 12-24 微球与微囊结构示意图

药物在微囊或微球中的分散状态主要有：①以分子状态分散在微囊或微球中；②以结晶状态镶嵌分散在微囊或微球内；③镶嵌或者吸附在微囊或微球表层。药物在微囊或微球中的分散状态直接影响到载药微囊或微球的体内外释放和生物利用度。

微囊与微球只是制剂的中间体，药物制备成微囊或微球后，再可根据需要制备成不同剂型，如注射剂、胶囊剂、混悬剂、散剂、植入片、软膏剂、栓剂、涂剂、膜剂等。

微囊与微球的制剂已经用于临床，其临床给药途径包括注射、口服和外用等。这些微囊与微球组成的固态、液态或气态药物制剂的目的是掩盖药物的不良气味与口味、使液态药物固体化、减少复方药物的配伍变化、提高难溶性药物的溶解度、改善药物的稳定性、延缓药物释放，或提高药物的生物利用度、降低药物不良反应、提高药物靶向性等。

二、制备微囊与微球的常用材料

微囊与微球是由主药、载体材料及附加剂组成。其中，载体材料决定微囊或微球的特性。

载体材料一般要求性质稳定；有适宜的释药速率；无毒、无刺激性；能与药物配伍，不影响药物的药理作用及含量测定；有一定的强度及可塑性，能完全包封囊心物；具有一定的黏性、透过性、溶解性、生物相容性及生物可降解性等特性。微囊的载体材料（常简称为囊材）应有良好的成膜性，释药性能符合要求。

常用的载体材料可根据其在生物体内的降解性质分为生物降解和生物不降解材料。从来源分为天然、半合成或合成的高分子材料。

加入稳定剂、稀释剂、阻滞剂、增塑剂等附加剂的目的是为了调整其药物释放、可塑性等特性。除此之外还可以加入乳化剂、润湿剂、抗氧剂等附加剂。这些附加剂应具有稳定的理化性质，与药物间无配伍禁忌；具有良好的生物相容性，无毒性，无刺激性。

（一）天然高分子材料

天然高分子材料因其稳定、无毒、成膜性好，是常用的材料。

1. 明胶（gelatin） 是一种无色无味，无挥发性、透明坚硬的非晶体物质。明胶的主要组成为多肽分子混合物，聚合度不同的明胶具有不同的分子质量，其平均分子量在 15 000～25 000Da 之间。药用明胶根据制备时水解方法的不同，分为 A 型明胶和 B 型明胶。可根据药物对酸碱性的要求选用 A 型或 B 型。用于制备微囊的用量为 20～100g/L，制备微球的用量可以更大。

2. 阿拉伯胶（acacia） 其水溶液呈酸性，荷负电。阿拉伯胶中含有过氧化酶，易与氨基比林、安替比林、苯酚、香草醛及生物碱等发生反应变色，使用时应注意配伍变化。阿拉伯胶常与明胶等量配伍使用，作囊材的用量为 20～100 g/L，也可与白蛋白配伍作复合材料。

3. 海藻酸盐（alginate） 常见有海藻酸钠、海藻酸钾、海藻酸钙等。海藻酸钠为白色或淡黄色深褐色无定形粉末，无臭、无味，易溶于水，不溶于乙醇等有机溶剂。在海藻酸和海藻酸钠加入氯化钙，生成不溶于水的海藻酸钙，而使海藻酸和海藻酸钠固化成囊或球。

4. 壳聚糖（chitosan） 是一种天然聚阳离子多糖，可溶于酸或酸性水溶液，无毒、无抗原性，在体内能被溶菌酶等酶解，具有优良的生物降解性，在体内可溶胀成水凝胶。

5. 蛋白类及其他 一些蛋白质物质可通过加热或化学的方式使其交联固化包裹药物成为微囊或微球，如白蛋白等。

除此之外，一些淀粉及其衍生物、透明质酸等也可用作载体材料。

（二）半合成高分子材料

半合成高分子材料多为纤维素衍生物。常用的有羧甲纤维素钠（CMC-Na）、醋酸纤维素酞酸酯（CAP）、乙基纤维素（EC）、甲基纤维素（MC）、羟丙甲纤维素（HPMC）等。这类材料的溶液黏度大，毒性较小。

（三）合成高分子材料

合成高分子材料分为生物不可降解和生物可降解两类。可生物降解材料常用的有聚乳酸（PLA）、聚氨基酸、聚羟基丁酸酯、乙交酯丙交酯共聚物（PLGA）等；不可降解的材料有聚酰胺、聚乙烯醇、丙烯酸树脂、硅橡胶等。

三、囊 心 物

囊心物（core materials）即被包裹的物质，除主药外，还包括为提高微囊化质量而加入的附加剂，如稳定剂、稀释剂、控制释放速率的阻滞剂、吸收促进剂等。囊心物可以是固体或液体（溶液、乳状液或混悬液）。囊心物最好为球形，或规则的立方体、柱状体组成的光滑晶体。囊心物理想的状态应该是溶解或者分散在微囊（球）内。如果药物吸附于微囊（球）表层，则易产生突释。

四、微囊的制备

通常将主药与附加剂混匀后微囊化，也可先将主药单独微囊化，再加入附加剂。若处方中含有多种主药，可将其混匀再微囊化，也可分别微囊化后再混合。微囊的制备方法主要有物理化学法，也称为相分离法，包括单凝聚法、复凝聚法、溶剂-非溶剂法、改变温度法、液中干燥法等；物理机械法（喷雾干燥法、空气悬浮法等）；以及化学法。根据需要获得的微囊的释放特性、囊材及药物的性质等来选择不同的工艺方法。

（一）物理化学法

在已溶解的囊材液相混合物中，加入另一种物质或溶剂，或采用其他适当的手段使囊材的溶解度降低而凝聚在囊心物的周围，形成一个新相析出，故又称相分离法（phase separation）。其微囊化步骤可分为囊心物的分散、囊材的加入、囊材的沉积和囊材的固化四步，如图 12-25 所示。

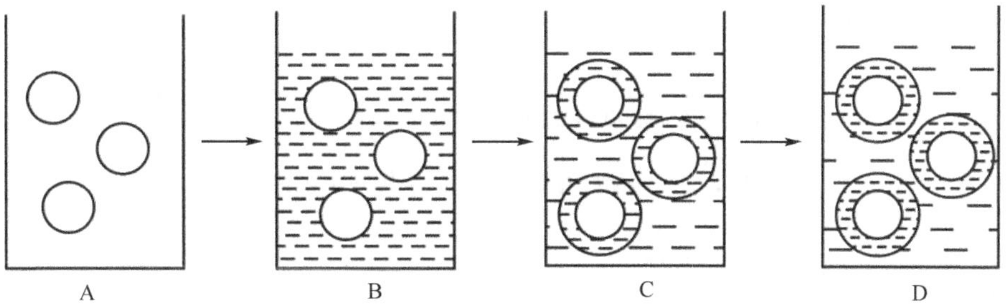

图 12-25　相分离微囊化步骤示意图

A. 囊心物分散在液体介质中；B. 加囊材入介质中；C. 囊材的沉积；D. 囊材的固化

物理化学法所用的设备比较简单，高分子材料来源广泛，可将多种类型药物微囊化，相分离法已成为药物微囊化的主要方法。

1. 单凝聚法（simple coacervation method） 是在一种高分子囊材溶液中加入凝聚剂，使囊材的溶解度降低并包裹囊心物凝聚成囊的方法。常用的凝聚剂有强亲水性物质（如硫酸钠或硫酸铵溶液、乙醇、丙酮等）等，这种凝聚过程是可逆的，当凝聚条件解除时（如加水稀释），可解凝聚而至微囊消失，反复凝聚—解凝聚过程至微囊达到满意性状和均匀度后，再用适宜的方法使微囊固化，形成不可逆的微囊。此法适合难溶性药物的微囊化，但药物不能过分疏水，要能被凝聚相润湿。

可通过制作三元相图可确定凝聚系统的组成范围。图 12-26 为明胶-水-硫酸钠的单凝聚三元相图。

单凝聚法制备明胶微囊的工艺流程如图 12-27 所示。将明胶溶于水中形成高分子溶液，将药物溶解或分散在其中后，加入凝聚剂硫酸钠溶液时能够结合明胶分子水合膜中的水，使明胶的溶解度急剧降低，从溶液体系中析出而凝聚成微囊。如果需要，可加入稀释液，即多次凝聚和解凝聚，直到获得形态圆整、粒径均匀的微囊为止。再加入交联剂甲醛溶液，利用胺缩醛反应使之表面交联成为不凝结、不粘连、不可逆的球形微囊，过滤、干燥后备用。有时还需要加入聚乙二醇、丙二醇、山梨醇等增塑剂，提高微囊的可塑性，减少聚集。

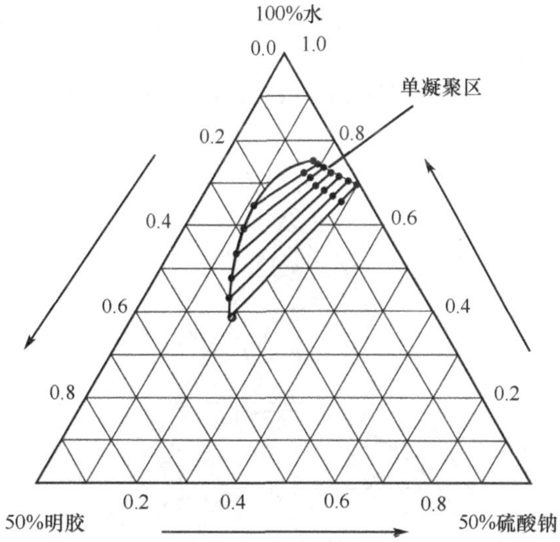

图 12-26　明胶-水-硫酸钠的三元相图

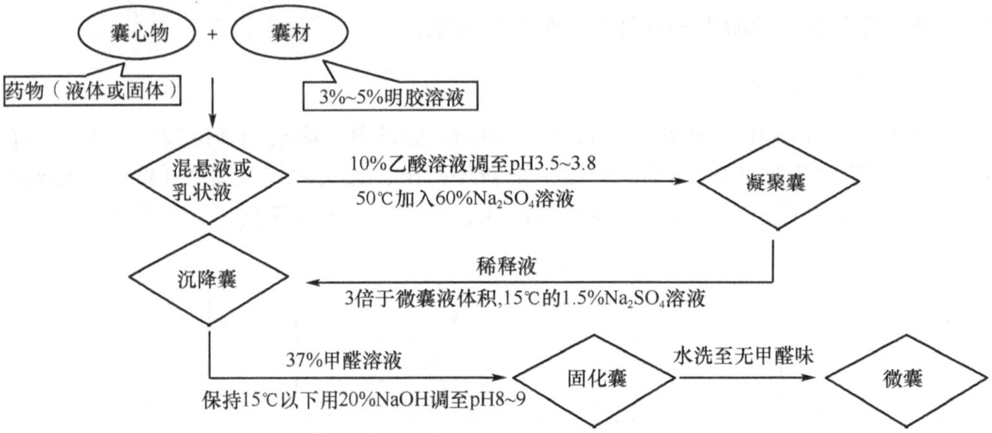

图 12-27　单凝聚法制备明胶微囊的工艺流程

制剂举例 12-7

双氯芬酸微囊

【处方】　双氯芬酸细粉 10g　　明胶 20g　　滑石粉 1～2g　　甲醛 50ml
稀盐酸 适量　　40%硫酸镁溶液 2500ml　　蒸馏水 400ml

【制备】　在 400 ml 蒸馏水中加入 20g 明胶，置于 70℃水浴溶解成胶浆状，在搅拌下，加入 10g 双氯芬酸细粉，搅拌均匀备用。将 2500 ml 40%硫酸镁溶液用稀盐酸调 pH 至 3～4，并加入 1～2g 滑石粉，在（55±1）℃条件下搅拌均匀，并在约 30 min 内滴加完含药明胶液。继续搅拌 3～5min，然后迅速降温至 5℃，保持 20min。再加入 50ml 甲醛固化 12h。减压抽滤收集微囊，以蒸馏水洗涤直至无镁盐与硫酸盐反应。50℃干燥，过 100 目筛即得。制得的微囊包封率为 84%，粒径为 4.0～7.0μm。

【注解】　本例是用单凝聚法制备双氯芬酸微囊。双氯芬酸为主药，明胶为成囊材料，硫酸镁溶液为凝聚剂，滑石粉可防止微囊粘连，甲醛为固化剂。双氯芬酸为非甾体类解热镇痛药，临床用于抗炎、镇痛、解热和抗风湿等。双氯芬酸微囊具有缓释作用，可减少给药次数。

2. 复凝聚法（complex coacervation method） 是指带有相反电荷的两种高分子材料为囊材，在一定条件下发生静电结合而包裹药物，通过相分离凝聚成囊的方法。常用于制备微囊的复合材料包括明胶与阿拉伯胶、海藻酸盐与聚赖氨酸、海藻酸盐与壳聚糖、海藻酸盐和白蛋白等，纤维素衍生物如 CMC-Na、CAP 等同阿拉伯胶一样，都含有—COOH 及—COO⁻，所以均可与明胶凝聚而作为复合囊材使用。

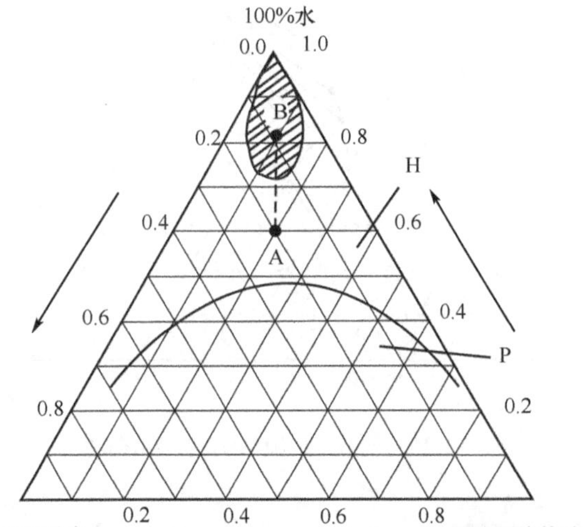

图 12-28　明胶-阿拉伯胶-水（pH4.5）的三元相图

利用明胶与阿拉伯胶复合囊材制备微囊时，在 pH 4～4.5 条件下，明胶带正电，阿拉伯胶带负电，两种囊材混合时，通过电荷相互吸引结合成为不溶性的复合物，溶解度降低，从而包裹药物凝聚成囊。加入甲醛固化，过滤、干燥后即得微囊。除了增塑剂外，还可以加入润湿剂，保证难溶性药物易于分散在体系中。

明胶、阿拉伯胶、水三者的组成与凝聚的

关系可由图 12-28 说明。三相图中顶端斜线部分为复凝聚区，在此浓度区域内的明胶和阿拉伯胶混合即可形成微囊；P 为两相区，两种囊材的溶液不混溶分成两相，不能形成微囊；H 为单相区，两种囊材溶液混溶成均一的溶液。在制备复凝聚的明胶阿拉伯胶微囊时，选取 10%明胶、10%阿拉伯胶和 80%水的混合液，即处于三相图的 A 点，加水稀释，体系即沿着 AB 方向进入凝聚区，体系产生凝聚，在外力的作用下分散形成微囊。

明胶与阿拉伯胶复凝聚法制备微囊的工艺流程如图 12-29 所示。对药物性质的要求同单凝聚法。

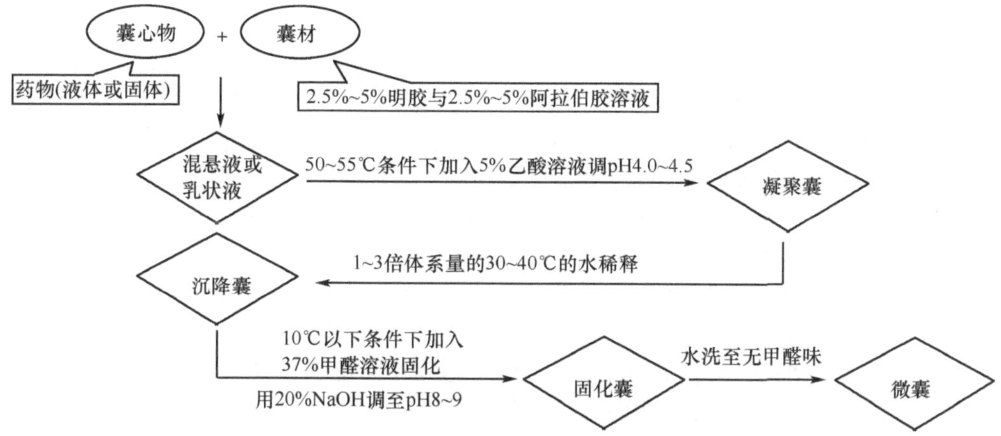

图 12-29　明胶与阿拉伯胶复凝聚法制备微囊的工艺流程

3. 溶剂-非溶剂法（solvent-nonsolvent method）　是在已溶解的囊材溶液中加入另一种不能溶解囊材的溶剂（非溶剂），使囊材溶解度降低，而从溶液中分离出来产生相分离，从而将药物包裹制得微囊的方法。

被包裹的药物可以是固态或液体，但必须均不溶解于溶剂和非溶剂中。常用的溶剂和非溶剂均为有机溶剂（表 12-8），可根据囊材的特性进行选择。

表 12-8　常用囊材的溶剂和非溶剂

囊材	溶剂	非溶剂
乙基纤维素	四氯化碳（或苯）	石油醚
醋酸纤维素丁酯	丁酮	异丙醚
邻苯二甲酸醋酸纤维素	丙酮/乙醇	氯仿
苄基纤维素	三氯乙烯	丙醇
聚乙酸乙烯酯	氯仿	乙醇
苯乙烯马来酸共聚物	乙醇	乙酸乙酯

4. 改变温度法　本法不需加入凝聚剂，是通过控制温度，使囊材在溶液中凝聚成囊。常用的有利用高温条件将囊材溶解，然后降低温度使囊材溶解度降低而凝聚成囊，如使用乙基纤维素作囊材。也有利用将溶解后的囊材加热的方式，将囊材固化成囊，如以蛋白质做囊材制备微囊。

5. 液中干燥法（in liquid drying method）　是将药物分散或溶解在囊材溶液中，再将此混合物加入到另一种不相混溶的溶液中形成乳剂，通过加热或减压等方式除去溶解囊材的有机溶剂，得到微囊，也称为乳化-溶剂挥发法。

如囊材的溶剂与水不混溶，多用水作连续相，加入亲水性乳化剂（如极性的多元醇），制成 O/W 型乳浊液。如囊材的溶剂能与水混溶，则连续相可用液状石蜡，加入油溶性乳化剂（如脂肪酸山梨坦类表面活性剂）制成 W/O 型乳浊液。根据连续相不同，又可分别称为水中干燥法和油中干燥法。

（二）物理机械法

物理机械法是在气相中进行微囊化，将囊心物和囊材的混合液同时分散成雾滴并迅速蒸发或冻结成微囊的方法。常用的机械方法有喷雾干燥法（spray drying method）、喷雾冻凝法（spray congealing method）、多孔离心法（multiorifice-centrifugal method）、流化床包衣法（fluidized bed coating method）等。

1. 喷雾干燥法 将囊心物分散在囊材溶液中，形成混悬液或乳浊液，再喷雾到惰性的热气流中，在溶剂迅速蒸发的同时，囊材收缩成膜并包裹囊心物，得到近似球形的微囊，其微囊直径一般为 5μm 以上。本法所用的溶剂主要是水。该方法适用于对热敏感的药物。

2. 喷雾凝结法 是将囊心物分散于熔融的囊材中，喷入冷气流中，使之凝聚而形成微囊的方法。常用的囊材主要是蜡类、脂肪酸或脂肪醇等，这些囊材在室温下为固体，而且较易熔融成液体。

3. 流化床包衣法 也称空气悬浮法（air suspension method），是利用热气流使囊心物处于流化悬浮状态，再将囊材溶液喷雾到囊心物表面，随着溶剂的迅速挥干，囊心物表面便形成囊材薄膜，从而制得微囊。

使用该方法制备微囊时药物需微粉化，但喷雾过程中可能会出现粘连，可加入第三种成分如滑石粉或硬脂酸镁等防止喷雾过程中的黏结。

（三）化学法

化学法是利用溶液中的单体或高分子化合物的聚合反应或缩合反应，形成囊膜而制得微囊的方法。本法的特点是在液相中进行，不加凝聚剂，常先制成 W/O 型乳状液，再利用化学反应交联或用射线辐照使材料交联固化。主要分为界面缩聚法（interface polycondensation method）和辐射化学法（chemical radiation method）两种。

1. 界面缩聚法 亦称界面聚合法，系在分散相与连续相的界面上发生单体的缩聚反应而形成囊膜，包裹囊心物而形成微囊的方法。

例如，在制备聚酰胺微囊时，分散相中含有 1，6-己二胺和如硼砂，连续相是对二甲苯酰氯的环己烷-氯仿溶液，当两者相互混合搅拌时，1，6-己二胺和对二甲苯酰氯将在两相的界面上接触并迅速发生缩聚反应，由于缩聚反应的速率超过 1，6-己二胺向有机相扩散的速率，故反应生成的聚酰胺几乎完全沉积于乳滴界面成为囊材，形成包裹囊心物的球状膜壳型微囊。其反应时如下：

$$n\mathrm{H_2N(CH_2)_6NH_2}+n\mathrm{ClCOC_6H_4COCl}\rightarrow\mathrm{ClCOC_6H_4CONH(CH_2)_6NH]}n\mathrm{H}+2n\mathrm{HCl}$$

$$\mathrm{Na_2B_4O_7+HCl+7H_2O\rightarrow 4H_3BO_3+NaCl+NaOH+H_2O}$$

2. 辐射化学法 将蛋白质、多肽或 PVA 等囊材，用 γ 射线照射使囊材发生交联，同时包裹药物而制得球形微囊；也可先利用射线制备空白微囊，再将微囊浸泡于药物的水溶液中，使其吸收，待水分干燥后，即得含有药物的微囊。

例如，在制备门冬酰胺酶明胶微囊时，将明胶溶液与含乳化剂硬脂酸钙的液状石蜡混合搅拌，形成 W/O 型乳状液，通氮气除氧，用 ^{60}Co 源照射使囊材明胶发生交联，超速离心，倾去液状石蜡，用乙醚、乙醇分别洗涤微囊，去除残留液状石蜡，真空干燥后即可得粉末状微囊，再浸吸门冬酰胺酶水溶液后，置干燥器中除水，即得。

五、微球的制备

微球和微囊的制备方法有很多类似之处，同样可以采用相分离、喷雾干燥等方法制备微球。

根据药物的性质和材料的特性选择合适的制备方法。用于制备微球的常见方法还有以下几种。

1. 乳化交联法（emulsification cross-linkage method） 是将药物和天然高分子材料（如明胶、白蛋白、壳聚糖等）溶于或分散于水相，加入含乳化剂的油相中，乳化成 W/O 或 O/W 型乳状液，再加入化学交联剂（如甲醛或戊二醛），使这些天然高分子材料发生胺缩醛反应变性析出，包裹药物而成微球。选用甲醛或戊二醛作为交联剂时，应注意是否会引起药物失活或被破坏。

2. 液中干燥法 是将载体材料与药物同溶于低沸点的溶剂中，再将此溶液加至含乳化剂的水相中，搅拌乳化形成 O/W 乳状液，含载体材料和药物的乳滴随着低沸点溶剂的挥发，溶解度降低而逐渐固化，形成含药微球。微球的粒径可以通过控制溶剂的挥发速度、搅拌速度而到达需要的状态。液中干燥法常用于制备聚酯类微球，如 PLGA 微球。

制剂举例 12-8

丙氨瑞林 PLGA 微球

【处方】 丙氨瑞林 40mg　　乙交酯丙交酯共聚物（PLGA）适量　　二氯甲烷　适量
10%明胶液 400μl　　0.1% PVA（含 5%氯化钠）100ml　　3%PVA 溶液 50ml
5%甘露醇溶液 10ml

【制备】 将 40mg 丙氨瑞林溶解于 10%（w/v）明胶水溶液中作为内水相，PLGA 溶解于二氯甲烷作为油相，将水相与油相混合，在 4℃条件下超声乳化 30s，得 W_1/O 初乳，在搅拌条件下将初乳倒入 3%PVA 的溶液中，经高速搅拌得到 W_1/O/W_2 复乳。将复乳转移至 0.1%PVA 溶液（含 5%氯化钠）中，在室温条件下磁力搅拌 4 h，挥发除去二氯甲烷并固化微球，微球水洗后用 5%甘露醇溶液将微球分散，冷冻干燥 48h 得到丙氨瑞林 PLGA 微球。

【注解】 本例是采用复乳溶剂挥发法制备丙氨瑞林微球。为提高丙氨瑞林包封率，本方法首先以黏度较大的 10%明胶水溶液作为内水相溶解丙氨瑞林；其次在外水相中加入 5%氯化钠，提高外水相的渗透压，减少丙氨瑞林从内水相向外水相中扩散。处方中 PLGA 为载体材料，甘露醇为粉针填充剂，PVA 为乳化剂并可防止微球间的凝聚，二氯甲烷为油相。丙氨瑞林主要用于治疗子宫内膜异位症、子宫肌瘤。丙氨瑞林微球具有缓释作用，可减少给药次数。

六、影响微囊与微球粒径的因素

微囊与微球的粒径及其粒径分布影响其所包载药物的释放速度和囊材的降解时限，从而影响药物的药效，因此粒径是微囊和微球的重要质量指标。在制备微囊和微球的过程中，影响粒径的因素众多，如药物的粒径、制备温度、搅拌速度、高分子材料的浓度、制备方法等，在制备过程中应根据对粒径的需要进行控制。

1. 药物的粒径 利用固体药物粉末混悬或分散在体系中制备微囊和微球时，固体药物的粒径大小是影响微囊和微球粒径的重要因素。药物粉末的粒径越大，制备的微囊和微球越大。

2. 制备温度 温度会影响体系的黏度、药液中离子的活度、聚合反应速度等，从而影响微囊和微球的粒径。对于不同的制备工艺，温度影响的程度有所不同。

3. 搅拌速度 微囊和微球的制备大多有分散或成乳过程，在一定搅拌速度范围内，增加搅拌速度能够有效阻止微球间的凝聚，可减小粒径。搅拌速度过快，会使微球因碰撞合并概率增多而导致粒径变大。

4. 高分子材料的浓度 作为药物载体材料的高分子材料，在成微囊或微球的过程中，溶液中的浓度越大越不易分散，越易形成相对较大的微囊和微球。

5. 制备方法 不同的工艺过程所制备的微囊和微球有所不同。例如，流化床包衣法制备的微囊粒径相对较大，可达 100μm 以上，相分离法制备的粒径可在 2μm 以上。

七、微囊与微球中药物的释放

（一）微囊与微球中药物的释放机制

药物微囊或微球化后，要求药物能定时定量地从微囊与微球中释放出来以发挥药效。微囊或微球的释药机制通常有以下三种。

1. 扩散 微囊或微球进入体内后，体液渗入囊壁或骨架中，逐渐溶解其中的药物，药物通过扩散从囊壁或骨架中释出。已溶解或黏附在囊壁或微球外层中的少量药物，发生初期的快速释放，即突释，然后才是囊心物溶解成饱和溶液而扩散出微囊或微球。

2. 囊壁或骨架溶解 微囊或微球进入体内后，囊壁或骨架溶解，释放出其中的药物。囊壁或骨架溶解属于物理化学过程，但不包括酶的作用。其速率主要取决于囊材或骨架的性质、体液的体积、组成、pH 及温度等。

3. 囊壁或骨架的消化与降解 微囊或微球进入体内后，囊壁或骨架可受胃蛋白酶或其他酶的消化与降解，同时使药物释放出来。生物可降解聚合物作囊材时，如果其降解速率低，药物主要是通过扩散释放。

（二）影响微球与微囊中药物释放的因素

1. 微囊或微球的粒径和囊壁厚度 在载体材料相同的情况下，微囊或微球的粒径越小释药速度越快。囊壁或骨架越厚，释药速度越慢。

2. 药物的性质 在载体材料相同时，在体液中溶解度大的药物释放较快。例如，用乙基纤维素为载体材料，分别制成巴比妥钠、苯甲酸及水杨酸微囊，由于巴比妥钠在水中的溶解度最大，因此药物的释放速度也最快。另外，药物在载体材料与水之间的分配系数也影响释放速度，药物的载体材料/水分配系数越小，释放速度越快。

3. 载体材料的理化性质 孔隙率小的载体材料，释药速度较慢。常用几种载体材料形成的微囊/微球释药速度从快到慢的材料顺序为：明胶＞乙基纤维素＞苯乙烯-马来酐共聚物＞聚酰胺。载体材料中加入附加剂，不仅可以改变成囊/成球条件，还可以调节药物的释放速率。

4. 释放介质的影响 在不同 pH 的释放介质中，微囊或微球的释药速度不同。释药速度与微囊或微球在不同 pH 介质中的稳定性及药物在不同 pH 介质中的溶解度有关。在不同离子强度的释放介质中，微囊或微球的释药速度也不同。

5. 工艺条件 制备微囊或微球时采用不同工艺，释药速度亦不相同。例如，冷冻干燥或喷雾干燥制备的微囊或微球，其释药速度比采用烘箱干燥制备的要快。

6. 附加剂的性质 加入疏水性材料如硬脂酸、蜂蜡、十六醇等，可使药物缓释。

八、微囊与微球的质量评价

对微囊、微球的质量评价，应符合《中国药典》2015 年版四部通则 9014 项下的规定。

（一）有害有机溶剂的限度

制备微球或微囊的工艺过程中引入有机溶剂时，应测定有机溶剂残留量，并不得超过《中国药典》规定的限量。凡未规定限度者，可参考人用药品注册技术国际协调会议（ICH）指导原则的要求。

（二）形态、粒径及其分布

微囊或微球的形态可采用光学显微镜、扫描或电子显微镜等观察形态，并提供照片。微囊形态应为圆整球形或椭圆形的封闭囊状物，微球应为圆整球形或椭圆形的实体。

应提供微囊、微球粒径平均值及其分布数据或图形（如直方图或分布曲线图）。测定粒径的方法有光学显微镜法、电感应法、光感应法或激光衍射法等。而粒径分布常用各粒径范围内的粒子数或百分率表示，也可以用跨距表示，跨距越小分布越窄，即粒子大小越均匀。

不同制剂对粒径有不同的要求。注射剂的微囊、微球粒径应符合《中国药典》2015 年版四部通则 0102 中混悬注射剂的规定；用于静脉注射时，应符合静脉注射的规定。

（三）载药量与包封率

应提供载药量和包封率的数据。检测方法及要求与脂质体相同。

（四）释放速率

根据微囊、微球的具体临床用药要求或者设计要求确定药物的释放速率。测定方法可采用《中国药典》2015 年版四部通则（0931）收载的溶出度测定方法中第二法（桨法）进行测定，亦可将试样置薄膜透析袋内按第一法（篮法）进行测定，或采用流通池法测定。微囊与微球在开始释药的 0.5h 内，药物的累积释放量应低于 40%。

（五）其他规定

除上述要求外，微囊与微粒制成的制剂应符合药典相关制剂项下的规定。

九、微囊与微球化技术在制剂中的应用

微囊与微球由于具有缓控释、靶向性、制剂稳定、对囊心物要求不高等独特优点，特别适用于那些含有挥发性成分、刺激性成分、不稳定成分的药物制剂。

如将微囊化技术应用于理化性质不稳定的生物大分子药物，如蛋白质、酶、激素、肽类，甚至应用于活细胞，可减少活性损失或变性。自 20 世纪 80 年代曲普瑞林（triptorelin）PLGA 微球上市以来，目前已有包括亮丙瑞林、全氟丙烷人血白蛋白微球注射液、植入用黄体酮微球、布洛芬微球等在内的多种微粒制剂用于临床（表 12-9）。

表 12-9　美国 FDA 批准上市的蛋白、多肽类微球制剂

药物	类型	厂商	上市时间	所用材料
帕瑞肽	多肽	Novartis	2014 年	聚天冬氨酸
艾塞那肽	多肽	Alkermes & Amylin	2012 年	PLGA
阿巴瑞克	多肽	Praecis	2004 年	PLGA
生长激素	蛋白	Genentech	1998 年	PLGA
奥曲肽	多肽	Novartis	1998 年	PLGA
亮丙瑞林	多肽	Takeda	1995 年	PLGA
布舍瑞林	多肽	Sanofi-Aventis	1986 年	PLGA
曲普瑞林	多肽	Ipsen	1986 年	PLGA

本章小结

药物制剂新技术内容涉及面极广，本章介绍了现已相对成熟并开始用于临床的固体分散体、包合物、脂质体与类脂囊泡、聚合物胶束、纳米粒、纳米乳和亚微乳、微囊与微球等技术。

这些技术可以改变药物的物理性质或释放性能，达到改变药物溶出速度和作用部位、提高药物稳定性、掩盖药物不良气味或口味、减少药物的刺激性、提高药物生物利用度、减少药物毒副作用等目的，可进一步得到速效、长效、具有靶向特性、毒副作用小的制剂。

重点：固体分散体、包合物、脂质体与类脂囊泡、聚合物胶束、纳米粒、纳米乳和亚微乳、微囊与微球的概念、特点、常用制备材料及制备方法。

难点：固体分散体的速释、缓释原理；影响脂质体载药的因素；纳米乳、亚微乳、微囊及微球形成的机制。

思 考 题

1. 试述固体分散体的特点。
2. 简述制备固体分散体常用的水溶性载体。
3. 简述固体分散体的速效和缓释原理。
4. 试述包合物在药剂学中的应用。
5. β-环糊精包合物的制备方法有哪些？
6. 简述脂质体的概念、分类和特点。
7. 简述 pH 梯度法和硫酸铵梯度法制备高包封率载药脂质体的原理和方法。
8. 简述影响脂质体药物包封率的因素。
9. 聚合物胶束与表面活性剂胶束有何区别？
10. 简述聚合物胶束的载药方法及其释药机制。
11. 简述载药纳米粒的制备方法有哪些。
12. 简述药物结晶纳米粒的制备方法有哪些。
13. 简述纳米乳与亚微乳形成的基本条件。
14. 简述制备纳米乳与亚微乳的方法有哪些。
15. 简述微囊与微球的概念以及微囊化或微球化的目的。
16. 简述单凝聚法和复凝聚法制备微囊的区别。
17. 微囊或微球的释药机制有哪几种？
18. 微囊或微球的质量评价包括哪些内容。

（尹宗宁）

第十三章　缓释、控释和迟释制剂

学习目标

1. 掌握：缓释、控释和迟释制剂的概念、特点和释药机制；口服缓控迟释制剂的分类和制备方法。

2. 熟悉：注射用缓控释制剂的概念和特点；缓释、控释和迟释制剂的质量评价方法。

3. 了解：注射用缓控释制剂的分类和制备方法。

第一节　概　　述

药物制剂的发展大致经历了普通制剂、缓释制剂、控释制剂及靶向于细胞水平的给药系统四个阶段。随着对疾病认识的不断深入及制剂新技术、新材料、新工艺的发展，近几十年来药物制剂研究得到了飞速发展，正向“精确给药、定向定位给药、按需给药”的方向发展，其中缓释、控释制剂的发展较为迅速。

一、缓释、控释和迟释制剂的概念

缓释制剂（sustained release preparations）是指在规定的释放介质中，按要求缓慢地非恒速释放药物，其与相应的普通制剂比较，给药频率比普通制剂减少一半或给药频率比普通制剂有所减少，且能显著增加患者顺应性。缓释制剂药物的释放通常符合一级或 Higuchi 动力学过程。

控释制剂（controlled release preparations）是指在规定释放介质中，按要求缓慢地恒速释放药物，其与相应的普通制剂比较，给药频率比普通制剂减少一半或给药频率比普通制剂有所减少，血药浓度比缓释制剂更加平稳，且能显著增加患者顺应性。控释制剂药物的释放符合零级动力学过程，不受 pH、酶、胃肠蠕动等外界因素的影响。广义的控释制剂不仅包括释药速度控制，还包括释药时间控制、方向控制、应答控制等。药物按照设定的时间释放（如脉冲制剂、肠溶制剂），定位释放（如胃漂浮制剂、结肠定位给药制剂），以及按照设计的时量关系释放（应答式给药系统）都属于广义的控释范畴。

迟释制剂（delayed release preparations）是指给药后不立即释放药物的制剂，为广义的控释制剂范畴。例如，避免药物在胃内灭活或对胃的刺激，而延迟到肠内释放或在结肠定位释放的制剂，也包括在某种条件下控制释放的脉冲制剂等。

国外对缓释、控释制剂的概念没有明确区分，《美国药典》中将缓释、控释制剂名称统一为调释制剂（modified release preparations）。在我国通常将缓释制剂和控释制剂统称为缓控释制剂。

根据给药途径不同，缓释、控释和迟释制剂分为口服缓释、控释和迟释制剂，注射缓释、控释和迟释制剂，以及植入缓释、控释和迟释制剂。本章重点讲解口服和注射缓释、控释及迟释制剂，植入用缓释、控释和迟释制剂在本书第三章灭菌和无菌制剂部分进行介绍。

二、缓释和控释制剂的特点

与普通制剂相比，缓释、控释制剂具有以下优点：①减少服药次数，大大提高患者的顺应性。

缓释、控释制剂可长时间维持药物的有效浓度，因此可减少给药次数，特别适合慢性病的治疗或者半衰期较短的药物。②使血药浓度平稳，避免峰谷效应，有利于降低药物的毒副作用，特别是治疗窗窄的药物，可提高其用药的安全性和有效性。③减少用药的总剂量，发挥药物的最佳治疗效果。④缓释、控释制剂可以按照临床需要控制药物在体内的释放速度和部位。许多疾病的发作具有周期性节律变化，如哮喘、心血管疾病等，缓释、控释制剂中的口服择时给药系统可按照生理和治疗的需要定时定量地释放药物，达到疾病未发作之前给药，易发病时段释药的设计目的。

缓释、控释制剂也存在一些缺陷，主要表现为：①剂量调节的灵活性较差。口服缓释、控释剂型一般不能掰开或嚼碎后服用，而且在临床用药中如果出现不良反应，通常不能立刻停止治疗。②给药方案调整的灵活性较差。缓释、控释制剂按照健康人群的平均药物动力学参数进行设计，但在实际用药中，患者在不同疾病状态下的药物体内动力学过程会发生改变，往往需要进行用药方案调整。③缓释、控释制剂的制备工艺较为复杂，而且所含的药量比相应的普通制剂多，制剂若出现技术缺陷会使药物的释放速度不符合设计要求，甚至出现药物突释风险，产生毒副反应。④缓释、控释制剂的生产设备和辅料成本较普通制剂昂贵。

（张邦乐）

第二节　缓控释制剂的设计

剂型设计首先必须以临床用药为目的，设计缓控释制剂必须对药物及临床适应证作全面的研究，包括药物理化性质、药理学、药物动力学、药效学及疾病的病理生理学特征，同时也必须考虑制剂的特点、制备工艺及影响其性能的主要因素。

一、设计缓控释制剂的目的与要求

将药物制成缓控释制剂的主要目的是降低毒性和不良反应、提高药物疗效及减少给药次数。以降低毒副作用为主要目的的缓控释制剂有盐酸二甲双胍缓释片、阿司匹林缓释胶囊、烟酸缓释片、布洛芬缓释胶囊、硫酸吗啡缓释片、头孢氨苄缓释胶囊、雷公藤缓释片、茶碱缓释片、吲哚美辛缓释胶囊、酒石酸美托洛尔缓释片、盐酸曲马多缓释片、硝基咪唑缓释片、5-单硝酸异山梨酯等；以提高药效为主要目的的缓控释制剂有硝苯地平缓释片、时间依赖型抗生素缓释制剂等；可降低毒性同时增加疗效的缓控释制剂有萘普生钠缓释片、硫酸沙丁胺醇缓释片、格列齐特缓释片、地尔硫䓬缓释片等。

1. 药物的选择　不是所有的药物都适合制成缓控释制剂，也不是所有的药物治疗过程都有缓释/控释的要求。口服是目前缓控释制剂的主要给药途径。目前对适合制备缓控释口服制剂的药物没有明确限定。通常认为，半衰期较短的药物（$t_{1/2}$=2～8h）制备成缓控释制剂可以降低体内药物浓度波动；胃肠道吸收较好的药物，为保证药物吸收完全可制成24h给药一次的缓释制剂，如琥珀酸美托洛尔、盐酸二甲双胍；有些抗酸药物及治疗胃部疾病的药物，可设计为胃滞留型制剂。而生物半衰期很短（$t_{1/2}$＜1h）或很长（$t_{1/2}$＞24h）的药物不适合制备缓控释制剂。此外，一次剂量很大（普通制剂剂量＞1g）、药效剧烈、溶解度太小、剂量需要精密调节、口服吸收差或吸收速率不可预测、吸收受机体生理条件影响的药物（如吸收受pH影响较大）不适宜制备成缓控释制剂。

2. 生物利用度　缓控释制剂的相对生物利用度一般应在相应普通制剂的80%～120%范围内。若药物吸收主要位于胃与小肠，宜设计每12h服一次。若药物在结肠也有一定的吸收，则考虑设计为每24h服用一次的制剂。为了保证口服缓控释制剂的生物利用度，应根据药物在胃肠道中的吸收速率调整药物在制剂中的释放速率，从而对剂型进行设计。

3. 峰谷血药浓度比值　缓控释制剂给药后，达到稳态时，血浆药物峰浓度与谷浓度的比值（C_{max}/C_{min}）应小于普通制剂的血药浓度峰谷比值。为实现血药浓度较小的波动，一般半衰期短、治疗窗窄的药物，可设计每 12h 服用一次，而半衰期长或治疗窗宽的药物可设计每 24h 服用一次。

4. 剂量规格　缓控释制剂的剂量可根据普通制剂的剂量换算，如每日三次，每次服 10mg 的普通制剂，可以设计成每 24h 给药一次、剂量为 30mg 的缓释制剂。有些药物根据临床需要，会设计成多种规格或不同剂型的缓控释制剂，如硝苯地平缓释片有 10mg、20mg 等规格。

二、设计缓控释制剂时需要考虑的因素

（一）药物因素

1. 药物的剂量和治疗窗　制剂设计中应充分了解药物有效剂量与治疗指数之间的关系。一般认为 0.5～1.0g 是普通口服制剂单次给药的最适剂量，此剂量范围也适用于缓控释制剂。随着制剂技术的发展和异形片的出现，虽有超过此限度的缓控释制剂上市，但仍不能无限增大。对于大剂量药物，必要时可采用一次服用多片的方法降低每片含药量。

衡量药物安全性的常用指标为治疗指数，即半数中毒量除以半数有效量的值，治疗指数越大药物越安全，通常药效强的药物具有较小的治疗指数。在考虑将药物制成缓释制剂时，应充分考虑药物的安全性，对于治疗窗较窄的药物，需考虑大剂量可能引起的毒性反应，在安全剂量范围内设计缓控释制剂。治疗指数较小的药物由于必须对药物释放速率及可能出现的药物突释现象进行精密控制，因此不适于缓释给药。例如，剧毒药物，易成瘾、易积蓄的药物及剂量要求特别精确的药物（中毒和有效剂量接近），其制剂制备工艺要求高，药物释放速率难以符合设计要求，多剂量时易产生毒性反应。

2. 药物的理化性质　药物的 pK_a、溶解度和油水分配系数是设计缓控释制剂时需要考虑的重要因素。对于口服缓控释制剂，药物在胃肠道的溶解、吸收尤为关键。大多数药物呈弱酸或弱碱性，以解离型和非解离型两种形式存在，一般解离型水溶性强，非解离型脂溶性强，非解离型药物更容易透过脂质生物膜。从胃至结肠，生理环境 pH 非连续变化，胃中呈酸性，十二指肠趋于弱碱性，小肠趋向于中性，结肠呈弱碱性。因此对药物 pK_a 值与其吸收环境 pH 的相关性进行考察很重要，有助于了解生理 pH 对制剂中药物释放吸收的影响。

制剂中药物的扩散和溶出主要取决于药物在水中的溶解度，因此药物的溶解特性也很重要。溶解度小于 0.01mg/ml 的药物本身具有缓释作用，其溶出为药物在胃肠道中吸收的限速步骤，如地高辛、灰黄霉素等。对于这一类难溶药物，应考虑提高药物的溶解度，增加药物溶出。溶解度与胃肠道生理 pH 密切相关的药物不易控制释药速率，制备缓控释制剂的难度很大。

经口服进入胃肠道的药物须透过各种生物膜才能到达机体作用部位，发挥治疗作用。药物的油水分配系数是决定其能否透过生物膜的重要参数，分配系数大的药物，脂溶性较强，与脂质膜产生强结合力而滞留于脂质膜中，不能进入血液循环，代表药物有吩噻嗪；分配系数很小的药物，亲水性强，不易透过生物膜。因此，分配系数过大或过小的药物的生物利用度均较差。

3. 药物在胃肠道中的稳定性　某些药物口服后受胃肠道酸碱水解、酶促降解或细菌分解的影响，应通过处方设计和制剂工艺增加药物的稳定性，如加入抗酸辅料、加入酶抑制剂、微囊化等。在胃中不稳定的药物，可制成肠溶型迟释制剂，使制剂在小肠释药，以提高药物的稳定性。在小肠中不稳定的药物，制成缓释制剂后其生物利用度可能降低，这是因为较多的药物由于缓释作用在小肠段释放，降解药物量增加，导致生物利用度降低，代表药物有溴丙胺太林。

（二）生物因素

1. 半衰期　缓控释制剂能在较长时间内维持血药浓度于有效治疗浓度范围内。药物的半衰

期反映药物的消除速率，对维持治疗浓度至关重要，因此药物的半衰期和作用时间是设计缓控释制剂时需考虑的因素。

半衰期太短的药物（$t_{1/2}$<1h），制成缓释制剂可以减少用药频率，但要维持治疗浓度，单位时间所需剂量较大，不便于给药。例如，呋塞米（$t_{1/2}$=0.5～1h）和左旋多巴都不适宜制成缓释制剂。半衰期很长（$t_{1/2}$>24h）的药物由于自身具有较长的药效，一般无需制成缓释制剂，且制备缓控释制剂易造成体内药物蓄积，如华法林（$t_{1/2}$=36～42h）药效持久，制成缓控释制剂将可能增加其在体内蓄积，同类药物还有地高辛、苯妥英钠等。生物半衰期为3～6h的药物是制备缓控释制剂的理想药物。通常认为，半衰期为2～8h的药物制备成缓控释制剂可以降低体内血药浓度波动，如格列吡嗪（$t_{1/2}$=2.5～4h）、盐酸普萘洛尔（$t_{1/2}$=3.1～4.5h）、茶碱（$t_{1/2}$=3～8h）。但一些半衰期较长的药物，如非洛地平也有缓释制剂产品，主要是通过制剂设计避免其产生药物蓄积。

2. 吸收 药物的吸收特性很大程度上影响其是否适合制备为口服缓控释制剂，自身吸收速率常数小的药物不适宜制成口服缓控释制剂。缓控释制剂的目的是控制制剂的释药行为，从而调节药物的吸收，因此药物释放速率必须小于吸收速率。大多数药物在胃肠道中从口腔至回盲肠的转运时间为8～12h，因此设计药物的释放和吸收时间不宜超过12h，否则药物还未吸收完全，制剂已离开吸收部位。如果药物在结肠部位吸收，可使药物释放时间增至24h，设计结肠定位给药、一日一次服药的缓控释制剂。

药物若通过主动转运机制吸收，或者吸收转运局限于小肠的某一特定部位，制成缓释制剂则不利于药物的吸收。例如，硫酸亚铁在十二指肠和空肠上端吸收，维生素B_2在十二指肠上部吸收，制剂应在通过这一区域前释放药物以利于充分吸收。因此，此类药物的制剂设计是实现胃中滞留，延迟制剂到达小肠等吸收部位的时间，使药物在胃中缓慢释放，继而转运至吸收部位。

对吸收较差的药物，除延长其在胃肠道的滞留时间外，还可采用吸收促进剂改变胃肠道生物膜的特性，促进药物吸收。该方法需要重视的问题是生物膜特性改变同时可能出现的毒性，应开展具有针对性的体内安全性研究。

3. 代谢 药物代谢与缓控释制剂设计密切相关，首过效应大的药物制成缓控释剂型，生物利用度将降低。肠壁药物代谢酶系统对药物的代谢作用具有饱和性，当药物缓慢地释放到这些部位，由于酶代谢未达到饱和，会使较多量的药物转换成代谢物。例如，阿普洛尔缓释制剂口服后，药物在肠壁代谢的程度增加，生物利用度反而降低。多巴脱羧酶在肠壁的浓度较高，可对左旋多巴产生酶代谢，如果左旋多巴与抑制多巴脱羧酶药物一起制成缓释制剂，能够增加药物吸收，提高其治疗作用。

三、药物选择的突破

一般来说，缓控释制剂的药物选择应综合考虑上述因素。但随着现代制剂技术的发展和新型辅料的应用，结合临床需求，对药物的选择也有发展，一些传统观点认为不适于制备成缓控释制剂的药物，如抗生素类、成瘾性药物和半衰期很短或很长的药物，也被制成缓释或控释制剂。

1. 半衰期较短或较长药物的缓控释制剂 通常情况下，半衰期很长或很短的药物均不适于制成缓控释制剂。但目前采用缓释颗粒剂解决了一些半衰期较短的药物难于制成缓释制剂的问题，如布洛芬、茶碱、曲尼司特、水杨酸钠等都有相关研究及产品上市。而一些半衰期较长的药物为了降低毒副作用也有制成缓释制剂的报道，如卡马西平缓释片、非洛地平缓释片等上市制剂。

2. 首过效应较强药物的缓控释制剂 首过效应较强的药物不易达到缓释效果，且该类药物制成缓释制剂后生物利用度通常下降，因此不适合制成缓释制剂。但目前有多种药物已被成功制备成缓释制剂，如普萘洛尔、拉贝洛尔、普罗帕酮、维拉帕米、美托洛尔等，其中一些品种已被药典收载。过去认为这些药物在胃肠道缓慢释放及吸收使它们的代谢增加，提高此类药物生物利用度的有效方法主要是增加给药剂量，或通过制剂中的速释部分饱和代谢酶。研究表明，对于首过效应较强的药物，将其制备成以一级速率释药或以时间平方根速率释药的缓释制剂对于降低首过效应的影响更为有利。

3. 抗菌药物的缓控释制剂　一般对适于制备为缓控释制剂的抗菌药物有如下要求：半衰期短，$t_{1/2}$为2～12h，普通制剂一天需多次用药；无明显的首过效应，如果药物的首过效应明显，则其缓释制剂的生物利用度下降，不宜制成缓释剂；药物血药浓度与治疗作用及不良反应有良好相关性，药物治疗范围明确；对口服长效制剂要求药物必须在胃肠道有一定溶解度，且能在胃肠道广泛地被吸收，不只局限于某一肠段。抗菌药物中的氨基糖苷类、喹诺酮类为浓度依赖型抗菌药物，应一次给予大剂量药物以获得有效浓度，以前一直认为抗菌药物制成缓释制剂达不到最低抑菌浓度易诱发细菌的耐药性，不主张此类药物制成缓释制剂，这一点极大限制了抗生素类药物缓释制剂产品的研制。随着抗菌药物研究的深入，口服抗菌药物品种日益增多，也出现了一些缓释制剂产品。目前国内外均有头孢类抗生素缓释制剂的专利或报道，个别品种已经上市。目前国内批准上市的抗菌药物缓释制剂有硫酸庆大霉素缓释片、头孢氨苄肠溶缓释胶囊、头孢拉定缓释片等。此外，阿奇霉素、氯霉素、多西环素等都有缓释制剂的研究报道。这类缓释制剂的设计与治疗学观点的冲突，维持长时间有效抑菌浓度是否容易产生耐受性及不同抗菌药物耐受性产生的机制值得进一步研究。

4. 成瘾性药物的缓控释制剂　为适应特殊医疗需要，减少患者的疼痛、方便用药，吗啡、可待因、那可丁等药物已开发成缓释制剂上市。

四、控制药物释放的机制

缓控释制剂的释药机制与其制剂结构特征和所用的材料密切相关，主要的释药机制有溶出、扩散、溶蚀、渗透压及离子交换等。

（一）溶出机制

根据 Noyes-Whitney 方程 $\frac{\mathrm{d}C}{\mathrm{d}t}=ks\ (C_S-C)$，减小药物的溶解度，降低药物的溶出速率使药物缓慢释放，可实现缓释作用。具体有以下几种方法。

1. 制成溶解度小的盐或酯　增加药物分子的疏水性，降低溶解度。例如，青霉素的普鲁卡因盐或二苄基乙二胺盐，药效比青霉素钾（钠）盐显著延长。醇类药物经酯化后水溶性减小，药效延长，如睾酮丙酸酯、环戊丙酸酯、庚酸酯等，一般以油注射液肌内注射，药物由油相扩散至水相，然后水解为母体药物发挥治疗作用，药效可延长2～3倍。

2. 与高分子化合物形成难溶性的盐　利用药物与高分子材料形成高分子复合物降低溶解度。鞣酸为高分子化合物，与生物碱类药物可形成难溶性盐，药效明显延长。例如，*N*-甲基阿托品鞣酸盐、丙咪嗪鞣酸盐。鞣酸与增压素形成的复合物油注射液，用于治疗尿崩症药效可达36～48h。胰岛素注射液有效时间短，一般皮下注射，每日需注射3～4次，胰岛素与鱼精蛋白结合成溶解度小的中效鱼精蛋白胰岛素，与鱼精蛋白锌结合成为长效的鱼精蛋白锌胰岛素，药效可维持18～24h或更长。海藻酸与毛果芸香碱成盐后药效比毛果芸香碱盐酸盐显著延长。

3. 控制药物的粒径大小　粒子的粒径越小，其比表面积越大，而粒子的比表面积与溶出速率有关，比表面积减小，与溶液接触面积减小，溶出速率减慢，因此难溶性药物的粒径增加可使其溶出减慢。例如，鱼精蛋白锌胰岛素注射液中，所含胰岛素锌晶粒较大（大部分＞10μm），其作用长达30h；当胰岛素锌晶粒较小（＜2μm），作用时间仅为12～14h。

（二）扩散机制

以扩散为主要机制的缓控释给药系统中，药物先溶解形成溶液，然后再从制剂中扩散出来进入体液，其释药速率受药物扩散速率控制。扩散机制的缓控释制剂分为两类，分别是贮库型

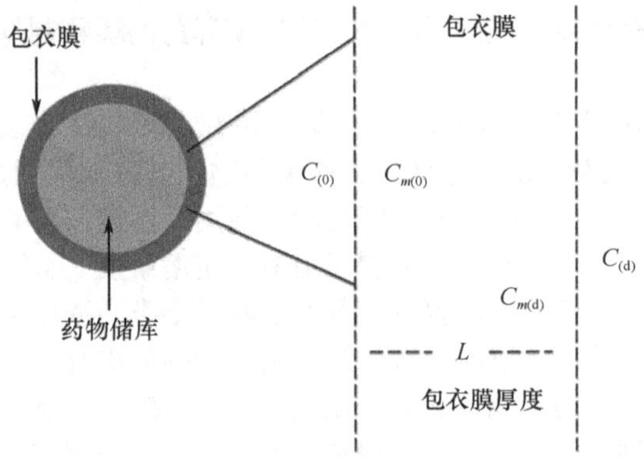

图 13-1 贮库型缓控释给药系统药物扩散示意图
$C_{m(0)}$、$C_{m(d)}$分别为膜内外表面的药物浓度，
$C_{(0)}$、$C_{(d)}$分别为邻近膜区域的药物浓度

和骨架型。

1. 贮库型 贮库型缓控释给药系统主要是包衣的片剂或微丸等，分为水不溶性包衣膜和含水溶性孔道包衣膜两种贮库。扩散系统如图 13-1 所示，给药系统中药物的释放取决于包衣膜的性质。

（1）水不溶性包衣膜：药物处在水不溶性包衣膜构成的贮库中，如乙基纤维素包制的微囊或小丸属于这类制剂，其释放速率符合 Fick 扩散定律。

$$\frac{dQ}{dt}=\frac{ADK\Delta C}{L} \quad (13\text{-}1)$$

上式中，dQ/dt 为药物释放速率，A 为比表面积，D 为扩散系数，K 为药物在膜与囊心之间的分配系数，L 为包衣层厚度，ΔC 为膜内外药物的浓度差。分配系数 K 可用膜内表面和外表面药物浓度之比表示。

若 A、L、D、K 与 C 在一定实验条件时保持恒定，则释放速率就是常数，属于零级释放过程。若其中一个或多个参数改变，就是非零级过程。

（2）含水溶性孔道的包衣膜：在包衣液中掺入致孔剂，如乙基纤维素与甲基纤维素混合组成膜材，当包衣片进入胃肠液中，致孔剂甲基纤维素迅速溶解，导致包衣膜表面出现大量的细小孔道，形成孔径范围 0.01～0.05μm 的微孔膜。胃肠道中的体液通过微孔渗入膜内溶解药物，形成膜内外浓度差，药物通过微孔向膜外扩散释放，导致膜内的渗透压下降，水分继续进入膜内溶解药物。其释放速率可表示为：

$$\frac{dQ}{dt}=\frac{AD\Delta C}{L} \quad (13\text{-}2)$$

上式中各项参数的意义同式（13-1），但少了 K，这类药物制剂的药物释放接近于零级释放。

2. 骨架型 骨架型缓控释制剂是药物均匀分散在一种或者多种惰性骨架材料中制备而成的制剂。药物释放过程中，释放介质进入骨架溶解药物，然后药物扩散至骨架外，这个过程不断地在制剂内部和释放介质之间进行，即骨架内的药物溶解后通过骨架材料扩散到骨架外表面，然后扩散入释放介质中，因此药物的溶解速率必须大于药物在骨架材料中的扩散速率。根据假设必须满足以下条件：①药物的释放保持伪稳态（pseudo-steady state）；②药物颗粒的粒径远小于药物从骨架扩散出去的平均距离；③满足漏槽条件（sink condition）；④药物在骨架中的扩散系数 D 保持恒定，药物与骨架材料无相互作用。建立如下方程：

$$\frac{dQ}{dh}=C_0dh-\frac{C_s}{2} \quad (13\text{-}3)$$

上式中，dQ 为单位面积释放药物的变化量，dh 为释放完药物的骨架区域厚度变化，C_0 为单位体积骨架内含药物的总量，C_s 为骨架内药物的饱和浓度。根据扩散理论：

$$dQ=\frac{D_mC_s}{h}dt \quad (13\text{-}4)$$

上式中，D_m 为药物在骨架中的扩散系数，通过式（13-3）和式（13-4）积分得到以下方程：

$$Q=[D_mC_s(2C_0-C_s)\,t\,]^{1/2} \quad (13\text{-}5)$$

假设 $C_0>C_s$，即存在过量的溶质，则式（13-5）变为：

$$Q=(\,2D_mC_sC_0\,t\,)^{1/2} \quad (13\text{-}6)$$

表明药物释放量和时间的平方根成正比，即 Higuchi 方程。而对于孔状骨架结构的缓控释系统，根据上述方法，由 Higuchi 方程推导出了以下方程：

$$Q = [D_s C_a \left(\frac{p}{\lambda}\right) (2C_0 - PC_s)\ t\ ]^{1/2} \quad (13\text{-}7)$$

上式中，P 为骨架的孔隙度，λ 为骨架中的弯曲因素，C_a 为药物在释放介质中的溶解度，D_s 为药物在释放介质中的扩散系数。当方程（13-7）中右边除 t 外都保持恒定时，上式可以简化为：

$$Q = K_h\ t^{1/2} \quad (13\text{-}8)$$

上式中，K_h 为常数，即药物释放量与 $t^{1/2}$ 成正比，骨架的孔隙越多，药物释放越快，孔道弯曲越大，分子扩散所经路程越长，释药量减少。制备扩散控制型骨架缓释系统，应控制好下列参数：①骨架中药物的初始浓度；②孔隙率；③骨架中的弯曲因素；④形成骨架的聚合物；⑤药物的溶解度。该类制剂在胃肠道中不崩解，药物释放后骨架整体从粪便排出。一般水溶性或较易溶于水的药物适于制备骨架片，可采用聚氯乙烯、乙基纤维素等水不溶性聚合物作为骨架材料。

3. 基于扩散机制的缓控释方法　根据扩散原理实现缓控释的制剂方法包括：包缓释、控释衣膜；制成微囊；制成不溶性骨架片；制成植入剂；制成药树脂和乳剂；增加黏度以减少扩散系数等。

（1）包衣：将药物片剂或小丸用阻滞材料包衣，厚度不等的衣膜层可形成不同释药速率的内芯，将包衣厚度不等的内芯按不同的比例混合后装入胶囊，可达到缓释目的，如图 13-2A 所示；也可以用不同性质的阻滞材料多层包衣，将药物分为速释层和缓释层，从而达到双重效果，如图 13-2B 所示。常用的水不溶性阻滞剂有乙基纤维素、二醋酸纤维素等。

（2）制成微囊：采用微囊化技术制备缓控释制剂，微囊膜是一种半透膜，在胃肠液中，水分可以渗透入囊内，溶解药物，形成饱和溶液，然后通过孔道扩散到囊外的体液中。囊膜的厚度、微孔的孔径和弯曲度等决定药物的释放速率。

（3）制成不溶性的骨架片：以水不溶性材料如无毒聚乙烯、聚乙烯乙酸酯、聚甲基丙烯酸酯、硅橡胶等作为骨架材料制备缓控释制剂。影响释药速率的主要因素为药物的溶解度、骨架的孔隙率和孔隙的弯曲率。这类制剂适用于水溶性药物，难溶性药物从骨架中释放速率太慢，造成生物利用度过低。

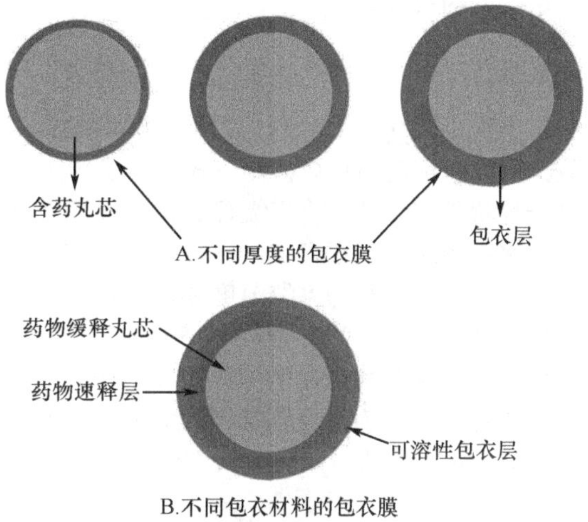

图 13-2　扩散机制的缓释/控释系统示意图

（4）制成植入剂：植入剂为固体灭菌制剂，是将水不溶性药物熔融后倒入模型中形成，一般不加赋形剂。用外科手术埋植于皮下，药效可长达数月甚至数年，如左炔诺孕酮植入剂。也可将其制成微球、纳米粒等，注射至皮下延长释药，如乙交酯丙交酯共聚物微球植入剂。

（5）制成透皮吸收制剂：通常经皮吸收制剂符合零级释药过程，释放机制属于典型的扩散型。经皮吸收制剂有贮库型和骨架型，药物以扩散的形式释放到皮肤表面，释药速率与药物浓度梯度、骨架材质、膜的孔隙率等有关。

（6）制成乳剂：水溶性药物可制成 W/O 型乳剂。以精制羊毛脂和植物油为油相，临用时加入溶解药物的水溶液，猛力振摇即成 W/O 型乳剂型注射剂。乳剂给药进入机体后，水相中的药物先向油相扩散，再由油相分配至体液中，以此发挥缓释作用。

（7）增加黏度以减小扩散速率：将明胶、羧甲纤维素钠、西黄蓍胶、阿拉伯胶、聚维酮（PVP）等高分子辅料加入注射剂中，增加溶液黏度，从而延长药物作用时间，提高药效，主要用于缓释注射液或其他缓释液体制剂。例如，明胶用于肝素、维生素 B_{12} 注射剂，PVP 可用于胰岛素、肾上腺素、皮质激素、青霉素、局部麻醉剂、水杨酸钠和抗组胺类药物注射剂，均有延长药效的作用。1%羧甲纤维素钠用于3%盐酸普鲁卡因注射液能增加黏性，可使其作用延长至约24h。

（8）制成药树脂：解离型的药物适用于制备药树脂。阳离子交换树脂与有机胺类药物的盐交换，或阴离子交换树脂与有机羧酸盐或磺酸盐交换，即成药树脂。干燥的药树脂制成口服胶囊剂或片剂，在胃肠道中，药树脂与Na^+、H^+、K^+、Cl^-等离子发生交换，药物缓慢释放于胃肠液中。维生素C、B族维生素、烟酸、泛酸、叶酸和麻黄碱、阿托品等均可制成药树脂。离子交换树脂的交换容量较小，故剂量大的药物不适于制备药树脂。

（三）溶蚀与扩散溶出相结合

缓控释制剂中，药物的释药机制往往以多种方式并存，但在多数情况下都以溶出或扩散机制为主，从而归类于溶出控制型或扩散控制型。在生物溶蚀型给药系统中，药物均匀分散于生物溶蚀性骨架材料中，药物既可经由聚合物骨架扩散释放，也可通过骨架的溶蚀降解而释放药物，即溶蚀扩散结合释药。这类制剂释药速率受生理因素影响较大，改变骨架材料的用量、采用多种混合骨架材料及包衣工艺等均可以调节骨架片的释药速率。其优点是骨架材料具有生物溶蚀性能，释药后不会形成空骨架，缺点是影响因素多，释药动力学很难控制。释药过程符合一级或近似一级动力学过程，少数可调节至零级过程。Ritger-Peppas方程可简单描述溶蚀型释药系统的药物释放。

$$\frac{Q_t}{Q_\infty}=kt^n \tag{13-9}$$

上式中，Q_t、Q_∞分别为t和∞时间累积释放量，k为骨架结构的几何特性常数，n为释放指数，用以表示药物释放机制。式（13-9）中，当n=1时，释药速率与时间无关，即零级动力学。对于片状骨架系统，将零级释放称为Ⅱ相转运，聚合物分子链的状态转化是Ⅱ相转运的限速过程，水在系统中起增塑剂的作用，可使聚合物的玻璃化温度（glass transition temperature，T_g）下降，T_g一旦降至与系统温度相同，聚合物链即发生从玻璃态向高弹态的转化，大分子的运动增加，体积膨胀。当n取极端值0.5和1.0时，是Ritger-Peppas方程应用的两个特例，分别表示扩散控制和溶蚀控制的释放规律。n值介于0.5和1.0之间时，表示释放规律是扩散和溶蚀综合作用的结果，为不规则转运。此外，极端值0.5和1.0仅适用于片状骨架，对于圆柱状和球状骨架，n值不同，如表13-1所示。

表13-1　不同几何形状骨架药物释放指数n及释放机制

释放指数，n			释放机制
薄片状	圆柱体	球体	
0.5	0.45	0.43	Fick's扩散
$0.5<n<1.0$	$0.45<n<0.89$	$0.43<n<0.85$	不规则转运
1.0	0.89	0.85	Ⅱ相转运

Peppas和Sahlin将扩散和溶蚀机制分隔开，推导出：

$$\frac{Q_t}{Q_\infty}=k_1t^m+k_2t^{2m} \tag{13-10}$$

假设$F=k_1t^m$，$R=k_2t^{2m}$，则

$$\frac{R}{F}=\frac{k_2t^{2m}}{k_1} \tag{13-11}$$

上式中，m为Fick扩散指数，k_1、k_2为常数，k_1t^m为Fick扩散项，k_2t^{2m}为溶蚀项。可以通

过 R/F 值的大小来确定主要的释药机制，R/F 值较大时，溶蚀对药物释放的影响较大，R/F 值较小时，扩散对药物释放的影响大。

制备生物溶蚀型缓释制剂的另一种方法是药物和聚合物以化学键结合形成复合物。药物通过水解或酶解从复合物系统中释放出来。此类系统载药量很高，而且释药速率较易控制。

溶胀型骨架系统即药物溶于可产生溶胀的聚合物中，属于扩散和溶蚀相互结合的载药系统。该系统能吸收大量（30%～90%）液体介质，聚合物发生溶胀，水先进入骨架，药物溶解，从溶胀的骨架中扩散出来，其释药速率取决于聚合物溶胀速率、药物溶解度和骨架中的可溶性组分。由于药物释放前聚合物必须先溶胀，这种系统通常可减小突释效应。

（四）渗透压机制

利用渗透压原理制成缓控释制剂，是以渗透压作为驱动力控制药物的释放，能够均匀恒速地释放药物，实现零级释放，其处方可适用于不同的药物，比其他释药机制的缓控释制剂更为优越。以口服片剂为例说明其原理和构造：在渗透压系统中，由药物和具有高渗透压的渗透促进剂、水溶性聚合物及其他辅料制成片芯，片芯外用水不溶性的聚合物，如醋酸纤维素、乙基纤维素或乙烯-乙酸乙烯共聚物包衣，形成半渗透膜（水可通过，药物不能通过），然后用激光在包衣膜上打一个或多个小孔，形成渗透泵片。当与水接触时，水即可通过半渗透膜渗入片芯，使药物溶解成饱和溶液或混悬液，渗透压为 4053～5066kPa（体液渗透压为 760kPa）。由于膜内外存在大的渗透压差，药物的饱和溶液由膜上小孔持续流出，其流出量与渗入膜内的水量相等，直到片芯内的药物完全溶解为止。片芯的处方组成，包衣半渗透膜的渗透性和厚度，释药小孔的孔径和孔率是制备渗透泵片的关键因素。

药物的释放与小孔中溶液流出的速率有关，而小孔中流出的溶液与通过半透膜的水量相等，半透膜的吸水速率取决于膜的渗透性能和片芯的渗透压。水渗透进入膜内的流速 $\frac{\mathrm{d}v}{\mathrm{d}t}$ 可用下式表示：

$$\frac{\mathrm{d}v}{\mathrm{d}t}=\frac{kA}{L}(\Delta\pi-\Delta P) \qquad (13\text{-}12)$$

上式中，k 为膜的渗透系数，A 为膜的面积，L 为膜的厚度，$\Delta\pi$ 为渗透压差，ΔP 为流体静压。当小孔的孔径足够大时，$\Delta\pi \gg \Delta P$，则流体静压差可以忽略，上式可简化为：

$$\frac{\mathrm{d}v}{\mathrm{d}t}=\frac{kA}{L}\Delta\pi \qquad (13\text{-}13)$$

如以 $\mathrm{d}Q/\mathrm{d}t$ 表示药物通过小孔的释药速率，C_s 为膜内药物饱和溶液的浓度，则：

$$\frac{\mathrm{d}Q}{\mathrm{d}t}=\frac{\mathrm{d}v}{\mathrm{d}t}C_s=\frac{kA}{L}\Delta\pi C_s \qquad (13\text{-}14)$$

在 k、A、L 和 $\Delta\pi$ 不变的情况下，如膜内药物维持饱和态（C_s 不变），释药速率恒定，即以零级速率释放药物。当片芯中药物逐渐低于饱和浓度，释药速率逐渐呈抛物线缓慢下降。

渗透泵系统有三种类型，如图 13-3 所示，A 型为片芯中含有固体药物和促渗透剂，遇水即溶解，促渗透剂形成高渗透压差。B 型为药物以溶液形式存在于不含药的渗透芯弹性囊中，此囊膜外周围为促渗透剂，高渗透压差使内膜产生压力而将药物溶液排出。C 型为推拉型（push-pull type），属于多室渗透泵（multi-compartment osmotic pump），片芯上层由药物、具渗透压活性的亲水聚合物和其他辅料组成，下层由遇水溶胀的促渗透聚合物和其他辅料组成，在外层包衣并打孔，药物的释放是上层的渗透压推动力和下层聚合物吸水膨胀后产生的推动力同时作用的结果。上述三种类型渗透泵片的释药孔均可为单孔或多孔。

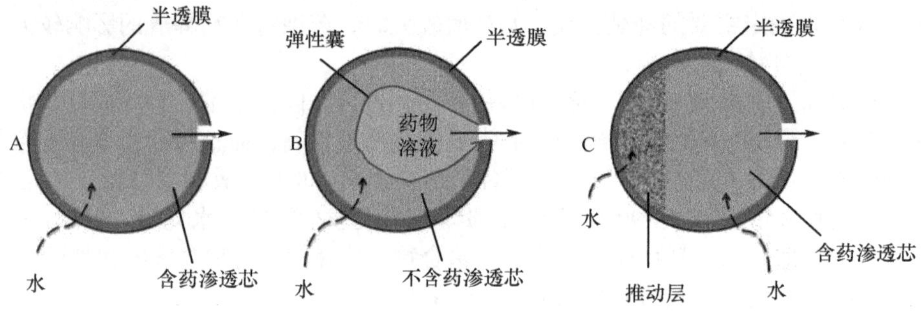

图 13-3　三种类型渗透泵片示意图

渗透泵系统的优点是理论上可以实现零级释放，且释放速率与药物的性质和环境无关，由于胃肠液中的离子不会渗入半透膜，故渗透泵片的释药速率与胃肠道 pH 无关，在胃与肠中释药速率相等，对于不同的药物不需要重新进行处方设计。其缺点是造价高，质控指标严格。

（五）离子交换

离子交换技术作为一种缓控释技术日臻完善和成熟，如以 Amberlite GC120 型树脂为载体制备的氢溴酸右美沙芬控释混悬剂已上市，用于治疗干咳、上呼吸道感染、支气管炎等引起的咳嗽。

离子交换系统是由水不溶性交联聚合物组成的树脂，其聚合物链的重复单元上含有成盐基团，药物可通过离子键结合于树脂上。当带有适当电荷的离子与其接触时，通过离子交换将药物游离释放出来。

$$\text{树脂}^{+}\text{—药物}^{-} + X^{-} \rightarrow \text{树脂}^{+}\text{—}X^{-} + \text{药物}^{-} \tag{13-15}$$

$$\text{树脂}^{-}\text{—药物}^{+} + Y^{+} \rightarrow \text{树脂}^{-}\text{—}Y^{+} + \text{药物}^{+} \tag{13-16}$$

式中，X^-和 Y^+为消化道中的离子，药物从树脂中的扩散速率受扩散面积、扩散路径长度和树脂的刚性（树脂制备过程中交联剂用量的函数）的控制；并且受释药环境中离子种类、强度和温度的影响。例如，多柔比星羧甲基葡聚糖微球（以 $RCOO^-NH_3^+R'$表示），在水中不释放，置于 NaCl 溶液中，则释放出多柔比星 $RNH_3^+Cl^-$，并逐步达到平衡。该制剂可用于动脉栓塞治疗肝癌，栓塞到靶组织后，多柔比星羧甲基葡聚糖微球在体内与体液中阳离子进行交换，逐渐释放多柔比星，发挥栓塞与化疗双重作用。

$$RCOO^-NH_3^+R'+Na^+Cl^- \rightarrow R'NH_3^+Cl^-+RCOO^-Na^+ \tag{13-17}$$

药物从载药树脂释放不一定符合一级动力学或零级动力学等释药模型。目前，关于药树脂的释药动力学研究主要采用粒扩散方程（Boyd 方程），指数方程及对数方程（Viswanathan 方程）等，其中 Viswanathan 方程适合所有药树脂复合物的体外释药过程，因而被普遍采用。

知识拓展 13-1

生物技术药物的缓控释制剂

生物技术药物如多肽、蛋白、酶、激素、疫苗、细胞生长因子及单克隆抗体等，口服生物利用度差，基本剂型是冻干注射剂；由于半衰期短，需要长期频繁注射给药。用微球/微囊化技术制备多肽、蛋白质药物可注射微球/微囊是生物技术药物推广、应用十分重要的手段。可注射微球除具有可靠的缓释效果外，由于其骨架材料的可生物降解性，改善了植入剂必须经手术途径植入与取出、局部刺激性与不适等问题。重组人生长激素（rhGH）PLGA 微球制剂已于 1998 年获准上市，是第一个 rhGH 的缓释制剂。该制剂使 rhGH 缺乏患者的给药频率从 1 个星期给药 2 次降低为 1 个月给药 1 次。采用 PLGA 将醋酸亮丙瑞林制成控释微球，肌内注射，可控制释放达30天之久，是首个经美国FDA批准上市的多肽类药物微球剂。采用PLGA与破伤风类毒素制成脉冲式控释微球给药系统，一次注射，可在1～14天、1～2个月与9～12个月内分三次脉冲释放，达到全程免疫目的。

（俞 媛）

第三节 口服缓控释制剂

一、骨架型缓控释制剂

骨架型制剂是指药物与一种或多种惰性骨架材料及其他辅料通过压制、融合等制剂技术制成的片状、粒状或其他形式的制剂。它们在水或生理体液中能够维持或转变成整体式骨架结构，药物以分子或结晶状态均匀分散在骨架结构中，起着贮库和控制药物释放的作用。骨架型制剂的制备方法简便，应用很广泛，国内外均有品种上市。

骨架型制剂具有以下特点：①药物释放缓慢，用药次数减少，血药浓度平稳。某些剂量小而且需要长期服用的药物更适宜制成骨架型缓释制剂。例如，单硝酸异山梨酯缓释片（20mg/片，每日服用1次）可替代普通片（5mg/片，每日服用3次，每次1～2片），对心绞痛午夜发作具有治疗优越性。②由于缓释，避免了高浓度药物接触胃肠道黏膜，减少某些药物的胃肠道刺激。例如，硫酸亚铁与维生素B_6制备的骨架型制剂减少了口服铁盐引起的恶心、腹痛等不良反应。③骨架型制剂基本不发生骨架崩解，且是均匀系统，对维持药物的稳定释放具有优势，提高了药物制剂安全性。④骨架材料和制备工艺会影响骨架型制剂的释药特性，使制剂具有不同的生物利用度。

骨架型制剂按骨架材料可分为亲水凝胶骨架制剂、不溶性骨架制剂、生物溶蚀性骨架制剂和离子交换树脂骨架制剂。按用药途径可分为口服骨架制剂、腔道用骨架制剂（栓剂）、植入骨架制剂、口腔用骨架制剂、眼用骨架制剂及透皮用骨架制剂等。

（一）亲水凝胶骨架片

亲水凝胶骨架片（hydrophilic matrix tablet）是以亲水聚合物或天然果胶为骨架材料制备的片剂。骨架材料遇水或者消化液发生水化作用形成凝胶，凝胶作为屏障层控制药物释放速率。

1. 亲水凝胶骨架材料 可分为四类：①天然高分子材料，如海藻酸钠、西黄蓍胶、琼脂及瓜耳豆胶等；②纤维素类，如羟丙甲纤维素（HPMC）、羟丙纤维素（HPC）、甲基纤维素（MC，黏度为400cPa·s，4000cPa·s）、羟乙纤维素（HEC）、羧甲纤维素钠（CMC-Na）、低取代羟丙纤维素（L-HPC）等；③非纤维素多糖，如壳聚糖、半乳糖甘露聚糖和脱乙酰壳多糖等；④乙烯聚合物和丙烯酸树脂，如聚乙烯醇和卡波姆。

目前最常用的是HPMC，根据甲氧基和羟丙基两种取代基含量的不同，分为多种型号，不同型号的产品在特定浓度中有特定的黏度和热凝胶温度。常用的型号为K4M（黏度4000mPa·s）和K15M（黏度15 000mPa·s）。这类材料遇水后水化形成凝胶层，凝胶层的性质直接影响药物的释放速率，是控制药物释放的重要因素。

在亲水凝胶骨架片制备中，常常需要加入一定量的稀释剂以调节释药速率或便于压片。常用的稀释剂有乳糖、蔗糖、淀粉、糊精、磷酸氢钙、微晶纤维素、聚维酮（PVP）等。稀释剂可增加亲水凝胶的膨胀性或使其结构疏松产生孔道，药物溶出加快。难溶性药物制备亲水凝胶骨架制剂，可加入表面活性剂增溶，提高药物释放速率，常用聚山梨酯、月桂醇硫酸钠、聚氧乙烯蓖麻油等。对于一些碱性药物，加入适量pH调节剂，如酒石酸、琥珀酸可改善药物溶出。

2. 制备方法 亲水凝胶骨架片的制备方法与普通片类似。可用常规的生产设备和工艺制备，机械化程度高、生产成本低、重现性好，适合工业大生产。①粉末直接压片：对药物粉末的粒度、结晶形态、可压性，辅料的流动性、可压性有一定要求。②湿法制粒压片法：常用的润湿剂主要有水、乙醇、一定比例的水与乙醇混合物，由于亲水凝胶骨架材料吸水后黏度增加，一般采用 60%～90%乙醇作润湿剂。常用的黏合剂有一定浓度的 HPMC 水溶液或一定比例的水与乙醇溶液，有时也选用一定浓度的乙基纤维素（EC），丙烯酸树脂醇溶液等。③干颗粒压片法。将药物与聚合物混合压制为薄片，粉碎后压片。

影响亲水凝胶骨架片中药物释放速率的因素很多，如：①骨架材料的理化性质，包括用量、黏度、粒径、水化速率等；②药物的性质、在处方中的含量等；③制备工艺及附加剂等。其中主要影响因素是骨架材料与主药的比例，骨架材料的类型和水化速率、药物的溶解性及稀释剂的用量等。

亲水凝胶骨架片中药物的释放机制主要是药物的扩散和凝胶骨架的溶蚀。药物在水中的溶解性质影响凝胶骨架片的整个释药过程。水溶性药物的释药速率取决于药物在凝胶层的扩散速率。水中溶解度小的药物，释药速率主要由凝胶层溶蚀速率决定。骨架片遇水后，骨架表面的药物溶出，同时表面水化形成凝胶层，随着水分进一步向内部渗透，凝胶层不断增厚，因此延缓了药物从骨架中扩散释放，骨架随时间由外向内逐步水化溶蚀，最后完全释药。骨架材料的用量必须在一定含量以上才能达到控制药物释放的目的，当骨架材料含量较低或含药量较大时，片剂表面形成的凝胶层不连续，同时水溶性药物的释放在骨架内部留下了“空洞”，使药物迅速释放，达不到控制药物释放的目的。

制剂举例 13-1

磷酸苯丙哌林缓释片

【处方】 磷酸苯丙哌林 8.0g 羟丙甲基纤维素（HPMC4000 cPa·s）8.0g 硬脂酸镁 0.6g 丙烯酸树脂Ⅱ号 12.0g 聚维酮（PVP） 15%乙醇液

【制备】 取辅料 HPMC、丙烯酸树脂Ⅱ号分别粉碎并过 100 目筛备用，再将磷酸苯丙哌林原料及上述辅料充分混合均匀，过 100 目筛，加入适量的 15%PVP 乙醇溶液润湿制成软材，用 18 目筛制粒，60℃鼓风干燥，18 目筛整粒，加入硬脂酸镁混匀，用 8.5mm 冲模压片。

【注解】 本片剂为亲水凝胶骨架缓释片。处方中，磷酸苯丙哌林为主药，HPMC 和丙烯酸树脂Ⅱ号是骨架材料，PVP 是非膨胀性黏合剂，与骨架材料一起形成限制药物过早释放的基本骨架结构，硬脂酸镁为润滑剂，15%乙醇液为润湿剂。磷酸苯丙哌林为非麻醉性中枢止咳药物，并具有罂粟样平滑肌解痉作用，止咳效果是磷酸可待因的 2～4 倍，镇咳作用兼具中枢性和末梢性，尤其对刺激性干咳效果更佳。制成的苯丙哌林缓释片在 2h、4h、8h 的释放度分别为 30%～60%、55%～80%和 80%以上，在酸性溶液中具有显著的缓释作用。

（二）不溶性骨架片

不溶性骨架片（insoluble matrix tablet）是指不溶于水或水溶性极小的高分子聚合物与药物混合制备的骨架型制剂，可用于口服、舌下给药。由于药物从骨架中释放速率很慢，因此水不溶性药物和剂量较大的药物一般不适合制备成此类缓释制剂。氯化钾、氯苯那敏、茶碱和曲马唑嗪等水溶性药物适宜制备不溶性骨架片。

1. 不溶性骨架材料 常用的水不溶性骨架材料有：乙基纤维素（EC）、聚乙烯（PE）、聚丙烯（PP）、乙烯-乙酸乙烯共聚物（EVA）、聚甲基丙烯酸甲酯（PMMA）、聚硅氧烷、聚丙烯酸树脂等。

2. 制备方法 主要分为三种：①药物与不溶性聚合物混合均匀后，直接粉末压片。②湿法制粒压片。将药物粉末与不溶性聚合物混匀，加入有机溶剂作润湿剂（如丙酮、乙醇、异丙醇等），制成软材后制粒压片；也可将骨架材料溶于有机溶剂作为黏合剂，制粒后压片。此种方法制备的片剂有时释放不完全，因此其应用受到一定限制。③将药物溶于含聚合物的有机溶剂中，溶剂蒸发后形成药物与聚合物的固体分散体，粉碎制粒压片。

不溶性骨架片也可以由不同释放速率的颗粒压制而成。其主要有以下三种形式：①将不同释放速率的颗粒混合后压片，可以得到理想的释放速率；②用缓控释材料制成的微囊或微球压制成片，适用于处方中药物含量较高的情况；③用骨架材料制备的含药小丸和空白小丸按一定比例混合压片，调整释药速率。该方法近几年备受关注。

口服不溶性骨架片后，胃肠液渗入骨架孔隙，药物溶解并通过骨架中极细孔径通道缓缓向外扩散而释放。其释放速率主要受药物的溶解度，骨架的孔隙率、孔径和弯曲程度的影响，其中孔道扩散为限速步骤，释放符合 Higuchi 方程，与胃肠蠕动、pH、消化液中的电解质、酶的关系较小。骨架在胃肠道中不崩解，最终随大便排出。

（三）溶蚀性骨架片

溶蚀性骨架片（erodible matrix tablet）也称蜡质类骨架片，是指将药物与非水溶性可溶蚀的蜡质、脂肪酸及其酯等骨架材料混合制备的片剂。溶蚀性骨架片有以下优点：①避免胃肠道局部药物浓度过高，减少刺激性；②溶蚀性小颗粒易于在胃肠黏膜上滞留，延长胃肠转运时间，作用时间更持久；③受胃排空和食物的影响较小。

1. 溶蚀性骨架材料　这类惰性骨架材料在水中不溶解，但是可以溶蚀，如蜂蜡、巴西棕榈蜡、硬脂酸、硬脂醇、氢化植物油、聚乙二醇、蓖麻蜡、聚乙二醇单硬脂酸、单硬脂酸甘油酯、三酰甘油等。

2. 制备方法　溶蚀性骨架片的制备工艺有以下四种：①湿法制粒压片。将药物与蜡质材料等粉碎混合，加入黏合剂或润湿剂，湿法制粒后压片。②溶剂蒸发法。将药物与辅料的水溶液或分散体加入熔融的蜡质中混合均匀，将水分蒸发除去，混合制成团块，粉碎得颗粒后压片，该法制备的片剂释药速率较快，这可能与骨架内部存在水分有关。③熔融法。将药物与辅料直接加入熔融的蜡质中，温度控制在略高于蜡质熔点，熔融的物料铺开冷却、固化、粉碎过筛形成颗粒后压片。本法不适用于热不稳定的药物。④热混合法。将药物与鲸蜡醇在60℃混合，得到的团块用玉米朊醇溶液制粒压片，此法制得的片剂释放性能稳定。因为天然蜡与脂质是复杂混合物，必须进行熔融，晶型的变化往往使药物释放发生改变。

溶蚀性骨架片的释药机制以骨架溶蚀为主，由于溶蚀性材料的疏水性，环境中的水分不能迅速渗入片芯溶解释放药物，但可被胃肠液溶蚀，并逐渐分散为小颗粒，释放出所含药物，常呈一级动力学速率。影响溶蚀性骨架片释药速率的因素很多，如：①骨架材料的性质；②药物的性质及其在处方中的含量；③药物与基质的比例；④药物颗粒的大小、片剂硬度；⑤附加剂；⑥胃肠道的 pH、消化酶等。

（四）多层骨架片

多层骨架型缓释片（multi-layered matrix tablet）由含药片芯及一层或多层屏障层组成。屏障层为释药调节层，通过减少药物释放表面积及限制溶剂的渗透速率，延缓溶出介质对片芯的作用，达到控释的目的及所需的释药行为。与传统骨架片相比，多层骨架片可以避免初始的药物突释现象，使药物呈零级释放。在多层骨架片中，药物的释放速度由释放表面积和药物扩散途径的长短两个因素决定：控制基质的水合速度及膨胀或扩散速度，初期屏障层以较慢速度溶胀，阻止水分渗入，片芯中的药物从侧面释放，以此控制药物释放表面积，此时药物扩散路径短，释放近似恒速。随着溶出介质完全渗透屏障层，药物可向四周扩散释放，药物扩散路径增长。另外，有研究发现不同性质的基质与主药混合，表现出溶蚀、溶胀的不同释药机制。

多层骨架片比较多见的为三层骨架片，主药层和屏障层相对位置灵活，主药层可在中间，上下层为屏障层，或上下层是含药层，中间为屏障层等，如图 13-4 所示。屏障层组成可以为亲水性或疏水性材料，可根据药物性质及释药要求来选择。速释/缓释多层片则是通过压制双载药骨架片（速释层和缓释层骨架中均含有药物）实现。药物服用后，初期能迅速释放出药物，并达到有效血药浓度，随后以恒速释放维持血药浓度。

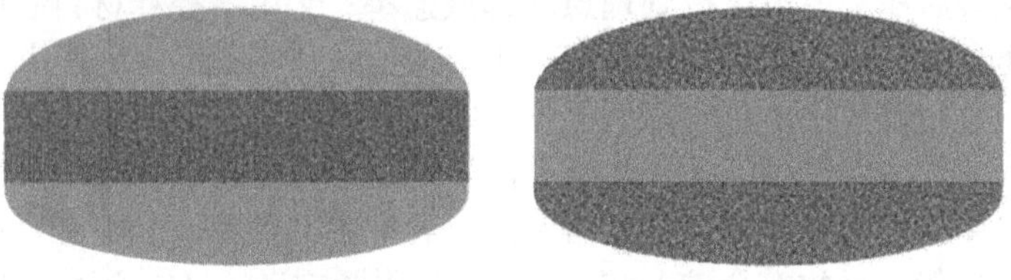

双层屏障层骨架片　　　　单层屏障层骨架片

图 13-4　多层骨架片示意图

Krishnaiah 等研制了以瓜尔胶为屏障层基质的美托洛尔三层片，瓜尔胶是水易溶性药物的良好载体，相比美托洛尔普通骨架片，三层片能调节控制药物在不同的时间段释放药物。Yang 等用 PEO、HPMC、乳糖作为三层片的辅料，通过调整三者比例及加入 $NaHCO_3$ 制成上层，加入药物茶碱制成主药层，不加 $NaHCO_3$ 制成下层。此骨架片置于溶出介质中 5h 内自动维持含 $NaHCO_3$ 层向上，并始终悬浮于距杯底 1/3 处，随后片剂开始溶蚀，但仍保持悬浮至完全溶解，整个过程呈零级释药速率。Lee 等研制的一种双载药骨架片，片芯和厚包衣层均载有药物，片芯载药骨架为 HPMC，衣层为药物的 EudrugitRS 30D 树脂分散体。该骨架片衣层释药迅速，片芯释药缓慢，药物呈双相直线释放。

（五）压制包衣骨架片

压制包衣骨架型缓释片的制备方法为事先制得包衣颗粒和片芯，然后取约一半量的包衣颗粒加入模孔，加入片芯，最后加入剩余包衣颗粒，压片即得。包衣材料为亲水性材料或者溶蚀性材料，亲水性材料形成的屏障层延迟药物释放的机制依赖于它们在水性介质中逐渐增强的水合作用、溶解与溶蚀，阻止了药物的释放，直至溶剂到达内部核心。溶蚀型贮库系统的时滞取决于所采用的聚合物的理化性质及包衣层的厚度。对于压制包衣骨架型缓释片，增加高黏度聚合物的用量，体外实验和健康志愿者的体内实验证实其可以使片剂释药速率减慢。此外，当片芯和外层均含有药物时，会使血药浓度出现双峰。高黏度 HPMC 压制包衣的片剂，可避免药物在胃中的释放，达到时间依赖型结肠递药。

（六）环形/具孔骨架片

达到零级释药的另一种方法是通过改变缓释片的几何形状，使药物的释放表面积保持恒定。1966 年 Cleave 提出了环形片的数学理论，因药片中央的圆柱状孔使释药面恒定，药物释放呈零级动力学。

在释药过程中，片中孔洞的存在，增加了释药表面积。对于不溶性骨架，随着药物溶出及扩散的进行，溶出前沿后移，扩散路径延长，导致药物释放速率下降，但同时中间孔的存在使药物溶出途径增多，释药表面积扩大，释药速率提高。对于可溶性骨架，随着骨架的溶蚀，外部释药面积逐渐下降，内部孔的孔径也在扩大，表面积增大，使有效释药面积基本保持恒定，因此可接近零级释放。Cheng 等以茶碱及盐酸地尔硫䓬为模型药物，比较了单孔、两孔及三孔的骨架片的释放度，结果表明随着孔径、孔数的增加，维持零级释放的时间延长。

Yu 等研究了一种对乙酰氨基酚环形多层骨架片，使药物呈线性释放，辅料为 HPMC E100、EC、PVP K30 和胶态二氧化硅等。HPMC 为骨架材料，EC 为屏障材料制备骨架缓释片。此制剂设计的目的为确保药物释放几乎为恒速释放。为达到这一目的，需要解决的问题是随着药物的溶出，片剂溶出面积渐渐变小导致药物释放减慢，不能保证药物恒速释放。如图 13-5 所示，这种环型骨架片的顶层和底层用含 EC 的可阻滞水渗透和药物扩散的材料包衣，药物溶出只发生在中心和外边缘圆柱面上，随着药物的溶出，片剂外表面积减小但内表面积却增加，使骨架片在单位时间内溶出面积保持稳定，最终使药物达到恒速释放。中间的释药层由对乙酰氨基酚、HPMC、EC、PVP K30 和胶态二氧化硅按照 60 : 20 : 10 : 9.5 : 0.5（W/W/W/W/W）比例构成，制成的药物粒径在 75μm 以下。这类制剂的制备工艺与普通片剂相同，将主药及其他辅料混合，选用特殊的环形冲模直接压片即可。

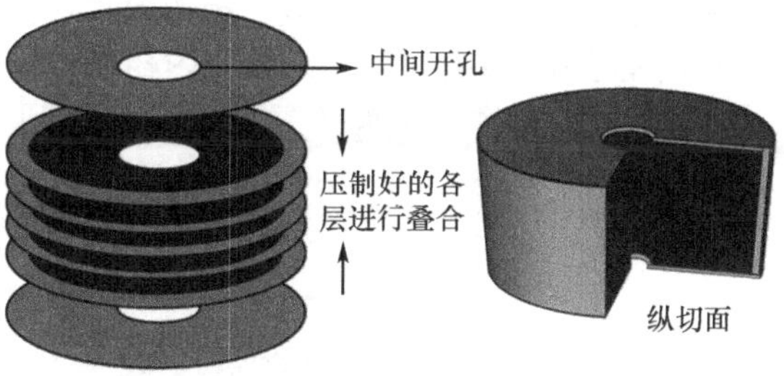

图 13-5　环形骨架片结构示意图

（七）骨架型小丸

骨架型小丸是将药物与骨架材料混合，或加入适宜的药用辅料如乳糖等，以及调节释药速率的辅料如 PEG 类、表面活性剂等，经适当方法制成光滑圆整、硬度适当、大小均一的小丸。骨架型小丸与骨架片所用材料相同，按骨架材料也可分为亲水凝胶骨架小丸、不溶性骨架小丸、溶蚀型骨架小丸。可采用旋转滚动制丸法（泛丸法）、挤压-滚圆制丸法和离心-流化制丸法制备骨架型小丸。

二、膜控型缓控释制剂

膜控型缓控释制剂是指采用一种或多种包衣材料对颗粒、片剂、小丸等进行包衣处理，以控制药物的释放速率、释放时间或释放部位的制剂。控释包衣膜通常为一种半透膜或微孔膜，是一类不溶于水的高分子聚合物，无毒。膜控型缓控释制剂属于扩散控释，动力基于膜腔内的渗透压，或药物分子的溶出和扩散。

包衣膜材料大多为高分子聚合物，多数难溶于水，但水可以通过，具有很好的成膜性和机械性能。CA、EC、聚丙烯酸树脂为应用最广泛的包衣膜材。此外还有醋酸羟丙甲纤维素琥珀酸酯（HPMCAS）、羟丙纤维素（HPC）、羟乙纤维素（HEC）、羟乙甲纤维素（HEMC）、羟丙甲纤维素（HPMC）、羟丙甲纤维素邻苯二甲酸酯（HPMCP）、硅酮（silicone elastomer）、虫胶（shellac）、玉米朊（zein）、聚维酮（PVP）、聚醋酸乙烯苯二甲酸酯（PVAP）等。

1. 微孔膜包衣片　其结构分为片芯和包衣微孔膜两个部分。研究表明，溶解度大于 6g/100ml（37℃），相对分子质量小于 500～700 的药物适宜制备成此类制剂。片芯常规制备，应具有一定硬度和较快的溶出速率。

微孔膜包衣片常用的衣膜材料渗透性较差、溶解能力不受胃肠液 pH 的影响，如 EC、CA、聚丙烯酸树脂类（如 Eudragit RS30D、RL30D 和 NE30D）。为了使膜具有通透性，有效地控制药物释放，需在包衣液中加入少量水溶性致孔剂，如 PEG、聚乙烯醇（PVA）、PVP、十二烷基硫酸钠、蔗糖、氯化钠等。致孔剂与聚合物的质量比一般为 0.1%～20%，此外还可加入增塑剂改善包衣膜的机械强度和柔韧性，改善衣膜对底物的黏附状态，如丙二醇、PEG、蓖麻油、聚山梨酯 80、邻苯二甲酸二乙酯和枸橼酸三乙酯等。

将制备好的包衣液包在制成的片芯上，即成微孔膜包衣片。微孔膜包衣片与胃肠液接触时，膜上存在的致孔剂遇水部分溶解或脱落，在包衣膜上产生无数极其微小的孔或弯曲小道，使衣膜具有通透性（图 13-6）。胃肠道中的液体通过这些微孔渗入膜内，溶解片芯中的药物到一定程度时，膜内便产生一定渗透压，阻止水分继续渗入，由于膜内外浓度差的存在，药物分子通过膜上的微孔向膜外扩散释放。药物向膜外扩散的结果使膜内的渗透压下降，水分又得以进入膜内溶解药物，如此反复，只要膜内药物维持饱和浓度且与膜外存在漏槽状态，则可获得零级或接近零级的药物释放速率。包衣膜在胃肠道内不被破坏，最后由肠道排出体外。

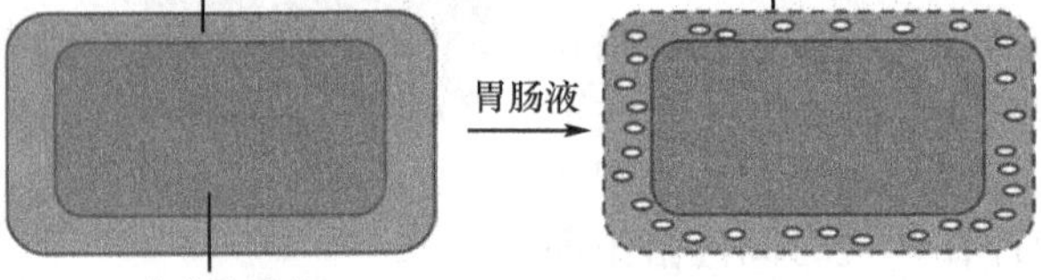

图 13-6 微孔膜包衣片示意图

2. 膜控释小片 是将药物和辅料按常规方法制粒，压制成小片，其直径约为 3mm，用缓释膜材料包衣后装入硬胶囊。每粒胶囊中可装具有不同释放速率的小片，这些小片可用不同种类或不同厚度的包衣材料包衣。其优点在于：①释药速率可控，可根据需要调节装入胶囊的小片的包衣材料和厚度；②具有包衣颗粒剂的优点，但又能克服包衣颗粒很难达到零级释药的缺点；③制成小片后包衣，易于质量控制，释药恒定，克服了颗粒剂包衣不均匀，进而影响释药速率的缺点；④生产工艺较小丸简便，易于大生产。

3. 肠溶膜控释片 是在药物片芯外包肠溶衣的片剂。根据需要还可以再包上含药的糖衣层，含药糖衣层在胃液中释药，而肠溶衣片芯在胃液中不溶，进入肠道后，衣膜溶解，片芯中的药物释放，因而延长了释药时间。肠溶包衣膜材料有肠溶型Ⅱ号丙烯酸树脂（Eudragit L100）、肠溶型Ⅲ号丙烯酸树脂（Eudragit S100）、羟丙甲纤维素酞酸酯（HPMCP）、羟丙甲纤维素琥珀酸酯（HPMCAS）等，适合于不同肠段的释药。

4. 膜控释小丸 近年来膜控释小丸发展迅速，主要由丸芯与控释薄膜衣两部分组成，丸芯含药物和稀释剂、黏合剂等辅料，包衣膜与片剂相同，亦有亲水性薄膜衣、不溶性薄膜衣、微孔膜衣和肠溶衣。

制剂举例 13-2

盐酸曲马多控释包衣片

【处方】 片芯：盐酸曲马多 100.0 mg　微晶纤维素 180.0 mg　硬脂酸镁 4.0mg
聚维酮 K30（PVP K30）16.0 mg
包衣液：SureleaseE-7-7050（乙基纤维素水分散体）115.4g　纯化水 72.1g

【制备】 片芯：将处方量的盐酸曲马多和微晶纤维素用 PVP K30 的水溶液制粒，干燥过筛整粒后，与硬脂酸镁混合压制成直径 10mm 的片芯。包衣：将片芯置于鼓式包衣机上 60℃的供气流中，用 5%（以片剂重量计）乙基纤维素包衣，即可。

【注解】 本品为微孔膜包衣片。处方中，盐酸曲马多为主药，微晶纤维素可提高片芯表面与衣膜的黏着力，PVP K30 是黏合剂，硬脂酸镁为润滑剂，SureleaseE-7-7050 为包衣控释膜。盐酸曲马多具有镇痛作用，可用于术后镇痛。盐酸曲马多控释包衣片可延长药物作用时间，减少服药次数。

三、渗透泵型控释制剂

渗透泵型控释制剂（osmotic pump controlled release preparations）是利用渗透压原理制备而成，主要由药物、半渗透膜包衣层、渗透压活性物质（osmotic pressure active ingredients）和助

推剂组成。将水溶性药物与具高渗透压的渗透促进剂或其他辅料压制成固体片芯，外层用半渗透聚合物包衣，而后用激光在衣膜层上开一个或多个适宜大小的释药小孔。口服后胃肠道的水分通过半透膜进入片芯，使药物溶解成饱和溶液，因渗透压活性物质使膜内溶液成为高渗溶液，从而使水分继续进入膜内，药物溶液从小孔泵出。

与普通缓控释制剂相比，口服渗透泵制剂能够以零级释药，释药速率不受胃肠道因素影响，维持稳定的血药浓度，避免普通口服制剂血药浓度波动较大的现象，减少用药次数，降低不良反应，提高药物的安全性和有效性。目前开发的渗透泵制剂以水溶性药物为主，适用于治疗窗窄、生物半衰期短或刺激性大的药物，不适用于水中不稳定的药物。但如果将治疗指数小的难溶性药物制备成渗透泵，不仅可提高药物使用的安全性，并且可扩大渗透泵的应用范围，这是近年来渗透泵制剂技术一个重要的发展方向。

常用的半渗透膜材料有醋酸纤维素、乙基纤维素等。渗透压活性物质起调节药室内渗透压作用，其用量与零级释药长短有关，常用氯化钠、乳糖、果糖、葡萄糖、甘露糖等。助推剂也称为助渗剂，能吸水膨胀产生推动力，将药物层的药物推出释药小孔，常用聚羟甲基丙烯酸烷基酯、PVP、聚环氧乙烷等。除上述组成外，渗透泵片中还可加入助悬剂（如阿拉伯胶、琼脂等）、黏合剂（如 PVP）、润滑剂（如硬脂酸镁、润湿剂）。

影响渗透泵片释药的因素有：①半透膜两侧的渗透压差。渗透泵片药室内的渗透压至少要比膜外胃肠液渗透压大 4 倍才能保证释药的均匀恒定。②包衣膜对水的渗透性。可加入致孔材料（如 HPMC、MC 等）、增塑剂和水溶性添加剂（PEG、十二烷基硫酸钠）。③释药孔的大小或数目。

口服渗透泵片剂根据结构特点分为单室渗透泵片、多室渗透泵片及拟渗透泵的液体渗透泵系统。

（一）单室渗透泵片

单室渗透泵片也称初级渗透泵片，由片芯和包衣膜两部分构成。片芯中含药物和促渗透剂，高分子材料包衣膜在片芯表面包衣，衣膜上开一个或多个小孔，可适用于高水溶性和中等水溶性的药物。当该制剂进入体内，水分子透过包衣膜，形成药物的饱和溶液或混悬液，在包衣膜内外渗透压差的作用下，药物通过膜上的释药孔释放出来（图 13-7）。这是渗透泵控释片的第一代产品，制剂工艺简单，目前大多数渗透泵片都为单室。

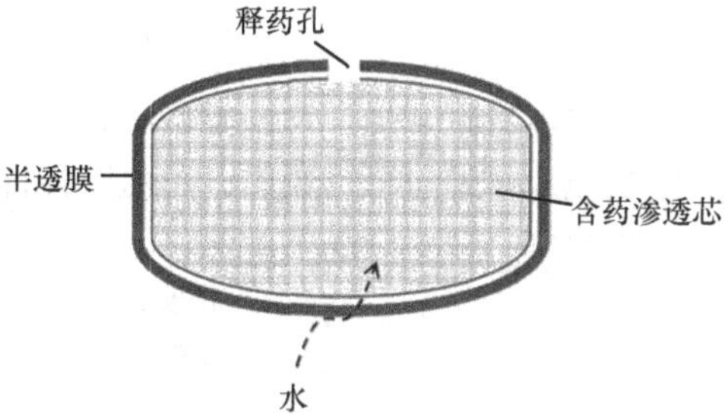

图 13-7　单室渗透泵片的结构和释药示意图

制剂举例 13-3

盐酸维拉帕米渗透泵片

【处方】　片芯：盐酸维拉帕米 28.50g　聚环氧乙烷（MW 500 万）0.60g　甘露醇 28.50g
包衣液：醋酸纤维素 0.63g　羟丙纤维素 0.225g　PEG3350 0.045g
甲醇 7.35ml　二氯甲烷 17.55ml

【制备】　压片：将主药及辅料充分混匀，加入 PVP 乙醇溶液，制软材，过 10 目筛制粒，50℃干燥，10 目筛整粒，加入硬脂酸镁，混匀压片，片剂硬度 $9.7kg/cm^2$。包衣：用空气悬浮包衣技术包衣，将醋酸纤维素包衣溶液混合均匀，进液速率为 20ml/min，包至每个片芯上的衣膜增重 15.6mg。将包衣片置于相对湿度 50%、50℃存放 45～50h，而后 50℃干燥 20～25h。打孔：用激光打孔机在包衣片上下两面各打一个小孔，孔径为 254μm。

【注解】　本品为单室渗透泵片。处方中，盐酸维拉帕米为主药，聚环氧乙烷为推进剂，甘露醇为渗透压活性物质，醋酸纤维素和羟丙基纤维素为成膜材料，PEG3350 为致孔剂改善膜通透性，二氯甲烷和甲醇为溶剂。维拉帕米为钙通道阻滞剂，用于治疗心律失常和心绞痛。普通口服片剂，每日需服用 3～4 次，生物利用度不规则，常导致不良反应。维拉帕米渗透泵片，每日服药 1～2 次，血药浓度平稳，不良反应减少。

（二）多室渗透泵片

多室渗透泵片的制备比较复杂，适用于高水溶性或难溶于水的药物，片芯为双层片或多层片，采用特殊的压片机，首先将含药层压片，然后把促渗透聚合物加在含药层的上面进行二次压片形成双层片芯，而后包衣，激光打孔，最后制成多室渗透泵。

在多室渗透泵片中，药室以聚合物膜隔成两个室，上面的室内含有药物、促渗透剂，遇水后形成溶液或混悬液，下面为盐类或膨胀剂，片外包以半透膜，在靠片剂上面一室的表面上用激光打一释药小孔。水分子渗透进入下层后，辅料溶解膨胀产生驱动压力，推动隔膜将上层药液顶出小孔，在释药过程中，药室体积发生了变化，见图 13-8。此外，亦可每个药室都含有药物和渗透促进剂，药室中间的不透性隔膜不可扩展或无弹性，片剂两面都开一释药小孔，类似以不同零级速率恒定释药的两个渗透泵片，复方片剂可制成两边开孔的两室渗透泵片，适用于制备水溶性大或难溶于水或有配伍禁忌的药物。

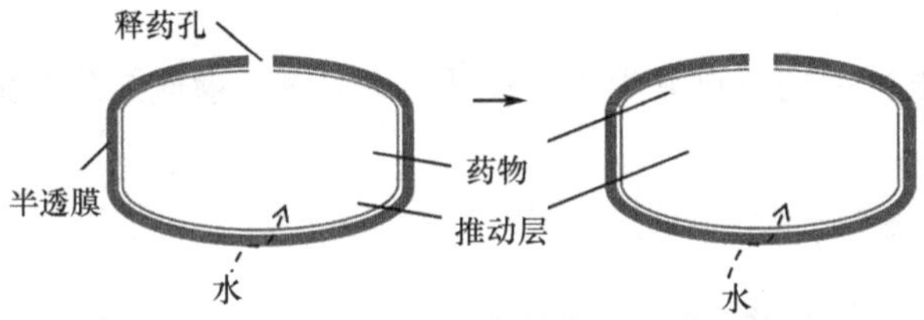

图 13-8 多室渗透泵片的结构和释药示意图

夹层渗透泵片的片芯是由两个含药层夹着一个推动层构成，中间的推动层不含药物，具有膨胀功能片芯外包半透膜衣，在两面各打一个释药小孔即可，结构见图 13-9。夹层渗透泵片制备过程简化，便于产品的产业化。

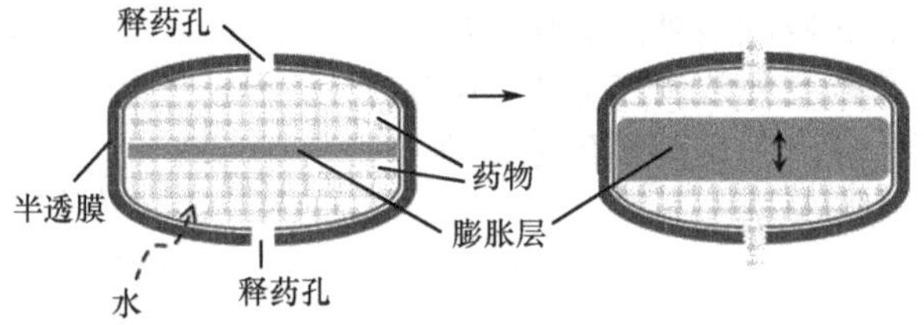

图 13-9 夹层渗透泵片的结构和释药示意图

制剂举例 13-4

硝苯地平双层渗透泵片

【处方】 药物层：硝苯地平 30mg　NaCl 60mg　PVP K90 80mg　丙二醇 适量

推动层：CMC-Na 50mg　NaCl 50mg　微晶纤维素（MCC）30mg

包衣液：乙基纤维素（30% PEG400）适量

【制备】 药物层和推动层分别制备。采用湿法制粒，将药物和辅料混合均匀，以丙二醇为溶剂制软材，过筛整粒。先装入推动层，再装入药物层，压片即得片芯。在包衣锅内用配置好的包衣液给片芯包衣，喷雾速度 3ml/min，转速 30r/min，50℃干燥 24h，并在药物层外膜打孔（1～1.5mm）。

【注解】　本品为双室渗透泵片。处方中，硝苯地平为主药，NaCl为渗透压活性物质，CMC-Na和MCC为助推剂，PVP K90是黏合剂，丙二醇为润湿剂，乙基纤维素为包衣膜，PEG400为包衣膜致孔剂。硝苯地平临床用于预防和治疗冠心病、心绞痛，适用于各种类型的高血压。硝苯地平普通片剂需日服3次，并且血药浓度波动较大，血压不平稳。硝苯地平控释制剂24h接近于恒速释放药物，每日只需服用一次，血药浓度平稳，血压可得到稳定控制，提高了用药的安全性和有效性。

（三）液体药物渗透泵

液体药物渗透泵是在一层坚实的不透性内膜内，设置一个受压可塌瘪的液体药库，药库外包一层吸水可膨胀的亲水交联聚合物作为渗透助推层，衣壳上部有一释药孔与药库相通，衣壳底部有环形空隙，如图13-10所示。在体内通过环行空隙吸收消化液，引起亲水层膨胀产生流体压力，压缩药库将药液从释药孔释放。调节环形孔隙和亲水层膨胀剂种类可控制释药速率。

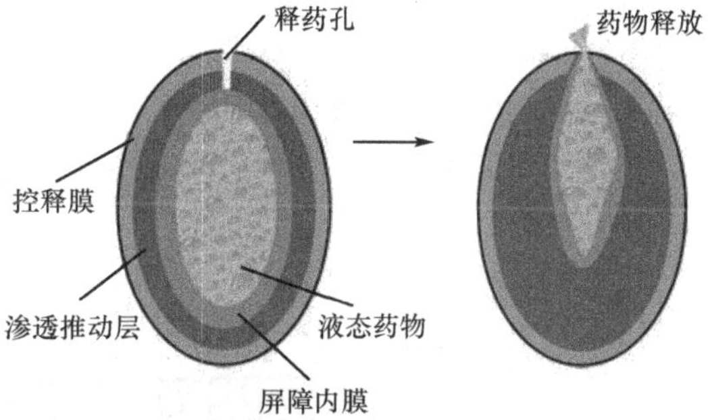

图13-10　液体药物渗透泵的结构和释药示意图

四、离子交换型控释制剂

离子交换系统是由水不溶性交联聚合物组成的树脂，含有成盐基团，药物可通过离子键结合于树脂上，形成的复合物称药树脂。1956年首次提出离子交换树脂作为药物载体用于药物缓释，以离子交换技术研究开发的中枢镇咳药——美沙芬药物树脂液体控释制剂Delsym®的上市被认为是药物控释技术的一大突破。

离子交换树脂控释给药系统（ion-exchange resin controlled drug delivery system，IERCDDS），与其他给药系统相比主要特点是：①药物的释放不依赖于胃肠道内的酶活性、温度及胃肠液的体积；②由于胃肠道液中的离子种类及其强度维持相对恒定，故药物在体内可以恒定速率释放；③药物树脂复合物可掩盖药物的不良异味，制成稳定性良好的液体控释制剂供儿童及吞咽困难的老年人服用。

阳离子交换树脂与有机胺类盐药物交换，或阴离子交换树脂与有机羧酸盐或磺酸盐药物交换，即成药树脂。当带有适宜电荷的离子与药树脂接触时，通过离子交换将药物游离出来。药树脂的制备和药物释放均通过离子交换法，因此只有解离型的药物才能适用，而且离子交换树脂的交换容量甚少，故剂量大的药物不适合制备药树脂。药树脂的制备工艺有静态交换法（static exchange method）和动态交换法（dynamic exchange method）。此外，药树脂外层还可包缓释衣，制成包衣药树脂。

静态交换法是将树脂浸泡于药物溶液中一段时间分批进行离子交换，此方法操作简单，设备要求低，但随着离子交换的进行氢离子浓度不断增加，从而增加了与药物离子竞争树脂的机会，减少药物的吸附量或交换不完全，树脂有一定损耗。

动态交换法是将药物溶液流经离子交换树脂柱，将交换后的溶液及时与树脂分离，并使溶液在整个树脂层中进行多次交换，因而交换完全，可提高树脂的载药量，但操作工序较长。交换完成后可干燥制得含药树脂颗粒或小丸，若需进一步改善释药速率，可将含药物的树脂颗粒进行薄膜包衣。另一种调节释药速率的方法是在制备过程中，采用不同比例的包衣及不包衣的药物树脂颗粒，调节释药速率，从而在体内达到不同血药浓度水平。

制剂举例 13-5

磷酸可待因树脂复合物

【处方】 磷酸可待因 3.5g　　Amberlite IRP 树脂 8.0g　　水 60.0ml

【制备】 取处方量的磷酸可待因，置于装有适量纯化水的容器中，搅拌使溶解。然后加入处方量的离子交换树脂，不断搅拌，持续一定时间后静置、过滤，取出滤留物，用纯化水洗涤除去残留的游离药物，置于50℃干燥即得。

【注解】 处方中，磷酸可待因为主药，Amberlite IRP 是阳离子交换树脂。磷酸可待因药树脂载药量为 25%。磷酸可待因是作用于中枢神经系统的阿片受体，反复应用后易产生耐受性和成瘾性。磷酸可待因与离子交换树脂通过离子交换反应形成水不溶性的药物树脂复合物后，增加了利用药品处理回收磷酸可待因的技术难度，可以防止其非医疗用途的滥用，另外可延缓药物的释放，避免血药浓度过高造成的中毒反应，提高安全性。

（俞　媛）

第四节　注射用缓控释制剂

一、注射用缓控释制剂的概念和特点

尽管大多数患者更易于接受口服药物，但在一些情况下口服药物会导致药物的活性成分损失或者不被吸收；或由于药物的水溶性差或生物膜通透性低而导致生物利用度低。普通注射剂可以提高药物的生物利用度，但普遍给药间隔过短，患者的顺应性也较差。因此，人们发展了注射用缓释、控释制剂，在保证药物生物利用度的同时，实现药物的长效作用。

注射用缓控释制剂（sustained and controlled release injectable preparations）是指经皮下、肌内、局部或静脉等途径注射给药，在局部或全身产生缓释或控释作用的一类制剂。注射用缓释、控释制剂与普通注射剂相比的优势主要表现在药物的长效作用上。与口服缓控释制剂相比，注射用缓释、控释制剂具有以下优点：①可避免药物的首过效应；②药物释放不受胃肠排空时间的限制，可设计给药间隔超过 24h 或长达数月的缓释、控释制剂，极大提高患者的顺应性；③可静脉给药或直接向需要释药治疗的特定部位进行注射，降低药物系统毒性，增加治疗效果。注射用缓释、静脉给药或控释制剂的缺点主要表现在：①药物滞留体内时间过长可能会带来残余药物的蓄积和新的毒性；②用药后通常难以撤回，一旦发生突释现象，会造成比口服给药更为严重的后果；③制备工艺和载体材料要求更为严格复杂，工业化生产难度相对更大。

二、注射用缓控释制剂的类型

注射用缓控释制剂根据发挥缓释、控释作用的方式不同将其分为注射用缓释溶液剂和混悬剂、注射用缓控释微粒给药系统和可注射缓控释原位凝胶给药系统三大类。无论采用何种方式实现药物的缓释和控释作用，注射用缓释、控释制剂均需符合药典对于注射剂的要求，制备过程中应采用适当的灭菌方法或使用无菌操作以保证产品的质量。

（一）注射用缓释溶液剂和混悬剂

该类缓释制剂主要是指药物的不溶性盐（酯）、药物复合物溶液、药物非水性溶液或混悬剂制成的供注射用的缓控释制剂。该类制剂可通过肌内或皮下注射的方式给药，给药后在注射部位形成药物贮库，通过溶出作用控制药物释放，药物从贮库中通过缓慢溶出进入机体组织间隙，产生局部治疗作用或进入体循环发挥全身治疗作用。由于制剂中不溶性盐（酯）、药物复合物的溶解度及药物溶出速度降低，从而产生缓释作用，药物作用时间明显延长。影响药物从溶液和混悬剂中溶出和吸收的因素很多，制剂因素有药物的亲脂性、非水性溶剂特性、溶液的黏度、混悬液中药物颗粒的大小、注射体积等，生理因素有注射部位、注射深度等。

该类注射用缓释制剂的制备方法简单，可有效减少用药频率，且具有成本相对低廉的优点，但仅限于适合制成不溶性盐（酯）、药物复合物和能制成灭菌溶液剂或混悬剂的药物。目前已上市的该类注射用缓释制剂有注射用帕利哌酮棕榈酸酯、庚酸炔诺酮、醋酸甲羟孕酮、双羟萘酸曲普瑞林和奥氮平双羟萘酸等。

制剂举例 13-6

帕利哌酮棕榈酸酯长效注射剂

【处方】 帕利哌酮棕榈酸酯 3744g　聚山梨酸酯 20 288g　枸橼酸一水合物 120g
无水磷酸氢二钠 120g　磷酸二氢钠一水合物 60g　氢氧化钠 68g
聚乙二醇 4000 720g　注射用水 24L

【制备】 将帕利哌酮棕榈酸酯的乙醇饱和液在 70℃水浴搅拌下缓慢滴入纳米研磨机中研磨 30min，过 5μm 滤膜去除大粒子得初混悬液，加入聚山梨酸酯 20、枸橼酸、聚乙二醇 4000 和磷酸缓冲盐后搅拌，减压蒸除乙醇得混悬液。分装，冷冻干燥制备成冻干粉末。

【注解】 处方中帕利哌酮棕榈酸酯为主药，聚山梨酸酯为稳定剂，无水磷酸氢二钠和磷酸二氢钠一水合物为缓冲剂，枸橼酸一水合物和氢氧化钠为 pH 调节剂，聚乙二醇 4000 为助悬剂，注射用水为分散介质。帕利哌酮棕榈酸酯长效注射剂是一种可注射的长效抗精神病药，主要用于精神分裂症急性期和维持期的治疗。帕利哌酮棕榈酸酯是帕利哌酮（9-羟基利培酮）的前药，按处方制成长效纳米混悬剂用于肌内注射。注射时，应缓慢地注入肌肉深部，不要将药物注射入血管中。本品用药时间间隔长，有助于提高精神分裂症的临床治疗效果。

（二）注射用缓控释微粒给药系统

该类制剂主要包括纳米乳和亚微乳、微囊与微球、纳米粒和脂质体等微粒给药系统。这些给药系统除具有缓控释作用外，还具有靶向递药、增加难溶性药物溶解度、提高生物利用度和降低药物毒副作用等优点。因此，近年来注射用微粒给药系统已成为药剂学研究的热点。

1. 纳米乳和亚微乳 W/O 的乳剂流动性较差，因此注射用乳剂常制成 O/W 的纳米乳和亚微乳使用。纳米乳或亚微乳中药物从内相扩散至外相需要一定的时间，因此注射给药后可产生缓释效果。纳米乳和亚微乳递药系统不仅可用于小分子药物，也可用于生物技术药物（如疫苗、蛋白和基因类），实现缓释作用。目前，上市的注射用缓控释纳米乳和亚微乳有前列腺素 E_1 脂肪乳剂注射液、丙泊酚微乳注射液、地西泮注射液、多西他赛注射液、丁酸氯维地平注射液等。

制剂举例 13-7

前列腺素 E_1 脂肪乳注射液

【处方】 前列腺素 E_1 100 mg　注射用大豆油 100g　卵磷脂 12g
药用甘油 25g　乙醇　适量　注射用水　适量

【制备】 将前列腺素 E_1 用少量乙醇溶解后，缓慢加入到注射用大豆油中，混合均匀。搅拌下加入一定比例的卵磷脂和甘油，混合均匀。将上述混合溶液用稀磷酸调 pH 4.0～5.0，加到高速组织捣碎机中，按配方量分阶段、多批次注入注射用水，并在每次加水后立即高速搅拌，整个过程温度控制在60℃以下。搅拌结束后将乳液降至室温，加压下均质5次，0.22μm微孔滤膜过滤除菌，检验包装即得。

【注解】 处方中前列腺素E_1为主药，注射用大豆油为油相，卵磷脂为乳化剂，甘油为渗透压调节剂，乙醇为溶剂，注射用水为水相。前列腺素E_1脂肪乳剂注射液适用于血栓性脉管炎、慢性动脉闭塞症、心肌梗死、心力衰竭、视网膜中央静脉血栓等疾病的治疗，也可用于体外循环、动脉造影、血管重建手术等。该乳剂注射后能定向进入淋巴循环，富集在区域淋巴结内并缓慢释放药物，而且可降低药物的毒性和刺激性。

2. 微囊与微球 注射用缓控释微囊与微球的载体材料常采用生物降解性高分子材料，如明胶、海藻酸盐、壳聚糖、蛋白、纤维素及其衍生物，以及一些聚酯类高分子材料（PLA、PLGA）等。注射用缓控释微囊或微球给药后，药物通过扩散或随骨架材料溶蚀而缓慢释放，药效的持续时间可长达数周至数月，注射给药的频率降低，可大大提高患者的顺应性。目前，国内外已有很多成熟的注射制剂产品上市，如注射用利培酮微球、伊哌立酮微球、阿立哌唑微球、亮丙瑞林微球、艾塞那肽微球、奥曲肽微球等。

制剂举例 13-8

注射用利培酮微球

【处方】 利培酮 30mg PLGA 200mg 1% PVA溶液 适量 二氯甲烷 适量
去离子水 适量

【制备】 将PLGA和利培酮加入2ml的二氯甲烷中溶解，迅速转移至40ml PVA的水溶液中，搅拌下乳化10min。混合物转移至100ml去离子水中，在室温条件下搅拌3h，挥发除去有机溶剂。静置倾出上清液后3000r/min离心5min，用去离子水洗涤3次，再次离心得微球并进行冷冻干燥。

【注解】 处方中利培酮为主药，PLGA为载体材料，PVA为乳化剂，二氯甲烷为油相，去离子水为水相。注射用利培酮微球加水制成混悬液后肌内注射，与口服利培酮相比，肌内注射时血药浓度波动幅度较小，具有更好的精神分裂症治疗作用和较低的锥体外系不良反应，同时减少给药频次。

3. 脂质体 缓控释脂质体注射后，药物随脂质体体内降解而缓慢释放，并可长时间内维持有效治疗浓度。制备注射用缓控释脂质体的材料一般选用刺激性小、毒性较低的生物降解性脂质成分，如大豆磷脂、卵磷脂、胆固醇等。目前，国内外成功上市的脂质体注射剂有注射用多柔比星脂质体、紫杉醇脂质体、阿糖胞苷脂质体、两性霉素B脂质体、柔红霉素脂质体和硫酸吗啡脂质体等。

制剂举例 13-9

注射用紫杉醇脂质体

【处方】 紫杉醇 0.4g 卵磷脂 20.0g 胆固醇 2.4g 心磷脂 适量
去氧胆酸钠 适量 乙醇 适量 缓冲盐溶液 适量

【制备】 将紫杉醇溶于适量乙醇，心磷脂、卵磷脂和去氧胆酸钠溶于适量乙醇中。将溶液混合后旋转蒸发除去溶剂，形成薄膜。缓冲盐溶液溶解薄膜并加压过滤（0.22μm），分装并冷冻干燥即得。

【注解】 处方中紫杉醇为主药，卵磷脂、胆固醇、心磷脂为脂质材料，去氧胆酸钠为表面活性剂。紫杉醇脂质体在临用前只需充分水化短时振荡即可重新形成脂质体，将紫杉醇制备成注射用脂质体可提高疗效，降低其毒副作用。本品可用于卵巢癌及卵巢转移癌的治疗，可与顺铂联合用于不能手术或放疗的非小细胞肺癌患者，也可用于曾用过多柔比星标准化疗的乳腺癌患者的后续治疗或复发患者的治疗。

4. 纳米粒　是药物与载体材料制成的骨架型（纳米球）和壳膜型（纳米囊）给药系统。制备注射用纳米粒的载体材料一般为可生物降解性和生物相容性好的高分子载体材料。目前，国内外已上市的注射用缓控释纳米粒有紫杉醇纳米粒、坦罗莫司纳米粒等。

制剂举例 13-10

注射用紫杉醇纳米粒

【处方】　紫杉醇 30mg　　1%人血浆白蛋白 27ml　　二氯甲烷 适量

【制备】　将紫杉醇溶于 3ml 二氯甲烷中，并缓慢加入到药用人血浆白蛋白（1%，w/v）中。低速搅拌 5min，使其均匀混合后过高压均质机（9000～40 000psi）。40℃下减压蒸除有机溶剂，冷冻干燥即得。

【注解】　紫杉醇为主药，人血浆白蛋白为载体，二氯甲烷为蛋白变性剂。本品为紫杉醇白蛋白纳米粒，可提高肿瘤治疗的靶向性，同时降低紫杉醇的毒副作用。主要用于转移性乳腺癌联合化疗失败后或辅助化疗 6 个月内复发的乳腺癌治疗。

（三）注射用缓控释原位凝胶给药系统

注射用缓控释原位凝胶给药系统是指给药前为液态溶胶，注射给药后由于环境改变能迅速在注射部位发生相转变形成半固体或固体凝胶的一类制剂。该类制剂一般采用皮下或肌内注射的方式给药，特别适合局部植入用药，药物通过扩散和凝胶材料的降解从凝胶中平稳而持续地释放，从而达到缓控释的效果。

注射用原位凝胶具有凝胶制剂的亲水性三维网络结构及良好的组织相容性，同时，独特的溶液/凝胶转变性质使其具有制备简单、使用方便、与用药部位特别是黏膜组织亲和力强、滞留时间长等优点，加之广泛的用途和良好的控制释药性能，原位凝胶给药系统已成为缓控释领域的一个研究热点。原位凝胶给药系统与乳剂、脂质体、微球和纳米粒相比，可大大延长释药周期，降低给药频率，而且可避免植入剂植入时的痛苦，提高患者的顺应性。目前上市的注射用原位凝胶制剂有甲硝唑牙用凝胶、盐酸多西环素注射凝胶、兰瑞肽注射凝胶和醋酸亮丙瑞林注射凝胶等。

（张邦乐）

第五节　迟 释 制 剂

长期以来，药物递送系统的设计一直是基于生物体内环境自身平衡理论，即生物体可以自身调节并保持体内环境的相对稳定，因此大多数治疗药物都被设计为等间隔、等剂量多次给药或缓控释制剂，以实现体内平稳的血药浓度和理想的治疗效果。随着时辰生物学（chronobiology）、时辰病理学（chronopathology）、时辰药理学（chronopharmacology）和时辰治疗学（chronotherapy）研究的深入，发现许多疾病的发作存在着明显的周期性和时间节律性，如哮喘患者的呼吸困难在深夜最严重；胃溃疡患者胃酸分泌在夜间增多；牙痛等疼痛在夜间到凌晨时更为明显；凌晨睡醒时血压和心率急剧升高，最易出现心脏病发作。机体组织对药物的敏感性具有昼夜节律性，如皮质激素类药物、抗哮喘类药物、作用于心血管系统药物、抗风湿药物等在体内的作用受昼夜节律的影响。因此恒速释药的控释制剂不能满足昼夜节律性变化疾病的临床治疗要求。

择时治疗应根据疾病发病时间规律及治疗药物时辰药理学特性，设计不同的给药时间和剂量方案，选用合适的剂型，从而降低药物的毒副作用，达到最佳疗效。口服择时（定时）释药系统（oral chronopharmacologic drug delivery system）是根据人体生物节律变化特点，按照生理和治疗的需要，定时、定量释药的一种给药系统，主要为脉冲式药物释放系统。口服定位释药系统（oral site-specific drug delivery system）是指口服后能将药物选择性地输送到胃肠道某一特定部位，以速释、缓释或控释方式释放药物的剂型。其主要目的是：①改善药物在胃肠道的吸收，避免其在胃肠道生理环境中失活，如可将蛋白质、肽类药物制成结肠定位释药系统；②局部治疗胃肠道疾病，提高疗效，减少剂量，降低全身性不良反应；③改善缓控释制剂因受胃肠道运动的影响而造成的药物吸收不完全、个体差异大等现象。根据药物在胃肠道的释药部位不同可设计为胃定位释药系统、小肠定位释药系统（肠溶制剂）和结肠定位释药系统。

胃定位释药制剂、肠溶制剂、结肠定位制剂和脉冲制剂又被称为迟释制剂（delayed-release preparations），是指将药物运送到特定给药部位或择时释药的制剂，既可以起全身作用也可以起局部作用。

一、胃定位释药制剂

胃定位释药制剂也称为胃滞留释药系统（gastric retenting-drug delivery system，GRDDS），通过延长制剂在胃内的滞留时间，从而延缓药物在消化道的释放，改善药物吸收，有利于提高药物生物利用度。目前多数口服缓控释制剂在其吸收部位的滞留时间仅有 2～3h，而制成胃内滞留片后胃内滞留时间达 5～6h，具有骨架片释药的特性。

大多数药物口服后主要在小肠中上部（十二指肠至回肠远端）部位吸收，也就是说在小肠中上部释放的药物量越大，药物被吸收的也越多。因此胃滞留释药制剂的目的是：①延长在肠道 pH 环境不稳定的弱酸性药物及溶解性差的药物在胃部的排空时间，促进药物吸收，提高生物利用度，如呋塞米；②提高治疗胃部和十二指肠部位疾病的疗效，如雷尼替丁、呋喃唑酮、硫酸庆大霉素等；③提高在胃部和十二指肠段有主动转运药物的吸收，如沙丁胺醇、维生素 B_2、多巴胺等；④延长在低 pH 环境易溶解吸收药物的胃部滞留时间，药物得到充分的吸收，如美托洛尔、诺氟沙星等。

实现胃滞留的途径有胃内漂浮滞留（gastric floating retention）、胃壁黏附滞留（gastric adhesive retention）、磁导向定位技术（magnetic target site technology）和膨胀滞留（expansion retention）。

（一）胃漂浮片

胃漂浮片（gastric floating tablet）是口服后维持自身密度小于胃内容物密度（1.004～1.010g/cm^2），漂浮于胃液中的制剂，由药物和一种或多种亲水凝胶骨架材料及其他辅料制成，实际上是一种不崩解的亲水性凝胶骨架片。与胃液接触时，亲水骨架开始产生膨胀水化，使制剂密度小于胃液，漂浮于胃液上，同时片剂的表面形成一层水不透性胶体屏障层，控制漂浮片内药物与溶剂的扩散速率。目前有阿莫西林、硫酸庆大霉素等胃漂浮型缓释片上市。

1. 制备材料

（1）骨架材料：制备胃漂浮片的亲水凝胶骨架材料密度必须小于 1mg/ml，并维持一定时间。常用材料有羟丙基甲基纤维素（HPMC）、乙基纤维素（EC）、甲基纤维素（MC）、羟丙基纤维素（HPC）、羟乙基纤维素（HEC）、羧甲纤维素（CMC）、羧甲纤维素钠（CMC-Na）、聚维酮（PVP）、聚乙烯醇（PVA）、可溶性或不溶性海藻酸盐、果胶、黄原胶和琼脂等。

（2）助漂剂：为增加漂浮力，还可以加入疏水且相对密度小的酯类、脂肪醇类、脂肪酸类或蜡类辅料，如单硬脂酸甘油酯、鲸蜡醇、硬脂醇、硬脂酸、蜂蜡等。这些物质本身相对密度小且具有一定的疏水性，能降低骨架的水化速度，但用量太大会影响药物的释放。

（3）发泡剂：常加入碳酸盐如 $MgCO_3$、$NaHCO_3$、或将碳酸盐与枸橼酸联合使用，与胃酸作用产生 CO_2 气体包被于凝胶层，有助于减轻制剂密度。

（4）调节药物释放：在处方中适当加入可溶性辅料，如乳糖、甘露醇，或难溶性辅料，如丙烯酸树脂Ⅱ、Ⅲ等，可提高或减缓释药速率。

2. 制备方法　胃漂浮制剂可以装胶囊，也可以压片，但以全粉末直接压片为宜，因为采用制粒法将破坏干粉孔隙，影响制剂的密度和水化漂浮。同时，压片时压力太大也易使制剂的密度增大，影响片剂的漂浮性能。

胃漂浮制剂的质量评价除与普通片剂相同检查项目外，还需进行体外漂浮性能、体外膨胀性能、体内漂浮性能的测定。

制剂举例 13-11

法莫替丁胃漂浮缓释片

【处方】　法莫替丁 40mg　　HPMC 224mg　　果胶 56mg　　十八醇 40mg
乳糖 40mg　　乙醇 0.5ml　　蒸馏水 适量　　硬脂酸镁 适量

【制备】　取处方量的药物、十八醇、HPMC 及其他赋形剂充分混匀，过五号筛，用 85%乙醇液制成软材，过一号筛制粒，于 45℃干燥，整粒后加少许硬脂酸镁，混匀压片。制得片重 400mg，含法莫替丁 40mg 的胃漂浮缓释片。

【注解】　处方中法莫替丁为主药，HPMC 和果胶为骨架材料，十八醇为助漂剂，乳糖的作用是调节药物释放，乙醇和水为润湿剂。法莫替丁为第二代 H_2 受体桔抗剂，用于治疗消化性胃溃疡。目前常用的剂型为片剂和胶囊剂，生物利用度低，药物在胃部的停留时间短，胃壁细胞内的蓄积低，不利于药效的充分发挥。法莫替丁胃漂浮缓释片能长时间地停留在胃部，持续释放药物，发挥药效，减少胃排空的影响，提高生物利用度和疗效。

（二）胃壁黏附片

胃壁黏附片（gastric adhesive tablet）属于生物黏附片的一类。生物黏附片（bioadhesive tablet）是指借助一些高分子材料对生物黏膜产生黏合作用，黏附于黏膜上皮，增加药物在吸收部位或治疗部位的释放时间，促进药物黏膜吸收的制剂。生物黏附片由具有生物黏附性的聚合物与药物组成，有利于药物的吸收，改善药物的生物利用度，从而提高治疗效果，且易于控制药物吸收的速率及吸收量。

生物黏附片主要以三种机制实现黏附作用：①机械嵌合，遇水后黏性增加而直接黏附于上皮细胞表面，以分子韧性、串联和缠绕等物理作用为主；②与黏蛋白发生黏附，主要通过静电引力、氢键、疏水键等方式结合，如丙烯酸聚合物、纤维素衍生物、甲壳素衍生物等；③受体介导的生物黏附，辅料与细胞表面以化学键方式结合，结合力强，被称为第二代生物黏附作用。

1. 制备材料　具有生物黏附性能材料分为以下几类：①聚多糖类，如果胶、西黄蓍胶、阿拉伯胶；海藻酸及其盐类、壳聚糖、葡聚糖；HPMC、EC、MC、HPC、HEC；透明质酸等。②丙烯酸类，如丙烯酸及其酯类（AA）、丙烯酸树脂、聚丙烯酸（PAA）及钠盐、甲基丙烯酸及其酯、聚甲基丙烯酸羟乙酯（PHEMA）、卡波姆、聚丙烯酰胺等。③乙烯类，如 PVP、PVA、聚丁二烯、硅橡胶、泊洛沙姆等。④蛋白氨基酸类，如植物凝集素、纤维蛋白朊、明胶等。有人对几种材料进行了比较，其黏附性由大到小的顺序如下：羧甲纤维素钠（CMC-Na）＞卡波姆 934p＞HPC＞丙烯酸树脂的盐酸盐=PVP。

2. 制备方法 胃壁黏附片的制备工艺与普通片剂类似，可将生物黏附材料与药物混匀，制粒后压片或直接压片。也可将药物加至黏附层或非黏附层中，制备多层黏附片。

二、肠 溶 制 剂

肠溶制剂（enteric coated preparations）指口服药物在规定的酸性介质中，不释放或几乎不释放，而在 pH6.8 磷酸盐缓冲液中大部分或全部释放的制剂，是迟释制剂的一种类型。肠溶制剂适合以下几类药物：①在胃环境中不稳定的药物，如红霉素、青霉素 V、胰岛素等；②设计制备为延时释放剂型的药物（延后 3～4h）；③在肠道特定部位吸收的药物。

大多数药物口服后主要在小肠中上部部位吸收，小肠段的 pH 范围为 4.8～7.2，肠溶材料对控制肠溶制剂的药物释放起决定作用。肠溶性材料是指在胃中不溶，在小肠环境下溶解的高分子聚合物材料，目前常用的不同 pH 敏感的肠溶材料有：①纤维素酯类，如醋酸纤维素酞酸酯（CAP，pH 5.8～6.0 溶解）、羟丙甲纤维素酞酸酯（HPMCP，pH5～6 溶解）、醋酸羟丙甲纤维素琥珀酸酯（HPMCAS，三种规格 L、M、H 分别在 pH 5.0、5.5、7.0 溶解）等；②丙烯酸树脂类（国外产品为 Eudragit 系列），如肠溶型Ⅱ号丙烯酸 Eudragit L100（pH＞6.0 溶解）、肠溶型Ⅲ号丙烯酸树脂 Eudragit S100（pH＞7.0 溶解）；③聚乙烯醇乙酸苯二甲酸酯（PVAP）和虫胶等。可以根据具体的设计要求，选择合适的材料，使其在适当的胃肠部位溶解而释放药物。

肠溶制剂一般为包衣剂型，肠溶包衣材料可应用于片剂、胶囊剂、微囊、微球等诸多剂型的制备。其中最广泛的为片剂和胶囊剂，制备方法见片剂和胶囊剂章节。

制剂举例 13-12

埃索美拉唑镁肠溶微丸

【处方】 丸芯：空白微丸 40.0g
含药层：埃索美拉唑镁 22.3g　HPMC 12.0g　氢氧化钠 0.1g
硬脂酸镁 0.2g　水 270.0g
隔离层：山嵛酸甘油酯 5.0g　Eudragit L30D55（30%水分散体） 75.0g
滑石粉 2.25g　单硬脂酸甘油酯 1.8g　聚山梨酯 80 0.72g
枸橼酸三乙酯 2.25g　水 70g

【制备】 氢氧化钠溶于水中，HPMC 用 100g 热水分散后加入氢氧化钠溶液和埃索美拉唑镁制成混悬液，将空白微丸包衣，干燥 30min。将山嵛酸甘油酯于 90℃加热熔化后继续包隔离衣，干燥 30min。聚山梨酯 80 和单硬脂酸甘油酯加入 80℃水中制备混悬液，将枸橼酸三乙酯加入 Eudragit L30D55 水分散体中，并加入滑石粉搅拌均匀后加入到上述混悬液中，得到肠溶包衣液，在包好隔离衣的丸芯上包衣，干燥 60min 得到肠溶包衣微丸。

【注解】 处方中埃索美拉唑镁是主药，HPMC 是黏合剂，单硬脂酸甘油酯为乳化剂，聚山梨酯 80 是致孔剂，硬脂酸镁、滑石粉是抗黏剂，氢氧化钠是碱性稳定剂，隔离层衣为山嵛酸甘油酯，肠溶衣材料是 Eudragit L30D55（30%水分散体），枸橼酸三乙酯是增塑剂。埃索美拉唑镁对胃食管反流性疾病、消化性溃疡都有较好的疗效，但其在酸性介质中易降解，埃索美拉唑镁肠溶微丸口服后，在胃液环境中不释放或几乎不释放药物，进入肠道部分或完全释放药物，提高了药物稳定性，改善了药物吸收。

三、结肠定位释药制剂

与胃和小肠相比，药物在结肠内的转运时间较长，且结肠内药物代谢酶的活性较低，结肠在药物吸收及局部治疗中具有特殊优势，因此口服结肠定位给药系统（oral colon-specific drug delivery system，OCDDS）备受关注。OCDDS 系指用适当方法，使药物口服后避免在胃、十二指肠、空肠和回肠前端释放，转运至人体回盲肠或者结肠部位后释放而发挥局部或全身治疗作用的给药系统，是一种定位在结肠释药的制剂，多为肠溶膜控释剂型。

结肠定位释药的优点有：①局部治疗作用。提高结肠局部药物浓度，有利于治疗结肠局部病变，如 Crohn's 病、溃疡性结肠炎、结肠癌和结肠感染性疾病等；②可降低首过效应；③结肠部位酶活性低，有利于多肽和蛋白质类大分子药物的吸收，提高其口服给药后的生物利用度；④延缓药物释放时间及吸收。固体制剂在结肠中的转运时间很长，可达 20～30h，因此 OCDDS 的研究对缓控释制剂，特别是日服一次制剂的开发具有指导意义，如针对受昼夜节律影响的疾病（哮喘、关节炎）进行的药物制剂设计。

结肠定位释药系统应在经过胃和小肠时药物无释放或泄漏，进入结肠后，释药系统对结肠生理环境中某因素敏感而驱使药物释放。盲肠或升结肠被认为是释放药物的理想部位，根据释药原理可将 OCDDS 分为以下几种类型。

（一）时间控制型 OCDDS

胃肠道时滞（lag-time）是指药物口服后经胃、小肠到达结肠所需时间，包括胃排空时间和小肠转运时间，到达结肠约为 6h。用适当方法制备具有一定时滞的时间控制型制剂，使药物在胃、小肠不释放，到达结肠开始释放可达到结肠定位给药的目的。

大多数时间控制型 OCDDS 由药物贮库（片芯）和包衣层组成，包衣层为蜡质材料等低渗透性膜，以干法压制包衣或蜡质材料溶解法使片芯密封在蜡质材料中。此包衣层可在一定时间后溶解、溶蚀或破裂，使药物从贮库芯中迅速释放发挥疗效。例如，异烟肼与羧甲纤维素钠制成药芯，用聚乙二醇（PEG6000）和氢化蓖麻油在熔融状态下制备混合物作为外衣层，通过调节外衣层的厚度和组成实现不同的释药时滞。同时可通过改变片芯中崩解剂的种类和比例，调节片芯的崩解速度，实现各种脉冲释药速率。

此外脉冲塞胶囊也可利用时滞原理实现结肠定位释药，如胶囊外层使用肠溶包衣材料包衣，内层使用缓释膜材料包衣的结肠定位释药系统“Pulsincap”，进入小肠后，囊帽溶解，囊体开口处的水凝胶塞暴露于肠液环境中吸收水分逐渐膨胀并与囊体分离，快速释放出药物，发挥结肠定位作用。

时控型 OCDDS 受胃排空速率影响，因此必须控制食物的类型，做到个体化给药，否则可能影响药物的生物利用度。

（二）pH 依赖型 OCDDS

结肠的 pH 为 7.0～7.5，比胃和小肠的 pH 略高，所以采用在结肠 pH 环境下溶解的 pH 敏感性高分子聚合物，如丙烯酸树脂（Eudragit S100，pH＜6.5 不膨胀，pH＞7.0 溶解）、CAP 等使药物选择性在结肠部位释放发挥疗效。如应用这种原理制备的 5-氨基水杨酸的结肠定位释药系统 Asaeol®、Salofalk®和 Pentase®，以及柳氮磺吡啶肠溶片。壳聚糖进行人工改造后也表现出良好的结肠定位作用，如半合成的琥珀酰-壳聚糖及邻苯二甲酸-壳聚糖等。

制剂举例 13-13

柳氮磺胺吡啶结肠定位控释片

【处方】　片芯：柳氮磺胺吡啶 250.0mg　微晶纤维素 30.0mg　羧甲基淀粉钠 12.5mg
聚维酮 1.5mg　硬脂酸镁 1.5mg
外层：丙烯酸树脂（Eudragit L）20.0mg　丙烯酸树脂（Eudragit S）80.0mg
邻苯二甲酸二乙酯 6.0mg　聚山梨酯 804.0mg　80%乙醇　2.0ml

【制备】 按照处方量称取柳氮磺胺吡啶和适当的辅料，混合均匀，加入适量黏合剂制软材，制粒，颗粒干燥后加入润滑剂混合均匀，压片得到片芯。将适量的丙烯酸树脂溶解在一定量的乙醇溶液中，同时加入合适的增塑剂，溶解分散均匀，作为包衣液。用所制包衣液对片芯进行包衣，得到结肠定位控释片。

【注解】 处方中柳氮磺胺吡啶为主药，微晶纤维素和羧甲基淀粉钠为崩解剂，聚维酮为黏合剂，硬脂酸镁为润滑剂，丙烯酸树脂是肠溶包衣材料，邻苯二甲酸二乙酯是增塑剂。聚山梨酯 80 是致孔剂。溃疡性结肠炎是一种病因不明的慢性结肠炎，病变部位主要为结肠黏膜。柳氮磺胺吡啶是目前治疗溃疡性结肠炎的主要药物之一，口服后，少部分药物在胃和上部肠道吸收，大部分药物进入远端小肠和结肠。由于柳氮磺胺吡啶需要长期用药，同时不良反应发生率高，使其应用受到限制，制备柳氮磺胺吡啶结肠控释制剂可降低不良反应，提高患者用药的耐受性。

（三）可生物降解型 OCDDS

结肠内存有大量的细菌及独特的酶系，如偶氮还原酶、葡糖苷酶或多糖酶，由此开发了一系列偶氮聚合物和多糖类聚合物材料。由酶/细菌降解性材料制成的制剂到达结肠后被降解而释放药物，达到定位给药的目的。此类给药系统有以下几种类型。

1. 前体药物 OCDDS 将药物与能被结肠特有的酶或细菌降解的高分子载体结合成前药，口服后，可顺利通过缺乏特殊降解酶的胃和小肠，到了结肠后在降解酶的作用下高分子降解，实现药物的结肠定位释放。常见有偶氮双键前体药物、葡聚糖前体药物等。例如，柳氮磺吡啶，是由磺胺吡啶和 5-氨基水杨酸通过双偶氮键结合而成的前体药物，口服后进入结肠受到偶氮还原酶的作用，释放 5-氨基水杨酸发挥治疗作用。

2. 包衣型 OCDDS 采用能被结肠酶或细菌降解的包衣材料对含药片芯包衣，以达到结肠定位释药的目的。较为常用的包衣材料有多糖类，如壳聚糖、环糊精、直链淀粉、果胶、瓜尔胶；偶氮聚合物、二硫化物聚合物等。例如，用羟基异丁烯酸与 4，4-二乙烯基偶氮苯交联的苯乙烯共聚制得的聚合物作为包衣材料，将加压素和胰岛素用普通包衣技术制成结肠定位释药系统。

3. 骨架片型 OCDDS 将药物与可被结肠酶或细菌降解的载体混合制备骨架片实现结肠定位给药。例如，由丙烯酸树脂和偶氮芳香交联基团组成的聚合物，与药物混合制备骨架片，在胃肠道的生理环境下，由于局部 pH 及离子的作用，凝胶部分开始膨胀，当进入结肠后偶氮还原酶降解凝胶中的偶氮芳香交联基团，而酸性聚合物在结肠 pH 环境溶解，释放出药物。

（四）综合时滞效应、pH 差异、可生物降解型的 OCDDS

根据胃与小肠间较显著的 pH 差异、小肠与结肠间的菌落梯度和酶系差异，以及小肠转运时间相对恒定的生理学特征，综合设计具有两种或三种释药机制的 OCDDS，可以在一定程度上克服单一释药系统因受胃排空、pH 及个体差异等因素影响。综合型 OCDDS 可分为 pH-时控型、pH-酶控型与 pH-时控-酶控型三种类型。其中 pH-时控结合型 OCDDS 研究较多。

药物的胃排空时间有较大差异，但小肠的转运时间相对稳定，平均约为 4h。另外小肠和结肠的 pH 差异较小，由于结肠细菌的作用或在病理情况下可能出现结肠 pH 低于小肠的情况，所以设计单一时控型和 pH 依赖型可能难以达到 OCDDS 设计目的。为此，综合时控型和 pH 依赖型设计出一种 pH-时控型胶囊来实现结肠定位释药。将药物与有机酸装入硬胶囊，并用 5%乙基纤维素的乙醇溶液密封胶囊连接处，然后按照下列顺序包衣：首先用胃溶性材料包衣（酸溶性衣层），其次用 HPMC 包衣（亲水层），最后用肠溶性材料包衣，形成了三层包衣系统。外层的肠溶层在 pH ＞5 环境溶解，可防止药物在胃中释放，到达小肠后由于 pH 升高，肠溶层和亲水层溶解，最内层的酸溶性衣层仍能阻滞药物在小肠释放，到达结肠后随着水分向内渗透，有机酸溶解使胶囊内 pH 降低，酸溶性衣层溶解，释放药物。三层包衣系统保证了药物在结肠定位释放，且避免了胃滞留时间差异大的影响，同时可通过调节酸溶性衣层厚度来控制药物释放时间。

（五）压力控制型 OCDDS

由于结肠内大量的水分和电解质被肠壁重吸收，导致结肠内容物的黏度增大，当肠道蠕动时对物体产生较大的直接压力使物体破裂。据此原理设计了压力控制型结肠控释胶囊（pressure-controlled colon delivery capsule，PCDC）。即将药物用聚乙二醇（PEG）溶解后注入内表面涂有 EC 的明胶胶囊内，口服后明胶层立即溶解，内层的乙基纤维素（EC）层呈球状，由于胃肠道上部蠕动均匀，含有水分多，EC 球有足够的流动性，到达结肠后因肠腔内黏度增大，肠压增大，引起 EC 球崩解，药物随之释放。Jeong 等用滴制法制备了压力控制型结肠控释胶囊，空白胶囊内外层分别包有水不溶性 EC 膜与肠溶性 HPMCP 或 HPMCAS 膜，以 PEG1000 溶解的荧光素为模型药物，最后用肠溶性材料的乙醇溶液密封胶囊。Beagel 犬体内药动学试验表明，通过调节内外层衣膜的厚度可以控制药物在结肠部位的定位释放。

四、脉冲释药制剂

脉冲给药系统（pulsatile drug delivery system）又称定时释放系统，是根据人体的生物节律变化特点，按时辰药理学和时辰治疗学原理设计的新型控释给药系统。其目的是根据治疗需要，在疾病发作前按预定时间单次或多次释放药物，可有效地预防和治疗疾病，减少药物可能引发的不良反应，避免某些药物因持续高浓度造成的受体敏感性降低和细菌耐药性的产生。

脉冲给药适用于多种给药途径，在口服、注射、植入和眼用等方面有新剂型的开发，口服脉冲制剂是最主要的方向。因制备技术不同，可将口服脉冲制剂分为渗透泵脉冲释药制剂、包衣脉冲释药制剂和定时脉冲塞胶囊等。目前，脉冲释药制剂有单次或两次脉冲释放剂型，满足部分昼夜节律疾病的治疗需要，随着时辰药理学、时辰治疗学等相关学科的发展，其研究和开发将会取得新的进展。

（一）渗透泵脉冲释药制剂

渗透泵脉冲释药系统的基本组成为片芯、半渗透膜包衣层和释药小孔三部分。片芯可为单层或双层，以双层片芯为例：其中一层是接近释药小孔的含药聚合物材料层和渗透物质，常选用聚氧乙烯、PVP 等作为促渗透剂；另一层是远离释药小孔的渗透物质层，提供推动药物释放的渗透压。包衣材料可选用乙酸纤维素和聚乙二醇等。在靠近药物层的半透膜上激光打孔，水分通过半透膜渗入膜内，药物在渗透压推动下通过小孔释放。因此，包衣材料的种类、配比及药物层中聚合物材料种类和用量都是控制药物释放时间的重要因素。

例如，在美国上市的产品 Covera-HS，主药为盐酸维拉帕米，片芯药物层选用聚氧乙烯（相对分子质量 30 万）、PVP K30 等作促渗剂，渗透物质层包括聚氧乙烯（相对分子质量 700 万）、氯化钠、HPMC E-5 等，外层包衣用乙酸纤维素、HPMC 和 PEG3350。用激光在靠近药物层的半透膜上打孔。维拉帕米定时控释片在服药后间隔特定时间为 5h，以零级动力学释放药物。治疗实践表明高血压患者在清晨 2 点左右体内的儿茶酚胺水平增高，导致收缩压、舒张压、心率增高，因此心血管患者的意外事件多发生于清晨。Covera-HS 晚上 10 点左右服用，次日清晨疾病即将发作时释放出一个脉冲剂量的药物，十分符合该病节律变化的需要。

（二）包衣脉冲释药制剂

包衣脉冲释药利用包衣层实现脉冲释药，制剂包括含活性药物成分的片芯或丸芯和包衣层

（可以是一层或多层）。包衣层可阻滞药物从片芯中释放，阻滞时间（脉冲释药时间）由衣膜的组成、厚度决定。某些制剂的片芯中还含有崩解剂，当衣层溶蚀或破裂后，崩解剂使片芯崩解并快速释放药物。包衣脉冲释药制剂主要通过膜包衣技术和压制包衣技术实现，可通过衣膜溶蚀或膨胀、破裂、pH 敏感性、渗透性等机制控制释药。

1. 膜包衣技术

（1）膜包衣定时爆释系统（time-controlled explosion system）：由水进入包衣膜内，内芯崩解而导致包衣膜破裂的时间来控制药物的释放时滞。通过使用不同性质的包衣材料，以及改变包衣层厚度，可控制药物释放的时滞。如设计结肠定时释药胶囊，首先在明胶胶囊壳外包 EC，胶囊底部用机械方法打出大量小孔（400μm），胶囊内容物的下层由 L-HPC 构成膨胀层，膨胀层上是药物贮库，含药物和填充剂，盖上囊帽后以 EC 密封（图 13-11）。给药后，水分子通过底部小孔进入，L-HPC 水化膨胀使内部渗透压增加引起胶囊胀破，药物爆炸式释放。

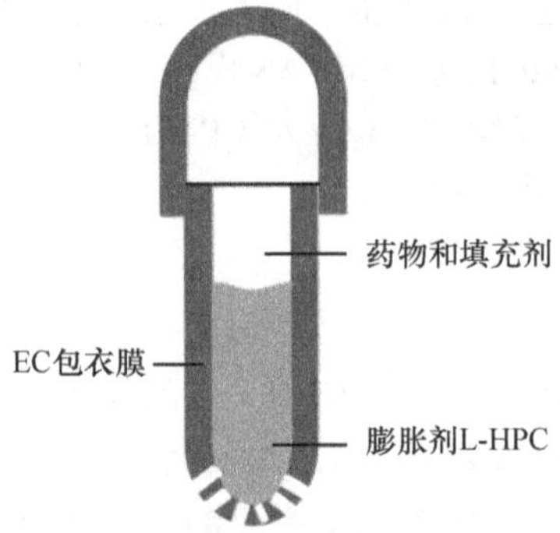

图 13-11　膜包衣定时爆释胶囊示意图

（2）包衣膜溶蚀型脉冲释药系统（corrosion pulsed-release system）：是将含药片芯或丸芯包裹于一层或多层聚合物中实现脉冲效果。内层药物在外部聚合物衣膜逐层溶蚀后释放出来，其时滞的长短取决于外层聚合物衣膜的种类及厚度。以二次脉冲溶蚀系统为例说明脉冲机制。首先将含药丸芯或片芯用空白聚合物包衣，再在空白聚合物上包裹一层含药层，口服后在胃肠液中，最外的含药层逐步溶蚀并释放药物，待其释放完全后空白聚合物层开始溶蚀，空白聚合物溶蚀完全后药物从丸芯或片芯中迅速释放，从而达到二次脉冲释药的目的。例如，一日服用一次的阿莫西林脉冲控释片 Moxatag®，可在胃肠道不同段脉冲释药，用于治疗成人及 12 岁以上儿童化脓链球菌引起的咽炎或链球菌咽喉炎，优于一日服药三次的阿莫西林普通片，且耐受性很好。Moxatag®由三种不同释药组分构成，分别以非 pH 依赖聚合物和 pH 敏感聚合物包衣制备两种不同的药物微丸，随后将微丸与药物及辅料混合压制包衣片。口服后，最外层的药物首先实现第一剂药物速释（45%），随后非 pH 依赖膜控释微丸实现第二剂药物释放（30%），最后在肠道由 pH 敏感型的膜控释微丸进行第三剂药物释放（25%）。

2. 压制包衣技术　压制包衣脉冲制剂按外层包衣材料性质可分为半渗透型、溶蚀型和膨胀型三类。包衣材料主要由亲水性凝胶材料、蜡质材料及致孔剂等组成。

半渗透型脉冲制剂的包衣材料主要是蜡质和致孔剂。例如，用异烟肼作为模型药物，片芯由药物和崩解剂组成，外层包衣材料由氢化蓖麻油和 PEG 组成，通过改变氢化蓖麻油和 PEG 的比例，可以调节释药时滞为 4～12h。

溶蚀型脉冲制剂的包衣材料常用低黏度 HPMC，如 HPMC E5、HPMC E3、HPMC E50 等，可选择不同黏度、不同剂量的 HPMC 来调节释药时滞。以盐酸维拉帕米脉冲控释片为例，盐酸维拉帕米和羧甲基淀粉钠混合制备速释片芯（6mm），外层控释衣为 HPMC，将 HPMC 制备成可压颗粒，盐酸维拉帕米速释片芯置于颗粒中央，采用压制包衣法制备盐酸维拉帕米脉冲控释片。能够通过不同的溶蚀性包衣材料对脉冲释放时滞进行控制，如图 13-12 所示。健康志愿者口服后，血药浓度-时间曲线具有明显的时滞释药，且与市售盐酸维拉帕米片剂相比具有生物等效性，如图 13-13 所示。

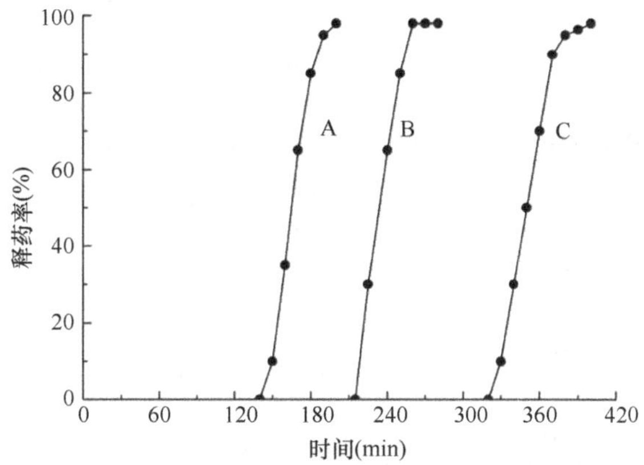

图 13-12　不同包衣材料对盐酸维拉帕米释放的影响

A. HPMC E5；B. HPMC E15；C. HPMC E50

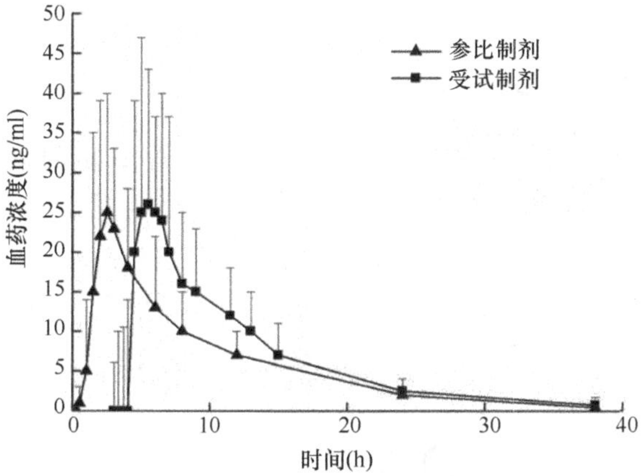

图 13-13　健康受试者血浆药物浓度-时间曲线

-■- 盐酸维拉帕米脉冲片；-▲-盐酸维拉帕米普通片

膨胀型脉冲制剂的包衣材料主要有高黏度 HPMC、HEC 等。采用 HPMC K4M 或 HPMC K100M 作包衣材料的压制包衣制剂能够实现在一定时间的时滞后，药物呈零级释放。以 HEC 为包衣材料的脉冲制剂亦能实现定时释放，且在开始释药后迅速释放完全。

制剂举例 13-14

茶碱脉冲控释片

【处方】　片芯：茶碱 100mg　　乳糖 78mg　　CMS-Na 20mg　　PEG6000 2mg

外层：十八醇 135mg　　海藻酸钠 7 mg　　卡波姆 63mg　　MCC 24mg

微粉硅胶 适量

【制备】 将处方量的茶碱、乳糖、CMS-Na 等原辅料过七号筛充分混匀，以 5% PVP K30 乙醇溶液作黏合剂制成软材，过一号筛制粒，置于干燥箱中于 60℃干燥 2h。加入 PEG 6000，过筛整粒，压成含茶碱 100mg 的片芯。将处方量的十八醇、卡波姆、海藻酸钠、MCC 等过六号筛混匀，用乙醇溶液作黏合剂制软材，过一号筛制粒，50℃干燥 4h。加入微粉硅胶，过筛整粒。称取 0.15g/份，先将一份置于模孔中，轻压，再将片芯置于模孔中央；另取一份颗粒覆盖其上，压成重约 0.5g，直径 11mm 的药片。

【注解】　此片剂包括两部分：一是外部由具疏水和亲水性高分子材料混合形成的具有一定时滞的包衣层；二是内含高效崩解剂和原料药的片芯。处方中，茶碱为主药，羧甲基淀粉钠为崩解剂，PEG6000 为助溶出剂，十八醇为助漂剂，海藻酸钠和卡波姆为干压包衣材料，微晶纤维素为崩解剂，微粉硅胶为助流剂。茶碱为抗哮喘药物，哮喘的发病与时间节律有关，茶碱脉冲控释片药物释放的体外时滞大约是 6h，体内开始产生有效药物浓度的时间约在给药 4.5h 以后，有效药物浓度维持的时间在 6h 左右，可有效发挥药物的预防作用。

3. 半包衣双层脉冲片 片芯外用水不溶性材料压制成半包衣膜（图 13-14），分为第一剂和第二剂两个药室，中间用低渗透性高分子材料作为隔膜。口服后，未包衣的第一剂药物在胃液中迅速释放，中间阻滞层吸水膨胀，水分逐渐渗入第二剂，促使第二剂药物释放，实现第二次脉冲释药。Conte 等应用此种技术，试制了布洛芬口服脉冲释药系统并取得了较好的体内外相关性。

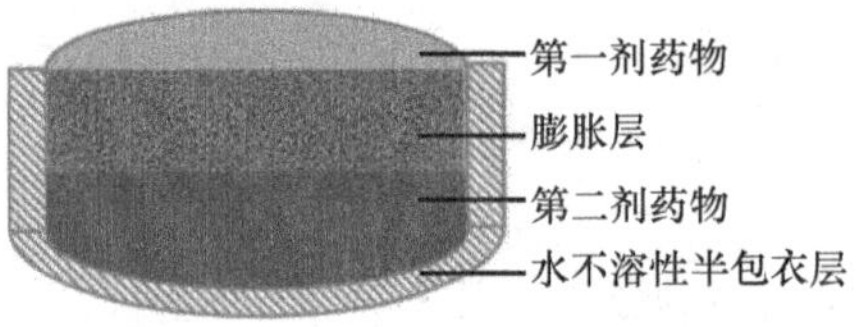

图 13-14 半包衣双层脉冲片示意图

（三）定时脉冲塞胶囊剂

定时脉冲塞胶囊剂由水不溶性胶囊壳体、药物贮库、定时塞和水溶性胶囊帽组成（图 13-15）。目前有脉冲胶囊和异形脉冲塞溶蚀系统等几种形式。

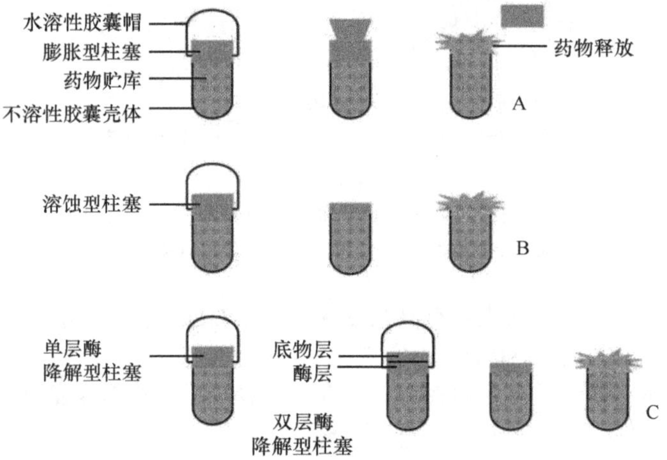

图 13-15 定时脉冲塞胶囊剂结构及释药示意图

A. 膨胀型；B. 溶蚀型；C. 酶降解型

1. 脉冲胶囊 根据定时柱塞的性质，可分为膨胀型、溶蚀型和酶可降解型等。当定时脉冲胶囊与水溶液接触时释药分为以下步骤：①水溶性胶囊帽溶解；②定时塞遇水即膨胀而脱离胶囊体，或溶蚀，或在酶作用下降解；③贮库中药物快速释放。

膨胀型柱塞由亲水凝胶组成，如 HPMC、聚氧乙烯（PEO）。柱塞用渗透性的柔性膜包衣，不影响膨胀性能，膜材可用 Eudragit RS 100、RL 100、NE30D。其胶壳体由聚丙烯组成，水中不溶，且水不能渗入。水溶性帽盖在接触胃液后溶解，水凝胶柱塞即吸水溶胀，当胶壳容纳不下柱塞时，柱塞脱离胶囊，释药时滞由水凝胶柱塞的厚度和体积决定。

溶蚀型柱塞可用 L-HPMC、PVP、PEO 等压制而成，也可用聚乙烯甘油酯熔融浇铸而成。

酶可降解型有单层和双层两种，单层柱塞由底物和酶混合组成，如果胶和果胶酶。双层柱塞由底物层和酶层分别组成，遇水时，底物在酶的作用下分解，使贮库中的药物释放。

2. 异形脉冲塞溶蚀系统　近年来出现了杯形的异形脉冲塞溶蚀系统，如 Efentaki 等设计的新型杯形脉冲系统（图 13-16）。

图 13-16　杯形脉冲塞溶蚀系统示意图

在杯形片中，片芯的底部及周围为水不溶性聚合物杯壳。整个系统由三部分组成：含药片芯、非渗透性外壳及顶部可溶性聚合物的膨胀层。外层杯用 EC 塑形，顶部为亲水膨胀材料，如聚环氧乙烷、海藻酸钠、CMC-Na 等。此系统顶部膨胀层的溶蚀导致药物释放，其时滞的长短和药物释放速率不仅与主药溶解度有关，而且受膨胀层所选择材料性质（黏度、膨胀力、厚度）的影响。因此通过改变顶部膨胀层的处方可有效控制药物的释放。顶部膨胀层厚度增加，时滞延长，药物释放缓慢。当使用羧甲纤维素钠时，时滞最长，药物释放最慢。

知识拓展 13-2

自调式释药系统

自调式释药系统（self-regulated drug delivery system，SRDDS）是指一类具有自反馈功能的智能给药系统（intelligent drug delivery system，IDDS），对生物机体内的某种刺激信号做出响应，并根据刺激信号的性质、强弱调整药物释放，即利用机体内的信息反馈控制药物释放。根据刺激信号不同，SRDDS 分为化学刺激响应性药物释放系统（pH 刺激、化学物质刺激）、物理刺激响应性药物释放系统（温度刺激、电刺激、磁刺激、超声波控制）和生物信号刺激响应性药物释放系统等。SRDDS 中使用的智能聚合物材料是指一类能响应周围环境变化的高分子材料，此类材料形成的凝胶是由具有三维交联网络结构的聚合物与低分子介质共同组成的多元体系。目前研究较多的是水凝胶，如聚 *N*-异丙基丙烯酰胺、壳聚糖、海藻酸盐、聚羟乙基甲基丙烯酸酯、聚乳酸、乙交酯丙交酯共聚物及与之相关的嵌段共聚物等。SRDDS 具有保护药物、药物渗透性好、释放精确、减少机体耐药性、减少给药次数等优点。理想的 SRDDS 在开启状态时释放药物，在关闭状态时不产生作用，若不能处于完全关闭状态，外部刺激反应仅能提高或降低释药速率。

（俞　媛）

第六节　缓释、控释和迟释制剂的质量评价

缓释、控释和迟释制剂的质量评价一般包括制剂质量检测、体外药物释放度试验、体内试验和体内-体外相关性试验。缓释、控释和迟释制剂体外释放速率和体内吸收速率的测定比普通剂型更为重要，是其质量评价中必不可少的控制指标。

一、缓释、控释和迟释制剂的质量检测

缓释、控释和迟释制剂通常以口服剂型为主，也包括眼用、鼻腔、耳道、阴道、直肠、口腔、透皮、注射或植入等可使药物缓慢释放，一定程度避免首过效应的制剂。因此，缓控迟释制剂根据其具体剂型不同，其质量检查可参照《中国药典》2015 年版制剂通则中相关剂型的检测内容，其质量应符合制剂通则中各剂型，如片剂、胶囊剂、眼用制剂、鼻用制剂、注射剂和植入剂等的质量要求。质量检查内容与本书前述章节普通制剂类似，包括重（装）量差异、崩

解时限、药物含量、微生物限度等。

二、体外药物释放度试验

体外药物释放度试验是在模拟体内消化道条件下（如温度、介质的 pH、搅拌速率等），对制剂进行药物释放速率试验，制订出合理的体外药物释放度测定方法，以监测制剂的生产过程并对产品进行质量控制。多于一个活性成分的缓释、控释和迟释制剂，要求对每一个活性成分均按相关要求进行释放度测定。

1. 仪器装置 除另有规定外，缓释、控释和迟释制剂的体外药物释放度试验可采用溶出度测定仪进行。体外药物释放度测定主要有桨法、转篮法和小杯法，具体选择应以简便、质量可控、更符合体内情况为原则。

2. 温度控制 缓释、控释和迟释制剂模拟体温应控制在 37℃±0.5℃。

3. 释放介质 释放介质的体积应符合漏槽条件，一般要求不少于药物饱和溶液量的 3 倍。常用释放介质为脱气的新鲜纯化水，或根据药物的溶解特性、处方要求、吸收部位，使用稀盐酸（0.001～0.1mol/L）或 pH 3～8 的磷酸盐缓冲液作为释放介质。难溶性药物不宜采用有机溶剂，可加少量表面活性剂，如 0.2%以下的聚山梨酯 80、0.5%的十二烷基硫酸钠等。

4. 释放度取样时间点 除迟释制剂外，体外释放速率试验应能反映出受试制剂释药速率的变化特征，且满足统计学处理的需要。体外释药全过程的时间不应低于给药的间隔时间，且累积释放百分率要求达到 90%以上。除另有规定外，通常将释药全过程的数据作累积释放百分率-时间的释药曲线图，制订出合理的释放度检查方法和限度。

缓释制剂应至少选取 3 个取样时间点，第一点为开始 0.5～2h 的取样时间点，用于考察药物是否有突释；第二点为中间的取样时间点，用于确定释药特性；最后的取样时间点用于考察释药是否基本完全。此 3 点可用于表征体外缓释制剂药物释放度。控释制剂除以上 3 点外，还应增加 2 个取样时间点。此 5 点可用于表征体外控释制剂药物释放度，其释放百分率的范围应小于缓释制剂，如果需要，可以再增加取样时间点。迟释制剂应根据临床要求，设计释放度取样时间点。

5. 工艺的重现性与均一性试验 应考察 3 批以上、每批 6 片（粒）产品批次之间体外药物释放度的重现性，并考察同批产品 6 片（粒）体外药物释放度的均一性。

6. 释药模型的拟合 为了直观地说明药物制剂的释药特性，释药数据可用数学模型拟合，通过实验结果分析判断其释药机制。

缓释制剂的释药数据可用一级方程和 Higuchi 方程拟合，即

$$\ln\left(1-\frac{M_t}{M_\infty}\right)=-kt \text{（一级方程）} \quad (13\text{-}18)$$

$$\frac{M_t}{M_\infty}=kt^{1/2} \text{（Higuchi 方程）} \quad (13\text{-}19)$$

控释制剂的释药数据可用零级方程拟合，即

$$\frac{M_t}{M_\infty}=kt \text{（零级方程）} \quad (13\text{-}20)$$

其中 M_t 为 t 时间的累积释放量；M_∞ 为∞时累积释放量；M_t/M_∞ 为 t 时累积释放百分率。拟合时以相关系数（r）最大而均方误差（MSE）最小为最佳拟合结果。

三、体内药效学和药物动力学试验

对缓释、控释和迟释制剂的安全性和有效性进行评价，应通过体内药效学和药物动力学试

验进行。

药物的药效学评价应反映出在足够广泛的剂量范围内药物浓度与临床响应值（治疗效果或不良反应）之间的关系。此外，应对血药浓度和临床响应值之间的平衡时间特性进行研究。如果药物或药物的代谢物与临床响应值之间存在明确的剂量依赖关系，缓释、控释和迟释制剂的临床表现可以由血药浓度-时间关系的数据进行预测。如果无法得到这些数据，则应进行临床药动学-药效学试验。

缓释、控释和迟释制剂体内药物动力学评价的主要意义在于用动物或人体验证该制剂在体内的释药特性，评价体外试验方法的可靠性，并通过体内试验进行制剂的体内动力学研究，计算各动力学参数，为临床用药提供可靠的依据。其主要包括生物利用度和生物等效性评价。药物动力学评价推荐采用该药物的普通制剂（静脉或口服溶液，或经批准的其他普通制剂）作为参考，评价缓释、控释和迟释制剂的释放、吸收情况。当设计口服缓释、控释和迟释制剂时，应测定药物在胃肠道各段的吸收，并考虑食物的影响。缓释、控释和迟释制剂的生物利用度与生物等效性试验，可参照《中国药典》2015 年版四部通则 9011 进行，考察受试缓释、控释和迟释制剂与参比制剂在单次给药后药物的吸收速度和程度上有无差异，多次给药后药物达稳态的速度与程度有无差异，血药浓度和波动情况、释药特性是否达到和满足临床需要等。

知识拓展 13-3

生物利用度与生物等效性

生物利用度（bioavailability）是指药物从制剂中释放并被吸收后，在作用部位可利用的速度和程度，通常用血药浓度-时间曲线来评估。生物利用度是新药研究过程中选择合适给药途径和确定给药剂量和给药间隔的重要依据之一。生物等效性（bioequivalence）是指含有相同活性药物的不同制剂在相同给药剂量下给药后，反映其生物利用度的主要动力学参数没有明显的统计学差异。在生物等效性试验中，一般通过比较受试药品和参比药品的相对生物利用度，对药品药剂学等效或药剂学可替代性做出判定，即两种制剂是否具有相似的安全性和有效性。生物等效性是评价含相同活性成分的不同制剂在体内行为一致性的依据，也是判断仿制药品是否可替代已上市药品使用的依据。

四、体内外相关性评价

体内体外相关性是指由制剂产生的生物学性质或由生物学性质衍生的参数（如 t_{max}、C_{max} 或 AUC），与同一制剂的物理化学性质（如体外释放行为）之间建立合理的定量关系。缓释、控释和迟释制剂要求进行体内外相关性试验，只有当体内外具有相关性时，才能通过体外释放曲线预测体内情况，进而进行药品生产质量控制。当药物或主要代谢物血药浓度与临床治疗作用或毒副作用之间的线性关系明确或可预计时，可用血药浓度测定法，否则应用药理效应法评价缓释、控释和迟释制剂的安全性与有效性。

体内外相关性主要包括体外释放曲线与体内吸收曲线的点对点相关、体外释放的平均时间与体内平均滞留时间之间的相关和释放时间点（$t_{50\%}$、$t_{90\%}$等）与药物动力学参数（如 AUC、C_{max} 或 t_{max}）之间单点相关三种。《中国药典》2015 年版四部指导原则中缓释、控释和迟释制剂的体内外相关性规定，将同批试样体外释放曲线上不同时刻的释放百分率和体内吸收曲线上对应的各个时间点的吸收百分率进行回归，得到直线回归方程的相关系数符合要求，即可认为具有相关性。

1. 体内-体外相关性的建立

（1）体外累积释放百分率-时间曲线：如果缓释、控释和迟释制剂的释放行为随外界条件变化而变化，就应该另外再制备两种试品（一种比原制剂释放更慢，另一种更快），研究影响其释放快慢的外界条件，并按体外释放度试验的最佳条件，得到体外累积释放百分率-时间曲线（体外释放曲线）。

（2）体内吸收百分率-时间曲线：根据单剂量交叉试验所得血药浓度-时间曲线的数据，对在体内吸收呈现单室模型的药物，可换算成体内吸收百分率-时间曲线（体内吸收相血药浓度-时间曲线），体内任一时间药物的吸收百分率（F_a）可按以下 Wagner-Nelson 方程计算：

$$F_a = \frac{C_t + kAUC_{0\sim t}}{kAUC_{0\sim\infty}} \times 100\% \tag{13-21}$$

式中，C_t为 t 时间的血药浓度，k 为由普通制剂求得的消除速率常数，$AUC_{0\sim t}$为 0 到 t 时刻的血药浓度-时间曲线下面积，$AUC_{0\sim\infty}$为 0 到∞时刻的血药浓度-时间曲线下面积。双室模型药物可用简化的 Loo-Regelman 方程计算各时间点的吸收百分率。

2. 体内-体外相关性检验 当药物释放为体内药物吸收的限速因素时，可利用线性最小二乘法回归原理，将同批试样体外释放曲线上不同时刻的释放百分率和体内吸收相血药浓度-时间曲线上对应的各个时间点的吸收百分率进行回归，得直线回归方程。如直线的相关系数大于临界相关系数（$P<0.001$），即可确定体内外相关。

知识拓展 13-4

口服缓释、控释和迟释制剂的临床合理应用

口服缓释、控释和迟释制剂的用药次数与普通剂型虽然不同，但并不是所有制剂有效血药浓度都能持续 24h，做到 1 日 1 次给药。对于那些半衰期短的药物，即使是缓控释制剂也需要 2～3 次/天，如头孢氨苄缓释胶囊 1 次 1 粒，1 次/12h。

口服缓释、控释和迟释制剂的服用方法应该根据其制备工艺，以及其缓释、控释和迟释的机制确定。膜控型、定位型释放片的药物释放速度和释放部位是由包衣膜控制，只有保持膜的完整性才能达到缓释、控释和迟释的目的，这类制剂如非洛地平缓释片、氯化钾缓释片就不能掰开分剂量服用。只有少数使用特殊工艺的制剂，如微囊化的药物颗粒经压片所得缓释片剂，每个颗粒是一个独立的释放单元，该制剂通常外观有一分割痕，可掰开但仍不能压碎或咀嚼服用，要保持半片的完整性。

口服缓释、控释和迟释制剂应避免漏服或不按时服用。有些患者尤其老年人由于记忆力减退有时可能漏服药物，但第二天不能加剂量补服，否则易因过量加重不良反应，甚至引起中毒。另外，每天的服用时间要一致，如倍他乐克缓释片每日早晨空腹服用，那么以后每天都应在早晨服用，提前可能会造成药物蓄积，加重不良反应；推后会导致药物不能维持最低有效浓度，影响治疗效果。

口服缓释、控释和迟释制剂主要适合慢性病，不适用于急性发作或突发疾病。例如，患者因情绪激动突发心动过速，这时应选择普通倍他乐克片，在症状得到缓解后为了减少服药次数，可以转换成其缓释片。要注意同种药物普通片和缓控释制剂相互转换时，要计算好用量及用药次数。

本章小结

缓释、控释和迟释制剂是药物传递系统中研究较早和较为成熟的剂型。本章主要介绍了缓释、控释和迟释制剂的概念、特点、设计原则、常用辅料、释药机制、制剂类型和质量评价方法。缓释、控释制剂可使药物在体内缓慢并可控释放，不仅使药物的血药浓度较长时间维持在有效浓度范围，避免药物浓度过高引起的毒副作用，而且可减少服药次数，大大提高患者的顺应性。迟释制剂给药后不立即释放药物，可根据治疗需求控制药物的释放，以期达到提高疗效、降低毒副作用的目的。注射用缓释、控释制剂和植入剂在保证药物制剂生物利用度的同时，可实现药物的长效作用，提高患者的顺应性。

重点：缓释、控释和迟释制剂的有关概念、特点、设计原则、制剂类型、常用辅料及其制备方法。

难点：缓释、控释和迟释制剂的释药机制和体内外评价方法。

思 考 题

1. 缓控释制剂的设计原理有哪些？
2. 口服缓控释制剂设计时需考虑哪些因素？
3. 哪些药物不宜制成缓释或控释制剂？
4. 简述离子交换型缓释制剂的优点。
5. 骨架片分为哪三类，分别简述其释药机制和骨架材料。
6. 微孔膜包衣片和肠溶控释片在处方组成和控释机制上有何不同？
7. 渗透泵制剂分为几类？简述单室渗透泵片的组成和影响其释药的因素。
8. 列举制备口服渗透泵片时常用的半透膜材料、渗透促进剂和推动剂。
9. 胃内滞留型制剂应具有哪些特性？如何设计该类制剂的处方？
10. 结肠定位释药系统的设计基础是什么？
11. 定时脉冲释药系统的设计基于什么原理？分为几个类型？简述其释药原理。
12. 简述常见注射用缓控释制剂的类型。
13. 简述缓释、控释和迟释制剂体内外相关性研究的必要性。

（张邦乐）

第十四章 靶向制剂

学习目标

1. 掌握：靶向制剂、主动靶向制剂、被动靶向制剂、物理化学靶向制剂的概念及其特点。
2. 熟悉：主动靶向制剂、被动靶向制剂、物理化学靶向制剂设计的原理及靶向性评价。
3. 了解：靶向制剂的发展前沿。

第一节 靶向制剂的概念与分类

一、靶向制剂的概念

传统剂型给药后，大多数药物进入体循环后迅速分布到全身各组织、器官，而达到病灶靶位的药物量少，且作用时间短。要提高靶区的药物浓度必须提高循环系统的药物浓度，这就必须增加剂量，但由此会导致药物的毒副作用增大，尤其是细胞毒抗肿瘤药物，在杀灭肿瘤细胞的同时也损伤大量正常细胞，毒副作用大，导致癌症患者难以耐受。

靶向制剂又称靶向递药系统（targeted drug delivery system，TDDS），是指借助载体、配体或抗体将药物通过局部给药或全身血液循环选择性地输送到靶组织、靶器官、靶细胞或亚细胞结构的递药系统。靶向制剂的概念起源于德国科学家 Ehrlich P.在 1906 年提出的“神奇子弹”的构想。药理学、病理生理学、生物药剂学、药物动力学、分子生物学、细胞生物学和材料科学等学科的迅速发展，为靶向制剂的发展奠定了扎实的理论基础和技术支撑。自 20 世纪 80 年代起，靶向制剂已受到国内外医药界的广泛重视。目前，已对靶向制剂的靶向机制、制备方法、药剂学性质、体内药代动力学等方面有了较为清楚、全面的认识。

靶向制剂给药后最大的优势是能将药物最大限度地递送到病灶靶区，使靶区的药物浓度超出传统制剂数倍乃至数百倍，治疗效果大幅度提高；同时减少药物剂量，减少非靶区药物的分布，降低药物毒副作用，从而提高了药品的安全性、有效性、可靠性和患者的顺应性。理想的靶向制剂应具备定位浓集、控释及载体无毒可生物降解等特征，但是到目前为止，尚不能实现将药物完全浓集于靶部位的目的，只能将药物相对多的浓集于靶部位。虽然靶向制剂的研究取得了全面的进展和突破，一些靶向制剂也已经被批准上市或进行临床研究，但在靶向制剂的制备和临床应用上仍然存在很多问题。例如，微囊、微球的粒径难以控制，脂质体对药物的包封率低，磁导靶向给药难以控制磁场，制剂的储存时间短、价格昂贵等问题还亟待解决。

二、靶向制剂的分类

（一）根据药物到达靶部位的水平分类

根据靶向制剂递送药物到达靶部位的水平不同，把靶向制剂分为三级。

1. 一级靶向制剂 以特定组织和器官为靶标递送药物的制剂。例如，通过吸入作用于肺组织的靶向制剂。

2. 二级靶向制剂 以特定细胞为靶标递送药物的制剂。例如，针对肝实质细胞的药物输送，或肝肿瘤细胞的药物输送，或肝内 Kupffer 细胞的药物输送。二级靶向是以一级靶向为基础。

3. 三级靶向制剂 以亚细胞结构为靶标递送药物的制剂。例如，靶向到细胞线粒体的靶向制剂。三级靶向制剂是建立在一级靶向和二级靶向基础之上的靶向制剂。

（二）根据靶向机制分类

根据靶向机制，可将靶向制剂分为主动靶向制剂、被动靶向制剂和物理化学靶向制剂三大类。

1. 主动靶向制剂（active targeted preparations） 是用修饰的药物载体作为“导弹”，制备的具有主动识别靶组织、靶细胞或靶细胞内特定亚细胞结构的大分子载体制剂，可将药物定向地运送到靶区发挥药效。这种载体可以是受体的配体、单克隆抗体、对体内某些化学物质敏感的高分子材料等。例如，载药微粒可因连接有特定的配体或单克隆抗体与靶细胞特异结合，将药物主动运送至特定细胞，亦可将药物修饰成前体药物，在特定靶区被激活释放出有活性的母体药物而发挥治疗作用。

2. 被动靶向制剂（passive targeted preparations） 即自然靶向制剂，是根据机体内不同的组织、器官对不同大小的微粒具有不同的滞留性，将药物包封或嵌入各种类型的微粒（脂质体、微囊、微球、乳剂等）中，或药物与大分子聚合物嫁接形成药物大分子复合物，从而被不同的组织、器官或细胞阻留并摄取的胶体微粒制剂。

微粒形式的被动靶向制剂经静脉给药后，在体内的分布首先取决于微粒的尺寸大小。例如，小于 50nm 的微粒通常可蓄积于脾和骨髓中；50～100nm 的微粒系统可以进入肝实质细胞中；100～200nm 的微粒很快被单核-吞噬细胞系统（MPS）吞噬，从血液中清除；大于 7μm 的微粒通常被肺毛细血管截留，被 MPS 摄取进入肺组织或肺气泡；小于 7μm 的微粒一般被肝、脾中的 MPS 摄取。除粒径大小外，MPS 对微粒的摄取主要由微粒表面吸附的调理素（包括 IgG、补体 C3b）与巨噬细胞上有关受体相互作用决定，因此微粒的表面性质对其分布也起着重要作用。

3. 物理化学靶向制剂（physicochemical targeted preparations） 是指利用某些物理化学手段将药物输送到特定部位而发挥药效的制剂。例如，可利用对温度敏感的载体制成热敏感制剂，在局部温度升高的作用下，使热敏感制剂在靶区释药；采用 pH 敏感载体制备的 pH 敏感制剂，使药物能在体内特定的 pH 靶区内释药；应用磁性材料与药物制成磁导向制剂，在体外磁场引导下，通过血管到达并定位于特定靶区；栓塞制剂可以阻断靶区的血供和营养，从而起到动脉栓塞和靶向治疗的双重作用。

第二节 主动靶向制剂

主动靶向制剂可分为药物载体的修饰和药物结构的修饰（前体药物）两大类。

一、药物载体的修饰

药物载体的修饰是利用某些细胞上特殊的受体可与其特异的配体或抗体发生专一性结合的特点，将药物或药物载体与这些配体或抗体结合，从而将药物导向特定的靶组织。目前，用于修饰药物或药物载体的靶向配体主要有糖类、蛋白质类、多肽类和核酸类物质，以及一些小分子类化合物。

1. 糖类配体 肿瘤细胞通常会过量表达一些特殊的糖类受体，某些糖类如透明质酸和半乳糖等可与其特异结合。透明质酸是一种由重复的二糖结构组成的线性材料，有良好的生物相容性和生物可降解性。透明质酸的某些特异性受体，包括 CD44 和 CD168 等，在多种具有高转移性的恶性肿瘤细胞表面都过度表达（图 14-1）。透明质酸被广泛地用于药物的靶向递送。

2. 蛋白质类配体 蛋白质类配体中最具有代表性的为各种抗体，它们与其对应的抗原有着极高的特异性和亲和力。例如，表皮生长因子受体家族中的 Her1 与 Her2 都是抗体类肿瘤靶向配体的重要靶点，它们在多种实体瘤中过度表达，因此它们的抗体被广泛用于肿瘤靶向治疗的研究。在非抗体的蛋白类靶向配体中，转铁蛋白（transferrin）与乳铁蛋白（lactoferrin）较为常用。转铁蛋白的受体在某些恶性肿瘤细胞中的表达量远高于正常细胞，常用于肿瘤细胞靶向药物输送。乳铁蛋白的受体在神经胶质瘤细胞中过度表达，因此乳铁蛋白多用于神经胶质瘤的靶向药物递送（图 14-2）。

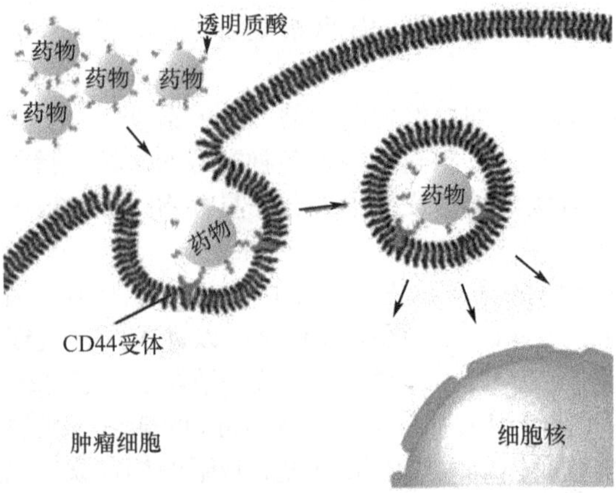

图 14-1 透明质酸修饰的递药系统靶向输送药物原理示意图

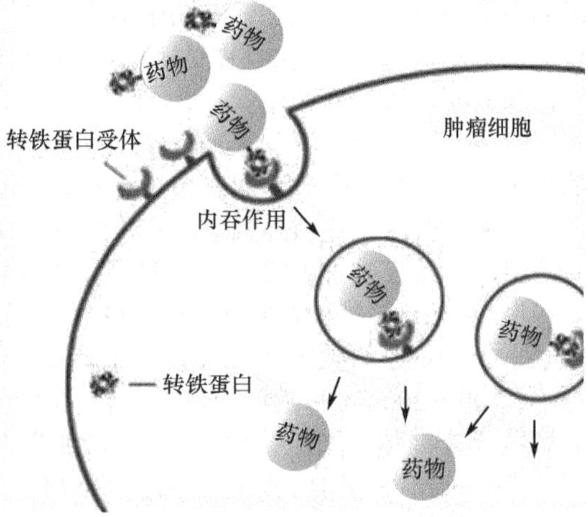

图 14-2 转铁蛋白修饰的递药系统靶向输送药物原理示意图

3. 多肽类配体 与蛋白质类配体相比，多肽类配体性质比较稳定，也易于大规模生产。由于尺寸较小，被修饰微粒的理化性质不易因多肽的引入而受到影响。多肽类配体修饰的递药系统靶向递送药物原理如图 14-3 所示。RGD 是一类常用的靶向修饰多肽类配体，含有精氨酸-甘氨酸-天冬氨酸（Arg-Gly-Asp），能特异性地识别在多种类型肿瘤细胞表面过量表达的整合素 $\alpha_v\beta_3$。另外，黄体生成素释放激素（LHRH）受体在卵巢癌细胞和乳腺癌细胞高表达，LHRH 修饰的递药系统可识别 LHRH 受体高表达的卵巢癌细胞和乳腺癌细胞。

4. 核酸类配体 近几年来，适配体（aptamer）的肿瘤靶向功能也开始受到人们广泛的关注。适配体是一类长度在 20～60 个碱基的单链核酸，对某些氨基酸、蛋白质等特定的目标有着很高的亲和力和特异性。与抗体相比，适体尺寸小，易合成，而且不易引发免疫反应。适体可以溶于多种溶剂，有利于对药物载体或药物本身进行肿瘤靶向性的化学修饰，因此它可以作为抗体的替代品用于药物的肿瘤靶向递送。

5. 其他小分子类配体 一些小分子物质也有其特异性的受体。这些物质主要包括叶酸、生物素和甘草甜素等，它们的相对分子质量通常小于 1000Da。这些小分子类配体的价格便宜、毒性低、无免疫原性且易于改造，因此也被广泛用于靶向微粒的修饰。例如，利用很多肿瘤细胞表面叶酸受体高表达的特点，可将载药脂质体与叶酸结合，从而将药物特异性地输送到肿瘤细胞（图 14-5）。

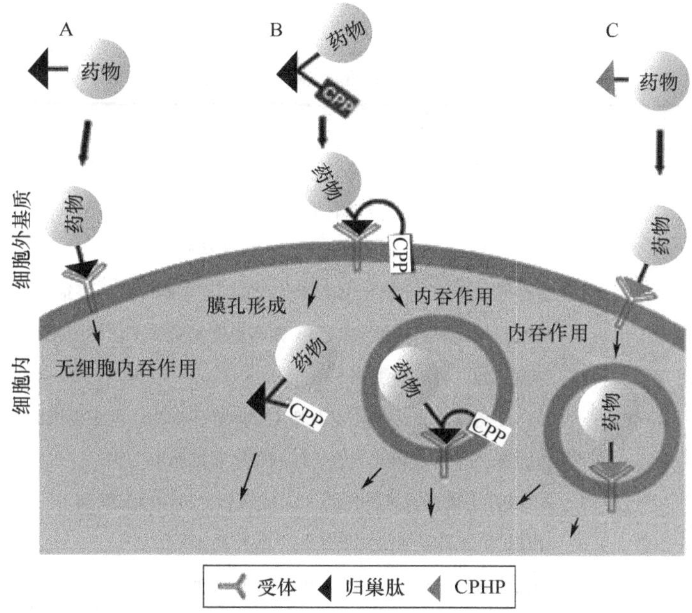

图 14-3 多肽类配体修饰的递药系统靶向递送药物原理示意图

A. 归巢肽无促进细胞内吞作用，只将药物递送到特定细胞表面受体；B. 与细胞穿透肽（CPP）结合的归巢肽，可以通过细胞内吞作用或变形将药物输送至细胞内；C. 细胞穿透性归巢肽（CPHP）在没有外部因素的帮助下也能够将药物输送至细胞内

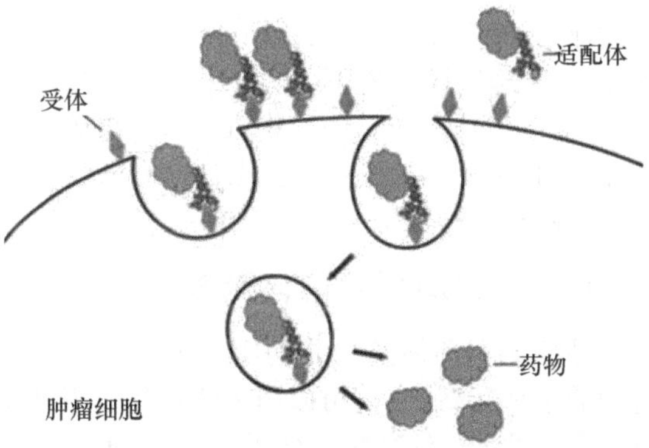

图 14-4 适配体修饰的递药系统靶向输送药物原理示意图

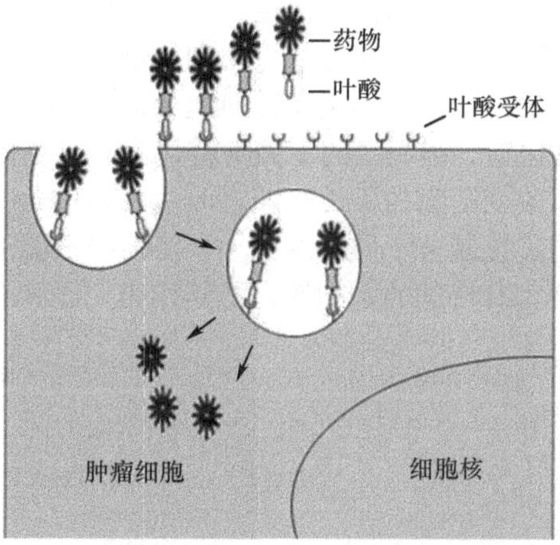

图 14-5 叶酸修饰的递药系统靶向输送药物原理示意图

知识拓展 14-1

肿瘤靶向配体

肿瘤靶向配体种类繁多，为药物纳米载体的设计赋予了多样性。在实践中，靶向配体的选择应根据具体的研究对象来进行，因为每种配体都有其特定的靶细胞（表 14-1）。除了配体的种类之外，配体在纳米载体上的分布密度，以及纳米颗粒自身的形状、大小和稳定性，都可能影响到载药纳米粒的肿瘤靶向效果。

表 14-1 常用的肿瘤靶向配体

靶向配体分子	靶细胞
转铁蛋白/乳铁蛋白	转铁蛋白/乳铁蛋白受体高表达的肿瘤细胞（如肝癌细胞等）
载脂蛋白 E（apoE）	LDL 受体高表达的肿瘤细胞（如前列腺癌细胞）
透明质酸	CD44 受体高表达的肿瘤细胞（如乳腺癌细胞）
半乳糖	去唾液酸蛋白（ASGP-R）高表达的肿瘤细胞（如肝癌细胞）
叶酸	叶酸受体高表达的肿瘤细胞（如卵巢癌细胞和子宫内膜癌细胞等）
核小体特异性的 Mab 2C5	肺癌细胞、乳腺癌细胞
LHRH	LHRH 受体高表达的肿瘤细胞（如卵巢癌细胞、乳腺癌细胞）
Arg-Gly-Asp（RGD）肽	整合素受体高表达的细胞（如黑色素瘤细胞）
APRPG	APRPG 受体高表达的细胞（如肿瘤新生血管内皮细胞）
anti-HER2 Mab	HER2 受体高表达的肿瘤细胞（如人乳腺癌细胞）
EGFR-Mab	表皮生长因子受体高表达的肿瘤细胞（如口腔鳞癌细胞）

二、前 体 药 物

前体药物（prodrug），也称前药、药物前体、前驱药物等，指药物经过化学结构修饰后得到的在体外无活性或活性较小，在体内经酶或非酶作用释放出活性药物而发挥药效的化合物。前体药物可增加药物的生物利用度，加强靶向性，降低药物的毒性和不良反应。

通过前体药物实现靶向递药的机制包括：①利用靶区特有的酶体系，当前体药物分布至病灶靶区时，被靶区的相关酶转化为有活性的母体药物而发挥作用；②在药物分子中引入特殊基团，改变药物的极性，随之改变其体内分布行为，使前体药物进入母体药物难以进入的靶区；③通过控制分子质量的大小，使药物只能进入某些特定的病灶；④利用一些化合物对某些组织或器官有特殊的亲和性，将其作为“子弹头”把药物输送到靶区。

（一）肿瘤靶向前体药物

肿瘤靶向前体药物是利用了肿瘤组织中某些酶的水平升高，它们可以用于活化前体药物释放出有活性的母体药物。如图 14-6 所示，采用对肿瘤细胞表面抗原有特异性结合的单克隆抗体修饰 *N*-（2-羟丙基）-甲基丙烯酰胺聚合物（PHPMA）-多柔比星大分子药物复合物，单克隆抗体修饰的复合物可特异性地识别肿瘤细胞，并通过内吞进入肿瘤细胞溶酶体，在溶酶体的酸性（pH4.5～5）环境中，PHPMA 与多柔比星之间的腙键断裂，释放出活性药物多柔比星。

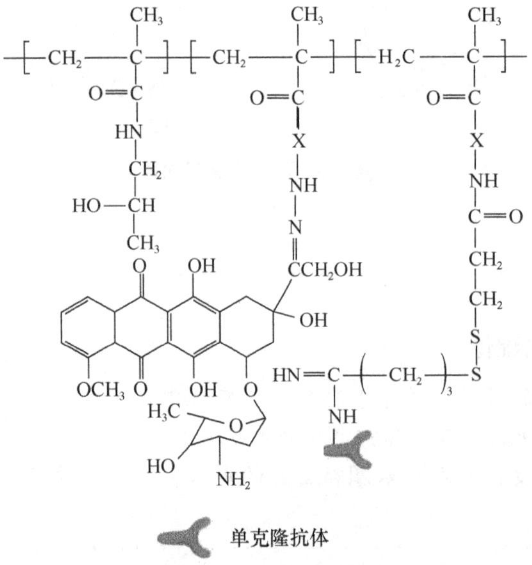

图 14-6 PHPMA-多柔比星大分子前体药物示意图

（二）脑靶向前体药物

由于血脑屏障（BBB）的存在，限制了许多药物在脑部发挥作用，对此，有研究者提出将药物制成前体药物，改善其通过 BBB 的能力。

脑靶向前体药物通常是以一些与细胞生长有关的或参与体内代谢的生理活性物质，如氨基酸、羧酸、杂环等化合物为载体，将其介入药物分子中，以增加药物的脂溶性，使之容易透过BBB，最后经酶解释放原药起效。一般来说，含—OH、—NH_2、—COOH 结构的脂溶性差的药物可通过酯化、酰胺化等化学反应制成脂溶性大的前体药物，易透过血脑屏障。进入中枢神经系统后，其亲脂性基团被水解而释放出活性药物。这种方法在增加脂溶性和改善透过血脑屏障的同时，可由其他途径转化为有毒性的物质而产生不良反应等问题。另外，增加脂溶性不仅可促进药物的脑吸收，也可增强脑内活性泵出系统的外排功能，使药物在靶部位滞留时间缩短，生物效应降低。

为了克服以上不足，20 世纪 80 年代开始了化学传递系统（chemical delivery system，CDS）的研究。CDS 是将药物与脂溶性的载体化合物结合，渗透入脑后载体转变成非脂溶性分子，产物将无法排出脑外，即达到“锁死”状态，如图 14-7 所示。如果相同转变也可在体内其他位置发生，由于亲水性增加，加速外周系统的消除过程，提高药物的靶向性，并降低外周毒副作用。由此提示，理想的脑靶向 CDS 须具有足够的亲脂性，其在外周神经系统消除应迅速；最后，停留于中枢神经系统的中间物必须能够降解并持续释放出活性药物。如今 CDS 的设计内容更加广泛，不仅使用于小分子药物，而且已经用于多肽等大分子药物。

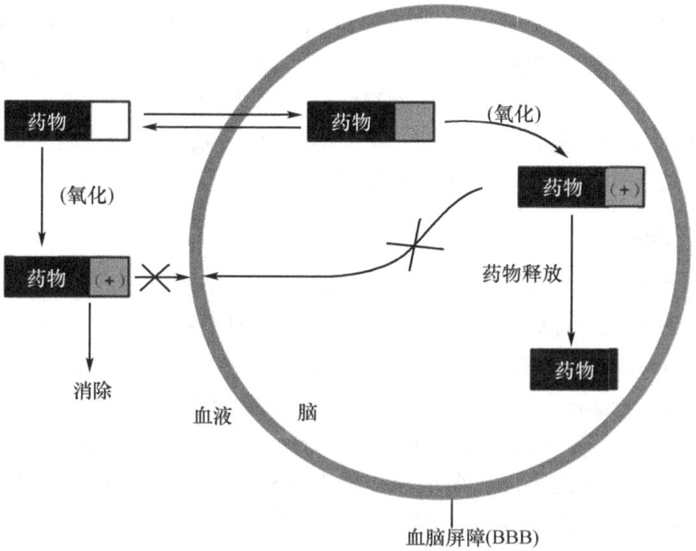

图 14-7　脑靶向化学传递系统示意图

（三）结肠靶向前体药物

结肠靶向前体药物的原理是前体药物到达结肠，受菌群酶的触发而降解释放药物。目前，主要利用结肠存在的两大类酶：偶氮降解酶和糖苷酶。例如，DSD 是地塞米松（Dex）与葡聚糖（平均分子量 76 000）通过酯键连接而成的大分子复合物，与 Dex 相比，其分子质量大、亲水性增强，大大降低了 Dex 在小肠的吸收。大分子多糖的骨架结构保护了 DSD 中的酯键，使其不易与上消化道羧酸酯酶的活性部位接触，因此在胃肠道上部只有少量 Dex 琥珀酸单酯及 Dex 释放。在结肠细菌的数量较多，DSD 在这些细菌的作用下，多糖的骨架结构被破坏，酯键在结肠酯酶的作用下断裂，释放出 Dex。这类前体药物能有效地将药物运送至结肠后释放，提高结肠内局部药物浓度，这对结肠疾病的治疗十分有利。

第三节 被动靶向制剂

一、药物大分子结合物

药物大分子结合物是指药物直接与聚合物、大分子物质以共价键结合形成的化合物。药物与大分子物质（一般是水溶性大分子物质）结合，可以提高药物的溶解度，延长药物在体内的半衰期，并且改变药物在体内的生物分布。

由于小分子药物很容易通过扩散进入细胞，而小分子药物结合大分子物质后分子质量变大，亲水性明显增强，药物不再以被动扩散的方式进行转运，跨膜转运的主要方式变成了胞饮作用。胞饮作用的速度比较缓慢，而且药物在体内的传递，首先的屏障是血管系统的内皮和基底膜，因此大多数大分子药物不能从胃肠道和其他正常途径吸收。相对而言，肿瘤组织中的血管不同于正常组织，表现为血管生长迅速，血管内皮细胞间隙大，淋巴管回流系统缺损，导致肿瘤血管对大分子物质的渗透性增加及大分子物质滞留蓄积于肿瘤组织的量增加，即渗透和滞留增强效应（EPR effect）。换言之，水溶性大分子物质对肿瘤等病灶组织具有一定的靶向性。研究表明，肿瘤选择性摄取聚合物的分子质量可达 778kDa。因此，药物的大分子复合物有可能借助 EPR 效应将药物聚集到肿瘤细胞中，一旦药物大分子复合物内吞进入细胞，有可能在细胞内微环境的作用下，聚合物降解，药物释放，发挥作用。

常用的水溶性大分子结合物有葡聚糖、多聚 *N*-(2-羟丙基)-甲基丙烯酰胺、聚乙二醇(PEG)等，还可以选择血清蛋白、多肽、核酸、聚氨基酸和胶原等。

（一）聚乙二醇

聚乙二醇（PEG）是一种电中性、无毒且具有独特理化性质和良好生物相容性的高分子亲水性聚合物，也是经美国 FDA 批准的可以作为体内注射给药的合成聚合物之一。目前，PEG 修饰的大分子药物（如蛋白、多肽类）已有产品上市，如 Peginterferon alfa-2a、Pegaspargase（PEG-L-asparaginase）Enzon 等，修饰的小分子药物还处于临床研究阶段。一般随着其分子质量的增加，PEG 体内半衰期增加。因此选择相对分子质量 2 万以上的 PEG 与药物结合较为常见。比如，喜树碱结构中有内酯环，在水中和体内不稳定，同时喜树碱难溶于水。与 PEG4000 结合后，喜树碱在水中的溶解度提高了 80 倍，稳定性改善，半衰期显著延长。

（二）聚酰胺-胺

聚酰胺-胺（polyamindoamine，PAMAM）树枝状大分子是迄今为止研究最为成熟的树枝状大分子之一，1985 年 Tomalia 等首次合成了这种高度支化、对称、呈辐射状的聚酰胺-胺树枝状大分子，并称其为星射状树形大分子。PAMAM 是第一个被报道的具有三维立体球形结构的树枝状分子，是一种纳米级的分子，具有很好的反应活性及载药能力，在分子中心和分子末端可以引入大量的反应性及功能性基团，即可以同时键合上药物、靶向基团及各种修饰基团。通过选择不同的重复单元可以使 PAMAM 树枝状大分子的内部形成不同尺寸的疏水空间，用来包封疏水性的药物，而其表层结构是亲水性的基团，则可以用来增加药物的溶解度。又因其具有很好的生物相容性，无免疫原性，末端带功能化基团，可用来结合靶向或客体分子，也可通过对其表面进行修饰得到更多功能化的药物载体分子，所有这些优点都为其作为药物载体提供了得天独厚的条件，可以实现真正意义上的纳米给药。

PAMAM 树枝状大分子的载药机制：PAMAM 具有巨大的内部疏水空间和高密度的表面官能团，疏水空间内部结构中的氮、氧原子可通过氢键或质子化与药物分子形成复合物，而其高密度的表面功能基团则可与药物分子的功能基团通过静电、共价结合形成复合物，或先与具有增溶作用的分子或配体偶联，再与难溶性药物结合，以更好地增加难溶性药物的水溶性，并达到控制药物的释放及介导药物靶向输送的目的。PAMAM 与难溶性药物的作用方式主要有物理包埋作用、静电和共价作用等。与物理包埋载药方式相比，共价结合载药形成的 PAMAM-药物复合物具有更好的稳定性，能更好地控制药物的释放及介导药物靶向输送。

二、微粒给药系统

微粒给药系统（包括胶束、脂质体、纳米粒和微球等）实现被动靶向的机制主要在于：肝、脾、肺和骨髓等组织具有丰富的吞噬细胞，如肝脏的 Kupffer 细胞、肺部的吞噬细胞和循环系统中的 MPS 等，可将一定尺寸大小的微粒作为异物而吞噬，较大的微粒由于不能滤过毛细血管床，而被机械截留于某些部位。例如，在肿瘤组织中存在渗透和滞留增强效应，因此可以在药物或载体表面连接亲水性聚合物如 PEG、聚氧乙烯（PEO）、聚山梨酯 80 等，以抵抗调理素（opsonin）的调理作用，延长其在血液循环中的滞留时间，减少被 MPS 捕获，从而更加有效地浓集在实体瘤部位，更好地发挥被动靶向作用。

第四节　物理化学靶向制剂

物理化学靶向制剂主要有动脉栓塞靶向制剂、磁性靶向制剂、pH 敏感靶向制剂、热敏靶向制剂等。

一、动脉栓塞靶向制剂

肿瘤动脉栓塞疗法（动栓疗法）是将抗癌药物制剂（动栓制剂）选择性注入癌组织的微动脉内，使微动脉发生机械性栓堵，以阻断癌细胞增殖所需营养来源，并定向释出药物，杀伤癌细胞。动栓制剂多为含抗癌药物的微球或微囊类，其基质有乙基纤维素、聚乳酸、白蛋白、淀粉、硅橡胶及琼脂聚糖等。制备动栓制剂的基质有以下要求：①具有一定机械强度和理化稳定性；②具有缓释性，释出药物能在靶区较长时间维持治疗浓度；③具有良好的生物相容性，长时间滞留于栓塞部位，无抗原性和毒副作用等。若栓塞制剂含有抗肿瘤药物，则具有栓塞和靶向性化疗双重作用。例如，为了提高抗肝癌药米托蒽醌的药效并降低其毒副作用，制备了动脉栓塞米托蒽醌乙基纤维素微球，犬体内实验表明，米托蒽醌微球混悬液给药后，肝组织药物浓度高于米托蒽醌普通注射剂，平均滞留时间为米托蒽醌注射剂的 2.45 倍。

二、磁性靶向制剂

磁性靶向制剂系将药物与磁性物质通过适当的载体制成稳定体系，在足够强的体外磁场作用下，使药物在体内定向移动、定位浓集并释放，从而集中在病灶靶区发挥疗效，具有高效低毒的特点。磁性靶向制剂有磁性微球、磁性脂质体、磁性纳米微粒等，它们均由药物、磁性物质、载体材料组成，通过载体材料将磁性材料和药物包裹在一起。常用的磁性材料有 Fe_3O_4 磁粉、纯铁粉、铁磁流体或磁赤铁矿、磁性合金材料、铁氧体磁性材料、羧基铁等；载体材料有白蛋白、乳胶、PEG、中性葡聚糖、淀粉、磷脂酰胆碱、乙基纤维素、聚烷基氰基丙烯酸酯、氨基酸聚合物、聚多糖等；药物有多柔比星、5-氟尿嘧啶、甲氨碟呤、丝裂霉素、米托蒽醌、顺铂、放射菌素、葡萄糖球菌蛋白、肝素、胰岛素等。在磁性靶向制剂的组成中磁性材料是药物运输的核心，通常可以称为磁核。只要在某一特定部位施加一外部磁场，由于外磁场的吸引，磁核结合骨架材料便可以将药物准确地运送到这一部位。此外，磁流体可吸收交变磁场中电磁波的能量转化为热能，使局部温度升高而杀伤肿瘤组织。

相比于传统药物，磁靶向制剂具有以下优点：①粒径小；②良好的生物相容性和降解性，毒性低或无毒；③高效的主动靶向功能；④载药量高，增加药物的稳定性和生物利用度，延长药物作用时间，减少药物用量；⑤到达特定靶位，定位浓集，降低药物的不良反应，提高药物选择性；⑥提高脑内药物浓度，发挥脑靶向作用，为中枢神经系统及其他脑内用药开辟了新的途径。理想的磁性靶向制剂应满足下列几个条件：磁性粒子具有超顺磁性，药物粒子能自由通过最小的毛细血管壁，粒径为 10～200 nm 且表面附有亲水基团的粒子能逃避巨噬细胞的识别，不被 MPS 和其他的正常细胞摄取，制剂各材料在体内可降解，且降解物无毒。

磁性靶向制剂要想广泛用于临床还有两大问题急需解决：①体外磁场的性质应与药物和机体相适应，如磁场强度、磁场使用时间等都会影响靶向性，如何选取体外磁场对磁性靶向制剂的应用有较大影响。②进一步优化磁性靶向制剂的性能，如利用调节粒径或表面修饰等来提高载药率、稳定性，增加靶向性，防止磁性颗粒聚集阻塞血管等。

三、pH 敏感靶向制剂

pH 敏感靶向制剂释药机制主要有：①通过载药微粒基团发生质子化或去质子化，改变载药微粒的疏水性、荷电性或稳定性，促进药物释放；②pH 改变引发化学键的断裂而释放药物。

1. pH 敏感胶束 大多数聚合物和药物的偶合物胶束都过于稳定，无法在病灶释放足够发挥治疗作用的药物；而物理包埋的聚合物胶束往往释药过早，不能达到安全有效治疗的目的。大多数实体瘤的 pH（<6.5）都低于周围正常组织（pH7.4），而细胞内涵体和溶酶体的 pH 为 5.0～6.0，利用这两种 pH 梯度变化可设计 pH 敏感的释药系统。例如，通过对酸敏感的化学键将亲脂聚合物与亲水聚合物连接形成双亲性聚合物，该聚合物形成的胶束可在特定的 pH 环境中解聚，释放出其中包封的药物。

2. pH 敏感脂质体 是一种具有细胞内靶向和控制释药的功能性脂质体，其原理是在低 pH 时，所用的脂质材料发生质子化而引起六角晶相的形成，导致膜融合释药。例如，采用 DPPC、十七烷酸磷脂为脂质材料制备脂质体，在 pH 从 7.4 降至 5.0～6.0 时，pH 敏感脂质体发生结构改变，促使脂质体膜与内体/溶酶体膜的融合，将携带的药物释放于靶细胞中，增加了组织对药物的摄取量。但稳定性限制了 pH 敏感脂质体的应用，如在储存中可自发转变成六角晶相，从而诱发聚集、融合及药物渗漏；进入体内后，受血浆成分的影响，也易致脂质体不稳定，药物渗漏增加。为了提高 pH 敏感脂质体的体内外稳定性和进一步提高其靶向性，人们研制出 pH 敏感免疫脂质体、pH 敏感长循环脂质体、pH 敏感前体脂质体、多聚物 pH 敏感脂质体等新型脂质体。

四、热敏靶向制剂

热敏脂质体是一种能携载药物并能在温热条件释放药物的脂质体，热敏脂质体借助病变部位升温可实现药物靶向传递。为了克服热敏脂质体现存的缺点，并进一步提高其稳定性和靶向性，有学者设计制备了热敏长循环脂质体、热敏免疫脂质体、热敏磁性脂质体及多聚物热敏脂质体等。

1. 热敏长循环脂质体 将亲水性大分子聚合物如 PEG 等镶嵌到热敏脂质体表面，可减少 MPS 对热敏脂质体的摄取，一方面增加其靶向性而提高其疗效；另一方面延长其在体内循环的时间，达到长循环的目的。

2. 热敏磁性脂质体 将磁性物质如 Fe_3O_4 等包裹在热敏脂质体中，体内给药后，身体的局部施加固定磁场，并同时进行加热控释，以进一步提高热敏脂质体的靶向性。例如，

Viroonchatapan E.等将葡聚糖磁珠插入到热敏脂质体中，构成热敏磁性脂质体，结果显示，在体外安置一块永久性磁铁能将其靶向到小鼠肝脏，结合局部升温能显著提高药物在小鼠肝脏的浓度。

3. 热敏免疫脂质体 将单克隆抗体连接到热敏脂质体表面，同时在体外进行加热控释，制成的热敏免疫脂质体，由于抗原抗体反应的专一性而增加了靶细胞对药物的摄取。

4. 多聚物热敏脂质体 将热敏多聚物镶嵌到脂质体表面或作为稳定剂制备热敏脂质体，在浊点以下，多聚物在脂质体表面形成亲水性薄膜，对脂质体具有稳定作用，当温度达到浊点以上时，亲水性薄膜破坏，保护作用消失，从而将药物释放出来。

第五节 靶向制剂的质量评价

研究靶向制剂时必须对其靶向性进行科学合理的评价。

1. 相对摄取率 R_e

$$R_e = \frac{(AUC_i)_T}{(AUC_i)_C} \tag{14-1}$$

式中，AUC_i是由药物浓度-时间曲线求得的第 i 个器官或组织的药时曲线下面积，角标 T 和 C 分别表示靶向制剂（样品）和参比制剂（对照）。R_e表示了靶向制剂对某一组织或器官的选择性。$R_e>1$ 表示靶向制剂对该器官或组织有靶向性，R_e越大说明对该组织或器官的靶向效果越好；$R_e\leqslant 1$ 表示该靶向制剂对该组织或器官无靶向性。

2. 靶向效率 T_e

$$T_e = \frac{(AUC_i)_T}{(AUC_i)_{NT}} \tag{14-2}$$

式中，AUC_i是指某组织或器官的药物浓度-时间曲线下面积，角标 T 代表靶组织或靶器官，角标 NT 代表非靶组织或非靶器官。靶向效率 T_e表示了靶向制剂对某一组织或器官的选择性。$T_e>1$ 表示药物靶向制剂对靶器官比某非靶器官有选择性；T_e值越大，表示选择性越强；靶向制剂的 T_e值与参比制剂的 T_e值相比，可表明药物制剂靶向性增强的倍数。

3. 峰浓度比 C_e

$$C_e = \frac{(C_{max})_T}{(C_{max})_C} \tag{14-3}$$

式中，C_{max}为靶组织药物峰浓度，角标 T 和 C 分别表示药物靶向制剂（样品）和参比制剂（对照）。C_e值也反映了不同制剂对于同一组织或器官的选择性。每个组织或器官中的 C_e值表明药物制剂改变药物分布的效果，C_e值越大，表明该制剂改变药物分布的效果越明显。

4. 综合靶向效率 T

$$T = \frac{(AUC_i)_T}{\sum_{i=1}^{n}(AUC_i)_{NT}} \tag{14-4}$$

式中，AUC_i 代表某组织或器官的药量-时间曲线下面积，角标 T 代表靶组织或器官，NT 代表非靶组织或非靶器官。T越大，表示靶向制剂对靶组织或靶器官的选择性越强。

本章小结

靶向制剂是指借助载体、配体或抗体将药物通过局部给药或全身血液循环选择性地输送到靶组织、靶器官、靶细胞或亚细胞结构的递药系统。靶向制剂给药后能将药物最大限度地递送到病灶部位，提高病灶部位药物浓度，同时减少药物在非病灶部位的分布，达到提高药物疗效、降低药物毒副作用用的目的。根据药物到达靶部位的水平不同，靶向制剂可分为一级靶向制剂、二级靶向制剂及三级靶向制剂。根据靶向机制不同，靶向制剂分为主动靶向制剂、被动靶向制剂和物理化学靶向制剂。

重点：靶向制剂的有关概念、分类及其特点。

难点：靶向制剂的靶向机制。

思 考 题

1. 靶向制剂的基本概念及临床意义如何？
2. 靶向制剂如何评价？
3. 主动靶向制剂设计的依据是什么？
4. 被动靶向制剂与主动靶向制剂的区别是什么？
5. 物理化学靶向制剂的设计原理是什么？

（赵　领）

第十五章　透皮给药制剂

学习目标

1. 掌握：透皮给药制剂的概念、特点；药物透皮吸收的途径、影响因素及促进药物透皮吸收的方法。
2. 熟悉：透皮给药贴剂的结构组成及辅助材料；药物透皮吸收的研究方法。
3. 了解：透皮贴剂的制备方法及透皮给药贴剂的质量要求。

第一节　概　　述

透皮给药是药物应用于皮肤，透过皮肤吸收而发挥局部或全身作用的一种给药方法。药物由皮肤外侧吸收进入皮肤组织和体循环的过程称透皮吸收（percutaneous absorption）。广义的透皮给药制剂包括皮肤局部给药系统（dermal drug delivery systems，DDDS）和透皮给药系统（transdermal drug delivery systems，TDDS）。DDDS 指药物透皮吸收进入皮下各层组织，主要发挥局部治疗作用的制剂，如软膏剂、搽剂、涂剂、气雾剂；TDDS 主要指药物透过皮肤经毛细血管吸收进入体循环，发挥全身治疗作用的一类制剂，如贴剂和贴膏剂等。本章主要介绍 TDDS。

药物透皮给药源于中国，我国现存最早的医学典籍《黄帝内经·素问》即已有“内病外治”理论与实践的记载。清代吴尚所著《理瀹骈文》，是我国最早的外治专著，强调“外治之理，即内治之理，外治之药，亦先治之药。所异者法耳”，阐明了内服汤药与外贴膏药的治疗原理和药物具有一致性，只是给药方法、吸收途径不同。自 20 世纪以来，药物、农药或毒物等化学品通过皮肤吸收产生中毒现象时有发生，促使药学工作者对药物透皮吸收开展了深入研究，1979 年 FDA 批准了第一个 TDDS 产品——Transderm Scop（东莨菪碱贴剂）上市，开创了药物透皮吸收产生全身治疗作用的新领域。截至目前，已有近 40 种药物的 TDDS 上市，治疗领域涵盖晕动症、神经系统疾病、心血管疾病、肿瘤、疼痛等。近年来，随着对皮肤结构和功能、药物透皮吸收机制研究的深入，以及新型压敏胶、促透技术、透皮给药载体在 TDDS 领域的应用，TDDS 取得了稳步的发展。

一、皮肤的解剖结构与药物在皮肤中的转运

皮肤作为机体的第一道屏障，可阻挡异物和有害因素（物理、化学、生物等）的侵入，并可阻止体液外渗。但皮肤不是绝对密闭而无通透性的屏障，它除具有汗液和皮脂排泄功能外，还有一定的渗透能力和吸收作用，可调控外来物质的透皮吸收及皮肤水分蒸发。

（一）皮肤的解剖结构

皮肤的屏障特性由皮肤的解剖结构决定，皮肤由表皮、真皮、皮下组织及皮肤附属器组成，见图 15-1。表皮（epidermis）的厚度为 0.006～0.8mm，由外向内可分为角质层、透明层（仅见于手掌和足跖处）、颗粒层、棘层、基底层，后四层合称为活性表皮（viable epidermis）。角质层（stratum corneum）是表皮最外层，厚度为 10～15μm，由已死亡的无核角质细胞和细胞间

脂质组成。活性表皮是活性细胞组织，其中角朊细胞从基底层开始不断分化，向上移行，最终完成角化形成角质层。真皮（dermis）与皮下组织（subcutaneous tissue）之间无明确界限，并通过皮下组织与深部的组织相连接。真皮由结缔组织构成，厚度为3～5mm，皮下组织是一种脂肪组织，其厚度随部位和性别有所差异。真皮含有丰富的毛细血管、淋巴管和神经末梢。皮下组织中含有较大的血管、淋巴管和神经。

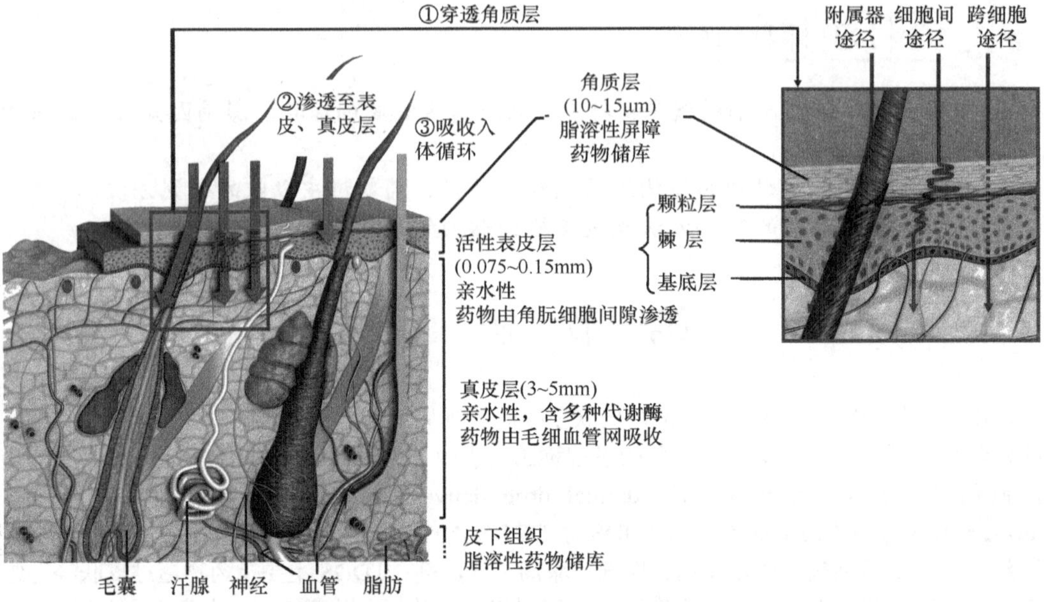

图 15-1 皮肤的结构与药物透皮吸收途径

（二）药物透皮吸收途径

如图 15-1 所示，透皮给药制剂应用于皮肤后，药物首先从制剂中释放到皮肤表面；皮肤表面溶解的药物扩散穿过角质层到达活性表皮，继续经活性表皮扩散到达真皮，被毛细血管吸收进入体循环。药物透皮吸收进入体循环的途径主要有两条，即表皮途径和附属器途径。

1. 表皮途径（transepidermal route） 是指药物透过角质层进入活性表皮，扩散至真皮被毛细血管吸收进入体循环，是药物透皮吸收的主要途径。在此途径中，如图 15-1 所示，药物可穿过角质细胞到达活性表皮，称为跨细胞途径（transcellular route），也可通过角质细胞间扩散到达活性表皮，称为细胞间质途径（intercellular route）。由于跨细胞途径需经历多次亲脂和亲水环境的分配过程，扩散阻力较大，所以药物分子主要由细胞间质途径扩散进入活性表皮，继而吸收进入体循环。

2. 附属器途径（appendage route） 药物透皮吸收的另一条途径是通过皮肤附属器（cutaneous appendages）吸收，称为附属器途径。皮肤附属器，包括毛囊、皮脂腺和汗腺，分布于真皮和皮下组织，以管状开口延伸至表皮，对药物渗透阻力小。因此，药物通过皮肤附属器的穿透速度要比通过角质层快，但皮肤附属器仅占皮肤面积的 1%左右，因此不是药物透皮吸收的主要途径。

当药物透皮渗透开始时，药物首先通过渗透阻力比较小的皮肤附属器途径，以较快的速度被吸收进入体循环，同时，大量药物经由大面积的角质层渗透，逐渐达到透皮吸收稳态，此时附属器途径的作用可被忽略。对于一些离子型药物及亲水性的大分子药物，由于难以通过富含类脂的角质层屏障，因此附属器途径就成为其主要的吸收途径。

（三）角质层的屏障作用和储库效应

药物透皮转运主要受到角质层的屏障作用和储库效应的影响。

1. 角质层的屏障作用　角质层具有特殊的“砖墙”结构，如图 15-2 所示。15～20 层六角形扁平状的角质细胞呈柱状排列，角质细胞边缘彼此交错重叠，形成类似叠瓦状结构，以及曲折相连的细胞间隙；角质细胞间隙充满了由神经酰胺、胆固醇及脂肪酸组成的细胞间脂质，类似填充于砖块间并起黏着作用的水泥灰浆，形成曲折的细胞间脂质通道。在细胞间脂质通道内，类脂排列形成高度有序的脂质双分子层：类脂的亲水性基团排列形成亲水性的极性区，位于外侧，并与水分子结合形成水性通道；类脂的疏水性碳氢链形成双分子层的疏水区，位于内侧。这种特殊的“砖墙”结构决定了在药物透皮吸收过程中角质层起主要屏障作用，细胞间脂质双分子层在药物透皮转运中起重要的通道作用。

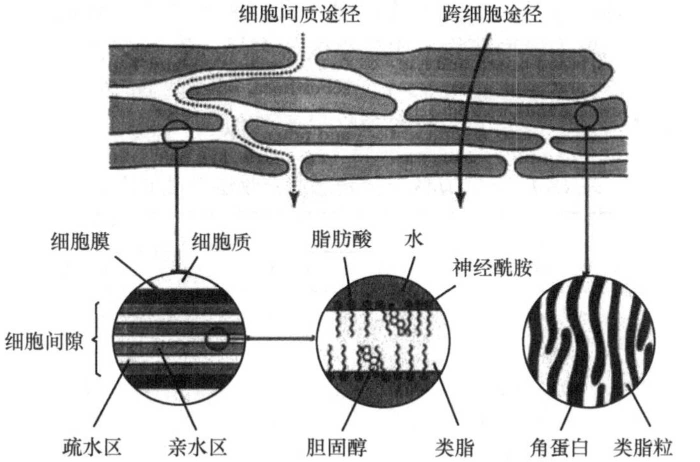

图 15-2　角质层“砖墙”结构示意图

2. 角质层的储库效应　药物在透皮吸收过程中可能会在皮肤角质层内产生积累，形成暂时的储库，然后以非常缓慢的速度扩散渗透。储库是由于药物的亲脂性强或扩散系数很小而蓄积在角质层中，以及药物与角质蛋白发生结合或吸附而形成的，其中后者起主要作用。

（四）活性皮肤组织中药物的转运

活性表皮为亲水性环境，其细胞膜为类脂双分子层结构，药物易于透过。活性表皮中含有酶，能降解透过皮肤的药物。真皮与皮下组织对药物穿透的阻力小，药物进入真皮易被丰富的毛细血管网所吸收，从而迅速向全身转运，因此不呈现屏障效应。但一些脂溶性较强的药物，易在皮下脂肪组织中积累，形成药物的储库。

二、药物透皮吸收的特点

药物透皮吸收具有独特的优势，包括：①避免口服给药可能存在的问题，如胃肠道的降解作用和首过效应，药物对胃肠道的刺激作用；②具有缓控释制剂特点，可减少给药次数，延长给药间隔；药物可长时间持续扩散进入体循环，维持平稳的血药浓度，避免峰谷现象，降低药物毒副反应；③患者用药顺应性高，使用方便，患者可以自主给药，可随时中断给药，特别适合婴儿、老人及不宜口服给药的患者。

药物透皮吸收亦存在以下局限：①药物适用性问题，由于皮肤的屏障、代谢和储库作用，药物透皮吸收难以满足临床治疗的需求，不适合剂量大的药物；由于起效较慢，不适合要求起效快的药物等；②皮肤耐受性问题，对皮肤产生刺激性、致敏性的药物和辅料不宜制成 TDDS；③药物透皮吸收性能受到皮肤生理、药物和剂型等复杂因素的影响，存在一定的个体差异，可能影响疗效。

三、影响药物透皮吸收的因素

（一）生理因素

皮肤的通透性屏障作用是影响药物透皮吸收的主要因素之一，不同种属和种族、年龄、性别、部位和皮肤状态等都会引起皮肤生理结构和功能的巨大差异，比如全皮和角质层的厚度、脂质组成、汗腺和毛囊的数量及密度、血液供应能力及汗腺分泌能力等不同，从而导致皮肤渗透性存在很大差异。

1. 种属和种族、性别和年龄 皮肤渗透性因种属、种族、性别、年龄的不同而有很大差异。以苯甲酸、水杨酸、甲硝唑为模型药物，比较小鼠、大鼠、兔、小猪、蛇、泥鳅、青蛙离体皮肤与正常人体皮肤的渗透性，结果见表 15-1。7 种动物皮肤除猪皮外，均比人体皮肤的药物渗透性大，其中小猪皮肤与人体皮肤的药物渗透性最为相似。

表 15-1 不同动物及人皮肤对药物渗透性的比较

皮肤种类	皮肤厚度（mm）	渗透量比值		
		苯甲酸	水杨酸	甲硝唑
人	2.02	1.00	1.00	1.00
猪	1.28～1.46	0.85	0.89	0.65
兔	0.82～1.06	1.16	1.39	2.43
小鼠	0.44～0.48	1.38	1.63	3.04
大鼠	0.52～0.56	1.57	1.81	5.92
蛇	0.68～0.70	1.52	1.39	2.65
泥鳅	0.38～0.42	2.25	1.88	8.43
青蛙	0.30～0.32	2.24	1.90	9.66

2. 用药部位 人身体不同部位的皮肤存在渗透性差异，这主要是由角质层厚度、皮肤附属器密度、脂质组成及皮肤血流量不同引起。选择合适的给药部位对透皮给药制剂的设计尤为重要。东莨菪碱通过人体不同部位皮肤的渗透速率顺序为：耳后部＞背部＞胸部＞腹部＞前臂＞大腿，其中耳后部比大腿处大 10 倍。耳后部皮肤通透性高，故东莨菪碱透皮贴剂即是根据耳后皮肤的透皮速率设计的。

3. 皮肤水化 角质层的角质细胞内含有角蛋白，能与水分结合使角质层水化。水化后可引起角质细胞膨胀，使角质层结构变得疏松，细胞间隙变大，细胞间隙的水量增加，扩大了水分子的扩散通路，使得皮肤通透性显著增加。皮肤采用封包法（覆盖敷料），或使用具有封闭作用的软膏基质，可减少水分蒸发，促进角质层的内源性水化，使角质层含水量增至 50%以上，通透性亦可增加 5～10 倍。皮肤水化后对亲脂性药物的渗透促进作用强于亲水性药物。另外，环境相对湿度高，有利于皮肤水化，药物渗透性增加。

4. 皮肤温度 皮肤温度升高，血液循环加快，可促进药物的透皮吸收，并能缩短时滞。当温度从 10℃提高到 40℃时，阿司匹林通过人皮肤的渗透速率增加 15 倍。

5. 皮肤病理状态 皮肤受到机械、物理、化学等损伤时，皮肤结构被破坏，不同程度地破坏角质层的屏障作用，使皮肤渗透性明显增大。牛皮癣、湿疹、烫伤、炎症，尤其是急性渗出、糜烂性皮损等，都会导致皮肤角质层破坏，使皮肤通透性增加，药物容易吸收。此外，皮肤的病理状态还可引起皮肤内药物代谢酶活性的改变，影响药物在皮肤的代谢和转运。

6. 皮肤结合作用　是指药物与皮肤蛋白质或者脂质的可逆性结合。结合作用可延长药物透过的时间，也能在皮肤内蓄积形成药物储库。药物与皮肤组织结合力愈强，时滞与储库维持时间也愈长。此外，角质层主要由手性物质角质蛋白和神经酰胺组成，提供了一个手性环境，手性药物的手性对映体与皮肤手性物质的选择性结合会引起对映体间渗透性的不同。

7. 皮肤代谢作用　皮肤对药物的代谢主要包括皮肤的药物代谢酶和微生物的降解作用。皮肤内存在一些药物代谢酶，主要存在于活性表皮、皮脂腺和毛囊中，药物可在这些酶的作用下发生氧化、还原、水解与结合等反应，使渗透进皮肤的药物在到达体循环之前被代谢降解。由于皮肤内酶含量很低，皮肤血流量也仅为肝脏的 7%，并且透皮吸收制剂的给药面积小，所以对多数药物而言，皮肤的药物代谢不会产生明显的首过效应。另外，人体皮肤寄生着许多微生物，它们主要寄生在角质层的浅表处，如毛囊、皮脂腺口的漏斗部和汗管口等。这些微生物有降解药物的能力，特别是药物以薄层涂或贴敷于皮肤表面时，此作用尤为突出。当 TDDS 贴于皮肤上长达数日至一周时，有利于微生物生长，从而使药物的降解变得明显。

（二）药物理化性质

药物的理化性质对其透皮吸收的影响极其复杂，如油水分配系数、分子体积、解离程度、熔点等都能影响透皮吸收速率，了解理化性质对透皮吸收的影响规律，有助于透皮给药药物的筛选和设计。

1. 分子大小与形状　药物透皮吸收主要是通过角质层的细胞间脂质通道进行扩散，近似地遵循 Stokes-Einstein 定律，其扩散系数与分子半径成反比，与分子体积成负指数关系。相对分子质量与分子体积有线性关系，当相对分子质量较小（＜500Da）时，相对分子质量对扩散系数影响不大。根据经验，相对分子质量每增加 100，最大渗透速率降至原来的 1/5。药物分子的形状与立体结构对药物的透皮吸收影响也很大，线性分子通过角质细胞间类脂双分子层结构的能力要明显强于非线性分子。

2. 油水分配系数与溶解度　药物在皮肤的脂性角质层和水性活性组织的分配与扩散，直接受药物油水分配系数的影响。药物的脂溶性很小时，药物难以分配进入角质层，此时药物透过全皮的渗透系数取决于药物通过角质层的渗透系数，活性组织的影响可以忽略，渗透系数随分配系数增大而增大。当药物的脂溶性很大时，药物易蓄积滞留在角质层，难以分配进入活性表皮继而被吸收，此时不能忽略活性表皮层对药物的屏障作用，分配系数的继续增大对渗透系数无影响。具有适宜的油水分配系数（$\lg P$ 1～4），既脂溶又水溶的药物最易于透皮吸收，此时药物的渗透系数由药物通过角质层和活性组织的渗透系数共同决定。若药物脂、水中都难溶，则很难透皮吸收。

3. 解离程度　制剂基质、皮肤表面和内部体液的 pH 能使有机弱酸或弱碱类药物发生不同程度的解离，即解离成不同比例的分子型和离子型，从而影响其溶解和分配系数，进而影响药物的透皮吸收。药物以分子型存在时，因相对亲脂而渗透性好，但溶解性较差；以解离型存在时相对亲水难以透过皮肤，但溶解性较好。因此，必须根据药物的 pK_a 调节介质的 pH，调节药物分子型和离子型的比例，以寻求药物脂溶性和水溶性、渗透性和溶解性之间的平衡点，兼顾提高药物渗透速率和渗透量。

4. 熔点　一般情况下，低熔点药物易于透过皮肤。低熔点的药物晶格能较小，在介质和皮肤中，低熔点的药物具有更大的溶解度，因而有较大的渗透性。根据经验，药物熔点每升高 10℃，其渗透系数降低至原来的 1/10。手性药物消旋体与对映体间的皮肤渗透速率差异，并非均与立体选择性有关，消旋体与对映体间的结晶结构及熔点的差异，也可能引起对映体渗透性的差异。

5. 其他因素　其他如药物的氢键和范德瓦耳斯力等因素也可能影响透皮吸收。药物分子具有氢键供体或受体，会和角质层的类脂形成氢键，对药物透皮吸收起负效应。一般药物分子内氢键供体或受体以小于 2 个为宜。

（三）剂型因素

1. 剂型 药物的透皮吸收包含了药物从透皮给药制剂中释放和药物通过皮肤吸收两个步骤。若制剂的释药速率小于药物通过皮肤的吸收速率，则制剂的释药速率控制总的吸收速率；若制剂的释药速率大于皮肤的吸收速率，则皮肤的吸收速率控制总的吸收速率。剂型能够影响药物的释放性能，从而影响药物的透皮吸收。药物从制剂中释放越快，越有利于透皮吸收。一般凝胶剂、乳膏剂等半固体制剂中药物释放较快，骨架型透皮贴剂中药物释放较慢，膜控型透皮贴剂可使药物以零级速率释放。

2. 基质 同一剂型处方组成不同时，药物的释放和透皮吸收亦可能存在很大差异。溶解和分散药物的介质或基质能影响药物在储库中的热力学活性，影响药物的溶解、释放和药物在基质与皮肤之间的分配。一般基质和药物亲和力不应太大，否则药物难以从基质中释放并扩散到皮肤。基质和药物的亲和力也不能太弱，否则载药量无法达到设计要求。药用高分子材料的聚合度和用量等均会通过影响基质结构与黏性，从而影响药物释放。有的基质本身会影响皮肤的渗透性，基质组分在穿透皮肤的过程中与皮肤相互作用，改变皮肤的屏障性能。添加透皮促进剂，会提高药物透皮吸收速率，也有利于减少给药面积和时滞。此外，基质的 pH 能影响有机弱酸或有机弱碱类药物的解离而影响透皮吸收。

3. 药物浓度与给药面积 大部分药物的稳态透过量与膜两侧的浓度梯度成正比，因此基质中药物浓度越大，药物透皮吸收量越大。但当浓度超过一定范围，吸收量不再增加。因皮肤的渗透性存在一定的个体差异，所以皮肤控制吸收速率型 TDDS 适合于血药浓度安全范围较宽的药物。此外，还可以通过改变给药面积来调节给药剂量。给药面积越大，透皮吸收的量亦越大，因此一般贴剂都有几种规格，但面积太大，则患者的用药依从性差，经验证明，贴剂面积不宜超过 $60cm^2$。

四、促进药物透皮吸收的方法

皮肤对于大多数药物而言是一道难以通透的屏障，许多药物透皮给药后达不到治疗要求。因此，寻找促进药物透皮吸收的方法，保证足够量的药物透过皮肤进入体内达到治疗剂量，是 TDDS 研发的关键。目前常用的促透方法有：①化学方法，包括透皮促进剂、离子对、前体药物等；②物理学方法，包括离子导入、电穿孔、超声导入、热能导入、微针技术、无针注射等；③药剂学方法，包括脂质体、传递体、醇质体、非离子表面活性剂囊泡、微乳、脂质纳米粒等微粒制剂；④上述方法的协同使用。

（一）化学方法

1. 透皮促进剂（percutaneous penetration enhancers） 是指能可逆地降低皮肤屏障功能，减小药物透皮阻力，促进药物透过皮肤的一类物质。添加透皮促进剂是目前改善药物透皮吸收困难问题的主要方法，已广泛用于 TDDS。

透皮促进剂可能的作用机制：①扰乱皮肤角质层细胞间隙中类脂双分子层的有序排列，增加其流动性；②提高皮肤表面角蛋白与水的结合能力，提高角质层水化作用；③提高角质层对药物的溶解能力，促进药物分配进入角质层；④溶解皮脂腺管内皮脂，降低皮脂腺管内的疏水性；⑤通过膨胀和软化角质层，扩大汗腺和毛囊开口。

理想的透皮促进剂应具备：①无药理活性、无毒、无刺激性、无致敏性；②起效迅速，单向降低皮肤由外到内的屏障功能，内源性物质不能通过皮肤外渗损失；③撤去后皮肤屏障功能可迅速并完全恢复；④性质稳定，与药物及其他附加剂无配伍禁忌；⑤无色、无味、无臭、价廉。透皮促进剂的应用需充分考虑其合理性，首先应考虑安全、无刺激；其次应针对药物透皮吸收困难的理化因素和屏障因素，对透皮促进剂的种类、用量及联合使用做系统筛选，确保制剂的安全性和有效性。

目前，对透皮促进剂的研究受到广泛关注，也有越来越多的物质被发现具有透皮促进作用，常用的透皮促进剂包括以下几类：①醇类；②脂肪酸及其酯类；③亚砜类；④月桂氮䓬酮类；⑤萜烯及挥发油类；⑥环糊精类；⑦表面活性剂；⑧角质保湿剂。

（1）醇类：一元醇类在透皮给药制剂中既用作溶剂，又能促进药物的透皮吸收。其促透效果与碳链长度有关，碳链增长促透作用增强，达到临界值后，碳链再增长其促透作用又减弱。乙醇等短链醇（C_2～C_5）本身透皮吸收很快，要延长促透时间，必须采用高浓度的醇，但会引起皮肤刺激，还能使角质层脱脂和脱水。因此，从临床治疗角度考虑，尽量避免高浓度醇类的使用。为降低皮肤刺激性，常与其他透皮促进剂联合使用，可极大提高其促透效果。

常用的二元醇有丙二醇（propylene glycol，PG），其在透皮给药制剂中常用作溶剂、潜溶剂、保湿剂、抑菌剂和透皮促进剂。PG 能与水和常用有机溶剂混溶，对许多亲水性、亲脂性药物都有良好的溶解性能，并可增加很多透皮促进剂的溶解度。PG 本身可以渗入皮肤，对很多药物有透皮促进作用。PG 单独应用的促透效果不佳，常与其他透皮促进剂合用，发挥协同作用。当与月桂氮䓬酮、油酸、亚砜类、吡咯酮类等合用，则可增加药物及促进剂溶解度，增加合用的促进剂在角质层的分配，从而发挥协同作用。

常用的多元醇类有甘油，可单独或与 PG 合用，与乙醇、月桂氮䓬酮等组成二元或三元复合促进剂，可增加 5-氟尿嘧啶等药物的透皮吸收，减少其他促进剂的刺激性。

（2）脂肪酸及其酯：脂肪酸类透皮促进剂主要有油酸（oleic acid，OA）。OA 为无色油状液体，微溶于水，易溶于乙醇、乙醚、氯仿和油类等。OA 对阳离子型药物具有独特的促进效果，还可促进阴离子型药物如水杨酸及分子型药物如咖啡因、尼卡地平等药物的透皮吸收。常用浓度小于 10%，浓度超过 20%会引起皮肤红斑和水肿。OA 常与乙醇、PG 等合用发挥协同作用，增加其对角质层的作用时间和作用强度。

脂肪酸酯类透皮促进剂主要有肉豆蔻酸异丙酯（isopropyl myristate，IPM）。IPM 刺激性很低，具有很好的皮肤相容性。IPM 与 *N*-甲基吡咯烷酮合用可以大大降低后者起效浓度，减少毒性。

（3）二甲基亚砜及其同系物：该类促进剂有二甲基亚砜（DMSO）、二甲基甲酰胺（DMF）、二甲基乙酰胺（DMA）和癸基甲基亚砜（DCMS）等。DMSO 是应用较早的一种透皮促进剂，其对亲水性和亲脂性药物都有促透作用，但作用具有浓度依赖性，一般需要高浓度（≥60%）才具有较强的促透作用，而浓度过高会对皮肤产生严重的刺激性，因此其使用受到限制。与 DMSO 相比，DCMS 刺激性、毒性和不适臭味明显降低，常用浓度仅为 1%～4%，DCMS 对亲水性药物的促透效果较好，而对亲脂性药物效果不佳。

（4）月桂氮䓬酮（laurocapram）：化学名为 1-十二烷基-六氢-2H-氮杂䓬-2-酮，是目前公认的高效、低毒、应用较为成熟的透皮促进剂，是目前唯一的《中国药典》2015 年版四部收载的专用透皮促进剂。月桂氮䓬酮对水溶性药物促透作用较强，而对一些脂溶性较强的药物促透作用不明显，甚至可能有抑制效应。其促透作用与使用浓度呈非线性关系，最佳促透浓度与药物理化性质及处方组成有关，常用浓度＜10%。月桂氮䓬酮促透作用起效缓慢，作用时间可长达几日。PG 能增加月桂氮䓬酮在皮肤角质层的溶解度，提高其对皮肤角质层的作用时间和作用强度，并可有效地缩短滞后时间。

（5）萜烯类和挥发油：一些含萜烯的挥发油有较强的皮肤刺激性和促透作用。常用的中药挥发油促透剂包括：薄荷醇、薄荷脑、薄荷油、冰片、樟脑、柠檬烯、肉桂醛、橙花叔醇、桉叶脑、桉叶油、川芎挥发油、小豆蔻提取物等。薄荷醇具有清凉和止痛作用，具有起效快、毒副作用小等优点，与 PG 合用可产生协同作用。另外，很多萜烯类都有一定的药理活性，需注意作为促透剂和药物使用时用量的差异。

（6）环糊精及其衍生物：环糊精包合物用于透皮给药可提高药物的溶解度、稳定性和透过性。常用的环糊精及其衍生物有 β-环糊精、羟丙基-β-环糊精等。环糊精及其衍生物单独使用促透效果较弱，常与脂肪酸和 PG 并用。

（7）表面活性剂：阳离子表面活性剂的促透作用优于阴离子和非离子表面活性剂，但对皮肤产生刺激作用，因此一般选择非离子表面活性剂。

（8）角质保湿剂：在封闭状态和使用保湿剂的条件下，皮肤角质层水化，使皮肤渗透性显著增加。作为透皮促进剂的角质保湿剂有尿素、吡咯酮类等。尿素作为透皮促进剂常用浓度为10%。*N*-甲基吡咯烷酮具有用量低、毒性小、促进作用强等特点，但会引起人体皮肤红斑和其他刺激，因而使其应用受到一定限制。

2. 离子对 离子型药物难以透过角质层，通过加入与药物带相反电荷的物质，形成离子对（ion pairs），使之容易分配进入角质层类脂。当它们扩散到水性的活性表皮内，解离成带电荷的分子继续扩散到真皮。双氯芬酸、氟吡洛芬等强脂溶性药物中加入有机胺类后，显著地增加其透皮透过量。

3. 前体药物 利用皮肤的酶代谢作用，可用于设计前体药物（prodrug），来促进药物的透皮吸收。设计前体药物时，应使药物在油和水中的溶解度均较大，亲水性药物可制成脂溶性大的前药以增加其在角质层内溶解度；强亲脂性的药物可引入亲水性基团以利于其从角质层向活性皮肤组织分配。

（二）物理方法

透皮促进剂的使用，在减少 TDDS 贴剂的使用面积方面起了很大作用，但是不能扩大 TDDS 候选药物范围。近年来，通过物理方法促进药物透皮吸收受到越来越多的关注。物理促透方法可以通过控制外部能量，达到精密控制透皮吸收的目的。物理促透方法有效地扩大了可用于透皮给药的药物范围，特别是肽类和蛋白质类大分子药物。物理促透法包括离子导入、电穿孔、超声导入、热能导入、微针技术、无针注射系统等。

1. 离子导入（iontophoresis） 是在外加电场的作用下，离子型药物透过皮肤，进入局部组织或体循环的一种促透方法，其原理如图 15-3 所示。离子导入的主要促透机制是电场力的作用，当电场施加到皮肤上时，角质层两侧产生电压降，离子型药物在同种电荷电极作用下，借助静电排斥和电压降的驱动力，通过汗腺和毛孔等皮肤附属器进入皮下微循环系统。此外，离子导入时产生的电渗现象可促进非离子型药物和大分子药物的渗透。离子导入 TDDS 具有以下优点：①适合于高电荷密度的离子型和大分子多肽类药物（分子质量＜12 000Da）的透皮给药；②适合于个体化给药，可通过调节电流的大小来控制药物透皮导入的速率，还可根据时辰药理学的需要实现程序给药，通过调节电场强度满足不同时间的剂量要求；③装置较小，携带方便。电场因素与药物因素均可影响离子导入效果。

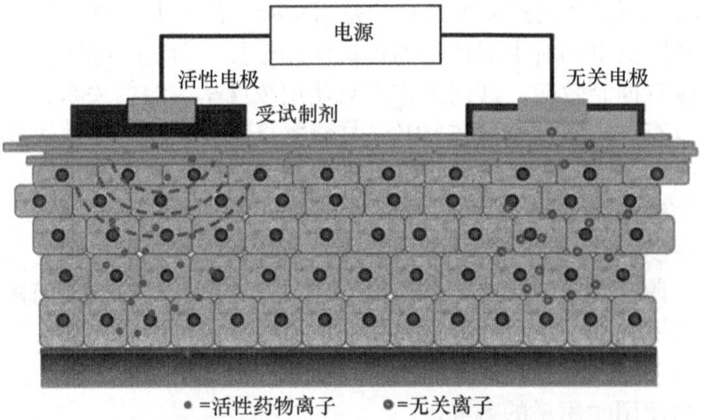

图 15-3　离子导入原理示意图

2. 电穿孔（electroporation） 是在皮肤上施加瞬间（毫秒或微秒）的高压电脉冲电场，

使角质层脂质双分子层产生短暂、可逆的亲水性通道，使药物通过形成的亲水通道穿过皮肤而被吸收的技术，原理如图 15-4 所示。电穿孔技术特别适合多肽和蛋白类大分子药物透皮给药。体内外实验均证实电穿孔可使药物透皮转运增加几个数量级。与离子导入法相比，电穿孔无电荷和相对分子质量的限制，对于采用传统的被动扩散动力和离子导入无法实现透皮给药的药物，具有巨大的促透潜力。由于采用的是瞬间高压电场，电穿孔技术可能引起皮肤红肿、发热、灼伤等热效应和引起神经刺激、电孔道不可逆等非热效应。研究表明通过控制电学参数和选择合适的电极，其安全性可以得到保障。

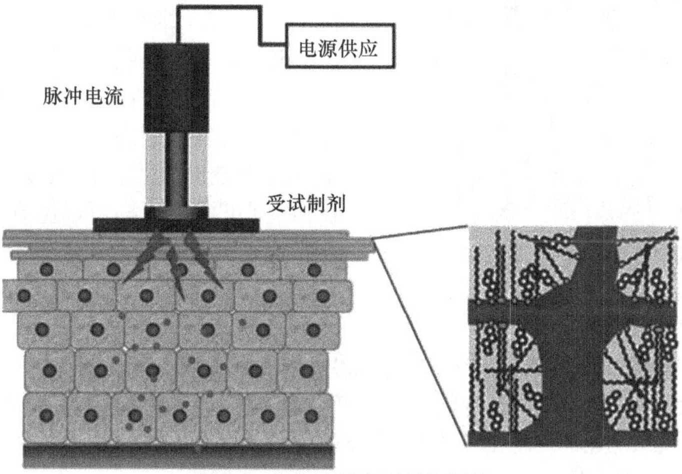

图 15-4　电穿孔原理示意图

3. 超声导入（sonophoresis）　是利用具有高能量和高穿透率的超声波促进药物透皮吸收的方法，原理如图 15-5 所示。超声导入的主要促透机制是超声波的空化作用，即当超声施加到皮肤上时，可使皮肤液体内局部形成负压，使原来溶于液体中的气体逸出产生大量小气泡，气泡在声波作用下振动、生长和破裂。空化作用使皮肤角质细胞产生孔隙，并增大细胞间隙，扰乱角质层脂质结构的有序排列，促进药物渗透。此外，超声能量可转化为热能，使皮肤温度升高，有利于药物的透皮吸收。

一般超声导入采用脉冲或连续的低频超声，频率为 20 kHz，强度为 0～4 W/cm^2，把药物加入耦合剂（矿物油、软膏、水凝胶）中，药物分子在超声波的作用下，被输送到皮肤内部。超声导入最大特点是可在短时间内增加药物吸收，与化学促透剂相比安全性高，超声停止后皮肤屏障功能恢复更快；与直流电离子导入相比选用药物范围广，不限于电离型和水溶性药物，透药深度更深（5cm），无电刺激现象，更适合于生物大分子药物。

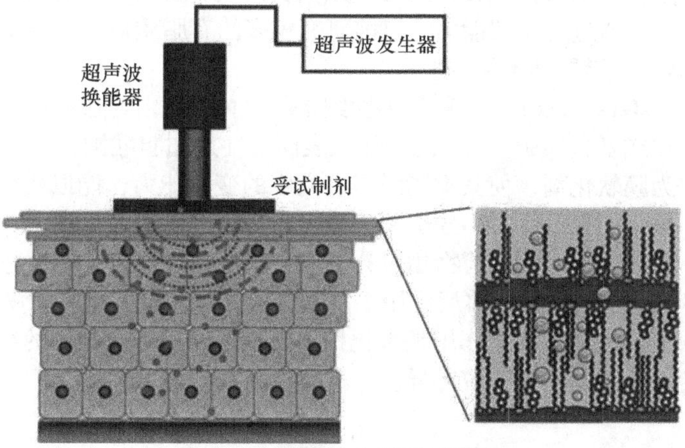

图 15-5　超声导入原理示意图

4. 热能导入 加热可以促进药物的透皮吸收，缩短时滞，其促透机制涉及皮肤温度升高引起的生理效应：促进血液循环，增加血管壁对药物的通透性，改善药物溶解度，增加药物的释放速率。利用热能导入可用来设计主动扩散的TDDS，如一种自热型TDDS具有一个封闭的热反应室，当密闭层被揭开后产生发热效应，其热量可以促进药物的透皮吸收。但该技术会受到温度的限制，40℃以上即会使患者感到不适，甚至疼痛。

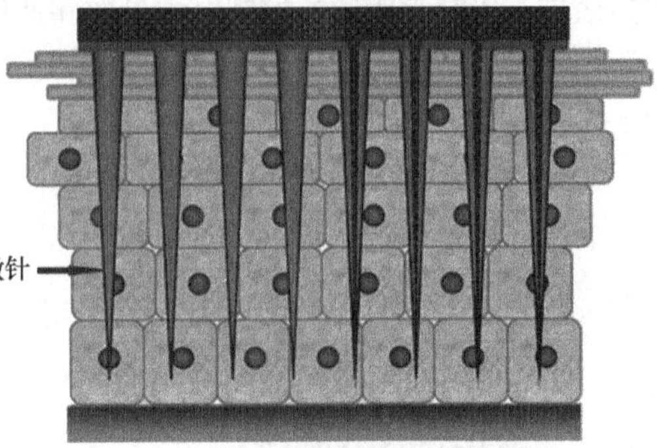

图15-6 微针结构和作用原理示意图

5. 微针技术 微针（microneedles）是一种通过微制造技术，采用不同材料制成的微细针簇，每平方厘米约含数十至上百的微针，针长1～150μm。微针刚能穿破角质层而不触及神经，不会有疼痛感觉，在角质层上形成直径为微米级的微孔，并在微针移走后仍然存在，从而持续性促进药物透皮吸收，如图15-6所示。微针分实心和空心两种，药物可以涂在微针表面或将其溶液充填于微针内部。微针技术具有皮下注射与透皮贴剂的双重优点，其优势在于：①可将大分子药物传递透过角质层，特别适合多肽、蛋白及大分子类药物，甚至载药纳米微粒的透皮传递；②生物利用度高，相当于皮下注射；③剂量稳定、可控，能满足较大剂量药物的透皮传递；④几乎无损伤性、无疼痛感，易为患者所接受。近年开发了微针装置Macroflux®，使得一个相对分子质量为45 000的蛋白抗原的免疫反应比相同剂量的肌肉或皮下注射更强。

6. 无针注射系统 无针注射给药系统（needle-free drug delivery system）是指将药物溶液或粉末通过高速射流喷射穿过皮肤达到局部和全身治疗目的的给药系统，包括液体注射系统和粉末注射系统两大类。无针粉末注射系统是利用氦气喷射将药物粉末瞬时加速至750m/s，使药物粉末透过角质层释放到表皮和真皮表面。无针液体注射系统是通过弹簧或压缩气体压力的作用，经装置中的微小细孔把药物溶液注射入皮下或皮内。无针注射给药系统的特点是可以控制给药深度，药物可在皮内形成药物储库，使储库中的药物达到缓慢释放和吸收的目的。患者可以自行给药，因无针头刺破皮肤，可以避免注射针头带来的疼痛、出血和感染的发生。同时，可以把不易透过皮肤的大分子物质、蛋白质、疫苗和固体粉末直接注射入皮肤中吸收。

（三）药剂学方法

药剂学透皮促进技术主要体现在将药物制成微粒制剂，改变药物的物理特性，与皮肤屏障相互作用，以改善药物透过皮肤的能力。目前研究较多的有脂质体、柔性脂质体（传递体、醇质体）、类脂体、微乳、脂质纳米粒等。

1. 传递体（transfersomes） 亦称为柔性纳米脂质体，是由普通脂质体改进而来，即在脂质体处方组成中不加或者少加胆固醇，同时加入表面活性剂如胆酸钠、去氧胆酸钠、聚山梨酯、脂肪酸山梨坦等作为膜软化剂，使其类脂膜具有高度的变形能力，能以皮肤水化压力为动力，高效穿透比自身小数倍的孔道，为小分子及大分子药物的透皮传递提供了一个极佳的载体。传递体的发现，使得渗透进入皮肤的药物相对分子量上限达到100万，使大分子药物透皮给药成为可能。有报道将胰岛素制成传递体后应用于皮肤，在30min内有相当于皮下注射50%的量穿透皮肤而进入体内。传递体的促透作用是水化梯度与变形作用综合作用的结果，如图15-7所示。传递体透皮转运无种属间及部位差异。

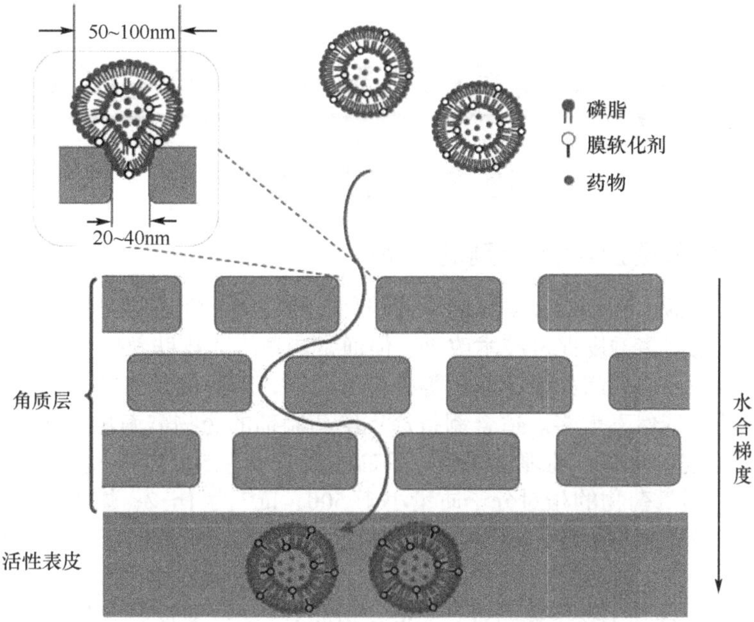

图 15-7　传递体促进药物透皮吸收的可能机制

2. 醇质体（ethosomes）　是由磷脂、乙醇和水构成的具有类脂双分子层结构的囊泡，又称乙醇脂质体、含醇脂质体。其处方主要含有磷脂（2%～5%）、高浓度醇（乙醇、丙二醇，20%～50%）和水。醇质体的促透机制和乙醇及囊泡结构有关，如图 15-8 所示，乙醇一方面改变角质层脂质分子的紧密排列，增加脂质流动性，另一方面增强醇质体膜的流动性和柔性，更易于变形，通过比其粒径小的间隙到达皮肤深层。另外，醇质体可与角质层脂质甚至细胞膜发生融合而释放药物，从而增强透过性。醇质体可用于皮肤深部药物传递，小分子和蛋白多肽类大分子药物的透皮给药。

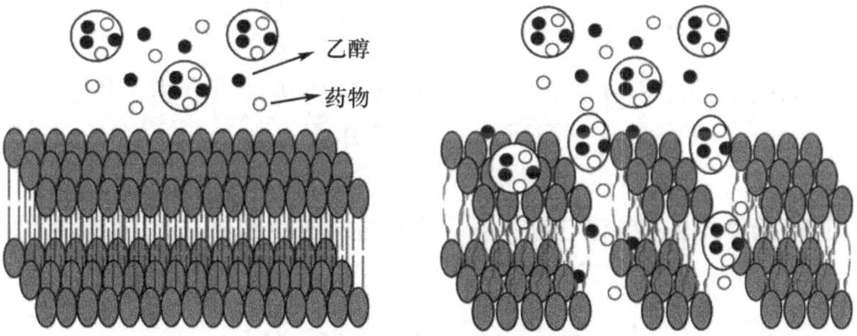

图 15-8　醇质体促进药物透皮吸收的可能机制

（四）促透方法联用

因为在透皮给药过程中单独使用某种促透方法时效果并不都是很理想，尤其是化学促透方法中透皮促进剂的使用，常常引起一些毒副反应，所以目前药学研究者致力于两种或多种促透方法联用，使它们对药物的渗透产生协同作用，如透皮促进剂与物理促透方法联用，不同物理促透方法联用，微粒载体促透与物理促透方法联用等。这样既可减少用量，降低毒性反应，又可使主药发挥最佳效果。

第二节 透皮给药制剂的设计与生产工艺

一、透皮给药制剂的设计

（一）适合制备透皮给药制剂的药物

如前所述，药物透皮吸收面临皮肤屏障的限制，药物理化性质等对其透皮吸收有非常显著的影响，尽管可借助诸多透皮促进技术改进，但通常渗透进入皮肤及体循环的药物量依然非常有限，而且透皮给药还受到诸如给药面积等条件的限制，因此在目前的研究阶段，真正适合于透皮给药的候选药物依然不太多。适合制备透皮给药制剂的药物需满足以下要求。

1. 剂量 药物剂量要小、药理作用强，日剂量最好小于 50mg，一般 10～15mg 为宜。

2. 物理化学性质 药物的相对分子质量小于 500；lg*P* 为 1～2；熔点小于 200℃；药物在液状石蜡与水中的溶解度应大于 1mg/ml；饱和水溶液的 pH 为 5～9；分子中的氢键受体或供体小于 2 个为宜。

3. 生物学性质 药物生物半衰期短（<5h），分布容积小，对皮肤无刺激，不发生过敏反应。

（二）药物剂量和给药面积的确定

透皮给药制剂的剂量确定不仅要考虑制剂内药物的含量，还必须关注制剂中药物的透皮速率与透皮面积。通常透皮给药制剂内药物的含量总是大于通过皮肤吸收的给药量，才能保持制剂内药物的高浓度而提供药物扩散的动力。

理想的透皮给药制剂的体内药动学规律类似于静脉滴注，当体内有效血药浓度达到稳态（C_{SS}）后，透皮给药制剂中药物的给药速率（steady-state transdermal delivery rate，TDR）可根据药物经静脉给药测得的 C_{SS}、药物清除速率 k、表观分布体积 V_d 或半衰期 $t_{1/2}$、清除速率 Cl 计算获得，即

$$\mathrm{TDR} = C_{SS} \times V_d \times k = C_{SS} \times V_d \times \frac{0.691}{t_{1/2}} = C_{SS} \times Cl \qquad (15\text{-}1)$$

而透皮给药制剂的给药面积 A 可由 TDR、体重 W 和 J_s 计算获得，即：

$$A = \frac{\mathrm{TDR}[\mu g/(kg \cdot h)] \times W(kg)}{J_s[\mu g/(h \cdot cm^2)]} \qquad (15\text{-}2)$$

需注意，按照临床使用的要求，透皮给药制剂的给药面积不应超过患者可以接受的最大使用面积 60cm^2。

二、透 皮 贴 剂

贴剂（patches）系指原料药物与适宜的材料制成的供黏贴在皮肤上的，可产生全身性或局部作用的一种薄片状制剂。贴剂可用于完整皮肤表面，也可用于有疾患或不完整的皮肤表面。其中用于完整皮肤表面，能使药物透过皮肤进入血液循环系统起全身作用的贴剂，称为透皮贴剂。

（一）透皮贴剂的结构组成

贴剂的结构组成包括背衬层、药物储库、黏贴层及临用前需除去的保护层。贴剂按结构组成大体可分成两大类，即膜控释型与骨架扩散型。膜控释型透皮贴剂是药物或透皮促进剂等材料形成储库，由控释膜或控释材料的性质控制药物的释放速度。骨架扩散型透皮

贴剂是将药物溶解或均匀分散在聚合物骨架中，由骨架的组成成分控制药物的释放。这两类透皮贴剂又可按其结构特点进一步分为储库型、骨架型、周边黏胶型、黏胶分散型，如图 15-9 所示。

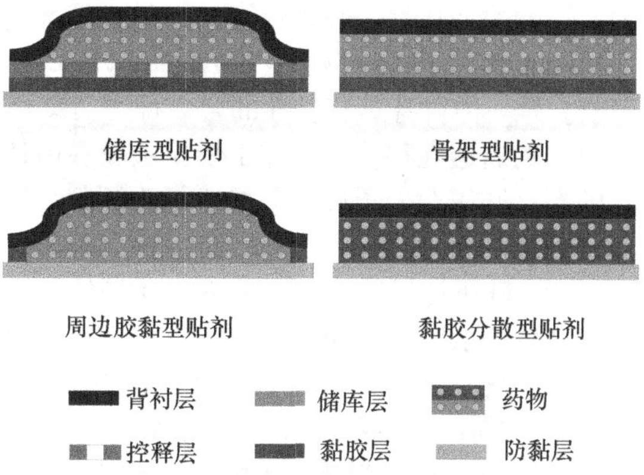

图 15-9　典型贴剂结构示意图

1. 贮库型（drug in reservoir）贴剂　是利用高分子基质材料将药物和透皮促进剂包裹成储库而制得的透皮贴剂，又称充填封闭型透皮贴剂。一般由背衬膜、药物储库、控释膜、黏胶层、防黏膜组成。药物分散或溶解在半固体基质中，组成药物储库，并充填封闭于背衬膜与控释膜之间。控释膜是乙烯-乙酸乙烯共聚物（EVA）膜等均质膜。控释膜的存在可以使储库的药物按零级释放至皮肤。该系统在控释膜表面涂加一定剂量的药物作为冲击剂量，缩短用药后的时滞。但如果该控释膜因某种原因损坏（生产过程、应用过程或膜原材料有缺陷），会造成大量药物释放，但患者不能发现膜的微小缺陷，则有可能引发严重毒副反应，甚至死亡。储库型贴剂生产工艺复杂，顺应性较差，贴剂面积较大。

2. 骨架型（drug in matrix）贴剂　是将药物溶解或分散在聚合物骨架中，由聚合物骨架控制药物的释放。通常使用亲水性聚合物材料做骨架，如天然多糖、聚乙烯醇、聚维酮、聚丙烯酸酯和聚丙烯酰胺等；骨架中还含有一些润湿剂如水、丙二醇和聚乙二醇等；含药骨架黏贴在背衬材料上，在骨架层上涂压敏胶或覆盖控释膜，加防黏层即成。这类系统的药物释放速率受骨架材料、压敏胶或控释膜影响。

3. 周边黏胶型（peripheral adhesive）贴剂　是指在含药骨架的周围涂上压敏胶，贴在背衬材料上，加防黏层即成。该类型贴剂的亲水性骨架能与皮肤紧密贴合，通过润湿皮肤促进药物吸收。这类系统的药物释放速率受骨架组成与药物浓度影响。

4. 黏胶分散型（drug in adhesive）贴剂　是将药物分散在压敏胶中，涂布于背衬材料上，加防黏层而成，与皮肤接触的表面都可以释放药物。该系统具有生产工艺简便、顺应性好、成本低等特点。不足之处是药物的释放随给药时间延长而减慢，导致剂量不足而影响疗效。为了克服这一问题，可采用多层含药膜结构，与皮肤接触的最外层含药量低，内层含药量高，使药物释放接近于恒定。

（二）透皮贴剂的辅助材料

透皮贴剂的辅助材料主要包括压敏胶、骨架和储库材料、控释膜材料、背衬材料、防黏层材料，根据需要可加入表面活性剂、乳化剂、保湿剂、抑菌剂、抗氧剂或透皮促进剂。

1. 压敏胶（pressure-sensitive adhesive，PSA）　是对压力敏感的胶黏剂，是只需施加轻度指压，即可与被黏物牢固黏合的胶黏剂。压敏胶在透皮贴剂中起多重作用：既可使贴剂与皮肤紧密贴合，又可作为药物储库或载体材料，还可调节药物的释放速度等。理想的压敏胶应具备以下条件：①良好的生物相容性，对皮肤无刺激性，不引起过敏反应；②具有足够的黏附力和内聚强度，对不同类型皮肤的黏结适应性强；③化学性质稳定，对温度和湿气稳定；能容纳一定量的药物与透皮促进剂而不影响化学稳定性和黏附力；④在具有控释膜的贴剂中，不影响药物的释放速率，在黏胶分散型贴剂中，能控制药物的释放速率。透皮贴剂中常用的压敏胶有如下几种。

（1）聚丙烯酸酯压敏胶（polyacryic PSA）是以丙烯酸高级酯（碳数 4～8）为主成分，配伍其他丙烯酸类单体共聚制得。丙烯酸酯压敏胶在常温下具有优良的压敏性和黏合性，不需加入增黏剂、抗氧化剂等，很少引起过敏反应，对皮肤没有刺激性，同时还具有优良的耐光性、耐水性和耐老化性，长期储存对压敏性能无明显影响。

（2）聚异丁烯压敏胶（polyisobutylene PSA）是由异丁烯在三氯化铝催化下聚合而得的均聚物，为一种自身具有黏性的合成橡胶。聚异丁烯非常稳定，耐候性、耐热性及抗老化性良好，但对水的通透性很低。聚异丁烯压敏胶多由透皮给药制剂生产厂家自行配制，可以采用不同配比的高、低相对分子质量聚异丁烯为原料，通常添加适当的增黏剂、增塑剂、填料、软化剂和稳定剂等。

（3）硅酮压敏胶（silicone PSA）是低黏度聚二甲基硅氧烷与硅树脂经缩聚反应形成的聚合物。硅酮压敏胶具有耐氧化、耐低温、疏水性和内聚强度较低等特点。硅酮压敏胶的软化点接近皮肤温度，在正常体温下具有较好的流动性、柔软性以及黏附性。

（4）热熔压敏胶（hot-melt PSA），如苯乙烯-异戊二烯-苯乙烯嵌段共聚物（styrene-isoprene-styrene，SIS）可作为热熔压敏胶的原料。加热到100℃左右时，SIS呈热可塑性。采用热熔压敏胶时，在贴剂的生产过程中不需有机溶剂和干燥设备，贴剂表面不出现气泡，生产过程安全、节能、环保。SIS热熔压敏胶与皮肤的黏附性好，与药物配伍性好，过敏性和刺激性低于天然橡胶。

2. 骨架和储库材料 聚合物骨架给药系统是用高分子材料做骨架负载药物，高分子骨架材料应使药物有适当的载药量和释放速率，性质稳定，在高温高湿条件下，亦能保持结构与形态的完整，同时对皮肤没有刺激性，最好能黏附于皮肤上。可以用单一高分子材料，如PEG、卡波姆、HPMC、PVA、聚硅氧烷等均较为常用，也可以用溶液、软膏、水凝胶及压敏胶。

3. 控释膜材料 透皮贴剂中控释膜可分为均质膜和微孔膜，用于控制药物的释放。用作均质膜的高分子材料有聚硅氧烷和乙烯-乙酸乙烯共聚物等。微孔膜有聚丙烯拉伸微孔膜，聚乙烯膜、多孔聚乙烯膜等。

4. 背衬材料 主要起支撑透皮贴剂的作用，要求有一定的强度；还应有一定的柔软性，以保持皮肤舒适；性质稳定、耐水、耐有机溶剂，药物在其中不扩散。常用多层复合铝箔，即由铝箔、聚乙烯或聚丙烯等膜材复合而成的双层或三层复合膜。其他可以使用的背衬材料还有聚对苯二甲酸乙二醇酯（PET）、高密度PET、聚苯乙烯等。

5. 防黏层材料 防黏层起防黏结和保护制剂的作用，当除去时，应不会引起储库及黏贴层等的剥离。贴剂的防黏层应不能透过活性成分，通常水也不能透过。常用的防黏材料有防黏纸、聚乙烯、聚苯乙烯、聚丙烯、聚碳酸酯、聚四氟乙烯等高聚物的膜材。

（三）透皮贴剂的制备

透皮贴剂的制备工艺因结构类型与组成不同而异，目前主要有涂布层合工艺、骨架黏合工艺和充填热合工艺，其中压敏胶的涂布，以及与控释膜、防黏膜等的层合是关键工艺环节，如图15-10所示。

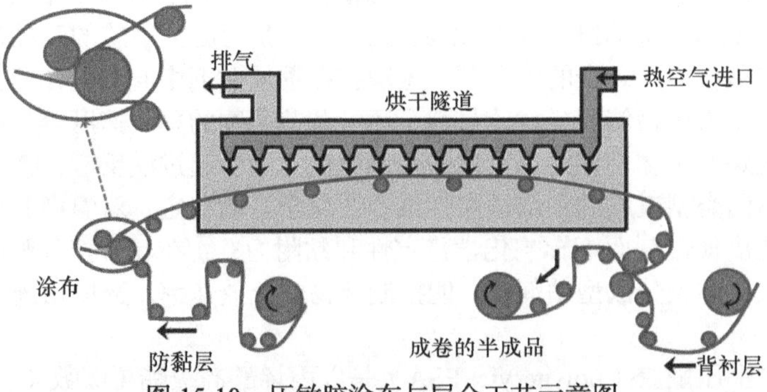

图 15-10 压敏胶涂布与层合工艺示意图

1. 涂布层合工艺 主要用于制备黏胶分散型贴剂。其制备工艺流程如图15-11所示。

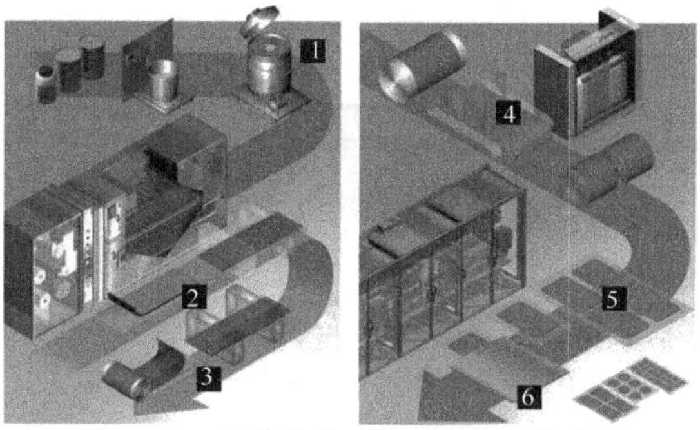

图 15-11　黏胶分散型贴剂制备工艺流程

1. 物料制备；2. 涂布；3. 收卷；4. 切割；5. 分剂量；6. 包装

根据需要可以进行第二层或多层膜的涂布，亦可以制成含药物的高分子材料膜，再与各膜层及防黏层黏合或层合，即得复合膜型贴剂，制备工艺流程如图 15-12 所示。

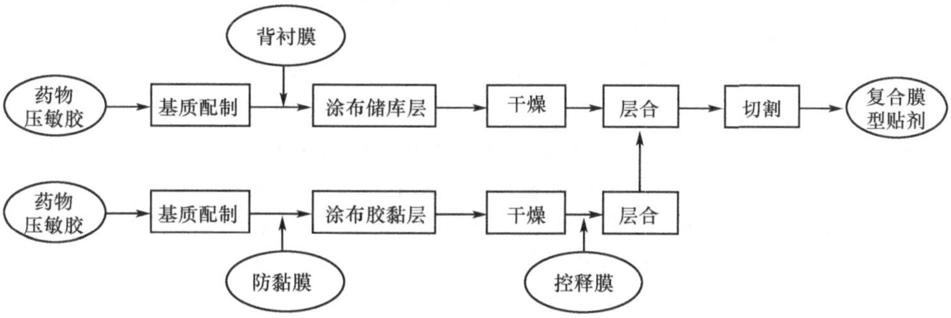

图 15-12　复合膜型贴剂制备工艺流程

2. 充填热合工艺　主要用于制备含有液体或半固体的储库型贴剂，即在定型机械中，于背衬膜与控释膜之间定量充填药物储库材料，再热合封闭，覆盖上涂有胶黏层的防黏膜，制备工艺流程如图 15-13 所示。

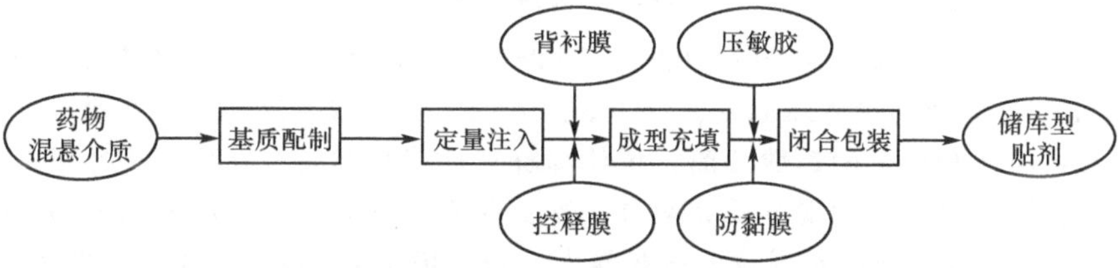

图 15-13　充填封闭型贴剂制备工艺流程

3. 骨架黏合工艺　主要用于制备骨架型贴剂，是在骨架材料溶液中加入药物，浇铸冷却成型，切割成小圆片，粘贴于背衬膜上，加防黏膜而成，制备工艺流程如图 15-14 所示。

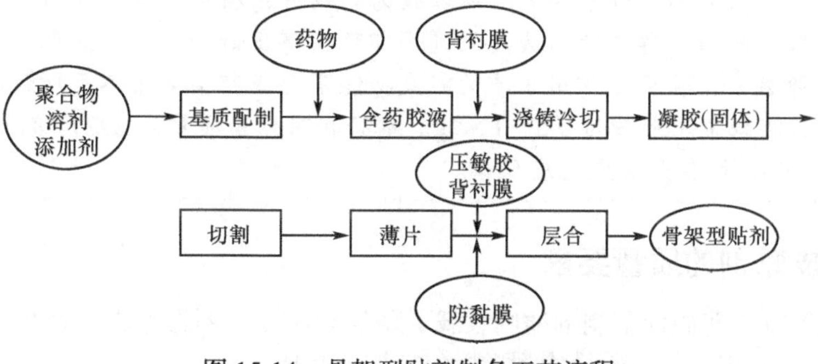

图 15-14　骨架型贴剂制备工艺流程

制剂举例 15-1

东莨菪碱贴剂

【处方】 药库层：东莨菪碱 15.7（份） 聚异丁烯 MML-100 29.2（份）
聚异丁烯 LM-MS 36.5（份） 矿物油 58.4（份） 三氯甲烷 860.2（份）
制成 1000（份）
黏贴层：东莨菪碱 4.6（份） 聚异丁烯 MML-100 31.8（份）
聚异丁烯 LM-MS 39.8（份） 矿物油 63.6（份） 三氯甲烷 360.2（份）
制成 500（份）

【制备】 按药库层和黏贴层处方量称取各成分，分别溶解，将药库层溶液涂布在 65μm 厚的铝塑膜上，烘干或自然干燥，形成约 50μm 厚的药库层；将黏贴层溶液涂布在 200μm 厚的硅纸上，干燥，制成约 50μm 厚的黏胶层；将 25μm 厚的聚丙烯控释膜复合到药库层上，将黏胶层复合到控释膜的另一面，切成 $1cm^2$ 的圆形贴剂。

【注解】 本品属于复合膜型储库透皮贴剂，由 5 层结构组成：①防黏膜为硅纸；②胶黏层含东莨菪碱、矿物油、聚异丁烯，聚异丁烯作为压敏胶材料，所含药物作为初始剂量，设计释药速度为 150～250μg/（m^2·h）；③控释膜为微孔聚丙烯膜；④储库层含有与胶黏层相同的组分，但比例不一样，所含药物作为维持剂量，设计释药速度为 3～3.5μg/（m^2·h）；⑤背衬膜为铝塑膜。三氯甲烷为溶剂溶解压敏胶材料，采用的涂布层合工艺制备。东莨菪碱是 M 胆碱受体阻断剂，是防治晕动病最有效的药物，然而常规口服及注射剂存在如口干、面红、散瞳、视力模糊、心率加快等不良反应，其不良反应产生与血药浓度有关，控制给药速率使血药浓度保持在一定水平可避免不良反应的发生。本品外用贴于耳后，用于防治晕动病及各类呕吐，减少胃酸分泌，辅助临床麻醉等。

制剂举例 15-2

雌二醇透皮贴剂

【处方】 雌二醇 4g 异丙醇 100ml 聚丙烯酸压敏胶 170g 乙酸乙酯 450ml

【制备】 称取聚丙烯酸压敏胶，加 300ml 乙酸乙酯，搅拌溶解，得压敏胶溶液；称取雌二醇加入异丙醇和剩余的乙酸乙酯，搅拌溶解，得药物溶液；在搅拌条件下，将药物溶液加入压敏胶溶液中，继续搅拌混合均匀，蒸去部分溶剂制得适宜涂布的含药压敏胶液；将含药压敏胶液涂布于防黏纸或聚酯防黏膜上，30～80℃干燥除去溶剂，得到重为 $98g/cm^2$ 的药物骨架胶黏层，加聚氨酯、聚氧乙烯与聚乙烯组成的复合膜，层合，切成 $18cm^2$ 大小的贴剂。

【注解】 本品采用涂布层合法制备，属于黏胶分散型透皮贴剂，结构简单、生产简便。异丙醇和乙酸乙酯为溶剂。以聚丙烯酸压敏胶为药物骨架材料，具有良好的黏附性能，使得经皮渗透性较差的雌二醇不使用透皮促进剂即可获得良好的渗透性。雌二醇是机体内卵巢分泌的一种雌激素，临床上常用于质量卵巢功能不全或卵巢激素不足所致的各种疾病。但需长期给药，临床常用剂量为 0.5～1.5mg。本品相对分子质量为 292，熔点为 176℃，油水分配系数为 490，适合开发成透皮吸收。

（四）透皮贴剂的质量要求

《中国药典》2015 年版四部制剂通则收载了贴剂（0121），对贴剂在生产与储藏期间应符合的质量要求进行了规定，其中质量检测指标包括如下几项。

1. 外观 应完整光洁，有均一的应用面积，冲切口应光滑，无锋利的边缘。

2. 残留溶剂 用有机溶剂涂布的贴剂按照残留溶剂测定方法（《中国药典》2015 年版四部通则 0861）检查，应符合规定。

3. 黏附力 要求敷贴于皮肤后与皮肤表面具有足够的黏附力，以利于将药物通过皮肤输送到体内血液循环中。当贴剂用于干燥、洁净、完整的皮肤表面，用手或手指轻压，贴剂应能牢牢地贴于皮肤表面；从皮肤表面除去时应不对皮肤造成损伤，或引起制剂从背衬层剥离。通常贴剂的黏附力可用四个指标来衡量，即初黏力、持黏力、剥离强度及黏着力。按照黏附力测定方法（《中国药典》2015 年版四部通则 0952）测定，应符合规定。

4. 含量均匀度 单剂量包装的透皮贴剂按照含量均匀度测定方法（《中国药典》2015 年版四部通则 0941）测定，应符合规定。

5. 释放度 指在规定条件下药物从透皮贴剂中释放的速度和程度。《中国药典》2015 年版四部通则 0931 释放度测定的第四法（桨碟法）、第五法（转筒法）用于透皮贴剂释放度的测定。此外，也可采用扩散池进行透皮贴剂的释放度测定。

6. 微生物限度 除另有规定外，按照非无菌产品微生物限度检查：微生物计数法（《中国药典》2015 年版四部通则 1105）和控制菌检查法（通则 1106），及非无菌药品微生物限度标准（通则 1107）检查，应符合规定。

三、贴 膏 剂

贴膏剂（plasters）系指将原料药物与适宜的基质制成膏状物、涂布于背衬材料上供皮肤贴敷、可产生全身性或局部作用的一种薄片状制剂。贴膏剂包括凝胶贴膏（原巴布膏剂或凝胶膏剂）和橡胶贴膏（原橡胶膏剂）。

（一）凝胶贴膏

凝胶贴膏（gel plasters）指原料药物与适宜的亲水性基质混匀后涂布于背衬材料上制成的贴膏剂。凝胶贴膏由古老的泥罨剂发展而来，20 世纪 70 年代开始，日本、欧洲等对其不断改进，由泥状巴布剂发展为定型巴布剂。凝胶膏剂的组成和结构特点决定了其有一些独特的优势：①以水溶性高分子材料为基质，对皮肤过敏刺激反应较小；②保湿性强，与皮肤相容性、亲和性、透气性好，贴于皮肤上感觉舒适，且能提高角质层的水化作用，有利于药物透皮吸收；③耐老化、可反复揭帖，对黏性影响小；④生产过程中不使用有机溶剂，符合环保要求；⑤载药量大，适用范围广，可用于水溶性或脂溶性药物、中药材（粉末）及中药提取物等；⑥可将透皮给药微粒载体如脂质体、醇质体等与凝胶贴膏结合，制成微粒载体-凝胶贴膏复合制剂。

凝胶贴膏的基质通常又称为水凝胶型压敏胶，应具备适宜的黏附性和赋形性，揭离皮肤时无残留，不因汗水、温度作用而软化流淌；基质应具有适当的保湿性、黏弹性和 pH，且稳定性好；载药后对基质的性能无不良影响。基质组成包括凝胶骨架成分、增黏剂、填充剂、保湿剂、成膜剂和水等，交联型水凝胶型贴剂还需添加交联剂和交联调节剂。由于含水量较高，通常需添加适当的抑菌剂。

凝胶骨架成分和增黏剂为亲水性高分子材料，是主要的黏附和赋形材料，包括天然、半合成及合成的高分子材料。天然水溶性高分子物质有明胶、西黄蓍胶、阿拉伯胶、黄原胶、琼脂、桃胶、淀粉、海藻酸盐等；半合成及合成的高分子材料有甲基纤维素、羧甲纤维素及其钠盐、聚丙烯酸钠、聚乙烯醇、聚维酮、卡波姆等。最常用的交联型凝胶骨架成分和增黏剂为聚丙烯酸及其钠盐，常以甘羟铝为交联剂，以枸橼酸、酒石酸等为交联调节剂。

填充剂可吸附和分散药物，提高药物的分散性和均匀度，又能改善凝胶贴膏的黏弹性。常用的填充剂有高岭土、氧化锌、碳酸钙、微粉硅胶、硅藻土和干燥氢氧化铝凝胶等。

保湿剂能防止凝胶贴膏水分的蒸发和损失，保持膏体具有一定的含水量，使黏性维持较长的时间。常用的保湿剂有甘油、山梨醇、丙二醇、聚乙二醇等及其混合物。

凝胶贴膏的制备工艺主要包括原料药处理、基质成型和制剂成型三部分，制备工艺流程如图15-15所示。基质原料类型及其比例，基质与药物的比例，配制程序等均影响凝胶贴膏的成型。

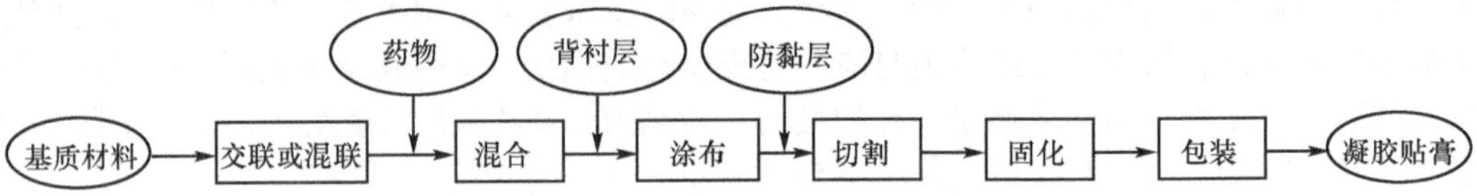

图 15-15　凝胶贴膏的制备工艺流程图

（二）橡胶贴膏

橡胶贴膏（adhesive plasters）指原料药物与橡胶等基质混匀后涂布于背衬材料上制成的贴膏剂。橡胶膏剂黏着力强，无须预热直接贴于皮肤，不污染衣物，携带使用均方便。但膏层薄，载药量小，药效维持时间较短，对皮肤刺激相对较大。

橡胶贴膏的基质主要由以下成分组成。①橡胶或热塑性橡胶为主要基质，具有弹性、低传热性、不透气和不透水等性能。②增黏剂多为树脂类，常用松香及其衍生物。选软化点为70～75℃（最高不超过77℃）、酸值为170～175者，松香酸过多可加速橡胶贴膏的老化。国外普遍采用甘油松香酯、氢化松香、β-蒎烯等新型材料取代天然松香，具有抗氧化、耐光、耐老化和抗过敏等性能。③软化剂可使生胶软化，增加胶浆的可塑性、柔软性，改善成品的耐寒性及黏性。常用软化剂有凡士林、羊毛脂、液状石蜡、植物油等。软化剂的用量应适当。挥发油及挥发性药物，如樟脑、冰片、薄荷脑等对橡胶也有一定的软化作用，此类药物在处方中较多时，软化剂的量应酌情减少。除治疗需要外，不宜过分增加挥发性药物，因其在储存中易挥发，使膏面干燥而失黏。④填充剂常用氧化锌，可与松香酸反应生产松香酸锌盐，增加膏料黏性，具有系结牵拉膏料与背衬材料的性能，同时能减低松香酸对皮肤的刺激性，还有缓和和收敛作用。锌钡白（立德粉）常用作热压法制备橡胶贴膏的填充剂，其特点是遮盖力强，胶料硬度大。

橡胶贴膏制备方法常用的有溶剂法和热压法。溶剂法常用溶剂为汽油和正己烷，其制备工艺流程如图15-16所示。

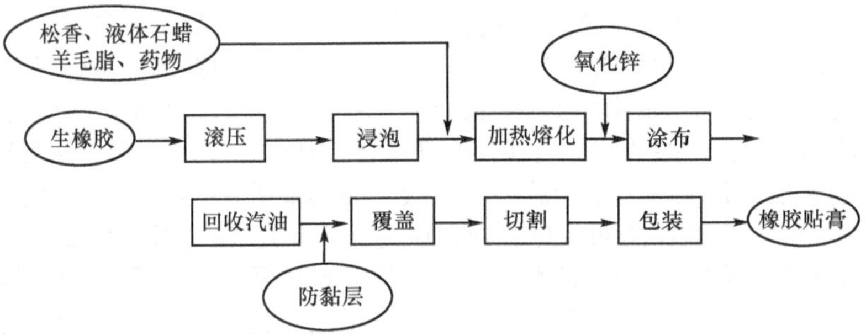

图 15-16　橡胶贴膏的制备工艺流程图

热压法制备橡胶贴膏是将胶片用处方中的油脂性药物等浸泡，待溶胀后再加入其他药物和立德粉或氧化锌、松香等，炼压均匀，涂膏盖衬。此法不用汽油，无需回收装置，但成品欠光滑。

第三节　药物透皮吸收的研究方法

药物透皮吸收研究是透皮给药制剂设计和评价的关键。药物透皮吸收研究的目的是了解药物透皮吸收特性，揭示影响透皮吸收的因素，为筛选透皮制剂的处方提供实验依据。

一、体外扩散池法

体外透皮吸收研究通常采用体外扩散池法，将剥离的皮肤或高分子材料膜夹在扩散池之间，药物给予皮肤角质层表面，在一定的时间间隔测定皮肤另一面接受介质中的药物浓度，解析药物透皮动力学，求算药物透皮的稳态速率、扩散系数、透过系数、时滞等参数。

（一）试验装置

体外透皮吸收试验一般采用扩散池，根据研究对象和目的可以选用不同类型的扩散池。常用的扩散池由供给池（donor cell）和接受池（receptor cell）组成，分为单室、双室和流通扩散池三种，基本结构如图 15-17 所示，使用特点和适用范围见表 15-2。接受池应有很好的搅拌装置，避免在皮肤表面存在扩散边界层，一般采用星型搅拌子和磁力搅拌器。目前已有可自动取样测定的实验装置。

表 15-2　常用扩散池的特点和适用范围

名称	结构类型	结构特点	使用特点	给药方法	适用范围
Valia-Chien 扩散池	水平双室	双池全封闭，均充满液体介质	皮肤与双侧液体介质充分接触并水化	无限剂量给药	药物溶液，气态药物
Keshary-Chien 扩散池	立式单室	接受池封闭，供给池可封闭也可敞口	皮肤与接受池液体介质充分接触并水化	不限定或限定剂量给药	制剂（软膏、贴剂），药物溶液
流通扩散池	立式单室	供应室大，接受室小。接受介质经泵流经接受室	模拟毛细血管作用，能保持漏槽条件	不限定或限定剂量给药	制剂（软膏、贴剂），药物溶液，适合于溶解度小的药物

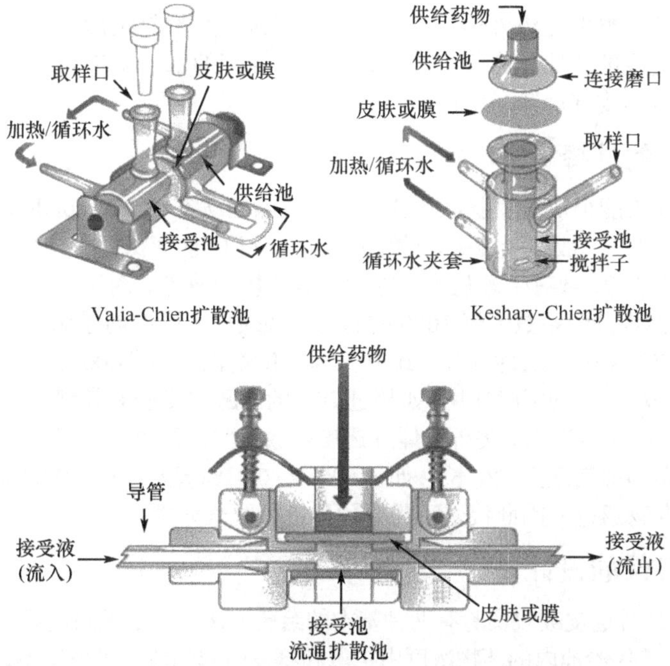

图 15-17　透皮吸收实验用扩散池示意图

（二）皮肤屏障的选择

体外透皮吸收研究首选的皮肤屏障是人体皮肤，但由于获得人体皮肤组织相对比较困难，因此常需用动物皮肤代替，如无毛小鼠、裸鼠、大鼠、无毛大鼠、豚鼠、兔、犬、猪、金黄地鼠、猩猩、猴等。为使体外动物透皮吸收结果更接近于人体，应尽量选择屏障和通透性接近人皮肤的动物皮肤。一般认为兔、大鼠和豚鼠等动物皮肤的通透性大于人皮肤，而乳猪和猴的皮肤与人皮肤的通透性相近。此外，为了减小动物源皮肤屏障的个体差异，也可采用组织工程学皮肤和人工膜作为通透屏障进行体外透皮吸收研究。

（三）皮肤处理与保存

1. 去毛处理 有毛动物的皮肤用前需去毛，否则会影响制剂与皮肤的接触效果，带来实验误差。去毛操作应不损伤皮肤或影响皮肤的渗透性。常用去毛操作有剃除法与化学处理法。硫化钠溶液等脱毛剂具有较强的碱性，会破坏皮肤角质层，改变皮肤对药物的渗透性，一般不推荐使用。通常采用宠物剪毛器剪去毛发后进一步用电剃须刀处理短毛发或使用市售脱毛膏等。

2. 皮肤分离 皮肤含有大量的皮下脂肪，在不破坏屏障性质基础上，应尽可能减小脂肪的厚度。常用的皮肤分离方法有：植皮刀分离制备切层皮肤；热分离制备表皮层；酶处理分离制备角质层；胶黏带剥离法分离角质层。

3. 皮肤保存 透皮吸收实验最好采用新鲜皮肤，但有时也需要保存部分皮肤供后期实验使用。皮肤的保存条件与皮肤的活性有关，保存应该不影响皮肤的透过性或代谢活性。常用低温冷冻法保存，一般真空封闭包装后在–70℃下保存，且最好在 1 个月内使用。大量实验表明，冷冻—解冻过程对多数药物的渗透动力学几乎没有影响，但如果反复冷冻—解冻皮肤，会造成皮肤角质层的脱落，从而使皮肤通透性急剧变大。

（四）皮肤屏障完整性检查

皮肤屏障功能的完整性是体外透皮吸收实验的关键，实验前应检查皮肤的完整性。可通过测定一个已知渗透速度的参比化合物进行评价，如氚标记的水、咖啡因或蔗糖，测定结果比已知“正常值”高则表明皮肤屏障可能受到损伤。

（五）接受液的选择

药物在体透皮吸收能很快被皮肤血流移去，形成漏槽状态（sink condition），体外试验时接受液亦应满足漏槽条件，一般接受液中药物浓度不应超过其饱和浓度的 10%。接受液应有适宜的 pH 和渗透压。常用的接受液有生理盐水、等渗磷酸盐缓冲液等。对于一些脂溶性强的药物，如溶解度＜10μg/ml、油水分配系数大于 1000 的药物，必须加入增溶剂才能满足漏槽条件。常在接受液中加入醇类和非离子表面活性剂等，其中 20%～40%聚乙二醇 400 生理盐水较为常用。但需注意增溶剂可能会破坏皮肤的屏障作用，如超过 20%的乙醇对皮肤有较强的脂质提取和屏障破坏作用，并且易挥发，应谨慎选用。另外，体外透皮扩散实验往往需要一日以上时间，因此需要在接受介质中加入防腐剂抑制微生物生长，如 0.005%～0.01%庆大霉素、0.02%叠氮化钠等。接受液中的气泡会影响药物透过，因此接受液需要预先进行脱气处理。

（六）实验条件的设计

1. 给药方法 体外透皮吸收实验有两种基本的给药方法：一是无限剂量技术，即在实验过程中提供足量的药物，使供给池内的药物浓度由扩散和蒸发引起的改变可忽略不计，所获得的渗透曲线呈现典型的稳态流量区，可用于计算药物的稳态渗透系数、时滞等渗透参数，在评价促渗剂的作用时也可采用这种技术，二是有限剂量技术，即模拟 TDDS 实际在人体使用的情况，在实验开始提供一个可耗尽的给药剂量，或者撤去受试制剂，都会出现供给池内的药物耗尽的现象，所获得的渗透曲线的末端呈现特有的平台渐近线。两种给药方法的透皮渗透曲线如图 15-18 所示。

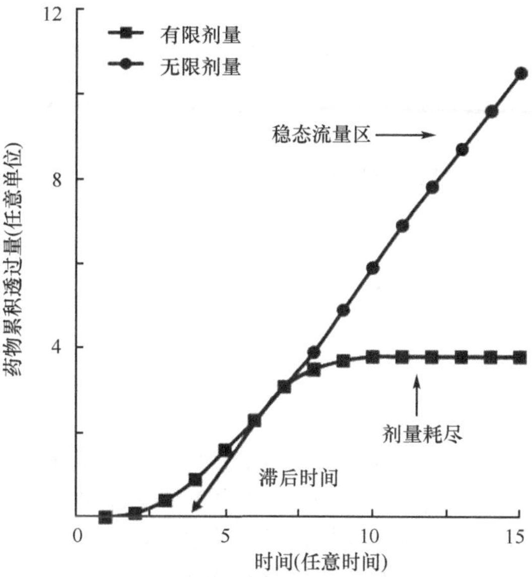

图 15-18 无限剂量和有限剂量给药后的渗透曲线

2. 取样时间 对未知渗透特性的药物，取样间隔以 2h 为宜。实验持续时间需与 TDDS 设计作用时间和渗透特性一致，通常采用的实验持续时间为 24h、48h 甚至 72h。但需注意离体皮肤长时间实验可能引起屏障作用降低。

3. 重复实验次数 在体外人体皮肤透皮吸收实验时，建议重复 12 次。通常实验动物皮肤的通透性比人体皮肤更均一，可酌情减少重复次数，但不能少于 6 次。

4. 温度控制 单室扩散池水浴温度应控制在 37℃，其试验皮肤的温度可维持在 32℃，而双室扩散池则直接控制夹层水浴温度为 32℃。

（七）接受液或皮肤中药物含量测定

接受液经稀释、富集或溶剂转换后，进行含量测定，用于求算累积透过量。还可通过测定皮肤中药物的含量，求算皮肤内药物的滞留量，用于评价皮肤局部用制剂的生物利用度，考察药物透皮吸收和形成储库的性能，以及探索药物透皮吸收机制（即药物经附属器吸收量占总吸收量的比率）。

（八）药物透皮扩散动力学数据处理

一般认为药物透过是一个被动扩散过程，常用 Fick 扩散定律进行描述。将皮肤看作一个均质膜，药物通过皮肤很快被毛细血管吸收进入体循环，因此药物在皮肤内的浓度很低，即符合扩散的漏槽条件。若给予皮肤表面的药物是饱和系统，扩散过程中药物浓度基本保持不变，则通过皮肤的药物累积透过量 M 与时间 t 的关系为

$$M = \frac{DC_0'}{h}\left(\mathrm{t} - \frac{h^2}{6D}\right) \quad (15\text{-}3)$$

式（15-3）中，D 为药物在皮肤内的扩散系数（diffusion coefficient），单位为 cm^2/s；C_0' 为皮肤最外层组织中的药物浓度（mg/ml）；h 为皮肤厚度（cm）。此式表示药物通过皮肤的扩散达到稳态时的 M-t 关系，如图 15-19 所示直线部分。由于 C_0' 一般不能测得，而与皮肤接触的介质中的药物浓度 C_0 可知，当 C_0' 与 C_0 达分配平衡后，可由分配系数 K 求得 C_0'，即：

$$C_0' = KC_0 \quad (15\text{-}4)$$

将式（15-4）代入式（15-3），并进行微分处理，可求得稳态透皮速率（flux，J_s）：

$$J_s = \frac{\mathrm{d}M}{\mathrm{d}t} = \frac{DKC_0}{h} \quad (15\text{-}5)$$

式（15-5）中 J_s 即为 M-t 曲线的直线部分的斜率。

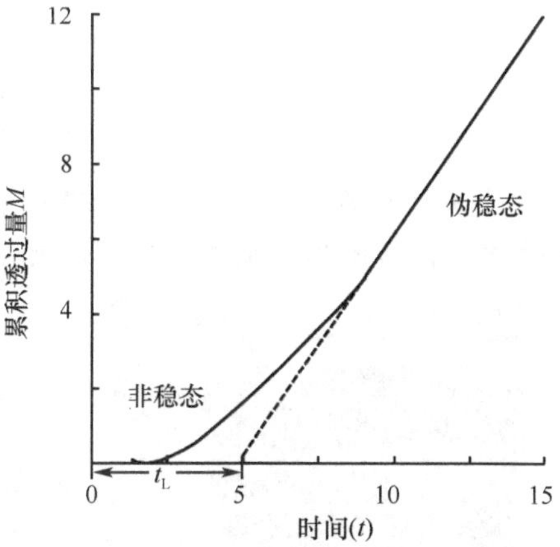

图 15-19 药物透皮累积透过量-时间曲线

式（15-5）中的 $\frac{DK}{h}$ 称为渗透系数（permeation coefficient，P），单位是 cm/s 或 cm/h，它表示 J_s 与 C_0 成正比，当不满足漏槽条件时，则与皮肤两侧药物浓度差 ΔC 成正比：

$$J_s = P\Delta C \tag{15-6}$$

图 15-19 中曲线的直线部分延伸与时间轴相交，得截距，即 M=0 的时间，称为时滞（lag time，t_L）。

$$t_L = \frac{h^2}{6D} \tag{15-7}$$

单位面积内药物的皮肤滞留量（drug quantification in skin，Q_s）可由下式计算：

$$Q_s = \frac{CV}{A} \tag{15-8}$$

式（15-8）中，A 为有效扩散面积，V 为皮肤提取液总体积，C 为皮肤提取液中药物的质量浓度。

二、药物动力学法

体外透皮吸收实验虽然简便并能提供有用的数据，但与体内吸收存在差异，因此必须进行体内透皮给药研究。采用药物动力学方法，可研究药物透皮吸收、分布、代谢和排泄等体内过程的动态变化规律，以及透皮给药制剂的生物利用度。

常用的研究方法有血药浓度法、尿药浓度法，主要采用血药浓度法。药物扩散通过表皮后被位于真皮浅层的毛细血管吸收，血药浓度与药物的药理作用关系密切，能够真实地反映生物效应的强弱。但对于皮肤局部用制剂而言，测定局部皮肤或皮肤各层中的药量比血药浓度的测定更具有意义。

血药法研究是对受试者分别给予透皮给药制剂和静脉注射剂，测定相应血药浓度，根据血药浓度-时间曲线求算的 AUC 计算生物利用度。

$$\text{透皮吸收量} = Cl \times AUC_{\mathrm{TDDS}} \tag{15-9}$$

式中，AUC_{TDDS} 为透皮给药后测得的血药浓度-时间曲线下面积；Cl 为药物的总清除率，它由静脉注射一个剂量 D_{iv} 后测得的 AUC_{iv} 计算。

$$Cl = \frac{D_{\mathrm{iv}}}{AUC_{\mathrm{iv}}} \tag{15-10}$$

$$F = \frac{\text{吸收量}}{\text{剂量}} = \frac{Cl \times AUC_{\mathrm{TDDS}}}{D_{\mathrm{TDDS}}} = \frac{AUC_{\mathrm{TDDS}}}{D_{\mathrm{TDDS}}} \times \frac{D_{\mathrm{iv}}}{AUC_{\mathrm{iv}}} \tag{15-11}$$

式中，D_{TDDS} 为透皮给药制剂的剂量。

在实际研究中，也常见将透皮给药制剂与常规口服制剂进行生物利用度及达峰时间、峰浓度、体内平均滞留时间等的比较。

知识拓展 15-1

皮肤微透析

目前，皮肤微透析（microdialysis）技术已成为透皮吸收研究中关注的热点。在体微透析是在组织（或血液）中植入半透膜探针，模拟毛细血管作用，借助体外微量泵使灌流液流经探针，组织中被测物质扩散进入灌流液，并达到一种动态平衡，通过测定流出液待测物的浓度，研究组织细胞外液中待测物的水平及其变化过程，如图 15-20 所示。皮肤微透析可以对实验动物或人体皮肤组织进行在体、连续的药物浓度测定，在微创的前提下解决定性、定量、定位、微分析、连续取样、动态分析的研究要求，为透皮给药药物动力学研究提供可靠和全新的方法。

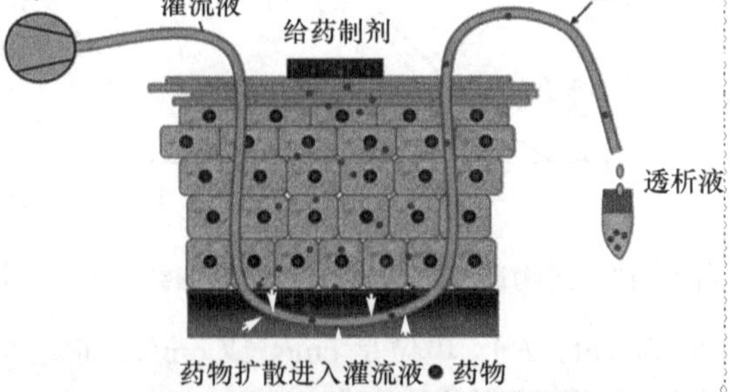

图 15-20 皮肤微透析示意图

本章小结

TDDS 是通过皮肤使药物吸收入体内发挥全身作用的剂型。药物透皮吸收进入体循环的途径主要有表皮途径和附属器途径，角质层是药物透皮吸收的主要屏障。影响药物透皮吸收的因素包括皮肤生理因素、药物理化因素、剂型因素。促进药物的透皮吸收是 TDDS 研发的关键，常用促透方法有：透皮促进剂、离子对、前体药物等化学方法；离子导入、电穿孔、超声导入、热能导入、微针技术、无针注射等物理学方法；传递体、醇质体等药剂学方法。TDDS 药物选择原则包括剂量小、药理作用强，理化性质适宜，半衰期短，分布容积小，对皮肤无刺激性、过敏性。透皮贴剂的结构组成包括背衬层、药物储库、黏贴层和保护层，按结构分为储库型、骨架型、周边黏胶型、黏胶分散型。透皮贴剂材料主要包括压敏胶、骨架和储库材料、控释膜材料、背衬材料、防黏层材料，根据需要可加入表面活性剂、乳化剂、保湿剂、抑菌剂、抗氧剂或透皮促进剂。透皮贴剂的制备工艺目前主要有涂布层合工艺、充填热合工艺和骨架黏合工艺。药物透皮吸收研究主要采用体外扩散池法及药动学方法。

重点：透皮给药制剂的概念、特点；影响药物透皮吸收的因素及促透方法；透皮给药药物选择原则；透皮贴剂的辅助材料。

难点：药物透皮吸收的促透方法，药物透皮吸收的研究方法。

思考题

1. 透皮吸收制剂的概念、特点是什么？
2. 影响药物透皮吸收的主要因素有哪些？
3. 促进药物透皮吸收的方法有哪些？常用的透皮促进剂有哪些？
4. 哪些药物适合制成透皮吸收制剂？
5. 透皮贴剂按结构组成可分为哪几种类型？
6. 试述常见透皮贴剂的制备工艺流程。
7. 透皮贴剂质量检测项目包括哪些？
8. 透皮吸收实验在透皮给药制剂研发中有何意义？

（王　森）

第十六章　生物技术药物制剂

学习目标

1. 掌握：生物技术药物制剂的概念和特点；多肽、蛋白类药物注射给药制剂的处方设计和常用辅料。

2. 熟悉：多肽、蛋白类药物的非注射给药系统；核酸药物的递送载体。

3. 了解：生物技术药物研究概况。

第一节　概　　述

一、生物技术药物相关概念

进入 21 世纪以来，以基因工程、细胞工程、发酵工程和酶工程等为代表的现代生物技术发展迅猛、研究内涵不断扩大，在多方面尤其在基因编辑技术、转基因技术、蛋白质工程技术、生物信息技术、生物芯片技术等领域取得重要突破。这些上游技术的飞速发展为人类攻克重大疾病提供了新的支撑，给新药研发带来了巨大的推动力。一些曾经的不治之症、罕见的遗传疾病，正在被生物技术药物所攻克。

生物技术药物（biotechnology drugs）即通过生物技术获得的，用于预防、治疗和诊断人类疾病的药物。广义而言，生物技术药物是指所有以生物质（微生物、细胞、动物及人源组织和体液等）为原料制备的各种生物活性物质及通过现代生物技术制备的药物。用于改善肠道微环境的活菌制剂，用于癌症治疗的自体免疫细胞，用于糖尿病治疗的微囊化胰岛细胞等都可以归于上述范畴。狭义上，生物技术药物主要指采用 DNA 重组技术或其他现代生物技术研制的蛋白质或核酸类药物，包括重组细胞因子药物、重组激素类药物、重组溶栓药物、基因工程疫苗、治疗性抗体、基因药物和反义核苷酸等。生物技术药物收录于《中国药典》2015 年版第三部。

1982 年，美国 FDA 批准首个基因工程药品——重组人胰岛素上市，被公认为是生物技术药物兴起的标志。早期的生物技术药物更多的是重组生物技术药物，随着蛋白质工程技术不断发展，点突变技术、融合蛋白技术、定向计划、基因插入及基因打靶等技术的应用，使得蛋白质工程药物新品种迅速增加，而以 CRISPR（clustered regularly interspaced short palindromic repeats）为代表的新型基因编辑技术正对基因治疗药物的发展产生着重要影响。世界上的主要发达国家对于生物技术制药行业高度重视，在人才汇聚、资本投入及知识产权构建、新药审评、扶持生物制药中小企业等政策支持方面下足功夫，取得了很好的成效。经过 30 余年的发展，全球已有超过 150 余种生物技术药物上市，其市场规模年均增速超过 15%，截止 2013 年已达到 1650 亿美元。特别是近十年以来，生物技术药物上市率一直位于全球新药榜首，新近涌现出的“重磅炸弹”包括阿达木单抗、甘精胰岛素、利妥昔单抗、贝伐珠单抗等。

1989 年，基因重组人干扰素 α1b 成为我国批准上市的第一个生物技术药物，标志着中国生物制药产业正式拉开序幕。我国陆续在细胞因子、融合蛋白、酶、治疗基因、干细胞、单克隆抗体、治疗性疫苗及多糖药物方面取得诸多成果（表 16-1 列出了部分近年来国内已上市的国产生物技术药物）。生物技术是中国与发达国家差距相对较小的高技术领域之一，中国具有发展生物制药产业的技术基础和巨大市场需求。进入 21 世纪以来，生物技术产业特别是生物制药产业已被国务院和许多地方政府列入战略性新兴产业之一。近期，国家食品药品监督管理总局（CFDA）发布了《生物类似药研发与评价技术指导原则》（试行），将进一步推动我国生物制药产业积极健康发展。

生物技术药物制剂（biopharmaceuticals）是指以生物技术药物为原料按药品标准所制备的制剂。与生物技术药物上游技术相比，其制剂研究具有同等的重要性。由于生物技术药物与化学小分子药物在理化性质、生物学性质和工艺学性质等方面存在很大区别，构建适合生物技术药物给药的新技术与新剂型有其重要性、特殊性，也面临许多挑战，涉及生命科学、化学、材料学和药学等多学科交叉研究。研究开发高质量的生物技术药物制剂，是药剂学的重要任务，是对日益增长的生物技术药物临床需求的积极呼应。需要说明的是，在生物技术药物制剂研究中，除了经生物技术获得的原料药物之外，还有一些药物，特别是多肽类，如降钙素、胸腺素、缩宫素等，主要是通过化学合成等方式制备得到。由于其化学本质仍是氨基酸，和生物技术来源产品并无不同，因此一般也将其纳入生物技术药物制剂研究范畴。

表 16-1　近年国内上市的国产生物技术药物

药品名称	适应证	技术	批准上市时间
重组抗 CD25 人源化单克隆抗体注射液	用于预防肾移植后急性排斥反应的发生	人源化	2011.1
卡介菌多糖核酸注射液	免疫调节剂，主要用于预防和治疗慢性支气管炎、感冒及哮喘	生物提取	2011.1
重组乙型肝炎疫苗（CHO 细胞）	预防乙型肝炎	基因重组	2011.3
碘[^{131}I]美妥昔单抗注射液	不能手术切除或术后复发的原发性肝癌，以及不适宜作动脉导管化学栓塞（TACE）或经 TACE 治疗后无效、复发的晚期肝癌患者	鼠源	2011.5
ACYW135 群脑膜炎球菌多糖疫苗冻干粉针	预防 A、C、Y 及 W135 群脑膜炎奈瑟氏球菌引起的流行性脑脊髓膜炎	生物提取	2012.3
重组人 p53 腺病毒注射液	用于现有治疗方法无效的晚期鼻咽癌的治疗	基因重组	2012.5
尼妥珠单抗注射液	试用于与放疗联合治疗表皮生长因子受体（EGFR）表达阳性的Ⅲ/Ⅳ期鼻咽癌	人源化	2012.12
精蛋白生物合成人胰岛素注射液（预混 30R）	用于治疗糖尿病	基因重组	2013.3
康柏西普眼用注射液	用于治疗湿性年龄相关性黄斑变性（AMD）	Fc 融合蛋白	2013.11
重组人碱性成纤维细胞生长因子凝胶剂	促进创面愈合，可用于烧伤创面、慢性创面和新鲜创面	基因重组	2014.1
伤寒 Vi 多糖疫苗注射液	预防伤寒沙门菌引起的伤寒病	生物提取	2014.6
小牛血清去蛋白肠溶胶囊	用于改善脑供血不足、颅脑外伤引起的神经功能缺损	膜过滤	2014.8
注射用重组人Ⅱ型肿瘤坏死因子受体-抗体融合蛋白	类风湿关节炎，银屑病，强直性脊柱的治疗	Fc 融合蛋白	2015.1
注射用重组人促卵泡激素	不排卵，超排卵或辅助生育技术，刺激卵泡形成	基因重组	2015.5
重组 B 亚单位/菌体霍乱疫苗（肠溶胶囊）	预防霍乱	基因重组	2015.5
促肝细胞生长素肠溶胶囊	用于中、重度慢性肝炎的辅助治疗	分子筛超滤	2015.6
重组人干扰素 α2a 栓	可用于治疗阴道病毒性感染引起的慢性宫颈炎、宫颈糜烂、阴道炎、预防宫颈癌	基因重组	2015.8
聚乙二醇化重组人粒细胞刺激因子注射液	防治肿瘤化放疗引起的中性粒细胞减少症	PEG 修饰	2015.8

续表

药品名称	适应证	技术	批准上市时间
重组人血小板生成素注射液	适用于治疗实体瘤化疗后所致的血小板减少症，特发性血小板减少性紫癜（ITP）的辅助治疗	基因重组	2015.8
冻干重组人脑利钠肽	用于患有休息或轻微活动时呼吸困难的急性失代偿心力衰竭患者的静脉治疗	基因重组	2015.9
重组人白细胞介素-2（125Ala）注射液	免疫调节剂，用于慢性丙型肝炎的治疗	基因重组	2015.9
转移因子口服液	用于治疗某些抗生素难以控制的霉菌性细胞内感染，免疫缺陷病的治疗，对恶性肿瘤可作为辅助治疗剂	猪源	2015.9
注射用重组葡激酶	用于成人由冠状动脉血栓引起的急性心肌梗死溶栓治疗	基因重组	2015.9
注射用抗乙型肝炎转移因子	治疗 HBeAg 和 HBV-DNA 阳性的慢性乙肝	人源化	2015.12
注射用重组人尿激酶原	用于急性 ST 段抬高性心肌梗死的溶栓治疗	基因重组	2016.1

知识拓展 16-1

生物类似药

生物类似药指在质量、安全性和有效性方面与已获准注册的参照药具有相似性的治疗用生物制品。随着原研药专利到期及生物技术的不断发展，以原研生物药质量、安全性和有效性为基础的生物类似药的研发，有助于提高生物药的可及性和降低价格，满足群众用药需求。许多国家都十分重视生物类似药的研发和管理工作，全球已有 20 余个国家或组织制定了生物类似药相关指南。

重组人粒细胞集落刺激因子（G-CSF，商品名 Neupogen®）早在 20 世纪 90 年代即获批在美国上市，功能为促进白细胞生长，主要用于预防化疗后免疫力下降导致的肿瘤患者恶性感染。2015 年 1 月，美国 FDA 基于“高度相似且没有临床意义的差异”批准了同为重组人粒细胞集落刺激因子的 Zarxio®作为 Neupogen 的生物类似物，这也是美国首个被批准的生物类似药。

二、生物技术药物的性质与特点

（一）理化性质

与传统的化学小分子药物相比，生物技术药物的相对分子质量相对较大，往往具有特定的结构而表现出有别于化学药物的特殊理化性质。

1. 多肽、蛋白质类药物的理化性质 多肽、蛋白质构成了生物技术药物的最主要来源，多肽和蛋白质是氨基酸经肽键连接而成。一般将含 50 个氨基酸以下、10 个氨基酸以上的氨基酸连接物称为多肽，将含 50 个氨基酸以上的氨基酸连接物称为蛋白质。除肽键之外，蛋白质中的共价键还包括二硫键，非共价键包括氢键、疏水键、离子键、范德瓦耳斯力等。蛋白质的氨基酸序列为其初级结构，在此基础上，多肽链（主链）在空间上的排列如折叠、盘绕等为其二级结构。二级结构是由骨架上的羰基和酰胺基团之间形成的氢键所维持，氢键成为稳定二级结构的主要作用力。三级结构则是在二级结构的基础上进一步盘绕，折叠形成，也被称为亚基。三级结构主要通过氨基酸侧链间的疏水相互作用，氢键、范德瓦耳斯力和静电作用所维持。亚基与亚基之间呈特定的三维空间分布，并以非共价键相链接，这种蛋白质分子中各亚基的空间排布及亚基接触部位的布局和相互作用，称为蛋白质的四级结构。与初级结构相对应，蛋白质的二、三、四级结构统称为高级结构。

蛋白质的理化性质首先与其初级结构有关。各种蛋白质分子由于所含的碱性氨基酸和酸性氨基酸数目不同，具有各自不同的等电点，在不同的 pH 条件下，可带正电荷、负电荷或呈电中性。当 pH 等于等电点时，蛋白质极易凝聚而沉淀，溶解度最小。由于含苯环结构的氨基酸在近紫外区有光吸收，含有色氨酸、酪氨酸等的蛋白质因此也具有紫外吸收能力，一般最大吸收波长为 280nm。与化学小分子不同，蛋白质具有的独特高级结构对其性质和生物学活性至关重要。在水中蛋白质可以自发形成亲水基向外、疏水区在内的空间结构，形成 1～100nm 的亲水胶体。

蛋白质复杂的结构使得影响蛋白质理化性质及活性的因素很多。温度、pH、离子强度和氧化剂等，可通过水解、氧化、消旋化及二硫键断裂等方式直接破坏蛋白质的共价键及初级结构。而非共价键的破坏同样可导致蛋白质失活，如蛋白变性、聚集、沉淀、吸附等。蛋白质变性是指在某些物理或化学条件下，蛋白质分子的高级结构受到破坏，而初级结构未被破坏。引起蛋白质变性的因素包括加热、强烈振摇、光照、机械应力等物理因素和有机溶剂、盐类、酸、碱及表面活性剂等化学因素。

2. 核酸类药物的理化性质　核酸包括 DNA 和 RNA 两大类。核苷酸是核酸的基本单位，核酸是由单核苷酸聚合而成。RNA 和 DNA 都是极性化合物，微溶于水，不溶于乙醇、乙醚、三氯甲烷等有机溶剂。天然 DNA 的相对分子质量大，在溶液中呈现为兼具一定的刚性和柔性（可卷曲）的细长分子，因此，即使是极稀的 DNA 溶液也有极大的黏度。相比之下，RNA 的黏度要小得多。DNA 溶液在受热或在其他因素作用下可发生螺旋–线团转变，黏度显著降低。

多核苷酸链中两个单核苷酸残基之间的磷酸残基具有较低的解离常数（$pK= 1.5$），当溶液的 pH 高于 4 时，磷酸残基全部解离，呈多阴离子状态。因此，可以把核酸看成是多元酸，具有较强的酸性。多阴离子状态的核酸可与金属离子结合成盐。由于碱基对之间氢键的性质与其解离状态有关，而碱基的解离状态又与 pH 有关，所以溶液的 pH 直接影响核酸双螺旋结构中碱基对之间氢键的稳定性。

由于嘌呤碱和嘧啶碱具有共轭双键，使得碱基、核苷、核苷酸和核酸在 240～290nm 的紫外波段有一强的吸收峰，因此核酸具有紫外吸收特性。DNA 钠盐的紫外吸收在 260nm 附近有最大吸收值，在 230nm 处为吸收低谷，其吸光度（A，又称光密度，OD）以 A_{260} 表示。RNA 钠盐的吸收光谱与 DNA 无明显区别。通常以 1OD 值相当于 50μg/ml 双螺旋 DNA，或 40μg/ml 单螺旋 DNA 或 RNA，或 20 μg/ml 寡核苷酸计算核酸的质量。

在合成、提取及制剂的制备过程中，核酸易被环境中存在的核酶降解，致使相对分子质量降低，从而影响生物学活性。有些理化因素会破坏核苷之间的氢键和碱基堆积力，使核酸分子的空间结构改变，从而引起核酸理化性质和生物学功能改变，但并未发生核苷酸间共价键的断裂，这种现象称为核酸变性。引起核酸变性的因素有温度、溶液酸碱度、有机溶剂（乙醇、丙酮等）及其他试剂（尿素、甲酰胺等）。变性 DNA 在适当条件下，可使两条彼此分开的链重新由氢键连接而成双螺旋结构，这一过程称为复性。复性后 DNA 的一系列物理化学性质得到恢复，如紫外吸收值降低，黏度增高，生物活性部分恢复。

（二）生物活性特点

目前上市的生物技术药物中绝大多数是多肽、蛋白质类药物。与小分子化学药物相比，生物技术药物药理活性高，临床使用剂量小，一般认为其安全性较强。但由于生物技术药物大都是从生物产物中分离、纯化得到的蛋白质，其所含杂质往往也是蛋白质，由此引起的潜在免疫原性问题不容忽视。此外，某些具有特殊作用机制的药物如血管内皮生长因子单克隆抗体（贝伐单抗），有时会引起严重不良反应，也应得到足够重视。

以多肽、蛋白质类药物为例，生物技术药物由于其结构特点，对外界温度、pH、离子强度等较为敏感，在体内酶存在的条件下极易失活；由于分子量较大，还常以多聚体的形式存在，仅凭其自身理化性质实现跨细胞膜转运的能力较差。若以口服方式给药，这类药物既易被消化道中胃酸和各类消化酶破坏，又不易透过胃肠道黏膜上皮细胞层，难以发挥活性。因此，多肽、蛋白质类药物给药方式以注射给药为主。但注射给药仍面临不少问题：细胞膜屏障对于大分子药物的组织渗透、分布同样构成限制，尤其是对于作用位点在细胞内的药物；进入循环系统和分布到组织、脏器的生物技术药物也存在稳定性问题。因此，多肽、蛋白类药物注射给药往往还没有充分发挥其作用，便从血中迅速清除或降解，在体内作用的时间较短，需要频繁给药。若需长期给药，病患的依从性较差。

生物技术药物制剂的研究目标即采用制剂手段，特别是通过开发新的给药系统来提高生物技术药物的稳定性，延长作用时间，减少给药次数，拓宽给药途径等。随着药剂学在分子水平研究的深入开展，以及生命科学、化学、高分子材料学等多学科在本领域的深入融合，生物技术药物的非注射给药将日益增多。

第二节 多肽、蛋白类药物给药系统

目前，多肽、蛋白类药物的主要给药方式仍是注射给药，同时，口服给药、鼻腔给药、肺部给药等新剂型和新释药技术得到较快发展，新的给药途径也在不断得到拓展。

一、注射给药系统

注射给药制剂主要包括溶液型注射剂、混悬型注射剂和注射用无菌粉末等常规类型及缓释制剂、控释制剂、植入剂等新型给药系统。具体注射途径主要包括静脉注射、肌内注射、静脉滴注、皮下注射等。许多多肽、蛋白类药物往往首先经过结构修饰后再进入注射剂的处方设计阶段。

（一）多肽、蛋白类药物的结构修饰

结构修饰是最为直接的改良多肽、蛋白类药物性质的策略，包括基因工程技术和化学修饰技术两大类。基因工程是通过改变蛋白质的编码基因，使蛋白质的氨基酸序列乃至高级结构发生改变以改善相应性能。化学修饰则是在已有分子基础上通过引入新的化学键、新基团、新分子和新材料等来改变蛋白质、多肽的性能。与前者相比，化学修饰技术应用更为广泛。

1. PEG 修饰或 PEG 化 PEG 化即在蛋白质分子表面共价结合聚乙二醇，是最为成功和经典的化学修饰方法。PEG 是一种亲水性聚合物材料，通过共价结合于蛋白质、多肽分子表面时，可从相对分子质量、溶解性等方面改变该类分子在体内的分配行为，使其肾小球的滤过减少。PEG 也是一种柔性的大分子，可在修饰的药物周围产生空间屏障，发挥多重功能：减少药物被酶识别，提高其稳定性；遮挡蛋白质表面的抗原决定簇，避免抗体产生，或阻止抗原与抗体结合而抑制免疫反应的发生，降低药物的潜在免疫原性，显著延长药物的循环半衰期。

PEG 修饰的部位应是多肽、蛋白质分子的非必需基团，这样修饰后的衍生物才能较好地保留母体分子的生物活性。因此，定位或定点修饰十分重要。一般常选择蛋白质分子的巯基、氨基、羧基等进行修饰。自 1991 年第一个 PEG 修饰蛋白药物 PEG-腺苷脱氨酶（PEG-ADA）注射剂被 FDA 批准上市后，陆续已有不少产品上市，如聚乙二醇-干扰素，聚乙二醇-尿酸氧化酶，聚乙二醇-粒细胞集落刺激因子等。

2. 脂肪酸化 也是常用的多肽、蛋白类药物结构修饰策略之一。通过在多肽侧链引入脂肪链，能够显著提高该类药物的跨膜转运能力和稳定性，延长其生物半衰期。上市药物地特胰岛素注射液是一种长效胰岛素类似物制剂，它是在人胰岛素的基础上去除 B 链 30 位的苏氨酸，

在B链29位的赖氨酸上增加了一个14个碳原子的侧链（肉豆蔻酸）修饰。

除了PEG化、脂肪酸化，多肽、蛋白类药物的化学修饰还有很多方法，化学修饰剂种类也很多。近期较为新颖的一种策略被称为订书肽（stapled peptide），是指通过在多肽中引入全碳支架来增强其结构稳定性和穿膜能力。首个订书肽候选药物ALRN-6924已于2015年2月进入临床Ⅰ期实验，适应证为晚期血液肿瘤。

（二）注射剂的处方

在设计注射剂处方时，保证多肽、蛋白类药物溶液稳定性是需考虑的主要问题。不同结构的多肽、蛋白类药物在溶液中的稳定性差异较大。多肽、蛋白类药物溶液型注射剂一般要求在2～8℃下保存，不能冷冻或振摇，取出后在室温下一般要求6～12h内使用。而需要低温保存的生物技术药物在反复融冻的过程中会造成活性降低或丧失。一些在溶液中活性保持时间很短的多肽、蛋白类药物，制成注射用无菌粉末（多为冷冻干燥法制得）更为适宜。对于溶液型注射剂而言，通过前述结构修饰的方法能有效增强药物在溶液中的稳定性，同时，加入各类适宜的辅料也是常用手段。

1. 稳定剂 多肽、蛋白类药物溶液型注射剂中最重要的辅料是稳定剂，包括缓冲剂、盐类、人血清白蛋白（HSA）、氨基酸类、糖类与多元醇类、表面活性剂类等，它们各自发挥稳定作用的原理不尽相同。

（1）缓冲剂与盐类：主要通过调节pH来实现对蛋白质、多肽药物的稳定性和溶解度的调节。蛋白质、多肽药物多数在pH4～10范围内较为稳定。常用的缓冲剂包括枸橼酸钠/枸橼酸缓冲对和磷酸盐缓冲对等。无机盐类对蛋白质稳定性和溶解度的影响比较复杂，存在盐析（蛋白质稳定性提高、溶解度降低）和盐溶（蛋白质稳定性降低、溶解度提高）两种现象。这就需要选择适当的离子和适宜的浓度，使其增加蛋白质的表面电荷，促进蛋白质与水的作用，从而增加蛋白质溶解度。常用的盐类有NaCl和KCl等。

（2）氨基酸类、糖类与多元醇类：对于稳定性而言，一些氨基酸如甘氨酸、精氨酸、谷氨酰胺等，可以增加某些蛋白质药物在一定pH下的溶解度，并可以提高其稳定性，用量一般为0.5%～5%。如带正电荷的精氨酸通过影响蛋白（如组织溶纤酶原激活素）聚集显著增加其溶解度。糖类与多元醇类可以增加蛋白质药物在水中的稳定性，这可能与该类物质促进蛋白质的优先水化有关。常用的糖类包括蔗糖、葡萄糖、海藻糖和麦芽糖；常用的多元醇有甘油、甘露醇、山梨醇、PEG和肌醇等。

（3）表面活性剂类：尽管大部分表面活性剂往往易引起蛋白质解离或变性，但以聚山梨酯类为代表的少量非离子型表面活性剂却能防止蛋白质聚集。这可能是由于该类表面活性剂能倾向性地分布于气/液或液/液界面，从而防止蛋白质在界面的变性。

（4）人血清白蛋白：对于生物技术药物注射剂，内包装材料的吸附不容忽视。而对于剂量较小的蛋白质药物，过滤时的吸附损失也需要重视。例如，5cm^{2}的玻璃表面可吸附1μg的蛋白，为减少蛋白药物的损失，可在其溶液加入相对较高浓度的人血清白蛋白来饱和玻璃的非特异性吸附，同时也能减少产品中痕量蛋白质酶等对蛋白药物的破坏作用。通常人血清白蛋白的用量为0.1%～0.2%。

2. 冻干保护剂及填充剂 在制备蛋白类药物的注射用无菌粉末过程中，蛋白质的水合膜被除去后，可能导致失去活性，可采用恰当的保护剂作为水的替代物结合在蛋白质上使之保持稳定。此外，蛋白质、多肽药物单剂量一般都很小，在制备注射用冻干粉针时，加入的辅料还可起到填充剂的作用。常用的保护剂及填充剂包括糖类和多元醇，如甘露醇、山梨醇、蔗糖、葡萄糖、乳糖、海藻糖和右旋糖酐等，以甘露醇最为常用。人血清白蛋白也可作为冻干保护剂。

制剂举例 16-1

重组人白细胞介素-2 注射液

【处方】 重组人白细胞介素-2 0.1mg 羟丙基-β-环糊精 20.0mg 氯化钠 7.0mg
乙酸钠 0.15mg 乙酸 0.48×10^{-3}ml 注射用水 1ml

【制备】 按以上配方精确称取乙酸钠，加入乙酸和氯化钠，再加入注射用水，配成10mmol/L 的乙酸缓冲液。然后加入相应的羟丙基-β-环糊精，待其完全溶解后用 0.22μm 滤膜过滤，除去溶液中杂质。过滤后的溶液呈澄清透明状。将溶液加入重组人白细胞介素-2冻干粉中，待蛋白完全溶解后，用 0.22μm 滤膜过滤。最后，将澄清、透明的溶液用分装机分装到 2ml 西林瓶、安瓿或 1ml 预冲式注射器中。

【注解】 重组人白细胞介素-2 为主药，羟丙基-β-环糊精能提高重组人白细胞介素-2的溶解性及稳定性，乙酸和乙酸钠构成缓冲对，提高药物稳定性，氯化钠为渗透压调节剂。重组人白细胞介素-2 主要用于恶性肿瘤及一些自身免疫疾病的治疗。

制剂举例 16-2

重组人干扰素注射液

【处方】 重组人干扰素 α2b 5.0×10^{9} U 聚山梨酯 80 0.05g 苯甲醇 5.0g
磷酸氢二钠 4.34g 磷酸二氢钠 3.18g 注射用水 适量 总体积为 500ml

【制备】按处方分别称取磷酸氢二钠和磷酸二氢钠，用注射用水溶解，调 pH 为 7.0±0.2，在 121℃湿热灭菌 30min，得到磷酸盐缓冲液；称取聚山梨酯 80 和苯甲醇，加入上述磷酸盐缓冲液中溶解，得到第一混合溶液；称取重组人干扰素 α2b 加入第一混合溶液，定容到500ml，混合均匀，得到第二混合溶液；用 0.22μm 滤膜过滤第二混合溶液，得到重组人干扰素注射液，将其分装于 2ml 西林瓶中。

【注解】 重组人干扰素 α2b 为主药，聚山梨酯 80 为稳定剂，苯甲醇为抑菌剂，磷酸氢二钠和磷酸二氢钠构成缓冲对，提高药物稳定性。重组人干扰素 α2b 主要用于急慢性病毒性肝炎、慢性粒细胞白血病、淋巴瘤、艾滋病相关性卡波济肉瘤、恶性黑色素瘤等疾病的治疗。

制剂举例 16-3

重组甘精胰岛素注射液

【处方】 重组甘精胰岛素 100 000U 磺丁基-β-环糊精 30.0g 间甲酚 3.0g
氯化锌 0.03g 0.1mol/L 盐酸溶液 适量 注射用水加至 1000ml

【制备】 ①将磺丁基-β-环糊精加入到 50%全量的注射用水中搅拌使其溶解，加入重组甘精胰岛素，于 0～5℃搅拌 12h，备用。②将间甲酚、氯化锌加入到余量的注射用水中，搅拌使溶解，备用。③将步骤①的溶液在搅拌条件下加入到步骤②的溶液中，混合均匀，加入 0.1mol/L 盐酸溶液调节药液至 pH5.5，0.22μm 滤膜过滤除菌，灌装，即得。

【注解】 重组甘精胰岛素为主药，氯化锌为锌盐，一方面对治疗糖尿病有明显的疗效；另一方面对胰岛素形成稳定的六聚体有促进作用。磺丁基-β-环糊精为稳定剂，间甲酚为抑菌剂，稀盐酸溶液调节 pH，提高药物稳定性。重组甘精胰岛素注射液为长效胰岛素，适应证为Ⅰ型糖尿病。

二、口服给药系统

口服给药是患者最易接受的方式，但对于多肽、蛋白类药物而言，存在很大的局限性。原因主要包括：①多肽、蛋白类药物相对分子质量大，脂溶性差（通常 $\lg P<0$），难以通过生物膜屏障；②多肽、蛋白在胃部酸性条件下不稳定，胃肠道存在的消化酶能够导致多肽、蛋白大量降解；③首过效应和肾的排泄也会导致药物疗效降低。因此，多肽、蛋白类药物直接口服给药，其生物利用度往往只有 0.1%～2%，甚至更低。目前，已有一些品种实现了口服给药，如胸腺素肠溶片、口服 α-干扰素、脾氨肽口服液等。另外，有些多肽、蛋白类药物如蚓激酶，虽然吸收很少，但若给予大剂量仍能发挥一定药效，故也有口服制剂。但多数的多肽、蛋白类口服药品只是在胃肠道发挥局部作用，通过口服进入血液循环实现全身给药的制剂还很少。

如何提高膜通透性和克服酶屏障是多肽、蛋白类药物提高生物利用度面临的最主要问题。常用方法有：结构修饰；使用促吸收剂提高膜通透性；使用蛋白酶抑制剂；采用生物黏附或定位释药；采用纳米或微粒载体包裹等方法。

1. 结构修饰　前面介绍的 PEG 化、脂肪酸化等策略均有望提高多肽、蛋白类药物的口服生物利用度，而环化（cyclization）也是常用的化学修饰策略之一。通常环化是经多肽侧链之间或首尾端之间的二硫键、内酰胺键等连接而实现的。线性多肽成为环状后，其耐受蛋白水解酶的能力有望得到明显提高。环孢素即是可经口服的环肽药物重要代表之一。环孢素由 11 个氨基酸组成，是一种强效免疫抑制剂，目前临床应用的环孢素口服制剂主要包括胶囊剂和微乳。其他一些多肽药物如生长抑素等经环化后，其口服生物利用度同样可以得到显著提高。需要说明的是，环化策略主要适用于部分序列相对较短的多肽药物，对于较长的多肽或蛋白其应用会受到限制。

2. 使用促吸收剂　使用吸收促进剂是提高药物生物利用度的主要方法之一，主要通过促进药物经细胞途径转运和经细胞旁路途径转运产生效果。此外，一些促进剂是通过增强吸收部位血流量、扩大黏膜表面吸收面积等机制来间接发挥促吸收作用。理想的吸收促进剂应在其有效浓度内快速起效，作用可逆，无毒，不受食物、胃肠道生理状况等因素的影响。目前常用的吸收促进剂主要有胆酸盐类、表面活性剂、脂肪酸类、氨基酸类衍生物、金属螯合剂及壳聚糖等。

3. 使用蛋白酶抑制剂　将多肽、蛋白类药物与其代谢酶的抑制剂联合使用也能有效提高生物利用度。大豆胰蛋白酶抑制剂 FT-448 是糜蛋白酶的强效抑制剂，当将其与胰岛素联合口服给药时，胰岛素的吸收显著增强，血糖浓度则随之下降。类似的抑制剂还有多种，如抑酞酶可抑制丝氨酸蛋白酶、胰蛋白酶、糜蛋白酶等多种酶；杆菌肽可抑制胰蛋白酶、胃蛋白酶、氨肽酶 N 等；嘌呤霉素可抑制金属肽酶。

4. 使用生物黏性材料或定位释药　利用生物黏性材料可以增加药物与黏膜接触的机会，提高局部药物浓度梯度，也能提高多肽、蛋白类药物的生物利用度。与胃和小肠上段相比，小肠下段和大肠的消化酶较少，而吸收中胞饮和吞噬作用明显，是较为理想的多肽、蛋白类药物吸收部位，可采用制成肠溶胶囊、结肠靶向给药等方式来实现定位输送药物。

5. 采用微粒载体包裹　微粒载体如脂质体、微球、纳米粒等可将蛋白质、多肽类药物包封于内部，大幅降低胃酸及消化酶的破坏，同时，载药纳米粒子可直接透过生物屏障，从而被组织和细胞吸收。

制剂举例 16-4

口服甲状旁腺素乳剂

【处方】　甲状旁腺素（PTH 1-34）0.001g　　PBS 缓冲液 适量
辛酸癸酸甘油酯（Miglyol 812）0.7g　　聚乙二醇十二羟基硬脂酸酯 2.0g
生育酚琥珀酸聚二乙醇酯（TPGS）0.5g　　聚山梨酯 20　0.5g　　维生素 E　0.1g

【制备】 ①室温下，将PTH 1-34溶于PBS缓冲液，搅拌至澄清，得A溶液。②60℃下，将辛酸癸酸甘油酯、聚乙二醇十二羟基硬脂酸酯、生育酚琥珀酸聚二乙醇酯、聚山梨酯20、维生素E混合并搅拌至透明清亮。③室温下，将A溶液逐滴加入到步骤②形成的混合物中，在100r/min转速下将混合物搅拌15min，得到PTH-34口服制剂。

【注解】 甲状旁腺素为主药，辛酸癸酸甘油酯为油相，PBS缓冲液为水相，聚乙二醇十二羟基硬脂酸酯、聚山梨酯20和生育酚琥珀酸聚二乙醇酯均为乳化剂，维生素E为抗氧化剂。甲状旁腺素（PTH 1-34）的适应证为骨质疏松症。

三、鼻腔给药系统

多肽、蛋白类药物的鼻腔给药是非注射给药系统中最为成功的，到目前为止已有相当数量的制剂上市，主要剂型包括滴鼻剂、气雾剂、粉雾剂等，上市的药物品种包括布舍瑞林、去氨加压素、降钙素、缩宫素、胰岛素等。

多肽、蛋白类药物的鼻腔给药优势：①鼻腔中具有丰富的毛细血管和毛细淋巴管，药物代谢酶相对较少；②鼻腔中有大量的微绒毛，药物吸收面积较大，通透性相对较高；③药物在鼻黏膜部位的吸收可以避开首过效应，具有吸收迅速的特点。因此，一些多肽、蛋白类药物（如降钙素、胰岛素）的鼻腔给药可作为注射给药的替代。此外，很多病原体的感染是从鼻黏膜开始。由于鼻黏膜与肠道、肺、阴道等部位黏膜具有同源性，鼻黏膜的免疫可促使其他部位获得较好的免疫应答效应；鼻腔相关淋巴组织在形成体液和细胞免疫时也具有十分重要的作用。因此，鼻腔黏膜给药具有同时诱导系统免疫和黏膜免疫应答的能力，正得到快速发展。

多肽、蛋白类药物鼻腔给药目前存在的问题主要有：相对分子质量大的药物透过性差，吸收不规则，生物利用度低，超过27个氨基酸的多肽鼻腔给药的生物利用度一般小于1%；一些制剂存在局部刺激性，对纤毛运动有抑制作用，长期给药的安全性有待改良。

提高多肽、蛋白类药物鼻腔给药生物利用度的方法包括采用吸收促进剂、酶抑制剂，或者采用生物黏附系统、微纳米制剂等延长作用时间，增加吸收。常用的鼻腔吸收促进剂有胆盐类、表面活性剂类、脂肪酸类、磷脂类及环糊精等。从长期用药的安全性角度而言，以亲水凝胶等为代表的生物黏附系统能延长制剂在鼻腔黏膜滞留的时间，并可短暂地调节黏膜的通透性，具有较好的发展前景。

制剂举例16-5

水蛭素滴鼻剂

【处方】 水蛭素 300mg　　壳聚糖 5mg　　聚山梨酯-80 20mg　　苯扎溴铵 0.35mg
乙酸　　适量　　加水至 1ml

【制备】 将壳聚糖加入适量生理盐水中，滴加乙酸使完全溶解，依次加入苯扎溴铵、聚山梨酯-80、水蛭素搅拌使之完全溶解后，加入剩余生理盐水，用乙酸调pH至5.0，即得。

【注解】 水蛭素为主药，壳聚糖和聚山梨酯-80均为吸收促进剂，苯扎溴铵为抑菌剂，乙酸为pH调节剂。水蛭素对凝血酶有极强的抑制作用，可用于治疗各种血栓疾病。

四、肺部给药系统

早在20世纪80年代就有人开展了糖尿病患儿的胰岛素吸入治疗研究。时至今日，多肽、蛋白类药物的肺部给药仍是一个研究热点。已经上市的品种包括胰岛素、重组人生长素、鲑鱼降钙素等用于全身治疗的药物，以及干扰素、环孢素等用于局部治疗的药物，给药剂型有喷雾剂、定量吸入气雾剂和干粉吸入剂等。

对口服吸收困难的多肽、蛋白类药物来说，肺部给药是一个较好的给药途径。肺部具有较大的吸收表面积（约 $100m^2$）和十分丰富的毛细血管；肺泡和周围血管衔接紧密，转运距离短；肺部的药物代谢酶活性相对较低，无肝脏的首过效应，有利于提高药物的生物利用度。但是，相比注射给药，肺部给药的生物利用度还很低。肺泡膜仍能对多肽蛋白类药物吸收构成阻碍，而存在于气管、肺泡上皮、内皮组织中的内蛋白酶、外肽酶等也会对药物的稳定性构成威胁。因此，一般会采用结构修饰、加入吸收促进剂、加入酶抑制剂及包封于载体中等策略来改善上述问题。

多肽、蛋白类药物经肺部给药也还存在一些尚需进一步研究的问题。很多药物可在上呼吸道沉积，减少了吸收的机会，对于治疗剂量相对较大的药物，如何将更多药物递送到肺部并吸收是个难题。肺部也是一个比较脆弱的器官，长期给药的可行性还需经过药理毒理实验进一步验证。胰岛素吸入剂先前退市和近期再次获准上市体现出对上述问题的慎重考虑。因此，与使用各类吸收促进剂相比，通过吸入装置的改进来增强药物到达肺深部的方式更为安全。除溶液和粉末等形式外，也可以将多肽、蛋白类药物制成微粒制剂（微球、纳米粒和脂质体等）的形式进一步提高生物利用度。

制剂举例 16-6

重组人干扰素干粉吸入剂

【处方】　重组人干扰素 α2b　1.0μg/ml　白蛋白 0.3mg/ml　赖氨酸　0.5mg/ml
亮氨酸　5.0mg/ml　枸橼酸　0.3mg/ml　枸橼酸钠 4.5mg/ml
甘露醇　4.5mg/ml　乳糖 1.5mg/ml

【制备】　将枸橼酸、枸橼酸钠、甘露醇、乳糖溶解，调节溶液 pH 至 7.05，加入白蛋白、赖氨酸和亮氨酸，并使之均匀分散，再将重组人干扰素 α2b 溶于上述缓冲溶液中，然后将溶液用 0.22μm 的滤膜过滤，在喷雾干燥器内喷雾干燥，形成良好的白色无定形粉末。生成的粉末在干燥环境中填装到干粉吸入装置。

【注解】　重组人干扰素 α2b 为主药，白蛋白和赖氨酸为活性保护剂，亮氨酸为分散剂，枸橼酸和枸橼酸钠为 pH 调节剂，甘露醇和乳糖为稀释剂。重组人干扰素 α2b 作为一种内源性细胞因子，具有抗病毒、抑制增殖和免疫调节等多种作用。适用于恶性肿瘤、亚急性重症肝炎、肝纤维化（早期肝硬化）、感染与损伤性疾病、病毒性疾病、风湿性关节炎等疾病的治疗。

第三节　核酸类药物给药系统

一、核酸类药物的分类

核酸药物是生物大分子药物的一个重要组成部分，已被广泛应用于基础研究及疾病的临床诊断与治疗。根据化学结构和作用机制，核酸药物可分为三类，分别为寡核苷酸药物、核酸适配体药物和核酸疫苗。用于基因治疗的基因药物从化学结构上看也属于核酸药物。

（一）寡核苷酸

寡核苷酸（oligonucleotide）一般是指 2～10 个核苷酸残基以磷酸二酯键连接而成的线性多

核苷酸片段，但也有把含 30 甚至更多个核苷酸残基的多核苷酸分子称作寡核苷酸。寡核苷酸药物包括反义核酸、小干扰 RNA、核酶及脱氧核酶等。

1. 反义核酸（antisense nucleic acid） 是一段与靶基因的某段序列互补的天然存在或人工合成的核苷酸序列，其通过碱基配对与靶序列核酸结合，利用空间位阻效应或诱导 RNase H 活性，在复制、转录、剪接、mRNA 转运及翻译等水平上抑制或封闭靶基因的表达。作为治疗药物而言，反义核酸需具备足够的稳定性、对目的基因的选择性及对细胞的靶向性和通透性。根据化学结构的不同，将反义核酸分为反义 DNA、反义 RNA 和肽核酸三类。

2. 小干扰 RNA（small interfering RNA，siRNA） 是一段长度为 20～25 个核苷酸的双链 RNA，通过与靶 mRNA 的互补区发生碱基配对作用来阻遏其生物学功能。这种调控作用称之为 RNA 干扰（RNA interference，RNAi）。近年来，一系列不同结构和功能的 siRNA 被合成出来，用于肿瘤、病毒性疾病、血液病及神经退行性疾病等的治疗研究。

3. 核酶 是一类具有催化功能的 RNA 分子，可降解特异的 mRNA 序列，使其失去生物学功能，是近年来备受关注的基因治疗方法。与一般的反义 RNA 相比，核酶具有较稳定的空间结构，不易受到 RNA 酶的攻击。目前对于核酶治疗癌症的研究较多。

4. 脱氧核酶 是利用体外分子进化技术合成的一种具有催化功能的单链 DNA 片段，具有高效的催化活性和结构识别能力。根据已知致病靶基因序列，设计出相应的脱氧核酶，可以对疾病进行基因治疗。现脱氧核酶已用于病毒性疾病、肿瘤、遗传性疾病和血管疾病的治疗研究中。

（二）核酸适配体

核酸适配体（aptamer）是利用指数富集配体系统进化技术（systematic evolution of ligands by exponential enrichment，SELEX）筛选出的寡聚核苷酸序列，其作用原理和抗体类似，通过自身形成的结构与不同靶标，如 RNA、DNA 或蛋白质等特异性地识别和结合。哌加他尼钠（pegaptanib，macugen）是一种针对血管内皮生长因子的 RNA 核酸适配体，用于治疗年龄相关性黄斑变性。

（三）核酸疫苗

核酸疫苗（nucleic acid vaccine），也称基因疫苗，是指将含有可编码目的蛋白的基因序列的重组质粒，经肌内注射或微弹轰击等方法导入宿主体内，通过宿主细胞表达目的蛋白（即抗原），诱导宿主细胞产生对该抗原蛋白的免疫应答，以达到预防和治疗疾病的目的。核酸疫苗分为 DNA 疫苗和 RNA 疫苗两种，其中以 DNA 疫苗研究为主。目前对核酸疫苗的研究还处于临床前及临床试验阶段。

二、核酸类药物的递送载体

核酸药物具有结构清楚、治疗靶点明确等优点，是生物大分子药物发展的一个重要组成部分，但是，如何使核酸药物克服机体生理屏障，实现体内有效输送一直是核酸药物研发的热点和难点。用于核酸药物体内输送的载体主要有病毒载体和非病毒载体两类。病毒载体虽然输送效率高，但存在一些难以克服的缺陷，如携带基因的大小、数量有限，临床应用上存在安全性问题。目前可选择的病毒载体包括反转录病毒、腺病毒、腺相关病毒、慢病毒、疱疹病毒和甲病毒等。非病毒载体是利用非病毒载体材料的理化性质来介导基因的输送，该类载体相对安全，低毒、低免疫原性，可操控性强，可大量生产，但基因输送效率低。迄今研究者们已经设计出许多种类型的非病毒载体，包括 DNA 载体、脂质体载体、阳离子聚合物载体和纳米粒载体等。

（一）DNA 载体

DNA 载体又称质粒 DNA（plasmid DNA）或裸 DNA，是结构最简单的非病毒传递系统，其优点在于宿主免疫反应弱、不整合到宿主的 DNA 中等，缺点是稳定性差，易被机体内核酸酶降解；转染效率不高，表达时间短；缺乏靶向性；大规模生产存在一定难度等。

（二）脂质体载体

1. 阳离子脂质体（cationic liposome）　是目前应用最多的非病毒载体，由阳离子脂质和中性辅助脂类组成。阳离子脂质种类繁多，其基本结构为一个带正电荷的亲水基团连接在一个疏水基团上，其中亲水基团一般是带有一个或数个氨基的长链铵基基团，疏水基团则主要有脂肪酰链和胆固醇两类。常用的阳离子脂类有氯化三甲基-2，3-二油烯氧基丙基铵（DOTMA）、溴化三甲基-2，3-二油酰氧基丙基铵（DOTAP）、三氟乙酸二甲基-2，3-二油烯氧基丙基-2-（2-精胺甲酰氨基）乙基铵（DOSPA）和 3β-[*N*-（*N'*，*N'*-二甲基胺乙基）胺基甲酰基]胆固醇（DC-Chol）等。常用的中性脂类有二油酰基磷脂酰乙醇胺（DOPE）、二油酰基磷脂酰胆碱（DOPC）等。阳离子脂质体通过自身携带的正电荷与带有负电荷的核酸分子紧密结合，形成脂质体与核酸分子的复合物。该复合物的形成受多种弱分子力控制，其中以静电作用为主，还包括离子键、氢键、疏水作用等。目前已有若干阳离子脂质体实现了商品化，如 lipofection2000 和 lipofect AMIDE，分别由阳离子脂质体 DOTMA、DOSPA 与中性脂质体 DOPE 构成，但主要用作转染试剂。

2. 阴离子脂质体（anionic liposomes）　所用的阴离子脂质包括磷脂酰丝氨酸、心肌磷脂和二棕榈磷脂酰甘油等。由于载体与 DNA 都带负电，为了提高包封效率常需在制备脂质体时加入钙。阴离子脂质体的特点是可将低聚核苷酸定位于细胞核，而且可延长低聚核苷酸在细胞内的保留时间。阴离子脂质体的主要缺点是转染率比阳离子脂质体低，但毒性相对较小。

3. pH 敏感型脂质体（pH-sensitive liposomes）　是一种具有细胞内靶向和控制药物释放功能的脂质体。该类脂质体被细胞内吞后，在内涵体的酸性条件下，其脂质成分中的脂肪酸发生质子化作用，导致脂质体结构的改变及磷脂膜与内涵体膜的融合，使得脂质体在由内涵体转运至溶酶体之前提前将药物释放至细胞质内，防止溶酶体对药物的破坏，因而可在一定程度上提高核酸药物的稳定性。

4. 融合脂质体（fusogenic liposomes）　是在制备脂质体时加入融合剂而获得的。常用融合剂包括 PEG、甘油、PVA 及重组病毒的细胞膜或某些病毒蛋白。二油酰基磷脂酰乙醇胺（DOPE）也具有融合剂的性质，主要用于阳离子脂质体/DNA 复合物的制备。由于融合脂质体的制备工艺比较复杂、在血浆中稳定性较差、体内缺乏细胞特异性、部分融合剂免疫原性较强等，目前应用还比较少。

（三）阳离子聚合物载体

阳离子聚合物（cationic polymer）与核酸可以在静电作用下自组装形成纳米级复合物，用于核酸药物输送。目前研究较多的阳离子聚合物有聚乙烯亚胺（PEI）、聚赖氨酸、聚精氨酸、聚丙烯亚胺树状聚合物、壳聚糖、鱼精蛋白等。虽然这些阳离子聚合物用作核酸转染试剂时显示出相当的活性，但用作核酸药物载体仍然存在自身化学毒性大的缺点，并且难以同时实现对核酸的紧密包裹与有效释放。近年来一些阳离子多肽也被用作核酸载体，如短杆菌肽 S 等，但效果仍不够理想。

（四）纳米粒载体

随着纳米技术和纳米材料的蓬勃发展，基于纳米粒的核酸载体研究受到越来越多的关注。近年来磁性纳米粒、金纳米粒、碳纳米管、二氧化硅纳米粒等无机纳米粒被广泛研究用作核酸药物载体，也展现出了一定的载体优势，但体内安全性及代谢行为还需要更为深入的研究。

核酸药物在体内的输送面临两个主要障碍：一个是胞外屏障，指载体进入机体到达靶细胞之前所遇到的障碍，包括降解酶系统、巨噬细胞吞噬系统和胞外黏膜层等；另一个是胞内屏障，包括靶细胞膜、溶酶体和细胞核膜等。因此，一个理想的核酸药物传递系统应具备以下重要的性质：①载药能力强，能装载足够数量的核酸药物；②转染效率高；③稳定性好，载体系统本身应稳定，能够保护所装载的核酸药物免受核酸酶等的破坏；④靶向性好，能够有效地将药物输送至靶细胞内；⑤促内吞体逃逸，即促进药物从内吞小泡释放进入胞质；⑥安全性好，对机体没有毒性、致病性或免疫原性，具有良好的生物相容性，生物可降解；⑦能够调控输入基因在体内的表达；⑧制备工艺简单，可以工业化生产。

本章小结

生物技术药物制剂是药剂学与生命科学交叉、融合的重要纽带，也是药剂学最前沿的研究领域之一。制剂研究涉及的生物技术药物主要包括多肽、蛋白质、核酸等。与传统的化学小分子药物相比，生物技术药物的分子量相对较大，往往具有特定的结构而表现出有别于化学药物的特殊理化性质。稳定性和生物膜通透性是多肽、蛋白类药物在实际应用中面临的核心问题，通过初步的结构修饰和后续的适宜剂型（给药途径），有望得到明显改善。目前，多肽、蛋白类药物的主要给药方式是注射给药，同时，口服给药、鼻腔给药、肺部给药等新剂型也得到了较快发展。

重点：多肽、蛋白类药物注射给药的处方设计和常用辅料。

难点：核酸类药物的递送载体。

思考题

1. 生物技术药物的特点及生物技术药物制剂需要解决的主要问题有哪些？
2. 制备生物制剂药物注射剂时选择工艺的关键是什么？
3. 核酸药物的理化性质有哪些？在核酸药物制剂的制备过程中需要注意什么？
4. 目前用于核酸药物体内输送的非病毒载体有哪些？

（李 翀）

第十七章　中药制剂

学习目标

1. 掌握：中药制剂的特点与分类；中药新制剂研究程序和基本内容；汤剂、合剂、口服液、酊剂、酒剂、丸剂的概念、特点及制备方法。

2. 熟悉：中药剂型选择的依据与原则；浸出原理、常用浸出方法及提高浸出效果的措施；中药浸出物的常用分离、纯化、浓缩方法；煎膏剂、流浸膏剂、浸膏剂、膏药、胶剂的概念、特点及制备方法。

3. 了解：中药制剂的发展，浸出新技术的应用，中药制备的有关设备。

第一节　概　　述

一、中药制剂的概念

天然药物（natural drug）指来源于植物、动物、矿物和微生物的化学物质，可以是单一化学成分，也可以是多组分物质，如抗肿瘤药物紫杉醇。中药（traditional Chinese medicine）指在中医理论指导下应用的天然药物及其加工制品或引进的外来传统药物的总称，包括中药材、饮片及成方制剂，如柴胡、六味地黄丸等。

中药制剂（pharmaceutical preparation for traditional Chinese medicine）是在中医药理论指导下以植物药、动物药、矿物药、部分微生物或某一类成分为原料，运用现代科学方法制成适于临床应用的药物制剂。将饮片根据法定处方批量加工生产成标明主治、用法、用量和规格的药品称为中成药（chinese patent medicine）。

中药制剂的原料是中药材，包括人工栽培、人工饲养、人工孵化原料。为了规范中药材人工栽培，保证质量，我国从 2002 年开始实施《中药材生产质量管理规范》（good agricultural practice，GAP），从中药材源头进行规范化生产，控制影响药材质量的各种因素，保证制剂质量，促进中药现代化、国际化。中药制剂必须遵循《中国药典》、卫生部颁布的《部颁标准》、国家食品药品监督管理局颁布的《局颁标准》等规定。

二、中药制剂的进展

中医药有着数千年的历史，是中华民族文化的瑰宝，也是全人类的宝贵遗产。中药制剂在长期的医疗实践中逐步形成了自己特色。沿用至今的传统剂型有丸、散、膏、丹、酒、露、汤、饮、胶、釉、茶、锭、灸、熨、钉、线、条、棒等剂型。

从中成药品种看，2012 年国家基本药物目录中中成药品种共 203 个。从剂型来看，除颗粒剂、胶囊剂、片剂、口服液外，滴丸、微丸、软胶囊、气雾剂、注射剂的应用也逐渐增多，在中成药研究中开始尝试缓释、控释等新剂型。可以说，目前凡是西药有的剂型中药几乎都有。《中国药典》2015 年版一部目录中共收载药材和饮片 618 个、植物油脂和提取物 47 个、成方制剂和单味制剂 1493 个，收载的中药剂型有丸剂、散剂、颗粒剂、胶囊剂、片剂、口服液、合剂、糖浆剂、浸膏剂、酊剂、橡胶膏剂、软膏剂、栓剂、注射剂、搽剂、滴鼻剂及气雾剂等 18

种。治疗范围除涉及内科、外科、妇科、五官科等多学科的常见病外，占世界死亡率前几位的一些疾病，如心脑血管疾病、恶性肿瘤、糖尿病、高血压、肝炎等也包含其中。

在质量控制方面，中药制剂的质量标准和检验方法也有了较大的改进和提高。《中国药典》2005 年版对质量评价指标的选择强调中医药理论的整体观念，突破单一成分控制质量的模式，采用多成分或特征色谱峰群综合控制质量的方法。例如，中药丹参，除测定丹参酮ⅡA 含量外，还要测定丹参酚酸 B 的含量，以确保药材质量。2000 年开始要求对中药注射剂进行指纹图谱的研究。《中国药典》2015 年版建立和不断完善了中药活性有效成分测定、多成分同步定量、特征或指纹图谱检测技术、中药 DNA 分子鉴别技术、内源性有毒成分和外源性有害物质限度控制方法、以中药提取物为对照的质量评价体系等，逐步建立从整体上反映中药安全性、有效性、质量均一稳定等特征的中药质量控制模式，以体现中药特点。

虽然中成药传统剂型的改进和新药研究开发已取得了很大成就，但总体上看，目前仍处于“从经验开发向现代科学技术开发”的过渡阶段。除少数品种以外，绝大部分中药制剂中是哪些药效物质起作用，药物的体内代谢和生物利用度等还不太清楚。有些制剂如蜜丸，改进后其疗效很难保证等。

为振兴中医药事业，提高中药产业的国际竞争力，中药制剂的现代化迫在眉睫。在中药制剂的研制与开发中，设计合理的工艺和处方，采用现代设备生产中药制剂，采用现代分析手段对中药制剂进行质量控制，是药学工作者面临的历史责任与挑战。

三、中药制剂的特点

中药制剂多为复方，所含成分复杂。中药制剂的化学成分分为三类，即起主要药效作用的有效成分（如生物碱、总黄酮、苷类等），能增加或缓和有效成分作用、有利于有效成分浸出、增加稳定性的辅助成分（如鞣质、蛋白质、皂苷等），以及影响提取效果、制剂质量、稳定性和外观的无效成分。

传统中药制剂因其独特的中医药理论和临床治疗手段，在长期继承、发展过程中形成了自己的特色。

1. 中药制剂的优点 ①传统中药制剂药性持久、性和力缓，尤其适用于慢性疾病的治疗；②中药制剂多为复方成分综合作用的结果；③中药制剂在治疗疑难杂症、骨科疾病及滋补强壮等方面有独特的优势；④中药制剂原料多为天然产物，来源广泛。

2. 中药制剂的缺点 ①由于中药制剂成分的复杂性，使不少方剂中各药材所含每一成分在该方剂中的治疗作用及其机制至今尚不太明确，药效物质尚未完全阐明；②质量标准不够完善，质量控制标准较低；③某些制剂由于生产技术及剂型滞后影响疗效发挥；④药材因产地、采收季节、炮制方法、储存条件等差异，质量难以统一和稳定，影响制剂疗效。

四、中药剂型的研究

中药剂型改革是在传统中药剂型的有效单方、复方、秘方和验方的基础上，以中医药理论为指导，运用现代药剂学的技术、方法和手段，制成适合于多种给药途径的中药新剂型。从广义上说，中药剂型的改革涉及新剂型的创制、提取工艺的优化、新辅料及新设备的应用、质量标准研究等各方面。中药剂型改革必须坚持以下原则。①坚持中医中药理论。中药剂型改革必须遵循中医药理论体系，突出中医药的特点。在中医药理论指导下，经过长期用药实践，形成了大量的有效方剂，在治疗中发挥独特的药效，这就是中药剂型改革的物质基础。②提高药效。改革后的中药新剂型，必须比原有剂型在疗效上有所提高，否则剂型改革毫无意义。剂型改革包括适宜给药途径的选择，这也是提高药效的重要手段。

中药新制剂的研究主要包括选题、设计处方、选择剂型及制备工艺、建立质量标准、制剂稳定性试验、临床前药理和毒理学研究及临床研究。研究中药新制剂要按照《中药新药研究的技术要求》等规定进行。

1. 立题选方　根据临床需要、市场需求、切实可行、科学创新及效益性的原则进行选题。

（1）根据临床主治疾病选定处方：①选择常见病、多发病的处方，如风湿病、哮喘病等；②防治疑难病症的处方，如心脑血管疾病、恶性肿瘤、肺结核、糖尿病等；③医治人体功能紊乱性病症的处方，如胃肠道功能紊乱、子宫功能性出血等；④治疗机体免疫性疾病的处方，如红斑狼疮、硬皮病、股骨头无菌性坏死等。

（2）从传统古方中筛选：我国古代方剂甚多，有的疗效相当显著，有的具有独特疗效。选用古代医籍中的有效原处方，保持药味剂量不变，或对其略为加减，再运用现代药理、化学方法进行研究，以研制出具有完善质量标准、疗效更佳的中药新剂型，如由宋代古方苏合香丸改进为治疗冠心病的苏冰滴丸，安宫牛黄丸改进为清开灵注射液等。

（3）从中医药文献中发掘新药：在我国中医药文献、医药期刊及中医药研究专著中蕴藏着大量有价值的信息。通过收集、整理并结合现代中医药理论研究筛选其中较好的中药经方和验方，从中开发出临床效果好、安全性高的中药新药。

（4）从民间单验秘方、民族药中开发新药：凡来源可靠，组方合理，有临床基础，药效确切，能用中医药理论阐明组方的合理性，可作为选方依据。如果毒副作用很大，或除去或减少其有害成分，或以炮制、制剂手段减少毒副作用，以确保用药安全。

（5）从中成药中开发新药：对市场需求量大、药效肯定的中成药进行二次开发，制成中药新剂型，如安宫牛黄丸制成清开灵注射液，六神丸制成速效救心丸等。还可以从长期中医临床实践中开发中药新药，利用现代药理学筛选发现新的生物活性成分等途径与方法，研究开发成疗效好的中药新药，继而开发成现代中药制剂。

2. 剂型选择　根据防治疾病的需要、用药对象、药物本身性质、服用剂量、给药途径、生产条件等方面综合考虑剂型选择，并经预试验确定，应充分发挥各类剂型的特点。

目前，化学药物制剂的大多数剂型都已在中药制剂中得到应用。病有缓急，症有表里，人有老幼，应根据证候、患者的年龄、生理情况选择适当的剂型，同时应注意药物的稳定性、有效成分的溶出和吸收、起效的快慢、疗效的高低等，还应该考虑工艺上的难易和实现规模生产的可能性。多年来中药新剂型不仅在数量上、品种上有很大发展，在质量上和疗效上也有极大提高。《中国药典》2015 年版一部收载的中药剂型的种类和品种数见表 17-1。

表 17-1　中药剂型的种类和品种数

剂型名称	品种数	剂型名称	品种数
片剂	301	合剂	27
散剂	62	酒剂	6
颗粒剂	208	栓剂	11
丸剂	385	注射剂	4
口服液	83	气雾剂	2
胶囊剂	270	喷雾剂	2
膏剂	56	锭剂	2
糖浆剂	30	灸剂	2
酊剂	12	滴眼剂	5
茶剂	6	露剂	1
搽剂	8	涂膜剂	1
流浸膏剂	7	浸膏剂	6

3. 剂量确定　药物剂量与用药安全有效密切相关，应确定有效剂量和用药安全剂量，既保

证药物有效，又保证用药安全。

剂量是指“药物用于机体发生特定生物效应而产生治疗作用的成人一日平均量”。理想的剂量要求达到最佳的治疗效果，最小的不良反应。因此处方确定之后，剂量的确定就很重要，它是药性和药效的基础，最终要以临床试验确定的剂量为准。

剂量的确定可从以下几方面考虑：①通过查阅文献资料，了解古今医药学家用药的经验，作为人的基本参考剂量；②分析并测定有效成分含量，制订出一个保证安全有效的剂量；③通过药理试验找到能呈现明显药效的剂量，以供参考；④通过临床观察最终确定其安全有效剂量。

4. 制备工艺选择 工艺选择是否合理关系到制剂的有效性和稳定性，也是新药研究成败和体现技术水平高低的关键。中药新制剂种类很多，其工艺选择不能一概而论，除少数情况可直接使用药材粉末外，一般都需要经过提取处理，以达到三效（高效、速效、长效）、三小（服用剂量小、毒性小、副作用小）、五方便（生产、储存、运输、携带、使用方便）的要求。通常首先应根据处方中药材的有效成分的种类、含量及存在形式，进行提取、分离、纯化、浓缩及干燥的方法研究，再根据给药途径和剂型，进行中药新制剂的成型制备工艺研究。

5. 建立质量标准 中药质量标准是对中药的质量指标、生产工艺、检验方法等所作出的技术性规定，是国内中药生产、流通、使用、监督及检验活动共同遵循的法定依据。中药的质量标准与西药不同，它是一个控制标准而不是一个评价标准。因为中药成分极为复杂，含多种活性成分，难以用其中一两种化学成分加以阐明。因此需要完善符合中药特色的质量标准。中药质量标准的制订应以科学、实用、简单为指导思想，以辨中药真伪优劣为基本要求，遵循中医药理论的整体性规律，充分保证中药的安全、有效和稳定可控，注重新技术、新方法和新指标的合理应用，重视环境保护和资源可持续利用。

为了制订科学合理的中药新制剂质量标准，需建立符合中药特点的专属性鉴别，注重质量控制指标的有效性。由测定指标成分逐渐向测定活性成分转变，由单一指标成分定性定量向有效成分、多指标成分质量控制转变。建立与质量（品质）直接相关、能体现中药活性的专属性检测方法，改变中药质量标准借鉴化学药品质量控制模式的现状。

重视中药安全性控制，从质量上保障用药安全，更要注重中药质量控制的整体性和均一性，采用指纹图谱和特征图谱来尽可能表达中药复杂体系的特点。就现阶段科学发展来看，色谱指纹图谱和特征图谱技术能够基本反映中药内在质量的整体变化情况，符合中药质量控制体现整体、宏观分析的特点；能够更好控制中药整体质量的变化和均一程度，较全面地控制中药质量的稳定性和有效性。因此色谱指纹图谱和特征图谱技术，结合专属性鉴别和多指标成分定量分析，是全面控制中药质量的可行模式，符合中医理论的整体观。同时，采用指纹图谱或特征图谱，还可以保证同一产品不同批次之间的质量均一性，减少批间差异及不同厂家产品之间的差异，保障临床使用的安全性和均一性。

科学应用新技术提高中药质量标准水平，如液相色谱-质谱联用技术（LC-MS）控制中药材中有毒成分，DNA 分子鉴定技术控制蛇类药材的质量，采用薄层-生物自显影的方法建立中药材的鉴别方法，除了鉴别真伪之外，还能知道其中哪些成分具有生物活性。

6. 稳定性研究 有效性、安全性和稳定性是对药物制剂的最基本要求，其中稳定性则是保证有效性和安全性的前提条件。中药新制剂在制备和储存过程中，因受环境因素、处方因素及工艺因素的影响，会发生各种变化，如颜色及形态变化，含量下降，药物活性降低，甚至产生或增大毒副作用，影响药物制剂的临床治疗效果，严重者可危及生命安全。因此，药物制剂稳定性研究是新药研究中不可缺少的一个重要环节。由于许多中药材的活性成分还不清楚，或者仅知道其中一个或几个，而这些已知的活性成分并不一定能体现中药新剂型的全部药理作用。所以选择稳定性考察指标时，应以中医药理论为指导，结合现代药理学和现代分析技术的研究成果，予以综合考虑，进行稳定性试验。

第二节　中药材的处理

一、药材的预处理

（一）药材品质检查

1. 药材的来源与品种鉴定　我国药用植物多达 10 000 余种，由于各地名称不一，有些同名异物或同物异名，加上应用的代用品等，造成药材品种的复杂情况。药材种属不同，成分各异，其药效也有很大差异。因此，使用药材前应了解其来源并进行品种鉴定。

2. 有效成分或总浸出物的测定　药材的产地、药用部位、采集季节、植株年龄及炮制方法等对药材的质量也有影响，其有效成分的含量变化与制剂的质量密切相关。为了加强全面质量管理，正确核实药材的投料量，必要时对有效成分已经明确的药材进行化学成分的含量测定。对有效成分尚未明确的药材，可测定药材总浸出物量作为参考指标。

3. 含水量测定　药材含水量关系到有效成分的稳定性和各批投料量的准确性，水分大也易发霉变质。药材含水量一般为 9%～16%，大量生产时应根据药材的组织和成分的特性，结合实际生产经验，制订含水量的控制标准。

（二）药材的粉碎

中药材的粉碎原理与粉碎设备基本与化学药物粉碎相同（参见本书第四章）。药材的性质不同，用途不用，粉碎的要求不同，需采用不同的粉碎方法：①极性的晶形物质具有脆性，较易粉碎，粉碎时一般沿晶体的结合面碎裂成小晶体；②非极性的晶形物质，如樟脑等缺乏脆性，当施加一定的机械力时，易产生变形，因此粉碎时通常可加入少量液体，当液体渗入固体分子间的裂隙时，由于降低分子间内聚力，致使晶体易从裂隙处分开；③非晶形药物，如树脂、树胶等具有一定的弹性，粉碎时引起弹性变形，降低粉碎效率，可通过降低温度来增加非晶形药物脆性进行粉碎；④容易吸潮的药物应避免在空气中吸潮，容易风化的药物应避免在干燥空气中失水。由于含有一定量水分（一般为 9%～16%）的中药材具有韧性，难以粉碎，因此在粉碎前也应依其特性加以适当干燥；⑤贵重药物及刺激性药物为了减少损耗和便于劳动防护，亦应单独粉碎；⑥若处方中某些药物的性质及硬度相似，可将它们掺合在一起粉碎，这样既可避免一些黏性药物单独粉碎的困难，又可使粉碎与混合操作结合进行；⑦含糖类较多的药物，如熟地、桂圆肉、天冬、麦冬等的黏性大，吸湿性强，必须先将处方中其他干燥药物粉碎，然后取一部分粉末与此类药物掺研，使成不规则的碎块和颗粒，在 60℃以下充分干燥后再粉碎（俗称串料）；⑧含脂肪油较多的药物，如杏仁、桃仁、苏子、大风子等需先捣成稠糊状，再与已粉碎的其他药物掺研粉碎（俗称串油）；⑨药物要求特别粒度，或有刺激性，毒性较大者，则宜用湿法粉碎。

二、中药有效成分的提取

提取是指用适当的溶剂和方法，最大限度将药材有效成分或有效部位转移至溶剂中的过程。

药材提取的目的：①提出有效成分和有效部位；②减少无效甚至有害物质；③减少服用量；④增加制剂稳定性；⑤提高疗效。

矿物药一般不需提取，可采用溶媒直接溶解或混悬制备制剂。大多数中药材（动物药、植物药）具有细胞结构，有效成分和有效部位存在于细胞内，粉碎只能破坏部分细胞，因此中药材（饮片）提取的实质是从细胞内浸提有效成分的过程，又称为浸提。其实质是溶质由药材固相转移到浸出液中的传质过程，系以扩散原理为基础。

（一）药材浸提过程

1. 浸润、渗透过程 当药材粉粒与溶剂混合时，溶剂首先附着于粉粒表面使之润湿，然后通过毛细管和细胞间隙进入细胞中。溶剂是否能附着于粉粒表面取决于两者之间的界面情况。不能附着于粉粒表面的溶剂无法浸出其有效成分。一般药材组成物质大部分带有极性基团，如蛋白质、淀粉、纤维素等，故极性溶剂易于通过细胞壁进入药材内部，而非极性溶剂，如石油醚、乙醚、三氯甲烷等则较难润湿药材。当用非极性溶剂浸出时，药材应先行干燥，因为潮湿的药材不易被非极性溶剂所润湿。用醇、水等浸出油脂多的药材时应先脱脂。药材浸润过程的速度与溶剂性质、药材表面状态、比表面积、药材内毛细孔的大小及其分布、浸取温度、压力等因素有关。

2. 解吸、溶解过程 有效成分往往吸附于细胞中，渗透进入药材细胞内的溶剂与有效成分的亲和力更大时，就能将有效成分溶解，解除吸附（即为解吸阶段）而转移至溶剂中（即为溶解阶段）。

3. 扩散过程 浸出溶剂溶解有效成分后形成浓溶液与周围溶剂产生浓度差，从而产生药物的扩散。一般在药材表面附有一层很厚的溶液膜，称为扩散“边界层”。浓溶液中在块粒表面保持一定的浓度，并通过边界层向四周的稀溶液主体中扩散，其扩散的推动力为边界层内外药物的浓度差。浸出成分的扩散速度可用 Ficks 第一扩散公式来说明：

$$\mathrm{d}M = -DF\left(\frac{\mathrm{d}c}{\mathrm{d}x}\right)\mathrm{d}t \tag{17-1}$$

式（17-1）中，$\mathrm{d}M$ 为扩散物质量，$\mathrm{d}t$ 为扩散时间，F 为扩散面积，代表药材的粒度和表面状态，$\mathrm{d}c/\mathrm{d}x$ 为浓度梯度，D 为扩散系数，负号表示药物扩散方向与浓度梯度方向相反。由式（17-1）可知，$\mathrm{d}M$ 值与药材的粉碎度、表面状态、扩散过程中的浓度梯度、扩散时间与扩散系数成正比。当 D、F、t 值一定时，$\mathrm{d}c/\mathrm{d}x$ 值如能保持最大，浸出即能很好进行。$\mathrm{d}c/\mathrm{d}x$ 值与溶剂性质、药材与溶剂相对运动速度有关。

扩散系数 D 值随药材而变化，与浸出溶剂的性质亦有关，可由试验按下式求得：

$$D = \frac{RT}{N} \cdot \frac{1}{6\pi r\eta} \tag{17-2}$$

式（17-2）中，R 为摩尔气体常数，T 为热力学温度，N 为阿伏伽德罗常数，r 为扩散分子半径，η 为黏度。式（17-2）表明，黏度小，则 D 值大，扩散快，提高温度可增加扩散速度。

4. 置换过程 浸出的关键在于保持最大浓度梯度。如果没有浓度梯度，其他因素如 D 值、F 值和 t 值都将失去作用。因此，用新鲜溶剂或稀浸出液随时置换药材粉粒周围的浓浸出液，以提高浸出推动力是控制浸出速率的关键。

（二）影响浸提的因素

影响浸提的因素较多，它们分别作用于上述浸提过程的一个或几个阶段，而且彼此之间相互影响。

1. 药材粒度 主要影响渗透与扩散两个阶段。药材粒度小，在渗透阶段，溶剂易于渗入药材颗粒内部；在扩散阶段，由于扩散面大、扩散距离较短，有利于药物成分扩散。但粉碎得过细的植物药材粉末，不适于浸出。原因在于：①过细的粉末吸附作用增强，使扩散速率受到影响；②粉碎过细，使大量细胞破裂，大量高分子物质（如树脂、黏液质等）易溶入浸出液中，使药材外部溶液的黏度增大，扩散系数降低，浸出杂质增加；③过细的粉末，给后续分离纯化操作带来不便。

2. 药材成分　由扩散系数 D 得知，分子小的成分由于分子半径小（r），运动速度快，而有较大的扩散系数 D，故比大分子成分易于浸出。药材的有效成分多属于小分子物质，大分子成分多属无效成分。但药材成分的浸出速率还与其溶解性有关，易溶性物质的分子即使大，也能先浸出来。

3. 浸提温度　浸提温度升高，可使植物组织软化，促进膨胀，分子的运动加剧，从而加速溶剂对药材的渗透及对药物成分的解吸、溶解，同时促进药物成分的扩散，提高浸出效果。而且温度适当升高，可使细胞内蛋白质凝固破坏，杀死微生物，有利于浸出和制剂的稳定性。但是浸提温度过高能使药材中某些不耐热成分或挥发性成分分解、变质或挥发散失。此外，高温浸提液中往往无效杂质较多，放冷后会因溶解度降低和胶体变化而出现沉淀或浑浊，影响制剂质量和稳定性。因此浸提过程中，要适当控制温度。

4. 浸提时间　如浸提时间过短，将会造成药材成分浸出不完全。但当扩散达到平衡后，时间即不起作用。长时间浸提往往导致大量杂质溶出，某些有效成分分解。

5. 浓度梯度　较大的浓度梯度，将大大加速药材成分的浸出。浸提过程不断搅拌、更换新鲜溶剂、强制浸出液循环流动，或采用流动溶剂渗漉提取等，可增大浓度梯度，提高浸出效果。

6. 溶剂 pH　浸提过程中浸提溶剂的 pH 与浸提效果有密切关系。在中药材浸提过程中，调节适当的 pH，将有助于药材中某些弱酸、弱碱性有效成分在溶剂中的解吸和溶解，提高浸出效率，亦可增加某些浸出制剂的稳定性。

7. 浸提压力　浸提之初提高浸提压力可加速溶剂对药材的浸润与渗透过程，使开始发生溶质扩散过程所需的时间缩短。同时，在加压下的渗透，尚可能使部分细胞壁破裂，有利于浸出成分的扩散。但当药材组织内已充满溶剂后，加大压力对扩散速率则没有影响。对组织松软的药材、容易浸润的药材，加压对浸出影响也不很显著。

8. 其他　近年来新技术的运用，不仅可加快浸提过程，提高浸提效果，而且有助于提高制剂质量。例如，利用超声波提取法，可大大加速溶剂分子和药材成分分子的运动或振动，缩短溶剂的渗透过程和增加溶质的扩散系数，从而提高浸提效果。其他如超临界流体提取、微波提取、胶体磨浸提、流化浸提、电磁场下浸提、电磁振动下浸提、脉冲浸提等强化浸提方法也起到较好的浸提效果。

（三）常用的浸提溶剂和辅助剂

1. 浸提溶剂　浸提溶剂的选择与应用，关系到制剂的有效性、安全性、稳定性及经济效益。实际工作中，除首选水、乙醇外，还常采用混合溶剂，或在浸提溶剂中加入适宜的浸提辅助剂。

（1）水：经济易得、极性大、溶解范围广，药材中的生物碱盐类、苷、苦味质、有机酸盐、鞣质、蛋白质、糖、树胶、色素、多糖类（果胶、黏液质、菊糖、淀粉等），以及酶和少量的挥发油都能被水浸出。由于中药成分复杂，可能有些成分相互间有“助溶”作用，使本来在水中不溶或难溶的成分在用水浸提时亦能被浸出。缺点是浸出范围广，选择性差，容易浸出大量无效成分，而且也能引起一些有效成分的水解，或促进某些化学变化。

（2）乙醇：能与水以任意比例混溶。乙醇作为浸提溶剂的最大优点是可通过调节乙醇的浓度，选择性地浸提药材中某些有效成分或有效部位。一般乙醇含量在 90%以上时，适于浸提挥发油、有机酸、树脂、叶绿素等。乙醇含量为 50%～70%时，适合浸提生物碱、苷类等；乙醇含量在 50%以下时，适于浸提苦味质、蒽醌苷类等；乙醇含量大于 40%时，能延缓许多药物，如酯类、苷类等成分的水解，增加制剂的稳定性。乙醇含量达 20%以上时具有防腐作用。

乙醇的比热小，沸点为 78.2℃，气化潜热比水小，故蒸发浓缩等工艺过程耗用的热量较水少。但乙醇具挥发性、易燃性，生产中应注意安全防护。乙醇还具有一定的药理作用，价格较贵，故使用时乙醇的浓度以能浸出有效成分，满足制备为度。

（3）其他：如乙醚、三氯甲烷、石油醚等在中药生产中很少用于提取，一般仅用于某些有效成分的纯化精制。使用这类溶剂，最终产品须进行溶剂残留量的限度控制。

2. 浸提辅助剂 系指为提高浸提效能，增加浸提成分的溶解度，增加制剂的稳定性，以及去除或减少某些杂质，特加于浸提溶剂中的物质。常用的浸提辅助剂有酸、碱及表面活性剂等。

（1）酸：浸提溶剂中加酸的目的主要是促进生物碱的浸出；提高部分生物碱的稳定性；使有机酸游离，便于用有机溶剂浸提；除去酸不溶性杂质等。动物生化制剂浸提时，pH 的影响更为显著。常用的酸有硫酸、盐酸、乙酸、酒石酸、枸橼酸等，酸的用量以能维持一定的 pH 为宜，过量的酸可能会引起不必要的水解或其他不良反应。

（2）碱：浸提溶剂中加碱的目的是增加偏酸性有效成分的溶出；碱性成分的游离，同时可以除去在碱性条件下不溶解的杂质。例如，浸提甘草时，在水中加入少许氨水，能使甘草酸形成可溶性铵盐，保证甘草酸的浸出完全。常用的碱为氨水，亦可选用碳酸钙、氢氧化钙、碳酸钠等。碱可水解内酯、蒽醌及其苷、香豆素等，亦能溶解树脂酸、某些蛋白质，使杂质增加，需注意。

（3）表面活性剂：在浸提溶剂中加入适宜的表面活性剂，能降低药材与溶剂间的界面张力，使润湿角变小，促进药材表面润湿，有利于某些药材成分的提取。表面活性剂虽然有提高浸出效能的作用，但浸出液中杂质亦较多，对生产工艺、药剂的性质及疗效的影响等尚待进一步研究。

（四）浸提方法

常用的浸出方法有煎煮法、浸渍法、渗漉法、回流法、蒸馏法等。近年来微波萃取技术和超临界萃取技术等也应用于中药制剂的提取。

1. 煎煮法（decoction）

（1）工艺流程：煎煮法系指以水为溶剂，加热煮沸一定时间，浸出药材中的有效成分或有效部位的方法。其工艺流程如图 17-1 所示。

图 17-1 煎煮法制备汤剂及其他剂型工艺流程

药材煎煮前一般用水浸泡 30～60min，除中药汤剂另有规定外，煎煮时间一般每次 1～2h，煎煮 2～3 次较为适宜。以乙醇为浸提溶剂时，应采用回流法以免乙醇损失，同时也有利于安全生产。

煎煮法适用于有效成分能溶于水，且对湿热均稳定的药材，是传统汤剂制备的方法，也是制备浓缩丸剂、颗粒剂、胶囊剂、片剂及注射剂或提取某些有效成分的基本方法之一。用水煎煮时，除浸出有效成分外，还含有许多杂质，尚有少量脂溶性成分，给纯化带来难度。由于煎煮法符合中医传统用药习惯，故对于有效成分尚未清楚的中药或方剂进行剂型改革时，通常采用该法提取。

（2）常用设备：

一般提取器：小量生产采用敞口倾斜式夹层锅，也可用搪瓷罐或不锈钢罐等。为了强化提取，有的在提取器上加盖，增设搅拌器、泵、加热蛇管等。为了出药渣方便可装设假底。

多能提取罐：是目前中药生产中普遍采用的一类可调节压力、温度的密闭间歇式多功能提取罐，可用于水提取、乙醇等有机溶剂回流提取，其结构如图 17-2 所示。

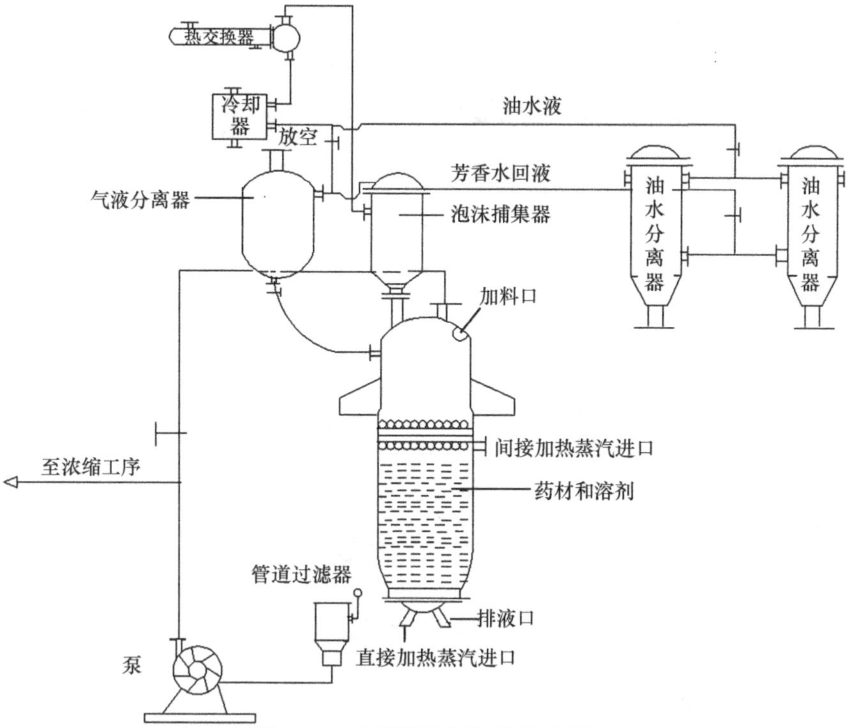

图 17-2　多能提取罐结构示意图

2. 浸渍法（maceration）

（1）工艺流程：浸渍法是将药材用定量溶剂，在一定温度下，浸泡提取药材有效成分的一种方法。其工艺流程如图 17-3 所示。

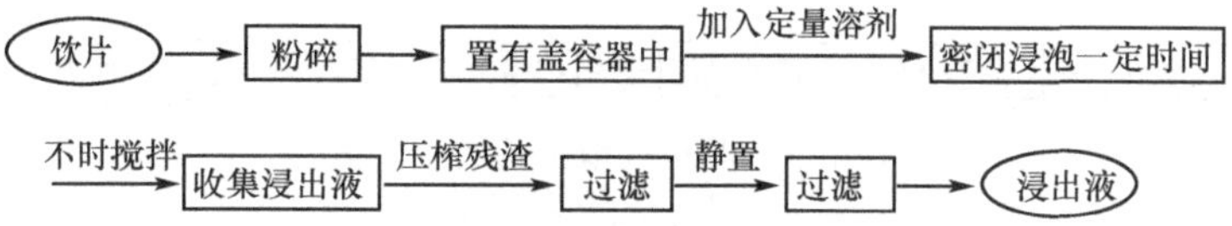

图 17-3　浸渍法提取中药工艺流程

在室温条件下，一般浸渍 3～5 日或规定时间，过滤，压榨药渣，合并，静置 24h，过滤。此法可直接制得酒剂、酊剂。如将滤液进一步浓缩，可制备浸膏、颗粒剂、片剂等。在 40～60℃浸渍，可缩短浸提时间，由于浸渍温度高于室温，冷却后有沉淀析出，应分离去除。

浸渍法具有简单、易行的特点，适宜于黏性、无组织结构、新鲜及易于膨胀药材的浸出，尤其适用于含遇热易挥发或易破坏有效成分的药材。由于溶剂用量受限，浸出效率较低，故对贵重、有效成分含量较低或需制成较高浓度制剂的药材，不宜采用本法。

（2）常用设备：

浸渍器：不锈钢罐等。

压榨器：小量生产可用螺旋压榨机，如图 17-4 所示。大量生产时可用水压机进行压榨，如图 17-5 所示。

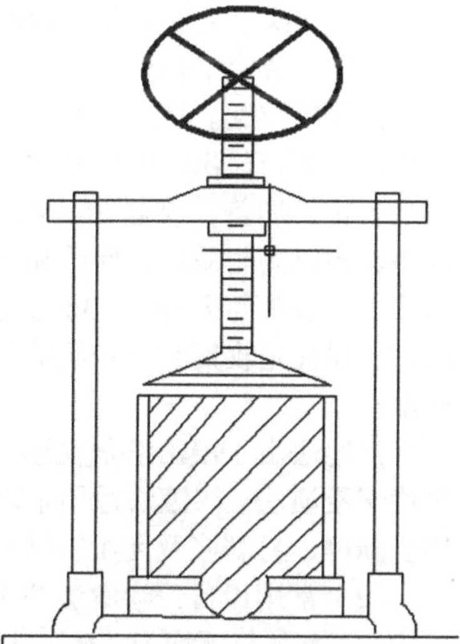

图 17-4　单螺旋压榨机

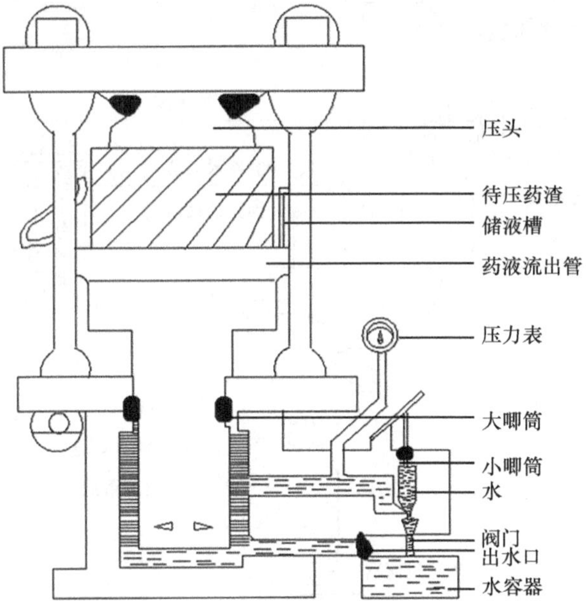

图 17-5　水压机

3. 渗漉法（percolation）

（1）工艺流程：渗漉法是将药材粉末装入渗漉装置中，使加入的溶剂连续渗过药粉，在动态下提取中药有效成分的一种方法。其一般工艺流程如图 17-6 所示。

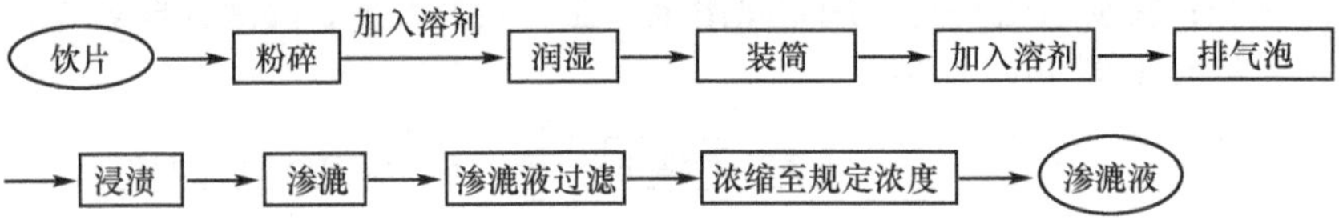

图 17-6　渗漉法提取中药的工艺流程

药材经适当粉碎后，一般加一倍量的溶剂均匀湿润，密封放置 15min～6h，使药材粗粉充分膨胀，分次装入底部垫有脱脂棉的渗漉器中，每次装好后均匀压平。松紧程度视中药及浸出溶剂而定。装完中药材，上面盖上滤纸或纱布，并加少量玻璃珠或石块之类的重物，以免加溶剂后使药粉浮起。然后打开渗漉器下口的开关，慢慢从渗漉器上部加溶剂以排除筒内空气，当渗漉液自下口流出时关闭开关，将流出的渗漉液倒入渗漉器内，继续加入溶剂至高出药粉面数厘米为止，加盖，放置 24～48h，使溶剂充分渗透扩散，打开下口开关，使渗漉液缓缓流出。渗漉速率以药材质地、性质和制备工艺而定，1000g 中药材快速流出一般为每分钟 3～5ml，慢速流出一般为每分钟 1～3ml。流出液达规定量后，静置，过滤即得。若用渗漉法制备流浸膏、浸膏，则宜先收集 85%初漉液另器保存，续漉液经低温浓缩后与初漉液合并，调整浓度至规定标准。

渗漉法由于浸出溶剂在连续流动过程中形成较大的浓度梯度，使扩散速率加快，故浸出效果优于浸渍法。渗漉法适用于高浓度浸出制剂的制备及有效成分含量低的药材的提取，但不适用于新鲜、易膨胀及无组织结构药材的浸出。

（2）常用设备：渗漉法的设备是渗漉筒。图 17-7 是实验室渗漉装置示意图，图 17-8 为装柱均匀（A）与不均匀（B）渗漉对照示意图。

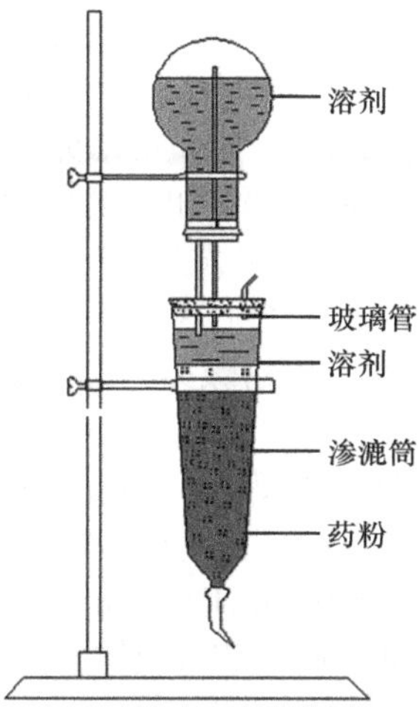

图 17-7　连续渗漉装置示意图

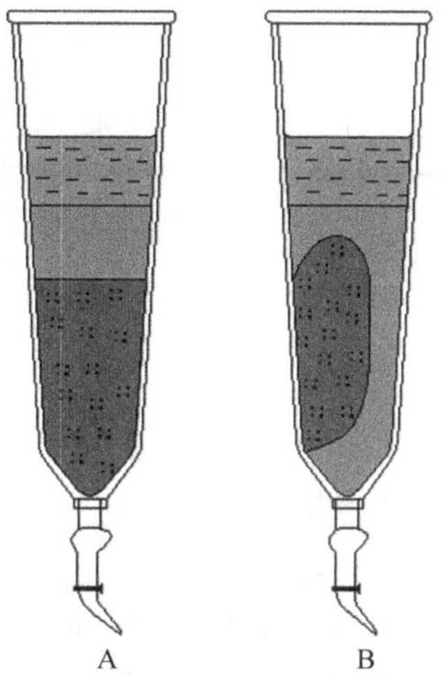

图 17-8　填充均匀与不均匀示意图

A. 均匀渗漉现象；B. 不均匀渗漉现象

4. 水蒸气蒸馏法（vapor distillation）　是当有效成分具有挥发性时，将药材与水共蒸馏，挥发性成分随水蒸气馏出，经冷凝后获取挥发性成分的一种方法。此法主要用于提取中药挥发油及芳香水剂的制备。实际生产中水蒸气蒸馏法分为水中蒸馏、通入水蒸气蒸馏、水上蒸馏三种方法。

（1）工艺流程：水蒸气蒸馏法工艺流程如图 17-9 所示。

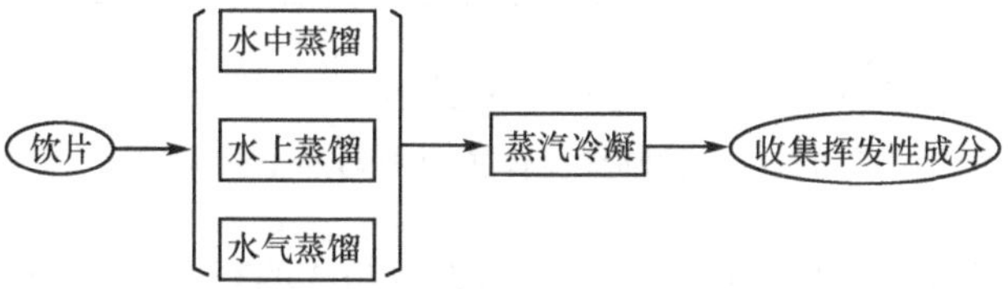

图 17-9　水蒸气蒸馏法提取中药的工艺流程

（2）常用装置：实验室水蒸气蒸馏装置，如图 17-10 所示。工业生产可用改进的多能提取罐。

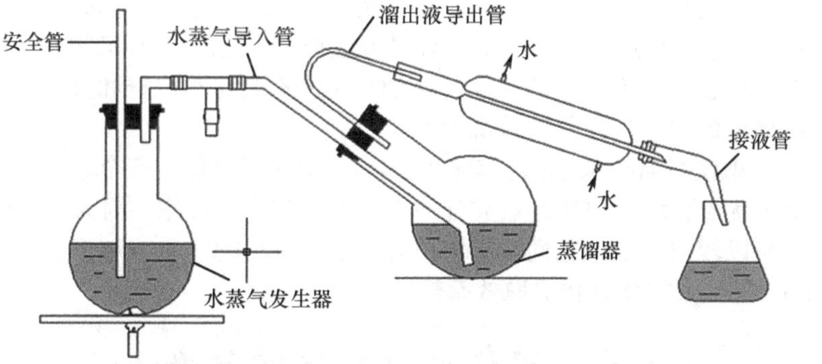

图 17-10　实验室水蒸气蒸馏装置示意图

5. 微波提取技术　微波提取即微波辅助萃取（microwave-assisted extraction，MAE），是利用微波能的热效应提取中药材中有效成分的一种新技术。1986 年，Ganzler 等报道了微波用于天然产物成分的提取。微波是频率为 300MHz～300GHz，波长为 1mm～lm 的电磁波。微波萃取技术是物料吸收微波能后通过偶极子旋转和离子传导两种方式由内外同时加热，加剧了体系中分子的碰撞频率，使被提取成分容易从药材内部扩散到萃取溶剂中，大大缩短了加热时间，提高了萃取效率。而

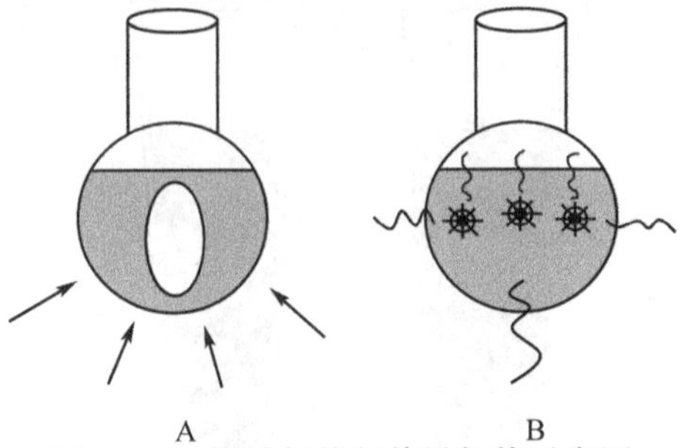

图 17-11　微波加热与传导加热示意图

A. 传导加热；B. 微波加热

传统的热处理是以热传导、热辐射等方式进行，温度上升缓慢，提取时间长，如图 17-11 所示。微波萃取要求药物含有一定量的水分，尤其适合极性分子的萃取，非极性溶剂则很少或不吸收微波。

微波萃取技术具有选择性高、萃取时间短、溶剂用量少、有效成分收率高等特点，已被应用于药材中黄酮类、生物碱类、蒽醌类、皂苷类等有效成分的提取。

6. 超临界流体萃取（supercritical fluid extraction，SFE）　是利用超临界流体的特殊溶解性能，对药材中有效成分进行萃取、分离的一种新技术。超临界流体（supercritical fluid，SF）是指在临界温度和临界压强以上，以流体形式存在的物质，同时兼有液体的高密度和气体的低黏度双重特性，超临界流体对许多药用成分有很强的溶解性，且具有较大的扩散系数。

超临界流体萃取分离过程的基本原理是利用超临界流体的溶解能力与其密度的关系，即利用压强和温度对超临界流体溶解能力的影响而进行的。在超临界状态下，将超临界流体与待分离的物质接触，选择性地萃取某些成分，然后借助减压、调温的方法使超临界流体变成普通气体，与被萃取物质分离，从而达到分离提纯的目的。

超临界流体提取工艺流程如图 17-12 所示。

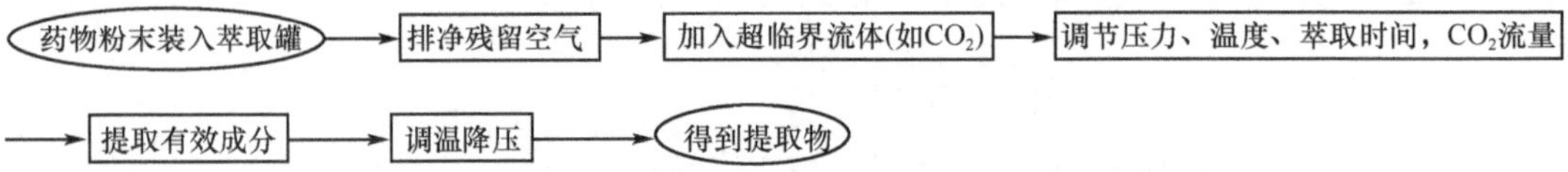

图 17-12　超临界流体提取中药的工艺流程

一般用 CO_2 作为超临界流体提取分离中药与天然药物的有效成分。首先将处理过的原料装入萃取釜，排除所有杂质气体后，CO_2 流体从萃取釜底部进入，与被萃取物料充分接触，选择性溶解出所需的化学成分。溶解有萃取物的高压 CO_2 流体经节流阀降压到低于 CO_2 临界压强以下进入分离釜，由于有效成分溶解度急剧下降而析出，自动分离成溶质和 CO_2 气体两部分，前者即为目标产物，定期从分离釜底部放出，后者为循环 CO_2 气体，经过热交换器冷凝成 CO_2 液体再循环使用。整个分离过程是利用 CO_2 流体在超临界状态下对有机物有强的溶解度，而低于临界状态下对有机物基本不溶解的特性，将 CO_2 流体不断在萃取釜和分离釜间循环，从而有效地将需要分离提取的组分从原料中分离出来。

超临界 CO_2 萃取法具有提取率高、操作周期短、操作温度低、安全、能耗低、工艺流程简单、无残留溶剂等优点，已在中药有效成分的提取中得到广泛应用。因为目前该法采用的萃取剂均为脂溶性，所以较适合于亲脂性、平均相对分子质量小的物质，对于平均相对分子质量大（一般大于 500）、极性大的化合物提取效率较差。

三、中药有效成分的分离

中药提取物的分离是采用适宜的方法将固体与液体分开的技术，又称固-液分离技术。常用的分离方法一般有沉降分离法、离心分离法和过滤分离法。

（一）沉降分离法

1. 概念　沉降分离法是利用固形物与液体介质的密度差异，固形物靠自身重量自然下沉，用虹吸法吸取上层澄清液，使固体与液体分离的一种方法。中药浸提液经静置冷藏后，固体与液体有效分离，利于上清液虹吸。该法在实际生产中常被采用，但分离不够完全，往往还需进一步过滤或离心分离，且不适宜固体物含量少、粒子细而轻的料液的分离。

2. 工艺流程　沉降分离工艺流程如图 17-13 所示。

图 17-13　沉降分离工艺流程

（二）离心分离法

离心分离法是利用混合液中的不同物质密度差来分离中药浸提液的一种方法。离心操作是将待分离的浸提液置于离心机中，借助于离心机高速旋转产生的离心力，使浸提液中的固体与液体，或密度不同且不相混溶的两种液体，产生大小不同的离心力，从而达到分离的目的。

离心机的种类较多，根据分离方式、卸料方式、转速不同可分为：过滤式与沉降式离心机；常速与高速离心机等。实际操作中可根据分离目的、药液状态选用。一般常速离心机适用于易分离的混悬滤浆等；高速离心机主要用于细粒子、黏度大的滤浆及乳状液等的分离。

（三）过滤分离法

过滤分离法是将浸提液通过多孔性介质，使固体粒子被介质截留，而液体通过，从而达到浸提液分离的一种方法。过滤分离机制有两种：一是过筛作用，主要借助滤材孔径大小，将大于孔径的微粒截留；二是深层过滤作用，借助滤材的过筛作用、范德瓦耳斯力与滤渣的架桥现象，使小于滤材孔径的固体微粒也被截留。有效的过滤必须借助于滤材及滤器的选择与处理，过滤装置与方式、方法的设计，助滤剂的选择与应用等。由于中药浸出液大多含高分子物质，稠度较大，过滤较困难，如何提高中药浸出或纯化液的滤速是工业生产中迫切需要解决的问题，除选择先进而适宜的过滤设备外，一般可采用以下方法改善或提高滤速：加压或减压过滤；趁热、保温过滤，预滤、粗滤、回滤、精滤结合；使用助滤剂等。

四、中药有效成分的纯化

纯化是最大限度地除去提取液中的杂质，使有效成分最大程度富集的过程。常用的中药提取物纯化方法有水提醇沉法、醇提水沉法、酸碱法、盐析法、结晶法、透析法等。越来越多的纯化新技术如超滤法、大孔吸附树脂法、澄清剂法被应用在生产中。

（一）水提醇沉法

水提醇沉法是以水为溶剂提取中药有效成分，再用不同浓度的乙醇沉淀除去提取液中杂质的一种纯化方法。该法广泛用于中药水提取液的纯化，以降低制剂的服用量，或增加制剂的稳定性和澄明度。该法也可以用于制备具有生理活性的多糖和糖蛋白。

1. 基本原理　利用药材中有效成分在水和乙醇中的溶解度不同进行分离和纯化。通过水和不同浓度的乙醇交替处理，可保留生物碱盐类、苷类、氨基酸、有机酸等有效成分，除去蛋白质、糊化淀粉、黏液质、油脂、脂溶性色素、树脂、树胶、部分糖类等杂质。如一般料液中乙醇含量达到 50%～60%时，可去除淀粉等杂质；当醇含量达 75%以上时，可去除蛋白质、多糖等，但不能完全除去鞣质、水溶性色素等。

2. 工艺流程　水提醇沉法工艺流程如图 17-14 所示。

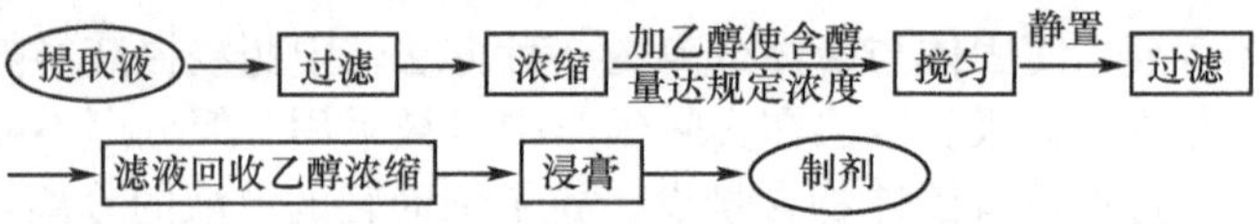

图 17-14　水提醇沉法工艺流程

（二）醇提水沉法

醇提水沉法是以适宜浓度的乙醇提取中药成分，再用水除去提取液中的杂质的方法。适用于药效物质为醇溶性或在醇水中均有较好溶解性的药材。该法可避免药材中大量淀粉、蛋白质、黏液质等高分子杂质的浸出，又可较方便地将醇提取液中的树脂、油脂、色素等杂质沉淀除去。

1. 基本原理　与水提醇沉法基本相同。值得注意的是，如果药效成分在水中难溶或不溶，则可收集水沉淀物，如五味子中的五味子甲素为药效成分，易溶于乙醇而难溶于水，若采用醇提水沉法，其水溶液中五味子甲素的含量甚微，而沉淀物中含量却很高，收集沉淀，弃掉水液，可除去水溶性杂质。

2. 工艺流程　醇提水沉法工艺流程如图 17-15 所示。

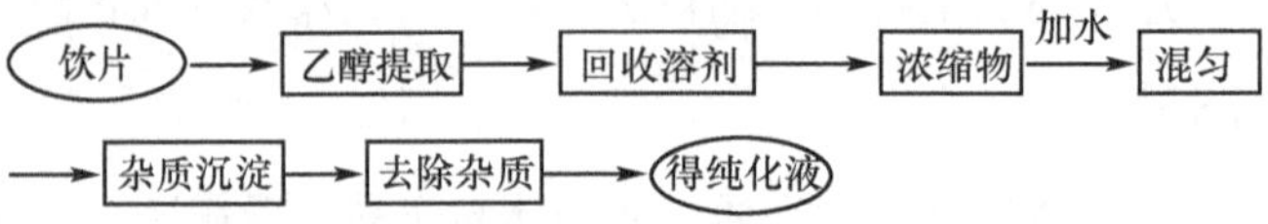

图 17-15　醇提水沉法工艺流程

（三）酸碱法

酸碱法是指利用中药成分在水中的溶解性与酸碱度有关的性质，在溶液中加入适量酸或碱，调节 pH 至一定范围，使某些成分溶解或析出，以达到分离纯化的方法。此法适用于生物碱、苷类、有机酸、羟基蒽醌类等化合物的分离。

（四）盐析法

盐析法是指在某些高分子物质的溶液中加入大量的无机盐，使其溶解度降低沉淀析出，而与其他成分分离的方法。盐析法主要用于蛋白质的分离纯化。常用的盐有氯化钠、硫酸钠、硫酸镁、硫酸铵等。

（五）结晶法

结晶法是利用混合物中各成分在同一种溶剂里溶解度的不同或在冷热情况下溶解度显著差异，使其中的某些单一成分以结晶状态析出而加以分离的操作方法。结晶法的关键在于选择最佳的溶剂、体积、温度、时间等，其中溶剂的选择最为重要。

（六）透析法

透析法是利用小分子物质在溶液中可通过半透膜，而大分子物质不能通过半透膜的性质，达到分离纯化的方法。可用于除去中药提取液中的鞣质、蛋白质、树脂等高分子杂质，也可用于某些具有生物活性的植物多糖的纯化。例如，分离和纯化皂苷、蛋白质、多肽、多糖等物质时，可用透析法以除去无机盐、单糖、双糖等杂质。反之也可将大分子的杂质留在半透膜内，而将小分子的物质通过半透膜进入膜外溶液中，而加以分离精制。

（七）超滤法

超滤（ultrafiltration，UF）是膜分离技术之一，是利用选择性透过膜，在外界压力作用下，将中药浸出液中的不同平均相对分子质量物质加以分离的技术。该法具有操作简单、周期短、能耗低、常温操作、不破坏活性成分、分离效率高且除菌、除热原效果好等特点。超滤法已用于多种有效成分的分离，如复方丹参注射液，生脉饮口服液等。

超滤膜结构有对称与非对称之分，孔径为 1～20nm，主要滤除 5～100nm 的杂质。中药成分复杂并具有多元性，各成分平均相对分子质量不同，选用适宜孔径的超滤膜进行超滤，可通过膜的选择筛分作用将不同组分分开，分离产物可以是单一成分，也可以是某一平均相对分子质量区的多组成分（有效成分或有效部位）。中药成分中有效成分平均相对分子质量多在 1000 以下，许多无效成分平均相对分子质量较大，如淀粉 50 万，蛋白质几万～50 万，多糖 20 万～50 万，果胶、树胶 15 万～30 万。

（八）大孔树脂吸附法

大孔吸附树脂（macroporous absorption resin）分离技术是利用树脂的多孔结构和选择性吸附功能，从中药提取液中分离纯化有效成分的一种新方法，现已广泛应用于中药与天然药物活性成分如黄酮类、苷类、生物碱类等的分离与纯化。

1. 大孔树脂 大孔吸附树脂是一类有机高聚物吸附剂，孔径为 100～1000nm。按其表面性质可分为非极性、中极性、极性和强极性几种类型。不同极性、不同孔径的树脂对不同种类的化合物的选择性不同。

2. 基本原理 大孔吸附树脂分离纯化原理主要就是利用大孔吸附树脂的吸附性和分子筛相结合的原理，从中药提取液中有选择性地吸附其中的有效成分，去除杂质。

3. 工艺流程 大孔吸附树脂分离纯化工艺流程如图 17-16 所示。

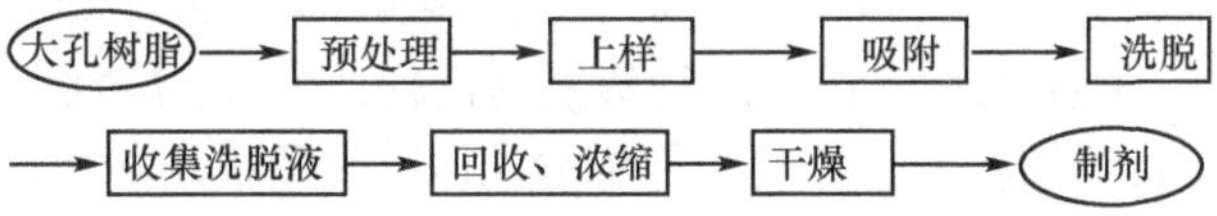

图 17-16 大孔吸附树脂分离纯化工艺流程

4. 影响因素 大孔吸附树脂分离受到很多因素的影响，如吸附剂的表面性质、极性（功能基团）和空间结构，被吸附化合物的平均相对分子质量大小和极性的强弱、提取液浓度、溶液 pH，上样量、上样速度、树脂柱径高比、洗脱剂的极性与用量、洗脱速度等。

5. 优点 与传统的除杂质方法和工艺相比，采用大孔吸附树脂分离纯化技术有以下特点：①缩小剂量，提高中药产品内在质量和制剂水平，如水煎法固形物收率一般为 30%左右，水提醇沉法固形物收率为 15%左右，而大孔吸附树脂固形物收率为 2%～5%；②减少产品的吸潮性，增加产品的稳定性，经大孔树脂处理除去大量的糖类、无机盐及黏液质等吸潮性成分；③可有效去除重金属，提高用药安全；④无需静置、沉淀、浓缩等操作，缩短生产周期。

知识拓展 17-1

大孔吸附树脂的吸附机制研究

大孔吸附树脂的吸附理论研究包括吸附动力学、吸附热力学、吸附构效关系和吸附选择性四个方面。吸附动力学研究主要涉及靶标分子在大孔吸附树脂表面的吸附机制、活化能及靶标分子在树脂内的扩散行为模式等内容。吸附热力学主要通过考察靶标分子在树脂表面吸附的吸附等温线，结合已有模型判断靶标分子在大孔吸附树脂表面的吸附方式。大孔吸附树脂与靶标分子之间构效关系的研究主要集中在功能基的匹配方面。大孔吸附树脂对靶标分子的吸附选择性研究，就本质上说是属于对大孔吸附树脂性能参数和靶标分子结构参数之间的构效关系，以及这种构效关系对吸附量和吸附选择性规律的影响。大孔吸附树脂吸附靶标分子的构效关系研究能够为高选择性、专一性大孔吸附树脂的设计合成提供理论指导，并为根据靶标分子的结构特征预测和筛选最佳大孔吸附树脂提供依据。因此，大孔吸附树脂吸附靶标分子的构效关系研究对提高大孔吸附树脂吸附性能及其选择性具有重要意义，是大孔树脂吸附理论研究的核心。

（九）澄清剂法

澄清剂法是利用一定量的澄清剂在中药浸出液中降解某些高分子杂质，降低药液黏度，或利用其吸附、包裹固体微粒等性质加速药液中悬浮粒子的沉降，经过滤除去沉淀物而获得澄清药液的一种纯化方法。该法除去杂质操作简单，用量少，能耗低，能较好地保留药液中有效成分。常用的澄清剂有果汁、甲壳素类吸附澄清剂。

五、中药提取液的浓缩

浓缩（concentration）是通过加热的方法，利用气化作用，将挥发性大小不同的物质进行分离，从液体中除去溶剂得到浓缩液的过程。浓缩可通过蒸发、蒸馏来完成。

（一）蒸发

蒸发是物质从液态转化为气态的相变过程。蒸发主要分两种方式：自然蒸发和沸腾蒸发。沸腾蒸发速度快、效率高，生产中应用较多。

1. 蒸发浓缩方法与设备 根据中药提取液的性质与蒸发浓缩的要求，选择适宜的蒸发浓缩方法与设备。常用的浓缩方法有常压蒸发浓缩、减压蒸发浓缩和薄膜蒸发浓缩。

（1）常压蒸发浓缩：是指在大气压下进行蒸发的过程，适用于溶剂无毒、无害、无燃烧性、价格便宜，且有效成分耐热提取液的浓缩。常压蒸发浓缩设备多用敞口倾倒式夹层蒸发锅，适宜于以水为溶剂的提取液。

（2）减压蒸发浓缩：是在低于大气压下进行蒸发的过程，在密闭容器内进行，能防止或减少热敏性物质的分解。适用于含热敏性处方提取液的浓缩及有机溶剂提取液的溶剂回收。用于减压蒸发浓缩的设备有减压浓缩装置和真空浓缩罐。

（3）薄膜蒸发浓缩：是使药液在蒸发时形成薄膜，增加气化表面进行蒸发的方法，可在常压、减压条件下连续操作，浓缩速率快、受热时间短，为目前广泛应用的浓缩方法。薄膜蒸发原理主要是提取液剧烈沸腾产生大量泡沫，以泡沫的内外表面为蒸发面进行蒸发。常用设备有升膜式蒸发器（图 17-17）、降膜式蒸发器、刮板式薄膜蒸发器、离心薄膜蒸发器。

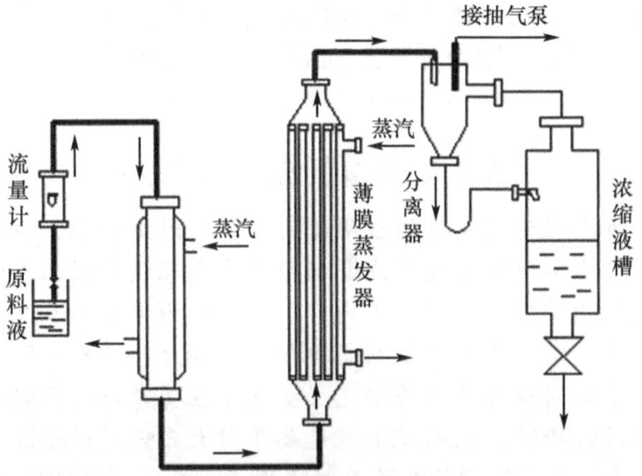

图 17-17 升膜式蒸发器工作原理示意图

2. 影响蒸发浓缩的因素　浓缩的效率常以蒸发器的生产强度来表示，即单位时间、单位传热面积上所蒸发的溶剂或水量。可用下式表示：

$$U=\frac{W}{A}=\frac{K\Delta t_m}{\Delta H_v} \tag{17-3}$$

式（17-3）中，U 为蒸发器的生产强度，单位为 kg/（m^2 · h）；W 为蒸发量，单位为 kg/h；A 为蒸发器的传热面积，单位为 m^2；K 为蒸发器传热系数，单位为 kJ/（m^2 · h · ℃）；Δt_m 为加热饱和蒸汽温度与药液沸点之差，即传热温度差，单位为℃；ΔH_v 为蒸发时水的气化潜能，单位为 kJ/kg。由式（17-3）可以看出，生产强度与传热温度差及传热系数成正比，与蒸发时水气化潜能成反比。据此，可采用相应的方法，提高浓缩效率。

（二）蒸馏

蒸馏是利用混合液体或液-固体系中各组分沸点不同，使低沸点组分蒸发，再冷凝以分离整个组分的单元操作过程，是蒸发和冷凝两种单元操作的联合。与其他的分离手段，如萃取、过滤结晶等相比，它的优点在于不需使用系统组分以外的其他溶剂，从而保证不会引入新的杂质。生产中多用于乙醇等有机溶剂的回收。常用蒸馏设备为减压蒸馏（如图 17-18 所示）。

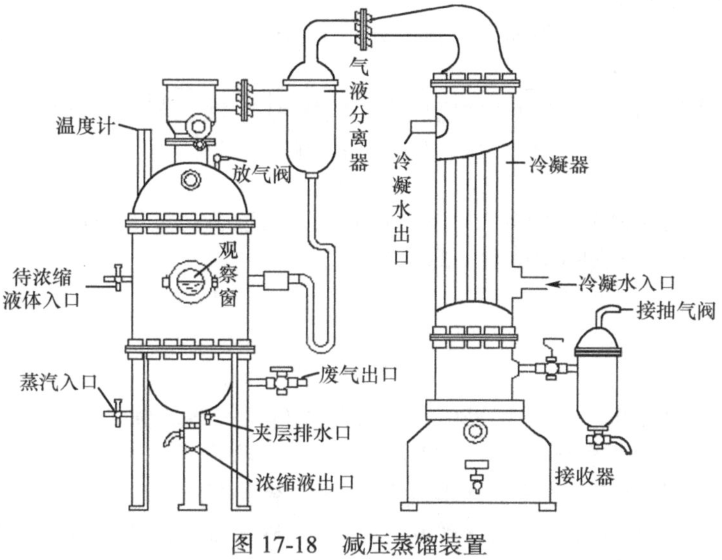

图 17-18　减压蒸馏装置

第三节　传统中药制剂

传统中药制剂包括汤剂、合剂与口服液、酊剂、流浸膏剂、浸膏剂、煎膏剂、散剂、丸剂、硬膏剂、胶剂等。

一、汤　　剂

汤剂（decoction）是指用饮片加水煎煮，去渣取汁制成的液体剂型，亦称为“煎剂”，可供内服和外用。汤剂是我国应用最早、最广泛的一种剂型，早在春秋、战国时代已经开始应用。

1. 汤剂特点　可根据中医辨证施治需要，处方组成和用量随症加减；有利于发挥各药材成分的综合作用；吸收较快；制法简单，溶剂易得。缺点是临用时需新配、服用体积大，稳定性差，服用携带不便，脂溶性与水难溶性成分不易提出。

2. 制备方法 汤剂系按照煎煮法制备。汤剂煎煮前先用溶剂浸泡饮片 20～60min，制备汤剂时应根据药材中所含有效成分性质不同，决定入药顺序，此外还应注意以下几点：①先煎药、后下药、袋装煎煮药、另煎药、烊化药均应按照规定处理；②煎药的用具以瓦罐、搪瓷、不锈钢煎煮器为宜；③应掌握煎煮量并控制加热时间；④通常将第二煎、第三煎药液浓缩至一定体积，再加入第一煎药液，以防止有效成分长时间受热而破坏。

二、合剂与口服液

中药合剂指将饮片用水或其他溶剂，采用适宜的方法提取经浓缩制成的口服液体制剂。单剂量包装者称为“口服液”。中药合剂是在汤剂基础上改进和发展起来的一种中药剂型，合剂可选用不同的提取方法，如煎煮法、渗漉法、回流法等。

1. 制备方法 中药合剂的制备工艺与汤剂基本相同，将药材适当加工成片、段或粗粉，按汤剂的制备方法进行浸提，制药企业常用多功能提取罐制备。含有挥发性药材可先用蒸馏法收集挥发性成分，再将其药渣与处方中其他药物煎煮，合并滤液，备用。此外，根据药材有效成分的特点，亦可选用不同溶剂，采用渗漉法、醇提水沉法、水提醇沉法等方法浸提、纯化。根据需要可添加矫味剂和防腐剂。

2. 工艺流程 中药合剂的制备工艺流程如图 17-19 所示。

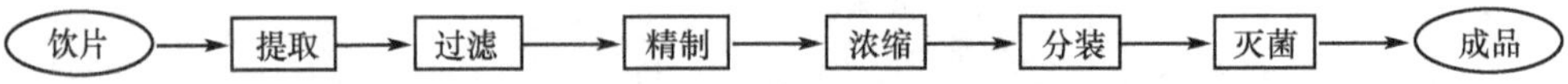

图 17-19 中药合剂的制备工艺流程

3. 特点 ①浸出药材中多种有效成分浓度较高，用量小；②可工业化制备和储存；③便于患者服用和携带方便、省去临用煎煮的麻烦等。

制剂举例 17-1

四 物 合 剂

【处方】 当归 250g 川芎 250g 白芍 250g 熟地黄 250g

【制法】 当归和川芎冷浸 0.5h，用水蒸气蒸馏，收集蒸馏液约 250ml，蒸馏后的水溶液另器保存；药渣与白芍、熟地黄加水煎煮 3 次，合并煎液，过滤，滤液与上述蒸馏后的水溶液合并，浓缩，加入乙醇，使含醇量达 55%，静置 24h，过滤，回收乙醇，浓缩至相对密度为 1.26～1.30（55～65℃）的清膏，加入上述蒸馏液、苯甲酸钠及矫味剂适量，加水至 1000ml，过滤，灌封，即得。

【注解】 上述处方中当归、川芎中含有挥发油，因此先用水蒸气蒸馏收集提取挥发油。然后用水提醇沉法提取有效成分。苯甲酸钠为抑菌剂。本品具有养血调经作用。用于血虚所致的面色萎黄、头晕眼花、心悸气短及月经不调。

三、酒 剂

酒剂（medicinal liquor）又名药酒，指饮片用蒸馏酒浸取的澄清液体制剂。

1. 制备方法 除另有规定外，酒剂一般用浸渍法、渗漉法、回流法等方法制备。浸渍法又分为冷浸渍和热浸渍两种。酒剂必要时可加入蔗糖、蜂蜜等矫味剂。《中国药典》2015 年版一部收载国公酒等 6 种酒剂。

2. 工艺流程 酒剂制备工艺流程如图 17-20 所示。

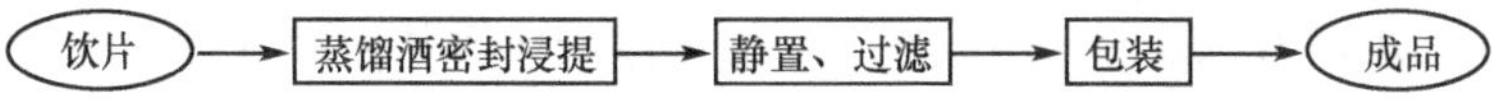

图 17-20 中药酒剂的制备工艺流程

3. 特点 ①酒剂多供内服，少数作外用，也有兼供内服和外用；②适用于风寒湿痹等症，有祛风活血、散瘀止痛之功效；③儿童、孕妇、心脏病、高血压患者不宜服用。

制剂举例 17-2

三两半药酒

【处方】 当归 100g 炙黄芩 100g 牛膝 100g 防风 100g

【制法】 将以上药材粉碎成粗粉，用渗漉法，以白酒 2400ml 与黄酒 8000ml 的混合液作溶剂，浸渍 48h 后，缓慢渗漉，在漉液中加入蔗糖 840g 搅拌溶解后，静置，过滤，即得。

【注解】采用渗漉法提取有效成分。本品具有益气活血、祛风通络作用。用于气血不和，感受风湿所致的弊病，症见四肢疼痛、筋脉拘挛。

四、酊 剂

酊剂（tincture）指饮片用规定浓度的乙醇提取或溶解制成的澄清液体制剂，亦可用流浸膏稀释制成，或用浸膏溶解制成。供口服或外用。酊剂的浓度除另有规定外，含有剧毒药品的酊剂，每 100ml 相当于原药物 10g，其他酊剂，每 100ml 相当于原药物 20g。含有毒剧药的酊剂，应测定半成品含量后加以调整，使符合含量规定。《中国药典》2015 年版一部收载颠茄酊等 13 种酊剂。

1. 制备方法 酊剂可用浸渍法、渗漉法、溶解法和稀释法制备。

（1）浸提法：中药材采用浸渍、渗漉等提取方法制备。

（2）溶解法：适用于化学药物、中药有效成分或浸膏为原料制备。

（3）稀释法：以中药流浸膏为原料，加入规定浓度的乙醇稀释至所需要体积即得。

2. 制备注意事项 在浸渍和渗漉过程中要防止乙醇挥发，要注意季节温度变化，以免影响浸出效果。

3. 特点 ①应根据有效成分的溶解性选用适宜浓度的乙醇，以富集有效成分、减少杂质溶出，缩小剂量，便于使用；②酊剂久储会产生沉淀，可过滤除去，再测定乙醇含量，并调整乙醇至规定浓度。

制剂举例 17-3

十 滴 水

【处方】 樟脑 25g 干姜 25g 大黄 20g 小茴香 10g 肉桂 10g 辣椒 5g 桉油 12.5ml

【制法】 将干姜、大黄、小茴香、肉桂、辣椒混合粉碎成粗粉，照渗漉法用 70%乙醇作溶剂，浸渍 24h 进行渗漉，收集渗漉液约 750ml，加入樟脑及桉油，搅拌，使完全溶解，再继续收集漉液，使成 1000ml，搅匀，即得。

【注解】 本品具有健胃、驱风作用。用于因中暑引起的头晕，恶心腹痛，胃肠不适。

五、流浸膏剂

流浸膏剂（fluid extracts）指饮片用适宜的溶剂浸出有效成分，蒸去部分溶剂，调整浓度至规定标准而制成的液体制剂。除另有规定外，流浸膏剂每 1ml 相当于原有药材 1g。

1. 制备方法 流浸膏剂除另有规定外，一般用渗漉法或其他适宜方法制备。渗漉时用不同浓度的乙醇为溶剂进行渗漉。《中国药典》2015 年版一部收载甘草流浸膏等 8 种。

2. 工艺流程 流浸膏剂制备工艺流程如图 17-21 所示。

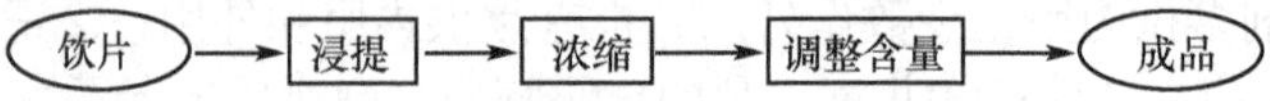

图 17-21 流浸膏剂的制备工艺流程

3. 特点 ①制备流浸膏剂常用不同浓度的乙醇为溶剂，少数以水为溶剂。乙醇能除去部分杂质并有防腐作用；②流浸膏剂久置后易发生沉淀，可过滤除去，测定有效成分含量，调整至规定标准，仍可使用；③流浸膏剂除少数品种可供临床直接应用外，常用于配制合剂、酊剂、糖浆剂等，也可作其他制剂的原料；④流浸膏剂应置避光容器内密封，阴凉处保存。

制剂举例 17-4

甘草流浸膏

【处方】甘草浸膏 300～400g 乙醇 适量 氨溶液 适量 水 适量

【制备】取甘草浸膏，加水适量，不断搅拌，加热使溶化，滤过，在滤液中缓缓加入 86%乙醇，边加边搅拌，直至溶液中含乙醇量达 65%左右，静置过夜，取出上清液，沉淀再加 65%的乙醇，充分搅拌，静置过夜，取出上清液，再用 65%乙醇提取一次，合并三次提取液，过滤，回收乙醇，测定甘草酸含量后，加入水和乙醇适量，使甘草酸和乙醇含量均符合规定，加浓氨溶液适量调节 pH，静置，使澄清，取上清液，过滤，即得。

【注解】本品具有补脾益气、清热解毒、祛痰止咳、缓急止痛、调和诸药的作用。能缓解胃肠平滑肌痉挛，用于消化性溃疡病及慢性肾上腺皮质功能减退症的辅助治疗。

六、浸 膏 剂

浸膏剂（extracts）指饮片用适宜溶剂浸出有效成分，蒸去全部溶剂，调整浓度至规定标准所制成的稠膏状或粉块状的固体制剂。按干燥程度浸膏剂可分为稠浸膏和干浸膏。除另有规定外，浸膏剂每 1g 相当于原有药材 2～5g。含有生物碱或其他有效成分的浸膏剂，需经过含量测定后用稀释剂调整至规定的规格标准。《中国药典》2015 年版一部收载甘草浸膏等 6 种。

1. 制备方法 浸膏剂可用煎煮法、浸渍法、渗漉法、回流法等方法制备，多用渗漉法制备。

2. 工艺流程 浸膏剂制备工艺流程如图 17-22 所示。

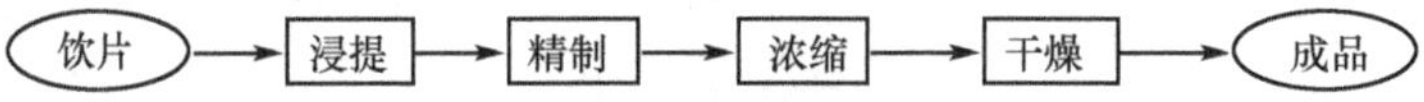

图 17-22 浸膏剂的制备工艺流程

3. 特点 ①浸膏剂不含溶剂，有效成分含量高，体积小，疗效确切；②浸膏剂除少数品种可供临床直接应用外，多数可用于制备酊剂、流浸膏剂、丸剂、片剂、软膏剂、栓剂等；③浸膏剂应密闭于阴凉处保存。

制剂举例 17-5

刺五加浸膏

【处方】 刺五加 1000g 乙醇 适量

【制法】 取刺五加 1000g，粉碎成粗粉，加 75%乙醇，回流提取 12h，滤过，滤液回收乙醇至无醇味，浓缩成浸膏 40g，即得。

【注解】 本品具有益气健脾、补肾安神作用。用于脾肾阳虚，体虚乏力，食欲不振，腰膝酸痛，失眠多梦。

七、煎膏剂

煎膏剂（electuary）指饮片用水煎煮，去渣浓缩后，加糖或炼蜜制成的稠厚半流体状制剂，也称膏滋。

1. 制备方法 煎膏剂用煎煮法制备，将饮片加水煎煮2～3次，每次煎煮2～3h，滤过，滤液静置，取上清液浓缩至规定比重，得清膏，按规定量加入糖或炼蜜（加炼蜜量一般为25%），收膏即得。煎膏剂收膏时应防止焦化，糖可选用冰糖、白糖、红糖等。胶类药材应在收膏时加入。

2. 工艺流程 煎膏剂制备工艺流程如图17-23所示。

图17-23 煎膏剂的制备工艺流程

3. 特点 ①煎膏剂药效以滋补为主，兼有缓慢的治疗作用（如调经、止咳等）；②煎膏剂应无焦臭、异味，无糖结晶析出；③煎膏剂应密闭阴凉干燥处保存，应防止发霉变质。

制剂举例17-6

益母草膏

【处方】 益母草2500g 红糖适量

【制法】 取益母草，切碎，加水煎煮两次，每次2h，合并煎液，滤过，滤液浓缩至相对密度为1.21～1.25（80℃）的清膏。每100g清膏加红糖200g，加热溶化，混匀，浓缩至规定的相对密度，即得。

【注解】 本品具有活血调经作用。用于血瘀所致的月经不调、产后恶露不绝，症见月经量少、淋漓不净、产后出血时间过长、产后子宫复旧不全见上述证候者。

八、丸剂

（一）丸剂的概念与特点

1. 丸剂的概念 丸剂（pills）指饮片细粉或饮片提取物加适宜的黏合剂或其他辅料制成的球形或类球形制剂，主要供口服。

丸剂作为中药传统剂型之一，具有悠久的历史。西汉的《五十二病方》中就有丸剂的记载。宋代《太平惠民和剂局方》共记载丸剂284个。自金元时代起我国有了丸剂包衣，明代有朱砂包衣，清代有川蜡包衣。目前，丸剂依旧为中成药的主要剂型之一，《中国药典》2015年版一部收载丸剂367种。其中，滴丸、浓缩丸已成为中药新药研发的主要剂型之一。随着制备技术的发展，出现了中药微丸（micropills）新剂型，如葛根芩连微丸、灯盏花素缓释微丸。

2. 丸剂的特点 丸剂具有如下优点：①大部分丸剂崩解缓慢，显效迟缓，作用持久，多用于慢性病的治疗或病后体弱地调和，或缓和、减弱某些药物的毒副作用；②某些新型丸剂具有速效作用，如滴丸或某些体积较小的水丸；③能容纳固体、半固体及黏稠性的液体药物，使用的顺应性好；④增加药物的稳定性，减少挥发性药物的挥散。

丸剂的不足之处为：①服用量较大；②不适合小儿服用；③微生物易超标；④操作不当会致溶散困难而影响疗效。

（二）丸剂的分类

1. 按赋形剂分类 丸剂可分为水丸、蜜丸、水蜜丸、浓缩丸、糊丸、蜡丸、滴丸。

2. 按制法分类

（1）泛制丸：系指将饮片细粉用适宜的液体为黏合剂泛制而成的丸剂，如水丸、水蜜丸等。

（2）塑制丸：系指将饮片细粉加适宜的黏合剂混合制成软硬适宜的可塑性丸块，然后再分割而制成的丸剂，如蜜丸、糊丸等。

（3）滴制丸：系指将药物溶解、混悬、乳化在熔点较低的脂溶性或水溶性基质中，滴入到不相混溶的液体冷却剂中冷凝而成的丸剂，如滴丸等。

（三）传统丸剂

1. 水丸（waterpills）

（1）概念：水丸指饮片细粉以水（或用黄酒、醋、稀药汁、糖液等）为黏合剂制成的丸剂，常用泛制法制备，故又称水泛丸。临床上主要用于解表剂、清热剂及消导剂制丸。

（2）水丸的特点：①以水或水性液体为赋形剂，服用后在体内易溶散、吸收、显效较蜜丸、糊丸、蜡丸快。不含其他固体赋形剂，实际含药量高；②可将一些易挥发、有刺激性、性质不稳定的药物泛入内层、掩盖药物的不良气味，增加稳定性；也可将速释药物泛入外层，缓释药物泛入内层，或将药物分别包衣，使之在不同部位分别释放；③水丸体积小，表面致密光滑、便于内服，不易吸潮，利于保管储藏；④生产设备简单，利于大量生产。但制备时间长，易污染，对主药含量及溶散时限较难控制。

（3）水丸的赋形剂：制备水丸采用的赋形剂本身多无黏性，但能润湿药物细粉，诱导其产生黏性，使之利于成型。酒、醋、药汁等还利用其本身的性质起到协同和改变药物性能的作用。因此，赋形剂的选择应与药材的性质和处方的功能主治相结合。水丸常用以下几种赋形剂。

1）水：为水丸中应用广泛的赋形剂。一般采用纯化水、冷沸水。水能润湿或溶解药材中黏液质、胶质、糖、淀粉等成分而产生黏性，利于泛制成丸。需要注意的是，水丸成丸后应立即干燥，以防发霉、变质。凡临床治疗上无特殊要求，处方中未明确赋形剂的种类，药物遇水不变质，药粉本身又含一定量黏性物质时，多采用水泛丸。

2）酒：常用白酒和黄酒，一般根据处方药物的性质和处方的功能主治选择。酒中的乙醇能溶解药材中的树脂、油脂等成分而产生黏性。但是酒诱导产生黏性一般不如水，因此用水作赋形剂致黏合力太强而制丸困难时常以酒代之。另外，酒具有防腐能力，能使药物在制丸过程中不易腐败。酒易挥发，成丸后容易干燥。中医认为酒味甘、辛，有活血通经、引药上行、祛风散寒、矫腥除臭等作用，故舒筋活血类药丸常用酒作赋形剂。

3）醋：一般常用米醋，含乙酸为 3%～5%。醋既能润湿药粉产生黏性，又能使药材中生物碱变成盐，有利于药材中生物碱类成分的溶出，提高药效。中医认为醋味酸苦，性温，能散淤血、消肿痛，入肝经，故散瘀止痛的药粉以醋作赋形剂。

4）药汁：处方中某些药物不易粉碎或体积较大，可根据其性质榨汁或提取药液为赋形剂。其优点是既可以诱导其他药材的黏性，利于制丸，又可减少服用体积，保存药性。适宜用药汁作赋形剂的药物有：富含纤维的药物、质地坚硬的药物、黏性大难以制粉碎的药物、树脂类、浸膏类、可溶性盐类、液体药物（如乳汁、牛胆汁）。新鲜药材可捣碎榨汁或煎汁泛丸。

（4）工艺流程：泛制法制备水丸的工艺流程如图 17-24 所示。

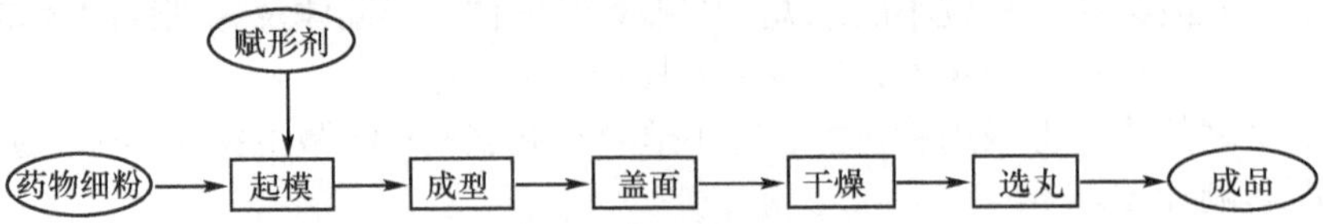

图 17-24 水丸的制备工艺流程

2. 蜜丸（sweetpills）

（1）概念：蜜丸指饮片细粉以蜂蜜为黏合剂制成的丸剂。传统上将蜜丸分为大蜜丸和小蜜丸，其中每丸重量在0.5g（含0.5g）以上的称大蜜丸，每丸重量在0.5g以下的称小蜜丸。近代出现了水蜜丸，与普通蜜丸相比，水蜜丸可采用塑制法和泛制法制备，丸粒小、光滑圆整，便于服用；同时可节省蜂蜜，降低成本，利于储存，在南方应用较普遍。

（2）特点：①蜂蜜营养丰富，具有滋补、提神、镇咳、缓下、润燥、解毒、矫味等作用；②蜜丸溶散慢，作用持久；③含有大量还原糖，能防止药物氧化变质；④炼蜜黏性强，有较强的可塑性，表面光滑；⑤用蜜量较大，易吸潮，霉变。

（3）蜜丸的赋形剂

1）蜂蜜的选择：蜂蜜是蜜丸的主要赋形剂，能益气补中、缓急止痛、止咳润肠，还能起解毒、缓和药性、矫臭、矫味等作用，同时还含大量的还原糖，可防止中药易氧化成分变性，且炼蜜黏合力强，与药粉混合后丸剂不易硬化，有较大的可塑性，制成的丸粒光洁、滋润、崩解缓慢、药力持久。临床上多用于镇咳祛痰药、补中益气药。

蜂蜜质量应符合《中国药典》的要求：应为半透明、带光泽、浓稠的液体，呈乳白色或淡黄色；有香气，味道甜而不酸、不涩；清洁而无杂质；25℃时相对密度应在1.349以上，还原糖不得少于64.0%；应无淀粉、糊精。

不同产地和不同来源的蜂蜜成分有差异。北方产的蜂蜜一般水分较少，其中以槐花蜜、枣花蜜为优；南方产的蜂蜜含水分较多，一般选择紫云英蜜和油菜花蜜。乌头花、曼陀罗花、雪上一枝蒿等花蜜有毒，其汁稀而色深，味苦麻而涩，切勿药用。

2）蜂蜜的炼制：是指蜂蜜加热熬炼至一定程度的操作，其目的是为了除去杂质、破坏酶类、杀死微生物、降低水分含量、增加黏合力等。炼制程度应根据处方中药物性质控制炼制的时间、温度、炼蜜颜色、水分等。炼蜜程度分为嫩蜜、中蜜、老蜜。①嫩蜜，系指将蜂蜜加热至105～115℃，蜂蜜的颜色无明显变化，稍有黏性，含水量为17%～20%，相对密度为1.35左右。适于含多量油脂、黏液质、糖类、淀粉及动物组织等黏性较强的药材制丸。②中蜜，又称炼蜜，系指将蜂蜜加热至116～118℃，锅内出现大量均匀淡黄色有光泽的细气泡，含水量为14%～16%，相对密度为1.37左右，用手捻有黏性，两手指离开无长白丝。适于黏性中等的药材制丸，大部分蜜丸采用中蜜制丸。③老蜜，系指蜂蜜加热至119～122℃，锅内出现较大的红棕色气泡，含水量在10%以下，相对密度为1.40，黏性强，两手指捻之离开出现长白丝，调入冷水中成珠。适用于含多量纤维及黏性差的矿物质药物制丸。

正确控制炼蜜的程度是制备合格蜜丸的重要条件。蜜过嫩则粉末黏合不好，丸粒搓不光滑；过老则丸块发硬，难以搓丸。一般冬季多用嫩蜜，夏季多用老蜜。

（4）蜜丸工艺流程：塑制法制备、蜡壳包装工艺流程如图17-25所示。

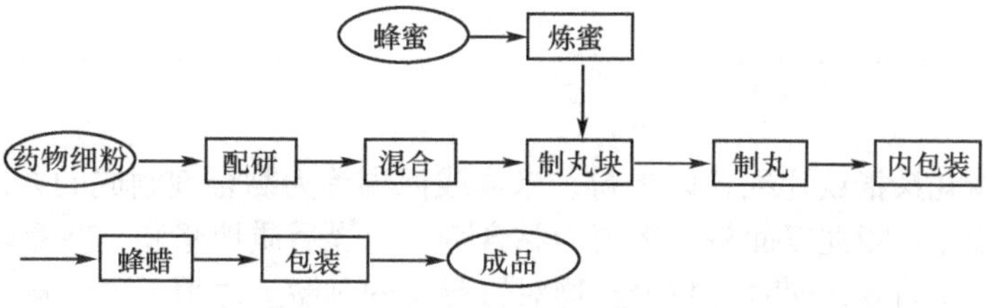

图17-25 蜜丸的制备工艺流程

制剂举例 17-7

六味地黄丸

【处方】 熟地黄 160g　酒萸肉 80g　牡丹皮 60g　山药 80g　茯苓 60g　泽泻 60g

【制法】 以上六味药，粉碎成细粉，过筛，混匀。每 100g 粉末加炼蜜 35～50g 与适量的水制丸，干燥，制成水蜜丸；或加炼蜜 80～110g 制成小蜜丸或大蜜丸，即得。

【注解】 本品具有滋阴补肾作用。用于肾阴亏损．头晕耳鸣，腰膝酸软，骨蒸潮热，盗汗遗精，消渴。

3. 浓缩丸（concentratepills）

（1）概念：浓缩丸系指饮片或部分饮片提取浓缩后，与适宜的辅料或其余饮片细粉，以水、蜂蜜或蜂蜜和水为黏合剂制成的丸剂。根据所用黏合剂的不同，分为浓缩水丸、浓缩蜜丸和浓缩水蜜丸。

（2）浓缩丸的特点：①体积小，易于服用和吸收，增强药效，节省了大量赋形剂；②携带和运输方便，利于保存，不易霉变；③既符合中医用药特点，又适于机械化大批量生产；④浓缩丸的饮片由于在浓缩过程中受热时间较长，有些成分可能会受到影响，使药效降低。

（3）浓缩丸的制备：浓缩丸可用塑制法和泛制法制备。

1）塑制法：蜜丸型浓缩丸采用塑制法制备。取处方中部分药材提取浓缩成膏，作黏合剂，其余药材粉碎成细粉，再加入适量的炼蜜，混合均匀，制丸条，分粒，搓圆，即得。具体操作同蜜丸。

2）泛制法：取处方中部分药材提取浓缩成膏作为黏合剂，其余药材粉碎成细粉，泛制成丸。或者将稠膏与药材细粉混合成块状，干燥后粉碎成细粉，再用水或不同浓度的乙醇作润湿剂泛制成丸。具体操作同水丸。

制剂举例 17-8

百合固金丸（浓缩丸）

【处方】 百合 100g　地黄 200g　熟地黄 300g　麦冬 150g　玄参 80g　川贝母 100g　当归 100g　白芍 100g　桔梗 80g　甘草 100g

【制法】 当归、川贝母、桔梗及甘草 50g 粉碎成细粉，地黄、熟地黄加水煎煮 3 次，第一次 2h，第二次 2h，第三次 1h，合并煎液，滤过，滤液浓缩成相对密度为 1.30～1.35（20℃）的稠膏，剩余甘草与百合、白芍、麦冬、玄参加水煎煮 2 次，第一次 3h，第二次 2h，合并煎液，滤过，滤液浓缩成相对密度为 1.30～1.35（20℃）的稠膏，与上述稠膏及粉末混匀，制丸，干燥，打光，即得。

【注解】 本品具有养阴润肺，化痰止咳作用。用于肺肾阴虚，燥咳少痰，痰中带血，咽干喉痛。

4. 糊丸

（1）概念：糊丸系指饮片细粉以米粉、米糊或面糊等为黏合剂制成的丸剂。

（2）糊丸的特点：糊丸以面糊、米糊为黏合剂，干燥后质地坚硬，在胃内溶散迟缓，可使药物缓慢释放，延长药效，同时可减少药物对胃肠道的刺激。适用于含有毒性或刺激性较强的药物制丸。

（3）糊丸的制备：可采用泛制法与塑制法。糊丸常用的黏合剂为糯米粉、黍米粉、面粉和神曲粉等，其中以糯米粉黏合力最强，所制糊丸干燥后坚硬结实，溶散速度较慢的是面粉糊。

制糊方法有：①冲糊法，将糊粉加温水调匀成浆，冲入沸水，不断搅拌成半透明状；②煮糊法，将糊粉加水混合均匀，制成块状，置沸水中煮熟呈半透明状；③蒸糊法，将糊粉加水混合均匀制成块状，置蒸笼中蒸熟后使用。

以上 3 种方法，以冲糊法较为方便快捷，应用最多。冲糊法制得的稀糊可用于泛制法制丸。

1）泛制法：制备时需注意以下几点。①因为面糊、米糊黏性大，起模时须以水起模，在加大成型的过程中，再将稀糊逐渐泛入；②糊中若存在块状物，必须滤过除去，以防泛丸时粘连；③因为糊丸糊粉的多少及糊的稀稠直接影响糊丸质量，故须控制糊粉的用量。泛制法制丸时，糊粉应占药粉总量的 5%～10%，若有剩余，则可炒熟或生的直接掺入药粉中泛丸。若糊粉用量少、糊稀，则达不到迟缓溶化的目的；反之，则丸粒坚实，难以溶解。

2）塑制法：制备时需注意如下几点。①保持丸块的湿润状态，否则糊丸会变硬，表面出现粗糙甚至裂缝的现象。因此，在制备过程中常用湿布覆盖丸块，或者补充适量水揉搓以保持其润湿状态．并尽量缩短制丸时间；②糊粉的用量一般为药粉总量的 30%～35%。制糊法可以根据处方中糊粉量确定，或以药粉量的 30%制糊为黏合剂，如有多余的糊粉则应炒熟后掺入药粉中制丸。

5. 蜡丸

（1）概念：蜡丸系指饮片细粉以蜂蜡为黏合剂制成的丸剂。

（2）特点：蜡丸因所用的蜂蜡不溶于水，制成丸剂后在体内不溶化，释放药物极缓慢，能够延长药效，并可防止药物中毒或防止对胃肠道的刺激作用。此外也可采取调节用蜡量的方法，使丸药在胃中不溶解而在肠中溶散。

（3）制备：蜡丸一般采用塑制法制备。将精制的蜂蜡，加热熔化，放凉至 60～70℃，加入药粉，迅速搅拌使混合均匀，趁热制丸条，分粒，滚圆成形。操作过程要控制温度，温度过高，则蜡液与药粉分层；温度过低，则无法混匀制丸块。此外，还应控制蜂蜡的用量，通常情况药粉与蜂蜡的比例为 1：（0.5～1）。

九、外用膏剂

外用膏剂指选用适宜的基质将药物制成专供外用的半固体或近似固体的一类剂型。

外用膏剂中软膏与膏药（plaster）在中国应用甚早。在《黄帝内经》中已有记载。到明、清两代更有发展，清代吴师机著的《理瀹骈文》是一部论述膏药的专著，对膏药的方药、应用，尤其在制备工艺上均进行了较完整的总结。外用膏剂按基质及形态分为软膏剂、硬膏剂、贴膏剂（橡皮膏、凝胶膏剂、贴剂等）等。

（一）膏药

1. 概念 膏药指药材、食用植物油与红丹（铅丹）或宫粉（铅粉）炼制成膏料，摊涂于裱褙材料上制成的供皮肤贴敷的外用制剂。分为黑膏药（以植物油、红丹为基质）、白膏药（以植物油、宫粉为基质）及松香软膏（以松香等为基质）。

膏药是中药制剂中的一种传统剂型，早在晋代葛洪所著的《肘后备急方》中已有油、丹熬炼而成“膏”的记载。膏药常应用于消肿、拔毒、生肌等外治方面，但通过外贴，还能起到内治作用，如驱风寒、和气血、消痰疮、通经活络、祛风湿、治跌打损伤等。

2. 特点 ①内病外治，比软膏剂作用持久；②使用不便，污染衣物，制作工艺影响环境。

3. 常用基质

（1）植物油：应选质地纯净、沸点低、熬炼时泡沫少、制成品软化点及黏着力适当的植物油，以麻油最好，棉籽油、豆油、菜油、花生油等亦可应用，但炼制时易产生泡沫。

（2）红丹：又称樟丹、黄丹、铅丹、陶丹，为橘红色粉末，质重，主要成分为四氧化三铅（Pb_3O_4），含量应在 95%以上。红丹含水分，易聚集成颗粒，下丹时沉于锅底，不易与油充分反应。为保证干燥，使用前应炒出水分，过五号筛。

4. 工艺流程 黑膏药的制备工艺流程如图 17-26 所示。

图 17-26 黑膏药的制备工艺流程

（二）橡胶膏剂

1. 概念 橡胶膏剂（rubber ointment）指饮片提取物和（或）化学药物与橡胶基质混匀后，摊涂于裱背材料上制成的外用贴膏剂。橡胶膏剂有两种类型，不含药的如橡皮膏（胶布），含药的如伤湿止痛膏等。

橡胶膏剂主要用于治疗风湿痛、气管炎、哮喘、高血压、心绞痛等疾病。某些中药橡胶膏中的有效成分经过皮肤吸收进入体循环发挥全身治疗作用，属于经皮吸收制剂。按中医药理论中药橡胶膏属于内病外治的范畴。中药橡胶膏剂的制备除中药材的提取与化学药橡胶膏剂不同外，其他操作过程及质量检查与化学药橡胶膏剂相同。

2. 特点 ①黏着力强，用时需加热软化，使用携带方便，不污染衣物；②保护伤口、防止皮肤皲裂，治疗风湿痛等疾病；③膏层薄，容纳药物量少，维持时间短；④橡胶基质对皮肤易产生刺激性、过敏性；⑤易老化。

3. 橡胶膏剂的组成

（1）膏料层：由药物和基质组成，为橡胶膏剂的主要部分。基质主要由以下几个部分组成。

1）生橡胶：为基质的主要原料，具有良好的黏性、弹性、不透气、不透水。

2）增黏剂：常用松香，因松香含有的松香酸可加速橡胶膏剂的老化，选择软化点为 70～75℃（最高不超过 70℃）、酸价为 170～175 者为宜。国外普遍采用甘油松香酯、氢化松香、β-蒎烯等新型材料取代天然松香作增黏剂，有抗氧化、耐光、耐老化和抗过敏等性能。

3）软化剂：可使生胶软化，增加可塑性，增加成品柔软性、耐寒性及黏性。常用的软化剂有凡士林、羊毛脂、液状石蜡、植物油等，挥发油及挥发性药物（如樟脑、冰片、薄荷脑、薄荷油等）对橡胶也有一定的软化作用。

4）填充剂：常用氧化锌，其具有缓和的收敛作用，并能增加膏料与裱褙材料间的黏着性。氧化锌与松香酸生成的松香酸锌盐，能降低松香酸的刺激性。

（2）裱褙材料：一般采用漂白织布。

（3）膏面覆盖物：多采用硬质纱布、塑料薄膜及玻璃纸等，以避免膏片互相黏着及防止挥发性成分挥散。

4. 橡胶膏剂的制备 橡胶膏剂一般的制备方法有以下两种。

（1）溶剂法：取橡胶洗净，在 50～60℃加热干燥或晾干，切成块状，浸于适量汽油中，待溶胀后移置打胶机中，搅匀，分次加入凡士林、羊毛脂、氧化锌和松香等制成基质，再加入药物等，搅匀，涂膏，盖衬，切片，即得。其流程如图 17-27 所示。

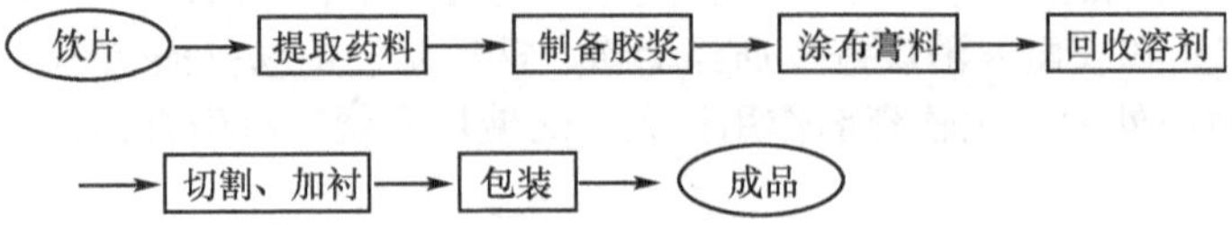

图 17-27 橡胶膏剂的制备工艺流程

（2）热压法：取橡胶洗净，在 50～60℃加热干燥或晾干，切成块状，在炼胶机中炼成网状薄片，加入油脂性药物等，待溶胀后再加入其他药物和氧化锌、松香等，炼压均匀，涂膏，盖衬，切片，即得。此法不用汽油，无须回收溶剂，但成品欠光滑。

（三）凝胶膏剂

1. 概念　凝胶膏剂（cataplasm）指饮片提取物、饮片和（或）化学药物与适宜的亲水性基质混匀后，涂布于背衬材料上的贴膏剂。

凝胶膏剂为以凝胶为基质的贴剂，亦称巴布剂，早期称为泥罨剂，一般是将麦片等谷物与水、乳、蜡等混合成泥状，使用时涂布在纱布上，贴于患处，也称泥状巴布剂。随着医药化学工业的发展，新型高分子材料的出现，凝胶膏剂的基质组成更科学合理，给药剂量准确，已经成为新型透皮制剂，目前在治疗软组织挫伤、关节炎、骨质增生、腰椎间盘突出、腹腔疾病及癌症等各种疾病引起的疼痛方面取得了令人满意的疗效。该剂型不仅大大提高了生产的安全性，而且使用时也更方便舒适。《中国药典》2000 年版一部将巴布膏剂作为附录收载。国家三类新药复方紫荆消伤膏是国内第一个药准字的巴布剂型外用膏药，它的诞生在我国药典上开启了巴布剂药膏的先例。

2. 特点　凝胶膏剂与橡胶剂、膏药相比具有以下优点：①强渗透性，透皮吸收快；②载药量大，尤其适于中药浸膏；③与皮肤生物相容性好，透气性好，皮肤刺激性小，耐汗，无致敏、无刺激性；④药物释放性能好，药效持久、能提高皮肤的水化作用，利于药物的透皮吸收；⑤使用方便，不污染衣物，反复贴敷，仍能保持原有的黏性。

存在的不足为：黏性小，黏着力弱，生产周期长。

3. 凝胶膏剂的组成

（1）背衬层：为基质的载体，一般选用无纺布、人造棉布等。

（2）防黏层：起保护膏体作用，一般选用聚丙烯及聚乙烯薄膜、聚酯薄膜及玻璃纸等。

（3）膏体：为凝胶膏剂的主要部分，由基质和药物构成，应有适当的黏性，能与皮肤紧密接触以发挥治疗作用。基质的性能决定了凝胶膏剂的黏着性、舒适性、物理稳定性等特征。

（4）黏合剂：高分子材料主要用做黏着剂，有的兼有保湿作用，是凝胶膏剂膏体产生黏性的主要物质。按来源可分为天然、半合成和合成三大类，以合成类高分子材料应用最多，如聚丙烯酸钠、羧甲纤维素钠、明胶、聚维酮、聚乙烯醇、西黄蓍胶、海藻酸钠和甲基纤维素等。

（5）保湿剂：凝胶膏剂的基质为亲水性且含水量大，选择合适的保湿剂很重要。常用聚乙二醇、山梨醇、丙二醇、甘油及其混合物。

（6）填充剂：影响凝胶膏剂的成型性，多为无机物，常用微粉硅胶、二氧化硅、碳酸钙、高岭土、氧化锌等。

（7）渗透促进剂：可用氮酮、二甲基亚砜、尿素等，以选用氮酮居多。氮酮与丙二醇合用能提高氮酮的促渗透作用。芳香挥发性的物质（如薄荷脑、冰片和桉叶油等）也有促渗透作用。另外，根据药物的性质，还可以加入表面活性剂等其他附加剂。

4. 工艺流程　凝胶膏剂的制备流程如图 17-28 所示。

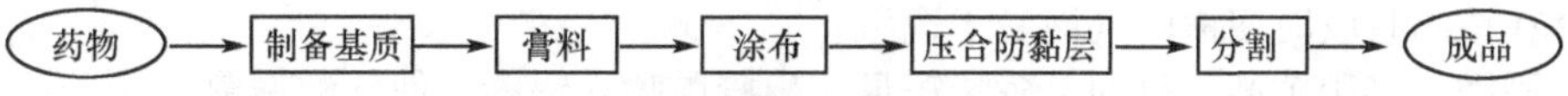

图 17-28　凝胶膏剂的制备工艺流程

一般先将高分子物质溶胶，按一定顺序加入黏合剂等其他附加剂，制成均匀的基质后，再与药物混匀，涂布，压合防黏层，分割，包装，即得。

制剂举例 17-9

三七凝胶膏剂

【处方】 三七提取物 2.0g　薄荷脑 2.0g　樟脑 3.0g　卡波姆 C-934 2.4g　甘油 7.7g　聚维酮 6.0g　明胶 0.5g　三乙醇胺 适量　氮酮 适量　丙二醇 适量　蒸馏水至 100g

【制法】 用甘油将卡波姆 C-934 充分浸润过夜，加入适量蒸馏水制成浓度为 3%的卡波姆凝胶，以三乙醇胺调节此凝胶至 pH 为 7.0，研匀（得Ⅰ）；常法制备甘油明胶（得Ⅱ）；以适量蒸馏水溶解聚维酮，制成 50%聚维酮水溶液（得Ⅲ）。将过 100 目筛的三七提取物粉末与Ⅰ混合，研和均匀，加入事先制好的氮酮-丙二醇，研匀，然后加入到已在 60℃水浴上预热混匀的Ⅱ、Ⅲ混合物中，用力研和，使成均一膏体。另取容器将薄荷脑、樟脑研磨形成低共熔物，与前述均一膏体迅速混合，快速研匀，铺涂于无纺布背衬上，适当加压，使成 0.25g/cm^2，置 45～50℃烘箱中干燥至膏体重量为 0.10g/cm^2，取出，覆盖聚乙烯膜，裁成 8cm×12cm 大小，共 4 贴，包装，密封保存。

【注解】 本品具有散瘀活血作用。用于治疗跌打损伤、肿痛及急性软组织损伤。

十、胶　剂

胶剂（gel）系指动物皮、骨、甲或角用水煎取胶质，浓缩成稠胶状，经干燥后制成的固体块状内服制剂，其主要成分为动物胶原蛋白及其水解产物，尚含多种微量元素。胶剂历史悠久，《五十二病方》中就有以葵种汁煮胶治疗癃病之记载。

1. 分类　胶剂按原料不同分为：①皮胶类，原料为动物皮，以驴皮为原料称阿胶，牛皮为原料称黄明胶，猪皮为原料称新阿胶；②角胶类，原料为雄鹿骨化的角，称鹿角胶；③骨胶类，原料为动物的骨骼，有豹骨、狗骨及鱼骨等；④甲胶类，原料为乌龟的背甲及腹甲或鳖的背甲，前者称龟甲胶，后者称鳖甲胶；⑤其他胶类，原料为含有蛋白质的动物类中药，如以牛肉为原料称霞天胶，龟甲和鹿角为原料称龟鹿二仙胶。

2. 原辅料的选择　原料的优劣影响产品质量，各种原料均应取自健康强壮的动物。

（1）皮类：驴皮以张大、毛色黑、质地肥厚、伤少无病者为佳。驴皮冬板质佳，春秋板次之，伏板质差。牛皮以毛色黄、皮张厚大、无病的北方黄牛皮为佳。猪皮以质地肥厚、新鲜者为佳。

（2）角类：鹿角以砍角质优，脱角质次，霜脱角质最差。

（3）甲类：龟甲与鳖甲以个大、质浮、未经水煮者为佳。

（4）骨类：以骨骼粗大，质地坚实，新鲜者为佳。

3. 辅料的选择　胶剂制备过程中常加入糖、油、酒、明矾等辅料。

（1）冰糖：以色白洁净无杂质者为佳。目的是增加胶剂的透明度和硬度，并有矫味作用。

（2）油类：常用花生油、豆油、麻油，以纯净新鲜者为佳。目的是降低胶的黏度，以便于切胶，并在浓缩收胶时使锅内气泡易于逸散。

（3）酒类：多用黄酒。目的是矫味矫臭，出胶前喷入锅内，使气泡逸散。

（4）明矾：以色白洁净者为佳。目的是沉淀胶液中的杂质。

4. 工艺流程　胶剂的制备工艺流程如图 17-29 所示。

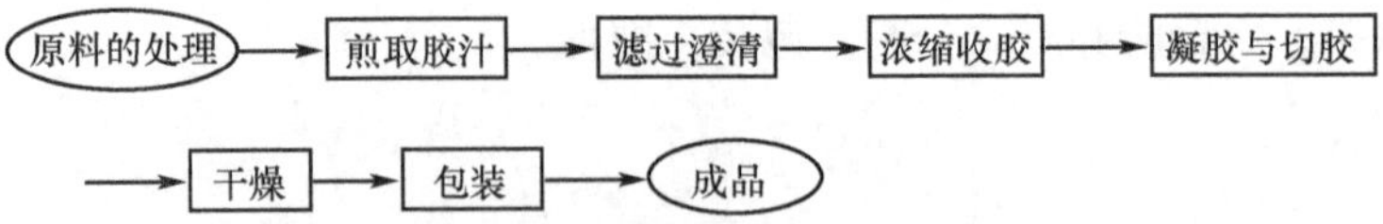

图 17-29　胶剂的制备工艺流程

本章小结

中药新制剂的研究主要包括选题、设计处方、选择剂型及制备工艺、建立质量标准、制剂稳定性试验、临床前药理和毒理学研究及临床研究。传统中药制剂包括汤剂、合剂与口服液、酊剂、流浸膏剂、浸膏剂、煎膏剂、丸剂、硬膏剂、胶剂等，他们各自有不同的临床使用特点及生产制备工艺，汤剂制法简单，是我国应用最早、最广泛的一种中药剂型。为了减少服用量，增加制剂稳定性，提高疗效，需对中药材进行进一步加工处理，常用的中药材有效成分浸出方法有煎煮法、浸渍法、渗漉法、回流法、蒸馏法、微波萃取法、超临界萃取法等；常用的中药提取物的分离方法有沉降分离法、离心分离法和过滤分离法；中药提取物纯化方法有水提醇沉法、醇提水沉法、酸碱法、盐析法、结晶法、透析法、超滤法、大孔吸附树脂法、澄清剂法等；可通过蒸发、蒸馏对中药提取物进行浓缩。

重点：中药有效成分提取、分离及浓缩方法；各种中药剂型的概念、特点及制备工艺流程。

难点：中药有效成分提取、分离及浓缩原理，以及不同提取、分离、浓缩方法的特点。

思考题

1. 简述中药制剂的概念、种类、特点。
2. 中药有效成分的提取方法有哪些？其应用特点是什么？
3. 常用的中药有效成分分离、纯化方法各有哪些？
4. 简述浸渍法和渗漉法的异同点。
5. 简述药酒和酊剂的主要区别。
6. 简述流浸膏剂与浸膏剂的主要区别。
7. 中药丸剂分为哪几种？各有何特点？
8. 硬膏剂分为哪几种？各有何特点？简述其制备工艺流程。

（李维凤）

第十八章　药物制剂的稳定性

学　习　目　标

1. 掌握：药物制剂稳定性的概念、研究目的；影响制剂中药物降解的因素及稳定化方法；药物制剂稳定性的试验方法；药物有效期的计算方法。
2. 熟悉：药物制剂的化学稳定性和物理稳定性。
3. 了解：药物制剂稳定性的化学动力学基础；固体制剂稳定性的特点。

第一节　概　　述

原料药物与药物制剂的稳定性（stability）是指在一定期限内（即有效期），原料药物或制剂保持与生产时相同的质量和特性。药物制剂的基本要求是安全、有效、稳定、使用方便。药物稳定性发生改变，出现含量下降，不仅引起有效性降低，而且降解产物可能产生毒性或刺激性，导致安全性问题，如青霉素水溶液放置过程中，很快产生青霉烯酸等降解产物，导致过敏，严重的进一步休克后死亡。因此，稳定性是保证药物制剂安全性和有效性的重要基础。

稳定性研究对一个药品从原料合成、剂型设计、处方筛选、工艺路线、生产及储存等全过程均具有重要指导意义，是药品质量控制的主要内容之一。各国都有规定，新药申请必须呈报稳定性资料，部分国家已经要求药品在临床和上市期间还需继续进行稳定性考察，以确保药品的安全性和有效性。

药物制剂稳定性包括化学稳定性、物理稳定性和微生物学稳定性。化学稳定性是指药物由于水解、氧化、光解等化学变化，使药物含量（或效价）、色泽产生变化。物理稳定性指制剂的物理变化，如混悬剂中药物的沉降、粒度的变化，溶液剂的澄清度、色泽的变化，乳剂的分层、破裂，胶体制剂的老化，片剂崩解度、溶出速度、晶型的改变等。微生物学稳定性指药物制剂由于受到微生物的污染，而使产品霉变、腐败等。

原料药物与药物制剂稳定性试验的目的是考察原料药物或制剂在温度、湿度、光线的影响下随时间变化的规律，探讨影响药物制剂稳定性的因素与提高制剂稳定性的措施，为制剂的生产、包装、储存、运输条件提供科学依据，保证药物产品的质量；同时通过研究药物制剂的稳定性，可确定药品的有效期。

第二节　药物制剂的化学稳定性

一、药物降解的反应速率

药物的降解速率与化学反应速率类似，可用式（18-1）表示。

$$-\frac{dC}{dt}=kC^{n} \tag{18-1}$$

式中，k 为反应速率常数；C 为反应物的浓度；n 为反应级数。反应级数有零级、一级、伪一级、二级及分数级等。

在药物制剂的各类降解反应中，尽管有些药物的降解反应机制十分复杂，但多数药物及其制剂可按零级、一级、伪一级反应处理。通常将反应物浓度或数量下降一半所需的时间称为半衰期（half life）用 $t_{1/2}$ 表示；对于药物降解，常将降解 10%所需的时间，定义为药物的有效期（effective life），用 $t_{0.9}$ 表示。

（一）零级反应

凡反应速率与反应物浓度无关，而受其他因素（如反应物的溶解度，某些光化反应中光的照度等）影响的反应，称为零级反应。零级反应的速率方程、半衰期及有效期如下所示。

$$-\frac{\mathrm{d}C}{\mathrm{d}t}=k \tag{18-2}$$

$$C=C_0-kt \tag{18-3}$$

$$t_{1/2}=\frac{C_0}{2k} \tag{18-4}$$

$$t_{0.9}=\frac{C_0}{10k} \tag{18-5}$$

式中，C_0 为 $t=0$ 时反应物浓度；C 为 t 时反应物的浓度；k 为零级速率常数。零级反应 C 与 t 呈线性关系，直线的斜率为$-k$，截距为 C_0，如复方磺胺液体制剂的颜色消退符合零级反应动力学。

（二）一级反应

凡反应速率与反应物浓度的一次方成正比的反应称为一级反应，其速率方程、半衰期及有效期如下所示。

$$-\frac{\mathrm{d}C}{\mathrm{d}t}=kC \tag{18-6}$$

$$\ln C=\ln C_0-kt \tag{18-7}$$

$$\lg C=\lg C_0-\frac{kt}{2.303} \tag{18-8}$$

$$t_{1/2}=\frac{0.693}{k} \tag{18-9}$$

$$t_{0.9}=\frac{0.1054}{k} \tag{18-10}$$

式中，C_0 为 $t=0$ 时反应物浓度；C 为 t 时反应物的浓度；以 $\lg C$ 对 t 作图呈直线，直线的斜率为$-k/2.303$，截距为 $\lg C_0$。

（三）二级反应

反应速率与两种反应物浓度的乘积成正比的反应，称为二级反应。若其中一种反应物的浓度远远超过另一种反应物，或保持其中一种反应物浓度恒定不变的情况下，则此反应表现出一级反应的特征，故称为伪一级反应（pseudo first-order reaction），如酯的水解，在酸或碱的催化下，可用伪一级反应处理。

药物的降解及微生物的繁殖、灭菌大多服从一级反应。恒温时，一级反应的半衰期及有效期与反应物浓度无关。

二、制剂中药物的化学降解途径

各种药物由于化学结构不同，其降解反应也不一样。水解和氧化是药物降解的主要途径，其他如异构化、聚合、脱羧等反应，在某些药物的降解反应中也有发生。有时一种药物还可能同时发生两种或两种以上降解反应。

（一）水解

水解是药物降解的主要途径之一，含有酯类和酰胺类药物的制剂，特别是其液体制剂，药物与水直接接触，容易发生水解反应。固体制剂中含水量较高时，酯类和酰胺类药物也容易发生水解反应，因此固体制剂也必须考虑如何阻止水解反应，以确保药物的稳定性。

1. 酯类药物的水解 酯类药物在水溶液中很容易水解。在 H^+和 OH^-或广义酸碱的催化下水解反应加速。反应通式如下：

$$RCOOR' + H_2O \rightleftharpoons RCOOH + R'OH \tag{18-11}$$

酯类药物水解后往往引起溶液 pH 下降，有些药物灭菌后 pH 下降，首先考虑到有水解反应的可能。盐酸普鲁卡因是酯类药物的典型代表，水解后 pH 下降，降解产物无明显的麻醉作用。这类药物还有盐酸丁卡因、盐酸可卡因、溴丙胺太林、硫酸阿托品、氢溴酸后阿托品等，应注意由于水解而造成的稳定性问题。

内酯在碱性条件下易水解开环。毛果芸香碱在偏酸性条件下比较稳定，pH 升高后稳定性下降。

2. 酰胺类药物的水解 酰胺类药物水解以后生成羧酸与胺。反应通式如下：

$$RCONHR' + H_2O \rightleftharpoons RCOOH + R'NH_2 \tag{18-12}$$

属于这类的药物有氯霉素、青霉素类、头孢菌素类和巴比妥类等。

3. 其他药物的水解 易发生水解反应的其他药物包括苯丁酸氮芥、克林霉素、硫唑嘌呤、硫柳汞及顺铂等。具有糖基的药物如地高辛，由于酸催化水解将消除糖基。阿扎胞苷和阿糖胞苷除了发生开环反应也会发生糖消除反应。

（二）氧化

氧化也是药物降解的主要途径之一。药物的氧化经常是自动氧化反应，即在大气中氧的作用下缓慢进行氧化。氧化过程与药物的化学结构有关，如酚类、烯醇类、芳胺类、吡唑酮类、噻嗪类药物较易氧化。

1. 酚类药物 分子上具有酚羟基，如肾上腺素、左旋多巴、吗啡、阿扑吗啡、水杨酸钠等。

2. 烯醇类药物 维生素 C 是烯醇类药物的代表，分子中含有烯醇基，极易氧化，且氧化过程较复杂。在有氧条件下，先氧化成去氢抗坏血酸，然后经水解为 2,3-二酮古罗糖酸，此化合物进一步氧化为草酸与 L-丁糖酸。维生素 C 水溶液在氧化分解过程中逐渐变成微黄色、黄色直至褐色。

3. 其他类药物 芳胺类如磺胺嘧啶钠，吡唑酮类如氨基比林、安乃近，噻嗪类如盐酸氯丙嗪、盐酸异丙嗪等药物都易氧化。含有碳碳双键的药物，如维生素 A 或者维生素 D 的氧化是典型的自由基链式反应。

药物的氧化过程一般比较复杂，药物氧化后不仅效价降低，而且常常发生变色或沉淀等，严重影响产品质量。金属离子（铜、铁、铝等）往往是氧化反应的催化剂，制备时应注意避免与其接触。另外，光线、pH 也是影响药物氧化的主要因素。因此，制备易氧化药物制剂时应特别注意光、氧、金属离子、pH 的影响，以保证产品质量。

（三）光降解

光降解是指药物受光线（辐射）作用使分子活化而产生降解的反应。光能激发氧化反应，加速药物的分解，其反应速度与系统的温度无关。光降解典型的例子是硝普钠[$Na_2Fe(CN)_5NO \cdot 2H_2O$]，避光放置时其溶液的稳定性良好，至少可以储存 1 年，但在灯光下其半衰期仅仅为 4h。光敏感的药物有氯丙嗪、异丙嗪、维生素 B_2、氢化可的松、维生素 A、辅酶 Q_{10} 等。有些药物光降解后产生光毒性，具有光毒性的药物有呋塞米、乙酰唑胺、氯噻酮等。

（四）其他反应

1. 异构化 药物的异构化会使生物活性降低或丧失。异构化分为光学异构化和几何异构化。

光学异构化是指药物的光学特性发生了变化，分为外消旋化和差向异构化。左旋肾上腺素具有生物活性，在 pH4 左右的水溶液中发生外消旋化，生物活性降低 50%。易发生外消旋化的药物还有青霉素类、头孢菌素类和苯二氮䓬类。差向异构化是指具有多个不对称碳原子基团发生异构化的现象。四环素在酸性条件下，在 4 位碳原子上出现差向异构化形成 4-差向四环素，抗菌活性比四环素低，且毒性为四环素的 2～3 倍。

几何异构化是指化合物的顺反式之间发生的转变。有些药物的几何异构体间生理活性有差别。维生素 A 的活性形式是全反式。在多种维生素制剂中，维生素 A 除了氧化外，还可以异构化，在 2，6 位形成顺式异构体，活性比全反式低。

2. 聚合 是两个或者多个分子结合在一起形成复杂分子的过程。已经证明氨苄西林的浓水溶液在储存过程中能发生聚合反应，一个分子的 β-内酰胺环裂开与另外一个分子反应形成二聚物，此过程可继续进行，形成高聚物，这类高聚物能诱发氨苄西林产生过敏反应。

3. 脱羧 是指一些含羧基的化合物，在光、热、酸、碱等条件下，脱去羧基而放出 CO_2 的反应。如对氨基水杨酸钠在光、热、水分存在条件下很易脱羧，生成间氨基酚，然后进一步氧化变色。普鲁卡因的水解产物对氨基苯甲酸，也可慢慢脱羧生成苯胺，苯胺在光线影响下氧化生成有色物质，使盐酸普鲁卡因注射液变黄。

4. 脱水 葡萄糖和乳糖可发生脱水反应生成 5-羟甲基糖醛。红霉素在酸催化下可发生脱水反应。前列腺素 E_1 和前列腺素 E_2 发生脱水反应后可继续发生异构化反应。

5. 与其他药物或辅料的作用 制剂中两种药物之间发生化学反应或药物与辅料之间相互作用也是影响药物稳定性的一个因素。20 世纪 50 年代曾报道抗氧化剂亚硫酸氢盐与肾上腺素之间可发生反应。还原糖与含伯胺和仲胺的药物可发生梅拉德反应（Maillard reaction），生成褐色产物导致制剂变色。

三、影响制剂中药物降解的因素及增加稳定性的方法

（一）处方因素对制剂中药物稳定性的影响及增加稳定性方法

制剂的处方因素包含药物本身的理化性质，辅料的种类、性质和用量等。制备任何一种制剂，首先要进行合理的处方设计，处方中的 pH、广义的酸碱催化、溶剂、离子强度、表面活性剂等因素，均可影响制剂中药物的稳定性。

1. pH 的影响 酯类、酰胺类药物容易受 H^+ 和 OH^- 催化水解，这种催化作用也叫专属酸碱催化或者特殊酸碱催化，此类药物的水解速度，主要由 pH 决定。pH 对速度常数 k 的影响可用下列公式表示：

$$k = k_0 + k_{H^+}[H^+] + k_{OH^-}[OH^-] \quad (18\text{-}13)$$

式中，k_0 为参与反应的水分子的催化速率常数，k_{H^+} 和 k_{OH^-} 分别表示 H^+ 和 OH^- 的催化速率常数。在 pH 很低时主要是酸催化，则上式可表示为

$$\lg k = \lg k_{H^+} - pH \quad (18\text{-}14)$$

以 $\lg k$ 对 pH 作图得一直线，斜率为−1。设 k_w 为水的离子积，即 $k_w=[H^+][OH^-]$，在 pH 较高时主要是碱催化，则

$$\lg k = \lg k_{OH^-} + \lg k_W + pH \quad (18\text{-}15)$$

以 lg$k$ 对 pH 作图得一直线，斜率为 1，在此范围内主要由 OH^- 催化。这样，根据上述动力学方程可以得到反应速度常数与 pH 关系的图形，即 lg$k$-pH 图。

药物的水解速度常数随 pH 变化的曲线有几种不同形状：①V 形，非解离型药物水解的 lg$k$-pH 图呈 V 形曲线，如图 18-1 所示；②S 形，含有一个解离基团药物水解的 lg$k$-pH 图呈 S 形状，如图 18-2 所示，盐酸普鲁卡因水解的 lg$k$-pH 图有一部分呈 S 形；③钟形，含有两个解离基团药物水解的 lg$k$-pH 图呈钟形。在 lg$k$-pH 图中曲线最低点所对应的横坐标，即为最稳定 pH，以 pH_m 表示。

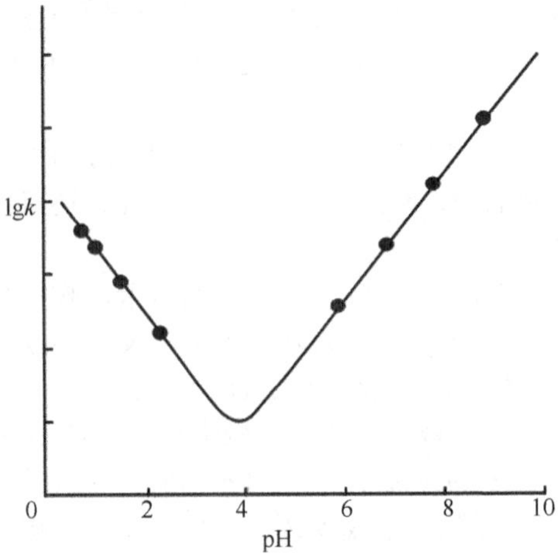

图 18-1　lg$k$-pH 图

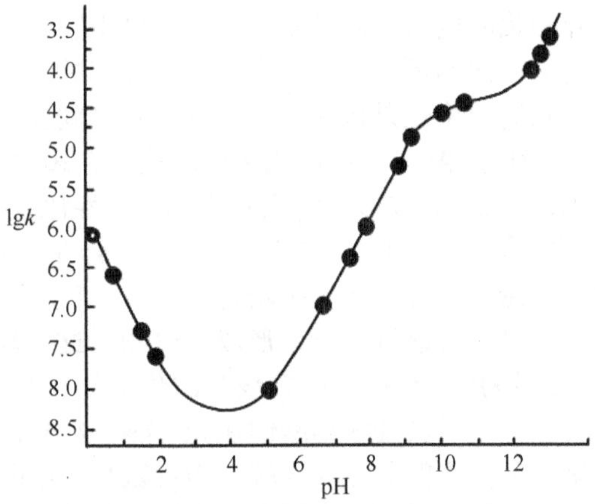

图 18-2　普鲁卡因 lg$k$-pH 图

确定 pH_m 对溶液型制剂的处方设计非常关键。pH_m 可以通过下式计算：

$$pH_m = \frac{1}{2}pk_w - \frac{1}{2}\lg\frac{k_{OH^-}}{k_{H^+}} \tag{18-16}$$

求算 pH_m 时，由于 k_{H^+}、k_{OH^-} 和 k_w 均与温度有关，所以 pH_m 也与温度有关。

药物 pH_m 可通过实验求得，方法如下：保持处方中其他成分不变，配制一系列不同 pH 的溶液，在较高温度（恒温，如 60℃）下进行加速试验，求出各种 pH 溶液的速度常数（k），然后以 lg$k$ 对 pH 作图，即可求出最稳定的 pH_m。在较高恒温下所得到的 pH_m 一般可适用于室温，不致产生很大误差。一些药物的最稳定 pH 如表 18-1 所示。

制剂 pH 的调节要兼顾稳定性、溶解度和药效三个方面。大部分生物碱在偏酸性溶液中比较稳定，故其注射剂常偏酸性。但将它们制成滴眼剂时，就应该调节为偏中性范围，以减少刺激性。

表 18-1　一些药物的最稳定 pH

药物	最稳定 pH	药物	最稳定 pH
盐酸丁卡因	3.8	苯氧乙基青霉素	6
盐酸可卡因	3.5～4.0	毛果芸香碱	5.12
溴甲胺太林	3.38	氯氮䓬	2.0～3.5
溴化钠安太林	3.3	克林霉素	4.0
三磷酸腺苷	9.0	地西泮	5.0
对羟基苯甲酸甲酯	4.0	氢氯噻嗪	2.5
对羟基苯甲酸乙酯	4.0～5.0	维生素 B_1	2.0
对羟基苯甲酸丙酯	4.0～5.0	吗啡	4.0
阿司匹林	2.5	维生素 C	6.0～6.5
头孢噻吩钠	3.0～8.0	对乙酰氨基酚	5.0～7.0
甲氧西林	6.5～7.0		

2. 广义酸碱催化的影响　药物制剂的处方中通常需要加入缓冲剂，很多药物受广义的酸碱催化而水解，因此这些缓冲剂往往会催化某些药物的水解，如乙酸盐、枸橼酸盐缓冲液能催化氯霉素的水解，含 HPO_4^{2-} 缓冲液能够催化青霉素钾盐的水解。

在保持 pH 恒定的情况下，观察不同缓冲剂浓度下药物的分解情况，如果分解速度随缓冲剂的浓度增加而加快，可认为该缓冲剂对药物的分解有催化作用。为了避免或降低缓冲剂对药物分解的催化作用，在处方设计时，选择对药物分解没有催化作用的缓冲剂或降低缓冲剂的浓度。

3. 溶剂的影响　有一些药物在水溶液中比非水溶液中稳定，如环己烷氨基磺酸钠；而有些药物在非水溶剂中的稳定性比在水中高，如苯巴比妥钠注射液、地西泮注射液等。药物的降解速度也与溶剂的极性有关，溶剂的极性增加（介电常数 ε 增大），药物的解离增加，降低药物的稳定性。非极性溶剂与解离型药物的作用力弱，可提高药物的稳定性。两种离子反应时，溶剂介电常数对反应速度的影响如下式所示：

$$\lg k = \lg k_{\infty} - \frac{k' Z_A Z_B}{\varepsilon} \tag{18-17}$$

式中，k 为反应速率常数，ε 为介电常数，k_{∞} 为纯水中（$\varepsilon=\infty$）反应速率常数，Z_A、Z_B 分别为 A 物质和 B 物质所带电荷，K' 为常数。以 $\lg k$ 对 $1/\varepsilon$ 作图得一条直线，如果药物与攻击离子的电荷相同，所得直线斜率是负值，介电常数小的溶剂将降低该药物的分解速度。在水溶液中加入有机溶剂能够降低介电常数，因此可以降低药物的降解速度。

4. 离子强度的影响　在制剂处方中，往往需要加入等渗调节剂、抗氧剂、缓冲剂等，导致溶液的离子强度增大，介质的极性增加。离子强度对药物的降解速度的影响可用式（18-18）表示：

$$\lg k = \lg k_0 + 1.02 Z_A Z_B \sqrt{\mu} \tag{18-18}$$

式中，k 为降解反应速率常数，k_0 为溶液无限稀（$\mu=0$）时的降解速率常数，μ 为离子强度，Z_A、Z_B 分别为 A 物质和 B 物质所带电荷，常数 1.02 是温度 25℃时求得的常数。以 $\lg k - \lg k_0$ 对 $\sqrt{\mu}$ 作图可得一直线，如图 18-3 所示，斜率为 $1.02Z_AZ_B$，外推到 $\mu=0$ 可求得 k_0。

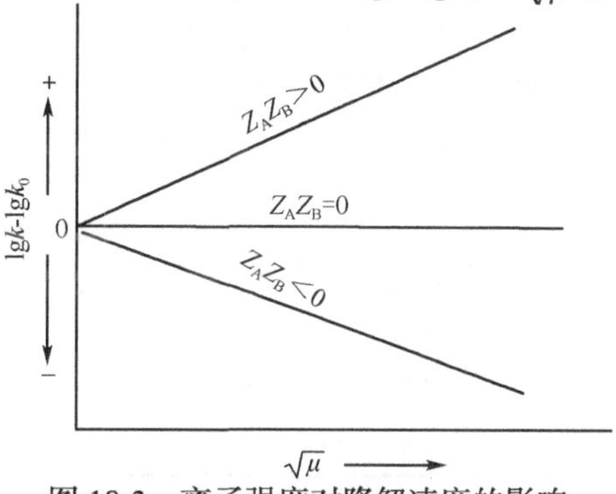

图 18-3　离子强度对降解速度的影响

根据式（18-18），当药物离子和另一反应离子带相同电荷时（$Z_AZ_B>0$），离子强度增加（电解质浓度增加），降解速度增加。如果药物离子与另一反应离子带相反电荷（$Z_AZ_B<0$），离子强度增加，降解速度降低。如果药物是中性分子，$Z_AZ_B=0$，则离子强度对反应速度没有影响。

5. 表面活性剂的影响　表面活性剂在水溶液中可形成胶束，将药物包裹于其中，阻碍了 H^+ 和 OH^- 等离子的进攻。因此加入表面活性剂可提高一些容易水解药物的稳定性。但是表面活性剂有时也可能使某些药物分解速度加快，如聚山梨酯 80 使维生素 D 稳定性下降。

6. 基质或辅料的影响　基质或辅料对一些药物的稳定性有明显影响，如氢化可的松软膏若用聚乙二醇做基质，可促进氢化可的松降解，有效期只有 6 个月。聚乙二醇还可使阿司匹林栓剂中阿司匹林降解加速。采用糖粉和淀粉为辅料制备维生素 C 片，则产品易变色，若以磷酸氢钙为辅料，再辅以其他措施，产品质量有所提高。润滑剂硬脂酸钙、硬脂酸镁可加速阿司匹林的降解反应，因此生产阿司匹林片时不应使用硬脂酸钙、硬脂酸镁这类润滑剂，而用滑石粉或硬脂酸。

（二）外界因素对制剂中药物稳定性的影响及增加稳定性办法

外界因素包括温度、光线、空气（氧）、金属离子、湿度和水分、包装材料等，他们对药物的稳定性都有重要的影响。研究外界因素对药物稳定性的影响，对于制订生产工艺条件和包装材料具有重要的指导意义。温度对各种降解途径均有影响；而光线、空气（氧）、金属离子对易氧化药物稳定性影响较大；湿度、水分主要影响固体药物的稳定性，包装材料是各种产品都必须考虑的问题。

1. 温度的影响 温度对化学反应速度的影响可用 Arrhenius 方程表达。

$$k = Ae^{-E/RT} \tag{18-19}$$

式中，k 为反应速率常数，A 为频率因子，E 为活化能，R 为气体常数，T 为热力学温度。

式（18-19）定量地描述了温度与反应速率之间的关系，是预测药物稳定性的主要理论依据，其对数形式如下：

$$\lg k = \frac{-E}{2.303RT} + \lg A \tag{18-20}$$

$$\lg\frac{k_2}{k_1} = \frac{-E}{2.303R}\left(\frac{1}{T_2} - \frac{1}{T_1}\right) \tag{18-21}$$

温度升高，可参加反应的活化分子数明显增加，反应速度加快。通常药物的降解反应活化能为 41.8～83.6kJ/mol，有催化剂存在时药物的活化能变小，反应速度加快。

药物稳定性预测有多种方法，但基本的方法仍是经典恒温法。根据 Arrhenius 方程以 $\lg k$ 对 $1/T$ 作图得一直线，此图称为 Arrhenius 图，直线斜率$=-E/(2.303R)$，由此可计算出活化能 E。若将直线外推至室温，就可求出室温时的速率常数（$k_{25℃}$）。由 $k_{25℃}$可求出分解 10%所需的时间（即药物制剂的有效期 $t_{0.9}$）或室温储藏若干时间以后残余的药物的浓度。

实验时，首先设计实验温度与取样时间。将样品放入各种不同温度的恒温水浴中，定时取样测定其浓度 C。若以 $\lg C$ 对 t 作图得一直线，则为一级反应。再由直线斜率求出各温度的速率常数，然后按前述方法求出活化能和药物制剂的有效期 $t_{0.9}$。

例如，某药物制剂，在 40℃、50℃、60℃、70℃四个温度下进行加速实验，测得各个时间的浓度，确定为一级反应，用线性回归法求出各温度的降解速率常数，结果见表 18-2。

表 18-2 药物降解动力学数据

温度（℃）	$(1/T)\times10^3$	$k\times10^5$（h）	$\lg k$
40	3.195	2.66	–4.575
50	3.096	7.94	–4.100
60	3.003	22.38	–3.653
70	2.915	56.50	–3.248

将表 18-2 中 $\lg k$ 对 $1/T$ 进行线性回归，得回归方程：

$$\lg k = -4765.98/T + 10.64$$

由上述方程可求得 25℃时的 k_{25} 和有效期

$$\lg k_{25℃} = -4765.98/298 + 10.64$$

$$k_{25℃} = 4.434\times10^{-6}\ (/\mathrm{h})$$

根据式（18-10），得药物制剂的有效期：

$$t_{0.9} = 0.1054/k_{25}$$

$$t_{0.9} = 0.1054/(4.434\times10^{-6}) = 23\,770.86\ (\mathrm{h})$$

$$t_{0.9} \approx 990\ (\mathrm{d})$$

由此可见，该药物制剂的有效期约为990天。

由于药物反应十分复杂，影响因素较多，此种方法预测稳定性与实际尚有一定距离。故此法目前在新药研究中只作参考，不能作为制订有效期的依据，药物制剂有效期，仍以长期试验来确定。

药物制剂制备过程中，如有加热溶解或灭菌操作时，应制订合理的工艺条件，在确保灭菌质量的前提下，尽可能降低灭菌温度，缩短灭菌时间。对热敏感药物，如抗生素、生物制品等，应根据药物的性质合理设计适宜剂型（如固体剂型）、生产工艺（如冷冻干燥，无菌操作等）和储存条件，以确保产品质量。

2. 光线的影响　对光敏感药物的制剂生产及产品的储存过程中，应避光，也可根据药物的性质在处方中加入抗氧剂，包衣材料中加入遮光剂或采用避光材料包装，提高药物对光的稳定性。

3. 空气（氧）的影响　空气中的氧是引起药物氧化的主要因素。对于易氧化的药物可以采用通入惰性气体（如二氧化碳和氮气）、使用非水溶剂、加入抗氧剂、真空包装等措施提高药物的稳定性。一些抗氧剂是链反应的阻断剂，能与自由基结合，中断链反应的进行，在此过程中抗氧剂本身不被消耗。有些抗氧剂为强还原剂，首先被氧化而消耗氧气，从而保护主药免遭氧化，在此过程中抗氧剂被逐渐消耗。枸橼酸、酒石酸等能增强抗氧剂的效果。使用抗氧剂时，应注意主药与其是否发生反应。常用的抗氧剂见表18-3。

表18-3　药物制剂中常用的抗氧剂

抗氧剂	常用浓度/%
水溶性抗氧剂	
亚硫酸钠	0.1～0.2
亚硫酸氢钠	0.1～0.2
焦亚硫酸钠	0.1～0.2
甲醛合亚硫酸氢钠	0.1
硫代硫酸钠	0.1
半胱氨酸	0.000 15～0.05
蛋氨酸	0.05～0.1
硫代乙酸	0.005
硫代甘油	0.005
脂溶性抗氧剂	
叔丁基对羟基茴香醚	0.005～0.02
二丁甲苯酚	0.005～0.02
没食子酸丙酯	0.05～0.1
生育酚	0.05～0.5

4. 金属离子的影响　制剂中金属离子主要来自原辅料、溶剂、容器及操作过程中使用的工具等。金属离子如铜、铁、钴、镍、锌、铅等对自动氧化反应有显著的催化作用。因此应选用纯度较高的原辅料，操作过程中不要使用金属器具，同时还可加入金属离子螯合剂如依地酸盐或枸橼酸、酒石酸、磷酸、二巯乙基甘氨酸等，以避免或减少金属离子对药物稳定性的影响。

5. 湿度和水分的影响　水是药物降解反应的良好媒介，无论是水解反应，还是氧化反应，微量的水均能加速药物的降解，如阿司匹林、青霉素钠盐、氨苄西林、对氨基水杨酸钠、硫酸亚铁等。对于易水解的药物，在制剂的处方中应避免使用吸湿性强的辅料；生产中尽量不使用水；生产环境的相对湿度应小于物料的临界相对湿度（*CRH*）；应选用密封性好的材料进行包装，防止药物与水分的接触。

6. 包装材料的影响 药品包装在保证药品稳定性方面发挥着重要作用。包装对药物制剂的保护功能主要体现在两个方面。①隔离作用：包装材料阻断了空气、光线、水分、热、异物和微生物等进入包装内部，药物制剂中的成分也不能从包装中逸漏出去；②缓冲作用：包装可减少药品在运输、储存过程中因外界的震动、冲击、挤压造成的损坏。包装材料既要考虑能够使药物隔绝外界环境以保护药物的稳定性，同时也要考虑与药物的相互作用。常用的包装材料有玻璃、塑料、橡胶及金属。

玻璃具有理化性能稳定、不易与药物发生相互作用、气体不能透过等优点。因此是目前应用最多的包装材料。有些玻璃材料释放碱性物质或者脱落不溶性玻璃碎片、光透过性好等影响药物的稳定性。因此应根据药物的性质，选择优质玻璃。

塑料具有性质稳定、质轻、耐磨损、运输方便等优点，也是常用的包装材料，但其存在如下缺点：①外界环境的空气和空气中的水分可以透过塑料膜进入包装内部，内部的水分也可以透过塑料膜散布于空气中，从而引起药物的氧化、挥发油逸失、吸潮、霉变等物理化学变化；②塑料中增塑剂、染料等附加剂能够溶解到药物制剂中，引起污染，甚至中毒；③药液中的物质可被塑料吸附，如尼龙能吸附多种抑菌剂；④塑料中的一些组分有时也能与药物发生化学反应。

橡胶广泛用于制瓶塞、垫圈、滴头等。橡胶存在与塑料同样的问题。将聚四氟乙烯涂于橡胶上，可以防止橡胶对药物的吸附作用，也能防止橡胶中的成分溶于水中。

常用作包装材料的金属是锡和铝。金属材料的密闭性好，还能耐受高温和低温，为防止内外腐蚀或发生化学作用，往往在表面涂上一层保护衣。铝箔的主要包装形式是泡形、条形等。铝箔具有良好的防湿、遮光、隔气等保护功能。铝价格较贵，目前较理想的包装材料是铝塑复合膜。

包装材料与药物制剂稳定性关系密切。因此，在制剂试制过程中，要进行“装样试验”，对各种不同的包装材料进行筛选，以确保药物制剂稳定。

（三）增加药物制剂稳定性的其他方法

1. 制成固体剂型 在水溶液中不稳定的药物，制成固体制剂可提高其稳定性。例如，注射用的制剂，制成注射用无菌粉末，口服制剂制成片剂、胶囊剂、颗粒剂等，可使稳定性提高。

2. 采用粉末直接压片或包衣工艺 一些对湿热不稳定的药物，可采用直接压片或干法制粒。包衣是提高对光、热、水敏感药物稳定性的常规方法之一。

3. 制成微囊或包合物 有些药物制成微囊、微球或者环糊精包合物可增加药物的稳定性。例如，维生素 A 制成微囊后，稳定性有很大提高。

第三节 原料药物及药物制剂的物理稳定性

一、原料药物的物理稳定性

药物制剂的物理稳定性是指制剂在储存过程中的物理变化，药物及其制剂的物理稳定性主要表现在外观性状、均匀性和有效性三个方面。引起制剂物理变化的因素可归结为药物、辅料、制剂处方及外界环境等几个方面。制剂中的药物和辅料可能存在的物理状态有：无定形、各种晶型、水合物和溶剂化物等。通常，药物或辅料随着时间的变化会由热力学不稳定态或亚稳定态转变为更稳定的状态，物料的物理状态一般可用差示扫描量热法和 X 射线衍射法来分析。

（一）晶型转变

多晶型（polycrystalline form）是指一种药物具有两种或两种以上的晶体结构。药物的晶型不同，可能具有不同的理化性质，如溶解度、熔点、密度、蒸汽压、光学和电学性质发生改变，稳定性也出现差异。当药物的某种晶型由于所处的温度、湿度、压力等外界环境条件发生变化，可能会转变成其他晶型。在储存过程中，温度和湿度改变可能引起晶型转变。另外，在粉碎、加热、冷却、湿法制粒过程中都有可能引起晶型的变化。

一般来说，药物的无定形较结晶型具有更高的溶解度，因此许多难溶性药物在处方设计时选择无定形。然而，无定形药物的能级高，随时间的延长会逐步转化为热力学稳定的低能态结晶型，从而导致药物的溶解度下降，进而影响临床药效。

药物的无定形还与湿度等有关，如羟基保泰松有无定形和三种不同的晶型（无水物，一水合物和半水合物），储存过程的晶型转变可用图 18-4 来说明。

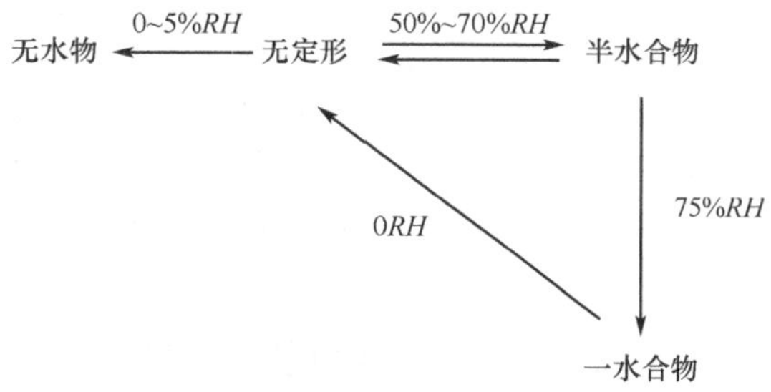

图 18-4　羟基保泰松储存过程晶型转变示意图

药物制剂在储存过程中，无定形辅料也可能转变为结晶态，如冷冻干燥的无定形蔗糖，当温度超过其玻璃转化温度（T_g）时开始结晶。添加具有较高 T_g 和低吸湿性的辅料如右旋糖酐可提高制剂的 T_g，达到抑制结晶的目的。

（二）挥发

某些药物和辅料在室温下具有较高的蒸汽压，导致药物挥发损失。例如，硝酸甘油容易挥发，硝酸甘油舌下片在储存过程中由于药物挥发导致药物含量显著下降。这种挥发可通过添加非挥发性固定剂（如聚乙二醇）来抑制。

二、药物制剂的物理稳定性

药物制剂的物理变化根据剂型具有不同的表现形式。

1. 溶液剂和糖浆剂　溶液剂在储存过程中可能发生的物理变化有：沉淀、pH 变化、溶剂损失、澄明度变化等。影响溶液剂稳定性的主要因素有温度、溶液的 pH 和包装材料等。另外，糖浆剂中糖的质量、中药糖浆剂中药物的变质等，都会使糖浆剂在存放过程中出现浑浊或沉淀。相应的措施为选择最佳 pH 和最适包装材料，糖浆剂可添加适量防腐剂，以及采用适宜的精制处理方法。

2. 混悬剂　粒子发生聚结时，粒度分布、絮凝度等发生较大变化。混悬剂应保持适当的絮凝状态，使之疏松、不结块、不沉降或沉降缓慢。影响混悬剂稳定性因素包括晶型转变、晶体生长、ζ 电位、稳定剂、温度、分散介质及制备工艺等。混悬剂的稳定措施有改变溶剂性质，改变溶剂黏度，添加适宜的絮凝剂等。

3. 乳剂　物理稳定性变化主要表现为分层、破裂、转型和酸败等。

4. 片剂　在储存期间表面性质、硬度、脆碎性、崩解时限、主药溶出度等可能发生变化。这些性质的变化主要与片剂中水分含量、储存环境温度和湿度等有关。

5. 栓剂　在储存过程中由于油脂性基质的相变、结晶或酯基转移，导致栓剂硬化，融变时间延长。

6. 其他剂型　在储存过程中，由于聚合物骨架材料的玻璃转化温度和晶型发生变化，微球等聚合物骨架剂型中药物释放速度可能会发生变化。由于脂质成分的氧化或水解增加了脂质体的渗透性，因此脂质体在储存过程中可能会出现药物泄漏。

三、固体药物制剂稳定性的特点

固态原料药物的稳定性特点：与液态药物不同，固态药物分子分散程度低，一般降解较慢；一些易氧化的固态药物，氧化作用往往限于固体表面，以致里外变化不一。

固体剂型多属于非均匀体系，与液体制剂的稳定性不同，具有以下特点：①系统不均匀，如片剂、胶囊，片与片之间，胶囊与胶囊之间主药含量不一定完全相同，因而分析结果难以重现；②剂型系多相系统，常包括气相（空气和水汽）、液相（吸附的水分）和固相，环境变化时，这些相的组成和状态能够发生变化，特别是水分的存在，对稳定性影响很大；③一些易氧化的固体制剂，固体表面的药物容易氧化，内部的药物不易氧化，造成固体制剂稳定性的内外差异。由于上述这些特点，研究固体剂型稳定性，是一件十分复杂的工作。

第四节　原料药物与药物制剂稳定性的试验方法

一、药物稳定性的试验方法

稳定性试验的目的是考察原料药物或制剂的稳定性在温度、湿度、光线的影响下随时间变化的规律，考察降解产物及其他变化所生成的产物并进行相关分析，为药品的生产、包装、储存、运输条件提供科学依据；同时通过试验建立药品的有效期。药物稳定性试验，是新药研究的重要内容之一，新药申报资料必须包含稳定性研究的试验资料。

根据《中国药典》2015 年版四部稳定性试验指导原则，要求对原料药物和药物制剂进行影响因素试验、加速试验和长期试验。稳定性试验的基本要求如下：①影响因素试验用 1 批原料药或 1 批制剂进行。加速试验与长期试验要求用 3 批供试品进行。②原料药物供试品应是一定规模生产的，供试品量相当于制剂稳定性试验所要求的批量，原料药物合成工艺路线、方法、步骤应与大生产一致。药物制剂供试品应是放大试验的产品，处方、工艺与大生产一致。药物制剂如片剂、胶囊剂，每批放大规模，片剂至少应为 1 万片，胶囊剂至少应为 1 万粒，大体积包装的制剂如静脉输液等，每批放大规模的数量至少应为各项试验所需总量的 10 倍。特殊品种、特殊剂型所需数量，根据情况另定。③供试品的质量标准应与临床前研究及临床试验和规模生产所使用的供试品质量标准一致。加速试验和长期试验所用供试品的包装应与上市产品一致。④转入生产后，还需对最初通过生产验证的 3 批规模生产的产品进行加速试验和长期稳定性试验。⑤研究药物稳定性，要采用专属性强、准确、精密、灵敏的药物分析方法，以及有关物质（含降解产物及其他变化所生成的产物）的检查方法。

（一）原料药物

1. 影响因素试验（亦称强化试验，stress testing）　是在高温、高湿、强光的剧烈条件下探讨药物的固有稳定性，了解影响其稳定性的因素及可能的降解途径与降解产物，为制剂生产工艺、包装、储存条件和建立有关物质分析方法提供科学依据。试验可以用 1 批原料药进行，将供试品置适宜的开口容器中（如称量瓶或培养皿），摊成≤5mm 厚的薄层，疏松原料药摊成≤10mm 厚的薄层进行，当试验结果发现降解产物有明显的变化时，应考虑其潜在的危害性，必要时应对降解产物进行定性或定量分析。

（1）高温试验：供试品开口置适宜的洁净容器中，60℃温度下放置 10 日，于第 5 日和第 10 日取样，按稳定性重点考察项目进行检测，若供试品含量低于规定限度则在 40℃条件下同法进行试验，若 60℃无明显变化，不再进行 40℃试验。

（2）高湿试验：供试品开口置恒湿密闭容器中，在 25℃分别于相对湿度 90%±5%条件下放置 10 日，于第 5 日和第 10 日取样，按稳定性重点考察项目要求检测，同时准确称量试验前后供试品的重量，以考察供试品的吸湿潮解性能。若吸湿增重 5%以上，则在相对湿度 75%±5%条件下，同法进行试验；若吸湿增重 5%以下，其他考察项目符合要求，则不再进行此项试验。恒湿条件可在密闭容器如干燥器下部放置饱和盐溶液，根据不同相对湿度的要求，可以选择 NaCl 饱和溶液（相对湿度 75%±1%，15.5～60℃），KNO_3饱和溶液（相对湿度 92.5%，25℃）。

（3）强光照射试验：供试品开口放在装有日光灯的光照箱或其他适宜的光照装置内，于照度为 4500lx±500lx 的条件下放置 10 日（总照度量约为 120 万 lx·h），于第 5 日和第 10 日取样，按稳定性重点考察项目进行检测，特别要注意供试品的外观变化。箱内配置抽风机和光度计，防止可能产生的热量和尘埃的干扰。

根据药物的性质，必要时要探讨 pH、氧及其他条件对药物稳定性的影响，并研究分解产物的分析方法。创新药物应对分解产物的性质进行必要的分析。

2. 加速试验（accelerated testing） 是在超常条件下进行稳定性试验，其目的是通过加速药物的化学或物理变化，探讨药物的稳定性，为制剂设计、包装、运输、储存提供必要的资料。供试品要求 3 批，按市售包装，在温度 40℃±2℃、相对湿度 75%±5%的条件下放置 6 个月。所用设备应能控制温度±2℃、相对湿度±5%，并能对真实温度和湿度进行监测。在试验期间第 1 个月、第 2 个月、第 3 个月、第 6 个月末分别取样一次，按稳定性重点考察项目检测。如 6 个月内供试品经检测不符合制订的质量标准，则应在中间条件下，即在温度 30℃±2℃、相对湿度 65%±5%的情况下（可用 $NaCrO_4$饱和溶液，30℃，相对湿度 64.8%）进行加速试验，时间仍为 6 个月。加速试验建议采用隔水式电热恒温培养箱（20～60℃），箱内放置具有一定相对湿度饱和盐溶液的干燥器，设备应能控制所需湿度，各部分温度应该均匀，适合长期使用。也可采用恒湿恒温箱或其他适宜设备，以及稳定性测定仪等。

对温度特别敏感的药物，预计只能在冰箱中（4～8℃）保存，此种药物的加速试验，可在温度 25℃±2℃、相对湿度 60%±10%的条件下进行，时间为 6 个月。

3. 长期试验（long-term testing） 是在接近药物的实际储存条件下进行，其目的是为制订药物的有效期提供依据。供试品三批，市售包装，在温度 25℃±2℃，相对湿度 60%±10%的条件下放置 12 个月，或在温度 30℃±2℃，相对湿度 65%±5%的条件下放置 12 个月（从我国南方与北方气候的差异考虑，也符合国际气候带的划分。具体条件的选择由研究者自行确定）。每 3 个月取样一次，分别于第 3 个月、第 6 个月、第 9 个月、第 12 个月取样，按稳定性重点考察项目进行检测。

12 个月以后，仍需继续考察，分别于第 18 个月、第 24 个月、第 36 个月取样进行检测。将结果与初始样本比较，以确定药品的有效期。

由于试验数据的分散性，一般应按 95%可信限进行统计分析，得出合理的有效期。如 3 批统计分析结果差别较小，取其平均值为有效期，如差别较大则取其最短的为有效期。如果数据表明，测定结果变化很小，说明药物是很稳定的，则不作统计分析。

对温度特别敏感的药物，长期试验可在温度 6℃±2℃的条件下放置 12 个月，按上述时间要求进行检测，12 个月以后，仍需按规定继续考察，制订在低温储存条件下的有效期。

原料药物进行加速试验与长期试验所用包装应采用模拟小桶，但所用材料与封装条件应与大桶一致。

（二）药物制剂

药物制剂稳定性研究，首先应查阅原料药物稳定性有关资料，特别了解温度、湿度、光线对原料药物稳定性的影响，并在处方筛选与工艺设计过程中，根据主药与辅料性质，参考原料药物的试验方法，进行影响因素试验、加速试验与长期试验。

药物制剂进行影响因素试验的目的是考察制剂处方、生产工艺及包装条件的合理性。供试品如片剂、胶囊剂、注射剂（注射用无菌粉末如为西林瓶装，不能打开瓶盖，以保持严封的完整性），除去包装，置适宜的开口容器中，进行高温试验、高湿度试验与强光照射试验，试验条件、方法、取样时间与原料药相同。

药物制剂加速试验条件、方法、取样时间与原料药相同，目的是通过加速药物制剂的化学或物理变化，探讨药物制剂的稳定性，为处方设计、工艺改进、质量研究、包装改进、运输、储存提供必要的资料。乳剂、混悬剂、软膏剂、乳膏剂、糊剂、凝胶剂、眼膏剂、栓剂、气雾剂、泡腾片及泡腾颗粒宜采用温度 30℃±2℃、相对湿度 65%±5%的条件进行试验，其他要求与上述相同。对于包装在半透性容器中的药物制剂，例如低密度聚乙烯制备的输液袋、眼用制剂容器等，则应在温度 40℃±2℃、相对湿度 25%±5%的条件（可用 $CH_3COOK·1.5H_2O$ 饱和溶液）进行试验。

药物制剂长期试验条件、方法、取样时间与原料药相同，目的是为制订药品的有效期提供依据。对于包装在半透性容器中的药物制剂，则应在温度 25℃±2℃、相对湿度 40%±5%的条件，或 30℃±2℃、相对湿度 35%±5%的条件进行试验，具体选择由研究者自行决定。

此外，有些药物制剂还应考察临用时配制和使用过程中的稳定性。

知识拓展 18-1

世界气候带和长期稳定性试验条件

稳定性试验研究过程中，气候带是应考虑的一项重要因素。按照平均动态温度和相对湿度变化，全球被分为 4 个区域，每个区域都有各自相应的储存条件。表 18-4 列出了世界气候带和长期稳定性试验条件。如果厂家计划将其原料药物或制剂在某一气候带内经销，药物稳定性实验的设计就应考虑到该地区的储存条件。

表 18-4 世界气候带和长期稳定性试验条件

气候带	代表性国家	长期稳定性试验条件
Ⅰ温带	英国、加拿大、俄罗斯	21℃/45%相对湿度
Ⅱ地中海和亚热带气候	日本、中国、美国	25℃/60%相对湿度
Ⅲ干热带	伊朗、伊拉克、苏丹等	30℃/35%相对湿度
Ⅳ湿热带	印度尼西亚、巴西、菲律宾	30℃/65%相对湿度*

*南亚国家的最新长期稳定性试验条件：30℃/75%相对湿度

（三）稳定性重点考察项目

《中国药典》2015 年版确定的稳定性重点考察项目见表 18-5。表中未列入的考察项目和剂型，可根据剂型及品种特点制订。

表 18-5 原料药物及制剂稳定性重点考察项目

剂型	稳定性重点考察项目
原料药	性状、熔点、含量、有关物质、吸湿性及根据品种性质选定的考察项目
片剂	性状、含量、有关物质、崩解时限或溶出度或释放度
胶囊剂	性状、含量、有关物质、崩解时限或溶出度或释放度、水分、软胶囊要检查内容物有无沉淀
注射剂	性状、含量、pH、可见异物、不溶性微粒、有关物质，应考察无菌
栓剂	性状、含量、融变时限、有关物质

续表

剂型	稳定性重点考察项目
软膏剂	性状、均匀性、含量、粒度、有关物质
乳膏剂	性状、均匀性、含量、粒度、有关物质、分层现象
糊剂	性状、均匀性、含量、粒度、有关物质
凝胶剂	性状、均匀性、含量、粒度、有关物质，乳胶剂应检查分层现象
眼用制剂	如为溶液，应考察性状、可见异物、含量、pH、有关物质；如为混悬液，还应考察粒度、再分散性；洗眼剂还应考察无菌；眼丸剂应考察粒度与无菌
丸剂	性状、含量、有关物质、溶散时限
糖浆剂	性状、含量、澄清度、相对密度、有关物质、pH
口服溶液	性状、含量、澄清度、有关物质
口服乳剂	性状、含量、分层现象、有关物质
口服混悬剂	性状、含量、沉降体积比、有关物质、再分散性
散剂	性状、含量、粒度、有关物质、外观均匀度
气雾剂	递送剂量均一性、微粒子剂量、有关物质、每瓶总揿次、喷出总量、喷射速率
吸入制剂	递送剂量均一性、微细粒子剂量
喷雾剂	每瓶总吸次、每喷喷量、每喷主药含量、递送速率和递送总量、微细粒子计量
颗粒剂	性状、含量、粒度、有关物质、溶化性或溶出度或释放度
贴剂（透皮贴剂）	性状、含量、有关物质、释放度、黏附力
冲洗剂、洗剂、灌肠剂	性状、含量、有关物质、分层现象（乳状剂）、分散性（混悬型）、冲洗剂应考察无菌
搽剂、涂剂、涂膜剂	性状、含量、有关物质、分层现象（乳状剂）、分散性（混悬型）、涂膜剂还应考察成膜性
耳用制剂	性状、含量、有关物质、耳用散剂、喷雾剂与半固体制剂分别按相关剂型要求检查
鼻用制剂	性状、pH、含量、有关物质、鼻用散剂、喷雾剂与半固体制剂分别按相关剂型要求检查

注：有关物质（含降解产物及其他变化所生成的产物）应说明其生成产物的数目及量的变化，如有可能应说明有关物质中何者为原料中的中间体，何者为降解产物，稳定性试验重点考察降解产物

二、固体制剂稳定性实验的特殊要求和方法

（一）固体剂型稳定性实验的特殊要求

固体制剂进行稳定性试验还要注意一些特殊情况：①由于水分对固体药物稳定性影响较大，每个样品必须测定水分，加速实验过程中也需测定；②样品必须置于密封容器。但为了考察材料的影响，可以用开口容器与密封容器同时进行，以便比较；③测定含量和水分的样品，都要分别单次包装；④固体剂型要使样品含量尽量均匀，以避免测定结果分散性过大；⑤药物颗粒的大小，对结果也有影响，故样品要用一定规格的筛号过筛，并测定其粒度；⑥实验温度不宜过高，以 60℃以下为宜。

此外，还需注意辅料对药物稳定性的影响。研究这种影响，通常可用下述方法设计实验：药物与辅料按 1∶5 配料，药物与润滑剂按 20∶1 配料。研究药物与赋形剂有无相互作用，比较适用的实验方法有热分析法、漫反射光谱法和薄层层析法。

（二）热分析法在研究固体药物稳定性中的应用

热分析法以差示扫描量热法（differential scanning calorimentry，DSC）和热重分析（thermogravimetric analysis，TG 或 TGA）为常用。市面上有 TGA-DSC 联用的设备，使用起来更为方便。

差热分析（DSC）是在程序控制温度下，测量试样与参比物之温差随温度而变化的一种技术。它是一种将物质内部相转变有关的热流作为时间和温度的函数进行测量的热分析技术。DSC 能提供关于物料的物理和化学变化，包括吸热、放热、热容变化过程，以及物料相转变的定量或定性的信息。DSC 分析速度快、样品用量少，且制作简便，对固液体皆适用，有较宽的测温范围及优良的定量能力，是应用最为广泛的热分析技术。

热重分析（TGA）是在程序控制温度下，测量物料的质量与温度变化关系的一种热分析技术。物料质量的变化最常用的办法就是用热重分析仪，热重分析仪主要由天平、炉子、程序控温系统、记录系统等部分构成。测量的原理有两种，即变位法和零位法。所谓变位法，是根据天平梁倾斜度与质量变化成比例的关系，用差动变压器等检测倾斜度，并自动记录。而零位法是采用光学法测定天平梁的倾斜度，然后去调整安装在天平系统和磁场中线圈的电流，使线圈转动恢复天平梁的倾斜。由于线圈转动所施加的力与质量变化成比例，这个力又与线圈中的电流成比例，因此只需测量并记录电流的变化，便可得到质量变化的曲线。当被测物质在加热过程中有升华、气化、分解出气体或失去结晶水时，被测的物质质量就会发生变化，这时热重曲线就不是直线而是有所下降。通过分析热重曲线，就可以知道被测物质在多少度时产生变化，并且根据失重量，可以计算失去了多少物质。另外，根据 TGA 曲线数据，通过选择合适的计算热降解的动力学方法，可以计算出热降解动力学参数，然后根据热降解活化能 E 的数值大小来确定药品的稳定性。

热重法的重要特点是定量性强，能准确地测量物质的质量变化及变化的速率，可以说，只要物质受热时发生重量的变化，就可以用热重法来研究其变化过程。

本章小结

药物制剂稳定性是药物的重要属性，是保证药物制剂安全性和有效性的必要条件。研究原料药的稳定性，了解温度、湿度、光线对原料药稳定性的影响，以及药物在这些因素影响下随时间变化的规律；同时根据主药与辅料性质，参考原料药稳定性的试验方法，进行制剂影响因素试验、加速试验与长期试验，不仅可用于预测原料药和药物制剂的有效期，还能指导处方筛选与工艺设计，考察制剂处方、生产工艺及包装条件的合理性。药物制剂稳定性研究还要重视降解产物及其他变化所生成的产物，并进行相关分析，预测并避免可能的毒副作用。另外，根据不同温度下药物的降解速率常数，可计算出药物制剂的有效期。

重点：影响药物制剂降解的因素及稳定化方法；药物制剂稳定性的试验方法及药物有效期的确定。

难点：根据化学动力学基础研究药物制剂稳定性的方法及理论。

思考题

1. 进行药物制剂稳定性考察的目的和意义是什么？
2. 药物的化学降解途径有哪些？
3. 药物制剂稳定性考察包括哪些内容？
4. 药物制剂稳定性考察需要考察降解产物吗？

（陶　玲）

第十九章　药物制剂的设计

学习目标

1. 掌握：制剂设计的原则，质量源于设计的内涵；处方前研究的内容。
2. 熟悉：给药途径与药物制剂设计。
3. 了解：药物制剂的处方工艺优化设计方法。

第一节　概　　述

一、制剂设计的原则

药物制剂设计是根据疾病性质、临床用药需要及药物的理化性质，确定适宜的给药途径和剂型，选择合适的辅料、制备工艺，筛选制剂的最佳处方和工艺条件，确定包装，最终形成适合于生产和临床应用的制剂产品。

药物的吸收过程影响药物进入体循环的速度和程度；分布过程涉及药物到达各组织和器官的能力；代谢与排泄过程则与药物在体内的存留时间长短有关。药物的体内过程决定了药物的血药浓度变化和靶部位浓度，从而影响治疗效果。药物进入体内后随着血液循环到达作用部位发挥疗效，同时机体其他部位也有一定量的药物分布；如果将药物直接输入作用部位，此时只需极少剂量的药物就可以迅速获得临床疗效。为保证药物合理地到达人体作用部位，在临床上呈现适宜的治疗作用，无论是新化合物产品还是新制剂产品，制剂设计时，应考虑以下五个基本原则。

1. 安全性（safety）　是指通过药物制剂的设计应能提高药物治疗的安全性，在保证疗效的基础上使用最低的剂量，降低刺激性或毒副作用。例如，胃肠道刺激性大或首过作用强的药物不宜制成口服制剂，可制成栓剂。治疗指数低的药物，宜制成缓控释制剂，以减少峰谷现象，维持稳定血药浓度，降低毒副作用。

2. 有效性（effectiveness）　药物的有效性与给药途径、剂型、剂量等有关，药物制剂的设计应能提高药物治疗的有效性，至少不能减弱药物的治疗作用。制剂设计时应综合考虑给药途径、剂型、剂量等相关因素。例如，硝酸甘油舌下给药利于急救，透皮给药适于预防及慢性病治疗，普通片吸收慢不宜用于急救。同一药物不同制剂的作用效果不同。结合药物本身的特点和治疗目的，采用制剂手段设计优化体内的作用时间和效果。

3. 可控性（controllability）　药品的质量是药物的有效性与安全性的重要保证，质量源于设计。制剂必须做到质量可控。可控性主要体现在制剂质量的可预见性和可重复性。

4. 稳定性（stability）　制剂的稳定性也是药物有效性与安全性的重要保证，药物制剂的设计应使药物有足够的稳定性，才能保障药物制剂的有效性和安全性。

5. 顺应性（compliance）　制剂设计过程中用药方法、给药频次、制剂外观、形状、色泽、口味直接影响到患者与医护人员的接受程度。因此药物制剂的设计应能提高患者与医护人员对药物的接受程度，即顺应性，从而有利于疾病的治疗。

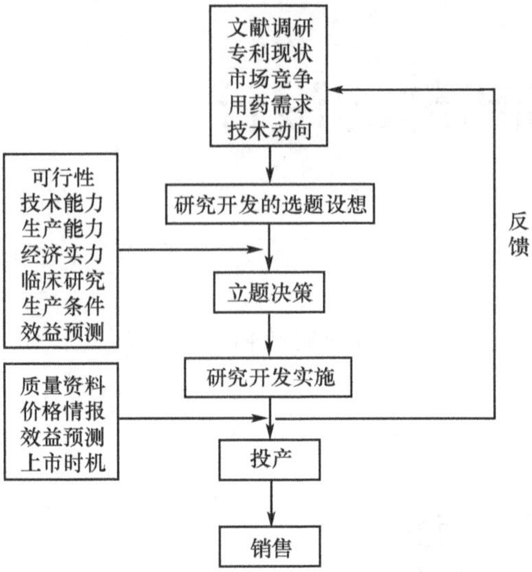

图 19-1 药物制剂产品研发示意图

如图 19-1 所示，新药研究与开发要综合考虑临床的需求、专利现状、市场竞争、药物性质等来统筹安排研究计划。

二、药物制剂设计依据

药物必须制成适宜的剂型，才能用于临床，只有制成适宜剂型才能较好地发挥作用。剂型因素对药物的吸收及生物利用度有很大影响，主要表现在药物的起效时间、作用强度、作用持续时间、毒副作用等。剂型选择不当，处方工艺设计不合理，不仅影响产品的理化特性，而且可能降低生物利用度与临床疗效。剂型设计是一个复杂的研究过程，受多方面因素的影响，如图 19-2 所示，可依据临床需要、药物的理化性质、药动学数据和现行生产工艺条件等因素，通过查阅文献和预试验予以确定。

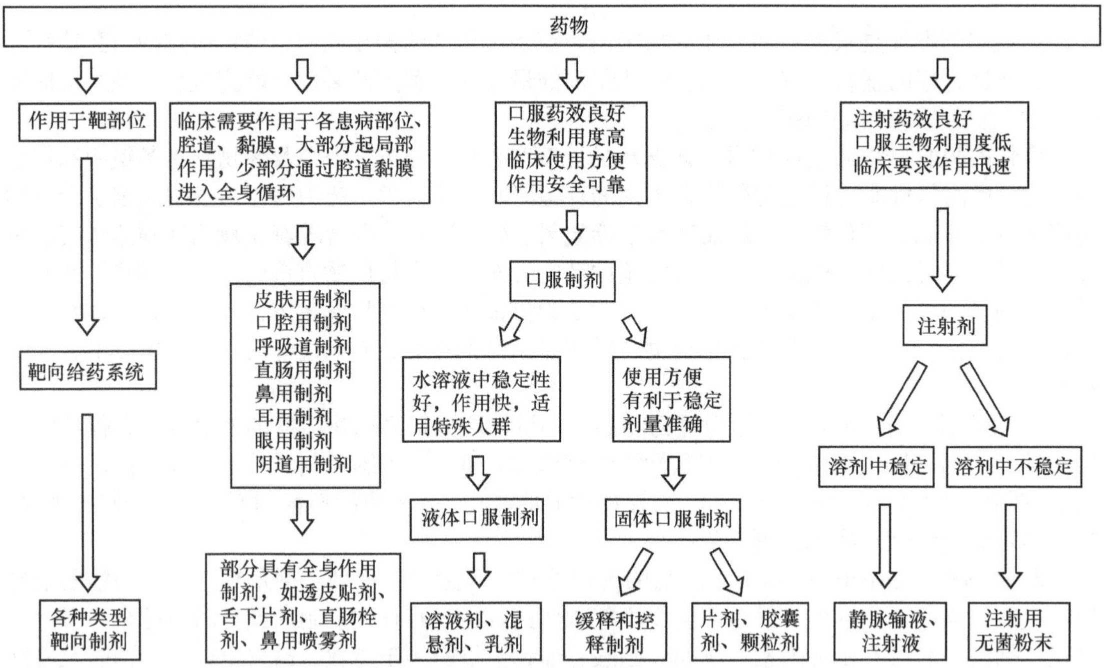

图 19-2 药物制剂设计依据

1. 药物的理化性质 制剂设计前，应掌握药物本身的分子结构、色泽、气味、粒径、形状、晶型、熔点、水分、含量、纯度、溶解度、溶解速率等理化性质，特别要了解热、湿、光对药物稳定性的影响。制剂设计要考虑药物的性质，克服药物本身的某些缺点，充分发挥药物的疗效。药物的有些性质对制剂的选择起着决定性作用。例如，有苦味、臭味的药物，易挥发、潮解的药物，可选用包衣片等合适的剂型。药物的溶解性能与油水分配系数亦影响剂型的选择，难溶药物不能制成以水为介质的溶液型制剂。胃肠道中不能充分溶解的药物，制成普通口服制剂可能出现生物利用度很低的问题。晶型可能会直接影响制剂疗效，有些晶型会影响喂粉、压片等生产过程，使制剂难以工业化生产。

药物的稳定性是剂型设计需要考虑的另一个重要因素。通过制剂设计，应尽量减少药物的分解破坏。例如，对酸不稳定或易被消化酶破坏的药物，一般不宜做成胃溶制剂，可考虑制成肠溶制剂或非口服给药。在溶液状态下易降解或产生聚合物的药物，不适宜开发成注射液、输液等溶液剂型。

2. 药物的生物药剂学性质　制剂不仅对药物的吸收及生物利用度有很大影响，而且还影响药物的起效时间、作用强度、作用持续时间、毒副作用等方面。同一药物不同制剂间吸收程度差异有时很大，剂型中药物的生物利用度取决于剂型释放药物的速度与数量。

药物的生物半衰期、代谢过程等也是影响制剂设计的重要因素。药物生物半衰期比较短的，应考虑制成长效缓释制剂，以免造成多次频繁给药及血药浓度波动大的不良影响。如果药物在体内的代谢具有明显的首过效应，剂型设计时宜避开肝脏首过代谢。例如，硝酸甘油若用普通口服片剂给药，则药物从肠道吸收进入肝门静脉，会发生显著的首过代谢，使进入体循环的药物量减少；而采用舌下片，经口腔、舌下黏膜迅速吸收可直接进入血液循环，迅速发挥疗效。对于在胃肠道内容易降解及口服吸收非常困难的药物，如胰岛素等，则选注射给药。剂型设计应从以下几个方面考虑。

（1）药物在体内能迅速到达有效治疗浓度：设计与选择剂型时，应尽可能使药物具有较高的生物利用度，在体内迅速到达有效治疗浓度，并保持一定时间。如水溶性药物，血管内给药生物利用度几乎可达到 100%，其作用速度也容易控制。静脉注射可立即发挥药效，而静脉滴注可以较长时间稳定地发挥作用。局部作用的软膏、气雾剂、洗剂等比较容易到达皮肤、黏膜部位，但要完全吸收较难。

（2）药物的体内稳定性：制剂剂型设计时，要了解活性药物在体内是否有肝首过效应，是否被体内环境的 pH 和酶所破坏等，以便通过合理的剂型设计加以克服。

（3）药物在体液中的溶解性能：药物发挥治疗效果，必须能溶于体液中，为此在处方设计前要研究以下问题：①药物在不同粒度、不同晶型、不同 pH、不同离子强度下的溶解度与溶解速率；②药物在水中的解离度与油水分配系数；③药物对生物膜的透过性。如某种药物口服生物利用度不高，是因为药物在体液中溶出过慢或不完全，这时就可以采用制剂学手段改善溶解度或溶解速率，或选择其他给药途径设计其他剂型。

（4）体外释放或溶出与体内吸收的相关性：设计的制剂要能保证药物在体外的释放或溶出与在体内的吸收有较好的相关性，这样体外的溶出试验才有实际意义，尤其对于缓控释制剂研究尤为重要。

（5）吸收部位及其特点：体内的生理特性对药物吸收影响不可忽视。如药物在胃肠道吸收时，即使药物在胃中不解离，而在小肠解离，其在小肠内吸收速率也比其在胃中吸收速率要大，这是因为小肠黏膜有皱褶和许多绒毛，吸收面积大等缘故。经皮吸收主要屏障是角质层，药物通过角质层的类脂通道是透皮吸收的限速步骤，因此在透皮吸收制剂的设计时要加以重点考虑。

3. 临床需要　剂型不同，释放药物的条件、数量、方式也不一样。所以，制剂设计首先要根据医疗的需要、药物本身的治疗作用、适应证。抢救危重患者、急症患者或昏迷患者，应选择速效剂型和非口服剂型，如注射剂、气雾剂和舌下片等。药物作用需要持久的，可用缓控释制剂或经皮给药系统。局部用药应根据用药部位的特点，选用不同的剂型，如皮肤疾患可用软膏剂、涂膜剂、糊剂和凝胶膏剂等，腔道疾病如痔疮可用栓剂。治疗窗窄或不良反应大的药物应采用控释制剂，如降血压或降血糖的药物，做成缓控释制剂可避免血压或血糖下降过快所产生的不适症状。

4. 生产工艺条件　充分考虑国内外现有的设备状况和生产条件，选用适宜的剂型。剂型不同所采取的工艺路线、设备及生产环境的要求亦不同。如注射剂的生产对配液区与灌封区的洁净度有较高的要求，冻干粉针剂的生产需要有冻干设备等。

5. 可供选用的辅料品种 剂型的选择与成型很大程度上依赖辅料的恰当使用，应充分考虑可供选用辅料的品种、性能、价格和标准等因素。

三、质量源于设计

质量源于设计（quality by design，QbD）是药物制剂设计和工艺研究的新思路和新方法。其理念是：药品的制剂处方和工艺参数的合理设计是其质量的根本保障，而成品的测试只是质量的验证。QbD 将质量控制提前至上游，在基于对产品及其生产工艺充分理解的基础上，在强调检验、生产或者管理环节的同时，综合药物学、统计学、生产、销售、管理等领域的专家共同协作，采用风险管理工具识别出影响终产品质量的关键原材料属性和关键工艺参数，制订有针对性的控制策略，使产品质量始终介于可接受范围内，并结合药品质量系统的运行情况对产品质量进行持续改进。质量源于设计的内涵体现在以下三个层面。

1. 检验控制质量 在实际生产中，由于原料来源、设备等因素是多变的，仅凭经验确定处方设计、研究思路和研究方法的传统方式已不适用，一成不变的工艺参数常常使成品的检测指标偏离设定的质量指标，造成产品报废甚至大规模召回。因此，在追求制剂研究最优处方的同时，应明确认识处方和工艺中影响成品质量的关键参数及其作用机制，并对它们的变化对质量的影响进行风险评估。

2. 生产控制质量 在工艺研发过程中采用小规模或中等规模的实验，其生产环境和商业生产有很大的不同，所以在大生产条件下所进行的实验是在接近生产实际条件下得到的工艺参数，对于设计下一步的工艺步骤具有指导意义。一方面，通过对大生产条件下的实验数据的收集、整理与分析，可以评估此时生产工艺的生产能力。通过分析评估，加深对检验控制质量、生产控制质量、设计控制质量三个层面之间关系的理解，使商业化大生产的工艺得到更好的控制。另一方面，在大生产条件下收集到出现异常情况时的相关信息，可以揭示出隐藏在大量数据中难以发现的关键工艺参数，这些参数的控制也需要通过设计试验进一步加以研究和控制。因此，通过设计大生产实验，有效的收集并分析得到的数据，抓住改进工艺的机会，保证处方和工艺在实际生产中正常运行。

3. 设计控制质量 由于药物制剂产品的使用具有一定的特殊性，往往需要进行一系列的问卷调查和分析，征求医生和患者甚至包括生产、运输、患者家属等各方面用户的意见，包括：①用药人群的年龄段、体力水平、耐受程度、操作器械的能力及对辅料过敏的可能性；②用药地点（患者自服，门诊或住院用药）、频次（单次用药，疗程用药，还是长期用药）、剂量（固定剂量还是可调剂量）；③最容易接受的给药途径（外用制剂、口服、注射或吸入等）；④适宜的包装和容量；⑤通常可能同时使用的其他药物的种类和可能发生的相互作用等。

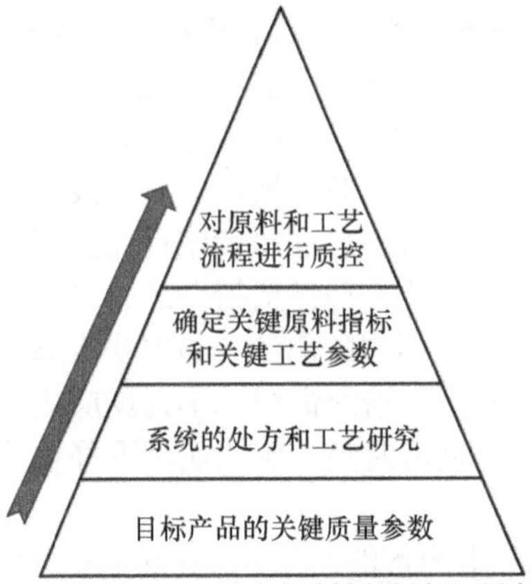

图 19-3 基于 QbD 理念的制剂设计和研究方法

基于 QbD 理念进一步确立目标产品关键质量指标（critical quality attributes，CQA），并系统地研究各种处方和制剂工艺因素对关键质量指标的影响和机制，选择能够保证产品质量的处方和工艺参数的范围，作为产品的设计空间（design space），并应用一系列先进的在线检测技术保证处方和工艺参数在设计空间中正常运行，使生产的药品符合质量要求。从确定目标到制订方案，再到实施方案的研究思路如图 19-3 所示。

第二节 制剂的处方前研究

处方前研究（preformulation study）指在药物制剂的研究阶段，首先需要对候选化合物的化学、物理及生物学性质等进行一系列研究的统称。处方前研究的主要任务是尽可能全面地获取有关化合物的结构、稳定性、固态性质、溶液性质及生物利用度等各种信息，目的是为后期研制稳定且具有适宜生物学特性的剂型提供依据。

处方前研究可以在新药研究的不同阶段开展，然而人们越来越倾向于在先导化合物优化或确定候选化合物的同时，就开展一部分处方前研究工作。在这个阶段，由于化合物的制备和纯化工艺尚未确定，而且能得到的化合物数量往往有限，所以需要采用更为灵敏的检测和分析方法获取化合物的各种性质，或者通过计算化学方法进行一定的估算。对于已知化合物进行新制剂或改良制剂的研究，有些参数可以通过查阅文献或者一些专业的数据库获得。

一、化合物的物理化学性质测定

溶解度和油水分配系数等物理化学性质是影响药物在体内作用的重要因素。因此处方前研究常常采用灵敏度高，快速便捷的检测方法，系统地表征这些理化性质。包括：①固体药物是否存在多晶型，因其直接影响药物的溶解性、稳定性及有效性与生物利用度；②固体药物的粉体学性质，如粒子密度、粒度、比表面积、孔隙率、润湿性、压缩性等，直接影响固体剂型的质量与工艺条件确定；③药物的溶解性与溶解度测定，关系到液体型制剂溶剂的选择及药物的溶出、释放与吸收；④药物解离常数的测定，对弱酸、弱碱性药物特别重要，对药物的溶解性、稳定性、在胃肠道的吸收具有重要意义；⑤药物油水分配系数是考虑药物在体内吸收与分布、透皮给药、制剂辅料选择的重要参数；⑥药物的理化常数与光谱性质是确定药物纯度、分析鉴别、含量测定方法选择及建立质量控制方法的依据；⑦药物的稳定性研究包括原料药与制剂的稳定性，是确定处方组成、制备工艺条件、储存条件及保证用药安全的重要依据；⑧研究药物与辅料是否存在化学反应，形成的络合物、复合物、包合物等是否影响药效与生物利用度；⑨药用表面活性剂的 CMC 值、HLB 值、Krafft 点及两性表面活性剂的等电点等，是制剂辅料选择的重要依据；⑩药用高分子化合物的平均相对分子质量、聚合度、溶胀度、溶剂化值及两性高分子化合物的等电点等直接影响固体制剂中药物的释放与稳定性。

（一）解离常数

弱电解质药物（弱酸、弱碱）在药物中占有较大比例，具有一定的酸碱性。药物在体内的吸收、分布、代谢和疗效及对皮肤、黏膜、肌肉的刺激性都与药物的酸、碱性有关。解离常数 pK_a 是表示药物酸碱性的重要指标， pK_a 值越大，碱性越强。

大多数药物是有机弱酸或弱碱性化合物，在水中的解离过程为

弱酸性药物 $$HA=H^+ + A^- \tag{19-1}$$

弱碱性药物 $$B+H^+=BH^+ \tag{19-2}$$

按照 Handerson-Hasselbach 公式，两者对应的解离常数 pK_a 与 pH 的关系分别为

$$\mathrm{pH} = \mathrm{p}K_\mathrm{a} + \lg\frac{[\mathrm{A}^-]}{[\mathrm{HA}]} \tag{19-3}$$

$$\mathrm{pH} = \mathrm{p}K_\mathrm{a} + \lg\frac{[\mathrm{B}]}{[\mathrm{BH}^+]} \tag{19-4}$$

测定药物的解离方法很多，有电导法、电位法、分光光度法、溶解度法等。

（二）溶解度

药物的溶解度是制备药物制剂时需首先掌握的必要信息，将直接影响药物在体内的吸收与生物利用度。溶解度（solubility）系指在一定温度（气体在一定压力）下，在一定量溶剂中达饱和时溶解的最大药量，是反映药物溶解性的重要指标。

解离型药物的溶解度与溶液的 pH 及其解离状态密切相关。非解离型分子的溶解度为特性溶解度（intrinsic solubility，S_0），是指药物不含任何杂质，在溶剂中不发生解离或缔合，也不发生相互作用时所形成的饱和溶液的浓度，是药物的重要物理参数之一，尤其是对新化合物而言更有意义。在特定 pH 下药物的溶解度 S 为其特性溶解度 S_0 和解离型分子的溶解度 S_{A^-} 之和，即表观溶解度（apparent solubility，S），见式（19-5）。

$$S = S_0 + S_{A^-} = [AH] + [A^-] \tag{19-5}$$

常用的药物中，约 75%是弱酸性药物，约 20%是弱碱性药物。欲准确测定特性溶解度，对于弱酸性药物和弱碱性药物，应分别在酸性和碱性溶液中测定，即便如此，在测定中要完全排除药物解离和溶剂的影响是不易做到的。所以，一般情况下测定的溶解度多为平衡溶解度（equilibrium solubility）或称表观溶解度。

特性溶解度的测定根据相溶原理图来确定。制备数份不同程度过饱和溶液，恒温持续振荡达到溶解平衡，离心或过滤后，取上清液并做适当稀释，测定药物在饱和溶液中的浓度。以测得药物溶液浓度为纵坐标，药物质量-溶剂体积的比率为横坐标作图，直线外推到比率为零处即得药物的特性溶解度 S_0。药物平衡溶解度测量的具体方法是取数份药物，配制从不饱和溶液到饱和溶液的系列溶液，置恒温条件下振荡至平衡，经滤膜过滤，取滤液分析，测定药物在溶液中的实际浓度 s，并对配制溶液浓度 c 作图，曲线的转折点即为该药物的平衡溶解度。当特性溶解度已知时，可以根据式（19-6）计算其他 pH 下弱酸性药物的溶解度。

$$S = S_0\left(1 + \frac{[H^+]}{K_a}\right) \tag{19-6}$$

（三）油水分配系数

药物在体内吸收、分布都要穿过细胞膜，由于细胞膜具有脂质双层结构，因此药物通过细胞膜的程度与药物的油水分配系数（oil-water partition coefficient，P）有关。在一定温度下，药物在不相溶的两相溶剂中分配达到平衡时，药物的油水分配系数 P 可以采用公式（19-7）进行计算：

$$p = \frac{C_0}{C_w} = \frac{(C - C_w)}{C_w} \tag{19-7}$$

式中 C_0 为平衡时药物在油相中的浓度；C_w 为平衡时药物在水相中的浓度；C 为最初水相（待分配水溶液）的药物浓度。

可见，如能测定药物在两相中分配平衡后的浓度，即可求出该药物的分配系数。一般来说，P 值越大则脂溶性越强。

摇瓶法是常用的测定油水分配系数的方法，即将一定量药物的水相与油相装入三角瓶中，在恒温下振摇达到分配平衡。静置后，两相分层，分离出水相。将水相离心，然后用适当方法检测药物浓度 C_w。设水相中原来的药物浓度为 C，则可根据式（19-7）计算出油水分配系数。若药物的脂溶性大，药物大部分进入油相，水相中药物浓度很低，可通过测定油相中药物浓度的降低来进行计算。

（四）固有溶出速率

药物的固有溶出速率在处方研究中也是一个需要考虑的重要因素，有助于评价该化合物在体内可能出现的生物利用度问题。药物的溶出速率是指单位时间药物溶解进入溶液主体的量。溶出过程包括两个连续的阶段，首先是溶质分子从固体表面溶解，形成饱和层，然后在扩散作用下经过扩散层，再在对流作用下进入溶液主体。固体药物的溶出速率主要受扩散控制，可用 Noyes-Whitney 方程表示，当溶出介质中药物的浓度远远小于其饱和溶解度，即满足漏槽条件（sink condition）时，溶出速率仅仅由固体颗粒表面积所决定。溶出条件称为漏槽条件，可理解为药物溶出后立即被移出，或溶出介质的量很大，溶液主体中药物浓度很低。体内的吸收也被认为是在漏槽条件下进行。一般情况下，当固体药物的特性溶出速率常数小于 1mg/（min · cm^2）时，就应考虑溶出对药物吸收的影响。溶出速率受多方面因素的影响，主要取决于药物在水或其他溶出介质中的溶解度，同时也受固体的粒度、晶型以及溶出介质的 pH、温度等影响。

固有溶出速率是通过固定表面积来测定的，具体为将约 200mg 的原料药压成一个直径为 1.3cm 的圆片，在溶出介质中以一定的转速（如 100r/min）旋转并溶出。若化合物存在受压发生晶型转换的可能，在这种情况下压片完毕后还需要用 X 射线衍射等方法确认待测化合物的晶型是否发生改变。

二、原料药物的固态性质

原料药物大多数以固体状态存在。药物固态性质对处方和制剂的研究非常重要，是处方前研究的重要内容。

（一）盐型

呈弱酸性或弱碱性的药物，为了改善其溶解度和结晶度，可根据需要制备成盐酸盐、硫酸盐等不同的可溶性盐或难溶性、不溶性盐。不同盐型对固体化合物的溶解度、熔点、吸湿性及多晶型现象有很大影响。同一化合物的不同盐型存在不同的溶解度和溶出速率。通常解离型药物的溶解度较高，而且能提高母体药物溶解度的盐，其溶出速率一般也会相应增加。例如，水溶性红霉素对胃肠道刺激性较大，红霉素的乙酰琥珀酸盐可有效减轻刺激性，常用于口服片剂和胶囊中。

在处方前研究中，通过筛选可以得到适宜特性的盐型，与原药相比，更有利于药物制剂的开发。例如，抗炎药非诺洛芬（fenoprofen）的钠盐、钙盐的熔点较其游离酸的熔点（约 40℃）分别高出 40℃、70℃，更易制成片剂。

（二）多晶型

多晶型现象是指一种物质能以两种或两种以上不同的晶体结构存在的现象。药物的晶型不同，熔点、溶解度、稳定性及机械性能等都存在明显的差异，在体内可能呈现不同的生物利用度。固体制剂药物的生物有效性研究中，必须对化合物的晶型进行精确表征和控制。不同晶型的同一化合物，其生物有效性可显示成倍的差异。若能选择药物的有效晶型，则能提高血药浓度及疗效，减少剂量。棕榈氯霉素有 A、B、C 三种晶型及一种无定形物，A 晶型是稳定型，B、C 晶型是亚稳定型。A 晶型在水中溶解速率小，且难被肠中酯酶水解，因而称为“非活性型”。B 晶型在水中的溶解速率比 A 晶型快，且易被肠中酯酶水解，血药浓度几乎为 A 晶型的 7 倍。棕榈氯霉素 A 晶型难被消化道吸收，血药浓度低，故其在制剂中的含量应控制，质量标准中限制 A 晶型的含量不应大于 10%。鉴别化合物晶型的方法有熔点测定法、光谱学研究、显微镜观察、X 射线衍射法及差示扫描量热法（DSC）等多种方法。

化合物存在多晶型时，通常只有一种晶型能量最低，而其他的晶型都不太稳定，因此药物的多晶型直接影响到制剂的稳定性。①多晶型现象影响剂型的物理稳定性。主要表现在固-液分散体系，即多晶型药物可通过溶剂作媒介进行相转变。例如，生物利用度好的磺胺-5-甲氧嘧啶多晶型Ⅱ，在混悬液中可转变成生物利用度差的水中稳定型Ⅲ，这样不仅破坏了混悬剂的剂型稳定性，同时也降低了药物的药效。多晶型对物理稳定性的影响，还表现在药物的吸湿性。例如，醋丁酰心安有三种晶型，Ⅲ型较Ⅰ、Ⅱ型易受湿度、温度的影响，吸湿后经过溶解、析出而转型，故为亚稳定型，在一般条件下保存，以Ⅰ型最为稳定。②药物的多晶型影响药物分子本身的化学稳定性。例如，无定形青霉素G钾比结晶型的稳定性差；维生素B有三种晶型，其中一种对光稳定。胆固醇在150W紫外灯下照射5日，变成2，5-羟基胆固醇，其中平板状晶体最易被氧化。③多晶型现象影响粉末压片成型的性能。药物粉末因外形不同而影响其压片成型的性能。

药物的多晶型研究工作，已从多晶型的理化性质、热力学、生物有效性等研究深入到测定晶体三维结构的绝对构型、原子间距及键角、价键性质等。

（三）吸湿性

吸湿性（hygroscopicity）是指药物从周围环境中吸收水分的性质。药物性质和周围空气相对湿度是决定吸湿程度的两大因素。空气相对湿度越大，物料越易吸湿。

通过吸湿性实验来评价药物的吸湿性。将药物置于已知相对湿度的环境中，在一定的时间间隔后将药物取出、称重、计算吸水量，测定药物的平衡吸湿曲线。通常，在25℃、80%的相对湿度下放置24h，吸水量小于2%大于0.2%时，称为微吸湿；小于15%为一般吸湿；大于15%的就是极易吸湿了。

（四）粉体学性质

药物粉体学性质主要包括粒子形状、大小、粒度分布、粉体密度、附着性、吸湿性、流动性、填充性和可压性等。粉体学性质的研究对制剂的处方设计、工艺优化、质量控制、包装等都有重要的意义。在对固体粉末进行粉体学研究过程中，要着重考察粉体的流动性、填充性、可压性对制备工艺的影响。如果药物粉体学性质控制不当，也可能影响制剂的质量。

三、稳定性和配伍研究

（一）药物的稳定性

药物的稳定性与药物的结构、性质和给药途径密切相关。制剂中的药物稳定性受到pH、温度、光、氧气、水分及辅料等的影响，药物必须在设定的有效期内保持性质稳定。所以，处方前研究一个重要内容就是考察药物在各种条件下的稳定性及破坏其稳定性的机制。通过在一系列不同pH条件下检测药物在不同温度和光照条件下的降解情况来评价药物在溶液中的稳定性；通过将药物置于加速实验条件下考察其降解情况来考察固态药物的稳定性。化合物的含量变化和降解产物的检测通常可以采用薄层色谱或高效液相色谱等方法。

水解是影响药物稳定性中最常见的一种降解反应。很多药物含有容易被水解的酯、酰胺、内酯、内酰胺等基团，他们的水解与溶液中氢离子的浓度有关。除了水解，药物的氧化、聚合、脱羧、脱氨等化学反应也是导致药物不稳定的常见反应。在处方前研究中应根据药物的结构和性质及拟采用的给药途径进行分析，并在后续的稳定性考察中进行重点研究。

（二）药物与辅料的配伍性与相容性

药物稳定性也与辅料稳定性，以及辅料与药物之间潜在的相互作用有关。药物与辅料相互作用的研究有助于处方设计时选择合适的辅料，使药物具有恒定的释放速率和生物利用度，提高药物稳定性。

大多数辅料在化学性质上表现为惰性，但也不排除某些辅料与药物混合后出现配伍变化。通过研究辅料与主药的配伍变化，考察辅料对主药的鉴别与含量测定的影响，设计含有不同辅料及不同配比的制剂，以外观性状、pH、澄明度、溶出度、降解产物和含量等相关质量检查项目为指标，考察不同处方制剂的质量，以及光、热、湿气对不同制剂质量的影响，筛选出质量高、稳定性最佳的处方。

1. 固体制剂的配伍　以口服固体制剂为例，具体实验方法如下：选用若干种辅料，辅料用量较大的（如填充剂、稀释剂等）可用主药∶辅料=1∶5 的比例混合，用量较少的（如润滑剂）则用主药∶辅料=20∶1 的比例混合，取一定量，按照药物稳定性指导原则中影响因素的实验方法，分别在强光（4500lx±500lx）、高温（60℃）、高湿（相对湿度 90%±5%）条件下放置 10 日，用 HPLC 或其他适宜的方法检查含量及有关物质放置前后有无变化，同时观察外观、色泽等物理性状的变化。必要时可用纯原料做平行对照实验，以区别是原料本身的变化还是辅料的影响。还可用漫反射法研究药物与辅料间有无相互作用，相互作用是物理吸附还是化学吸附或化学反应。根据实验结果，判断主药与辅料是否发生相互作用，选择与主药没有相互作用的辅料用于处方研究。

固体制剂常用的辅料有稀释剂、润滑剂与崩解剂等，缓控释制剂还需要加入一些功能性辅料。目前常用热分析法预测药物和辅料之间的相互作用，比较药物与辅料的混合物、药物、辅料的热分析曲线，可通过熔点的改变、峰形、峰面积、峰位移等变化了解药物与辅料间的相互作用。具体为：①将少量药物和辅料混合，放入小瓶中，密塞（可阻止水汽进入），储存于 20～55℃（硬脂酸、磷酸二氢钙一般用 40℃），然后于一定时间内检查其物理性质变化，如结块、液化、变色、出现臭味等，同时用 DSC、DTA、TLC 或 HPLC 进行分析；②药物与辅料在同样条件下单独进行对比试验，一般在 55℃储存 2 周，以没有新的斑点出现或斑点的强度不变为标准。

2. 液体制剂的配伍研究　液体制剂配伍研究关键是选择最稳定的 pH 与缓冲液系统。药物溶液和混悬液，应研究其在酸性、碱性、高氧、高氮环境及加入螯合剂、稳定剂时，不同湿度条件下的稳定性。注射剂的配伍，一般是将药物置于含有附加剂（重金属、抗氧剂、氧气、氮气）及光照的条件下研究，目的是了解药物和辅料对氧化、暴光和接触重金属时的稳定性，为注射剂处方的设计提供依据。口服液体制剂的配伍研究需要考察药物与乙醇、甘油、糖浆、防腐剂和缓冲液等常用辅料的配伍情况。

四、生物药剂学研究

药物在体内的吸收、分布、代谢、排泄特性对药物的体内效应有重要影响，所以在制剂的设计之初就必须对药物的生物药剂学性质加以考察，并根据考察的结果，合理设计给药途径、给药频次、剂量等产品参数。通常采用动物体内实验和体外细胞模型获得药物吸收、代谢、分布等生物药剂学参数。

（一）药物的吸收

药物吸收（absorption）是指药物从给药部位进入血液循环的过程。药物血管外给药，只有被吸收才能发挥药效。

口服给药是最方便的给药方式之一，口服给药后药物吸收过程受到药物的崩解和溶出、药物的跨膜转运、胃排空时间、肠道传输时间、酶的作用、pH 变化、脂质分子及胆盐的作用、肠壁代谢和肝代谢等诸多因素的影响。通常采用口服吸收分数（fraction of absorption，F_a）来反映候选化合物的吸收效率和生物利用度。

预测 F_a 的方法有两种。①根据候选化合物的结构估算口服吸收的效率。已建立了一系列胃肠道生理模型(physiologically based gastrointestinal model)。基于这些模型编制的软件 GastroPlus 可以对各类化合物的 F_a 进行一定的预测，并模拟各种影响 F_a 的因素。②建立体外细胞和组织模型，通过测量药物在这些模型中的透过效率进行推算。其中比较常用的模型有 Caco-2 细胞模型、MDCK 细胞模型、离体肠囊/肠环模型和离体/在体肠灌注模型等。

（二）生物药剂学分类系统

根据药物在水溶液中的溶解度（solubility）及经胃肠道壁的透过性（permeability），总结形成了生物药剂学分类系统（bioavailability classification system，BCS），该分类系统将口服吸收药物分为四类，见图 19-4。其中，在 pH 1～7.5 范围内，药物的最大剂量能在 250ml 水溶液中溶解被定义为高溶解性，反之则为低溶解性。当药物口服吸收效率达到 90%以上时，定义为高透过性药物，反之则为低透过性药物。BCS Ⅱ类药物的溶出度限度制订需要依据临床的生物利用度数据，能够反映临床疗效 BCS Ⅳ 类药物（溶解性差、渗透性差）的溶出度限度，同样需要跟临床研究数据关联，需要个例分析。BCS Ⅲ 类药物（溶解性好，渗透性差）和 BCS Ⅰ类（溶解性好，渗透性好）的溶解性均很好，故溶解性不是影响生物利用度的限速步骤。这两类药物的溶出度方法通常建议采用最具分辨力的简单溶出介质（生理 pH 范围），只要供试品能够在这种介质中 30min 内完全溶出即可，否则，则需要提供生物利用度数据。

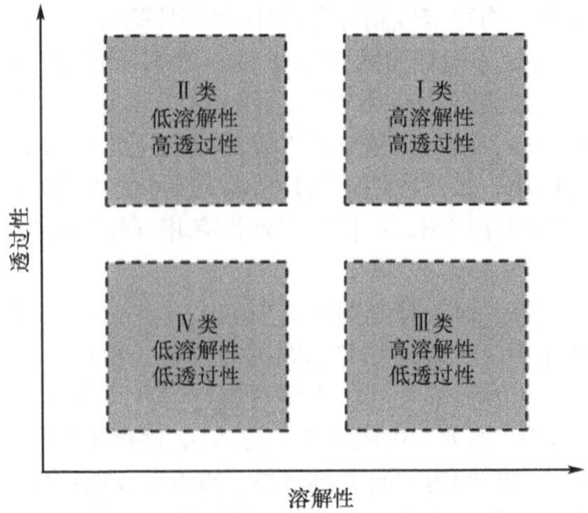

图 19-4 生物药剂学分类系统（BCS）

对于 BCS Ⅰ类及部分 BCS Ⅲ类药物，一般认为在制剂开发中没有太多的风险，可尝试开发为各种控释制剂。对于 BCS Ⅱ类或Ⅲ类药物，则需要分别从改善药物的溶出速率和提高药物的透过性着手进行剂型设计。对于 BCS Ⅳ类药物，改善溶出和提高透过性两方面的难度都比较大，在制剂开发中风险较高。

（三）候选化合物的药动学研究

候选化合物的药动学研究主要围绕胃肠道吸收特性、代谢速率和程度、与药物代谢酶相关的药物相互作用等方面内容进行。通过动物体内外和人体外试验，获得候选化合物基本的药动学参数，阐明代谢物的结构、转化途径及代谢物的体内动力学，明确药物及其代谢物的药理作用和毒理作用的物质基础，为设计合适的给药途径和剂型，减少和避免毒副作用，以及合理使用药物提供依据。体内药动学和代谢研究是申报药物临床研究的必需资料。

药物需要具有良好的药动学参数和代谢特征，才能产生理想的效应。为了获得更为有效的药物，基于药动学的研究结果，通过结构改造，许多候选化合物可以由低活性转化为高活性，短效转化为长效。

候选化合物的药动学研究方法除了传统的动物试验外，应用组合给药技术及体外代谢预测模型，简化了药物代谢及药动学筛选过程。将在动物体内获得的药物动力学参数通过生理药动学模型（PBPK），可预测药物在人体的药动学行为，包括消除和分布等参数，药物-药物相互作用，以及不同人群体内药动学。

（四）制剂的生物利用度评价

制剂的评价除一般体外检测评价外，主要是药物制剂的体内生物利用度评价。评价的方法是机体给药后，测定不同时间的血药浓度，获得血药浓度-时间曲线。通过血药浓度-时间曲线可定量地分析药物制剂在体内动态变化的规律，求出药动学参数。药峰浓度 C_{max} 反映药物吸收量的多少；达峰时间 t_{max} 反映药物吸收的速度；k_a、k_e 为吸收、消除速率常数；药物的表观分布容积 V_d 可以推测药物在体内分布范围的宽窄；平均滞留时间 MRT 反映药物在机体内平均滞留时间的多少；血药浓度-时间曲线下面积 AUC 反映药物被机体吸收利用的程度。根据这些药动学参数，可对制剂的处方、工艺进行优化。

绝对生物利用度
$$F_{abs}=\frac{AUC_t\times X_{iv}}{AUC_{iv}\times X_t}\times 100\% \quad (19\text{-}8)$$

相对生物利用度
$$F_{rel}=\frac{AUC_t\times X_r}{AUC_r\times X_t}\times 100\% \quad (19\text{-}9)$$

在式（19-8）和式（19-9）中，脚注 t 与 r 分别代表受试制剂与参比制剂，iv 表示静脉注射给药，X 表示给药剂量。

五、药物的毒理学特点

药物的毒性是药物研发失败的主要原因之一，在药物发现和临床前研发阶段，有 40%左右的药物因为毒性问题被淘汰。根据过去 20 年对 150 种上市后被撤回药物的临床前毒理学研究数据的统计分析，发现现有的临床前所有体外实验和体内实验方法的整体毒性预测性只有 71%，有近 30%的药物毒性是无法用现有的临床前实验方法预测。目前，“早期发现，早期淘汰”（fail early，fail cheaply）这一理念已经被国内外医药界广泛接受，提高药物早期毒性预测的灵敏度和可靠性已经成为医药行业的迫切需求，包括以斑马鱼为代表的小型模式动物毒性筛选系统、计算毒理学虚拟筛选技术及早期筛选生物标志物技术等各种新技术正受到越来越多的重视。

知识拓展 19-1

卡托普利的研发历程

20 世纪 70 年代初，巴西科学家从美洲洞蛇的毒液中发现了一组多肽，能够增强血管舒缓激肽的功效，命名为“血管舒缓激肽增强因子”（简称 BPF）。英国剑桥大学的进一步研究表明 BPF 能抑制从血管紧张素Ⅰ到血管紧张素Ⅱ的转化，正是血管紧张素转化酶 ACE 的抑制剂。但是这些天然的多肽药动学性质不佳，不能开发成口服药物。

施贵宝的研究团队以这些天然的多肽为起点，采用定位突变技术，仔细研究了 BPF 的构效关系。发现这些多肽 C 末端的脯氨酸对 ACE 的抑制活性非常重要，是一个不可或缺的“药效基团”。以这个脯氨酸残基作为核心，研究团队合成了两千多个衍生物，通过活性筛选，研究构效关系，最终于 1981 年 4 月推出了卡托普利（第一个普利类降压药）。这是第一个以化学结构为基础的新药设计非常成功的例子。卡托普利的成功给药物化学带来了实质性的进步，以化学结构为基础的新药设计成为应用最普遍的新药设计研究方法之一，成为现代药物化学的主流。

第三节 药物制剂设计的优化

一、制剂处方和工艺的设计与优化

通过对制剂处方和工艺的设计与优化，能够科学地制订出确保产品质量的设计区间，从而确定某个特定产品的处方和工艺参数。在优化药物制剂处方的过程中，需要明确纯度、均匀度、溶出速率等体外质量检测指标和药动学参数、治疗效果等体内检测指标。

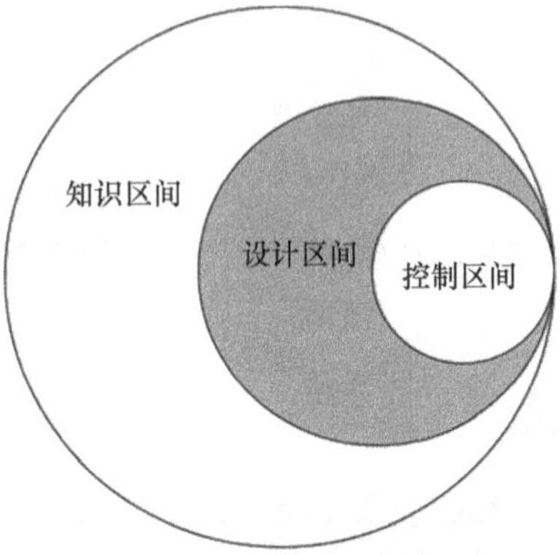

图 19-5 设计区间示意图

考察各处方和工艺参数对产品关键质量指标的影响，从实验结果中筛选出对质量影响重大的关键指标和工艺参数。通过对这些参数的系统研究，确定可以保证药品质量的各指标和参数的变化区间。这些由多个关键指标和参数的可变化区间组成的多维空间被称为设计区间，如图 19-5 所示。设计区间中，符合质量要求的产品可被制造出来，包括对原料质量和工艺参数的设计；知识区间中，采用实验设计法或者经文献检索和过程模拟，以获取足够有关目标产品的信息；控制区间为通常的工作区间。通过控制方法和手段保证各参数位于设计区间内。在实际生产中，只要处方和工艺参数的变化处于设计区间之内，都可以被认为符合质量控制的标准。

二、实验设计方法

对影响药物成品质量的各种处方和工艺因素，需要全面系统地进行分析和评价，而且在很多情况下这些因素相互关联。因此，尽可能以最少实验获得最全面准确的信息，选择合理的实验设计方法（design of experiment，DoE）十分重要。几种常用的实验设计方法简单介绍如下。

1. 析因设计法（factorial design） 又称析因实验，是一种多因素的交叉分组试验方法。可用于广泛筛选和评价多变量系统中各个因素的影响力，也是检验各因素之间交互作用的一种有效手段。在析因试验中，研究各因素各水平在所有组合下的实验结果，可以判断哪一因素对结果影响最大，以及哪些因素之间有交互作用，找出多变量系统中的关键参数及其交互作用等，为处方和工艺的优化提供方向。

将各因素与各水平组合进行析因试验。例如，设因素 A 有三个水平 A_1、A_2、A_3，因素 B 有 4 个水平 B_1、B_2、B_3、B_4，则所有可能的组合 A_iB_j（i=1，2，3；j=1，2，3，4）共有 3×4=12 种。表 19-1 即为这种可能组合的排列。

表 19-1 因素 A 和 B 的析因试验组合

A	B			
	B_1	B_2	B_3	B_4
A_1	A_1B_1	A_1B_2	A_1B_3	A_1B_4
A_2	A_2B_1	A_2B_2	A_2B_3	A_2B_4
A_3	A_3B_1	A_3B_2	A_3B_3	A_3B_4

表中每一组代表一种试验条件。由于对每一个因素的每一水平的考察可以在另一因素

的所有水平上进行，所以考察是全面的。如要考察 A 的水平 A_1 和 A_2，则表中第 1 行、第 2 行的组合就包括了 A_1、A_2 和 B 的四个水平的 8 种组合。如析因试验为 2 因素 2 水平，则试验次数为 2×2=4 或写成 2^2 析因试验。若为 k 因素 2 水平，则记为 2^k 析因试验。析因试验中每个因素的水平可以是定量的，如浓度、温度、时间等因素，也可以是定性的，某因素的高、中、低等。

2. 星点设计—效应面优化法（central composite design-response surface methodology，CCD-RSM）　是一种可用于多因素响应面分析的实验设计方法，是在析因设计的基础上加上星点和中心点的设计。CCD-RSM 具有试验次数少、精度高、优选条件预测性好等特点。CCD-RSM 优化法可以很好地完成一般试验设计优化的目的，即建立可信的数学模型来表达效应和因素的关系，并通过模型优选出较佳工艺条件，且最佳工艺条件下获得的效应预测值和实测值偏差较小。

3. 正交设计法（orthogonal design）　是以概率论数理统计、专业技术知识和实践经验为基础，充分利用标准化的正交表来安排试验方案，并对试验结果进行计算分析，最终达到减少试验次数，缩短试验周期，迅速找到优化方案的一种实验设计方法。对于因素之间相互独立的实验，能够采用正交设计法考察实验影响因素，通过统计学分析实验结果，拟合出各因素的最佳水平或最优参数。

正交设计是在各因素的不同水平上使试验点“均匀分散、整齐可比”。表头设计是关键，事先要确定所考察的因素数和各因素的水平数，水平相等的表头设计，查一般的正交设计表；水平不等的表头设计要查混合水平正交设计表；有相互作用的须用交互作用正交表。正交设计可以有多个考察指标，一般单指标数据处理用方差分析法，多指标的可用综合平衡法或综合评分法，找出最优水平搭配，而且还可考虑到因素的联合作用，并可大大减少试验次数。

4. 均匀设计（uniform design）　是一种多因素试验设计方法，它具有比正交试验设计法试验次数更少的优点。均匀设计不必采取整齐可比，只采用完全均匀性，从而试验次数大大减少，该设计对于水平数较大的试验，优势更为突出，其试验次数仅需与水平数相当，最多比水平数多一次。均匀设计必须采用均匀设计表和均匀设计使用表。例如，U_5（5^4）表示 4 个因素 5 个水平试验的均匀设计表，共进行 5 次试验。

第四节　创新药物的制剂设计

在获得质量合格的原料药后，新药研究者面临的首要问题就是选择什么样的剂型给药。药物治疗效果除了取决于药物本身的活性外，还与剂型和给药途径密切相关。药物必须制成适宜的制剂才能用于临床，因此药物剂型设计和处方工艺研究非常重要。特别是创新药物，在前期原料药研发中投入了大量的人力物力，如果制剂研究缺乏科学性和规范性，导致剂型选择不当，处方、工艺设计不合理，就会对产品质量产生一定的影响，影响到产品的疗效和安全性，甚至会导致创新药物研究的失败。因此，创新药物的制剂设计和优化非常重要。应该将制剂设计的理念及相关的研究贯穿在新药研发的整个进程中，充分发挥药物制剂在新药研发转化中的纽带作用。新药研发各阶段与制剂相关的工作研究如图 19-6 所示。

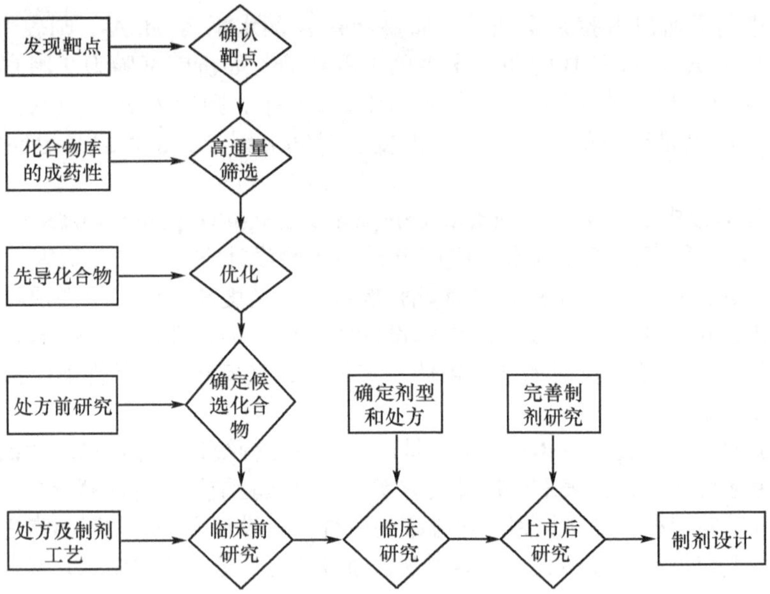

图 19-6 新药研发各阶段与制剂相关的工作研究

总的来说新药的研发分为两个阶段：研究和开发。这两个阶段以候选化合物的确定来划分，两个阶段是相继发生又互相联系。候选药物是指拟进行系统的临床前试验并进入临床研究的活性化合物，在确定候选药物之前为研究阶段，确定之后的工作为开发阶段。

1. 研究阶段 包括四个重要环节，即靶标的确定，模型的建立，先导化合物的发现，先导化合物的优化。

（1）靶标的确立：确定治疗的疾病目标和作用的环节和靶标，是创制新药的出发点，也是以后施行的各种操作的依据。药物的靶标包括酶、受体、离子通道等。

（2）模型的确立：靶标选定以后，要建立生物学模型，以筛选和评价化合物的活性。通常要制订出筛选标准，如果化合物符合这些标准，则研究项目继续进行；若未能满足标准，则应尽早结束研究。一般试验模型标准大致有：化合物体外实验的活性强度；动物模型是否能反映人体相应的疾病状态；药物的剂量（浓度）-效应关系等。

（3）先导化合物的发现：新药研制的第三步是先导化合物的发现。所谓先导化合物（leading compound），是指通过各种途径和方法得到的具有某种生物活性或药理活性的化合物。先导化合物主要来源于对天然活性物质的挖掘、现有药物不良作用的改进及药物合成中间体的筛选等。

（4）先导化合物的优化：先导化合物可能具有作用强度或特异性不高、药代动力性质不适宜、毒副作用较强，或是化学或代谢不稳定等缺陷，因此一般不能直接成为药物。需要对先导化合物的构效关系进行研究，优化物理化学性质及生物活性，再进行体内外活性评价，以确定候选药物。

2. 开发阶段 在候选药物的安全性、活性等研究基础上，根据临床用药需求设计适宜的给药途径和剂型，结合需要性、可行性、科学性、创新性、效益性，通过实验筛选优化确定工艺参数、辅料及配比、最佳的工艺路线和条件。最终，向药品评审机构提出研发新药，申请Ⅰ期、Ⅱ期、Ⅲ期和Ⅳ期以及上市后试验，评估药物的安全性、有效性和使用剂量，监控长期使用的不良反应。

本章小结

药物制剂的设计是根据临床用药的需要及药物的理化性质，确定合适的给药途径和药物剂型。选择合适的辅料、制备工艺，筛选制剂的最佳处方和工艺条件，确定包装，最终形成适合于生产和临床应用的制剂产品。在药物制剂设计过程中，根据药物理化性质、药理学与毒理学特点及药动学参数，结合临床治疗需要，在质量源于设计的指导思想下，通过设计区间来确定关键参数，确定给药途径和合适的剂型，借助参数优化方法进一步优化处方和工艺，最终得到能够改善药物理化性质、提高疗效、稳定性良好的药物制剂。

重点：制剂设计的原则、质量源于设计的内涵，处方前研究的内容。

难点：药物制剂的处方工艺优化试验设计方法。

思考题

1. 处方设计的基本原则是什么？
2. 简述影响固体制剂中药物吸收的主要因素。
3. 试述药物制剂处方前研究的主要任务，有哪些内容？
4. 药物制剂设计时需要考虑的问题有哪些？

（应　雪）

第二十章　药品调剂与合理用药

学习目标

1. 掌握：处方审核与调配；药物配伍与理化性质的变化；常见静脉用药配制的方法；常用药物合理应用的原则。

2. 熟悉：处方管理制度；药物配伍与药理作用的变化；不同给药途径药物的合理应用。

3. 了解：药物配伍变化的处理原则与方法、静脉用药配置中心的设置。

第一节　药 品 调 剂

一、概　　述

药品调剂是医院药剂科的常规业务工作之一，是药学技术服务的重要组成部分。药品调剂又称为处方调配，是药学专业技术人员根据医师处方或者医嘱给患者准备和分发药剂的活动，包括收方、审方、调配、复核、发药及用药指导等过程。在医院药学工作中，药品调剂业务是药学部门直接为患者和临床服务的窗口，是药师与医师、护士、患者沟通的重要途径。药品调剂是专业性、技术性、管理性、法律性、经济性综合一体的活动过程，《药品管理法》、《处方管理办法》及《医疗机构药事管理规定》中对药品调剂业务的规范化操作均有明确详细的规定。

医院药学部门的调剂工作大体可分为门（急）诊调剂、住院调剂和静脉用药配置三个部分，三种调剂工作各有不同的工作模式和特点。

1. 门（急）诊调剂　工作特点为调剂业务量大、高峰时间明显、占用人员较多等。为提高配方的效率、减少配方差错，门（急）诊调剂工作常采用流水作业方法，一个处方的调配工作由 3 名药师协作完成，即 1 名药师负责收方和审方工作、1 名药师负责调配工作、1 名药师负责复核和发药工作。一个处方的调配工作也可由 2 名药师完成，即 1 名药师负责收方、审方、复核和发药工作，1 名药师负责调配工作。随着信息化、自动化医疗技术的发展，药品调剂自动化设备已经部分取代传统人工调配处方，将药师从繁重的调剂工作中解放出来从事临床药学工作。

2. 住院调剂　与门（急）诊调剂工作有所不同，住院调剂既要保证高效、准确无误，还要考虑提高患者用药的依从性。目前大多采用单剂量调配制度，即指药师将住院患者所需药品调配成单一包装，置于单剂量药盒或者药袋后给予患者服用，因此又称为单元调配或单剂量配发药品（unit dose dispensing system，UDDS）。药师按照处方将药品摆放入患者的服药杯内或者借助单剂量包装机完成调配工作，在减少调剂差错、降低药品费用及提高患者用药的顺应性方面有独特的优势。

3. 静脉用药调配　传统的静脉输液调配业务是由护士来完成的，但由于静脉用药的调配涉及药物的物理、化学、生物和药理等多方面的配伍问题，以及对配置环境洁净度的高要求，传统的护士进行输液配置的方式可能会导致输液反应等一些严重的不良后果。卫生部于 2010 年 4 月印发了《静脉用药集中调配质量管理规范》和《静脉用药集中调配操作规程》，由药师负责实施静脉用药的调配业务。静脉用药集中调配是指医疗机构药学部门根据医师处方或用药医嘱，经药师进行适宜性审核，由药学专业技术人员按照无菌操作要求，在洁净环境下对静脉用药物进行加药混合调配，使其成为可供临床直接静脉输注的成品输液操作过程。近年来，我国越来越多的医疗机构已经开展静脉用药集中调配业务，也逐渐被广大医务人员所接受，已经成为了医院药学的一个重要发展领域。

二、药品调剂

（一）处方

处方是医疗和药品生产部门用于药剂调制和制剂生产的一种重要书面文件。

1. 处方的分类及意义　根据处方内容的来源不同，可分为：法定处方、协定处方、医师处方。

法定处方是指经国家法定部门审核批准发布的处方，如《中国药典》、部颁（国家）标准收载的处方，具有法律约束力。一般多用于生产和配制药物制剂。

协定处方是医疗机构为了减少患者候药时间或方便患者服用，经医院药事管理和药物治疗学委员会研究审定，并在药监部门备案，事先调配的方剂（多见中药饮片配方），此方可用于调剂或制剂，只能在医院内部使用。协定处方调配成制剂的，必须取得制剂批准文号。按医院的协定处方配制的制剂为非法定制剂，不能在市场上流通，即便取得制剂批准文号，也只能在本院内部使用。

医师处方是医生针对某个患者的特定疾病所开的特定的药方，内容包括药品的名称、给药量、给药方式及给药天数等。医师处方必须由具备处方权的正式医师开写，开写后应签名和标以日期。医师处方在法律上、技术上和经济上具有重要意义。原始处方必须保存，以供备查。本章中所涉及的处方调配特指“医师处方”。

2. 处方的组成及颜色　处方一般由以下三部分组成。

（1）前记：包括医疗机构的名称，处方编号，患者姓名、性别、年龄（婴幼儿写明体重）、门诊或住院病历号、科别或病区、床位号、临床诊断、开具日期等，并可添列专科要求的项目。麻醉药品和第一类精神药品处方还应当包括患者身份证明编号、代办人姓名及其身份证明编号。

（2）正文：处方的正文是由医师根据患者病情或其他用药需要开写的用药依据，是处方的核心部分。通常以 Rp 或 R（拉丁文 Recipe“请取”的缩写）标示，列出药品的名称、剂型、规格、数量及用法用量，全部药品按顺序依次排列。医师在书写完全部药品后应在处方的空白处划一斜杠表示处方结束。

（3）后记：又称为签字项目，医师在书写完处方后签名或加盖专用签章，处方的审核、调配、核对发药的药学专业技术人员均需签名。处方的后记还有药费（价）或记账等内容，用于医院的财务结算。

《处方管理办法》对处方进行了分类管理，不仅可以从颜色上区分处方的类别，还可以从处方右上角的标注上进行区分。例如，麻醉药品和一类精神药品处方、二类精神药品处方、急诊处方、儿科处方、普通处方的印刷用纸颜色分别为淡红色、白色、淡黄色、淡绿色和白色；而右上角的标注也有所不同，如二类精神药品处方是白色，但其右上角标有“精二”；急诊处方右上角标有“急诊”；儿科处方右上角标有“儿科”；麻醉药品和一类精神药品处方右上角标有“麻、精一”。处方进行颜色区分是为了加强对药品的管理。例如，麻醉药品和一类精神药品管理非常严格，只有经过正规培训、考核合格后的医师才具有处方权。

3. 处方制度

（1）处方权限：经注册的执业医师或执业助理医师具有处方权。进修医师需经所在医疗机构批准后方有处方权。无处方权的医师应在带教的有处方权医师指导下开写处方，由带教医师审查签名后生效。经相应培训考核合格的医师具有麻醉药品和第一类精神药品处方权。

知识拓展 20-1

《抗菌药物临床应用管理办法》中关于抗菌药物的处方权限

具有高级专业技术职务任职资格的医师，可授予特殊使用级抗菌药物处方权；具有中级以上专业技术职务任职资格的医师，可授予限制使用级抗菌药物处方权；具有初级专业技术职务任职资格的医师，在乡、民族乡、镇、村的医疗机构独立从事一般执业活动的执业助理医师及乡村医生，可授予非限制使用级抗菌药物处方权。药师经培训并考核合格后，方可获得抗菌药物调剂资格。

二级以上医院应当定期对医师和药师进行抗菌药物临床应用知识和规范化管理的培训。医师经本机构培训并考核合格后，方可获得相应的处方权。 其他医疗机构依法享有处方权的医师、乡村医生和从事处方调剂工作的药师，由县级以上地方卫生行政部门组织相关培训、考核。经考核合格的，授予相应的抗菌药物处方权或者抗菌药物调剂资格。

（2）处方书写：为规范医师用药，提高处方质量，促进合理用药，保障医疗安全，《处方管理办法》中对处方书写的有关内容有明确规定。①每张处方限一名患者用药。患者的一般情况、临床诊断填写清晰、完整，并与病历记载相一致。除特殊情况外，均应注明临床诊断。②处方书写应字迹清楚，不得涂改；如需修改，应当在修改处签名并注明修改日期。③药品名称应当使用规范的中文名称书写，没有中文名称的可以使用规范的英文名称书写；医疗机构或者医师、药师不得自行编制药品缩写名称或者使用代号；书写药品名称、剂量、规格、用法、用量要准确规范，药品用法可用规范的中文、英文、拉丁文或者缩写体书写，但不得使用“遵医嘱”、“自用”等含糊不清字句。④药品用法用量应当按照药品说明书规定的常规用法用量使用，特殊情况需要超剂量使用时，应当注明原因并再次签名。药品剂量与数量用阿拉伯数字书写。剂量应当使用法定剂量单位。⑤患者年龄应当填写实足年龄，新生儿、婴幼儿写日、月龄，必要时要注明体重。⑥西药和中成药可以分别开具处方，也可以开具一张处方，中药饮片应当单独开具处方。开具西药、中成药处方，每一种药品应当另起一行，每张处方不得超过 5 种药品。⑦中药饮片处方的书写，一般应当按照“君、臣、佐、使”的顺序排列；调剂、煎煮的特殊要求注明在药品右上方，并加括号，如布包、先煎、后下等；对饮片的产地、炮制有特殊要求的，应当在药品名称之前写明。⑧开具处方后的空白处划一斜线以示处方完毕。⑨处方医师的签名式样和专用签章应当与院内药学部门留样备查的式样相一致，不得任意改动，否则应当重新登记留样备案。⑩医师利用计算机开具、传递普通处方时，应当同时打印出纸质处方，其格式与手写处方一致；打印的纸质处方经签名或者加盖签章后有效。药师核发药品时，应当核对打印的纸质处方，无误后发给药品，并将打印的纸质处方与计算机传递处方同时收存备查。

（3）处方限量：处方限量是指每张处方允许的药品最大总量。处方一般不得超过 7 日用量；急诊处方一般不得超过 3 日用量；对于某些慢性病、老年病或特殊情况，处方用量可适当延长，但医师应当注明理由。

为门（急）诊患者开具的麻醉药品和第一类精神药品注射剂，每张处方为一次常用量；缓控释制剂，每张处方不得超过 7 日常用量；其他剂型，每张处方不得超过 3 日常用量。哌甲酯用于治疗儿童多动综合征时，每张处方不得超过 15 日常用量。第二类精神药品一般每张处方不得超过 7 日常用量；对于慢性病或某些特殊情况的患者，处方用量可以适当延长，医师应当注明理由。为住院患者开具的麻醉药品和第一类精神药品处方应当逐日开具，每张处方为 1 日常用量。

为门（急）诊癌症疼痛患者和中、重度慢性疼痛患者开具的麻醉药品、第一类精神药品注射剂，每张处方不得超过 3 日常用量；缓控释制剂，每张处方不得超过 15 日常用量；其他剂型，每张处方不得超过 7 日常用量。

（4）处方保管：处方由调剂处方药品的医疗机构按照普通药品及控制药品分类装订成册，妥善保存，便于查阅。普通处方、急诊处方、儿科处方保存期限为1年，医疗用毒性药品、第二类精神药品处方保存期限为2年，麻醉药品和第一类精神药品处方保存期限为3年。处方保存期满后，经医疗机构主要负责人批准、登记备案，方可销毁。

医疗机构应当根据麻醉药品和精神药品处方开具情况，按照麻醉药品和精神药品品种、规格对其消耗量进行专册登记，登记内容包括发药日期、患者姓名、用药数量。专册保存期限为3年。

（二）处方审核与调配

1. 处方审查 处方审查是调剂工作中极为重要的环节，是防止差错事故、保证调剂质量的关键。药师在收到处方后，应根据《处方管理办法》的相关规定认真逐项检查处方前记、正文和后记书写是否清晰、完整，确认处方的合法性，并对处方用药的适宜性进行审查。审查内容包括：①规定必须做皮试的药品，处方医师是否注明过敏试验及结果的判定；②处方用药与临床诊断的相符性；③剂量、用法的正确性；④选用剂型与给药途径的合理性；⑤是否有重复给药现象；⑥是否有潜在临床意义的药物相互作用和配伍禁忌；⑦其他用药不适宜情况。药师在审查处方过程中若发现有用药不适宜情况存在，甚至有严重不合理用药或用药错误时，应当拒绝调剂，及时告知处方医师，请其确认或重新开具处方。审查合格的处方方可进行调配，审方人应在处方的相应位置签名或者加盖专用签章。

2. 处方调配 审查处方合格后应及时调配，药师应当按照操作规程调剂处方药品，包括准确调配药品、正确书写药袋或粘贴标签，注明患者姓名和药品名称、用法、用量等；调配处方时，药师必须做到“四查十对”：查处方，对科别、姓名、年龄；查药品，对药名、剂型、规格、数量；查配伍禁忌，对药品性状、用法用量；查用药合理性，对临床诊断。药师在完成处方调剂后，应当在处方上签名或者加盖专用签章。药师在调剂麻醉药品和第一类精神药品处方时应当按年月日逐日编制顺序号。对于不规范处方或者不能判定其合法性的处方，不得调剂。

3. 处方核对 处方核对是在处方调配完成之后、发药之前进行的认真检查和核对，是防止差错事故、保证调剂质量的最后关卡，要认真仔细，不得疏忽大意。核对的内容包括：①再次全面审核处方内容，确保处方用药的正确性和合理性；②逐一核对药品与处方的相符性，检查药品的名称、剂型、规格、剂量和数量是否一致；③逐个检查药品的外观质量（形状、色泽、气味、澄明度等）是否合格；④核对药品的有效期，对有效期不足一月的药品一般情况下不允许销售；⑤发现处方调配有差错时，应将处方和药品退回给处方调配者并及时更正。药品核对人也要在处方相应位置签名或者加盖专用签章。

（三）处方调剂制度和药品调剂操作规程

1. 处方调剂制度

（1）取得药学专业技术职务任职资格的人员方可从事处方调剂工作。

（2）具有药师以上专业技术职务任职资格的人员负责处方审核、评估、核对、发药及安全用药指导；药士从事处方调配工作。

（3）药师在执业的医疗机构取得处方调剂资格后，药师签名或者专用签章式样应当在本机构留样备查。

（4）药师应当凭医师处方调剂处方药品，非经医师处方不得调剂。

（5）药师应当按照操作规程调剂处方药品。

（6）药师应当认真逐项检查处方前记、正文和后记书写是否清晰、完整，确认处方的合法性并对处方用药适宜性进行审核。

（7）药师经处方审核后，认为存在用药不适宜时，应当告知处方医师，请其确认或者重新开具处方。药师发现严重不合理用药或者用药错误，应当拒绝调剂，及时告知处方医师，并应当记录，按照有关规定报告。

（8）药师调剂处方时必须做到“四查十对”，药师在完成处方调剂后，应当在处方上签名或者加盖专用签章。

2. 药品调剂操作规程 认真审核处方，准确调配药品，正确书写药袋或粘贴标签，注明患者姓名和药品名称、用法、用量；向患者交付药品时，按照药品说明书或者处方用法，进行用药交代与指导，包括每种药品的用法、用量、注意事项等。具体流程见图 20-1。

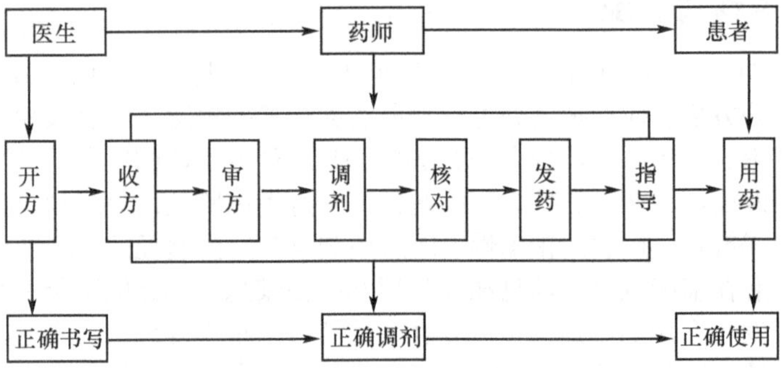

图 20-1 处方调剂流程

3. 处方调剂差错分析及防范措施 处方调剂差错可发生于处方开具、审核、调配及发药中任何一个环节。临床实践显示处方调剂差错多发生于药品数量差错、用法用量差错及用药禁忌差错，导致此类差错多与药品名称较为相似、医师或药师对于用药禁忌不熟知及同种药品不同规格较为相似等因素有关。将以上原因进行总结，具体包括医师因素、药师因素、患者及其他因素等。

医师因素在以上因素中属于相对较易避免的因素，导致处方调剂差错多与医师处方书写错误有关，从而导致重复用药、服用方法不恰当、药物选择不合理及未考虑药物的相互作用等情况发生。除此之外，还有医师对于麻醉类、精神类药物未按照规定给予恰当剂量等。

药师因素包括处方调配因素、处方审核因素及发药因素。处方调配因素主要由于调配人员较少，工作密集程度较大所致，具体原因多与药品名称相似、药品外包装相似、药品规格不同、用药量计算错误、药品存储不当或存放超过使用有效期导致药物失效及药物摆放位置变动等有关。处方审核及发药因素主要与药师工作不仔细、责任心不强的关系较大。

患者方面的因素包括患者取药时，由于心情不佳、烦躁，或者因其他原因着急取药，催促药师发药，会干扰药师的正常工作；有时取药比较多，患者会漏拿药品或错拿其他患者的药品。

为尽量避免上述差错事件的发生，医院药剂科要建立相应的防范措施，具体包括：①建立、健全工作职责等各项院内规章制度，强化各岗位工作人员的责任心，提高业务水平；②对于调配处方有关人员，组织学习相关法律、法规，使工作人员对每日工作做到一丝不苟，做到“四查十对”；③对药品存储及摆放严格要求，严格坚持“先进先出”、“近期先出”的原则，杜绝变质、过期药品，严格把关药物质量；④对于特殊药品应特殊归类，特殊存放，避免存放不当影响药品质量；⑤对于出现的处方调剂差错进行细致记录，并对常见较易出现的差错事件进行细致分析，积极纠正问题；⑥对医师的处方进行每日统计、每月汇总，发现差错处方及时将意见反馈给医生，并做好记录。

（张丽锋）

第二节　药物相互作用与配伍变化

一、概　　述

药物相互作用（drug interactions，DI）是指两种或两种以上药物同时或者序贯配伍使用时，药物之间产生相互影响，使药物的理化性质和药理作用发生改变，导致药物疗效和毒副作用的变化。

根据药物相互作用发生的时间和机制不同可分为药物理化性质改变和药理作用改变两大类。药物理化性质改变通常发生在患者用药之前，因此又称为体外药物相互作用（extraorgan drug interactions）或者配伍禁忌（incompatibility），属于药剂学范畴。通常把物理性质发生改变的药物相互作用称为物理配伍禁忌（physical incompatibility），指药物配伍时发生了溶解度、外观性状等物理性质的改变。通常把化学性质发生改变的药物相互作用称为化学配伍禁忌（chemical incompatibility），指药物配伍时发生了化学反应，有新的物质生成。

药物进入体内后经历药动学过程和药效学过程，这两个过程中均有可能发生药物相互作用，使药物作用强度或性质发生改变，称为药动学相互作用（pharmacokinetic interactions）和药效学相互作用（pharmacodynamic interactions）。由于发生于生物体内，故两者统称为体内药物相互作用（*in vivo* drug interactions）。药动学相互作用指一种药物能使另一种药物的体内药动学过程发生改变，从而影响另一种药物的血药浓度，进而改变其药理效应的大小、持续时间的长短及毒副作用的发生率。药效学相互作用指的是一种药物改变了另一种药物对作用靶点的反应性或敏感性，导致药物出现相加、协同或拮抗的药理效应。此过程一般对药物的血药浓度无明显的影响。

药物相互作用对患者的影响可归纳为三种情况：有益的、不良的和无关紧要的相互作用。临床上无关紧要的药物相互作用占多数，一般不被人们关注。有益的相互作用通常表现为药物疗效的增强、不良反应的减少、机体耐受性的提高及病原体耐药性的降低，有益于药物发挥治疗作用。不良的相互作用通常表现为药物疗效的降低或者不良反应的增加，不仅不利于药物发挥治疗作用，有时甚至会危及患者生命。例如，单胺氧化酶抑制剂与拟肾上腺素药、三环类抗抑郁药等合用，会引起去甲肾上腺素的大量堆积，引发高血压危象。

二、体外药物相互作用

（一）体外配伍变化

1. 配伍物理变化　常见的现象有分离、析出、潮解、液化。

（1）分离：常见于水溶剂与油溶剂配伍时。因此在临床配伍用药时，应该注意药物的溶解特点，避免水溶剂与油溶剂的配伍。

（2）析出：常见于溶剂的改变与溶质的增多，如樟脑乙醇溶液和水混合，由于溶剂系统的改变使樟脑析出；又如甘露醇注射液在超饱和状态下溶质易析出，这种现象既影响药物的剂量又影响药物的应用。

（3）潮解：含结晶水的药物，在相互配伍时由于条件的改变使其中的结晶水被释放出来，而使固体药物变成半固体或成糊状，如碳酸钠与乙酸铅共同研磨，即发生此种变化。

（4）液化：两种固体药物混合时，由于熔点降低而使固体药物变成液体状态，如将水合氯醛（熔点 57℃）与樟脑（熔点 171～176℃）等份共研时，形成了熔点低的混合物（熔点为 60℃）。

2. 配伍化学变化　是指某些药物配伍在一起会发生水解、聚合等化学反应。化学配伍变化常见的现象有变色、产气、沉淀、燃烧或爆炸。

（二）注射液的配伍变化

1. 溶媒改变 为了增加药物的溶解度或者稳定性，注射剂经常采用非水性的混合溶媒，当这些非水溶媒注射剂加入到输液（水溶液）中时，由于溶媒组成的改变导致药物溶解度的改变而析出。例如，氢化可的松注射液含 50%乙醇，被水溶液稀释时容易析出药物沉淀或结晶。

2. pH 改变 pH 是影响药物稳定性的重要因素。当 pH 改变时，有些药物因溶解度的改变而析出结晶；有些药物会因稳定性的改变而加速分解，导致失效。5%硫喷妥钠注射液 10ml 加入到 5%葡萄糖注射液 500ml 中时产生沉淀，原因是 5%葡萄糖注射液的 pH 约为 3.5，硫喷妥钠注射液在低 pH 环境下容易游离出硫喷妥，溶解度下降析出结晶。

3. 盐析作用 亲水胶体或蛋白质类药物可自液体中被脱水或因电解质的影响而凝集析出。两性霉素 B、胰岛素、白蛋白等与强电解质注射液配伍时由于盐析作用而析出沉淀。

4. 组分间化学反应 许多药物可以与配伍的药物直接发生化学反应，产生新化合物，出现变色、沉淀、产气等可见或不可见的现象。①络合反应：头孢菌素、四环素等与含有钙离子、镁离子的输液配伍时，易发生络合反应产生沉淀或者变色现象。②水解反应：酯类药物（盐酸普鲁卡因、硫酸阿托品、华法林钠）和酰胺类药物（青霉素类、头孢菌素类、巴比妥类）与酸性或碱性药物溶液配伍时容易发生水解反应。③酸碱中和反应：维生素 C 与肌苷、盐酸氯丙嗪与氨茶碱、三磷酸腺苷二钠与维生素 B_6 等配伍使用时容易发生酸碱中和反应。④氧化还原反应：多酚类、烯醇类、芳胺类、吡唑酮类、噻嗪类化合物容易被氧化，与氧化性药物配伍时发生氧化还原反应，常有变色现象的发生。⑤沉淀反应：含 Ca^{2+}、Mg^{2+}、Cl^{-}等药物溶液可与磷酸盐、碳酸盐、生物碱等药物生成难溶性盐沉淀。⑥结合反应：青霉素能与蛋白质类药物发生结合反应，增加变态反应的概率。

5. 离子化作用 有些离子能加速药物的分解，如乳酸根离子可加速氨苄西林的分解，混合 4h 后效价损失 20%。

三、体内药物相互作用

（一）药动学相互作用

1. 吸收

（1）pH 的改变：酮康唑口服后需要酸性环境下适宜溶解，因而不宜与抗酸药、抗胆碱药、H_2受体阻断药或质子泵抑制药等合用。如果需要并用，这些药物至少在酮康唑服用 2h 后给予。

（2）络合和吸附作用：四环素类药物在胃肠道内能与金属离子（如钙、镁、铝、铁）形成难吸收络合物。因此某些食物（如牛奶）或药物（如抗酸药、含镁、铝和钙盐的制品、铁制剂）能显著减少四环素的吸收。多西环素和米诺环素较少受牛奶和其他食物影响，但是含铝的抗酸药同样会减少其吸收。抗酸药能提高胃肠道内容物的 pH，也会引起四环素吸收降低。

（3）胃肠道运动功能和吸收功能的改变：甲氧氯普胺、西沙必利或泻药通过增加胃肠道运动而加速其他药物通过胃肠道，由此引起吸收减少，特别是对那些需要与吸收表面长期接触的药物及仅在胃肠道特殊部位吸收的药物影响更大。新霉素、对氨基水杨酸和环磷酰胺等药物可以损伤肠黏膜的吸收功能，使利福平、地高辛等药物的吸收减少。

（4）药物转运体的影响：按照对药物吸收的影响不同，可把肠道药物转运体（drug transporter）分为两类：①介导药物摄取（吸收）的转运体；②介导药物外排的转运体。如果这些转运体的底物与其抑制剂同时使用，可增加口服生物利用度，甚至产生毒副作用。

（5）食物的影响：食物可延迟或减少许多药物的吸收。食物通常减慢胃排空，通过减慢药物进入吸收部位的速率、改变药物的溶解速率或改变胃肠道内容物 pH 而影响药物的吸收。

案例 20-1

地高辛与克拉霉素的相互作用

【病例】　患者：81 岁，女性，心律不齐，高血压。经过：治疗心房期前收缩服用地高辛（0.25mg/d）5 年以上。为了治疗支气管炎，服用克拉霉素（1 次 500mg，1 日 2 次），开始给药第 4 日，出现恶心、呕吐等中毒症状而住院。服用克拉霉素前的地高辛血药浓度为 1.0ng/ml，在正常值范围内，入院时升高到 3.7ng/ml。停止服用地高辛和克拉霉素后，症状 2 日内改善。入院后第 3 日地高辛的血药浓度下降到为 1.0ng/ml，心电图恢复正常。

【案例分析】　口服地高辛主要在肠道吸收，一部分地高辛通过肠道细菌代谢失活，而克拉霉素的抗菌作用可使肠道内细菌数减少。地高辛和克拉霉素合用，地高辛通过肠道细菌代谢受到抑制，从而使地高辛的吸收增加，血药浓度增加。其次，克拉霉素因抑制 P-糖蛋白介导的地高辛肾小管分泌，减少了地高辛的尿排泄量，也可导致血中地高辛浓度上升。因此地高辛和克拉霉素合用使地高辛的血药浓度超过治疗窗，进而出现恶心、呕吐等地高辛中毒症状。地高辛常用于心力衰竭的治疗，但其安全范围窄、个体差异大，治疗量与中毒量接近，当与其他药物联合用药时，易因药物间的相互作用导致药物浓度过高，发生中毒等不良反应，或使药物浓度过低，出现洋地黄化不足，临床上需进行治疗药物监测。

2. 分布　同时给予两种能与血浆蛋白结合，特别是能与血浆蛋白分子中相同位点结合的药物时，可以发生药物从蛋白结合位点释出的取代作用（竞争蛋白结合部位）。容易发生此类药物相互作用且危险较大的主要是那些蛋白结合率高（＞90%）而表观分布容积小的药物。例如，抗凝药华法林（99%，9L）与磺胺类、水杨酸盐、甲苯磺丁脲等血浆蛋白结合力强的药物合用时，血浆中华法林的非结合型药物浓度会成倍增长，可造成出血反应甚至危及生命。

3. 代谢

（1）酶诱导作用：某些药物可以增加药物代谢酶的合成、抑制药物代谢酶的分解，可加快自身的代谢或加快合用药物的代谢，此称为酶诱导作用。临床常见的药物代谢酶诱导剂有巴比妥类、卡马西平、氨鲁米特、灰黄霉素、氨甲丙酯、苯妥英钠、格鲁米特、利福平、保泰松等。药物代谢酶诱导的结果是促进代谢作用，不仅可促进其他药物的代谢，同时也可加速其本身的代谢，因此连续应用酶诱导剂时，可导致药物疗效降低，甚至治疗失败。

（2）酶抑制作用：某些药物能减少药物代谢酶的合成或与药物代谢酶发生不可逆结合，使自身或合用的其他药物代谢减慢，这种现象称为药物代谢酶抑制作用。临床常见的药物代谢酶抑制剂有别嘌呤醇、胺碘酮、氯霉素、氯丙嗪、西咪替丁、环丙沙星、右丙氧芬、美托洛尔、红霉素、丙米嗪、异烟肼、咪唑类抗真菌药、去甲替林、口服避孕药、奋乃静、保泰松、伯氨喹、普萘洛尔、奎尼丁、丙戊酸钠、磺胺药、维拉帕米等。药物代谢酶抑制作用使自身或合用药物的药理作用增强。

案例 20-2

西咪替丁与氨茶碱的相互作用

【病例】　患者：80 岁，男性，吸烟。经过：服用缓释氨茶碱（100mg/次，1 日 3 次）治疗慢性阻塞性肺部疾病，给予西咪替丁（300mg/次，1 日 1 次）。为了简化服药方法，将缓释氨茶碱改为 200mg/次，1 日 2 次。4 日后，出现头痛、恶心、呕吐等症状，到急诊室治疗，增加西咪替丁的用量（300mg/次，1 日 4 次）。3 日后，又因恶心、呕吐症状入院，后因心动过缓死亡，此时血中氨茶碱的浓度为 80μg/ml。

【案例分析】 ①氨茶碱的毒性常出现在血药浓度为15～20μg/ml时，常见的不良反应有恶心、呕吐、易激动、失眠等，当血药浓度超过20μg/ml，可出现心动过速、心律失常，血中茶碱超过40μg/ml，可出现发热、失水、惊厥等症状，严重的甚至呼吸、心跳停止致死。②西咪替丁能够抑制药物代谢酶。氨茶碱与西咪替丁合并使用，氨茶碱的代谢受到抑制，结果导致氨茶碱的血药浓度升高，出现中毒症状。在临床中应避免氨茶碱和西咪替丁合并应用，最好选择没有咪唑环的雷尼替丁或法莫替丁，也可以选择质子泵抑制剂作为替代药物，并密切观察不良反应的发生。

4. 排泄

（1）干扰药物从肾小管分泌：肾小管主动分泌是借助载体完成的，当多种经肾小管分泌排泄的药物联合应用时就会发生对载体的竞争性抑制作用。例如，丙磺舒和青霉素合用，由于丙磺舒与青霉素竞争肾小管分泌载体，使青霉素排泄减少，而提高青霉素血浓度增强疗效。

（2）影响药物在肾小管重吸收：尿液的酸碱度与药物在肾小管内重吸收密切相关。应用碱性药物可使尿液碱化，可使弱酸性药物排泄加快，而弱碱性药物排泄减少，使疗效和毒性发生变化。

（3）改变肾脏的血流量：肾血流量决定肾小球滤过率，减少肾脏血流量的药物可妨碍药物经肾排泄。

（二）药效学相互作用

1. 相加作用 联合用药时的作用强度等于每种药物单独应用时作用强度之和，此称为效应相加作用。例如，同时并用两种中枢神经系统抑制药（抗焦虑药、抗精神病药或某些抗组胺药）可能引起相加作用，出现过度镇静和疲劳。

2. 协同作用 是指两种药物联合应用时，其效应大于任何一种药物单独应用的疗效，也大于两种药物的相加作用，即联合用药产生的效果超过单独用药。例如，繁殖期的杀菌药（青霉素类、头孢菌素类）与静止期的杀菌药（氨基糖苷类）合用可发挥协同效应。磺胺类药物与磺胺增效剂联合应用可起到协同作用。

3. 敏感化作用 同时应用两种以上药物时，其中一种药物本身没有某种药理作用，但可使受体或组织对另一种药物的敏感性增加，结果增强另一种药物的药理作用，这种现象称为敏感化作用。应用排钾利尿药或者长期酗酒的患者可使强心苷受体数目增多，导致心脏对强心苷敏感化，正常剂量的强心苷类药物就可引起严重的心律失常。

4. 拮抗作用 一种药物部分或全部阻断另一种药物的作用，可发生竞争性或生理性的拮抗作用，合用时引起药效降低。噻嗪类利尿药的升血糖作用可对抗胰岛素或口服降血糖药的降糖的作用，合用时需要调整给药剂量。香豆素类口服抗凝药与维生素K合用可使抗凝作用减弱甚至消失。

四、避免体内不良药物相互作用的原则与方法

（1）详细了解病史，尤其是用药史，包括患者自己服药情况，不要忽略任何有关药物的有用信息。对重症患者，应询问1周内的用药情况。

（2）联合用药的种类和数量应减少。尽量减少药物之间的相互干扰，以降低不良相互作用发生率。重视婴幼儿、孕妇和老年患者的用药问题，根据患者疾病和药物作用特点及所用治疗措施等合理选择药物。

（3）应尽量避免联合应用疗效较难控制的药物或容易导致严重不良相互作用的药物，最好选择更为安全的替代药物。例如，使用单胺氧化酶抑制剂或口服双香豆素的患者，应选择吲哚

美辛替代保泰松；地西泮、氟硝地西泮或硝基西泮替换巴比妥类镇静催眠药。

（4）充分考虑遗传因素、疾病或病理情况对药物相互作用的影响。例如，血浆胆碱酯酶缺乏患者，同时应用琥珀胆碱和抗生素腹腔冲洗时，可能会引起严重呼吸抑制；另外，肝、肾疾病可加重许多药物的相互作用。

（5）不宜频繁更换药物。在治疗或处理疾病过程中，必须改变药物并存在药物相互作用时，由于药物相互作用的时间、过程和程度随药物和患者不同而有所变化，应密切观察改变药物后的治疗效应和不良反应。

（6）应用容易引起相互作用的药物时，应特别注意，如双香豆素、口服降血糖药、镇静催眠药、抗癫痫药、抗惊厥药、三环类抗抑郁药、骨骼肌松弛药、强心苷、抗高血压药、抗心律失常药、磺胺类、抗生素和抗肿瘤药物等。

（7）必要时及时进行治疗药物监测。例如，重要器官功能衰竭的患者，当疾病本身影响药物的代谢和排泄时，应进行治疗药物监测，以便及时调整用药剂量和药物治疗方案，避免发生严重不良反应和药源性疾病。

（张丽锋）

第三节　静脉药物配制

一、概　　述

（一）传统静脉药物配制存在的问题

（1）传统的静脉药物配制是护士在治疗室内完成的，房间内无空气净化装置，不能保证配置环境的洁净度，微粒、热原等普遍存在，易污染药液。

（2）市场上的新药越来越多，药物之间的配伍变化越来越复杂，涉及药物的物理、化学、生物和药理等配伍知识，药物之间的相互作用除了表现在肉眼可以看见的物理变化外，还存在化学变化和治疗效果不相容。医护人员相对缺乏必要的药学知识，有时很难确保用药方案的合理性。

（3）从管理角度来讲，各病区从药房领取大量静脉输液，缺乏严格管理，易造成药品缺失、过期失效、丢失等现象，药品浪费严重。

（二）国内外静脉药物配制的发展

静脉药物配置中心（pharmacy intravenous admixture services，PIVAS），是在符合 GMP 标准、依据药物特性设计的操作环境下，由受过培训的药学技术人员，严格按照操作程序，进行包括全静脉营养液、细胞毒药物和抗生素等静脉用药物的配置，为临床药物治疗与合理用药服务。

1969 年，世界上第一个 PIVAS 建于美国俄亥俄州州立大学医院。随后，美国及欧洲各国的医院纷纷建立了自己的静脉药物配置中心。迄今，美国 93%的盈利性医院、100%的非盈利性医院都建有各种规模的 PIVAS。欧洲、澳大利亚和日本的大多数医疗机构都建有自己的 PIVAS。

PIVAS 在我国起步比较晚。我国第一个 PIVAS 于 1999 年在上海静安区中心医院建立。此后广东、北京及其他省市相继建立，近年来北京和上海一些医院组建了规模比较大的 PIVAS，在设备、流程、管理、技术操作和品种数量等方面均处于国内领先水平。

二、医疗机构静脉用药集中调配

（一）建立 PIVAS 的目的和意义

1. 保证药品配制的质量、提高静脉用药安全 国外有研究发现，在输液中加入或不加入药物的污染率分别为 6.7%和 3.9%；国内研究表明，输液中加入 1 种或 2 种药物时污染率分别为 12.7%和 16.7%，加入 3 种药物时，污染率急剧上升到 44.3%。静脉药物集中调配是在严格控制的洁净环境中，工作区内人员流动、物品传送有专门通道，而且布局合理、规范，人员均经过严格的培训，严格按照操作规程进行药品转移、混合，从而降低了微生物、热原及微粒污染的概率，确保静脉用药的安全。

2. 降低医疗成本，减少药品浪费 通过静脉药物集中配置，医疗资源和人力资源相对集中，可以显著降低医疗成本。药物配置中心可以将药品集中储存和管理，防止药品流失和过期，从而减少浪费。

儿科患者，处方剂量通常小于单包装剂量，传统的配置方法导致药品浪费，而采用集中配置，则可将剩余部分用于其他处方，同时共享一次性耗材，降低成本，减少患者的住院费用，亦节约了社会资源。

3. 加强医务人员的职业防护 有调查显示，如果护理人员长期工作在被含有细胞毒药物微粒污染的环境中，容易出现疲倦、乏力、脱发等危害，有的甚至还有致癌、致畸和致突变等风险。在 PIVAS 配置此类药物时，采用生物安全柜，配置人员需穿戴专门的手套、隔离衣、护目镜等，采取封闭式的配置操作，从而加强了对配置人员的防护。

4. 提高护理质量 我国住院患者 70%～80%接受输液治疗，护士在配药、加药过程中耗费了大量的时间，影响了护理质量。在以“患者为中心”理念的推动下，将静脉药物配置工作归还给药学人员，把“时间还给护士，把护士还给患者”，使患者得到更多、更有效的人性化护理，提高护士的工作效率，具有明显的社会效益与经济效益。

（二）PIVAS 的组建和人员配备

1. PIVAS 的场所和设备 开展 PIVAS 应当按照《医疗机构制剂质量管理规范》进行建设，在充分评估静脉用药情况和配置中心需要的规模、人员、设备的基础上进行。建设 PIVAS 应当符合安全、经济实用、易于清洗消毒、方便临床的原则。

（1）场所及布局：场所一般包括审方间、排药间、配置间、成品间、消毒准备间、更衣室等。配置间可根据需要分为细胞毒药物、抗菌药物、静脉营养药物及其他药物配置间等。静脉用药配置中心应设于人员流动少的区域，且便于与医护人员沟通和成品的运送。

（2）设备设施：静脉药物配置中心应配备一定数量超净工作台等净化设备；冰箱、药品架、推车等合适的储存运输设备；电脑、打印机、文件柜等办公设备；温湿度、气压等监测设备和通风换气等设施。

2. PIVAS 人员配备 PIVAS 由药学人员、护理人员、工勤人员等组成。

（1）药学人员：根据《中华人民共和国药品管理法》和《医疗机构药事管理规定》，配置中心对用药合理性的审核、药品管理等工作应由具有药师资格以上人员负责。

（2）护理人员：我国医疗机构以往传统的静脉用药配置工作都是由护士操作，故其具有熟练的配置技术。在 PIVAS 建立初期，护理人员经药学培训合格后，严格遵守无菌操作规程，负责加药配置工作。后期，药学人员逐步到位，由药学人员全部承担此项工作。

（3）工勤人员：经过培训合格的工勤人员负责将配置好的输液在规定时间内送到各病区，以及 PIVAS 各区域的整理、清洁、设备维护等非药学技术工作。

（三）PIVAS 的质量管理

PIVAS 的质量控制以卫生部《静脉用药调配质量管理规范》、《静脉用药调配操作规程》及《静脉用药调配中心验收标准》等文件相关规定为依据，建立医疗机构相应的质量管理规范和相关文件，如质量管理文件、配药工作流程等一系列的规章制度。

1. 静脉药物配置程序　①PIVAS 药师通过医院信息网络接收药物配置医嘱并审核；②药师打印标签并贴标签；③配置人员再次核对药品与标签；④按操作规范配置加药；⑤静脉输液袋外套灭菌塑料袋，封口；⑥将成品按病区分别置于有病区标示的运输箱内。运输箱置于专用运输小车上，由送药工勤人员送至各病区交值班护士，护士在送达记录本上签收。流程图详见图 20-2。

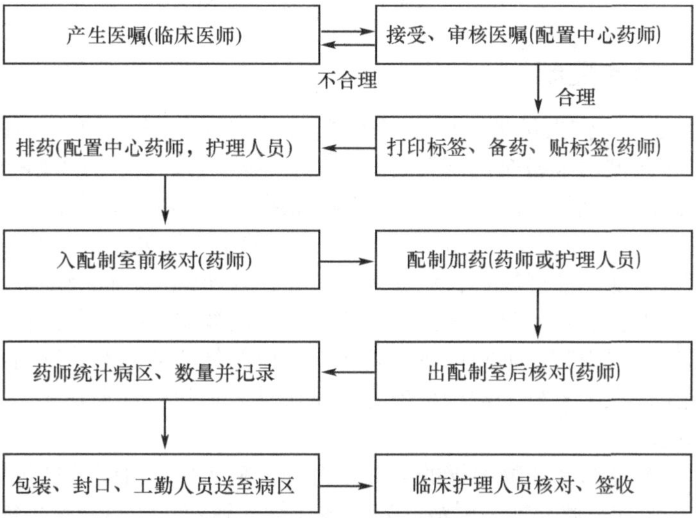

图 20-2　静脉药物配置流程

2. 静脉药物配置流程管理　合理用药环节质量控制要点主要在处方适宜性审核，包括适宜患者、适宜药品、相互作用、给药途径、用法用量、溶媒、稳定性及患者个体情况等。配置环节质量控制要点在执行落实静脉用药配置 SOP、核对每道工序、无菌操作技术、调配操作规程。成品配送环节质量控制要点在安全运送，及时送达正确的病区、护理人员核对验收。设备质量控制要点在定时开机、记录温湿度、调配完毕及时清场、定期维护。

（四）洁净区管理要求

1. 基本要求　根据《静脉用药集中调配质量管理规范》规定，PIVAS 洁净间的洁净度在静态下进行，检测结果应达到如表 20-1 所示要求。

表 20-1　静脉用药调配中心各洁净间洁净度等级（静态）

PIVAS 各洁净室名称	洁净度等级要求
生物安全柜操作区域和水平层流台	100 级
二更、各操作间	10 000 级
一更、洗衣洁具间	100 000 级

2. 压差控制　洁净区与缓冲区和其他区域应保持一定的压差梯度，不同级别的洁净室应维持≥5Pa 的正压。

3. 洁净区环境监测及维护保养 每半年参照《空气微粒监测》进行环境空气微粒测试。每半年参照 SQC-002《空气浮游微生物监测》进行环境空气微生物测试。每年进行高效过滤器的空气流速测试。每年通过微粒计数器扫描整个高效过滤器表面和边框，进行过滤器完整性测试。

4. 水平层流工作台要求及维护 水平层流工作台主要用于配置对操作人员没有危害的药物，如电解质、全肠道外营养液等。水平层流工作台的摆放位置应位于洁净间内的高效送风口正下方，洁净间内的空气经高效过滤后直接被水平层流台吸入，再经过一层高效过滤器后送出。

5. 洁净室工作服管理 不同洁净度级别房间和不同的操作岗位工作服不得混穿。所有工作服每日按不同要求洗涤，洁净服的洗涤需与一般工作服分开，有独立的洗衣机和烘干机。洁净服有专人保管与发放，并有专人检查洁净服的洗涤与灭菌。洁净服灭菌后存放时限为 4 日。

三、静脉药物配制

（一）抗菌药物的配制

1. 配制前的准备 工作人员进入更衣室按规定进行更衣和洗手。配置时的所需全部物品均按要求运入。在工作区域内准备全部配置过程所需要的经灭菌和消毒的输液瓶（袋）等。

2. 配制工作流程 从摆药处接收已摆好的静脉用药。核对标签内容与药品是否相符。用75%乙醇消毒输液瓶（袋）加药口后放置在生物安全柜的中央区域。用 75%乙醇消毒安瓿瓶颈，对着层流台侧壁打开安瓿。注射器针尖斜面朝下，靠在安瓿颈口，抽吸药液。通过加药口将药液注入输液袋（瓶）中；如果是溶解西林瓶中药物加入输液袋（瓶）中，需先用 75%乙醇消毒西林瓶口，注射器针尖斜面朝上抽吸适量的溶媒。挤压西林瓶的胶塞，针筒垂直进针，注入溶媒，振荡至溶解完全。在配置好的输液标签上签字确认。通过传递窗送出。

3. 配制注意事项

（1）溶媒选择：合理选择药物溶媒的前提是充分了解药物、溶媒的理化性质及药物相互作用。常用溶媒有 5%或 10%葡萄糖注射液、0.9%氯化钠注射液、葡萄糖氯化钠注射液，pH 分别为 3.2～5.5、3.5～5.5、4.5～7.0。头孢哌酮钠的 pH 为 4.5～6.5，故其溶媒不宜选用低 pH 的葡萄糖，在 pH<4.0 时会析出沉淀。青霉素类及其酶抑制剂中除苯唑西林在葡萄糖液中稳定，其余均不耐酸，在葡萄糖注射液中可有一定程度的分解。例如，青霉素钠在葡萄糖注射液中不仅被葡萄糖催化水解，还能产生聚合物。因此，宜选用 0.9%氯化钠等中性注射液做此类药物的溶媒。

（2）溶媒量的选择：输注药物的浓度过大，加大静脉刺激，药品的稳定性亦下降。在液体量许可的情况下，应以最适宜浓度配制。例如，1g 亚胺培南西司他丁在 5%葡萄糖注射液 100ml 中不能溶解，呈现乳白色浑浊。正确浓度为 0.5g 亚胺培南西司他丁中加入至少为 100ml 溶媒量，并迅速摇动直至溶液澄清方可使用。

（3）液体的稳定性：青霉素类药物的水溶液不稳定，室温中放置 24h 后产生的致敏物质增多，抗菌活性也大部分丧失。故此类药物宜在临用前新鲜配制，以保证疗效和减少不良反应的发生。

（二）细胞毒药物的配制

1. 细胞毒药物的配制要求 在细胞毒药物准备、使用和处置过程中应采取以下防护措施：①操作时使用无粉乳胶手套，不得使用聚氯乙烯（PVC）手套；通常每操作 60min 或遇到手套破损、被药物沾污则需要即时更换手套；戴手套之前和脱去手套之后都必须立即洗手。②工作服前部应完全封闭，袖口必须加长，以便卷入手套之中。工作服最好是一次性可丢弃的；在配置药物和给患者用药时都必须穿工作服。③配置和混合细胞毒药物时必须使用 class Ⅱ或 class Ⅲ垂直气流生物安全柜，禁止使用水平气流生物安全柜。④眼睛和脸部应有保护装备以预防药物溅出；普通眼镜不能提供足够的保护。

2. 细胞毒药物配制的区域　一些特殊的要求：①配制区域只允许授权的员工进入；②配制区域应尽量避免频繁的物流及人员的进出；③在配制区域的入口应有醒目的标记说明；④在储存药物的区域应有适当的警告标签来提醒操作细胞毒药物时应该注意的防护措施；⑤严禁在药物配制区域进食、喝水、抽烟、嚼口香糖、化妆和储存物品；⑥在配制区域应张贴药物液滴与皮肤或眼睛意外接触的处理过程；⑦在配制区域应有水池，最好有冲洗眼睛的喷头，可选择性的准备一些包括生理盐水在内的溶液以备紧急冲洗眼睛用；⑧配制时应使用无菌操作。

3. 细胞毒药物配制时注意事项　①轻轻拍打安瓿，使颈部和顶端的药物落于其底部，保证没有药液或粉末留于该处，防止安瓿折断时药物在空气中传播和雾化；折断安瓿时需用灭菌的纱布包绕安瓿；揭去瓶盖的西林瓶和输液瓶进针处及安瓿的瓶颈处用 75%的乙醇擦拭消毒。②如果是安瓿内需要再溶解的药物，溶媒应沿安瓿壁慢慢加入，避免药物粉末的散出。③选择大小合适的针头和针筒，抽取药液后应不超过针筒容量的 3/4。若针筒中还有空气，应分次逐渐注入西林瓶中，并每次回抽针筒活塞。④所有装细胞毒药物的容器都必须贴有具有警告性质语言的标签。容器的外表面用织物擦拭除去可能的污染且容器最好有适当的封口。⑤配制好的成品应及时放入封闭的塑料袋中，送至病区。⑥已被污染的物品必须放置于生物安全柜内的防漏防刺的容器内。个人防护器材脱卸后放置于准备区域内的防漏防刺的容器内，操作人员不得将个人防护器材穿戴出准备区域。

4. 细胞毒药物配制过程中污染及废弃物品的处理　在细胞毒药物的配制过程中，尽量避免溅洒或溢出。但并不能够绝对避免意外的发生，因此，做好防范是必需的。处理溅出的程序必须制订并维持，在准备阶段和其他阶段都应如此。①在配制和储存的区域应配备处理溢出的工具。②清除溢出物的人员必须穿戴好防护服、双层手套和眼罩。当处理量大时要戴呼吸器。仅少量药物轻微溢出时，可用吸收力强的拖把清除。该区域最后用强碱清洗。③所有被溅出物污染的物料和废弃物必须废弃并按照相关处理方法来处理；被溅出药物污染的人员必须脱去被污染的衣服，受到污染的部位必须用肥皂清洗或用水冲刷。④所有尖的废弃物应放在防穿孔的容器内。⑤所有细胞毒废弃物必须放于合适的袋中并封口，保证不发生泄漏。所有细胞毒废弃物的容器必须标识。

（三）全静脉营养液的配制

1. 配制流程　①含磷酸盐的电解质、微量元素加入到葡萄糖、糖盐水溶液中，充分混匀。②磷酸盐、胰岛素加入到其他葡萄糖溶液中，充分振荡混匀。③关闭静脉输液袋的所有输液管夹，分别将输液管连接到葡萄糖溶液和氨基酸溶液中，倒转输液容器，打开输液管夹，让葡萄糖输液和氨基酸溶液全部流到静脉营养输液袋中，关闭输液管夹。再次翻转静脉营养输液袋使其充分混匀。④将水溶性维生素溶解到脂溶性维生素中，充分混匀后加入到脂肪乳中混匀，此过程需避光。⑤将脂肪乳加入静脉营养输液袋充分混匀，排出输液袋中多余的空气，关闭输液管夹。⑥挤压静脉营养输液袋，观察是否有液体渗出。⑦配好的全胃肠外营养液贴上注明病区、床号、患者姓名、配制时间的标签。配置人员签名后，送至成品间，药师再次检查核对。核对完毕，交运送人员送至病区，如不马上使用，则放入冰箱中冷藏保存。所有前述操作均应在层流工作台上进行，严格无菌操作。

2. 全静脉营养液配制及储存注意事项　葡萄糖、氨基酸的最佳比例为 1∶1 或 1∶2。不加脂肪乳剂的静脉营养输液袋尤其要注意避光。全静脉营养液最好是现配现用。钙剂和磷酸盐应分别加在不同的溶液内稀释，以免出现沉淀。加入氨基酸和葡萄糖混合液后，检查袋内有无沉淀生成，确认无沉淀后方可加脂肪乳。一般情况，全静脉营养液中不能加入其他药物。配好的全静脉营养液尽量在 24h 内使用。PVC 袋可释放出增塑剂邻苯二甲酸二（2-乙基己）酯

（diethylexy phthalate，DEHP），有破坏脂肪微粒的作用，一般采用无DEHP释出的乙烯-乙酸乙烯共聚物（ethylene vinyl acetate，EVA）储袋。

（杨 艳）

第四节 合 理 用 药

一、合理用药概述

合理用药（rational drug use）是以药物和疾病的知识和理论为基础，安全、有效、经济、适当地使用药物。它不仅强调要发挥药物的有效性，又要考虑安全性及广大群众的经济承受能力。

WHO在1987年提出合理用药的基本要素是：①处方开具的药物为适宜的药物；②正确的调配处方；③保证药物供应且以公众能支付的价格；④正确的用法、用量和用药时间；⑤确保药品有效安全。

合理用药的目的：①患者可以用最少的支出，冒最小的风险，得到最好的治疗效果；②发挥药物最大的治疗效能；③减少资源浪费，减轻患者经济负担，最大限度和有效的利用卫生资源；④患者可以方便使用所选药物。

2013年12月11日国家卫生计生委发布合理用药十大原则：①优先使用基本药物；②遵循能不用就不用、能少用就不多用，能口服不肌内注射、能肌内注射不输液的原则；③买药要到合法医疗机构和药店，注意区分处方药和非处方药，处方药必须凭执业医师处方购买；④阅读药品说明书，特别要注意药物的禁忌、慎用、注意事项、不良反应和药物间的相互作用等事项；⑤处方药要严格遵医嘱，切勿擅自使用；特别是抗菌药物和激素类药物，不能自行调整用量或停用；⑥任何药物都有不良反应，非处方药长期、大量使用也会导致不良后果；⑦孕期及哺乳期妇女用药要注意禁忌；儿童、老人和有肝脏、肾脏等方面疾病的患者，用药应谨慎，用药后要注意观察；从事驾驶、高空作业等特殊职业者要注意药物对工作的影响；⑧药品存放要科学、妥善；谨防儿童及精神异常者误服、误用；⑨接种疫苗是预防一些传染病最有效、最经济的措施，国家免费提供一类疫苗；⑩保健食品不能替代药品。

二、不合理用药的现状与成因分析

（一）不合理用药的成因

1. 过多的药品生产、销售企业，造成药品市场的结构不合理。

2. 大多数医疗机构不够重视临床药学学科建设，临床药师配备不足甚至根本没有配备临床药师，严重缺乏合理用药的技术支持。

3. 医师所掌握的药物知识和诊疗水平对合理用药有很大的影响。医生对药物的动力学性质、不良反应、药物相互作用等方面的知识掌握不够。

4. 患者缺乏合理用药知识。

（二）不合理用药的后果

1. 延误疾病治疗 无适应证用药、给药剂量错误、疗程不适宜及不合理联合用药等，都会影响药物治疗的有效性，轻者降低疗效，重者加重病情使治疗失败。

2. 浪费医药资源 不合理用药可造成药品甚至是医药资源的浪费。

3. 引起药物不良事件、药源性疾病　药物不良事件和药源性疾病的起源均是药物，差别在于造成的后果及对患者的损害程度不同。

4. 酿成药疗事故　用药不当可对患者造成严重的甚至是不可逆的损害，如致残、致死等。

三、影响合理用药的因素

（一）药物

药物的作用本身是客观存在，无合理与否的问题，不合理用药究其根本是药物的一些特性造成的。①应用说明书或指南或《中国药典》推荐常规剂量，患者获得的疗效亦可能各不相同，在极少数患者身上甚至发生严重的不良反应；②联合用药使药物不良相互作用增高。联合用药不当可导致治疗效应降低，毒副反应加大，甚至会对患者产生有害的反应。

（二）剂型

剂型因素导致的用药问题十分复杂，已成为影响合理用药的重要因素之一。相同成分不同剂型的药品，可有不同的起效时间、维持时间、作用性质等。剂型因素对合理用药的影响主要表现在药物配伍变化、改变药物作用性质、改变药物的不良反应等方面。例如，缓控释包衣片掰开服用，破坏了包衣层，使其失去了特定的保护屏障，会增加不良反应的发生。

（三）剂量

为保证用药安全、有效，通常采用最小有效量与最小毒性反应之间的剂量作为常用量。说明书规定的常用量一般是指成人的平均剂量，但个体对药物的反应是不同的。用药剂量会受到年龄、性别、遗传因素、生理病理状态等因素的影响。儿童所需剂量较小，一般可根据体表面积和体重按成人剂量折算。肝肾功能不全、营养状态差者用药量也应减少。老人的药物剂量可按成人剂量酌减。

（四）给药途径

不同给药途径影响药物血药浓度，与疗效关系密切。每种给药途径都有各自的特点，临床应根据患者情况和药物特点来选择。例如，口服是最常用的给药途径，大多数药物和患者适用于这种给药途径，但不适用于呕吐及婴幼儿、昏迷、无吞咽功能等患者。注射给药具有吸收迅速而完全、疗效可靠等优点，适用于危重患者。

（五）用药时间及疗程

用药时间点应根据具体的药物性质、机体的昼夜节律等安排。例如，抗酸药应饭前服用、吲哚美辛等对胃肠道有刺激的药物宜饭后服；对于受机体生物节律影响的药物应按其生物节律规定用药时间，如他汀类药物应根据胆固醇夜间分泌最高的特点，夜间给药以增加疗效，减少不良反应。

疗程长短应视疾病及其严重程度而定，一般是在症状消失后停药，但慢性疾病需长期用药者，应严格按规定疗程给药。另外，在一些特殊情况下，疗程长短可根据药物毒性大小而定，如抗肿瘤药物应采用间歇疗法给药。

四、不同药物的合理应用

（一）抗菌药物的合理应用

1. 抗菌药物临床应用的基本原则　抗菌药物的应用涉及临床各科，正确合理应用抗菌药物是提高疗效、降低不良反应发生率及减少或减缓细菌耐药性发生的关键。抗菌药物临床应用是否正确、合理，基于以下两方面：①有无指征应用抗菌药物；②选用的品种及给药方案是否正确、合理。

（1）诊断为细菌性感染者，方有指征应用抗菌药物：根据患者的症状、体征及血、尿常规等实验室检查结果，初步诊断为细菌性感染者及经病原检查确诊为细菌性感染者方有指征应用抗菌药物；由真菌、结核分枝杆菌、非结核分枝杆菌、支原体、衣原体、螺旋体、立克次体及部分原虫等病原微生物所致的感染亦有指征应用抗菌药物。缺乏细菌及上述病原微生物感染的证据，诊断不能成立者，以及病毒性感染者，均无指征应用抗菌药物。

（2）尽早查明感染病原，根据病原种类及细菌药物敏感试验结果选用抗菌药物：抗菌药物品种的选用原则上应根据病原菌种类及病原菌对抗菌药物敏感或耐药，即细菌药物敏感试验（药敏）结果而定。因此有条件的医疗机构，住院患者必须在开始抗菌治疗前，先留取相应标本，立即送细菌培养，以尽早明确病原菌和药敏结果；门诊患者可以根据病情需要开展药敏工作。危重患者在未获知病原菌及药敏结果前，可根据患者的发病情况、发病场所、原发病灶、基础疾病等推断最可能的病原菌，并结合当地细菌耐药状况先给予抗菌药物经验治疗，获知细菌培养及药敏结果后，对疗效不佳的患者调整给药方案。

（3）按照药物的抗菌作用特点及其体内过程特点选择用药：各种抗菌药物的药效学（抗菌谱和抗菌活性）和人体药动学（吸收、分布、代谢和排出过程）特点不同，因此各有不同的临床适应证。临床医师应根据各种抗菌药物的上述特点，按临床适应证正确选用抗菌药物。

（4）抗菌药物治疗方案应综合患者病情、病原菌种类及抗菌药物特点制订：根据病原菌、感染部位、感染严重程度和患者的生理、病理情况制订抗菌药物治疗方案，包括抗菌药物的选用品种、剂量、给药次数、给药途径、疗程及联合用药等。在制订治疗方案时应遵循下列原则。

1）品种选择：根据病原菌种类及药敏结果选用抗菌药物。

2）给药剂量：按各种抗菌药物的治疗剂量范围给药。

3）给药途径：轻症感染可接受口服给药者，应选用口服吸收完全的抗菌药物，不必采用静脉或肌内注射给药。重症感染、全身性感染患者初始治疗应予静脉给药，以确保药效；病情好转能口服时应及早转为口服给药。

4）抗菌药物的局部应用宜尽量避免。

5）给药次数：为保证药物在体内能最大地发挥药效，杀灭感染灶病原菌，应根据药动学和药效学相结合的原则给药。青霉素类、头孢菌素类和其他β-内酰胺类、红霉素、克林霉素等消除半衰期短者，应一日多次给药。氟喹诺酮类、氨基糖苷类等可一日给药一次（重症感染者例外）。

6）疗程：抗菌药物疗程因感染不同而异，一般宜用至体温正常、症状消退后72～96h，特殊情况，妥善处理。但是，败血症、感染性心内膜炎、化脓性脑膜炎、伤寒、布鲁菌病、骨髓炎、溶血性链球菌咽炎和扁桃体炎、深部真菌病、结核病等需较长的疗程方能彻底治愈，并防止复发。

7）抗菌药物的联合应用要有明确指征：单一药物可有效治疗的感染，不需联合用药，仅在下列情况时有指征联合用药：①原菌尚未查明的严重感染，包括免疫缺陷者的严重感染；②单一抗菌药物不能控制的需氧菌及厌氧菌混合感染，2种或2种以上病原菌感染；③单一抗菌药物不能有效控制的感染性心内膜炎或败血症等重症感染；④需长程治疗，但病原菌易对某些抗菌药物产生耐药性的感染，如结核病、深部真菌病；⑤由于药物协同抗菌作用，联合用药时应将毒性大的抗菌药物剂量减少，如两性霉素B与氟胞嘧啶联合治疗隐球菌脑膜炎时，前者的剂量可适当减少，从而减少其毒性反应。联合用药时宜选用具有协同或相加抗菌作用的药物联合，如青霉素类、头孢菌素类等其他β-内酰胺类与氨基糖苷类联合，两性霉素B与氟胞嘧啶联合。联合用药通常采用2种药物联合，3种及3种以上药物联合仅适用于个别情况，如结核病的治疗。此外必须注意联合用药后药物不良反应将增多。

2. 抗菌药物预防性应用的基本原则

（1）内科及儿科预防用药：①用于预防一种或两种特定病原菌入侵体内引起的感染，可能有效；若用于防止任何细菌入侵，则往往无效；②预防在一段时间内发生的感染可能有效；长期预防用药，常不能达到目的；③患者原发疾病可以治愈或缓解者，预防用药可能有效。原发疾病不能治愈或缓解者（如免疫缺陷者），预防用药应尽量不用或少用。普通感冒、麻疹、水痘等病毒性疾病，昏迷、休克、中毒、心力衰竭、肿瘤、应用肾上腺皮质激素等患者不宜预防给药。

（2）外科手术预防用药：外科手术预防用药目的是预防手术后切口感染，以及清洁-污染或污染手术后手术部位感染及术后可能发生的全身性感染。外科手术预防用药基本原则是要根据手术野是否有污染或污染可能，决定是否预防用抗菌药物。

为预防术后切口感染，应针对金黄色葡萄球菌选用药物。预防手术部位感染或全身性感染，则需依据手术野污染或可能的污染菌种类选用，如结肠或直肠手术前应选用对大肠埃希菌和脆弱拟杆菌有效的抗菌药物。选用的抗菌药物必须是疗效肯定、安全、使用方便及价格相对较低的品种。

（二）糖皮质激素类药物的合理应用

1. 糖皮质激素治疗性应用的基本原则　糖皮质激素正确、合理应用主要取决于以下两方面：一是治疗适应证掌握是否准确；二是品种及给药方案选用是否正确、合理。

（1）严格掌握糖皮质激素治疗的适应证：糖皮质激素是一类临床适应证尤其是相对适应证较广的药物，临床应用的随意性较大，不严格按照适应证给药的情况较为普遍，如单纯以退热和止痛为目的使用糖皮质激素，特别是在感染性疾病中以退热和止痛为目的使用。糖皮质激素有抑制自身免疫的药理作用，但并不适用于所有自身免疫病治疗如慢性淋巴细胞浸润性甲状腺炎（桥本病）、1 型糖尿病、寻常型银屑病等。

（2）合理制订糖皮质激素治疗方案：糖皮质激素治疗方案应综合患者病情及药物特点制订，治疗方案包括选用品种、剂量、疗程和给药途径等。各种糖皮质激素的药效学和药动学特点不同，因此各有不同的临床适应证，应根据不同疾病和各种糖皮质激素的特点正确选用糖皮质激素品种。生理剂量和药理剂量的糖皮质激素具有不同的作用，应按不同治疗目的选择剂量。按不同的疾病和疾病的进程制订糖皮质激素的应用疗程。

（3）重视疾病的综合治疗：在许多情况下，糖皮质激素治疗仅是疾病综合治疗的一部分，应结合患者实际情况，联合应用其他治疗手段，如严重感染患者，在积极有效的抗感染治疗和各种支持治疗的前提下，为缓解症状，确实需要的可使用糖皮质激素。

（4）监测糖皮质激素的不良反应：糖皮质激素的不良反应与用药品种、剂量、疗程、剂型及用法等明显相关，在使用中应密切监测不良反应，如感染、代谢紊乱（水电解质、血糖、血脂）、体重增加、出血倾向、血压异常、骨质疏松、股骨头坏死等，小儿应监测生长和发育情况。

（5）注意停药反应和反跳现象。

2. 应用糖皮质激素的注意事项

（1）尽量避免使用糖皮质激素的情况：对糖皮质激素类药物过敏，严重精神病史，癫痫，活动性消化性溃疡，新近胃肠吻合术后，骨折，创伤修复期，单纯疱疹性角、结膜炎及溃疡性角膜炎、角膜溃疡，严重高血压，严重糖尿病，未能控制的感染（如水痘、真菌感染），活动性肺结核，较严重的骨质疏松，妊娠初期及产褥期，寻常型银屑病。但是，若有必须用糖皮质激素类药物才能控制疾病，挽救患者生命时，如果合并上述情况，可在积极治疗原发疾病、严密监测上述病情变化的同时，慎重使用糖皮质激素类药物。

（2）慎重使用糖皮质激素的情况：库欣综合征、动脉粥样硬化、肠道疾病或慢性营养不良的患者及近期手术后的患者慎用。急性心力衰竭、糖尿病、有精神病倾向、青光眼、高脂蛋白血症、高血压、重症肌无力、严重骨质疏松、消化性溃疡病、妊娠及哺乳期妇女应慎用，感染性疾患必须与有效的抗生素合用，病毒性感染患者慎用，儿童也应慎用。

（三）抗凝血药物的合理应用

1. 肝素

（1）普通肝素：应用普通肝素（unfractionated heparin，UH）时应注意是否存在抗凝禁忌证，剂量宜个体化，静脉输注时最好采用微量泵持续静脉泵入，使用时持续监测患者凝血功能，重点关注活化部分凝血活酶时间（activated partial thromboplastin time，APTT）。UH的主要副作用是出血，多由过量所致，轻者皮肤黏膜出血，重者可致胃肠道甚至颅内出血，一旦有出血症状应立即停用UH，同时给予拮抗剂鱼精蛋白中和。其他尚有急性肝素过敏反应、肝素相关性血小板减少、骨质疏松、嗜酸粒细胞增多等。

（2）低分子量肝素：（low molecular weight heparin，LMWH）是由UH经过解聚和分离所得的低相对分子质量肝素片段。应用LMWH时应注意有无抗凝禁忌证，严重肾功能不全者慎用。LMWH的主要副作用有出血，注射部位淤点、淤斑，血小板减少等，一般不需特殊处理，LMWH减量即可，严重者可用拮抗剂鱼精蛋白中和。

（3）戊聚糖钠：是一种新的选择性Ⅹa因子抑制剂，其最具优势的地方是临床使用方便，每日固定剂量皮下注射一次，无需根据体重计算用量。

2. 维生素K拮抗剂 目前临床上最常用的是华法林，口服后很快自肠道吸收，停药后抗凝作用可持续4～5日。可通过胎盘产生致畸作用，因此不宜用于孕妇。

临床上有些药物可影响华法林的抗凝作用。具有增强华法林抗凝作用的药物有广谱抗生素（二、三代头孢菌素、大环内酯类、喹诺酮类等）、氟康唑、阿司匹林、非类固醇类抗炎药、西咪替丁、奥美拉唑、胺碘酮、异烟肼、甲硝唑、别嘌醇、甲状腺素、氢氯噻嗪等。具有抑制华法林抗凝作用的药物有巴比妥类、利福平、口服避孕药、维生素K、糖皮质激素、螺内酯、乙醇等。

由于华法林起效缓慢，且有一过性促凝作用，因此临床上一般在开始应用UH/LMWH后的第2～3日内加用口服华法林（一般开始3mg/d），两者至少重叠应用4～5日，之后单独口服华法林维持治疗，口服华法林期间应关注患者的国际标准化比值（international normalized ratio，INR）。最常见的副作用是出血，如皮肤出血、鼻衄、牙龈出血、胃肠道出血等，重者可有脑出血。如有明显皮肤黏膜出血，应停用华法林。严重出血者不仅立即停用华法林，还应同时酌情给予维生素K_1、新鲜冰冻血浆、凝血酶原复合物等。

3. 抗血小板药 目前临床常用的有阿司匹林、噻氯匹定、氯吡格雷等。阿司匹林的常用量为100～325mg，常见的副作用是胃肠道反应，偶尔可有皮肤黏膜出血和过敏反应。噻氯匹定的常用量为0.25g，每日1～2次；氯吡格雷的推荐剂量为75mg，每日一次。两者的主要不良反应是白细胞减少、胃肠道反应、皮肤黏膜出血、皮疹等。目前抗血小板药较多用于冠心病、脑卒中、血管炎、高血压、周围血管病等，小剂量阿司匹林还被当做心血管事件的一级预防用药，但一般认为抗血小板药不能满足肺血栓栓塞症、深静脉血栓的抗凝要求。临床上应用这类药物时，宜注意避免与UH/LMWH、华法林、非类固醇类抗炎药合用，活动性胃肠出血、严重肝功能障碍、孕妇、哺乳期妇女禁用，肾功能不全者减量。

（四）化疗药物的合理应用

1. 抗肿瘤烷化剂 应用注意事项：①对本类药物过敏的患者，妊娠及哺乳期妇女禁用，严重肾功能不全者及严重骨髓抑制患者禁用。②有肝肾功能损害、骨髓抑制、感染的患者禁用或慎用。有骨髓转移、多程放化疗患者应适当减低剂量。③尽量减少与其他烷化剂联合使用或同时接受放射治疗。④氮芥可使血及尿中尿酸增加，血浆胆碱酯酶浓度减低。应定期检测血清尿酸水平。有严重呕吐患者应进行血生化（氯化物、钠、钾、钙）检测。⑤苯丁酸氮芥、白消安应慎用于有癫痫史、头部外伤或使用其他潜在致癫痫药物的患者。⑥使用环磷酰胺、异环磷酰胺时应鼓励患者多饮水，大剂量给药时应水化利尿，给予保护剂美司钠。⑦卡莫司汀、司莫司汀可抑制身体免疫机制，使接种疫苗不能激发身体抗体产生。化疗结束后三个月内不宜接种活疫苗。⑧顺铂的主要限制性毒性是肾功能不良。一般剂量每日超过 90mg/m^2 即为肾毒性的危险因素，治疗时应特别注意水化问题。神经损害如听神经损害所致耳鸣、听力下降较常见。避免使用肾毒性或耳毒性叠加的药物，如氨基糖苷类抗生素、两性霉素 B、头孢噻吩等。几乎所有患者均可发生程度不同的恶心、呕吐，应对症治疗。静脉滴注时需注意避光。⑨卡铂的剂量限制性毒性是骨髓抑制，在治疗前后应定期复查血常规。出血性肿瘤患者禁用。⑩奥沙利铂的剂量限制性毒性是神经系统毒性反应，治疗停止后，神经系统症状通常可以改善。

2. 抗肿瘤抗生素　应用注意事项：①禁用于对本类药物过敏，有严重肺、肝、肾功能障碍，严重心脏疾病的患者。胸部及其周围接受放疗者，骨髓功能抑制者，合并感染症患者，水痘患者禁用或慎用。②丝裂霉素有时会引起严重骨髓功能抑制，故应定期进行临床检验（血液检查、肝功能及肾功能检查等）。充分注意可能出现的感染、出血倾向。③博来霉素或平阳霉素用药过程中出现咳嗽、咳痰、呼吸困难等肺炎样症状，同时胸部 X 线片出现异常，应停止给药，进行胸部 X 线检查，血气分析、动脉氧分压、一氧化碳扩散度等相关检查。可给予甾体激素和适当的抗生素。④对于肺功能较差患者，60 岁以上患者给予博来霉素的总药量应在 150mg 以下。⑤平阳霉素给药后如患者出现发热现象，可给予退热药。对出现高热的患者，在以后的治疗中应减少剂量，缩短给药时间，并在给药前后给予解热药或抗过敏药。⑥严重感染患者不提倡使用。过去曾用过足量柔红霉素、表柔比星及多柔比星者不能再用。表柔比星总限量为 550～800mg/m^2。⑦心脏毒性可表现为心动过缓，室上性心动过缓和心电图改变。心脏毒性与累积剂量相关，用药期间应严密监测心功能，以减少发生心力衰竭的危险。心力衰竭有可能在完全缓解期或停药几周后发生，在累积剂量很高时，心力衰竭可随时发生，而心电图预先无任何改变。⑧柔红霉素、表柔比星可迅速溶解肿瘤细胞而致血中尿素和尿酸升高，必要时给予充足的液体和别嘌醇避免尿酸性肾病。⑨骨髓抑制及消化道反应明显，脱发常见，应监测血常规及肝肾功能。⑩本类药物漏出外周血管外可导致局部组织坏死。

3. 抗代谢类抗肿瘤药物　应用注意事项：①甲氨蝶呤禁用于严重营养不良、肝肾功能不全、骨髓抑制、免疫缺陷患者及孕妇。对于有感染、消化性溃疡、溃疡性结肠炎、体弱、年幼或高龄的患者应慎用。大剂量甲氨蝶呤治疗必须在有专家和设备的医院内使用，同时采用亚叶酸钙解救。要密切监测肾功能和甲氨蝶呤血清水平以发现潜在的毒性，建议碱化尿液及增大尿量。②培美曲塞禁用于对本品或该药的其他成分有严重过敏史的患者。治疗前需预服皮质类固醇和维生素等药物。③当伴发水痘或带状疱疹时，衰弱患者禁用氟尿嘧啶。正接受抗病毒药索立夫定或其同型物（如溴夫定）治疗患者禁用去氧氟尿苷、替吉奥和卡培他滨。卡培他滨禁用于已知二氢嘧啶脱氢酶（DPD）缺陷的患者，禁用于严重肝肾功能损伤患者。④用药期间定期检查白细胞、血小板，若出现骨髓抑制，应酌情减量或停药。卡培他滨心脏毒性与氟尿嘧啶药物类似，包括心肌梗死、心绞痛、心律不齐、心脏停搏、心力衰竭和心电图改变。既往有冠状动脉疾病史患者中心脏不良事件可能更常见。⑤使用氟尿嘧啶、卡莫氟时不宜饮酒或同用阿司匹林类药物，以减少消化道出血的可能。去氧氟尿苷使用时应注意感染症状、出血倾向的发生。去氧氟尿苷和卡培他滨可能会引起严重的肠炎与脱水。当发生严重的腹部疼痛、腹泻及其他症状时，立即停药并对症治疗。卡培他滨可引起高胆红素血症及手足综合征（手掌-足底感觉迟钝或化疗引起的肢端红斑）。⑥阿糖胞苷综合征表现为发热、肌痛、骨痛、偶尔胸痛、斑丘疹、结膜炎和全身不适。通常发生于用药后 6～12h，可给予皮质类固醇预防和治疗。阿糖胞苷可引起高尿酸血症。阿糖胞苷使用苯甲醇作为溶媒，禁止用于儿童肌内注射。鞘内应用和大剂量治疗，不要使用含苯甲醇的稀释液。鞘内注射后最常见的不良反应是恶心、呕吐和发热。⑦放疗的同时给予 1000mg/m^2 的吉西他滨可导致严重的肺或食管病变。如果吉西他滨与放疗连续给予，吉西他滨化疗与放疗的间隔至少 4 周，从而降低严重辐射敏化的可能性。如果患者情况允许可缩短间隔时间。吉西他滨滴注时间延长和增加用药频率可增加其毒性。推荐用无防腐剂的0.9%氯化钠注射液为唯一溶剂。⑧放线菌素 D 禁用于有水痘病史者。有骨髓功能低下、出血倾向、痛风病史、肝功能损害、感染、有尿酸盐性肾结石病史、近期接受过放疗或抗癌药物患者慎用。放线菌素 D 的剂量限制性毒性为骨髓抑制。放线菌素 D 的胃肠道反应多见于每次剂量超过 500μg 时，为急性剂量限制性毒性。当放线菌素 D 漏出血管外时，应立即用 1%普鲁卡因局部封闭，或用 50～100mg 氢化可的松局部注射及冷湿敷。⑨伊立替康禁用于慢性炎性肠病和（或）肠梗阻者，血清胆红素超过正常值上限 3 倍者。伊立替康的剂量限制性毒性为延迟性腹泻（用药 24h 后发生）和中性粒细胞减少。出现严重腹泻的患者，在下个周期用药应减量。单药治疗 9%出现急性胆碱综合征，可用阿托品治疗。其他不良反应包括对胃肠道、呼吸系统、免疫系统、肝功能等的影响。⑩托泊替康和替尼泊苷的剂量限制性毒性是骨髓抑制。依托泊苷不宜静脉推注，静脉滴注时速度过快，易引起低血压、喉痉挛等过敏反应。因含苯甲醇，禁止用于儿童肌内注射。

4. 植物碱类抗肿瘤药物　应用注意事项：①禁用于对紫杉类及其赋形剂过敏患者，基线中性粒细胞计数＜1500 个/mm^3 的患者，妊娠及哺乳期妇女，严重肝功能损害的患者。②紫杉醇的剂量限制性毒性是骨髓抑制，具有剂量和时间依赖性，可逆转且不蓄积。为预防紫杉醇发生过敏反应，治疗前须预防给药。③紫杉类药物的常见不良反应还可有发热、贫血、感染、低血压、神经毒性、脱发、皮肤反应、指甲改变、肝功能异常、恶心/呕吐、腹泻、黏膜炎、脱发、水肿等。④多西他赛由于可能发生较严重的过敏反应，应具备相应的急救设施，注射期间密切监测主要功能指标。⑤长春碱、长春地辛最常见的毒性反应为白细胞降低，并成为剂量限制性因素。⑥长春新碱的剂量限制性毒性是神经系统毒性，主要引起外周神经症状，如手指、足趾麻木，腱反射迟钝或消失，外周神经炎；运动神经、感觉神经和脑神经也可受到破坏。长春碱仅用于静脉给药，严禁鞘内注射（可致死）。⑦长春瑞滨的血液系统毒性表现为粒细胞减少和中度贫血。长春瑞滨的外周神经毒性一般限于深腱反射消失，感觉异常少见，长期用药可出现下肢无力；自主神经毒性主要表现为小肠麻痹引起的便秘；可引起呼吸困难或支气管痉挛，可在注药后数分钟或数小时内发生。⑧有局部组织刺激反应，可引起静脉炎，药液应避免漏出血管外和溅入眼内。

五、不同给药途径药品的合理应用

（一）注射给药药品的合理应用

1. 严格静脉用药适应证　一般情况下，口服可以有效控制病情不需要注射给药，能够肌内注射就不应静脉注射。以下几种情况可注射给药：①不能吞咽或吞咽困难、存在吸收障碍或潜在的吸收障碍的患者、口服给药明显降低生物利用度、没有合适的口服剂型的药物；②口服给药不易达到高浓度但又需要很高的组织药物浓度的情况；③病情进展快、严重、需要给予紧急治疗的情况；④患者的口服给药依从性差等。

2. 积极采用序贯治疗　病情危重时应用注射给药，一旦病情缓解后立即换用口服给药。

3. 规范操作规程　操作时要认真执行无菌原则，如配药前注意洗手，正确消毒等。静脉药物配置应在 PIVAS 进行。

4. 严格注射剂量和疗程　一般情况下抗菌药物使用 3 日无效，应考虑停药或换药。预防切口感染抗菌药物在无高危因素的情况下，术前应用一剂或至多应用至术后 24h，特殊情况应用至术后 48h。

5. 尽量避免多种注射剂联用　注射给药时几种药物联用会使药液中内毒素累加，还可由于溶媒 pH 的改变，药物相互配伍的变化或其他原因引起药物结晶、沉淀等现象。另外，反复多次穿刺胶塞亦会使药液中微粒增加，含有微粒较多的液体注入人体会发生类热原反应。

6. 加强监护及合理控制给药速度　注射剂的给药速度与药物治疗效果及不良反应的发生有密切的关系。密切观察患者对注射治疗的反应，控制好给药速度，做好发生不良事件的应急准备。例如，大剂量林可霉素快速静脉注射给药可引起血压下降、心电图变化、潮红及发热等，还可致心搏骤停。有些药物或场合下需要快速静脉滴注，颅内压增高患者应快速静脉滴注 20% 甘露醇。

（二）口服给药药品的合理应用

1. 常用口服剂型服药方法　一般情况薄膜衣片、糖衣片、包衣片需常规吞服，特殊情况可研碎或嚼碎服用。缓控释制剂都有一定特殊骨架材料，常规须完整吞服，不可嚼碎或研碎服用。有一些缓控释制剂工艺比较特殊，药片上有刻痕，说明书上注明可分割服用，如美托洛尔缓释片。

2. 最佳的口服给药时间　各种口服剂型的服药时间点（清晨、餐前、餐后、餐中、睡前）可根据药物作用的部位、起效时间、对胃肠道的刺激性、病理状态等因素选择。例如，口服利尿药、刺激性强的泻药等宜在清晨空腹。

3. 注意给药间隔　一般情况下给药间隔与药物半衰期接近，除少数半衰期特长和特短的外，多数药物的给药间隔略等于一个半衰期。

（三）黏膜给药药品的合理应用

1. 口腔黏膜给药　舌下片应用时宜注意：①给药时宜迅速，含服时把药片放于舌下；②含服时间一般控制在 5min 左右，以保证药物充分吸收；③不能用舌在嘴中移动舌下片以加速其溶解，不要咀嚼或吞咽药物，不要吸烟、进食、嚼口香糖，保持安静，不宜多说话；④含服后 30min 内不宜吃东西或饮水。

含漱剂多为水溶液，使用时应注意：①其成分多为消毒防腐药，含漱时不宜咽下或吞下；②对幼儿、恶心、呕吐者暂时不宜含漱；③按说明书的要求稀释浓溶液；④含漱后不宜马上饮水和进食，以保持口腔内药物浓度。

2. 眼部和耳部给药　滴眼剂使用注意事项：①若同时使用 2 种药液，宜间隔 10min；②若使用阿托品、毒扁豆碱、毛果芸香碱等有毒性的药液，滴后应用棉球压迫泪囊区 2～3min，以免药液经泪道流入泪囊和鼻腔，经黏膜吸收后引起中毒反应，对儿童用药时尤应注意；③一般先滴右眼后滴左眼，以免用错药，如左眼病较轻，应先左后右，以免交叉感染。角膜有溃疡或眼部有外伤、眼球手术后，滴药后不可压迫眼球，也不可拉高上眼睑，最好使用一次性滴眼剂；④如眼内分泌物过多，应先清理分泌物，再滴入或涂敷，否则会影响疗效；⑤滴眼剂不宜多次打开使用，连续应用一个月不应再用，如药液出现浑浊或变色时，切勿使用；⑥白天宜用滴眼剂滴眼，反复多次，临睡前应用眼膏剂涂敷，这样附着眼壁时间长，利于保持夜间的局部药物浓度。

滴耳剂的使用方法：①将滴耳剂用手捂热以使其接近体温；②头部微向一侧，患耳朝上，抓住耳垂轻轻拉向后上方使耳道变直，一般一次滴入 5～10 滴，一日 2 次，或参阅药品说明书的剂量；③滴入后稍事休息 5min，更换另耳；④滴耳后用少许药棉塞住耳道；⑤注意观察滴耳后是否有刺痛或灼烧感；⑥连续用药 3 日患耳仍然疼痛，应停止用药，及时去医院就诊。

3. 鼻腔黏膜给药　滴鼻剂的使用方法：①滴鼻前先呼气；②头部向后仰，依靠椅背，或仰卧于床上，肩部放一枕头，使头部后仰；③对准鼻孔，瓶壁不要接触到鼻黏膜，一次滴入 2～3 滴，儿童 1～2 滴，一日 3～4 次或间隔 4～6h 给药一次；④滴后保持仰位 1min，后坐直；⑤如滴鼻液流入口腔，可将其吐出；⑥过度频繁或延长使用时间可引起鼻塞症状的反复。连续用药

3 日以上，症状未缓解应向执业医师咨询；⑦同时使用几种滴鼻剂时，首先滴用鼻腔黏膜血管收缩剂，再滴入抗菌药物；⑧含剧毒药物的滴鼻剂尤应注意不得过量，以免引起中毒。

鼻用喷雾剂的使用方法：①喷鼻前先呼气；②头部稍向前倾斜，保持坐位；③用力震摇气雾剂并将尖端塞入一个鼻孔，同时用手堵住另一个鼻孔并闭上嘴；④挤压气雾剂的阀门喷药，一次喷入 1～2 揿，儿童 1 揿，一日 3～4 次，或参阅说明书的剂量，同时用鼻子慢慢吸气；⑤喷药后将头尽力向前倾，置于两膝之间，10s 后坐直，使药液流入咽部，用嘴呼吸；⑥更换另一个鼻孔重复前一过程，用毕后可用凉开水冲洗喷头。

4. 直肠黏膜给药 应用直肠栓时要依次进行：①栓剂基质的硬度易受气候的影响而改变，在夏季，炎热的天气会使栓剂变得松软而不易使用，应用前宜将其置入冰水或冰箱中 10～20min，待其基质变硬；②剥去栓剂外裹的铝箔或聚乙烯膜，在栓剂的顶端蘸少许液状石蜡、凡士林、植物油或润滑油；③塞入时患者取侧卧位，小腿伸直，大腿向前屈曲，贴着腹部；儿童可趴伏在大人的腿上；④放松肛门，把栓剂的尖端插入肛门，并用手指缓缓推进，深度距肛门口幼儿约 2cm，成人约 3cm，合拢双腿并保持侧卧姿势 15min，以防栓剂被压出；⑤用药前先排便，用药后 1～2h 内尽量不要大便（刺激性泻药除外）；⑥有条件的话，在肛门外塞一点脱脂棉或纸巾，以防基质熔化漏出而污染衣被。

5. 肺部给药 使用气雾剂时，宜按下列步骤进行：①尽量将痰液咳出，口腔内的食物咽下；②用前将气雾剂摇匀；③将双唇紧贴近喷嘴，头稍微后倾，缓缓呼气尽量让肺部的气体排尽；④于深呼吸的同时揿压气雾剂阀门，使舌向下；准确掌握剂量，明确一次给药揿压几下；⑤屏住呼吸 10～15s，后用鼻子呼气；⑥含激素类制剂用温水漱口。

（四）经皮给药药品的合理应用

1. 软膏剂、乳膏剂 应用软膏剂和乳膏剂时注意如下几点：①涂覆前将皮肤清洗干净；②对有破损、溃烂、渗出的部位一般不要涂敷。例如，急性湿疹，在渗出期采用湿敷方法可收到显著疗效，若用软膏反可使炎症加剧、渗出增加。对急性无渗出性糜烂则宜用粉剂或软膏剂；③涂布部位有烧灼或瘙痒、发红、肿胀、出疹等反应，应立即停药，并将局部药物洗净；④部分药物，如尿素，涂后采用封包（即用塑料膜、胶布包裹皮肤）可显著地提高角质层的含水量，封包条件下的角质层含水量可由 15%增至 50%，增加药物的吸收，亦可提高疗效；⑤涂敷后轻轻按摩可提高疗效；⑥不宜涂敷于口腔、眼结膜。

2. 透皮贴剂 使用透皮贴剂时注意：①用前将所要贴敷部位的皮肤清洗干净，并稍稍晾干；②从包装内取出贴片，揭去附着的薄膜，但不要触及含药部位；③贴于无毛发或是刮净毛发的皮肤上，轻轻按压使之边缘与皮肤贴紧，不宜热敷；④皮肤有破损、溃烂、渗出、红肿的部位不要贴敷；⑤不要贴在皮肤的皱褶处、四肢下端或紧身衣服底下，选择一个不进行剧烈运动的部位，如胸部或上臂；⑥定期更换或遵循医嘱，若发现给药部位出现红肿或刺激，可向医生咨询。

六、特殊人群和危重人群合理用药

（一）特殊人群合理用药

1. 老年人合理用药 老年人往往身患多种疾病，需服用多种药物。老年人生理功能逐渐衰退，适应和耐受能力也差，影响药物的吸收、分布、代谢和排泄，药品不良反应的发生率会相对增加。因此老年人用药应遵循以下几个原则：①药物种类尽量少，老年人用药宜简化方案，尽量减少药物种类；②合适的剂量。严格遵守从小剂量开始和剂量个体化原则；③药物疗程要适度。患急性疾病时，待病情愈合后应及时停药。如需长期用药，应定期检查用药情况是否与病情相符合，同时定期检查肝肾功能，评估后调整给药方案；④合并用药对其他疾病有一定影响，需注意。例如，患有青光眼合并男性前列腺增生，治疗青光眼的不少药物有抗胆碱作用，可引起尿潴留。

2. 小儿合理用药　小儿在不同生长发育阶段存在不同的生理特点，故在用药时，要根据此特点，严格掌握用药指征，合理用药。小儿用药应遵循以下原则：①严格用药剂量和间隔时间。小儿的年龄、体重每年有变化、体质亦各不相同，用药剂量也有较大的差异；②选择适宜的给药途径。一般情况下，能吃奶或耐受鼻饲管给药的婴幼儿，应尽量采用口服给药。皮下注射容量很小，药物可损害周围组织且吸收不良，不适用于新生儿。较大的婴幼儿循环较好，可选用肌内注射。婴幼儿静脉给药时，切不可过快过急，按规定速度滴注，否则药物易渗出引起组织坏死；③严禁选用小儿禁用药物，如新生儿禁用的磺胺药、18 岁以下儿童禁用的氟喹诺酮类。

3. 妊娠期妇女合理用药　在妊娠期，母体用药必然影响胎儿，药物可通过胎盘进入胎儿体内对胎儿产生不良影响。不同发育阶段的胎儿对药物的敏感性不同。妊娠期妇女用药应尽量遵循以下原则：①尽量少用或不用药。原则上，孕妇在整个怀孕期间尽量少用或不用药，包括中药及外用药；②如病情确需用药，要了解不同药物对不同妊娠期胎儿的影响，安全选用；③选用可引起子宫收缩的药物时要谨慎；④选用可能对胎儿有影响的药物时，应权衡利弊；若病情紧急，应用对胎儿有危害的药物时，应先终止妊娠再用药；⑤应选择口服药物。口服药物有肝首过效应，大多数药物经肝脏分解为无害的物质，从而降低了药物的有害影响。

4. 哺乳期妇女合理用药　大多数药物可从乳汁中排出，但多数药物在乳汁中只有较低的浓度。但有些药物从乳汁分泌比较多，对吃母乳的婴儿有较大的影响，如含碘制剂、抗肿瘤药物等在哺乳期应避免使用。哺乳期用药也应慎重且应遵循一定原则：①慎重选药，权衡利弊。要权衡药物对母亲和婴儿的影响。弊大于利时应选用其他药物或治疗方法；②择时哺乳，防止蓄积。避开血药浓度高峰点哺乳。尽量选用短效药物，避免选用多药联合和长效药物；③选好替代。可选用对母亲和乳儿影响小的药物替代。例如，母亲患尿道炎时，宜选用氨苄西林代替磺胺药治疗；④暂停哺乳，人工喂养。如果母亲必须选用治疗疾病的药物对乳儿有危害时，应考虑停止哺乳，采用人工喂养。

（二）危重人群合理用药

1. 危重症患者用药特点

（1）多途径给药，以静脉给药为主：危重症一般要求药物治疗起效快，迅速缓解急性期的症状，故危重症患者的给药途径多为静脉给药，也用同时辅以肌内注射等多种其他给药途径。

（2）用药个体化：危重症患者对用药品种及剂量的要求较高，这是由于多数药物会影响多器官功能的调节，常需要给药时间间隔、给药速度等个体化，必要时行血药浓度监测，如万古霉素用于重症感染的患者。

（3）病情严重，多药联合应用：危重症患者有时在短时间内接收几种甚至数十种药物的治疗，联合应用药品数量较多，这就增大了各种药物之间产生相互作用的概率。

（4）疾病严重，发生药物不良反应概率增高：危重症患者病情重，伴随多器官功能的失调，如肝肾衰竭，会影响药物的体内过程。

2. 危重症人群合理用药原则

（1）正确判断危重程度，紧抓主要问题：首先对患者的危急程度作出判断，抓住目前最紧急解决的问题，详细了解患者的用药史，明确用药指征。

（2）加强用药监护，综合分析应用药物：严密观察患者用药的各种反应，综合利用各种监护仪器和设备评价药物不良反应和疗效，必要时利用治疗药物监测（therapeutic drug monitoring，TDM）手段。

（3）制订个体化方案，控制用药成本：根据患者的病理生理特点制订方案，并根据患者用药后的情况及时调整方案。在保证治疗的质量情况下，尽可能做到药物治疗的经济性。

本章小结

药品调剂是药学技术服务的重要组成部分，包括收方、审方、调配、复核、发药及用药指导等过程。应严格遵守处方调配流程，防止药品调剂差错。药物相互作用是指两种或两种以上药物同时或者序贯配伍使用时，药物之间产生相互影响，使药物的理化性质和药理作用发生改变，导致药物疗效和毒副作用的变化。在药物的临床应用中应密切关注药物相互作用。建立PIVAS可保证药品配制的质量、提高静脉用药安全、降低医疗成本，减少药品浪费、加强医务人员的职业防护。PIVAS对环境、人员组成和质量管理，以及临床常用静脉药物配置的原则和方法有明确规范要求。合理用药包括选用合适的药物、剂型、剂量、给药途径、用药时间及疗程；注意特殊人群、高危人群的合理用药。

重点：处方审核与调配，药物相互作用，合理用药。

难点：常见静脉用药配制的原则和方法。

思 考 题

1. 简述审查处方的规定。
2. 简述注射液配伍变化的常见现象及主要原因。
3. 简述细胞毒药物静脉配制的要求和步骤。
4. 简述全静脉营养液的配制要求和步骤。
5. 简述合理用药的概念、影响因素及不合理用药的原因。
6. 简述抗菌药物的临床合理应用原则。
7. 简述特殊人群合理用药的原则。

（张丽锋　杨　艳）

参考文献

毕殿洲. 1999. 药剂学. 第 4 版. 北京：人民卫生出版社.
蔡卫民，吕迁洲. 2012. 临床药学理论与实践. 北京：人民卫生出版社.
曹德英. 2009. 药物剂型与制剂设计. 北京：化学工业出版社.
陈新谦. 2011. 新编药物学. 北京：人民卫生出版社.
崔福德. 2002. 药剂学. 北京：中国医药科技出版社.
崔福德. 2011. 药剂学. 第 2 版. 北京：中国医药科技出版社.
崔福德. 2011. 药剂学. 第 7 版. 北京：人民卫生出版社.
方亮，龙晓英. 2014. 药物剂型与递药系统. 北京：人民卫生出版社.
方亮. 2016. 药剂学. 第 8 版. 北京：人民卫生出版社.
方晓玲. 2007. 药剂学. 北京：人民卫生出版社.
国家药典委员会. 2015. 中国药典（2015 年版）. 北京：中国医药科技出版社.
何仲贵. 2009. 药物制剂注解. 北京：人民卫生出版社.
李大魁. 2015. 药学综合知识与技能. 北京：中国医药科技出版社.
李范珠，李永吉. 2012. 中药药剂学. 北京：人民卫生出版社.
李范珠. 2007. 药物制粒技术. 北京：化学工业出版社.
李范珠. 2011. 药剂学. 北京：中国中医药出版社.
李俊. 2015. 临床药物治疗学. 北京：人民卫生出版社.
李永吉. 2009. 中药药剂学. 北京：高等教育出版社.
廖瑞芳，姚继红. 2009. 临床药物治疗学. 北京：科学出版社.
梁秉文，刘淑芝，梁文权. 2014. 中药透皮给药制剂技术. 第 2 版. 北京：化学工业出版社.
刘汉青，倪健. 2015. 中药药剂学. 北京：科学出版社.
龙晓英，房志仲. 2009. 药剂学. 北京：科学出版社.
龙晓英，房志仲. 2009. 药剂学（案例版）. 北京：科学出版社.
陆彬. 2003. 药剂学. 第 4 版. 北京：中国医药科技出版社.
陆彬. 2005. 药物新剂型与新技术. 第 2 版. 北京：人民卫生出版社.
孟胜男，胡容峰. 2016. 药剂学. 北京：中国医药科技出版社.
梅兴国. 2007. 药物新剂型与制剂新技术. 北京：化学工业出版社.
潘卫三. 2010. 工业药剂学. 第 2 版. 北京：中国医药科技出版社.
潘卫三. 2015. 工业药剂学. 第 3 版. 北京：中国医药科技出版社.
平其能，屠锡德，张均寿，等. 2013. 药剂学. 第 4 版. 北京：人民卫生出版社.
平其能. 1998. 现代药剂学. 北京：中国医药科技出版社.
史济平. 2007. 药学分子生物学. 第 3 版. 北京：人民卫生出版社.
汤仲明. 2004. 生物技术药物药代动力学. 北京：化学工业出版社.
唐星. 2007. 口服缓控释制剂. 北京：人民卫生出版社.
邓铁宏，田燕. 2011. 药剂学. 北京：清华大学出版社.
屠锡德，张钧寿，朱家璧. 2002. 药剂学. 北京：人民卫生出版社.
吴永佩，焦亚辉. 2010. 临床静脉用药调配与使用指南. 北京：人民卫生出版社.
汪家政. 2002. 蛋白质技术手册. 北京：科学出版社.
王建新，杨帆. 2015. 药剂学. 第 2 版. 北京：人民卫生出版社.
王思玲，苏德森. 2006. 胶体分散药物制剂. 北京：人民卫生出版社.
熊维政，杨义厚，梁秉文. 2009. 药物贴膏剂生产与开发. 北京：化学工业出版社.
颜耀东. 2005. 缓释控释制剂的设计与开发. 北京：中国医药科技出版社.
杨丽. 2014. 药剂学. 北京：人民卫生出版社.

杨明，李小芳. 2012. 中药药剂学. 北京：中国中医药出版社.
杨祥良. 2007. 纳米药物. 北京：清华大学出版社.
姚文兵. 2011. 生物化学. 第7版. 北京：人民卫生出版社.
殷恭宽. 1993. 物理药学. 北京：北京医科大学中国协和医科大学联合出版社.
张琦岩. 2013. 药剂学. 第2版. 北京：人民卫生出版社.
张强，武凤兰. 2008. 药剂学. 北京：北京大学医学出版社.
张志荣. 2007. 药剂学. 北京：高等教育出版社.
张志荣. 2014. 药剂学. 第2版. 北京：高等教育出版社.
郑俊民. 2012. 药用高分子材料学. 第3版. 北京：中国医药科技出版社.
郑俊民. 2006. 透皮给药新剂型. 北京：人民卫生出版社.
周建平. 2014. 工业药剂学. 北京：人民卫生出版社.
邹立家. 1996 药剂学. 北京：中国医药科技出版社.

索　引

A

阿拉伯胶（acacia）　318
阿莫西林胶囊　184
埃索美拉唑镁肠溶微丸　352
安瓿　102
安全性（safety）　455
奥硝唑凝胶　256

B

靶向递药系统（targeted drug delivery system，TDDS）　364
靶向效率　373
靶向制剂　364
白芨胶浆　221
板框压滤器　89
板蓝根分散片　209
板蓝根颗粒剂　177
半干式颗粒压片　202
包封率（encapsulation efficiency，EE）　300
包合物（inclusion compound）　281
包衣滴丸　224
包衣定时爆释系统（time-controlled explosion system）　356
包衣脉冲释药制剂　355
包衣片（coated tablets）　192
包衣型 OCDDS　354
薄荷水　53
薄膜包衣　210
薄膜分散法（thin film dispersion method）　296
薄膜衣片（film coated tablets）　192
饱和水溶液法（saturated aqueous solution method）　285
保护剂　100
被动靶向制剂（passive targeted preparations）　365
被动载药法　296
苯酚　100
苯甲醇　100
苯甲酸苄酯　99
崩解　215
崩解迟缓　207
崩解剂（disintegrants）　197
崩解时限　215
比表面积等价径（equivalent specific surface diameter）　131
比表面积法（specific surface area method）　134
吡喹酮水凝胶栓　240
苄泽（Brij）　25
表观分布容积　465
表观溶解度（apparent solubility）　20
表面活性剂　23
表皮途径（transepidermal route）　376
冰硼散　160
丙氨瑞林 PLGA 微球　323
丙二醇（propylene glycol，PG）　381, 385
丙烯酸　351
丙烯酸树脂 Eudragit E、Eudragit RL 和 Eudragit RS　275
玻璃化温度（glass transition temperature，Tg）　334, 449
泊洛沙姆（poloxamer）　25, 254
泊洛沙姆 188（poloxamer188）　100, 274
不溶性骨架片（insoluble matrix tablet）　338
布朗运动（Brownian movement）　34
布洛芬泡腾颗粒剂　177

C

层流空气洁净技术　97
搽剂（liniments）　69
差示扫描量热法（differential scanning calorimetry，DSC）　279
肠溶滴丸　223
肠溶颗粒　163
肠溶膜控释片　342
肠溶片（enteric coated tablets）　192
肠溶型Ⅱ号丙烯酸树脂（Eudragit L100）　342
肠溶型Ⅲ号丙烯酸树脂（Eudragit S100）　342
超临界流体萃取（supercritical fluid extraction，SFE）　422
超临界流体技术　278

超滤 424
超滤膜滤器 91
超声导入（sonophoresis） 383
沉降（sedimentation） 35
沉降法（sedimentation method） 134
沉降容积比（sedimentation rate） 63
迟释制剂（delayed release preparations） 327
冲洗剂 126
虫胶 210
臭氧 86
出片调节器 203
初效过滤器 96
处方 471
处方前研究（preformulation study） 459
处方权限 471
处方审查与核对 473
处方调配 473
处方限量 472
处方药（prescription drug） 13
触变流体 48
川蜡 210
传递体（transfersomes） 384
垂熔玻璃滤器 90
垂直层流 97
纯化水（purified water） 76
醇提水沉法 424
醇质体（ethosomes） 385
磁性靶向制剂 371
磁性材料 371
雌二醇透皮贴剂 390
粗粉 154
醋酸氟轻松乳膏 252
醋酸可的松滴眼液 121
醋酸氯己定软膏 247
醋酸羟丙甲纤维素琥珀酸酯（HPMCAS） 211
醋酸纤维素苯三酸酯（cellulose acetate trimesic acid ester，CAT） 187
醋酸纤维素酞酸酯（cellulose ac etate phthalate，CAP） 187, 21
脆碎度（breakage rate，Bk） 206

D

大豆油 312
大孔吸附树脂（macroporous absorption resin） 425
大蒜油气雾剂 265
单层类脂囊泡（unilamellar vesicles） 301
单冲压片机（single punch tabletting machine） 203
单核-吞噬细胞系统（MPS） 292
单凝聚法（simple coacervation） 319
单室渗透泵片 343
单室脂质体 293
弹性复原率（elastic recovery，ER） 206
弹性功（elastic work） 146
等渗溶液（isoosmotic solution） 92
等张溶液（isotonic solution） 93
低分子溶液剂 52
低共熔混合物（eutectic mixture） 275
低取代羟丙纤维素（low substituted hydroxy propylcellulose，L-HPC） 198
低渗溶液 92
低温间歇灭菌法 84
滴鼻剂（nasal drops） 71
滴耳剂（ear drops） 71
滴丸剂（dripping pills） 223
滴眼剂 118
滴制丸 432
碘甘油 55
碘值 98
电穿孔（electroporation） 382
电导率 315
电解质输液（electrolyte infusions） 107
电去离子技术（electrodeionization，EDI） 80
电渗析法（electrodialysis method，EM） 77
电泳（electrophoresis） 38
淀粉（starch） 194
丁达尔现象（Tyndall phenomenon） 36
酊剂（tincture） 429
定方向径（projected diameter） 130
定时脉冲塞胶囊剂 358
东莨菪碱贴剂 390
动脉栓塞靶向制剂 371
动态光散射（dynamic light scattering，DLS） 134
冻干机 94
冻干片（freeze-dried tablets） 218
堆密度 137
堆体积 137
对流混合（convective mixing） 156
多层骨架型缓释片（multi-layered matrix tablets） 339
多层类脂囊泡（multilamellar vesicles） 302

多层片（multilayer tablets）　193
多价皂　249
多晶型（polycrystalline form）　21, 449, 461
多聚物热敏脂质体　373
多囊类脂囊泡（multivesicles）　302
多柔比星脂质体　298
多室渗透泵片　344
多室脂质体　293
多效蒸馏水器　78

E

二级靶向制剂　364
二甲基亚砜（DMSO）　381
二肉豆蔻酰磷脂酰胆碱（dimyristoyl phosphatidyl choline，DMPC）　294
二硬脂酰磷脂酰胆碱（distearoyl phosphatidyl choline，DSPC）　294
二棕榈酰磷脂酰胆碱（dipalmitoyl phosphatidyl choline，DPPC）　294

F

发泡剂　351
法定处方　471
法莫替丁胃漂浮缓释片　351
凡士林（vaselin）　243
反渗透法（reverse osmotic method）　77
反絮凝（deflocculation）　39
反絮凝剂（deflocculating agents）　39
反义核酸（antisense nucleic acid）　408
泛酸钙　178
泛制丸　432
芳香剂　19
芳香水剂（aromatic water）　53
防腐剂（preservative）　17
仿制药一致性评价　2
非层流空气洁净技术　96
非处方药（nonprescription drug）　13
非结合水　173
非离子型表面活性剂(nonionic surfactants）　24
非牛顿流体　46
沸腾干燥法　175
分剂量　159
分散介质（disperse medium）　33
分散片（dispersible tablets）　192
分散相（disperse phase）　33
粉末直接压片　202
粉碎（crushing）　148
粉体（powder）　130
粉体的流动性　138
粉体学（micromeritics）　130
粉雾剂（powder aerosols）　268
粉衣层（sub-coat）　210
蜂蜡（bees wax）　243
辐射化学法（chemical radiation）　322
负电荷磷脂　294
附属器途径（appendage route）　376
复方阿司匹林栓　238
复方碘溶液　53
复方磺胺甲唑片　207
复方硫磺洗剂　62
复方替硝唑口腔膜剂　222
复方维生素 B 颗粒　177
复方乙酰水杨酸片　208
复合制粒机　166
复凝聚法（complex coacervation）　320

G

甘露醇（mannitol）　195
甘油（glycerol）　99, 100
甘油剂（glycerins）　55
甘油明胶　234
甘油栓　238
干混悬剂　59
干淀粉　198
干法制粒　168
干法制粒压片　201
干胶　57
干热空气灭菌法　82
干燥失重　178
干燥特性曲线　174
高分子溶液剂（polymer solution）　56
高渗溶液　92
高湿试验　451
高速搅拌制粒　167
高位静压滤过　91
高温试验　450
高效过滤器　96
高压均质法　306, 314
高压均质机　152
膏药（plaster）　435

隔离层（sealing coat） 209
工业药剂学（industrial pharmaceutics） 11
工业用标准筛筛号 154
共沉淀物（coprecipitate） 276
枸橼酸哌嗪糖浆剂 55
骨架片型 OCDDS 354
骨架型贴剂 387
骨架型小丸 341
固体分散体（solid dispersion） 273
固体溶液 275
固体脂质纳米粒 （solid lipid nanoparticles, SLN） 307
瓜耳豆胶 337
寡核苷酸（oligonucleotide） 407
关节痛 177
灌肠剂（enemas） 72
硅酮（silicones）类 243
硅酮压敏胶（silicone PSA） 388
辊压机（roller mill） 150
滚压法（roller compaction method） 168
滚转包衣法（trundle pan coating） 212
国际药典(International Pharmacopoeia，IP） 10
过滤除菌法（filtration sterilization） 85

H

海藻酸盐（alginate） 255, 318
含量均匀度 216
含片（lozenge） 193
含漱剂（gargles） 72
含药输液（drug-containing infusions） 108
合成乳化剂 312
合剂（mixtures） 72
合理用药（rational drug use） 484
核酶 408
核酸适配体（aptamer） 370, 408
核酸疫苗（nucleic acid vaccine） 408
红霉素肠溶片 214
鲎试剂法 81
糊剂（paste） 242
糊精（dextrin） 194
糊丸 434
滑石粉（talcum powder） 199
化学传递系统（chemical delivery system, CDS） 369
化学灭菌法（chemical sterilization） 85
化学偶联法 290
化学配伍禁忌（chemical incompatibility） 475
环糊精（cyclodextrin，CD） 282
环形/具孔骨架片 340
环氧乙烷 86
缓冲剂 99, 100
缓释、控释滴丸 223
缓释颗粒 163
缓释片（sustained release tablets） 193
缓释栓剂、控释栓剂 240
缓释制剂（sustained release preparations） 327
混合膜理论 312
混悬剂（suspensions） 59
混悬型气雾剂 259
混悬型软膏剂 242

J

肌内注射（intramuscular injection） 101
激光散射技术(laser light scattering technique） 134
吉他霉素肠溶颗粒 163
极细粉 154
几何平均径 131
几何学粒径（geometric diameter） 130
挤压式制粒 165
脊椎腔注射（intraspinal injection） 102
剂型（dosage form） 1
加速试验（accelerated testing） 451
加压滤过 91
家兔法 81
甲酚 100
甲基纤维素（methylcellulose，MC） 196
甲醛水杨酸涂剂 71
假塑性流体 47
煎膏剂（electuary） 431
煎煮法 418
检验控制质量 458
减压滤过 91
剪切混合（shear mixing） 156
交联聚维酮(polyvinylpolypyrrolidone, PVPP） 198
交联羧甲纤维素钠（croscarmellose sodium, CCNa） 198
胶剂（gel） 438
胶浆 197
胶浆剂 19
胶囊剂（capsules） 180

胶凝 56
胶体磨（colloid mill） 152
胶体输液（colloid infusions） 108
胶团（micelles） 26
焦亚硫酸钠 99
矫味剂（flavouring agents） 18
搅拌槽型混合机 157
接枝聚合物胶束 288
结肠靶向片（colon targeting tablets） 218
结肠靶向前体药物 369
结合水 173
结晶水 173
解离常数 459
界面缩聚法（interface polycondensation） 322
金属螯合剂 99
浸膏剂（extracts） 430
浸提 416
浸渍法 419
晶型转变 449
鲸蜡（spermaceti） 243
静电吸附 291
静脉药物配置中心（pharmacy intravenous admixture services，PIVAS） 479
静脉用药调配 470
静脉注射（intravenous injection） 101
静脉注射用硝酸甘油亚微乳 314
静脉注射用脂肪乳 110
酒剂（medicinal liquor） 428
局麻剂 100
咀嚼片（chewable tablets） 192
聚丙烯酸树脂 275
聚丙烯酸酯 387
聚电解质胶束 288
聚谷氨酸（PGlu） 289
聚合物胶束（polymeric micelles） 287
聚己内酯（PCL） 289
聚赖氨酸（PLys） 289
聚天冬氨酸（PAsp） 289
聚乳酸（PLA） 289, 303, 318
聚山梨酯 24, 250
聚山梨酯 20 100
聚山梨酯 40 100
聚山梨酯 80 100
聚维酮（polyvinylpyrrolidone，PVP） 197, 274, 303
聚酰胺-胺（polyamindoamine，PAMAM） 370
聚氧乙烯（40）硬脂酸酯类 234
聚氧乙烯（polyoxyethylene，PEO） 274
聚氧乙烯脂肪醇醚 25
聚氧乙烯脂肪酸酯 25
聚乙二醇（polyethylene glycol，PEG） 17, 200, 274
聚乙烯醇（polyvinyl alcohol，PVA） 220
聚乙烯醇酞酸酯（polyvinyl alcohol phthalate，PVAP） 187
聚异丁烯压敏胶（polyisobutylene PSA） 388
绝对生物利用度 465
均匀设计（uniform design） 467

K

卡波姆（carbomer） 253, 274
糠酸莫米松喷雾剂 268
抗黏着剂（antiadherents） 199
抗氧剂 99
抗张强度（tensile strength，Ts） 205
颗粒剂（granules） 163
颗粒间空隙率 138
颗粒密度 137
颗粒内空隙率 138
壳聚糖（chitosan） 255, 318
可可豆脂（cocoa butter） 233
可控性（controllability） 455
可溶性颗粒 163
客分子（guest molecule） 281
空白胶束载药法 290
空气净化技术（air purification technique） 95
空隙率（porosity） 138
控释颗粒 163
控释片（controlled release tablets） 193
控释制剂（controlled release preparations） 327
口服定位释药系统（oral site-specific drug delivery system） 350
口服分裂片（oral divided tablets） 218
口服甲状旁腺素乳剂 405
口服结肠定位给药系统（oral colon-specific drug delivery system，OCDDS） 353
口服液 428
口服择时（定时）释药系统（oral chronopharmacologic drug delivery system） 350
口腔速崩片（orally disintegrating tablets） 192
口腔速溶片（orally dissolving tablets） 192
口腔贴片（buccal tablets） 193

库尔特计数法（Coulter counter method） 133
扩散（diffusion） 35
扩散混合（diffusive mixing） 156

L

蜡丸 435
老化（aging） 273
雷贝拉唑钠肠溶胶囊 188
类脂囊泡（niosomes） 301
累积分布（cumulative size distribution） 132
冷冻干燥（freeze drying） 93
冷冻干燥曲线 114
离子导入（iontophoresis） 382
离子交换法（ion-exchange method） 76
离子交换树脂控释给药系统（ion-exchange resin controlled drug delivery system，IERCDDS） 345
利巴韦林眼用原位凝胶剂 256
利福平眼用膜剂 222
粒度分布（particle size distribution） 132
联苯双酯滴丸 226
两亲性嵌段共聚物 289
两性离子表面活性剂（zwitterionic surfactants） 24
裂片（laminating） 206
临床药剂学（clinical pharmaceutics） 12
临界胶束浓度（critical micellear concentration，CMC） 26, 288
临界相对湿度（critical relative humidity，CRH） 141
磷酸苯丙哌林缓释片 338
磷酸氢钙（calcium hydrogen phosphate） 195
磷脂酸（phosphatidic acid，PA） 294
磷脂酰胆碱（phosphatidylcholine，PC） 294
磷脂酰甘油（phosphatidyl glycerol，PG） 294
磷脂酰肌醇（phosphatidylinositol，PI） 294
磷脂酰丝氨酸（phosphatidyl serine，PS） 294
磷脂酰乙醇胺（phosphatidylethanolamine，PE） 294
流变学（rheology） 45
流出速度（flow velocity） 139
流化包衣法 322
流化床包衣法（fluidized bed coating） 213
流化床制粒 167
流浸膏剂（fluid extracts） 429
流能磨（fluid energy mill） 152
流通扩散池 393
流通蒸气灭菌法 84
硫代硫酸钠 99
硫酸阿托品散 161
硫酸铵梯度法 297
硫酸钙（calcium sulfate） 195
硫酸沙丁胺醇气雾剂 265
柳氮磺胺吡啶结肠定位控释片 353
炉甘石搽剂（炉甘石乳） 70
露剂（distillate medicinal water） 53
卵磷脂 100
落球黏度计 49
氯化钠 100
氯甲酚 100
氯霉素滴眼液 121

M

麻点 207
卖泽（Myrij） 25
脉冲给药系统（pulsatile drug delivery system） 355
脉冲胶囊 358
毛细管黏度计 49
酶抑制作用 477
酶诱导作用 477
每揿喷量 264
每揿主药含量 264
美国药典（U.S.Pharmacopoeia，USP） 9
门（急）诊调剂 470
蜜丸（sweetpills） 433
免疫脂质体 293
灭菌（sterilization） 82
灭菌制剂（sterilized preparations） 74
灭菌注射用水（sterile water for injection） 76
明胶（gelatin） 318
明胶浆 210
明胶空心胶囊 181
膜剂（films） 220
膜控释小片 342
膜控释小丸 342
膜控型缓控释制剂 341
目 134

N

纳米沉淀法（nano precipitation method） 305
纳米混悬剂（nanosuspensions） 306

纳米粒　302
纳米囊（nanocapsules）　302
纳米球（nanospheres）　302
纳米乳（nanoemulsion）　64, 311
囊心物（core materials）　318
脑靶向前体药物　368
内毒素（endotoxin）　80
逆相蒸发法（reverse-phase evaporation method）　296
黏冲　207
黏度　45
黏附性（adhesion）　143
黏合剂（adhesives）　195
黏胶分散型贴剂　387
黏膜给药系统（mucosal drug delivery system）　6
黏膜用气雾剂　259
捏合（kneading）　164
凝胶膏剂（cataplasm）　437
凝胶剂（gels）　253
凝胶栓　240
凝胶贴膏（gel plasters）　391
凝着性（cohesion）　144
牛顿流体　45
浓配法　109
浓缩（concentration）　426
浓缩丸（concentratepills）　434

O

欧洲药典（European Pharmacopoeia，EP）　9

P

帕利哌酮棕榈酸酯长效注射剂　347
抛射剂（propellants）　260
泡腾崩解剂　198
泡腾剂　19
泡腾片（effervescent tablets）　192
泡腾性颗粒　163
泡罩式包装　217
配体修饰脂质体　294
喷出总量　264
喷瓶　115
喷雾冻凝法　322
喷雾干燥法　322
喷雾干燥制粒法　168
喷雾剂（sprays）　266
皮肤局部给药系统（dermal drug delivery systems，DDDS）　375
皮肤用气雾剂　259
皮内注射（intracutaneous injection）　101
皮下注射（subcutaneous injection）　101
片剂（tablets）　191
片剂包衣　209
片重差异超限　207
片重调节器　203
频率分布（frequency size distribution）　132
平衡溶解度（equilibrium solubility）　20, 460
平衡水分　173
平均粒径　132
平均滞留时间　465
平平加 O　250
葡聚糖　351
葡萄糖　100
普朗尼克（pluronic）　25
普通片（conventional tablets）　192

Q

起泡剂（foaming agents）　32
起昙　28
气流粉碎机（jet mill）　152
气体灭菌法　86
气雾剂（aerosols）　258
气压式蒸馏水器　79
前列腺素 E1 脂肪乳注射液　347
前体药物（prodrug）　368
前体脂质体（proliposomes）　298
潜溶剂（cosolvent）　22
嵌段聚合物胶束　287
强光照射试验　451
羟丙基-β-环糊精（HP-β-CD）　284
羟丙甲纤维素（hydroxypropylmethylcellulose，HPMC）　196
羟丙甲纤维素琥珀酸酯（HPMCAS）　342
羟丙甲纤维素钛酸酯（hydroxypropyl methyl-cellulose phthalate，HPMCP）　187, 211
羟丙纤维素（hydroxypropyl cellulose，HPC）　196
羟喜树碱静脉注射乳剂　117
羟乙基-β-环糊精（HE-β-CD）　284
亲水凝胶骨架片（hydrophilic matrix tablet）　337
亲水亲油平衡值（hydrophile-lipophile balance，HLB）　29

轻质氧化镁（light magnesium oxide） 195
氢氟烷烃（hydrofluoroalkane，HFA） 260
氢化植物油（hydrogenated vegetable oils） 199
清凉油 247
琼脂 337
球晶制粒法 169
球磨机（ball mill） 151
球形度（degree of sphericility） 135
屈服值 46
全静脉营养液 483

R

热灭菌法（heat sterilization） 82
热敏靶向制剂 372
热敏磁性脂质体 372
热敏免疫脂质体 373
热敏长循环脂质体 372
热敏脂质体 293
热能导入 384
热熔挤出（hot-melt extrusion，HME） 278
热熔压敏胶（hot-melt PSA） 388
热压灭菌法 83
热原（pyrogens） 80
热重分析（thermogravimetric analysis，TGA）
人血白蛋白 303
溶出度 216
溶化性 178
溶剂法 277
溶剂-非溶剂法 321
溶剂-熔融法 277
溶解度（solubility） 19, 460
溶散时限 226
溶蚀型脉冲释药系统（corrosion pulsed-release system） 356
溶蚀性骨架片（erodible matrix tablet） 339
溶液剂（solutions） 52
溶液片（solution tablets） 193
溶液型气雾剂 259
溶液型软膏剂 242
熔融法 277
熔融制粒 169
融变时限 239
融合脂质体（fusogenic liposomes） 409
鞣酸肛门栓 237
乳膏剂（creams） 248
乳化法 304
乳化剂（emulsifying agents） 64
乳化剂 OP 250
乳化交联法（emulsification linkage） 323
乳化-溶剂蒸发法（emulsification-solvent evaporation method） 305
乳剂（emulsions） 63
乳剂型气雾剂 259
乳糖（lactose） 194
乳铁蛋白（lactoferrin） 366
乳状液型注射剂 116
软膏剂（ointments） 242
软胶囊（soft gelatin capsules） 180
润滑剂（lubricants） 199
润湿剂（moistening agents） 63, 195
润湿性（wetting） 143

S

三氟柳肠溶胶囊 188
三级靶向制剂 365
三氯叔丁醇 100
三相气雾剂 259
三相图 321
三轴径 130
散剂（powders） 147
扫描电镜（SEM） 34
色斑 207
色甘酸钠粉雾剂 271
砂滤棒 89
筛分法（sieving method） 134, 153
筛分径（sieving diameter） 131
舌下片（sublingual tablets） 193
设计控制质量 458
设计区间 466
射线灭菌法（ray sterilization） 85
肾小管分泌 478
肾小管重吸收 478
渗漉法 420
渗透泵脉冲释药系统 355
渗透泵型控释制剂（osmotic pump controlled release preparations） 342
渗透泵型栓剂 241
渗透滞留增强效应（enhanced permeability and retention effect，EPR effect） 292, 370
生产控制质量 458

生物等效性（bioequivalence） 361
生物技术药物（biotechnology drugs） 398
生物技术药物给药系统（biotech drug delivery system） 6
生物技术药物制剂（biopharmaceuticals） 399
生物类似药 400
生物利用度（bioavailability） 361
生物药剂学（biopharmaceutics） 11
生物药剂学分类系统（bioavailability classification system，BCS） 464
湿法制粒压片 201
湿热灭菌法 83
十八醇 249
十八烯氧基-*N*,*N*,*N*-三甲基丙胺（1，2-di-*O*-octadecenyl-3-trimethylammonium propane，DOTMA） 294
十六醇 249
石灰搽剂 67
石蜡（paraffin） 243
时间控制型 OCDDS 353
适配体（aptamer） 366
释放度 216
释放速度调节剂 212
输液（infusions） 107
栓剂（suppositories） 231
双层栓剂 240
双氯芬酸微囊 320
双嘧达莫微丸 229
双十八烷基二甲基溴化铵（dimethyldioctadecylammonium bromide，DDAB） 294
双锥型混合机 157
水平层流 97
水提醇沉法 423
水丸（waterpills） 432
水性凝胶（hydrogel） 253
水杨酸乳膏 252
水浴式灭菌法 84
水蒸气蒸馏法 421
水蛭素滴鼻剂 406
顺应性（compliance） 1, 455
松片（loosing） 206
速效、高效滴丸 223
速效感冒胶囊 184
塑性流体 46
塑制丸 432
酸败 69
酸值 99
算术平均径 131
羧甲淀粉钠（sodium carboxymethyl starch，CMS-Na） 198
羧甲纤维素钠（carboxymethylcellulose sodium，CMC-Na） 197

T

钛滤器 90
碳酸钙（calcium carbonate） 195
汤剂（decoction） 427
糖包衣 209
糖浆 197
糖浆剂（syrups） 54
糖衣片（sugar coated tablets） 192
特殊人群 492
特性溶解度（intrinsic solubility，S_0） 19, 460
体积比表面积 136
体积等价径（equivalent volume diameter） 131
体内药物相互作用（*in vivo* drug interactions） 475
天然乳化剂 312
填充性 140
调剂学（dispensing pharmaceutics） 1
调释制剂（modified release preparations） 327
贴膏剂（plasters） 391
贴剂（patches） 386
同离子效应 21
透明质酸 351
透皮促进剂（percutaneous penetration enhancers） 380
透皮给药系统（transdermal drug delivery systems，TDDS） 375
透皮吸收（percutaneous absorption） 375
透射电镜（TEM） 33
突释效应 291
涂剂（paints） 70
涂膜剂 70
脱氧胆酸钠 100
脱氧核酶 408

W

外用滴丸 224
丸剂 431
危重人群 493

微波灭菌法（microwave sterilization） 85
微粉硅胶（micropowder silica gel） 199
微晶纤维素（microcrystalline cellulose, MCC） 194
微孔滤膜过滤器 90
微孔膜包衣片 341
微粒给药系统 371
微囊（microcapsules） 317
微囊栓剂 241
微片（mini-tablets） 218
微透析（microdialysis） 396
微丸（又称小丸，pellet） 227
微细粒子剂量 264
微型包囊术（microencapsulation） 317
微型泵植入剂 125
微针（microneedles） 384
主分子（host molecule） 281
维生素 C（抗坏血酸）注射液 106
胃壁黏附片（gastric adhesive tablet） 351
胃漂浮片（gastric floating tablets） 218, 350
胃滞留释药系统（gastric retenting-drug delivery system，GRDDS） 350
温敏型原位凝胶 254
稳定 pH 444
稳定剂 100
稳定性（stability） 455
稳定性重点考察项目 452
无菌保证水平（SAL） 88
无菌操作法（aseptic technique） 86
无菌制剂（sterile preparations） 74
无针注射给药系统（needle-free drug delivery system） 384
物理包裹 289
物理化学靶向制剂（physicochemical targeted preparations） 365
物理机械法 322
物理灭菌法（physical sterilization） 82
物理配伍禁忌（physical incompatibility） 475
物理药剂学（physical pharmaceutics） 11

X

西黄蓍胶 337
西林瓶 103
吸附率（substrate adsorption rate） 185
吸入粉雾剂（powder aerosols for inhalation） 268
吸入气雾剂 259
吸湿性（hygroscopicity） 141
吸收分数（fraction of absorption，F_a） 463
析因设计法（factorial design） 466
稀配法 109
稀释剂（diluents） 194
洗剂（lotions） 71
洗眼剂 118
细粉 154
细粒剂 163
显微镜法（microscopic method） 133
相变温度（phase transition temperature，T_c） 294
相对摄取率 373
相对生物利用度 465
相分离法 318
相容积比（phase volume ratio） 68
相转变温度 293
箱式干燥器 175
橡胶膏剂（rubber ointment） 436
橡胶贴膏（adhesive plasters） 392
消毒剂消毒法 86
硝苯地平胶丸 187
硝酸苯汞 100
小干扰 RNA（small interfering RNA，siRNA） 408
协定处方 471
协同作用 478
新生皂法（nascent method） 67
星点设计—效应面优化法（central composite design-response surface methodology，CCD-RSM） 467
休止角（angle of repose） 139
溴西泮片 208
酯剂（spirits） 55
絮凝（flocculation） 39
絮凝度（flocculation value） 63
絮凝剂（flocculating agents） 39
旋振筛 154
旋转式压片机（rotating tabletting machine） 204

Y

压力控制型 OCDDS 355
压力调节器 203
压敏胶（pressure-sensitive adhesive，PSA） 387
压片法（tabletting method） 168
压缩度（compressibility） 139

压缩功（compressive work） 146
压缩曲线 146
压缩性（compressibility） 144
压缩循环图 145
压制包衣（compression coating） 213
压制包衣骨架型缓释片 340
亚高效过滤器 96
亚硫酸钠 99
亚硫酸氢钠 99
亚微乳（submicroemulsion） 64, 311
烟酰胺 178
盐酸可卡因胶浆 57
盐酸雷尼替丁片 207
盐酸曲马多控释包衣片 342
盐酸维拉帕米渗透泵片 343
盐酸异丙肾上腺素气雾剂 265
眼膏剂 118
眼膜剂 118
眼内插入剂 118
眼内注射液 118
眼丸剂 118
眼用凝胶剂 118
眼用乳膏剂 118
眼用制剂（ophthalmic preparations） 118
羊毛脂（wool fat） 243
阳离子表面活性剂（cationic surfactants） 23
阳离子聚合物（cationic polymer） 409
阳离子脂质体（cationic liposome） 409
氧氟沙星中空栓 239
药典（pharmacopoeia） 8
药动学相互作用（pharmacokinetic interactions） 475
药剂学（pharmaceutics） 1
药品标准 8
药品非临床研究质量管理规范（good laboratory practice，GLP） 13
药品调剂 470
药物传递系统（drug delivery system，DDS） 5
药物大分子复合物 370
药物代谢酶抑制剂 477
药物代谢酶诱导剂 477
药物的有效期（shelf life） 441
药物动力学（pharmacokinetics） 12
药物结晶纳米粒（drug nanocrystals） 306
药物临床试验管理规范（good clinical practice，GCP） 13
药品经营质量管理规范（good supplying practice，GSP） 13
药品生产质量管理规范（good manufacturing practice，GMP） 12
药物相互作用（drug interactions，DI） 475
药物制剂（pharmaceutical preparation） 1
药物转运体（drug transporter） 476
药效学相互作用（pharmacodynamic interactions） 475
药用辅料（pharmaceutic adjuvant） 2, 7
药用高分子材料学（pharmaceutical material polymer science） 12
椰油酯 233
液状石蜡（liquid paraffin） 17, 243
液体制剂（liquid preparations） 15
液中干燥法 323
一级靶向制剂 364
一级反应 441
一价皂 249
医师处方 471
依地酸二钠 99
乙基纤维素（ethylcellulose，EC） 197, 211
乙交酯丙交酯共聚物（PLGA） 289, 303, 318
乙烯-乙酸乙烯共聚物（ethylene-vinyl acetate copolymer，EVA） 221
异形脉冲塞溶蚀系统 359
抑菌剂 100
影响因素试验（亦称强化试验，stress testing） 450
阴道泡腾片（vaginal effervescent tablets） 193
阴道片（vaginal tablets） 193
阴道栓 231
阴离子表面活性剂（anionic surfactants） 23
阴离子脂质体 294
吲哚美辛软膏 248
饮用水（tap water） 75
英国药典（British Pharmacopoeia，BP） 9
营养输液（nutrition infusions） 107
硬度（hardness） 205
硬胶囊（hard capsules 180
硬脂酸（stearic acid）、硬脂酸镁（magnesium stearate）和硬脂酸钙（calcium stearate） 199
硬脂酸丙二醇酯 234
硬脂酸甘油酯 250
油水分配系数（oil-water partition coefficient） 460

油酸（oleic acid，OA） 381
油酸乙酯（ethyl oleate） 99
油性凝胶 253
有效径（effect diameter） 131
有效性（effectiveness） 455
右旋糖酐输液 110
鱼肝油乳剂 67
玉米朊 210
预胶化淀粉（pregelatinized starch） 194
原位凝胶剂 254
圆筒式黏度计 50
圆筒型混合机 157
圆形度（degree of circularity） 136
月桂醇硫酸镁（magnesium lauryl sulfate） 200
月桂氮䓬酮（laurocapram） 381

Z

载药量（loading efficiency，LE） 300
再分散性 309
皂化值 98
择时给药系统（chrono pharmacologic drug delivery system） 6
增溶剂（solubilizer） 22
增塑剂 211
窄条式包装 217
樟脑醑 55
长期试验（long-term testing） 451
长循环脂质体 293
胀性流体 47
折光率 315
蔗糖（sucrose） 194
着色剂 19
真密度 137
振动筛 154
正电荷脂质 294
正交设计法（orthogonal design） 467
芝麻油 312
脂肪酸山梨坦 24, 250
脂质交换（lipid exchange） 295
脂质体（liposomes） 292
直肠栓 231
植入剂（implants） 123
植物胶囊 184
制剂学（pharmaceutical engineering） 1
制粒 164
质粒 DNA 409
质量源于设计 458
治疗药物监测（therapeutic drug monitoring，TDM） 493
置换价（displacement value，DV） 236
中成药（chinese patent medicine） 411
中粉 154
中国药典（Chinese Pharmacopoeia） 8
中国药典筛号 154
中空栓剂 239
中链脂肪酸甘油三酯 312
中效过滤器 96
中性磷脂 294
中性脂质体 294
中药（traditional Chinese medicine） 411
中药合剂 428
中药制剂（pharmaceutical preparation for traditional Chinese medicine） 411
肿瘤靶向前体药物 368
重量比表面积 136
重组甘精胰岛素注射液 404
重组人白细胞介素-2 注射液 404
重组人干扰素注射液 404
周边黏胶型贴剂 387
主动靶向制剂（active targeted preparations） 365
主动载药 296
煮沸灭菌法 84
助流剂（glidants） 199
助漂剂 351
助溶剂（hydrotropic agents） 22
助乳化剂 312
助悬剂（suspending agents） 62
住院调剂 470
贮库型贴剂 387
注入法（injection method） 296
注射剂（injections） 101
注射用辅酶 A 114
注射用缓控释原位凝胶 349
注射用缓控释制剂（sustained and controlled release injectable preparations） 346
注射用普鲁卡因青霉素干混悬剂 116
注射用水（water for injection） 76
注射用无菌粉末（sterile powder for injection） 112
注射用油 98
转动包衣法（rotating coating） 213

转铁蛋白（transferrin） 366
转相 69
锥板式黏度计 50
锥形垂直螺旋混合机 157
浊点或昙点（cloud point） 28
紫外灭菌法（ultraviolet sterilization） 85
自乳化法（self-emulsification method） 305
自乳化给药系统（self-emulsifying drug delivery system，SEDDS） 316
自由水分 173
综合靶向效率 373
棕榈酸酯 234
总空隙率 138
总撴次 264
最粗粉 154
最细粉 154

其他

1，2-二油酰基-3-三甲胺基-丙烷（1，2-dioleoyl-3-trimethylammonium-propane，DOTAP） 294
3D 打印片 219
Arrhenius 方程 446
Chinese Pharmacopoeia 8
DLVO 理论 39
D 值 87
F_0 值 88
Feret 径 130
F 值 87
Heywood 径 131
Keshary-Chien 扩散池 393
Krafft 点 27
Krummbein 径 131
Martin 径 131
Noyes-Whitney 方程 129
pH 敏感靶向制剂 372
pH 敏感胶束 372
pH 敏感脂质体 293, 372
pH 梯度法 297
pH 依赖型 OCDDS 353
Valia-Chien 扩散池 393
V 型混合机 157
Zeta 电位 309
Z 值 87